U0941131

2024
中国侨联年鉴

2024 Yearbook
All-China Federation of Returned Overseas Chinese

中国侨联年鉴编纂委员会　编

中国華僑出版社
·北京·

图书在版编目（CIP）数据

2024中国侨联年鉴 / 中国侨联年鉴编纂委员会编.
北京：中国华侨出版社, 2024. 12. -- ISBN 978-7
-5113-9365-4

Ⅰ. D634.1-54

中国国家版本馆CIP数据核字第20249ML870号

● **2024中国侨联年鉴**

编　　者：中国侨联年鉴编纂委员会
出 版 人：杨伯勋
责任编辑：高文喆　桑梦娟
装帧设计：中文天地
经　　销：新华书店
开　　本：889mm×1194mm　1/16开　印张：42.5　字数：1267千字
印　　刷：北京智慧源印刷有限公司
版　　次：2024年12月第1版
印　　次：2024年12月第1次印刷
书　　号：ISBN 978-7-5113-9365-4
定　　价：480.00元

中国华侨出版社　北京市朝阳区西坝河东里77号楼底商5号　邮编：100028
编 辑 部：（010）64443056-8013
发 行 部：（010）64443051　传真：（010）64439708

《2024中国侨联年鉴》编纂委员会

《2024中国侨联年鉴》编辑人员

编辑说明

一、2024 卷力求全面、系统、客观、公正地记载自 2023 年 1 月 1 日至 12 月 31 日期间全国各级侨联工作取得的成就、经验和发展的新趋势、新动向，为各级侨联沟通信息、交流经验开辟渠道，为社会各界了解侨联工作开辟窗口。

二、2024 卷采用编纂年鉴通用的分类编辑法，主体内容分为类目、分目、条目三个层次。类目为大单元，其下设置若干个分目。分目下设条目，条目为年鉴的基本单位和主要内容载体。

三、根据中国侨联的工作性质和机构特点，本卷年鉴共设类目 7 个。各类目刊载的内容为：

1.“第十一次全国归侨侨眷代表大会”：收录党和国家领导人公开发表的关于侨联工作和侨务工作的重要讲话和指示。收录大会的主要文件、选举结果和表彰决定等内容。

2.“中国侨联领导讲话”：收录会领导的有关讲话。

3.“大事记”：收录会领导重要活动等内容。

4.“综合”：围绕服务经济发展、依法维护侨益、拓展海外联谊、积极参政议政、弘扬中华文化、参与社会建设等职能，收录中国侨联机关各部门的工作情况。

5.“中国侨联直属企事业单位及社会团体工作”：收录中国侨联直属企事业单位及中国侨联所属各社会团体的主要工作。

6.“省级侨联工作”：收录各省级侨联和部分地市（含以下）侨联工作情况。

7.“附录”：收录各省区市、地市（含以下）侨联通讯录等内容。

四、本卷年鉴由各省级地方侨联，新疆生产建设兵团侨联，中央和国家机关侨联，中央企业侨联，中国侨联机关各部门、直属企事业单位和社会团体提供稿件，稿件均经编委（各单位负责人）审阅。

五、《2024 中国侨联年鉴》由中国侨联办公厅主办，《海内与海外》杂志社承办，中国华侨出版社出版。

中国侨联年鉴 2024

目录

CONTENTS

第十一次全国归侨侨眷代表大会

中国侨联领导讲话

大事记

综 合

中国侨联直属企事业单位及社会团体工作

省级侨联工作

附　录

中国侨联年鉴

第十一次全国归侨侨眷代表大会

2024中国侨联年鉴

中国侨联
年鉴

8 月 31 日，第十一次全国归侨侨眷代表大会在北京人民大会堂隆重召开

大会主席团常务主席万立骏代表中国侨联第十届委员会作报告

中国侨界杰出人物上台领奖

第十一次全国归侨侨眷代表大会会场

9 月 1 日，中国侨联党组书记、主席万立骏在“同圆共享中国梦——海外侨领对话交流会”上讲话

9 月 2 日，在人民大会堂召开第十一次全国归侨侨眷代表大会第三次大会（选举会）

为强国建设民族复兴凝聚起侨界团结奋斗的磅礴力量

——在第十一次全国归侨侨眷代表大会上的致词

（2023年8月31日）

李　希

各位代表，同志们、朋友们：

第十一次全国归侨侨眷代表大会今天隆重开幕了。我受习近平总书记和党中央委托，向大会的召开表示热烈的祝贺！向广大归侨侨眷和海外侨胞、侨联工作者致以诚挚的问候！

党的十九大以来，以习近平同志为核心的党中央统筹中华民族伟大复兴战略全局和世界百年未有之大变局，团结带领全党全军全国各族人民，有效应对严峻复杂的国际形势和接踵而至的巨大风险挑战，攻克了许多长期没有解决的难题，办成了许多事关长远的大事要事，推动党和国家事业取得举世瞩目的重大成就。实践充分证明，新时代党和国家事业取得历史性成就、发生历史性变革，根本在于有习近平总书记作为党中央的核心、全党的核心领航掌舵，在于有习近平新时代中国特色社会主义思想科学指引，“两个确立”对新时代党和国家事业发展、对推进中华民族伟大复兴历史进程具有决定性意义。

在党中央坚强领导下，第十次全国归侨侨眷代表大会以来，中国侨联和各级侨联组织以习近平新时代中国特色社会主义思想为指导，认真贯彻落实习近平总书记关于侨务工作和群团工作的重要论述，坚持围绕中心、服务大局、服务侨胞，全面履行职能，广泛开展系列品牌活动，积极加强侨界思想政治引领，深入推进侨联改革，着力加强侨联组织党的建设，侨联的政治性、先进性、群众性不断增强，组织力、影响力不断提升。

五年来，在我国经济发展的主战场，在脱贫攻坚的第一线，在科教领域的最前沿，在乡村振兴的行列里，在对外开放的火热实践中，到处都活跃着侨胞的身影。在北京冬奥会冬残奥会上，侨界运动员奋勇拼搏，侨胞捐建的冬奥冰雪博物馆成为弘扬冬奥精神的重要窗口。在伟大抗疫斗争中，海外侨胞心系祖国、倾力驰援，侨胞们守望相助、携手同行，把海内外中华儿女的心紧紧连在一起。广大侨胞为保持港澳长期繁荣稳定和推进祖国统一积极奔走，为促进中外交流与文明互鉴、推动构建人类命运共同体积极奉献。党中央对侨联组织、广大归侨侨眷和海外侨胞充分肯定、寄予厚望！

党的二十大擘画了全面建设社会主义现代化国家的宏伟蓝图。从现在起，党的中心任务就是团结带领全国各族人民全面建成社会主义现代化强国、实现第二个百年奋斗目标，以中国式现代化全面推进中华民族伟大复兴。广大归侨侨眷和海外侨胞要积极响应党和人民的号召，心往一处想、劲往一处使，与祖国共奋进、与人民齐奋斗，在共担民族复兴重任、共享民族复兴荣光中创造新的更大业绩！

希望广大归侨侨眷和海外侨胞发挥独特优势、紧跟时代步伐，在助力构建新发展格局、推动高质量发展中展现更大作为。习近平总书记指出，加快构建新发展格局、推动高质量发展，是中国式现代化的必由之路。广大归侨侨眷和海外侨胞既是中国式现代化的推动者，也是受益者。希望广大侨胞顺应祖国发展大势，发挥好资金、技术、人才、信息、管理等方面的优势，发挥好融通内外、熟悉国际规则等优势，在实现高水平科技自立自强、建设现代化产业体系、推进乡村振兴、促进区域协调发展、推进共同富裕、推动绿色低碳发展等社会主义现代化建设实践中大显身手，在推进更高水平对外开放、畅通国内国际双循环、共建“一带一路”中发挥更大作用。

希望广大归侨侨眷和海外侨胞把握历史大势、坚守民族大义，为铸牢中华民族共同体意识、推进祖国统一作出更大贡献。习近平总书记指出，实现中华民族伟大复兴，需要海内外中华儿女共同努力。强国建设、民族复兴，每一位中华儿女都肩负责任、不可或缺。希望广大侨胞用好自身所长，融洽同胞感情、增进民族共识，发展壮大爱国爱港爱澳力量，为推进“一国两制”事业，促进香港、澳门更好融入国家发展大局，保持香港、澳门长期繁荣稳定多作贡献。解决台湾问题、实现祖国完全统一，是全体中华儿女的共同愿望，是实现中华民族伟大复兴的必然要求。广大侨胞要坚守民族大义，坚定反独促统，深化两岸各领域融合发展，促进两岸同胞心灵契合。要旗帜鲜明反对一切分裂国家、分裂民族的言论和行为，不断巩固各族人民大团结、海内外中华儿女大团结，铸牢中华民族共同体意识，凝聚起强国建设、民族复兴的磅礴力量。

希望广大归侨侨眷和海外侨胞热爱祖国、胸怀天下，在弘扬中华优秀传统文化、推动构建人类命运共同体中发挥更大作用。习近平总书记指出，中国的发展离不开世界，世界的繁荣也需要中国。走和平发展道路的中国式现代化，不仅是中国人民全面建成社会主义现代化强国、实现中华民族伟大复兴中国梦的康庄大道，也是人类社会实现持久和平、共同发展美好梦想的人间正道。希望广大侨胞传承好中华文化的精神基因，共同担负起弘扬中华优秀传统文化、建设中华民族现代文明的历史责任，积极推动中外文明交流互鉴，讲好中国故事、传播中国声音，增进中外民众的相互了解和理解。要积极弘扬全人类共同价值，推动落实全球发展倡议、全球安全倡议、全球文明倡议，同各国人民一道推动构建人类命运共同体，携手建设更加美好的世界。

希望广大归侨侨眷和海外侨胞秉承优良传统、勇于自立自强，在促进祖（籍）国和住在国发展中实现自身更大发展。习近平总书记指出，中国的改革开放，中国的发展建设跟我们有这么一大批心系桑梓、心系祖国的华侨是分不开的。随着时代发展，越来越多海外侨胞在住在国落地生根、繁衍生息。希望广大侨胞发扬心系桑梓、心系祖国的优良传统，将个人事业发展同祖国发展紧密结合起来，自强不息、艰苦创业，在祖国社会主义现代化建设中拓展事业发展的更大空间。希望广大侨胞遵守住在国法律、尊重当地习俗，主动融入和回馈当地社会，积极为住在国同中国各领域交流合作牵线搭桥，更好实现自身发展。

侨联是中国共产党创立和领导的群团组织，肩负着团结凝聚广大归侨侨眷和海外侨胞为党和人民事业不懈奋斗的光荣使命。要不断深化对“两个确立”决定性意义的认识，坚决做到“两个维护”，坚持以习近平新时代中国特色社会主义思想统领侨联工作，坚决把习近平总书记和党中央关于侨联工作的决策部署落到实处。要坚持不懈用党的创新理论武装侨界群众，加强思想引领、凝聚侨界人心，画好侨界团结最大同心圆。要胸怀“国之大者”，紧紧围绕党的二十大确定的目标任务，找准切入点、结合点，着力帮助侨界群众解决急难愁盼问题，更好团结广大归侨侨眷和海外侨胞奋进新征程、建功新时代。要加强联谊联络，广交新朋友、深交好朋友，不断壮大爱国爱乡力量。要加强和谐侨社建设，培养年轻一代，引导华裔青少年增进对祖（籍）国的了解和认同，传承中华优秀传统文化。要加强党的全面领导，加强侨联组织党的建设，深化侨联改革，提升自身建设水平。要坚持从严治会，建设广大归侨侨眷和海外侨胞可信赖的团结之家、奋斗之家、温暖之家。

侨联干部是党的侨务工作的主要力量。要以深入开展学习贯彻习近平新时代中国特色社会主义思想主题教育为契机，进一步强化理论武装，不断提高政治判断力、政治领悟力、政治执行力。要牢记习近平总书记关于贴心人实干家的要求，大兴调查研究之风，深入基层、深入一线，与侨界群众打成一片，提高做侨界群众工作的本领。要深入研究分析世情国情侨情变化，努力解决新问题，开创工作新局面。

各级党委和政府要认真落实党的侨务政策，依法维护归侨侨眷合法权益和海外侨胞正当权益，更加重视发挥侨力侨智作用。要加强对侨联工作的领导，支持侨联组织依照法律和章程创造性开展工作，研究解决侨联事业发展中的重大问题，重视选拔、培养和锻炼侨联干部，为侨联组织开展工作创造更好条件。

各位代表，同志们、朋友们！历史车轮滚滚向前，实现中华民族伟大复兴的历史进程不可逆转。让我们更加紧密地团结在以习近平同志为核心的党中央周围，凝聚起广大归侨侨眷和海外侨胞团结奋斗的磅礴力量，埋头苦干、勇毅前行，在强国建设、民族复兴伟业中作出新的更大贡献！

在第十一次全国归侨侨眷代表大会上的贺词

（2023年8月31日）

共青团中央　阿　东

各位代表，同志们、朋友们：

值此第十一次全国归侨侨眷代表大会隆重召开之际，我谨代表中华全国总工会、中国共产主义青年团中央委员会、中华全国妇女联合会、中国文学艺术界联合会、中国作家协会、中国科学技术协会、中华全国台湾同胞联谊会、中国残疾人联合会，向大会的召开表示热烈的祝贺！向出席大会的代表以及广大归侨侨眷和海外侨胞致以诚挚的问候！

这次大会是在全党全国人民深入学习贯彻习近平新时代中国特色社会主义思想，全面贯彻党的二十大精神，迈上强国建设、民族复兴新征程的历史时刻召开的一次重要的大会，是广大归侨侨眷和海外侨胞政治生活中的一件大事。大会的胜利召开，必将推动新时代侨联事业再上新台阶，激励广大归侨侨眷和海外侨胞为全面建设社会主义现代化国家、全面推进中华民族伟大复兴而奋斗，为推动构建人类命运共同体作出新的更大贡献。

今年是改革开放45周年。45年来，我们党团结带领全国各族人民，不惧爬坡之难，不畏涉滩之险，逢山开路，遇水搭桥，披荆斩棘，砥砺奋进，书写了国家和民族发展的恢宏史诗。从“引进来”到“走出去”，从侨资、侨企、侨界人才的积极贡献到国家遇到大事难事的担当奉献，我国改革开放取得伟大成就，广大归侨侨眷和海外侨胞功不可没，发挥了独特作用。

第十次全国归侨侨眷代表大会以来，侨联认真学习贯彻习近平总书记关于侨务工作和群团工作的重要论述，不断保持和增强政治性、先进性、群众性，坚持“两个并重”、“两个拓展”，着力推动“两个建设”，织好“两张网”，构建“两项机制”，认真履行服务经济发展、依法维护侨益、拓展海外联谊、积极参政议政、弘扬中华文化、参与社会建设职能，推动侨联事业和侨务工作实现新发展、取得新成绩。坚持和加强党的全面领导，用党的创新理论凝心铸魂，加强侨界思想政治引领，大力开展党的创新理论宣传宣讲，教育引导侨界群众深刻领悟“两个确立”的决定性意义，增强“四个意识”、坚定“四个自信”、做到“两个维护”，坚定不移听党话、跟党走。始终胸怀“国之大者”，凝聚侨心侨力侨智助推高质量发展，在脱贫攻坚、疫情防控、北京冬奥会冬残奥会等重大时刻积极作为，在创新创业、科技、人才、文化交流、乡村振兴等重要领域发挥优势，侨联围绕中心、服务大局的实效性、贡献度进一步提升。用心用情为侨服务，做好暖侨心、稳人心、树信心工作，传递党和国家的关心关怀。落实党中央改革部署，推动侨联改革向基层延伸，大抓基层组织建设，带动全国侨联系统面貌发生显著变化。

党的二十大擘画了全面建设社会主义现代化国家、以中国式现代化全面推进中华民族伟大复兴的宏伟蓝图。实现这一蓝图，需要海内外中华儿女团结一心、共同奋斗，需要侨联组织勇担新使命、展现新作为。我们相信，广大归侨侨眷和海外侨胞一定会弘扬优良传统，发挥自身优势，不辱时代使命，切实肩负起党和人民的重托。各级侨联组织一定会牢记党的要求，胸怀“国之大者”，围绕中心、服务大局、服务侨胞，坚持改革创新，建设侨胞之家，广泛凝聚起同心共圆中国梦的侨界力量。

侨联和各人民团体都是党领导的群团组织，是党联系各界群众的桥梁纽带，肩负着为党做好群众工作的光荣使命。新征程上，我们要始终坚持和加强党的全面领导，以党的政治建设为统领，着力强化群团组织党的建设，永葆群团组织的政治本色。着力加强思想政治引领，坚持不懈用习近平新时代中国特色社会主义思想凝心铸魂，引导所联系群众更加深刻领悟“两个确立”的决定性意义，增强“四个意识”、坚定“四个自信”、做到“两个维护”，巩固团结奋斗的共同思想基础。全面贯彻落实党的二十大精神，找准群团工作的切入点、结合点、着力点，动员引导所联系群众立足本职，为全面建设社会主义现代化国家作贡献。着力服务群众，坚持以人民为中心的发展思想，想群众所想、急群众所急，为群众排忧解难，成为群众贴心人。着力深化改革，直面突出问题，勇于攻坚克难，建设联系广泛、服务群众的群团工作体系，坚定不移跟党走中国特色社会主义群团发展道路，保持和增强政治性、先进性、群众性，让群团组织更加充满活力、更加坚强有力。

长期以来，在党的领导下，各群团组织互相支持、团结协作，建立了紧密的联系和深厚的友谊。在今后的工作中，我们要牢记初心使命，相互学习、密切合作，发扬优良传统、发挥各自优势，共同开创新时代新征程党的群团工作新局面。

各位代表，同志们、朋友们！新征程波澜壮阔，新使命催人奋进。让我们更加紧密地团结在以习近平同志为核心的党中央周围，深入学习贯彻习近平新时代中国特色社会主义思想，踔厉奋发、勇毅前行，为全面建设社会主义现代化国家、全面推进中华民族伟大复兴而不懈奋斗！

预祝第十一次全国归侨侨眷代表大会圆满成功！

以习近平新时代中国特色社会主义思想为指导　团结凝聚广大归侨侨眷和海外侨胞为全面建设社会主义现代化国家而奋斗

——在第十一次全国归侨侨眷代表大会上的报告

（2023年8月31日）

万立骏

各位代表，同志们、朋友们：

现在，我代表中华全国归国华侨联合会第十届委员会向大会报告工作。

第十一次全国归侨侨眷代表大会，是在全党全国各族人民迈上全面建设社会主义现代化国家新征程、向第二个百年奋斗目标进军的关键时刻召开的一次十分重要的大会。

大会的主题是：**以习近平新时代中国特色社会主义思想为指导，全面贯彻党的二十大精神，深入贯彻习近平总书记关于侨务工作的重要论述，勇于担当、守正创新，团结凝聚广大归侨侨眷和海外侨胞，为全面建设社会主义现代化国家、全面推进中华民族伟大复兴而奋斗，为推动构建人类命运共同体作出积极贡献。**

一、过去五年工作和侨联事业新发展

党的十九大以来，以习近平同志为核心的党中央统筹中华民族伟大复兴战略全局和世界百年未有之大变局，有效应对严峻复杂的国际形势和接踵而至的巨大风险挑战，团结带领全党全国各族人民，攻克了许多长期没有解决的难题，办成了许多事关长远的大事要事，推动党和国家事业取得举世瞩目的伟大成就，中国特色社会主义的巨轮劈波斩浪、行稳致远。广大归侨侨眷和海外侨胞无不为之骄傲自豪，无不为中华民族迎来从站起来富起来到强起来的伟大飞跃而充满自信，无不为作为中华儿女而倍增底气。广大归侨侨眷和海外侨胞同全国人民有一样的深切感受：新时代党和国家事业之所以取得历史性成就、发生历史性变革，最根本在于有习近平总书记领航掌舵，有习近平新时代中国特色社会主义思想科学指引。习近平新时代中国特色社会主义思想是新时代中国共产党的思想旗帜，是引领中国、影响世界的科学理论。“两个确立”对新时代党和国家事业发展、对推进中华民族伟大复兴历史进程具有决定性意义。

第十次全国归侨侨眷代表大会以来的五年，中国侨联和各级侨联组织坚持以习近平新时代中国特色社会主义思想为指导，深入学习贯彻习近平总书记关于侨务工作和群团工作的重要论述，聚焦保持和增强政治性、先进性、群众性，坚持“两个并重”、“两个拓展”，推动“两个建设”，织好“两张网”，构建“两项机制”，坚持围绕中心、服务大局、服务侨胞，全面履行服务经济发展、依法维护侨益、拓展海外联谊、积极参政议政、弘扬中华文化、参与社会建设职能，深化侨联改革，以制定实施中国侨联事业发展五年规划为引领，以“创业中华”、“亲情中华”、“侨连五洲”、“追梦中华”、“侨爱心工程”、中国侨商投资大会等品牌为抓手，以为侨服务为宗旨，以全面加强党的领导和党的建设为政治保

证，召开七次全委会议就侨联系统工作进行部署，推动侨联建设和工作取得显著进展，侨联组织呈现新的面貌。

坚持以党的政治建设为统领，坚定拥护“两个确立”、坚决做到“两个维护”成为侨联的高度自觉。坚持把政治性作为侨联组织的灵魂，把旗帜鲜明讲政治作为第一位要求，始终在思想上政治上行动上同以习近平同志为核心的党中央保持高度一致，不断提高政治判断力、政治领悟力、政治执行力，确保侨联组织始终沿着党指引的正确方向前进。不折不扣落实习近平总书记重要指示批示精神和党中央关于侨联工作的决策部署，建立工作台账，加强督办，跟踪问效，确保事事有回音、件件有着落。在侨联机关扎实开展“不忘初心、牢记使命”主题教育、党史学习教育、学习贯彻习近平新时代中国特色社会主义思想主题教育，弘扬伟大建党精神，增强历史主动，坚定不移听党话、跟党走，坚决做到党有号召、侨有行动。制定落实党组工作规则，加强请示报告，压实全面从严治党主体责任，抓实巡视整改，严守政治纪律和政治规矩，切实把党的全面领导贯穿到侨联工作全过程各领域。

加强思想政治引领，侨界群众精神面貌更加昂扬向上。把学习宣传贯彻习近平新时代中国特色社会主义思想作为重中之重，抓住改革开放四十周年、中华人民共和国成立七十周年、中国共产党成立一百周年、北京冬奥会和冬残奥会、党的二十大召开等重大节点，持续深化理论武装、形势政策宣讲、社会主义核心价值观培育和国际传播，不断夯实侨界跟党走、奋进新征程的思想基础。扎实推进理论学习宣传阐释，每年一个主题，精心办好习近平总书记关于侨务工作重要论述研讨会，编印《习近平关于侨务工作论述摘编》，作为侨联工作和干部培训的权威教材，在《人民日报》、《求是》等党报党刊上刊发党组理论学习文章，示范带动全国侨联系统学思想、见行动。广泛开展侨界思想引领工作，及时跟进学习习近平总书记系列重要讲话精神，及时收集刊发侨界学习动态，分专题、有针对性地举办侨商座谈会、侨联委员培训班、海外侨领国情研修班、新侨创新创业研修班、“一带一路”华商研修班，推出中国侨联讲师团网上宣介活动，举办专题展览、演出、朗诵会、摄影展、书画展，以“侨这七十年”、“侨与脱贫攻坚”等为主题，大力推进“追梦中华”宣传品牌，增强侨界群众对习近平新时代中国特色社会主义思想的政治认同、思想认同、理论认同和情感认同，坚定爱国心、报国志。积极讲好中国故事，围绕国家发展战略连续举办海外华文媒体采访行、研修班；组织动员40多个国家和地区的近300家海外华文媒体，多角度、多领域，生动形象介绍中国发展理念，讲述中国发展成就，刊发稿件1万多篇，阅读量3.7亿人次；制作播出《魅力侨乡行》等专题电视片，增进世界对中国的了解。加强侨界典型宣传，评选中国侨界贡献奖，树立新侨创新创业先进人物；在《人民日报》（海外版）开设“侨界菁英”、“华侨英烈”专栏，在中央广播电视总台播出《华侨华人与共和国》、《百年赤子心》纪录片，大力宣传侨在党的领导下为党和人民事业作出的重要贡献，引导侨界群众学习先进、争当先进，收视率创同时段播出纪录。持续深化网上引导，坚持平台建设和内容供给相结合，不断提高侨联网站阅读量、微信公众号传播力、抖音号感染力；连续举办华侨华人短视频大赛，“一起过个冬奥年”网络话题活动点击量达29亿人次。不断巩固侨联宣传阵地，加强中国华侨历史博物馆建设，联合国家文物局，共同推进涉侨文物保护利用，发挥好作为全国爱国主义教育示范基地、“大思政课”实践教学基地作用；办好《海内与海外》、《中国侨联工作》杂志，策划特色栏目，提高办刊质量；推动中国华侨出版社策划重大选题、出版系列图书，展现侨的风采。落实意识形态责任制，关注涉侨舆情，防范化解风险。

大力加强联谊联络，侨联的朋友圈不断巩固扩大。认真落实党和国家涉侨机构改革任务，切实履行海外侨胞联谊职责，参与中央有关工作平台和机制，推动侨联系统联谊联络工作提质扩面增效。注重把握侨情，推进侨情数据库建设，编印《海外疫情参考》，出版《世界侨情报告》蓝皮书，持续做好侨情数据收集、整理、分析，因国、因群体施策。注重做好疫情下的联谊联络，积极配合实施“春苗行动”，向50多个国家和地区捐赠“侨爱心健康包”，常态化“暖侨在线”

云端连线侨联海外顾问、委员，传递祖（籍）国对海外侨胞的关心关怀。注重打造工作载体和品牌，发挥海外顾问、委员作用，首次轮值主办港澳台侨国庆招待会，联合主办世界华侨华人社团联谊大会，组团参加世界华商大会，精心打造“侨连五洲”品牌，举办“沪上进博”、“七彩云南”、“华侨华人助力金砖国家发展论坛”等主题活动，巩固和壮大爱国爱乡力量；组织“海外联谊研修班”、“华裔杰青论坛”，着力培育侨界青年、华裔新生代，涵养侨务资源。注重创新方式方法，推出“亲情中华”云端春晚、“同心与共”、“云上基地”、“云端观影”等网络文化活动和文化产品，云端聚侨、网上联侨、以文化侨，网络总点击量近7亿人次。鼓励港澳侨界重点社团和代表人士在事关“一国两制”和香港、澳门长期繁荣稳定的重大问题上旗帜鲜明、积极发声。完善两岸侨联和平发展论坛交流机制，促进祖国统一大业。组织侨胞代表赴新疆等地参观考察，开展归国藏胞国情教育活动，铸牢中华民族共同体意识。

围绕中心服务大局，侨胞独特优势充分彰显。围绕服务高质量发展，拓展“创业中华”品牌，发挥侨界在资金、技术、信息、管理等方面的优势，举办活动100余场，活动覆盖20余个省（区、市），签订合作协议，加强省部合作，组织100多个侨商团组、万余名侨商赴地方开展经贸交流合作活动；2021年创立中国侨商投资大会品牌并连续举办两届，将服务国家发展战略、地方经济发展和侨商投资兴业需求有机结合，突出产业结构调整和优化升级、突出战略性新兴产业，取得明显成效。其中，中国侨商投资（福建）大会合同项目投资总额598亿元，协议项目投资总额1215亿元；中国侨商投资（广东）大会推动投资项目总额6582亿元，贸易项目总额9688亿元。聚焦创新、科技和人才，组织全国新侨创新创业成果交流活动，发挥特聘专家委员会、侨创联盟、侨创基地等平台作用，鼓励支持侨界人才服务“四个面向”，书写侨界报国新篇章。围绕共建“一带一路”，发挥侨界联系广泛、融通中外优势，深化经贸洽谈、海外公益，推动沿线国家间务实合作。围绕传播中华文化、促进中外文明互鉴，强化“亲情中华”品牌的统揽作用，组织艺术团、中医团赴海外、赴港澳台、赴侨乡，举办书画摄影展，助力中餐文化海外推广；五年来，“亲情中华·为你讲故事”网上营动员了海外华裔青少年17万人次参与，“中国寻根之旅”夏（冬）令营组织了海外华裔青少年近3万人次参与，世界华人学生作文大赛吸引了华侨华人学生1900万人次参与，在他们心中深深种下中华文化的种子，增进他们对祖（籍）国的了解和感情；在全国设立534家中国华侨国际文化交流基地，服务中华文化更好走出去；疫情期间，中国华侨历史博物馆坚持闭馆不闭展，推出并持续打造“云游侨博”网络直播活动，多语种、多平台播出，在宣传侨史侨文化方面作出了新探索。围绕脱贫攻坚和乡村振兴，全国侨联系统开展助力脱贫攻坚战三年行动，投入资金16.29亿元，组织动员侨联扶贫干部扎根基层一线，帮助5.8万人实现脱贫。动员侨联系统力量参与定点扶贫，帮助发展产业项目，增强当地“造血”功能。发挥中国华侨公益基金会作用，募集资金和物资，支持地方侨联，更好参与打赢脱贫攻坚战。支持北京冬奥会冬残奥会，面向海内外组织捐建华侨冰雪博物馆，53个国家和地区近3万侨胞、侨商侨企捐资1.6亿元，树立了侨界心系桑梓、圆梦奥运的一座新标志。面对突如其来的新冠疫情，动员引导广大海外侨胞和归侨侨眷积极行动，捐款捐物22.78亿元，充分展现了隔山隔水不隔情、每临国家大事有行动的侨心大爱。大力发展侨界公益慈善，全国侨联系统五年累计接收或协助受理侨捐近200亿元。开展“光明行”、“树人班”、“图书室”、“进社区”、“乡村学生眼视光工程”等项目，支持各地应急救灾和灾后重建3500多万元，侨联“侨爱心工程”品牌进一步擦亮。

做深做实为侨服务，侨界群众获得感幸福感安全感进一步提升。贯彻以人民为中心的发展思想，深入调查研究，了解侨界群众所思所想、所期所盼，多措并举帮助解决侨界群众的急难愁盼问题。坚持服务为侨，着眼促进侨商侨企健康发展，各级侨联组织联系侨商侨企1.7万余家，实地走访调研涉侨企业5000余家，中国侨商联合会开展“为会员服务行动年”活动，察实情，办实事。开展爱心暖侨，下拨帮扶慰问经费3000

多万元，广泛开展“送温暖、献爱心”活动，举办“特聘专家走基层”活动，组织实施“困难归侨侨眷技能培训”、“侨界医疗队下基层”义诊等活动，惠及群众近 20 万人。深化法治护侨，加强法侨、检侨、司侨合作，大力推进涉侨纠纷多元化解、“总对总”在线诉调对接、“检侨之家”等合作机制建设，侨联组织依法维护侨益工作系统性专业性不断提升。开展“连心侨—维护侨益”项目，设立中国侨益保护研究基地，加强侨联法顾委和海外委员队伍建设，依法依规做好侨界涉诉案件办理和信访接待工作。举办“法治中国 你我同行”、“法治宣传边关行”等活动，发挥法律顾问和公职律师作用，侨联组织依法维护侨益工作品牌和载体日益丰富。积极参政议政，发挥好人大归侨代表和政协侨联界委员作用，组织特聘专家积极建言献策，五年共向全国“两会”人大归侨代表和政协侨联界委员提供提案建议素材 200 余份，《关于“应对新冠肺炎疫情带来的风险挑战，应更加重视发挥华侨华人作用”的提案》等获评优秀提案。高质量承办全国人大代表建议和全国政协委员提案，积极推动涉及侨界群众切身利益问题的协调解决。反映侨界呼声，围绕国家所需、侨界关注、侨联所长，对 500 多份法律草案提出修改意见，办好《侨情专报》，用好侨的渠道，提高建言献策质量和水平。

深化侨联改革，侨联组织体系和制度机制进一步健全。新时代十年，侨联经历了两轮改革：在 2015 年部署推进的党的群团改革中，党中央于 2016 年推动了中国侨联改革；在 2018 年部署推进的深化党和国家机构改革中，党中央将海外侨胞联谊等职责划归中国侨联行使，为中国侨联增加编制和机构。五年来，我们坚决贯彻党中央改革部署，深入把握改革要求，提高对改革的认识，在强“三性”、去“四化”上持续用力，在建机制、强基础、抓基层上持续用力，在创新工作品牌和方式方法上持续用力，在推动改革向基层延伸、形成全国侨联系统一盘棋上持续用力，带动整个侨联系统面貌发生显著变化，侨联组织和侨联工作的覆盖面和影响力不断扩大。着力解决侨联第一轮改革中的历史遗留问题。持续开展“大学习、大调研、大讨论，作出大贡献”活动，首次推出并连续五年组织开展侨联系统重点调研课题工作，每 2 年实施中国侨联课题，推出一系列有价值的调研成果。在坚持“两个并重”、“两个拓展”的同时，牢固树立大侨务理念，着眼形成侨务工作合力，提出织好“两张网”；着眼内外联动、上下互动，提出构建“两项机制”；着眼提高侨联治理能力和自身建设水平，提出推动“两个建设”，并新创立了“追梦中华”、“侨连五洲”、“连心侨”、中国侨商投资大会等新品牌；坚持有目标、有任务、有措施、可落地、可量化、可考核，首次制定《中国侨联事业发展规划（2021—2025 年）》。五年来，我们下大力气推进侨联机关制度建设，根据党和国家有关制度法规，抓好侨联制度立改废释工作，制定完善了关于意识形态、机要保密、联谊联络、组织人事、财务和资产管理等一系列制度规范，形成 14 类共 127 个制度规定，并强化制度执行，不断提高侨联工作的规范化制度化水平。推进侨联信息化和数字化建设，建设网上侨联，落实好网络安全和信息化工作责任制。加强基层组织建设，扩大组织覆盖，全国各级侨联组织增至 2.87 万家，较 2017 年增长 51%，县级侨联覆盖率达 70%；全国“侨胞之家”阵地增至 1.1 万个，较 2017 年增长 112%；高校侨联近 600 家，较 2020 年增长 22%。健全完善“联系广泛、服务群众”工作体系，实现章程、条例、意见、机构为一体的侨联工作整体性制度安排，首次开展基层侨联组织实施统一社会信用代码赋码工作，组织举办高校侨联、基层组织建设经验交流活动，注重支持基层，培训基层骨干 1.2 万名，基层组织活力和服务能力得到提升。与有关地方签订合作协议，与有关群团、科研教育机构等建立合作机制，发挥各自优势，在共同服务党和国家工作大局中展现更大作为。

加强侨联党的建设，侨联的组织力战斗力显著增强。认真贯彻党中央关于全面从严治党的部署，牢固树立抓党建就是最大政绩的理念，制定《中国侨联党组关于加强和改进机关党的建设的意见》，每年召开党的建设暨党风廉政建设工作会议、印发工作要点，相继开展了“作风建设年”、“素质提升年”、“深化素质提升年”、“制度建设检查年”等活动，从严从实抓好侨联党建工作，带动侨联机关建设上台阶上水平。着眼增强政治功能和组织功能，实施基层党组织建设质量提升三年行动计划，建立党建述职机制，深化党支部标准化规范化建设，创建“四强”党支部。坚持严管与厚爱相结合，树立鲜明的选人用人导向，探索“线下＋线上”干部培训模式，编写《侨联工作概论》等培训教材，建设政治上强、作风优良、专业水平高的干部队伍。加强直属机关工会和各群团工作，做好老干部工作。组织开展6轮内部巡视，实现十届党组内部巡视全覆盖。落实中央八项规定及其实施细则精神，以钉钉子精神纠治“四风”。加强新时代廉洁文化建设，召开警示教育大会，一体推进不敢腐、不能腐、不想腐，风清气正的政治生态不断巩固。

各位代表，同志们、朋友们！过去的五年，是侨联坚决贯彻落实党中央和习近平总书记决策部署，牢记初心使命、矢志跟党奋斗，政治性充分彰显的五年；是侨联胸怀“国之大者”，在一系列大事要事中，团结引领广大归侨侨眷和海外侨胞，激发创新创造热情，挺立潮头、建功立业，先进性不断发挥的五年；是侨联坚守性质定位，全方位加强自身建设，充分发挥桥梁纽带作用，当好侨胞贴心人，群众性更加鲜明的五年。新时代的中国侨联，与各级侨联组织携手共进、拼搏进取，在为党和人民事业奋斗的实践磨砺中更加坚强有力、更加充满活力，展现出党领导下的群团组织的勃勃生机。

在波澜壮阔、气象万千的新时代，广大归侨侨眷和海外侨胞发扬优良传统，爱国爱乡、融通中外，与祖国共奋进、与人民同奋斗，展现出自信自强、团结进取的昂扬精神风貌。在经济建设主战场，侨商侨企内引外联、投资兴业，新侨创业发展、成就事业；在科教领域最前沿，归侨侨眷和留学归国人员创新创造、勇挑重担；在脱贫攻坚第一线，侨界爱心力量汇聚，真情帮扶困难群众；在疫情来袭时，海外侨胞捐款捐物，驰援祖（籍）国，守望相助，展现了血浓于水、同舟共济的中华儿女情；在维护民族大义面前，侨界积极发声奔走；在北京冬奥会冬残奥会上，有不少侨界运动员勇夺桂冠，冰雪博物馆记录了侨胞的拳拳爱国心；在国际交流大舞台，海外侨胞当好民间友好使者；还有更多的归侨侨眷和海外侨胞在各自岗位上勤奋努力，拼搏奉献，用实际行动书写了“侨心向党、报效祖国”的动人篇章。

回望过去的五年，我们深切感到，党中央始终高度重视发挥归侨侨眷和海外侨胞的作用，高度重视做好归侨侨眷和海外侨胞的工作。习近平总书记对侨念兹在兹，给广大归侨侨眷和海外侨胞以巨大鼓舞和激励。2020年10月，习近平总书记赴广东汕头考察时，走进开埠文化陈列馆、侨批文物馆，肯定华侨贡献，对新时代打好“侨”牌作出重要指示；在庆祝改革开放四十周年大会、中华人民共和国成立七十周年大会、中国共产党成立一百周年大会等重要场合，多次提到侨胞，并向广大侨胞致以诚挚问候；今年5月，在第十届世界华侨华人社团联谊大会上，又亲切接见了与会代表。习近平总书记对侨给予的特殊关爱、寄予的殷切期待，为新时代侨联事业发展注入了强大动力。我们深知，五年来侨联工作取得的所有成绩，根本在于习近平总书记和党中央关心关怀，在于习近平新时代中国特色社会主义思想科学指引。在此，我们向以习近平同志为核心的党中央致以崇高的敬意！同时，向一直关心支持侨联工作的各级党委和政府及社会各界表示衷心的感谢！向广大侨联工作者、归侨侨眷和海外侨胞致以诚挚的问候！

我们也清醒地认识到，对照党中央的要求、广大归侨侨眷和海外侨胞的期盼，侨联工作还存在一些不足：对百年变局下侨联工作的复杂性艰巨性认识和把握还不够深入，工作的整体性精准性需进一步增强；侨情调研还不够深入细致，创新做好海外联谊联络有待加强；因应海外形势变化，尤需重视引导海外侨胞遵守住在国法律、融入当地，更好生存发展；归侨侨眷和海外侨胞利益诉求更加多样，侨联服务资源、能力和手段存在不足，帮助侨商侨企提振信心、解决困难、实现更大发展的措施还不够多；面对新一轮科技革命和产业变革，网上侨联建设还有差距，侨联组织的工作方式和载体需要不断革新；加强侨联干部队伍建设仍需下大力气；等等。这些都要在今后工作中切实加以研究解决。

二、坚持以习近平新时代中国特色社会主义思想统领侨联工作

习近平新时代中国特色社会主义思想是当代中国马克思主义、二十一世纪马克思主义，是中

华文化和中国精神的时代精华，实现了马克思主义中国化新的飞跃，是党和国家必须长期坚持的指导思想，也是侨联工作必须长期坚持的指导思想。习近平总书记对侨有着深厚感情，对侨务工作有着深刻把握，从新时代中国侨务工作的使命任务和内在规律出发，系统回答了党的侨务工作的战略课题，作出重大论断，提出重要要求，集中体现为习近平总书记关于侨务工作的重要论述，明确并高度肯定了侨胞的地位作用，明确了凝聚侨心侨力同圆共享中国梦的新时代侨务工作主题，明确了“根”、“魂”、“梦”的新时代侨务工作主线，明确了“三有利”的新时代侨务工作原则，明确了“大侨务”的新时代侨务工作格局，明确了推动构建人类命运共同体的新时代侨务工作重点，明确了“贴心人”、“实干家”的侨务干部队伍建设要求。这是习近平新时代中国特色社会主义思想的重要组成部分，为新时代侨联工作提供了根本遵循。

新征程上，侨联组织要始终坚持以习近平新时代中国特色社会主义思想为指导，深学细悟笃行习近平总书记关于侨务工作的重要论述，不断推动新时代侨联事业开创新局面、实现新发展。

必须坚持和加强党的全面领导。中国特色社会主义最本质的特征是中国共产党领导，中国特色社会主义制度最大优势是中国共产党领导，中国共产党是最高政治领导力量，坚持党中央集中统一领导是最高政治原则。侨联是党创立和领导的人民团体、群团组织，侨联工作是党和国家事业的重要组成部分。侨联事业的发展进步根本在于坚定不移坚持党的全面领导。听党话、跟党走是侨联安身立命的根本所在。我们要更加深刻领悟“两个确立”的决定性意义，增强“四个意识”、坚定“四个自信”、做到“两个维护”，把党的领导落实到侨联事业的各领域各方面各环节，始终确保侨联工作的正确政治方向。要坚决贯彻落实党中央有关决策部署，贯彻党的侨务工作方针政策，贯彻党的群团工作和群团改革要求，让侨联工作紧跟新时代、再上新台阶。要坚持从政治上谋划、推进和检视侨联工作，严守政治纪律和政治规矩，在为党分忧、为国尽责、为侨奉献中彰显侨联组织的历史担当。

必须坚持凝聚侨心、侨力、侨智。习近平总书记强调，侨联组织要发挥桥梁和纽带作用，广泛凝聚侨心、侨力、侨智，团结动员广大归侨侨眷和海外侨胞为改革开放和社会主义现代化建设贡献力量。这为新时代侨联组织履行职能、发挥作用指明了前进方向。我们要牢牢把握侨联工作的时代主题，以中国梦凝聚侨的意志，以中国式现代化建设汇聚侨的力量，不断巩固海内外中华儿女大团结。要自觉在大局下思考、在大局下行动，把围绕中心、服务大局、服务侨胞作为工作主线，发挥好侨的独特优势，提高服务大局的贡献度。要坚守侨联组织的政治定位，把握政治要求，把工作项目、工作资源、工作力量向主责主业聚集，把新时代侨界蕴藏的热情、智慧和力量充分发挥出来。

必须坚持为侨服务。侨是侨联组织的基础和力量源泉。为侨服务是侨联工作的宗旨，是侨联工作的生命线，是侨联贯彻以人民为中心发展思想的必然要求。我们要牢牢把握侨联组织的特点，坚持人民至上，站稳人民立场，深怀爱侨之心，恪守为侨之责。要贯彻党的群众路线，扑下身子、沉到一线，了解侨胞需求，把侨界群众的安危冷暖放在心上，用心用情用力服务侨界群众，让侨联真正活跃在侨的身边。要把侨界群众满意不满意作为侨联工作的出发点、落脚点和检验标准，提高侨界群众的获得感、幸福感、安全感，建设侨胞可信赖的团结之家、奋斗之家、温暖之家。

必须坚持发挥桥梁和纽带作用。侨联是党和政府联系广大归侨侨眷和海外侨胞的桥梁纽带。党的二十大报告指出，深化群团组织改革和建设，有效发挥桥梁纽带作用。我们要认真贯彻党中央决策部署，坚定不移走中国特色社会主义群团发展道路，坚持问题导向，深化侨联改革，加强侨联建设，不断增强政治性、先进性、群众性。要把党中央对侨的重视关心和国家政策传递给侨，把侨的呼声和诉求收集起来，反映给有关方面，更加扎实有效做好侨界群众工作。要紧跟国家治理体系和治理能力现代化步伐，积极适应时代发展和侨情变化，健全完善联系广泛、服务侨界群众的组织体系和工作体系。

必须坚持守正创新。面对世界百年未有之大变局的加速演进，面对国内艰巨繁重的改革发展稳定任务，面对侨情的深刻变化，我们要准确把握侨联工作的“变”与“不变”，在守正创新中迎接挑战、实现发展。要注重把长期积累的好做法、好经验固化下来、上升为制度机制，强基固本，把握规律，形成工作传统。要紧跟新形势、了解新情况、把握新机遇，主动识变、应变、求变，补短板、强弱项、开新局，形成新判断、进行新创造、推动新进步，使侨联工作富有时代性、充满生机活力。要激发侨联干部创新创造活力，勇于担当、善于作为，发扬斗争精神、增强斗争本领，不断推动侨联事业创新发展。

必须坚持系统观念。侨联工作点多、面广、线长，具有政治性、群众性、涉外性、统战性。习近平总书记强调，只有用普遍联系的、全面系统的、发展变化的观点观察事物，才能把握事物发展规律。我们要坚持“两个并重”、“两个拓展”，形成以内联外、内外联动的生动局面。要树立大侨务理念，加强“两个建设”、构建“两项机制”、织好“两张网”，打造品牌，支持基层，上下联动，形成全国侨联系统整体合力。要加强工作谋划，注重规划引领，不断提高战略思维、历史思维、辩证思维、系统思维、创新思维、法治思维、底线思维能力，增强侨联事业发展的前瞻性、整体性、科学性。

三、为全面建设社会主义现代化国家贡献侨界力量

党的二十大明确指出，从现在起，党的中心任务就是团结带领全国各族人民全面建成社会主义现代化强国、实现第二个百年奋斗目标，以中国式现代化全面推进中华民族伟大复兴。实现这个中心任务，是侨联组织、广大归侨侨眷和海外侨胞义不容辞的光荣使命。

新征程上，我们要在以习近平同志为核心的党中央坚强领导下，以习近平新时代中国特色社会主义思想为指导，全面贯彻党的二十大精神，深入学习贯彻习近平总书记关于侨务工作的重要论述，坚持稳中求进工作总基调，围绕贯彻新发展理念、构建新发展格局、推动高质量发展，聚焦保持和增强政治性、先进性、群众性，坚持“两个并重”、“两个拓展”、“两个建设”，全面履行职能，加强思想政治引领，围绕中心、服务大局、激发侨界奋进力量，提升为侨服务水平，深化侨联改革，加强侨联党的建设，推动侨联事业高质量发展，有效发挥桥梁纽带作用，把广大归侨侨眷和海外侨胞紧密团结在党的周围，推动形成海内外中华儿女心往一处想、劲往一处使的生动局面，为全面建设社会主义现代化国家、全面推进中华民族伟大复兴而奋斗，为推动构建人类命运共同体作出更大贡献。

巩固侨界团结奋进的共同思想基础。归侨侨眷和海外侨胞分布广泛，结构多样，统一思想、增进共识至关重要；面对当今世界百年未有之大变局和中华民族伟大复兴的战略全局，凝聚人心、汇聚力量至关重要。必须把思想政治引领放到更加突出的位置，以学习宣传贯彻习近平新时代中国特色社会主义思想和党的二十大精神为重点，画好侨界最大同心圆，促进中华儿女大团结。

强化理论武装。坚持不懈用习近平新时代中国特色社会主义思想凝心铸魂，不断增进广大侨界群众对党的创新理论的政治认同、思想认同、理论认同、情感认同。区分群体、拓展渠道、丰富活动、完善机制，大力开展学习、培训、研讨等活动，充分发挥中国侨联讲师团作用，注重制作推出侨联宣传思想引导产品，提高理论宣传推介的覆盖面、感染力和有效性。持续推进习近平总书记关于侨务工作重要论述的学习宣传阐释，办好习近平总书记关于侨务工作重要论述研讨会，编辑《习近平论侨务资料汇编》。

推动侨界广泛践行社会主义核心价值观。大力宣传新时代党和国家事业发展取得的辉煌成就，引导侨界群众深刻认识新时代十年伟大成就和伟大变革的里程碑意义，深刻感悟党的领导、领袖领航、制度优势、人民力量的关键作用，自觉投身强国建设、民族复兴。加强党史、新中国史、改革开放史、社会主义发展史宣传教育，引导侨界群众知史爱党、知史爱国，坚定不移跟党走中国特色社会主义道路。围绕中央重大部署、抓住重要时间节点，广泛开展“追梦中华”主题宣传活动，引导广大归侨侨眷和海外侨胞更好了解国情，了解国家政策，增强民族自豪感。加强侨联国际传播能力建设，通过传统渠道和新媒体，发挥海外华文媒体和海外侨胞作用，讲好中国故事，传播好中国声音，向世界展现可信、可

爱、可敬的中国形象，为我国发展营造良好外部环境。

激发侨界精神力量。唱响强信心的主旋律，引导广大归侨侨眷和海外侨胞秉承家国情怀，准确把握祖（籍）国发展大势，相信自己、相信中国、相信未来，保持定力，不懈奋斗，凝心聚力同圆共享中国梦。引导广大归侨侨眷和海外侨胞深刻认识中华文明具有突出的连续性、创新性、统一性、包容性、和平性，坚定文化自信，增强做中国人的志气骨气底气。引导海外侨胞坚守中华民族的根、中华文化的魂、实现中华民族伟大复兴的中国梦，在住在国艰苦创业、拼搏进取，遵守住在国法律，积极融入当地，在事业上不断发展进步，树立良好形象，当好友谊使者。弘扬嘉庚精神，举办纪念陈嘉庚先生诞辰150周年活动。大力选树新时代侨界榜样，激发侨心向党、团结奋斗的强大力量。

为中国式现代化建设发挥侨界作用。中国式现代化是实现国家富强、民族复兴的康庄大道。侨联要始终坚持围绕中心、服务大局，胸怀“国之大者”，找准聚焦点、结合点、着力点，深化各项品牌和活动，最大限度把归侨侨眷和海外侨胞中蕴藏的能量和资源凝聚起来、发挥出来，在建功新时代、奋进新征程的伟大实践中彰显侨界作为。

着力服务高质量发展。广泛动员和引导侨商侨企和侨界人才，服务国家重大发展战略，矢志创新创业创造。注重品牌引领，深耕“创业中华”、中国侨商投资大会、“侨界贡献奖”等品牌活动，探索推进中国侨界人才发展大会、海归人才创业大赛、侨企高校招聘会等，加强地区联动互动，不断扩大品牌活动影响力和实效性。创新体制机制，用好血缘、地缘、业缘、学缘等，密切与侨商、新侨创新创业人士、海外人才、留学生、归国留学人员等的联系，加强特聘专家委员会等平台建设，积极搭建服务共建“一带一路”的联动机制、合作平台，涵养人才资源，拓宽招商引才、投资引智通道。组建侨界“双创”导师团，建好侨创基地，打通产学研转化渠道，把打造“小而精”的新侨活动和塑造“大而强”的品牌活动结合起来，为开辟发展新领域新赛道、塑造发展新动能新优势作贡献。

着力弘扬中华文化。着眼推动文化繁荣、建设文化强国、建设中华民族现代文明，注重以侨为桥，推动中华文化更好走向世界，促进中国与世界各国民心相通，促进文明交流互鉴。丰富和提升“亲情中华”品牌，深入挖掘文化内涵，拓展项目内容，创新理念方法。开展海外华文教育，办好线下和网上夏（冬）令营，组织世界华人学生作文大赛，厚植“根”、“魂”、“梦”。继续建设中国华侨国际文化交流基地，进一步发挥文促会、华侨摄影学会作用。推进“云游侨博”等网络文化平台建设，加强中国华侨出版社、《海内与海外》杂志社工作。保护和弘扬侨乡特色历史文化，加强华侨华人历史、现状和侨乡文化研究，推动中国华侨历史博物馆和全国涉侨博物馆高质量发展。

着力拓展联谊联络。围绕更好履行海外侨胞联谊等职责，加强侨情调研，进一步建好花名册、画好联络图，丰富和完善侨情数据库。突出民间性、群众性，广交新朋友、深交老朋友、扩大朋友圈，服务对外工作大局和港澳台工作大局。参与中央相关平台机制，推动暖侨行动常态化，深耕“侨连五洲”品牌。广泛联系海外侨社，拓展周边及“一带一路”沿线国家联谊联络工作。加强侨联海外顾问、海外委员队伍及侨青委建设，注重培养青年一代，持续办好论坛、研修班、参访等活动。树立底线思维，防范化解风险。加强民族地区侨联工作，铸牢中华民族共同体意识。壮大爱国爱港爱澳侨界力量，增强港澳同胞的爱国精神。贯彻新时代党解决台湾问题的总体方略，在坚定不移推进祖国统一大业中发挥侨界作用。

积极参政议政。加强与全国人大华侨委、全国政协港澳台侨委和中央涉侨部门的工作联系，进一步发挥侨联界在人民政协组织中的界别作用，协助和促进人大归侨代表、政协侨联界委员深入了解社情民意、更好建言献策。不断畅通渠道，倾听和收集侨界群众呼声，制度化、常态化反映侨界群众普遍性利益诉求，参与涉侨立法和政策出台。引导侨界群众有序参与各类协商活动和基层民主实践，共同参与法治中国建设。建好涉侨智库，办好《侨情专报》。

着力服务民生福祉。动员侨的资源和力量，

深化“侨爱心工程”品牌，做深做实重点项目，参与应急救灾行动。办好侨联公益基金会，加强涉侨基金会、侨界公益性社会组织引领。继续做好定点帮扶工作，加强工作统筹，促进脱贫攻坚成果同乡村振兴有效衔接，增强其可持续发展能力。推动侨乡地区探索“侨乡文化名村（街区）”、“侨韵街区”、“侨家乐”等工作，共建美丽家园。设立“侨乡振兴”项目，助力共同富裕。

不断提高为侨服务和依法维护侨益水平。联系侨、服务侨、团结侨是侨联的职责所在。必须紧扣为侨服务的工作生命线，深入调查研究，找准党政所需、侨胞所急、侨联能为的结合点，及时回应侨的关切，反映侨的呼声，完善制度机制，充分发挥各级侨联组织的作用，解难题、办实事、惠民生、护侨益，努力为党赢得侨心。

在帮助解决侨界群众急难愁盼问题上出实招。巩固主题教育成果，落实好基层联系点制度，掌握第一手情况，加强工作指导，帮助解决难题，推动政策落实。开展助侨惠侨行动，突出重点，整合资源，开展服务，动真情、办实事。组织开展“送温暖、献爱心”活动。配合落实就业优先政策，发挥专项经费救助保障作用，开展医疗队、技能培训等活动，关心关爱侨界困难群体。

在加强侨界群众权益保护上用实功。推动归侨侨眷权益保护法修订和华侨权益保护立法工作，加大对有关政策的解读和宣传力度。深化“法治中国　你我同行”等品牌活动，增强侨界群众法治观念。坚持和发展新时代“枫桥经验”，加强侨联组织与公、检、法、司等部门的合作机制建设，全面推进涉侨纠纷多元化解工作，发挥法顾委及其国内、海外委员作用，做好涉侨涉诉案件协调处理，建设中国侨益保护研究基地，实施“连心侨”项目，不断提升侨联维护侨益工作水平。

在构建“联系广泛、服务侨界群众”的工作体系上求实效。推动“侨胞之家”阵地建设提质增效，着力推进科研院所、各类园区（商务楼宇）、“两新”组织、机关和企事业单位等侨联组织建设，扩大组织覆盖，提升服务能力。建立健全特聘专家委员会、侨创联盟、侨商会、侨青委、法顾委、文促会、华侨摄影学会、华侨历史学会等侨界社团组织，不断延伸侨联组织和工作的手臂。

深入推进侨联改革和基层组织建设。改革是侨联事业发展的强大动力。基层组织是侨联事业发展的基础。必须聚焦保持和增强政治性、先进性、群众性的改革方向，加强海外侨胞联谊，坚持问题导向、目标导向、结果导向相统一，注重改革系统集成、协同推进，树立大抓基层的鲜明导向，推动改革举措落到基层，努力使侨联组织更好适应国家治理体系和治理能力现代化要求，更加符合新时代侨联事业发展的需要。

坚持和创新侨联的工作思路和方式。坚持“两个并重”、“两个拓展”，持续推进“两个建设”，以组织起来、活跃起来、行动起来、贡献起来为目标加强基层组织建设，以能力建设、制度建设、信息和数据建设为重点加强机关基础建设，进一步夯实侨联事业发展的基础。牢固树立大侨务理念，在织好“两张网”、构建“两项机制”上持续深化、久久为功，形成系统合力。注重运用新的联络方式、组织方式、管理模式，借鉴国外侨民工作的有益经验，不断创新侨联工作的方式方法。

坚持规划引领。落实《中国侨联事业发展规划（2021—2025年）》，按照施工图、路线图和时间表，抓住关键性、标志性、指标性的工作载体和项目，加强阶段性汇总和分析，推动各项目标任务落地见效。继续贯彻“大学习、大调研、大讨论，作出大贡献”部署，打造中国侨联课题品牌。加强中国侨联所属企事业单位建设，服务全局工作。

坚持品牌推动。抓好“创业中华”、“亲情中华”、“侨爱心工程”等传统工作品牌，赋予老品牌新的内涵和形式。结合形势和任务发展，进一步打造“侨连五洲”、“追梦中华”、中国侨商投资大会、网上夏（冬）令营、“连心侨”等新工作品牌，更好展现侨联围绕中心、服务大局、服务侨胞的贡献度、覆盖面、行动力。提升品牌整体战略谋划、设计和运营水平，构建侨联工作品牌体系。加强网上侨联建设，建好中国侨联信息中心，推进网上网下一体化发展。

坚持狠抓基层。坚持“党建带侨建”，紧紧依靠党组织，理顺侨联管理体制，强化侨联支持保障，破解侨联存在的困难和问题。推动改革进一步向基层延伸，突出重点侨乡、重点领域、薄弱环节，不断扩大侨联组织覆盖和工作覆盖。注重做好制度机制建设、经费支持、品牌带动、骨干培训等工作，推动侨联工作资源和力量向下倾斜，激发基层活力。探索建设侨界志愿服务队伍，增强各级侨联服务侨胞、服务社会的组织力量。鼓励基层侨联组织之间沿海帮扶内陆、东部帮扶西部、城市帮扶乡村，构建系统联动、资源共享的工作格局。

推动侨联组织党的建设向纵深发展。深入学习贯彻习近平总书记关于党的建设的重要思想，深入贯彻新时代党的建设总要求，坚持和加强党对侨联工作的全面领导，以党的政治建设为统领，不断提升侨联党建工作质量和水平，增强党组织政治功能和组织功能，建设让党中央放心、让侨界群众满意的模范机关。

坚定不移加强政治机关建设。坚持旗帜鲜明讲政治，增强党员干部思想和行动自觉，始终在政治立场、政治方向、政治原则、政治道路上同以习近平同志为核心的党中央保持高度一致，以实际行动践行“两个维护”，走好“第一方阵”。严守政治纪律和政治规矩，尊崇党章，加强党性锻炼，弘扬伟大建党精神，做政治上的明白人。加强制度建设，用制度管人管事，严明组织纪律，提高侨联组织力战斗力。

完善坚持党的全面领导制度机制。深入开展学习贯彻习近平新时代中国特色社会主义思想主题教育，牢牢把握“学思想、强党性、重实践、建新功”的总要求，努力做到以学铸魂、以学增智、以学正风、以学促干。建立健全政治理论学习制度，发挥党组理论学习中心组作用。健全贯彻落实习近平总书记重要指示批示精神和党中央决策部署的台账管理和督查机制，确保党中央要求落地见效。加强班子建设，严格落实重大事项请示报告制度。

建设高素质专业化侨联干部队伍。贯彻落实新时代党的组织路线，坚持新时代好干部标准和忠诚干净担当要求，改进选人用人工作，加大培养选拔年轻干部力度，打造贴心人、实干家侨联工作队伍。加强思想淬炼、政治历练、实践锻炼、专业训练，推进干部培训、挂职交流、选派等工作，教育引导侨联干部坚定理想信念，筑牢信仰之基，增强侨联干部推动高质量发展本领、服务群众本领、防范化解风险本领。推进领导干部能上能下，激励干部敢于担当、积极作为。做好老干部和离退休人员工作。加强机关群团组织建设。加强侨联机关服务和保障工作。

坚持以严的基调加强侨联党风廉政建设。落实全面从严治党主体责任，勇于自我革命。开展警示教育，健全制度机制，强化日常监督。巩固深化巡视整改成果，继续开展内部巡视，深化不敢腐、不能腐、不想腐一体推进，锲而不舍落实中央八项规定及其实施细则精神，驰而不息纠“四风”、转作风、树新风，营造风清气正的良好政治生态。

各位代表，同志们、朋友们！14 亿多中国人民在中国共产党的带领下，团结一心、踔厉奋发，迈上实现中国式现代化的康庄大道，这是中国历史上的壮举，更是人类发展史上的壮举。我们这一代人能够参与见证，何其有幸；我们所肩负的使命，何其重大。新时代是充满希望、大有作为的时代，新征程是充满光荣和梦想的远征，我们每一个人都不能缺席，全体中华儿女都不能缺席。广大归侨侨眷和海外侨胞要弘扬优良传统，把个人发展与国家、民族发展紧紧相连，立足本职，兢兢业业，将个人平凡的努力汇入党和国家进步的不平凡伟业之中，与全国各族人民一道，共担民族复兴重任，共享民族复兴荣光。各级侨联组织和广大侨联工作者要牢记初心使命，增强历史主动，高扬理想之旗，勇担时代之责，不负侨胞之望，以“时时放心不下”的自觉和“功成必定有我”的坚定，不断为新时代党的侨务事业发展添砖加瓦、增光添彩。

让我们更加紧密地团结在以习近平同志为核心的党中央周围，深入学习贯彻习近平新时代中国特色社会主义思想，团结凝聚广大归侨侨眷和海外侨胞，在全面建设社会主义现代化国家、全面推进中华民族伟大复兴、推动构建人类命运共同体的进程中，奋力谱写新的光荣篇章！

名词解释

1. 两个并重： 坚持国内工作与海外工作并重、老侨工作与新侨工作并重。

2. 两个拓展： 拓展海外工作、拓展新侨工作。

3. 两个建设： 一是加强基层组织建设，扩大组织覆盖面，建好“侨胞之家”，让侨界群众组织起来、活跃起来、行动起来、贡献起来。二是加强基础建设，抓好能力建设、制度建设、信息和数据建设，让侨联工作更专业、更规范、更扎实、更有效。

4. 两张网： 树立大侨务理念，建好侨联组织内部自上而下的组织网络，建好侨联与其他部门、其他群团组织之间的工作网络，进而实现找到人、有机构、借力发力、协同发展的目标。

5. 两项机制： 一是“地方侨联＋大学侨联＋校友会”机制，旨在加强三方面力量的协同，把组织网络、信息、人才的优势相叠加，把地方经济社会发展的智力需求、大学的人才需求与新归侨的发展需求相对接，倍增侨联的服务能力和组织影响。二是“基层侨联＋海外侨社”机制，旨在利用血缘、地缘、语缘等纽带，广泛联系海外侨胞，形成以侨为桥、以侨联侨、以内联外、内外联动的生动局面。

6. 创业中华： 始创于2010年，是中国侨联联合地方政府和地方侨联打造的品牌活动，旨在促进新侨创新创业，引导侨资侨智积极投身创新型国家建设。

7. 亲情中华： 启动于2008年，组派艺术团开展海外慰侨巡演等文化交流活动，助推海外华文教育事业蓬勃发展。新时代围绕文化自信自强、文化强国建设，丰富项目内容，大力弘扬中华文化，促进文明交流互鉴。

8. 侨连五洲： 积极搭建涵盖联谊、经济、金融、科技、文化、公益、青年、侨社等方面的综合性平台，旨在整合各方资源、聚焦侨胞发展、推动合作共赢、促进中外友好，为服务国家大局和侨胞事业发展贡献力量。

9. 追梦中华： 通过开展归侨侨眷和海外侨胞主题网络活动、全媒体平台海外采访行动、海外华文媒体地方采风行、专题宣传报道计划，举办海外华文媒体高级研修班，加强全国侨联系统信息传播工作队伍建设，发挥海外侨胞的独特作用，讲好中国故事，传播好中国声音。

10. 侨爱心工程： 始创于2000年，是由中国侨联发起，各级侨联组织和社会各界共同参与的一项公益活动，是广大归侨侨眷和海外侨胞奉献爱心、参与社会建设的重要平台。

11. 中国侨商投资大会： 作为新形势下中国侨联履行服务经济发展等职能的新载体，将服务大局、服务侨胞与服务地方发展相结合开展工作，旨在为广大侨胞和地方政府搭建合作共赢的平台，发挥侨商侨企在资金、技术、人才、管理、信息等方面的优势，为新时代新征程贡献侨界力量。

12. “总对总”在线诉调对接： 最高人民法院与中国侨联依托人民法院调解平台，将各级侨联的调解组织和调解员引导入驻人民法院调解平台，把侨联分散在省、市、县、乡各个层级的调解资源进行最大限度集约，并集成在人民法院调解平台上开展全流程在线调解和诉调对接工作，实现“一次对接、全国覆盖”，做到“一平台调解、全流程在线、菜单式服务、一体化解纷”，全面提升涉侨纠纷多元化解工作的质量和效率。

13. 侨联所属的侨界社团及组织简称： 中国侨联特聘专家委员会简称特聘专家委员会；中国侨联新侨创新创业联盟简称侨创联盟；中国侨商联合会简称侨商会；中国侨联青年委员会简称侨青委；中国侨联法律顾问委员会简称法顾委；中国华侨国际文化交流促进会简称文促会；中国华侨摄影学会简称华侨摄影学会；中国华侨历史学会简称华侨历史学会。

中华全国归国华侨联合会章程

（2023年9月3日第十一次全国归侨侨眷代表大会通过）

总　则

中华全国归国华侨联合会（简称中国侨联），是中国共产党领导的由归侨、侨眷组成的全国性人民团体，是党和政府联系广大归侨侨眷和海外侨胞的桥梁和纽带。

归侨侨眷和海外侨胞为中华民族的进步和昌盛作出了巨大贡献，是建设中国特色社会主义、推进祖国完全统一、实现中华民族伟大复兴中国梦的一支重要力量。

中国侨联以《中华人民共和国宪法》为根本的活动准则，坚持以人为本、为侨服务的宗旨，在维护全国人民总体利益的同时，依法代表和维护归侨侨眷和海外侨胞在国内的合法权利和利益，关心海外侨胞的正当权利和利益。

中国侨联以马克思列宁主义、毛泽东思想、邓小平理论、“三个代表”重要思想、科学发展观、习近平新时代中国特色社会主义思想为指导，高举爱国主义和社会主义旗帜，全面贯彻党的基本理论、基本路线、基本方略，坚定不移走中国特色社会主义群团发展道路，立足新发展阶段、贯彻新发展理念、构建新发展格局、推动高质量发展，增强政治性、先进性、群众性，根据本章程，坚持国内海外工作并重、老侨新侨工作并重，拓展海外工作，拓展新侨工作，坚持和加强党的全面领导，加强基层组织建设，加强基础建设，建设侨联组织内部自上而下的组织网络，建设侨联与其他部门、其他群团组织之间的工作网络，构建和完善工作机制。凝聚侨心、汇集侨智、发挥侨力、维护侨益，积极主动、独立自主地开展工作，履行服务经济发展、依法维护侨益、拓展海外联谊、积极参政议政、弘扬中华文化、参与社会建设工作职能，广泛团结归侨侨眷和海外侨胞在全面推进我国经济建设、政治建设、文化建设、社会建设、生态文明建设中发挥积极作用，为振兴中华、统一祖国、维护世界和平，为全面建设社会主义现代化国家、全面推进中华民族伟大复兴而奋斗。

第一章　任　务

第一条　引导和组织归侨侨眷努力学习马克思列宁主义、毛泽东思想、邓小平理论、“三个代表”重要思想、科学发展观、习近平新时代中国特色社会主义思想，坚持解放思想、实事求是、与时俱进、求真务实，做好归侨侨眷的思想政治工作，最大限度把广大归侨侨眷和海外侨胞团结起来，最大限度把他们爱国爱乡的积极性调动起来，最大限度把他们促进改革开放和社会主义现代化建设的独特优势发挥出来，自信自强、守正创新，奋力推进中国特色社会主义伟大事业。

第二条　广泛团结和动员归侨侨眷和海外侨胞投身改革开放和社会主义现代化建设；积极为引进海外人才、资金、技术和智力服务，促进海内外经贸合作和科技交流；努力为归侨侨眷兴办企事业和海外侨胞来华工作服务；引导侨资侨智在参与共建“一带一路”、服务高水平对外开放，构建以国内大循环为主体、国内国际双循环相互促进的新发展格局中发挥积极作用；办好侨联所属企事业。

第三条　参与国家政治、经济、文化和社会事务活动，参与社会管理和公共服务，反映归侨侨眷和海外侨胞的意愿和要求；参与政治协商，发挥民主监督作用；参与协商和推荐人民代表大会归侨侨眷代表人选，提名政治协商会议的归侨侨眷委员人选；参与起草修订有关法律、法规草案，促进社会主义民主政治建设。

第四条 宣传贯彻党和国家关于侨务工作的方针、政策和法律、法规；推动《中华人民共和国归侨侨眷权益保护法》的实施，推动涉侨法律法规的制定和实施；加强对归侨侨眷的法治宣传教育；发挥法律顾问委员会的作用，为归侨侨眷和海外侨胞提供政策咨询和法律服务；加强与各方面工作协同，多元化解涉侨纠纷，提高依法护侨的能力和水平。

第五条 密切与海外侨胞、留学人员及其社团的联系，履行海外侨胞社团联谊等职责，促进海外侨胞关系及社团和谐健康发展，加深乡谊亲情，鼓励他们融入和回馈当地社会，同居住地人民和睦相处，为居住地的繁荣和发展作出贡献，为促进我国人民同各国人民的相互了解和友谊，推动构建人类命运共同体贡献力量。加强同香港、澳门特别行政区归侨侨眷及其社团的联系，支持他们为香港、澳门长期繁荣稳定发挥积极作用；积极宣传贯彻“和平统一、一国两制”方针，密切与台湾地区归侨侨眷及其社团的联系，推动两岸关系和平发展，为实现祖国完全统一贡献力量。

第六条 引导和鼓励归侨侨眷弘扬以爱国主义为核心的民族精神和以改革创新为核心的时代精神，践行社会主义核心价值观，维护各族人民大团结，积极开展群众性社会主义精神文明创建活动，不断提高思想道德素质和科学文化素质，做有理想、有道德、有文化、有纪律的公民。弘扬中华优秀传统文化，推进海外华文教育，传播中国声音，讲好中国故事，开展海内外文化、学术交流，协助归侨侨眷和海外侨胞在国内兴办科教文卫体事业，支持、引导归侨侨眷和海外侨胞参与发展公益事业。

第七条 加强侨联自身建设，发扬民主，廉洁奉公，面向基层，面向群众，深入开展调查研究，全心全意为归侨侨眷和海外侨胞服务。加强侨联系统党的政治建设，深刻领悟“两个确立”的决定性意义，增强“四个意识”、坚定“四个自信”、做到“两个维护”，自觉在思想上政治上行动上同以习近平同志为核心的党中央保持高度一致。加强侨联组织党的建设，增强党组织政治功能和组织功能。重视培养、推荐和选拔德才兼备的归侨侨眷干部。开展表彰先进集体、先进个人和典型选树等工作，进一步激励侨界人士和侨务工作者干事创业。努力建设一支政治坚定、业务精通、作风优良、纪律严明、服务热情的高素质干部队伍。把侨联建设成为归侨侨眷和海外侨胞之家，使侨联干部成为归侨侨眷、海外侨胞的贴心人和侨务工作的实干家。

第二章　会　员

第八条 各级侨联实行团体会员制。

凡在民政部门注册登记或经各级侨联批准成立的归侨侨眷组织的联谊会、校友会、学会、协会、商会等团体，承认本章程，可成为所在地侨联的团体会员。

第九条 县以下侨联可实行个人会员制。

第十条 会员有权参加所属侨联的有关活动，享受侨联提供的各项服务，对侨联工作提出建议和批评，并对侨联工作人员进行监督。

第十一条 会员有义务遵守侨联章程，维护侨联声誉，贯彻执行侨联的决议，完成侨联布置的工作任务。

第三章　组织制度

第十二条 侨联实行民主集中制。

第十三条 各级侨联的领导机关是各级归侨侨眷代表大会及其选举产生的委员会。

第十四条 各级归侨侨眷代表大会的代表应当具有归侨侨眷身份，由各级侨联和其他有关方面经民主协商或者通过选举、特邀方式产生。各级侨联委员会由同级归侨侨眷代表大会选举产生。候选人名单事先要充分酝酿讨论。选举采取无记名投票方式。

第十五条 各级侨联可以设立荣誉职务。

第十六条 省、自治区、直辖市，设区的市、自治州，县、自治县、不设区的市和市辖区，可以按本章程规定成立地方侨联组织。在归侨侨眷较多的企业、农村、机关、学校、医院、科研院所、街道社区、社会组织和其他基层单位，可以成立基层侨联组织。

第十七条 各级侨联具有法人资格，其机构受法律保护。根据工作需要，县级以上（含县级）和重点侨乡的乡、镇、市区的街道侨联可以下设办事机构，其人员编制、经费，按同级人民团体统一管理。根据国家规定，干部参照国家公务员制度管理。

第十八条 各级侨联要密切与会员的联系，定期组织活动，支持他们的工作，协助他们解决困难。

第四章 全国组织

第十九条 侨联的全国组织是中华全国归国华侨联合会。

第二十条 中国侨联的最高领导机关是全国归侨侨眷代表大会及其选举产生的中国侨联委员会。

全国归侨侨眷代表大会的代表由各省、自治区、直辖市侨联和其他有关方面经民主协商或者通过选举、特邀方式产生。

第二十一条 全国归侨侨眷代表大会的职权是：

一、审议和批准中国侨联委员会的工作报告；

二、讨论和决定中国侨联的工作方针、任务；

三、修改中国侨联章程；

四、选举中国侨联委员会；

五、根据需要聘请海内外热心侨联事业的社会著名人士担任中国侨联顾问、海外委员、荣誉委员等职务；

六、表彰先进集体、先进个人；

七、决定中国侨联其他重要事项。

第二十二条 全国归侨侨眷代表大会每五年召开一次，由上一届中国侨联委员会负责召集。在特殊情况下，可以提前或者推迟召开，原则上时间不超过一年。

全国归侨侨眷代表大会闭会期间，由中国侨联委员会贯彻执行全国归侨侨眷代表大会的决议并决定工作中的重大问题。

第二十三条 中国侨联委员会全体会议每年召开一次，由常务委员会负责召集。常务委员会认为有必要或者有三分之一以上委员的建议，可以提前或者推迟召开。

第二十四条 中国侨联委员会每届任期五年。在全国归侨侨眷代表大会提前或者推迟召开时，其任期相应缩短或延长。

中国侨联委员会全体会议必要时可以补选、增选、卸免或者罢免委员、常务委员，但增选名额不得超过本届委员总数的五分之一。委员的补选、增选、卸免和罢免，授权常务委员会会议审定。常务委员的补选、增选、卸免和罢免，由委员会全体会议审定。

委员会、常务委员会中的专职侨联干部退休或离任后，其委员、常务委员职务按程序及时卸免，并进行相应增补。

第二十五条 中国侨联委员会委员应当具有归侨侨眷身份。

中国侨联委员会全体会议选举主席一人、副主席若干人、秘书长一人及常务委员若干人，组成常务委员会。

中国侨联委员会全体会议闭会期间，由常务委员会行使其职权。

常务委员会会议每年召开两次，由主席会议负责召集。

主席会议由主席和副主席、秘书长组成。主席会议每年至少召开两次，由主席负责召集。

第二十六条 主席、专职副主席、秘书长组成主席办公会议，根据常务委员会的决议处理日常工作。主席办公会议可以聘任副秘书长若干人。

第二十七条 全国归侨侨眷代表大会及其选举产生的委员会、常务委员会必须有应出席会议过半数的成员出席方能召开；有应出席会议过半数成员的同意，才可以通过决议。

第二十八条 担任中国侨联荣誉职务的人士可以应邀列席有关会议。

第五章 地方组织

第二十九条 地方各级侨联的领导机关是地方归侨侨眷代表大会及其选举产生的委员会。

地方各级归侨侨眷代表大会的代表由该地各

级侨联及其有关方面经民主协商或者通过选举、特邀方式产生。

第三十条 地方各级归侨侨眷代表大会的职权是：

一、审议和批准本级侨联委员会的工作报告；

二、讨论和决定本级侨联的工作任务；

三、选举本级侨联委员会；

四、制定、修改本级侨联的工作细则；

五、根据需要，聘请海内外热心侨联事业的社会著名人士担任本级侨联荣誉职务；

六、表彰先进集体、先进个人；

七、决定本级侨联其他重要事项。

第三十一条 地方归侨侨眷代表大会每五年召开一次，由上一届地方侨联委员会召集。在特殊情况下，可以提前或者推迟召开，原则上时间不超过一年。

地方归侨侨眷代表大会闭会期间，地方侨联委员会贯彻执行地方归侨侨眷代表大会的决议并决定工作中的重大问题。地方侨联委员会全体会议每年至少召开一次，由常务委员会负责召集。

地方侨联委员会全体会议闭会期间，由其常务委员会行使其职权。

地方各级侨联委员会每届任期五年。在地方归侨侨眷代表大会提前或者推迟召开时，其任期相应缩短或者延长。

委员会、常务委员会中的专职侨联干部退休或离任后，其委员、常务委员职务按程序及时卸免，并进行相应增补。

第三十二条 地方各级侨联委员会选举主席一人、副主席若干人、秘书长一人及常务委员若干人，组成常务委员会。常务委员会会议由主席会议负责召集。

主席会议由主席和副主席、秘书长组成，由主席负责召集。

第三十三条 专职主席、副主席、秘书长组成主席办公会议，处理日常工作；也可以根据当地实际情况，另定主席办公会议组成人员。主席办公会议可以根据工作需要聘任副秘书长。

第三十四条 地方各级侨联委员会委员应当具有归侨侨眷身份。

主席、副主席、秘书长应当由归侨侨眷担任，其候选人名单须征求上一级侨联的意见，选举结果报上一级侨联备案。

第三十五条 地方各级侨联受同级党委领导，接受上一级侨联的指导，享受同级人民团体待遇。地方侨联选举产生的主要领导成员实行届别任期制；其职务如在任期内变动，应当提交本届委员会讨论决定并征求上一级侨联组织意见。

第六章　基层组织

第三十六条 基层侨联的领导机关是基层归侨侨眷大会或代表大会及其选举产生的委员会。基层归侨侨眷大会或代表大会每三至五年召开一次，由上一届基层侨联委员会召集。

基层归侨侨眷大会或代表大会的代表及其选举产生的基层侨联委员会委员应当具有归侨侨眷身份。

基层侨联选举主席一人，副主席若干人，负责日常工作。有条件的基层侨联应当设立办事机构，配备专职干部，保障工作经费。

第三十七条 基层侨联组织是侨联事业发展的重要基础。基层侨联在同级党组织的领导下开展工作，接受上一级侨联的指导。

第七章　经　费

第三十八条 中国侨联和地方各级侨联的经费来源：

一、侨联的行政经费、业务活动和事业发展经费由同级政府列入财政预算，并随着财政收入的增长和工作需要逐步增加；

二、侨联兴办企业、事业的收益；

三、海内外人士和单位的捐赠。

第八章　资　产

第三十九条 侨联资产包括国家拨给的动产和不动产、侨联接受海内外人士和单位捐赠的财物、侨联在所属企事业拥有的资产。各级侨联应当依法管理、使用、保护所拥有的资产，任何组织或者个人不得侵占、挪用，未经批准，不得任意调拨。

第九章　会　徽

第四十条　中华全国归国华侨联合会会徽由五枚相连的黄色心形环绕红五角星图案和中国侨联的中英文全称组成。象征五大洲侨胞心向祖国，侨联联系和团结归侨侨眷和海外侨胞，为实现中华民族伟大复兴而奋斗。

中国侨联会徽按照规定使用。

中华全国归国华侨联合会英文译名是“All—China Federation of Returned Overseas Chinese”，缩写为“ACFROC”。

第十章　附　则

第四十一条　各级侨联可以根据本章程制定实施细则，报上一级侨联备案。

第四十二条　本章程的解释权属中华全国归国华侨联合会。

第十一次全国归侨侨眷代表大会关于中国侨联第十届委员会报告的决议

（2023年9月3日第十一次全国归侨侨眷代表大会通过）

第十一次全国归侨侨眷代表大会审议了万立骏同志代表中国侨联第十届委员会所作的报告。报告全面总结了过去五年的侨联工作，提出坚持以习近平新时代中国特色社会主义思想统领侨联工作，对未来五年的侨联工作作出了全面部署，体现了党对侨联的要求，反映了广大归侨侨眷和海外侨胞对侨联的期待，是今后一个时期侨联工作的重要指导性文件。大会决定批准这一报告。

大会号召，各级侨联组织和广大侨联干部要更加紧密地团结在以习近平同志为核心的党中央周围，以习近平新时代中国特色社会主义思想为指导，全面贯彻党的二十大精神，深入贯彻习近平总书记关于侨务工作的重要论述，勇于担当、守正创新，团结凝聚广大归侨侨眷和海外侨胞，为全面建设社会主义现代化国家、全面推进中华民族伟大复兴而奋斗，为推动构建人类命运共同体作出积极贡献！

第十一次全国归侨侨眷代表大会关于《中华全国归国华侨联合会章程（修正案）》的决议

（2023年9月3日第十一次全国归侨侨眷代表大会通过）

第十一次全国归侨侨眷代表大会审议并一致通过中国侨联第十届委员会提出的《中华全国归国华侨联合会章程（修正案）》，决定这一修正案自通过之日起生效。

大会要求，各级侨联组织和广大侨联干部要在以习近平同志为核心的党中央坚强领导下，以习近平新时代中国特色社会主义思想为指导，全面贯彻党的二十大精神，更加自觉地学习侨联章程、遵守侨联章程、贯彻侨联章程、维护侨联章程，开创侨联工作新局面，团结凝聚广大归侨侨眷和海外侨胞为全面建设社会主义现代化国家、全面推进中华民族伟大复兴贡献智慧和力量！

中国侨联　国务院侨务办公室
关于表彰中国侨界杰出人物和全国归侨侨眷先进个人的决定

中侨发〔2023〕10号

各省、自治区、直辖市和新疆生产建设兵团侨联、侨务办公室，中央和国家机关、中央企业侨联，中央军委政治工作部组织局：

近年来，在以习近平同志为核心的党中央的坚强领导下，广大归侨侨眷坚持以习近平新时代中国特色社会主义思想为指导，深入学习贯彻习近平总书记关于侨务工作的重要论述，响应党和政府号召，积极投身全面建设小康社会的伟大实践，在经济建设的主战场、在脱贫攻坚的第一线、在科教领域的最前沿勇挑重担；在弘扬中华优秀传统文化、促进中外文明交流的大舞台，在推进“一国两制”行稳致远、维护祖国统一的行列里积极奉献；在共建“一带一路”、推动构建人类命运共同体的进程中展现风采，涌现出一批先进模范人物。

为大力弘扬广大归侨侨眷的拼搏进取和爱国奉献精神，宣传他们立足本职、建功立业的先进事迹，中国侨联、国务院侨务办公室决定：授予白重恩等10名同志“中国侨界杰出人物”荣誉称号；授予王云兵等20名同志“中国侨界杰出人物提名奖”荣誉称号；授予马骏等989名同志“全国归侨侨眷先进个人”荣誉称号。希望受到表彰的同志珍惜荣誉，再接再厉，努力在新时代新征程上再创新业、再立新功。

广大归侨侨眷要以“中国侨界杰出人物”和“全国归侨侨眷先进个人”为榜样，深入学习贯彻习近平新时代中国特色社会主义思想，全面贯彻党的二十大精神，深刻领悟“两个确立”的决定性意义，增强“四个意识”，坚定“四个自信”，做到“两个维护”，凝心聚力，踔厉奋发，在全面建设社会主义现代化国家、全面推进中华民族伟大复兴的进程中发挥独特优势、展现更大作为；在推动构建人类命运共同体的宏伟事业中彰显独特作用、作出更大贡献！

附件：1. 中国侨界杰出人物名单
　　　2. 中国侨界杰出人物提名奖名单
　　　3. 全国归侨侨眷先进个人名单

中国侨联　国务院侨务办公室

2023年8月24日

附件1

中国侨界杰出人物名单

（共10名，以姓氏笔画为序）

1. 白重恩　　清华大学经济管理学院院长
2. 李述汤　　苏州大学纳米科学技术学院、功能纳米与软物质研究院院长
3. 吴方权　　广西北海市侨港涉侨纠纷多元化解中心负责人
4. 张卫红　　西北工业大学副校长
5. 陆　林　　北京大学第六医院院长
6. 林　东　　林东新能源科技股份有限公司董事长

7. 黄路生　江西农业大学党委书记
8. 蒋建东　中国医学科学院医药生物技术研究所、药物研究院主任、院长
9. 戴立忠　圣湘生物科技股份有限公司董事长
10. 瞿弦和　中国煤矿文工团一级演员

附件 2

中国侨界杰出人物提名奖名单

（共 20 名，以姓氏笔画为序）

1. 王云兵　四川大学生物医学工程学院院长
2. 叶紫莹（女）　卓势集团有限公司董事长
3. 刘光华　温州市华侨总商会常务副会长
4. 刘润生　陕西省延安市侨联主席
5. 闫大鹏　武汉锐科光纤激光技术股份有限公司副董事长、总工程师
6. 李百战　重庆大学国家级低碳绿色建筑国际联合研究中心主任
7. 李喜和　内蒙古大学蒙古高原动物遗传资源研究中心主任
8. 杨绍普　石家庄铁道大学国家重点实验室主任
9. 沈义俊　海南大学南海海洋资源利用国家重点实验室副主任
10. 张俊彦　中国科学院兰州化学物理研究所副所长
11. 林正佳　佳信海坛控股集团有限公司董事长
12. 易解放（女）　NPO（非盈利）绿色生命理事长
13. 金双根　河南理工大学副校长
14. 查　艳（女）　贵州省人民医院院长
15. 施乾平　德迈国际产业集团有限公司董事长
16. 姚力军　宁波江丰电子股份有限公司董事长
17. 黄　田　天津大学教授
18. 常　毅　吉林大学科研院院长
19. 蒋　立　南京天加环境科技有限公司董事长
20. 傅明利　南方电网科研院先进绝缘技术及设备安全运行团队负责人

附件 3

全国归侨侨眷先进个人名单

（共 989 人，排名不分先后）

北京市

马　骏　马云英（女）王　淼　王建平
冯长林　孙齐炜（女）杜　杰　李　然（女）
李　静（女）李晓斌　杨云春　肖　群（女）
吴　涛　吴亚娇（女）沈寓实　张　芃
张　妍（女）张立群　张劲松　张继焦
张强斌　陈九霖　陈浩琦　邵小桃（女）
武继英（女）林剑浩　罗益锋　金古月（女）
周　斌　郎明林　封跃平　赵　杨
赵　磊　赵一弘　赵立东　赵永升
秦玉学　高　颖（女）黄河清（女）黄健华
程　洪（女）鲍一明　解江冰　穆彦魁

天津市

王文元（女）尹　波　卢　晴（女）庄雪阳（女）
李　佳（女）杨　洁（女）杨丹丹（女）吴正斌
吴锦泽　余　鹰　宋　东（女）张　晋
张俊红（女）陈晓波　罗伯良　周燕玲（女）
洪晓鸣（女）祖　越　曹晓明　蒋　峰
韩　爽（女）韩立梅（女）鲁　丹（女）潮洛蒙
霍丽娜（女）

河北省

马　莉（女）马树凯　王　华　王　宇
元　革　史代猛　任立群（女）刘　洪
刘永静（女）刘庆宽　刘洪波　许中旗
芦海英（女）李玉华（女）李成书　李晓娟（女）
杨晓青　陈琼玉（女）武海涛　周志杰
胡玉英（女）袁树平　高英敏（女）董春晓
廖国红　魏晓光（女）

山西省

刁士琦　万珍如　马忠社　介方林
朱向梅（女）任　慧（女）李文杰　张　烘
金　鑫　郑　勇　郑祝伟　侯　泽
饶　嵘　贾连喜　陶之义

内蒙古自治区

王　东　王丽娟（女）王雪松　布日固德

白雪峰　刘　鹏　孙福全　杨宏峰
杨春江　何　涛　陈虎男　陈海燕（女）
赵自强

辽宁省

王小明（女）丑维恺　石　丽（女）兰渊铂
毕永强　任浩天　江　南　孙　华（女）
李正季　李秀实　吴宏伟　何　英（女）
张　茵（女）苑　猛　林　俊　欧阳宏泰
周亦胄　赵继红（女）修　昆　姜博文
高　山　郭方准　黄庆祝　程　澎

吉林省

丁兆吉　于春燕（女）王　成　艾厚宇
平继栋　华　楠（女）许凌宇（女）孙喜春
李永健　李晓丹（女）吴春丽（女）张立华
张明蓉（女）张越杰　陈伟东　邵春梅（女）
周义发　赵　虹（女）柳克祥　姜　昕（女）
宫伯晶（女）徐淮良　郭佰毅（女）

黑龙江省

丁桂杰（女）马岱山　王　刚　王力民
申建平（女）曲智刚　庄　岩（女）苏　洋
苏雪晶（女）李顺姬（女）李啸红（女）李慧玲（女）
宋　薇（女）张蕴玉（女）陈光胜　荆勇奇
钱鸿林　高景国　郭　毅　董晓泮
韩　平　韩汝波（女）惠海鹏　焦宏伟

上海市

马铁驹　王向导　王行恒　王安斌
王军良　王鹂辉　邓清海　甘占勇
吕　岳　刘　一　刘　宇　汤渊辉
安翊青（女）许树长　许海南　孙利民
劳帼龄（女）李守白　李秀英（女）杨青青（女）
吴　军　何烈辉　张　榜　张礼立
张统一　陆为平（女）陈良标　陈坤校
林东海　罗克平　郑耿锋　胡雷激
袁　萍（女）顾勇涛　徐晓唯（女）郭　敏
戚伯意（女）樊帅杰

江苏省

王　凡（女）王承祥　王爱钦　王新军
尹　坚（女）由天艳（女）朱仲辉　庄钦敏
刘　庆　刘树人　孙卫民　孙逍霞（女）
李小萍（女）杨美英（女）杨舜琴（女）时守丰
吴大伟　何俊成　沈　洪　沈文龙
沈振亚　张宇蔚（女）陈　松　陈　琦（女）
陈　鑫　陈玉军　陈慕君　邵　阳
英　博　赵善麒　俞亚萍（女）姜　琳（女）
袁宏亮　黄宜华　梁景岩　韩　钰
童海波　潘志平　潘晓明（女）

浙江省

丁先锋（女）丁泽成　王　俊　王慧斌
车　磊　方松华　方国强　包荣升
兰礼明　朱国栋　任　奎　刘光新
孙立成　孙浩儿　李　选　李文科
杨小爱（女）杨贤彪　吴　晓　吴寿乐
何　军　何国章　张一力　张晓霞（女）
陈小龙　陈春平　林　婷（女）林黎明（女）
季永灵　金伟娅（女）周　伟　周　勇
周伟力　赵荣华　胡玲玲（女）夏德忠
顾　臻　徐伟军　徐春波　翁　波
高广志　黄　红（女）黄祖勇　麻亚炜（女）
董邦云　傅旭敏　虞旭涛　詹家宝
戴和平

安徽省

王　敏（女）王邦侃　左永伟　刘　念
李晓坤　李道琳（女）张立野　张权庚
陈　齐　陈灶林　陈树光　金增江
袁叙海　倪　军　倪树松　高家芳（女）
陶悦群　黄华飞　童燕燕（女）潘尚旭（女）
魏光磊

福建省

王起鹍　卢巧珍（女）卢芳颖　田民权
兰美燕（女）朱　玉（女）武　双（女）庄志鹏
庄顺茂　刘炳坚　许　琼（女）许婉瑜（女）
许景伟　许锦龙　严甦命（女）杜瑞田
李　娜（女）李亚光　李瑞生　杨　钢
杨　淙　杨景和　连解清　肖冠娇（女）
肖晔镔　吴文侯　吴江南　何武添
何国军　何祥文　何深强　张扬锋

张岐山　张建发　陈天年　陈玉秀
陈玉树　陈庆昌　陈进华　陈明丽（女）
陈建军　陈钦忠　陈海金（女）　陈朝辉
陈鹤翎（女）　林斌　林日耕　林秀松
林国钰　林绍奋　林俊芳（女）　林勉海
易尚碧　周志强　郑关毅　郑志平
郑志忠　郑伯欣　郑国传　郑奎城
郑鹏飞　郑熙强　胡丹艳（女）　胡纵衡
侯国林　侯昌财　施锦珊　洪朝沙
倪法林　高少萍（女）　高钦泉　黄燕（女）
黄蕾（女）　黄小红（女）　黄火妹（女）　黄印棉
黄兆琼（女）　黄旭华（女）　黄丽斌（女）　黄超伟
康心汕　康惠兰（女）　梁明吉　程璇（女）
曾春根　曾瑞美（女）　蓝哲亮　詹玉兰（女）
蔡长质　廖志海　颜聪法　潘莹（女）
戴宽南　魏腾雄

江西省

王健（女）　王险峰　邓道龙　刘卫东
李艳（女）　李忻农　吴琼　何深财
张萍（女）　陈美球　陈海婴
欧阳爱兰（女）　郑馨贵　洪一江
骆兴芳（女）　徐雷　徐鹏　徐静思
陶萍（女）　黄伟　黄淑贤（女）　谢华（女）
蔡玉芳（女）　蔡永廉

山东省

于晓怡（女）　王少健　毛庆贺　左振宇
龙晓华（女）　卢进生　司涛　任亮
刘博　刘启仁　刘泽铭　刘恩峰
孙嫣玲（女）　好强　牟红峰　李志毅
宋玉兰（女）　宋宇飞（女）　宋芳银　张敏（女）
张璇（女）　张立志　张汉霆　张炳良
张晓春（女）　张新萍（女）　陈江波　陈希亮
周锦（女）　单姗（女）　赵敏（女）　郝京诚
胡卉　施宁　姜兵　聂磊
郭云（女）　陶新镇　董一鸣　潘丽（女）
燕志富

河南省

王璐　王胜利　王淑华（女）　邝远平
朱明军　任翔　闫斌　祁兴磊

李艳（女）　李莉萍（女）　李晓宇　李凌蔚（女）
杨亚伟　张珍（女）　张伟中　张晓盈
陆伟　陆咏歌　赵成瑞　贾立平（女）
郭永军　郭向前　郭焦枝（女）　韩莉（女）
程金华（女）　魏宏彬

湖北省

丁向东　王磊　王云甫　冉超
冯俊杰　朱良如（女）　朱授雍　刘俊
何军　何庆红（女）　余东　沈祥华
张泓（女）　陈磊　陈明洪　陈霜红（女）
卓文清　周锦平　郑晓斌　胡涛（女）
袁永红　夏先重　彭旭民　喻鹏
谢冰（女）　谭必恩　薛龙建

湖南省

毛冰花（女）　左建宏　危平（女）　庄启宁
刘华（女）　刘永平（女）　安忠　李文
李超　李利平　杨晓青（女）　何英岚（女）
沈卫军　陈慧（女）　罗人恺　钟伟
侯慧（女）　洪也凡　贺建华　聂哲林
唐楚杰　蒋宗坤　韩晓筱（女）　傅哲（女）
裘日亮

广东省

王睿　王学宇　王映萍（女）　贝丽琴（女）
牛昕宇　方明治　方楚平　厉海兵
叶志海　邝东晓　司芳（女）　吕莹娜（女）
朱滨（女）　朱碧玉（女）　刘芬（女）　刘文华
刘正良　刘志巍　关美婷（女）　阮韫仪（女）
麦丽华（女）　麦燕玲（女）　苏枝谋　苏奋腾
苏攒淘　李阳　李小聪　李玉成
李乐愚　李永习　李柏达　李振友
李晓明　李家扬　李淑勤（女）　杨鹏
杨中艺　杨水文　杨会祥　肖慈宣
吴霞（女）　邱乐民　何狄强　何燕航
余旸　张汉钊　张志军　张应龙
张钦伟　张热云（女）　陆炳同　陈玲（女）
陈虹（女）　陈平（女）　陈乐天　陈汉雄
陈自好　陈宇峰　陈丽莉（女）　陈灯广
陈涌良　陈淑欣（女）　陈淮水　范思斌
林佳继　林雪雪（女）　易东仪（女）　罗定

罗向明　周　荣　郑少宁（女）郑汉明
赵永龙　胡国威　胡奕喜　钟山红（女）
钟华山　钟闻东　袁　兵（女）袁金仲（女）
校荣保　贾鹏程　倪壁雄　徐向英（女）
徐建平　黄灿义　黄诗琳（女）黄荣孟
黄冠龙　黄桂明　黄梅芬（女）黄智昌
黄嘉辉　曹伟光　董服金　董菁菁（女）
曾锦锋　游　江（女）詹朝霞（女）蔡　光
蔡春萌　谭浚伟　翟美卿（女）魏海鹰

广西壮族自治区

王绯玲（女）区丹珊（女）毛晶晶（女）石秋碧
叶　蓓（女）冯秋艺（女）朱志明　刘振平
刘馨瞳（女）苏　娴（女）李淑瑜（女）杨　隽（女）
杨志光　吴　钊　吴全满　何荣健
宋　宁　张　哲　陈　森　陈仕广
陈丽云（女）陈佩伫　陈保善　林艳光
林惠江　罗　霄　罗婉兰（女）周永南
周昌静　庞宗志　秦伟鹏　徐章程
徐斌斌（女）凌　涛　黄飞雪（女）黄安定
黄佳映（女）黄景贤　龚镇飞　梁人云
彭志荣　董俊荣　植勇建　蒙　琛
谭玉丽（女）黎东桂　潘　辉

海南省

王裕超　龙登峰　邢小娟（女）刘世芬（女）
许琼丹（女）李　飞（女）李　冰（女）李松海
李桂英（女）杨刘安　吴少宏　吴坚平
何　坚　张丽娇（女）张朝雄　陈　霖（女）
陈丁胜　陈小叶（女）陈光强　陈绍炎
陈俊宇　陈海文　陈德民　陈德壮
林海英（女）林道程　周世豪　周胜全
钟义海　洪　铭　莫　洪　凌秀茂
唐世一　黄凤江　黄文慧（女）黄心虹（女）
黄海生　符师轼　梁　谋　董前程
曾润光　管月晖　黎燕萍（女）潘家森

重庆市

龙晓萍（女）伍　建　许觉先　严　澍
李　茜（女）杨璋胜　吴易果　汪继红（女）
罗　艳（女）罗雪迩（女）钟代笛　夏　瑀（女）
淳泽江　廖传荣（女）

四川省

王　刚　王清远　刘　进　刘家臻
杨向东　吴邦志　吴宇宏　何跃清
余鹤鸣　张　钧　张　彬　陈　英（女）
陈　彪　陈代田　降央克珠　荆建华
胡　英（女）钟澎俊（女）高　雷　谢北艳（女）
蒲　遥　雷　莉（女）雷宪章　蔡　鹏
谭　亮　潘锦功　薛水和

贵州省

王　珏（女）邓　一　邓　燔（女）冯　麟（女）
刘进杰　李亚林　杨成勇　吴剑平
张慧莲（女）陈季君（女）郑激流　孟昭章
姚　宇

云南省

丰明军　王碧雪（女）木小龙　孔勒当
龙建平　冯忠平　向　诚　刘廷祯（女）
刘继勇　许钧钧（女）李　宁　李　果
李忠华　李艳霞（女）李晓松　李德寿
杨亚国　杨晓东　吴思颖（女）吴献黎
张　滟（女）张梦娅（女）陈　民　陈　华（女）
林弘毅　林鸿燊　罗志华　周桂花（女）
郑贵翔　郑洪光　赵爱军　相罕章（女）
段智寰（女）姚婕娘（女）徐文琦（女）徐志坤
徐建新（女）高友明　黄升芳（女）曾　文
蒙仕珍（女）雷金升

西藏自治区

谢文·根多

陕西省

卫　玲（女）王　玮　云　峰　毋育新
史　萌　朱　琳（女）刘凯旋　李晓强
何　诚　张彦峰　陈　琳　陈华鑫
陈岳明　陈金岚　单卫星　隽培军
游才印

甘肃省

祁小勇　李润珍（女）杨军丽　宋圭武
张　琼（女）张胜祥　柴裕红　蒋兆同

青海省

才让旦巴　冯声宝　何华智（女）林振勇
金　宁（女）周志杰　商露扬（女）

宁夏回族自治区

马永亮　张红梅（女）金忠杰　赵文为（女）
赵庆海　顾长虹　樊丽芳（女）

新疆维吾尔自治区

于化龙　王心祖　王世友　王光胜（女）
巴拉提·买买提
巴哈尔古丽·哈布都拉洪（女）　付剑锋
刘　丰　米亚赛尔·阿不力克木（女）
张亦秋（女）张盛新　阿迪娅·阿西木（女）
杨平安　陈　琦（女）依森古力·木斯别克（女）
邵　丽（女）姜方隆　唐　勇　黄晓莹（女）
道维丽（女）赛开尔·胡山（女）
赛克肉汗·曙亚

中央和国家机关

于新文　王尚康　王淑娟（女）邓　双（女）
吕　涛　刘　鑫　江　涟（女）许宏宇
李文娟（女）杨　诚（女）肖　飞　何　军
宋　丹（女）张　捷　张京义　张晓红（女）
陈子云（女）林心宪　罗天宁　周文彬
赵利铧（女）段瑞玲（女）顾　犇　钱传海
卿学民　高　杰　郭　杰　郭启民
黄　清　曹晓风（女）韩　潇（女）程彦杰
赖幼学（女）滕洪胜　魏连香（女）

新疆生产建设兵团

张　琼（女）孜来古丽·哈木扎（女）苗　延（女）
赵　闫（女）

中央企业

李宏韬　杨亚南（女）吴　杰　吴存有
林　垚　胡金岷　钱仲焱　高殿海
崔超蓬（女）梁达强

解放军和武警部队

王振生　代梦艳（女）米文宁　李浪元
陈炳荣　周　凯　蓝福长

中国侨联机关

李银玉（女）林萧凡

人力资源社会保障部　中国侨联
关于表彰全国侨联系统先进集体
和先进工作者的决定

人社部发〔2023〕40号

各省、自治区、直辖市及新疆生产建设兵团人力资源社会保障厅（局）、侨联，中央和国家机关、中央企业侨联：

近年来，全国各级侨联组织和侨联系统广大干部职工在以习近平同志为核心的党中央坚强领导下，坚持以习近平新时代中国特色社会主义思想为指导，深入学习贯彻习近平总书记关于侨务工作的重要论述，充分发挥党和政府联系归侨侨眷和海外侨胞的桥梁纽带作用，扎实推进侨联改革和各项工作，在围绕中心、服务大局中展现新作为，推动侨联事业取得新进展新成效，涌现出一批忠诚干净担当、敢于善于斗争的先进典型。

为表彰先进、树立榜样，进一步激发各级侨联组织和侨联系统广大干部职工为新时代新征程建功立业的热情和奋斗精神，不断开创侨联事业发展的新局面，人力资源社会保障部、中国侨联决定，授予北京市海淀区侨联等60个单位“全国侨联系统先进集体”称号；授予于丽玲等40名同志“全国侨联系统先进工作者”称号。被授予“全国侨联系统先进工作者”称号的同志享受省部级表彰奖励获得者待遇。希望受到表彰的先进集体和个人珍惜荣誉，再接再厉，为党和国家事业发展再立新功、再创佳绩。

全国各级侨联组织和侨联系统广大干部职工要以受表彰的先进集体和个人为榜样，深刻领悟“两个确立”的决定性意义，增强“四个意识”、坚定“四个自信”、做到“两个维护”，胸怀“国之大者”，立足“两个大局”，守正创新，开拓进取，为全面建设社会主义现代化国家、全面推进中华民族伟大复兴而努力奋斗，为推动构建人类命运共同体作出积极贡献！

附件：1. 全国侨联系统先进集体名单
　　　2. 全国侨联系统先进工作者名单

人力资源社会保障部　中国侨联
2023年8月25日

附件1

全国侨联系统先进集体名单

（共60个）

北京市

北京市海淀区侨联
北京市丰台区怡海社区侨联
北京大学医学部侨联

天津市

天津市滨海新区侨联

河北省

河北省秦皇岛市侨联
河北省石家庄市侨联

山西省
山西省太原市侨联

内蒙古自治区
内蒙古自治区包头市侨联

辽宁省
辽宁省大连市甘井子区侨联

吉林省
吉林省通化市侨联
吉林省延边朝鲜族自治州侨联

黑龙江省
黑龙江省大庆市侨联

上海市
上海交通大学侨联
上海市黄浦区侨联
上海市长宁区侨联

江苏省
江苏省南通市侨联
江苏省连云港市侨联
江苏省苏州市常熟市侨联

浙江省
浙江省温州市侨联
浙江省丽水市侨联
浙江省杭州市拱墅区侨联

安徽省
安徽省马鞍山市侨联
安徽省安庆市侨联

福建省
福建省厦门市集美区侨联

江西省
江西省南昌市侨联
江西省上饶市广信区侨联

山东省
山东省侨联办公室（组织人事部）
山东省济宁市侨联
山东省潍坊市侨联

河南省
河南省侨联组织人事部（机关党委）
河南省新乡市长垣市侨联
河南省信阳市侨联

湖北省
华中科技大学侨联
湖北省襄阳市侨联

湖南省
湖南省长沙市侨联
湖南省岳阳市侨联

广东省
广东省深圳市侨联侨联工作部
广东省湛江市侨联
广东省惠州市侨界青年联合会

广西壮族自治区
广西壮族自治区北海市侨联
广西壮族自治区玉林市侨联

海南省
海南省海口市侨联
海南省文昌市侨联

重庆市
重庆市九龙坡区侨联
重庆市万州区侨联

四川省
四川省成都市锦江区侨联
四川省绵阳市侨联
四川省南充市侨联

贵州省
贵州省贵阳市侨联

贵州省六盘水市钟山区侨联

云南省

云南省临沧市侨联

云南省德宏傣族景颇族自治州侨联

陕西省

陕西省渭南市侨联

陕西省商洛市侨联

甘肃省

甘肃省张掖市侨联

甘肃省临夏回族自治州侨联

宁夏回族自治区

宁夏回族自治区银川市侨联

新疆维吾尔自治区

新疆维吾尔自治区侨联经济科技部（基层建设部）

新疆生产建设兵团

新疆生产建设兵团第四师可克达拉市侨联

中央和国家机关

中国气象局侨联

附件 2

全国侨联系统先进工作者名单

（共 40 名，以姓氏笔画为序）

于丽玲（女）　甘肃省平凉市侨联联络科（办公室）科长

于爱国　山东省烟台市侨联文化交流部部长

王　观（女）　新疆维吾尔自治区乌鲁木齐市侨联党组副书记、主席

王萍萍（女）　浙江省温州市永嘉县委统战部副部长、县侨联党组书记、主席

王瑞萍（女）　内蒙古自治区侨联办公室主任

王鹏文　北京市侨联组织和人才工作部（党建工作部）一级主任科员

王　颖（女）　北京市丰台区侨联秘书长

牛丽倩（女）　河南省郑州市管城回族区侨联副主席

邓　轶（女）　四川省自贡市富顺县侨联主席

卢裕浪　海南省万宁市侨联主席

冯子忠　黑龙江省齐齐哈尔市侨联党组书记、主席

刘　二　湖北省宜昌市当阳市侨联主席

刘圆圆（女）　宁夏回族自治区固原市委统战部港澳台侨科科长、市侨联秘书长

刘　强　陕西省延安市侨联副科级干部

孙光华　江西省井冈山市侨联主席

孙　婕（女）　江西省景德镇市浮梁县侨联主席

苏　亮　河北省廊坊市侨联二级主任科员

苏曦泓　江苏省无锡市江阴市侨联三级主任科员

李华壁　云南省丽江市古城区侨联主席

李秋燕（女）　甘肃省侨联办公室副主任

李彦海　辽宁省鞍山市侨联机关党支部专职副书记

杨为民（女）　江苏省扬州市侨联党组书记、主席

杨　钠　广东省阳江市阳春市岗美镇岗美华侨办事处书记

吴多宏　福建省厦门市思明区梧村街道侨联主席、综合服务中心副书记

利泽茂　广西隆安华侨管理区管理委员会党工委委员、浪湾华侨农场副场长（负责人）

张定云　山西省侨联办公室主任

陈　屹（女）　湖南省邵阳市侨联党组成员、办公室主任

林春晖（女）　广东省江门市侨联党组书记、主席

罗　丹（女）　贵州省黔西南布依族苗族自治州侨联经济联络部部长

周　茜（女）　湖南省常德市鼎城区侨联主席

周　洁（女）　安徽省合肥市庐阳区侨联常务副主席、区商务楼宇侨联常务副主席

周姚平（女）　浙江省宁波市余姚市委统战部副部长、市侨联主席

赵　科　安徽省芜湖市无为市侨联副主席、秘书长

姚　健（女）　上海市虹口区侨联党组书记、主席

聂　晶（女）　吉林省延边朝鲜族自治州延吉市侨联主席

钱本勇　福建省宁德市古田县侨联主席

浦春梅（女）　云南省大理白族自治州侨联一级主任科员

傅惠玲（女）　泉州华侨历史博物馆馆员

谢德江　四川省甘孜藏族自治州侨联秘书长

戴剑军　浙江省台州市玉环市委统战部副部长、市侨联主席

中国侨联关于表彰全国侨联系统先进组织和先进个人的决定

中侨发〔2023〕9号

各省、自治区、直辖市侨联，新疆生产建设兵团侨联，中央和国家机关、中央企业侨联，中央军委政治工作部组织局，中国侨联机关各部门、各直属企事业单位：

近年来，在以习近平同志为核心的党中央坚强领导下，全国各级侨联组织和侨联系统广大干部职工坚持以习近平新时代中国特色社会主义思想为指导，深入学习贯彻习近平总书记关于侨务工作的重要论述，认真贯彻落实党中央关于侨联工作的决策部署，聚焦保持和增强政治性、先进性、群众性，围绕中心、服务大局、服务侨胞，深化侨联改革，推动“两个建设”，织好“两张网”，构建“两项机制”，广泛团结联系归侨侨眷和海外侨胞投身全面建成小康社会、实现中华民族伟大复兴中国梦的宏伟进程，涌现出一大批政治上强、敢于担当、作风优良、业绩突出的先进组织和个人。

为表彰先进、树立榜样，充分激发各级侨联组织和广大侨联干部职工奋进新征程、建功新时代的积极性、主动性、创造性，进一步增强为侨服务的光荣感和干事担当的精神，中国侨联决定，授予北京市西城区侨联等220个单位“全国侨联系统先进组织”荣誉称号；授予王莉等220名同志“全国侨联系统先进个人”荣誉称号。希望受到表彰的先进组织和个人珍惜荣誉，再接再厉，继续发挥模范表率作用，以更高标准干在实处、走在前列，为新时代党和国家的侨联事业发展再立新功、再创佳绩。

全国各级侨联组织和侨联系统广大干部职工要以受表彰的先进组织和先进个人为榜样，更加紧密地团结在以习近平同志为核心的党中央周围，深入学习贯彻习近平新时代中国特色社会主义思想，全面贯彻党的二十大精神，深刻领悟“两个确立”的决定性意义，增强“四个意识”，坚定“四个自信”，做到“两个维护”，踔厉奋发、勇毅前行，广泛团结凝聚广大归侨侨眷和海外侨胞，为全面建设社会主义现代化国家、全面推进中华民族伟大复兴作出新的更大贡献！

附件：1. 全国侨联系统先进组织名单
　　　2. 全国侨联系统先进个人名单

中　国　侨　联
2023年8月18日

附件1

全国侨联系统先进组织名单

（共220个，排名不分先后）

北京市

北京市西城区侨联
北京市朝阳区侨联
北京市通州区侨联
北京市东城区东直门街道侨联
北京市海淀区西三旗街道侨联
北京交通大学侨联
北京工业大学侨界联合会
清华大学侨联

天津市

天津市和平区侨联
天津市河西区侨联
天津市南开区侨联
天津市河东区中山门街侨联
天津医科大学眼科医院侨联

河北省

河北省辛集市侨联
河北省张家口市宣化区侨联
河北省石家庄市栾城区侨联
河北省唐山市侨联

山西省

山西省晋城市侨联
山西省晋中市侨联
山西省吕梁市汾阳市侨联
山西省阳泉市侨联
山西省运城市侨联

内蒙古自治区

内蒙古自治区通辽市侨联
内蒙古自治区赤峰市侨联
内蒙古自治区锡林郭勒盟镶黄旗侨联

辽宁省

辽宁省沈阳市侨联机关党委办公室（办公室）
辽宁省抚顺市侨联
辽宁省本溪市侨联
辽宁省营口市侨联
辽宁省铁岭市侨联
辽宁省沈阳市沈河区凯旋社区侨联
辽宁省沈阳农业大学侨联

吉林省

吉林省长春市侨联联谊联络部
吉林省松原市侨联
吉林省白城市侨联
吉林省蛟河市侨联
吉林省吉林市侨联

黑龙江省

黑龙江省哈尔滨市侨联联络处（海外联谊处）
黑龙江省绥化市侨联
哈尔滨工程大学侨联

上海市

华东政法大学侨联
上海市浦东新区侨联
上海市徐汇区侨联
上海市松江区侨联
东华大学侨联
上海市青浦区夏阳街道侨联
上海师范大学侨联
上海市杨浦区殷行路街道侨联

江苏省

江苏省南京市鼓楼区侨联
江苏省徐州市侨联
江苏省镇江市侨联
江苏省无锡市惠山区侨联
江苏省常州市新北区侨联
江苏省张家港市侨联
江苏省海安市侨联
江苏省扬州市广陵区侨联
江苏省农业科学院侨联
江苏省无锡市侨联
江苏省苏州市侨联

浙江省

浙江省宁波市海曙区侨联
浙江省温州市鹿城区侨联
浙江省温州市瓯海区侨联
浙江省湖州市侨联
浙江省嘉兴市侨联
浙江省绍兴市侨联
浙江省台州市侨联
浙江省青田县侨联
浙江省丽水市莲都区侨联
浙江省侨缘公益互助促进会
浙江大学侨联
浙江省杭州市萧山区侨联
浙江省宁波市镇海区侨联

浙江省侨商投资企业协会

安徽省

安徽省宣城市侨联
安徽省蚌埠市禹会区侨联
安徽省芜湖市侨联
安徽省阜阳市侨联
安徽理工大学侨联
安徽省歙县侨联

福建省

福建省福州市长乐区侨联
福建省连江县晓澳镇侨联
福建省厦门市侨联文化联络部（信息传播部）
福建省厦门市思明区侨联
福建省宁德市侨联
福建省莆田市侨联
福建省仙游县侨联
福建省南安市侨联
福建省永春县侨联
福建省石狮市永宁镇侨联
福建省漳州市常山华侨经济开发区侨联
福建省东山县侨联
福建省龙岩市侨联
福建省宁化县侨联
福建省邵武市侨联
福建省平潭综合实验区侨联
福建建达律师事务所侨联
福建省泉州市侨联
福建省华侨历史学会

江西省

江西省吉安市侨联
江西省赣州市侨联
江西省宜春市侨联
江西省上饶市侨联
江西省九江市侨联
江西省景德镇市侨联

山东省

山东省济南市侨联办公室
山东省青岛市侨联办公室
山东省枣庄市侨联
山东省威海市侨联
山东省日照市侨联
山东省临沂市侨联

河南省

河南省郑州市侨联
河南省新乡市侨联
河南省漯河市侨联
河南省焦作市侨联
河南省三门峡市湖滨区侨联
河南省侨联文化经济联络部
河南省平顶山市侨联

湖北省

湖北省武汉市侨联联络文化与经济科技部
湖北省宜昌市侨联
湖北省孝感市汉川市侨联
湖北省荆州市侨联

湖南省

湖南省湘潭市侨联
湖南省郴州市苏仙区归侨侨眷联合会
湖南省永州市宁远县归侨侨眷联合会
湖南省衡阳师范学院侨联
湖南省怀化市侨联
湖南省张家界市侨联

广东省

广东省广州市越秀区侨联
广东省深圳市坪山区侨联
广东省珠海市香洲区侨联
广东省汕头市侨联
广东省佛山市侨联
广东省韶关市侨联
广东省东源县侨联
广东省梅州市侨联
广东省惠州市侨联
广东省汕尾市侨联
广东省东莞市侨联
广东省中山市侨联
广东省江门市侨联

广东省阳春市岗美镇岗美华侨办事处
广东省湛江市奋勇高新技术产业开发区社会管理与侨务局
广东省茂名市侨联
广东省肇庆市侨联
广东省清远市侨联
广东省潮州市侨联
广东省揭阳市侨联
广东省云浮市侨联
广东侨界青年联合会
暨南大学侨联
广东省客联公益基金会
中国科学院广州分院省科院南片侨联
广东省中山市中山火炬高技术产业开发区侨联
广东省侨联经济科技部

广西壮族自治区
广西壮族自治区防城港市侨联
广西壮族自治区贺州市侨联
广西壮族自治区来宾市侨联
广西壮族自治区玉林市容县六王镇侨联
广西壮族自治区柳州市柳城县侨联

海南省
海南省儋州市侨联
海南大学侨联
海南省琼海市彬村山华侨农场侨联
海南省万宁兴隆咖啡谷侨联
海南省符确历史文化研究会

重庆市
重庆市江北区归侨侨眷联合会
重庆市荣昌区归侨侨眷联合会
重庆市开州区归国华侨侨眷联合会
重庆市璧山区侨联
重庆市金融系统侨联

四川省
四川省遂宁市归侨侨眷联合会
四川省达州市归侨侨眷联合会
四川省泸州市侨联
四川省德阳市侨联
四川省乐山市归侨侨眷联合会
四川省巴中市侨联
四川省简阳市归国华侨侨眷联合会
四川省眉山市归侨侨眷联合会

贵州省
贵州省毕节市侨联
贵州省仁怀市归侨侨眷联合会
贵州省铜仁市归侨侨眷联合会
贵州省安顺市西秀区侨联
贵州省黔南州归侨侨眷联合会
贵州师范大学归侨侨眷联谊会

云南省
云南省楚雄州侨联
云南省保山市侨联
云南省红河州侨联
云南省文山州侨联
云南省昆明市侨联
云南省普洱市侨联
云南省大理州宾川县侨联

西藏自治区
西藏自治区侨联

陕西省
陕西省铜川市侨联
陕西省宝鸡市侨联
陕西省安康市侨联
西安交通大学侨联

甘肃省
甘肃省侨联办公室
甘肃省武威市侨联
西北民族大学侨联
甘肃省平凉市侨联

宁夏回族自治区
宁夏回族自治区石嘴山市大武口区侨联

新疆维吾尔自治区
新疆维吾尔自治区伊犁州侨联

新疆维吾尔自治区克州侨联
新疆维吾尔自治区阿勒泰地区侨联
新疆维吾尔自治区巴州库尔勒市侨联
新疆维吾尔自治区阿克苏地区侨联
新疆维吾尔自治区乌鲁木齐市经开区（头区）侨联

中央和国家机关
工业和信息化部直属机关侨联
交通运输部直属机关侨联
中国医学科学院北京协和医学院侨联
中央广播电视总台侨联
中国外文局侨联
国铁集团直属机关侨联
中国科学院侨联
中国社会科学院侨联

中央企业
中国东方航空集团有限公司侨联
沈阳飞机工业（集团）有限公司侨联
华侨城集团有限公司侨联
鞍钢集团有限公司侨联

新疆生产建设兵团
第六师五家渠市侨联
第八师石河子市侨联

附件 2

全国侨联系统先进个人名单

（共 220 人，排名不分先后）

北京市
王　莉（女） 尹向敏（女） 李成文 李锐星（女）
林　震 陶庆华 常荣富 谢　宾
戴慧荃（女）

天津市
王宝钢 关章军 李卫新 张　静（女）
张立安 林　颖（女）

河北省
杨　峰 周晓辉（女） 崔玉庆

山西省
王少岩（女） 杨国荣 郝　强 胡　平

内蒙古自治区
王丽静（女） 王晓东 武　斌

辽宁省
刘　雁（女） 李　伟 陈　超 赵　航
黄士平 谢　昕

吉林省
朱立伟（女） 齐晓丽（女） 陈文芬（女） 金　姝（女）
周东华（女） 魏　健

黑龙江省
王少霞（女） 杨为涛 黄岩梅（女）

上海市
邓惠娟（女） 严　骅（女） 李　敏（女） 宋轶涵
陆金莲（女） 陆惠萍（女） 赵　磊（女） 蓝　箭

江苏省
王　影（女） 田益民 吉江平（女） 刘兴民
李佳真（女） 陈学哲 林　艳（女） 堵　薇（女）
葛　燕（女） 韩逢春

浙江省
王　飞 王连均 帅建筑 申晓卫（女）
李　波 李孟波（女） 邹浙清 张正华（女）
陈伟凯（女） 陈晓军 宗晓慧（女） 徐小军
黄巧巧（女） 盛灶生 章红波（女） 蔡　红（女）

安徽省
刘素萍（女） 胡仲莉（女） 钱若丘 董本喜
宋治球

福建省
王　铮 刘荔丰 李立明 吴　彬
吴崇伯 张久贵（女） 陈　晓 陈　彬（女）
陈代锋 林　文 罗建文 骆　曦
徐立群 郭胜初 黄玉芳（女） 黄丽红（女）
蒋永泰 滕爱兰（女）

江西省

严曙光　李海龙　郭子新　温永骎

山东省

王　晶（女）孙洪成　张洪涛　黄　亮
崔秀珉（女）

河南省

孙晓哲　李洪磊　范晓青（女）周传之
胡　忱　胡广军　贾天伟

湖北省

王柳宁（女）辛拥政　林　华（女）罗　进
曹丽萍（女）

湖南省

方　畅（女）肖　鹏　胡仲敏　颜顺秋（女）
薛立娟（女）

广东省

叶永锋　吕海虹（女）朱晓云（女）李　娜（女）
李莉莉（女）邱镇忠　邹仕选　张　燕（女）
张英龙　陈达旋　陈彩霞（女）林雁文
钟有邻　钟树梅（女）祝顺祥　袁　山
黄宇晖　黄劲明　盛宇宏　符河燕（女）
梁月婵（女）梁冠宇（女）童天愈　曾志谦
谢彦龙　黎明新

广西壮族自治区

全伟生　许成坚　李艾艾（女）陆秋秋（女）
梁家迅

海南省

王　毅　吴思瑾（女）陈文培　陈菲菲（女）
赵立洪（女）符琼芬（女）

重庆市

王万勇　刘炼钢　孙明明

四川省

牛金剑　刘万明　许　钢　李　秀（女）
李　驹　李文义（女）李康远　杨云燕
张　虹（女）张伍呷（女）苟　健

贵州省

王前莉（女）向　丽（女）余培玲（女）植　灏
戴一红（女）

云南省

许真生　何庆国　张　丹（女）周春阳（女）
唐　磊　彭雪莹（女）董蓉蓉（女）

西藏自治区

才旺朗嘉

陕西省

任建谋　刘亚军　刘建军　南宝玲（女）

甘肃省

安亚军　杨海军　郑　重（女）

青海省

郑卓卡（女）葛晓玺

宁夏回族自治区

郭　谦（女）

新疆维吾尔自治区

张文远　姜述梅（女）梁　剑　童古鲁
蔡　瑛（女）巩山别克·吾拉孜别克

新疆生产建设兵团

韦汶君　刘　静（女）木海·司马文

中央和国家机关

王耀生　刘　敏（女）李小瑞（女）张爱国（女）
陈　靖（女）赵　潺　廖西平

中央企业

王培宏　李　睿　张敏健　韩丽群（女）

解放军和武警部队

毛　鹏　李　欣

中国侨联法顾委

吕立秋（女）

第十一次全国归侨侨眷代表大会闭幕词

（2023 年 9 月 3 日）

万立骏

尊敬的各位领导，各位代表，同志们、朋友们：

在党中央坚强领导和亲切关怀下，在与会代表和全体工作人员共同努力下，第十一次全国归侨侨眷代表大会圆满完成各项议程，就要胜利闭幕了。

这是一次凝聚侨心、汇聚侨力的大会。以习近平同志为核心的党中央对这次大会高度重视、十分关心。会前，党中央对会议筹备工作作出一系列重要指示。中央书记处办公会议专题听取了中国侨联关于本次大会筹备情况的汇报，对开好大会提出明确要求。会议期间，习近平总书记和中央政治局常委等党和国家领导同志出席开幕会，蔡奇同志等中央领导同志出席闭幕会，李希同志在开幕会上代表党中央致词，人民团体代表致贺词，外交部有关负责同志作国际形势报告。这都充分体现了党中央和习近平总书记对广大归侨侨眷和海外侨胞、对侨联组织和侨联工作的关心关怀和殷殷期待。全体与会人员深受感动，倍受鼓舞和激励。党中央致词充分肯定了第十次全国归侨侨眷代表大会以来侨联工作所取得的成绩，高度评价了广大归侨侨眷和海外侨胞为新时代党和国家事业发展所作出的贡献，对广大归侨侨眷和海外侨胞发挥独特作用提出了殷切希望，为做好新时代侨联工作指明了前进方向。大家认真学习、深刻领会党中央致词，增强了学习贯彻习近平新时代中国特色社会主义思想的政治自觉、思想自觉、行动自觉，坚定了共担民族复兴重任、共享民族复兴荣光的信心斗志，必将汇聚起侨界跟党走、奋进新征程的磅礴力量。

这是一次明确任务、规划未来的大会。这次大会是党的二十大之后召开的一次侨界盛会，意义重大。大会通过的工作报告，以习近平新时代中国特色社会主义思想为指导，全面贯彻党的二十大精神，深入贯彻习近平总书记关于侨务工作的重要论述，回顾和总结了过去五年的工作和侨联事业的新发展，明确提出坚持以习近平新时代中国特色社会主义思想统领侨联工作，对未来五年侨联工作作出了全面部署。这个报告，体现了党中央的要求，集中了全国侨联系统、广大归侨侨眷和海外侨胞的智慧，是当前和今后一个时期侨联工作的重要指导文件。大会通过的中国侨联章程修正案，体现了党的二十大精神对侨联事业发展的新要求，反映了近年来侨联工作和建设的成功经验，对坚持党对侨联工作的全面领导、加强侨联组织党的建设，动员侨胞参与构建新发展格局、推动高质量发展等提出了明确要求。这次大会上，中国侨联、国务院侨办表彰了中国侨界杰出人物和全国归侨侨眷先进个人，人力资源社会保障部、中国侨联表彰了全国侨联系统先进集体和先进工作者，中国侨联表彰了全国侨联系统先进组织和先进个人，树立了新时代的侨界榜样。大会作出的各项决策部署，必将对各级侨联组织全面履行职能，立足新起点、开创新局面，发挥重要的指导和推动作用。

这是一次继往开来、团结奋进的大会。这次大会已经完成了选举产生新一届中国侨联领导机构的任务，还聘请了中国侨联顾问、海外委员、荣誉委员。推动侨联事业发展的历史重担交给了我们。我们要在以习近平同志为核心的党中央坚强领导下，以一往无前的奋斗精神和埋头苦干的实际行动，不断推动侨联工作实现新发展。十一届一次全委会议选举我继续担任中国侨联主席，我衷心感谢党中央的信任，衷心感谢同志们的信任。我将同新一届中国侨联领导班子的同志们一道，深刻领悟“两个确立”的决定性意义，增强“四个意识”、坚定“四个自信”、做到“两个维护”，紧紧依靠各级侨联组织，紧紧依靠广大归侨侨眷和海外侨胞，为党的侨务工作恪尽职守、竭诚奉献，不辜负党中央的期望和大家的信任，不辜负广大侨胞的期待。

过去五年侨联事业的发展进步，凝聚了中国侨联第十届委员会、常务委员会、主席会议的智慧和心血。大家认真履职、勤奋工作、开拓创新，在各自岗位上发挥了重要作用。这次大会后，一些同志由于工作变动或年龄原因，不再担任中国侨联新一届委员会职务。在此，我代表第十一届委员会，并以这次大会的名义，向第十届委员会全体成员表示衷心感谢！向离开中国侨联领导岗位的李卓彬、隋军、李波、黄志贤、邵旭军、周琪、卢文端、朱奕龙、刘以勤、包东、陈式海、周建农、黎静、齐全胜14位同志致以崇高的敬意！

同志们！落实好本次大会确定的各项任务，需要全国各级侨联组织和广大侨联工作者勠力同心，一步一个脚印，踏踏实实去做。我们作为全国归侨侨眷代表大会的代表，不仅是一份崇高的荣誉，更是一份沉甸甸的责任，**一定要坚定理想信念**，深刻领悟“两个确立”的决定性意义，增强“四个意识”、坚定“四个自信”、做到“两个维护”，加强党的创新理论武装，不断提高政治判断力、政治领悟力、政治执行力，始终在思想上政治上行动上同以习近平同志为核心的党中央保持高度一致；**一定要坚持人民至上**，把为侨服务作为工作生命线，深入基层、深入一线，始终同侨界群众站在一起、想在一起、干在一起，积极反映侨的呼声，切实维护侨的合法权益，正确履行代表职责，广泛凝聚侨心侨力侨智；**一定要强化责任担当**，胸怀“国之大者”，紧紧围绕党的二十大精神谋划和推进工作，提高能力本领，履行代表职责，发挥桥梁纽带作用，为全面建设社会主义现代化国家、全面推进中华民族伟大复兴、推动构建人类命运共同体贡献自己的智慧和力量；**一定要严守纪律规矩**，认真学习贯彻中国侨联章程，自觉遵守中央八项规定精神，锲而不舍反“四风”、树新风，清正廉洁，坚守底线，为广大侨界群众和侨联工作者作出表率。

大会筹备召开过程中，中央和国家机关有关部门有关单位给予了有力指导和支持；大会期间，中央和国家机关有关部门、军队有关单位、各民主党派中央、全国工商联、各人民团体、北京市负责同志到会祝贺，广大归侨侨眷和海外侨胞通过各种方式向大会表示祝贺，许多海外侨社和港澳地区侨界发来贺电贺信，大会主席团谨向他们表示衷心的感谢！

同志们！中国共产党已经成立102年了，中华人民共和国已经成立74年了，改革开放已经进行45年了。发端于延安时期、成立于1956年的中国侨联，走过了67年发展历程。长期以来，在党的领导下，侨联组织团结引领广大归侨侨眷和海外侨胞与时代同步伐，与祖国共奋进，与人民齐奋斗，在党和国家事业发展的历史长河中书写了动人篇章。

今天，中华民族伟大复兴已经进入了不可逆转的历史进程，中国特色社会主义展现出勃勃生机，14亿中国人民意气风发，阔步前进在中国式现代化建设的康庄大道上。身处伟大的新时代，踏上光荣的新征程，我们倍感自信自豪，也深感责任重大。我们一定要增强历史主动，勇担职责使命，在一代一代侨联人团结引领广大归侨侨眷和海外侨胞创造的不凡业绩的基础上，创造出无愧于时代的新业绩，展现出“侨心向党、同心筑梦”的新风貌。

同志们！新时代气象万千，新征程催人奋进。侨联事业美好的明天永远属于信念坚定、积极进取、不懈追求的奋斗者开拓者创造者。让我们更加紧密地团结在以习近平同志为核心的党中央周围，坚持以习近平新时代中国特色社会主义思想为指导，汇聚起侨界团结奋斗的磅礴力量，为强国建设、民族复兴作出新的更大贡献！

谢谢大家！

奋进新征程　书写新篇章

——在中国侨联十一届一次常委会议上的讲话

（2023年9月2日）

万立骏

同志们：

这次大会选举产生了中国侨联第十一届委员会，十一届一次全委会选举产生了新一届中国侨联常务委员和主席、副主席、秘书长。推进侨联事业发展的历史重担交给了我们，这是党中央和广大侨胞对我们的信任和殷切期待。我们一定要牢记嘱托，履职尽责，在全面建设社会主义现代化国家、全面推进中华民族伟大复兴的宏伟进程中书写侨联事业发展的新篇章。

以习近平同志为核心的党中央的高度重视和亲切关怀，是这次大会顺利筹备和胜利召开的根本保证。习近平总书记和中央政治局全体常委同志以及有关党和国家领导同志出席开幕会，李希同志代表党中央向大会致词。明天上午，蔡奇同志等中央领导将出席大会闭幕会，并在会前接见中国侨联新老班子、海外嘉宾和港澳代表，同大家合影。这是对广大归侨侨眷和海外侨胞、对广大侨联干部的巨大鼓舞和激励。我们一定要认真学习领会党中央致词精神，把党中央关心关怀切实转化为做好新时代侨联工作的实际行动。

以习近平新时代中国特色社会主义思想为指导，团结带领全国侨联系统贯彻好、落实好十一代会精神，在新征程上开创工作新局面，是新一届中国侨联常务委员会的政治责任。关于未来五年的侨联工作，党中央致词指明了方向，十一代会报告作出了部署，大会通过的中国侨联章程修正案体现了党的二十大精神和侨联事业发展新要求，我们要在今后工作中全面把握、认真对照、推动落实。这里，我强调五个方面。

第一，突出政治建设，深刻领悟“两个确立”的决定性意义，增强“四个意识”、坚定“四个自信”、做到“两个维护”。习近平总书记指出，党的政治建设是党的根本性建设，要把党的政治建设摆在首位，以党的政治建设为统领。侨联是党创立和领导的群团组织，政治性是侨联组织的灵魂，讲政治是侨联工作第一位的要求。我们要牢牢抓住政治建设这个根本，始终绷紧政治这根弦，坚定不移听党话、跟党走，严守政治纪律和政治规矩，坚决贯彻习近平总书记关于侨联工作的重要指示批示精神和党中央决策部署，自觉在思想上政治上行动上同以习近平同志为核心的党中央保持高度一致，努力为党尽责、为党奉献。要始终保持政治清醒、增强政治定力，不断提高政治判断力、政治领悟力、政治执行力，善于从政治上分析问题、解决问题，注意用政治标准衡量工作、检验工作，把旗帜鲜明讲政治的要求贯穿到侨联工作的各方面全过程。

第二，加强理论武装，自觉用习近平新时代中国特色社会主义思想凝心铸魂。政治上的坚定源于理论上的清醒，理论上的成熟是政治上成熟的基础。习近平新时代中国特色社会主义思想是当代中国马克思主义、二十一世纪马克思主义，是中华文化和中国精神的时代精华，是推动新时代伟大实践、引领新时代伟大变革的强大思想武器。我们要把学习贯彻习近平新时代中国特色社会主义思想作为一项长期的重大政治任务，知信行统一、学思用贯通，学出忠诚、学出坚定、学出本领、学出担当。要全面深入学习习近平新时代中国特色社会主义思想“十个明确”、“十四个坚持”、“十三个方面成就”、“两个结合”、“六个必须坚持”的科学体系，坚持好、运用好贯穿其中的立场观点方法，自觉用这一思想武装头脑、指导实践、推动工作。对侨联组织而言，尤其还要学习贯彻习近平总书记关于侨务工作、群团工作的重要论述和习近平外交思想，推动这些重要论述重要思想在侨联工作中落地开花结果、形成生动实践。

第三，聚焦“国之大者”，扎实推进围绕中心、服务大局、服务侨胞各项工作。侨联是党和政府联系广大归侨侨眷和海外侨胞的桥梁和纽带，为党和人民事业广泛凝聚侨心侨力侨智是侨联肩负的光荣职责。新时代新征程为侨联工作提供了广阔舞台，也赋予了新的更大责任。我们一定要在大局下思考、在大局下行动，紧紧围绕全面贯彻党的二十大确定的各项部署来谋划工作、部署工作、推进工作，把为大局服务和为侨服务结合起来，不断汇聚起“侨心向党、报效祖国”的磅礴力量。要坚持守正创新，在坚持“两个并重”、“两个拓展”、深化“两个建设”、构建“两项机制”、织好“两张网”上取得更大成效，在持续打造“创业中华”、“亲情中华”、“追梦中华”、“侨连五洲”、“侨爱心工程”、中国侨商投资大会、“连心侨”等品牌上迈出更大步伐，在推进法侨合作、检侨合作、科侨联动、与地方合作等工作协同上实现更大发展，不断完善工作体系、组织体系和品牌体系，不断提升侨联工作的整体性、专业性、贡献度和影响力。

第四，把握侨情变化，积极稳妥做好新形势下的海外侨胞联谊工作。正确判断形势，准确把握侨情，是谋划未来、科学决策的重要前提。经过长期艰苦奋斗特别是新时代十年的奋力拼搏，实现中华民族伟大复兴进入了不可逆转的历史进程，中国特色社会主义展现出蓬勃生机。同时，也要看到，世界百年未有之大变局加速演进，世纪疫情影响深远，逆全球化思潮抬头，单边主义、保护主义明显上升，世界经济复苏乏力，局部冲突和动荡频发，全球性问题加剧，来自外部的风险挑战始终存在并日益彰显。复杂多变的国际形势，给海外侨胞在住在国生存发展带来新的挑战，海外侨胞来祖（籍）国发展、为祖（籍）国建设作贡献也出现了许多新情况。面对海外侨情正在发生的深刻变化，我们要在过去工作的基础上，进一步加强侨情调研，摸清底数，建好花名册、画好联络图，把握重点难点、关键点风险点，广交朋友、深交朋友，不断巩固和壮大爱国爱乡侨力量。要创新工作方式方法，把充分发挥侨胞作用与保护侨胞、涵养侨务资源结合起来，把住在国和祖（籍）国的实际结合起来，前方后方配合，坚定侨胞信心，维护侨胞权益，促进海外侨胞更好发展。尤其需要强调的是，要坚持内外有别，树立底线思维，坚持问题导向，防范化解风险，保护好侨胞，推动海外侨胞联谊工作更好适应形势要求、更加符合国家发展的需要。

第五，坚持党的领导，不断提高侨联组织的战斗力凝聚力。党的领导是侨联事业不断发展的根本保证。我们要始终坚持党对侨联工作的全面领导，深入学习贯彻习近平总书记关于党的建设的重要思想，落实新时代党的建设总要求，增强基层党组织政治功能和组织功能，推动侨联组织党的建设向纵深发展。要坚持从严治会，扩大基层组织覆盖，完善制度机制，强“三性”、去“四化”，反“四风”、树新风。党中央致词首次指出，侨联干部是党的侨务工作的主要力量。这充分体现了以习近平同志为核心的党中央对侨联干部的肯定和期许，充分体现了侨联干部在党的侨务工作中所肩负的光荣使命。我们一定要感恩奋进、埋头苦干，着力加强侨联干部队伍建设，激发侨联干部干事创业的精气神，以实际行动向党中央交上一份合格的答卷。

中国侨联常务委员会在整个侨联组织体系中承担着重要职责，代表着侨联的形象，体现着侨联的水平，影响着侨联事业的发展。大家被选举为新一届中国侨联常务委员会成员，既是莫大光荣，更是重大责任。我们要不忘初心、牢记使命，以更高的标准、更严的要求，为广大侨联干部作出表率。这里，我提几点要求，同大家共勉。

一要在对党忠诚、信仰坚定上带好头。对党忠诚是党员领导干部的首要政治品格。要始终以党的旗帜为旗帜，以党的意志为意志、以党的使命为使命，知责于心、担责于身、履责于行，努力为党的侨务工作而奋斗。要自觉同党的基本理论、基本路线、基本方略对标对表，同党中央决策对标对表，及时校正偏差，确保侨联工作始终沿着党指引的方向前进。要坚持不懈用习近平新时代中国特色社会主义思想武装头脑、指导实践、推动工作，把稳思想之舵，筑牢信仰之基。

二要在增强本领、勇于担当上带好头。面对新形势新情况新任务，大家要增强学习的主动性，加强思想淬炼、政治历练、实践锻炼、专业训练，完善知识结构，打破思维定势，补足能力短板，不断增强履职所需的各方面本领。要强化政治担当、历史担当、责任担当，始终保持时时放心不下的责任感，既当好指挥员，又当好战斗员，敢于迎难而上，勇于解决侨联工作中遇到的困难和问题，不断开辟侨联事业发展的新天地。

三要在深入调研、为侨服务上带好头。要牢记习近平总书记的教导，练好调查研究基本功，努力在深、实、细、准、效上下功夫，贯彻党的群众路线，深入基层、深入一线，与侨界群众打成一片，叙侨情、听侨声、察侨情。要坚持为侨服务的工作生命线，把侨的需求作为设计和开展工作的重要依据，把侨界群众的幸福感获得感作为工作成效的评判标准，用心用情解决侨界群众的急难愁盼问题，做侨胞的贴心人和侨务工作的实干家。

四要在民主决策、团结合作上带好头。作为中国侨联常务委员会成员，既要发扬民主，充分激发自身履职的积极性、主动性、创造性，懂全局、议大事，建真言、献良策，又要凝聚共识，群策群力，切实把各方面的正确意见集中起来，形成团结一心、步调一致、心往一处想、劲往一处使的良好局面。大家要在坦诚交流中增进了解、加强团结，在深入合作中取长补短、共同进步，让常务委员会成为侨联事业发展的领头雁。

五要在严守纪律规矩、树立良好作风上带好头。习近平总书记反复强调，打铁必须自身硬。侨界人员众多，结构多样，侨联工作联系面广。大家要增强纪律规矩意识，严格按政策和规矩办事，讲原则、守底线。要树立正确的政绩观，立足本职岗位，脚踏实地，兢兢业业，追求实实在在的工作成效。要在侨联工作中倡导清清爽爽的同志关系、规规矩矩的上下级关系、亲清统一的新型政商关系，以良好作风推动侨联事业高质量发展。

这次大会选举我继续担任中国侨联主席，我深感责任重大、使命光荣。我将同中国侨联新一届领导班子的同志们一道，紧紧依靠广大侨联干部，紧紧依靠广大归侨侨眷和海外侨胞，为新时代侨联工作创新发展恪尽职守、竭诚奉献。

同志们！历史的长河波澜壮阔，一代又一代的侨联工作者接续奋斗，成就了今天的侨联组织。现在，侨联工作的接力棒历史性地交到了我们手中。筑梦之路，惟有奋斗。让我们更加紧密地团结在以习近平同志为核心的党中央周围，以习近平新时代中国特色社会主义思想为指导，聚侨心、汇侨力、集侨智，为强国建设、民族复兴作出新的更大贡献！

中国侨联第十一届委员会
主席、副主席、秘书长名单

主　席

万立骏

副主席（共 18 名，按姓氏笔画排序）

刘艺良	齐　志（女）	纪　斌	李　丰	李占勇
李兴钰	连小敏	吴　晶（女）	吴换炎	余国春
陈洁英（女，壮族）	高　峰	郭占力	郭启民	梁　谋
程　红（女）	程学源	谭铁牛		

秘书长

陈　迈

中国侨联第十一届委员会
主席、副主席、秘书长简介

主席简介（1 名）

万立骏，男，汉族，1957 年 7 月生，中共党员，研究生学历，工学博士学位，日本归侨。中国科学院院士，发展中国家科学院院士，中国科学院化学研究所研究员，中国科学院化学研究所学术委员会主任，中国化学会理事长。曾任中国科学院化学研究所所长，中国科学院分子科学中心主任，中国科学技术大学校长，中国侨联副主席（兼职），第九届、第十届中国侨联主席。现任第十一届中国侨联党组书记、主席。

中国共产党第十八届中央委员会候补委员，第十九届中央委员会委员，第二十届中央委员会委员；十四届全国人大常委会委员。

副主席简介（共 18 名）

程红，女，汉族，1966 年 2 月生，民盟盟员，研究生学历，经济学博士学位，研究员，国家科学技术奖励委员会委员，英国侨眷。入选"新世纪百千万人才工程"国家级人选。曾任北京市商业委员会副主任，北京市商务局副局长，北京市朝阳区副区长，北京商务中心区管理委员会主任，2008 年起任北京市副市长、市工商联主席，全国工商联副主席，全国青联副主席，民盟中央副主席，中华全国妇女联合会副主席（兼）。2023 年 6 月任中国侨联副主席候选人，2023 年 8 月任第十届中国侨联副主席，2023 年 9 月当选为第十一届中国侨联副主席。现任中国侨联副主席，民盟中央副主席、北京市委主任委员，北京市政协副主席，中华全国妇女联合会副主席（兼）。

第十届全国人大代表，第十一届全国政协委员，第十二届、十三届、十四届全国政协常委，第十三届全国政协教科卫体委员会副主任。

程学源，男，汉族，1965 年 2 月生，中共党员，研究生学历，管理学硕士学位，印尼侨眷。曾任广东省质量技术监督局副局长、党组成员，广东省侨联党组副书记、副主席，广东省侨联党组书记、主席，中华人民共和国驻斯里兰卡民主社会主义共和国特命全权大使。2019 年 12 月任中国侨联党组成员、副主席候选人，2020 年 1 月任第十届中国侨联党组成员、副主席，2023 年 9 月当选为第十一届中国侨联副主席。现任中国侨联党组成员、副主席。

第十四届全国人大常委会委员、华侨委员会委员。

连小敏，男，汉族，1968 年 1 月生，中共党员，研究生学历，公共管理硕士、管理学硕士学位，西班牙侨眷。曾任浙江省水利厅副厅长、党组成员，浙江省侨联兼职副主席，浙江省嘉兴市委常委、组织部部长，浙江省侨联党组书记、主席。2022 年 2 月任中国侨联党组成员、副主席候选人，2022 年 10 月兼任中国侨联直属机关党委书记，2023 年 2 月任第十届中国侨联党组成员、副主席，2023 年 9 月当选为第十一届中国侨联副主席。现任中国侨联党组成员、副主席，直属机关党委书记。

高峰，男，汉族，1969 年 7 月生，中共党员，省委党校大学学历，新加坡侨眷。曾任云南省侨联对外联络处副处长、办公室副主任、对外联络处处长、秘书长，云南省侨联党组成员、副主席。现任云南省侨联党组书记、主席，第十一届中国侨联副主席（挂职）。

第十三届云南省政协委员、港澳台侨和外事

委员会副主任。

吴晶，女，汉族，1965 年 11 月生，民革党员，中央党校大学学历，工商管理硕士学位，意大利侨眷。曾任浙江省侨办副主任，浙江省侨联驻会副主席，民革浙江省委会副主委，浙江省侨联主席，民革浙江省委会主委，浙江省政协副主席，民革中央常委，第九届、第十届中国侨联副主席（兼职）。现任浙江省人大常委会副主任，民革中央副主席，浙江省委会主委，第十一届中国侨联副主席（兼职）。

第十四届全国人大常委，第十二届、第十三届全国政协常委。第九届浙江省政协委员、港澳台侨委员会委员，第十届浙江省政协常委、港澳台侨委员会副主任。

谭铁牛，男，汉族，1963 年 10 月生，中共党员，研究生学历，工学博士学位，中国科学院院士，英国归侨。曾任中国科学院自动化研究所模式识别国家重点实验室主任，中国科学院自动化研究所所长助理、所长，中国科学院副秘书长、国际合作局局长，中国科学院副院长、党组成员，中央政府驻港联络办副主任。现任南京大学党委书记（副部长级），第十一届中国侨联副主席（兼职）。

第十三届、第十四届全国政协常委。

余国春，男，汉族，1951年9月生，无党派人士，大学学历，印尼归侨。香港友好协进会主席团常务主席，香港中华总商会常务会董，香港集友银行副董事长，香港侨界社团联会第三、四、五、六届会长、首席主席，暨南大学校董会副董事长，香港理工大学顾问委员会委员。曾任香港裕华国产百货有限公司董事、副总经理，董事长、总经理，第十届中国侨联副主席（兼职）。现任香港裕华国产百货有限公司董事长，第十一届中国侨联副主席（兼职）。

第七届、第八届、第九届全国政协委员，第十届、第十一届、第十二届、第十三届全国政协常委。

刘艺良，男，汉族，1957 年 8 月生，无党派人士，研究生学历，工商管理博士学位，印尼侨眷。澳门地区中国和平统一促进会会长，澳门特别行政区经济发展委员会顾问，中国和平统一促进会常务理事，澳门潮属社团总会主席，澳门归侨总会永远会长。曾任澳门创世地产实业有限公司董事长，第九届、第十届中国侨联副主席（兼职）。现任澳门创世企业集团有限公司董事长，第十一届中国侨联副主席（兼职）。

第九届、第十届、第十一届、第十二届、第十三届、第十四届全国人大代表，第八届广东省政协委员。

吴换炎，男，汉族，1952 年 5 月生，无党派人士，大专学历，菲律宾侨眷。深圳市福州商会发起人兼首届会长，香港福建社团联会主席、荣誉主席，世界福州十邑同乡总会总会长。曾任金达塑胶五金制品（深圳）有限公司董事总经理、董事长。现任深圳市新二金达城实业有限公司董事长，第十一届中国侨联副主席（兼职）。

第十二届、第十三届全国政协委员，第十三届全国政协港澳台侨委员会委员。

纪斌，男，汉族，1966 年 9 月生，中共党员、台盟盟员，研究生学历，工商管理硕士学位，美国侨眷。曾任中国人民对外友好协会欧亚部一处副处长、处长，欧亚部副主任，全国台联党组成员、副会长。现任全国台联党组书记、副会长、机关党委书记，第十一届中国侨联副主席（兼职）。

中国共产党第二十届中央委员会候补委员，第十一届、第十二届全国政协委员。

李兴钰，男，汉族，1971 年 10 月生，中共党员，大学学历，经济学硕士学位，美国侨眷。曾任山东省审计厅固定资产投资审计处副处长，山东省烟台市发展改革委党组副书记、副主任，山东省侨联党组成员、副主席，山东省莱芜市委副书记、统战部部长，第十届中国侨联副主席（兼职）。现任山东省侨联党组书记、主席，第十一届中国侨联副主席（兼职）。

第十四届全国政协委员，第十一届山东省政协委员，第十三届、第十四届山东省人大常委、民族侨务外事委员会副主任委员。

郭占力，男，汉族，1964 年 12 月生，中共党员，研究生学历，管理学博士学位，加拿大侨眷。曾任黑龙江省纪委副处级检查监察员，黑龙江省哈尔滨市委常委会议秘书室秘书（正处级），黑龙江省纪委研究室副主任、宣传教育室副主任、法规室副主任，黑龙江省委巡视组副厅级巡视专员，黑龙江省七台河市委常委、宣传部长、政协主席。现任黑龙江省侨联党组书记、主席，第十一届中国侨联副主席（兼职）。

第十一届、第十二届、第十三届黑龙江省政协常委。

李占勇，男，汉族，1968 年 3 月生，中共党员，研究生学历，工学博士学位，教授，日本侨眷。曾任天津科技大学机械工程学院副院长、院长、工程训练中心主任，天津科技大学党委常委、教务处处长，天津科技大学党委常委、副校长。现任天津市侨联党组书记、主席，第十一届中国侨联副主席（兼职）。

第十四届天津市政协常委，第十五届天津市政协常委、港澳台侨和外事委员会副主任。

陈洁英，女，壮族，1968 年 11 月生，中共党员，中央党校研究生学历，法学学士学位，美国侨眷。曾任广西壮族自治区政协机关党委副调研员、办公厅人事处处长、办公厅副巡视员、社会和法制委员会专职副主任，广西壮族自治区人民检察院政治部主任、党组成员、一级巡视员。现任广西壮族自治区侨联党组书记、主席，第十一届中国侨联副主席（兼职）。

第十四届全国人大代表，第十一届、第十三届广西壮族自治区政协委员。

梁谋，男，汉族，1969 年 11 月生，中共党员，大学学历，法学硕士学位，马来西亚侨眷。曾任海南大学文学院党总支副书记、后勤服务集团总经理、校长办公室副主任、马克思主义学院党委书记、校党委办公室主任，海南师范大学党委副书记，海南大学党委常委、副校长。现任海南省侨联党组书记、主席，第十一届中国侨联副主席（兼职）。

第七届、第八届海南省政协常委，第七届海南省政协港澳台侨外事委员会副主任。

李丰，男，汉族，1969 年 6 月生，中共党员，研究生学历，理学硕士学位，印尼侨眷。曾任广东省政府办公厅秘书处副调研员、副处长，广东省政府副处职秘书、正处职秘书，广东省侨办机关服务中心主任，广东省侨办机关党委专职副书记，广新控股有限公司董事、常务副总裁，广东中旅（集团）有限公司副总经理、党委委员，广东省旅游控股集团有限公司副总经理、党委委员，广东省侨联党组成员、专职副主席，广东省清远市副市长，广东省清远市委常委、秘书长、统战部部长、市政协党组副书记、市直机关工委书记。现任广东省侨联党组书记、主席，第十一届中国侨联副主席（兼职）。

第十二届、第十三届广东省政协委员。

郭启民，男，汉族，1965 年 11 月生，中共党员，研究生学历，工学博士学位，日本归侨。曾任国家环保总局污染控制司综合处调研员，国家发展改革委资源节约和环境保护司循环经济发展处调研员、处长、副巡视员，就业和收入分配司副司长。现任国家发展改革委就业收入分配和消费司副司长、一级巡视员，国家发展改革委侨联主席，第十一届中国侨联副主席（兼职）。

齐志，女，汉族，1967 年 9 月生，无党派人士，大学学历，工学学士学位，印尼侨眷。曾任福建省侨办文化教育宣传处助理调研员、副处长、处长、国外处处长，福建省侨联文化交流部部长。现任福建省侨联副主席，第十一届中国侨联副主席（兼职）。

秘书长简介（1 名）

陈迈，男，汉族，1965 年 7 月生，中共党员，研究生学历，高级管理人员工商管理硕士学位，荷兰侨眷。曾任共青团浙江省温州市委副书记、党组成员，挂职任团中央办公厅调研处副处长，中国青少年发展基金会三辰影库项目办公室主任，团中央机关服务局副局长，全国保护母亲河行动领导小组办公室副主任，中国青年企业家协会副会长，团中央青农部副部长，中国青年志愿者指导中心党组书记，中国侨联文化交流部巡视员、部长，第九届、第十届中国侨联秘书长。现任第十一届中国侨联秘书长兼办公厅主任。

第十一次全国归侨侨眷代表大会
聘请中国侨联第十一届委员会
内地和港澳顾问名单

（2023年9月3日第十一次全国归侨侨眷代表大会通过）

（共65名，按姓氏笔画排序）

一、内地顾问名单（45名）

王　宏　王永乐　王成云　文海英（女）
包　东　朱添华　乔　卫　李　波
李本钧　李君如　李卓彬　李星浩
李昭玲（女）　李祖沛　李雪莹（女）　杨玉环（女）
吴幼英（女）　吴承业　何小平　何添发
沈　敏（女）　张小建　张元龙　张伟超
陈兰通　邵旭军（女）　林　军　林水龙
林兆枢　林其珍　林明江　林淑娘（女）
周　琪　周建农（女）　胡胜才　郭麟恭
唐闻生（女）　黄军军（女）　黄志贤　黄翠玉（女）
康晓萍（女）　梁国扬　隋　军（女）　董中原
黎　静（女）

二、港澳顾问名单（20名）

王彬成　王锦彪　卢文端　伍淑清（女）
庄绍绥　许健康　李金松　沈家燊
陈永棋　陈幼南　陈成秀　陈进强
陈健英　陈聪聪（女）　林　惠（女）　林树哲
梁树森　梁淦基　黎振强　颜延龄

中国侨联第十一届委员会常务委员名单

（共166名，按姓氏笔画排序）

丁列明　丁兆丽（女）　于集华　万立骏
马　骏　王　勇　王进仁　王明孝
王念东　王俊峰　王绯玲（女）　卞　勇
邓明鉴　叶紫莹（女）　申建平（女）　田来怀
付辉东　白　宁　司徒国海　司徒荻林
吕　涛（满族）　吕安民　吕耀东
朱　柳　朱永官　朱奕龙　任　澄
任建成　庄莉萍（女）　刘　昕　刘　标
刘　锐（女）　刘天永　刘艺良　刘以勤（女）
刘志强　刘爱丽（女）　刘润生　刘雅煌
齐　志（女）　齐全胜　关鸿亮
米文芃（女，回族）　江巴争追（藏族）
安建晔　许玲娣（女）　许清流　许聪海
孙民生　纪　斌　苏　燕（女）　李　卫
李　丰　李　立　李　然（女）　李　静（女）
李文俊　李占勇　李圣泼　李兴钰
李海生　李曙光　杨正林　杨志光
杨其峰　杨海强　连小敏　轩江波
吴　晨　吴　晶（女）　吴剑平　吴换炎
何　理　何汉权　佘德聪　余国春
张　欣　张　茵（女）　张　斌
张　毅（中国侨联）　张继焦　张越杰
陆　林　陈　迈　陈　军　陈　新（女）
陈　蕾（女）　陈玉树　陈式海　陈红天
陈志炜　陈明金　陈俊泳（女）
陈洁英（女，壮族）　陈晓平　陈家泉
陈智思　陈燕铭（女）　武　鸣　武志永
林　东　林　琨　林　潞　林正佳
林龙安　林伟农　林良明　林定强
林德兴　卓新荣　尚小红（女）　罗掌权
金双根　周伟建　周厚立　孟卫红（女）
赵　荣（女）　赵宇亮　郝　跃　荣　洋
南品仁　施　政　施乾平　洪明基
洪金乐　姚志胜　徐可强　翁小杰
高　峰　郭占力　郭启民　郭国雄
唐舒龙　桑宝山　黄利云　黄玲玲（女）
黄楚基　曹君利　崔　岩　康维海
梁　谋　逯　迈　屠海鸣　董　刚
董志勇　韩国龙　喻　鹏　程　东
程　红（女）　程　燕（女）　程学源　曾大军
温锦辉　谢文·根多（藏族）　谢俊明
褚家如　廖宇轩　廖志仁
谭必恩（土家族）　谭铁牛　颜　珂（女）
颜宝铃（女）　颜奕萍（女）　潘龙泉　薛水和
戴文威

中国侨联第十一届委员会委员名单

（共 495 名，按姓氏笔画排序）

丁列明 丁兆丽（女） 丁泽成 于长清
于晓怡（女） 于集华 寸文骏 万立骏
万妍娟（女） 子发贵 马 骏 马炳国
马晓梅（女） 马鸿铭 马辉申 王 勇
王 珺 王 斌（女） 王 强 王 韬
王 慧（女） 王双印 王进仁 王明孝
王念东 王思聪 王俊峰 王绯玲（女）
王锦辉 王德圣 王德阳 元 革
韦 颖（布依族） 区丹珊（女） 毛冰花（女）
仇 旻 卞 勇 尹 波 尹朝晖（女）
邓明鉴 艾 卉（女，回族） 龙登高
卢文朋 卢秀梅（女） 卢思高 卢裕浪
叶 娟（女） 叶 毅 叶谋足 叶紫莹（女）
申建平（女） 田来怀 史灵芝（女） 付辉东
付新宇（女） 白 宁 包 刚（满族） 包贤超（女）
邝东晓 冯镤元 司徒国海 司徒荻林
吉 祥 毕志健 吕 剑（女） 吕 涛（满族）
吕安民 吕海虹（女） 吕耀东 朱 柳
朱 磊（女） 朱永官 朱利民 朱奕龙
任 澄 任卓平（女） 任建成 华 楠（女）
向 晖 庄创业 庄守堃 庄莉萍（女）
刘 文（女） 刘 华（女） 刘 君（女） 刘 昕
刘 标 刘 俊 刘 锐（女） 刘 瑾（女）
刘天永 刘艺良 刘以勤（女） 刘冬梅（女）
刘光华 刘光新 刘兴成 刘志强
刘志巍 刘咏梅（女） 刘爱丽（女） 刘润生
刘家庆 刘鸿奇 刘惠敏（女） 刘雅煌
刘智良 齐 志（女） 齐全胜 闫 晶（女）
闫学东 关 波（满族） 关鸿亮
米文芃（女，回族）
米海尔古丽·阿吉（女，维吾尔族）
江巴争追（藏族） 汤志平 安伯旻

安建晔 许华芳 许远凤（女） 许君豪
许玲娣（女） 许清流 许聪海
孙 岩（女，蒙古族） 孙民生
买若春（女，回族） 纪 斌 麦建宁
苏 泳 苏 燕（女） 苏尧森 苏庆辉
杜建忠（土家族） 李 卫 李 丰
李 立 李 阳 李 忠 李 诚
李 玲（女） 李 威 李 艳（女） 李 超
李 然（女） 李 静（女） 李 睿 李卫新（回族）
李文俊 李占勇 李圣泼 李亚南
李兴钰 李红霞（女） 李丽娜（女） 李宏鸣
李建功（回族） 李艳丽（女） 李桂英（女） 李根泰
李晓菲（女） 李海生 李皓君 李登新
李增辉 李鋈麟 李曙光 杨 东
杨正林 杨亚国（哈尼族） 杨成刚
杨兴刚 杨宇潇 杨志光 杨连喜
杨其峰 杨贤彪 杨育智 杨宝庆
杨海强 连小敏 轩江波 肖 飞
肖 彬（女） 吴 涛 吴 晨 吴 晶（女）
吴大勇 吴日乐（蒙古族） 吴文侯
吴方权 吴志斌 吴丽冰（女） 吴剑平
吴换炎 吴蓓琪（女） 吴新星（女） 吴嘉灵
邱建益 何 坚 何 理 何汉权
何华智（女） 何庆国（景颇族） 佘圣尧
佘德聪 余国春 邹浙清 邹淑英（女）
邹朝晖（女） 冶成福（回族） 汪瓦水 沈钊昌
沈斯婷（女） 沈寓实 宋 宁 宋 强
张 卫（女） 张 欣 张 弥 张 茵（女）
张 荔（女） 张 梅（女） 张 锋（拉祜族）
张 斌 张 毅（中国侨联） 张 霓（女）
张小春（女） 张天琦 张志敏 张英龙
张晓红（女） 张晓春（女） 张继东 张继焦

张越杰 陆　林 陆仁山 陆咏歌
陆洪明 陈　迈 陈　伟 陈　江
陈　军 陈　红（女，福建） 陈　昆
陈　真 陈　润 陈　雄 陈　新（女）
陈　慧（女） 陈　蕾（女） 陈卫良 陈文培
陈玉树 陈龙盛 陈永文 陈式海
陈向辉 陈宇奇 陈农灏 陈红天
陈志炜 陈佐东 陈灿标 陈虎林
陈明金 陈忠洲 陈诚杰 陈建军
陈孟锋 陈思敏（女） 陈俊泳（女） 陈烁江
陈洁英（女，壮族） 陈振豪 陈晓平
陈晓东 陈家泉 陈菲菲（女） 陈喜东
陈智思 陈愈强 陈慧华（女，满族）
陈燕铭（女） 邰凯平 武　鸣 武　强
武志永 苗　延（女） 范庭栋 林　东
林　垚 林　洁（女） 林　琨 林　潞
林文清 林正佳 林龙安 林伟农
林安顺 林吴东 林良明 林青峻
林定强 林春晖（女） 林剑浩 林高星
林敏洁（女） 林德兴 卓新荣 尚小红（女）
昂　然 罗　定 罗　艳（女） 罗　强
罗延枫（女） 罗丽都（女） 罗爱武 罗掌权
季志海 岳　山 金双根 周　群
周　嘉 周文彬 周伟建 周松一
周诗广 周厚立 周晓辉（女） 庞文中
郑光辉 郑定辉 郑承峰 郑勇强
郑鹏飞 郑鹏远 郑嘉义 孟卫红（女）
降央克珠（藏族） 练云浩 赵　闫（女）
赵　荣（女） 赵立洪（女） 赵宇亮 赵丽春
赵奇胜 郝　跃 荣　洋 南品仁
钟　琦（女） 钟　雯（女） 钟山红（女，畲族）
钟丽华（女） 侯　慧（女，土家族） 侯继文
施　政 施若龙 施乾平 洪　华（女）
洪明基 洪金乐 洪海征（女） 洪悦浩

姚　珩 姚志胜 姚君明（女） 骆　镇
莫　洪 贾连喜 夏兴华 顾文彬
晏　萌（女） 晏　斌（女） 钱　莹（女） 钱仲焱
徐　雷 徐　鹏 徐可强 徐旭昶
徐妍丽（女） 徐祥忠 徐盛兴 殷　强
翁小杰 高　峰 高殿海 郭　青（女）
郭　杰 郭　雄 郭少敏 郭文义
郭占力 郭立红（女，回族） 郭启民
郭纯青（女） 郭国雄 郭经田 唐元生
唐为民 唐志华 唐舒龙 陶　勇
陶　静（女） 陶庆华 陶建伟 陶悦群
桑宝山 黄　吉 黄　涛 黄文娟（女）
黄印棉 黄利云 黄玲玲（女） 黄香龄（女）
黄晓旭 黄家伦 黄瑞刚 黄楚基
曹君利 常海强 崔　明 崔　岩
符　应 符琼芬（女） 康维海 章桃旭
商晓东 阎伟宁 梁　钢 梁　谋
梁天才 梁日辉 梁礼贤 梁兆基
梁志明 梁炜茵（女） 梁斌斌 梁慧文（女）
逯　迈 屠海鸣 彭伟然 董　刚
董立新 董志勇 董服金 韩国龙
景　平 喻　鹏 程　东 程　伟
程　红（女） 程　燕（女） 程学源 程慧秋（女）
鲁亚真（女） 曾大军 曾志谦 温锦辉
谢文·根多（藏族） 谢俊明 谢淑川（女）
谢惠蓉（女） 谢燕川（女） 蓝福长（畲族） 詹春明
解江冰 褚家如 蔡　光 蔡国雄
蔺　威（女） 裴大旭（朝鲜族） 管清美（女）
廖子馨（女） 廖庆泉 廖宇轩 廖志仁
谭必恩（土家族） 谭铁牛 滕洪胜
颜　珂（女） 颜宝铃（女） 颜奕萍（女） 潘　丽（女）
潘世烈 潘龙泉 潘锦昌 燕志富
薛水和 薛华棣（女） 磨祥湖 戴文威
藏志勇

第十一次全国归侨侨眷代表大会
聘请中国侨联第十一届委员会荣誉委员名单

（共16名，按姓氏笔画排序）

丁红星　王维卿（女）王喜云（女，回族）高永英（女）高俊峰　董锦燕（女）谭作刚
史　晴　吕　虹（女）吴向明（满族）张　玲（女）黎才旺
张知明（女）陈　瑛（女）陈香林（女）范安龙

第十一次全国归侨侨眷代表大会代表、特邀代表名单

（1210名，按姓氏笔画排序）

（一）北京市（34名）

丁志艳（女） 王小雨（女） 石　岳（女） 付新宇（女）
邢新会 闫学东 苏　泳 李　晟
李　静（女） 李立东 李晓菲（女） 李登新
李曙光 吴　涛 吴　晨 沈寓实
张热云（女） 张强斌 陆　林 陈忠洲
陈慧华（女，满族） 林剑浩 周　斌
郑连发 赵　杨 赵同标 荣　洋
贾文键 殷　强 高　杰 陶庆华
黄文娟（女） 解江冰 魏英杰

（二）天津市（21名）

王志红（女） 王宝钢 尹　波 庄雪阳（女）
闫　晶（女） 李　佳（女） 李卫新（回族） 李占勇
吴正斌 吴晓红（女） 何　理 邹朝晖（女）
宋　东（女） 张　弥 陈　军 陈　野
郑春阳 祖　越 尉丽玲（女） 翟冠林
魏　超

（三）河北省（22名）

马丽娟（女） 王　珺 元　革 尤　倩（女）
卢晨阳（女） 史代猛 付丽莉（女） 付辉东
任立群（女，满族） 任卓平（女） 许中旗
杨连喜 杨晓梅（女） 张　丹（女） 武志永
周晓辉（女） 赵　翠（女） 胡玉英（女） 祝志学
高英敏（女） 陶建伟 董文彬

（四）山西省（19名）

王进仁 王迪录 王思聪 吕静英（女）
刘　俊 刘　莉（女） 闫　芳（女） 李冰冰（女）
李红光 何志义 陈　蕾（女） 武　强
岳　淼（女） 郑祝伟 孟雅娟（女） 胡　平
贾连喜 郭志芳（女） 谭　慷

（五）内蒙古自治区（11名）

田来怀 孙　岩（女，蒙古族）
孙福全（蒙古族） 李喜和
吴日乐（蒙古族） 张　浩
张宇闻（蒙古族） 张爱芳（女）
其其格（女，蒙古族） 练　哲 程晓虎

（六）辽宁省（23名）

史灵芝（女） 吕安民 安伯旻 安建晔
苏　东 李　彬 李春杰（女） 邱宇光（满族）
张　梅（女） 张乐天 张希望 张学富
邰凯平 周宏宇（女） 胡　平（女，满族）
姜　丽（女，朝鲜族） 高殿海 郭艳侠（女）
唐　川（满族） 黄晓冬（女） 崔　明 崔　岩
景　平

（七）吉林省（23名）

丁兆丽（女） 于大伟 于春燕（女）
马晓燕（女，满族） 王　韬 艾厚宇
平继栋 华　楠（女） 刘惠敏（女） 关　波（满族）
李永健 李晓丹（女） 吴伟军 张守业
张越杰 陈　密 陈伟东 陈喜东
周东华（女） 宫伯晶（女） 崔峰铭 臧　迪（女）
裴大旭（朝鲜族）

（八）黑龙江省（22 名）

丁桂杰（女）　王书波（女）　申建平（女）　刘　文（女）
李慧玲（女）　杨　杨　张小春（女）　张雪松（女）
陈伟民　陈佐东　赵晓红（女）　胡宗瑜（女）
姜再学　徐晶宇（女）　郭　毅　郭占力
黄岩梅（女）　康维海　董晓泮　蒋长钢
焦宏伟　蔺　威（女）

（九）上海市（34 名）

王　勇　王　慧（女）　王　薇（女）　司徒国海
朱利民　齐全胜　江利红
杜建忠（土家族）　李　敏（女）　杨　霞（女）
杨顺发　吴蓓琪（女）　沈开艳（女）　陆洪明
陈　宏（女）　林和春　周　嘉　周红亚（女）
钟　雯（女）　姚　珩　姚　健（女）　钱　莹（女）
钱仲焱　徐　丰　徐学敏（女）　郭　青（女）
郭纯青（女）　陶　勇　黄罗维　曹建军
章桃旭　程　东　谢松峰　蔡红梅（女）

（十）江苏省（38 名）

王　凡（女）　王　伟　王小民　王永新
王承祥　艾　卉（女，回族）　田益民
史抒庆　吉江平（女）　朱家伶　刘　标
刘冬梅（女）　刘咏梅（女）　刘晓静　李　劼
李音强　杨　铃（女，回族）　杨为民（女）
杨家悦（女）　张　霓（女）　张宇蔚（女）　陈　阳
陈　峰　武　鸣　郁梅兰（女）　周建农（女）
夏兴华　顾文彬　徐　蓉（女）　唐元生
曹君利　商晓东　梁　峰　葛　华（女）
蒋　立　韩　钰　潘龙泉　潘海平

（十一）浙江省（42 名）

丁泽成　马伟民　仇　旻　叶　芬（女）
叶　娟（女）　叶凯峰　包　刚（满族）　任建成
庄莉萍（女）　刘　红（女）　刘　锐（女）　刘光华
刘光新　许玲娣（女）　孙金勇　李月萍（女）
李勇进　杨志佩（女）　杨贤彪　杨宝庆
何　军　邹浙清　张维仁　陈　雷
陈灵霞（女）　林　东　林文清　林吴东
罗晓伟　季志海　周伟力　周松一
於立斌　赵丽春　南品仁　姚力军
姚君明（女）　钱　宇　徐红卫　傅旭敏
颜玲富　戴和平

（十二）安徽省（21 名）

马晓梅（女）　王永定　王俊峰　孔维婷（女）
卢　贵　刘　君（女）　许君豪　李松柏
杨　冰　吴文雷　汪　涛　张　荔（女）
陈　齐　林　敏　夏　羽　唐为民
涂骄阳（女）　陶悦群　韩兴明　韩秀东（女）
褚家如

（十三）福建省（81 名）

王丽霞（女）　王柏森　王铮铮（女）　方子俊
方艺荣　孔令鹇（女）　叶锦珠（女）　庄顺茂
刘鸿奇　齐　志（女）　许聪海　苏志茗
李　威　李冬梅（女）　李宏鸣　李维胜
杨　钢　吴新星（女）　邱建益　何国军
何明华　张　瑶（女）　张久贵（女）　陈　伟
陈　红（女）　陈　真　陈卫良　陈玉树
陈玉萍（女）　陈永文　陈式海　陈建军
陈俊泳（女）　陈振强　陈晓红（女）　陈海金（女）
陈家泉　陈颖彦　陈群英（女）　林　辉
林正佳　林向荣　林安顺　林良明
林建辉　林荣华　林勉海　林高星
卓新荣　罗建文　周士渊　郑　灵（女）
郑永泓（女）　郑光辉　郑奎城　郑铨英（女）
郑鹏飞　俞代华　施恭杰　洪海征（女）
钱本勇　翁小杰　郭立红（女，回族）
郭国雄　郭胜初　郭赐福　黄　怀
黄　涛　黄文辉　黄印棉　黄华春
黄苇洲　黄丽红（女）　黄国华　黄秋霞（女）
董立新　董振寿　温锦辉　谢学优
谢燕川（女）　蔡红专（女）

（十四）江西省（24 名）

于集华　王　强　王孝友　左敏华
麦建宁　李忻农　杨　珺（女）　吴世伟
陈成炉　陈桂辉　欧阳爱兰（女）
罗丽都（女）　罗美华　周　亮　周世友
郑兆国　郑慧珺（女）　晏　斌（女）　徐　雷
徐　鹏　徐余波　唐国徽　唐舒龙
温　涛（女）

（十五）山东省（37 名）

于晓怡（女）　马应心（女）　王少健　王英伟
王新颜（女）　卢文朋　田文萍（女）　冯镤元
司涛　任亮　任宝成　刘兴成
米文芃（女，回族）　李兴钰　李香玲（女）
杨志伟　杨其峰　吴梦军（女）　吴德柱
宋强　宋芳银　张汉霆　张志敏
张国华　张晓春（女）　陈江波　陈希亮
陈维芹（女）　施宁　施乾平　姜兵
姜明（女）　徐锋　陶新镇　鲁亚真（女）
潘丽（女）　燕志富

（十六）河南省（27 名）

万是明（蒙古族）　王广国　王会东
白宁　吕剑（女）　朱明甫　任翔
刘东晓　刘智良　买自强（回族）　李艳（女）
李建功（回族）　杨海强　余侠（女）　沈钊昌
张磊　张毅　张晓盈　陆咏歌
陈向辉　陈秀娜（女）　金双根　郑定辉
郑鹏远　祖恩厚　高晓月　黄伟

（十七）湖北省（25 名）

丁鹏　王慧萍（女）　邓希康（土家族）
叶华　叶毅　江莹（女）　李筠（女）
杨文鹤　何翠文（女）　库敏（女）　张军
张楹（女）　陈红（女）　陈娟（女）　范红华（女）
林华（女）　周龙　孟俊青（女）　侯继文
施政　徐祥忠　喻鹏　程伟
谭必恩（土家族）　潘元静（女）

（十八）湖南省（27 名）

于华南　王炜　王勤（女）　王一鸣
王双印　王思永　毛冰花（女）　朱文左
向晖　刘华（女）　安忠　孙民生
李超　李利平　肖欢天　张欣
张海花（女）　陈刚　陈慧（女）　郑松林
段斌　侯慧（女，土家族）　贺建平（女）
贺菲菲（女）　彭新蓉（女）　蒋宗坤（土家族）
黎秋（女）

（十九）广东省（93 名）

马国平　马辉中　王斌（女）　卞勇
方光明　叶志海　叶佰杰　叶紫莹（女）
邝东晓　冯玉宝　冯光兴　吕海虹（女）
伍秀英（女）　刘昕　刘文华　刘志强
刘志巍　刘家庆　关美婷（女）　江蔚（女）
汤志平　许奕雄　苏攒淘　李丰
李阳　李妙玲（女）　李昌富　李莉莉（女）
肖彬（女）　吴燕雅（女）　余夏野（女）　邹仕选
邹伟华　邹淑英（女）　张飞洪　张英龙
陆荣人　陈宁　陈敏　陈乙明
陈汉雄　陈达旋　陈宇峰　陈农灏
陈志洪　陈林涛　陈国红（女）　陈孟锋
陈彩霞（女）　陈越安　陈愈强　陈燕铭（女）
林铭　林少鸿　林丽芳（女）　林春晖（女）
林德才　罗定　罗爱武　周振
周伟建　郑勇强　郑继坤　郑锭生
郑嘉义　钟山红（女，畲族）　钟丽华（女）
洪悦浩　夏立军　徐文锋　黄伟年
曹堪宏　梁天才　董服金　覃尚钧
程慧秋（女）　童欣　童慧（女）　曾志谦
谢淑川（女）　谢惠蓉（女）　詹春明　蔡光
蔡国雄　廖庆泉　廖志仁　廖翠娟（女）
谭育泉　谭洁容（女）　潘俊林（女）　薛华棣（女）
戴文威　魏宇翔

（二十）广西壮族自治区（39 名）

韦颖（布依族）　区丹珊（女）　毛晶晶（女）
包贤超（女）　冯秋艺（女）　冯勇波　刘洪波
劳燕妮（女）　杜霞（女）　李暄　李艾艾（女）
李志光　李秋映（女，壮族）
杨隽（女，壮族）　杨尤嘉　杨志光
杨育智　吴方权　吴嘉灵　宋宁
张振明　陈菁（女）　陈森　陈雄
陈烁江　陈洁英（女，壮族）　林万顺
周兵　秦伟鹏　翁成福　高宇（回族）
黄吉　蒋宗滨　覃霖（满族）　赖永琨
简济鑫　管祥英（女）　潘锦昌　磨祥湖

（二十一）海南省（38 名）

马文钦　王晴（女）　卢裕浪　刘誉富
苏燕（女）　李忠　李诚　李艳平（女）
李桂英（女）　杨华　杨智敏（女，黎族）
杨斌锐　吴坚平　何坚　张茜（女）

张丽娇（女，黎族） 陈　润 陈文培
陈明辉 陈菲菲（女）罗海澄 赵立洪（女）
钟义海 洪江游 聂卫平 莫　洪
唐世一 黄心虹（女）黄海生 符　应
符师轼 符琼芬（女）梁　谋 彭伟然
曾海声 管月晖 黎燕萍（女）潘家森

（二十二）重庆市（16 名）

韦蜀泉 邓明鉴 朱　莉（女）刘　杰
汪瓦水 张自力 陈　平 罗　艳（女）
罗　强 周玉菊（女）孟卫红（女）钟　华（女）
袁海心 晏　萌（女）黄晓旭 廖传荣（女）

（二十三）四川省（26 名）

王　瑛（女）王新亭 田国春（女）田碧华（女）
刘以勤（女）苏　红（女，藏族） 李　秀（女）
李文义（女）杨　东 杨正林 肖　岭
吴　蕾（女）何跃清（彝族） 陈　利
陈　彪 昂　然 庞文中
降央克珠（藏族） 胡　英（女）钟澎俊（女）
饶　红（女）高　雷（满族）郭　雄 唐晓琴（女）
黄　娥（女）薛水和

（二十四）贵州省（17 名）

邓　一 叶　锋（侗族）史立勇 冯治国
朱　珠（女）刘进杰 苏明红（女）李　立
李　玲（女）李　辉 吴剑平 张红梅（女）
张继东 岳　山 周毅青（女）晏　虹（女）
徐颖键

（二十五）云南省（38 名）

寸文骏 万妍娟（女）子发贵 尹朝晖（女）
叶建州 朱朋明（回族）向　诚 刘国忠
江巴争追（藏族） 许远凤（女）
李华壁（纳西族） 李志娟（女）
李忠强（德昂族） 杨亚国（哈尼族）
杨兴刚 何庆国（景颇族）
张　锋（拉祜族） 张　嫦（女）阿　争（藏族）
陈　松 陈建有（彝族）范廷栋 周春阳（女）
郑洪光 孟庆毅 线小晁（女，傣族）
练云浩 赵　辉（傈僳族） 段智寰（女）
宣智莲（女，纳西族） 徐盛兴 高　峰
高海霞（女）黄美云（女）董蓉蓉（女，回族）
粟　浩 廖仲庚 穆在华（彝族）

（二十六）西藏自治区（8 名）

王念东 扎西卓玛（女，藏族）
丹增绕巴（门巴族） 旦增伦珠（藏族）
晋美次旦（藏族） 普布扎西（藏族）
谢文·根多（藏族） 强巴扎西（藏族）

（二十七）陕西省（18 名）

于长清 马雅春（女）王文波 刘润生
李　豪 李增辉 张天琦 张晓虹（女）
陈虎林 陈岳明 尚小红（女）郝　跃
隽培军 高军强 唐　洁（女）管清美（女）
樊俊美（女）戴寿洪

（二十八）甘肃省（11 名）

马　岚（女，哈萨克族） 王　颖（女）包子龙（回族）
再　雅（蒙古族） 安亚军（裕固族）
杜建喜 李亚南 杨成刚 赵永庆
徐妍丽（女）逯　迈

（二十九）青海省（11 名）

才让旦巴（藏族） 马　辉（回族）冯声宝
刘　触 苏占海（回族）何华智（女）冶成福（回族）
林振勇 夏晓峰 康珠才让（藏族）
董　刚

（三十）宁夏回族自治区（11 名）

朱奕龙 汤　波 买若春（女，回族）
李艳丽（女）何学虎（回族）陈小龙 赵　荣（女）
顾长虹 常海强 董志芳 藏志勇

（三十一）新疆维吾尔自治区（21 名）

王　观（女）王常华
巴格古丽·沃拉勒泰（女，哈萨克族）
艾尼瓦尔·依布拉音（维吾尔族）
艾甫赛艾力·阿不力孜（塔吉克族）
古丽仙·帕尔哈提（女，维吾尔族） 石　磊
白　韧 吉　祥 亚合普·阿曼（柯尔克孜族）
任　澄 米海尔古丽·阿吉（女，维吾尔族）
玛尔江古丽·买买提（女，维吾尔族） 时　映（女）

陈　琦（女）林　洁（女）林融升　徐旭昶
郭永斌　童古鲁（蒙古族）　潘世烈

（三十二）新疆生产建设兵团（10名）

王风雷　李宜轩（女）轩江波　吴　芳（女）
吴大勇　张　琼（女）
孜来古丽·哈木扎（女，哈萨克族）　陈宇奇
苗　延（女）赵　闫（女）

（三十三）香港特别行政区（62名）

马鸿铭　王锦辉　王德圣　卢思高
吕耀东　庄创业　庄守堃　刘　瑾（女）
刘爱丽（女）许清流　李　然（女）李文俊
李圣泼　李红霞（女）李根泰　李晧君
李鋈麟　吴文侯　吴志斌　吴丽冰（女）
吴换炎　何汉权　佘德聪　余国春
沈斯婷（女）张　茵（女）张　斌　陈　昆
陈龙盛　陈红天　陈志炜　陈灿标
陈诚杰　陈思敏（女）陈智思　林　潞
林龙安　林青峻　林定强　林德兴
周厚立　郑承峰　施若龙　洪明基
姚志胜　骆　镇　郭文义　唐志华
黄玲玲（女）黄香龄（女）黄楚基　阎伟宁
梁日辉　梁礼贤　梁志明　梁炜茵（女）
屠海鸣　韩国龙　程　燕（女）谢俊明
廖宇轩　颜宝铃（女）

（三十四）澳门特别行政区（24名）

马炳国　卢秀梅（女）叶谋足　司徒荻林
毕志健　刘艺良　刘雅煌　许华芳
苏庆辉　陆仁山　陈　江　陈明金
陈振豪　陈晓平　陈晓东　罗掌权
洪　华（女）洪金乐　黄家伦　梁　钢
梁兆基　梁斌斌　廖子馨（女）颜奕萍（女）

（三十五）台湾省籍（12名）

朱　磊（女）刘荣杰（女）纪　斌　杨　晓（女）
佘圣尧　陈　勇　林山鹰　林敏洁（女）
郭晔平　曹昱亮　蔡　虹（女）颜　丽（女）

（三十六）解放军和武警部队（13名）

丁邦龙　王明孝　刘桂树　苏尧森
李万福（朝鲜族）　李雪刚　杨江平
林佳娜（女）林毅兴　郭　洋　郭少敏
蓝福长（畲族）蔡俊辉

（三十七）中央和国家机关（54名）

丁元竹　王德阳　王耀生
尹　红（女，朝鲜族）　冯　英（女）吕　涛（满族）
刘秀苹（女）汤立群　许慧玲（女）孙柏瑜
李　中　李　菁（女）李　雁（女）李正强
李海生　杨智诚　肖　飞　吴德胜
何文格　张　卫（女）张晓红（女）张继焦
陈　新（女）陈小娟（女）陈伟生　陈都明
陈鹏鸣　林　琨　林心宪　林荣呈
周文彬　周自江　周诗广　周素娟（女）
赵　潺　赵利铧（女）赵晓阳（女）胡天新
段瑞玲（女）顾　犇　郭　杰　郭　歌
郭启民　郭纹廷（女）陶　静（女）黄　清
黄正秋　黄瑞刚　梁慧文（女）谢东梅（女）
詹世革（女）樊茂蓉（女）滕洪胜　戴小明（苗族）

（三十八）中央金融工委（2名）

杨　毅　罗延枫（女）

（三十九）中央企业（28名）

王琳琳（女，满族）　方谊翎（女）史慧勇
冯　昊　朱立伟（女）刘珉宇（女）刘琼华（女）
刘燕枫（女）李　卫　李　睿　李丽娜（女）
吴　杰　吴宗泽　张力峰　陈琼玉（女）
林　垚　周　群　赵奇胜
胡金岷（满族）　柳　涛　钟　琦（女）
钟德玉（女）徐可强　崔宪泽（朝鲜族）
崔超蓬（女）蒋秀梅（女）蔺　博　潘　成

（四十）特聘专家（11名）

丁列明　马　骏　王　栋　方晓红（女）
关鸿亮　陈玲玲（女）赵　磊　赵宇亮
董志勇　曾大军　谭静强

（四十一）中国侨联机关（22名）

万立骏　邢砚庄（女）朱　柳　刘天永
刘建国　李舰舶　杨秀波　连小敏
张　毅　陈　权　陈　迈　林美龄（女）

林萧凡　郑　慧（女）　贾德成　郭经田
桑宝山　黄利云　隋　军（女）　程　红（女）
程学源　曾　旭（女）

（四十二）特邀代表（94 名）

丁红星　王　宏　王永乐　王成云
王彬成　王绯玲（女）　王维卿（女）
王喜云（女，回族）　王锦彪　文海英（女）
龙登高　卢文端　史　晴　包　东
吕　虹（女）　朱永官　朱添华　乔　卫
伍淑清（女）　庄绍绥　许健康　李　波
李本钧　李君如　李卓彬　李金松
李星浩　李昭玲（女）　李祖沛　李雪莹（女）
杨玉环（女）　杨宇潇　肖逸生　吴　晶（女）
吴幼英（女）　吴向明（满族）　吴承业　何小平
何添发　沈　敏（女）　沈家燊　张　玲（女）
张小建　张元龙　张伟超　张国雄
张知明（女）　陈　瑛（女）　陈兰通　陈永棋
陈幼南　陈成秀　陈进强　陈香林（女）
陈建英　陈聪聪（女）　邵旭军（女）　范安龙
林　军　林　惠（女）　林水龙　林伟农
林兆枢　林其珍　林明江　林树哲
林淑娘（女）　周　琪　胡胜才
钟厚泰（畲族）　徐卓扬　徐国兴
高永英（女）　高俊峰　郭加迪　郭麟恭
唐闻生（女）　黄军军（女）　黄志贤　黄翠玉（女）
康晓萍（女）　梁国扬　梁树森　梁淦基
董中原　董锦燕（女）　蔡连雄　谭作刚
谭铁牛　黎　静（女）　黎才旺　黎振强
颜　珂（女）　颜延龄

凝聚侨心侨力　谱写复兴华章

——祝贺第十一次全国归侨侨眷代表大会开幕

（2023年8月31日）

人民日报社论

今天，第十一次全国归侨侨眷代表大会在北京开幕。这是在全党全国各族人民迈上全面建设社会主义现代化国家新征程、向第二个百年奋斗目标进军的关键时刻召开的侨界盛会，是广大归侨侨眷和海外侨胞政治生活中的一件大事，对于凝聚侨界力量、促进海内外中华儿女团结奋斗具有重要意义。我们对大会的召开表示热烈祝贺！

党的十八大以来，以习近平同志为核心的党中央统筹中华民族伟大复兴战略全局和世界百年未有之大变局，团结带领亿万人民有效应对严峻复杂的国际形势和接踵而至的巨大风险挑战，推动党和国家事业取得历史性成就、发生历史性变革，中华民族迎来了从站起来、富起来到强起来的伟大飞跃。在波澜壮阔、气象万千的新时代，广大归侨侨眷和海外侨胞发扬优良传统，爱国爱乡、融通中外，与祖国共奋进、与人民同奋斗，用实际行动书写了“侨心向党、报效祖国”的动人篇章，展现出自信自强、团结进取的昂扬精神风貌。事实充分证明，归侨侨眷和海外侨胞不愧为我国现代化建设、实现中华民族伟大复兴中国梦的重要力量。

党中央历来重视发挥广大归侨侨眷和海外侨胞的独特作用，高度重视做好归侨侨眷和海外侨胞工作。新时代以来，以习近平同志为核心的党中央从全局和战略的高度，对推进侨联改革、深化侨务改革、做好侨务工作作出一系列重要部署，提出明确要求。习近平总书记关于侨务工作的重要论述，为做好新时代党的侨务工作指明了前进方向，为新时代侨联工作改革创新提供了根本遵循。在党中央坚强领导下，第十次全国归侨侨眷代表大会以来，中国侨联和各级侨联组织坚持以习近平新时代中国特色社会主义思想为指导，深入学习贯彻习近平总书记关于侨务工作和群团工作的重要论述，胸怀“国之大者”，做好“侨”的文章，团结、引导、服务归侨侨眷和海外侨胞，推动侨联建设和工作取得显著进展，侨联组织呈现新的面貌。事实充分证明，侨联组织不愧为党和政府联系归侨侨眷和海外侨胞的重要桥梁和纽带。

党的二十大擘画了全面建设社会主义现代化国家、以中国式现代化全面推进中华民族伟大复兴的宏伟蓝图。习近平总书记强调：“实现中华民族伟大复兴的梦想，需要海内外中华儿女共同奋斗。”在强国建设、民族复兴的新征程上，我们要巩固和发展最广泛的爱国统一战线，把归侨侨眷和海外侨胞紧密团结起来，把归侨侨眷和海外侨胞的优势发挥出来，动员全体中华儿女围绕实现中华民族伟大复兴中国梦一起来想、一起来干，汇聚起同心共圆中国梦的磅礴伟力。团结凝聚广大归侨侨眷和海外侨胞为党和人民事业不懈奋斗，是侨联的光荣使命。紧紧围绕“凝聚侨心侨力同圆共享中国梦”的新时代侨务工作主题，加强和改进侨务工作，画好最大同心圆，就一定能形成共同致力民族复兴的强大力量。

“中国梦是国家梦、民族梦，也是每个中华儿女的梦。”今天，我们比历史上任何时期都更接近、更有信心和能力实现中华民族伟大复兴的目标，同时必须准备付出更为艰巨、更为艰苦的努力。让我们更加紧密地团结在以习近平同志为核心的党中央周围，守护“共同的根”、传承“共同的魂”、成就“共同的梦”，齐众心、汇众力、聚众智，为全面建设社会主义现代化国家、全面推进中华民族伟大复兴作出新贡献、谱写新华章。

侨联四海　同心筑梦

——5年来，侨联建设和工作取得显著进展

（2023年8月30日）

人民日报综述

心向祖国，情系桑梓。8月31日，备受广大归侨侨眷和海外侨胞瞩目的第十一次全国归侨侨眷代表大会将在北京开幕。

以习近平同志为核心的党中央高度重视发挥归侨侨眷和海外侨胞的作用，高度重视做好归侨侨眷和海外侨胞的工作。习近平总书记强调，实现中华民族伟大复兴，需要海内外中华儿女共同努力。把广大海外侨胞和归侨侨眷紧密团结起来，发挥他们在中华民族伟大复兴中的积极作用，是党和国家的一项重要工作。

侨联四海，同心筑梦。过去5年，中国侨联和各级侨联组织坚持以习近平新时代中国特色社会主义思想为指引，深入学习贯彻习近平总书记关于侨务工作的重要论述，认真落实党中央关于群团改革的决策部署，坚持胸怀全局、为侨服务、改革创新，切实增强政治性、先进性、群众性，最广泛地团结、引导、服务归侨侨眷和海外侨胞，推动侨联建设和工作取得显著进展，侨联组织呈现新的面貌。

强化思想引领，用心画好侨界团结最大同心圆

中华儿女血脉相连，龙的传人使命在肩。8月22日上午，“筑梦之路——中国侨联发展历程展”在中国华侨历史博物馆开幕。

一张张珍贵的老照片、一件件厚重的实物，深情回望中国侨联从抗战烽火年代走向新时代的光辉历程，回顾各个历史时期侨联工作围绕中心、服务大局的创新实践，讲述不同年代侨界先进人物的感人故事。“在回溯历史中再次感悟中国侨联听党话、跟党走的初心和以人为本、为侨服务的使命。”中国侨联党组书记、主席万立骏说。

把政治建设摆在首位。5年来，中国侨联和各级侨联组织立足侨联作为“党和政府联系广大归侨侨眷和海外侨胞的桥梁和纽带”的职责定位，深刻领悟“两个确立”的决定性意义，坚决做到“两个维护”，把学习宣传贯彻习近平新时代中国特色社会主义思想作为重中之重。

完成脱贫攻坚、全面建成小康社会的历史任务，实现第一个百年奋斗目标，这是中国共产党和中国人民团结奋斗赢得的历史性胜利，是彪炳中华民族发展史册的历史性胜利。2020年6月，中国侨联举办“追梦中华·侨与脱贫攻坚”网络主题活动，通过微纪录片、“喜看侨乡新变化”网友互动征集、“侨界脱贫攻坚图片故事”征集与展示、网络主题活动成果展等形式，面向海内外讲好中国减贫故事、讲好侨界投身脱贫攻坚的故事，不断增强侨界群众对习近平新时代中国特色社会主义思想的政治认同、思想认同、理论认同、情感认同。

强化思想引领，用心画好侨界团结最大同心圆。持续深化理论武装，在改革开放40周年、新中国成立70周年、中国共产党成立100周年、北京冬奥会、党的二十大召开等重大节点，中国侨联和各级侨联组织持续强化形势政策宣讲、社会主义核心价值观培育、国际传播，扎实推进理论学习宣传阐释。

拳拳赤子心，追梦新时代。全国侨联组织通过举办侨商座谈会、侨联委员培训班、海外侨领

国情研修班、新侨创新创业研修班、“一带一路”华商研修班及持续推进“追梦中华”等一系列活动，不断坚定侨界群众的爱国心、报国志。

加强联谊联络，持续巩固扩大侨联朋友圈

今年5月，第十七期“侨连五洲·海外联谊研修班”举办，来自20多个国家和地区的近50名青年侨领和华裔新生代参加研修。通过参与新时代华裔青年圆桌座谈会、集中学习“南海文明与丝路精神”等特色课程等，青年侨领和华裔新生代进一步加深了对祖（籍）国国情的认识，拓展了知识面，扩大了朋友圈。

广交新朋友，深交老朋友。5年来，侨联坚持“国内海外并重、老侨新侨并重”和“积极拓展海外工作、积极拓展新侨工作”，着力加强基层组织建设、加强基础建设，把党和国家的关怀与温暖传递给海外侨胞，切实履行海外侨胞联谊等职责，扩大侨联的朋友圈。

2019年，中国侨联搭建“侨连五洲”平台，联合地方侨联，举办“海外联谊研修班”“沪上进博”“云聚中秋”“情满西湖”“七彩云南——东盟华商会”等主题活动，推动新形势下海内外联谊交流，巩固和壮大爱国爱乡力量。“‘侨连五洲·沪上进博’已成为海外侨胞参与进博会的一个重要品牌，许多侨胞借此开拓了更大的发展空间。”上海爵瑞国际贸易有限公司董事长、阿根廷（上海）创新中心首席执行官金麟说。

源远流长、博大精深的中华文化，是中华民族几千年来饱经忧患而生生不息的强大精神力量，是维系海内外中华儿女的牢固精神纽带。5年来，“亲情中华”主题活动中，侨联组织众多艺术团、中医团赴海外、赴侨乡，助力中华文化海外推广；“亲情中华·为你讲故事”网上营活动共计17万人次海外华裔青少年参与；“中国寻根之旅”夏（冬）令营吸引海外华裔青少年近3万人次参与，不断增进华裔青少年对祖（籍）国的了解和感情。

创新方式方法，多渠道、多层次、多形式开展海外联谊。每逢佳节倍思亲，春节来临之际，侨联推出“亲情中华”云端春晚，让海内外中华儿女共迎中国年。此外，通过“同心与共”“云上基地”“云端观影”等网络文化活动和文化产品，云端聚侨、网上联侨、以文化侨，网络总点击量近7亿人次。

隔山隔水隔不断中华儿女情。新冠疫情发生后，海外侨胞通过各种方式和渠道伸出援手，积极捐款和捐赠各类防疫物资。与此同时，各级侨联组织也充分发挥作用，帮助海外侨胞共克时艰。抗击疫情期间，侨联积极配合实施“春苗行动”，向50多个国家和地区捐赠“爱心健康包”，常态化“暖侨在线”云端连线侨联海外顾问、委员，传递祖国对海外侨胞的关心关怀。“筑梦之路——中国侨联发展历程展”上，各地侨联为海外侨胞提供的“爱心健康包”、中国侨联向中国驻俄罗斯使领馆捐助药品等防疫物资的照片、福建省侨联赴上海转运海外侨胞入境工作组成员的登机牌等展品，生动记录着中华儿女血脉相连的同胞深情。

凝聚侨界力量，为改革开放进一步增添新动能

心系桑梓、心系祖国，改革开放和发展建设事业同大批华侨分不开。一代代华侨在异乡艰苦创业，站稳脚跟后，依然牵挂着自己的家乡和亲人，为祖国和家乡发展贡献智慧力量。

爱国爱乡的情感矢志不渝。我国进入高质量发展阶段，广大归侨侨眷和海外侨胞建功立业、报效祖国，舞台更大、机会更多、条件更好。结合国家发展战略和人民美好生活需要，5年来，侨联广泛凝聚侨界力量，为改革开放增添新的动能。

今年2月，中国侨商投资（广东）大会在广州召开。大会发出《侨界参与高质量发展倡议》，推动投资项目总额6582亿元，贸易项目总额9688亿元。

2021年，侨联创立中国侨商投资大会品牌并连续举办两届，将服务国家发展战略、地方经济发展和侨商投资兴业有机结合。中国侨商投资（福建）大会合同项目投资总额598亿元，协议项目投资总额1215亿元。

服务高质量发展，侨联拓展“创业中华”主题活动，举办活动100余场。7月19日，“创业中华　侨智青岛——海内外侨界高层次人才项目对接洽谈推进活动”在山东青岛市举行。活动中，“山东省侨联新侨创新创业基地”“青岛市新侨创新创业示范基地”授牌，活动方还为部分侨

界专家和侨资企业家颁发了青岛市侨界“引才引智大使”聘书。截至目前，“创业中华”主题活动已覆盖20余个省（区、市），组织100多个侨商团组、万余名侨商赴地方开展经贸交流合作活动。

五洲四海的大舞台，到处都活跃着侨的身影。聚焦创新、科技和人才，侨联组织全国新侨创新创业成果交流活动；围绕共建“一带一路”，侨联积极发挥侨界联系广泛、融通中外优势，深化经贸洽谈、海外公益，推动沿线国家间务实合作。

广大归侨侨眷和海外侨胞以实际行动展现了始终同祖国同呼吸、共命运的赤子情怀。脱贫攻坚和乡村振兴工作中，全国侨联系统开展助力脱贫攻坚战三年行动，投入资金16.29亿元；围绕北京冬奥会，面向海内外组织捐建华侨冰雪博物馆，53个国家和地区近3万侨胞、侨商侨企捐资1.6亿元；新冠疫情来袭，动员引导广大海外侨胞和归侨侨眷捐款捐物22.78亿元；大力发展侨界公益慈善，5年来，全国侨联系统累计接收或协助受理侨捐近200亿元；开展“光明行”“树人班”“图书室”“进社区”“乡村学生眼视光工程”等项目，支持各地应急救灾和灾后重建3500多万元，侨联“侨爱心工程”品牌进一步擦亮。

知侨懂侨爱侨，提升侨胞获得感、幸福感、安全感

当好海外侨胞和归侨侨眷的贴心人，成为侨务工作的实干家。5年来，全国侨联组织做深做实为侨服务工作，不断提升侨界群众获得感、幸福感、安全感。

让侨联组织深植于侨胞之中、让侨联工作活跃在侨胞身边。侨联持续扩大组织覆盖，全国各级侨联组织增至2.87万家，较2017年增长51%；全国“侨胞之家”阵地增至1.1万个，较2017年增长112%。

着眼促进侨商侨企健康发展，各级侨联组织联系侨商侨企1.7万余家，实地走访调研涉侨企业5000余家，中国侨商联合会开展“为会员服务行动年”活动，察实情，解实忧。

——5年来，中国侨联下拨帮扶慰问经费3000多万元，广泛开展“送温暖、献爱心”活动，举办“特聘专家走基层”活动，组织实施困难归侨侨眷技能培训、侨界医疗队下基层义诊等活动，惠及群众近20万人。

——5年来，侨联加强法侨、检侨、司侨合作，大力推进涉侨纠纷多元化解、“总对总”在线诉调对接、“检侨之家”等合作机制建设；开展“连心侨—维护侨益”项目，设立中国侨益保护研究基地，加强侨联法顾委和海外委员队伍建设，依法依规做好侨界涉诉案件办理和信访接待工作；在16个省（区、市）举办了18期“法治中国　你我同行”侨界法治学习活动，累计有5.4万人次参与；在内蒙古、云南等地共举办20期“法治宣传边关行”，参与人数累计近万人。

——5年来，发挥好人大归侨代表和侨联界政协委员作用，组织特聘专家积极建言献策，向全国两会人大归侨代表、侨联界政协委员提供建议提案素材200余份。反映侨界呼声，围绕国家所需、侨界关注、侨联所长，对500多份法律草案提出修改意见。高质量承办建议提案，积极推动涉及侨界群众切身利益问题的协调解决。

万立骏表示，将进一步提升为大局服务水平、为侨服务水平，围绕党的二十大提出的各项任务部署找准定位、发挥优势，围绕侨界群众最关心的利益问题开展服务、多办实事，建设广大归侨侨眷和海外侨胞可信赖的团结之家、奋斗之家、温暖之家。

第十一次全国归侨侨眷代表大会大事记

8月29日（星期二）

全天　出席大会的代表、海外嘉宾报到。大会主驻地设在国二招宾馆，友谊宾馆、天泰宾馆、职工之家（海外嘉宾）设分驻地。

19:40　万立骏同志主持召开十届十一次主席会议，审议提请代表大会预备会议审议的第十一次全国归侨侨眷代表大会议程（草案），听取关于第十一次全国归侨侨眷代表大会人事安排的说明，审议提请代表大会预备会议审议的第十一次全国归侨侨眷代表大会主席团和秘书长名单（草案），审议提请代表大会预备会议审议的第十一次全国归侨侨眷代表大会代表资格审查委员会名单（草案）。中国侨联第十届委员会副主席、秘书长出席会议。

8月30日（星期三）

8:30　召开代表团召集人会议，程学源同志主持会议并介绍第十一次全国归侨侨眷代表大会总体安排情况；万立骏同志讲话，向各代表团通报有关情况并提出有关工作要求。各代表团2名召集人参会。

10:00　各代表团召开第一次分组会议，传达代表团召集人会议精神，选举代表团团长、副团长，酝酿第十一次全国归侨侨眷代表大会主席团和秘书长名单，酝酿第十一次全国归侨侨眷代表大会代表资格审查委员会名单，通过第十一次全国归侨侨眷代表大会议程（草案）。

14:30　连小敏同志主持召开中共党员会议，中组部干部三局副局长陈同庆同志宣读中央组织部《关于同意成立中国共产党中国侨联第十一次全国归侨侨眷代表大会临时委员会的批复》并讲话，第十一次全国归侨侨眷代表大会临时党委书记万立骏同志讲话。大会代表中的全体中共党员参会。会议以线上线下结合方式召开，主会场设在国二招宾馆，友谊宾馆、天泰宾馆设分会场。

15:30　万立骏同志主持召开代表大会预备会议并讲话。会议通过第十一次全国归侨侨眷代表大会主席团和秘书长名单，通过第十一次全国归侨侨眷代表大会代表资格审查委员会名单，通过第十一次全国归侨侨眷代表大会议程。会议以线上线下结合方式召开，主会场设在国二招宾馆，友谊宾馆、天泰宾馆设分会场。

16:00　连小敏同志主持召开代表资格审查委员会会议，审议通过代表资格审查委员会关于代表资格的审查报告（草案）。

16:30　万立骏同志主持召开主席团第一次会议，通过第十一次全国归侨侨眷代表大会主席团常务主席名单，通过第十一次全国归侨侨眷代表大会主席团执行主席名单，通过第十一次全国归侨侨眷代表大会副秘书长名单，通过关于第十一次全国归侨侨眷代表大会代表资格的审查报告，通过第十一次全国归侨侨眷代表大会日程。大会主席团成员参会。

8月31日（星期四）

10:00　在人民大会堂大礼堂举行代表大会开幕会。习近平、李强、赵乐际、王沪宁、蔡奇、丁薛祥、韩正等党和国家领导人到会祝贺。来自全国各地的近1200名归侨侨眷代表和来自100多个国家的近600名海外侨胞特邀嘉宾参加。万立骏同志主持大会。

全体起立，唱国歌。

共青团中央书记处第一书记阿东同志代表中华全国总工会、中国共产主义青年团中央委员会、中华全国妇女联合会、中国文学艺术界联合会、中国作家协会、中国科学技术协会、中华全国台湾同胞联谊会、中国残疾人联合会向大会致贺词。

中共中央政治局常委、中央纪律检查委员会书记李希同志代表党中央发表了题为《为强国建设民族复兴凝聚起侨界团结奋斗的磅礴力量》的致词，向大会的召开表示热烈的祝贺，向广大归侨侨眷、海外侨胞和侨联工作者致以诚挚的问候，对侨联工作取得的成绩给予充分肯定。

王毅、石泰峰、李干杰、李书磊、陈文清、王小洪、洛桑江村、咸辉出席会议。

大会休会 15 分钟后，中央统战部副部长、国务院侨办主任陈旭同志宣读《中国侨联、国务院侨务办公室关于表彰中国侨界杰出人物和全国归侨侨眷先进个人的决定》，人力资源社会保障部部长王晓萍同志宣读《人力资源社会保障部、中国侨联关于表彰全国侨联系统先进集体和先进工作者的决定》，中国侨联程学源同志宣读《中国侨联关于表彰全国侨联系统先进组织和先进个人的决定》。出席大会的领导同志为获奖单位和个人代表颁奖。

大会主席团常务主席万立骏同志代表中国侨联第十届委员会作了题为《以习近平新时代中国特色社会主义思想为指导　团结凝聚广大归侨侨眷和海外侨胞为全面建设社会主义现代化国家而奋斗》的报告。程红同志主持第二阶段的大会。

中央和国家机关有关部门、各人民团体、军队有关单位和北京市负责同志，各民主党派中央和全国工商联负责人，以及首都侨界群众代表等参加开幕会。

15:00　在人民大会堂大礼堂举行第二次全体大会。外交部副部长邓励同志为出席大会的代表、海外嘉宾作国际形势报告。程学源同志主持大会。

9 月 1 日（星期五）

8:30　各代表团召开第二次分组会议，学习党中央致词，讨论中国侨联第十届委员会报告（审议稿）。

11:00　万立骏同志主持召开主席团第二次会议。听取连小敏同志作关于中国侨联第十一届委员会委员候选人推荐协商、构成和资格审查情况的说明，听取连小敏同志作关于第十一次全国归侨侨眷代表大会聘请中国侨联第十一届委员会顾问、海外委员、荣誉委员推荐协商情况的说明，通过第十一次全国归侨侨眷代表大会选举办法（草案），通过第十一次全国归侨侨眷代表大会选举总监票人、监票人建议名单（草案），通过中国侨联第十一届委员会委员候选人建议名单（草案），通过第十一次全国归侨侨眷代表大会聘请中国侨联第十一届委员会顾问、海外委员、荣誉委员名单（草案）。

14:00　各代表团召开第三次分组会议，学习党中央致词，讨论中国侨联第十届委员会报告（审议稿），讨论《中华全国归国华侨联合会章程（修正案）》（草案），通过第十一次全国归侨侨眷代表大会选举办法（草案），酝酿第十一次全国归侨侨眷代表大会选举总监票人、监票人建议名单，酝酿中国侨联第十一届委员会委员候选人名单，酝酿第十一次全国归侨侨眷代表大会聘请中国侨联第十一届委员会顾问、海外委员、荣誉委员名单。

9 月 2 日（星期六）

9:00　在人民大会堂大礼堂举行第三次全体大会（选举会）。通过第十一次全国归侨侨眷代表大会选举办法，通过第十一次全国归侨侨眷代表大会选举总监票人、监票人名单，通过中国侨联第十一届委员会委员候选人名单，选举中国侨联第十一届委员会委员。大会以无记名投票方式选举丁列明等 495 人为中国侨联第十一届委员会委员。连小敏同志主持选举大会。

11:30　万立骏同志主持召开主席团第三次会议。审议关于中国侨联第十届委员会报告的决议（草案），审议关于《中华全国归国华侨联合会章程（修正案）》的决议（草案），通过中国侨联十一届一次全委会议召集人名单（草案），审议关于聘请中国侨联第十一届委员会顾问、海外委员、荣誉委员的决议（草案）。

14:00　各代表团召开第四次分组会议，讨论关于中国侨联第十届委员会报告的决议（草案），讨论关于《中华全国归国华侨联合会章程（修正案）》的决议（草案），讨论关于聘请中国侨联第十一届委员会顾问、海外委员、荣誉委员的决议（草案）。

15:00　万立骏同志作为召集人主持召开中国侨联十一届一次全委会议。中央组织部副部长彭金辉同志作关于中国侨联第十一届委员会主席、副主席候选人安排情况的说明，听取万立骏同志作关于中国侨联第十一届委员会常务委员、秘书长候选人安排情况的说明。

15:30 全委会议分组讨论中国侨联十一届一次全委会议选举办法（草案），酝酿中国侨联第十一届委员会常务委员候选人名单，酝酿中国侨联第十一届委员会主席、副主席、秘书长候选人名单，酝酿中国侨联十一届一次全委会议选举总监票人、监票人建议名单。

16:00 继续召开十一届一次全体会议，通过中国侨联十一届一次全委会议选举办法，通过中国侨联十一届一次全委会议选举总监票人、监票人名单（草案），通过中国侨联第十一届委员会常务委员候选人名单（草案），通过中国侨联第十一届委员会主席、副主席、秘书长候选人名单（草案），选举中国侨联第十一届委员会常务委员和主席、副主席、秘书长。

大会以无记名投票方式选举产生中国侨联第十一届委员会常务委员166名，选举万立骏为中国侨联第十一届委员会主席，程红（女）、程学源、连小敏、高峰（挂职）、吴晶（女，兼职）、谭铁牛（兼职）、余国春（兼职）、刘艺良（兼职）、吴换炎（兼职）、纪斌（兼职）、李兴钰（兼职）、郭占力（兼职）、李占勇（兼职）、陈洁英（女，兼职）、梁谋（兼职）、李丰（兼职）、郭启民（兼职）、齐志（女，兼职）为中国侨联第十一届委员会副主席，陈迈为秘书长。

19:40 万立骏同志主持召开中国侨联十一届一次主席会议，通过关于召开中国侨联十一届一次常委会议的决议，通过在中国侨联十一届一次常委会议上的讲话（审议稿），对新班子提出有关工作要求。中国侨联第十一届委员会副主席、秘书长出席会议。

20:00 万立骏同志主持召开中国侨联十一届一次常委会议，对全面学习贯彻习近平新时代中国特色社会主义思想、做好第十一次全国归侨侨眷代表大会精神传达贯彻、履行好中国侨联常务委员会职责等提出要求。

9月3日（星期日）

9:00 党和国家领导人蔡奇、石泰峰、洛桑江村、咸辉同志在人民大会堂接见中国侨联第十届、第十一届班子成员并分别合影，接见出席大会的海外嘉宾、港澳代表并合影。

9:30 在人民大会堂大礼堂举行代表大会闭幕会。党和国家领导人蔡奇、石泰峰、洛桑江村、咸辉出席大会。大会由程红同志主持。大会宣布当选的中国侨联第十一届委员会主席、副主席、秘书长、常务委员名单，通过关于中国侨联第十届委员会报告的决议，通过关于《中华全国归国华侨联合会章程（修正案）》的决议，通过关于聘请中国侨联第十一届委员会顾问、海外委员、荣誉委员的决议。

中国侨联第十一届委员会主席万立骏致闭幕词。

在雄壮的《歌唱祖国》歌声中，大会胜利闭幕。

下午 代表返程，海外嘉宾赴有关省市参访。

9月4日（星期一）

全天 代表返程，海外嘉宾赴有关省市参访。

1 月 14 日，中国侨联党组书记、主席万立骏发表 2023 年新春贺词并向全球华侨华人拜年

2 月 25 日，中国侨联党组书记、主席万立骏在中国侨商投资（广东）大会开幕式上讲话

3 月 27 日，中国侨联党组书记、主席万立骏出席中国侨联学习二十大精神和全国两会精神侨商座谈会并讲话

6 月 27 日至 29 日，中国侨联党组书记、主席万立骏率团访问香港，出席香港福建社团联会庆祝香港回归祖国 26 周年暨第十三届会董会就职典礼

7 月 3 日上午，中国侨联举办学习贯彻习近平新时代中国特色社会主义思想主题教育专题党课暨“七一”表彰大会，中国侨联党组书记、主席万立骏出席表彰大会并作专题党课报告

7 月 27 日，中国侨联党组书记、主席万立骏（左一）出席 2023 习近平总书记关于侨务工作重要论述研讨会后在山东调研侨联工作

8 月 22 日，万立骏、程学源、连小敏参观“筑梦之路——中国侨联发展历程展”

8 月 31 日，第十一次全国归侨侨眷代表大会在北京开幕，大会主席团常务主席万立骏代表中国侨联第十届委员会向大会作了题为《以习近平新时代中国特色社会主义思想为指导　团结凝聚广大归侨侨眷和海外侨胞为全面建设社会主义现代化国家而奋斗》的工作报告

10 月 16 日，中国侨联党组书记、主席万立骏（中）在比利时圣尼古拉斯市出席“‘一带一路’十周年：凝聚侨心　汇聚侨智　发挥侨力　积极推动构建人类命运共同体”座谈会并发表讲话

11 月 1 日，由中国侨联、浙江省侨联、杭州市人民政府联合主办的“创业中华—2023 侨界精英创新创业（中国·杭州）大会暨侨界青年发展大会”在杭州开幕。中国侨联党组书记、主席万立骏出席大会并致辞

12 月 20 日，中国侨联党组书记、主席万立骏出席由中国侨联、福建省人民政府共同主办的第一届中国侨智发展大会并致辞

12 月 22 日上午，中国侨联党组召开意识形态工作领导小组暨网络安全与信息化工作领导小组会议。中国侨联党组书记、主席万立骏出席并讲话

10 月 19 日，中国侨联副主席程红出席 2023 中国侨商联合会会长会并讲话

11 月 1 日至 10 日，中国侨联副主席程红（前排中）率代表团访问德国并与侨界代表座谈

12 月 7 日上午，中国侨联副主席程红出席第五届"一带一路"女性论坛并致辞

12 月 20 日，首届中国侨智发展大会专题论坛侨创联盟与侨界新生代创新创业分享会在福州举行。中国侨联副主席程红，福建省委常委、统战部部长王永礼出席活动并致辞

3 月 21 日，中国侨联党组成员、副主席程学源出席第四届全球华人生活短视频大赛颁奖盛典并致辞

6 月 30 日，中国侨联党组成员、副主席程学源出席第六期“追梦中华 · 海外华文媒体高级研修班”结业式并讲话

10 月 26 日，中国侨联党组成员、副主席程学源出席“筑梦三秦　陕靓侨青”陕西省侨联青年委员会 2022—2023 年度总结年会并讲话

11 月 17 日，中国侨联党组成员、副主席程学源（右四）在匈牙利出席“一带一路十周年”暨侨界代表座谈会

4 月 11 日，海南省委常委、统战部部长苗延红（右）在海口会见了中国侨联党组成员、副主席连小敏及侨商代表一行，并座谈交流

5 月 24 日，中国侨联党组成员、副主席连小敏（前排右二）率调研组赴江西省上饶市广信区调研和考察定点帮扶与乡村振兴工作，中国侨商会侨商考察团陪同调研和考察

5 月 30 日，中国侨联党组成员、副主席连小敏出席 2023 中关村论坛平行论坛——“侨海创新发展论坛”并讲话

10 月 21 日，中国侨联党组成员、副主席连小敏在陈嘉庚先生创办集美学校 110 周年纪念大会上致辞

10 月 17 日，中国侨联副主席高峰（前排左一）与部分中国侨联顾问一同参观“侨批中的党史——江门侨批活化研究成果展”

10 月 30 日，中国侨联副主席高峰（左三）出席中国华侨历史博物馆广州分馆揭牌仪式

10 月 31 日，中国侨联副主席高峰（前排中）出席中国博物馆协会华侨博物馆专业委员会 2023 年年会

12 月 6 日，中国侨联副主席高峰出席第五届全球华人生活短视频大赛颁奖盛典并致词

中国侨联

年鉴

中国侨联领导讲话

中国侨联年鉴

2024中国侨联年鉴

旗帜鲜明讲政治　担当作为抓落实 在新征程上奋力谱写侨联工作新篇章

——在中国侨联机关工作会议暨“制度建设检查年”总结大会上的讲话

（2023年2月13日）

万立骏

同志们：

今天我们在这里召开中国侨联机关工作会议暨“制度建设检查年”总结大会。主要任务是：以习近平新时代中国特色社会主义思想为指导，贯彻中央书记处重要指示要求，落实中国侨联十届六次全委会议工作部署，总结机关2022年工作，交流经验、相互借鉴，同时对2023年工作进行部署和动员，强化责任、明确任务、从严治党、拧紧螺丝、鼓足干劲，以更加奋发有为的精神状态做好全年工作，在新征程上谱写侨联事业发展新篇章。

刚才，6个部门（单位）负责人作了发言，对优秀集体和个人进行了表彰，4名优秀干部代表也发了言，大家讲得都很好。程学源同志代表党组对“制度建设检查年”工作进行了总结。下面，我结合去年工作情况和今年工作部署，讲几点意见。

一、统筹疫情防控和各项工作，坚持围绕中心、服务大局、服务侨胞，侨联事业取得新进展新成效

2022年是党和国家历史上极为重要的一年。在党中央坚强领导下，我们坚持以习近平新时代中国特色社会主义思想为指导，以迎接和学习宣传贯彻党的二十大精神为主线，深入学习贯彻习近平总书记关于群团工作和侨务工作的重要论述，全面落实中央书记处重要指示要求，坚持疫情防控和工作推进两手抓，创新方式、主动作为，推动侨联工作实现新发展、取得新成绩。

一是拥护“两个确立”、做到“两个维护”，机关思想政治建设不断加强。坚持旗帜鲜明讲政治，把增强政治性作为第一位的要求，始终从政治上看待问题、把握工作。全年共组织23次党组理论学习中心组学习会议，深入学习领会习近平新时代中国特色社会主义思想，深刻领悟“两个确立”的决定性意义，增强“四个意识”、坚定“四个自信”、坚决做到“两个维护”，始终在思想上政治上行动上同以习近平同志为核心的党中央保持高度一致。党组主要负责同志讲党课，会党组在《旗帜》发表署名文章。及时跟进学习宣传贯彻党的二十大精神和习近平总书记在全国“两会”、省部级主要领导干部专题研讨班、中央统战工作会议、中央经济工作会议上的重要讲话精神，在各项工作中坚定不移、不折不扣贯彻落实好党中央决策部署。坚持党对侨联工作的全面领导，心怀“国之大者”，胸怀两个大局，不断提高政治判断力、政治领悟力、政治执行力，切实履行侨联的职责使命。深化理论研究阐释，编辑《习近平论侨务资料汇编》，持续推进《习近平

与侨的故事》编辑出版工作，成功申报“党和国家侨务工作演变历程和基本经验研究”等2项国家社科基金项目，不断形成和推出新的理论研究成果。

二是把迎接和学习宣传贯彻党的二十大精神作为重中之重，在侨界营造了喜迎二十大、奋进新征程的浓厚氛围。组织机关干部认真收看党的二十大开幕式，召开机关和直属企事业单位全体党员干部大会，传达学习党的二十大精神，制定方案、下发通知，抓好侨联系统二十大精神学习贯彻的安排部署。举办中国侨联学习贯彻党的二十大精神网络培训班，实现机关、直属企事业单位集中学习全覆盖，地方侨联近500名干部参加线上培训。党组全体成员分赴14个省，走进基层一线，深入侨界群众，宣讲习近平总书记重要讲话精神和党的二十大精神，推动侨界理论学习和宣讲工作广泛开展。召开学习习近平经济思想促进高质量发展侨商座谈会，举办中国侨联委员培训班和海外侨领中国国情研修班。广泛收集侨界群众迎接二十大感想感言，开展中国侨联讲师团网上宣介活动，在《新闻联播》播出相关短片、在《人民日报》刊发专题文章，在《海内与海外》杂志开辟二十大专栏，广泛联系海外华文媒体开展党的二十大专题报道。举办华侨华人与中国市场高峰论坛、侨界精英创新创业峰会、新侨科技创新十年成就展等多场活动，影响和带动各地侨联开展丰富多彩的活动，推动党的二十大精神深入侨界人心，生动展现侨心向党、奋斗报国的时代新貌。

三是发挥侨界独特优势，各项品牌工作有序推进、亮点纷呈。深化“创业中华”品牌。举办创新创业成果交流活动、表彰“侨界贡献奖”获奖者，会同和支持地方开展招商引资、招才引智活动30多场，促成合作项目1200余个、签约金额9700多亿元。创新推出“创业中华·云分享”，举办侨创基地建设交流活动。**推进侨商投资大会品牌。**做好第二届中国侨商投资（广东）大会筹备工作，累计组织发动侨商投资项目650多个、投资总额6400多亿元，贸易项目230多个、合同金额8600多亿元。召开中国侨联推进“一带一路”建设工作联席会议，参与主办多个“一带一路”主题经贸活动。侨商会会员企业全年捐款捐物约合2.04亿元人民币。**创新拓展“亲情中华”品牌。**积极开展系列晚会，共吸引全球近2.5亿人次在线观看；全年不间断举办“网上营”活动，吸引40个国家和地区的6万余名海外华裔青少年参营；举办作文大赛，吸引来自45个国家和地区的300多万名学生参赛。通过摄影展、主题展、侨胞寄语等活动助力北京冬奥宣传。优化打造“云上基地”，视频总播放量达4687万人次，微博话题阅读量6757.6万人次。**大力开展“追梦中华”主题宣传活动。**举办华侨华人短视频大赛和征集活动，共收到短视频投稿130万个，话题短视频播放量达26.1亿次。联合地方侨联组织系列采访行活动，共发布稿件1500多篇，阅读点击量1.3亿人次。举办海外华文媒体高级研修班，进一步讲好中国故事。**深耕“侨连五洲”品牌。**建立侨情数据库，编印《海外疫情参考》132期。举办有关论坛和研修班，召开“暖侨在线”视频座谈会，做好暖侨心稳人心树信心工作，助力乌克兰危机撤侨工作。**深入推进“侨爱心工程”品牌。**积极开展“侨爱心·光明行”、“眼健康”、“应急教育进社区”活动和“树人班”等项目，积极组织网络宣传及筹款，举办全国侨联系统公益事业高质量发展培训班。全年募集捐款1.08亿元，捐赠支出8947.9万元。

四是做好为侨服务工作，“两个建设”不断深化。开展助企纾困行动。及时下发通知，指导各地侨联助力侨商侨企复工复产，中国侨商会启动“为会员服务行动年”活动，协助侨商会员企业妥善解决有关困难。**做好定点帮扶和助侨惠侨工作。**对广信区开展项目和资金帮扶，直接投入资金141.88万元，引进资金308万元，超额完成定点帮扶年度计划。在19个省开展“侨界医疗队下基层”项目，派出30支医疗队，惠及侨界群众7800多人；在12个省开展乡村学生眼视光项目，为6.3万名中小学生开展视力筛查。**推动侨界参政议政高水平开展。**加强与全国“两会”侨界代表委员联系服务，准备提议案素材，其中2项分别被列为重点提案、评选为第十三届政协优秀提案。**加强海外工作联席会议机制建设。**与有关机制平台、中央涉外涉侨单位和驻外使领馆加强联系合作，召开中国侨联海外工作联席会议和省级侨联联谊联络工作会议，不断开拓海外联谊联络工作。**积极推进与地方政府和相关单位的合作机制**。中国侨联与多个省级政府拟订战略合作框架协议，与国家文物局签署合作协议，整合资源、形成工作合力。**不断健全新时代合力维权工作机制**。大力推动“法侨合作”持续深化，涉侨纠纷多元化解成绩显著，挂牌国内首家中国侨益保护研究基地，推动“检侨合作”全面铺开。进一步完善信访工作制度，健全信访工作机制，信访工作取得积极成效。**加强侨联基层组织建设**。扩大侨联组织覆盖面，首次编印《侨联基层组织建设工作指导》、编发《基层侨联建设》，推动“侨胞之家”规范化建设、选树典型。**严格落实意识形态工作责任制**。坚持党管意识形态，加强意识形态阵地建设和管理。做好舆情信息收集分析，及时有效处置有关舆情事件，累计编印《涉侨舆情信息参考》111 期。

五是狠抓党建与业务深度融合，侨联自身建设和工作水平有新提升。全面推进侨联机关党的建设。认真做好党的二十大代表和出席中央和国家机关党代会代表推选工作，扎实开展“学查改”专项工作，建设“四强”党支部，建设高素质专业化干部队伍。落实干部培训规划，首次编撰《侨联工作概论》、《华侨华人简史》、《侨务政策法规选编》等侨联工作培训教材，创新培训方式方法，培训学员 750 人次。做好省级侨联班子建设和换届指导工作。狠抓党风廉政建设，抓好中央巡视反馈意见整改落实，完成第 6 轮内部巡视并实现十届党组任期内全覆盖。用心用情做好离退休干部工作。**深入开展“制度建设检查年”活动**。各部门各单位在开展相关制度学习的基础上深入开展自查，认真梳理制度建设中存在的漏洞缺失，全面排查制度执行中存在的薄弱环节，结合实际认真开展制度废改立释相关工作，共制定、修订各类制度 37 项，汇总编辑了《中国侨联规章制度 2022》，形成了更为完备的中国侨联制度体系，管权、管事、管人更加有据可依，全会干部职工尊崇制度、遵守制度、严格执行制度的意识进一步增强。连续第 4 年开展**重点调研课题工作**，编印《全国省、市、县侨联建设和工作情况调研数据汇编》；完成 2022—2024 年度中国侨联课题发布、评审、立项工作，共立项 83 个课题。翻译完成 2022《世界移民报告》，编撰《世界侨情报告》蓝皮书。全年共编印**《侨情专报》**293 期，提出意见 1144 条，为服务党组决策发挥好参谋助手作用，受到中央领导高度重视。顺利完成信息化重点项目验收竣工，完成互联网信息化平台建设，积极推进电子政务内网建设，顺利实现预算管理一体化系统上线使用，开展华侨公益信息管理平台建设。加强服务保障，解决年轻干部单身宿舍问题，进行北新桥食堂外包餐饮服务改革。《海内与海外》杂志设置“独家策划”栏目，高质量完成 2022 卷《中国侨联年鉴》。中企公司在认真履行华侨大厦公司股东职责的同时，拨付资金用于会机关 2022 年定点帮扶和侨联事业发展。

总的看，2022 年工作全面推进，有创新、有成效、有亮点。一年来，除了刚才表彰的几个先进集体外，我们还获得了不少荣誉：中国侨联微信公众号获评中央网信办“百个优秀网络正能量建设者”称号；中国华侨历史博物馆入选教育部、国家文物局“大思政课”实践教学基地；中国华侨公益基金会荣获 2022 中国慈善榜“年度榜样基金会”称号；中国侨商会被民政部授予“全国先进社会组织”称号；中国华侨出版社出版的 2 种图书被推荐参加中组部第六届全国党员教育培训教材展示交流活动等。这些荣誉的取得，是机关工作成绩的生动缩影，是中央有关部门指导的结果，是各位老领导和机关、企事业单位全体同志共同努力的结果。在此，我代表党组，向大家表示衷心的感谢！

在肯定成绩的同时，我们也清醒地认识到，侨联工作中还存在一些不足，还面临不少困难和挑战，如：在百年变局加速演进、外部环境日趋复杂严峻的大背景下，创新做好海外联谊联络有待加强；面对侨情的发展变化，调查研究工作还不够深入细致；侨联干部队伍工作主动性、干事创业的能力和本领仍需加强等。

二、深入学习宣传贯彻党的二十大精神，突出重点、系统联动，扎实做好 2023 年侨联工作

2023 年是全面贯彻落实党的二十大精神的

开局之年，我们将迎来第十一次全国归侨侨眷代表大会。2月3日，我们召开了十届六次全委会议，对全国侨联系统2023年的工作作了部署。中国侨联机关是全国侨联系统的“领头雁”，要带头抓落实、求实效，带动各级侨联组织一起做工作，喜迎“十一代会”胜利召开。这里，我强调几点。

（一）精心组织，推动侨联系统学深悟透习近平新时代中国特色社会主义思想和党的二十大精神

深入学习领会党的二十大精神，按中央要求做好主题教育活动。同时通过举办培训班、座谈会、辅导讲座等活动，推动各支部、各党小组、机关群团、青年读书小组创新学习方式、丰富学习载体，引导侨联系统广大党员干部切实用习近平新时代中国特色社会主义思想凝心铸魂，用党的二十大精神统一思想认识、指导推动工作。推出“礼赞新时代、奋进新征程”侨界文化活动，依托我会有关资源宣传侨界先进典型，弘扬伟大建党精神，深入开展社会主义核心价值观宣传教育。着力开展理论宣讲，结合“侨”的特点，不断丰富手段、创新内容，讲好中国共产党故事，讲好新时代中国故事。强化阵地建设。继续办好有关刊物，推动完成重点图书编辑、出版工作，发挥中国华侨历史博物馆“大思政课”实践教学基地作用。落实意识形态工作责任制。严把政治关、导向关、内容关，加强对侨联所属宣传、新闻、出版、文化、展览展示等部门和单位的管理。

（二）周密安排，筹备开好十一代会

“十一代会”是全面贯彻落实党的二十大精神的一次侨界盛会，是广大侨胞政治生活中的一件大事。要全面总结过去五年在以习近平同志为核心的党中央坚强领导下，侨联工作取得的重要成绩和经验，认真研究谋划未来五年的侨联工作，精心做好报告起草、章程修改、侨界表彰、会务筹备等工作。同时，在中央组织部等指导下，做好有关人事准备工作。通过侨联上下的广泛发动、共同努力，集中海内外侨胞的智慧，把“十一代会”开成一次团结奋进、继往开来、凝心聚力、贯彻新思想、奋进新征程、开创新局面的大会。

（三）守正创新，持续推进各项品牌工作出新出彩

服务高质量发展，进一步做强“创业中华”、中国侨商投资大会品牌。联合地方举办一系列招商引资、招才引智活动，完善侨界人才数据库，密切与海外专业社团、海外工商社团联系，不断拓宽招商引才渠道。推进“一带一路”平台建设，助力高水平对外开放。**讲好中国故事，进一步拓展“追梦中华”主题宣传活动。**以学习宣传党的二十大精神为主线，做好理论宣传工作。不断创新方式方法，继续举办培训班、各类主题展，充分运用官网、微信群、短视频等新媒体平台，充分发挥海外华文媒体作用。**弘扬中华民族优秀文化，进一步丰富“亲情中华”品牌。**发挥侨联文化阵地作用，创新推进华文教育和华裔青少年工作，组织好各类文化演出活动，传承中华优秀文化，推动中华文化更好走向世界。推动中国华侨历史博物馆高质量发展，建好网络文化平台和中国华侨国际文化交流基地。**把握对外联络大局，进一步深化“侨连五洲”品牌。**加强侨情分析研判，办好论坛、研修班等系列活动，创新做好侨界青年和华裔新生代工作，壮大爱国爱港爱澳侨界力量，为促进中外友好、加强海内外中华儿女大团结、推动构建人类命运共同体作出侨界贡献。**增进民生福祉，进一步推进“侨爱心工程”。**巩固定点帮扶成果，服务乡村振兴战略，继续开展品牌项目，扩大覆盖面与实效性。拓宽捐赠来源，发挥专项基金优势，强化基金管理，激发持续捐赠意愿。设立“侨乡振兴”项目，助力共同富裕。**注重规划引领，进一步加强“两个建设”。**加强高校侨联建设，持续拓宽对新侨、海外侨胞、留学人员的工作和服务覆盖。加大网上侨联建设力度，推出更多融媒体产品，探索网上开展侨联工作的新方式新载体。牢固树立大抓基层理念，扩大基层组织覆盖面，搞活基层组织工作，融入基层社会治理体系。启动侨博分馆体系建设，健全完善机关服务中心、中企公司、华侨出版社运行管理、事业发展的体制机制，加强对基金会等所属社会组织的政治引领和监督管理。

（四）强化统筹，做实做好为侨服务工作

做好侨界助困工作。持续做好暖侨心稳人心树信心工作，落实基层联系点制度，支持“侨胞之家”创建，配合做好稳就业工作。发挥专项经费救助保障作用，组织“送温暖、献爱心”活动，关爱侨界特殊困难群体。**开展权益保护工作**。密切与政法委、公检法司等相关部门的工作协同，继续推动“法侨合作”、“检侨合作”，积极探索“警侨合作”、“司侨合作”。加强法顾委专业委员会建设，发挥公职律师作用，不断提升侨联组织维护侨益水平。**推进参政议政工作**。做好人大归侨代表、政协侨联界委员的联系和服务工作，加强全国“两会”建议、提案素材研究，提高提议案质量，积极参政议政。围绕国家大事和侨界关切，办好《侨情专报》。

（五）从严从实，全面加强机关党建和党风廉政建设

坚定不移加强政治机关建设。坚持和加强党对侨联工作的全面领导，深入学习贯彻习近平新时代中国特色社会主义思想，加强理想信念教育。按照党中央要求，认真组织开展主题教育。加强班子建设，牢固树立政治机关意识，严守政治纪律和政治规矩，做好“三个表率”、建设“模范机关”。**持之以恒推进基层党组织建设**。强化“一岗双责”，推动党建与业务工作深度融合，全面落实支部标准化规范化建设工作，全面提高机关党建质量，充分发挥基层党组织战斗堡垒作用和党员先锋模范作用。**坚持严的基调加强党风廉政建设**。深入学习贯彻二十届中央纪委二次全会精神，巩固深化巡视整改成果，强化日常监督，压实基层党组织管党治党责任，督促履职尽责。

三、坚守初心使命，认真履职尽责，在以中国式现代化推进中华民族伟大复兴的新征程上作出侨界贡献

今年的工作重点已经明确，大家要振奋精神、齐心协力、苦干实干，确保各项工作任务落到实处。

一要突出政治建设，把牢政治方向。牢牢把握“第一方阵”的政治站位，始终把思想政治建设摆在侨联工作的首位，始终把坚定拥护“两个确立”、坚决做到“两个维护”作为加强侨联政治机关建设的首要任务。要坚定理想信念，对党绝对忠诚，心怀“国之大者”，胸怀两个大局，站稳人民立场，不断提高政治判断力、政治领悟力、政治执行力。不折不扣贯彻落实习近平总书记关于侨务工作的重要论述和党中央关于侨联工作的决策部署，确保侨联工作始终沿着党指引的方向前进，发挥好侨联组织的桥梁纽带作用。

二要立足“两个大局”，系统谋划工作。紧紧抓住围绕中心、服务大局、服务侨胞这一工作主线，切实把侨联工作放到实现中华民族伟大复兴战略全局和百年未有之大变局中深入思考，谋划推动工作。侨联工作是内外联动的工作，要对国际国内形势和本部门单位有关工作领域信息保持关注度和敏感性，深入开展调查研究，及时抓住工作契机，善于把握关键节点，日常有积累，大事有方案。要推动系统联动，织好“两张网”，既要加强侨联机关各部门和直属单位之间的协同配合、一体发力，还要充分调动发挥基层侨联组织的主观能动性，整体推动全系统的工作。

三要主动担当作为，做实事求实效。面对任务与挑战，我们要研究把握侨情。对侨胞侨领侨社的有关情况要了然于胸，摸清总体底数，覆盖绝大多数，紧抓关键少数；对侨胞思想动态和侨情发展变化要动态跟踪，广泛收集信息，综合分析研判，及时作出响应。要善于把握规律。要用发展和联系的眼光看问题，客观把握侨联自身工作特点与侨情变化规律之间的关系。要有长远规划，但不能好高骛远；要脚踏实地、注重实效，持续用力、久久为功。要坚持实干为上。要干一行懂一行，干一行爱一行，普通干部要做好分内工作，领导干部要熟悉本部门本单位业务职责，把心思和精力用到做好工作上，用到担当作为、开拓事业上。对大家的实干和贡献，党组都是看在眼里、记在心里的。去年因为疫情影响，干部选拔任用不得不一再调整推迟。今年我们将在适当时候，研究推动有关干部人事工作。

四要坚持严管厚爱，抓好干部队伍建设。习近平总书记指出“实现中华民族伟大复兴，坚持和发展中国特色社会主义，关键在党，关键在人。”党组历来高度重视干部队伍建设，树立鲜明的选人用人正确导向，下大力气打造忠诚干净

担当的干部队伍。要认真落实全国组织部长会议精神，高标准高质量开展干部工作。加强干部培训，不断增强侨联干部本领。完善干部监督考核制度，更好激励干部奋发有为、干事创业。这几年，我们通过公务员招录、基层遴选、转业安置、干部交流，吸收引进了 40 多位新同志，为侨联干部队伍输入了新鲜血液，增添了活力动力。党组非常重视年轻干部的成长与培养，千方百计为年轻干部创造良好发展条件。年轻同志要珍惜大好青春时光，树立远大的理想信念，努力练就过硬本领，通过艰苦奋斗、扎实工作担负起时代赋予的责任，实现自身的价值。

同志们！凝心聚力担使命，奋楫扬帆新征程。让我们更加紧密地团结在以习近平同志为核心的党中央周围，开拓进取、奋发有为，为全面建成社会主义现代化强国、实现第二个百年奋斗目标、以中国式现代化全面推进中华民族伟大复兴而不懈奋斗！

在中国侨商投资（广东）大会上的致辞

（2023年2月25日）

万立骏

尊敬的坤明书记、伟中省长，

各位侨商、同志们：

大家上午好！

初春时节，万物复苏。今天，中国侨商投资（广东）大会在广州开幕。首先，我代表中国侨联，向大会的召开表示热烈祝贺，向各位与会侨商、企业家朋友表示热烈的欢迎，向广东省委、省政府长期以来对中国侨联工作的大力支持表示衷心的感谢！

中国侨商投资大会是中国侨联重点打造的一项全新品牌活动，旨在为广大侨胞和地方政府搭建合作共赢的平台，推动高质量发展和高水平对外开放，为新时代新征程新使命汇聚侨界力量。2021年，首届中国侨商投资大会在福建成功举行，大会取得了丰硕成果。第二届中国侨商投资大会原定于去年在广东举办，后因疫情原因推迟到今天。一年来，广东省委、省政府和中国侨联高度重视、密切配合、团结协作、广泛动员，大会达成投资总额6500多亿元，贸易项目合同金额9600多亿元，成果令人振奋，充分展示了广东省改革开放、创新发展的机遇和水平，也彰显了侨商回报桑梓、投资兴业、建功新时代的赤子情怀。

侨胞众多是我国的独特优势。党中央历来高度重视发挥广大海外侨胞和归侨侨眷的作用，始终把做好侨务工作作为党和国家工作大局的一个重要方面。党的十八大以来，习近平总书记和党中央从实现中华民族伟大复兴中国梦的高度，重视关心侨联工作，作出一系列重大部署，有力推动侨联事业发展。广大侨胞积极响应党和政府的号召，发挥自身的独特优势，展示了新时代侨胞的新作为和新担当。为进一步学习贯彻党的二十大精神和习近平总书记系列重要讲话精神，学习贯彻习近平总书记关于侨务工作的重要论述和来粤考察重要讲话精神，更好发挥侨胞的独特优势和作用，我提四点建议。

一是坚守侨的初心，深入学习宣传贯彻党的二十大精神，展现侨心向党的新风貌

学习宣传贯彻党的二十大精神是当前和今后一个时期全党全国的首要政治任务。党有号召，侨有行动。学习好、宣传好、贯彻好党的二十大精神，加强和改进侨务工作，形成共同致力民族复兴的强大力量，是新时代侨联工作的使命任务。我们要牢记“坚定不移跟党走，为党和人民事业凝聚侨心、侨力、侨智”这个初心，坚定拥护“两个确立”，坚决做到“两个维护”，以强烈的历史主动精神，广泛凝聚侨界的共识和力量，不断巩固团结奋进的思想政治基础，将侨的特色和优势转化为贯彻落实党的二十大决策部署的动力、举措和成效，为不断开创党和国家事业发展新局面努力奋斗，充分展现广大侨胞始终与祖国同呼吸、共命运、心连心的良好风貌。

二是发挥侨的优势，助力加快构建新发展格局、推动高质量发展，彰显勇立潮头的新作为

加快构建新发展格局，是党中央立足实现第二个百年奋斗目标、统筹发展和安全作出的战略决策。高质量发展是全面建设社会主义现代化国家的首要任务。当前，我国经济已经深度融入世界经济。加快构建新发展格局，着力推动高质量发展，构建高水平社会主义市场经济体制，实施更大范围、更宽领域、更深层次对外开放，为广大侨胞提供了广阔舞台和难得机遇。希望广大侨胞充分发挥融通中外、熟悉市场和国际规则的优势，发扬敢为天下先的精神，做主动适应我国经济发展阶段变化的先行者，做推动我国更高水平对外开放的生力军，做畅通国内国际双循环的排头兵，积极助力我国现代化经济体系、现代化产业体系建设和高质量发展，为构建新发展格局、全面塑造我国发展新优势、促进共同富裕献计出力。

三是凝聚侨的力量，积极投身以中国式现代化推进民族复兴的伟大进程，作出无愧时代的新贡献

实现中华民族伟大复兴是近代以来中国人民的共同梦想，中国式现代化是实现中华民族伟大复兴的康庄大道。我国已进入全面建设社会主义现代化国家、向第二个百年奋斗目标进军的新征程。为实现第二个百年奋斗目标、以中国式现代化实现中华民族伟大复兴的中国梦不懈奋斗，是海内外全体中华儿女的使命担当。希望广大侨胞顺应时代潮流，心往一处想，劲往一处使，团结奋进，不断求索，汇聚起实现中华民族伟大复兴的磅礴力量。要深刻理解和把握中国式现代化的中国特色、本质要求和重大原则，紧紧围绕科教兴国、人才强国、乡村振兴等一系列国家战略创新创业，为塑造发展新动能新优势作贡献。要立足中国，放眼世界，推动实现中国与世界各国的互利合作、机遇共享，做促进中外沟通交流、营造中华民族伟大复兴良好外部环境的桥梁和纽带，展现侨界胸怀天下、引领发展的时代担当。

四是弘扬侨的精神，把个人发展与国家和民族发展紧密相连，续写不懈奋斗的新篇章

大力弘扬家国情怀，是中华民族生生不息精神力量的源泉。2020 年 10 月，习近平总书记在广东汕头考察时强调，我国改革开放和经济特区的建设同大批心系乡梓、心系祖国的华侨是分不开的。希望广大侨胞弘扬“艰苦创业、自强不息的精神和以国家为重、以民族为重的品格”，深怀爱国之情，坚守报国之志，把个人的发展前途与国家繁荣、民族富强、人民幸福紧密结合起来，深入参与和服务粤港澳大湾区建设等重大发展战略，助力广东高质量发展，在中华大地的广阔舞台上实现自身价值。要敏锐把握世界力量对比演变和中国发展所处的新的历史方位，多层次、多领域、多渠道开展对外友好交流，讲好新时代中国故事，传播好中国声音，增进国际社会对中国发展、中国道路的理解和认同。

各位侨商朋友，同志们，

广东是改革开放的排头兵、先行地、实验区，也是我国著名侨乡，在我国改革开放和社会主义现代化建设大局中具有十分重要的地位和作用。习近平总书记对广东工作高度重视、亲切关怀、寄予厚望，党的十八大以来三次赴广东考察调研，作出一系列重要指示批示，赋予广东重大机遇、重大平台、重大使命，为广东发展指明了前进方向。我们相信并祝愿，广东将继续高举改革开放的旗帜，以更大魄力、在更高起点上推进改革开放，在全面建设社会主义现代化国家新征程中走在全国前列、创造新的辉煌。

作为党和政府联系广大归侨侨眷和海外侨胞的桥梁和纽带，中国侨联肩负着凝聚侨心侨力侨智的光荣使命。我们将牢记殷殷嘱托，弘扬优良传统，积极履职尽责，发挥好凝聚人心、汇聚力量的作用，全面加强与广东的战略合作，贯彻落实好习近平总书记对侨务工作和广东发展的指示精神，为广东的高质量发展和现代化建设作出侨界贡献。

岭南春来早，迈步从头“粤”。让我们更加紧密地团结在以习近平同志为核心的党中央周围，扎实工作，奋发有为，为夺取全面建设社会主义现代化国家新胜利、实现中华民族伟大复兴的中国梦作出新的更大贡献。

最后，预祝本次大会取得圆满成功！

谢谢大家！

在中国侨联学习贯彻习近平新时代中国特色社会主义思想主题教育动员部署大会上的主持讲话

（2023年4月11日）

万立骏

同志们：

今天上午，我们召开中国侨联学习贯彻习近平新时代中国特色社会主义思想主题教育动员部署会，主要目的是：深入学习贯彻习近平总书记关于主题教育重要讲话和重要指示批示精神，进一步深刻领悟“两个确立”的决定性意义，增强“四个意识”、坚定“四个自信”、做到“两个维护”，坚决把思想和行动统一到习近平总书记、党中央决策部署上来，紧密结合侨联实际，扎实推进主题教育在侨联走深走实。参加今天会议的有：会领导，各基层党组织主要负责同志，机关处级以上党员干部和直属企事业单位党员代表。

按照党中央部署，主题教育中央第二十三指导组对我会开展主题教育进行督促指导。出席今天会议的领导有：

中央第二十三指导组组长，二十届中央候补委员，十四届全国政协委员、上海市政协主席胡文容同志。指导组副组长，十四届全国人大财经委员会副主任委员，国家税务总局原副局长、党委委员于春生同志。

让我们以热烈掌声欢迎指导组领导莅会指导！

驻部纪检监察组一贯关心和支持中国侨联工作。出席今天会议的还有：中央纪委国家监委驻中央统战部纪检监察组二级巡视员何永魁同志。大家欢迎！

今天的会议共两项议程。

首先，请中央第二十三指导组组长胡文容同志讲话，大家欢迎。

……

刚才，文容组长传达了习近平总书记关于主题教育重要讲话和重要指示批示精神，对我会主题教育工作提出了明确要求，具有很强的针对性、指导性，我们要认真学习、深刻领会，在工作中结合实际抓好贯彻落实。

同志们，学习贯彻习近平新时代中国特色社会主义思想主题教育是党的二十大提出的重要任务。习近平总书记指出，这次主题教育是一件事关全局的大事。3月30日，中共中央政治局召开会议决定，从今年4月开始，在全党自上而下分两批开展主题教育。当天下午，中央政治局就学习贯彻习近平新时代中国特色社会主义思想进行第四次集体学习，为全党作出示范。4月3日，主题教育工作会议在京召开。习近平总书记发表重要讲话，深刻阐述了主题教育为什么开展、如何开展等重大问题。总书记的重要讲话高屋建瓴、视野宏大、思想深邃，为开展好主题教育指明了方向、提供了根本遵循。

今年是贯彻落实党的二十大精神的开局之年，开展主题教育，加强思想政治建设，弘扬伟大建党精神，牢记“三个务必”，推动全党为实现中国式现代化而团结奋斗，意义重大，影响深远。侨联要把主题教育作为当前首要政治任务抓紧抓实，提高认识、突出重点、精心组织，教育引导广大党员干部进一步强化理论武装，坚定理想信念，勇于担当作为，更好履职尽责，以高质量开展主题教育推动侨联各项工作高质量发展。按照党中央部署和中央文件要求，经指导组审核批准，会党组已经印发了中国侨联主题教育工作方案。下面，根据中央要求，结合侨联实际，我讲三点意见。

一、切实提高政治站位，深刻认识开展主题教育的重大意义，坚持不懈用习近平新时代中国特色社会主义思想凝心铸魂

党的理论创新每前进一步，理论武装就要跟进一步。习近平新时代中国特色社会主义思想，是为新时代伟大变革所证明的科学理论，是当代中国马克思主义、二十一世纪马克思主义。党的十八大以来，以习近平同志为核心的党中央对新时代党和国家事业发展作出科学完整的战略部署，在理论和实践上进行创新突破，取得了一系列重大理论成果、实践成果、制度成果，中华民族迎来了从站起来、富起来到强起来的伟大飞跃。新时代十年伟大成就的取得，根本在于有习近平总书记的掌舵领航，根本在于有习近平新时代中国特色社会主义思想的科学指引。侨联全体党员干部要更加紧密地团结在以习近平同志为核心的党中央周围，全面贯彻习近平新时代中国特色社会主义思想，踔厉奋发、笃行不怠，为全面建成社会主义现代化强国贡献侨界力量。

一是更加深刻认识学习贯彻习近平新时代中国特色社会主义思想是坚定理想、锤炼党性的必然要求。这一思想不仅包含着党治国理政的重大理论和方略，也贯穿着中国共产党人的政治品格、价值追求、精神境界、作风操守的要求，蕴藏着深厚的真理力量、实践力量、人格力量。侨联广大党员干部要主动把自己的思想摆进去，学习掌握党的创新理论关于坚定理想信念、提升思想境界、加强党性锻炼的一系列要求，始终保持共产党人的政治本色，切实筑牢信仰之基、补足精神之钙、把稳精神之舵。

二是更加深刻认识学习贯彻习近平新时代中国特色社会主义思想是指导实践、推动工作的强大力量。学习领会的目的在于运用，在于把这一思想变成改造主观世界和客观世界的强大思想武器。侨联广大党员干部要善于运用这一思想观察时代、把握时代、引领时代，更好统筹两个大局，积极识变应变求变。要善于运用这一思想解决经济社会发展中的各种矛盾和问题，完整、准确、全面贯彻新发展理念，推动高质量发展。要善于运用这一思想防范化解重大风险，增强忧患意识，坚持底线思维。要善于运用这一思想深入推进全面从严治党，时刻保持解决大党独有难题的清醒和坚定。

三是更加深刻认识学习贯彻习近平新时代中国特色社会主义思想是新时代新征程开创事业发展新局面的根本保证。实现第二个百年目标，我们面临的任务更加繁重，需要破解的难题更加艰巨，尤其需要一个坚强的领导核心来运筹帷幄，迫切需要科学的理论体系来指导实践。侨联广大党员干部必须深刻领悟“两个确立”的决定性意义，自觉在思想上政治上行动上同以习近平同志为核心的党中央保持高度一致，切实提高政治判断力、政治领悟力、政治执行力。必须深刻理解习近平新时代中国特色社会主义思想的核心要义、精神实质、丰富内涵、实践要求，坚持学以致用、身体力行，把学习成果运用到贯彻落实党的二十大提出的重大部署中去，运用到推动侨联事业高质量发展中去。

二、准确把握党中央确定的主题教育重点和目标要求，用党的创新理论统一思想、统一意志、统一行动

我们要按照党中央部署，全面落实“学思想、强党性、重实践、建新功”的总要求，深刻把握主题教育的根本任务、目标和着力解决的六个方面问题，把理论学习、调查研究、推动发展、检视整改贯通起来、一体推进，真正做到学思用贯通、知信行统一，做到以学铸魂、以学增智、以学正风、以学促干，确保取得实实在在的成效。

一是在真学上下功夫，坚持深学细悟，注重领会精神实质，把握思想体系。各基层党组织要把学习贯彻习近平新时代中国特色社会主义思想作为“第一议题”，明确重点内容，与常态化党史学习教育紧密结合，读原著、学原文、悟原理，坚持交流研讨互学、深入调研促学，教育引导广大党员干部深刻认识这一思想的时代意义、

理论意义、实践意义和世界意义，深刻把握蕴含其中的世界观、方法论和立场、观点、方法。

二是在真信上下功夫，筑牢理想信念，增强“四个意识”，坚定“四个自信”，做到“两个维护”。要以处级以上领导干部为重点，以政治建设为统领，引导广大党员干部深入思考、深刻理解中国共产党的初心和使命，深刻把握新时代10年伟大变革，并将这些思考和理解内化为坚定的政治信仰和坚强的党性原则。要进一步强化对党忠诚教育，把党的政治纪律和政治规矩融入党员干部日常学习、工作、生活各方面，教育引导党员干部自觉与违反政治纪律、危害政治安全的言行作坚决斗争，在重大原则、大是大非问题上始终同党中央保持高度一致。

三是在真用上下功夫，强化理论指导，密切联系实际，创新工作实践。要紧紧围绕高质量发展这个首要任务，切实把开展主题教育同贯彻落实习近平总书记关于做好新时代党的统一战线工作的重要思想、习近平总书记关于群团工作和侨务工作的重要论述紧密结合起来，在侨联系统大兴调查研究之风，将调查研究工作同侨联中心工作和会党组决策需要、第十一次全国归侨侨眷代表大会筹备工作紧密结合，提出推动侨联工作创新发展的具体举措。要对调查研究中反映和发现的问题，逐一梳理、立行立改、长期推进，以推动高质量发展、提升侨界群众获得感幸福感安全感的新成效检验主题教育成果。

四是在真改上下功夫，坚持知行合一，深入整改整治，营造风清气良好生态。这次主题教育重点要解决六个方面的问题。去年我们在全会机关党员干部中开展了一次思想政治状态调研，这些问题都不同程度存在。比如说，有的干部政治素质还不够高，大局意识和全局观念差；有的理论学习不够实，不重视理论学习和积累，没有用所学理论指导实践、推动工作；有的能力本领不强，不善于从政治上认识、分析解决问题，遇事看不清本质，解决问题抓不住重点；有的担当作为精气神缺失、争先进取意识不强；有的工作作风不够硬，服务意识不强，浮于表面走过场；在廉洁自律方面，侨联这两年也查处了一些案件，令人痛心、发人深省。我们要发扬刀刃向内的自我革命精神，在主题教育中深入开展党性分析，按照党中央部署抓好侨联机关和企事业单位干部队伍包括纪检干部队伍教育整顿，全面查找自身不足和工作偏差，边学、边查、边改，着力从思想根源和制度机制上解决问题，切实把学习效果在每位党员干部身上真正彰显出来。

五是在求实上下功夫，坚持建章立制，推动常态化制度化。要坚持“当下改”与“长久立”相结合，总结好经验好做法，适时研究制定巩固深化主题教育成果的长效机制，不断完善各层级理论学习制度，全方位、多层次加强理论武装，确保以制度方式把党的创新理论学习落实到每个支部、每名党员。要坚持思想教育与落实制度相结合，既增强党员干部对制度的认同，又加强制度的刚性，使制度成为学思用贯通、知信行统一的有效激励和有力约束，确保常态长效。

三、加强组织领导，坚持严要求高质量，坚定不移在侨联开展好主题教育

开展主题教育是当前工作的重中之重，时间紧、任务重、要求高，我们要坚决把思想和行动统一到习近平总书记重要讲话精神和党中央决策部署上来，切实增强责任感、紧迫感，精心组织，周密部署，务求实效。

一是加强组织领导。党组已经成立了会主题教育领导小组及办公室，我担任组长，学源、小敏同志担任副组长，各部门各单位主要负责同志作为成员。领导小组办公室要经常向指导组请示汇报侨联主题教育工作的进展，主动接受指导，及时、高质量落实好指导组的相关要求。要按照会党组印发的工作方案和任务分工，落实好18项任务，形成一级抓一级、层层抓落实的工作格局，切实把党中央部署和要求落到实处。各基层党组织要切实提高思想认识和政治站位，结合实际制订工作方案和学习计划，抓好本部门本单位的主题教育工作。

二是坚持求真务实。要发扬马克思主义优良学风，坚持集中学习和自主学习相结合、规定动作和自选动作相结合，着力推进内容、形式、方法的创新，不断增强主题教育的针对性和实效性。要正确处理好学习和中心工作的关系，把开展主题教育同推进中心工作、完成本部门本单位工作任务紧密结合起来。要加强宣传引导，深入宣传党中央精神和有关部署，反映侨联系统主题

教育进展成效，营造良好舆论氛围。

三是坚持群众路线。要牢固树立以人民为中心的发展思想，坚持开门搞教育，把学习成效转化为解民忧、办实事的工作动力和成效，既要在调查研究的基础上，解决群众急难愁盼问题，也要广泛开展党员志愿服务，竭诚为侨服务，当好侨胞贴心人、侨务工作实干家。

四是加强督促检查。各基层党组织要落实主体责任，党员干部特别是领导干部，要以上率下、以身作则，不管处在哪个层次和岗位，都要全身心投入，做到以学铸魂、以学增智、以学正风、以学促干。机关党委、机关纪委要加强督促检查，对开展主题教育思想上不重视、行动上不及时、工作上不得力的单位和个人，要严肃批评、限期整改，对走形变样、问题严重的按照规定追究责任。

同志们，开展好主题教育，既是政治态度的一次检验，更是精神境界的一次洗礼。让我们更加紧密地团结在以习近平同志为核心的党中央周围，牢固树立“四个意识”、坚定“四个自信”、做到“两个维护”，迎接第十一次全国归侨侨眷代表大会胜利召开，努力开创侨联事业发展新篇章！

最后，让我们再次以热烈的掌声对中央第二十三指导组和驻部纪检监察组的莅会指导表示衷心感谢！

在第十六届世界华商大会欢迎晚宴上的致词

（2023年6月24日）

万立骏

第十六届世界华商大会组委会林楚钦主席，
各位嘉宾、侨领，女士们、先生们，华商朋友们：

大家晚上好！

在第十六届世界华商大会召开之际，同众多华商代表和各界人士齐聚一堂，我感到十分高兴。首先，我代表中国侨联，向大会的召开表示热烈的祝贺！向广大华商朋友和旅居世界各地的华侨华人致以诚挚的问候和良好的祝愿！

世界华商大会是全球华商的一件盛事，自1991年举办以来，为广大华商提供了一个增进相互了解、加强交流合作的平台，在凝聚华商力量，推动举办国、中国以及华商所在国家和地区的经济发展，扩大华侨华人影响等方面发挥着重要作用。中泰友好绵延千年。去年11月，习近平主席成功访泰，两国宣布在“中泰一家亲”基础上构建中泰命运共同体。我相信，在主办方和全体与会代表的共同努力下，本届大会必将推动世界华商与泰国工商界深入交流与合作，谱写发展的新篇章。

这是一个富有意义的夜晚，大家为推动世界华商发展的共同使命而来，应以此为契机，一起探讨华商长远发展的大计，谋划华商未来合作的愿景。明天，本届大会的各项议程将正式展开。这里，我想对广大华商说“三个相信”。

第一，相信自己。中华民族有着5000多年源远流长的文明历史，为人类文明进步作出了巨大贡献。新中国成立以来，在中国共产党领导下，经过几代中国人艰苦奋斗，中华民族迎来了从站起来、富起来到强起来的伟大飞跃。在此过程中，海外侨胞功不可没。长期以来，包括海外华商在内的广大华侨华人筚路蓝缕、艰苦创业，取得了骄人的成绩，向世人展示了中华民族吃苦耐劳、团结互助的传统美德，展示了中国人勇于进取、顽强拼搏的独特魅力。可以说，无论过去、现在和将来，广大华商都有传统、有能力、有智慧把自身事业发展好，而且能够在住在国、中国和世界舞台上大显身手。

第二，相信中国。改革开放以来，中国实现了近8亿人口摆脱贫困、4亿多人口迈入中等收入群体。今天的中国，已成为140多个国家和地区的主要贸易伙伴。共建“一带一路”倡议提出10年来，已形成3000多个合作项目，拉动近万亿美元投资规模。去年10月，中国共产党第二十次全国代表大会成功召开，绘就了全面建成社会主义现代化强国、以中国式现代化全面推进中华民族伟大复兴的宏伟蓝图。随着中国14亿多人口迈入现代化，必将给世界经济提供更大动力，必将为华商探索发展新方向、寻找发展新动力、开拓发展新空间提供更多机遇。

第三，相信未来。当前，百年变局加速演进。经济全球化虽经历曲折，但和平、发展、合作、共赢的时代潮流没有变。希望大家把握发展方向，用好发展机遇，在中国贯彻新发展理念、构建新发展格局，深入实施创新驱动发展战略、区域协调发展战略，推动高质量发展进程中捕捉新商机、发展事业。同时要坚定文化自信，在促进中外文明交流互鉴中展现风采；当好友好使者，遵纪守法、讲信修睦，树立华侨华人良好形象；讲好中国故事，加强民间交流，在推动构建人类命运共同体中彰显作为。

女士们、先生们，朋友们！侨联是中国党和政府联系广大归侨侨眷和海外侨胞的桥梁和纽带。今年下半年，第十一次全国归侨侨眷代表大会即将召开。我们将坚持围绕中心、服务大局、服务侨胞，愿同包括华商在内的海内外中华儿女一道，携手共进，团结奋斗，共担复兴重任，共创美好未来！

本届大会恰逢中国端午节，万水千山“粽”是情。祖（籍）国和家乡亲人惦念着大家。祝大家身体健康，家庭幸福，事业昌达，道路越走越宽广！祝本届大会取得圆满成功！

谢谢大家！

在第三届世界华侨华人工商大会开幕式上的致词

（2023年10月30日）

万立骏

尊敬的石泰峰部长、高云龙副主席、陈旭主任，
各位侨商、各位朋友，
女士们，先生们：

大家下午好！

很高兴和大家相聚北京，共同出席第三届世界华侨华人工商大会，共话合作新愿景，共享发展新机遇。在此，我代表中国侨联，向此次大会的召开表示热烈祝贺！向与会的侨商侨胞、工商界朋友们致以诚挚问候和良好祝愿！

今年是全面贯彻党的二十大精神的开局之年。习近平总书记在党的二十大报告中强调，要“动员全体中华儿女围绕实现中华民族伟大复兴中国梦一起来想、一起来干”，极大激励了全体中华儿女的团结奋斗热情，也令海内外侨胞备受鼓舞、倍感振奋。今年也是改革开放45周年。从改革开放初期大规模回国投资兴业，到放弃国外优厚待遇，投身科技报国事业；从参与新时代创新创业热潮，到心系桑梓、守望相助，尽心助力伟大抗疫斗争和脱贫攻坚事业，广大侨胞从未缺席、功不可没。据统计，在我国实际利用外资中，侨资占到了60%；在中国的外资企业中，侨资企业占到了70%；在引进的海外人才中，95%是华侨华人。可以说，广大侨胞始终与祖（籍）国共奋进、与人民同奋斗，用实际行动书写了“侨心向党、报效祖国”的动人篇章，为我国改革开放、跨越发展作出了不可替代的重要贡献，也必将成为推动高质量发展、全面建设现代化国家不可或缺的重要力量。

对于广大侨胞的重要作用和突出贡献，党和政府历来高度重视并给予充分肯定。不久前，第十一次全国归侨侨眷代表大会在北京胜利闭幕，习近平总书记等党和国家领导人亲自到会祝贺，李希同志代表党中央致词，蔡奇同志等党和国家领导人出席闭幕会。党中央向广大侨胞发出了“心往一处想、劲往一处使，与祖国共奋进、与人民齐奋斗，在共担民族复兴重任、共享民族复兴荣光中创造新的更大业绩”的铿锵号召，充分体现了习近平总书记和党中央对广大侨胞的亲切关怀和殷切期望。

党有号召，侨有行动。民族复兴，侨之所盼。中国的发展，中华民族伟大复兴中国梦的实现，离不开广大侨胞的参与。本届大会设置了形势报告会、平行论坛、地方考察等环节，就是希望通过畅通合作沟通渠道，搭建共享共建平台，继续为华侨华人回国（来华）投资发展创造条件、提供支持。在座各位都是侨界、工商界的优秀代表，相信大家一定能够以此次大会为契机，把赤忱爱国情怀、雄厚经济实力、丰富智力资源、广泛商业人脉转化为身体力行推动中国式现代化建设的强大力量，为经济高质量发展注入新动力，为加快高水平开放增添新优势，为促进文化交流、民心相通作出新贡献！

借此机会，我提三点建议。

第一，顺应时代潮流、培塑创新能力，聚焦高质量发展，在助推中国式现代化建设中展现担当作为。高质量发展是全面建设社会主义现代化国家的首要任务，是中国式现代化的本质要求。希望大家顺应时代潮流，把握发展大势，积

极践行新发展理念，主动适应我国经济发展阶段变化，围绕国家重大战略实施主动作为、献计出力。要深耕主业、聚焦实业，主动转变发展方式，用互联网、大数据、人工智能等赋能发展，积极参与现代化产业体系构建。要依托侨界智力、资金、技术等优势，积极投身新能源、新材料、先进制造、电子信息等战略性新兴产业，对接国际创新资源，培塑自主创新能力，加快形成新质生产力。

第二，弘扬侨的传统、发挥侨的优势，推动中外融通，在助力高水平对外开放中当好桥梁纽带。敢为人先、爱国爱乡是侨的光荣传统，遍布全球、融通中外是侨的独特优势。希望大家在助力高水平对外开放中能够主动牵线搭桥，充分发挥既熟悉中国又熟悉住在国市场环境、政商人脉、商业渠道的优势，为国内企业“走出去”提供有力支持。要贯彻落实第三届“一带一路”高峰论坛精神，积极参与高质量共建“一带一路”的八项行动，助推全方位开放。要立足国内、面向世界，积极融入全球合作，在更大范围、更宽领域、更深层次参与全球资源配置，促进人员、货物、资金、技术等资源要素流动，共同维护和发展开放型世界经济。

第三，增强文化自信、促进友好交流，坚持守根护魂，在推动构建人类命运共同体中彰显独特作用。团结统一的中华民族是海内外中华儿女共同的根，博大精深的中华文化是海内外中华儿女共同的魂。希望大家做中华文化的赓续传承者，铸牢中华民族共同体意识，为弘扬中华文化、建设中华民族现代文明贡献侨的力量；做促进中外友好交往的积极推动者，推进中国故事和中国声音的全球化表达，促进中外各领域友好交往；做人类命运共同体理念的宣介践行者，通过华文媒体、华人社团和民间渠道宣介、践行人类命运共同体理念，同住在国人民一道推动构建人类命运共同体，建设更加美好的世界。

侨胞们，朋友们：

中国侨联是党创立和领导的群团组织，肩负着团结凝聚广大归侨侨眷和海外侨胞，为党和人民事业不懈奋斗的光荣使命。我们将认真贯彻落实党中央要求和“十一代会”精神，以更务实的举措、更温暖的服务为广大侨胞干事创业保驾护航，为助力高质量发展，推进中国式现代化建设，推进人类命运共同体贡献更多侨界力量！

最后，预祝本次大会取得圆满成功，祝各位朋友身体健康，家庭幸福，事业兴旺！谢谢！

在“创业中华—2023侨界精英创新创业（中国·杭州）大会暨侨界青年发展大会”上的讲话

（2023年11月1日）

万立骏

刘捷副书记，

各位领导、各位嘉宾、各位侨界朋友：

金秋时节，之江大地徐徐铺开秀美画卷；丹桂飘香，西子湖畔敞开怀抱喜迎四海宾朋。今天，我们相聚在这里，共同参加“创业中华—2023侨界精英创新创业（中国·杭州）大会暨侨界青年发展大会”。在此，我代表中国侨联，向本次大会的举办表示热烈的祝贺！向与会的侨胞朋友们致以诚挚的问候！向长期以来关心支持侨联工作的浙江省委、省政府，杭州市委、市政府表示衷心的感谢！

党中央高度重视发挥海外侨胞和归侨侨眷的作用，始终把做好侨的工作作为党和国家工作大局的一个重要方面。前不久，第十一次全国归侨侨眷代表大会在北京胜利召开，习近平总书记等党和国家领导人到会祝贺，李希同志代表党中央致词，蔡奇同志等出席闭幕会，充分体现了习近平总书记和党中央对侨联工作的高度重视，对广大归侨侨眷和海外侨胞的亲切关怀和殷切希望。党中央致词中，充分肯定了广大归侨侨眷和海外侨胞为实现中华民族伟大复兴中国梦所作的重要贡献，并对广大归侨侨眷和海外侨胞提出了四点希望。大会鼓舞人心、催人奋进，为做好今后五年侨联工作指明了前进方向。

浙江是我国经济大省、人才大省，是创新发展的活跃之地，也是我国重点侨乡，在全国发展大局中具有举足轻重的地位。今年9月，习近平总书记在浙江考察时强调，要完整准确全面贯彻新发展理念，围绕构建新发展格局、推动高质量发展，聚焦建设共同富裕示范区、打造新时代全面展示中国特色社会主义制度优越性的重要窗口，奋力谱写中国式现代化浙江新篇章。我们要深入学习领会总书记重要讲话精神，立足职能定位，打造工作品牌，把围绕中心、服务大局的工作做得更有针对性、更具实效性，把侨界的智慧和力量激发出来、发挥出来。

中国侨联高度重视侨界创新创业工作，由中国侨联创立的“创业中华”品牌在杭州茁壮成长，13年来吸引了一大批侨界人才和高精尖项目落地杭州，为杭州和浙江创新发展作出了积极贡献。今年大会的主题是“聚焦科创新动能、打造侨创新生态”，是侨联系统上下联动，贯彻落实党的二十大精神和十一代会精神的具体举措，也是发挥侨界独特优势，服务地方双招双引的重要行动。下面，我提三点希望，与大家共勉。

一是砥砺矢志报国的信念，做谱写中国式现代化浙江篇章的先行者、生力军。中国式现代化是一项开创性事业，为广大侨胞施展才华，实现自身事业更大发展提供了广阔舞台。希望大家把握好中国构建新发展格局、推动高质量发展的重大机遇，将创新活力和创业热情融入中华民族复兴伟业，将个人事业发展与国家繁荣、民族富强紧密结合起来，为中国式现代化建设贡献智慧和力量，形成海内外全体中华儿女心往一处想、劲往一处使的生动局面，汇聚起推动实现中华民族伟大复兴的磅礴伟力。

二是鼓足奋力拼搏的干劲，做以科技创新塑造发展新优势的弄潮儿、排头兵。当前，百年变局加速演进，机遇和挑战并存。中国正在加快实施创新驱动发展战略和人才强国战略，着力实现高水平科技自立自强。希望大家瞄准世界科技前沿，围绕国家重大发展需求，加大相关领域技术、资金、智力等资源投入，积极参与科技创新和商业模式、管理模式创新，拿出“拼”的精神、“闯”的劲头、“创”的勇气，在发展新产业、新业态、新模式上大胆探索、各展所长，为把中国建设成世界重要人才中心和创新高地贡献力量。

三是秉承自信自立的品格，做弘扬中华文化、推动构建人类命运共同体的行动派、奋斗者。团结统一的中华民族是海内外中华儿女共同的根，博大精深的中华文化是海内外中华儿女共同的魂。广大侨胞素有心系祖国、心系乡梓的优良传统，希望大家进一步坚定文化自信，做传承传播中华文化的民间使者，积极为住在国同中国交流合作牵线搭桥，在讲好中国故事、传播中国声音上展现新作为，身体力行向住在国人民宣介中国和平发展和互利共赢理念，在促进不同文明交流互鉴、推进构建人类命运共同体上作出新贡献。

中国侨联作为党和政府联系广大归侨侨眷和海外侨胞的桥梁和纽带，将继续加强与地方政府合作，支持浙江省、杭州市持续打造侨界创新创业窗口，更好凝聚侨心侨力侨智，服务国家战略、服务地方经济发展。希望浙江省各级侨联组织在党委政府领导下，坚持围绕中心、服务大局、服务侨胞，协助打造一流营商环境和创新创业氛围，为浙江高质量发展作出新的更大贡献。

最后，预祝本次大会取得圆满成功！祝各位朋友身体健康、工作顺利、家庭幸福！

谢谢大家！

在第一届中国侨智发展大会开幕式上的致词

（2023年12月20日）

万立骏

尊敬的何维副委员长，周祖翼书记，赵龙省长，各位侨界朋友、各位来宾：

大家上午好！

勇立潮头征程阔，闽山闽水物华新。经过各方精心筹备，今天，中国侨智发展大会在福州隆重开幕了。首先，我代表中国侨联，向各位与会的院士、专家、侨界朋友和来宾表示热烈的欢迎，向北京市、中国科学院、苏州市等三个主宾方的积极参与和福建省委、省政府长期以来对侨联工作的大力支持表示衷心的感谢！

习近平总书记对侨有着深厚感情。今年8月31日，第十一次全国归侨侨眷代表大会在北京胜利召开，习近平总书记等党和国家领导人到会祝贺，李希同志代表党中央致贺词，蔡奇同志等出席闭幕会，充分体现了习近平总书记和党中央对广大归侨侨眷和海外侨胞的高度重视和亲切关怀。党中央致词中对广大侨胞提出殷切希望，对侨联组织聚焦创新、科技和人才，书写侨界报国新篇章提出了明确要求，为侨联事业发展指明了前进方向。

福建是习近平总书记关于侨务工作重要论述的重要孕育地和实践地，在福建工作期间，习近平同志开创了“大侨务”的工作格局；提出了对投资者有利、对所在国有利、对中国有利的“三有利”侨务工作原则；倡导以侨引侨、以侨引台、以侨引外等思路理念；特别是他高度重视“汇侨智”工作，早在1998年就指出：充分发挥这支富有爱国情怀的科技力量，对我们实施科教兴国战略和现代化建设进程具有重要意义，也是跨世纪侨务工作最具潜力和最富前景的优势所在。这些重要论述，对于我们做好新时代侨联工作具有十分重要的指导意义。

为贯彻落实习近平总书记关于侨务工作的重要论述和第十一次全国归侨侨眷代表大会精神，传承弘扬习近平总书记在福建工作期间开创的重要理念和重大实践成果，为以中国式现代化全面推进强国建设、民族复兴伟业作出侨界贡献，中国侨联和福建省人民政府倾力打造了“中国侨智发展大会”这一全新的品牌活动，努力搭建“溯源头学思想、聚侨心凝共识、汇侨智助发展”的重要平台。

各位侨界人才、各位来宾！

科技和人才是全面建设社会主义现代化国家的基础性、战略性支撑。党的十八大以来，中国科技和人才事业密集发力、加速跨越，取得历史性成就。全社会研发经费支出从1万亿元增加到2.8万亿元，居世界第二位；基础研究和原始创新不断加强，一些关键核心技术实现突破，战略性新兴产业发展壮大，进入创新型国家行列；世界知识产权组织全球创新指数排名显示，中国从2012年的34位上升到2022年的第11位，我国既是国际前沿创新的重要参与者，也是共同解决全球性问题的重要贡献者。这一波澜壮阔的发展历程，离不开广大侨界人才以多种方式积极参与、发挥作用，中国科技创新事业的每一项成就和进步，都凝聚着大家的智慧和贡献。

党的二十大提出要深入实施科教兴国战略、人才强国战略和创新驱动发展战略，加快实现高水平科技自立自强，加快建设世界重要人才中心和创新高地。今年以来，习近平总书记到地方考察始终聚焦科技创新，鲜明提出中国式现代化关键在科技现代化，要高度重视科技人才培养。前不久召开的中央经济工作会议，再次强调要以科技创新引领现代化产业体系建设。据不完全统计，海外华侨华人专业人士超过400万人，在世界著名大学、科研院所和海外科学院、工程院院士中，都活跃着众多华侨华人的身影，是推进中国式现代化建设的宝贵资源和财富。借此机会，我提三点希望，与大家共勉。

一是立足中国、扎根中国、服务中国，积极投身中国式现代化建设。中国式现代化是实现国家富强、民族复兴的康庄大道，将为广大侨胞施展才华、发展事业提供广阔舞台。希望广大侨胞和侨界人才顺应祖（籍）国发展大势，发挥好融通内外、熟悉国际规则等优势，坚持面向世界科技前沿、面向经济主战场、面向国家重大需求、面向人民生命健康，寻找科技创新突破口、抢占未来发展先机，把科技成果应用在实现现代化的伟大事业中，把创新创造的努力付出到祖（籍）国的大地上，在参与建设现代化产业体系、推动形成新质生产力、推进更高水平对外开放、助推高质量发展中发挥更大作用。

二是发挥智力优势、促进智力合作、形成智力成果，积极投身人才强国建设。古往今来，人才都是富国之本、兴邦大计。中国正在由人才大国迈向人才强国，需要更多大师、战略科学家、科技领军人才和创新团队、青年科技人才、卓越工程师等。希望广大侨胞和侨界人才抓住机遇，发扬老一辈科学家留学报国的优良传统，发挥视野开阔、理念先进、智力密集等优势，积极参与全球创新网络和创新协作，通过回国服务、合作研究、以才引才等多种方式积极参与到人才强国建设中，为我国提升自主创新能力、在关键核心技术领域实现突破作出更大贡献。

三是集聚创新资源、增强创新意识、提升创新能力，积极投身中国创新发展大潮。本次大会是中国侨联第一次尝试打破以往惯例，采取在福州设立永久会址的办会模式，将为大家搭建常态化的高层次合作交流平台。希望大家集众智聚众力，通过侨智发展大会这个窗口，亲身感受中国欣欣向荣、生机蓬勃的发展势头，真切感知国内良好的人才发展土壤和创新创业生态，向世界讲好新时代中国故事；希望大家把自身专业所长与国家所需结合起来，促进产学研用深度融合，促进创新创业成果交流对接和转化落地，带动更多侨界人才回国创新创业，实现自身事业更大发展。

福建是海上丝绸之路核心区，有良好的营商环境和创新创业生态。中国侨联将全面加强与福建的战略合作，贯彻落实好习近平总书记来闽考察系列重要讲话重要指示，按照“四个更大”要求，以中国侨智发展大会为平台，推动人才链、创新链、产业链、资金链更好融合，助力新发展阶段新福建建设，在谱写中国式现代化的福建篇章中贡献侨界智慧和力量。

最后，预祝大会取得圆满成功！谢谢大家！

在2023年全国侨联系统公益事业能力提升培训班开班式上的讲话

（2023年10月12日）

程　红

同志们：

大家上午好！

在全国侨联系统深入学习贯彻第十一次全国归侨侨眷代表大会精神之际，2023年全国侨联系统公益事业能力提升培训班开班了。刚才山东省侨联和淄博市委分别作了介绍。淄博不仅是一个富有历史底蕴的文化名城，而且是一个富有时代气息和人文关怀的“网红城市”。“五个淄博”其中一项是“志愿服务淄博”，倡导志愿精神，这和我们的公益事业息息相关。所以此次在淄博举办公益培训班非常有意义，相信大家也一定能从中受益。首先，我谨代表中国侨联和万立骏主席，对培训班的举办表示热烈的祝贺！对给予此次活动大力支持的山东省侨联，淄博市委、市政府、侨联和淄博市委党校表示诚挚的谢意！

前不久闭幕的第十一次全国归侨侨眷代表大会，是在全党全国各族人民迈上全面建设社会主义现代化国家新征程、向第二个百年奋斗目标进军的关键时刻召开的一次十分重要的会议，是广大归侨侨眷和海外侨胞政治生活中的一件大事。习近平总书记等党和国家领导人到会祝贺，李希同志代表党中央发表了题为《为强国建设民族复兴凝聚起侨界团结奋斗的磅礴力量》的致词，蔡奇同志等出席闭幕会。大会选举产生了中国侨联新一届领导班子和十一届委员会委员，通过了《中华全国归国华侨联合会章程（修正案）》的决议，万立骏主席作了工作报告。这次大会充分体现了习近平总书记和党中央对广大侨胞的亲切关怀及对侨联工作的高度重视，为中国侨联今后工作发展指明了方向。当前全国各级侨联组织正深入学习贯彻十一代会精神、研究部署各项工作举措，举办此次培训可谓是正当其时、恰逢其势。

关于此次培训，公益中心进行了多次研究和精心安排，几位专家将对公益事业以及基金会的发展趋势、管理经验进行讲授，相关省市侨联从实践角度进行交流探讨，还安排了实地考察，相信大家都会有所收获。在此，就进一步落实好党中央要求、十一代会精神及万立骏主席对侨联公益工作各项要求，做好新征程侨联公益工作，我和大家交换三点意见。

一、侨的公益事业和侨基会工作取得了丰硕成果

刚才大家一起观看了侨联公益事业发展30周年纪录片，相信都有所感触。纪录片回顾了中国侨联、侨基会和各省市侨联共同走过的30年历程，展示了30年来社会影响较大的部分活动，可以看到，海内外侨胞对公益事业倾注了很多心血。热心公益、乐善好施是侨胞的优秀传统。各级侨联共同努力，以侨基会为平台，凝聚广大侨胞爱国爱乡的力量，做了很多卓有成效的工作。刚才片子展示的大部分为募捐活动，除此之外，各省市侨联还开展了很多志愿活动，很好地服务社会。如“珍珠班”、“树人班”项目惠及8万多人，“光明行”项目惠及10万多人，这对每一位受助人来说都是改变生活，甚至改变一生的善举。

近年来，侨的公益事业突飞猛进。近五年来募集爱心资金超过10亿元，在三件大事中凸显

了侨在新时代的作为和贡献。一是抗击疫情。抗疫时期海外华侨华人众志成城，点燃、激发了爱国情怀，踊跃捐款捐物，仅通过侨基会捐赠资金就达 3 亿多元，侨联工作人员 24 小时无时差对接，在特殊时期彰显了海外华侨华人爱国爱乡的情怀和力量，让全国人民感受到了“侨”不可替代的作用。二是脱贫攻坚。脱贫攻坚是党中央统一领导的、备受世界瞩目和称赞的一项壮举。在此过程中，广大侨胞做了大量工作，捐赠资金 5.6 亿元，是党有号召、侨有作为的体现。三是助力冬奥。冬奥会是习近平总书记亲自谋划、亲自指挥、亲自推动，展现国家形象、促进国家发展、提升民族地位的一项重要工作。在此过程中，广大侨胞同心同德、全力以赴，克服全球新冠肺炎疫情不利影响和世界经济复苏缓慢的严峻挑战，捐赠 1.6 亿元兴建华侨冰雪博物馆，筑起又一座侨界爱心丰碑。

侨联公益事业的蓬勃发展离不开侨基会的贡献。侨基会多次获得各种荣誉，在全国公募基金中位于第一方阵，曾排名第六位。这些荣誉既是侨联负责公益的同志们积极作为的体现，更是广大海内外侨胞爱国情的体现。侨胞身处异国他乡，挣每一分钱、站稳脚跟已实属不易，在祖国有需要的时刻他们更是毫不犹豫地挺身而出。回顾 30 年历程，我们深切感受到，侨联公益事业发展大有可为，需要我们更好凝聚团结侨界爱心力量。

二、深刻领会举办此次培训班的重要意义

（一）此次培训是侨联公益工作贯彻落实党的二十大精神的需要。党的二十大报告指出，“坚持按劳分配为主体、多种分配方式并存，构建初次分配、再分配、第三次分配协调配套的制度体系”，“引导、支持有意愿有能力的企业、社会组织和个人积极参与公益慈善事业”，这为全面推动公益慈善事业高质量发展提供了基本遵循，需要我们很好地予以贯彻落实。侨联公益工作在发挥海内外侨胞联通中外的独特优势、以中国式现代化全面推进中华民族伟大复兴的进程中大有可为。各级侨联组织要以此次培训为契机，研究新时代新征程侨联公益工作的新形势新任务新使命，在传承中创新，使侨联公益工作始终在党和国家工作大局中谋划推进。

（二）此次培训是侨联公益工作对表对标十一代会工作部署的需要。公益工作是侨联工作非常重要的方面和平台，万主席在十一代会工作报告中对侨联公益工作的高质量发展提出了要求。二十大召开后，不仅是在经济方面，各项工作都要在新征程上实现高质量发展。对于侨联公益事业来讲，如何按照大局的要求、按照侨胞的愿望、按照中国侨联“两个并重”“两个拓展”要求，使公益工作迈上新台阶，需要我们认真研究和谋划。十一代会工作报告对未来一段时间的侨联公益工作进行了部署，内容详实丰富，具有很强的指导性和针对性。报告指出，要着力服务民生福祉，动员侨的资源和力量，深化“侨爱心工程”品牌，做深做实重点项目，促进脱贫攻坚成果同乡村振兴有效衔接。希望大家利用此次培训，认真学习领会报告内容，结合各地实际和侨情，因地制宜开展调研，思考谋划新时代侨联公益工作高质量发展的思路和举措，推动侨联公益事业发展再上新台阶。

（三）此次培训是打造高素质侨联公益干部队伍的需要。十一代会上，李希同志代表党中央在致词中指出，侨联干部是党的侨务工作的主要力量。大家要深刻认识到，新时代新征程背景下侨联干部要担当起历史责任，提高能力水平，更好地适应工作需要。侨联公益工作者既要政治过硬，也要本领高强。希望通过此次培训，一方面以训促学、以学促干，激励侨联干部心怀“国之大者”，学懂弄通中央新部署新要求，结合各自实际不折不扣抓好落实；另一方面通过加强侨联各公益组织之间的交流合作，总结好经验、好做法，互学互鉴、共同提高，切实增强履职尽责的能力和水平。

三、以更高站位、更实举措推动侨联公益工作高质量发展

（一）旗帜鲜明讲政治

侨联是中国共产党创立和领导的群团组织，侨联公益慈善工作不是一般的公益工作，具有鲜明的政治导向。侨联公益工作要始终以习近平新时代中国特色社会主义思想为根本遵循，旗帜鲜明讲政治。要把学习贯彻党的二十大精神、十一代会精神同学习习近平总书记关于侨务工作、群团工作的重要论述和关于做好新时代党的统一战

线工作的重要思想紧密结合起来，扎实开展学习贯彻习近平新时代中国特色社会主义思想主题教育，更加深刻领悟“两个确立”决定性意义，不断增强“四个意识”、坚定“四个自信”、做到“两个维护”，确保侨联公益工作始终沿着习近平总书记和党中央指引的正确方向前进。

（二）提高站位履职责

侨联公益事业要为侨服务、为大局服务、为侨联事业大局服务。在新的历史背景下，特别是2018年党和国家机构改革后，作为一个具有涉外性的群团，侨联公益事业不能仅停留在慈善方面，侨联公益工作者要不断提高站位，立足百年未有之大变局，从国家大局来谋划工作、找准切入点。今后履职中有三点需要注意：

1. 通过扎实有效工作，着力帮助侨界困难群众解决急难愁盼。为侨服务是我们工作的基本宗旨，归侨侨眷、老侨的服务工作是侨联公益的常规性工作。由于历史原因，还有一些归侨存在生活等各方面困难，特别是老侨，这是常态化的、保基本的工作，一定要做好。各省、市侨联有一些好的做法，如南京市侨联给予独居的、无人照料的400余名老侨经常性关照。把归侨自身有困难的群众工作搞好，我认为这是侨联公益工作应该首先做到的，在此基础上再对社会上其他困难人群进行一些辐射。

2. 胸怀大局，在大局中展现侨的作为和力量。侨联是党创立和领导的群团组织，要站在大局考虑问题。侨联公益工作做一般性的善事重要，围绕国家大局、集中展现侨的作为，更能凸显侨胞的爱国之心。如2008年北京奥运会、2022年北京冬奥会、抗击新冠肺炎疫情等过程中，侨的贡献都有很好的展现。今后如何继续在党和国家的大事以及国家重大发展战略中体现侨的公益事业作为，值得思考。如，今年是“一带一路”倡议提出十周年、改革开放45周年，侨是其中非常重要的力量。改革开放45年来，广泛意义上的侨资公司占60%；海外回归和引进人才中，侨占比95%。可以说，侨是改革开放中非常重要的贡献者。“一带一路”沿线国家侨胞大概是4000万，占海外侨胞总人数约2/3，如何依托侨开展共建，值得深入思考。特别是参与“一带一路”工作的省、市侨联应当重点思考。如何立足下一个十年发展，在“一带一路”的民间外交中有所作为，有很多工作要做。我们可以从基础设施、政策体系向“小而美”、更惠及民生的项目等，在原有基础上多做一些，力度再大一些。如公益中心积极争取资金开展的“光明行”项目，已取得了实实在在的效果；重庆市侨联加强与“一带一路”国家和地区公益慈善组织交流合作，开展了“亲情中华·中医慰侨”项目，等等。此外，对于海外侨胞的青年一代，如何增进他们和祖（籍）国之间的联系，加强培养，特别在“一带一路”共建国家，这是最迫切的一项工作。

3. 加强思想政治引领，把凝聚侨心作为侨联公益工作的落脚点。侨联公益工作不是一般的慈善工作，不是简单地募完款再捐赠出去，核心是要在整个慈善工作过程中体现思想政治引领，把党和政府的关怀、侨胞的爱国爱乡精神贯穿其中，把凝聚侨心作为侨联公益工作的落脚点。侨联公益工作的最终目标是团结凝聚侨胞，在侨界要倡导公益价值，引导公益力量，组织公益活动，服务公益事业。我们有时会把做事本身作为工作目标，这只是基础；要做得更好，就必须再强化其中的思想引领，整个工作要有引导、有内涵，要加强宣传、加强引领，再往前迈一步。如，受助的孩子不仅是能让他们上学，关键是让他们感觉到温暖，感受到社会的关爱，再把爱心传递下去。我们在工作中要不断提高站位，在新的时代背景下更好地凸显侨胞和侨联公益事业的独特作用。

（三）精心组织树品牌

万立骏主席在十一代会工作报告中指出，要“坚持品牌推动”，“抓好‘侨爱心工程’等传统工作品牌，赋予老品牌新的内涵和形式”。侨联公益工作在社会上已有明显成效，但如何提升品牌辨识度、知名度、美誉度和公信力，需要各级侨联共同努力。中国近代以来的慈善事业和侨有密切关系，侨界蕴藏着丰富的慈善资源。刚才纪录片里反映，浙江籍的侨胞捐款200多亿元，福建籍侨胞捐赠270多亿元，这都充分证明侨界是富有爱心力量的。通过我们侨联的渠道能组织起来多少资源，就要看我们各级侨联的工作能力。如何更好地积聚力量来开展工作，大家要着力思考以下几个问题：

1. 精心选题。侨胞普遍富有公益意愿，侨胞的善款也可以通过各种渠道去募捐。侨联是“侨胞之家”，侨联公益工作者要设计好选题，侨胞侨企才愿意捐赠，才能把大家团结凝聚在侨基会这个平台上。要找到社会关注、侨胞乐善、受助人欢迎、地方需要的题目，从中选好切入点。切口选好了，号召力和社会影响力才会强。可以借鉴之前比较成功的一些公共基金项目，如共青团的“希望工程”项目，宣传图上女孩的两只大眼睛撼动了十几亿中国人的内心深处；妇联的“母亲水窖”工程，在西部缺水的地方通过开挖生命之源——水窖来资助母亲，有母亲就有家庭，就会惠及千万人。侨联的公益项目也要精心选好题、选好载体，这样不仅是侨企侨胞，还有社会上其他企业、爱心人士也会愿意加入进来。

2. 在“联”字上下功夫。群团组织最大的优势是“联”字。

（1）加强内联，系统整合，加强协同。首先是上下联动。侨联是一个自上而下的系统，要加强中国侨联和各省市侨联的纵向联动。与很多大型系统比较，我们人数并不多，小系统必须大协同才能出效能。在公益工作中，大家一定要强化内联意识，形成合力。其次，业务板块之间也要联动起来。如公益中心和侨商会要加强联动，作为侨的系统要统筹好侨联的内部资源，团结凝聚好包括侨商在内的资源。

（2）加强外联，多向党和政府相关部门、社会各方面力量积极争取资源，多渠道解决好公益事业的资金来源问题。如泉州市侨联针对困侨问题，争取市财政设立专项，每年拨款几百万元，再加上侨联自己筹措的资金，困侨问题得到很好的解决。开展公益工作一方面是去筹款，另一方面就是如何让现有资金“四两拨千斤”，放大作用，用同样的钱办更多的事。“联”字是侨联工作的内在要求，侨联是一个平台，要聚集各方面的能量，建立一些共赢多赢的机制，吸引各方力量并充分释放出来。

3. 讲好故事、塑造品牌。侨胞对公益事业的贡献很大，但在讲好侨界公益故事、宣传好捐赠人事迹这方面，还应进一步加强。瞄准了项目以后，要善用平台、持续推进，打造成品牌。比如“水立方杯”海外华裔青少年中文歌曲大赛。水立方在2008年奥运时期建成，在全国人民和全世界的知名度很高。但除了我们侨界的人，很多人并不清楚水立方是华侨捐赠建成的。2008年，我国首次举办奥运会，激发了广大海外侨胞的爱国之情，105个国家（地区）的35万侨胞捐资9亿多元人民币建成了水立方。2008年奥运会成功举办后，水立方成为全球华侨华人共襄盛举的一个精神丰碑。对内为凝聚侨心，对外为向社会宣传侨的贡献，我们永久设置了“水立方杯”全球华裔青少年中文歌曲比赛。华裔青少年很多生活在海外，中文并不熟练，自从参加这个比赛，很多孩子开始主动地学习中文和中国文化。几万孩子参加活动，每个孩子背后还有他的家庭和社区。活动从2011年开始已举办了十几年，今年有将近60个赛区，世界各地的华侨华人社团都组织起来，当地的大使，甚至当地的政界要员都来参加，成为一个多元文化参与的盛会。树立好一个品牌，一定要讲好故事，才能够很好地凝聚侨心、汇聚侨力。

侨胞众多是我们国家、民族一个独特的优势。对我们公益事业而言，侨的贡献我们自己知道，更重要的是要让社会知道。各地侨联组织要把故事讲好，不是慈善款简单捐出去了，活动就结束了，要加强宣传、持续不断地宣传，要会讲故事。如，福建籍的侨胞非常注重教育，前后捐款100多亿元、捐建一万多所学校用于当地教育，如何将这些项目打捆打包、讲好故事，需要好好谋划。我们每个单独的慈善活动都是宝贵的“珍珠”，如何把“珍珠”串起来，形成一个以侨为品牌的靓丽“项链”，这需要大家在工作基础上进一步思考和推进。

（四）规范管理保安全

公益工作，特别是基金会的工作，以前出现过重捐轻管的问题。在此需要特别强调，我们侨联募集的善款不是一般意义的善款，我们是党领导的群团组织，一定要突出“信”字。取信于侨，服务于侨，受益于侨，坚守公益性，在工作中要把管理和风险处置放在更重要的位置上。涉侨公益基金的组织和实施过程一定要精心，对于捐赠的物资要闭环管理、增加透明度，对直属基金会的财务要进行监督，要让基金会的法人责任硬起来、负起责任来。这几年个别基金会暴露出了廉政风险，甚至发生了干部职工违法和违纪的问题，这提醒我们，做这项工作要强化法治意识。侨胞身处异国他乡，挣的都是血汗钱，十分不易，我们要让侨胞捐出的每一分钱、奉献的每一份爱心都干干净净送到受益人身上。一定要坚持底线思维，筑牢风险意识，健全制度，实施“管”“办”分离。业务重点环节要有严格的制度控制，要依法依规把好事办好，好事办实。

同志们，侨联的公益事业承载着广大侨胞的满腔热情和美好期待，也承载着党和政府对侨联工作的期望和要求。我们的工作使命光荣，责任重大。希望大家能够珍惜好此次培训机会，潜心学习、认真思考、广泛交流，在思想认识和履职能力上都有新收获、有新提高。让我们在今后的工作中共同团结奋斗，以更好的成绩谱写侨联公益事业新篇章。

最后，预祝本次培训班取得圆满成功！

在 2023 中国侨商联合会会长会上的讲话

（2023 年 10 月 19 日）

程　红

各位会长：

大家下午好。

在十一代会闭幕不久，备受瞩目的“一带一路”高峰论坛召开之际，我们相聚河北秦皇岛，召开中国侨商联合会会长会，共同研究如何做好今后侨商会工作，非常重要、很有意义。

会前，我们选定三个方面的选题供大家集中讨论。今天有二十多位会长现场发言，大家围绕如何“走出去”，怎么“走得好”，作为商会组织怎么开展工作作了经验分享，时间虽紧但会议效果很好。各位的发言站位高、思考深、经验好、建议实，充分体现了各位会长的责任担当，对大家也会有所启发。

近年来，中国侨商联合会认真贯彻落实中国侨联工作部署和要求，坚持为国家大局服务、为会员服务、为侨联事业发展服务，各项工作迈上了新的台阶，值得充分肯定。

总结起来主要有四个方面。

一是服务大局、加强引领，工作取得新成果。侨商会注重思想政治引领，将党和国家对侨胞的关怀及时送到会员中。党的二十大召开以后，万立骏主席专门与部分会长一起学习了党的二十大会议精神。侨商会的发展始终与国家的战略同成长、同发展，近年来围绕高质量共建“一带一路”、京津冀协同发展和粤港澳大湾区建设、长江三角洲区域一体化等组织了一系列的投资、洽谈、考察活动。每年组织 20 多批次团组、会员 1000 多人参加博览会、峰会等活动，除新疆和西藏外，这些活动覆盖了 29 个省区市。通过活动，侨商会员找到了中意的项目进行投资和贸易，同时也促进了地方经济的发展。

二是服务会员、助力发展，打造重要品牌活动。无论是投资对接还是参访活动，既服务了侨商企业，满足侨商在全国布局投资项目的需要，同时也很好地服务了地方经济发展。近年来，中国侨联和所属中国侨商联合会重点打造中国侨商投资大会品牌活动。中国侨商投资大会已在福建、广东成功举办两届，今年将在河南举办。对这些经贸活动的成功举办，地方党委政府给予高度肯定，也受到侨商朋友们的普遍欢迎。

三是奉献社会、奉献爱心，体现侨的独特作用。近年来，中国侨商联合会积极参与社会公益事业，引导侨商会员以实际行动践行社会责任与担当。在冬奥会场馆建设、脱贫攻坚、抗击疫情三件大事中表现突出。7 家会员企业分别捐款 2000 万元用于冬奥会博物馆建设；会员企业为抗击新冠疫情累计捐款捐物 13 亿元人民币，树立了侨界丰碑。

四是加大调研、维护侨益，增强商会凝聚力。近年来，商会加大对侨商会员和侨资企业调研力度，联合权益保障部、地方侨联等积极维护侨商侨企合法权益，着力解决侨资企业投资发展中遇到的困难和问题，不断提升服务经济社会高质量发展、服务侨商侨企事业进步的能力和水平。切实帮助侨资企业协调解决困难和问题，一批会员投资合法权益得到有力维护，商会的凝聚力不断提升。

侨商会工作是中国侨联的一张名片。侨商会去年获得了民政部颁发的“全国优秀社会组织”称号，凝聚着各位会长的辛勤付出，凝聚着秘书处同志的努力拼搏。借此机会，我代表中国侨联和万立骏主席对大家的工作和奉献表示衷心的感谢。

2018 年机构改革以后，中国侨商投资企业协会与中国侨商联合会统一整合，这是深化党和国家机构改革过程中涉侨改革工作的重要任务之一。根据中央涉侨机构改革相关部署，侨商的联系、组织和服务工作均由中国侨联开展。借此机会，我对侨商会工作提三点希望，与大家共勉。

一、坚定信心、创新发展，为高质量发展注入侨的动力

侨商的特点是用全球化的眼光看经济形势，做出正确判断后再决定资本投向。从国际贸易角度看，中国连续六年成为世界第一大货物贸易国，去年进出口贸易额超过 40 万亿元。从投资角度看，我们仍然保持着外商投资流入国全球第二的排名，去年吸引外商投资超过 1.2 万亿元。全球资本都看好中国。面对复杂的国际国内形势和百年未有之大变局，希望大家相信中国、相信自己、相信未来，着眼大局、把握大势，坚定信心、精准发力，更加主动融入和服务构建新发展格局，积极参与中国的改革发展，积极投身于国内的产业变革和技术变革，推动经济实现质的有效提升和量的合理增长，也从中实现自我的更好发展。

二、把握先机、发挥优势，在共建“一带一路”中展现侨的作为

一直以来，广大华侨华人为祖（籍）国的建设发展、对外交往作出了不可磨灭的重要贡献，特别是在高质量共建“一带一路”和高水平对外开放中，侨是不可替代的力量，发挥了独特作用。改革开放以来，我国实际利用外资中，侨资占 60%，特别是首开先河的第一家外资企业就是侨资企业。今年是改革开放 45 周年，又是共建“一带一路”下一个黄金十年开始之际，大家要把握好重大战略机遇，发挥出侨融通内外的独特优势，积极参与到高水平对外开放中。

当前，“一带一路”十年建设正是蓬勃之时。10 年来，共商共建共享的原则已经深入人心，政策沟通、设施联通、贸易畅通、资金融通、民心相通以及新领域合作取得显著进展，已经成为深受欢迎的国际公共产品和合作平台。10 年来，各位会长发挥企业自身优势，积极参与“五通”，作出了不少成绩。比如，正大集团联合中铁建、中信集团推动的泰国“东部经济走廊”项目，印尼金光集团联合苏州工业园区打造的中国—印尼“一带一路”科技产业园，金鹰集团设立 1 亿元人民币的专项基金，培训“一带一路”相关国家的青年才俊，等等。

希望各位会长、会员认真学习习近平主席在第三届“一带一路”高峰论坛上的重要讲话精神，根据形势需要，继续参与新时代“一带一路”建设，促进国家建设和自身事业发展，实现双赢。要从电商、数字贸易、绿色贸易、科技创新还有 1000 个小型民生援助项目等中寻找切入点，做好新商机的挖掘。要依托侨商海外服务网络优势，以敏锐的商业眼光找准切入点，发挥侨的优势，让高质量共建“一带一路”逐步由写意画变成精细的工笔画。

中国侨联现已成为中央推进“一带一路”建设工作领导小组成员单位。在“一带一路”沿线国家，大约分布有 4000 万华侨华人，特别是在东南亚区域，侨商很有实力，参与了一些基础设施的建设、园区的建设和重大产业项目。高质量共建“一带一路”倡议是国家战略，也是侨商的机会。刚刚大家提了很多很好的建议，为今后几年参与共建“一带一路”发挥作用提供了很好的思路。侨商会秘书处要组织会员深入学习习近平主席重要讲话精神，制订工作计划，通过举办各类专题活动，引导会员参与“一带一路”建设，并取得实效。

三、精心谋划、贴心服务，推动自身建设再上新台阶

中国侨联高度重视侨商组织的发展，对侨商会工作寄予厚望。侨商会秘书处要树立大局意识和全局观念，紧紧围绕中心任务开展工作，推动工作高质量发展。要认真贯彻落实各项规章制度，突出规划引领，加强工作研究和谋划，提高自身治理能力，提高工作的整体性和科学化水平，重点从四个方面着力和入手。

一要强引领，塑形象。中国侨联是党创立和领导的群团组织，侨商会是由中国侨联领导和管理的商会组织，侨商会要坚持做好四个引领。一是政治引领。加强思想政治建设，深入学习贯彻习近平新时代中国特色社会主义思想，认真学习习近平总书记关于侨务工作的重要论述，深刻领悟“两个确立”的决定性意义，增强“四个意识”、坚定“四个自信”、做到“两个维护”，引领增强侨商的思想政治认同。二是产业引领。当前，新一轮科技革命和产业变革蓬勃发展，传统产业数字化、智能化升级，新兴产业加快发展。今年12月，中国侨联拟在福建举办第一届中国侨智发展大会，希望能够为侨商资本寻求新的投资方向，寻找合适的科技人才，为资本和技术的对接搭建好平台，满足侨企转型升级的需要。三是行为引领。合规合法，诚信守诺、廉洁的社会形象十分重要，极少数恶性案例对侨资群体都会产生非常不利的影响，侨商会要建立企业廉洁合规评价体系，做好侨资企业的行为引领。四是青年引领。做好侨二代、侨三代的培养引导，本周由中国侨商联合会主办的中国侨联马来西亚杰出华商青年研修班在清华举办，主要针对马来西亚商会推荐杰出的青年工商人士开展培训，对帮助青年人成长很有意义。

二要搭平台，促发展。要充分发挥专委会作用。希望各专委会主任担起责任，不断深化专委会工作，组织同领域侨资企业分享发展经验、投资经验。秘书处会前、会后的工作要更加到位。各省市党委政府都十分重视侨商，侨商会要充分发挥平台作用，组织活动要提前了解侨商的需求，做好有招商意向的省市重点招商领域和侨资企业需求的对接。今年即将举办的中国侨商投资（河南）大会，也请侨商会提前整理好需求和供给。大会前期已经组织了三批实地考察，考察前准备和考察后的跟踪都非常重要，在保证数量的同时，更要注重针对性和实效性。

三要抓维权，保利益。要通过做好维护会员投资合法权益、青年工作委员会工作，不断凝聚侨心，适时成立中国侨商联合会维权工作委员会。要紧紧依靠中国侨联，加强与权益保障部的合作，充分发挥中国侨联法顾委的作用，做好海内海外的权益保护工作。每个国家的法律环境和商业习惯不同，要通过典型案例，把商业习惯、经验教训在会内作辅导报告和经验分享。例如，在泰国投资，可以请泰国律师，结合其切身感受，提前指出矛盾点和陷阱，帮助大家规避风险。

四要做公益，展形象。中国华侨公益基金会在全国公募基金中位于第一方阵。做公益是侨的优良传统，希望侨商会和基金会能够加强合作，在重大活动、大事、急事上展现侨的力量。要加强宣传表彰工作，把侨的公众形象树立起来。

作为党和政府联系广大归侨侨眷和海外侨胞的桥梁和纽带，中国侨联将始终把为侨服务和为国家大局服务作为工作的出发点和落脚点，通过侨商会这个平台，支持大家更好创新发展，做好精准服务、反映诉求心声、营造良好环境，切实解决“急难愁盼”问题。明年侨商会将要开展换届工作，我们会着眼于当前侨商会工作的需要，从新旧结合、产业结构的代表性、国别和区域的结构、国内和国外的比例以及现在的履职情况角度出发，统筹做好侨商会换届工作。希望各位继续共同奋斗，同心同德、扎实工作，开拓进取、锐意创新，努力把侨商组织工作提高到新水平，团结引领侨资企业为中国式现代化、中华民族伟大复兴作出新的更大的贡献！

最后，衷心祝福各位身体健康，事业发达。

谢谢。

在第三届世界华侨华人工商大会“新格局　新理念　新贡献”侨商论坛上的讲话

（2023年10月31日）

程　红

尊敬的谢国民先生，

各位侨商、企业家朋友：

大家上午好！

很高兴在金秋季节出席“第三届世界华侨华人工商大会侨商论坛”，我代表中国侨联和万立骏主席对活动的举办表示热烈的祝贺，对各位嘉宾的莅临表示热烈的欢迎！

两个月前，第十一次全国归侨侨眷代表大会在北京胜利召开。习近平主席等党和国家领导人出席开幕会，体现了党中央对侨胞的亲切关怀和殷切期望。大会期间，蔡奇同志专门到会看望中国侨联海外委员，李希同志代表中央致词，在充分肯定广大侨胞贡献的同时提出四点希望，特别提到希望广大侨胞发挥独特优势、紧跟时代步伐，在助力构建新发展格局、推动高质量发展中展现更大作为。

两周前，第三届“一带一路”国际合作高峰论坛在北京召开，20多位国家元首和150多个国家代表共商“一带一路”发展大计，描绘了共建“一带一路”的美好前景。

第三届世界华侨华人工商大会由国务院侨办、中国侨联、全国工商联三家共办，邀请400多名来自全球各地的华人华商朋友参加。今天侨商论坛主题是“新格局　新理念　新贡献”，旨在让广大侨商朋友在当前机遇与风险挑战并存的环境下坚定信心，分享经验，积极探讨融入新发展格局的新途径和新渠道，为助力国内国际双循环、构建新发展格局和实现高质量发展作出新的侨界贡献。

借此机会，我同大家交流三点意见。

一、坚定信心，积极参与，为助力构建新发展格局和高质量发展注入侨的动力

当前，全球化进程遇到逆流。疫情、战争等给全球经济发展环境带来许多不确定性，部分国家的高通胀、高债务等为全球经济复苏带来新挑战。面对复杂的外部环境，中国出台了一系列稳增长措施，推动国民经济持续恢复向好。一个国家的经济形势、经济前景可以用两个核心指标来判断，一是从国际贸易情况看竞争力，二是从外商投资情况看吸引力。从国际贸易角度来看，中国连续六年是世界第一大货物贸易国，去年进出口贸易额超过40万亿元。从投资来看，中国是全球第二大外商投资流入国，去年吸引外商投资超过1.2万亿元。全球跨国公司等国际资本都看重中国市场，有几个方面原因，一是安全稳定的社会环境，二是高效畅通的基础设施和物流体系，三是完整的产业链和配套产业，四是性价比合理的要素供给，五是广阔的市场空间，特别是中国拥有14亿人口大市场和4亿中等收入人群。改革开放四十多年来，中国经济保持年均9%以上的增长。过去十年面对各种波澜和挑战，中国经济仍然保持5.3%的增长速度，这是对看重中国市场的全球投资者最好的回报。尽管目前面临各种不确定性和挑战，我们还是坚信经济全球化

势不可当，中国经济发展势不可当。

希望广大侨商朋友坚定信心，相信自己，相信中国，相信未来，积极参与中国的改革发展，积极投身国内的产业变革和技术变革，分享祖（籍）国发展机遇，促进构建新发展格局和高质量发展，同时实现自身事业更好发展。

二、把握先机，发挥优势，在共建“一带一路”中展现更多侨的作为

今年是习近平主席提出“一带一路”倡议十周年。十年间，共建“一带一路”成果丰硕，政策沟通、设施联通、贸易联通、资金融通和民心相通方面都有长足的进步。政策沟通、设施联通为更好实现贸易畅通和产业衔接奠定了坚实基础。在第三届“一带一路”国际合作高峰论坛上，习近平主席宣布了中国支持高质量共建“一带一路”八项行动，为第二个黄金十年拉开序幕。中国侨联正式成为推进“一带一路”建设领导小组成员单位。本次工商大会期间，我们专门安排国家权威部门介绍“一带一路”建设成就和未来发展方向，旨在助力侨商朋友寻找新的商机。侨商朋友有着强烈的爱国心和敏锐的商业眼光，更有敢为人先的特点，在改革开放等重大历史机遇中坚定不移地投资中国，发挥了不可替代的重要作用。正大集团就是中国改革开放后第一家在华投资的外资企业，对全球资本起到很好的引领作用。

希望广大侨商朋友发挥融通内外的优势，在电商合作、绿色发展、数字贸易、科技创新、小而美的民心相通项目中找到契合点，为高质量共建“一带一路”贡献侨的力量。

三、持续创新，不断变革，在产业升级中实现更好的自我发展

近年来，国内产业不断迈向绿色化、数字化、智能化，新材料、新技术日新月异。很多传统产业在绿色化和低碳化改造中展现了崭新的面貌。企业家有着创新的基因和本能，创新是企业永恒的主题，也是企业家的使命。今天的论坛专门安排了7位企业家作分享，他们通过升级改造、技术创新紧跟时代步伐，实现了更好的发展，希望大家能够从中得到启发和受益。

希望大家在交流中共同提高，紧紧围绕经济提质增效的核心关键，社会发展的紧迫需求，主动融入全球创新网络，努力塑造核心竞争力，共同参与培育新技术、新产业、新业态，为助力中国式现代化建设作出更大贡献。

嘉宾们，朋友们：

中国侨联是党和政府联系广大归侨侨眷和海外侨胞的桥梁和纽带，中国侨商联合会是目前国内联系面最广、实力最强、影响最大的侨商组织。我们将共同努力，以更加务实的举措为广大侨商朋友投资兴业、创新发展做好服务，提供更好的机会和平台。

最后，预祝本次论坛圆满成功！祝各位身体健康、事业发达！

谢谢！

在中国侨联推进“一带一路”建设工作联席会议上的讲话

（2023年11月17日）

程 红

同志们：

今年是共建“一带一路”倡议提出十周年，共建“一带一路”是中国改革开放后第一个全球性、大规模、全方位国际经济合作倡议，是中国新时期扩大对外开放的重大战略举措和经济外交的顶层设计，十年来共建“一带一路”坚持共商共建共享原则，取得“实打实、沉甸甸”的成果。10月17日至18日，第三届“一带一路”国际合作高峰论坛在北京成功举办，习近平总书记在开幕式上发表主旨演讲，宣布了中国支持高质量共建“一带一路”的八项行动。今天召开这个会议很有意义。刚才，我们一起学习了习近平总书记在第三届“一带一路”国际合作高峰论坛开幕式上的主旨演讲精神，联谊联络部等5个部门和单位进行了工作交流，达到了提高认识、沟通信息、相互促进的目的。

中国侨联推进“一带一路”建设工作联席会议机制自2019年3月成立以来，已召开6次会议，对于加强侨联“一带一路”工作统筹协调发挥了重要作用。特别是今年经过积极申请，中国侨联成为推进“一带一路”建设工作领导小组成员单位，为今后侨联组织开展“一带一路”工作提供了更高更广的平台。中国侨联将认真贯彻落实习近平总书记关于共建“一带一路”的重要讲话精神，发挥自身优势，主动担当作为，团结引领广大海外侨胞积极参与“一带一路”建设。

一、今年以来各部门开展“一带一路”工作情况

今年以来，在会党组的正确领导下，机关各部门立足实际、积极开拓，围绕“一带一路”建设做了大量工作，成效显著。比如，**信息传播部**在十一代会期间通过采访侨界杰出人物参与共建“一带一路”事迹，积极宣介“一带一路”建设中的侨界贡献，为“一带一路”建设营造良好氛围。**联谊联络部**持续深耕“侨连五洲”品牌，并组派团组出访共建“一带一路”国家，动员广大侨胞和侨界青年在参与共建“一带一路”中展现侨的作为和力量。**经济科技部、侨商会**联合主办“中国侨联‘一带一路’华商研修班”，参与陕西、广西、四川、重庆、安徽等地“一带一路”主题经贸活动和人才引进工作，积极拓展与“一带一路”重点华商组织联系。**文化交流部**以“亲情中华”品牌为抓手，通过举办“中国寻根之旅”夏令营、海外中医文化交流和义诊等活动，积极传播中华优秀文化。**权益保障部**团结凝聚海外华侨华人律师力量，充分发挥法顾委海外委员作用，引导海外委员参与“一带一路”法律和商事相关论坛，围绕“一带一路”开展法律领域国际合作，维护共建“一带一路”成果。**基层建设部**依托“地方侨联＋高校侨联＋校友会”工作机制，发挥高校侨联资源优势，加强与共建国家友好交流，增进民心相通贡献力量。**华侨公益基金会**稳步实施“小而美”民生项目，加强引导涉侨公益慈善组织助力“一带一路”建设。可以说，今年以来，各部门在开展“一带一路”工作中，重点突出，富有成效。

二、提高站位，扎实推进共建“一带一路”高质量发展

在第十一次全国归侨侨眷代表大会上，李希

同志代表党中央所作的致词中，明确提出希望海外侨胞在推进更高水平对外开放、畅通国内国际双循环、共建“一带一路”中发挥更大作用。这些都为侨联组织开展“一带一路”工作指明了方向。下面，我讲三点意见：

一要坚持服务大局，进一步增强做好共建“一带一路”工作的责任感和使命感。共建“一带一路”是以习近平同志为核心的党中央统揽政治、外交、经济社会发展全局作出的重大战略决策，是我国扩大对外开放的重大战略举措和经济外交的顶层设计，是我国今后相当长时期对外开放和对外合作的管总规划。侨联工作具有天然的涉外性，海外侨胞有约三分之二分布在共建“一带一路”国家和地区，侨务工作在对外开放中发挥着不可替代的独特作用。我们要围绕服务国家重大战略，加强主动谋划，依托工作品牌，统筹资源，进一步聚焦共建“一带一路”主线。在加强各项工作围绕主线倾斜的同时，要发挥好桥梁和纽带作用，凝聚共识，凸显侨联组织在推进更高水平对外开放、畅通国内国际双循环、共建“一带一路”中的重要位置，展现侨在国家重大战略中的重要作用。

二要聚焦“八项行动”，找准侨联工作的着力点和切入点，串珠成链，形成项目，扎实推进。一是促进经贸联通，在侨商投资大会和侨智发展大会品牌活动中，开展“一带一路”主题论坛，促进数字贸易、医疗健康、绿色低碳、科技创新等领域的经贸合作，大力发展电子商务、电动汽车等我国优势产业，充分利用我国成熟的商业模式，推动产业“走出去”。**二是**推进“小而美”民生项目建设，继续开展“‘一带一路’·光明行”等公益活动，推广中医培训、扩大义诊区域，促进民心相通。**三是**弘扬中华文化，依托“侨连五洲”“亲情中华”“追梦中华”等品牌活动，聚焦联谊联络、文化交流、海外媒体报道等活动，同时开设“一带一路”专题培训班、主题论坛等，扩大理念沟通和文化交流，传承文化优势。**四是**参与海外利益保护，加强海外风险防控，建强法顾委队伍，团结凝聚海外律师，发挥他们了解掌握多国语言、商业习惯和法律环境的优势，提供资讯辅导，维护海外利益。

三要建立协调机制，加大合力，形成侨联参与共建“一带一路”的生动局面。一是发挥好作为推进“一带一路”建设工作领导小组成员单位的平台优势和作用，与发改委、商务部、外交部等保持常态化联系，加强信息沟通交流，主动对接国家“一带一路”建设工作。**二是**发挥好中国侨联“一带一路”联席会议机制作用，加强统筹协调，整合全会资源，梳理各部门开展共建“一带一路”工作，形成专题简报，进行相互交流和借鉴。**三是**加强与重点省区市侨联共建“一带一路”工作的上下联动机制，尤其是基础比较好的省市，加大对地方侨联“一带一路”工作的指导和支持，适时召开“一带一路”相关省市侨联工作座谈会，支持、鼓励地方侨联加入所在省市“一带一路”建设工作领导小组。**四是**要加强对侨情的调查分析，以报告形式进行发布，提升侨联干部服务“一带一路”的能力水平。

三、下阶段开展共建“一带一路”工作打算

2024 年是共建“一带一路”从蓬勃十年进入到金色十年的开局之年，在具体工作中要坚持项目化推进，结合各部门明年重点工作项目，形成“一带一路”项目品牌，实施中国侨联推进“一带一路”建设工作的“**4520**”**行动**，即 4 个“5”和 2 个“10”。

4 个“5”：一是举办 5 场“一带一路”主题经贸活动，在中国侨商投资大会、中国侨智发展大会活动中，设立“一带一路”专场，继续与四川、重庆、陕西、广西等合作举办“一带一路”侨商侨领论坛，全年举办 5 场活动，聚焦跨境电商、数字贸易、绿色低碳、科技创新等领域的交流合作。**二是组派 5 个团组出访“一带一路”国家，**结合中国侨联 2024 年出访计划，通过中国侨联组团或中国侨商会、经科部等独立组团方式，组派 5 个团组出访“一带一路”国家，协调支持并深入了解侨企参与“一带一路”建设情况。**三是举办 5 个“一带一路”专题培训班，**与清华大学、北京大学等合作，以侨商、海外华裔新生代、海外侨领、侨联干部等为对象，举办 5 个专题培训班，增强对“一带一路”政策了解，提升工作能力。**四是落实 5 个“一带一路”项目。**

2个“10”即：**一是推出侨界参与“一带一路”十佳优秀案例，即共建“一带一路”侨力量十佳案例；二是推出10个共建国家“说环境话安全”法律辅导报告。**

为实施好中国侨联推进“一带一路”建设工作的“4520”行动，更好地加强统筹、健全机制，我们计划实施3个“1”：一是开好一个座谈会，适时召开“一带一路”相关省市侨联工作座谈会，上下联动，推进工作落地落实；二是发布一个报告，开展侨商企业参与“一带一路”建设调研，形成侨商“一带一路”建设报告；三是成立一个华商协作网络，汇总“一带一路”华商网络资源，适时成立“一带一路”华商协作网，加强华商企业间以及华商企业与国内企业间合作。

各部门要按照各自工作职责，结合这次会议精神，找准工作定位，加强工作谋划，以扎实有效的工作推动共建“一带一路”高质量发展。经济科技部作为联席会议牵头部门，要继续加强“一带一路”工作研究，加强工作沟通联系，更好发挥联席会议机制作用。

谢谢大家！

在中国侨联法顾委 2023 年年会暨专业委员会会议上的讲话

（2023 年 12 月 28 日）

程 红

尊敬的张耕主任，各位副主任、各位委员，同志们：

大家上午好！

2023 年，中国侨联法顾委在张耕主任的带领下，各位委员积极履职，结合世情国情侨情新变化、侨胞新期盼，积极服务大局，认真履职尽责，在深化法律服务、依法维护侨益，加强侨益保护研究、开展专项调研、推进涉侨纠纷多元化解、拓展海外维权等方面做了大量工作，各项工作取得了显著成果。在此，受万立骏主席委托，我谨代表中国侨联，向张耕主任和各位委员表示衷心感谢和诚挚敬意！

2023 年是我国发展历程中极不平凡的一年，对于海内外侨界来说更是盛会之年。第十一次全国归侨侨眷代表大会于 8 月 31 日至 9 月 3 日在北京胜利召开，来自全国各地的近 1200 名归侨侨眷代表和来自 100 多个国家的近 600 名海外侨胞特邀嘉宾参加。这次大会是在全党全国各族人民迈上全面建设社会主义现代化国家新征程、向第二个百年奋斗目标进军的关键时刻召开的一次十分重要的大会，是广大归侨侨眷和海外侨胞政治生活中的一件大事。8 月 31 日，习近平总书记和中央政治局全体常委同志以及有关党和国家领导同志到会祝贺，充分体现了习近平总书记对于侨胞的深情厚谊，对侨联工作的高度重视。会上，李希同志代表党中央作了题为《为强国建设民族复兴凝聚起侨界团结奋斗的磅礴力量》的致词。9 月 3 日，蔡奇同志等中央领导出席大会闭幕会，会见了出席大会的海外嘉宾、港澳代表和中国侨联新老班子成员并合影。

大会完成了各项既定议程，选举产生了新一届中国侨联常务委员会和主席、副主席、秘书长，等等。党中央致词对广大归侨侨眷和海外侨胞发挥作用提出了四点殷切希望，对侨联工作提出了七方面要求。同时，党中央首次指出“侨联干部是党的侨务工作的主要力量”，并强调“各级党委和政府要认真落实党的侨务政策，依法维护归侨侨眷合法权益和海外侨胞正当权益，更加重视发挥侨力侨智作用”。党中央指示精神不仅对包括法顾委全体委员在内的侨联专兼职干部提出了殷切期望，更为我们做好未来维护侨益工作指明了前进方向。

随着十一代会的胜利闭幕，中国侨联工作开启了新的篇章，法顾委工作也进入了新阶段。下面，我就如何贯彻落实党的二十大精神、十一代会精神，研究推进明年法顾委工作，谈三点意见，与大家交流。

一、强化政治引领，以习近平新时代中国特色社会主义思想统领侨益保护工作

党的领导是中国特色社会主义法治的根本保证，要把思想政治引领放到更加突出的位置。要坚持以习近平新时代中国特色社会主义思想为指导，用习近平总书记关于侨务工作、群团工作重要论述武装头脑、指导实践、推动工作。法顾委作为侨联组织的法律咨询顾问机构，各位委员要学思践悟笃行习近平新时代中国特色社会主义思想，不断提高政治判断力、政治领悟力、政治执行力，坚定不移在思想上政治上行动上

同以习近平同志为核心的党中央保持高度一致。**要**旗帜鲜明讲政治，不断增强“四个意识”、坚定“四个自信”、做到“两个维护”，全面把握习近平新时代中国特色社会主义思想的世界观、方法论和贯穿其中的立场观点方法，并落实运用到服务大局、服务侨胞、参与社会治理的实践中去。

二、提高政治站位，在大局中思考和谋划侨益保护工作

中国侨联是中国共产党创立和领导的群团组织，具有鲜明的政治性特点。与其他群团组织相比，侨联又具有涉外性特点。法顾委作为侨联侨益保护工作的智囊团，面对百年未有之大变局，要按照党中央对侨联工作的新要求，立足新时代，在大局之下更好地发挥作用。**一要**紧紧围绕党和国家中心工作。今年是改革开放 45 周年。我国不仅引进外资很多，对外直接投资累计净额连续六年排名世界第三，需要保护的海外利益也越来越多。党中央对涉外法治高度重视，在一个月前中共中央政治局第十次集体学习中，就加强涉外法治建设提出要求。侨益保护工作与涉外法治建设密切相关。要按照中央关于涉外法治建设要求，找到法顾委工作服务大局的结合点和切入点，在维护我国海外利益、服务高质量共建“一带一路”、推动中外法治文化交流互鉴、推动构建人类命运共同体等方面作出应有贡献。**二要**切实维护侨胞侨企合法权益。维护侨益不仅是具体工作，也是影响大局的工作。中国侨联的宗旨是“以人为本、为侨服务”，基本工作主线是凝聚侨心、汇聚侨智、发挥侨力、维护侨益。其中，维护侨益是根本。只有通过维护侨益，才能更好地把侨心侨智侨力凝聚起来。要把维护侨益工作做实做好。此外，改革开放 45 年来，来华投资的外企中 70% 是侨企。要通过不断改善营商环境保护好侨企的合法权益，这是非常现实也是非常重要的工作。**三要**积极参与社会治理。参与社会建设是党中央赋予侨联组织的重要职责。近年来，在法顾委的大力支持下，中国侨联与最高法、最高检等相关司法部门建立了良好的合作机制，多元化解涉侨纠纷取得显著成效。今年是毛泽东同志批示学习推广“枫桥经验”60 周年，是习近平总书记指示坚持和发展“枫桥经验”20 周年。党中央及中央政法委对进一步弘扬“枫桥经验”、就地化解矛盾提出了具体要求。侨联是做群众工作的，在参与社会建设过程中更应坚持和发展新时代“枫桥经验”。法顾委是侨联推进法治社会建设的重要力量，要重视发挥法顾委在联系服务侨胞、发挥民间力量参与多元解纷、推进多层次多领域依法治理等方面的独特优势，在国家治理体系和治理能力现代化总体格局中发挥重要作用，为和谐社会建设贡献侨的力量。

三、加强自身建设，不断提高法顾委影响力

法顾委是中国侨联非常倚重的专业化法律力量，中国侨联对法顾委工作充满期待。**一要**增合力、促协同。牢固树立“大侨务”工作理念，强化涉侨工作联动，继续协助侨联加强同公、检、法、司等部门合作，推进涉侨纠纷多元化解、“总对总”在线诉调对接等合作机制建设，进一步加强片区协作、东西部协作、海内外协作，形成维护侨益工作“一盘棋”。法顾委委员也要多帮侨联加强工作指导和宣传。**二要**做好研究和调查。以问题为导向，加强涉侨重大案件研讨，针对苗头性、群体性问题及早专项研究，提高法律服务的针对性、实效性。借助国内委员和海外委员的专业力量，关注侨情变化，深入调查研究，反映侨界呼声，知情聚力，为侨联发展积极建言资政、出谋划策，为国家法律和政策制定提供参考依据，完成暖侨稳侨重任。**三要**强化专委会作用。法顾委现有民事经济、刑事、知识产权、国际贸易与仲裁、行政劳动共五个专业委员会。专委会的工作水平、工作状况直接关系到法顾委履行职能的实效。要进一步强化专委会作用，让委员中的“专家、大家、名家”在法顾委这个平台上“当主角”“唱好戏”，为侨胞提供更为精准专业的法律咨询和服务，以高质量履职助推高质量发展。**四要**增强海外工作力量。侨联工作方针之一是“两个并重”，即“坚持国内海外工作并重”。法顾委工作也要坚持“两个并重”。法顾委海外华侨华人律师团具有融通中外的优势，是侨联做好海外工作的一支有生力量，也是推进涉外法治建设的一支重要力量。要继续壮大在共建“一带一路”国家、上合组织国家的海外委员

队伍，不辜负党中央的殷切期望，增强服务意识、发挥专业所长、认真履职尽责，用法治方式更好地维护海外中国公民和中资企业权益，护航中资企业更好平稳“出海”，在推动共建“一带一路”高质量发展、维护我国海外利益等方面发挥不可替代的作用，在大有可为中大有作为。

风好正是扬帆时，扬鞭策马自奋蹄。各位委员，明年是新中国成立75周年，也是实施“十四五”规划的关键一年。站在新的起点上，让我们更加紧密地团结在以习近平同志为核心的党中央周围，以习近平新时代中国特色社会主义思想为指导，全面贯彻党的二十大精神，守正创新、开拓进取，不断提高维护侨益工作水平，团结凝聚起海内外中华儿女的磅礴力量，共同为推动中国式现代化建设作出积极贡献！

最后，在2024年元旦来临之际，祝大家新年愉快、身体健康、事业进步、阖家幸福！谢谢。

在全国侨联基层组织建设工作交流活动上的讲话

（2023年4月21日）

程学源

同志们：

大家上午好！

在这个“春暖花开、芳华漫城”的时节，我们相聚在美丽的蓉城，举办全国侨联基层组织建设工作交流活动。首先，我代表中国侨联和万立骏主席，对这次交流活动的成功举办表示热烈的祝贺！向长期以来关心支持侨务工作和侨联事业的四川省委、省政府表示衷心的感谢！向广大基层侨联工作者致以亲切的问候！

当前，中国侨联正在深入贯彻落实党的二十大精神，认真开展学习贯彻习近平新时代中国特色社会主义思想主题教育，积极筹备第十一次全国归侨侨眷代表大会，举办这次交流活动，对于落实好党中央关于大兴调查研究的部署，谋划新时代新征程上的基层侨联组织建设，具有十分重要的意义。

刚才，省人大祝春秀副主任发表了热情洋溢的致辞，来自河北、江苏、浙江、福建、中央国家机关等侨联的10位同志分别作了交流发言，介绍了在强化基层组织建设、发挥职能优势等方面所做的工作，大家讲得很好，很有代表性，让人很受启发。希望大家通过这次活动，广泛交流分享基层组织建设的经验做法，共同为推动基层组织建设献计出力。

下面，我就五年来基层组织建设取得的成就以及对今后工作的思考这两个方面谈些看法。

过去五年极不寻常、极不平凡。在以习近平同志为核心的党中央坚强领导下，我们经受了世界变局加快演变、新冠疫情冲击、国内经济下行等多重考验，如期打赢脱贫攻坚战，如期全面建成小康社会，实现第一个百年奋斗目标，开启向第二个百年奋斗目标进军新征程。党的二十大胜利召开，擘画了以中国式现代化推动中华民族伟大复兴的宏伟蓝图。十代会以来，各级侨联组织以习近平新时代中国特色社会主义思想为指导，推动为侨服务与为大局服务有机融合，发挥侨务资源独特优势助力创新发展，积极开展纾侨困、解侨忧、稳侨心、惠侨益工作。疫情防控期间，搭建起了一座座海内外侨胞守望相助的“连心桥”，涌现出不少“疫”路同行、侨见担当的感人事迹，基层组织建设成效显著。

五年来，全国基层侨联组织建设坚持守正创新，开启了工作新篇章。十代会修改的中国侨联章程增加了“基层组织”一章，明确基层侨联组织的地位、作用和任务。在细化《基层侨联组织工作条例（试行）》的基础上，我们出台《关于新时代加强基层侨联建设的指导意见》，提出基层侨联建设的指导思想和目标任务，围绕组织建设、平台建设、功能建设、激励机制建设、保障体系建设进行系统规划；加强统筹推进和分类指导，分别从内陆、大中城市和高校等不同角度，对加强基层基础建设和深化“两项机制”建设作出部署。中国侨联会领导带头落实基层联系点制度，深入基层、下沉一线，研究问题、谋划思路。全国侨联系统重视基层、支持基层、服务基层的氛围愈发浓厚。各地侨联按照党中央关于群团改革、侨联改革有关要求，把加强基层组织建设列入重要工作日程，通过印发专门文件，召开推进会议等多种方式，聚焦基层、基础薄弱环节，创新组织设置、充实工作力量。有的侨联充分发挥“1+N”桥梁纽带作用，开门办侨、拓展外延；有的广泛参与乡村振兴、共同富裕、人才强国等战略，激发动能、彰显作为；有的借助统一社会信用代码赋码制度为组织赋能，延伸工作手臂，拓展服务领域。基层侨联组织的凝聚力、战斗力不断增强，“侨胞之家”等活动阵地蓬勃发展，侨界社团更加活跃。

五年来，全国基层侨联组织坚持用好“党建带侨建”工作法宝，有形覆盖和有效覆盖同步提升。各地侨联积极将侨建纳入党建总体部署。紧密依托党组织的政治优势、组织优势和基础优势，党建侨建同向发力、同步发展。截至2021年底，全国各级侨联组织近2.7万个，较2017年增幅达28.7%；“侨胞之家”近万个，与2017年相比，增长近80%。高校侨联超过600个，20年间增长近80%。全国地市级侨联覆盖率达到93.6%。继广东、福建、浙江等侨务大省外，四川、重庆、山西、辽宁、江苏、江西、河南、湖北、湖南等非传统侨乡省份也基本实现了县级侨联组织的全覆盖，一个以各级行政区划侨联为主干，多维度、立体化的组织网络已基本建立。一大批侨联分会、小组、工作站及侨家小院、新侨驿站、侨星苑等活动阵地相继涌现，把侨建嵌入基层治理效能提升，实现共联共建共享。有的侨联通过深耕基层，打造看得见、听得到、走得进的侨联组织；有的借助网络云端建群扩网、联侨聚侨，朋友圈越来越大；有的把侨乡历史遗存、华侨故居保护与“侨胞之家”建设紧密结合，传递乡情、留住乡愁；有的则深入挖掘侨乡文化资源底蕴，开展“侨”味浓郁的活动，助力地方发展文旅特色经济。各地基层侨联组织从大局出发、向实处入手，“有形覆盖”与“有效覆盖”一体两翼，同频共振、协同发展。

五年来，全国基层侨联组织坚持问题导向，规范化制度化显著增强。侨联的优势在基层，活力在基层，生命力在基层，但矛盾焦点、堵点痛点也在基层。十代会以来，我们坚持问题导向，推动解决困扰基层侨联组织建设发展难题，建立基层侨联组织统一社会信用代码赋码制度，制定关于华侨事务预算专项经费、国内侨务工作经费使用管理、非公募涉侨基金会管理办法，印发《基层侨联组织建设工作指导》，5年来编发《基层侨联建设》简讯120多期，推动互学互鉴。初步搭建起了以条例、意见和制度为主体的新时代基层侨联组织建设创新发展的“四梁八柱”。各地侨联也立足自身实际，把健全和完善制度，作为夯实基础、促进提升、推动改革落地见效的有力抓手，出台了一系列的规章办法，为基层侨联组织加强指导、创新实践、规范运行提供制度保障，走出了一条有章可循、有规可依、科学发展的道路。

五年来，全国基层侨联组织坚持深化“两项机制”建设，桥梁纽带作用不断彰显。构建“两项机制”是侨联以侨为桥、以内联外、内外联动的重要途径，也是助力基层侨联组织围绕中心、服务大局的重要平台。各地基层侨联组织紧扣机制建设，八仙过海、各显神通，开创出一系列品牌化、项目化活动。有的以建家交友为基础，搭建家乡与海外侨胞交流合作的常态化平台；有的立足“基础在国内、优势在海外”特点，引资引智，服务地方经济社会发展；有的依托海外侨团打造服务站点，为国家司法改革、社会治理体系和治理能力现代化积极探索；有的以志愿服务为抓手，寻找共性、激发共鸣，推动中外文明交流互鉴。各基层侨联组织积极打通侨联与政府、侨胞、社会各个环节，促进网络、信息、人才、资金等要素跨界流动，着力将侨的资源融入国家和地方构建新发展格局、推动高质量发展的宏观战略中。基层侨联组织在工作领域及活动范畴的拓宽中，不断丰富着为侨服务的内容和形式，在为侨服务与为大局服务的有机结合里，逐步实现了“有为”和“有位”的良性互动，活力不断迸发，效能不断提升。

五年来，全国基层侨联组织坚持多措并举，工作力量日益增强。侨联是党和政府联系广大归侨侨眷和海外侨胞的桥梁纽带，基层侨联干部是直接团结和服务侨界群众的根本力量。各地侨联通过积极打造专兼挂相结合的干部队伍，涵养“知侨、懂侨、爱侨”工作力量，不断优化干部结构，充实骨干力量，为基层组织建设发展注入源头活水。从中央到地方，广泛开展侨联系统专

（兼）职基层干部大培训活动，以学习促发展，以培训助提升，不断提高知识化、专业化水平和工作创新能力，自2018年以来，已有超万人次的基层骨干参加了相关的学习培训。全国侨联系统自上而下，贯彻落实十代会提出的“大学习、大讨论、大调研、作出大贡献”工作要求，建立侨联干部常态化下基层制度，推动党员干部在服务侨界群众的实践中淬炼能力，在深入侨界群众的过程里转变作风，在增进同侨界群众感情时厚植情怀，努力做好侨界群众的贴心人、侨务工作的实干家。

五年的辛勤耕耘，五年的砥砺奋进，这是基层侨联组织建设经历大调整、大推进的五年，也是实现大发展、大跨越的五年。这些成绩的取得，离不开各级党委政府的关心重视，离不开包括在座各位，所有侨联工作者的辛勤努力和无私奉献。在此，我谨代表中国侨联，向大家致以崇高敬意和衷心感谢！

同志们，今年是全面贯彻落实党的二十大精神的开局之年，是在全党深入开展学习贯彻习近平新时代中国特色社会主义思想主题教育的重要一年，也是侨联满怀信心奋进新征程、继往开来谱写新篇章的一年，我们将迎来第十一次全国归侨侨眷代表大会。在这个重要的时间节点上，对于做好新时代新征程的基层侨联组织建设工作，我再讲几点思考。

一要正确把握“时”与“势”的关系，持续推动工作实现更大发展。党的二十大报告指出，要加强和改进侨务工作，形成共同致力民族复兴的强大力量；深化群团组织改革和建设，有效发挥桥梁纽带作用。基层组织是我们联系服务侨界群众的终端末梢，是侨联宣传党的方针政策、落实党的决策部署的“最后一公里”，不能出现“断头路”，更不应存在漏点盲区。面对新时代侨联工作新形势、侨情发展新特点、侨胞诉求新变化带来的机遇挑战，各级侨联组织要坚持以习近平新时代中国特色社会主义思想为指导，切实提高政治站位，牢固树立大抓基层的鲜明导向，努力补齐基层组织建设方面的短板弱项，自觉地把基层组织建设工作放到党和国家工作大局中去谋划和布局，做到“哪里有群众，哪里就要有自己的组织；怎么有利于做好工作，就怎么建组织”。要因时而变，随事而制，探索以多种方式构建纵横交织的网络化组织体系。以更大力度、更实举措，努力实现基层侨联组织应建尽建、应覆盖尽覆盖的目标任务，为党和国家事业发展汇聚起海内外中华儿女的磅礴力量。

二要正确把握“知”与“行”的关系，持续推动工作走深走实。当前，全党正在深入开展学习贯彻习近平新时代中国特色社会主义思想主题教育。在全党大兴调查研究，是本次主题教育的重要内容。全国各级侨联要把推进基层侨联组织建设纳入实施主题教育的工作方案。坚持学思想、强党性、重实践、建新功，学思用贯通、知信行统一，切实把习近平新时代中国特色社会主义思想转化为坚定理想、锤炼党性和指导实践、推动工作的强大力量。要认真学习宣传贯彻习近平总书记关于群团工作、侨务工作的重要论述，研究新情况、解决新问题。要组织广大党员干部扑下身子、沉到一线，问需于基层，问计于侨界群众，认真梳理、细致摸排当前基层侨联组织建设面对的困难挑战。要继续用好“党建带侨建”工作法宝，积极争取党委政府支持，为基层侨联组织建设发展提供有力保障。要进一步强化系统推进思维，着力构建齐抓共管、左右协调的“大侨务”工作格局，拧成一股绳、下好一盘棋。进一步重心下移、资源下沉，找准为侨服务和为大局服务的切入点、着力点和落脚点，激发基层侨联组织生机活力，打造基层坚强的战斗堡垒。

三要正确把握“质”与“量”的关系，持续推动工作提质增效。基层侨联组织身处侨联工作的最前沿，是与侨界群众面对面、零距离，直接打交道、开展服务的窗口平台，是侨联组织贯彻落实中央决策部署的最后一棒和关键一环。当前基层侨联组织的数量虽然有了较大幅度增长，但我们不能仅仅满足于把组织“建起来”、牌子“立起来”，更重要的是要让他们“活起来、强起来”，发挥作用，展现作为。要以刀刃向内的决心、勇于自我革命的精神，下大力气去解决发展不均衡、活力不充分、执行不到位、组织空转、人员虚浮等问题。通过建好建强基层组织，更有力地把侨界群众“组织起来、活跃起来、行动起来、贡献起来”，实现党有号召、侨有行动，国有所需、侨有所为。

四要正确把握“稳”与“进”的关系，构建组织建设新发展格局。当前的基层侨联组织建设已初见成效，今后一个时期将进入稳步发展、提质增效的新阶段。越是这样的时刻，我们越是要坚持稳中求进的工作总基调。扭住“稳”的关键点，夯基筑本、凝心聚力；找准“进”的切入口，解放思想、创新举措。以稳促进，以进固稳，切实将党中央对侨联工作的重视关心转化为立足新起点、开创新局面的实际行动。落实好《中国侨联事业发展规划（2021—2025年）》各项目标任务，形成完备工作链条，作出周密制度安排，持续推动基层侨联组织建设向更广层面和纵深领域拓展。以构建好“联系广泛，服务侨界群众”的工作体系为目标，下好先手棋、打好主动仗，织牢织密横向到边、纵向到底、上下联动、内外互动的组织体系，实现有效覆盖，推动基层侨联组织建设由高速增长向高质量发展转变。

同志们，让我们更加紧密地团结在以习近平同志为核心的党中央周围，深刻领悟“两个确立”的决定性意义，增强“四个意识”，坚定“四个自信”，做到“两个维护”，不断深化侨联改革，夯实侨联基层基础，以优异的成绩迎接第十一次归侨侨眷代表大会的胜利召开！

预祝本次活动取得圆满成功！

在“侨连五洲·聚力甬城”—2023海外侨团暨中东欧国家侨领侨商合作大会上的讲话

（2023年5月17日）

程学源

尊敬的彭佳学常委，各位侨领，女士们，先生们：

大家上午好！

很高兴在花香纷飞的美丽时节与大家相聚千年港城宁波。宁波是长三角地区的重要城市，人文荟萃，经济发达，不仅拥有货物吞吐量连续14年蝉联全球首位的国际大港，也孕育出了享誉天下的“宁波商帮”，涌现出包玉刚、李达三等一大批侨界杰出前辈。今天，来自中东欧地区及世界各国的侨胞朋友们在宁波欢聚一堂，共同参加“侨连五洲·聚力甬城”—2023海外侨团暨中东欧国家侨领侨商合作大会。在此，我谨代表中国侨联和万立骏主席向大会表示热烈祝贺！向出席活动的各位嘉宾和朋友们表示诚挚欢迎！

侨胞们，朋友们，

今年是全面贯彻落实党的二十大精神的开局之年，习近平主席在今年的全国“两会”上发表重要讲话指出，要不断巩固发展海内外中华儿女大团结，凝聚起强国建设、民族复兴的磅礴力量。今年也是共建“一带一路”倡议提出10周年，在此契机下，中国侨联首次将“侨连五洲”活动与中东欧国家博览会深度融合，以期为广大海外侨胞开展交流合作、积极融入新发展格局打造更多广阔开放而富有活力的平台，助力地方经济社会发展。借此机会，我与侨胞朋友们分享几点希望：

一是携手同心，心怀大爱，做人类命运共同体的推动者。国之交在民相亲，民相亲在心相通。广大海外侨胞是连接中国与世界的重要桥梁和纽带，是中外友好的民间大使。希望广大侨胞在发展自身事业的同时，更好地融入当地、回馈当地，为住在国的经济社会发展贡献智慧和力量，向住在国民众展现良好的族群形象，从而推动民心相通，为自己营造良好生存发展环境，也为中国的发展营造良好氛围；希望广大侨胞积极融入住在国，广交朋友，积极向住在国的民众讲述中国故事，将中国致力于促进共同发展、维护世界和平的努力传递给他们，为深化中国人民与世界各国人民的友谊、推动构建人类命运共同体贡献侨界力量。

二是抢抓机遇，推动合作，做中华民族伟大复兴的助力者。疫情散去，春暖花开。今年以来，中国经济复苏势头强劲，为低迷的世界经济注入中国信心与力量。中国正沿着党的二十大擘画的宏伟蓝图踔厉前行，中国式现代化进程将为全球经济带来更多商机和红利，也给我们广大海外侨胞提供更为广阔的舞台。希望广大侨胞以此次中东欧国家博览会为契机，把握时代机遇，发挥侨界人才荟萃、资源丰富的优势，高质量参与和推动中国与住在国的经贸交流合作，在实现中华民族伟大复兴中国梦的历史进程中贡献独特力量，共享国家和民族发展的荣光。

三是传承文化、增进互信，做中外文明交流互鉴的推动者。每一位海外侨胞都是促进中外文明交流互鉴的桥梁，是中华文明独特的移动名片。希望广大侨胞发挥联系广泛、学贯中西、融通中外的独特优势，积极传承和弘扬中华优秀传统文化，推动祖（籍）国与住在国之间的人文交流与文明互鉴，把一个全面的、立体的、真实的中国展现给世界，为增进共识、深化中国人民与世界各国人民的友谊贡献力量。

侨胞们，朋友们，

侨联组织是党和政府联系广大归侨侨眷和海外侨胞的桥梁和纽带。进入新时代以来，以习近平同志为核心的党中央从全局和战略高度对做好侨联工作、推进侨联改革作出了一系列重要部署。新征程上，各级侨联组织将继续秉持初心使命，牢牢把握侨联工作的时代主题，关注侨胞所思所盼，围绕中心、服务大局、服务侨胞，发挥好桥梁纽带作用。各级侨联组织愿与广大海外侨胞携手，勇担时代使命，共同为促进中外交流和人民友好，推动实现中华民族伟大复兴、构建人类命运共同体不懈努力！

最后，祝“侨连五洲·聚力甬城”—2023海外侨团暨中东欧国家侨领侨商合作大会圆满成功！祝各位来宾身体健康、阖家幸福、万事如意！谢谢大家！

在 2023“亲情中华 · 为你讲故事”网上营开营式上的讲话

（2023 年 5 月 27 日）

程学源

亲爱的同学们、老师们、朋友们：

大家上午好！

在这夏日初长、万物并秀的季节，中国侨联举办的“亲情中华 · 为你讲故事”网上营又如约开营了。在这里，我谨代表中国侨联和万立骏主席向参营的海外华裔青少年朋友们表示热烈的欢迎！向海内外一同参与的办营单位，华文教育机构、院校的老师们和国内各级侨联组织同事们表示衷心的感谢！

受新冠疫情的影响，从 2020 年起，中国侨联举办了系列的“亲情中华 · 为你讲故事”网上营，活动取得了丰硕成果。三年来，共有 17 万居住在不同国家的海外华裔青少年，参加了这场跨越时空的“云端”对话，听中国故事、学中华文化、结深厚友谊。其中有不少小营员，参加了“我听我讲”“世界华裔青少年融媒体作品竞赛”等活动，使用住在国语言把这些有趣的故事讲给当地同学和小伙伴，扮演了“小小故事员”“文化传播者”等角色。随着疫情防控政策的优化，我们将在逐步恢复“中国寻根之旅”夏令营的同时，继续举办“亲情中华 · 为你讲故事”网上营，并对网上营的课程进行了精心的策划设计，力求使今年网上营的内容更加丰富多彩、形式更加多样有趣，让参营青少年在中华优秀文化的浸润下增长见识、快乐成长。

年轻的朋友们，

少年负壮气，奋烈自有时。习近平主席指出：团结统一的中华民族是海内外中华儿女共同的根，博大精深的中华文化是海内外中华儿女共同的魂，实现中华民族伟大复兴是海内外中华儿女共同的梦。希望你们精心浇灌种在心里的中华文化种子，从情感上传承中华民族血脉之“根”，弘扬中华文化之“魂”，追求实现民族复兴之“梦”，成为中华文化的热情传播者，成为中华优秀文化同世界各国文化交流互鉴的积极促进者，成为住在国人民同中国人民友好交往的民间使者，为推动构建人类命运共同体贡献自己的一份力量。

各位老师、同事、朋友们，希望大家能够一如既往地支持“亲情中华 · 为你讲故事”网上营工作，共同做好海外参营学生的动员组织工作，及时反馈学生参营体验，并提出宝贵的意见建议。

恰逢“六一”国际儿童节，希望“亲情中华 · 童心欢畅”活动能够成为一份有欢乐、有温度、有感悟的节日礼物，献给大家。最后，祝小朋友们节日快乐，茁壮成长！祝各位老师桃李天下，春晖四方！祝朋友们健康、平安、快乐！

现在我宣布，中国侨联 2023“亲情中华 · 为你讲故事”网上营正式开营！

在“追梦中华·海外华文媒体高级研修班”结业式上的讲话

（2023年6月30日）

程学源

同志们，朋友们：

大家好！

由中国侨联与中华文化学院共同主办的“追梦中华·海外华文媒体高级研修班”，经过一周的紧张学习，今天圆满结业了。我谨代表中国侨联和万立骏主席，向各位学员表示祝贺！向关心、支持和参与这次研修班的中华文化学院领导和教职工表示感谢！

长期以来，分布在世界各地的华文媒体，立足住在国，植根侨社，服务侨胞，在传承和弘扬中华优秀文化，反映侨界声音，促进华社团结，维护侨胞福祉，推动侨胞融入主流社会，增进住在国对中国的了解和中外友好往来等方面作出了重要贡献，发挥了重要作用。

近年来，中国侨联加强与海外华文媒体和涉侨中央媒体的交流合作，联合有关单位和媒体共同开展了“追梦中华”系列主题宣传活动。其中，会同省级侨联，组织开展24次“海外华文媒体地方采访行”活动；举办7期“海外华文媒体高级研修班”和4届“全球华人生活短视频大赛”；还举办了“追梦中华·侨这七十年”线上主题活动，拍摄制作了《追梦中华·百年赤子心》主题纪录片等，在侨界和社会上产生良好反响。这些成绩的取得，离不开广大海外华文媒体和涉侨中央媒体，包括在座各位媒体朋友的积极参与和大力支持。借这个机会，我向大家表示诚挚的感谢和由衷的敬意！

这次海外华文媒体高级研修班，在中华文化学院的大力支持和精心组织下，在各位学员的积极配合下，取得了圆满成功。总的看，有以下三个特点。

一是内容丰富。研修班依托中华文化学院优质师资，重点安排了中共二十大精神、国际传播能力建设、中华优秀传统文化、人工智能和新媒体建设等方面的精品课程，涉及理论宣讲、政策解读、文化传播和技术前沿等诸多领域内容，授课教师都是各领域知名专家学者和知名人士，含金量非常高。

二是形式多样。研修班安排了7场讲座、2次现场教学，既有专家学者的集中授课，也有企业家的现场讲解，还实地参观了香山革命展览馆和新媒体企业。今天下午的前半段，大家进行了深入的座谈交流，听说讲得都很好，刚才五位学员代表的发言也都很精彩，谈感想感悟、谈心得体会，达到了相互启发、共同提高的目的。

三是成果丰硕。大家普遍反映这次研修收获很大，不仅熟悉了政策，学习了新知识，掌握了新技能，更重要的是通过学习考察，亲身感受到党的十八大以来中华大地发生的历史性变革，进一步增进了对中国共产党、对祖（籍）国的政治认同、情感认同，进一步坚定了以中国式现代化全面推进中华民族伟大复兴的信心、决心，进一步增强了作为中华民族一分子的志气、骨气、底气。

大家认为，我们全面建成小康社会，实现第一个百年奋斗目标，开启全面建设社会主义现代化国家新征程，伟大成就举世瞩目、令人震撼，极大地增强了海内外中华儿女的自信心自豪感。

大家反映，通过中西抗疫对比，让我们更加深刻认识到中国共产党坚持人民至上、生命至上，用最科学的办法取得抗疫决定性胜利，实现了统筹疫情防控和经济社会发展的预期目标，是中国特色社会主义制度优越性的重要体现。大家表示，祖（籍）国繁荣昌盛是我们海外侨胞的最大底气，期盼中国越来越强大。新时代新征程，我们要牢记“两个大局”，在推动祖（籍）国经济社会发展、弘扬中华文化、促进中外友好、推动构建人类命运共同体等方面作出新的贡献，为全面推进中华民族伟大复兴而团结奋斗。

接下来，我对海外华文媒体的朋友提几点希望，与大家共勉。

一是希望大家进一步了解世情国情，为向世界展示真实、立体、全面的中国多作贡献。当前，世界百年未有之大变局加速演进，世界之变、时代之变、历史之变的特征更加明显。在实现中华民族伟大复兴的关键时期，由于意识形态差异和利益冲突等复杂因素，很多西方媒体在报道中国时，常常会出现不符合实际的报道，片面、刻薄地看待中国，甚至是恶意抹黑。

希望海外华文媒体的朋友围绕国际社会关切，深入了解中国国情，积极宣介人类命运共同体、全人类共同价值、中国式现代化等重要理念主张，帮助国际社会深入了解中国共产党为什么能、中国特色社会主义为什么好、中国化时代化的马克思主义为什么行等重大问题，传播好中国声音，讲好中国故事，讲好中国共产党的故事。

二是希望大家进一步感悟中华文化，为推动中外文明交流互鉴多作贡献。中华文明自古就以开放包容闻名于世，在同其他文明的交流互鉴中不断焕发新的生命力。今年6月2日，习近平主席在文化传承发展座谈会上指出，“中华文明具有突出的包容性，从根本上决定了中华民族交往交流交融的历史取向，决定了中华文明对世界文明兼收并蓄的开放胸怀”，“要秉持开放包容，坚持马克思主义中国化时代化，传承发展中华优秀传统文化，促进外来文化本土化”。

希望海外华文媒体的朋友承担好中华文化使者的责任和使命，向世界阐释、推介更多具有中国特色、体现中国精神、蕴藏中国智慧的优秀文化，讲清楚中华优秀传统文化的突出特性，在深化文明交流互鉴中推动中华文化更好走向世界，成为中外文明交流互鉴的中坚力量。

三是希望大家进一步凝聚侨心侨力，为形成共同致力民族复兴的强大力量多作贡献。广大海外侨胞是中华民族大家庭的重要成员，中华儿女、“中国人”是我们共同的身份标识。一直以来，广大海外侨胞携手同心、勇毅前行，心系祖（籍）国、情牵中华，为中国革命、建设和改革作出了彪炳史册的贡献。今年5月8日，习近平主席在会见第十届世界华侨华人社团联谊大会代表时强调：强国建设、民族复兴，是当代中国人的共同使命。在实现民族复兴的新征程上，需要海内外中华儿女心往一处想、劲往一处使，携手同心、团结奋斗。

希望海外华文媒体的朋友积极发挥融通中外的独特优势，积极宣传中国共产党和中国政府的政策主张，增进海外侨胞对中国国情、价值观念、发展道路、内外政策的了解和认识，为凝聚侨心侨力同圆共享中国梦作出新的贡献。

再有两个来月时间，第十一次全国归侨侨眷代表大会就要召开了。请各位媒体朋友围绕迎接“十一代会”、学习宣传贯彻“十一代会”精神，大力宣传以习近平同志为核心的党中央对侨联事业的高度重视和对广大侨胞的亲切关怀，宣传五年来侨联事业取得的新进展新成效，宣传近年侨界涌现出的典型人物和先进集体，宣传“十一代会”开幕式盛况，宣传阐释大会提出的未来五年工作思路、重点任务和安排部署等，为推动新时代侨联事业高质量发展营造良好氛围。

最后，祝大家身体健康！工作顺利！家庭和睦！谢谢！

共享发展机遇　共创美好未来

——在“侨连五洲·沪上进博”2023共享中国式现代化机遇主题论坛上的致辞

（2023年11月7日）

程学源

尊敬的陈通常委，

各位嘉宾，女士们、先生们、侨胞朋友们：

大家上午好！

非常高兴与大家相聚在国家会展中心，共同参加“侨连五洲·沪上进博”2023共享中国式现代化机遇主题论坛。每年这个时候的上海，江海奔涌，万商云集。我谨代表中国侨联和万立骏主席，对参加本次论坛的所有嘉宾，表示热烈的欢迎！对世界各地的侨胞朋友们，表示诚挚的问候和美好的祝愿！

相约，不以山海为远；合作，不以万里为遥。作为世界上首个以进口为主题的国家级博览会，进博会推动着中国高水平开放的进程，见证着中国开放的大门“越开越大”。习近平主席强调，希望进博会加快提升构建新发展格局的窗口功能，以中国新发展为世界提供新机遇；充分发挥推动高水平开放的平台作用，让中国大市场成为世界共享的大市场；更好提供全球共享的国际公共产品服务，助力推动构建开放型世界经济，让合作共赢惠及世界。

按照“越办越好”的总要求，六年来，进博会推动着中国与世界市场相通、产业相融、创新相促、规则相联。本届进博会迎来了154个国家、地区和国际组织的来宾，吸引了超过3400家参展商和近41万名专业观众注册报名。参展的世界500强和行业龙头企业数达到近300家，超过历届水平。这些生动鲜活的数字，充分展现了进博会取得的成果，展示了中国推进高水平开放、弘扬真正的多边主义的坚定立场，体现了中国愿意同世界共享发展成果的诚意，增强了世界经济发展的信心。

进博会年年如约、越办越好，背后离不开广大侨胞的参与和支持。来自世界各地的广大侨胞，或以侨引侨，展示各国优秀产品，推动住在国企业走向中国市场和国际市场；或以侨为桥，积极协助中国企业走向海外、开拓国际市场；或投身人文交流，讲好中国故事，助力中华优秀传统文化“出海”，推动中外文明互鉴。大家生动阐释了“新时代，共享未来”的理念，有力传递了中国坚定不移同世界共享市场机遇，坚定不移推动高水平开放，坚定不移维护世界共同利益的决心和信心。

女士们，先生们，朋友们，前不久，第十一次全国归侨侨眷代表大会在北京胜利召开，习近平总书记等党和国家领导人到会祝贺，李希同志代表党中央致词，蔡奇同志出席闭幕会，充分体现了习近平总书记和党中央对广大归侨侨眷和海外侨胞的关心关怀。致词高度评价了广大归侨侨眷和海外侨胞在经济发展、脱贫攻坚、抗疫斗争、对外开放、推进祖国统一等方面作出的积极贡献，对广大归侨侨眷和海外侨胞发挥独特作用提出了殷切希望。我们充分相信，新时代、新征程，具有融通中外独特优势的海外侨胞大有可为，也必将大有作为。

借此机会，我想向侨胞朋友们发出关于“三个共享”的倡议：共享进博、共享发展、共享未来。

一是共享进博，发挥自身优势，主动融入新发展格局。进博会追求的是开放，崇尚的是共赢，传递的是希望。“侨连五洲·沪上进博”是中国侨联精心打造的品牌活动，已连续多年作为中国国际进口博览会官方配套活动。希望大家充分利用这个机会，积极交流沟通，充分凝聚共识，努力达成更多合作成果。希望大家积极加入进博大家庭，用好进博会这一国际采购、投资促进、人文交流、开放合作的平台，发挥熟悉海外市场和国际规则的优势，积极为住在国与中国交流合作牵线搭桥，深度融入以国内大循环为主体、国内国际双循环相互促进的新发展格局，同时也收获自身事业新机遇。

二是共享发展，抓住时代机遇，推进中国式现代化。今年是中国改革开放45周年，中国将坚持推进高水平对外开放，以高质量发展全面推进中国式现代化。海外侨胞中有大量的专业人才和商业翘楚，兼具东方智慧和世界眼光，希望广大侨胞秉承光荣传统，勇立新时代潮头，在提升中国科技创新水平、更好利用国内国际两个市场等领域发挥重要作用，为推进中国式现代化作出侨界更大贡献。同时，中国大市场机遇也将为世界提供新的发展动力，世界也将共享中国式现代化建设成果。希望大家积极做国内国际双循环的连接点，热心参与经济贸易、教育文化、公益慈善等各领域的国际合作，推动建设开放型世界经济。

三是共享未来，推动全球包容互惠，绘就美美与共壮阔画卷。当今世界并不太平，世界经济下行压力增大，全球发展面临诸多挑战，但我们坚信，和平、发展、合作、共赢的历史潮流不可阻挡。走过六年历程的进博会，带着中国高水平开放的诚意，带着信心、机遇、希望，拥抱世界，走向未来。期待各位侨胞朋友能够把进博会上涌动的开放信心、暖意共识，跨越山海，带往世界，落地生根，让住在国民众读懂开放友好的中国，理解“中国新发展为世界提供新机遇”，助力书写出更多国家互利共赢、人民相知相亲、文明互学互鉴的美好故事，引发更多并肩偕行、互利共赢、逐梦未来的时代共鸣。

中国侨联作为党和政府联系广大归侨侨眷和海外侨胞的桥梁和纽带，将牢牢把握以中国式现代化推进中华民族伟大复兴的使命任务，围绕侨胞的所思所盼，突出重点做好服务，着力加强联谊联络，服务大局、服务侨胞，牢牢把握团结奋斗的时代要求，团结凝聚广大归侨侨眷和海外侨胞为全面推进中华民族伟大复兴而努力奋斗。

女士们，先生们，朋友们，上海是中国改革开放的前沿和重要窗口，是中国式现代化的重要引擎，生机勃勃，机遇无限。希望广大侨胞通过各种渠道和方式向海外展示上海改革开放和现代化建设的成就，吸引更多人到中国、到长三角、到上海交流考察、投资兴业，为上海深化“五个中心”建设、强化“四大功能”，为中国推进高水平对外开放贡献侨智侨力。

最后，预祝本次活动取得圆满成功！祝各位嘉宾、各位朋友，事业发达、家庭幸福、万事如意！谢谢！

在中国侨联法顾委 2023 年上半年主任会议上的讲话

（2023 年 5 月 31 日）

连小敏

尊敬的张耕主任、各位副主任：

大家下午好！

今天是三年疫情过后首次线下召开的法顾委主任会议。看到各位老领导身体健康、精神矍铄，我很高兴。首先，我向各位老领导莅临参会及长期以来对侨联维护侨益工作的支持表示衷心的感谢！

刚才万立骏主席与各位主任、副主任亲切会见，向大家简要传达了中央对侨联工作要求、今年重点工作、正在开展的主题教育及全国人大华侨委相关情况。下面，我把中国侨联 2023 年相关工作安排作一个全面介绍，并谈几点个人体会，与大家交流。

一、开展学习贯彻习近平新时代中国特色社会主义思想主题教育活动情况。此次主题教育中国侨联高度重视，万立骏主席亲自谋划、靠前指挥、督促指导，多次对开展好主题教育作出明确指示和要求。为推进主题教育走深走实，按照中央关于在全党大兴调查研究的工作要求，中国侨联及时下发通知，在全系统深入开展调查研究。会党组带头深入基层调研，法顾委也迅速响应，赴江苏等 6 省开展 3 组专题调研，其中我带队赴江苏、河南，张耕主任带队赴四川、云南，中国侨联兼职副主席邵旭军带队赴黑龙江、辽宁，收到良好效果。

二、筹备召开第十一次全国归侨侨眷代表大会（以下简称“十一代会”）情况。这次大会是中国侨联全面贯彻落实党的二十大精神的一次重要大会，也是侨界政治生活中的一件大事。开好这次大会，对于侨联组织更好履行职责使命，充分发挥桥梁纽带作用，深刻领悟“两个确立”的决定性意义，增强“四个意识”、坚定“四个自信”、做到“两个维护”，团结凝聚广大归侨侨眷和海外侨胞为全面建设社会主义现代化国家，全面推进中华民族伟大复兴的中国梦而共同奋斗，具有十分重要的意义。

今年 2 月，中国侨联十届六次全委会审议通过了召开第十一次侨代会的决议，正式启动筹备工作；3 月上旬，中国侨联党组就大会人员规模、代表条件、表彰规模等向党中央进行了请示；3 月下旬，中办秘书局电告我会，十一代会已经党中央同意，时间拟定在 8 月底，党和国家领导同志将出席大会。随后，中国侨联党组先后审议通过了组织方案、筹备方案，成立了文件组、章程修改组、海外（港澳）组、组织组、表彰组五个工作组。目前，各项工作正稳步推进，力争把十一代会开成一次团结奋进、凝心聚力、守正创新，贯彻新思想、奋进新征程、开创新局面的侨界盛会。

三、中国侨联机关各部门开展的工作情况。

一是扎实推进侨联各项品牌工作和活动，为全面建设社会主义现代化国家开局起步作出侨界贡献。围绕构建新发展格局、推动高质量发展，进一步做强“创业中华”、中国侨商投资大会等品牌，在服务创新驱动、人才强国战略上取得新成效。围绕宣传思想工作，进一步拓展“追梦中华”主题宣传活动，在讲好中国故事、传播好中国声音上取得新进展。围绕文化自信自强，进一步丰富“亲情中华”品牌，在弘扬中华文化、推进文明交流互鉴上实现新突破。围绕党和国家对外工作和港澳台工作大局，进一步深化“侨连五洲”品牌，在推动形成共同致力民族复兴的强大力量上实现新发展。围绕增进民生福祉和侨界群众需求，深化“侨爱心工程”，在动员侨界力量、助力乡村振兴和共同富裕上迈出新步伐。推动改革向基层延伸，扩大基层组织覆盖面，搞活基层组织工作，让基层组织真正建起来、活起来、强起来，主动融入基层社会治理体系。坚持系统观念，上下联动，同心协力，建立“联系广泛、服务群众”的工作体系，形成全国侨联系统“一盘棋”的良好局面。**二是**坚持人民至上，加强为侨服务，依法维护侨益。支持“侨胞之家”创建，建立激励机制，提升服务水平，把工作做实、做到侨胞心坎上；加强侨界群众权益保护，开展“法治中国·你我同行”“法治中国边关行”等品牌活动，推进“互联网+法治宣传”；密切与政法委、公检法司等相关部门的工作协同，继续推动“法侨合作”“检侨合作”，积极探索“警侨合作”“司侨合作”；建立“中国侨益保护研究基地”；实施“连心侨—维护侨益”项目，提升侨联组织维护侨益工作水平；做好侨界代表参政议政工作；做好人大归侨代表、政协侨联界委员的联系和服务工作；加强全国“两会”建议、提案素材研究，提高提议案质量，积极参政议政。**三是**落实新时代党的建设总要求，全面加强侨联党的建设和党风廉政建设。贯彻党中央决策部署，落实全面从严治党的主体责任，坚持严的基调，加强党对侨联工作的领导和侨联党的建设，为做好侨联工作提供坚强保证；加强班子建设，牢固树立政治机关意识，做好“三个表率”、建设“模范机关”；贯彻新时代党的组织路线，坚持新时代好干部标准和忠诚干净担当要求，高标准开展干部选用、交流等工作；全面落实支部标准化规范化建设工作，全面提高机关党建质量，充分发挥基层党组织战斗堡垒作用和党员先锋模范作用，促进各项工作再上新台阶。坚持全面从严治会，以全面从严治党永远在路上的执着，纠“四风”，强“三性”、去“四化”，营造风清气正的政治生态。

张耕主任、各位副主任：

按照会议议程，稍后大家将对中国侨联法顾委2023年各项工作安排予以审议。现在我就法顾委如何贯彻落实好中央部署、中国侨联党组要求，充分发挥职能作用、推动维护侨益工作创新发展谈几点体会。

一、以开展主题教育为契机，全面学习贯彻习近平新时代中国特色社会主义思想。习近平新时代中国特色社会主义思想是全党全国人民为实现中华民族伟大复兴而奋斗的行动指南，是新时代做好侨联各项工作的根本指导思想。当前，中国侨联机关各部门、各直属企事业单位正按照“学思想、强党性、重实践、建新功”的要求，结合各自工作实际，开展形式多样的学习贯彻习近平新时代中国特色社会主义思想主题教育活动。法顾委要以此次主题教育为契机，进一步提高政治站位，深刻领悟“两个确立”的决定性意义，增强“四个意识”、坚定“四个自信”、做到“两个维护”，坚定不移走中国特色社会主义法治道路；要面向侨界群众广泛宣传阐释习近平法治思想，充分展现习近平法治思想鲜明的中国特色、实践特色、时代特色，使广大侨界群众做习近平法治思想的坚定信仰者、积极传播者、模范实践者；要紧紧围绕党和国家工作大局、侨联工作部署，立足职责使命、发挥优势作用，通过维护侨益工作实绩凝侨心、汇侨智、聚侨力，为实现中华民族伟大复兴贡献侨界力量。

二、践行新时代“枫桥经验”，推动构建合力维权机制。今年是“枫桥经验”60周年，是习近平总书记指示坚持和发展“枫桥经验”20周年。4月，万立骏主席先后赴最高人民法院、最高人民检察院与张军院长、应勇检察长进行会商座谈，从顶层设计上为深化法侨、检侨合作谋划部署。3月，我带队赴江苏、河南开展法顾委调研看到，地方各级侨联及法顾委组织以多种方式开展法侨、检侨合作，积极参与社会治理，积累了不少“枫桥经验”的创新做法。希望法顾委在广泛调研的基础上，帮助中国侨联总结推广涉侨纠纷多元化解机制试点经验，加强综合研究和分类指导，帮助建立健全与其他涉侨部门、公检法司相关单位的沟通协作机制，增强涉侨多元解纷合力；同时要加强对基层侨联法顾委工作指导，推动建立“两项机制”、织好“两张网”，打造上下联动、全国侨联“一盘棋”的维护侨益网络体系和为侨服务工作体系。

三、继续发挥优势作用，做好维护侨益工作。法顾委各位专家学者层次高、人才汇聚、联系广泛，在开展法制宣传、积极参政议政、发挥法律智库作用等方面优势明显。去年为纪念法顾委成立40周年，法顾委办公室将党的十八大以来法顾委调研报告编辑制作《调研报告汇编》，我读后感到很有收获，法顾委长期坚持开展调查研究，确实对侨联维护侨益工作帮助很大。希望法顾委继续发挥自身优势作用，坚持用法治思维法治方式化解涉侨矛盾纠纷，满足侨界群众法律需求；继续广泛开展普法宣传、积极参与“法治中国·你我同行”等品牌活动，引导侨界群众自觉尊法学法守法用法、增强侨联干部依法办事意识、依法履职能力；继续充分发挥“智囊团”“思想库”作用，聚焦新时代侨情发展新变化、侨胞利益诉求新特点，及时呼吁反映、积极建言献策。

四、切实加强自身建设，推动工作创新发展。一直以来，在张耕主任、各位副主任带领下，法顾委队伍建设有力、委员作用发挥给力。下一步，要继续紧扣党中央对侨联工作新要求、海内外侨情新变化，通过集中学习研讨、报告宣讲、列席侨联会议、回国访问等多种形式，加强全体委员对习近平总书记关于统战工作、侨务工作、群团工作重要论述的学习理解，对侨联权益保障工作重要性、规律性的认识，进一步增强委员履职使命感、责任感；要进一步发挥各专业委员会作用，加大对新侨留学生创新创业、侨企投融资知识产权等方面权益的维护，推动相关政策落实、提供精准优质服务；要按照中央将“海外侨胞权益维护整合融入中国侨联法顾委”的部署要求，吸纳更多海外华侨华人律师加入队伍，充分发挥他们的独特作用，在助推中国企业“走出去”、服务国家“一带一路”倡议、推动构建人类命运共同体等方面彰显更大作为。

谢谢大家。

在 2023 年全国侨商组织会长联席会开幕式上的讲话

（2023 年 6 月 6 日）

连小敏

尊敬的邱启文部长，各位领导，各位会长、秘书长；

同志们，朋友们：

大家上午好！

今天，我们邀请全国副省级城市以上的侨商组织的会长、秘书长汇聚杭州，参加“2023 年全国侨商组织会长联席会”，**一是**深入学习贯彻习近平新时代中国特色社会主义思想和党的二十大精神，推动全国侨商组织掀起开展主题教育的热潮，让习近平新时代中国特色社会主义思想在侨商组织、侨资企业中深深扎根、永续传承；**二是**交流各地侨商组织近年来开展工作的情况，总结经验，促进会务，引导广大侨商侨企弘扬企业家精神、积极融入国家战略，推动侨商组织在新时代新征程上更好发挥作用，助力国家经济社会高质量发展。在此，我谨代表中国侨联和万立骏主席对联席会议的召开表示热烈祝贺，向来自全国各地的侨商组织的会长、秘书长表示诚挚的欢迎，向对本次会议的召开给予大力支持的浙江省委统战部、省侨联、省侨办、省侨商会等有关部门和单位领导表示衷心的感谢！

今年是全面贯彻落实党的二十大精神的开局之年，是实施“十四五”规划承上启下的关键一年。踏上新征程，我国经济发展前景光明，广大侨商侨企面临重大机遇，拥有广阔舞台。刚才，邱启文部长发表了热情洋溢的致辞，对全国侨商组织发展寄予厚望，对侨商侨企与浙江合作共赢、助力浙江先行探索高质量发展建设共同富裕示范区充满期待。接下来，十家重点侨商组织代表将交流办会经验，分享服务地方经济社会发展、服务会员的好做法；四个市县的领导还将介绍经济社会发展情况，分别与部分侨商组织负责人签订战略合作协议。可以说，这次联席会不仅是经验交流与学习分享的“大合唱”，还是侨商组织助力区域经济发展的“协奏曲”，很有意义。

广大侨商侨企是中国改革开放和现代化建设的重要参与者、贡献者和受益者，习近平总书记始终关心爱护广大侨胞，重视发挥侨的独特作用。中国侨联认真贯彻落实习近平总书记关于侨务工作的重要论述和党的二十大各项决策部署，发挥好桥梁纽带作用，持续推动“两张网”“两个建设”“两项机制”建设，在为侨服务领域加快构建“铸魂、引才、搭台、导流、服务、强本”全链条工作体系。全国侨商组织是侨联组织的重要组成部分，承担着凝聚侨商力量、服务经济发展、维护侨企权益、促进中外交流等重要责任和使命，是直接面对侨商侨企的一线“服务生”，是贯彻落实党中央重大部署的基层“宣传员”。党中央和各级地方党委政府都对广大侨商组织发展高度重视、寄予厚望。大家肩上的责任和任务是沉甸甸的，心中的使命和担当是光荣高尚的。新时代新征程，全国侨商组织的使命就是面对百年未有之大变局和世情国情侨情深刻变革，引领侨商侨企发挥独特作用，努力成为助力高质量发展、高水平开放、构建人类命运共同体的生力军，成为实现中华民族伟大复兴中国梦的积极践行者和有力推动者。

从参会侨商组织提交的总结材料可以看出，各级侨商组织认真贯彻党中央决策部署，积极作为，创新发展，坚持为大局服务和为侨服务的统一，在引导侨商参与国家和当地经济社会高质量发展、维护侨商投资合法权益、搭建侨商与政府间桥梁、促进侨商间合作交流等方面做了大量工作，取得有目共睹的成绩，积极支持配合各级侨务部门工作，受到了党和政府、社会各界、侨商会员的充分肯定。在此，我代表中国侨联对全国侨商组织的努力和贡献表示衷心的感谢！

下面，我就贯彻落实中央精神、进一步做好侨商组织工作谈几点思考，与大家交流。

一、提高站位，学思践悟，以党的二十大精神为指引，凝心聚力推动为侨服务工作实现新突破

深入贯彻党的二十大精神，自觉用习近平新时代中国特色社会主义思想凝心铸魂，是包括侨商组织在内的各级社会组织统一思想、凝聚共识，实现高质量发展的根本要求，是推动党中央重大决策部署在侨商侨企落地生根的重要举措。侨商组织必须深入学习贯彻党的二十大和中央经济工作会议、中央统战工作会议精神，深入学习贯彻习近平总书记关于促进“两个健康”的重要论述，认真贯彻“党中央始终坚持‘两个毫不动摇’、‘三个没有变’，始终把民营企业和民营企业家当作自己人”要求。要始终牢记“围绕中心、服务大局、服务侨胞”的宗旨使命，结合当前开展学习贯彻习近平新时代中国特色社会主义思想主题教育各项目标要求，全面把握中国式现代化的时代特征和本质属性，引导民营企业和民营企业家正确理解党中央方针政策，增强信心、轻装上阵、大胆发展，引导和支持侨商组织在推进经济社会高质量发展中更好地发挥作用，以新担当新作为不断开创服务侨商侨企工作新局面。

二、牢记重托，汇聚力量，以强国有我复兴在我的使命担当，踔厉奋发促进为侨服务工作展现新气象

侨务工作是党和国家一项长期性、战略性工作。在我国革命、建设和改革开放各个历史时期，广大侨胞始终与国家发展大局息息相关，与经济社会发展紧密相连，发挥了独特的作用，而侨商侨企是其中一支重要力量。我们常讲，考量一个社会组织的基本维度是“四维五度”，“四维”就是这个社团的组织化程度、自主化的运行能力、规范化的运行机制和信息化的运行手段；“五度”就是平台看高度、人才看密度、活动看频度、服务看温度、互动看深度。侨商组织要按照习近平总书记对侨务工作的重要指示要求，牢记“国之大者”，树立“大侨务”理念，以凝聚侨心侨力同圆共享中国梦为主题，当好海外侨胞和归侨侨眷的贴心人，成为侨务工作的实干家，最大限度把海外侨胞和归侨侨眷中蕴藏的巨大能量凝聚起来、发挥出来，为实现“两个一百年”奋斗目标、实现中华民族伟大复兴的中国梦不断作出新的更大的贡献。要不忘初心，不忘总书记的嘱托，将使命扛在肩上，坚持胸怀全局、坚持为侨服务、坚持改革创新，用心用力用情搞好组织建设，深化为侨服务工作，聚焦我国经济发展阶段变化的关键领域和薄弱环节、积极引导侨商侨企投身“十四五”创新发展重大任务，助力中国式现代化取得新进展新突破。

三、深入调研，攻坚克难，以时不我待的紧迫感责任感，务实笃行保障为侨服务工作开创新局面

调查研究是谋事之基、成事之道。当前，在全党全国深入开展学习贯彻习近平新时代中国特色社会主义思想主题教育之际，中国侨商会号召全国侨商组织大兴调查研究之风，对于全面贯彻落实党的二十大精神，推动全面建设社会主义现代化国家开好局起好步，具有重要的意义。这次会议上，有不少侨商组织的交流发言都提到深入会员企业调研，了解会员需求，倾听侨商心声，我觉得这是很好的做法，要继续坚持发扬下去。只有与侨商面对面、与侨企心连心，才能真正了解会员最需要解决的问题在哪里，才会用侨界群众听得懂的语言传达党中央的关怀和重要决策部署。侨商组织要坚持在大局下思考、在大局下行动，主动围绕大局作贡献，与侨商侨企一起站在市场前沿和问题对面，鼓励侨资企业坚定信心，抢抓机遇，引进高层次人才，提升自主研发能力和创新能力，推动转型升级，努力在行业领域实现更好发展。

各位领导、各位会长：

党中央高度重视侨商组织的健康发展和独特作用的发挥。全国副省级城市以上的侨商组织是全国侨商组织的领头羊，在座的各位会长、秘书长是商会的主要领导和骨干，承担着传达党中

央关怀和重托的重任，承担着侨商侨企信任和发展的使命，是名副其实的桥梁纽带。希望大家以此次联席会为契机，深入学习贯彻习近平新时代中国特色社会主义思想和党的二十大精神，深刻领悟“两个确立”的决定性意义，增强“四个意识”、坚定“四个自信”、做到“两个维护”，服务大局，服务侨胞，切实做好新时代侨商侨企服务工作，引导侨商侨企为全面建设社会主义现代化国家、实现中华民族伟大复兴的中国梦而共同奋斗。

最后，预祝本次会议圆满成功！

谢谢大家。

在陕西省高校侨联基层组织建设工作经验交流活动上的讲话

（2023 年 10 月 20 日）

连小敏

同志们：

大家上午好！

金秋十月，三秦如画。在全党上下深入开展学习贯彻习近平新时代中国特色社会主义思想和全面贯彻落实党的二十大精神之际，我们在古城西安举办陕西省高校侨联基层组织建设工作经验交流活动，这是落实中国侨联十一代会部署、推动陕西省高校侨联建设的一次重要活动。借此机会，我谨代表中国侨联和万立骏主席向陕西高校侨联联盟的成立表示热烈的祝贺！向全省高校的归侨侨眷、海外侨胞和侨联工作者表示诚挚的问候！向长期以来关心支持高校侨联工作的各有关部门表示衷心的感谢！

刚才，西安交大席光同志发表了热情洋溢的致辞，体现了党委、政府对高校侨联工作的关心支持；张林忠同志宣读了成立陕西高校侨联联盟的决定，表达了对侨联工作的重视和支持；省侨联程勉贵同志介绍了陕西省侨联推进高校侨联建设工作的有关情况；西安交大侨联锁志海同志宣读了陕西高校侨联联盟的工作规则并介绍了相关工作计划，充分反映了对陕西省高校侨联建设工作的积极探索和不懈努力，也进一步坚定了我们继续做好高校侨联工作的信心和决心。

党中央历来重视发挥广大归侨侨眷和海外侨胞的独特作用，高度重视做好归侨侨眷和海外侨胞工作。前不久闭幕的第十一次全国归侨侨眷代表大会，习近平总书记等党和国家领导人到会祝贺，李希同志代表党中央致词，希望广大归侨侨眷和海外侨胞积极响应党和人民的号召，在助力构建新发展格局、推动高质量发展中展现更大作为，为铸牢中华民族共同体意识、推进祖国统一作出更大贡献，在弘扬中华优秀传统文化、推动构建人类命运共同体中发挥更大作用，在促进祖（籍）国和住在国发展中实现自身更大发展，凝聚起团结奋斗的磅礴力量，在共担民族复兴重任、共享民族复兴荣光中创造新的更大业绩。这“四点希望”，充分体现了以习近平同志为核心的党中央对侨联组织和侨联工作的充分肯定和高度重视，体现了对广大归侨侨眷和海外侨胞的亲切关怀和殷殷期盼。

高校一直是归侨侨眷、出国和留学归国人员及其家属等相对集中的地方。中国侨联历来重视高校侨联建设，十代会以来的五年，我们下大力气扩大组织覆盖，全国高校侨联数量从 2020 年的 491 家增加到 2023 年的 600 多家，增幅超过 20%。通过着力推动“地方侨联 + 大学侨联 + 校友会”工作机制的构建，不断拓宽海外联谊渠道，进一步调动海内外侨界高层次人才深度参与中国式现代化伟大实践的积极性、主动性，努力在科教兴国、人才强国、创新驱动发展战略中展现更大作为。陕西高校侨联联盟是陕西省侨联深化基层侨联组织建设，积极探索“地方侨联 + 高校侨联 + 校友会”工作机制的创新之举，值得肯定更寄予厚望。

下面，结合学习宣传贯彻十一代会精神，就进一步推动高校侨联建设工作，我谈三点看法。

一、要牢牢把握新时代侨务工作的鲜明主题，始终坚持正确政治方向

全面建成社会主义现代化强国、实现第二个百年奋斗目标，以中国式现代化全面推进中华民族伟大复兴，是党的二十大确定的新时代新征程党的中心任务，也是新时代侨务工作的鲜明主题。要强化政治引领，不断深化对“两个确立”决定性意义的认识，坚决做到“两个维护”，坚持以习近平新时代中国特色社会主义思想统领侨联工作，坚决把习近平总书记和党中央关于侨联工作的决策部署落到实处。坚持不懈用党的创新理论武装侨界群众，加强思想引领、凝聚侨界人心，始终确保侨联工作沿着正确政治方向前进，画好侨界团结最大同心圆。要把党的全面领导贯穿在高校侨联工作全过程，进一步加强高校党委对侨联的领导，坚持党建带侨建、侨建促党建，推动党建与侨建双融合、双提升。

二、要紧紧围绕党的二十大确定的中国式现代化建设目标任务，广泛凝聚团结奋斗伟力

侨联作为中国共产党创立和领导的群团组织，肩负着团结凝聚广大归侨侨眷和海外侨胞为党和人民事业不懈奋斗的光荣使命。要胸怀“国之大者”，做好“侨”的文章，紧扣中国式现代化建设的重大战略部署，推动工作项目、工作资源、工作力量向主责主业聚焦，团结、引导、服务归侨侨眷和海外侨胞，发挥好融通内外、熟悉国际规则等优势，在社会主义现代化建设实践中大显身手，在推进更高水平对外开放、畅通国内国际双循环、共建“一带一路”中发挥更大作用。陕西省涉侨资源丰富，高等院校数量多、质量优，是我国新侨、留学人员、侨界高层次创新创业人才聚集的高地之一。要坚持围绕中心，充分发挥侨界独特优势，最大限度把侨界蕴藏的能量和资源凝聚起来、发挥出来，着力服务陕西高质量发展。

三、要精准锚定党的二十大对侨务工作提出的明确要求，有效发挥桥梁纽带作用

高校侨联组织是开展对外工作的重要环节，在服务高校国际化发展和“双一流”建设、服务新时代陕西省经济社会发展、服务国家战略上具有独特优势。要认真学习习近平总书记在党的二十大报告中提出的“深化群团组织改革和建设，有效发挥桥梁纽带作用”，“加强和改进侨务工作，形成共同致力民族复兴的强大力量”等重要论述，根据侨联组织“统战性、群众性、涉外性、民间性”的特点，发挥好“地方侨联＋大学侨联＋校友会”机制的作用，聚集高校侨联与校友会资源优势，将工作手臂更好向新侨、归国留学人员和在校华裔留学生延伸，以侨为桥，以侨引侨，不断培养壮大知华友华力量。

同志们，全面建成社会主义现代化强国、实现第二个百年奋斗目标，需要海内外中华儿女共同努力。在强国建设、民族复兴的新征程上，侨联组织要更好履行职责使命、充分发挥桥梁纽带作用，把归侨侨眷和海外侨胞紧密团结起来，把归侨侨眷和海外侨胞的优势发挥出来，齐众心、汇众力、聚众智，为全面建设社会主义现代化国家、全面推进中华民族伟大复兴作出新贡献、谱写新华章！

在中国侨联学习贯彻习近平新时代中国特色社会主义思想培训班结业式上的讲话

（2023年12月8日）

连小敏

尊敬的万岷副院长，各位学员、同志们：

中国侨联学习贯彻习近平新时代中国特色社会主义思想培训班暨第二十七期干部培训班、第十一期青年干部培训班、党务干部培训班今天就要结业了。这次培训班是十一代会后中国侨联举办的很重要的一次干部培训班，也是引导全国侨联系统深入学习贯彻习近平新时代中国特色社会主义思想和党的二十大精神，巩固深化主题教育成果，推动十一代会精神落地落实的重要举措。对于进一步统一思想认识、凝聚智慧力量、鼓舞干劲斗志，努力打造一支适应新时代要求的高素质专业化侨联干部队伍，十分必要，很有意义。在此，我受万立骏主席委托，向各位学员如期完成各项学习任务表示热烈祝贺！向为本次培训提供支持和帮助的中央组织部全国组织干部学院的各位领导、老师们表示衷心感谢！

刚才，有6位学员结合实际，从不同角度作了发言，谈学习体会、谈培训收获、谈工作思考，讲得都很好。根据学员们的反馈，这期培训班有四个特点。

一是紧紧围绕“一条主线”。深入学习贯彻习近平新时代中国特色社会主义思想贯穿本次培训始终。开班式上，万立骏主席为大家作了题为《坚持以习近平新时代中国特色社会主义思想为统领　全面推动新时代侨联事业高质量发展》的动员讲话，对全国侨联系统持续抓好党的创新理论的学习贯彻作出具体部署，教育引导广大侨联干部自觉做习近平新时代中国特色社会主义思想的坚定信仰者、忠实实践者，进一步增强做好新时代侨联工作的光荣感、责任感和使命感，深刻领悟“两个确立”的决定性意义、做到“两个维护”。

二是切实突出“两个重点”。这次培训班把深入学习贯彻党的二十大精神和推动十一代会精神落地落细落实作为两大重点，教育引导全体学员把思想和行动切实统一到党的二十大精神上来，统一到贯彻落实十一代会重要任务上来，要求大家不折不扣贯彻落实好习近平总书记重要指示批示精神和党中央关于侨联工作的各项决策部署，在推动新时代侨联事业发展新征程中作出新的贡献。

三是灵活采取“三种形式”。本次培训班的学员来源广泛，既有各省级侨联和重点侨乡地市级侨联领导班子成员，也有各地侨联的青年干部，还有来自中国侨联机关和直属企事业单位的党务干部、纪检干部、入党积极分子，等等。针对学员的不同特点和需求，本次培训采取名师授课、研讨交流、实地参观三种教学形式相结合，力求让参训学员“动”起来、让培训内容“活”起来、让应用场景“真”起来，以更加贴近工作实际、更加符合业务需求、更加凸显侨联特点的培训方式，有效提升了培训的生动性、灵活性。

四是着重强调“四类训练”。今年8月，习近平总书记主持召开中央政治局会议，审议通过了《干部教育培训工作条例》和《全国干部教育培训规划（2023—2027年）》，对做好新时代干部教育培训工作作出重要指示。本次培训认真贯彻落实《条例》和《规划》要求，紧紧围绕加强党的理论教育、党性教育、履职能力培训、知识培训“四类训练”要求，系统谋划培训内容，邀请了来自中央党校（国家行政学院）、中央组织部党建研究杂志社的专家学者，以及中央纪委驻统战部纪检监察组、中国侨联有关部门领导为大家阐释理论、剖析政策、传授方法、分享经验，大家普遍反映“收获满满”“意犹未尽”，感到“开阔了视野”，激发了做好侨务工作的源动力。

各位学员，同志们！习近平总书记强调，中国式现代化是前无古人的开创性事业，需要我们探索创新，这对干部的素质能力、工作作风、精神状态提出了新的更高要求。中国侨联始终高度重视干部培训工作，就是希望通过加大培训力度，培育打造一支政治立场坚定、理论素养深厚、综合能力优良的复合型高素质专业化侨联干部队伍。希望大家切实把学习成果转化为强党性、增智慧、长才干、正作风的实际行动，转化为推动新时代侨联事业发展的强大动力。

在此，我谈几点意见与大家共勉。

第一，坚持党的领导，以习近平新时代中国特色社会主义思想统领侨联工作。要坚持党对侨联工作的全面领导，旗帜鲜明讲政治，把加强侨联组织党的政治建设摆在首位，坚定拥护“两个确立”，坚决做到“两个维护”。要把学习贯彻习近平新时代中国特色社会主义思想作为一项长期的重大政治任务，深学细悟笃行习近平总书记关于侨务工作的重要论述，不折不扣贯彻落实习近平总书记重要指示批示精神和党中央关于侨联工作的决策部署，不断推动新时代侨联事业开创新局面、实现新发展。要把思想政治引领放到更加突出的位置，坚持不懈用党的创新理论凝心铸魂，教育引导广大侨联干部和侨界群众学思想、见行动，不断提高政治判断力、政治领悟力、政治执行力，坚决做到党有号召、侨有行动，确保侨联组织始终沿着党指引的正确方向前进。

第二，胸怀“国之大者”，为全面建设社会主义现代化国家发挥侨界作用。党的二十大明确指出，从现在起，党的中心任务就是团结带领全国各族人民全面建成社会主义现代化强国、实现第二个百年奋斗目标，以中国式现代化全面推进中华民族伟大复兴。实现这个中心任务，是广大侨务工作者义不容辞的光荣使命。要深刻领会党中央对侨联工作七个方面重要要求和未来五年侨联工作的主要任务，紧紧围绕确定的目标任务，自觉把围绕中心、服务大局作为工作主线，把侨联事业放到工作全局中去思考谋划，找准聚焦点、结合点、着力点，深化“创业中华”“亲情中华”“侨连五洲”“追梦中华”“侨爱心工程”，以及中国侨商投资大会等各项品牌和活动，着力服务高质量发展，弘扬中华文化，拓展联谊联络，积极参政议政，服务民生福祉，将学习贯彻十一代会精神转化为推动新时代侨联工作高质量发展的生动实践，最大限度把归侨侨眷和海外侨胞中蕴藏的能量和资源凝聚起来、发挥出来。

第三，坚持以人为本、为侨服务，不断提升为侨服务的能力和水平。联系侨、服务侨、团结侨是侨联的职责所在。要牢固树立以人民为中心的发展思想，把联系和服务侨胞作为工作生命线，践行党的群众路线，巩固主题教育成果，深入调查研究，深入基层一线，真正与侨界群众打成一片，及时回应侨的关切、反映侨的呼声，在帮助解决侨界群众“急难愁盼”问题上出实招、动真情、办实事。要认真落实党的侨务政策，加大解读宣讲，在维护归侨侨眷合法权益和海外侨胞正当权益上用实功，不断健全维护侨益工作机制。要坚持以党建带侨建，在扩大基层组织覆盖面和活跃度、构建“联系广泛、服务侨界群众”的工作体系上求实效，有效增强各级侨联组织的组织功能和服务能力，关心新侨、关爱老侨，帮扶侨界困难群众，把侨联组织建设成为广大归侨侨眷和海外侨胞可以信赖的团结之家、温暖之家、奋斗之家。

第四，提高素质能力，努力成为“贴心人”“实干家”。十一代会上，党中央首次提出“侨联干部是党的侨务工作的主要力量”的重要论断。要充分认识侨联干部在党的侨务工作中的地位、职责和作用，深刻理解党中央对侨联干部的肯定、关爱和期待，始终牢记习近平总书记关于贴心人、实干家的要求，不断加强思想淬炼、政治历练、实践锻炼、专业训练，提高推动高质量发展本领、服务群众本领、防范化解风险本领，为新时代侨联工作添砖加瓦、增光添彩。要牢记初心使命，勇担时代之责，不负侨胞希望，以求真务实的优良作风和清正廉洁的政治本色，以只争朝夕的精神状态和马上就干的工作作风，努力创造无愧于党、无愧于人民、无愧于时代的业绩。

各位学员、同志们！新时代是充满希望、大有作为的时代，新征程是充满光荣和梦想的远征。让我们更加紧密地团结在以习近平同志为核心的党中央周围，坚持以习近平新时代中国特色社会主义思想为指导，团结带领广大归侨侨眷和海外侨胞，为全面建设社会主义现代化国家、全面推进中华民族伟大复兴作出新的更大贡献！

祝大家身体健康、工作顺利、返程平安！

谢谢大家！

在中国侨联2023年度侨界基金会（代表处）工作交流活动上的讲话

（2023年12月11日）

连小敏

各位侨界基金会（代表处）代表，同志们、朋友们：

大家上午好！

善行冬日若阳春，侨界公益惠民生。很高兴邀请到大家相聚在全国最大的经济特区、新时代中国改革开放的示范省份海南，举办2023年度侨界基金会（代表处）工作交流活动，围绕“聚焦乡村振兴　展现侨界担当”主题，共同交流过去五年来侨界基金会开展公益慈善活动的情况，谋划今后的工作思路。这也是三年疫情过后中国侨联首次开展的侨界基金会线下工作交流活动，在此，我受万立骏主席的委托，代表中国侨联向参加此次活动的侨界基金会代表们表示热烈的欢迎，并通过你们向支持各家基金会（代表处）的侨资企业和侨界贤达，向所有奉献爱心善举的海外侨胞和归侨侨眷致以崇高的敬意！

下面，我就过去五年来侨界基金会（代表处）的工作、中国侨联十一代会情况和推动新时代侨界基金会高质量发展谈几点意见。

一、过去五年，侨界基金会（代表处）事业发展平稳，成绩斐然

当前，世界百年变局加速演进，世纪疫情影响深远，全球经济面临多种风险挑战，面对风高浪急的国际环境和艰巨繁重的国内改革发展稳定任务，在习近平新时代中国特色社会主义思想的科学指引下，以习近平同志为核心的党中央团结带领全国各族人民迎难而上、砥砺前行，经过艰苦卓绝的努力，战胜了前所未有的困难和挑战，全面建成小康社会取得伟大历史性成就，决战脱贫攻坚取得决定性胜利，抗击新冠疫情斗争取得重大战略成果，实现第一个百年奋斗目标，开启了全面建设社会主义现代化国家新征程，正昂首阔步行进在以中国式现代化全面推进中华民族伟大复兴的道路上。过去五年，是极不寻常、极不平凡的五年，是国家百折不挠、负重前行的五年，也是我们侨资企业、海外侨胞和侨界公益慈善组织克服困难、勇毅坚守的五年。回首过往，国家不容易，每个人都不容易，每个人都了不起。在这期间，中国侨联与大家携手同行，坚守初心，精诚合作，弘爱扬善，走过了五年发展历程。据不完全统计，五年来侨界基金会（代表处）累计投入公益资金约48.5亿元。

——在这五年中，各家侨界基金会（代表处）情系桑梓、积极奔走，在围绕服务国家大局上做成了许多大事！

在抗击疫情中，彰显了家国情怀。2020年初，新冠疫情暴发，疫情的发展和同胞的安危牵动着全国人民以及海内外侨胞的心。中国侨联发出倡议，号召海内外侨胞发扬侨界爱国爱乡的光荣传统，支援抗疫斗争。侨界基金会（代表处）纷纷响应，积极行动，募资捐物，不遗余力，通过各种方式驰援国家和家乡的疫情防控工作，彰显了侨界爱国爱乡、同舟共济的深厚情怀，体现了侨界守望相助、无私奉献的责任担当。在海外疫情持续蔓延之时，侨界基金会（代表处）借助国内的物资供应，积极支援或投身所在国家和地区抗疫，以爱心善举回馈住在国人民，传递中华

民族和衷共济的美德。此时此刻，我们不会忘记国内疫情初起的时候海外侨胞的无私支持和慷慨援助，不会忘记疫情在全球蔓延后侨胞以各种方式与祖国守望相助、共克时艰。历史不断证明，海外侨胞在每一个历史关键时刻，都为家国故土作出了不可磨灭的独特贡献。

在助力脱贫攻坚中，践行了公益初心。侨界公益慈善组织作为侨界爱心力量的典型代表，在打赢脱贫攻坚战的过程中，热情参与社会扶贫体系，发挥自身优势开展产业扶贫、教育扶贫、健康扶贫等工作，拾遗补阙，示范引领，为脱贫攻坚的全面胜利贡献了侨界力量。如今，侨界公益慈善组织继续全力支持全面推进乡村振兴事业，参与 160 个国家乡村振兴重点帮扶县结对帮扶专项行动，秉承不渝初心，弘扬优良传统。

此外，在支援防汛救灾工作、聚焦科教兴国战略、捐建华侨冰雪博物馆、参与共建“一带一路”等方面，也活跃着侨界公益慈善组织的身影。

——在这五年中，各家侨界基金会（代表处）围绕品牌、深耕细作，在助力民生事业发展上做成了许多好事！

中国华侨公益基金会“侨爱心”工程项目实施以来，已遍布全国各地，成为全国侨联系统开展公益事业的品牌项目。**黄奕聪慈善基金会**重点围绕“助力均衡教育、青年人才培养、支持医疗和研究发展、助力乡村振兴”四大公益方向发力，开展近 30 个公益项目；**河仁慈善基金会**在曹德旺先生的大力支持下，积极探索新时代立德树人办学模式，推动福耀科技大学项目有效开展和顺利落地，为推进科教兴国战略贡献福耀力量；**思利及人公益基金会**开办助学圆梦班，开展快乐足球、健康快车等公益项目，实现“学校＋企业＋政府＋社会组织”的联动发展；**金龙鱼慈善公益基金会**聚焦益海嘉里助学工程、中国烹协—金龙鱼烹饪班、高校捐赠、抚孤助残、赈灾济困等模块，开展自有特色的慈善公益项目模式；**应善良福利基金会**秉承“顺应国情、关眷西部、因地制宜、济弱扶贫”的理念，坚持“好事大家办、好事要办好”的捐赠原则，长年捐建支持国内偏远乡村地区的基础建设；**唐仲英基金会**资助青年英才和高校课题研究，坚持长期项目稳中求变，周期性项目顺应需求，社会效应凸显；**欣欣教育基金会**专注中国教育公益事业，致力帮助偏远山区的学校改善设施；**角声基金会和华恩基金会**捐建设立运行“儿童之家”，助力困境儿童健康成长；**中华爱心基金会**注重加强与政府相关部门、高校开展长期合作，设立“兴边富民”教育基金，为民族教育事业提供支持；**广东省天行健慈善基金会**在中国侨联的指导支持下，开展“看清黑板·梦想未来”青少年眼视光慈善项目，热心公益，擦亮品牌；**北京市陈江和公益基金会**大力在“一带一路”国家开展人才培养和生态帮扶；**北京市正大慈善基金会**在服务国家战略的同时，开展助教助学，支持高校华文教育等重要课题研究、推广工作；**广东省侨心慈善基金会**精心培育“侨心”品牌，项目内涵不断丰富；**香港乐善行基金会**每年在香港举办活动筹集善款，支持贫困山区卫生事业；**云南华商公益基金会**开展“暖侨行动”等帮扶项目，打造“汇聚侨情、聚献爱心、救济公益”平台。另外，中国侨联自 2021 年开始，携手各家基金会（代表处）在全国 20 多个省份开展“侨爱心·乡村学生眼视光工程”项目，共为 12 万多名乡村中小学生进行视力筛查，为 2.6 万名符合条件的学生免费配镜，取得了良好的社会效应。各家基金会（代表处）也和各级侨联组织联动开展了不少项目，拓展了公益领域，擦亮了民生发展的温暖底色。

今天与会的侨界基金会（代表处）还有许多可圈可点的公益慈善项目和活动，在这就不一一列举了。在此，我代表中国侨联对你们，并通过你们对更多的侨界爱心人士表达由衷的感谢和敬意。

——在这五年中，中国侨联作为业务主管单位，履职尽责、统筹协调，在用心用情用力做好服务上办成了许多实事！

一是根据国家政策法规和有关部门的要求，加强指导和做好服务，组织动员侨联系统支持和协助侨界基金会（代表处）在国内一些省份落地公益项目，实现爱心善愿。**二是**印发《中国侨联事业发展规划（2021—2025 年）》《中国侨联非公募涉侨基金会管理办法》等一系列文件，做好业务主管单位服务、引导和管理工作。**三是**切实履行职责，在法定代表人变更、章程修改核准、负责人备案、年报审查等工作中认真审核，及时反馈，确保工作顺利开展。**四是**建立工作机制，每年组织开展侨界基金会年度工作交流暨公益考察活动，搭建畅谈经验、分享体会、增进交流、促进合作的平台。**五是**坚持统筹协调，加强与民政部、公安部等相关部门的联系，互通工作情况，增进沟通了解，协同做好监管服务。**六是**注重褒奖激励，对参与抗击疫情和助力脱贫攻坚的先进集体进行通报表扬，我们也有一批侨界基金会（代表处）获得了荣誉。在第十二届中华慈善奖评选过程中，由我会指导，基层建设部推荐的广东省天行健慈善基金会“看清黑板·梦想未来”青少年眼视光项目获得慈善项目奖项，益海嘉里集团获得捐赠企业奖项，曹德旺先生获得捐赠个人奖项。今年 11 月，基层建设部联络处被评为“第九届首都民族团结进步先进集体”。

事实证明，过去五年工作成绩的取得，是中国侨联和各家侨界基金会（代表处）同向而行、同题共答、同向发力的结果。新征程上，大家更要团结一心、步调一致，心往一处想、劲往一处使，不断扩大侨界公益慈善组织的影响力，发出侨界声音，传递侨界正能量。

二、第十一次全国归侨侨眷代表大会胜利召开，充分体现了党中央的高度重视、亲切关怀和殷切期望

8 月 31 日至 9 月 3 日，第十一次全国归侨侨眷代表大会在北京隆重召开。这次大会是在全党全国各族人民迈上全面建设社会主义现代化国家新征程、向第二个百年奋斗目标进军的关键时刻召开的一次十分重要的大会，是广大归侨侨眷和海外侨胞政治生活中的一件大事。会议期间，习近平总书记和中共中央政治局常委等党和国家领导同志出席开幕会，蔡奇同志等党和国家领导同志出席闭幕会，李希同志在开幕会上代表党中央致词，人民团体代表致贺词，充分体现了以习近平同志为核心的党中央对广大归侨侨眷、海外侨胞和侨联工作的高度重视、亲切关怀和殷切期望。

李希同志在代表党中央的致词中，充分肯定了广大归侨侨眷和海外侨胞为实现中华民族伟大复兴中国梦所作的重要贡献。他强调：五年来，在我国经济发展的主战场，在脱贫攻坚的第一线，在科教领域的最前沿，在乡村振兴的行列里，在对外开放的火热实践中，到处都活跃着侨胞的身影。在北京冬奥会冬残奥会上，侨界运动员奋勇拼搏，侨胞捐建的冬奥冰雪博物馆成为弘扬冬奥精神的重要窗口。在伟大抗疫斗争中，海外侨胞心系祖国、倾力驰援，侨胞们守望相助、携手同行，把海内外中华儿女的心紧紧连在一起。广大侨胞为保持港澳长期繁荣稳定和推进祖国统一积极奔走，为促进中外交流与文明互鉴、推动构建人类命运共同体积极奉献。党中央对侨联组织、广大归侨侨眷和海外侨胞充分肯定、寄予厚望！……广大归侨侨眷和海外侨胞要积极响应党和人民的号召，心往一处想、劲往一处使，与祖国共奋进、与人民齐奋斗，在共担民族复兴重任、共享民族复兴荣光中创造新的更大业绩！提出了四点希望：希望广大归侨侨眷和海外侨胞发挥独特优势、紧跟时代步伐，在助力构建新发展格局、推动高质量发展中展现更大作为；把握历史大势、坚守民族大义，为铸牢中华民族共同体意识、推进祖国统一作出更大贡献；热爱祖国、胸怀天下，在弘扬中华优秀传统文化、推动构建人类命运共同体中发挥更大作用；秉承优良传统、勇于自立自强，在促进祖（籍）国和住在国发展中实现自身更大发展。

会议进行了五年一次高规格的评选表彰，宣读了《中国侨联　国务院侨务办公室关于表彰中国侨界杰出人物和全国归侨侨眷先进个人的决定》等三个表彰决定，我们也有一批侨界基金会（代表处）的负责人获得了荣誉。万立骏主席在十一代会工作报告中，对侨界爱心力量的倾情帮扶给予了高度肯定，强调要着力服务民生福祉，对做好侨界基金会（代表处）的指导和服务工作提出了要求。希望大家认真学习党中央致词，进一步增强侨界公益慈善组织的荣誉感和使命感，弘扬侨界大爱，继续发挥更大作用，为全面建设社会主义现代化国家贡献侨界力量。

三、推动新时代侨界公益慈善事业高质量发展

党的二十大擘画了以中国式现代化推进中华民族伟大复兴的宏伟蓝图，发出了为全面建设社会主义现代化国家、全面推进中华民族伟大复兴而团结奋斗的伟大号召，也为侨界公益慈善事业发展开辟了广阔前景。在此，我谈四点希望：

（一）围绕服务大局，为推进中国式现代化作出侨界公益力量新贡献

一是聚焦共同富裕，助力乡村振兴。全面建设社会主义现代化国家，实现中华民族伟大复兴，最艰巨最繁重的任务仍然在农村。全面实施乡村振兴战略的深度、广度、难度都不亚于脱贫攻坚，必须汇聚更强大的力量来推进。希望大家坚持量力而行、尽力而为，在弄清重点帮扶对象需求的基础上开展精准对接，做到服务乡村振兴更加精准，在促进共同富裕中发挥独特作用，展现侨界担当。

二是聚焦“一带一路”，开展“小而美”公益项目。今年是习近平主席提出共建“一带一路”倡议10周年。十年来，共建“一带一路”取得历史性成就，成果惠及150多个国家和地区，开拓出一条通向共同发展的合作之路、机遇之路、繁荣之路。随着“一带一路”建设的持续推进，社会组织“走出去”日益成为塑造国家形象的有力抓手。希望大家积极共建“一带一路”，在谋求自身发展的同时，不仅关注国内公益，还要关注海外民生需求，结合自身实际，开展一些可持续、惠民生的“小而美”公益项目，推动民心相通，服务海外侨界，为共建“一带一路”贡献侨界公益力量。

三是讲好中国故事，传播中国声音。新时代的10年间，习近平主席每次出访，不论是会谈、交流还是撰文、演讲，都在努力做一件事情，那就是“讲好中国故事”，为我们树立了典范。传播中国声音，讲好中国故事，不仅是各级侨联组织的工作内容，也是海外侨胞和侨界公益慈善组织的共同责任。今年是中国改革开放45周年，改革开放是决定当代中国命运的关键抉择，不仅深刻改变了中国，也深刻影响了世界。中国的发展巨变离不开华侨华人的广泛支持、热情参与和积极奉献，他们是改革开放事业的开拓者、参与者和贡献者，是实现中华民族伟大复兴中国梦的宝贵资源。大家是侨界基金会，都有“侨”的背景，是“中国故事”最合适的讲述者，也是“中国声音”最恰当的传播者。希望大家抓住发展面临的新机遇，讲好中国改革开放故事，讲好新时代的中国故事，努力成为“中国故事”讲述者、“中国声音”传播者。

（二）依法依规办会，在加强自身能力建设上促进新提升

一是重视思想引领工作。党中央对社会组织党建工作高度重视，要求强化党对社会组织的全面领导，基层党组织实现全覆盖，将党的建设等要求写入章程，推动党的工作融入社会组织发展各环节、全过程。从之前民政部对基金会评估工作检查反馈情况来看，侨界基金会在党建工作方面与先进社会组织还存在一些差距。要按照民政部的要求，认真落实“六同步”“两纳入”的规定，坚持用党建促进业务发展。

二是强化法治意识。要认真学习法律法规，健全内部管理制度，进一步完善议事规则、提升决策质量、规范换届选举、完善内部监督，增强自我约束、自我管理、自我监督能力，促进基金会管理运行合法、有序，让事业运行在法治轨道上，为事业发展创造良好的制度环境。

三是防范化解风险。近年来，个别公益组织的不规范作为，产生了一些社会负面影响。大家要引以为戒，下好“先手棋”，打好风险防范“主动仗”，把防范化解风险的各项工作做扎实、做到位。要依法依规开展活动，规范公益慈善活动支出。要关注舆情，强化风险意识，对基金会运作过程中的风险点进行仔细梳理，对存在的风险隐患进行整改。要建立内部纠纷防范化解机制，不断提高风险意识和风险防控能力。

四是加强公信力建设。要强化信息公开，及时、准确地发布资金、公益项目等重要信息，进一步提高慈善捐赠的透明度、信任度、参与度，做实透明慈善、信任慈善与高效慈善，不断增强基金会的社会公信力，推动公益慈善温暖人心。

（三）着眼聚势谋远，在推动基金会守正创新上实现新拓展

一是开阔思路，不断探索创新。要坚持因应形势，主动应变求变，自觉把主责主业放到国家大局中来考量，对标国家发展战略和民生需求，找准契合度和切入点，充分发挥优势，在促进自身发展、参与社会治理、促进社会和谐等方面彰显作为。要坚持稳中求变、稳中求进，在传统公益项目优势的基础上不断探索创新，拓展公益服务新领域，寻找新的增长点，让公益慈善的“基因”在传承中创新。要坚持创新思变、改革求变，充分用活用好网络科技资源，把互联网技术优势广泛应用到慈善工作中，走出一条可持续发展的公益慈善之路。

二是汇聚资源，实现合作共赢。要坚持上下联动，充分利用侨联组织体系完善、融通中外、联系广泛、资源丰富的优势，加强合作，让有限的善款发挥最大的成效。要加强与登记管理机关的联系，及时了解国家最新的政策导向和社会的需要，争取工作支持。要落实重大事项请示报告，建立信息报送工作机制，重大活动信息应及时报送业务主管单位。要坚持内外联动，互学互鉴，多加强工作交流，做到互学互鉴促发展，协同共进提质效，特别是在一定的领域和方向上加强协作，共同发力。

三是增强活力，放大公益成效。我们各家基金会在多年的工作实践中，通过持续不懈地努力，形成了各具特色的公益品牌项目。这些公益项目背后，是大家持续多年的慈善情怀以及丰富多彩的慈善故事，是一笔不可多得的财富。但是有知名度、影响力的公益项目品牌还不够多。要充分总结项目经验，寻找典型案例，通过感人的事例讲好公益故事，宣传慈善文化，让现有公益项目品牌更有影响力。要精心选准切口，在选好载体、选准题目的基础上加强品牌设计，重点是社会关注度高、受助人欢迎、地方也需要的题目，让新的公益项目品牌更有生命力。要在扩大网络影响力、提升项目的可及性上下功夫，不仅会做，还要会宣传，讲好各自品牌特有的慈善故事，把品牌做大做出影响，充分发挥好品牌项目的传播力。

（四）坚持砥砺深耕，在传递公益正能量上展现新作为

一是坚定前行信心。当前，国内国际形势复杂，风险挑战日益增多，经济复苏动力不足，公益慈善组织的生存发展也面临着很多现实考验。在庆祝中华人民共和国成立74周年招待会上，习近平总书记强调“要坚定信心，振奋精神，团结奋斗”，“团结就是力量，信心赛过黄金”。新征程上，我们的前途一片光明，但脚下的路不会是一马平川，越是面对困难，越要坚定信心。我们要相信自己，相信国家，相信未来，有以习近平同志为核心的党中央坚强领导；有我们已经取得的不俗成绩，奠定了厚实的物质基础；有长期稳定的社会环境和自信自强的精神力量；有长期积累的应对重大风险挑战的丰富经验，我们完全有条件有能力战胜各种风险挑战，实现经济社会发展行稳致远，也相信我们侨界基金会有能力、有智慧、有信心把自身事业做好，展现新担当，实现新作为。

二是坚守公益初心。广大归侨侨眷和海外侨胞历来都有热心公益、乐善好施、扶贫济困、造福桑梓的优良传统。据统计，中国侨联十代会以来的五年间（2018—2022年），全国侨联系统累计接收或协助受理港澳同胞、海外侨胞、侨资企业及归侨侨眷向国内公益事业的捐赠款物合计196.61亿元，充分体现了广大归侨侨眷和海外侨胞爱国爱乡的拳拳之心和家国之情。我们在座的基金会（代表处）很多人都是在工作之余，兼职做公益，不计得失、不求回报，在经济形势动荡复杂的情况下负重前行，克服各种困难，坚持公益做慈善，体现了侨资企业的责任和个人的情怀，这份担当和坚守令人动容。未来还有相当长的一段时间，企业有可能会面临更大挑战，经历更多考验，希望大家坚守公益初心，将国家命运、企业命运和个人发展紧密联系在一起，在谋求自身发展的同时，坚持量力而行、实事求是。要把有限的善款更多地用在民生更急迫的地方，多做雪中送炭、急人之困的好事，做好每一个项目，用好每一分善款，用公益初心履行对社会和公众的承诺，捐赠无论多少，都是同样的情怀；力量无论大小，都是侨心的代表。

三是弘扬“嘉庚精神”。陈嘉庚先生被誉为“华侨旗帜、民族光辉”。他是中国侨联第一届主席，是侨界引以为傲的一面光辉旗帜，他把毕生资财全部用于爱国救亡、兴资办学等公益事业，为中华民族、海内外中华儿女留下了宝贵的精神财富。习近平总书记在2014年10月给厦门市集美校友总会回信，希望广大华侨华人弘扬“嘉庚精神”，深怀爱国之情，坚守报国之志，同祖国人民一道不懈奋斗，共圆民族复兴之梦。在我们侨界，还有很多像陈嘉庚先生一样的贤达，在扶弱济困、教育科技、医药卫生、应急救灾等多个领域作出了重要贡献。明年，是陈嘉庚先生诞辰150周年，我们要弘扬以陈嘉庚为代表的华侨精神，秉承家国情怀，把“嘉庚精神”宣传好、弘扬好，从“嘉庚精神”中汲取精神养分，以深沉的善念、暖心的善举、创新的善行，汇聚成向上向善的强大正能量，汇聚起实现中华民族伟大复兴的侨界力量。

各位代表，新时代气象万千，新征程催人奋进。中国侨联将继续秉持为侨服务宗旨，动员侨联系统一如既往地重视和支持各家侨界基金会（代表处）的工作，搭建平台、提供帮助，将侨胞的每一份爱心善愿落到实处，着力为侨捐的落实和作用发挥提供便利和支持，切实维护侨胞捐赠项目应有的权益和荣誉，当好大家的娘家人。同时，也希望通过你们的示范引领作用，通过大家的共同努力，团结凝聚更多侨界爱心力量，为人民的幸福生活、为中华民族复兴中国梦作出新的更大贡献！

预祝工作交流暨公益考察活动取得圆满成功。

谢谢大家！

在中国博物馆协会华侨博物馆专业委员会 2023 年年会上的讲话

（2023 年 10 月 31 日）

高　峰

中国博协秘书处顾婷同志，华侨博物馆专委会的各位同志、朋友们：

大家上午好！

在全党尤其是宣传思想文化战线深入学习领会习近平文化思想之际，中国博物馆协会华侨博物馆专业委员会 2023 年年会今天在我国著名侨乡广东江门开幕了，我受万立骏主席委托，代表中国侨联向年会的召开表示热烈的祝贺！向广大辛勤耕耘在涉侨文博一线的工作者致以诚挚的问候！向大力关心支持涉侨文博事业发展的中国博协和江门市委市政府表示衷心的感谢！

本月初，全国宣传思想文化工作会议在北京召开。会议最重要的成果是首次提出并系统阐述了习近平文化思想。习近平文化思想，是新时代党领导文化建设实践经验的理论总结，是对马克思主义文化理论的丰富和发展，是习近平新时代中国特色社会主义思想的文化篇。习近平文化思想的形成，标志着我们党对中国特色社会主义文化建设规律的认识达到了新高度，表明我们党的历史自信、文化自信达到了新高度。本次年会的重要任务，就是学习领会习近平文化思想，勇担新时代新的文化使命，推动涉侨文博事业高质量发展。

党的十八大以来，习近平总书记对文物工作、侨务工作高度重视，作出了一系列重要论述，是我们做好涉侨文博工作的根本遵循。特别是 3 年前习近平总书记在广东汕头考察时指出，“华侨一个最重要的特点就是爱国、爱乡、爱自己的家人。这就是中国人、中国文化、中国人的精神、中国心。中国的改革开放，中国的发展建设跟我们有这么一大批心系桑梓、心系祖国的华侨是分不开的”，“‘侨批’记载了老一辈海外侨胞艰难的创业史和浓厚的家国情怀，也是中华民族讲信誉、守承诺的重要体现。要保护好这些‘侨批’文物，加强研究，教育引导人们不忘近代我国经历的屈辱史和老一辈侨胞艰难的创业史，并推动全社会加强诚信建设”。习近平总书记关于侨务工作和华侨文化遗产保护利用的重要论述，揭示了华侨文化遗产在传承中华优秀传统文化、弘扬爱国主义、团结凝聚侨心侨力侨智中的独特作用，为我们进一步做好涉侨文博工作提出了新的更高要求。

作为党领导的群团组织，中国侨联始终致力于引导广大侨胞为促进中外交流与文明互鉴积极奉献，始终重视挖掘阐释华侨文化遗产中蕴含的华侨文化、华侨精神，始终支持中国博协华侨博物馆专业委员会和各涉侨博物馆的建设和发展。上个月刚刚闭幕的第十一次全国归侨侨眷代表大会，充分肯定了过去五年涉侨文博事业发展的成就，对更好推动涉侨博物馆高质量发展作出部署。去年 9 月，中国侨联与国家文物局签署《关于加强涉侨文物保护利用合作协议》，推动涉侨博物馆体系建设和全国涉侨文博事业高质量发展是其中重要内容。

在此，我就专委会的工作和涉侨博物馆发展提出几点希望，与各位共同交流。

一是希望各涉侨博物馆以习近平文化思想为指导，勇担新时代新的文化使命。习近平文化思想既有文化理论上的创新和突破，又有文化工作实践上的部署和要求，明确了新时代文化建设的路线图和任务书，为统筹推进文物事业发展提供强大思想武器和科学行动指南。习近平总书记强调，在新的起点上继续推动文化繁荣、建设文化强国、建设中华民族现代文明，是我们在新时代新的文化使命。他要求，新时代的文化工作者必须以守正创新的正气和锐气，赓续历史文脉、谱写当代华章。广大侨胞走向世界的历史充分印证了中华文明的连续性、创新性、统一性、包容性、和平性，尤其是近代以来，侨胞在“两个结合”的伟大实践中作出了重要贡献。各涉侨博物馆应当更好担负起新的文化使命，加强对华侨文物中所蕴含的中华优秀传统文化的研究和阐释，切实把革命文物中体现的“两个结合”挖掘展示出来，创新形式方式，实现中华优秀传统文化和革命文化的创造性转化和创新性发展。

二是希望各涉侨博物馆贯彻新时代文物工作方针，加强华侨文物保护利用。习近平总书记指出，不忘历史才能开辟未来，善于继承才能善于创新。优秀传统文化是一个国家、一个民族传承和发展的根本，如果丢掉了，就割断了精神命脉。我们要善于把弘扬优秀传统文化和发展现实文化有机统一起来，紧密结合起来，在继承中发展，在发展中继承。华侨文物是我国文化遗产的重要组成部分，也是广大侨胞传承传播中华优秀传统文化、与祖（籍）国同呼吸共命运的重要实证，对于最大限度凝聚、发挥广大侨胞巨大能量具有重要作用。华侨文物是不可再生、不可替代的珍贵资源，保护是首要任务。广大涉侨博物馆要积极做好华侨文物的保护管理工作，共同传承保护涉侨文化遗产，守护广大侨胞历史记忆。要按照华侨文物的特点，健全管理制度，分类管理、精准施策，提升华侨文物管理精细化、规范化水平。要推进海外中华文化遗产的研究交流，鼓励引导广大海外侨胞参与文物回归，共同促成流失海外文物回归。

三是希望各涉侨博物馆讲好中国故事、传播中国声音，积极推动中外文明交流互鉴。习近平总书记指出，要增强中华文明传播力影响力。坚守中华文化立场，提炼展示中华文明的精神标识和文化精髓，加快构建中国话语和中国叙事体系，讲好中国故事、传播好中国声音，展现可信、可爱、可敬的中国形象。各涉侨博物馆既要发挥海内外侨胞精神家园的作用，守正创新，为他们提供高水平文化产品和优质文化服务；又要发挥文化传播基地作用，立足侨胞联通内外的桥梁纽带作用，助力广大侨胞传承好中华文化的精神基因，担负起弘扬中华文化的历史责任，积极推动中外文明交流互鉴，讲好中国故事，传播中国声音，增进中外民众的相互了解和理解。要在高质量发展上有创新，将收藏、研究、展览、教育、服务作为核心工作，提升学术研究、社会教育的能力和水平。要在展览和教育上见真章，着力打造华侨文物精品展陈和优秀社会教育项目，更好挖掘阐释华侨文物背后的中华优秀传统文化和以爱国爱乡、艰苦创业、无私奉献为主要内容的华侨优秀精神品质。要在转化上求突破，提供多样化、有温度、高品质的华侨文物公共服务和文化产品，让华侨文物有新表达、新活力，让华侨文物活起来，让华侨文化更好融入群众生活、服务人民。

四是希望专委会和各涉侨博物馆不断加强自身建设，推动涉侨文博行业高质量发展。中国博协华侨博物馆专委会是各涉侨博物馆自己的组织，秘书处挂靠在中国华侨历史博物馆。专委会秘书处要加强自身规范化、标准化、专业化建设，拓展开放合作，发挥统筹协调作用，让专委会的工作更加活跃、更加规范、更有影响。专委会要不遗余力指导支持各涉侨博物馆发展，密切成员单位之间的联系合作交流，积极发展新会员，壮大专委会队伍，总结梳理涉侨博物馆建设发展规律，共同建设特色鲜明、联系广泛的涉侨博物馆体系。要畅通公益基金、社会组织、企业进入华侨文博领域的渠道和平台，吸引社会各界力量积极参与到涉侨博物馆的建设和发展中来，推动全国涉侨文博事业的高质量发展，为侨务工作、文物工作贡献更多涉侨博物馆的力量和智慧。

最后，预祝中国博协华侨博物馆专业委员会2023年年会圆满成功。

谢谢大家！

在中非文化艺术交流与“一带一路”倡议十周年论坛上的致辞

（2023年11月11日）

高　峰

尊敬的王雪峰大使阁下，艾科斯副校长，南庚戌主席，各位侨胞，各位来宾，朋友们：

今天，来自非洲各地的侨胞以现场和视频连线的方式齐聚美丽的博茨瓦纳首都哈博罗内，举办中非文化艺术交流与“一带一路”倡议十周年论坛。我谨代表中国侨联和万立骏主席，对论坛的举办表示热烈祝贺！向旅居非洲各地的华侨华人，致以诚挚的问候和良好的祝愿！

今年是习近平主席提出共建“一带一路”倡议十周年。十年来，作为这项伟大事业的参与者、贡献者、受益者，广大旅非侨胞将桑梓深情转化为投身共建“一带一路”的强大动力，热心参与“一带一路”倡议框架下的各领域国际合作，尽己所能为高质量共建“一带一路”献计出力，发挥了积极作用。尤其是在人文交流方面，旅非侨胞身体力行，对外展现开放友好的中国形象，阐释中国互利共赢的合作理念；大力弘扬中华优秀文化，增进中非民众之间的理解互信；广泛开展教育交流、民间交往、文旅媒体合作等，推动中非文明交流互鉴。

文化是一个国家、一个民族的灵魂。文化兴国运兴，文化强民族强。10月7日在北京召开的全国宣传思想文化工作会议首次提出习近平文化思想，为弘扬中华文化、传承中华文明、促进中外文明交流互鉴指明了前进方向。希望广大旅非侨胞以习近平文化思想为指引，坚定文化自信，促进友好交流，坚持守根护魂，在共建“一带一路”、推动构建人类命运共同体中进一步彰显独特作用。

一是做中华优秀文化的赓续传承者，筑牢中华民族共同体意识，为弘扬中华文化、建设中华民族现代文明贡献力量。中华文化源远流长，中华文明博大精深。希望大家全面深入了解中华文明的历史，坚定文化自信，弘扬中华文化，有效推动中华优秀传统文化创造性转化、创新性发展，共同努力创造属于我们这个时代的新文化，建设中华民族现代文明。

二是做促进中外友好交往的积极推动者，推进中国故事和中国声音的全球化表达，促进中外各领域友好交往。讲故事，是国际传播的最佳方式。希望大家组织各种精彩、精练的故事载体，通过非洲人民容易接受的方式，讲述中国道路、中国理念、中国制度、中国精神，介绍以中国式现代化全面推进中华民族伟大复兴，展现可信、可爱、可敬的中国形象，增进中非民众的相互了解和友谊，推动中非友好行稳致远。

三是做人类命运共同体理念的宣介践行者，同住在国人民一道推动构建人类命运共同体，建设更加美好的世界。人类命运共同体是习近平主席面对时代之问给出的“中国方案”和“中国智慧”。希望大家深刻理解和领悟人类命运共同体理念的深刻内涵，通过华文媒体、侨团侨社积极传播宣介，促进非洲民众对人类命运共同体的理解和认同。

中国侨联是党和政府联系广大归侨侨眷和海外侨胞的桥梁和纽带。侨联为侨而建，也因侨而兴。前不久，第十一次全国归侨侨眷代表大会在北京胜利召开，习近平主席等党和国家领导人到会祝贺，李希同志代表党中央致词。我们将认真贯彻落实十一代会精神，把党中央的关心关怀转化为服务党和国家事业发展的不竭动力，把党中央致词中提出的殷切希望转化为围绕中心、服务大局、服务侨胞的实际行动。

侨胞们，朋友们：

我们所处的是一个充满挑战的时代，也是一个充满希望的时代。面对百年变局，中非关系行得稳、中非合作搞得好，对全球发展增添新动能、世界增加稳定性具有十分重要的意义。让我们坚定文化自信，坚守中华文化立场，推动文明交流互鉴，为推动文化繁荣、建设文化强国、建设中华民族现代文明、推动构建人类命运共同体作出新的更大贡献！

祝中非文化交流与“一带一路”倡议十周年论坛圆满成功！祝大家身体健康、家庭幸福、事业兴旺！

谢谢大家。

中国侨联年鉴

大　事　记

中国侨联

年鉴

2024中国侨联年鉴

·发文发电·

2023年1月

1. 1月9日我会向各省、自治区、直辖市侨联，新疆生产建设兵团侨联，中央和国家机关、中央企业侨联，中国侨联机关各部门、各直属企事业单位印发《中国侨联关于对2022年度全国侨联系统调研课题成果进行表扬的通报》（中侨发〔2023〕1号）

2. 1月12日我会办公厅向机关各部门、各直属企事业单位印发《关于印发〈中国侨联海外侨胞接待管理的实施细则〉等三个制度的通知》（中侨厅〔2023〕1号）

3. 1月18日我会向各省、自治区、直辖市侨联，新疆生产建设兵团侨联，中央和国家机关、中央企业侨联，中国侨联机关各部门、各直属企事业单位印发《中国侨联关于对2022年度全国侨联系统信息工作成绩突出单位进行表扬的通报》（中侨发〔2023〕2号）

4. 1月19日我会办公厅向各省、自治区、直辖市侨联，新疆生产建设兵团侨联，中央和国家机关、中央企业侨联，中央军委政治工作部组织局群团处，中国侨联机关各部门、各直属企事业单位印发《中国侨联办公厅关于召开中国侨联十届六次全委会议的通知》（中侨厅〔2023〕2号）

5. 1月20日我会党组向中央机构编制委员会呈报《中国侨联党组关于2022年度机构编制重要事项的报告》（中侨党字〔2023〕4号）

6. 1月20日我会向政协全国委员会办公厅复函《中国侨联关于就列席全国政协十四届一次会议海外侨胞建议名单回复意见的函》（中侨函〔2023〕3号）

7. 1月28日我会向各省、自治区、直辖市侨联，新疆生产建设兵团侨联，中央和国家机关、中央企业侨联，中国侨联机关各部门、各直属企事业单位印发《中国侨联关于确定2021—2022年度全国侨联系统“侨胞之家”典型选树单位的决定》（中侨发〔2023〕3号）

2023年2月

1. 2月13日我会党组向中央纪委机关、中央组织部呈报《中国侨联党组关于领导班子2022年度民主生活会情况的报告》（中侨（党）呈〔2023〕1号）

2. 2月16日我会党组向中共中央呈报《中国侨联党组关于传达学习中央经济工作会议精神情况的报告》（中侨（党）呈〔2023〕2号）

3. 2月16日我会党组向中共中央呈报《中国侨联党组关于2022年工作情况和2023年工作安排的报告》（中侨（党）呈〔2023〕3号）

4. 2月17日我会党组向中共中央呈报《中国侨联党组关于召开第十一次全国归侨侨眷代表大会的请示》（中侨（党）呈〔2023〕4号）

5. 2月21日我会向各省、自治区、直辖市侨联，新疆生产建设兵团侨联，中央和国家机关、中央企业侨联，中央军委政治工作部组织局群团处，中国侨联机关各部门、各直属企事业单位印发《中国侨联关于印发十届六次全委会议文件的通知》（中侨发〔2023〕4号）

6. 2月21日我会向各省、自治区、直辖市侨联，新疆生产建设兵团侨联，中央和国家机关、中央企业侨联，中国侨联机关各部门、各直属企事业单位印发《中国侨联关于印发〈中国侨联2023年工作要点〉的通知》（中侨发〔2023〕5号）

2023年3月

1. 3月27日我会向各省、自治区、直辖市侨联，新疆生产建设兵团侨联，中央和国家机关、中央企业侨联，中国侨联机关各部门、各直属企事业单位印发《中国侨联关于在侨联系统深入开展调查研究工作的通知》（中侨函〔2023〕11号）

2. 3月28日我会党组向中共中央呈报《中国侨联党组关于贯彻落实习近平总书记重要指示批示情况“回头看”工作的报告》（中侨（党）呈〔2023〕6号）

3. 3月29日我会党组向直属机关各党支部（党总支、中企公司党委）印发《关于印发〈2023年中国侨联党的建设工作要点〉的通知》（中侨党字〔2023〕9号）

4. 3月29日我会党组向党组理论学习中心组（扩大）成员印发《关于印发〈中国侨联党组理论学习中心组2023年专题学习重点内容安排〉和学习计划表的通知》（中侨党字〔2023〕10号）

2023年4月

1. 4月4日我会办公厅向机关各部门、各直属企事业单位印发《中国侨联办公厅关于印发〈中国侨联定点帮扶督促检查工作实施办法〉的通知》（中侨厅〔2023〕5号）

2. 4月4日我会办公厅向各省、自治区、直辖市侨联，新疆生产建设兵团侨联印发《中国侨联办公厅关于举办2023“亲情中华·为你讲故事”网上营活动的通知》（中侨厅函〔2023〕40号）

3. 4月10日我会党组向中央组织部呈报《中国侨联党组关于报送〈第十一次全国归侨侨眷代表大会组织方案〉的请示》（中侨党字〔2023〕11号）

4. 4月10日我会办公厅向各省、自治区、直辖市侨联，新疆生产建设兵团侨联印发《中国侨联办公厅关于推荐中国侨联十一届海外顾问、委员候选人建议人选的通知》（中侨厅〔2023〕6号）

5. 4月18日我会党组向中共中央呈报《中国侨联党组关于学习贯彻党的二十届二中全会精神情况的报告》（中侨（党）呈〔2023〕7号）

6. 4月18日我会党组向直属机关各党支部、党总支、中国企业经营咨询公司党委印发《关于印发〈中国侨联学习贯彻习近平新时代中国特色社会主义思想主题教育工作方案〉的通知》（中侨党字〔2023〕13号）

7. 4月19日我会向各省、自治区、直辖市侨联，新疆生产建设兵团侨联，中央和国家机关、中央企业侨联，中央军委政治工作部组织局，全国台联台胞事务部印发《中国侨联关于印发〈第十一次全国归侨侨眷代表大会组织方案〉的通知》（中侨发〔2023〕6号）

8. 4月19日我会办公厅向各省、自治区、直辖市侨联，新疆生产建设兵团侨联，中央和国家机关、中央企业侨联，中央军委政治工作部组织局，全国台联台胞事务部印发《中国侨联办公厅关于推荐第十一次全国归侨侨眷代表大会代表和中国侨联第十一届委员会委员初步人选的通知》（中侨厅〔2023〕7号）

9. 4月23日我会办公厅向各省、自治区、直辖市侨联，新疆生产建设兵团侨联印发《中国侨联办公厅关于下达国内侨务专项工作相关经费的通知》（中侨厅函〔2023〕49号）

2023年5月

1. 5月15日我会办公厅向各省、自治区、直辖市侨联，新疆生产建设兵团侨联，中央和国家机关、中央企业侨联，中国侨联机关各部门、各直属企事业单位印发《中国侨联办公厅关于组织开展“追梦中华·团结奋斗启征程”华侨华人短视频大赛的通知》（中侨厅函〔2023〕61号）

2. 5月31日我会党组向机关各部门、各直属企事业单位印发《关于印发〈中国侨联党组关于第十一次全国归侨侨眷代表大会筹备和召开期间有关监督工作与纪律要求的意见〉的通知》（中侨党字〔2023〕16号）

2023年6月

1. 6月2日我会党组向中央学习贯彻习近平新时代中国特色社会主义思想主题教育领导小组办公室呈报《中国侨联党组关于报送〈问题清单（教育整顿）〉的函》（中侨党字〔2023〕17号）

2. 6月9日我会向财政部报送《中国侨联关于报送财经纪律重点问题专项整治自查自纠报告的函》（中侨函〔2023〕55号）

3. 6月14日我会党组向直属机关各党支部、党总支，中企公司党委印发《关于印发〈中国侨联向驻部纪检监察组通报重要情况重要问题清单〉的通知》（中侨党字〔2023〕19号）

2023年7月

1. 7月3日我会党组向直属机关各党支部、党总支、中企公司党委印发《关于印发〈中国侨联党组贯彻落实中共中央关于加强党的政治建设的意见的实施意见〉的通知》（中侨党字〔2023〕24号）

2. 7月12日我会党组向中央办公厅呈报《中国侨联党组关于报送第十一次全国归侨侨眷代表大会有关文件的请示》（中侨（党）呈〔2023〕14号）

3. 7月12日我会办公厅向人力资源社会保障部国家表彰奖励办公室致发《中国侨联办公厅关于全国侨联系统先进集体和先进工作者推荐初审工作情况的函》（中侨厅函〔2023〕103号）

4. 7月25日我会办公厅向各省、自治区、直辖市侨联，新疆生产建设兵团侨联，中央和国家机关、中央企业侨联，中央军委政治工作部组织局群团处，中国侨联机关各部门、各直属企事业单位印发《中国侨联办公厅关于召开中国侨联十届七次全委会议的通知》（中侨厅〔2023〕10号）

2023年8月

1. 8月18日，我会向各省、自治区、直辖市侨联，新疆生产建设兵团侨联，中央和国家机关、中央企业侨联，中央军委政治工作部组织局，中国侨联机关各部门、各直属企事业单位印发《中国侨联关于表彰全国侨联系统先进组织和先进个人的决定》（中侨发〔2023〕9号）

2. 8月18日，我会向广东省人民政府复函《中国侨联关于同意作为第六届世界客商大会支持单位的复函》（中侨函〔2023〕96号）

3. 8月24日，我会会同国务院侨务办公室向各省、自治区、直辖市侨联，新疆生产建设兵团侨联，中央和国家机关、中央企业侨联，中央军委政治工作部组织局印发《中国侨联 国务院侨务办公室关于表彰中国侨界杰出人物和全国归侨侨眷先进个人的决定》（中侨发〔2023〕10号）

4. 8月24日，我会党组向中央分管领导同志呈报《中国侨联党组关于第十一次全国归侨侨眷代表大会筹备情况的报告》（中侨（党）呈〔2023〕28号）

5. 8月25日，我会会同人力资源社会保障部向各省、自治区、直辖市及新疆生产建设兵团人力资源社会保障厅（局）、侨联，中央和国家机关、中央企业侨联印发《人力资源社会保障部 中国侨联关于表彰全国侨联系统先进集体和先进工作者的决定》（人社部发〔2023〕40号）

2023年9月

1. 9月11日我会向各省、自治区、直辖市侨联，新疆生产建设兵团侨联，中央和国家机关、中央企业侨联，中央军委政治工作部组织局群团处，中国侨联机关各部门、各直属企事业单位印发《中国侨联关于印发十届七次全委会议文件的通知》（中侨发〔2023〕11号）

2. 9月11日我会向各省、自治区、直辖市侨联，新疆生产建设兵团侨联，中央和国家机关、中央企业侨联，中央军委政治工作部组织局群团处，中国侨联机关各部门、各直属企事业单位印发《中国侨联关于印发李希同志代表党中央在第十一次全国归侨侨眷代表大会开幕会上致词的通知》（中侨发〔2023〕12号）

3. 9月11日我会向各省、自治区、直辖市侨联，新疆生产建设兵团侨联，中央和国家机关、中央企业侨联，中央军委政治工作部组织局群团处，中国侨联机关各部门、各直属企事业单位印发《中国侨联关于印发万立骏同志在第十一次全国归侨侨眷代表大会上所作报告、闭幕词和在十一届一次常委会议上讲话的通知》（中侨发〔2023〕13号）

4. 9月11日我会向各省、自治区、直辖市侨联，新疆生产建设兵团侨联，中央和国家机关、中央企业侨联，中央军委政治工作部组织局群团处，中国侨联机关各部门、各直属企事业单位印发《中国侨联关于印发中华全国归国华侨联合会章程的通知》（中侨发〔2023〕14号）

5. 9月13日我会党组向党中央呈报《中国侨联党组关于第十一次全国归侨侨眷代表大会召开情况的报告》（中侨（党）呈〔2023〕32号）

6. 9月21日我会办公厅向各省、自治区、直辖市侨联，新疆生产建设兵团侨联，各副省级城市侨联印发《中国侨联办公厅关于举办2023年全国侨联系统公益事业能力提升培训活动的通知》（中侨厅函〔2023〕136号）

7. 9月27日我会办公厅向各省、自治区、直辖市侨联，新疆生产建设兵团侨联，中央和国家机关、中央企业侨联印发《中国侨联办公厅关于发放、用好"筑梦之路——中国侨联发展历程展"展览素材的通知》（中侨厅函〔2023〕139号）

2023年10月

1. 10月8日我会办公厅向各省、自治区、直辖市侨联，中央和国家机关、中央企业侨联印发《中国侨联办公厅关于举办全国基层侨联组织

大事记

干部研修培训活动的通知》（中侨厅函〔2023〕141号）

2. 10月16日我会党组向中央分管领导同志呈报《中国侨联党组关于与福建省委省政府联合举办中国侨智发展大会的请示》（中侨（党）呈〔2023〕38号）

3. 10月23日我会办公厅向各省、自治区、直辖市侨联，新疆生产建设兵团侨联，中央和国家机关、中央企业侨联印发《中国侨联办公厅关于做好第二十四届世界华人学生作文大赛征稿工作的通知》（中侨厅函〔2023〕152号）

2023年11月

1. 11月20日我会党组向中央分管领导同志呈报《中国侨联关于恳请出席首届中国侨智发展大会开幕式的请示》（中侨（党）呈〔2023〕40号）

2. 11月22日我会办公厅向全国清理和规范论坛活动领导小组办公室致函《中国侨联办公厅关于拟保留省部级论坛活动清单的复函》（中侨厅函〔2023〕167号）

3. 11月24日我会党组向全国人大常委会办公厅呈报《中国侨联关于恳请全国人大常委会领导出席首届中国侨智发展大会开幕式的请示》（中侨（党）呈〔2023〕41号）

2023年12月

1. 12月1日我会向中央和国家机关工委呈报《中国侨联关于报送〈党的二十大以来贯彻执行中央八项规定精神情况的报告〉的函》（中侨函〔2023〕124号）

2. 12月6日我会党组向中央学习贯彻习近平新时代中国特色社会主义思想主题教育领导小组办公室呈报《中国侨联党组关于学习贯彻习近平新时代中国特色社会主义思想主题教育“回头看”有关情况报告的函》（中侨党字〔2023〕41号）

3. 12月13日我会办公厅向人力资源社会保障部办公厅复函《中国侨联办公厅关于贯彻落实〈中共中央　国务院关于加强新形势下引进外国人才工作的意见〉情况的函》（中侨厅函〔2023〕178号）

4. 12月14日我会党组向直属机关各党支部、党总支，中企公司党委印发《关于印发〈中国侨联党组关于推进政治监督具体化、精准化、常态化的工作举措〉的通知》（中侨党字〔2023〕43号）

5. 12月14日我会党组向直属机关各党支部、党总支，中国企业经营咨询公司党委印发《关于印发〈中国侨联党组关于加强和维护党中央集中统一领导的若干措施〉的通知》（中侨党字〔2023〕44号）

6. 12月14日我会向各省、自治区、直辖市侨联，新疆生产建设兵团侨联，中央和国家机关、中央企业侨联印发《中国侨联关于确认第十一批中国华侨国际文化交流基地的通知》（中侨发〔2023〕15号）

7. 12月14日我会办公厅向中央办公厅呈报《中国侨联办公厅关于〈中国侨联党组关于推进政治监督具体化、精准化、常态化的工作举措〉的备案报告》（中侨厅〔2023〕14号）

8. 12月14日我会办公厅向中央办公厅呈报《中国侨联办公厅关于〈中国侨联党组关于加强和维护党中央集中统一领导的若干措施〉的备案报告》（中侨厅〔2023〕15号）

9. 12月18日我会向境外中国公民和机构安全保护工作部际联席会议呈报《中国侨联关于〈中华人民共和国领事保护与协助条例〉阶段性贯彻落实情况及意见建议的函》（中侨函〔2023〕131号）

10. 12月28日我会办公厅向中国华侨历史博物馆复函《中国侨联办公厅关于同意在中国华侨历史博物馆设立“中国华侨华人研究基地”的函》（中侨厅函〔2023〕187号）

11. 12月29日我会党组向中共中央呈报《中国侨联党组关于2023年意识形态工作情况的报告》（中侨（党）呈〔2023〕46号）

12. 12月29日我会办公厅向国家市场监管总局标准创新司致函《中国侨联办公厅关于同意在基层侨联组织统一代码赋码登记过程中使用实时校核机制的复函》（中侨厅函〔2023〕188号）

·会议活动·

2023年1月

1. 1月4日上午，程学源同志出席中央统一战线工作领导小组2023年第一次全体会议。

2. 1月4日下午，程学源同志出席全国宣传部长会议。

3. 1月9日上午，万立骏、程学源同志出席中国侨联2023“亲情中华·同心与共”华侨华人春节晚会节目录制活动。

4. 1月9日下午，连小敏同志出席领导班子2022年度民主生活会征求意见座谈会。

5. 1月10日上午，万立骏、程学源、连小敏同志出席中国侨联党组理论学习中心组学习会，深入学习领会习近平总书记在中共中央政治局民主生活会、中央经济工作会议、二十届中央纪委二次全会上的重要讲话精神，学习全国宣传部长会议精神。会上，万立骏还认真听取了与会同志对会党组及成员在思想政治、组织人事、作风纪律、担当作为、落实全面从严治党主体责任等方面的意见建议。

6. 1月10日下午，程学源同志参加全国统战部长会议。

7. 1月11日下午，万立骏同志代表侨联党组在中央书记处2023年第二次办公会议上汇报2022年工作情况和2023年工作安排，程学源、连小敏同志参加。

8. 1月12日上午，连小敏同志参加经济科技部党支部组织生活会暨部门年度总结述职会。

9. 1月12日下午，程学源同志出席2023年首都侨界新春联谊会。

10. 1月13日上午，万立骏、程学源同志出席中国侨联顾问，原党组成员、副主席徐发淦同志遗体告别仪式。

11. 1月13日上午，万立骏同志参加组织人事部（机关党委）党支部组织生活会。

12. 1月13日，程学源同志参加基层建设部党支部组织生活会。

13. 1月13日上午，连小敏同志出席十三届全国人大华侨委第十四次会议。

14. 1月14日，万立骏同志发表2023年新春贺词《侨界同心携手　共创美好未来》，代表中国侨联向旅居世界各地的华侨华人和广大归侨侨眷拜年。万立骏回顾了2022年党和国家各项工作取得的伟大成绩，号召广大侨胞在新的一年里更加紧密地团结在以习近平同志为核心的党中央周围，为全面建设社会主义现代化国家开好局、起好步贡献侨界力量。

15. 1月17日下午，程学源同志出席中央广播电视总台2023年重点节目片单发布活动，并就《最美侨乡》节目接受总台记者采访。

16. 1月17日，程学源同志到华侨大厦、华侨出版社、北新桥办公楼、华侨历史博物馆开展节前安全检查。

17. 1月17日，连小敏同志出席全国组织部长会议。

18. 1月18日，万立骏、程学源、连小敏同志出席中国侨联2022年度领导班子民主生活会。万立骏代表领导班子作对照检查，万立骏和班子成员逐一进行对照检查，开展自我批评和相互批评。中央第23督导组、中央组织部、驻中央统战部纪检监察组相关同志到会指导。

19. 1月18日，万立骏同志主持召开十届五十三次主席办公会议、十届党组八十七次会议，程学源、连小敏同志出席。

20. 1月19日，万立骏同志出席中央精神文明委员会2023年第一次会议。

21. 1月19日，万立骏同志在“亲情中华·同心与共”2023华侨华人云端春节晚会上向海内外侨界朋友送去新春祝福。

22. 1月20日，万立骏同志参加党中央国务院2023年春节团拜会。

23. 1月20日上午，程学源同志到机关办公楼和亚洲大酒店慰问看望节前在岗干部职工。

24. 1月28日，万立骏同志主持召开会领导碰头会，研究部署近期重点工作，连小敏同志参加。

25. 1月31日，万立骏同志会见河南省侨联党组书记、主席候选人杨海强一行。

2023 年 2 月

1. 2 月 1 日，万立骏同志会见中央统战部副部长、国侨办主任陈旭一行，程学源、连小敏同志参加会见。

2. 2 月 2 日，程学源同志会见云南省侨联党组书记、主席高峰一行。

3. 2 月 2 日，连小敏同志出席中央和国家机关警示教育会（线上）。

4. 2 月 2 日，连小敏同志会见中国侨联法顾委海外委员王志东一行。

5. 2 月 3 日，万立骏、程学源、连小敏同志出席中国侨联十届六次全委会议。会议以习近平新时代中国特色社会主义思想为指导，全面贯彻党的二十大精神，落实中央书记处重要指示要求，总结 2022 年工作，安排部署 2023 年工作。会议听取了万立骏同志所作工作报告，对 2023 年侨联工作任务作出部署，通报表扬了全国侨联系统 2021—2022 年度“侨胞之家”典型选树单位、2022 年度全国侨联系统信息工作成绩突出单位、2022 年度全国侨联系统调研课题成果，审议通过了有关决议，完成了中国侨联副主席、常委、委员增补、卸免有关人事事项，选举连小敏为中国侨联副主席，聘请李卓彬、隋军为中国侨联顾问。会议以线上线下结合方式举行，主会场设在北京，全国各地设分会场，出席、列席人员共约 600 人。会前，还以通讯形式召开了中国侨联十届九次主席会议、常委会议。

6. 2 月 6 日至 10 日，万立骏同志参加新进中央委员会的委员、候补委员和省部级主要领导干部学习贯彻习近平新时代中国特色社会主义思想和党的二十大精神研讨班。

7. 2 月 8 日，程学源同志会见致公党中央副主席兼秘书长卢国懿一行。

8. 2 月 9 日、10 日，连小敏同志出席中国侨联直属机关党委七届十七次会议。

9. 2 月 13 日，万立骏、程学源、连小敏同志出席中国侨联机关工作会议暨“制度建设检查年”总结大会。连小敏同志主持会议。万立骏同志发表讲话，对贯彻中央书记处重要指示要求，落实中国侨联十届六次全委会工作部署、扎实推进 2023 年工作作出安排部署。程学源同志作“制度建设检查年”活动总结并宣读有关表彰决定。会上，有关部门（单位）主要负责人作了述职，2022 年度考核优秀等次人员代表作了交流发言，会领导为获奖集体和年度考核优秀等次人员颁发了奖牌和证书。大会还开展了中国侨联领导班子年度考核和“一报告两评议”测评工作。中央组织部、驻中央统战部纪检监察组有关同志出席会议。

10. 2 月 13 日，万立骏、程学源、连小敏同志分别会见河北省侨联党组书记、主席付辉东一行，吉林省侨联主席丁兆丽一行。

11. 2 月 14 日，万立骏、程学源、连小敏同志出席“亲情中华 · 第四届世界华侨华人美术书法展”开幕式。中国书法家协会副主席叶培贵，中国美术家协会副主席徐里等出席。本次展览共收到来自全国 29 个省、自治区、直辖市侨联征集推荐的美术、书法作品 845 幅，展出 193 幅。

12. 2 月 14 日，万立骏、程学源、连小敏同志会见北京市侨联党组书记严卫群一行。

13. 2 月 15 日，万立骏、程学源同志分别会见安徽省侨联主席李世蕴一行、山西省侨联党组书记王进仁一行。

14. 2 月 15 日，连小敏同志出席中国侨联干部培训教材评审专家委员会会议。

15. 2 月 16 日，万立骏、连小敏同志出席中国侨联与中国社科院大学签约（挂牌）仪式暨全国侨联挂兼职副主席培训班开班式。根据合作协议，双方将在建设培训基地、举办培训班、建立网络培训点、建立科研智库支撑等方面开展交流与合作。本期培训班由双方合作举办，邀请多位中国社科院学部委员、政治局集体学习主讲专家、国务院参事为学员们直播授课，省级侨联、中央和国家机关侨联和中央企业侨联的挂兼职副主席等 200 多名学员参训。万立骏在开班式上作“以党的二十大精神引领侨联事业奋进新征程”的动员报告。

16. 2 月 16 日，万立骏、程学源、连小敏同志会见湖北省侨联党组书记、主席施政一行。

17. 2 月 17 日至 18 日，连小敏同志赴广州调研中国侨商投资（广东）大会筹备工作。

18. 2 月 20 日，中国侨联党组、驻统战部纪检监察组举行2023年第一次会商会议，围绕“深入学习贯彻二十届中央纪委二次全会精神，推动新时代新征程中国侨联全面从严治党工作向纵深发展”进行会商，中国侨联领导班子成员、驻统战部纪检监察组组长刘军川及有关同志参加会议。

19. 2月20日，万立骏、程学源同志出席中国侨联2023年全面从严治党工作会议。万立骏同志在讲话中对中国侨联全面从严治党工作作出部署。驻统战部纪检监察组组长刘军川同志莅会指导。机关党委委员、纪委委员，机关四级调研员以上干部和直属企事业单位领导班子成员等100余人参加会议。

20. 2月20日，程学源同志会见河南省政协副主席谢玉安一行。

21. 2月20日至23日，连小敏同志参加中央党校（国家行政学院）学习贯彻习近平新时代中国特色社会主义思想和党的二十大精神研讨班。

22. 2月21日，万立骏同志会见广西壮族自治区侨联党组书记、主席陈洁英一行。

23. 2月21日至22日，程学源同志在山东济宁出席中国侨联文化交流干部培训班开班式并在济南调研。

24. 2月22日，万立骏同志会见湖南省侨联党组书记、副主席孙民生一行。

25. 2月22日，程学源同志为在四川绵阳举办的“第六届海峡两岸文昌文化交流活动暨大蜀道（梓潼）文化旅游发展大会系列活动”录制祝福致辞。

26. 2月23日，万立骏、程学源同志在京出席“追梦中华·奋进新征程”华侨华人短视频大赛颁奖仪式。万立骏同志在讲话中希望广大海外侨胞发挥作用，运用好新媒体，创新表达方式，进一步讲好中国故事，传播好中国声音。并就侨界学习好、宣传好、贯彻好党的二十大精神作出部署。中国侨联各部门单位负责同志、有关省级侨联负责同志、获奖代表等参加仪式。大赛由中国侨联主办，自启动以来，海内外侨界积极参与，共收到约55万个短视频投稿，综合浏览量约28亿次，在侨界营造了喜迎二十大的浓厚氛围。

27. 2月23日，程学源同志出席中国华侨历史博物馆全体干部会议。

28. 2月24日至26日，万立骏、连小敏同志赴广东广州出席中国侨商投资（广东）大会。大会由中国侨联和广东省人民政府联合举办。中央政治局委员、广东省委书记黄坤明，广东省委副书记、省长王伟中，广东省人大常委会主任黄楚平，广东省政协主席、省委常委、广州市委书记林克庆及全国政协常委、中国侨联顾问、中国侨商联合会常务副会长李卓彬等出席开幕式。广东省委常委、统战部部长王瑞军主持大会。广东各地级市主要负责同志，横琴、前海、南沙和广东省有关部门负责同志，来自五大洲50多个国家和地区的侨商嘉宾和侨界人士等600多人现场出席大会。

本次大会推动投资贸易合作项目856个、项目总金额合计约1.63万亿元。其中，侨商在粤投资项目616个，投资总额6582亿元；侨资企业贸易项目240个，合同金额9688亿元。24个项目现场签约，其中投资项目22个，总金额1227.6亿元；贸易项目2个，总金额6000亿元。会后，参会嘉宾分别赴广州、中山、韶关、惠州、汕尾、湛江等地开展投资考察和项目对接。

29. 2月24日，程学源同志参加中央统战工作领导小组海外统战工作协作机制会议。

30. 2月25日，程学源同志出席河南省第十一次归侨侨眷代表大会并致辞。

31. 2月26日至28日，万立骏同志参加中国共产党第二十届中央委员会第二次全体会议。

32. 2月27日至3月1日，程学源同志参加新任全国人大代表学习活动。

2023年3月

1. 3月5日至13日，万立骏、程学源同志出席十四届全国人大一次会议。

2. 3月7日，连小敏同志出席中国侨联离退休干部工作领导小组会议。

3. 3月9日、10日，连小敏同志在北京大兴、顺义调研新侨创新创业工作。

4. 3月11日，连小敏同志参加全国政协宴请列席政协十四届一次会议的海外侨胞晚宴。

5. 3月13日，万立骏、程学源同志出席十四届全国人大华侨委员会第一次会议。

6. 3月14日上午，万立骏、程学源同志出席十四届全国人大常委会第一次会议。

7. 3月14日，万立骏、连小敏同志分别会见青海省委常委、统战部部长班果一行。

8. 3月14日，连小敏同志参加中央和国家机关新任直属机关党委书记集体谈话会。

9. 3月15日，万立骏同志主持召开中国侨联学习贯彻全国两会精神大会并讲话。万立骏强调，侨联全体干部职工要坚决维护习近平总书记党中央的核心、全党的核心地位，坚决维护以习近平同志为核心的党中央权威和集中统一领导，同心同德，开拓进取，为夺取新时代中国特色社会主义伟大胜利，实现中华民族伟大复兴不懈奋斗。程学源同志传达十四届全国人大一次会议精神，隋军同志传达全国政协十四届一次会议精神。连小敏同志，中国侨联顾问等出席会议。机关各部门、直属企事业单位主要负责人，机关各部门副处长以上干部，企事业单位、社团中层代表等共100余人参加会议。

10. 3月17日，程学源同志出席中国侨联2023年第一次海外工作联席会议。

11. 3月17日，程学源同志出席北京市侨联“地方侨联+大学侨联+校友会”机制建设推进会。

12. 3月20日，万立骏同志主持召开机关党的建设工作领导小组第五次会议暨党风廉政建设责任制领导小组第六次会议，十届党组八十九次会议、十届五十四次主席办公会议，程学源、连小敏同志出席。

13. 3月21日，万立骏同志分别会见新疆维吾尔自治区侨联党组书记、主席任澄一行，山东省侨联党组书记、主席李兴钰一行。

14. 3月21日，程学源同志出席人民日报海外网主办的第四届全球华人生活短视频大赛颁奖典礼。

15. 3月21日，连小敏同志出席“学习二十大精神”海外侨领中国国情研修班开班式。

16. 3月22日，程学源同志会见北京市东城区委常委、统战部长薛国强一行。

17. 3月22日至23日，连小敏同志在湖南长沙、江苏南京调研片区经济科技工作并出席经科工作片区调研座谈会。

18. 3月23日，程学源同志会见奥地利华侨华人联谊会、奥地利浙江商会代表团一行。

19. 3月24日，程学源同志出席第十六届精神文明建设“五个一工程”表彰座谈会。

20. 3月24日，连小敏同志在江苏南京出席中国侨联法顾委调研座谈会。

21. 3月27日，万立骏、程学源、连小敏同志出席学习贯彻党的二十大精神和全国两会精神侨商座谈会。中国侨商联合会100余名侨商参加。会上，万立骏结合侨联和侨商会工作实际，谈了“三点意见”。一是坚守侨的初心，深入学习贯彻党的二十大和全国两会精神，领会核心要义、把握时代要求，展现侨心向党的新风貌。二是凝聚侨的力量，积极投身强国建设、民族复兴的伟大进程，发挥独特优势、坚定发展信心，作出无愧时代的新贡献。三是弘扬侨的精神，把个人发展与国家和民族发展紧密相连，继承优良传统、厚植家国情怀，续写不懈奋斗的新篇章。中国侨商联合会有关侨商以视频形式交流学习体会或围绕主题作现场发言。

22. 3月27日，连小敏同志出席创业中华·中国侨联“一带一路”华商高级研修班开班式。

23. 3月27日至28日，连小敏同志在河北石家庄出席“智汇河北·2023侨界精英创新创业大会”及中国侨联经济科技工作片区调研座谈会。

24. 3月28日，程学源同志会见陕西省侨联党组成员、副主席尚小红一行。

25. 3月28日至29日，连小敏同志在河南郑州调研并出席中国侨联法顾委调研座谈会。

26. 3月29日，万立骏、程学源同志会见江西省侨联党组书记、主席唐舒龙一行。

27. 3月29日，程学源同志会见澳大利亚宋庆龄基金会代表团一行。

28. 3月29日至31日，连小敏同志在广东深圳调研并在广州出席广东省侨联新侨创新创业联盟成立大会。

29. 3月30日，万立骏、程学源同志会见马来西亚中华总商会访问团一行。

30. 3月30日，万立骏、程学源同志会见美国巾帼会代表团张素久一行。

31. 3月31日至4月2日，万立骏同志赴香港出席“侨界凝心聚力 香港再创辉煌”大会并走访侨团、看望侨胞，同香港海外归国人员代表座谈交流。

32. 3月31日，程学源同志出席十四届全国人大华侨委员会第二次会议。

33. 3月31日，连小敏同志参加国务院第一次廉政工作会议。

2023年4月

1. 4月3日，万立骏同志参加习近平新时代中国特色社会主义思想主题教育工作会议。

2. 4月3日，程学源同志出席广东珠海原创民族歌剧《侨批》首演活动。

3. 4月4日，万立骏、程学源同志分别会见温州大学党委书记张健一行。

4. 4月4日至5日，连小敏同志在陕西延安出席癸卯年清明公祭轩辕黄帝典礼。

5. 4月6日，万立骏同志主持召开2023年理论学习中心组（扩大）第四次学习会，程学源、连小敏同志出席并传达中央会议精神。会议深入学习领会习近平总书记在新时代中国特色社会主义思想主题教育工作会议上的重要讲话精神，进一步深刻领悟“两个确立”的决定性意义，增强“四个意识”、坚定“四个自信”、做到“两个维护”，坚决把思想和行动统一到习近平总书记、党中央决策部署上来。会上，万立骏就扎实推进侨联学习贯彻习近平新时代中国特色社会主义思想主题教育作出部署。驻中央统战部纪检监察组有关同志莅会指导。中国侨联机关各部门、直属企事业单位、社团司局级党员领导干部参加。

6. 4月6日，万立骏同志主持召开十届党组九十次会议、十届五十五次主席办公会议，程学源、连小敏同志出席。

7. 4月6日，程学源同志与外交部领事司会商有关工作。

8. 4月6日，程学源同志主持召开2023年“侨连五洲·沪上进博”工作会商会。

9. 4月7日，程学源同志带队赴密云区开展义务植树活动，机关各部门及企事业单位干部职工共60余人参加。

10. 4月8日至10日，连小敏同志在海南三亚、海口出席三亚市招商推介会、第三届中国国际消费品博览会开幕式和“创业中华·侨商论坛”活动。

11. 4月9日至14日，程学源同志在中央党校参加中管干部学习贯彻习近平新时代中国特色社会主义思想和党的二十大精神第4期研讨班。

12. 4月10日，万立骏同志会见深圳市委常委、统战部部长王强一行。

13. 4月11日，中国侨联召开学习贯彻习近平新时代中国特色社会主义思想主题教育动员部署大会。主题教育中央第二十三指导组组长胡文容出席会议并讲话，介绍中央指导组职责任务，对中国侨联落实主题教育各项任务作出指导、提出要求。中国侨联学习贯彻习近平新时代中国特色社会主义思想主题教育领导小组组长万立骏主持会议并作动员讲话，强调要切实提高政治站位，深刻认识开展主题教育的重大意义，坚持不懈用习近平新时代中国特色社会主义思想凝心铸魂，并就紧密结合侨联实际，扎实推进主题教育作出部署。指导组副组长于春生，连小敏同志，驻统战部纪检监察组有关同志，指导组全体成员，中国侨联各基层党组织主要负责同志，机关四级调研员以上、直属企事业单位中层以上党员干部参加会议。

14. 4月12日，万立骏同志带队拜访最高人民法院，并就贯彻落实习近平总书记在党的二十大报告中提出的“加强和改进侨务工作”指示精神听取最高法的意见建议，连小敏同志参加。最高人民法院党组书记、院长张军会见万立骏一行并座谈。双方有关同志结合近年来涉侨纠纷多元化解工作、“总对总”在线诉调对接机制建设等情况作了发言，并就推动落实具体工作交流意见建议。

15. 4月12日，万立骏同志会见重庆市委统战部副部长、市侨联党组书记陈瑛一行。

16. 4月13日，万立骏同志出席全国人大华侨委会议。

17. 4月14日，万立骏同志会见福建省侨联党组书记、主席陈式海一行。

18. 4月14日，万立骏同志带队拜访最高人民检察院。最高人民检察院党组书记、检察长应勇会见万立骏一行并座谈。双方结合近年来检侨合作开展情况、涉侨检察工作面临的问题交流了意见建议。连小敏同志参加。

19. 4月18日，程学源同志会见云南省侨联副主席万妍娟一行。

20. 4月19日至22日，为扎实推进侨联系统学习贯彻习近平新时代中国特色社会主义思想主题教育，落实大兴调查研究的工作要求，万立骏同志赴山东就传承中华优秀传统文化、加强国际传播能力建设、促进新侨创新创业等开展调研。在曲阜，调研孔子博物馆、孔庙等华侨国际文化交流基地，了解基地建设和作用发挥情况，并召开文化交流工作座谈会，听取省、市侨联的工作介绍和意见建议。在济南和青岛，先后赴济南中科院新经济科创园、济南先进动力研究所和新旧动能转换起步区城市展厅、国家深海基地和崂山实验室调研，了解科技创新、产业发展、人才引进、新侨创新创业等工作情况，并参加山东省新侨创新创业座谈会，广泛听取侨界专家、侨商侨企代表的意见建议。在与山东省各级侨联干部交流中，万立骏要求各级侨联组织认真学习贯彻习近平总书记在主题教育工作会议上的重要讲话精神，把侨联系统的主题教育组织好、落实好，把教育实践活动开展好。

21. 4月19日，连小敏同志在天津出席第九次京津冀侨联主席联席会议。

22. 4月20日至22日，程学源同志在四川成都出席全国侨联基层组织建设工作交流活动并调研高校侨联建设、“地方侨联 + 大学侨联 + 校友会”机制作用发挥、侨联组织助力引才引智等工作。

23. 4月20日，连小敏同志主持召开中国侨联学习贯彻习近平新时代中国特色社会主义思想主题教育领导小组办公室第一次会议。

24. 4月20日至22日，连小敏同志在河南郑州出席癸卯年黄帝故里拜祖大典，并在南阳调研。

25. 4月23日，连小敏同志出席2023年中央和国家机关党的工作暨纪检工作会议。

26. 4月24日至26日，万立骏、程学源同志出席十四届全国人大常委会第二次会议。其中，25日上午的会议听取了国务院关于新时代侨务工作情况的报告，中国侨联派员列席会议，听取意见、回答问询。

27. 4月24日至26日，连小敏同志在重庆调研西南片区经济科技工作。

28. 4月27日至5月12日，中国侨联党组举办学习贯彻习近平新时代中国特色社会主义思想主题教育读书班。27日上午，万立骏同志出席读书班开班式暨第一次集体学习并讲话，就推动侨联主题教育走深走实提出具体要求。程学源、连小敏同志领学《习近平著作选读》（第一卷）有关篇目并重点发言，有关部门负责同志交流了学习体会。中央第二十三指导组有关同志莅会指导。机关各部门、直属企事业单位司局级党员领导干部参加学习。

29. 4月27日，程学源同志出席第十届世界华侨华人社团联谊大会动员大会。

30. 4月28日，程学源同志会见美东地区台湾乡亲访问团马涤凡一行。

2023年5月

1. 5月4日，连小敏同志出席2023年中国侨联参政议政工作领导小组会议、中国侨联定点帮扶工作领导小组会议。

2. 5月5日，程学源同志线上出席“亲情中华·与‘子’偕行”2023首届烂柯文化国际学术研讨会（浙江衢州）开幕式并致辞。

3. 5月8日至9日，万立骏、程学源同志在京出席第十届世界华侨华人社团联谊大会。大会是全球华侨华人主要社团及负责人联谊交流的重要平台，中国侨联参与主办。本届大会以“融通中外　推动共筑人类命运共同体”为主题，来自130多个国家和地区的近500位华侨华人社团负责人参加。5月8日上午，中共中央总书记、国家主席习近平在北京人民大会堂亲切会见第十届世界华侨华人社团联谊大会代表，代表党中央、国务院向大家表示热烈欢迎，向世界各地华侨华人致以诚挚问候。中央政治局常委、全国政协主席王沪宁，中央政治局常委、中央办公厅主任蔡奇同志参加会见。

4. 5月8日至9日，连小敏同志赴上海出席中国侨益保护研究基地（华东政法大学）揭牌活动并在沪调研。

5. 5月11日，万立骏、程学源、连小敏同志出席“学习新思想　奋进新征程”中国侨联青年干部党课比赛活动。活动中，来自中国侨联直属机关各部门（单位）的青年干部围绕“学习新思想　奋进新征程”主题，结合侨联工作实际分享了个人体会和思考，汇报了侨联青年干部在主题教育中的阶段性学习成果。万立骏在讲话中指出，侨联青年干部要认真学习习近平总书记给中国农业大学科技小院学生重要回信精神，深刻领会总书记对青年的高度重视和对青年成长成才的深情期许，深入贯彻落实“学思想、强党性、重实践、建新功”的主题教育总要求，当好践行“两个维护”第一方阵青年突击队。活动中，驻外、挂职、支教青年干部代表以视频方式交流学习工作体会。中国侨联会领导，直属机关各部门（单位）负责同志，直属机关青年干部共 120 余人参加活动。

6. 5 月 12 日，万立骏、程学源、连小敏同志出席中国侨联学习贯彻习近平新时代中国特色社会主义思想主题教育读书班结业式。万立骏同志主持结业式并讲话，总结此次读书班学习成果并就切实抓好主题教育向侨联党员干部提出“四点要求”。一是提高政治站位，推动学习贯彻习近平新时代中国特色社会主义思想主题教育在侨联走深走实。二是落实好“学思想、强党性、重实践、建新功”的总要求，用习近平新时代中国特色社会主义思想凝心铸魂、指导实践、推动工作。三是深入开展调查研究，切实提升用党的创新理论研究新情况、解决新问题、探索新规律的本领。四是坚持“学、查、改”有机贯通，切实把开展主题教育与做好中心工作紧密结合起来。结业式上，有关部门负责同志交流学习体会。主题教育中央第二十三指导组有关同志莅会指导。机关各部门、直属企事业单位司局级党员领导干部参加了学习。

7. 5 月 15 日，万立骏同志主持召开十届党组九十一次会议、十届五十六次主席办公会议，程学源、连小敏同志出席。

8. 5 月 15 日，程学源同志参加中国侨联基层建设部党支部主题教育党日活动。

9. 5 月 15 日下午，程学源同志赴出版社参加曾旭任中国华侨出版社副经理宣布会。

10. 5 月 16 日至 19 日，程学源同志在浙江宁波出席“侨连五洲 · 聚力甬城”—2023 海外侨团暨中东欧国家侨领侨商合作大会，并在丽水、温州调研。

11. 5 月 17 日至 18 日，连小敏同志在重庆出席第五届西洽会开幕式暨 2023 陆海新通道国际合作论坛及第四届“一带一路”侨商组织年会。

12. 5 月 19 日，连小敏同志在山西太原出席山西省第十一次归侨侨眷代表大会。

13. 5 月 22 日，程学源同志会见马来西亚华校董事会总会访问团一行。

14. 5 月 22 日，连小敏同志出席 2023 中国侨联新侨双创研修班开班式。

15. 5 月 22 日，连小敏同志会见香港侨商联合会代表团一行。

16. 5 月 22 日至 24 日，连小敏同志出席在江西方志敏干部学院举办的“学习党的二十大精神”省（区、市）侨联干部培训班开班式，并在江西上饶调研定点帮扶和乡村振兴工作。

17. 5 月 23 日，万立骏同志调研中企公司开展学习贯彻习近平新时代中国特色社会主义思想主题教育情况，与党员干部面对面座谈交流。他指出，中国侨联机关和各直属企事业单位要在前期工作基础上，深入学习贯彻习近平总书记关于主题教育的重要讲话和重要指示精神，进一步深化思想认识、提高政治站位，自觉与党中央开展主题教育的部署要求对标对表，按照中央第二十三指导组的要求，统筹推进理论学习、调查研究、推动发展、检视整改，确保主题教育取得实实在在的成效。

18. 5 月 25 日，万立骏同志分别会见河北省副省长金晖、河南省副省长张敏一行。

19. 5 月 27 日，程学源同志出席 2023“亲情中华 · 为你讲故事”网上营开营式暨“亲情中华 · 童心欢畅”——礼乐中轴汉服秀活动。

20. 5 月 29 日，万立骏同志主持召开 2023 年党组理论学习中心组（扩大）第八次学习会，会议以“厚植为民情怀，牢固树立和践行正确政绩观”为专题，深入学习领会习近平总书记在河北、陕西、山西考察时重要讲话精神，学习领会“浦江经验”“千万工程”经验案例，学深悟透习近平新时代中国特色社会主义思想，切实在以学增智上下功夫，不断提升政治能力、思维能力、实践能力，推动主题教育走深走实。万立骏在讲话时强调，要以主题教育推动全年重点工作的落实，做好“结合”这篇文章，确保十一代会胜利召开。程学源、连小敏同志出席会议并传达有关中央文件精神。主题教育中央第二十三指导组有关同志莅会指导。中国侨联机关各部门、直属企事业单位、社团司局级党员领导干部参加。

21. 5月30日，万立骏同志会见河北省委常委、唐山市委书记武卫东一行。

22. 5月30日上午，程学源同志出席国家发展改革委第一次归侨侨眷代表大会。

23. 5月30日下午，程学源、连小敏同志出席中国侨联十一代会筹备工作会议。

24. 5月30日下午，程学源同志分别会见泰国华侨崇圣大学代表团、世界台湾同乡联谊总会文化经贸参访团一行。

25. 5月30日，连小敏同志出席2023中关村论坛平行论坛——“侨海创新发展论坛”。

26. 5月31日，万立骏、连小敏同志出席中国侨联法顾委2023年上半年主任会议。

27. 5月31日，程学源同志会见中央广播电视总台华语环球节目中心主任李欣雁一行。

28. 5月31日，连小敏同志出席中国侨联离退休干部和青年干部座谈会并讲主题教育专题党课。

2023年6月

1. 6月1日，万立骏同志主持召开中国侨联学习贯彻习近平新时代中国特色社会主义思想主题教育领导小组第二次会议，传达主题教育有关文件精神并讲话。会议要求，更加深入学习贯彻习近平总书记关于主题教育的重要讲话和重要指示批示精神，及时跟进学习党中央关于主题教育的新部署新要求，并就推动全会主题教育不断取得新成效作出部署。程学源、连小敏同志出席并传达主题教育有关文件精神。会主题教育领导小组办公室综合协调组、调查研究组、教育整顿组、新闻宣传组和部分基层党组织负责同志作工作汇报。主题教育中央第二十三指导组有关同志莅会指导。

2. 6月1日，万立骏同志主持召开十届党组九十二次会议、十届五十七次主席办公会议，程学源、连小敏同志出席。

3. 6月1日，程学源同志到中国侨商联合会秘书处调研，并出席“以侨的公益事业助推高质量发展”调研座谈会。

4. 6月1日，连小敏同志主持召开中国侨联主题教育领导小组办公室第二次会议。

5. 6月2日，程学源同志出席信息传播部党支部主题教育学习讨论会。

6. 6月5日至6日，程学源同志在重庆出席重庆市第五次归侨侨眷代表大会。

7. 6月5日至7日，连小敏同志在浙江杭州出席2023年全国侨商组织会长联席会。

8. 6月6日至8日，万立骏同志在云南昆明出席“侨连五洲·七彩云南——第19届东盟华商会”并在滇调研。活动由中国侨联和云南省政府共同主办，云南省侨联、云南省商务厅、云南省投促局、致公党云南省委员会联合承办。来自泰国、缅甸、新加坡、澳大利亚、美国、加拿大、意大利和中国香港等40余个国家和地区的近千名侨商侨领通过“线上+线下”方式参会。在滇期间，万立骏结合主题教育在大理州宾川县调研。

9. 6月7日至16日，程学源同志出访菲律宾、柬埔寨、老挝。

10. 6月12日，连小敏同志参加中央和国家机关干部队伍教育整顿工作推进会。

11. 6月13日，连小敏同志主持召开直属机关党委七届十八次会议。

12. 6月14日，连小敏同志会见全美各促统会联合参访团一行。

13. 6月15日至19日，万立骏同志在山东青岛出席中国化学会第33届学术年会暨中国化学会90华诞庆祝活动。

14. 6月15日，连小敏同志会见中国在韩青年联合会来访团一行。

15. 6月19日，连小敏同志出席中国共产主义青年团第十九次全国代表大会开幕会。

16. 6月20日，连小敏同志出席中国侨联经济科技工作线上交流会。

17. 6月20日，连小敏同志出席十四届全国政协第四次重点关切问题情况通报会。

18. 6月21日，万立骏、程学源、连小敏同志观看“亲情中华——新时代侨乡风貌”摄影作品展（丽水篇）。

19. 6月21日，万立骏同志主持召开十届党组九十三次会议、十届五十八次主席办公会，程学源、连小敏同志出席。

20. 6月21日，连小敏同志主持召开直属机关党委七届十九次会议。

21. 6月22日至26日，万立骏同志在泰国出席第十六届世界华商大会并走访侨团侨校侨企。万立骏同志在大会欢迎晚宴发表致辞，代表中国侨联向大会召开表示热烈祝贺，向广大华商朋友和旅居世界各地的华侨华人致以诚挚问候和良好祝愿，并向广大华商发出了“相信自己、相信中国、相信未来”的寄语。在曼谷期间，万立骏率团走访泰国中华总商会、泰中侨商联合会、广肇学校等侨团侨校侨企，并到侨企正大集团调研，详细了解企业在泰国等地发展情况。在清迈期间，万立骏率团分别走访了泰北中国和平统一促进会、清迈中华商会，同侨领代表座谈交流，勉励泰北侨胞，做中泰友谊的使者，传承中华文化，讲好中国故事。在泰期间，万立骏还与我驻泰国大使韩志强、驻清迈总领馆代总领事杨炯等进行工作交流。

22. 6月25日，程学源同志在京出席上海市全国人大代表2023年专题调研动员会（线上）。

23. 6月25日，程学源同志出席全国人大华侨委会议、华侨委分党组扩大会议。

24. 6月25日至28日，程学源同志出席十四届全国人大常委会第三次会议。

25. 6月27日至29日，万立骏同志赴香港出席香港福建社团联会庆祝香港回归祖国26周年暨第十三届会董会就职典礼并致辞。在港期间，万立骏走访了香港中华总商会，参观香港科学园，看望香港侨界社团联会和侨青代表，并同中央政府驻港联络办主任郑雁雄、副主任尹宗华就加强前后方配合、发挥香港侨界作用等交换了意见。

26. 6月27日，万立骏同志在深圳调研侨界科技企业发展情况，同深圳市人大常委会主任骆文智等作了工作交流。

27. 6月27日下午、28日下午，连小敏同志主持召开中国侨联章程修改座谈会。

28. 6月28日，连小敏同志参加全国组织工作会议。

29. 6月30日，程学源同志出席“追梦中华·海外华文媒体高级研修班”结业式。

30. 6月30日，连小敏同志出席第五次中央企业归侨侨眷代表大会。

2023年7月

1. 7月3日，召开中国侨联学习贯彻习近平新时代中国特色社会主义思想主题教育专题党课暨“七一”表彰大会。会上，万立骏同志以“学习贯彻习近平新时代中国特色社会主义思想，在推进中国式现代化进程中作出侨界新贡献”为题作专题党课报告。会上还表彰了中国侨联优秀共产党员、优秀党务工作者、先进基层党组织和优秀党小组。程学源、连小敏同志，中国侨联机关干部及受表彰同志等共130余人参加大会。

2. 7月3日，万立骏同志主持召开党组理论学习中心组学习会，深入学习贯彻习近平总书记对党的建设和组织工作重要批示及全国组织工作会议精神。万立骏强调，要坚持不懈用习近平新时代中国特色社会主义思想凝心铸魂，学深悟透习近平总书记对党的建设和组织工作重要批示精神。要强化政治机关建设，坚持大抓基层鲜明导向，不断增强基层党组织政治功能和组织功能，为侨联事业高质量发展提供坚强组织保证。要深入践行新时代党的建设总要求和新时代党的组织路线，不断优化干部选育管用工作，打造政治上强、作风优良、专业水平高的侨联干部队伍。程红、程学源、连小敏同志，机关各部门、直属企事业单位司局级领导干部参加。

3. 7月3日，万立骏同志主持召开十届五十九次主席办公会议，程红、程学源、连小敏同志出席。

4. 7月3日，万立骏同志主持召开十届党组九十四次会议，程学源、连小敏同志出席，程红同志列席。

5. 7月3日至4日，连小敏同志在江西南昌出席江西省第九次归侨侨眷代表大会开幕式。

6. 7月5日，程红同志听取信息传播部、经济科技部工作汇报。

7. 7月5日，程学源同志会见澳门中联办协调部领导一行。

8. 7月5日，连小敏同志出席中央第二十三指导组主题教育工作推进会。

9. 7月6日，程学源同志出席中国侨联外事工作领导小组工作专题会暨2023年第二次海外工作联席会议。

10. 7月7日，程学源同志主持召开全国侨联系统先进集体和先进工作者评选表彰初审会议。

11. 7月7日，程学源同志会见北京市侨联党组书记严卫群一行。

12. 7月10日，万立骏同志主持召开十届党组九十五次会议，程学源、连小敏同志出席，程红同志列席。

13. 7月11日，程红同志在京走访调研中国侨商联合会秘书处、正大集团。

14. 7月11日，程学源同志会见甘肃省侨联党组书记秦禾一行。

15. 7月12日，万立骏同志会见广东省副省长张新一行。

16. 7月12日，程红同志走访调研中国华侨历史博物馆、《海内与海外》杂志社（中国侨联信息中心），并与工作人员进行座谈交流。

17. 7月12日，程红同志与河南省侨联座谈，研究中国侨商投资大会筹备工作。

18. 7月12日，程学源同志主持召开“中国侨界杰出人物（及提名奖）”评审工作专家咨询会。

19. 7月13日，万立骏同志会见重庆市侨联党组书记、主席孟卫红一行。

20. 7月13日，程红同志走访对接中央社院（中华文化学院）。

21. 7月13日，程学源同志主持召开中国侨界杰出人物（及提名奖）初审会议。

22. 7月14日，程学源同志参加全国网络安全和信息化工作会议。

23. 7月15日，连小敏同志会见中国人民对外友好协会副会长鄢东一行。

24. 7月17日，万立骏同志参加全国生态环境保护大会。

25. 7月17日，万立骏同志会见江苏省侨联党组书记、主席刘标一行。

26. 7月17日，程红同志出席中国侨商投资（河南）大会第一次筹委会会议。

27. 7月18日，万立骏同志主持召开十届党组九十六次会议，程学源、连小敏同志出席，程红同志列席。

28. 7月18日，程红同志在京出席中共北京市委政党协商座谈会。

29. 7月18日，程学源同志会见陕西省侨联党组书记程勉贵一行。

30. 7月19日，举办中国侨联学习贯彻习近平新时代中国特色社会主义思想主题教育调研成果交流会，深入总结中国侨联调查研究工作取得的阶段性成效，并就深化调查研究、推动主题教育走深走实作出工作部署。万立骏同志在讲话时强调，要持续深入学习贯彻习近平新时代中国特色社会主义思想，深入学习领会习近平总书记在江苏考察时的重要讲话精神，坚持以学促干，把“学深悟透”的出发点和落脚点放在“做实”上，持续落实“大学习、大调研、大讨论，作出大贡献”部署，加大调研成果转化运用力度，推动主题教育走深走实，狠抓工作落实，全力做好十一代会及全年各项重点工作。会上，8个部门单位负责同志作了交流发言，深入介绍了本部门单位调研工作开展情况、获得的经验成果、发现的问题和下一步建议举措。程学源、连小敏同志出席会议，机关各部门、直属企事业单位主要负责人，机关各部门四级调研员以上干部，企事业单位、社团部分中层干部代表等共90余人参加大会。

31. 7月19日至20日，程红同志赴青海西宁出席第24届中国·青海绿色发展投资贸易洽谈会。

32. 7月20日，万立骏同志主持召开十届党组九十七次会议，程学源、连小敏同志出席。

33. 7月20日至23日，程红同志在新疆参加全国政协“国家重要生态系统保护和修复重大工程”党外委员专题调研。

34. 7月20日，程学源同志向“亲情中华·文艺轻骑兵”走进上饶双溪村文艺演出作视频致辞。

35. 7月20日，连小敏同志出席主题教育整改整治工作推进会。

36. 7月21日，程学源同志会见日本侨领、中华海外联谊会理事林伯耀一行。

37. 7月24日，万立骏同志主持召开十届党组九十八次会议，程学源、连小敏同志出席，程红同志列席。

38. 7月25日，万立骏、程学源同志在京出席十四届全国人大常委会第四次会议。

39. 7月25日，程学源同志出席全国人大华侨委会议。

40. 7月26日，万立骏同志主持召开党组理论学习中心组学习暨主题教育调研成果交流会，深入学习领会习近平总书记在内蒙古、江苏考察，以及在文化传承发展座谈会、中央政治局第六次集体学习时的重要讲话精神，坚持学思用贯通、知信行统一，认真落实主题教育"以学正风""以学促干"的重要要求；深入贯彻落实习近平总书记关于调查研究的重要论述和指示批示精神，交流研讨主题教育调研情况。万立骏同志在讲话中对深入推动主题教育走深走实提出具体要求。主题教育中央第二十三指导组副组长于春生充分肯定调研工作成效，并提出指导意见。程红、程学源、连小敏同志围绕领题的调研成果进行交流，机关各部门各单位司局级党员领导干部参加。

41. 7月26日至28日，万立骏同志在山东济南出席2023习近平总书记关于侨务工作重要论述研讨会。万立骏在讲话中强调，要把学习贯彻习近平新时代中国特色社会主义思想与贯彻落实习近平总书记关于侨务工作的重要论述紧密结合起来，把开展好主题教育与做好新时代侨联工作紧密结合起来，把加强调查研究、理论阐释与推动成果转化紧密结合起来，进一步发挥侨联群团组织优势和桥梁纽带作用，广泛凝聚侨心侨力侨智，在强国建设、民族复兴的伟大征程中展现侨力量、彰显新作为，以优异成绩迎接第十一次全国归侨侨眷代表大会胜利召开。本次研讨会由中国侨联主办，中国华侨华人研究所、山东省侨联、五邑大学共同承办。中央统战部、中央党史和文献研究院、全国人大华侨委、全国政协港澳台侨委、致公党中央有关负责同志，中国华侨历史学会理事和专家学者，部分省级侨联领导，以及山东省各级侨联干部共160余人出席会议。

在鲁期间，万立骏到潍坊调研考察山东省侨联新侨创新创业基地、潍坊侨界会客厅、省级华侨国际文化交流基地等，听取市侨联工作情况汇报，与侨企代表、侨界群众亲切交流，详细了解新侨创新创业、联谊平台搭建、文化传承传播等情况。

42. 7月28日至29日，程红同志在内蒙古乌兰浩特参加中国民主同盟北方生态论坛暨民盟华北五省（区、市）盟务工作会议。

43. 7月31日，万立骏同志出席全国人大专工委工作座谈会。

2023年8月

1. 8月1日，万立骏同志主持召开十届六十次主席办公会议，程红、程学源、连小敏同志出席。

2. 8月1日，万立骏同志主持召开中国侨联十届党组九十九次会议，程学源、连小敏同志出席，程红同志列席。

3. 8月3日，万立骏同志会见天津市侨联主席李占勇一行。

4. 8月3日，程红同志走访富华国际集团，会见中国侨商联合会荣誉会长、富华国际集团董事局主席陈丽华。

5. 8月7日，万立骏、程红、程学源同志会见海南省党组书记、主席梁谋一行。

6. 8月8日，万立骏同志主持召开中国侨联党组理论学习中心组（扩大）学习会，开展习近平新时代中国特色社会主义思想主题教育专题民主生活会会前集中学习，深入学习领会习近平总书记在四川考察时的重要讲话精神、中央政治局7月24日会议精神。程红、程学源、连小敏同志参加。

7. 8月8日，万立骏同志主持召开中国侨联十一届党组一百次会议，程学源、连小敏同志出席，程红同志列席。

8. 8月9日，程学源同志会见中国华侨公益基金会陈嘉庚教育公益基金发起人、管委会主任陈友信。

9. 8月10日，程学源同志出席全国侨联系统先进集体和先进工作者评选表彰复审会议。

10. 8月14日，程学源同志会见河南省侨联党组书记、主席杨海强一行。

11. 8月16日至17日，万立骏同志在福建福州出席福建省第十一次归侨侨眷代表大会。

12. 8月16日，程学源同志参加基层建设部党支部主题教育专题组织生活会。

13. 8月18日，连小敏同志出席中央和国家机关部门党组（党委）落实机关党建主体责任座谈交流会。

14. 8月20日，万立骏同志主持召开中国侨联十届十次主席会议，审议关于召开中国侨联十届十次常委会议、十届七次全委会议有关事项，程红、程学源、连小敏同志和中国侨联兼职副主席出席。

15. 8月21日，召开中国侨联十届七次全委会议。万立骏同志传达了中央书记处办公会议重要指示精神，并作了讲话。会议就报告审议稿、章程（修正案）（草案）审议稿、全委会议有关人事和选举事项分别作了说明。会议讨论并通过了中国侨联十届委员会向第十一次全国归侨侨眷代表大会所提交的报告、《中华全国归国华侨联合会章程（修正案）》（草案），决定将这两份文件提请第十一次全国归侨侨眷代表大会审议。程红、程学源、连小敏同志出席会议。

16. 8月21日，程红同志会见浙江侨联党组书记、主席庄莉萍一行。

17. 8月22日至24日，程红同志出席全国政协常委会。

18. 8月22日，万立骏、程学源、连小敏同志出席“筑梦之路——中国侨联发展历程展”开幕式。展览由中国侨联主办，中国华侨历史博物馆、中国企业经营咨询公司、中国侨商联合会承办。展览是迎接第十一次全国归侨侨眷代表大会的重要活动，是中国侨联学习贯彻习近平新时代中国特色社会主义思想的成果检验。主题教育中央第二十三指导组、驻中央统战部纪检监察组有关负责同志、部分中国侨联兼职副主席等参加开幕式。

19. 8月24日，万立骏、程学源、连小敏同志出席第十一次全国归侨侨眷代表大会动员大会。

20. 8月24日，万立骏同志主持召开中国侨联领导班子学习贯彻习近平新时代中国特色社会主义思想主题教育专题民主生活会。程学源、连小敏同志参加。主题教育中央第二十三指导组、驻中央统战部纪检监察组有关负责同志出席。

21. 8月24日至25日，万立骏同志在天津出席天津市第十次归侨侨眷代表大会。

22. 8月24日至25日，程红同志在浙江温州出席中国（浙江）世界华侨华人新生代创新创业大会。

23. 8月25日，程学源同志出席第十一次全国归侨侨眷代表大会新闻发布会，介绍大会有关情况，发布大会相关信息。

24. 8月27日，程学源同志出席第十一次全国归侨侨眷代表大会联络员工作会议。

25. 8月28日，万立骏、程学源同志出席十四届全国人大常委会第五次会议。

26. 8月28日至29日，程学源同志分别到国二招宾馆、友谊宾馆、职工之家、天泰宾馆察看十一代会住地筹备情况。

27. 8月29日，万立骏同志主持召开中国侨联十届十一次主席会议，审议关于召开第十一次全国归侨侨眷代表大会有关事项，程红、程学源、连小敏同志和中国侨联兼职副主席出席。全天，来自全国各地的近1200名归侨侨眷代表和来自100多个国家的近600名海外侨胞特邀嘉宾陆续到会报到。

28. 8月30日，按照第十一次全国归侨侨眷代表大会日程安排，先后召开第十一次全国归侨侨眷代表大会代表团召集人会议、代表团分组会议，中共党员会议、预备会议、代表资格审查委员会会议、大会主席团第一次会议等。万立骏、程红、程学源、连小敏同志出席有关会议。

29. 8月31日上午，第十一次全国归侨侨眷代表大会在北京人民大会堂开幕。习近平、李强、赵乐际、王沪宁、蔡奇、丁薛祥、韩正等党和国家领导人到会祝贺，李希代表党中央发表了题为《为强国建设民族复兴凝聚起侨界团结奋斗的磅礴力量》的致词，向大会的召开表示热烈的祝贺，向广大归侨侨眷和海外侨胞、侨联工作者致以诚挚的问候。共青团中央书记处第一书记阿东代表各人民团体向大会致贺词。会上宣读了《中国侨联　国务院侨务办公室关于表彰中国侨界杰出人物和全国归侨侨眷先进个人的决定》《人力资源社会保障部 中国侨联关于表彰全国侨联系统先进集体和先进工作者的决定》《中国侨联关于表彰全国侨联系统先进组织和先进个人的决定》，并为获奖单位和个人颁奖。大会主席团常务主席万立骏代表中国侨联第十届委员会向大会作了题为《以习近平新时代中国特色社会主义思想为指导 团结凝聚广大归侨侨眷和海外侨胞为全面建设社会主义现代化国家而奋斗》的报告。王毅、石泰峰、李干杰、李书磊、陈文清、王小洪、洛桑江村、咸辉出席会议。中央和国家机关有关部门、各人民团体、军队有关单位和北京市负责同志，各民主党派中央和全国工商联负责人，以及首都侨界群众代表等参加开幕会。

30. 8月31日下午，外交部副部长邓励同志为出席第十一次全国归侨侨眷代表大会的全体代表和海外嘉宾作国际形势报告。万立骏、程红、程学源、连小敏同志出席。

31. 8月31日，程红同志会见福建省委常委、福州市委书记林宝金一行。

2023年9月

1. 9月1日，按照第十一次全国归侨侨眷代表大会日程，召开代表团第二次、第三次分组会议，主席团第二次会议等。万立骏、程红、程学源、连小敏同志出席有关会议。

2. 9月1日，组织来自100多个国家的近600名参加第十一次全国归侨侨眷代表大会的海外嘉宾参加“同圆共享中国梦——海外侨领对话交流会”，万立骏、程学源同志出席。8位海外侨领代表围绕开幕会党和国家领导人讲话精神以及“同圆共享中国梦”主题作交流发言。万立骏代表中国侨联对海外侨领来京出席第十一次全国归侨侨眷代表大会表示热烈欢迎，高度肯定了海外侨胞为推进中国改革开放和现代化建设、推进祖国和平统一、促进中外交流与文明互鉴、推动构建人类命运共同体作出的重要贡献，并希望海外侨胞坚定信心，在全面推进中华民族伟大复兴中创造新业绩，加强交流，在促进民间友好和民心相通中彰显新作为，团结共进，在推动构建人类命运共同体中作出新贡献。

3. 9月2日上午，第十一次全国归侨侨眷代表大会第三次全体会议（选举大会）在人民大会堂举行，会议选举产生中国侨联第十一届委员会委员。万立骏、程红、程学源同志出席，连小敏同志主持选举大会。

4. 9月2日，按照第十一次全国归侨侨眷代表大会日程，召开主席团第三次、第四次会议，代表团第四次分组会议。万立骏、程红、程学源、连小敏同志出席有关会议。

5. 9月2日下午，万立骏同志作为召集人主持召开中国侨联十一届一次全委会议。中央组织部副部长彭金辉同志作关于中国侨联第十一届委员会主席、副主席候选人安排情况的说明，听取万立骏作关于中国侨联第十一届委员会常务委员、秘书长候选人安排情况的说明。大会选举产生中国侨联第十一届委员会常委和主席、副主席、秘书长。

6. 9月2日下午，万立骏同志分别主持召开中国侨联十一届一次主席会议，十一届一次常委会议，对全面学习贯彻习近平新时代中国特色社会主义思想、做好第十一次全国归侨侨眷代表大会精神传达贯彻、履行好中国侨联新一届领导机构工作职责等提出有关要求。程红、程学源、连小敏同志出席。

7. 9月3日上午，第十一次全国归侨侨眷代表大会圆满完成各项议程，在北京人民大会堂闭幕。蔡奇同志出席大会，并在会前会见了出席大会的海外嘉宾、港澳代表和中国侨联新老班子成员并分别合影。大会宣布了当选的中国侨联第十一届委员会主席、副主席、秘书长、常务委员名单，通过了关于中国侨联第十届委员会工作报告的决议，关于《中华全国归国华侨联合会章程（修正案）》的决议，关于聘请中国侨联第十一届委员会顾问、海外委员、荣誉委员的决议。大会号召，各级侨联组织要更加紧密地团结在以习近平同志为核心的党中央周围，深入学习贯彻习近平新时代中国特色社会主义思想，团结凝聚广大归侨侨眷和海外侨胞，在全面建设社会主义现代化国家、全面推进中华民族伟大复兴、推动构建人类命运共同体的进程中，奋力谱写新的光荣篇章。石泰峰、洛桑江村、咸辉出席大会。

8. 9月3日至4日，程红同志在河北唐山出席“侨连五洲·华侨华人聚唐山”活动开幕式。

9. 9月4日至5日，万立骏、程学源同志参加中央港澳工作会议。

10. 9月5日，程红同志出席民盟北京市委“大美中轴百米长卷观摩展”开幕式。

11. 9月5日，连小敏同志参加学习贯彻习近平新时代中国特色社会主义思想主题教育第一批总结暨第二批部署会议。

12. 9月5日至6日，程红同志在河北石家庄出席2023中国国际数字经济博览会开幕式。

13. 9月6日，万立骏同志会见福建厦门市委常委、统战部部长王雪敏一行。

14. 9月6日下午，万立骏、程红、程学源、连小敏同志出席中国侨联学习贯彻习近平新时代中国特色社会主义思想主题教育总结会议，深入学习贯彻习近平总书记重要讲话精神，全面回顾主题教育开展情况，系统总结工作经验体会，对下一步工作进行部署，巩固深化主题教育成果，把学习贯彻习近平新时代中国特色社会主义思想的成效转化为坚定理想、锤炼党性、指导实践、推动工作的强大力量。会学习贯彻习近平新时代中国特色社会主义思想主题教育领导小组组长万立骏作总结讲话。主题教育中央第二十三指导组、驻中央统战部纪检监察组有关同志到会指导。中国侨联学习贯彻习近平新时代中国特色社会主义思想主题教育领导小组及办公室成员，机关各部门、直属企事业单位司局级党员领导干部参加会议，有关同志作交流发言。

15. 9月6日，连小敏同志参加全国人大常委会立法工作会议。

16. 9月8日，程红同志参观“冬奥之约——北京冬奥会场馆艺术景观回顾展”。

17. 9月8日，程学源同志会见我驻米兰总领馆总领事刘侃一行。

18. 9月11日，万立骏同志会见广东省委常委、统战部部长王瑞军一行。

19. 9月11日，程学源同志参加中国和平统一促进会十届一次理事大会。

20. 9月12日，程学源同志带队到中直管理局沟通有关工作。

21. 9月12日下午，连小敏同志赴中国华侨出版社调研。

22. 9月13日至15日，程学源同志在上海推进“侨连五洲·沪上进博”相关工作并调研。

23. 9月15日，程学源同志会见欧洲华侨华人社团联合会访问团一行。

24. 9月18日，连小敏同志参加中国残联第八次全国代表大会开幕会。

25. 9月19日上午，召开十一代会筹备组织工作总结表彰会议，万立骏、程红、程学源、连小敏、高峰同志出席。会上宣读了《关于表彰十一代会筹备组织工作先进个人的通报》，表彰了一批先进典型，12位同志代表各自工作组作了发言。万立骏同志在讲话中强调，要进一步学习贯彻十一代会取得的一系列重要成果，必须突出侨联组织的政治建设，必须坚持以习近平新时代中国特色社会主义思想统领侨联工作，必须贯彻党中央对侨联工作提出的七方面要求，必须深刻领会党中央首次指出侨联干部是党的侨务工作的主要力量的重大论断，必须坚持侨联工作的指导方针和工作机制、品牌，必须把准未来五年侨联工作的主要任务，同时就巩固十一代会成果、奋力开创侨联工作新局面提出具体要求。

26. 9月19日至20日，程红同志在安徽合肥出席世界制造业大会开幕式及“百家侨企”项目对接暨巢湖侨创峰会。

27. 9月21日，程红同志出席全国妇联主席会、常委会、执委会。

28. 9月21日，程学源同志会见河南商丘市委书记李国胜一行。

29. 9月21日至23日，高峰同志在山西运城出席第34届关公文化旅游节并调研。

30. 9月22日上午，万立骏同志主持召开党组理论学习中心组（扩大）学习会，学习习近平总书记在新时代推动东北全面振兴座谈会上和在黑龙江考察时的重要讲话精神，蔡奇同志在主题教育第一批总结暨第二批部署会议上的讲话精神和中央主题办最新通知精神，学习李希同志代表党中央在十一代会上的致词。万立骏同志在讲话中强调，习近平总书记的重要讲话为侨联巩固拓展主题教育成果指明了前进方向，提供了根本遵循。侨联广大党员干部要认真学习领会，以高度的政治责任感推进主题教育常态化、长效化。并就巩固拓展主题教育成果，贯彻落实好十一代会精神，努力开创侨联工作新局面提出有关要求。程红、程学源同志传达了中央有关文件精神，有关部门负责同志围绕学习内容作交流发言。机关各部门、直属企事业单位司局级党员领导干部参加学习。

31. 9月22日，程红同志会见中国侨联法顾委海外委员回国访问团成员。

32. 9月22日，程红同志会见福建省侨联党组书记、主席陈式海，福州市委常委、秘书长黄建雄，福建省委统战部有关负责同志等，研究中国侨智发展大会筹备工作。

33. 9月22日至24日，连小敏同志在浙江杭州参加杭州第19届亚运会开幕式。

34. 9月23日至24日，程红同志在云南昆明出席“2023全球华商聚云南”活动开幕式。

35. 9月25日上午，万立骏同志主持召开中国侨联十一届一次主席办公会议，程红、程学源、连小敏、高峰同志出席。

36. 9月25日上午，万立骏同志主持召开中国侨联十一届党组二次会议，程学源、连小敏同志出席，程红、高峰同志列席。

37. 9月25日上午，万立骏同志主持召开中国侨联党组与驻部纪检监察组2023年第二次会商会。驻部纪检监察组组长刘军川、副组长周煜华等参加会商，中央纪委国家监委第一监督检查室派员参加。程红、程学源、连小敏、高峰同志参加。

38. 9月25日下午，万立骏、程红、连小敏同志出席2023年港澳台侨国庆招待会。

39. 9月25日至26日，程学源同志在辽宁沈阳出席首届“全球辽商大会”开幕式。

40. 9月27日，程红同志出席民盟“敬老孝老·歌咏金秋”诗歌竞赛颁奖大会。

41. 9月27日至28日，连小敏同志在青海西宁出席青海省第八次归侨侨眷代表大会。

42. 9月28日，万立骏同志参加庆祝中华人民共和国成立74周年招待会。

43. 9月28日，程红同志会见法国华侨华人妇女联合会访问团成员。

44. 9月29日，万立骏同志致广大侨胞中秋家书。

2023年10月

1. 10月7日，程红同志参加推进“一带一路”建设工作领导小组2023年第1次会议。

2. 10月7日至8日，程学源同志参加全国宣传思想文化工作会议。

3. 10月7日至16日，连小敏同志访问荷兰、阿根廷、墨西哥。

4. 10月7日至8日，高峰同志在河南郑州出席中国侨商投资（河南）大会筹备工作会议。

5. 10月9日，万立骏同志出席中国工会第十八次全国代表大会开幕会。

6. 10月10日至19日，万立骏同志访问西班牙、葡萄牙、比利时。分别出席西班牙华侨华人协会成立四十周年庆典并看望在西侨胞、调研了解侨情；走访葡萄牙侨社、看望侨胞并与旅葡侨界代表座谈；看望慰问比利时侨胞、深入调研侨情并出席“一带一路”倡议十周年座谈会。

7. 10月10日，程红同志出席第三届世界华侨华人工商大会筹备工作协调会。

8. 10月10日，程学源同志分别会见全美两岸时事论坛社大陆参访团、澳门缅华互助会访问团。

9. 10月11日至12日，程红同志在山东淄博出席2023年全国侨联系统公益事业能力提升培训活动。

10. 10月12日，程学源同志赴国管局拜会并沟通有关工作。

11. 10月14日至27日，程学源同志在陕西延安参加省部级干部“弘扬延安精神　提高政治能力”专题培训班。

12. 10月16日上午，程红同志在清华大学出席中国侨联马来西亚杰出华商青年研修班开班式。

13. 10月16日上午，程红同志会见广东梅州市委书记马正勇一行。

14. 10月16日下午，程红同志出席民盟中央“首届大运河可持续发展”论坛筹备工作会、“丹青述怀——袁翔工笔画展”开幕式。

15. 10月17日，程红同志会见四川省绵阳市政府副市长李南希一行并座谈。

16. 10月17日，高峰同志在侨博出席“在首都遇见侨乡·广东江门主题月”活动启动仪式。

17. 10月18日，程红同志参加第三届“一带一路”国际合作高峰论坛开幕式。

18. 10月18日至20日，程红同志在河北秦皇岛出席中国侨商会会长会暨“创业中华·创新河北”海内外知名侨商河北行活动。

19. 10月19日，连小敏同志参加全国干部教育培训工作会议。

20. 10月19日至20日，连小敏同志在陕西西安出席陕西高校侨联联盟成立大会暨陕西省高校侨联建设工作经验交流活动并在西安调研。

21. 10月20日至24日，万立骏、程学源同志出席十四届全国人大常委会第六次会议。

22. 10月20日至21日，连小敏同志在福建厦门出席陈嘉庚先生创办集美学校110周年纪念大会。

23. 10月20日，高峰同志参加中央和国家机关第二届运动会开幕式。

24. 10月21日至26日，程红同志出席全国妇联主席会、常委会，中国妇女第十三次全国代表大会相关会议。

25. 10月21日，高峰同志出席欧美同学会成立110周年庆祝大会。

26. 10月23日，万立骏、程红同志出席中国妇女第十三次全国代表大会开幕会。

27. 10月23日，连小敏同志出席“一带一路”海外侨领国情研修班开班式。

28. 10月23日，高峰同志在浙江丽水出席癸卯年中国仙都祭祀黄帝大典。

29. 10月24日至25日，程红同志在辽宁沈阳出席“法治中国　你我同行”2023侨界法治学习活动。

30. 10月24日，程学源同志会见陈嘉庚先生后裔团一行。

31. 10月24日，连小敏同志参加全国工商联成立70周年庆祝大会。

32. 10月24日，高峰同志在浙江金华出席2023金华山黄大仙文化节。

33. 10月25日，连小敏同志在山西太原出席2023“一带一路”海外侨领国情研修班现场教学活动并开展调研。

34. 10月26日，万立骏、连小敏同志会见内蒙古自治区侨联主席候选人王宏华一行。

35. 10月26日，程红同志出席民盟中央妇女大会代表座谈会。

36. 10月26日，程学源同志在陕西西安出席“筑梦三秦　陕靓侨青”陕西省侨联青年委员会2022—2023年度总结年会。

37. 10月26日，连小敏同志会见泰中新时代青年精英研修班访问团。

38. 10月27日，连小敏同志会见台湾旅美和学界人士和平之旅大陆参访团。

39. 10月29日至11月1日，高峰同志在广东广州出席中国华侨历史博物馆广州分馆授牌仪式，在江门出席中国博协华侨博物馆专委会2023年年会。

40. 10月30日至31日，万立骏同志出席第三届世界华侨华人工商大会开幕式，程红同志出席第三届世界华侨华人工商大会有关活动。

41. 10月30日，程红同志会见北京市侨联一行。

42. 10月30日，程学源同志会见中直管理局调研组一行。

43. 10月30日，连小敏同志在江苏扬州出席全国基层侨联组织干部研修培训班开班式并调研。

44. 10月31日至11月3日，万立骏同志在浙江杭州出席创业中华·2023侨界精英创新创业大会。并率队赴浙江杭州、绍兴、宁波调研，宣讲第十一次全国归侨侨眷代表大会精神，围绕做好侨联经济科技、文化交流、基层建设、权益保障等工作听取基层意见和建议，同各级侨联干部和地方同志深入交流，推动十一代会精神落地落实，并按照有关要求，看望所联系的全国人大代表。在浙期间，万立骏与浙江省委副书记、省长王浩等就加强侨联建设、发挥侨的作用作了工作交流。

45. 10月31日，程学源同志会见香港侨界工作骨干国情研修班学员。

46. 10月31日至11月14日，连小敏同志在江西井冈山参加省部级干部专题培训班。

2023年11月

1. 11月1日至10日，程红同志率团访问德国、奥地利、瑞士。

2. 11月2日上午，程学源同志参加李克强同志遗体送别仪式。

3. 11月2日，程学源同志会见云南省侨联副主席万妍娟一行。

4. 11月2日至3日，高峰同志赴广东梅州出席第六届世界客商大会。

5. 11月3日，程学源同志会见海南省委副书记、政法委书记沈丹阳一行。

6. 11月6日至8日，程学源同志在上海出席侨连五洲・沪上进博——“共享中国式现代化机遇”主题论坛（2023）。

7. 11月7日，万立骏同志会见中央统战部副部长、国侨办主任陈旭一行。

8. 11月7日，万立骏同志与中组部调研组谈话。

9. 11月8日，程学源同志会见菲华各界联合会访问团一行。

10. 11月10日至19日，程学源同志率团访问希腊、罗马尼亚、匈牙利。

11. 11月6日至14日，高峰同志率团访问南非、博茨瓦纳。

12. 11月13日，程红同志参加全国政协人口资源环境委座谈会。

13. 11月14日，程红同志出席“民盟先贤肖像巡回展”走进中国人民大学活动启动仪式、民盟中国人民大学第五届委员会成立大会。

14. 11月15日，万立骏同志与中组部调研组谈话。

15. 11月15日至17日，万立骏同志赴海南海口出席海南省第七次归侨侨眷代表大会和中国侨联与海南省人民政府战略框架协议签约仪式，并在琼调研。

16. 11月15日至16日，程红同志赴陕西西安出席第七届丝博会及“一带一路”国家（地区）侨商侨领论坛。

17. 11月15日至16日，连小敏同志赴上海出席中国侨联十一届委员培训班开班式并在沪调研。

18. 11月17日，程红同志出席中国侨联推进“一带一路”建设工作联席会议。

19. 11月17日，连小敏同志参加中组部“一报告两评议”工作座谈会。

20. 11月17日，连小敏同志会见中央和国家机关工委群工部（统战部）部长王立连一行。

21. 11月20日，万立骏、程红、程学源、连小敏同志分别与中组部调研组谈话。

22. 11月20日至22日，程红同志赴四川绵阳出席第十一届中国（绵阳）科技城国际博览会及“侨智精英科博行”活动。

23. 11月21日，连小敏同志赴中央统战部就制定有关涉侨文件事进行工作沟通。

24. 11月22日，万立骏、连小敏同志参加中央统一战线工作领导小组会议，审议有关涉侨文件。

25. 11月22日至23日，程红同志赴福建福州出席中国侨智发展大会筹备工作协调会和动员部署会。

26. 11月22日，程学源同志陪同驻部纪检监察组组长刘军川到中国华侨出版社调研。

27. 11月22日至23日，连小敏同志赴天津出席中国・天津投资贸易洽谈会暨PECC博览会开幕式。

28. 11月23日，万立骏、程学源同志会见泰中新时代领导精英研修班访问团一行。

29. 11月24日至28日，程学源同志分别赴香港、澳门出席香港侨界社团联会庆祝中华人民共和国成立74周年暨第八届会董就职典礼、2023华侨华人助力“一带一路”高质量发展大会等活动。

30. 11月24日上午，连小敏同志出席中央和国家机关第二次归侨侨眷代表大会。

31. 11月24日下午，连小敏同志出席中国侨联直属机关党委委员、纪委委员（扩大）会议。

32. 11月27日至29日，万立骏、程红同志赴河南郑州出席中国侨商投资（河南）大会并就推动做好助力地方经济社会发展工作开展调研。本次大会为中国侨联继与福建、广东联合举办中国侨商投资大会的基础上成功举办的第三场投资大会，以“汇聚侨界力量　共建出彩中原”，邀请了侨商嘉宾和侨界人士等1200余人参会。万立骏代表中国侨联向大会开幕表示祝贺并表示，中国侨商投资大会是中国侨联的一项重要品牌活动，旨在为广大侨胞和地方政府搭建合作共赢的平台。前两届大会在福建、广东举办，取得丰硕成果，获得广泛好评，彰显了广大侨商回报桑梓的赤子情怀和对中国发展的坚定信心。希望广大侨胞坚守初心使命，积极投身中国式现代化建设，凝聚侨心向党、实干报国的磅礴力量；勇立时代潮头，助力构建新发展格局、推动高质量发展，砥砺创新创造、自立自强的奋斗精神；坚持胸怀天下，参与共建“一带一路”，推动构建人类命运共同体，发挥侨连五洲、融通四海的独特作用；厚植家国情怀，将个人事业和祖（籍）国发展紧密相连，当好增进交流、连接中外的桥梁纽带。

经过前期洽谈合作，本次大会初步达成合作项目 346 个，总金额 3127.8 亿元，涉及装备制造、电子信息、新能源、新材料、生物医药、绿色食品、数字经济等领域。开幕式现场集中签约 100 个项目，其中 8 个项目登台签约。开幕式上还举行了投资大会会旗交接仪式，下届投资大会将在浙江省举办。

33. 11 月 30 日，程学源同志出席中国侨联保密委员会 2023 年全体（扩大）会议。

2023 年 12 月

1. 12 月 1 日上午，万立骏同志主持召开 2023 年党组理论学习中心组（扩大）学习会，组织学习习近平总书记在中央政治局第九次集体学习时重要讲话精神、习近平总书记出席亚太经合组织第三十次领导人非正式会议期间重要讲话精神、《求是》杂志发表的习近平总书记重要文章《推进生态文明建设需要处理好几个重大关系》、习近平总书记在北京河北考察灾后恢复重建工作时重要讲话精神。万立骏同志提出“三点要求”。一是要把学习贯彻党的创新理论作为头等大事，持续学深悟透习近平新时代中国特色社会主义思想。二是要把侨联事业发展融入党和国家发展大局中思考谋划，找准工作切入点着力点结合点。三是要贯彻落实好十一代会精神，扎实做好年底各项工作并谋划好明年工作。程红、程学源、连小敏、高峰同志领学了中央有关文件精神，有关部门负责同志围绕学习内容作交流发言，机关各部门、直属企事业单位司局级党员领导干部参加学习。

2. 12 月 1 日，程红同志出席中国侨联法顾委 2023 年下半年主任会议。

3. 12 月 1 日至 2 日，程学源同志在河北唐山参加联谊联络部党支部主题党日活动并调研。

4. 12 月 4 日上午，中国侨联学习贯彻习近平新时代中国特色社会主义思想培训班暨第二十七期干部培训班、第十一期青年干部培训班、党务干部培训班在全国组织干部学院开班。万立骏同志出席开班式并作“坚持以习近平新时代中国特色社会主义思想为统领，全面推动新时代侨联事业高质量发展”的辅导报告，对各级侨联组织和侨联干部提出“四点要求”。一是要充分认识第十一次全国归侨侨眷代表大会的重大意义，增强做好侨联工作的荣誉感和自豪感。二是要准确把握新时代侨联工作的形势任务，增强做好侨联工作的紧迫感和使命感。三是要认真贯彻落实新时代党的组织路线，坚持新时代好干部标准，加强教育培养，着力建强堪当民族复兴重任的高素质干部队伍，为推进强国建设、民族复兴伟业提供坚强组织保证。四是要通过培训，把学习成果转化为真抓实干、锐意进取、服务大局、服务侨胞的实际行动。万立骏还从加强教育引领，确保侨联事业后继有人的高度，对侨联青年干部提出具体希望。本次培训班共约 130 人，来自各省区市侨联、新疆生产建设兵团侨联、中央和国家机关侨联、中央企业侨联领导班子成员和重点侨乡地市级侨联领导班子成员，近年来新进入各级侨联组织的青年干部，以及中国侨联机关及直属企事业党务干部。连小敏同志主持开班式，全国组织干部学院常务副院长尹璐出席开班式并致辞。

5. 12 月 4 日下午，万立骏、程红、程学源、连小敏、高峰同志出席党组理论学习中心组（扩大）专题讲座。讲座邀请全国“八五”普法讲师团成员、中央党校政法部李勇教授以《中国式现代化与宪法精神》为题进行授课。党组理论学习中心组（扩大）成员，机关全体党员干部，直属企事业及侨商会党组织党员干部代表共 130 余名同志参加学习。

6. 12 月 4 日，程红、高峰同志专题研究中国侨智发展大会新侨科技创新成就展筹备工作。

7. 12 月 5 日，万立骏同志主持召开十一届二次主席办公会议，程学源、连小敏、高峰同志出席。

8. 12 月 5 日，万立骏同志主持召开十一届党组三次会议，程学源、连小敏同志出席，高峰同志列席。

9. 12月5日，万立骏、连小敏同志分别在机关会见中央国家机关侨联主席闪伟强一行。

10. 12月4日至5日，程红同志出席民盟中央主席会、常委会、全委会。

11. 12月5日，程学源同志在四川成都出席“侨连五洲·海外归国定居藏胞代表人士国情教育”活动启动仪式。

12. 12月5日，高峰同志参加侨博党支部“红色印记永不褪色　伟人精神照耀征途”纪念毛主席诞辰130周年主题党日活动。

13. 12月6日至7日，程红同志在海南三亚出席“一带一路”女性论坛。

14. 12月6日至7日，程学源同志在福建厦门出席2023两岸侨联和平发展论坛·海峡两岸暨港澳侨界圆桌峰会。

15. 12月6日，高峰同志出席第五届全球华人生活短视频大赛颁奖盛典。

16. 12月7日至10日，程学源同志在云南昆明出席第六届“侨连五洲·华裔杰青论坛”并在保山、大理调研。

17. 12月8日，连小敏同志出席“中国侨联学习贯彻习近平新时代中国特色社会主义思想”培训班结业式。

18. 12月9日，程红同志出席国家科技奖励委员会第六次会议。

19. 12月11日至12日，万立骏同志参加中央经济工作会议。

20. 12月10日至13日，连小敏同志在海南海口出席中国侨联2023年度侨界基金会（代表处）工作交流活动及省（区、市）侨联干部培训班（海南班）开班式并调研。

21. 12月12日至13日，程红同志在福建福州出席中国侨智发展大会新闻发布会。

22. 12月14日，万立骏、程红、程学源、连小敏、高峰同志出席中国侨联外事工作领导小组会议暨海外工作联席会议。

23. 12月15日，万立骏同志会见新疆维吾尔自治区党委常委、统战部部长伊力扎提·艾合买提江一行。

24. 12月15日，万立骏同志主持召开十一届党组四次会议，程学源、连小敏同志出席，程红、高峰同志列席。

25. 12月16日，连小敏同志在重庆出席重庆国际人才交流大会。

26. 12月18日至21日，万立骏、程红同志在福建福州出席第一届中国侨智发展大会。20日上午，全国人大常委会副委员长、农工党中央主席何维在开幕式上讲话并宣布大会开幕。万立骏，福建省委书记、省人大常委会主任周祖翼致辞。北京市副市长司马红代表主宾省，中国科学院副院长、党组成员汪克强代表主宾院所，中国科学院院士赵宇亮代表侨界院士致辞。福建省委副书记、省人民政府省长赵龙主持。本次大会由中国侨联、福建省人民政府共同主办，以“五洲聚‘福’汇侨智　同心共圆中国梦”为主题，致力打造“溯源头学思想、聚侨心凝共识、汇侨智助发展”的国家级平台，立足福建、服务全国、面向海外，邀请北京市、中国科学院、苏州市为主宾机构。来自37个国家和地区的1000余名海内外嘉宾参会。大会期间，将组织开展4项产业对接活动、2项科技竞赛活动、4项专题论坛活动、1项展览展示活动、3项配套活动及2项主宾推介等专场活动，聚焦新能源新材料、人工智能、海洋经济、生物医药等战略性新兴产业，促进项目、人才资源在政府、企业、高校间有效对接。19日晚，赵龙会见万立骏、程红等出席大会的领导和部分重要嘉宾，会见后大会举行欢迎晚宴。在闽期间，周祖翼会见万立骏、程红一行，并就进一步做好侨联工作交换了意见。

27. 12月18日，程红同志出席侨商参与高质量发展研修班开班式。

28. 12月18日至27日，连小敏同志率团访问尼泊尔、马来西亚和新加坡。

29. 12月19日，程红同志出席2023年中国侨联特聘专家委员会年度交流活动并致辞。

30. 12月19日，程学源同志参加文化遗产保护传承座谈会。

31. 12月20日，程红同志出席侨创联盟与侨界新生代创新创业分享会并致辞。

32. 12月19日至20日，高峰同志出席第五届世界华文教育大会。

33. 12月21日，程学源同志会见甘肃省侨联主席袁斌才一行。

34. 12月22日，万立骏、程红、程学源、高峰同志出席中国侨联意识形态工作领导小组暨网络安全与信息化工作领导小组会议。会议听取2023年中国侨联意识形态和网信工作情况汇报，有关部门负责同志就做好本部门（单位）意识形态和网信工作交流发言。会上，万立骏就做好意识形态暨网信工作提出四点要求。一要深入学习贯彻习近平文化思想，切实做好新时代新征程侨联宣传思想文化工作。二要强化政治机关意识，进一步落实意识形态工作责任制，推动侨联宣传思想文化工作高质量发展。三要进一步落实网络安全和信息化工作责任制，更好推动网络强国建设。能力和水平，着力保障侨联门户网站和重要信息系统安全。四要树立大局观，强化责任担当，坚定扛起意识形态和网信工作政治责任。程红、程学源、高峰同志传达中央有关文件精神，中国侨联党组意识形态和网信工作领导小组成员及相关部门（单位）负责同志参加会议。

35. 12月22日，万立骏同志主持召开十一届党组五次会议，程学源同志出席，程红、高峰同志列席。

36. 12月25日至29日，万立骏、程学源同志参加十四届全国人大常委会第七次会议。

37. 12月25日至26日，程红同志在广西南宁出席广西壮族自治区侨联第十一次归侨侨眷代表大会。

38. 12月27日至28日，万立骏、程学源同志参加中央外事工作会议。

39. 12月28日，万立骏、程学源、高峰同志参加十四届全国人大华侨委第七次会议。

40. 12月28日，程红同志出席中国侨联法顾委2023年年会暨专业委员会会议。

41. 12月29日，万立骏、程学源同志参加十四届全国人大华侨委分党组第九次会议。

42. 12月29日，程红同志参加全国政协新年茶话会。

43. 12月29日，连小敏同志参加基层建设部党支部主题党日活动。

44. 12月29日，连小敏同志出席2024年新年戏曲晚会。

中国侨联年鉴

综　合

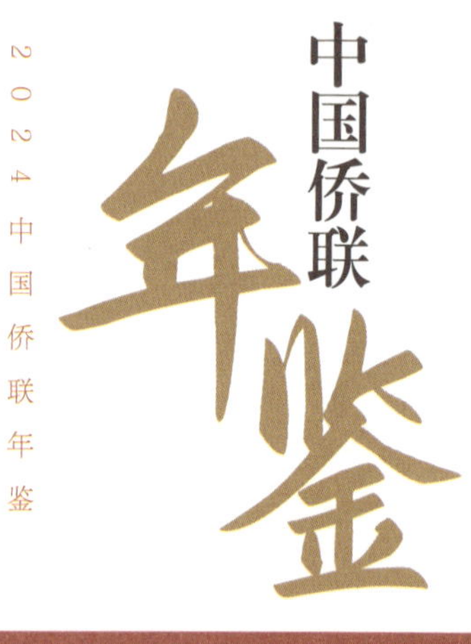
中国侨联
年鉴
2024中国侨联年鉴

办 公 厅

【领导成员名单】

主　　任：陈　迈（秘书长兼办公厅主任）

副 主 任：张　凌　刘　红（女）

二级巡视员：李舰舶（兼机关服务中心副主任）

【综述】2023年，在会党组的坚强领导下，中国侨联办公厅坚持以习近平新时代中国特色社会主义思想为指导，全面贯彻党的二十大精神，学习领会第十一次全国归侨侨眷代表大会精神，巩固深化学习贯彻习近平新时代中国特色社会主义思想主题教育成果，围绕中心、服务大局、服务侨胞，不断提升“三服务”的能力和水平，确保各项工作落到实处。

【加强理论武装，深入学习贯彻习近平新时代中国特色社会主义思想】一是加强思想政治建设，把学习宣传贯彻习近平新时代中国特色社会主义思想作为重中之重。完成支部换届工作，落实“三会一课”制度，加强支部标准化规范化建设。认真学习习近平总书记对做好新时代办公厅工作的重要指示精神，引导办公厅党员干部深刻领悟“两个确立”的决定性意义，增强“四个意识”、坚定“四个自信”、做到“两个维护”，提高政治判断力、政治领悟力、政治执行力，自觉在思想上政治上行动上同以习近平同志为核心的党中央保持高度一致。二是深入开展主题教育，组织党员干部深入学习研读党的二十大报告、党章和《习近平著作选读》等书籍，深入学习领会习近平总书记关于主题教育的重要讲话精神，认真学习十一代会精神。党支部书记讲专题党课，召开支部学习会，组织党员干部赴中国科技馆、北京市政务服务局开展党日活动。办公厅主要负责同志赴湖北、广西、江苏、安徽等地为侨界专家学者和地方侨联干部作辅导讲座。召开专题民主生活会，组织做好整改落实，报送主题教育整改落实“回头看”情况报告。三是深入基层开展调查研究。赴重点侨乡、兼顾东中西部开展专题调研，形成专题报告，为十一代会报告起草提供参考。印发通知推动全会主题教育期间调查研究工作，组织调研成果交流会。办公厅负责同志带队，分赴福建、上海、云南、广东、湖北、黑龙江、浙江、江苏、广西、河南、海南、宁夏等地调研，通过座谈广泛听取意见建议，研究问题、交流举措、推动调研成果转化。四是开展2023年度中国侨联调研课题工作。制定印发《中国侨联关于在侨联系统深入开展调查研究工作》的通知，明确15项重点调研方向，共收到调研课题成果120项。

【精心谋划，有力有序推进十一代会筹办工作】一是做好前期筹备工作。根据会党组统筹安排，起草制定十一代会筹备工作方案，推动指导各工作小组制定和细化工作方案。服务保障好向党中央和中央书记处请示汇报筹备情况有关工作。与外交部沟通做好形势报告会对接工作。成立文件起草组，拟定文件起草工作方案，高质量起草完成了十一代会报告、各次会议讲话和主持词、各项草案、决议、大会简报等会议文件100余种，向中央书记处呈报请示、报告十余份。牵头组织并服务保障好6次筹备工作领导小组会议并编发会议纪要，每周通报和沟通协调事项共计100余项。加强与中办秘书局的沟通，起草并修改完善大会开、闭幕会组织工作方案，经中央领导同志审批同意后执行。二是做好统筹协调工作。配合做好与国管局、卫健委、中央保健局、警卫局的联系工作，参与定点酒店比选和疫情防控方案、安保和证件方案制定等工作。服务保障党组会议，研究审议有关工作报告、章程修改、人事调整等重要议题。服务好11个大会工作组，加强工作沟通协商，参与多场由中办领导同志主持召开的筹备工作协调会、通气会、现场勘察会等，做好大会预算编制工作。三是全力保障大会圆满召开。大会期间共在人民大会堂举办4次全体会议，另有各类会议18场次。研究制定各次会议方案，完成大会文件资料的编制、付印、分发、管理和回收各环节工作。邀请90余家中央部委领导同志参会，详细研究报备各类名单，落实表彰及合影路线规划等细节，确保各次活动组织精准有序，议程圆满顺利。四是做好会后总结工作。会后及时起草报告向党中央汇报大会召开情况，会同国管局圆满完成大会经费结算及支付、报销等工作，下发通知组织做好会议精神学习传达并做好反馈情况汇总上报，向相关部门单位致发感谢信，组织并服务保障总结表彰大会，梳理起草十一代会大事记，整理归档会议文件资料，及时完成十一代会结算工作，系统总结经验做法，进一步提升重大会议活动筹办水平。

【服务中心大局，服务保障机关高效运行运转】一是做好十届六次全委会议、七次全委会议筹办工作。二是做好信息收集报送工作。全年编印《中国侨联侨情专报》185 期近 31 万字，提出意见建议 741 条，选编优秀信息报送党中央国务院和中办信息综合室。每十日向中办调研室报送《中国侨联工作信息》，全年累计报送 36 期 5.8 万余字。三是做好议事决策的服务保障工作。认真落实党组会议、主席办公会议决议决定，参与服务保障机关例会 23 次，沟通协调事项 542 件次，服务好党组碰头会、通气会、主题教育专题民主生活会等。为《中国侨联年鉴》供稿，每月及时编印《近日情况》，编印会领导每周及近期《工作安排》各 48 期。四是做好督查督办和会领导服务工作。收集汇总各部门各单位 2023 年主要工作计划 194 项，报党组会通过并下发各部门（单位）。起草并报送《中国侨联关于学习宣传贯彻党的二十大精神情况的报告》《中国侨联关于报送二十大以来贯彻执行“八项规定”精神情况的报告》《中国侨联办公厅关于红机保密电话使用管理自查情况的报告》等文件。开展论坛清理整治专项活动。做好会领导和顾问会议活动统筹协调、红机管理、值班调度、疫情日报等各项工作。做好会领导年度报刊征订工作，会领导报刊、信件、阅件材料及时分发工作。专职秘书认真履行岗位职责，恪尽职守，认真处理公文、起草文稿，做好出差、会议、调研、活动、会见等各项服务保障工作。

【注重规范，提升文电保密档案业务水平】一是制度建设方面。汇编《中国侨联规章制度 2023》，更新收录制度 132 项。落实党建督查要求，牵头制定《中国侨联党组向党中央请示报告事项清单》，经党组会议审议后印发。制定出台《中国侨联党组关于加强和维护党中央统一领导的若干措施》，研究起草《中国侨联办公厅项目经费使用管理办法》，修订《中国侨联贯彻落实中央八项规定精神实施细则》等规章制度。二是机要文电方面。全年共审核外发文电 601 份，审核收文 1600 余份。完成 1427 份文件的收文登记运转和跟踪办理工作。做好文件交寄、接收、运转、督办和销毁，做好内参订阅分发。三是保密业务方面。做好十一代会保密管理工作，加强保密宣传教育，严格档案加工项目人员和现场管理。优化保密工作流程，及时调整保密机构组成人员，配合会外单位做好有关案件审查和办理工作，协助做好涉密人员出国（境）审核把关工作。高质量召开保密委全体（扩大）会议，研究部署并贯彻落实好全会全年保密重点任务。四是档案工作方面。完成中国侨联全部历史档案的整理扫描和电子化加工，整理扫描文书档案 526 卷、46154 件，共计 44.1 万页。完成 270 份盘（盒）音像档案、750 余份照片档案、实物档案 38 件次的著录、编目、扫描等工作。谋划数字档案室建设，提升档案保管水平和查询利用效率。做好日常查询服务，全年累计为机关干部职工提供档案查询借用服务 650 人次、5100 页次。

【加强资源配置，提升政务工作质量和效率】一是在上海国家会计学院举办全国侨联系统办公室主任和财务人员培训班，中国侨联机关各部门和所属事业单位预算管理人员以及各省级、副省级侨联财务主管人员近百人参加了培训。二是做好财经纪律专项整治工作。制定《中国侨联贯彻落实〈关于进一步加强财会监督工作的意见〉实施方案》，成立财会监督工作协调小组。对侨联机关及事业单位 2021 年至今 65 个财经问题和 46 个政府购买服务项目进行自查自纠并进行整改。组织修订了《中国侨联政府购买服务指导性目录》并报财政部备案。三是推动预算管理水平提升。积极与财政部沟通协调，加大资金统筹力度，2023 年增加“海外与港澳台工作经费”等项目预算规模，较好保障了我会重点工作的开展。按季度向财政部报送“过紧日子”的有关情况，并全部获评 A 级。对所有一级项目、二级项目开展绩效运行监控工作，认真分析绩效监控结果，统筹安排项目预算，不断提升财政资源配置效率。督促指导各部门、各单位加快制定专项资金管理办法，顺利完成支出标准体系建设任务。四是做好资产清查及安全保卫工作。组织开展机关本级固定资产清查工作，进一步建立健全资产购置、领用和处置等管理流程。协助权益保障部与东直门派出所、亚洲大酒店安保团队建立联系和沟通机制。认真做好全年节假日、特殊时期、敏感时期的安全保卫工作。

【中国侨联举行十届六次全委会议】2月3日，中国侨联十届六次全委会议召开。会议以习近平新时代中国特色社会主义思想为指导，全面贯彻党的二十大精神，落实中央书记处重要指示要求，总结2022年工作，安排部署2023年工作，引领广大归侨侨眷和海外侨胞为全面建设社会主义现代化国家开好局起好步而团结奋斗，以实际行动迎接第十一次全国归侨侨眷代表大会胜利召开。中国侨联党组书记、主席万立骏出席会议并作工作报告，会议审议通过了《工作报告》《关于学习宣传贯彻党的二十大精神的决议》《关于筹备召开第十一次全国归侨侨眷代表大会的决议》。根据中央要求和工作需要，会议完成了中国侨联副主席、常委、委员增补、卸免有关人事事项，选举连小敏为中国侨联副主席，聘请李卓彬、隋军为中国侨联顾问。中国侨联兼职副主席黄志贤、邵旭军、吴晶、周琪、余国春、卢文端、刘艺良、朱奕龙、刘以勤、包东、陈式海、周建农、李兴钰、黎静出席会议。中国侨联顾问何添发、李祖沛、陈兰通、唐闻生、乔卫列席了会议。中国侨联委员，中国侨联机关各部门单位负责同志、各省级侨联领导班子成员等约600人参加了会议。中组部、中央纪委国家监委驻中央统战部纪检监察组、中央和国家机关工委、中编办、审计署等单位有关负责同志参加了会议。本次会议以电视电话方式举行，主会场设在北京，全国各地设分会场。会前，还以通讯形式召开了中国侨联十届九次主席会议、常委会议。

【中国侨联召开机关工作会议暨“制度建设检查年”总结大会】2月13日，中国侨联召开机关工作会议暨“制度建设检查年”总结大会。中国侨联党组书记、主席万立骏出席会议并讲话，强调要深刻领悟“两个确立”的决定性意义，以习近平新时代中国特色社会主义思想为指导，贯彻中央书记处重要指示要求，落实中国侨联十届六次全委会工作部署，深入学习贯彻党的二十大精神，坚守初心使命，认真履职尽责，以更加奋发有为的精神状态做好2023年工作，在新征程上谱写侨联事业发展新篇章。党组成员、副主席程学源作“制度建设检查年”活动总结并宣读有关先进集体的表彰决定，党组成员、副主席连小敏主持会议，秘书长陈迈出席会议。万立骏总结了2022年中国侨联机关工作。他强调，2023年是全面贯彻落实党的二十大精神的开局之年，中国侨联机关干部要深入学习宣传贯彻党的二十

2月13日，中国侨联召开机关工作会议暨“制度建设检查年”总结大会

2月3日，中国侨联十届六次全委会议举行

大精神，带动各级侨联组织，扎实做好2023年侨联工作，喜迎十一代会胜利召开。一是精心组织，推动侨联系统学深悟透习近平新时代中国特色社会主义思想和党的二十大精神。二是周密安排，筹备开好十一代会。三是守正创新，持续推进各项品牌工作出新出彩。四是强化统筹，做实做好为侨服务工作。五是从严从实，全面加强机关党建和党风廉政建设。万立骏指出，要坚守初心使命，认真履职尽责，在以中国式现代化推进中华民族伟大复兴的新征程上作出侨界贡献。要突出政治建设，把牢政治方向；要立足"两个大局"，系统谋划工作；要主动担当作为，做实事求实效；要坚持严管厚爱，抓好干部队伍建设。会上，6个部门（单位）主要负责人作了述职，2022年度考核优秀等次人员代表作了交流发言。会领导向获得中央和国家机关"四强"党支部等荣誉的3个先进集体颁发了奖牌，向2022年度考核优秀等次人员颁发了证书。大会还开展了中国侨联领导班子年度考核和"一报告两评议"测评工作。中央组织部、驻中央统战部纪检监察组有关同志出席会议，中国侨联机关各部门副处级以上干部、直属企事业单位领导班子成员，2022年度考核优秀等次人员共120余人参加会议。

【程学源副主席赴山东出席活动并调研】2月21日至22日，中国侨联党组成员、副主席程学源出席2023年中国侨联文化交流干部培训班开班式并在山东调研。22日上午，程学源一行来到位于济南市的山东省企业对外合作协会调研，与协会成员单位代表座谈，并为山东海外友好机构联合办公中心"侨胞之家"揭牌。程学源表示，"侨胞之家"作为开展海外联谊和文化交流工作的重要窗口单位，一要强化思想政治引领，凝聚共识，密切与海外侨团社团的联系；二要守正创新，凝聚力量，发挥好桥梁和纽带作用；三要久久为功，精雕细琢，为实现中华民族伟大复兴贡献侨界力量。程学源一行还到北方华侨中心、太阳鸟华服艺术馆调研。在鲁期间，山东省人大常委会副主任范华平会见了程学源一行并就加强新时代侨联工作深入交换了意见。中国侨联兼职副主席、山东省侨联党组书记、主席李兴钰，济南市有关领导，中国侨联联谊联络部部长桑宝山，文化交流部副部长邢砚庄，山东省侨联和济南市侨联有关领导一同参加了调研。

【中国侨联召开学习贯彻全国两会精神大会】3月15日上午，中国侨联召开学习贯彻全国两会精神大会。中国侨联党组书记、主席万立骏主持会议并讲话。中国侨联党组成员、副主席程学源传达十四届全国人大一次会议精神，政协第十四届全国委员会常委、外事委员会副主任、中国侨联顾问隋军传达全国政协十四届一次会议精神。中国侨联党组成员、副主席、直属机关党委书记连小敏，中国侨联顾问林兆枢、黄军军、李祖沛、陈兰通、郭麟恭等出席会议。万立骏指出，今年两会是党的二十大后召开的第一次两会，举国关注、举世瞩目，具有特殊重要意义，特别是习近平总书记全票当选国家主席、中央军委主席，是全国两会最重要的成果和最重大的历史贡献，充分体现了党的意志、人民意志、国家意志的高度统一。侨联全体干部职工要坚决维护习近平总书记党中央的核心、全党的核心地位，坚决维护以习近平同志为核心的党中央权威和集中统一领导，同心同德，开拓进取，为夺取新时代中国特色社会主义伟大胜利，实现中华民族伟大复兴不懈奋斗。万立骏强调，要深入学习领会习近平总书记在全国两会期间的重要讲话精神，用习近平新时代中国特色社会主义思想凝心铸魂。要深入学习领会全国两会精神，围绕党的二十大确定的新部署新任务，为推进强国建设、民族复兴作出侨界贡献。要统筹抓好重点工作，推动侨联事业高质量发展。中国侨联机关各部门、直属企事业单位主要负责人，机关各部门副处长以上干部，企事业单位、社团中层代表等共100余人参加会议。

【万立骏主席在港出席活动并走访侨团看望侨胞】3月31日至4月2日，中国侨联党组书记、主席万立骏在港出席"侨界凝心聚力 香港再创辉煌"大会，并走访侨团、看望侨胞，同香港海外归国人员代表座谈交流。万立骏表示，要坚持以习近平新时代中国特色社会主义思想为指导，深入学习贯彻党的二十大精神和全国两会精神，秉承侨的初心、发扬侨的传统、发挥侨的优势、彰显侨的作为，壮大爱国爱港爱乡力量，助力香港融入国家发展大局、保持长期繁荣

3 月 31 日至 4 月 2 日，中国侨联党组书记、主席万立骏（前排右三）在港出席活动并走访侨团、看望侨胞，同香港海外归国人员代表座谈交流

稳定，推动“一国两制”事业行稳致远，为强国建设、民族复兴作出更大贡献。在港期间，万立骏一行逐一走访了香港华侨华人总会、香港社团联会、香港侨友社，叙侨情、话侨社，宣介党的二十大精神和全国两会精神，听取大家的工作想法和意见建议。万立骏希望大家立足香港、面向祖国、放眼世界，增强制度自信，坚定支持特区政府和行政长官依法施政；推动香港更好融入国家发展大局，助力大湾区高质量发展；促进民心相通，营造有利于香港发展和“一国两制”的大环境。万立骏强调，要办好侨团、发展好侨的事业，让广大侨友更多感受到祖国发展、香港繁荣带来的幸福感荣誉感。在香港北京高校校友联盟，万立骏与香港海外归国人员代表座谈。他表示，侨联愿与大家就发挥香港独特作用、服务国家发展的问题一起探讨，侨联组织会积极为大家服务，欢迎大家多到中国侨联。万立骏还集中看望了中国侨联港区常委、委员和顾问。4 月 1 日，万立骏同中央人民政府驻香港特别行政区联络办公室主任郑雁雄、副主任尹宗华作了工作交流。中国侨联联谊联络部部长桑宝山、信息传播部副部长郭启华，中央人民政府驻香港特别行政区联络办公室协调部部长朱文、副部长陈泽涛等参加上述有关活动。

【陈迈秘书长赴福建开展专题调研】4 月 11 日至 15 日，为落实学习贯彻习近平新时代中国特色社会主义思想主题教育，做好第十一次全国归侨侨眷代表大会相关筹备工作，中国侨联秘书长兼办公厅主任陈迈率队赴福建开展专题调研。11 日至 13 日，调研组在厦门召开专题调研座谈会，介绍了第十一次全国归侨侨眷代表大会相关筹备工作，与厦门市侨界代表深入交流，了解基层侨联存在的困难与问题，广泛听取意见建议。调研组实地走访了陈嘉庚纪念馆、鳌园、集美区侨联“侨胞之家”、鼓浪屿华侨文化展馆、华侨亚热带植物引种园。陈迈对厦门侨联的工作表示肯定，他强调，要深入学习贯彻习近平总书记关于群团工作和侨务工作的重要论述，围绕中心、服务大局、服务侨胞。做好侨联工作，理念要转变、战略要突出、工作要聚焦、资源要盘活、方法要创新、机制要善谋。要继续发挥侨联独特优势与作用，弘扬传承“嘉庚精神”，广泛凝聚侨心侨力侨智。14 日至 15 日，陈迈一行在漳州市走访了芗城区侨联，实地察看了芗城区“侨胞之家”，漳州南风侨批馆，古城记忆馆，林语堂、许地山、杨骚文学馆，并在漳州台商投资区，深入角美镇杨厝村和鸿渐村，走访林氏义庄、鸿渐公园等，深入了解基层侨联组织建

4 月 11 日至 15 日，中国侨联秘书长兼办公厅主任陈迈（前排右二）率队赴福建开展专题调研

设、华侨文化传承保护工作以及重点侨乡建设等情况。陈迈强调，要把学习宣传贯彻党的二十大精神作为各级侨联组织的首要政治任务，抓好党建带侨建，着力加强侨联基层组织建设，建设好“侨胞之家”，打造政治强、作风优、专业素质高的侨联干部队伍，当好海外侨胞和归侨侨眷的贴心人。要把侨的优势和乡村振兴结合起来，进一步发挥侨乡优势，凝聚侨心、汇集侨智、发挥侨力、维护侨益，最大限度地汇聚起同心共圆中国梦、实现中华民族伟大复兴的磅礴力量。福建省侨联，厦门、漳州市侨联有关领导参加调研。

【万立骏主席赴山东调研侨联工作】4月19日至22日，为扎实推进侨联系统学习贯彻习近平新时代中国特色社会主义思想主题教育，落实大兴调查研究的工作要求，中国侨联党组书记、主席万立骏赴山东曲阜、济南、青岛，就传承中华优秀传统文化、加强国际传播能力建设、促进新侨创新创业等开展调研。万立骏强调，2023年是全面贯彻落实党的二十大精神的开局之年，各级侨联要深入学习贯彻习近平新时代中国特色社会主义思想，以党的旗帜为旗帜，以党的指引为指引，深刻领悟“两个确立”的决定性意义，深入学习贯彻习近平总书记关于群团工作和侨务工作的重要论述，落实“大学习、大讨论、大调研，作出大贡献”的工作部署，坚持在大局下思考、自觉在大局下行动、主动围绕大局作贡献，进一步发挥桥梁纽带作用，在新时代新征程开创侨联工作新局面。在曲阜，万立骏一行调研了孔子博物馆、孔庙等国际华侨文化交流基地，并召开文化交流工作座谈会。万立骏强调，要以文化交流基地为阵地，加强对侨界群众的思想政治引领，深入持久在侨界兴起学习宣传贯彻党的二十大精神的热潮。要坚持文化自信自强，把握侨联文化交流工作特点和规律，不断创新方式方法，以多种形式展现中华文化的巨大魅力，增强对华侨华人、侨界新生代的凝聚力，增进各国人民对中国文化、中国发展的理解和认同。在济南和青岛，万立骏一行先后赴济南中科院新经济科创园、济南先进动力研究所和新旧动能转换起步区城市展厅、国家深海基地和崂山实验室调研，并参加山东省新侨创新创业座谈会。万立骏表示，新征程上，广大侨界人才、侨商侨企和各级侨联组织要着眼大局、把握大势、坚定信心，为科技强国建设作出侨界贡献。要坚持在大局下思考，自觉在大局下行动，主动围绕大局作贡献，在强国建设、民族复兴的征程中创造新业绩、续写新篇章。在与山东省各级侨联干部交流时，万立骏指出，各级侨联组织要认真学习贯彻习近平总书记在主题教育工作会议上的重要讲话精神，把侨联系统的主题教育组织好、落实好，把教育实践活动开展好、深化好。在鲁期间，省委书记、省人大常委会主任林武，省委常委、组织部部长王宇燕等会见了万立骏一行，双方就进一步做好侨联工作交换了意见。山东省人大常委会副主任范华平，中国侨联兼职副主席、山东省侨联党组书记、主席李兴钰，中国侨联副秘书长、经济科技部部长赵红英、文化交流部副部长邢砚庄等参加调研。

【程学源副主席赴四川成都出席活动并调研】4月20日至22日，中国侨联党组成员、副主席程学源在四川省成都市出席全国侨联基层组织建设工作交流活动并调研侨联工作。他表示，侨联优势在基层、活力在基层、生命力在基层，各级侨联组织要秉承为侨服务的初心，以更大力度、更实举措，不断加强基层组织建设，夯实基层基础，广泛凝聚侨心侨力侨智，为实现第二个百年

4月20日至22日，中国侨联党组成员、副主席程学源赴四川成都出席活动并调研

综合

奋斗目标和中华民族伟大复兴中国梦汇聚起侨界的磅礴力量。程学源一行来到成都国家开放大学华侨学院、成都市万汇学校“侨胞之家”调研。程学源强调，“侨胞之家”和中国华侨国际文化交流基地都是服务侨界群众、弘扬优秀中华文化、讲好中国故事、传播好中国声音的窗口平台，要创新完善工作方式方法，丰富活动载体，用好用活侨联系统资源，打好“侨”牌，突出“侨”味，团结引领归侨侨眷和广大侨胞热爱祖国，听党话、跟党走，奋进新征程、建功新时代。在川期间，四川省人大常委会副主任祝春秀，四川大学党委书记甘霖，成都市委常委、统战部部长刘玉泉分别会见了程学源一行，就如何加强新时代侨联工作、讲好中国全过程人民民主故事等交换了意见。中国侨联兼职副主席、四川省侨联党组书记、主席刘以勤，中国侨联联谊联络部部长桑宝山，基层建设部部长张毅、副部长刘景春，四川省侨联有关领导分别参加了相关调研活动。

【全国侨联系统办公室主任及财务人员培训班在上海举办】4月24日至28日，中国侨联办公厅在上海国家会计学院举办了全国侨联系统办公室主任及财务人员培训班，来自全国各省、自治区、直辖市、新疆生产建设兵团、计划单列市和副省级城市侨联的办公室主任和财务人员，以及中国侨联机关各部门和事业单位综合处室相关人员百余人参加了培训。

4月25日至28日，在上海举办全国侨联系统办公室主任及财务人员培训班

【陈迈秘书长赴上海调研】4月26日至27日，为落实中央关于在全党大兴调查研究的工作要求，中国侨联秘书长、办公厅主任陈迈赴沪调研，围绕筹备召开第十一次全国归侨侨眷代表大会，深入侨胞侨企和中国华侨国际文化交流基地、新侨驿站等为侨服务平台实地考察并开展座谈交流。26日上午，陈迈一行赴静安区调研楼宇侨企和新侨驿站，走访了位于环智国际大厦的上海热巢网络科技有限公司、瀛东律师事务所新侨驿站。陈迈希望市、区侨联组织继续大力拓展新侨工作，为新侨海归融入国内、联通海外搭建平台，为地方经济建设作贡献。26日下午，陈迈赴虹口区走访了中国证券博物馆和上海犹太难民纪念馆。陈迈希望两家文博场馆在侨联组织支持下，依托中国华侨国际文化交流基地平台，组织开展符合自身特色和侨界文化需求的活动，为促进中华文化更好走向世界、增进中外民心相通作出积极贡献。4月27日，陈迈赴普陀区参加“半马苏河——侨界会客厅”主题活动，参观了普陀区工业文明展示馆、普陀区民营企业之家，与普陀侨界代表、海归青年交流座谈。陈迈希望各级侨联能进一步发挥组织功能，助力国家发展，促进同圆共享中国梦。中国侨联办公厅副主任刘红，上海市侨联党组书记、主席齐全胜，副主席徐大振、陶勇，静安区、普陀区有关领导，静安、虹口、普陀区侨联负责人分别参加有关活动。

【陈迈秘书长出席怡海集团公益基金会第十五届“大爱行天下”主题公益活动】5月16日，北京市丰台区侨联、北京怡海公益基金会、怡海社区侨联共同举办“阅读启迪智慧·书香润泽心灵”第十五届大爱行天下主题公益活动。中国侨联秘书长、办公厅主任陈迈出席活动并致辞。陈迈指出，中国侨联是党和政府联系归侨侨眷和海外侨胞的桥梁和纽带，是侨胞之家。面向新时代新征程，将坚守初心和使命，全面贯彻党的二十大精神，建设打造更多更好的平台载体，与海内外侨胞携手前行、团结奋进，凝聚成强国建设、民族复兴的磅礴力量。图书捐赠活动现场，捐赠单位、受捐单位代表进行了捐赠仪式并发言，中国侨联常委、怡海社区侨联主席王琳达进行了分享并赠送她与支教教师共同撰写的书籍。怡海社区中小学师生表演了节目。中国侨联基层建设部部长张毅，中共丰台区委副书记底志欣，北京市侨联党组成员、副主席李晓菲，其他区侨联相关负责同志等参加活动。

【程学源副主席赴浙江开展专题调研】5月16日至19日，中国侨联党组成员、副主席程学源一行，先后到宁波、丽水、温州三市，就加强侨联联谊联络、文化交流和基层侨联组织建设等工作开展专题调研。程学源强调，要坚持不懈用习近平新时代中国特色社会主义思想凝心铸魂，按照党中央关于在全党大兴调查研究工作决策部署，牢牢把握“学思想、强党性、重实践、建新功”的主题教育总要求，自觉运用党的创新理论研究新情况、解决新问题、总结新经验、探索新规律，把调研成果转化为解决问题、推动落实、促进发展的实际行动，扑下身子为侨界群众出实招、干实事、解难题，提高为侨服务和为大局服务的能力水平，在新时代新征程中不断开创侨联工作新局面。程学源一行走访了宁波市海曙区“同心荟·侨胞之家”，温州市瓯海区山根音乐艺术侨村，丽水市青田华侨总部经济大楼青田创新赋能中心、侨乡进口商品城等地。在华侨文化交流基地——天一阁博物馆、丽水市青田华侨历史陈列馆、温州南怀瑾书院等单位，程学源听介绍、看资料、同工作人员亲切交流。调研组还先后在丽水市青田县、温州市瓯海区茶山街道山根村召开了专题调研座谈会，听取基层侨联组织和侨胞的意见建议。程学源向与会侨胞热情宣讲了党的二十大精神，他希望广大侨胞继续发挥好融通中外的独特优势，积极融入和回馈住在国当地社会，推动世界各国文明互鉴，以实际行动为中华民族伟大复兴和构建人类命运共同体作出侨界贡献。他强调，各级侨联组织要认真落实好党中央关于主题教育的决策部署，按照中国侨联党组和万立骏主席的具体工作要求，深入学习贯彻习近平新时代中国特色社会主义思想、习近平总书记关于群团工作和侨务工作的重要论述，深刻领悟“两个确立”的决定性意义，坚决做到“两个维护”。侨联系统要进一步发挥桥梁纽带作用，切实加强联谊联络力度，发挥好华侨国际文化交流基地的作用，以更大力度、更实举措做好为侨服务，在强国建设和民族复兴的新征程上作出更大贡献。在浙期间，浙江省委常委、宁波市委书记彭佳学，省委常委、温州市委书记刘小涛，宁波市政协主席、党组书记徐宇宁，温州市委副书记、市长张振丰，温州大学党委书记张健分别会见了程学源一行，就做好新时代侨联工作交换了意见。中国侨联联谊联络部部长桑宝山、文化交流部部长刘奇，浙江省侨联党组书记、主席庄莉萍，宁波市、丽水市、温州市有关领导，相关市县侨联负责同志等分别参加了相关活动。

5月16日至19日，中国侨联党组成员、副主席程学源（前排左二）赴浙江宁波、丽水、温州开展专题调研

【陈迈秘书长赴湖北调研】按照中央关于开展主题教育、大兴调查研究的要求，5月24日至27日，中国侨联秘书长兼办公厅主任陈迈率调研组赴湖北调研，并为省侨联系统干部进行了专题辅导。5月24日，陈迈在武汉向省侨联系统干部作了“新时代侨联的改革与发展”辅导报告。陈迈指出，当前世情国情侨情正在发生深刻变化，各级侨联组织和广大侨联干部要充分认识侨联工作的重要性和重要意义，深入研判，认清职责，找准定位，放大格局，推动新时代侨联工作高质量发展。省侨联有关领导、随州市委有关领导、武汉市侨联主要领导，以及武汉“1+8”城市圈侨联系统代表100余人参加报告会。5月25日，陈迈一行在武汉调研，分别到东湖高新、武昌

区考察科技型侨资企业、海归双创中心、文化交流基地和“侨之家”，走访了华中科技大学侨联并召开座谈会。5月26日至27日，陈迈在黄冈市走访了企业、海外校友会、省华侨国际文化交流基地、基层“侨之家”等，与市、县区侨联干部、侨企负责人、侨界群众代表等进行座谈。陈迈在调研中要求，各级侨联要按照党中央关于在全党大兴调查研究工作决策部署，深入学习贯彻习近平新时代中国特色社会主义思想和习近平总书记关于群团工作和侨务工作的重要论述，深刻领悟“两个确立”的决定性意义，坚决做到“两个维护”。要提高围绕中心、服务大局、服务侨胞的能力水平，不断开创侨联工作新局面。省侨联党组书记、主席施政，武汉市侨联主要领导、东湖高新区党工委、武昌区委有关领导，黄冈市有关领导、市侨联主要领导及相关单位负责人参加调研。

5月24日至27日，中国侨联秘书长兼办公厅主任陈迈率调研组赴湖北调研，并为湖北省侨联系统干部进行专题辅导

【万立骏主席赴云南出席活动并调研】6月6日至8日，中国侨联党组书记、主席万立骏出席在昆明举办的“侨连五洲·七彩云南——第19届东盟华商会”，并结合主题教育在大理州调研。他强调，要深入学习贯彻习近平新时代中国特色社会主义思想，落实习近平总书记关于群团工作、侨务工作的重要论述，聚焦实现高质量发展，聚焦构建人类命运共同体，聚焦建设中华民族现代文明，服务引导广大侨胞把握时代大势，发挥侨的优势，做强国建设、民族复兴的参与者，做共建“一带一路”的促进者，做文明互鉴的推动者。各级侨联组织要扎扎实实开展主题教育，统筹推进理论学习、调查研究、推动发展、检视整改，结合侨情变化创新工作方式方法，用心用情做好为侨服务工作，让广大侨界群众切实感受到主题教育的成果。在滇期间，万立骏一行到大理州宾川县调研，深入基层华侨社区，走访慰问归侨侨眷，考察华侨国际文化交流基地，与地方党政领导、基层侨联干部、归侨侨眷代表座谈交流。在宾川县金牛镇柳家湾华侨社区（原太和华侨农场）迎侨堂，大理州和宾川县举行“中国华侨国际文化交流基地”授牌仪式暨大理州华侨农场侨史陈列馆揭牌开馆仪式。万立骏为基地授牌，参观华侨农场侨史展陈，详细了解当年创建华侨农场以及安置归难侨的情况。万立骏勉励侨史馆在当地党委政府的支持下，继续面向广大归侨侨眷征集藏品，充分展示广大归侨侨眷与祖国同呼吸共命运，为广大归侨侨眷留下浓浓的乡愁记忆。在越南归侨黄伟权家中，万立骏叮嘱随行的大理州和宾川县领导要继续关心因病生活困难的归侨侨眷，帮助他们解决实际困难。在印度尼西亚归侨杜晓聪家中，万立骏与基层侨联和社区干部围坐一起，拉家常，话发展。中国侨联联谊联络部部长桑宝山、办公厅副主任张凌，云南省侨联党组书记、主席高峰，云南省委统战部、省侨联有关领导参加有关活动。

【程学源副主席率团访问菲律宾马尼拉和宿务，调研侨情并慰问侨胞】6月7日至12日，中国侨联党组成员、副主席程学源率团访问菲律宾马尼拉和宿务。此次访菲，系疫情之后中国侨联派出的首个出访团组。代表团一行先后走访了菲华各界联合会、菲律宾中国商会、菲华商联总会、菲律宾中华总商会、菲律宾华侨善举总会、菲华联谊总会、旅菲各校友会联合会、宿务菲华联谊会、宿务菲华商会、宿务新华商会、宿务晋江商会等社团，调研侨情，慰问侨胞，与侨团侨领座谈交流，带去祖（籍）国和中国侨联的关怀、问候和美好祝福。在与侨社的座谈交流中，程学源表示，当前，中国人民正满怀豪情迈上实现第二个百年奋斗目标的新征程，欢迎广大海外侨胞参与其中，共享国家发展和民族复兴的荣光。一是努力构建海外和谐侨社，融入和回馈当地社会，做增进中菲两国民心相通的桥梁纽带。二是在“一带一路”建设中发挥优势，积极为中菲经济社会共同发展献计出力。三是弘扬和传承中华优秀文化，把一个立体、全面、真实的中国展现给住在国民众。四是积极投身到住在国经济和社会建设，做人类命运共同体的参与者、实践者和见证者。程学源欢迎广大旅菲侨胞常回祖（籍）国看看，并表示，中国侨联将继续做好为侨服务工作，更好地发挥党和国家联系归侨侨眷和海外侨胞的桥梁纽带作用。在菲期间，驻菲大使黄溪连、驻宿务总领事张填分别会见了程学源一行，双方围绕加强为侨服务、推动华文教育、做好华裔新生代工作和加强侨联与前方使领馆的工作配合等深入交换了意见。中国侨联文化交流部部长刘奇，联谊联络部副部长、一级巡视员朱柳，驻菲使馆公使衔参赞周志勇，参赞兼总领事王悦等参加了相关活动。

【程学源副主席率团访问柬埔寨、老挝并与侨胞开展座谈】6月12日至16日，中国侨联党组成员、副主席程学源率代表团访问柬埔寨、老挝，走访华社华校，慰问侨团侨领，倾听侨胞所思所想。每到一地，程学源均召开侨界座谈会。程学源代表中国侨联和万立骏主席向广大海外侨胞致以诚挚问候，并向海外侨胞宣介了新时代中国政治经济社会发展取得的伟大成就，认真倾听海外侨胞的心声和关切。在柬埔寨金边，程学源一行先后来到柬华理事总会、柬埔寨浙江总商会、柬埔寨中国港澳侨商总会等华侨华人社团，与侨社骨干和侨胞代表座谈交流。在老挝万象，程学源一行先后来到寮都公学、老挝中华总商会、万象中华理事会、万象永珍善堂、老挝华助中心等地走访调研，了解华文教育开展情况、商会发展情况及社团工作情况。访问期间，程学源分别同我驻柬埔寨大使王文天、驻老挝大使姜再冬围绕加强侨联与前方使领馆的配合、做好华裔新生代工作、拓展海外联谊联络工作等深入交换了意见。中国侨联文化交流部部长刘奇，联谊联络部副部长、一级巡视员朱柳等参加了相关活动。

【万立骏主席在泰国出席活动并走访侨团侨校侨企】6月22日至26日，中国侨联党组书记、主席万立骏在泰国出席第十六届世界华商大会并在欢迎晚宴上致辞。其间，在曼谷、清迈走访侨团侨校侨企，与中国驻泰国大使馆、驻清迈总领馆进行工作交流。在曼谷期间，中国代表团走访了侨团侨校侨企。在泰国中华总商会，万立骏等观看了总商会专题片，同会长林楚钦及总商会代表交流。万立骏表示，强国建设、民族复兴，需要包括在泰侨胞在内的海内外中华儿女为之不懈努力。希望商会能做和谐侨社的引领者，为侨胞个人事业发展、为住在国发展、为祖（籍）国发展贡献力量，推动中泰友好走深走实，书写“中泰一家亲”的新篇章。在泰中侨商联合会和广肇学校，万立骏同商会会长邝锦荣、广肇会馆理事长马燦利等作了交流。25日下午，万立骏到侨企泰国曼谷正大集团调研，详细了解企业在泰国等地发展情况，同资深董事长、中国侨商会会长谢国民等深入交流。万立骏表示，希望正大集团等侨商侨企乘势而上、多到国内发展，在现代农业、商业服务、高科技、乡村振兴等领域多投资兴业。侨联将积极为大家牵线搭桥、提供服务，促进侨商侨企在中国式现代化建设中再立新功。在清迈期间，万立骏

6月12日至16日，中国侨联党组成员、副主席程学源（前排右四）率团访问柬埔寨、老挝，调研侨情，慰问侨胞

6 月 22 日至 26 日，中国侨联党组书记、主席万立骏（前排右二）在泰国出席活动并在曼谷、清迈走访侨团侨校侨企

率团分别走访了泰北中国和平统一促进会、清迈中华商会，同侨领代表座谈交流。万立骏勉励泰北侨胞，做中泰友谊的使者，传承中华文化，讲好中国故事，汇聚侨胞力量，为实现中华民族伟大复兴共同努力。中国驻泰国大使韩志强、公使吴志武，驻清迈总领馆代总领事杨炯，中国侨联副秘书长、经济科技部部长赵红英，联谊联络部部长桑宝山，信息传播部副部长郭启华等参加上述有关活动。

【万立骏主席率团赴香港参加活动并调研】 6月27日至29日，中国侨联党组书记、主席万立骏率团访问香港，出席香港福建社团联会庆祝香港回归祖国 26 周年暨第十三届会董会就职典礼，走访香港中华总商会，参观香港科学园，看望香港侨界社团联会和侨青代表。他希望香港侨界深入学习贯彻习近平主席考察香港时的重要讲话精神，坚定维护“一国两制”，坚决支持行政长官和特区政府依法施政，发挥独特优势，凝聚爱国爱港力量，吸引青年科技人才，做民族复兴伟业的积极贡献者、香港发展的有力推动者、香港长期繁荣稳定的坚定维护者，在中国式现代化建设中展现担当作为。28 日，中国侨联代表团参观了香港科学园及进驻园区的香港量子人工智能实验室，同园区管理人员、实验室科技人员交流。万立骏希望香港科学园能够为更多海外和内地青年科技人才创新创业创造更好条件、提供有力支持，希望香港科技工作者继续弘扬爱国爱港传统，瞄准世界科技前沿，积极对接国家重大战略需求，加强与内地科研人员交流合作，为把我国建设成为世界科技强国贡献智慧和力量。万立骏还看望了香港侨界社团联会和侨青代表。在港期间，万立骏同中央政府驻港联络办主任郑雁雄、副主任尹宗华就加强前后方配合、发挥香港侨界作用等交换了意见。27 日上午，万立骏一行在深圳市南山粤海街道深圳湾科技生态园深圳云天励飞技术股份有限公司调研，了解侨界科技企业发展情况，同深圳市人大常委会主任骆文智，市委常委、统战部部长王强等作了工作交流。中国侨联副秘书长、经济科技部部长赵红英，联谊联络部部长桑宝山，信息传播部副部长郭启华，中央政府驻港联络办协调部部长朱文、副部长陈泽涛等参加上述有关活动。

【万立骏主席出席 2023 习近平总书记关于侨务工作重要论述研讨会并在山东调研】 7 月 27 日，中国侨联党组书记、主席万立骏出席 2023 习近平总书记关于侨务工作重要论述研讨会并在山东调研侨联工作。他强调，要把学习贯彻习近平新时代中国特色社会主义思想与贯彻落实习近平总书记关于侨务工作的重要论述紧密结合起来，把开展好主题教育与做好新时代侨联工作紧密结合起来，把加强调查研究、理论阐释与推动成果转化紧密结合起来，进一步发挥侨联群团组织优势和桥梁纽带作用，广泛凝聚侨心侨力侨智，在强国

7月27日，中国侨联党组书记、主席万立骏（左一）出席2023习近平总书记关于侨务工作重要论述研讨会后在山东调研侨联工作

建设、民族复兴的伟大征程中展现侨力量、彰显新作为，以优异成绩迎接第十一次全国归侨侨眷代表大会胜利召开。27日下午，万立骏一行到潍坊，先后深入潍坊综合保税区、高新区、奎文区，调研考察山东省侨联新侨创新创业基地、潍坊侨界会客厅、省级华侨国际文化交流基地等。万立骏鼓励侨商侨企和新侨人才将自身融通中外的独特优势与国内产业优势、市场优势结合起来，在新时代新征程展现侨的力量、彰显新的作为。他强调，各级侨联组织要扎实推进学习贯彻习近平新时代中国特色社会主义思想主题教育，坚持围绕中心、服务大局、服务侨胞，着力提升为侨服务的能力和水平。要进一步弘扬中华优秀传统文化，用好用活华侨国际文化交流基地，讲好中国故事、传播好中国声音，为推动构建人类命运共同体作出积极贡献。在鲁期间，山东省委书记、省人大常委会主任林武，省委常委、组织部部长王宇燕，潍坊市委书记、市人大常委会主任刘运，市委常委、组织部部长、统战部部长杨升岩等会见万立骏一行，并就进一步做好侨联工作交换了意见。山东省侨联党组书记、主席李兴钰，中国侨联文化交流部部长刘奇、信息传播部部长左志强，中国华侨华人研究所所长张春旺等参加相关活动。

【中国侨联十届七次全委会在京举行】中国侨联十届七次全委会议于8月21日在北京举行。中国侨联党组书记、主席万立骏传达了中央书记处办公会议重要指示精神，并作了讲话。中国侨联副主席程红，党组成员、副主席程学源、连小敏，兼职副主席黄志贤、邵旭军、吴晶、周琪、余国春、刘艺良、朱奕龙、刘以勤、包东、陈式海、周建农、李兴钰、黎静，秘书长陈迈，中国侨联委员，中国侨联顾问，不是中国侨联委员的省级侨联党组书记、主席，以及中国侨联机关有关部门负责同志参加会议。会议决定，第十一次全国归侨侨眷代表大会于2023年8月31日至9月3日在北京召开。会议讨论并通过了中国侨联十届委员会向第十一次全国归侨侨眷代表大会所提交的报告审议稿，讨论并通过了《中华全国归国华侨联合会章程（修正案）》（草案），决定将这两份文件提请第十一次全国归侨侨眷代表大会审议。万立骏就中国侨联十届委员会向第十一次全国归侨侨眷代表大会所提交的报告审议稿向会议作了说明，连小敏就《中华全国归国华侨联合会章程（修正案）》（草案）审议稿作了说明，并就全委会议有关人事和选举事项作了说明。会议充分肯定了中国侨联十届六次全委会议以来的工作，总结了第十次全国归侨侨眷代表大会以来的侨联工作。经党中央批准，会议按照中国侨联章程规定，进行了有关人事选举事项。会议号召，各级侨联组织和广大侨联干部要更加紧密地团结在以习近平同志为核心的党中央周围，以习近平新时代中国特色社会主义思想为指导，奋力谱写侨联工作新篇章，团结凝聚广大归侨侨眷和海外侨胞，为全面建设社会主义现代化国家、全面推进中华民族伟大复兴、推动构建人类命运共同体作出新的更大贡献，以优异成绩迎接第十一次全国归侨侨眷代表大会胜利召开。中国侨联十届七次全委会议前，8月20日、21日，分别召开了十届十次主席会议、十届十次常委会议。

【万立骏主席率团访问西班牙，看望侨胞并调研了解侨情】10月10日至13日，中国侨联党组书记、主席万立骏率代表团访问西班牙，出席西班牙华侨华人协会成立四十周年庆典活动，

10 月 10 日至 13 日，中国侨联党组书记、主席万立骏（前排右二）率团访问西班牙，走访华侨二代企业和华商聚集工业区，看望侨胞、了解侨情

走访华侨二代企业和华商聚集工业区，看望侨胞、了解侨情，宣讲第十一次全国归侨侨眷代表大会精神，介绍国内经济社会发展和侨联工作情况，与旅西侨胞代表座谈交流，叙侨情、听侨声、话发展。他希望广大旅西侨胞深入学习领会十一代会特别是党中央致词精神，把握历史大势、紧跟时代步伐，发扬侨界传统、发挥自身优势，守望相助、团结互助，加强和谐侨社建设，重视华裔新生代的教育和引导，积极传承中华优秀文化，融入和回馈当地社会，当好中西友谊的桥梁和使者。在华侨二代创办的企业 Visiotech 公司，万立骏详细了解公司销售、技术研发、客户开发、仓储物流、创造就业等情况。在西班牙青田同乡会，万立骏详细了解同乡会创办历史、所做工作和作用发挥情况。万立骏肯定了海外侨社在团结侨、服务侨、凝聚侨方面做的工作，对侨胞为服务经济社会发展作出的重要贡献表示感谢。他表示，中国侨联将认真贯彻落实十一代会精神，更好履行海外侨胞联谊等职责，为广大侨胞做好服务，并希望旅西侨胞当好中西友谊的桥梁和使者。在巴塞罗那，万立骏一行看望当地侨胞并与大家座谈。他希望大家更好融入当地社会，发展好自身的事业，不断实现个人的发展和成长。要建设和睦的邻里关系，加强和谐侨社建设，积极传承中华优秀文化，促进两国文化的交流互鉴。要重视华裔新生代的教育和引导，进一步做好海外华文教育，让侨二代侨三代不忘祖（籍）国、热爱中华文化。在西班牙期间，姚敬大使、屈浔公使、胡爱民代总领事等会见万立骏一行，双方就如何加强前后方配合、在新时期进一步做好侨联工作深入交换了意见。中国侨联副秘书长、经济科技部部长赵红英，组织人事部部长姚林楠，联谊联络部部长桑宝山等参加相关活动。

【陈迈秘书长赴黑龙江调研】10 月 12 日至 16 日，中国侨联秘书长兼办公厅主任陈迈率调研组赴黑龙江调研侨联工作。12 日，调研组在新侨创新创业基地——黑龙江俄贸通控股有限公司等侨商企业考察调研，并与企业负责人进行了深入交流。在中国华侨国际文化交流基地——哈军工纪念馆，调研组一行回顾了“哈军工”创建发展历程和辉煌成就；感受了老一辈哈军工人爱国奋斗、刻苦钻研的报国情怀。14 日，中国侨联调研组在“侨胞之家”召开座谈会。部分在哈侨联主席班子成员、侨界人大代表、政协委员，

10 月 12 日至 16 日，中国侨联秘书长兼办公厅主任陈迈率调研组赴黑龙江调研侨联工作，与基层侨界代表深入座谈交流

基层侨联代表和各联谊组织负责人 20 余人参加座谈。陈迈强调，要深入学习贯彻习近平总书记在黑龙江考察时的重要讲话精神，落实十一代会决策部署，突出围绕人、关注人，整合和发挥资源优势，组织起来、联络起来、展现起来、贡献起来，为新时代黑龙江高质量发展、可持续振兴贡献侨界独特力量。13 日至 14 日，调研组深入“中国华侨国际文化交流基地”——铁人王进喜纪念馆、侨属企业——大庆艺林花儿艺术培训学校进行调研，与侨资侨属企业代表、文化交流基地代表、留学生创新创业代表、基层侨联代表和“侨胞之家”工作人员进行交流座谈。陈迈对大庆市侨联工作所取得的成绩表示肯定，并希望大庆侨联不断丰富“党建带侨建”内涵，强化侨联组织政治属性，立足大庆，放眼全国、对标国际，持续发挥好侨联组织联系服务侨界群众的作用。中国侨联兼职副主席，省侨联党组书记、主席郭占力出席座谈会，中国侨联常委，哈尔滨市侨联党组书记、驻会主席申建平，哈尔滨市侨联有关领导、大庆市有关领导参加调研。

【万立骏主席率团访问葡萄牙，走访侨团侨社并与旅葡侨界代表座谈】10 月 14 日至 15 日，中国侨联党组书记、主席万立骏率团访问葡萄牙，深入侨团侨社看望侨胞，并与旅葡侨界代表座谈，了解侨胞在当地的生存发展情况，听取对侨联工作的意见建议。他寄语旅葡侨胞在自身事业发展的同时，积极回馈当地社会，巩固侨社团结和谐的良好局面，发挥融通中外的独特优势，做中葡两国经济社会发展的贡献者、文明交流互鉴的推动者、人民友好交往的促进者。在葡萄牙中华总商会，万立骏详细了解商会发展历程、组织架构、人员构成等情况。他希望葡萄牙中华总商会继续发挥作用，为推动中葡友谊和各领域交流合作作出更大贡献。在与旅葡侨胞代表座谈中，万立骏详细了解当地侨社侨团侨胞的发展情况，听取大家的意见建议。万立骏指出，学习宣传贯彻第十一次全国归侨侨眷代表大会精神是侨界当前的重要任务，要深刻认识党中央和祖（籍）国对广大归侨侨眷和海外侨胞、对侨联组织和侨联工作的关心关怀和殷殷期待，深刻认识党中央致词中对广大侨胞提出的四点希望，深刻认识在百年变局加速演变的大背景下做好侨的工作面临的机遇和挑战，进一步凝聚侨心侨力侨智、发挥桥梁和纽带作用，为推动强国建设、民族复兴贡献侨界力量。希望旅葡侨胞做中葡两国经济社会发展的贡献者，文明交流互鉴的推动者，做两国人民友好交往的促进者。在葡萄牙期间，赵本堂大使、陈晓玲公参会见万立骏一行，双方就做好新时代侨联工作深入交换了意见。中国侨联副秘书长、经济科技部部长赵红英，组织人事部部长姚林楠，联谊联络部部长桑宝山等参加相关活动。

【万立骏主席率团访问比利时，看望慰问侨胞并走访调研侨情】当地时间 10 月 16 日至 18 日，中国侨联党组书记、主席万立骏率代表团访问比利时，看望慰问旅比侨胞、领保志愿者，走访调研侨胞商铺、中医诊所、唐人街，并出席“一带一路”十周年座谈会，共叙乡情、共话侨情、共谋发展。他表示，广大侨胞是连接中国与世界的桥梁纽带、民间使者，是推进“一带一路”建设、推动构建人类命运共同体的重要力量。他希望旅比侨胞深入学习领会十一代会精神，继续发扬传统和融通中外、联系广泛的独特优势，在推进中比两国高质量发展中作出新贡献，在推进民心相通中展现新作为，在推进人文交流中实现新进展，在推进侨社建设上取得新成

10 月 16 日至 18 日，中国侨联党组书记、主席万立骏（中）在比利时圣尼古拉斯市出席“一带一路”十周年座谈会并发表讲话

绩。在布鲁塞尔，万立骏一行深入侨社、深入侨胞，与大家亲切交流并看望慰问当地领保志愿者。他叮嘱大家照顾好自己、照顾好家人，遵守当地法律、尊重当地习俗，守望相助、互帮互助，把海外侨社建设成为团结、温暖、和谐的大家庭。在布鲁塞尔和安特卫普，万立骏一行走访侨胞商铺、中医诊所、中餐馆、唐人街，详细了解侨胞在当地的生活和事业发展情况。他希望旅比侨胞继续发扬自强不息、不懈奋斗的精神，将自身事业发展与服务当地贡献当地、支持和参与祖（籍）国现代化建设有机统一起来，在新时代再立新功、再创佳绩。在比利时期间，曹忠明大使、吴刚公参等会见万立骏一行，双方就做好新形势下的海外侨胞工作深入交换了意见。中国侨联副秘书长、经济科技部部长赵红英，组织人事部部长姚林楠，联谊联络部部长桑宝山等参加相关活动。

【陈迈秘书长赴浙江参加活动并调研】10 月 26 日至 28 日，中国侨联秘书长兼办公厅主任陈迈赴浙江宁波参加“创业中华·宁波市第十二届港澳台侨青年英才创新创业大会”，并在宁波、台州调研。10 月 26 日上午，由中国侨联指导，浙江省侨联、中共宁波市委、宁波市人民政府主办，宁波市侨联承办，宁波市留联会、宁波市侨创会、宁波市侨商会协办的“创业中华·宁波市第十二届港澳台侨青年英才创新创业大会”在甬举行。陈迈在致辞中代表中国侨联和万立骏主席对本届大会的召开表示热烈祝贺。他号召，广大青年英才和侨联组织用好“侨智汇甬·共赢未来”的平台，广泛凝聚起爱国爱乡的强大合力，担当起弘扬中国文化、传播中国声音的职责使命，做强做实助力新侨创新创业工作。在宁波调研期间，陈迈调研了宁波院士中心、欧洲华商大厦“侨胞之家”，他对宁波侨联的工作表示肯定，强调侨联要压实“服务大局，服务侨胞”的职责，发独特优势，聚要素、搭平台、强赋能，在助力构建新发展格局、推动高质量发展中展现更大作为。10 月 26 日至 28 日，陈迈来到台州调研基层侨联工作情况，召开座谈会，听取县级侨联工作汇报，并与台州市侨商会、留联会代表进行座谈交流，积极探讨新形势下侨联工作面临的新情况、新问题，现场为侨联工作者答疑解惑。陈迈对台州市侨联工作取得的成绩表示肯定，并希望台州侨联持续发挥好服务侨界群众的作用，立足台州、放眼全国、对标国际，吸引更多海外高层次人才、侨界精英来台州发展创业。陈迈还调研了台州市侨商大厦、留学生家属企业东方永安集团、侨资企业浙江天皇药业有限公司以及“中国华侨国际文化交流基地”台州传统艺术博物馆、台州府城文化区。浙江省侨联党组书记、主席庄莉萍，浙江省侨联有关领导，台州市有关领导，宁波市、台州市侨联有关领导等分别陪同。

【万立骏主席赴浙江调研侨联工作】10 月 31 日至 11 月 3 日，中国侨联党组书记、主席万立骏率队赴浙江杭州、绍兴、宁波调研，宣讲第十一次全国归侨侨眷代表大会精神，围绕做好侨联经济科技、文化交流、基层建设、权益保障等工作听取基层意见和建议，同各级侨联干部和地方同志深入交流，推动十一代会精神落地落实。他强调，浙江侨联组织要坚持以习近平新时代中国特色社会主义思想为指导，认真学习贯彻习近平总书记考察浙江重要讲话精神，加强党对侨联工作的领导，扎实开展主题教育，大兴调查研究之风，结合自身实际，贯彻落实好第十一次全国归侨侨眷代表大会部署，在凝聚侨的力量上走在前列，在加强侨的思想引领

10 月 31 日至 11 月 3 日，中国侨联党组书记、主席万立骏（左五）率队赴浙江杭州、绍兴、宁波调研，推动十一代会精神落地落实

后，万立骏作了讲话。他说，今年 9 月，总书记考察浙江时，作出了新的重要指示，对浙江发展饱含深情、充满期待。这对浙江侨界也是巨大的鼓舞和激励。万立骏肯定了浙江侨联的工作和浙江侨胞的贡献，希望大家发扬革命传统，争取更大光荣，为新时代新征程作出更大贡献。万立骏对浙江侨联工作提出了五个方面的要求，一是深入学习宣传贯彻十一代会精神，在凝聚侨的力量上走在前列；二是自觉用习近平新时代中国特色社会主义思想凝心铸魂，在加强侨的思想引领上当好示范；三是团结动员广大侨胞投身中国式现代化建设，在彰显侨的作为上勇开新局；四是大兴调查研究之风，在服务侨的需求上积极探索；五是加强党的领导和党的建设，在建好侨的组织上持续用力。中国侨联兼职副主席、浙江省人大常委会副主任吴晶，浙江省侨联党组书记、主席庄莉萍，杭州市、绍兴市、宁波市有关领导陪同参加有关活动。中国侨联副秘书长、经济科技部部长赵红英，权益保障部部长张岩，文化交流部副部长郭启华参加调研。

上当好示范，在彰显侨的作为上勇开新局，在服务侨的需求上积极探索，在建好侨的组织上持续用力，动员引领广大归侨侨眷和海外侨胞为全面建设社会主义现代化国家、以中国式现代化全面推进中华民族伟大复兴团结奋斗。其间，万立骏与浙江省委副书记、省长王浩，省委副书记、杭州市委书记刘捷，省委常委、统战部部长邱启文，副省长卢山就加强侨联建设、发挥侨的作用分别作了工作交流。在杭州期间，万立骏深入基层社区、科研院所、科创中心、亚运场馆调研，并按照有关要求，看望了自己所联系的全国人大代表曹琛、周迪。万立骏一行调研参观了位于上城区小营街道小营巷社区的钱学森纪念馆、杭州院士巷浮雕长廊和侨胞之家，中国科学院基础医学与肿瘤研究所，浙江大学杭州国际科创中心等地。10 月 31 日下午，调研组到杭州亚运会指挥中心了解智慧亚运有关情况，实地参观了杭州奥体中心，并与杭州市领导和侨联干部交谈。11 月 2 日至 3 日，万立骏一行围绕美丽侨乡建设、传承侨乡文化、加强基层侨联建设等赴绍兴、宁波调研，走访了在位于绍兴市越城区的乡村侨舍和柯桥区柯桥古镇。在宁波市镇海区，万立骏到中国华侨国际文化交流基地宁波帮博物馆参观调研。在招宝山街道后大街社区，万立骏听取街道和社区侨联负责人工作汇报，走进侨胞之家，察看工作阵地，同侨胞代表和基层同志交谈。3 日下午，侨联工作座谈会在宁波召开，浙江省侨联、宁波市及县（市、区）侨联负责人和侨胞代表参加。听取了大家的发言

【陈迈秘书长赴江苏调研】11 月 1 日至 4 日，中国侨联秘书长兼办公厅主任陈迈率调研组赴江苏出席全国基层侨联组织干部研修班，宣讲、贯彻第十一次全国归侨侨眷代表大会精神，并深入扬州、淮安、徐州开展调研。围绕新时代侨联事业创新发展、推进基层侨联和高校侨联组织建设等议题，调研组先后召开 3 场座谈会，听取地市侨联和有关县区侨联、徐州医科大学侨联、侨胞之家、侨界社团代表等工作情况汇报，同基层侨联干部深入交流，听取意见建议。陈迈对各地侨联近年来工作取得的成绩表示肯定，希望地方侨联组织提高政治站位，深入学习贯彻中国侨联十一代会精神，强化侨情调研，深化拓展平台载体，创新工作机制，加强基础建设，善用社会化手段，形成系统合力，打造富有影响力的工作品牌，广泛凝聚侨心侨力侨智，为新时代侨联事业

和地方高质量发展作出独特贡献。江苏省侨联党组书记、主席刘标，省侨联党组成员、副主席张霓，扬州市、淮安市、徐州市有关领导，徐州医科大学党委书记祝木伟、校有关领导，以及3个市侨联负责人会见调研组或参加调研。

【程学源副主席在希腊出席活动并与旅希侨界代表座谈】11月10日至12日，中国侨联党组成员、副主席程学源率团访问希腊，深入侨团侨社、看望侨胞、调研侨情，出席由我驻希腊使馆召开的希腊侨界共建"一带一路"十周年庆祝活动暨侨界代表座谈会。座谈会上，程学源向广大旅希侨胞转达了中国侨联和万立骏主席的亲切问候，向大家介绍了国内经济社会发展和侨联工作情况，宣介了第十一次全国归侨侨眷代表大会精神，程学源表示，在"一带一路"十周年之际，希望广大旅希侨胞弘扬和平合作、开放包容、互学互鉴、互利共赢的丝路精神，发挥学贯中西、融通中外、熟悉国际规则等优势，做两国经济社会发展的贡献者、文明交流互鉴的推动者、人民友好交往的促进者，在推动两国经贸及各领域合作中发挥更大作用，让中希两国的古老智慧之美、民心相通之美、文化交融之美在新时代绽放出更加璀璨的光芒，为助力共建"一带一路"和人类命运共同体作出侨界更大贡献。驻希腊大使肖军正发表讲话。希腊中国和平统一促进会会长吴海龙，希腊华侨华人总会会长邹勇，希腊华人华侨福建联合总会会长陈锋等侨团代表依次发言。访问期间，程学源还走访了希腊华侨华人总商会、希腊华侨华人总会、希腊中国和平统一促进会等当地主要侨团，与旅希侨胞代表座谈交流，深入了解当地侨社、侨团发展情况和侨胞的生存发展状况，并向大家热情宣讲第十一次全国归侨侨眷代表大会精神。在《中希时报》社、雅典中文学校和中希华人戏剧联盟，程学源与海外华文媒体、华文教育工作者、旅希侨界艺术爱好者们深入交流。程学源还来到雅典华人侨区等地调研在希侨商企业，勉励大家坚定信心、守正创新、守法经营，抓住共建"一带一路"的良好机遇，实现事业的发展进步。在希期间，驻希腊大使肖军正会见了程学源一行，双方就做好新时期为侨服务工作深入交换了意见。中国侨联基层建设部部长张毅，联谊联络部副部长、一级巡视员朱柳，驻希腊使馆公参赖波等参加了相关活动。

【程学源副主席率团访问罗马尼亚，走访侨社、慰问侨胞、调研侨情】11月13日至15日，中国侨联党组成员、副主席程学源率团访问罗马尼亚，密集走访了罗马尼亚华侨华人联合会、青田同乡会、福建同乡会等当地主要侨团，考察了中东欧最大的华商聚集区——红龙市场，走访华人企业、商铺，出席旅罗侨界代表座谈会和罗马尼亚浙江瑞安同乡会第五届理事会换届庆典活动。程学源通过各种场合与大家亲切交流，嘘寒问暖，全面深入地了解旅罗侨胞在当地生存发展情况和所思所想、所急所需。他勉励大家要遵守当地法律、入乡随俗，与住在国民众和睦相处，在发展好自己事业的同时，注重融入和回馈主流社会，用实际行动展示华裔族群良好形象。在座谈会上，程学源认真了解旅罗侨胞近年来生活和事业发展情况，听取侨团的会务和活动情况的介绍，向大家全面介绍了新时代中国经济社会发展取得的伟大成就，宣介了第十一次全国归侨侨眷代表大会的盛况和主要精神。程学源希望旅罗侨胞进一步发挥桥梁和纽带作用，为推动强国建设、民族复兴，为中罗友好和各领域交流合作贡献侨界力量。在罗期间，驻罗马尼亚大使韩春霖会见程学源一行，双方就做好新时代侨联工作深入交换了意见。中国侨联基层建设部部长张毅，

11月13日至15日，中国侨联党组成员、副主席程学源率团访问罗马尼亚，走访侨社、慰问侨胞、调研侨情

联谊联络部副部长、一级巡视员朱柳，驻罗马尼亚使馆公参华亚芳等参加相关活动。

【万立骏主席赴海南参加活动并调研】11月16日，中国侨联党组书记、主席万立骏出席海南省第七次归侨侨眷代表大会并在海南调研。16日下午，万立骏一行参观海南自贸港建设成就展，并在海口骑楼老街及相关侨资企业调研。万立骏指出，在海南建设自由贸易港，是党中央着眼于国内国际两个大局作出的重大决策，是习近平总书记亲自谋划、亲自部署、亲自推动的改革开放重大举措。推进中国特色自由贸易港建设，是海南的战略机遇、光荣使命，也为广大侨胞投资兴业、展现作为提供了广阔空间。他希望广大侨商侨企关注支持海南发展、见证参与自贸港建设，将自身融通中外的独特优势与自贸港的优惠政策、良好环境结合起来，在服务祖（籍）国重大发展战略的同时实现自身更好发展，为把海南自由贸易港打造成展示中国风范的靓丽名片贡献侨界力量。在琼期间，冯飞、刘小明、沈丹阳等会见了万立骏一行，就进一步做好侨联工作、助力自由贸易港建设进行了交流。中国侨联副秘书长、经济科技部部长赵红英，组织人事部部长姚林楠等一同参加上述活动。

【程学源副主席在匈牙利走访侨社并出席“一带一路”十周年暨侨界代表座谈会】11月15日至18日，中国侨联党组成员、副主席程学源率团访问匈牙利。程学源一行密集走访了匈牙利华侨华人社团联合总会、华侨华人妇女联合总会、福清同乡会、青田同乡会、明溪商会等侨团，考察华商聚集区欧洲广场、熊猫超市、富力购物广场等华人企业和匈牙利华人体检中心、禅武文化中心、匈中双语学校、岐黄中医药中心等，出席了匈牙利侨界庆祝“一带一路”十周年暨侨团代表座谈会。程学源一行代表中国侨联和万立骏主席向大家转达来自祖（籍）国家乡和侨联组织的亲切问候和美好祝愿，并与大家亲切交流。在“一带一路”十周年暨侨界代表座谈会上，程学源向大家全面介绍了新时代中国经济社会发展取得的伟大成就和第十一次全国归侨侨眷代表大会精神，听取他们对侨联工作的意见和建议。程学源希望广大旅匈侨胞抓住“一带一路”十周年重要契机，继续为中匈友好的大好局面添砖加瓦，弘扬和平合作、开放包容、互学互鉴、互利共赢的丝路精神，发挥学贯中西、融通中外的独特优势，在推进中匈两国各领域交流合作中作出新贡献，在促进两国民心相通中展现新作为。在匈牙利禅武文化中心、匈中双语学校、岐黄中医药中心，程学源一行与在场的武术学员、中文课堂师生、中医医师等亲切交流，详细了解旅匈侨胞在弘扬传承中华优秀文化，助力中华文化在海外的传播等方面所做的工作，鼓励大家做民心相通的连心桥、文明互鉴的推动者，中匈友谊的实践者。在匈期间，驻匈牙利大使龚韬会见了程学源一行。双方对匈牙利侨情进行了沟通和研判，就进一步做好新时代侨务工作深入交换了意见。中国侨联基层建设部部长张毅，联谊联络部副部长、一级巡视员朱柳，驻匈牙利大使馆公参李佳等参加了相关活动。

11月15日至18日，中国侨联党组成员、副主席程学源（右三）率团访问匈牙利，走访侨社并出席“一带一路”十周年暨侨界代表座谈会

【程学源副主席赴香港出席活动并调研侨情】11月24日至26日，中国侨联党组成员、副主席程学源率团访问香港，出席香港侨界社团联会庆祝中华人民共和国成立74周年暨第八届会董会就职典礼。在港期间，程学源一行还走访了香港侨友社、香港华侨华人总会、香港北京高校校友联盟等侨界社团，看望中国侨联部分香港顾问、委员，深入侨

团基层调研侨情，与侨界群众座谈并进行深入交流。程学源介绍了中国侨联十一代会的有关情况以及中国侨联下一步工作部署，并用万立骏主席提出的“三个相信”与侨界同胞共勉。希望香港侨界相信国家，紧跟时代步伐，抓住历史机遇，主动对接“十四五”规划、粤港澳大湾区建设和共建“一带一路”高质量发展等国家战略，贡献这个伟大的时代；相信自己，扛起爱国爱港爱侨的使命，发展自己、建设香港、回报国家；相信未来，对中国未来发展和香港繁荣稳定坚定信心，凝聚爱国爱港力量，在实现中国第二个百年奋斗目标的新征程上，共担民族复兴重任，共享民族复兴荣光。26日，程学源同中央政府驻港联络办公室副主任尹宗华就共同做好香港地区侨界工作进行了工作交流。中国侨联联谊联络部部长桑宝山，香港中联办协调部副部长、一级巡视员陈泽涛等一同参加了上述有关活动。

11月27日至29日，中国侨联党组书记、主席万立骏（左三）赴河南出席活动，并在郑州、鹤壁、安阳调研侨联经济科技和文化交流工作

【万立骏主席赴河南出席活动并调研经济科技和文化交流工作】11月27日至29日，中国侨联党组书记、主席万立骏出席中国侨商投资（河南）大会并在郑州、鹤壁、安阳调研侨联经济科技和文化交流工作。他强调，要以习近平新时代中国特色社会主义思想为指导，深入贯彻党的二十大精神和习近平总书记关于侨务工作的重要论述，认真落实第十一次全国归侨侨眷代表大会部署，牢记初心使命、积极搭建平台，促进新侨创新创业、弘扬中华优秀文化，凝聚侨心向党、实干报国的磅礴力量，砥砺创新创造、自立自强的奋斗精神，发挥侨连五洲、融通四海的独特作用，当好增进交流、连接中外的桥梁纽带，在强国建设、民族复兴伟业中展现侨界的担当和作为。28日下午，万立骏率中国侨联调研组赴鹤壁调研新侨创新创业工作。在天章卫星科技有限公司、航天宏图信息技术股份有限公司、鹤壁5G产业园新侨创新创业服务中心、龙芯中科（鹤壁）技术有限公司，万立骏同技术人员、企业负责人、侨联干部和地方同志深入交流，仔细了解企业发展规划、技术工艺、市场开拓、经营发展及新侨人才联系服务工作。万立骏强调，侨联组织要发挥智力密集、资源富集的优势，积极为当地经济发展联系和吸引人才，协调和调动各类资源，在围绕中心、服务大局、服务侨胞中发挥更大作用。在豫期间，万立骏一行来到河南博物院、安阳市殷墟博物馆、林州市红旗渠纪念馆调研，深入了解中国华侨国际文化交流基地建设和作用发挥情况。他希望河南建好用好华侨国际文化交流基地，让更多的侨胞和华裔青少年走进博物馆，更深了解中华文化和中华文明，坚定文化自信，增强做中国人的自信心和自豪感，同时，发挥侨的作用，积极传播中华文化和中华文明，促进中外文明交流互鉴。中国侨联副秘书长、经济科技部部长赵红英，办公厅副主任张凌，文化交流部副部长郭启华，河南省侨联党组书记、主席杨海强，河南博物院党委书记万捷、院长马萧林，鹤壁市委副书记、市长赵宏宇，安阳市委书记袁家健，市委常委、统战部部长祝振玲等参加有关活动和调研。

【程学源副主席赴云南出席活动并调研】12月8日，中国侨联党组成员、副主席，中国侨联青年委员会会长程学源赴云南出席“侨连五洲·华裔杰青论坛”活动，并赴保山市龙陵县、腾冲市、大理州等地调研推动侨乡建设、为侨服务等工作。中国侨联联谊联络部部长桑宝山，云南省人大外事与华侨委员会副主任委员丁艳波，省委统战部副部长、省侨办主任何长松，省侨联副主席徐盛兴、万妍娟，保山市委书记杨军，市委副书记、统战部部长赵碧原，大理州委副书记、统战部部长肖创勇等参加了相关活动。

信息传播部

【领导成员名单】

部　　长：左志强

副 部 长：郭启华（2023 年 6 月任文化交流部副部长）

【综述】2023 年，在会党组坚强领导下，信息传播部以习近平新时代中国特色社会主义思想为指导，深入学习宣传贯彻党的二十大精神和习近平文化思想，贯彻落实会党组决策部署，以"追梦中华"品牌活动和中国侨联官网、微信公众号、抖音号为载体，以十一代会宣传为重点，聚焦理论宣传、工作宣传、典型宣传，重视舆情分析、网络安全和信息化建设，自觉担负新时代职责使命，树牢政治方向，努力改革创新，不断推动侨联信息传播工作高质量发展。深入开展理论宣传，加强侨界群众思想政治引领。坚持不懈把深入学习宣传贯彻习近平新时代中国特色社会主义思想抓紧抓实抓到位，让党的创新理论在侨界入脑入心。精心组织十一代会宣传，扩大新时代侨联工作影响力。生动展现以习近平同志为核心的党中央对侨联工作和侨联组织的关心关怀，充分宣传报道十一代会成果。严格落实意识形态工作责任制，把握宣传工作主动权。坚持党管宣传、党管意识形态，加强对中国侨联所属宣传阵地的管理引导，守土有责，守土负责、守土尽责。积极开展"追梦中华"主题宣传活动，涵养海外华媒资源，讲好中国故事。充分发挥"追梦中华"品牌影响，借助国内主流媒体和海外华文媒体，展示新时代中国的发展，讲好中国故事。深入贯彻网络安全和信息化工作责任制，提升信息化工作水平。认真贯彻习近平总书记关于网络强国的重要思想，坚持建网、管网、用网相统一，落实好网络安全和信息化工作责任制。深入开展主题教育，全面加强支部建设。深入开展学习贯彻习近平新时代中国特色社会主义思想主题教育，把理论学习、调查研究、推动发展、检视整改贯通融合、一体推进，紧密联系信息传播工作实际，扎实推进支部建设。

【万立骏主席向全球华侨华人拜年】1 月 14 日，中国侨联党组书记、主席万立骏发表了题为《侨界同心携手　共创美好未来》的新春贺词，向旅居世界各地的华侨华人和广大归侨侨眷拜年。万立骏在致辞中表示，充满希望的 2023 年，是全面贯彻落实党的二十大精神的开局之年，是侨界满怀信心奋进新征程的一年。党的二十大对加强和改进侨务工作、发挥侨联组织作用提出了新的要求，习近平总书记对侨胞念兹在兹，令我们深受鼓舞、倍感温暖。在新的一年里，我们将坚持以习近平新时代中国特色社会主义思想为指导，全面贯彻党的二十大精神，切实履行服务经济发展、依法维护侨益、拓展海外联谊、积极参政议政、弘扬中华文化、参与社会建设职能，重引领、亮品牌、搭平台、强基层、做服务，团结凝聚广大归侨侨眷和海外侨胞，为全面建设社会主义现代化国家开好局、起好步贡献侨界力量！

1 月 14 日，中国侨联党组书记、主席万立骏发表题为《侨界同心携手　共创美好未来》的新春贺词

综合

5 月 15 日，举行"追梦中华·聚焦自贸港"2023 海外华文媒体海南采访行启动仪式暨自贸港宣介会

3 月 21 日，中国侨联党组成员、副主席程学源出席第四届全球华人生活短视频大赛颁奖盛典并致辞

【程学源副主席出席第四届全球华人生活短视频大赛颁奖典礼并致辞】3 月 21 日上午，由中国侨联信息传播部支持、人民日报海外网主办的第四届全球华人生活短视频大赛颁奖典礼在人民日报社举行。中国侨联党组成员、副主席程学源出席并致辞。程学源在致辞中指出，短视频已成为人们网络沟通交流的新方式、新载体，广大侨胞每天都在通过各种视频节目了解中国乃至世界日新月异的发展变化，寄托乡思乡情。第四届全球华人生活短视频大赛以"短"视频的方式，展现了讲好中国故事的"大"担当，充分彰显了在党的带领下，侨界奋进强国建设、民族复兴新征程的精神风貌。程学源宣读"最佳创意奖"获奖名单，并为获奖者颁奖。

【"追梦中华·聚焦自贸港"海南采访行】5 月 15 日，由中国侨联主办、海南省侨联承办的"追梦中华·聚焦自贸港"2023 海外华文媒体海南采访行在海口启动。为期 7 天的行程中，来自加拿大、澳大利亚、俄罗斯、马来西亚、美国等 14 个国家和地区的 15 家海外华文媒体代表相继走进海口、澄迈、文昌、定安、万宁、陵水、保亭、三亚等地采访。华文媒体采访团边走边拍边写，向世界呈现一个日新月异的海南自贸港，为自贸港建设"鼓"和"呼"。

【"追梦中华·海外华文媒体高级研修班"在北京举办】6 月 25 日至 7 月 1 日，由中国侨联和中华文化学院联合主办，中国侨联信息传播

6 月 30 日，中国侨联党组成员、副主席程学源出席第六期"追梦中华·海外华文媒体高级研修班"结业式并讲话

追梦中华·海外华文媒体高级研修班

2023年6月30日 北京

6 月 30 日，中国侨联“追梦中华·海外华文媒体高级研修班”在中华文化学院举行结业式，中国侨联党组成员、副主席程学源（第一排左五）出席

部、中华文化学院教务部共同承办的第六期“追梦中华·海外华文媒体高级研修班”在北京举办。来自 19 个国家和地区的 26 位海外华文媒体代表及涉侨央媒代表参加研修。中国侨联党组成员、副主席程学源出席结业式并讲话。中国侨联信息传播部部长左志强，中华文化学院教务部副主任、二级巡视员赵霞参加相关活动。

10 月 17 日，“追梦中华·闽宁协作谱新篇”2023 海外华文媒体宁夏采访行在银川市启动

【“追梦中华·闽宁协作谱新篇”宁夏采访行】10 月 17 日，由中国侨联主办、宁夏侨联承办的“追梦中华·闽宁协作谱新篇”2023 海外华文媒体宁夏采访行在银川市启动。来自马来西亚、俄罗斯、美国、德国、加拿大、埃及等国家和地区的 17 家海外华文媒体和 5 家涉侨中央媒体代表参加本次活动。采访团团长、中国侨联信息传播部部长左志强，宁夏回族自治区党委统战部一级巡视员柴建国出席启动仪式并致辞。采访团副团长、中国侨联办公厅副主任刘红，自治区政协港澳台侨和外事工作委员会副主任张锐出席启动仪式。自治区侨联副主席赵荣主持。本次活动是“追梦中华·海外华文媒体采访行”首次走进宁夏，在为期 7 天的行程中，采访团一行深入闽宁镇、红寺堡镇弘德村、原州区头营镇、六盘山镇集美村等地，围绕宁夏闽宁协作、乡村振兴、特色农业等重点领域建设情况，讲好新时代闽宁协作故事，讲好新时代宁夏故事。

【“追梦中华·海外华文媒体高级研修班”在湖北武汉举办】11 月 15 日至 21 日，由中国

11 月 17 日，第七期“追梦中华·海外华文媒体高级研修班”全体学员及工作人员在武汉大学合影，信息传播部部长左志强（第一排正中）出席

11 月 15 日，第七期“追梦中华·海外华文媒体高级研修班”在湖北武汉举办，信息传播部部长左志强为学员讲授第一课

侨联主办，湖北省侨联、武汉大学承办的第七期“追梦中华·海外华文媒体高级研修班”在湖北武汉举办，来自五大洲 21 个国家和地区的海外华文媒体代表等 26 人参班。学员们参加了第 23 届华侨华人创业发展洽谈会开幕式，学习了习近平文化思想、中华文化及融媒体传播等课程，并参观了湖北广电融媒体中心。信息传播部部长左志强全程参班，并以“深入学习贯彻习近平文化思想　推动新时代侨联信息传播工作高质量发展”为题为学员讲授第一课。

【开展中国侨联讲师团网上宣介活动】为深入学习贯彻习近平新时代中国特色社会主义思想，深入学习宣传贯彻党的二十大精神，宣传阐释第十一次全国归侨侨眷代表大会精神，加强思想政治引领、进一步凝聚侨心侨力侨智，更好汇聚海内外中华儿女的力量，中国侨联信息传播部邀请了十余位侨界专家学者和侨企代表，开展了 3 期中国侨联讲师团网上宣介活动。

第七期宣介活动以“学习二十大　凝聚侨力量　奋进新征程”为主题，原中央党史研究室宣传教育局副局长薛庆超，中国侨联组织人事部副部长许华坤，北京市侨联党组书记严卫群，中国侨联第十届委员会常务委员，中国侨商联合会监事长，华纳控股集团董事长施乾平 4 位嘉宾从“弘扬中华优秀传统文化　凝聚中华民族精神力量”“深入学习宣传贯彻党的二十大精神　汇聚同心共圆中国梦的侨界力量”“高举伟大旗帜　广泛凝聚共识　为共同致力民族复兴汇聚首都侨界力量”和“蓝图徐展催奋进　大道同行启新程”等方面进行深入宣讲宣介。活动于 1 月

1 月 18 日，第七期中国侨联讲师团网上宣介活动以“学习二十大　凝聚侨力量　奋进新征程”为主题的宣介视频全网上线

9 月 27 日，第八期中国侨联讲师团以“贯彻新思想　奋进新五年”为主题的宣介视频全网上线

11 月 27 日，第九期中国侨联讲师团以“中国式现代化与侨界新担当”为主题的宣介视频全网上线

18 日上线。

第八期宣介活动以“贯彻新思想　奋进新五年”为主题，中国侨联兼职副主席，天津市侨联党组书记、主席李占勇，中国侨界杰出人物、中国科学院院士、北京大学第六医院院长陆林，中国侨联常委、中国侨商联合会监事长、华纳控股集团董事长施乾平 3 位嘉宾从“牢记嘱托　真抓实干　推动十一代会精神在津沽大地落实见效”“以心为桥（侨），守护人民健康”“共担民族复兴重任　共享民族复兴荣光”等方面进行了全面深入宣介。活动于 9 月 27 日上线。

第九期宣介活动以“中国式现代化与侨界新担当”为主题，中央党史和文献研究院对外合作交流局局长杨明伟，国家发展和改革委员会宏观经济研究院科研管理部主任叶辅靖，同济大学国家创新发展研究院副院长、首席专家石建勋，中国侨联常委、中国侨商联合会监事长、华纳控股集团董事长施乾平 4 位嘉宾从“深刻理解中国式现代化的历史来源”“坚持高水平对外开放，加快推进中国式现代化”“高质量发展引领中国式现代化”和“发挥侨商优势　积极融入中国式现代化进程”等方面进行了全面深入宣介。活动于 11 月 27 日上线。

三期网上宣介活动由信息传播部部长左志强主持，并在“学习强国”App 开通“追梦中华・侨声”专栏，在中国侨联官网、中国侨联微信公众号、海外网、中国新闻网等平台上线，受到侨界群众的普遍欢迎和广泛传播，全网综合浏览量约 5100 万次。

【召开中国侨联党组意识形态暨网络安全与信息化工作领导小组会议】12 月 22 日上午，中国侨联党组召开意识形态暨网络安全与信息化工作领导小组会议。中国侨联党组书记、主席万立骏出席并讲话，副主席程红，党组成员、副主席程学源，副主席高峰出席会议并传达中央有关文件精神。万立骏表示，一年来，中国侨联机关各部门、各直属企事业单位与全国侨联系统联动，思想重视、措施得力、行动有效，意识形态和网信工作取得了积极进展，为新时代侨联事业高质量发展提供了坚强保障。会议听取了信息传播部部长左志强关于 2023 年中国侨联意识形态和网信工作情况的汇报。

12 月 22 日上午，中国侨联党组召开意识形态工作领导小组暨网络安全与信息化工作领导小组会议。中国侨联党组书记、主席万立骏出席并讲话

【中国侨联电子政务内网建设项目通过竣工验收】中国侨联电子政务内网项目能够实现与有关部门安全互联、资源共享、业务协同，并为中国侨联机关内部办公、管理、协调、监督、决策等提供辅助支撑。项目于 2015 年启动，由于政策调整和机关办公楼实际情况局限等原因，于 2018 年暂停建设。信息传播部坚持以习近平新时代中国特色社会主义思想为指导，深入学习贯彻习近平总书记关于网络强国的重要思想，紧密结合侨联网信工作实际，扎实推进电子政务内网建设项目。2023 年初，加强与项目承建方、监理方的沟通，详细梳理项目实施过程中存在的难点和堵点问题，制定了项目验收工作方案，明确验收工作的重点任务和时间节点。在会领导的正确领导下，在办公厅、服务中心等兄弟单位的密切配合下，信息传播部相关工作人员攻坚克难，推动电子政务内网建设项目于 2023 年 9 月顺利通过竣工验收。通过建设，初步完成了网络环境建设以及办公自动化（OA）系统、电子文件交换箱等设备的适配改造，达到了预期效果。

【编印《涉侨舆情信息参考》】聚焦海外侨界关注的难点热点焦点问题，做好涉侨舆情信息的收集、分析、研判工作，不断提升重大舆情事件应对能力，截至 2023 年底共编印《涉侨舆情信息参考》135 期，全国两会及十一代会舆情特刊 3 期。

联谊联络部

【领导成员名单】

部　　　　　长：桑宝山
副部长、一级巡视员：朱　柳
副　　部　　长：张　亮
二　级　巡　视　员：任彦俊

【综述】2023年，在会党组的坚强领导下，联谊联络部坚持以习近平新时代中国特色社会主义思想为指导，深入学习宣传贯彻党的二十大精神和习近平总书记关于侨务工作、群团工作的重要论述，认真落实第十一次全国归侨侨眷代表大会的工作部署，在程学源副主席的悉心指导下，坚持围绕中心、服务大局、服务侨胞，去“四化”、强“三性”，积极创新方式方法，努力推动联谊联络工作取得新进展。

【万立骏主席会见美国巾帼会代表团】3月30日，中国侨联党组书记、主席万立骏在京会见了以张素久为团长的美国巾帼会代表团一行，中国侨联党组成员、副主席程学源出席会见。中国侨联联谊联络部部长桑宝山等陪同。

【万立骏主席会见马来西亚中华总商会访问团一行】3月30日，中国侨联党组书记、主席万立骏在京会见马来西亚中华总商会访问团一行，中国侨联党组成员、副主席程学源参加会见。中国侨联联谊联络部部长桑宝山等陪同。

3月30日，中国侨联党组书记、主席万立骏（右四）会见以张素久为团长的美国巾帼会代表团一行

3月30日，中国侨联党组书记、主席万立骏（前排中）会见马来西亚中华总商会访问团一行

3 月 23 日，中国侨联党组成员、副主席程学源（左七）会见来访的奥地利华侨华人联谊会、奥地利浙江商会代表团一行

【程学源副主席会见奥地利华侨华人联谊会、奥地利浙江商会代表团一行】3 月 23 日，中国侨联党组成员、副主席程学源在京会见了来访的奥地利华侨华人联谊会、奥地利浙江商会代表团一行，中国侨联联谊联络部部长桑宝山等陪同。

【万立骏主席在港出席“侨界凝心聚力　香港再创辉煌”大会】3 月 31 日，由中国侨联、香港侨界社团联会主办的“侨界凝心聚力　香港再创辉煌”大会在香港会展中心举行。香港特别行政区行政长官李家超，中国侨联党组书记、主席万立骏出席大会并致辞。中国侨联兼职副主席余国春、卢文端，香港侨界社团联会会长黄楚基及社团会员代表、嘉宾 750 多人出席。中国侨联联谊联络部部长桑宝山、信息传播部副部长郭启华等参加有关活动。

3 月 31 日，中国侨联党组书记、主席万立骏出席“侨界凝心聚力　香港再创辉煌”大会并致辞

【举办第十六期“侨连五洲·海外联谊研修班”】3 月 19 日至 25 日，第十六期“侨连五

3 月 31 日，“侨界凝心聚力　香港再创辉煌”大会在香港会展中心举行

洲·海外联谊研修班”在浙江杭州成功举办，中国侨联联谊联络部副部长、一级巡视员朱柳，浙江省侨联党组书记、主席庄莉萍，浙江大学发展委员会副主席陈子晨出席。来自五大洲30个国家和地区的近50位青年侨领和华裔新生代参加研修。

【程学源副主席会见美东地区台湾乡亲访问团】4月28日，中国侨联党组成员、副主席程学源在京会见了以马涤凡为团长的美东地区台湾乡亲访问团一行，中国侨联联谊联络部部长桑宝山等陪同。

5月17日，中国侨联党组成员、副主席程学源代表中国侨联和万立骏主席向大会表示祝贺并讲话

4月28日，中国侨联党组成员、副主席程学源（前排中）会见美东地区台湾乡亲访问团

【共同举办第十届世界华侨华人社团联谊大会】5月8日，第十届世界华侨华人社团联谊大会在北京举行。本次大会以“融通中外　推动共筑人类命运共同体”为主题，来自130多个国家和地区的近500位华侨华人社团负责人参加大会。开幕会前，习近平总书记亲切会见参会侨胞代表，代表党中央、国务院向大家表示热烈欢迎，向世界各地华侨华人致以诚挚问候，令侨界无比振奋鼓舞。

【程学源副主席出席“侨连五洲·聚力甬城”—2023海外侨团暨中东欧国家侨领侨商合作大会】5月17日，“侨连五洲·聚力甬城”—2023海外侨团暨中东欧国家侨领侨商合作大会在浙江宁波召开，中国侨联党组成员、副主席程学源出席大会并讲话。作为第三届中国—中东欧国家博览会主体活动之一，大会以凝聚侨界力量，共谋合作发展为主题，来自47个国家和地区的120家侨团负责人共230余人参会。

【举办第十七期“侨连五洲·海外联谊研修班”】5月23日至29日，第十七期“侨连五洲·海外联谊研修班”在海南海口成功举办，中国侨联联谊联络部副部长、一级巡视员朱柳，海南省侨联副主席苏燕，海南大学党委书记符宣国出席。来自五大洲20余个国家和地区的近50位青年侨领和华裔新生代参加研修。

【程学源副主席会见泰国华侨崇圣大学代表团一行】5月30日，中国侨联党组成员、副主

5月30日，中国侨联党组成员、副主席程学源（右三）与泰国华侨崇圣大学代表团一行合影

席程学源会见泰国华裔联合会、泰国华侨崇圣大学董事会主席蚁凡一行，中国侨联联谊联络部部长桑宝山、公益事业管理服务中心副主任易超等陪同。

【万立骏主席出席“侨连五洲·七彩云南——第19届东盟华商会”开幕式并致辞】6月6日至8日，“侨连五洲·七彩云南——第19届东盟华商会”在云南昆明成功举办。中国侨联党组书记、主席万立骏，云南省委常委、省委统战部部长、省委教育工委书记杨宁出席开幕式并致辞，云南省人民政府副省长王浩主持开幕式。来自40余个国家和地区的近千名侨商侨领参会。

【桑宝山部长出席云南省侨联青年委员会二届二次年会】6月8日，“侨连五洲·七彩云南——第19届东盟华商会”云南省侨联青年委员会二届二次年会在昆明召开。云南省侨联党组书记、主席高峰，中国侨联联谊联络部部长桑宝山，云南省委统战部副部长、省侨办主任何长松，中国侨联青委会副会长、云南省侨联青年委员会会长江巴争追等出席会议。

联谊联络部部长桑宝山（左三）出席云南省侨联青年委员会二届二次年会并讲话

6月8日，中国侨联党组书记、主席万立骏出席“侨连五洲·七彩云南——第19届东盟华商会”开幕式并致辞

6月8日，“侨连五洲·七彩云南——第19届东盟华商会”开幕

【程学源副主席出席菲华各界联合会成立46周年庆典和菲中建交48周年暨菲中友谊日文艺晚会】6月8日，菲华各界联合会庆祝成立46周年暨2023—2025年度委员会洎第二届青年委员会职员就职典礼在马尼拉举行，中国侨联党组成员、副主席程学源到会祝贺并致辞。在马尼拉期间，程学源还出席了由中国驻菲律宾大使馆、菲律宾外交部、菲华各界联合会联合主办的庆祝菲中建交48周年暨菲中友谊日文艺晚会等活动。中国侨联文化交流部部长刘奇，联谊联络部副部

6 月 8 日，中国侨联党组成员、副主席程学源出席菲华各界联合会庆祝成立 46 周年暨 2023—2025 年度委员会洎第二届青年委员会职员就职典礼

长、一级巡视员朱柳等参加了有关活动。

【万立骏主席在泰国出席第十六届世界华商大会】第十六届世界华商大会于 6 月 24 日至 26 日在泰国曼谷召开。全国政协主席王沪宁致贺信，全国政协副主席、全国工商联主席高云龙出席开幕式。中国侨联党组书记、主席万立骏出席开幕式并在欢迎晚宴上致辞。来自世界各地的近 4000 名华商参加大会。

【举办“同圆共享中国梦——海外侨领对话交流会”】9 月 1 日，在第十一次全国归侨侨眷代表大会隆重召开期间，举办了“同圆共享中国梦——海外侨领对话交流会”。中国侨联党组书记、主席万立骏，党组成员、副主席程学源，以及来自 100 多个国家的近 600 名海外侨领出席了对话

6 月 24 日至 26 日，中国侨联党组书记、主席万立骏出席第十六届世界华商大会

在曼谷期间，中国侨联党组书记、主席万立骏（前排左六）与泰国中华总商会合影

综合

9 月 1 日，在“同圆共享中国梦——海外侨领对话交流会”会场

9 月 1 日，中国侨联党组书记、主席万立骏在“同圆共享中国梦——海外侨领对话交流会”上讲话

交流会。中国侨联联谊联络部部长桑宝山等出席对话交流会，中国侨联联谊联络部副部长、一级巡视员朱柳主持对话交流会。

【程红副主席出席“侨连五洲·华侨华人聚唐山”活动开幕式】9 月 3 日，“侨连五洲·华侨华人聚唐山”活动在河北唐山举办。中国侨联副主席程红，河北省委常委、唐山市委书记武卫东出席开幕式并致辞。本次活动以“携手侨世界·圆梦京津冀”为主题，河北省副省长金晖，中国侨联兼职副主席、天津市侨联主席李占勇，中国侨联联谊联络部副部长、一级巡视员朱柳等参加相关活动。

9 月 28 日，中国侨联副主席程红（前排中）与法国华侨华人妇女联合会回国参访团合影

【联合举行国庆招待会】9 月 25 日，全国政协办公厅、中共中央统战部、国务院侨办、国务院港澳办、国务院台办、中国侨联在北京人民大会堂联合举行国庆招待会，庆祝中华人民共和国成立 74 周年。中共中央政治局常委、全国政协主席王沪宁出席并致辞。招待会由中共中央政治局委员、中央外事工作委员会办公室主任王毅主持。部分在京中共中央政治局委员、中央书记处书记，全国人大常委会、国务院、全国政协领导同志，约 1100 名港澳台侨各界代表出席。

【程红副主席会见法国华侨华人妇女联合会回国参访团】9 月 28 日，中国侨联副主席程红在京会见法国华侨华人妇女联合会一行。中国侨联秘书长、办公厅主任陈迈，联谊联络部副部长、一级巡视员朱柳陪同。

9 月 3 日，中国侨联副主席程红出席“侨连五洲·华侨华人聚唐山”活动开幕式并讲话

10 月 7 日至 16 日，中国侨联党组成员、副主席连小敏率团访问荷兰、阿根廷和墨西哥

【连小敏副主席率团访问荷兰、阿根廷和墨西哥】10 月 7 日至 16 日，中国侨联党组成员、副主席连小敏率团访问荷兰、阿根廷和墨西哥，出席荷兰青田同乡会成立四十周年庆暨欧华侨社传承与发展研讨对话会。中国侨联权益保障部部长张岩、组织人事部副部长李爔恒等随团出访。

10 月 10 日，中国侨联党组书记、主席万立骏在西班牙华侨华人协会成立四十周年庆典活动上发表讲话

【万立骏主席出席西班牙华侨华人协会成立四十周年庆典】10 月 10 日，中国侨联党组书记、主席万立骏率代表团访问西班牙，出席西班牙华侨华人协会成立四十周年庆典活动。驻西班牙使馆姚敬大使、屈浔公参以及来自西班牙各地的侨胞代表出席活动。中国侨联副秘书长、经济科技部部长赵红英，组织人事部部长姚林楠，联谊联络部部长桑宝山等参加相关活动。

【程学源副主席会见全美两岸时事论坛社大陆参访团】10 月 10 日，中国侨联党组成员、副主席程学源在京会见了以潘玲荣为团长的全美两岸时事论坛社大陆参访团一行。中国侨联联谊联络部二级巡视员任彦俊等陪同。

【程学源副主席会见澳门缅华互助会访问团】10 月 10 日，中国侨联党组成员、副主席程学源在京会见了以中国侨联常委、澳门缅华互助会会长洪金乐为团长的澳门缅华互助会访问团一行，中国侨联联谊联络部二级巡视员任彦俊等陪同。

10 月 10 日，中国侨联党组成员、副主席程学源（前排右三）与澳门缅华互助会访问团一行合影

10 月 16 日，中国侨联党组书记、主席万立骏（中）在比利时出席“一带一路”十周年座谈会并发表讲话

【万立骏主席在比利时出席“一带一路”十周年座谈会】10 月 16 日至 18 日，中国侨联党组书记、主席万立骏率代表团访问比利时，出席“一带一路”十周年座谈会，共叙乡情、共话侨情、共谋发展。

【连小敏副主席出席陈嘉庚先生创办集美学校 110 周年纪念大会】10 月 21 日，陈嘉庚先生创办集美学校 110 周年纪念大会在厦门举办，中国侨联党组成员、副主席连小敏出席大会并致辞。海内外嘉宾、集美校友、集美学校师生代表 700 多人参加大会。福建省侨联党组书记、主席陈式海，中国侨联联谊联络部副部长、一级巡视员朱柳，中国华侨华人研究所副所长张秀明等分别陪同。

【程学源副主席会见陈嘉庚先生后裔团一行】10 月 24 日，中国侨联党组成员、副主席程学源在京会见了以陈嘉庚先生孙女陈佩仪女士为团长的陈嘉庚先生后裔团一行，中国侨联联谊联络部部长桑宝山等陪同。

10 月 24 日，中国侨联党组成员、副主席程学源（前排左四）与陈嘉庚先生后裔团一行合影

10 月 21 日，中国侨联党组成员、副主席连小敏在陈嘉庚先生创办集美学校 110 周年纪念大会上致辞

【程学源副主席出席“筑梦三秦　陕靓侨青”陕西省侨联青年委员会 2022—2023 年度总结年会】10 月 26 日晚，“筑梦三秦　陕靓侨青”陕西省侨联青年委员会 2022—2023 年度总结年会在陕西西安召开。中国侨联党组成员、副主席，中国侨联青年委员会会长程学源出席年会并讲话。近百名侨界青年和归国留学生代表等参加了相关活动。

10 月 26 日，中国侨联党组成员、副主席程学源（前排中）出席“筑梦三秦　陕靓侨青”陕西省侨联青年委员会 2022—2023 年度总结年会并与青年委员们合影

10 月 26 日，中国侨联党组成员、副主席连小敏（前排中）与泰中新时代青年精英研修班访问团合影

【连小敏副主席会见泰中新时代青年精英研修班访问团】10 月 26 日，中国侨联党组成员、副主席连小敏在京会见了以泰国华裔联合会主席蚁凡为团长的泰中新时代青年精英研修班访问团一行，中国侨联联谊联络部部长桑宝山等陪同。

【连小敏副主席会见台湾旅美暨学界人士和平之旅大陆参访团】10 月 27 日，中国侨联党组成员、副主席连小敏在京会见了以范扬盛为团长的台湾旅美暨学界人士和平之旅大陆参访团一行，中国侨联联谊联络部部长桑宝山、二级巡视员任彦俊等陪同。

10 月 27 日，中国侨联党组成员、副主席连小敏（前排左四）与台湾旅美暨学界人士和平之旅大陆参访团合影

10 月 31 日，中国侨联党组成员、副主席程学源（前排左六）与香港侨界工作骨干国情研修班学员合影

【程学源副主席会见香港侨界工作骨干国情研修班学员】 10 月 31 日，中国侨联党组成员、副主席程学源在京会见了香港侨界工作骨干国情研修班学员一行，中国侨联联谊联络部部长桑宝山、二级巡视员任彦俊等陪同。

11 月 7 日，“侨连五洲·沪上进博”——2023 共享中国式现代化机遇主题论坛在上海举办

【围绕新发展格局，举办“侨连五洲·沪上进博”——2023 共享中国式现代化机遇主题论坛及两场平行分论坛】 11 月 7 日，在上海举办“侨连五洲·沪上进博”——2023 共享中国式现代化机遇主题论坛，中国侨联党组成员、副主席程学源，上海市委常委、统战部部长陈通，以及来自 49 个国家和地区的 200 余名海外侨领代表等出席活动。中国侨联兼职副主席、天津市侨联党组书记、主席李占勇，中国侨联联谊联络部部长桑宝山，副部长、一级巡视员朱柳，上海市侨务、商务等有关部门负责同志，部分省区市侨联负责同志等出席论坛。与会各方共享进博会开放发展机遇，实现更广泛的交流与合作。活动当天还举办了“长三角与东南亚华商合作交流会”和“侨与未来产业”两场平行分论坛，程学源出席活动并致辞。

11 月 7 日，中国侨联党组成员、副主席程学源出席“侨连五洲·沪上进博”——2023 共享中国式现代化机遇主题论坛并致辞

【举办第十八期“侨连五洲·海外联谊研修班”】 10 月 29 日至 11 月 4 日，第十八期“侨连五洲·海外联谊研修班”在黑龙江省哈尔滨市成功举办，中国侨联兼职副主席、黑龙江省侨联党组书记、主席郭占力，中国侨

国侨联联谊联络部副部长、一级巡视员朱柳等陪同。

【程红副主席率团访问德国、奥地利和瑞士】11 月 1 日至 10 日，中国侨联副主席程红率代表团访问德国、奥地利和瑞士，在所到国家召开多场侨界代表座谈会。中国侨联信息传播部部长左志强，经济科技部副部长祁德贵随团出访。

第十八期“侨连五洲·海外联谊研修班”在哈尔滨成功举办

联联谊联络部副部长、一级巡视员朱柳，哈尔滨工业大学党委常务副书记安实出席。来自五大洲 20 个国家和地区的近 50 位侨领和华裔新生代参加研修。

11 月 1 日至 10 日，中国侨联副主席程红（前排中）率团访问德国

【举办“（第十九期）侨连五洲·海外联谊研修班暨（第五期）嘉庚精神研修班”】11 月 5 日至 9 日，“（第十九期）侨连五洲·海外联谊研修班暨（第五期）嘉庚精神研修班”在厦门大学举办，中国侨联联谊联络部部长桑宝山，福建省侨联党组书记、主席陈式海，厦门大学党委副书记、纪委书记、国家监委驻厦门大学监察专员全海出席。来自 39 个国家和地区的 68 位侨胞代表参加研修。

【程学源副主席会见菲律宾菲华各界联合会访问团】11 月 8 日，中国侨联党组成员、副主席程学源在北京会见菲律宾菲华各界联合会访问团一行，中

【程学源副主席在希腊出席侨界共建“一带一路”十周年庆祝活动暨旅希侨界代表座谈会】

11 月 10 日至 12 日，中国侨联党组成员、副主席程学源在希腊出席侨界共建“一带一路”十周年庆祝活动暨侨界代表座谈会

11 月 8 日，中国侨联党组成员、副主席程学源（前排左八）与菲华各界联合会访问团合影留念

11 月 10 日至 12 日，中国侨联党组成员、副主席程学源率团访问希腊，出席由我驻希腊使馆召开的希腊侨界共建“一带一路”十周年庆祝活动暨侨界代表座谈会。中国侨联基层建设部部长张毅，联谊联络部副部长、一级巡视员朱柳等陪同。

11 月 15 日至 18 日，中国侨联党组成员、副主席程学源（前排中）到访匈牙利禅武文化中心

【程学源副主席在匈牙利出席“一带一路”十周年暨侨界代表座谈会】11 月 15 日至 18 日，中国侨联党组成员、副主席程学源率团访问匈牙利，出席了匈牙利侨界庆祝“一带一路”十周年暨侨团代表座谈会并讲话。中国侨联基层建设部部长张毅，联谊联络部副部长、一级巡视员朱柳等参加了相关活动。

【高峰副主席在南非、博茨瓦纳出席侨界活动】11 月 6 日至 14 日，中国侨联副主席高峰率团访问南非、博茨瓦纳，出席 2023 年全球华侨华人促进中国和平统一大会、南非夸纳省华人警民合作中心第三届理事会监事会就职典礼、中非文化艺术交流与“一带一路”十周年论坛。中国侨联文化交流部副部长郭启华、联谊联络部二级巡视员任彦俊等随团出访。

【万立骏主席会见泰中新时代领导精英研修班访问团】11 月 23 日，中国侨联党组书记、主席万立骏在北京会见泰中新时代领导精英研修班访问团一行。中国侨联党组成员、副主席程学源参加会见。联谊联络部部长桑宝山，副部长、一级巡视员朱柳陪同。

11 月 23 日，中国侨联党组书记、主席万立骏（前排中）与泰中新时代领导精英研修班访问团合影

11 月 7 日，中国侨联副主席高峰在 2023 年全球华侨华人促进中国和平统一大会上致辞

【程学源副主席出席香港侨界社团联会庆祝中华人民共和国成立 74 周年暨第八届会董会就职典礼】11 月 25 日，中国侨联党组成员、副主席程学源出席香港侨界社团联会庆祝中华人民共和国成立 74 周年暨第八届会董会就职典礼。全国政协副主席梁振英，香港特别行政区行政长官李家超，中共中央统战部副部长林锐，中央政府驻港联络办公室副主任尹宗华，中央人民政府驻港维护国家安全公署副署长孙青野，外交部驻港特派员公署署理特派员李永胜，中国侨联兼职副主席、香港侨界社团联会首席主席余国春，中国侨联兼职副主席、香港侨界社团联会主席吴换炎等共同主礼，香港侨界及香港社会各界人士千余人出席典礼。

11 月 25 日，香港侨界社团联会庆祝中华人民共和国成立 74 周年暨第八届会董会就职典礼

【程学源副主席在澳门出席 2023 华侨华人助力“一带一路”高质量发展大会等活动】11 月 26 日至 28 日，中国侨联党组成员、副主席程学源率团赴澳门出席 2023 华侨华人助力“一带一路”高质量发展大会、庆祝澳门回归祖国 24 周年暨澳门归侨总会成立 55 周年庆典等活动。澳门特别行政区行政长官贺一诚，中央政府驻澳门联络办公室主任郑新聪，中共中央统战部副部长林锐，外交部驻澳门特区特派员公署特派员刘显法，中国侨联副主席、澳门归侨总会永远会长刘艺良，澳门归侨总会会长刘雅煌等出席大会并担任主礼嘉宾，来自 60 多个国家和地区的 100 多个侨团领袖、青年代表和澳门社会各界人士 500 余人共襄盛事。

【程学源副主席参加联谊联络部党支部主题党日暨专题调研活动】12 月 1 日至 2 日，中国侨联党组成员、副主席程学源以普通党员身份

12 月 1 日至 2 日，中国侨联党组成员、副主席程学源（前排右三）参加联谊联络部党支部主题党日暨专题调研活动

11 月 27 日，2023 华侨华人助力“一带一路”高质量发展大会现场

参加联谊联络部党支部赴河北省唐山市乐亭县开展的主题党日暨专题调研活动，参观李大钊纪念馆和李大钊故居，重温入党誓词，并围绕如何做好新形势下侨联海外联谊联络工作与省市县侨联干部开展座谈交流。

12 月 5 日，中国侨联党组成员、副主席程学源（前排右五）与“侨连五洲·海外归国定居藏胞代表人士国情教育”参访团合影

【举办第五期“侨连五洲·海外归国定居藏胞代表人士国情教育”活动】12 月 5 日，中国侨联第五期“侨连五洲·海外归国定居藏胞代表人士国情教育”活动启动仪式在四川成都举办，中国侨联党组成员、副主席程学源出席启动仪式并会见参访团一行。中国侨联联谊联络部部长桑宝山，四川省侨联主席刘以勤以及 30 名归国定居藏胞参加了活动。

【2023 两岸侨联和平发展论坛·海峡两岸暨港澳侨界圆桌峰会在厦门召开】12 月 7 日，2023 两岸侨联和平发展论坛·海峡两岸暨港澳侨界圆桌峰会在福建厦门召开，本次峰会以“凝聚侨界力量·推进融合发展”为主题。中国侨联党组成员、副主席程学源主持会议，并代表中国侨联和万立骏主席作主旨发言，中华侨联总会理事长郑致毅、华侨协会总会理事长林齐国、国台办六局副局长郭大志分别发言，来自港澳台地区的 100 余名侨界代表围绕主题开展深入交流。

【举办第六届“侨连五洲·华裔杰青论坛”】12 月 8 日，第六届“侨连五洲·华裔杰青论坛”在昆明举行。中国侨联党组

12 月 8 日，中国侨联党组成员、副主席，中国侨联青年委员会会长程学源出席第六届“侨连五洲·华裔杰青论坛”并讲话

成员、副主席，中国侨联青年委员会会长程学源，云南省委常委、省委统战部部长杨宁出席论坛开幕式并致辞，来自 26 个国家和地区的海外侨青代表和云南省侨联青年委员近 130 人出席论坛。中国侨联联谊联络部副部长、一级巡视员朱柳主持了论坛。

12 月 7 日，2023 两岸侨联和平发展论坛·海峡两岸暨港澳侨界圆桌峰会在厦门召开

【连小敏副主席率团访问尼泊尔、马来西亚和新加坡】12 月 18 日至 27 日，中国

12 月 18 日至 27 日，中国侨联党组成员、副主席连小敏（左五）率团访问尼泊尔

侨联党组成员、副主席连小敏率团访问尼泊尔、马来西亚和新加坡。中国侨联有关部门负责同志张亮、刘景春、尹嫒嫒等随团出访。

经济科技部

【领导成员名单】

部　　长：赵红英（中国侨联副秘书长兼经济科技部部长，女）

副 部 长：祁德贵

二级巡视员：徐　伟

【综述】 2023年，在中国侨联党组领导和程红、连小敏同志直接分管下，经济科技部紧扣全面贯彻党的二十大精神这条主线，全面落实第十一次全国归侨侨眷代表大会精神，推动中国侨联“两张网”“两个建设”“两项机制”在经科领域具体化，深耕“创业中华”品牌，拓展中国侨商投资大会品牌，创立中国侨智发展大会品牌，围绕中心，服务大局，服务侨胞，各项工作取得新成效，迈上新台阶。

【夯实思想基础，强化思想引领】 经济科技部党支部牢牢把握“学思想、强党性、重实践、建新功”的总要求，扎实开展学习贯彻习近平新时代中国特色社会主义思想主题教育，将总要求贯穿主题教育全过程，运用“五学”“联学共建”机制抓实理论学习。今年以来，支部开展集中学习讨论11次、联学共建活动3次。一是紧跟形势学，采用支部集中学习、线上学习等方式第一时间跟进学习习近平总书记重要讲话精神、党和国家重要会议精神以及主题教育有关文件精神；二是结合业务学，深入学习习近平主席在第三届“一带一路”国际合作高峰论坛开幕式上的主旨演讲等与经济科技部业务相关的重要会议精神，在交流讨论中谈认识、明方向、谋落实；三是聚焦专题学，支部书记赵红英以“牢牢把握主题教育总要求　做新时代优秀共产党员”为题讲授专题党课，教育引导支部全体党员持续发扬“政治坚定、担当作为、亲清交友、团结高效”的部风，强化“四强”党支部建设；四是支部联动学，经济科技部党支部紧紧围绕科教兴国战略、雄安新区建设和京津冀协同发展，分别与海淀区侨联、北京市侨联、河北省侨联开展3次共建活动，达到“联学、联建、联教、联动”效果；五是引领带动学，利用举办活动、研修培训、调研走访、线上联络等方式，在所联系服务的侨界群体当中广泛宣传习近平新时代中国特色社会主义思想，强化思想政治引领。

5月31日，中国侨联经济科技部、中国侨商会与河北省侨联在石家庄开展“联学共建——沿着总书记的足迹学思想”主题党日活动。在革命圣地西柏坡纪念馆广场重温入党誓词

5月16日下午，经济科技部党支部开展支部联学共建活动，同北京市侨联党总支开展主题教育交流座谈

【中国侨商投资（广东）大会】2 月 25 日，中国侨商投资（广东）大会在广州开幕。大会由中国侨联和广东省人民政府联合举办。中央政治局委员、广东省委书记黄坤明，中国侨联党组书记、主席万立骏，广东省委副书记、省长王伟中，广东省人大常委会主任黄楚平，广东省政协主席、省委常委、广州市委书记林克庆，广东省副省长张新，中国侨联党组成员、副主席连小敏，全国政协常委、中国侨联顾问、中国侨商联合会常务副会长李卓彬等出席开幕式。广东省委常委、统战部部长王瑞军主持大会。来自五大洲 50 多个国家和地区的侨商嘉宾和侨界人士等 600 多人现场出席大会。本次大会推动投资贸易合作项目 856 个、项目总金额合计约 1.63 万亿元。

3 月 22 日至 23 日，中国侨联经济科技工作第二片区调研座谈会在江苏南京举行

2 月 25 日，中国侨商投资（广东）大会在广州开幕。中国侨联党组书记、主席万立骏出席开幕式并致辞

【中国侨联经济科技工作第二、第三片区调研座谈会】3 月 22 日至 23 日，中国侨联经济科技工作片区调研座谈会分别在湖南长沙、江苏南京两地举行。中国侨联党组成员、副主席连小敏出席会议并讲话，中国侨联经济科技部副部长祁德贵主持座谈。福建、江西、湖南、广东、广西、海南、广州、深圳、厦门 9 个省市以及上海、江苏、浙江、安徽、湖北、南京、杭州、宁波、武汉、嘉兴 10 个省市侨联代表分别参加两地片区座谈。座谈会上，19 个省市侨联代表分别作了交流发言。

【“创业中华·智造台州”活动】3 月 25 日，由中国侨联指导的“创业中华·智造台州”——高校海归创新创业科技成果洽谈会暨 2023AIGC 与元宇宙创新创业创作大赛系列活动在台州举行。中国侨联经济科技部副部长祁德贵出席活动并致辞。台州市相关领域负责人等 260 余人参加活动。

【学习党的二十大精神和全国两会精神侨商座谈会】3 月 27 日，中国侨联在京举办学习党的二十大精神和全国两会精神侨商座谈会。中国侨联党组书记、主席万立骏出席座谈会并讲话。中国侨联党组成员、副主席程学源和中国侨商联合会荣誉会长、富华集团董事局主席陈丽华等 100 多位侨商企业家参加。座谈会由中国侨联党组成员、副主席连小敏主持。

【第二期中国侨联“一带一路”华商研修班】3 月 27 日，由中国侨联经济科技部、中国侨商联合会联合主办，清华大学继续教育学院承办的第二期中国侨联“一带一路”华商研修班在清华大学开班，中国侨联党组成员、副主席连小敏出

3 月 27 日，第二期中国侨联“一带一路”华商研修班在清华大学开班

席开班式并讲话。来自近 20 个国家和地区的 40 多位华商代表参加学习研修。

【“智汇河北 · 2023 侨界精英创新创业大会”】3 月 28 日，由中国侨联指导，河北省侨联主办的“智汇河北 · 2023 侨界精英创新创业大会”在石家庄市举办。中国侨联党组成员、副主席连小敏出席大会并讲话。中国侨联经济科技部副部长祁德贵出席。

【中国侨联经济科技工作第一片区调研座谈会】3 月 28 日，中国侨联经济科技工作第一片区调研座谈会在河北召开。中国侨联党组成员、副主席连小敏出席座谈会并讲话。中国侨联经济科技部副部长祁德贵主持座谈。座谈会上，北京、天津、河北、山西、辽宁、山东、河南、沈阳、大连、济南、青岛、秦皇岛、邢台 13 个省市侨联代表作了交流发言。

【第三届中国国际消费品博览会】4 月 10 日，第三届中国国际消费品博览会在海南海口开幕。中国侨联党组成员、副主席连小敏出席开幕式，并在“创业中华 · 侨商论坛”致辞。中国侨联副秘书长、经济科技部部长赵红英，中国侨商联合会副会长兼秘书长夏付东，中国侨商会 70 多位侨商参加。

【第九次京津冀侨联主席联席会议】4 月 19 日，第九次京津冀侨联主席联席会议在天津召开。中国侨联经济科技部副部长祁德贵出席并讲话。会上，三地侨联分别介绍了各自侨联工作情况，交流了 2023 年经科工作计划，研究审议了三地侨联协同联动工作内容。

【中国侨联经济科技工作第四片区调研座谈会】4 月 25 日，中国侨联经济科技工作第四片区调研座谈会在重庆召开。中国侨联党组成员、副主席连小敏出席会议并讲话。中国侨联副秘书长、经济科技部部长赵红英主持会议。重庆、四川、贵州、云南、陕西、甘肃、成都、西安 8 个省级（副省级）侨联有关同志，中国侨联经济科技部二级巡视员徐伟等共计 30 多人参加调研座谈。

【中国 · 淮安第三届淮河华商大会】5 月 15 日上午，中国 · 淮安第三届淮河华商大会在江苏淮安举行。中国侨联副秘书长、经济科技部部长赵红英出席开幕式并讲话。海内外知名侨领、华商等 200 人参加。本届大会共签约项目 99 个，协议引资额 907.45 亿元。

【第五届“西洽会”、第四届“一带一路”侨商组织年会】5 月 18 日，中国西部国际投资贸易洽谈会在重庆开幕。中国侨联党组成员、副主席连小敏出席开幕式并巡馆。年会以“侨连新通道 共襄新重庆”为主题，采取线上线下相结合的方式进行，来自 30 多个国家和地区的 170 余名侨商组织代表参加线下活动，1000 余位侨界人士代表线上参会。

5 月 18 日下午，第四届“一带一路”侨商组织年会在重庆开幕，年会主题为“侨连新通道 共襄新重庆”

【首届“聚侨兴湘”活动——“第七届侨商侨智聚三湘”】5 月 22 日，由中国侨联指导，湖南省侨办、省侨联、邵阳市委、市政府主办的首届湖南省“聚侨兴湘”活动——“第七届侨商侨智聚三湘”邵阳现场推介会暨海外湘籍侨社团联谊大会在邵阳市举行。中国侨联顾问王永乐出席并致辞。来自58个国家和地区的海外侨社团（机构）及侨商代表等齐聚一堂，助力湖南高质量发展。

【2023中国侨联新侨双创研修班】5月22日至26日，由中国侨联主办，北京大学、中国侨联经济科技部、中国侨商联合会联合承办的“2023中国侨联新侨双创研修班”在北京大学举办。5月22日上午，中国侨联党组成员、副主席连小敏出席开班仪式并讲话。中国侨联副秘书长、经济科技部部长赵红英出席开班仪式并授课，中国侨联经济科技部副部长祁德贵主持开班仪式。来自10余个国家和地区的近50位侨界人士代表参加研修班。

5月22日至26日，“2023中国侨联新侨双创研修班”在北京大学举办

【中关村论坛——侨海创新发展论坛】5月30日，由中国侨联、中关村执委会办公室指导的“中关村论坛——侨海创新发展论坛”在中关村国家自主创新示范区展示中心举办。中国侨联党组成员、副主席连小敏出席论坛开幕式并致辞。在论坛开幕式上，首个国际AI（人工智能）创新联合体宣布成立，中国侨联副秘书长、经济科技部部长中国侨联党组成员、副主席赵红英为国际AI创新联合体成立仪式揭牌。论坛邀请来自6个国家的科学院院士、国际组织机构代表以及各级侨联组织、侨资企业代表、海内外高校留学生代表、京津冀新侨代表参加。

【全国侨商组织会长联席会】6月6日，由中国侨商联合会主办、浙江省侨商会承办的2023年全国侨商组织会长联席会在杭州举办。来自各省级和副省级城市的48个侨商组织负责人参加。中国侨联党组成员、副主席连小敏出席会议并致辞。全国政协委员、中国侨商联合会监事长施乾平，中国侨商联合会常务副会长、浙江侨商会会长廖春荣等10个侨商组织代表作了重点发言，浙江省杭州市、丽水市、浦江县、青田县领导在大会上作投资和营商环境介绍，并与26家侨商组织签订招商投资（引智）合作协议。中国侨联副秘书长、经济科技部部长赵红英，中国侨商联合会副会长兼秘书长夏付东参加会议，来自全国省级和副省级城市的48个侨商组织的120余位负责人深入探讨、交流经验。

【创业中华·创新龙江——2023海内外侨商聚力向北开放龙江行】6月14日，由中国侨联指导、黑龙江省侨联主办、哈尔滨市侨联、道里区委区政府联合承办的“创业中华·创新龙江——2023海内外侨商聚力向北开放龙江行”活动在哈尔滨举行。中国侨联顾问、中国侨商联合会常务副会长李卓彬出席开幕式并致辞。

【“创业中华·创新河北”海内外侨商走进邢台活动】6月14至16日，“创业中华·创新河北”海内外侨商走进邢台活动在河北省邢台市举办。中国侨联经济科技部副部长祁德贵出席活动并致辞，约30名侨商应邀出席活动。会后，侨商代表一行赴威县、南宫市考察企业并参加对接洽谈会。

【2023“一带一路”华商峰会】6月16日，由中国侨联指导，四川省人民政府、中国侨商联合会主办的2023“一带一路”华商峰会在成都开幕。中国侨联顾问王永乐出席开幕式并致辞，来自共建“一带一路”国家的200余名侨商代表等参加相关活动。

【举办经济科技工作线上交流会】6月20日上午，中国侨联经济科技部举办经济科技工作线上交流会，中国侨联党组成员、副主席连小敏出席会议并讲话，中国侨联副秘书长、经济科技部部长赵红英主持会议。内蒙古、吉林、黑龙江、西藏、宁夏、新疆、新疆生产建设兵团、长春、哈尔滨市等9个省级（含副省级）侨联负责人，中国侨联经济科技部二级巡视员徐伟等30多人参加。座谈会上，9 个省级（含副省级）侨联负责人作交流发言。至此，中国侨联经济科技工作调研达到了省级、副省级侨联全覆盖。

【第二十九届中国兰州投资贸易洽谈会、“创业中华·筑梦陇原”——侨商侨领走进甘肃活动】7 月 6 日，中国侨联顾问王永乐出席第二十九届中国兰州投资贸易洽谈会（以下简称“兰洽会”）开幕式暨丝绸之路合作发展高端论坛并考察展馆。作为兰洽会配套活动，7 月 5 日，由中国侨联指导的创业中华·筑梦陇原——“一带一路”人工智能高峰论坛在兰州举办。中国侨联顾问王永乐出席活动并致辞，中国侨联经济科技部副部长祁德贵等百余人参加活动。

【创业中华·兴业齐鲁——2023“一带一路”侨商会联盟暨海外人才投资合作交流大会】7 月 12 日，创业中华·兴业齐鲁——2023“一带一路”侨商会联盟暨海外人才投资合作交流大会在山东省临沂市举行。中国侨联兼职副主席、山东省侨联党组书记、主席李兴钰，中国侨联经济科技部副部长祁德贵出席活动。来自 30 多个国家和地区的 140 余位侨商及海外人才参加。

【第 24 届中国·青海绿色发展投资贸易洽谈会】7 月 20 日，第 24 届中国·青海绿色发展投资贸易洽谈会（以下简称“青洽会”）在青海西宁开幕。全国政协副主席秦博勇致辞并宣布开幕。青海省委书记陈刚，国务院国资委主任张玉卓，中国侨联副主席候选人程红、国家市场监管总局副局长蒲淳、浙江省副省长张雁云等致辞。青海省省长吴晓军主持开幕式。中国侨联副秘书长、经济科技部部长赵红英，中国侨商联合会副会长兼秘书长夏付东等参加相关活动。相关部委和省市代表，部分驻华使节、国际组织代表，央企负责同志和侨商代表等 500 多人出席。中国侨联和中国侨商联合会此次组织了正大集团和富华集团等 20 多家侨企负责人参加青洽会开幕式和投资说明会等活动并赴青海地方考察。

【创业中华·2023 知名侨商吉林行活动】7 月 26 日，创业中华·2023 知名侨商吉林行活动在吉林省长春市举行。中国侨联副秘书长、经济科技部部长赵红英，出席活动并致辞，60 余位侨商代表参加活动。

【“创业中华·创新河北”海内外侨商沧州行活动】7 月 26 日至 28 日，“创业中华·创新河北”海内外侨商沧州行活动在河北省沧州市举办，中国侨商联合会副会长兼秘书长夏付东参加活动。

【创业中华·华商八桂行】8 月 4 日，“创业中华·华商八桂行·柳州”双招双引推介会在广西柳州举行。中国侨联副秘书长、经济科技部部长赵红英出席并致辞。广西壮族自治区和柳州市相关部门以及侨商代表 130 多人出席活动。

【中国（浙江）世界华侨华人新生代创新创业大会】8 月 25 日，中国（浙江）世界华侨华人新生代创新创业大会在浙江温州开幕。全国人大常委会副委员长丁仲礼，中央统战部副部长、国务院侨办主任陈旭，浙江省省长王浩，中国侨联副主席程红，浙江省委常委、温州市委书记刘小涛出席并致辞。浙江省委常委、统战部部长邱启文主持开幕式。来自世界各地的海内外院士专家、侨团和华侨华人代表 600 多人出席。会上举行了“创业中华·侨聚温州”——中国（浙江）世界华侨华人新生代创新创业大赛颁奖仪式、“长三角”华侨华人新生代创新创业联盟成立仪式、“侨创小镇”揭牌仪式和“双创”青年说等活动，并发布了《华侨华人新生代创新创业倡议书》。中国侨联副秘书长、经济科技部部长赵红英参加相关活动。中国侨商联合会和中国侨联新侨创新创业联盟组织 50 多名侨界代表参会。

8 月 25 日，中国（浙江）世界华侨华人新生代创新创业大会在浙江温州开幕

【“创业中华·牵手京津冀”第二十二届海外侨界高层次人才为国服务活动】9月18日至20日，“创业中华·牵手京津冀”第二十二届海外侨界高层次人才为国服务活动在天津举办。活动由中国侨联主办，天津市侨联、北京市侨联、河北省侨联共同承办。中国侨联副秘书长、经济科技部部长赵红英出席并致辞。

【2023世界制造业大会】9月20日上午，2023世界制造业大会开幕式在安徽合肥举行。9月20日下午，作为大会主题活动之一，由中国侨联指导，安徽省侨联、合肥市人民政府等共同主办的2023世界制造业大会“百家侨企”“百家港澳企”项目对接和巢湖侨创峰会在合肥成功举办。中国侨联副主席程红出席并致辞，20余位中国侨商会会员参加此次活动。

【2023全球华商聚云南】9月24日至27日，由致公党中央、中国侨联、云南省政协共同主办的“2023全球华商聚云南”活动在昆明开幕。中国侨联副主席程红出席活动并致辞。此次活动以“携手全球华商·共谋云南发展”为主题，中国侨商联合会副会长兼秘书长夏付东参加有关活动。

9月26日，首届“全球辽商大会”在沈阳举行

【首届“全球辽商大会”】9月26日，首届“全球辽商大会”在沈阳举行。大会主题为“同心促振兴·共圆家国梦”。中国侨联党组成员、副主席程学源出席并致辞。来自海内外的600多名辽商代表与会。开幕式后，举办“创业中华·侨兴辽宁”2023侨界精英创新创业论坛。

【第三届“一带一路”侨商侨领交流合作大会】10月10日，由致公党中央、中国侨联、广西壮族自治区人民政府共同主办的第三届“一带一路”侨商侨领交流合作大会在南宁开幕。中国侨联顾问、中国侨商联合会常务副会长李卓彬出席大会并致辞。来自海内外的300多名侨商侨领、专家学者与会。

【“创业中华·浙丽同心”丽水华侨华人投融资活动暨中国品牌“出海”洽谈会】10月18日至19日，由中国侨联指导，浙江省侨联和丽水市人民政府联合主办的“创业中华·浙丽同心”丽水华侨华人投融资活动暨中国品牌“出海”洽谈会在丽水举办。中国侨联经济科技部二级巡视员徐伟出席大会开幕式并致辞。

【“创业中华·创新河北”海内外知名侨商河北行暨中国侨商会会长会】10月20日，“创业中华·创新河北”海内外知名侨商河北行活动在河北秦皇岛开幕。中国侨联副主席程红出席并致辞，海内外知名侨商代表等200余人参加。10月19日，程红出席中国侨商联合会会长圆桌座谈会，听取侨商代表意见建议并讲话。

【第九届中国·商丘国际华商节】10月23日，第九届中国·商丘国际华商节开幕式暨商祖王亥拜谒大典在河南商丘隆重举行。中国侨联顾问王永乐恭读拜文，中国侨商联合会副会长兼秘书长夏付东出席活动。活动期间，还举办了侨商投资促进恳谈会（圆桌会议）。

【第三届世界华侨华人工商大会】10月30日至31日，由

10月30日至31日，第三届世界华侨华人工商大会在北京成功举办

国务院侨办、中国侨联、全国工商联共同主办的第三届世界华侨华人工商大会在京成功举办，来自全球百余个国家和地区的 400 余名华侨华人代表参加大会。中国侨联党组书记、主席万立骏出席开幕式并致辞，中国侨联副主席程红出席开幕式等有关活动。10 月 31 日，中国侨联承办了“新格局　新理念　新贡献”侨商论坛，近 200 余名海内外侨商代表参会，中国侨联副秘书长、经济科技部部长赵红英主持，谢国民等 8 位侨界代表作主旨发言。

【创业中华 · 2023 侨界精英创新创业（中国 · 杭州）大会暨侨界青年发展大会】11 月 1 日，由中国侨联、浙江省侨联、杭州市人民政府联合主办的“创业中华 · 2023 侨界精英创新创业（中国 · 杭州）大会暨侨界青年发展大会”在杭州开幕。600 余位嘉宾汇聚一堂，共话创新创业，践行侨界担当。中国侨联党组书记、主席万立骏出席大会并致辞。开幕式上，举行了侨创中心揭牌仪式、知名高校校友联盟成立仪式、杭州侨界青年发展大使聘请仪式，发布了侨界青年发展杭州倡议书，三位嘉宾围绕大会主题分别作主旨演讲。大会筹备期间征集到 150 余个项目，其间签约 43 个项目，投资金额达 198.54 亿元。大会期间，还举办了“专精特新——高效增长的数智力量”侨界投资暨项目资本对接会等九场分活动。中国侨联副秘书长、经济科技部部长赵红英，权益保障部部长张岩，文化交流部副部长郭启华等一同参加。

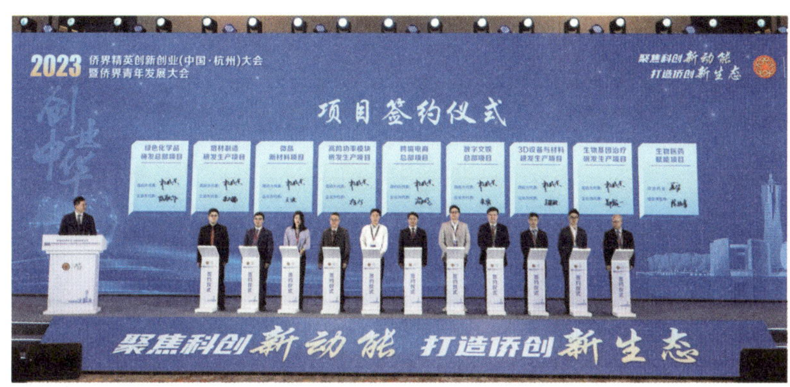

11 月 1 日，“创业中华 · 2023 侨界精英创新创业（中国 · 杭州）大会暨侨界青年发展大会”在杭州开幕。开幕式上，举行了项目签约仪式

【丝绸之路博览会】11 月 16 日，由中国侨联等共同主办的第七届丝绸之路国际博览会暨中国东西部合作与投资贸易洽谈会（“丝博会”）在陕西西安开幕。中国侨联副主席程红出席大会开幕式并致辞。11 月 15 日，由中国侨联、陕西省人民政府共同主办的“一带一路”共建国家（地区）侨商论坛在西安举办，200 余位来自“一带一路”沿线国家（地区）侨领、侨团侨企相关负责人参会。中国侨联副主席程红出席论坛并致辞，中国侨联经济科技部二级巡视员徐伟宣读海外侨社团合作倡议书。

11 月 15 日，“一带一路”共建国家（地区）侨商论坛在西安举办

【第十一届中国（绵阳）科技城国际科技博览会】11 月 22 日上午，第十一届中国（绵阳）科技城国际科技博览会开幕，“科博会”期间，举办了“侨智精英科博行”高端医疗装备智造产业发展峰会，中国侨联副主席程红出席活动并讲话。中国侨联副秘书长、经济科技部部长赵红英出席峰会。

【天津投资贸易洽谈会】11 月 23 日，2023 中国 · 天津投资贸易洽谈会暨 PECC 博览会（“津洽会”）在国家会展中心（天津）开幕。中国侨联党组成员、副主席连小敏出席开幕式并致辞，中国侨联经济科技部二级巡视员徐伟等陪同出席相关活动。

【2023 中国侨联新侨创新创业联盟理事大会】11 月 27 日，2023 中国侨联新侨创新创业联盟（简称“侨创联盟”）理事大

11 月 28 日，中国侨商投资（河南）大会在郑州开幕

会在河南郑州成功举办。会上，宣布了侨创联盟新任秘书长，新增侨创联盟理事 25 人、海外委员 29 人，成立了双创导师团并聘请首批 19 位双创导师。会议现场为新增选联盟成员和导师团成员发放聘书。中国侨联副秘书长、经济科技部部长赵红英，中国侨联经济科技部副部长祁德贵，侨创联盟执行理事长、杭州林东新能源科技股份有限公司董事长林东以及侨创联盟副理事长、理事、海外委员等 70 余人出席活动。

【中国侨商投资（河南）大会】11 月 28 日，由中国侨联和河南省人民政府联合主办的中国侨商投资（河南）大会在郑州开幕。中国侨联党组书记、主席万立骏，河南省委书记楼阳生致辞。省委副书记、省长王凯主持开幕式。中国侨联副主席程红，河南省领导和来自世界各地的 1200 多名侨商和侨界人士出席大会。本次大会初步达成合作项目 346 个，总金额 3127.8 亿元。

【“一带一路”女性论坛】12 月 7 日，由中国侨联、全国对外友协等共同主办的“一带一路”女性论坛在三亚开幕，中国侨联副主席程红出席并致辞。中国侨联公益事业管理服务中心副主任、中国华侨公益基金会副理事长易超陪同参加。

【2023 重庆国际人才交流大会】12 月 16 日上午，重庆国际人才交流大会开幕。中国侨联党组成员、副主席连小敏出席开幕式并致辞。来自海内外嘉宾 1500 多人出席大会。开幕式后，创业中华——世界名校“侨”重庆活动举行，中国侨联经济科技部副部长祁德贵出席并致辞。

【中国侨联特聘专家委员会年会】12 月 19 日，2023 年中国侨联特聘专家委员会年度交流活动在福建福州举行。中国侨联副主席程红出席并致辞。中国侨联兼职副主席郭启民出席，中国侨联经济科技部副部长祁德贵主持。特聘专家、福建侨企代表、海外科技社团代表等 100 余人与会。

【第一届中国侨智发展大会】12 月 20 日，由中国侨联、福建省人民政府共同主办的第一届中国侨智发展大会在福建福州开幕。全国人大常委会副委员长、农工党中央主席何维在开幕式上讲话并宣布大会开幕。中国侨联党组书记、主席万立骏，福建省委书记、省人大常委会主任周祖翼致辞。北京市副市长司马红代表主宾省，中国科学院副院长、党组成员汪克强代表主宾院所，中国科学院院士赵宇亮代表侨界院士致辞。福建省委副书记、省长赵龙主持。中国侨联副主席程红与全国人大常委会委员、华侨委副主任委员黄志贤，福建省政协主席滕佳材等出席开幕式。来自 37 个国家和地区的 1000 余名海内外嘉宾参会。大会期间，共举办 17 场活动，现场推介展示了 45 项高新技术成果，22 个项目达成初步合作意向，科技成果转化协议金额约 82.29 亿元。中国侨联副秘书长、经济科技部部长赵红英，中国侨联经济科技部副部长祁德贵等参加相

12 月 20 日，由中国侨联、福建省人民政府共同主办的第一届中国侨智发展大会在福建福州开幕

关活动。

【侨创联盟与侨界新生代创新创业分享会】 12 月 20 日，侨创联盟与侨界新生代创新创业分享会在福州举行。中国侨联副主席程红出席活动并致辞。中国侨联副秘书长、经济科技部部长赵红英，以及来自 36 个国家和地区的新侨创新创业代表、侨界新生代专业人士、海外博士团成员等 260 余人参加活动。

12 月 20 日，侨创联盟与侨界新生代创新创业分享会在福州举行

文化交流部

【领导成员名单】

部　　长：刘　奇（2023 年 12 月退休）
副 部 长：邢砚庄（女，2023 年 8 月退休）
　　　　　郭启华（2023 年 6 月任职，12 月主持工作）
二级巡视员：杨秀波（2023 年 9 月退休）
　　　　　姜英会

“亲情中华·同心与共”2023 华侨华人云端春节晚会于 2023 年 1 月 19 日（腊月廿八）下午 4 时在各大网络媒体平台播出

【综述】2023 年，中国侨联文化交流部在会党组的坚强领导下，坚持以习近平新时代中国特色社会主义思想为指导，深入宣传贯彻党的二十大精神，认真学习习近平文化思想和习近平总书记关于群团工作、侨务工作的重要论述，扎实开展主题教育，迎接十一代会、深入学习贯彻十一代会精神，突出全面贯彻党的二十大精神，围绕促进海内外中华儿女大团结、共襄民族复兴伟业，坚持以文化人、内外联动，精心组织、策划开展了一系列文化交流活动，为全面建设社会主义现代化国家、实现中华民族伟大复兴中国梦贡献侨界力量。

【举办“亲情中华·同心与共”2023 华侨华人云端春节晚会】为表达对海外侨胞的惦念，彰显祖（籍）国对侨胞的关爱，由中国侨联主办的“亲情中华·同心与共”2023 华侨华人云端春节晚会于 2023 年 1 月 19 日（腊月廿八）下午 4 时（北京时间）在各大网络媒体平台播出。中国侨联党组书记、主席万立骏在晚会伊始向全球华侨华人拜年。晚会通过歌曲、舞蹈、戏曲、民乐、朗诵等多种形式的精彩节目，为全球华侨华人带来一场充满浓浓亲情与中国年味的云端欢庆盛宴，在海内外侨界引起强烈反响。据统计，晚会网络观看量累计达 7415.71 万人次。

1 月 19 日，中国侨联党组书记、主席万立骏在“亲情中华·同心与共”2023 华侨华人云端春节晚会上向海内外侨界朋友送去新春祝福

【联合举办“亲情中华·欢聚海口”海南省侨界喜庆二十大暨 2023 迎春晚会】为宣传贯彻党的二十大精神，凝聚海南侨界力量，2 月 2 日晚，中国侨联与海南省侨联在海口共同举办“亲情中华·欢聚海口”海南省侨界喜庆二十大暨 2023 迎春晚会。中国侨联文化交流部副部长邢砚庄及海南省委统战部（省侨办）等领导与归侨侨眷、海外侨胞代表、各级侨联干部以及各界群众近 2000

人现场观看演出。近30万名观众通过新华社、人民网、中新网、《海南日报》等多家媒体在线观看演出直播。

【举办“亲情中华·第四届世界华侨华人美术书法展”】2月14日，由中国侨联主办的“亲情中华·第四届世界华侨华人美术书法展”在中华世纪坛开幕。中国侨联党组书记、主席万立骏出席开幕式并讲话。中国侨联党组成员、副主席程学源、连小敏，中国书法家协会副主席叶培贵，中国美术家协会副主席徐里等出席开幕式。本届美术书法展共收到来自全国29个省、自治区、直辖市侨联征集推荐的美术、书法作品845幅，经专家评审，遴选出153幅精品入展，并将这些作品连同40幅特邀作品一同展出，展出时间为2月14日至19日。

【联合举办“亲情中华·之江同心”——学习贯彻党的二十大精神侨联文艺轻骑兵进侨乡演出活动】为贯彻落实党的二十大精神，团结引导侨界群众奋进新征程、建功新时代。2月11日至13日，由中国侨联、浙江省侨联、丽水市人民政府、温州市人民政府、台州市人民政府联合举办的演出活动在丽水市青田县、温州市文成县和台州市黄岩区举办。艺术家深入田间地头、走进村镇文化礼堂，让侨界群众在家门口享受“文化大餐”。中国侨联文化交流部部长刘奇，浙江省侨联党组书记、主席庄莉萍，浙江省侨联党组成员、副主席兼秘书长周松一等领导和嘉宾与来自西班牙、意大利、捷克、奥地利等国的海外侨领、归侨侨眷共同观看了演出。

【程学源副主席为“第六届海峡两岸文昌文化交流活动暨大蜀道（梓潼）文化旅游发展大会系列活动”录制祝福致辞】2月22日，第六届海峡两岸文昌文化交流活动暨大蜀道（梓潼）文化旅游发展大会举行。中国侨联党组成员、副主席程学源为活动录制祝福致辞。活动旨在传播文昌文化，弘扬“两弹一星”精神。

【举办“2023年中国侨联文化交流干部培训班”】2月19日至25日，2023年中国侨联文化交流干部培训班在山东济宁干部政德教育学院举办。中国侨联党组成员、副主席程学源出席开班式并作动员讲话。本次培训紧密围绕坚定文化自信自强，弘扬优秀传统文化，涵养干部为政之德，立足侨联文化交流工作职能定位，安排了“为政之道　以德为先——习近平‘政德观’的传统文化意蕴”“坚定文化自信自强　做好侨联文化交流工作、中国传统政德思想的当代价值”“马克思主义与儒学的会通、从文化自知到文化自信、京剧艺术、漫谈手机摄影与实践”等教学课程，以及赴孔庙、孔府现场教学并学习儒家“六艺”养生拳等内容，切实帮助各级侨联文化交流干部增长知识、增强本领、提高能力。本次培训共有来自31个省、自治区、直辖市、新疆生产建设兵团侨联的80多名文化交流干部参训。

2月19日至25日，2023年中国侨联文化交流干部培训班在山东济宁干部政德教育学院举办。中国侨联党组成员、副主席程学源出席开班式并作动员讲话

【中国侨联文化交流部一行赴河北对世界华人学生作文大赛相关情况进行调研】3月3日，中国侨联文化交流部部长刘奇、副部长邢砚庄一行赴河北出版传媒所属的阅读传媒公司考察调研，参观该公司特色图书经营展区，详细了解第二十三届世界华人学生作文大赛有关情况和稿件复评工作进展，并进行了座谈。

【举办“亲情中华·放歌春天”文艺演出】3月21日、3月23日，2023“亲情中华·放歌春天”文艺演出分别在江苏省盐城市阜宁县和苏州市举办。本次活动由中国侨联、江苏省侨联主办，盐城市侨联、苏州市侨联等单位承办，旨在深入宣传贯彻党的二十大精神，全面落实“两会”部署，坚定文化自信，讲好中国故事，为建设中国式现代化凝聚侨界力量。中国侨联文化交流部部长刘奇，江苏省侨联副主席艾卉等领导与近千名归侨侨眷及各界群众代表在现场观看演出。演出通过“华人头条”“国际日报”等海内外媒体平台向全球华侨华人进行直播。据统计，截至3月29日，两场演出视频观看量达1072万人次。

3月31日，第七届海峡两岸嫘祖文化交流活动在四川盐亭嫘祖国家纪念公园举行。第十四届全国政协常委、外事委员会副主任，中国侨联顾问隋军出席活动

【组派“亲情中华”艺术团赴广西壮族自治区举办两场文艺慰问演出】中国侨联组派“亲情中华”艺术团于3月28日和30日分别在广西壮族自治区北海市和百色靖西市举办“亲情中华·魅力北海”“亲情中华·千姿百色·走进靖西”暨“广西三月三·乡音播全球”文艺慰问演出。中国侨联文化交流部副部长邢砚庄，广西壮族自治区侨联党组书记、主席陈洁英等领导与当地归侨侨眷、海外侨胞、各级侨联干部以及各界群众共2000余人现场观看演出。海内外近400万人次通过“华人头条”“中新网”等海内外媒体观看了演出直播。

【共同举办“亲情中华·之江同心”“侨”迎亚运民族管弦乐音画《听见江南》活动】3月30日，由中国侨联、浙江省侨办、浙江省侨联、亚组委大型活动部主办的“亲情中华·之江同心”“侨”迎亚运民族管弦乐音画《听见江南》活动在浙江杭州启幕。活动旨在以实际行动助力亚运，在侨界引起强烈反响。人民日报客户端、中国侨网、学习强国、欧华头条等海内外媒体对活动进行了宣传报道，影响覆盖超1000万人次。

【随同中国侨联顾问隋军出席第七届海峡两岸嫘祖文化交流活动并调研】3月31日，第七届海峡两岸嫘祖文化交流活动暨2023年华夏母亲嫘祖故里祭祖大典在中国华侨国际文化交流基地——四川盐亭嫘祖国家纪念公园举行。第十四届全国政协常委、外事委员会副主任，中国侨联顾问隋军，中国侨联兼职副主席、四川省侨联党组书记、主席刘以勤出席活动，20余位侨界代表参加开幕式和祭祖大典。第七届海峡两岸嫘祖文化交流活动由四川省侨联、绵阳市人民政府等联合举办，以“拜谒华夏之母，寻根丝绸之源”为主题，旨在推动中华优秀传统文化创新发展，弘扬嫘祖文化，传承嫘祖精神。在川期间，隋军一行赴中国华侨国际文化交流基地——中国两弹城和绵阳市北川县北川中学调研。中国侨联办公厅副主任刘红、绵阳市副市长李南希、中国侨联文化交流部文化处处长袁雯等参加相关活动。

【邢砚庄副部长随同中国侨联党组成员、副主席连小敏出席癸卯年清明公祭轩辕黄帝典礼】4月5日上午，由国务院台湾事务办公室、国务院侨务办公室、中华全国归国华侨联合会、陕西省人民政府主办的癸卯年清明公祭轩辕黄帝典礼在陕西省延安市黄陵县举行。中国侨联党组成员、副主席连小敏出席公祭典礼并敬献花篮。大典礼成后，连小敏和陕西省副省长徐明非共同出席癸卯年公祭轩辕黄帝“侨心林”纪念植树活动暨侨心石雕塑启动仪式。连小敏在活动现场会见了侨胞和海外华文媒体代表，与他们一起种下纪念树，并代表中国侨联和万立骏主席向大家致以问候。

【举办“亲情中华·欢聚昌平——坚定信念跟党走　回天有我谱新篇”慰问演出】4月18日，由中国侨联指导、中国侨联文化交流部与北京市侨联共同主办的“亲情中华·欢聚昌平——坚定信念跟党走　回天有我谱新篇”慰问演出在昌平举办。

4月20日至22日，中国侨联党组成员、副主席连小敏（前排左二）在河南出席癸卯年黄帝故里拜祖大典并赴南阳市开展调研

【邢砚庄副部长随同中国侨联党组书记、主席万立骏在山东调研侨联工作】为扎实推进侨联系统学习贯彻习近平新时代中国特色社会主义思想主题教育，落实大兴调查研究的工作要求，4月19至22日，中国侨联党组书记、主席万立骏赴山东曲阜、济南、青岛，就传承中华优秀传统文化、加强国际传播能力建设、促进新侨创新创业等开展调研。在曲阜，万立骏一行调研了孔子博物馆、孔庙等国际华侨文化交流基地，了解基地建设和作用发挥情况，并召开文化交流工作座谈会，听取省、市侨联的工作介绍和意见建议。在济南和青岛，万立骏一行先后赴济南中科院新经济科创园、济南先进动力研究所和新旧动能转换起步区城市展厅、国家深海基地和崂山实验室调研，了解科技创新、产业发展、人才引进、新侨创新创业等工作情况，并召开山东省新侨创新创业座谈会，广泛听取侨界专家、侨商侨企代表的意见建议。在鲁期间，山东省委书记、省人大常委会主任林武，省委常委、组织部部长王宇燕等会见了万立骏一行，双方就进一步做好侨联工作交换了意见。中国侨联兼职副主席、山东省侨联党组书记、主席李兴钰，中国侨联副秘书长、经济科技部部长赵红英，中国侨联文化交流部副部长邢砚庄等参加调研。

【刘奇部长随同中国侨联党组成员、副主席连小敏在河南出席癸卯年黄帝故里拜祖大典并赴南阳市开展调研】4月22日，由河南省人民政府、政协河南省委员会、国务院台湾事务办公室、中华全国归国华侨联合会等单位联合主办的癸卯年黄帝故里拜祖大典在新郑黄帝故里举行。中国侨联党组成员、副主席连小敏在典礼上向黄帝像敬献花篮。2023年拜祖大典延续“同根同祖同源，和平和睦和谐”主题，我国港澳台地区和美国、英国、澳大利亚、泰国等国家的华侨华人纷纷举办同拜黄帝活动，社会各界代表及近百家新闻媒体约2500人在现场参加了大典。4月20日至22日，为扎实推进学习贯彻习近平新时代中国特色社会主义思想主题教育，落实大兴调查研究的工作要求，连小敏赴南阳市开展调研。调研期间，连小敏同南阳市委副书记、政法委书记金浩，南阳市委常委、统战部部长范勇就发挥侨联优势，服务现代化省域副中心交换了意见。中国侨联文化交流部部长刘奇、信息中心副主任张献锋，河南省侨联党组书记、主席杨海强，党组成员、副主席刘智良等一同参加有关活动。

【中国侨联组派“亲情中华”艺术团赴四川成都、绵阳举办3场文艺慰问演出活动】为深入学习贯彻党的二十大精神，扎实推进学习贯彻习近平新时代中国特色社会主义思想主题教育，引领侨界群众建功新时代，奋进新征程，4月25日至27日，中国侨联在成都市锦江区、成都大学和绵阳市北川羌族自治县北川中学分别举办“亲情中华·耀动锦江”“亲情中华·喜迎大运”“亲情中华·侨爱北川”3场文艺慰问演出，演出活动由中国侨联主办，四川省侨联、中国侨联文化交流部承办，通过“央视频”“华人头条”“四川新闻网”等海内外媒体平台向全球140多个国家和地区现场直播，在海内外侨界引起广泛关注。据统计，演出直播视频观看总量近3000万人次。

综合

【程学源副主席线上出席“亲情中华·与‘子’偕行”2023首届烂柯文化国际学术研讨会开幕式并致辞】5月5日，“亲情中华·与‘子’偕行”2023首届烂柯文化国际学术研讨会开幕式在浙江省衢州市举行。中国侨联党组成员、副主席程学源线上出席并致辞。本次研讨会由中华全国归国华侨联合会、中国围棋协会指导；浙江省归国华侨联合会、衢州市人民政府主办。

【指导举办第三届中国国际华服设计大赛——“中华华服秀”】5月4日，由中华全国归国华侨联合会、山东省工信和信息化厅等单位指导的第三届中国国际华服设计大赛——“中华华服秀”在意大利米兰举办。活动旨在促进海内外“Z世代”青年的国际交流，进一步深化中国传统文化与世界各国文明交流互鉴。

【中国侨联文化交流部一行在浙江台州考察调研】5月17日至19日，中国侨联文化交流部部长刘奇赴台州调研“亲情中华”品牌活动、华侨国际文化交流基地创建、华裔青少年夏令营等侨联文化交流工作。这次调研是在主题教育集中学习的基础上，开展的一次有针对性的活动。浙江省侨联党组成员、副主席周松一，浙江省侨联文化交流和信息传播部部长赵加慧，台州市侨联副主席黄巧巧等陪同调研。

【程学源副主席会见马来西亚华校董事会总会访华团】5月22日，中国侨联党组成员、副主席程学源在北京会见马来西亚华校董事会总会访华团。程学源代表中国侨联和万立骏主席对访问团一行表示欢迎，对于董总成立近七十年来，为服务马来西亚侨社、发展马来西亚华文教育所作的贡献表示由衷赞赏。程学源强调，海外侨胞是连接中国和世界的重要桥梁和纽带，是促进中外交流与文明互鉴的生力军。中国侨联将一如既往支持董总开展华文教育，让华裔青少年成为中华优秀文化的传承者、中马友好的推动者，促进中马两国人民的民间交往和文明互鉴，共同为推动构建人类命运共同体贡献力量。访华团团长、马来西亚华校董事会总会主席陈大锦感谢中国侨联对访问团此行的重视和一直以来对马来西亚华文教育的支持。中国侨联文化交流部部长刘奇等参加了会见。

【程学源副主席出席2023“亲情中华·为你讲故事”网上营开营式】5月27日，中国侨联2023“亲情中华·为你讲故事”网上营开营式在京举办。中国侨联党组成员、副主席程学源出席开营式并讲话。江苏、四川、云南、广东、福建、浙江、河南、北京、重庆9个省级侨联负责人分享网上营工作的经验、体会以及下一步工作打算。此次活动由中国侨联文化交流部部长刘奇主持，东城区侨联、中国华服设计大赛组委会、梅兰书院、北京红桥市场等单位出席活动。现场参加视频录制的还有北京语言大学及北京市第一六六中学附属校尉胡同小学、北京市东城区新鲜胡同小学的师生代表。在开营式后，还进行了“亲情中华·童心欢畅”——礼乐中轴汉服秀活动的录制。该活动由中国侨联主办，地方各级侨联承办，国内大专院校协办，每月举办1期，每期10天，办营对象为6—18周岁的海外华裔青少年。

5月27日，中国侨联2023“亲情中华·为你讲故事”网上营开营式在京举办。中国侨联党组成员、副主席程学源出席开营式并讲话

【举办“亲情中华·欢聚沧源”“亲情中华·欢聚丽江”文艺慰问演出】5月22日至26日，中国侨联组派“亲情中华”艺术团赴云南沧源、丽江举办两场文艺慰问演出。5月23日晚，“亲情中华·欢聚沧源”文艺演出在沧源司岗里大剧院举办，为当地归侨侨眷和干部群众奉

献了一场文化盛宴。中国侨联文化交流部副部长邢砚庄等领导与沧源县归侨侨眷代表、边境村老支书代表及各界人士代表500余人在现场一同观看演出。5月25日晚，中国侨联“亲情中华”艺术团走进丽江市，举办“亲情中华·欢聚丽江”文艺慰问演出。中国侨联文化交流部副部长邢砚庄等领导与丽江市归侨侨眷代表、各级侨联干部以及各界群众共300余人在现场观看演出。海内外170多万人次通过华人头条、丽江热线等在线欣赏演出直播。

【中国侨联文化交流部一行赴北京体育大学访问交流】5月26日，中国侨联文化交流部部长刘奇一行，应邀赴北京体育大学观看艺术和武术学院学生表演，并同副校长王良玉等开展座谈交流。座谈中，双方就文化交流工作进行了深入沟通。双方一致认为，北京体育大学艺术学院和武术学院有特色、人才多，可以广泛参与到中国侨联组织的演出、夏令营、舞蹈和武术讲师团等活动，共同为讲好中国故事、传播优秀中华文化作出贡献。

【随同中国侨联顾问、中国华侨公益基金会理事长乔卫参加癸卯年世界华人炎帝故里寻根节并调研】6月13日，癸卯年世界华人炎帝故里寻根节暨拜谒炎帝神农大典在炎帝故里随州举行。中国侨联顾问、中国华侨公益基金会理事长乔卫出席大典，湖北省侨联党组书记、主席施政带领来自美国、英国、加拿大、法国等15个国家的23名海外侨领参加此次活动。

6月13日，癸卯年世界华人炎帝故里寻根节暨拜谒炎帝神农大典在炎帝故里随州举行。中国侨联顾问、中国华侨公益基金会理事长乔卫（中）出席大典

【中国侨联文化交流部与国务院参事室参事业务二司进行工作交流】6月20日下午，中国侨联文化交流部部长刘奇、副部长邢砚庄与到访的国务院参事室参事业务二司副司长彭涛等一行5人进行座谈。刘奇对彭涛一行的到来表示欢迎，他介绍了中国侨联文化交流部以“亲情中华”品牌为载体所开展的弘扬中华文化，讲好中国故事，传播好中国声音的系列活动，以及近年来克服疫情影响，创新工作方法，采用线上与线下相结合的方式开展工作所取得的成效。彭涛介绍了国务院参事室、中央文史研究馆相关情况，希望在今后的工作中能与中国侨联文化交流部加强交流与合作，着力促进资源共享，合作打造品牌活动和项目，努力开创对外文化交流的美好未来。

【举办“亲情中华——新时代侨乡风貌”摄影作品展（丽水篇）】6月21日，“亲情中华——新时代侨乡风貌”摄影作品展（丽水篇）在中国侨联机关办公楼一楼大厅展出。中国侨联党组书记、主席万立骏，党组成员、副主席程学源，党组成员、副主席、直属机关党委书记连小敏，秘书长兼办公厅主任陈迈与机关干部职工观看了展览。

【中国侨联顾问康晓萍出席在羲皇故里天水举行的2023（癸卯）年公祭中华人文始祖伏羲大典】6月22日上午，2023（癸卯）年公祭中华人文始祖伏羲大典在“羲皇故里”的甘肃天水举行。中国侨联顾问、中国侨联原副主席康晓萍出席公祭大典。

【中国侨联文化交流部会见全美中文学校协会代表团】6月29日，由全美中文学校协会现任会长倪小鹏和首任会长倪涛、第十二届理事会会长刘申、第十三届理事会会长邢彬等一行组成的全美中文学校协会代表团到访中国侨联，中国侨联文化交流部部长刘奇、副部长邢砚庄与代表团成员进行了会见，就华文教育相关工作和未来发展进行了交流。

【赴福建省调研文化交流工作】6月30日至7月2日，中国侨联文化交流部赴闽，就推进2023“中国寻根之旅”夏令营和中国华侨国际文化交流基地建设等工作开展调研。6月30日下午，中国侨联文化交流部部长刘奇在福州出席中国华侨国际文化交流基地——烟台山历史文化风貌区授牌仪式并为其授牌。7月1日下午，刘奇出席在泉州召开的华文教育工作座谈会，在此期间，调研组一行还出席了2023“中国寻根之旅”夏令营福建泉州营开营式，并到泉州九日山、聚龙外国语学校进行调研。

【组织“亲情中华·文艺轻骑兵”走进上饶双溪村】7月20日晚，“亲情中华·文艺轻骑兵”走进双溪村文艺演出在上饶市广信区双溪村举办。中国侨联党组成员、副主席程学源向晚会作了视频致辞，中国侨联文化交流部部长刘奇出席晚会，当地归侨侨眷和群众共1000余人现场观看了演出。华人头条等平台通过客户端、微信端、PC、小程序等向海外70多个国家推送现场直播，点击率达到214万人次。演出前夕，中国侨联、江西省侨联一行及演员还实地走访了双溪村部分群众，并送上精彩的歌曲节目。

【赴石家庄参加第二十三届世界华人学生作文大赛颁奖典礼并调研】7月21日下午，由中国侨联、全国台联、《人民日报》(海外版)、《快乐作文》杂志共同主办的第二十三届世界华人学生作文大赛颁奖典礼暨2023“中国寻根之旅”夏令营河北营开营仪式在河北省石家庄市举办。中国侨联文化交流部部长刘奇，副部长、一级巡视员邢砚庄出席活动并调研。本届大赛吸引了来自46个国家和地区的2000多所学校、280多万名学生参加，最终评出特等奖20名、一等奖1000名、二等奖5000名、三等奖8000名。调研期间，刘奇、邢砚庄出席了中国华侨国际文化交流基地——正定古城和赵州桥的揭牌仪式，并赴乐仁堂健康文化科技产业园就中医药文化的传承及海外传播等问题进行调研。

【参加第九届首开杯“亲情中华·金水桥之恋”华裔青少年书画大赛获奖作品展开幕式暨颁奖仪式】7月25日，中国侨联文化交流部部长刘奇出席由中国侨联指导，北京市侨联主办的第九届首开杯“亲情中华·金水桥之恋”华裔青少年书画大赛获奖作品展开幕式暨颁奖仪式。本届比赛由美国、法国、澳大利亚、印度尼西亚等19个国家30个海外华文学校、机构承办分赛区赛事，收集作品1700余幅，评选出金奖作品5幅、银奖作品20幅、铜奖作品50幅、主题特别奖5幅以及优秀奖作品159幅。

【中国侨联文化交流工作江西座谈会在南昌召开，刘奇部长出席并讲话】9月20日，中国侨联文化交流工作江西座谈会在南昌召开，中国侨联文化交流部部长刘奇出席并讲话，江西省侨联党组书记、主席唐舒龙与刘奇就江西省侨联文化交流工作交换了意见。会后，刘奇为江西省侨联第九届委员会委员及全省侨联干部培训班围绕学习贯彻十一代会精神做好文化交流工作进行了授课。

【高峰副主席出席山西运城第34届关公文化旅游节等有关活动】第34届关公文化旅游节于9月21日至23日在山西运城举办。中国侨联副主席高峰出席有关活动并参加山西省侨联宣传贯彻落实第十一次全国归侨侨眷代表大会精神基层侨联座谈会。座谈会上高峰向与会人员介绍了十一代会召开盛况，传达学习了李希同志代表党中央在大会上的致词和万立骏同志代表中国侨联第十届委员会所作的工作报告等相关内容。在运城期间，高峰还调研了运城市中国华侨国际文化交流基地建设情况并走访了解博物馆建设情况，并于22日下午出席了中国华侨国际文化交流基地——稷山后稷农耕文化园揭牌仪式。

第34届关公文化旅游节于9月21日至23日在山西运城举办。中国侨联副主席高峰出席有关活动

【第十一届固始与闽台关系研讨会暨第十一届中原（固始）根亲文化节在河南信阳举办】9 月 26 日，由中国华侨国际文化交流促进会主办的第十一届固始与闽台关系研讨会暨第十一届中原（固始）根亲文化节在河南信阳举办，中国侨联文化交流部副部长郭启华出席相关活动。

由中国侨联主办，湖北省侨联、宜昌市兴山县人民政府承办的“亲情中华·同一个月亮——2023 中国侨联迎中秋庆国庆中秋联谊晚会”于 9 月 29 日 17 时在各大网络媒体平台播出

【举办“亲情中华·同一个月亮——2023 中国侨联迎中秋庆国庆中秋联谊晚会”】9 月 29 日 17 时，由中国侨联主办，湖北省侨联、宜昌市兴山县人民政府承办的“亲情中华·同一个月亮——2023 中国侨联迎中秋庆国庆中秋联谊晚会”如约而至，陪伴全球华侨华人共度中秋。晚会通过央视频、学习强国、长江云、华人头条、抖音、B 站、视频号等众多媒体平台向海外 70 多个国家同步直播，截至 9 月 30 日晚 9 时，网络观看量累计超 5000 万人次。晚会在海内外侨界引发热烈反响、好评如潮。许多侨胞表示，万主席的中秋家书情真意切，让人倍感温暖，整场晚会紧扣侨胞精神需求，侨味十足，节目设计独具匠心、精彩纷呈，传递出祖国对侨胞的惦念和关爱，激励海内外中华儿女团结一心、携手向前，共创美好未来。

【中国华侨国际文化交流基地工作交流会在长沙召开】10 月 17 日，中国华侨国际文化交流基地工作交流会在湖南省宋旦汉字艺术博物馆召开，部分省区侨联参加。中国侨联文化交流部部长刘奇出席并讲话。江苏省侨联党组成员、副主席艾卉，湖南省侨联党组成员、副主席李祖元，以及四川、陕西、广西、安徽侨联文化交流工作负责人参加。会上，各省区侨联文化交流工作负责人简要汇报了交流基地建设情况，分享了优秀经验，分析了存在的不足，并就下一步如何更好开展工作提出了意见建议。会前，刘奇参加了湖南省张家界市举行的“中国华侨国际文化交流基地”授牌仪式，并为张家界国家森林公园授牌。

【举办慰问演出】10 月 18 日，纪念李光前先生诞辰 130 周年暨创办国光中学 80 周年庆祝活动在福建省南安市国光中学举行。18 日上午，举行庆祝大会，刘奇出席大会并向南安市光前学村颁授“中国华侨国际文化交流基地”牌匾。18 日晚，在南安市国光中学操场举办“亲情中华·光前裕后”文艺晚会，刘奇出席并致辞。晚

10 月 18 日，“亲情中华·光前裕后”纪念李光前先生诞辰 130 周年暨创办国光中学 80 周年庆祝活动在福建省南安市国光中学举行

“亲情中华”晚会现场观众

会通过华人头条等媒体平台同步直播，截至 10 月 18 日 22 时，网络观看量累计超 468 万人。

【高峰副主席出席癸卯（2023）年中国仙都祭祀轩辕黄帝大典】10 月 23 日，正值农历九月初九重阳佳节，由浙江省人民政府主办的癸卯（2023）年中国仙都祭祀轩辕黄帝大典在中国华侨国际文化交流基地——浙江省丽水市缙云县仙都黄帝祠宇举行。中国侨联副主席高峰出席活动并代表中国侨联和海外侨胞向中华民族伟大始祖轩辕黄帝敬献花篮。

【高峰副主席出席 2023 金华山黄大仙文化节开幕式并讲话】10 月 24 日上午，以“崇德向善、普济共享”为主题的 2023 金华山黄大仙文化节在中国华侨国际文化交流基地——赤松黄大仙文化国际交流中心开幕。来自全球各地的专家学者、黄大仙文化爱好者齐聚一堂，共同推动黄大仙文化的传承弘扬、时代阐发。中国侨联副主席高峰出席开幕式并讲话。

【中国侨联文化交流部赴北川县参加北川羌族自治县成立 20 周年纪念大会等相关活动】10 月 24 日至 26 日，中国侨联文化交流部部长刘奇赴北川县参加了北川羌族自治县成立 20 周年纪念大会等相关活动并会见了北川县委书记、县长等领导；赴中国侨联组织援建的北川中学进行考察。

【举办 2023“中国寻根之旅”夏（冬）令营】2023“中国寻根之旅”夏（冬）令营在疫情三年后恢复邀请海外华裔青少年回祖（籍）国参加活动，受到海内外广泛关注，在征集需求阶段，就收到了海外侨团、华文学校的名额需求共 1 万多份。自 6 月 25 日开始举办，在会党组

10 月 24 日上午，2023 金华山黄大仙文化节在中国华侨国际文化交流基地——赤松黄大仙文化国际交流中心开幕。中国侨联副主席高峰出席开幕式并讲话

2023“中国寻根之旅”夏令营福建营

2023“中国寻根之旅”夏令营四川营

2023“中国寻根之旅”夏令营甘肃营

的领导下，在会领导的亲切关怀下，活动有序开展、成效显著、影响广泛，深受海内外侨界和国内各地方关注和欢迎，有来自56个国家和地区的3700余名华裔青少年在28个省级侨联和5家华文教育院校机构承办的90个夏（冬）令营参加了丰富多彩的中华文化和语言学习及体验活动。此次办营课程内容丰富有趣，展示了中华文明的独特魅力、中华优秀传统文化的强大吸引力和新时代中国发展成就，得到了海外华裔青少年及家长的高度肯定，实现实体营与网上营同步，线上线下相辅相成。10月，中国侨联文化交流部副部长郭启华出席甘肃丝绸古道营闭营仪式，标志2023“中国寻根之旅”夏令营阶段顺利结束。2023年中国侨联文化交流部共赴浙江、天津、贵州、重庆、福建、内蒙古、四川、江西、河北、北京、辽宁、河南、山东、甘肃、江苏15个省（自治区、直辖市）就相关办营工作进行检查指导。

【赴广西东兴参加“亲情中华·侨领侨青话侨批暨八桂侨声——国门侨乡大舞台”活动】根据工作安排，中国侨联文化交流部部长刘奇一行2人，于11月16日至17日赴广西壮族自治区东兴市参加“亲情中华·侨领侨青话侨批暨八桂侨声——国门侨乡大舞台”活动。观看文艺演出，在东兴侨批馆参加中国华侨国际文化交流基地揭牌仪式，并在山海相连地标广场、北港故里历史文化中心考察，就文化交流工作开展调研。

【出席2023首都海外华人教育论坛】11月16日，中国侨联文化交流部副部长郭启华出席

11月16日，文化交流部副部长郭启华（左四）出席在北京语言大学逸夫报告厅举办的2023首都海外华人教育论坛

在北京语言大学逸夫报告厅举办的2023首都海外华人教育论坛。四位专家围绕为推进国家海外华文教育工作发展，增强中华优秀文化在海外的影响力，促进中外文化文明交流互鉴，推动构建人类命运共同体进行了报告。

【确认第十一批“中国华侨国际文化交流基地”】12月14日，根据《中国华侨国际文化交流基地管理办法》，并经中国侨联十一届二次主席办公会议审定，中国侨联确定下列69家机构和单位为第十一批“中国华侨国际文化交流基地”，具体如下：中国华侨历史博物馆、北京宋庄艺术区、北京工艺美术博物馆、天津市美术馆、天津黄崖关、河北盐山县千童镇、河北内丘县邢白瓷文化研究中心、山西秀容书院博物馆、山西河东池盐博物馆、内蒙古兴安盟“一馆三址”、辽宁辽沈战役纪念馆、吉林长春市文庙博物馆、吉林太兴红色小镇、黑龙江大庆市博物馆、上海精武体育总会、江苏中国·江村、江苏新四军纪念馆、江苏里运河文化长廊、浙江宁海十里红妆文化园、浙江永嘉书院、浙江龙泉青瓷博物馆、安徽楚文化博物馆、安徽霍邱县淮河文化园、福建省沈绍安漆艺博物馆、福建考亭书院、福建福清侨乡博物馆、福建客家族谱博物馆、江西龙南关西围屋群、江西八大山人纪念馆、江西南昌万寿宫历史文化街区、山东尼山圣境、山东微山县微山岛、山东青岛琅琊台博物馆、山东威海马石山红色教育基地、山东《共产党宣言》陈列馆、河南张仲景博物院、河南温县陈家沟、河南渑池县仰韶文化博物馆、河南开封府、湖北房县西关印象、湖北盘龙城国家考古遗址公园、湖南湘西十八洞村、湖南洪江古商城、湖南邵阳崀山、湖南省宋旦汉字艺术博物馆、广东孙文西路历史文化街区、广东唐家历史文化街区、广东肇庆市四会市威整镇、广东江门长堤历史文化街区、广东东源县黄村崇伊中学、广东厨艺技工学校、广西友谊关、广西“北港故里”历史文化中心、广西杨梅华侨文化古镇、重庆歌乐山革命纪念馆、重庆自然博物馆、重庆濯水古镇、四川锦江大礼堂—四川省人大历史陈列馆、四川雅安“藏茶世界”、四川成都市李劼人故居纪念馆、四川江油市李白纪念馆、贵州晴隆县阿妹戚托小镇、贵州石阡县楼上古寨、云南郑和纪念馆、云南丽江市古城博物院、云南扎西会议纪念馆、云南红河县迤萨马帮古镇、陕西药王山博物馆、新疆克孜尔石窟研究所。

【郭启华副部长（主持工作）带队赴中央统战部进行会商】根据中国侨联党组部署，12月21日，中国侨联文化交流部郭启华副部长（主持工作）率队赴中央统战部就“中国寻根之旅”夏令营、“四海同春”赴海外慰侨演出、“文化中国”全球华人音乐会三项工作的推进情况和需要研究的问题进行会商。

【举办2023“亲情中华”网上营】2023年，中国侨联面向海外6—18岁的华裔青少年共举办10期网上营，办营个数达379个，海外参营单位数量共计307个，营员来自全球52个国家和地区，全年实际参营人次累计达5.5万人（次）。全国25个省级侨联参与办营，其中云南、江苏、四川、浙江、河南、重庆、陕西、黑龙江、江西9个省级侨联组织的营员人数超过千名，其中西藏自治区首次办营。

【出版印刷《中国华侨国际文化交流基地故事（五）》】为丰富“亲情中华”主题活动内涵，广泛宣传推广中国华侨国际文化交流基地，以更好发挥其文化平台和窗口作用，特精选92篇交

《中国华侨国际文化交流基地故事（五）》

流基地故事，以图文的形式编辑成书，出版发行并赠送给各相关省侨联、交流基地及海外侨胞等。

【持续开展“亲情中华·云上基地”中国华侨国际文化交流基地故事系列视频展播活动】为丰富“亲情中华”主题活动内涵，深入宣传推广交流基地，运用互联网“活化”交流基地故事，制作并广泛宣传中国华侨国际文化交流基地故事系列视频。全年共制作视频15个，全年全网播放量1000万，微博博文阅读量32.8万，微博话题#亲情中华·云上基地#全年累计阅读量1.3亿。

【持续开展“亲情中华·同心与共”活动】“亲情中华·同心与共”活动以宣传贯彻党的二十大精神开局之年为主题，通过网络平台发布作品99部（件）累计浏览量达4338.4万人次。

权益保障部

【领导成员名单】

部　长：张　岩（女）

副部长：徐友佳

【综述】 2023 年，在会党组的坚强领导下，权益保障部以习近平新时代中国特色社会主义思想为指导，深入学习贯彻党的二十大精神和第十一次全国归侨侨眷代表大会精神，围绕党和国家中心工作，聚焦侨界群众合法权益保障，大力推进侨界普法宣传，与涉侨部门、公检法司部门和地方侨联系统联动、务实开拓，较好地完成了各项工作任务。

【举办国家宪法日普法讲座】 12 月 4 日国家宪法日，为全面贯彻党的二十大精神，深入学习宣传贯彻习近平法治思想、贯彻落实第十一次全国归侨侨眷代表大会精神，增强干部群众的宪法观念，推动“八五”普法规划目标任务全面落实，中国侨联举办国家宪法日普法讲座暨党组理论学习中心组（扩大）学习会。全国“八五”普法讲师团成员、中央党校政法部李勇教授受邀以《中国式现代化与宪法精神》为题进行授课。中国侨联党组书记、主席万立骏，副主席程红，党组成员、副主席程学源，副主席高峰，党组理论学习中心组（扩大）成员，机关各党支部全体党员干部，直属企事业及侨商会党组织党员干部代表共 130 余名同志参加了学习。党组成员、副主席、直属机关党委书记连小敏主持讲座。

讲座面向中国侨联党组理论学习中心组（扩大）成员、机关全体干部、事业单位处级以上和企业中层以上干部等，中国侨联党组书记、主席万立骏等会领导出席

【开展“法治中国　你我同行”2023 年侨界法治学习活动】 在辽宁沈阳启动“法治中国　你

12 月 4 日国家宪法日，邀请中央党校（国家行政学院）李勇教授以《中国式现代化与宪法精神》为题开展专题讲座

在辽宁沈阳启动“法治中国　你我同行”2023年侨界法治学习活动，中国侨联副主席程红（中）出席开班仪式，并就开展好侨界法治学习活动提出三点意见

此次学习活动以习近平法治思想、民法典、涉侨法律法规等为主要内容，辽宁、吉林、黑龙江、内蒙古的侨界群众、法顾委委员、侨商代表、侨联工作者等200余人积极参与

我同行”2023年侨界法治学习活动，中国侨联副主席程红出席开班仪式，代表中国侨联和万立骏主席对活动举办表示热烈祝贺，并就开展好侨界法治学习活动提出三点意见。此次学习活动以习近平法治思想、民法典、涉侨法律法规等为主要内容，辽宁、吉林、黑龙江、内蒙古的侨界群众、法顾委委员、侨商代表、侨联工作者等200余人积极参与，通过现场授课、分组讨论、实地考察等方式，推动习近平法治思想在基层落地生根，牢固树立了侨界群众法治思维和侨联干部的依法维权意识。

【做好“八五”普法中期评估工作】按照中宣部、司法部、全国普法办关于印发《“八五”普法规划中期评估工作方案》的通知精神，以撰写中国侨联“八五”普法中期评估工作报告为契机，全面总结工作组织开展情况，系统梳理了侨联系统坚持深入开展侨界法治宣传教育取得的成效经验，同时对照新形势下党中央对侨联工作的新要求新期待，深入分析了当前普法工作存在的问题，并有针对性地提出改进措施，不断巩固拓展侨联系统普法工作成果。

【开展法治宣传边关行】在中国侨联的领导下，各地侨联组织继续大力开展“法治宣传边关行”侨界法治宣传活动，如与云南省侨联、云南省司法厅分别在昆明市、景洪市、普洱市、红河州、文山州、保山市、德宏州、怒江州、临沧市等地共同举办了9期“法治宣传边关行”活动，推动边境地区经济繁荣、社会稳定、民族团结。活动取得了良好的社会效果，有效提升了边境地区侨界群众尊法学法守法用法的自觉性，探索出了侨联组织参与社会管理的有效途径，得到了当地干部群众广泛认可。

【加强中国侨联普法办公众号建设】积极推进“互联网＋法治宣传”，做好“中国侨联普法

与云南省侨联、云南省司法厅分别在昆明市、景洪市、普洱市、红河州、文山州、保山市、德宏州、怒江州、临沧市等地共同举办了9期“法治宣传边关行”活动，推动边境地区经济繁荣、社会稳定、民族团结

办”公众号发布工作，图文并茂普及解读与侨密切相关的国家法律政策新规定、新发展，将公众号建成组织、联系、服务、凝聚侨胞的重要平台。2023年共发布普法文章200余篇，每篇文章平均阅读量超300次，全方位提升了侨界群众对普法宣传工作的参与度。

【开展“连心侨—维护侨益”项目】为进一步发挥侨联组织参与社会治理、维护侨益的职能作用，权益保障部在全国28个省级侨联持续开展“连心侨—维护侨益”项目，全面谋划、多点开花，不断激发和调动基层开展法治宣传、依法护侨的内在活力，在加强侨法宣传角、涉侨纠纷调解室（工作站）、检侨平台建设，壮大侨界调解员队伍，创新维护侨益方式方法等方面都取得积极进展。

【推动完善涉侨法律法规体系建设】积极与全国人大常委会法工委沟通联系，结合我会工作实际，撰写《中国侨联关于十四届全国人大常委会立法需求和立法工作意见建议的复函》，建议顺应新时代立法工作要求，总结侨务实践经验，适时修改《中华人民共和国归侨侨眷权益保护法》，进一步凝聚侨心、汇集侨智、发挥侨力，画好最大同心圆。

【加强侨联信访工作调研】为深入贯彻落实习近平总书记关于群团工作、侨务工作和人民信访工作的重要论述，全面推进依法治国，弘扬新时代“枫桥经验”，通过书面问卷、电话访谈、实地考察、文献与成果研究相结合的方式，梳理提炼开展新时代侨联信访工作主要成效、形势特点、存在问题、对策建议四方面内容，完成“新时代推动侨联信访工作高质量发展的调研与思考”部门课题工作。

【依法依规办理侨胞信访】深入贯彻落实《信访工作条例》及《中国侨联贯彻信访工作条例实施办法》，做好侨联信访工作。共受理侨界群众信访咨询电话151通、邮件109封、信件168封，接待来访群众52批66人次。其中，侨界群众来信423件次（包括重复信访），其他群众来信57件次。经耐心解释息诉罢访50余件，发送交办函23封，收到回复函11封、锦旗2面，获得口头致谢多次。

【依法办理涉侨涉诉案件】2023年，共登记涉侨涉诉案件71件。其中，重复访16件，发出转办函19封，通过各种方式答复12件，询问督办13件，请当事人补充提供证据材料11件。接待来访10余人次，答复电话咨询50余件次（重复访8件次），提出法律意见106条，成功劝导服判息诉4件，有反馈办结结果3件；组织中国侨联法顾委委员对中国侨商会会员企业益海嘉里、浙江侨商会会员企业金辉集团相关案件进行研讨，协助推进解决。

【全面深化法侨合作】4月12日，中国侨联党组书记、主席万立骏带队拜访最高人民法院。最高人民法院党组书记、院长张军会见了万立骏一行并座谈。万立骏表示，希望通过各方共同努力，法侨合作再上新的台阶，通过多元、及时、有效、审慎化解涉侨矛盾，不断凝聚起海内外中

4月12日上午，中国侨联党组书记、主席万立骏带队拜访最高人民法院。最高人民法院党组书记、院长张军会见了万立骏一行并座谈

5月10日至12日，中国侨联权益保障部、最高人民法院司改办联合调研组赴广西玉林、北海就涉侨纠纷多元化解工作进行调研

华儿女同心共圆中国梦的强大力量。中国侨联党组成员、副主席连小敏，最高人民法院党组成员、副院长高憬宏、沈亮等就具体工作的推动落实交流了意见建议。5月，中国侨联权益保障部与最高人民法院司改办联合调研组先后赴上海、广西围绕涉侨多元解纷开展情况、法侨合作遇到的问题、涉侨案件纠纷等进行调研和座谈。至2023年4月，已有29个省级侨联与同级法院联合出台法侨合作文件。

4月14日下午，中国侨联党组书记、主席万立骏带队拜访最高人民检察院。最高人民检察院党组书记、检察长应勇会见了万立骏一行并座谈

【“总对总”在线调解成果显著】进一步健全与最高法“总对总”在线诉调对接机制。指导督促各省侨联尽快将调解组织、调解员入驻人民法院调解平台。2023年4月，已有31个省（区、市）的1252个侨联调解组织和2597名调解员入驻人民法院调解平台，逐步实现了纠纷提交、委托调解、开展调解、达成协议、申请司法确认等各个环节均可在线办理。2023年，各地法院委派侨联调解组织诉前调解结案案件总数为107869，结案95028件，调解成功81828件，调解成功率为86.11%件，高于最高人民法院全国“总对总”在线调解成功率。

【持续推进检侨合作】4月，中国侨联党组书记、主席万立骏带队拜访最高人民检察院。最高人民检察院党组书记、检察长应勇会见了万立骏一行并座谈。万立骏表示，接下来中国侨联将与最高人民检察院继续保持常态化沟通联络，共同分析研判涉侨检察工作新情况、新问题，防范涉侨涉法涉外各类风险，实现资源共享、业务协同。联合最高检九厅在河北省西柏坡开展“检察助成长　法治乡村行”普及未成年人保护法活动，西柏坡中学的200余名学生在现场聆听讲座，300余名西柏坡各小学学生通过网络直播观看讲座。已有15个省级侨联与同级检察院联合出台检侨合作文件。

【组织参加在线调解培训】为进一步推动全国侨联系统调解组织、调解员提升涉侨纠纷在线调解能力，2023年组织发动全国32个省（自治区、直辖市）侨联系统维权干部、调解员参加了10期人民法院调解平台在线调解实务工作培训，每期培训均及时报道调解员培训感受与心得，产生良好效果。

【推动建设中国侨益保护研究基地】5月9日，中国侨联党组成员、副主席连小敏与最高人民法院副院长沈亮在华东政法大学为联合设立的“中国侨益保护研究基地”揭牌并致辞。12月4日至5日，首届“涉侨国际法律服务会议”在华东政法大学长宁校区召开，会议主题

5 月 9 日上午，最高人民法院副院长沈亮（中）、中国侨联党组成员、副主席连小敏（右一）、华东政法大学党委书记郭为禄为“中国侨益保护研究基地”揭牌

12 月 4 日至 5 日，首届“涉侨国际法律服务会议”在华东政法大学召开，中国侨联权益保障部部长张岩代表中国侨益保护研究基地共建单位之一致辞

12 月 4 日至 5 日，首届“涉侨国际法律服务会议”在华东政法大学召开，最高法研究室、中国侨联权益保障部、华东政法大学领导合影

为“建设国际法律服务中心 打造涉侨权益保护体系”。权益保障部部长张岩代表中国侨益保护研究基地的共建单位致辞。中国侨联法顾委海外委员臧洁妹、原毅、张玉人，重庆市侨联党组成员、副主席、秘书长罗强，广西壮族自治区侨联党组成员、秘书长、经济科技部部长李开伟进行主题发言。加强与温州大学的工作沟通，协调温州大学提供了 7 篇资政报告，其中 1 篇被《侨情专报》采用。

【做好机关公职律师工作】 一是组织机关公职律师赴人民大会堂参加 2023 年“双百”活动中央和国家机关专场报告会。二是借助人民法院调解平台实务培训、法顾委国内委员讲座等契机，组织侨联系统公职律师进行了 6 次线上学习，并邀请机关法律顾问、北京市泽文律师事务所主任吴建平律师以“从案例看《监察法》和《刑法》《刑事诉讼

11 月 30 日上午，权益保障部在侨联机关举办侨联系统公职律师培训

侨联提升业务水平和工作能力。二是应广东省侨联邀请，派员参加 2023 华语律师大会（中国·深圳），与来自国外及港澳地区的百余名律师、企业家、公司法务、学者代表等 400 余人共同探讨新型经济全球化与法律服务国际合作等问题。三是应安徽省侨联邀请，派员赴安徽合肥参加“创新合志　共赢未来——涉外（侨）法律服务新发展高峰论坛”。

法》的‘法法’衔接”为主题，为中国侨联机关公职律师开展了 1 次线下讲座，地方侨联公职律师线上同步听课。三是开展公职律师年度考核工作，做好机关公职律师的新增、注册、备案、换证等工作。

12 月 9 日，安徽省侨联主办“创新合志　共赢未来——涉外（侨）法律服务新发展高峰论坛”，权益保障部副部长徐友佳参加活动

【促进法治机关建设】充分发挥机关法律顾问作用，做好机关内部合同审核、涉法涉诉案件分析研判、重要文件合规审查等机关法律事务，2023 年共为各业务部门审核合同、协议等 47 份，切实提高了机关法治化建设水平，为法治机关建设作出积极贡献。

【加强对地方侨联维权工作指导】一是派员赴江苏、河北、湖南、四川围绕“如何做好新形势下侨联权益保障工作”作专题辅导，指导地方

【高质量完成全国两会提议案办理工作】按照会领导部署要求，大力推动全会紧扣党和国家工作大局和侨界民生中的重大问题筹组建议和提议案素材，为归侨人大代表和政协侨联界委员提供了 44 份建议提案素材，得到了代表委员的积极采用；派员全程服务全国两会，并于两会期间以“凝聚侨心侨力侨智为中国式现代化作出更大贡献——十四届全国政协侨联界委员积极建言”为题在侨联官网、侨联公众号发布两会动态。2023 年由我会负责承办的 27 件建议和 30 件提案均已全部按时按质完成，其中，针对重点提案《建议尽快修改〈界定华侨外籍华人归侨侨眷身份的规定〉》，权益保障部广泛开展调研征求意见建议，与提案人和主办单位

11 月 14 日，2023 华语律师大会（中国·深圳）在深举办，权益保障部派员参加活动

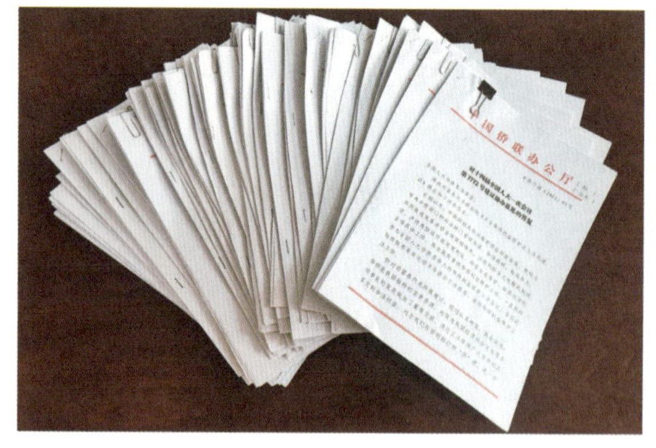

2023 年由我会负责承办的 27 件建议和 30 件提案均已全部按时按质完成

电话沟通、面对面座谈，筹备做好参加重点提案督办会相关工作，与全国政协港澳台侨委、政协委员、中央统战部等多家单位共同协商办理思路。办理工作完成后，形成工作总结，分别报全国人大常委会代表工作委员会和全国政协提案委员会。

【全力完成定点帮扶年度任务】2023 年，中国侨联定点帮扶工作从农村防疫、基础设施、教育、健康、人才、文化、消费等方面对广信区开展帮扶，共投入 323.01 万元，完成率为 109.6%，其中，投入帮扶资金 104.05 万元，完成率为 108.3%；引入帮扶资金 218.96 万元，完成率为 109.8%；培训基层干部人才 275 名，完成率为 137%；购买定点帮扶县和脱贫地区农产品 7.87 万元，完成率为 157.4%；帮助销售定点帮扶县和脱贫地区农产品 9.43 万元，完成率为 188.6%；计划外，发挥侨界优势引入产业帮扶资金 50 万元。5 月，中国侨联党组成员、副主席连小敏带领中国侨商联合会代表团赴广信区考察产业项目，了解当地企业的发展状况和面临的困难，听取当地干部对定点帮扶工作的意见建议。12 月，由办公厅、权益保障部、机关纪委、中国华侨出版社、中国企业经营咨询公司派员组成的督查组赴广信区，对 11 个帮扶项目就帮扶政策落实、年度项目执行、帮扶资金使用、报销账目审计等工作进行督促检查。随后形成督查报告报会领导，形成反馈意见反馈广信区。

中国侨联党组成员、副主席连小敏（前排右二）率调研组赴江西省上饶市广信区调研和考察定点帮扶与乡村振兴工作，中国侨商会侨商考察团陪同调研和考察

【做好十一代会章程修改和安全保卫工作】认真细致做好章程修改工作，在深入调研并吸取各方意见基础上形成初稿，征求机关各部门和各直属企事业单位意见，邀请中国侨联法顾委委员进行合宪性审查，根据征求意见情况再次修改完善，经党组会、中央书记处、十一代会审议后，形成章程最终稿。由权益保障部为主组成的安全保卫组顺利完成了人员政审与证件制作、大会交通疏导、驻地安保及会场秩序、应急事件处置、文档及保密、警卫特勤联络等多项工作，有力确保大会安全顺利进行。

中国侨联党组成员、副主席连小敏率调研组及侨商考察团赴广信区云谷田园、晶科能源、宏丰铜箔、越兴铜业进行实地调研考察，并参加项目推介会

基层建设部

【领导成员名单】

部　　长：张　毅

副 部 长：刘景春

二级巡视员：蔡红雷　肖炜蘅

【综述】2023年，在会党组的坚强领导下，基层建设部以习近平新时代中国特色社会主义思想为指导，深入开展学习习近平新时代中国特色社会主义思想主题教育，积极贯彻落实十一代会工作部署，团结带领全体党员干部以饱满的工作热情和进取精神，主动作为，持续推进基层侨联组织建设工作再上新台阶。

【万立骏主席在云南调研基层侨联建设工作】6月6日至8日，中国侨联党组书记、主席万立骏出席在昆明举办的“侨连五洲·七彩云南——第19届东盟华商会”并在大理州调研。在宾川县，他深入金牛镇柳家湾华侨社区（原太和华侨农场）迎侨堂，参观侨史展陈，详细了解当年创建华侨农场以及安置归难侨的情况。走访慰问当地困难归侨侨眷，与地方党政领导、基层侨联干部、归侨侨眷代表座谈交流，讲侨史、谈文化、话发展。

【万立骏主席在浙江调研基层侨联建设工作】10月31日至11月3日，中国侨联党组书记、主席万立骏率队赴浙江宣讲第十一次全国归侨侨眷代表大会精神，推动十一代会部署落地落实。他围绕美丽侨乡建设、传承侨乡文化、加强基层侨联建设等，参观绍兴市越城区乡村侨舍建设，

10月31日至11月3日，中国侨联党组书记、主席万立骏（前排左二）到浙江绍兴、宁波等地，调研美丽侨乡建设、传承侨乡文化、基层侨联建设等情况

鼓励打造侨特色、办好侨家乐，带动海外侨胞回国发展、回乡兴业，为浙江共同富裕注入更多侨力量。在宁波招宝山街道后大街社区，万立骏听取街道和社区侨联负责人工作汇报，走进“侨胞之家”，察看工作阵地，同侨胞代表和基层同志交谈。

6月6日至8日，中国侨联党组书记、主席万立骏（前排右二）在大理州宾川县金牛镇柳家湾华侨社区调研产业发展情况

【程学源副主席出席北京市侨联“地方侨联+大学侨联+校友会”机制建设推进会】3月17日，中国侨联党组成员、副主席程学源出席北京市侨联“地方侨联+大学侨联+校友会”

3 月 17 日，中国侨联党组成员、副主席程学源（前排右四）出席北京市侨联举办的“地方侨联 + 大学侨联 + 校友会”机制建设推进会并讲话

机制建设推进会并讲话，强调要以“党建带侨建”为机制铸魂、以“招贤引才”为机制提质、以“融合促进”为机制赋能，推动高校侨联建设迈上新台阶。

【程学源副主席出席全国侨联基层组织建设工作交流活动并在四川成都调研】4 月 20 日至 23 日，全国侨联基层组织建设工作交流活动在四川成都举办，分析当前基层侨联组织建设遇到的新情况、新问题、新挑战，并就进一步推进基层侨联工作、创新工作方式方法，提出工作思路和建议。中国侨联党组成员、副主席程学源出席活动并讲话。全国侨联系统各省（区、市）侨联及新疆生产建设兵团侨联，中央和国家机关、中央企业侨联有关负责同志 100 余人参加活动。在四川大学，程学源与高校党委负责同志、高校侨联工作者、侨界专家代表座谈，就高校侨联建设、“地方侨联 + 大学侨联 + 校友会”机制作用发挥、侨联组织助力引才引智等工作进行交流。并调研了成都国家开放大学华侨学院、成都市万汇学校“侨胞之家”建设情况。

10 月 20 日，中国侨联党组成员、副主席连小敏（左五）出席陕西高校侨联联盟成立大会暨陕西省高校侨联建设工作经验交流活动并讲话

4 月 21 日，中国侨联党组成员、副主席程学源（右三）在四川成都出席全国侨联基层组织建设工作交流活动并讲话

【连小敏副主席出席陕西高校侨联联盟成立大会暨陕西省高校侨联建设工作经验交流活动】10 月 20 日，中国侨联党组成员、副主席连小敏出席陕西高校侨联联盟成立大会暨陕西省高校侨联建设工作经验交流活动并讲话。他强调要精准锚定党的二十大对侨务工作提出的明确要求，全面贯彻落实十一代会精神，完善“地方侨联 + 大学侨联 + 校友会”工作机制，凝聚高校侨联与校友会资源优势，将工作手臂更好地

向新侨、归国留学人员和在校华裔留学生延伸，不断培养壮大知华友华力量。在西安交通大学他调研了中国西部科技创新港建设，看望了“全国归侨侨眷先进个人”“侨界贡献奖”获得者代表。

【连小敏副主席在山西太原调研基层侨联建设工作】10 月 25 日，中国侨联党组成员、副主席连小敏出席 2023 年“一带一路”海外侨领国情研修班现场教学活动并在太原开展调研。在太原万柏林区滨体社区和丽华社区，了解基层侨联组织和“侨胞之家”建设情况，听取社区开展“党建带侨建”工作介绍，看望慰问归侨侨眷。他希望山西各级侨联组织和“侨胞之家”在地方党委和政府的领导下，不断加强基层侨联组织建设，进一步做实做细为侨服务工作，努力建设成为广大侨胞可信赖的团结之家、奋斗之家、温暖之家。

【连小敏副主席出席全国基层侨联组织干部研修培训班开班式并在扬州调研】10 月 30 日，中国侨联党组成员、副主席连小敏出席全国基层侨联组织干部研修培训班开班式并讲话，强调要进一步提高政治站位，充分认识做好侨联工作的重要性和紧迫性，认真贯彻落实十一代会工作部署，切实做好侨联基层组织建设工作，以开展习近平新时代中国特色社会主义思想主题教育为契机，推动新时代基层侨联工作实现新发展。在扬州期间，他赴双桥街道康乐社区侨之家、汶河街道“扬州市文化惠侨示范基地”——仁丰里文化惠侨街区、“扬州侨胞之家”考察调研。

【连小敏副主席在上海调研基层侨联建设工作】11 月 16 日，中国侨联党组成员、副主席连小敏出席中国侨联十一届委员培训班开班式。在沪期间，他赴钱学森图书馆、陆家嘴街道侨之家、仁恒滨江园侨之家进行调研。连小敏对上海侨联组织运用阵地优势，开拓空间、提升载体、用好资源，关注侨界民生的做法给予了充分肯定。

10 月 30 日，中国侨联党组成员、副主席连小敏（左三）出席全国基层侨联组织干部研修培训班开班式并讲话

10 月 30 日，中国侨联党组成员、副主席连小敏（左二）调研江苏省扬州市“侨胞之家”建设情况

【连小敏副主席出席中国侨联 2023 年度侨界基金会（代表处）工作交流活动并在海南调研】12 月 11 日，中国侨联 2023 年度侨界基金会（代表处）工作交流活动在海南省海口市举办，中国侨联党组成员、副主席连小敏出席活动并讲话。他强调要围绕服务大局，为推进中国式现代化作出侨界公益力量新贡献；要依法依规办会，在加强自身能力建设上促进新提升；要着眼聚势谋远，在推动基金会守正创新上实现新拓展；要坚持砥砺深耕，在传递公益正能量上展现新作为。中国侨联作为各家侨界基金会（代表处）的业务主管单位，邀请其相关负责人以及与侨联长期保持密切协作的有关侨界公益慈善组织代表近 40 人参加此次工作交流活动。在琼期间，连小敏同与会代表到海南著名侨乡文昌进行考察交流，深入到法立信律师事务所“侨胞之家”、

12 月 11 日，中国侨联党组成员、副主席连小敏（左三）在海南省海口市出席中国侨联 2023 年度侨界基金会（代表处）工作交流活动并讲话

海南省史志馆、文昌航天超算中心进行调研。

【深入开展主题教育活动，进一步提高政治站位】一是坚持学思悟行结合。按照会党组统一部署，基层建设部党支部积极开展习近平新时代中国特色社会主义思想主题教育，把学原著、读原文作为增强党性修养的基础，把谈思想、论感受作为提高理论素质的抓手，每周坚持集中学习和干部自学相结合，在学习中深刻领悟“两个确立”的决定性意义，进一步增强“四个意识”、坚定“四个自信”、做到“两个维护”。二是强化党性淬炼。认真履行支部书记一岗双责制，严格落实“三会一课”、“三重一大”、谈心谈话、批评与自我批评、组织生活会等制度。全年共组织支部集体学习 20 余次，党员讲授专题党课 4 次，开展主题党日活动 5 次。中国侨联党组成员、副主席程学源、连小敏多次以普通党员身份参加支部活动，同大家一起过政治生日，分享入党心得。“七一”前夕，支部书记为全体党员讲授专题党课，从对苏联解体的原因分析入手，进一步增强党员对坚定理想信念、党性信仰重要性的认识。三是注重学用转化。支部党员干部自觉将学习收获与做好侨联工作紧密结合，在各项工作中坚持严守纪律，秉持公心，认真负责，主动为侨服务、为大局服务。综合处党小组被评为优秀党小组，联络处获评第九届首都民族团结进步先进集体。

首都民族团结进步先进集体

中共北京市委
北京市人民政府
二〇二三年十一月

基层建设部联络处获第九届首都民族团结进步先进集体奖

【大兴调研之风，增强做好基层建设工作的针对性和主动性】一是加大对基层侨联组织建设的调研指导力度。部门领导充分利用出差、培训授课等机会，先后赴云南、陕西、江西等 10 余省（区、市）走访调研，通过与基层侨联干部、侨界群众开展面对面座谈交流，共同就做好新时代基层侨联组织建设工作的思路和办法进行探讨。密切关注了解各地基层组织建设创新发展情况，及时把握基层侨联组织工作动态，不定期进行通报分享。二是持续做好全国侨联系统侨捐数据调研统计。连续 5 年坚持开展全国侨联系统接收或协助

中国侨联党组成员、副主席连小敏（右三）以普通党员身份积极参加支部活动，同大家一起过政治生日，分享入党心得

综合

9月11日，中国侨联基层建设部部长张毅（左四）调研辽宁省大连市"侨胞之家"和侨联工作，并为甘井子区侨联颁发"全国侨联系统先进集体"奖牌证书

3月16日，中国侨联基层建设部副部长刘景春（左一）到甘肃省临夏州调研基层组织建设工作

受理华侨华人、港澳同胞、侨资企业等向国内公益事业捐赠款物统计工作，为十一代会工作报告提供坚实数据参考。完成《十代会以来全国侨联系统涉侨捐赠情况报告》调研课题。据统计，2022年全国侨联系统接收的侨捐款物达28.18亿元。三是加强对高校侨联工作的指导。认真梳理总结各省级侨联与教育部门在加强高校侨联建设方面联合开展工作情况，提出政策性意见建议。先后赴北京、四川、陕西、江苏等地参加"地方侨联+大学侨联+校友会"机制建设推进会、高校侨联工作专题座谈会、高校侨联联盟成立大会等，进一步加强工作指导，积极做好高校侨联参与服务"一带一路"建设引导工作。

【勇于担当，精心组织，高质量完成十一代会各类评选表彰工作】在会党组的领导下，经与国家表彰办积极沟通争取，与人社部联合表彰的"全国侨联系统先进集体"名额由50个增加至60个，"先进工作者"名额由20个增加至40个，极大地鼓舞了基层侨联组织及工作者的工作干劲。多次牵头召开专门会议，充分听取人社部、国侨办、机关各部门及专家评委等的意见建议，认真吸纳以往工作经验、仔细推敲各个环节，制订详细工作方案。从相关通知、方案的起草，奖牌、奖章的设计，各级推荐材料的收集整理、初审、复核，到表彰人选公示、名单确定及绶带证书制作、现场颁奖组织等，一一认真部署推进，严守纪律，严格把关，公开公正。在时间紧、任务重、人手少、表彰对象来源广泛等情况下，集全部门之力，加班加点、稳扎稳打，圆满完成十一代会各

十一代会评选表彰现场

十一代会评选表彰的相关文件资料

十一代会评选表彰的“中国侨界杰出人物”

项评选表彰工作，得到会领导和相关部委的一致好评。

【持续支持、引导基层侨联组织在助力地方民生改善上发挥作用】全年下达专项经费 88.2 万元，支持地方侨联开展“困难归侨侨眷技能培训”“侨界医疗队下基层”和“乡村学生眼视光工程”专项工作，在助力地方经济社会发展中展现侨联作为。年度列支专项经费近 200 万元，协同相关部门开展形式多样的侨界帮扶慰问活动，并支持和引导地方侨联用好华侨事务预算专项经费，关心关爱旅朝华侨退休教师、老侨干及遭受自然灾害影响的河北省困难归侨侨眷，切实将党和政府的关怀以及侨联组织的温暖送到侨界群众中。两节期间，下达经费 10 万元，专项慰问滞留在丹东、生活困难的朝鲜华侨。

【继续深入推进基层侨联组织建设提质增效】全年下达专项经费 280 万元，支持全国 28 个省（区、市）及中央和国家机关的 300 余个“侨胞之家”进行规范化建设，织密建强为侨服务工作网络。通过向 1500 家基层侨联组织和“侨胞之家”赠阅《海内与海外》杂志、为 100 家中西部地区“侨胞之家”配建“侨心书苑”，全年编发 25 期《基层侨联建设》简讯，广泛推介地方侨联组织好经验、好做法，引导各级侨联充实、丰富服务侨界群众的工作内容和形式，增强凝聚力、影响力和活跃度。截至 2023 年 4 月，全国各级侨联组织总数增至 28663 家，比 2017 年增加了 9683 家，增幅达 51.02%；其中县级及县以下基层侨联组织总数达 26670 家，比 2017 年增加 8351 家，增幅达 45.59%。“侨胞之家”等活动阵地数量增至 11440 家，较十代会前增加 6052 家，增幅达 112.32%。

【持续开展基层侨联组织干部培训活动，加强各地侨联组织干部队伍建设】十一代会闭幕后，先后在甘肃张掖、江苏扬州举办了西北片区和全国基

10 月 12 日，“侨界医疗队下基层”活动走进青海省海北藏族自治州祁连县扎麻什乡河东村

综合

层侨联组织干部研修培训活动。为推动各地侨联组织干部队伍建设，全年向河北、山西、内蒙古等 10 省区下达培训专项经费 107 万元，支持各地开展基层侨联专兼职干部培训活动。派员赴云南、安徽、贵州、内蒙古、广西等 10 余省（区、市）授课，加强对基层侨联组织建设工作的指导。

【坚持规范履职，强化服务意识，积极发挥涉侨基金会（代表处）的公益职能】认真履行涉侨基金会（代表处）业务主管单位职责，相继派员赴陕西、广西等地帮助协调解决涉侨基金会（代表处）在项目执行中遇到的困难和问题。组织推荐我会主管的公益慈善组织参与第十二届“中华慈善奖”评选表彰活动，其中青少年眼视光项目、益海嘉里金龙鱼粮油食品股份有限公司和福耀集团董事长曹德旺分别荣获慈善项目奖、捐赠企业奖和捐赠个人奖。积极引导侨界公益慈善组织弘扬“嘉庚精神”，扶危济困，支援甘肃临夏抗震救灾，助力边疆及少数民族地区建设。发挥公益慈善作用，在我会定点帮扶的江西省上饶市广信区开展帮扶项目，在助力乡村振兴中贡献侨界力量。

组织人事部（机关党委）

【领导成员名单】

党组成员、副主席，直属机关党委书记：
连小敏

部长、直属机关党委常务副书记：姚林楠

副部长：李爔恒
许华坤

直属机关党委副书记、纪委书记：
林美龄（女，2023 年 1 月退休）

直属机关纪委副书记：
尹媛媛（女，2023 年 5 月任职）

老干部办公室主任（副局长级）：
车壮丽（女）

【综述】2023 年，在中国侨联党组的坚强领导下，组织人事部（机关党委）坚持以习近平新时代中国特色社会主义思想为指导，全面贯彻党的二十大精神，深入落实新时代党的建设总要求和新时代党的组织路线，扎实开展学习贯彻习近平新时代中国特色社会主义思想主题教育，切实做好十一代会组织人事和选举工作，推动党建和业务工作深度融合，努力建设高素质专业化侨联干部队伍，为推进新时代侨联事业创新发展提供坚强组织保证。

【强化政治意识，提高政治站位，全力抓好学习贯彻习近平新时代中国特色社会主义思想主题教育】牢牢把握“学思想、强党性、重实践、建新功”的总要求，把理论学习、调查研究、推动发展、检视整改贯通起来，努力在以学铸魂、以学增智、以学正风、以学促干方面取得实实在在的成效。抓部署。深刻认识开展主题教育的重大意义和目标要求，协助会党组制定主题教育工作方案，召开动员大会，制定专题民主生活会工作方案，开展党组理论学习中心组集体学习、个人自学和谈心谈话，协助召开中国侨联领导班子专题民主生活会，指导各基层党组织开好专题民主生活会（组织生活会），全面部署，压实责任。抓结合。紧密结合十一代会筹备和 2023 年重点工作，定期召开工作推进会，优化思路举措，切实推动主题教育走深走实，教育引导广大侨联干部鼓足干劲、狠抓落实、务求实效，不断推动侨联工作开新局、上台阶。抓学习。组织主题教育读书班和 9 次理论学习中心组专题学习，其间领导干部交流发言 40 余人次。在官网主题教育专栏发布文章 201 篇，编发简报 36 期。抓调研。协助会领导班子成员围绕 6 项工作职能领题调研，形成 4 篇调研报告，指导各部门单位开展调查研究 149 次，召开领导班子和各部门单位调研成果交流会 2 次，促进调研成果交流互鉴。抓整改。梳理形成中国侨

4 月 11 日，召开学习贯彻习近平新时代中国特色社会主义思想主题教育动员部署大会

4 月 27 日，举办学习贯彻习近平新时代中国特色社会主义思想主题教育读书班开班式

联整改整治问题清单，确定整改问题 13 项，制定工作举措 28 条；督促各部门单位查摆问题 54 项，制定整改措施 87 条。指导各基层党组织开展“回头看”，并抓好查摆问题的整治销号，形成《中国侨联党组关于主题教育整改落实“回头看”情况的报告》。截至 2023 年 8 月底，整改整治问题已全部销号。抓长效。推动主题教育成果转化，务求主题教育常态化长效化，研究制定《中国侨联党组贯彻落实〈中共中央关于加强党的政治建设的意见〉的实施意见》。指导各基层党组织探索党建工作模式，开展“一部一品牌、一支部一特色”建设。指导离退休干部党总支制定《中国侨联离退休干部党总支工作规则(试行)》，更好地服务、管理、组织老党员和老干部。

学习贯彻习近平新时代中国特色社会主义思想

在中国式现代化新征程上
谱写侨联事业发展新篇章

中国侨联党组

在以习近平同志为核心的党中央坚强领导和亲切关怀下，第十一次全国归侨侨眷代表大会8月31日至9月3日在北京隆重召开。习近平总书记和中央政治局常委等党和国家领导同志出席开幕会，充分体现了习近平总书记和党中央对广大归侨侨眷和海外侨胞、对侨联组织和侨联工作的关心关怀和殷殷期待，为侨联事业发展注入了强大动力。我们将坚持以习近平新时代中国特色社会主义思想为指导，全面贯彻党的二十大精神，深入贯彻习近平总书记关于侨务工作的重要论述精神，增强历史主动，坚持守正创新，团结带领全国侨联系统贯彻好、落实好第十一次全国归侨侨眷代表大会精神，在强国建设、民族复兴中发挥更大作用、作出新的贡献。

充分认识第十一次全国归侨侨眷代表大会的重大意义

这次大会是在全党全国各族人民迈上全面建设社会主义现代化国家新征程、向第二个百年奋斗目标进军的关键时刻召开的一次十分重要的大会，是广大归侨侨眷和海外侨胞政治生活中的一件大事。大会取得圆满成功，是一次凝聚侨心、汇聚侨力，明确任务、规划未来，继往开来、团结奋进的大会，必将团结凝聚起侨界坚定跟党走、奋进新征程的磅礴力量。

充分体现了习近平总书记和党中央对侨胞和侨联的高度重视、亲切关怀。习近平总书记对侨有着深厚感情，对侨务工作有着深刻把握。党的十八大以来，习近平总书记从全局和战略的高度，对做好侨联工作作出一系列重大部署。从中央印发中国侨联改革方案到加强侨联海外侨胞联谊等职责；从要求“广泛凝聚侨心、侨力、侨智，团结动员广大归侨侨眷和海外侨胞为改革开放和社会主义现代化建设贡献力量”，到在广东汕头考察时，对新时代打好“侨”牌作出重要指示；从建党百年、国庆等重要场合对广大侨胞的问候到看望全国政协侨联界委员、出席侨代会等，习近平总书记对侨念兹在兹，对侨联工作给予关心期许，给广大归侨侨眷和海外侨胞以巨大鼓舞，让侨务工作者备感振奋、倍增信心，为新时代侨联事业发展提供了根本遵循、创造了良好条件。

>> 7月27日，中国侨联在山东济南举办“2023习近平总书记关于侨务工作重要论述研讨会”。

充分体现了坚持以习近平新时代中国特色社会主义思想统领侨联工作的根本要求。习近平新时代中国特色社会

8

在《旗帜》第 10 期刊发文章《在中国式现代化新征程上谱写侨联事业发展新篇章》

【强化创新理论武装，推动党员干部持续学懂弄通做实习近平新时代中国特色社会主义思想】发挥党组理论学习中心组领学促学作用。协助中国侨联党组书记、主席万立骏作《学习贯彻习近平新时代中国特色社会主义思想　在推进中国式现代化进程中作出侨界新贡献》党课报告。协助会党组制定《中国侨联党组理论学习中心组 2023 年专题学习重点内容安排》和学习计划表，全年共协助会党组组织 17 次中心组（扩大）学习，召开 4 次党委委员学习会，认真学习领会党的二十大精神、全国两会精神，贯彻落实十一代会精神，不断强化理论武装，指导工作实践。协助会党组在《旗帜》《机关党建研究》等党报党刊发表文章。抓好干部经常性教育。督促各基层党组织开展学习活动 243 次，党组织书记、支委、普通党员讲党课 30 余次，青年读书小组学习活动 80 余次。举办“学习新思想　奋进新征程”青年干部党课比赛活动和中国侨联主题教育知识竞赛。开展国家宪法日普法讲座，学习习近平法治思想。

5 月 11 日，举办“学习新思想　奋进新征程”中国侨联青年干部党课比赛

【坚持问题导向，突出政治功能和组织功能，不断加强党的基层组织建设】持续推进基层党组织标准化规范化建设。召开 2022 年度基层党组织书记抓党建工作述职评议考核会。认真开展“两优一先”和“优秀党小组”评选活动并对获得荣誉的单位和个人进行表彰。督促各基层党组织按时交纳党费；指导 4 个党支部完成换届工作；做好党员组织关系转接工作；为 2 个基层党组织配备书记、副书记；发展 1 名青年党员，完成 1 名预备党员转正工作。持续抓好“四强”党支部建设。制定《中国侨联“四强”党支部创建管理实施细则》。做好中央和国家机关“四强”党支

5 月 31 日，中国侨联党组成员、副主席，直属机关党委书记连小敏（中）为老干部颁发“光荣在党 50 年”纪念章

部申报推荐和复查工作，文化交流部党支部、组织人事部（机关党委）党支部获评中央和国家机关“四强”党支部，经济科技部党支部、中国华侨历史博物馆党支部继续保留中央和国家机关“四强”党支部荣誉称号。中国华侨历史博物馆党支部党建创新案例入选中央和国家机关“四强”党支部创新案例选编，并在《旗帜》第 8 期刊发文章《找准党建和业务的结合点》。信息传播部获评中央和国家机关创建模范机关先进单位，基层建设部联络处获评第九届首都民族团结进步奖先进集体。持续做好暖人心工作。2023 年元旦、春节期间列支党费，慰问生活困难党员、老党员、老干部，把组织关怀送到他们身边。严格执行“谈心日”制度，及时了解干部职工的思想动态。为党员过好“政治生日”，不断增强党员意识。做好“光荣在党 50 年”纪念章颁发工作，引导老党员继续保持对党组织的高度忠诚。加强离退休老党员与青年党员的联学共建，有效搭建起“连心桥”。持续抓好机关党的建设专项督查整改工作，制定党的建设专项督查整改责任清单和工作台账，定期督查各责任部门整改推进情况。截至 2023 年底，基本完成整改任务。

【持之以恒抓实党风廉政建设，营造风清气正良好政治生态】认真履行管党治党的政治责任。召开中国侨联 2023 年全面从严治党工作会议，党的建设工作领导小组暨党风廉政建设责任制领导小组会议。协助会党组与中央纪委国家监委驻中央统战部纪检监察组开展两次会商，制定落实第一次会商意见分工方案、第二次会商反馈问题整改台账，召开直属机关党委、纪委委员扩大会议推进部署落实，受到驻部纪检监察组肯定。制定《中国侨联党组关于推进政治监督具体化、精准化、常态化的工作举措》，确保习近平总书记重要讲话和指示批示精神、党中央决策部署在中国侨联落地落实。制定《中国侨联向驻部纪检监察组通报重要情况重要问题清单》，督导各基层党组织对照表中所列 29 个方面的通报内容按季度报送。加强巡视、整改、监督力度。持续推进各基层党组织对照中央巡视整改台账、会党组内部巡视反馈问题和整改台账开展自查，梳理整改任务落实情况，形成《直属机关纪委关于监督检查中央巡视、内部巡视整改落实情况的报告》，并对尚未完成的整改任务提出工作建议。安排机关“两委”委员全程参加基层党组织民主生活会，加强对基层党组织党风廉政建设督导。对会党组深化严管严治、落实健全全面从严治党体系任务、一体推进“三不腐”、建立健全监督机制等情况进行全面梳理并形成报告。按照《中国侨联定点帮扶督促检查工作实施办法》，对中国侨联定点帮

2 月 20 日，召开中国侨联全面从严治党工作会议

9 月 25 日，中国侨联党组与中央纪委国家监委驻中央统战部纪检监察组召开第二次会商会

扶工作进行实地督促检查。配合驻部纪检监察组开展监督、调研、核实问题谈话。规范问题线索查办、信件处置和党风廉政意见回复工作。坚持纠“四风”树新风并举。开展法定节日警示教育，做好节前廉洁提醒，及时通报违反中央八项规定精神问题典型案例，教育引导党员干部廉洁过节、安全过节。组织司局级干部参加中央和国家机关警示教育视频会议，传阅《忏悔书》，撰写体会。坚持开展新提任领导干部廉政谈话。在微信工作群开展《纪法小课》警示教育，坚持每周一期，每期一主题，做到日常警示不间断，纪律规矩念心间。加强党务干部队伍建设。认真贯彻落实中央和国家机关党建主体责任座谈交流会精神，制定直属机关党委、纪委年度培训计划，举办中国侨联党务干部培训班暨专兼职纪检干部线上培训班，赴圆明园廉政文化教育基地开展现场教学活动，按需购买业务书籍，定期召开直属机关党委、纪委委员会议，派员参加中央和国家机关工委、纪检监察工委和驻部纪检监察组组织的各类培训班，做好与外单位的交流学习。

【扎实开展教育整顿工作】开展干部队伍教育整顿。制定干部队伍教育整顿工作方案，开展专题学习，深化干部队伍教育整顿自查自纠和问题整改，督促指导 18 个基层党组织提交问题清单和自查报告，231 位干部提交《中国侨联干部个人自查事项报告表》，汇总形成中国侨联干部队伍教育整顿问题清单，明确 11 条整改措施，逐一挂账销号。开展纪检干部队伍教育整顿。将机关纪委委员，各基层党组织纪检委员纳入教育整顿范围，制定纪检干部队伍教育整顿实施方案，组织“线上教育 + 线下参观”，撰写读书报告，交流体会感悟，不断增强纪检干部队伍的廉政意识。制定《中国侨联机关纪检干部队伍教育整顿个人自查事项报告表》，要求纪检干部认真查摆存在的问题和不足，提

7 月 12 日，赴圆明园廉政文化教育基地开展现场教学活动

出改进措施，并对整改情况进行“回头看”。召开中国侨联纪检监察干部队伍教育整顿专题组织生活会，深入查摆问题，剖析反思根源，明确整改措施。

【高效做好第十一次全国归侨侨眷代表大会组织人事和选举工作】严格人选提名推荐和资格审查。制定《第十一次全国归侨侨眷代表大会组织方案》和《关于推荐第十一次全国归侨侨眷代表大会代表和中国侨联第十一届委员会委员初步人选的通知》，确定十一代会规模和第十一届委员会委员、常委、顾问、海外委员、荣誉委员等人选条件、产生办法等，对 40 家推选单位上报人选进行严格审查，按要求就常委、顾问、荣誉委员人选征求相关省区市党委或有关单位意见，对不符合要求的人选坚决予以更换或取消资格。直属机关党委顺利推选出中国侨联机关十一代会代表 22 名、特邀代表 19 名、“全国归侨侨眷先进个人”2 名。协助安保组完成内地代表背景审核、制证等工作。协助做好领导班子人选确定工作。按照中央组织部要求，配合做好中国侨联第十一届委员会驻会主席、副主席人选全额定向推荐工作，筹备召开十一代会中国侨联领导班子成员人选推荐会议，协助中央组织部开展司局级领导干部分组谈话。研究提出推荐挂职、兼职副主席人选的条件和原则，积极配合中央组织部做好人选考察工作。研究提出秘书长候选人建议人选，并报党组会研究通过。提出大会主席团、秘书长及临时党委组成方案。顺利组织十一代会和十一届一次全委会议选举。印发《中国侨联党组关于第十一次全国归侨侨眷代表大会筹备和召开期间有关监督工作与纪律要求的意见》的通知，邀请中央组织部、驻部纪检监察组领导莅会指导。制定选举工作方案和相关预案，反复推演选举流程和重点环节。提前完成各类组织人事文件材料、各类名册、聘书、证书编印工作。在 9 月 2 日上午召开的十一代会上选举产生了由 495 名委员组成的中国侨联第十一届委员会，下午召开的十一届一次全委会议选举产生了由 166 名常务委员组成的新一届中国侨联常务委员会，选举万立骏同志为中国

9 月 2 日，在人民大会堂召开第十一次全国归侨侨眷代表大会第三次大会（选举会）

中国侨联第十一届委员会主席、副主席、秘书长

侨联第十一届委员会主席，选举程红、程学源、连小敏、高峰等18名同志为副主席，选举陈迈同志为秘书长，确保实现党中央有关人事安排。

【坚持新时代党的组织路线，配合做好侨联领导班子建设】系统梳理中国侨联推动落实群团改革、涉侨机构改革任务情况，形成《关于中国侨联机构改革有关情况的汇报》。起草中国侨联《2019—2023年全国党政领导班子建设规划纲要实施情况总结报告》。完成中国侨联十届六次、七次全委会议人事选举任务，做好中国侨联第十届委员会副主席、常委、委员增补卸免等有关人事事项。健全完善省级侨联机构设置情况和班子成员信息，指导11个省级侨联做好换届工作，指导11个省级侨联做好领导班子届中增补工作。中国侨联党组书记、主席万立骏出席福建、天津、海南侨联换届大会，中国侨联副主席程红出席广西侨联换届大会，中国侨联党组成员、副主席程学源出席河南、重庆侨联换届大会，中国侨联党组成员、副主席，直属机关党委书记连小敏出席山西、中央企业、江西、青海、中央和国家机关侨联换届大会。

中国侨联领导出席部分省级侨联换届大会

【完成中国侨联2023年度事业单位公开招聘和军转干部接收安置工作】根据中央组织部有关事业单位公开招聘工作要求，结合工作需要，2023年度共为4家事业单位公开招聘工作人员6名。根据退役军人事务部安排，完成了2023年度2名军转干部的接收安置工作。

【推动中国侨联干部培训教材建设】贯彻党的二十大精神和十一代会有关精神，着眼于提高侨联干部专业化水平，传承侨联长期以来积累的宝贵经验和优良传统，开发具有政治性、思想性、权威性、指导性、可读性的干部教育培训教材，修改编印《侨联工作概论》《华侨华人简史》《涉侨政策法规选编》3本中国侨联首套干部培训教材。

【加强干部教育培训，着力提升素质能力】举办全国侨联系统挂兼职副主席培训班。2月16日至19日，在中国社会科学院大学线上举办“学习党的二十大精神”全国侨联系统挂兼职副主席培训班。2月16日下午，中国侨联党组书记、主席万立骏出席培训班开班式并与中国社会科学院大学签署合作协议，为“中国侨联干部培训基地”揭牌。培训期间邀请多位中国社科院学部委员、政治局集体学习主讲专家、国务院参事为学员们直播授课。来自各省级侨联、中央和国家机关侨联和中央企业侨联的207名挂兼职副主席参加培训。7月13日至19日，在福建省举办中国侨联“深入学习贯彻党的二十大精神，大力弘扬‘嘉庚精神’”挂兼职副主席培训班。来自全国各级侨联的80名挂兼职副主席参训学习，厦门市侨联机关干部旁听学习。举办中国侨联第十一届委员培训班。11月16日至20日，在上海交通大学凯原法学院举办中国侨联第十一届委员培训班。11月16日上午，中国侨联党组成员、副主席，直属机关党委书记连小敏出席开班式并讲话。共有68名中国侨联第十一届委员会委员参加培训。举办中国侨联学习

12 月 4 日，举办中国侨联学习贯彻习近平新时代中国特色社会主义思想培训班，中国侨联党组书记、主席万立骏（中）出席开班式并作辅导报告，中国侨联党组成员、副主席，直属机关党委书记连小敏（右）主持开班式

贯彻习近平新时代中国特色社会主义思想培训班暨第二十七期干部培训班、第十一期青年干部培训班、党务干部培训班。12 月 3 日至 8 日，在全国组织干部学院举办中国侨联学习贯彻习近平新时代中国特色社会主义思想培训班暨第二十七期干部培训班、第十一期青年干部培训班、党务干部培训班。12 月 4 日上午，万立骏出席开班式并作《坚持以习近平新时代中国特色社会主义思想为统领，全面推动新时代侨联事业高质量发展》的辅导报告，连小敏主持开班式，全国组织干部学院常务副院长尹璐出席开班式并致辞。12 月 8 日下午，连小敏出席结业式并讲话。来自各省（区、市）侨联、新疆生产建设兵团侨联、中央和国家机关侨联、中央企业侨联领导班子成员和重点侨乡地市级侨联领导班子成员，近年来新进入各级侨联组织的青年干部，以及中国侨联机关及直属企事业单位党务干部等 128 名学员参加培训。开展党员干部教育培训总结评估。对 2019—2023 年中国侨联组织的党员干部教育培训工作进行梳理总结，整理党员普遍轮训、落实党员教育培训内容等情况，为提高党员干部教育培训工作质量拓宽思路、提供参考。

【坚持强化作风建设，做好干部监督工作】 认真贯彻执行新修订的《领导干部报告个人有关事项规定》，组织机关、直属企事业单位领导干部按照首次填报的要求做好集中填报，按照查核全覆盖要求，按 15% 比例组织开展随机抽查，配合干部选任开展重点查核，严格落实“凡提必核”，查核发现漏报、瞒报等问题的，按规定及时处置。贯彻落实领导干部配偶、子女及其配偶经商办企业管理规定，严格做好规范工作。完成中国侨联 2022 年度选人用人“一报告两评议”工作。

【坚持用情用心服务，做好老干部保障工作】 强化政治引领。举办离退休党员干部学习贯彻习近平新时代中国特色社会主义思想主题教育学

5 月 29 日至 6 月 1 日，举办离退休党员干部学习贯彻习近平新时代中国特色社会主义思想主题教育学习班，中国侨联党组成员、副主席，直属机关党委书记连小敏（前排中）出席

综合

11 月 16 日，组织离退休干部赴香山革命纪念馆参观

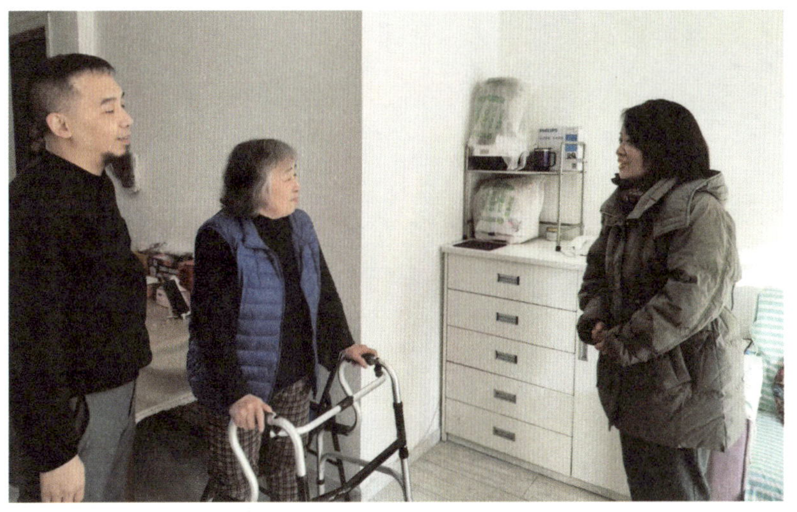

12 月 27 日，慰问老干部苏渊海遗孀

习班，中国侨联党组成员、副主席，直属机关党委书记连小敏出席并讲专题党课。举办“党课大家讲”、主题党日、专题交流研讨等活动，开辟“云端晨课”专栏和情景教育课堂，组织参观中国共产党历史展览馆、香山革命纪念馆、中国华侨历史博物馆“筑梦之路——中国侨联发展历程展”，引导离退休党员干部坚定信仰信念信心。强化制度建设。制定离退休干部管理、服务等工作规范，形成《中国侨联离退休干部党建工作情况分析报告》，做好党费收缴，推进老干部工作制度化标准化规范化。强化服务保障。坚持日常慰问和节假日慰问相结合，帮助解决实际困难，送去组织关怀。完善老干部活动站各项设施功能，建好“老干部之家”。举办书画摄影作品展、书画班、“贺中秋·迎国庆·度重阳——敬老月”等活动，丰富老干部生活。做好医疗保障、医药费报销、新退休人员承接、丧事办理等保障工作。

【坚持党建带群建，深化精神文明建设，激发机关群团组织活力】支持中国华侨历史博物馆党支部拍摄短视频《守护——侨博藏品工作实录》，参加中央和国家机关精神文明委员会组织的“从我做起——中央和国家机关精神文明建设巡礼”展播。抓好中国侨联纳入中央文明委 2023 年重点工作的“创业中华”“亲情中华”项目，鼓励引导党员干部积极参与志愿服务和爱心捐赠活动。统筹各方资源，支持在革命老区支教青年干部做好支教帮扶。强化党建带群建责任落实，支持工青妇侨等群团组织依据章程，团结所属成员，围绕侨联中心工作，开展青年干部“根在基层”调研实践、“三八”妇女节主题活动、“一针一线展才艺　巧手编织暖人心”为新疆阿克苏地区小朋友献爱心等活动，参加中央和国家机关第二届运动会、中央和国家机关工委“侨心永向党　建功新时代”主题巡展等活动，有效提振中国侨联干部职工的精气神。

9 月 5 日，中国侨联代表队参加中央和国家机关第二届运动会广播操比赛

中国侨联

年鉴

中国侨联直属企事业单位
及社会团体工作

中国侨联

年鉴

2024中国侨联年鉴

中国侨联机关服务中心

【领导成员名单】

副主任：李舰舶（主持工作）

曾　旭（女，2023年5月离任）

【综述】2023年，机关服务中心认真贯彻落实中国侨联十届六次全委会议决策部署和会党组指示要求，坚持用党的创新理论凝心铸魂，扎实开展学习贯彻习近平新时代中国特色社会主义思想主题教育，围绕迎接服务十一代会召开和学习宣传十一代会精神，积极工作，团结进取，努力创造过硬业绩，持续推动中心建设实现高质量发展，更好服务保障中国侨联各项事业发展前进。

【开展学习贯彻习近平新时代中国特色社会主义思想主题教育】从2023年4月开始至8月结束。把学思想作为提高政治能力的根本，制订学习方案计划，明确支委责任分工，每周总结学习情况，部署推进阶段任务，要求处以上干部做到“三个带头”，即带头学习好，带头总结好，带头实践好，着力浓厚学习氛围。坚持每周三半天的理论学习制度，全年组织集中学习20余次。利用“学习强国”、主题教育官方网站等网络资源，采取个人自学、分组学习等方式，认真研读党的二十大报告和党章，学习《习近平著作选读》《习近平新时代中国特色社会主义思想专题摘编》等，第一时间跟进学习习近平在文化传承发展座谈会上的讲话、习近平总书记在中央金融工作会议上的讲话、习近平在中共中央政治局第九次集体学习时的讲话等最新重要讲话精神。组织参加“学习贯彻习近平新时代中国特色社会主义思想”学习竞赛答题活动。开展主题教育整改落实情况“回头看”，对政治思想教育、政治机关意识、服务保障能力、党员模范作用4个方面存在的不足进一步整改提高。围绕“坚定文化自信，建设文化强国”等专题先后3次开展讨论发言和撰写心得体会，引导党员紧密结合工作实践遇到的新问题、人民群众急难愁盼问题、社会舆论关注的热点问题等，从党的创新理论中找方向、找思路、找方法，把学习成效转化为坚定理想信念、锤炼党性和指导实践、推动工作的强大力量。

【迎接服务十一代会召开】精心筹划实施，为来自全国各地的近1200名归侨侨眷代表和来自100多个国家的近600名海外侨胞特邀嘉宾提供坚强后勤保障。从2023年7月开始，及早制订总务工作方案，明确人员分工，几次召开会议安排部署任务。中国侨联机关服务中心副主任李舰舶积极与国管局服务司对接会务安排；与国铁集团、民航局、北汽集团等部门协商解决票务和手续、接送站（机）工作；多次对北京市内酒店宾馆进行考察，择优选取友谊宾馆、国二招宾馆、天泰宾馆、中国职工之家4家宾馆作为大会住地。办公室主动与国家卫健委联系沟通，与北京大学人民医院、世纪坛医院、优健医学检验实验室等11家医疗机构协调核酸检测、卫生防疫工作。服务管理处与大会安保组密切配合，完成车辆安全审核、车证办理、代表住地现场停车、车辆封存、安全防爆检查。房管物业处细致做好人员车辆信息统计审核报送、照片编排、十一代会新闻发布会背景板制作、会场布置服务。资产管理处及早联系生产厂家，完成会议包、雨伞、徽章的设计定制分发，对各部门所需的紧急物品及时订购送达。代表到京离京时，协调在机场候机楼设立嘉宾接待点、火车站开通贵宾通道，全程

6月，党支部开展学习贯彻习近平新时代中国特色社会主义思想主题教育

安排人员提供接送，整个会议期间共保障工作用车1013台/次。在餐饮保障上，根据每日会议议程合理安排就餐时间，了解参会嘉宾饮食习惯，协调宾馆增加清真餐食和特色风味小吃，让大家感受到宾至如归。在会议的组织上，提前做好桌签摆放、条幅制作审核及悬挂，合理分配代表到不同会场，全程保障分组会议完成。在医疗服务方面，安排救护车点位，住地医疗室24小时有人值班，设置核酸采样点，先后组织全体嘉宾核酸检测4次，开、闭幕式前加急核酸检测2次，并为不住会参会人员做上门核酸50余人/次，会议期间共保障核酸检测近8500人/次。贯穿整个会议过程，服务中心参会工作人员以强烈的政治责任感、无私奉献的优良品质、热情周到的服务态度，受到海外代表和国内各省市代表团的一致好评。16名同志被会党组表彰为十一代会筹备组织工作先进个人。

4月28日，机关服务中心组织到北京市侨联进行学习调研

4月7日，中国侨联党组成员、副主席程学源（左二）同机关各部门及企事业单位干部职工到北京市密云区太师屯“互联网+全民义务植树”基地，开展以“履行植树义务，共建美丽中国”为主题的义务植树活动

【强化问题导向，开展调查研究】把调查研究作为提高履职本领、转变工作作风的有效途径。针对服务保障工作中存在的短板弱项，4月组织到北京市侨联学习调研，对比服务中心建设现状，分析制约自身发展的主客观原因，吸收借鉴好的做法，为提高服务保障质量寻找对策。努力解决北新桥三条甲44号院、50号院住房历史遗留问题，利用7月、8月近两个月，分批次组织干部职工入户调研，一边深入居民中间耐心做好政策宣传、谈心说服工作，一边积极联系街道、城管等相关单位取得支持，多方合作将两院出租户清理干净，营造安全舒适的居住环境。深入贯彻落实习近平总书记在全国生态环境保护大会上的重要讲话精神，开展践行绿色生活方式调研，加强餐饮管理，抓好垃圾分类回收利用，完善各项节约措施，建设节约型机关，在水、电、油、燃气以及低值易耗品（含办公用品）消耗方面，同比去年均有所下降；常态化开展义务植树活动，组织机关企事业单位部分干部职工前往密云太师屯“互联网+全民义务植树”基地，栽种白皮松幼苗50棵；为北新桥办公楼区植树种草150平方米。

【提升服务保障工作成效】组织参观冬奥村、京津冀农科院崇礼示范基地和社会主义新农村建设，在改革开放的生动实践中体验高质量发展成果，增强新发展理念。传达学习十一代会精神，领会把握未来五年侨联工作的主要任务、目标要求，引导和激励干部职工立足岗位干事业建新功。一年来，围绕餐饮、物业、会议3项服务和医疗、交通、房产3项保障，积极主动工作。全年共保障用餐约77000人次，临时客饭约2100人次。开展办公楼地下空间集体宿舍等部位消防安全检查，及时维护办公设施设备，机关办公楼中央空调管道故障频发，经过10天的加班加点抢

3 月 1 日，党支部组织参观华侨冰雪博物馆

积极向会领导建言献策，从历史实际和人文关怀出发，落实医疗、住房、退休等享受同机关工作人员相同的政治待遇和生活待遇，并为其中 1 名已故退休职工补齐抚恤金。稳步推进解决中侨联实业发展总公司和北京建晖中侨科贸有限公司两个“僵尸”企业问题。已对中侨联实业发展总公司三个银行账户进行核查清理，聘请第三方中介机构对公司往来账进行清查核销；对于北京建晖中侨科贸有限公司，分步对其进行税务注销和工商注销，并登报发表声明，结束了该公司长达十余年的“僵尸”状态。

修，赶在冬季供暖前完成施工，保障了干部职工按时取暖。改进会服保障方式，提高会议保障水平。抓好疫情防控，开展日常门诊医疗，组织干部职工年度体检。抓好公务用车管理，上交 4 辆专车到国管局，为两位副主席新配备专车，全年累计安全行驶约 25 万千米，机场接送会领导出差出访 36 次。完成东四三条 29 号院、北新桥三条甲 50 号院以及和平街 32 号楼 1504 号房屋维修改造，解决了部分单身干部宿舍问题。推进人民防空工作，加强国有资产管理，全年完成各类物资采购 48 批次，较好实现了保障有力要求。

【深入开展排忧解难活动】坚持践行以人民为中心的发展思想，下大气力解决群众急难愁盼问题。组织开展“2023 年幸福工程—救助困境母亲行动”捐款活动。采购脱贫地区农副产品 2 万余元。12 月，同共建单位北新桥街道前永康社区党委一道，开展违规电动三四轮车综合治理行动，为辖区营造安全有序交通环境，并捐赠 3000 元用于慰问困难群众。与北京市供用电建设承发包有限公司协商，追回我会 2003 年北新桥三条 1 号配电室电网外线工程多交纳的工程款 128 万余元。积极与东城区外联办联系取得支持，为解决我会年轻干部职工子女的入学入托创造有利条件。年初，部分因 1997 年中国侨联机构改革从机关分流到服务中心工作的退休人员及其家属，对有关退休待遇提出异议。我们多方查阅文件规定，

【建设坚强战斗堡垒】牢牢把握强党性的总要求，开展形式多样的主题党日活动，参观中国人民抗日战争纪念馆、中国华侨历史博物馆，向崇礼革命烈士纪念塔敬献花篮，重温入党誓词，为党员过政治生日，从中汲取牢记使命、不忘初心的精神力量。制定党员帮扶措施，及时接转新录用大学生和退休职工党组织关系，按时收缴党费，严格机要车司机政治审查，1 名预备党员转为正式党员。全年召开支委会、支部党员大会 20 余次。把原则性战斗性贯穿党内政治生活全过程，围绕理论学习、政治素质、能力本领、担当作为、工作作风、廉洁自律 6 个方面，每名党员撰写对照检查材料上交党支部，以党小组为单位开展批评和自我批评；组织生活会上支部书记

为配合学习贯彻习近平新时代中国特色社会主义思想主题教育开展，6 月 21 日，党支部组织参观中国人民抗日战争纪念馆

3 月 2 日，全体党员在河北崇礼革命烈士陵园重温入党誓词

主动剖析自己，深挖思想根源，诚恳接受批评，严肃讲评支委，始终以自我革命的精神纠偏正向，使党的每个细胞都坚强起来、充满活力，受到驻部纪检组的充分肯定。广泛开展谈心谈话，发动干部群众对支部提意见建议，认真查找问题和不足，在规定时间内进行彻底整改。

【加强纪律作风建设】扎实开展中央和国家机关干部队伍教育整顿工作，组织全面从严治党、推进党的自我革命、党规党纪等 3 个专题的集中学习，督促党员干部严格落实民主集中制各项要求，认真执行重大事项请示报告制度，坚决防止“七个有之”，落实“五个必须”，始终做到知敬畏、存戒惧、守底线。加强家庭家教家风建设，培塑社会主义核心价值观。运用典型案例和身边人身边事开展经常性反腐倡廉警示教育。加强对重大节假日个人廉洁自律情况监督，支部书记负总责，4 个处室领导兼支委为第一负责人，坚持落实节前转发廉政短信、节中抽查、节后汇报讲评制度，用好提醒、批评手段，从思想深处拧紧拒腐防变的螺丝，党员干部学思想、见行动、作表率的意识进一步增强。

中国华侨华人研究所

【领导成员名单】

所　长：张春旺

副所长：张秀明（女）

【综述】2023年，在中国侨联党组坚强领导下，中国华侨华人研究所坚持以习近平新时代中国特色社会主义思想为指导，扎实开展学习贯彻习近平新时代中国特色社会主义思想主题教育，认真贯彻落实十一代会精神，坚持学术研究为党和国家工作大局服务，深入推进习近平总书记关于侨务工作重要论述研究，切实加强课题项目申报与研究，大力开展学术交流与合作，高质量完成编辑出版工作，不断加强平台建设，各项工作取得了一定成效。

【高质量完成国家社科基金项目】为进一步加强习近平总书记关于侨务工作重要论述的研究阐释，中国华侨华人研究所承担了国家社科基金特别委托项目《习近平总书记关于侨务工作重要论述研究》。对党和国家侨务理论发展历程、习近平总书记关于侨务工作重要论述的科学内涵与时代特征、侨联组织的历史发展与学习贯彻习近平总书记关于侨务工作重要论述、新时代侨情变化与侨务工作面临的课题等进行了全面阐述。提交30余万字的结项报告，最终结项等级鉴定为“良好”。

【编辑《习近平论侨务资料汇编》（2023年版）】为深入学习贯彻党的二十大精神，落实学习贯彻习近平新时代中国特色社会主义思想主题教育要求，满足各级侨联干部学习需求，编印《习近平论侨务资料汇编》（2023年版），补充了2022年5月以来习近平总书记重要讲话中有关侨务工作的论述、指示等，受到各级侨联的广泛欢迎与关注。

【继续推进中国侨联课题管理工作】2023年，继续推进中国侨联课题管理工作。一是摘选2019—2021年度中国侨联课题优秀成果，编印《2019—2021年度中国侨联课题成果选编》。二是开展2022—2024年度中国侨联课题中期检查。据统计，课题的中期成果包括1篇权威期刊论文、16篇核心期刊论文、31篇非核心期刊论文、2篇英文核心期刊论文、3篇英文非核心期刊论文、15篇省部级要报、4篇司局级要报，其中1篇获得中央领导同志重要批示。

【出版《世界侨情蓝皮书·世界侨情报告》（2023）】《世界侨情蓝皮书·世界侨情报告》是侨研所2019年创办的侨情研究品牌，是社科文献出版社蓝皮书系列之一，深受专家学者与侨务工作者的关注。2023年，继续撰写出版《世界侨情蓝皮书·世界侨情报告》（2023），综述了2021年1月1日至2022年12月31日世界各地华侨华人发展动态，分析侨社发展现状与面临的困境，并提出相关对策建议，力争全面、系统、客观、真实地展现海外侨情一年来的发展概况、重大事件、热点问题、政策变化及有关统计数据资料，为读者了解海外侨情最新发展趋势和

《习近平论侨务资料汇编》（2023年版）

《世界侨情蓝皮书·世界侨情报告》（2023）

变化特点提供资讯。

【召开2023习近平总书记关于侨务工作重要论述研讨会】7月27日，与山东省侨联、五邑大学共同举办的2023习近平总书记关于侨务工作重要论述研讨会在济南召开。中国侨联党组书记、主席万立骏，山东省副省长邓云锋出席会议并致辞。万立骏指出，近年来，中国侨联认真学习贯彻习近平总书记关于哲学社会科学研究的重要论述，紧紧围绕党和国家工作大局和侨务工作全局，连续召开八届习近平总书记关于侨务工作重要论述研讨会，在全国哲学社会科学领域展现了自身的研究特色，推出和出版了一系列重要研究成果，同时不断推进智库建设，产生了广泛影响，发挥了积极作用。万立骏就进一步加强研究工作提出四点希望：一是结合主题教育，在学术研究中深化对党的理论创新的规律性认识。二是大兴调查研究，突出学术研究的问题导向和目标导向。三是推动中外文化交流，为海外侨胞传承中华优秀传统文化提供服务。四是加强侨界智库建设，促进侨界智力成果转化。万立骏特别强调，要围绕服务党和国家工作大局，引导专家学者多提具有前瞻性、战略性、针对性的意见和建议。中央统战部、中央党史和文献研究院、全国人大华侨委员会、全国政协港澳台侨委员会、致公党中央有关负责同志，中国华侨历史学会理事和专家学者，部分省级侨联领导，以及山东省各级侨联干部共160余人出席会议。该研讨会作为全国最早、每年持续召开的专门学习贯彻、研讨交流习近平总书记关于侨务工作重要论述的专题学术会议，在全国侨联系统和华侨华人研究领域产生了良好反响。

【联合举办拉丁美洲华商与营商环境系列研讨会第一次会议暨《逐梦拉丁美洲》新书发布会】4月25日，与对外经济贸易大学外语学院在对外经济贸易大学共同主办拉丁美洲华商与营商环境系列研讨会第一次会议暨《逐梦拉丁美洲》新书发布会。本次会议聚焦拉丁美洲华商与营商环境，旨在增进各方对拉丁美洲各国华商发展情况与营商环境的了解，促进学界对拉丁美洲华商问题的交流，为相关涉侨部门改进调整政策提供参考依据。中国侨联联谊联络部副部长朱柳在致辞中指出2023年是中拉关系取得重大进展的一年，在此背景下，广大拉美侨胞秉持着中华民族勤劳勇敢、脚踏实地的优良品质，为传播良好的中国形象发挥了重要作用。中国华侨华人研究所副所长张秀明介绍了拉美华商为当地经济发展、为中拉经济和人文交流发挥的独特作用，并指出近年来拉美华侨华人研究取得了丰硕成果，体现出跨地域、跨学界的特色。通过热烈研讨，与会者一致认为，拉丁美洲华商对于中拉关系的发展有着重要意义，学界应进一步了解拉丁美洲华商，关注其发展与营商环境，进一步加强相关研究，共建有效多方交流机制，充分发挥拉美华

7月27日，召开2023习近平总书记关于侨务工作重要论述研讨会

商在中拉关系进入新时期的重要作用。

【联合举办第十三届“国际华商·清华论坛”】 7月11日，与清华大学华商研究中心、昆山市委统战部等在江苏昆山联合举办第十三届“国际华商·清华论坛”。“国际华商·清华论坛”是清华大学华商研究中心与中国华侨华人研究所共同主办的品牌项目，是学界、商界、政界，海内与海外跨界交流的平台。自2010年6月首次举办以来，已走过14年。本次会议关注数字经济、创新技术等当代经济的前沿动态，是学者、华商、政府、智库、社会团体等共同参与的综合性论坛。中国侨联顾问、中国华侨公益基金会理事长、中国侨联原副主席乔卫出席活动并致辞。海内外专家、学者与华商代表，苏州市委统战部、市侨联领导，昆山市委、市政府领导，昆山市委统战部、市侨联、相关部门领导，江苏省、上海市、浙江省、苏州市侨商会代表，昆山海联会、欧美同学会、侨商会代表等300余位嘉宾出席了论坛开幕式。

【联合举办第六届国际移民与侨乡研究国际学术研讨会】 10月13日至16日，与五邑大学、暨南大学共同举办第六届国际移民与侨乡研究国际学术研讨会。会议的主题是“中国乡村现代化中的侨乡路径与经验”，通过“中国共产党的乡村建设”“近现代侨乡现代化探索”“中国式现代化中的侨力量”“改革开放以来广东侨乡的发展道路”4个专题予以展开。研讨会创新学术交流形式，即通过主旨阐述、拓展阐述、集中讨论3个环节，邀请4位专家作主旨报告、4位学者作拓展报告，聚焦主题进行充分研讨。五邑大学广东侨乡文化研究院院长刘进教授对研讨会的筹备经过与研讨方式进行了介绍与解释。中国华侨华人研究所所长、中国华侨历史学会副会长张春旺，五邑大学学术委员会主任、广东侨乡文化研究院教授张国雄，世界海外华人研究学会会长、中国华侨历史学会副会长、暨南大学特聘教授李明欢，《广东华侨史》编委会主编、广东华侨历史学会会长张应龙分别进行了主旨阐述。中国华侨华人研究所研究员罗杨、福建省侨联原副主席、福建华侨历史学会原会长谢小建以及五邑大学广东侨乡文化研究院副院长石坚平教授和杨田副教授分别作了拓展阐述报告。来自北京、广东、福建、浙江、云南、重庆等省市的70多位专家学者参加了会议。

【联合举办浙江省侨界智库联盟学术交流活动】 为贯彻落实十一代会精神，11月8日至10日，与浙江省侨联、浙江外国语学院等在杭州共同举办浙江省侨界智库联盟关于新时代侨联工作“两项机制”“两个建设”创新探索学术交流活动。浙江省侨联党组书记、主席庄莉萍出席开幕式并讲话，杭州市侨联党组书记裘建平和浙江外国语学院党委委员、副校长李安

10月13日至16日，联合举办第六届国际移民与侨乡研究国际学术研讨会

致辞。主旨报告环节，中国华侨华人研究所所长张春旺，厦门大学教授、世界海外华人研究学会会长李明欢，福州大学人文社会科学学院副院长林胜分别以“新时代侨联工作‘两个建设’‘两项机制’思考”“在中国式现代化中弘扬侨力量：晋江侨联工作实践探索”“从移风易俗看侨乡社会现代化”为主题作主旨报告。来自华侨华人研究学界知名专家，高校、科研院所的专家、学者，以及浙江省部分市县侨联负责人等120余人参加活动。

6月21日，“加拿大华人社区前沿研究”学术讲座合影

【联合举办首届华侨华人与中外文明交流互鉴研讨会】12月17日，与浙江省侨联、浙江师范大学举办首届华侨华人与中外文明交流互鉴研讨会。中国华侨华人研究所副所长张秀明出席开幕式并致辞。张秀明指出，文明交流互鉴是推动人类文明进步与世界和平发展的重要动力。人民之间的理解和人文交流非常重要。华侨华人作为文明交流互鉴的重要力量，是文明交流互鉴的重要载体，学界需要围绕如何更好发挥其作用，如何更多拓展文化交流渠道进行更多更深入探讨。张秀明、徐立望、朱文斌、陈志强、郑崧、陈肖英6位专家学者围绕“华侨华人在中外文明交流互鉴中的优势与作用”“近代中外经贸交流中的华商群体”“新移民文学的创作转向”“国际移民新趋势与中国应对之策”“荷兰中餐饮食文化的百年变迁”“20世纪初南非华人与印人的非暴力抵抗”等主题作了相关主旨报告。专家学者的报告视野开阔、内容丰富、视角多样，具有很高的学术价值和现实意义，体现了对侨务工作和华侨华人研究的学术情怀和社会担当。来自全国20多所高校的40余名师生参加了分组讨论。本次研讨会对深入学习贯彻习近平文化思想，加强国际传播能力建设，进一步挖掘华侨华人在中外文明交流互鉴中的独特优势和作用有重要意义。

【举办“加拿大华人社区前沿研究”学术讲座】6月21日，与中国华侨历史博物馆、清华大学华商研究中心联合主办中国侨联华侨华人研究系列讲座之“加拿大华人社区前沿研究”学术讲座。多伦多城市大学管理学院教授、加拿大—中国商务发展中心主任林小华，加拿大天然健康研究院院长、加拿大多伦多城市大学管理学院教授关键应邀分别作了题为《加拿大华人社区——逆境中的进取》《模范少数民族——用创业思维破解社区健康困境》的讲座。中国华侨华人研究所所长张春旺、副所长张秀明，清华大学华商研究中心主任、教育部“长江学者”特聘教授龙登高，中国华侨历史博物馆副馆长宁一，加拿大阿尔格玛大学商学院院长魏小军及来自以上3家单位的约50人参加了活动。林小华从宏观层面对加拿大华人社区作了全面简要的介绍，概括了加拿大华人在疫情防控期间面对困境从政治、社会层面融入当地，在经济层面对加拿大作出贡献的具体表现，并深刻分析了其原因。关键介绍了加拿大华人社区在社会组织、经济发展、文化传承方面的特点和发挥的作用，以及面对疫情冲击所采取的应变策略，并通过“营养从教育到创业”的案例诠释了加拿大华人群体作为“模范少数民族”在特殊风险时期如何运用创业思维来保存自己的生命力，发挥自己的创造力，进而保持自己的活力。讲座结束后，龙登高分别向中国华侨华人研究所、中国华侨历史博物馆赠送了相关书籍。

【编辑出版《华侨华人历史研究》】继续发挥学术期刊思想引领与舆论阵地作用，编辑出版华侨华人研究学界唯一核心期刊《华侨华人历史研究》，围绕党和国家重大决策部署，聚焦侨情侨史和侨务理论研究，积极策划创新主题，设置

2023 年《华侨华人历史研究》

“华侨华人与中国式现代化”专栏，在微信公众号推出“一带一路”十周年专题，做好“侨”文章。强化社会责任感，注重刊物社会效益，在公众号开辟“作者心声”专栏，促进了期刊与作者之间的交流与理解。2023 年杂志再次入选 CSSCI 来源期刊目录（2023—2024），学术影响力进一步增强。

【强化政治意识，切实做好党建工作】2023 年，侨研所党支部认真学习贯彻党的二十大精神和中央各项决策部署，按照中国侨联党组统一部署，扎实开展学习贯彻习近平新时代中国特色社会主义思想主题教育，成立侨研所学习贯彻习近平新时代中国特色社会主义思想领导小组，紧密结合工作实际，开展形式多样的主题学习活动，支部书记为全所同志讲党课“党的侨务工作历程与新时代侨务工作思考”，赴北大红楼和怀柔口头村开展主题党日活动，与全国哲学社会科学工作办公室、中国华侨历史博物馆共同开展联学共建活动。召开组织生活会，与主题教育检视整改结合起来，深入查摆问题、剖析根源，制定、落实整改清单，坚持查摆问题与检视整改同步推进、同步见效，顺利完成了第一批主题教育的各项任务。通过开展主题教育，全体党员干部对“两个确立”的决定性意义认识更加深刻，更加自觉做到增强“四个意识”、坚定“四个自信”、做到“两个维护”。积极打造侨研所党建工作品牌，探索党建工作新模式，建立“党史侨史知识问答”党建工作品牌机制。完善党建阅览室建设，购买党建和业务书籍，为党员干部开展学习创造条件。加强人才队伍建设，配强科研人员力量。强化信息宣传工作，定期在侨研所微信公众号、中国侨联网站推送工作信息和研究成果。

《海内与海外》杂志社

【领导成员名单】

社长、中国侨联信息中心主任：左志强

中国侨联信息中心副主任：张献锋

【综述】 2023 年，《海内与海外》杂志社在中国侨联党组领导和程学源同志直接分管下，以习近平新时代中国特色社会主义思想为指导，认真贯彻党的二十大精神，深入领会中国侨联第十一次全国归侨侨眷代表大会精神，坚持正确的出版方向和舆论导向，坚持以文化人，不断提高办刊水平，强化侨界思想引领。

【程红副主席走访调研《海内与海外》杂志社】 7 月 12 日，中国侨联副主席程红走访调研《海内与海外》杂志社并与工作人员座谈交流。程红深入了解《海内与海外》《中国侨联工作》《中国侨联年鉴》的办刊及发行情况，听取了《海内与海外》杂志社工作情况汇报，对杂志社工作进行了充分肯定，并提出明确要求。一是把稳政治方向、落实好意识形态工作责任制。杂志社作为意识形态的重要阵地，要强化政治意识，站稳政治立场，坚持底线思维，强化工作责任心，求真务实，力求严谨，确保政治上万无一失。二是在传承中开拓创新，发挥好思想引领和联谊联络作用。要注重结合“侨”的特点，加强选题策划，适当增加海外内容，增强对年轻读者的吸引力，让语言更生动，形式更活泼，特色更突出，更具时代感，力求润物无声。三是不断加强联动，拓展好工作平台和渠道。注重在“联”字上下功夫，加强侨联系统联动，促进纸媒与网络联通，推动编辑与作者互动，通过线上线下结合，不断提升办刊水平。

【扎实开展主题教育 守牢意识形态主阵地】 在会党组和直属机关党委的领导下，《海内与海外》杂志社党支部贯彻落实中国侨联党的建设工作要点总体要求，严明党的政治纪律，正风肃纪，扎实开展主题教育工作；不忘初心，牢记使命，以实际行动学习宣传贯彻党的二十大精神。持之以恒学习习近平新时代中国特色社会主义思想，坚持从党的科学理论中悟规律、明方向、学方法、增智慧，以学铸魂、以学增智、以学正风、以学促干，切实在深化、内化、转化主题教育学习成果上聚力用劲，在推动杂志社业务发展上下功夫。全年组织集体学习 15 次，书记讲党课 1 次，召开组织生活会 1 次，支部间联学共建 3 次，努力对标“四强党支部”标准，打造坚强战斗堡垒。

5 月 24 日上午，联合信息传播部党支部召开主题教育学习讨论会

7 月 12 日，中国侨联副主席程红（中）来杂志社调研并座谈

5 月 30 日上午，联合信息传播部党支部赴奇安信集团开展主题党日活动

9 月 26 日，联合信息传播部党支部举办“学习宣传贯彻十一代会精神”主题党日活动，赴中国农科院作物科学研究所参加“农业农村部侨联学习贯彻第十一次全国归侨侨眷代表大会精神暨迎中秋　庆国庆茶话会”

【突出侨特色，秉承办刊宗旨，编辑出版《海内与海外》】秉承办刊宗旨，编辑出版 2023 全年 12 期《海内与海外》杂志，在以独特视角充分展示海内外侨界精英风采、美丽侨乡，继续办好广受读者欢迎的“独家策划”“侨星璀璨”“家国故事”“侨乡采风”“人在海外”等栏目，突出侨的特色，做足侨界文章。杂志在 2023 年共刊出文章 400 余篇、累计 120 余万字，政治性、可读性、知识性、趣味性明显增强。

学习宣传第十一次全国归侨侨眷代表大会，在第九期“特别报道”栏目突出报道大会的开幕、致词、闭幕以及与会代表和海外嘉宾广泛热议等内容，刊物突出政治导向，每期刊登中国侨联党组书记、主席万立骏的重要文章，及时刊登会领导出席会议或参加各项活动的报道。进一步强化“侨星璀璨”“侨乡风采”“人在海外”“侨史钩沉”等栏目，做足“侨”文章。大量刊登中国侨联、基层侨联、侨界人物、著名侨乡等内容，资料翔实，涉及面广，全方位、多角度地反映了侨人、侨乡、侨社团、侨文化、侨历史等方面的新风采、新变化和历史记忆，为书写中国华侨历史发展起到了拾遗补阙的作用。

围绕侨特色主题组织“独家策划”栏目。如 1 月刊结合传统节日策划“记住乡愁”主题，邀请世界各地的华侨华人，在团圆相聚，共迎新春之际，回忆在故乡、在童年时过节的往事；4 月刊时逢清明，组织文章追忆在中国共产党领导下的革命战争洪流中，归侨青年义无反顾地投身革命事业，艰苦卓绝、奋勇拼杀，在烈火硝烟中为坚贞的信仰献出宝贵生命的英勇慷慨，追思“不泯的侨魂”；2023 年是抗美援朝胜利 70 周年，这场震惊世界的伟大胜利，是在中国共产党领导下和全国人民的大力支援下赢得的，爱国华侨和千千万万从侨

《海内与海外》（2023 年 9 月号）

《海内与海外》(2023 年 12 月号)

乡走出的志愿军英雄作出了巨大贡献，7 月刊围绕“侨乡走出的英雄——纪念抗美援朝胜利七十周年”重点组稿，反响热烈；党的十八大以来，随着经济发展，国力昌盛，科技不断进步，侨乡发生了翻天覆地的变化，在科技、经济、文化、乡村振兴等方面都有日新月异的发展。11 月推出“喜看侨乡新变化”主题，描画满目绿水青山，喜看人民生活幸福；改革开放以来，大批华侨企业家回国兴业，为经济发展注入了活力，老一辈海归、侨眷、侨界新生代等都为祖国的改革开放事业作出了突出贡献，12 月刊聚焦“侨力量 侨贡献”，庆祝改革开放 45 周年。

约请全国著名作家撰稿是本刊另一大特色，深受读者欢迎，“名家随笔”栏目也成为本刊的金牌栏目，2023 年 12 期共刊发高洪波、蒋子龙、陈世旭、万伯翱、肖复兴、张陵、谭谈等诸多著名作家文章 35 篇，文章多次被其他媒体转载。

【做好“一网一号”工作】《海内与海外》杂志社官方网站全年访问量达 25 万人次，微信公众号全年推送文章 200 余篇，总浏览量超 10 万

2023 年编辑出版的《海内与海外》杂志（一）

2023 年编辑出版的《海内与海外》杂志（二）

人，其中《抗日侨领蔡由成和振成楼》点击量突破 1 万次，《“上甘岭狙神”张桃芳》点击量 7711 次。公众号关注人数由 2022 年的近 1500 人上涨到 2023 年的 2600 多人。

【编辑出版《2023 中国侨联年鉴》】采取积极举措，推进印刷出书进程。精益求精确保质量，圆满完成中国侨联年鉴编辑工作。《2023 中国侨联年鉴》真实记录下 2022 年度各级侨联工作取得的新成绩、新经验和新发展，重点收录中国侨联、各省区市侨联和部分具有代表性的地市级侨联的主要工作素材和宝贵资料，共收集完成由中国侨联机关 8 个部门、各直属单位及所属社会团体 10 家、各省级侨联 34 个单位的稿件素材，全书图片 700 余张共计 100 万字。《2023 中国侨联年鉴》，内容丰富，图文并茂，增加了覆盖率。全方位展现出全国侨联系统在中国侨联党组坚强领导和统一部署下，坚持用习近平新时代中国特色社会主义思想凝心铸魂，守正创新，真抓实干做工作的精神面貌，汇聚起侨界新时代的磅礴力量。

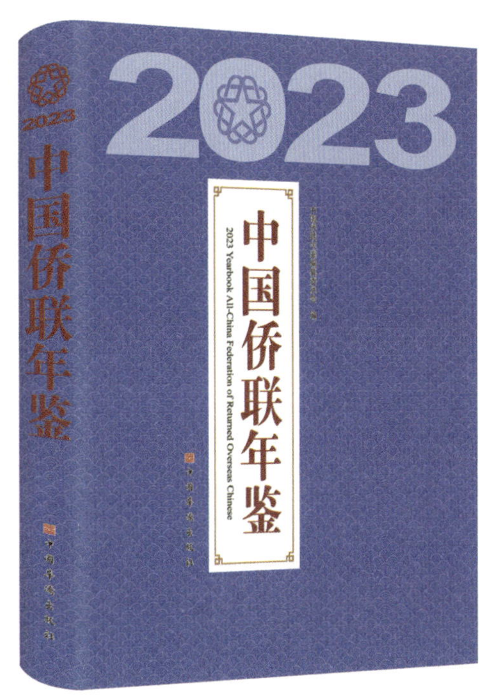

收集、编辑出版《2023 中国侨联年鉴》

【精心办好《中国侨联工作》】2023 年，《中国侨联工作》“重点聚焦”栏目结合侨联信息传

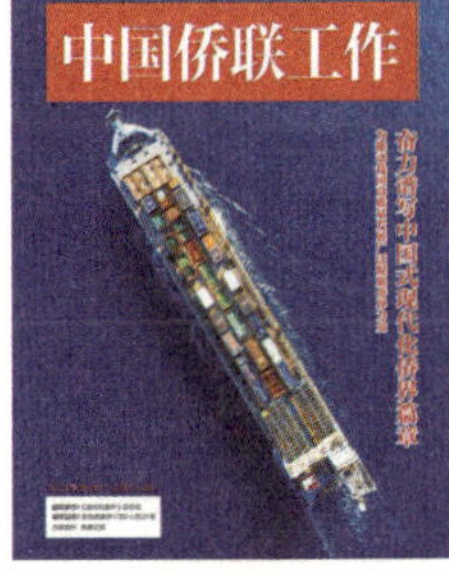

《中国侨联工作》

编辑出版 2023 年 12 期《中国侨联工作》

中国侨联直属企事业单位及社会团体工作

播、联络联谊、文化交流、经济科技、权益保障、基层建设等重点领域工作，每月突出一个主题，刊发 2—3 篇专题文章，进一步突出主题宣传，同时，围绕全国两会、十一代会、精准扶贫重要论述提出 10 周年、改革开放 45 周年（第 12 期）等热点话题登载组文章，全方位体现侨与社会发展各方面的密切关联，展现侨风采、彰显侨贡献；增设“侨情动态”栏目，及时反映涉侨重大活动和舆情动态，进一步增强办刊的针对性、时效性；“工作交流”栏目在登载广东、福建等重点侨乡文章的同时，侧重向内陆地区，尤其是中西部省份倾斜，且注重统筹兼顾省市县乡各级基层组织，既刊登省级侨联的先进经验，又发出社区侨联组织等“末梢神经”的声音，深受基层欢迎；更新“研讨交流”栏目，着眼于调查研究这个法宝对侨联工作的重要意义，选登优秀调研报告，促进广大党员、干部全面学习领会习近平新时代中国特色社会主义思想，感悟这一重要思想的真理力量和实践伟力，践行主题教育“学思想、强党性、重实践、建新功”的总要求。目前,《中国侨联工作》在各地都有很好的反响。通过这本刊物，杂志社与基层的互动交流越来越频繁，真正成为系统内指导推动工作的载体和展示交流工作的窗口。

中国华侨历史博物馆

【领导成员名单】

副馆长：宁　一（主持工作）　贾德成

【综述】2023年，在中国侨联党组领导下，中国华侨历史博物馆（以下简称“侨博”）以习近平新时代中国特色社会主义思想为指导，深入学习贯彻党的二十大精神，立足侨博特点与优势，围绕党和国家工作大局，聚焦中国侨联中心工作，为海内外侨胞打造共同精神家园，为社会大众提供优质文化服务。在馆领导班子带领和全馆干部共同努力下，侨博在藏品、展览、教育、宣传、研究、信息化、内部管理、合作交流等方面取得显著成效，进一步探索适应新形势新任务、具有侨博特色的发展路径。

【学思想抓调研】按照学习贯彻习近平新时代中国特色社会主义思想主题教育要求，侨博坚持以解决实际工作问题为导向，充分运用调查研究，组织各部室深入分析当前侨博发展面临的新情况新问题，确定了分馆制度启动与实施情况、文创产品开发的探索与实践、藏品征集工作、“云游侨博”品牌工作体系化建设的经验与思路、华侨名人故居纪念馆现状及保护利用五个调研题目。馆领导班子带领各部室围绕主题，确定调研方案，扎实开展调研工作，对调研中发现的问题，深入分析，逐一梳理，提出意见和建议，做到立行立改、长期推进，在五个调研方向上均取得了实质性、突破性的成效。

【创新学习机制】侨博创建“双周学习会”品牌，固定学习频次，丰富学习内容，优化学习方式，推动政治学习和业务学习深度融合，进一步提升全馆党员干部政治理论水平和文博专业能力。全年举办12期双周学习会，先后开展“二十大精神我来讲”和“侨联历史人人讲”活动，助力打造政治上强、作风优良、专业水平高的侨博干部队伍。

【侨博广州分馆正式揭牌设立】10月30日，中国华侨历史博物馆广州分馆揭牌仪式在广州华侨博物馆举行。侨博设立分馆是中国侨联贯彻落实习近平总书记关于侨务工作、文物工作重要论述的一项重要举措，也是落实织好“两张网”工作思路的重要实践。2023年，中国华侨历史博物馆加快推进分馆制度落地实施。在认真对若干申报单位经过材料审核、实地考察、专家评审等环节后，首批中国华侨历史博物馆分馆获中国侨联主席办公会审议通过，广州华侨博物馆成为第一家分馆设立单位。分馆制度的实施将加强中国华侨历史博物馆与地方涉侨文博机构的联系与合作，有效整合涉侨博物馆藏品资源、展览资源、管理资源、人才资源，共同推进全国涉侨文博事业高质量发展。

10月30日，中国侨联副主席高峰（左三）出席中国华侨历史博物馆广州分馆揭牌仪式

【策划举办“筑梦之路——中国侨联发展历程展”】在第十一次全国归侨侨眷代表大会召开前夕，8月22日上午，由中国侨联主办，中国华侨历史博物馆、中国企业经营咨询公司、中国侨商联合会承办的“筑梦之路——中国侨联发展历程展”在北京中国华侨历史博物馆开幕。中国侨联党组书记、主席万立骏，主题教育中央第二十三指导组副组长于春生，中国侨联党组成员、副主席程学源，驻中央统战部纪检监察组副组长刘海峰，中国侨联兼职副主席刘以勤、陈式海、黎静，部分省区市侨联负责同志，中国侨

广州华侨博物馆馆舍

时代的光辉历程；回顾了各个历史时期侨联工作围绕中心、服务大局的创新实践；讲述了不同年代侨界先进人物的感人故事。此次展览作为中国侨联学习贯彻习近平新时代中国特色社会主义思想主题教育的一项工作安排和迎接第十一次全国归侨侨眷代表大会的一项重要活动，首次以展览形式回顾中国侨联从延安至今的发展历程，成为侨联主题教育的成果检验，坚守初心、不忘本来的

联机关和企事业单位负责同志，当代侨界先进人物实物史料捐赠人代表和有关媒体记者等100余人出席开幕式。中国侨联党组成员、副主席连小敏主持开幕式。展览分为“序曲：红色血脉基业始奠”“新生：应运而生　初创岁月”“扬帆：迎风起航　砥砺前行”“征程：日新月异　与时俱进”4个篇章，以中国侨联的发展历程为脉络，通过文字、照片、实物和视频资料，全方位、立体式呈现了中国侨联从抗战烽火年代走向新

8月22日，万立骏（前排中）、程学源（前排右一）、连小敏（后排右二）参观“筑梦之路——中国侨联发展历程展”

8月22日，万立骏（前排中）、程学源（前排右五）、连小敏（前排左五）出席“筑梦之路——中国侨联发展历程展”开幕式

历史回溯，牢记使命再出发的前进宣言。与中国华侨出版社协作同步出版《筑梦之路——中国侨联发展历程》画册，发送全体十一代会代表和嘉宾；制作展板电子版发全国各级侨联作为学习宣传贯彻十一代会的重要素材，获得良好反响。

10 月 17 日，高峰（前排左二）、李祖沛（前排左五）、唐闻生（前排左四）参观“侨批中的党史——江门侨批活化研究成果展”展览

【创新策划“在首都遇见侨乡”主题展示活动】创新策划举办“在首都遇见侨乡”主题展示活动，通过挖掘传统侨乡深厚的华侨历史和独特的文化资源，联合传统侨乡的宣传、统战、侨务部门，发挥侨博的地缘优势和平台作用，串联起特色鲜明的华侨博物馆、华侨文化遗产保护单位、涉侨文化研究机构，集中展现各地对华侨历史文化的创造性转化和创新性发展成果，集中展示蕴含中华优秀传统文化精髓的华侨历史与侨乡文化。该品牌是侨博勇担新时代新的文化使命，发挥全国涉侨博物馆协作网作用，落实中国侨联和国家文物局关于加强涉侨文物保护利用合作协议精神的有益探索和尝试。10 月 17 日，“在首都遇见侨乡·广东江门主题月”启动，中国侨联副主席高峰，中国侨联顾问、原副主席黄军军、李祖沛、唐闻生等出席启动仪式。活动包括“侨·梁——梁启超与近代华侨华人”展览、“侨批中的党史——江门侨批活化研究成果展”的开幕，以及江门首部华侨主题电影《故园飘梦》首映和捐赠入藏等，受到了各界广泛关注。

【发挥“大思政课”实践教学基地作用】侨博与上海市教师教育学院、北京市东直门中学合作，共同打造初、高中两个教学层次的“侨博思政课”系列课程，推动新时代革命文物工

荣誉证书

HONORARY CERTIFICATE

中国华侨历史博物馆：

你单位报送的“走进中国华侨历史博物馆”系列思政课程获评2023年以革命文物为主题的“大思政课”优质资源精品项目。

教育部社会科学司　国家文物局革命文物司

二〇二三年十二月

侨博思政课程荣获 2023 年以革命文物为主题的“大思政课”优质资源精品项目

10 月 17 日，高峰（前排中）、黄军军（前排右五）、李祖沛（前排左五）、唐闻生（前排右四）出席“在首都遇见侨乡·广东江门主题月”活动启动仪式

侨博正在录制“走进中国华侨历史博物馆”系列思政课程

侨博正在录制“走进中国华侨历史博物馆”系列思政课程

作与学校思政课改革创新融合发展。该课程入选国家文物局、教育部公布的100个以革命文物为主题的“大思政课”优质资源精品项目之一。侨博与北大外国语学院签署共建思想政治实践课教育基地合作协议，在共同开展党建活动、思政教育和“四史”学习教育，打造外语服务和对外传播实践平台，加强涉侨文物和文化遗产的研究合作，建立资源共享合作机制等方面展开合作。

【商业文创开发取得突破性进展】通过调研，厘清适合侨博实际的商业文创产品开发形式，启动与中国出海品牌汤姆拓客的商业文创开发合作，两批次的文创商品已在电商平台热销。与北京华侨大厦的文创文旅融合发展合作稳步推进。9月，侨博携二十余款具有浓厚侨特色文化元素的文创精品，亮相2023中国国际服务贸易交易会，受到现场观众的

侨博与tomtoc文创合作

侨博与北京华侨大厦文旅合作

青睐。侨博通过探索高质量、多元化的文创产品，在活化馆藏资源，讲好中国故事、华侨精神的同时，让涉侨文物及侨文化更好地融入群众生活。

【原创“华侨华人与中医药文化展”持续展出和巡展】策划举办的“华侨华人与中医药文化展”从2022年11月到2023年6月展出，并于2023年5月和12月，先后在厦门和宁波巡展。展览以华侨视角大力传承弘扬中华优秀传统文化，受到众多主流媒体关注报道，成为侨博原创展览“走出去”的又一代表作。

【促进宣传社教服务全面发展】一是展览、社教活动、视频宣传等获奖。在北京市文物局、北京博物馆学会共同主办的2022年度北京市优秀展览推介活动、北京地区博物馆优秀教育案例评选中，侨博“共筑梦想　同赴未来——华侨华人与冬奥主题展”荣获优秀展览评选特别奖、“云游侨博·馆长话藏品”社教活动获评优秀教育活动。在中央和国家机关工委组织开展的“从我做起——中央和国家机关精神文明建设巡礼”活动中，由侨博拍摄制作，代表中国侨联报送的《守护——侨博藏品工作实录》脱颖而出，被授予“百优作品”奖，并在新华网、“学习强国”学习平台上线展播。二是创新博物馆社会教育方式，推出“阳和启蛰万物春”传统文化教育系列活动。依托正在展出的“华踪医迹——东南亚华侨华人与中医药文化展”，结合中医药和传统节气，策划推出春季文化教育活动“阳和启蛰万物春”，以5场不同主题的雅趣、雅食、雅会、雅谈、雅集，通过巧手缝香

荣誉证书
CERTIFICATE OF HONOR

中国华侨历史博物馆：

你单位申报的 共筑梦想 共赴未来——华侨华人与冬奥主题展，展现出海内外侨界对中国体育、冰雪运动和北京冬奥所做贡献，特色突出。现授予

2022年度北京市博物馆优秀展览评选

特别奖

特发此证，以资鼓励。

北京市文物局　北京博物馆学会

二〇二三年五月十八日

5月18日，侨博原创的“共筑梦想　同赴未来——华侨华人与冬奥主题展”在北京市文物局主办的“2022年度北京市博物馆优秀展览评选”活动中荣获“特别奖”

5月18日，侨博原创的“共筑梦想　同赴未来——华侨华人与冬奥主题展”在北京市文物局主办的“2022年度北京市博物馆优秀展览评选”活动中荣获“特别奖”

北京市文物局

荣誉证书

“云游侨博·馆长话藏品”活动

荣获“2022年度北京地区博物馆优秀教育案例”评选

优秀教育活动

项目申报单位：　中国华侨历史博物馆

团队主要成员：　李　鑫、左惠子、张　超、王　泽

北京市文物局

2023年5月18日

5月18日，侨博“云游侨博·馆长话藏品”活动在北京市文物局主办的“2022年度北京地区博物馆优秀教育案例”评选活动中荣获“优秀教育活动”

中国侨联直属企事业单位及社会团体工作

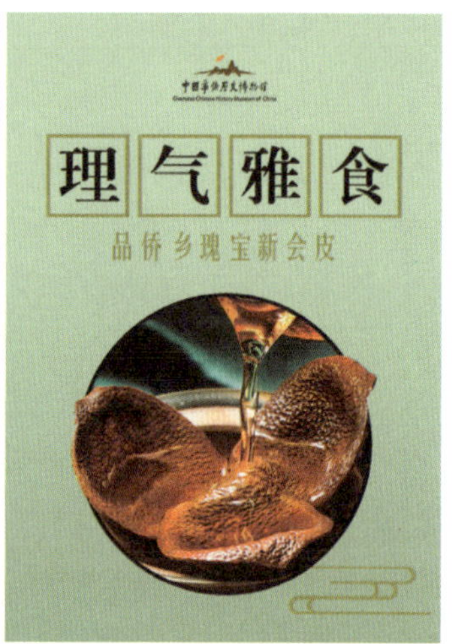

侨博结合展览推出“阳和启蛰万物春”传统文化教育系列活动

囊、细品陈皮香、习练八段锦、复制百草香、聆琴兼品茶，为公众提供近距离接触中华优秀传统文化魅力的机会。三是加强多形式的宣传，扩大影响力。全年微信公众号共发文 186 篇，推文语言风格更加多元活泼，阅读量 75278 次。推动侨博官网改版提升，打造集资料性、展示性、实用性于一体的博物馆网站。四是不断提升观众接待能力和水平。制订方案，精心准备，高质量接待受邀参加第十一次全国归侨侨眷代表大会 600 余名海外嘉宾、泰国华裔精英研修班访问团以及各地侨联干部的参观。全年共接待观众逾 3.6 万人次，其中，团队参观 196 批次。

【加强藏品征集保护管理工作】一是拓宽征集渠道，提升藏品征集数量和质量。将日常征集和定向征集相结合，稳步做好藏品征集工作。开展为期一年的当代侨界先进人物相关实物史料征集活动取得圆满成功，共征集到梁思礼、吴孟超、

中国华侨历史博物馆建成首个文物藏品修复实验室并正式投入使用（一）

中国华侨历史博物馆建成首个文物藏品修复实验室并正式投入使用（二）

卢永根、钟南山、何镜堂等侨界杰出人物相关藏品116件（套）。全年共计新增藏品1700余件（套），举办藏品捐赠仪式30余次。二是首个文物藏品修复实验室建成，藏品修复保护能力进一步提升。首个文物藏品修复实验室建成并正式投入使用，提升馆内纸质文物维护、修复能力，使侨博具备馆内纸质类文物教学功能。制定《文物修复室日常管理制度》《文物藏品修复交接制度》《纸质文物修复细则》，同时积极选派相关技术人员参加培训，培育文物修复力量。三是图书阅览室对外开放。公众可通过检索系统查询需要的图书文献，通过电话预约阅览。阅览室的开放提升侨博文献资料的利用效率，让馆藏华侨华人文献资料更好地服务于国内外华侨华人问题研究的专家学者及其他观众。四是高质量完成全国政协提案答复，推动侨批保护利用。为完成致公党中央所提关于加强侨批保护开发的全国政协提案答复，专题前往广东、福建调研并与致公党中央、国家档案局进行深入沟通，摸清侨批保护开发基本情况和存在的问题，高质量完成提案答复的起草工作，得到致公党中央参政议政部的充分肯定。

【召开中国博物馆协会华侨博物馆专业委员会2023年年会】10月30日至11月1日，中国博物馆协会华侨博物馆专业委员会2023年年会在广东江门举行。来自全国各地34家单位的代表70余人参加年会。中国侨联副主席高峰代表中国侨联出席年会并提出4点希望。年会以学习贯彻习近平文化思想为重要任务，发展吸收了6家新入会单位，交流了一年多来各成员单位工作开展情况，考察了江门对华侨文化遗产的保护利用情况。

10月31日，中国侨联副主席高峰（前排中）出席中国博物馆协会华侨博物馆专业委员会2023年年会

【加强研究利用工作】《海洋商贸中的CHINA：外销的瓷与华侨的瓷》研究性图录编写工作基本完成，获中国博协2023年度资助项目立项，收录了侨博等6家单位140余件（套）瓷质文物的文字介绍和影像采集，并制作相关短视频，加强宣传与研究。先后赴北京和江苏等地纪念馆进行华侨名人故居纪念馆现状及文物保护利用调研，梳理作为华侨博物馆重要门类的华侨名人故居、纪念馆的基本特点、存在问题，研究其未来发展建议，撰写调研报告《发挥名人效应　助力凝聚侨心——新时代进一步发挥好华侨名人故居、纪念馆作用的思考》，荣获中国侨联2023年度调研成果一等奖。继续办好《华侨博物馆通讯》，不断提高编辑质量，全年共完成6期编印，进一步加强对华侨博物馆的宣传与资讯传递。

侨博推出“华侨的瓷与外销的瓷”系列短视频

【加强信息化建设】一是推进“云游侨博”品牌工作体系化建设。以临时展览导播为素材，继续推出网络直播活动，累计在线观看量为539.4万人次。利用短视频制作周期短、传播速度快、宣传效果好等优势，加大短视频的制作与传播，推出“华侨的瓷与外销的瓷”系列短视频24集，每集讲述1件陶瓷类藏品及其背后的故事，在新媒体平台点击量超过80万次。全年制作推送3个系列51个短视频，总播放量达到116.2万次，单个短视频的最高播放量达到8万次。二是强化网络安全建设。按照网络安全等级保护第二级的要求，完成网站安全漏洞扫描及整改工作，并制定相关制度；升级网络安全协议，充分利用云盾云眼防护系统，确保网站、微信等信息系统的安全；完成馆内网络安全自查，排查存在的问题和隐患，并及时进行整改，确保信息网络安全。

【做好综合保障工作】一是优化提升展厅照明环境，改善观众观展体验。为落实主题教育为民办实事的要求，侨博分两批历时3个多月，对基本展厅照明情况进行专项调研，针对不同区域，不同质地、等级的藏品制订优化升级方案，以文物保护和观展感受为评判标准，在符合展厅藏品照明规范基础上，优化提升展厅照明环境，进一步改善观众观展体验。二是严格安全责任制度。执行24小时安全值班制度，实行重大活动、节假日安检和平时定期安检相结合的制度，确保全年馆舍安全、藏品安全、观众安全。认真执行设备维保制度，落实日常巡视制度和维护测试制度，排除设备安全隐患。按照合同要求，加强对博物馆物业项目部的监督管理，确保馆区安全有效运转。三是严格按法规制度做好财务工作。科学做好预算编制，如实填报决算数据，为侨博正常运营提供资金保障，确保资金使用安全。四是立足长效机制，在实践中推动建章立制。结合主题教育和侨博高质量发展需要，着眼长远，将实践经验与贯彻中国侨联党组第五轮内部巡视提出的意见建议相结合，完成对《馆长办公会议议事规则》《“三重一大”决策制度》两个重要制度的修订，并同步制定通过《党支部委员会议事规则》，明确了“三重一大”的事项清单和决策方式，规范了决策规则、程序和执行监督机制，建立起了较为完善的决策制度体系。

【全面加强党建工作】侨博党支部贯彻落实新时代党的组织路线，持续抓好党支部建设。一是在内部建设上，始终以“四强”党支部为标准，切实增强政治机关意识，持续深化理论武装，严格执行民主集中制和“三会一课”等组织生活制度，全年共召开党员大会15次、支委会会议16次、党小组会17次，组织支部书记讲党课2次，外出开展主题党日活动8次。通过文件传达、集体学习、个人结合工作讲学习心得、微信群学习讨论、组织参观、与其他单位党支部开展联学联建等多种形式加强政治引领和党性锻炼，强化党员的“四个意识”，扎实推进支部队伍建设。二是在联合党建上，与总台华语环球节目中心、中国非物质文化遗产保护中心、中国铁道博物馆东郊展馆等各类型党支部开展以观展和座谈交流为主要内容的联学联建主题党日活动，组织涉侨展览进学校、进侨乡，先后与北京大学外国语学院、厦门国际银行北京分行签订党建合作协议，联合党建已逐步走向成熟。三是坚持与全馆干部进行面对面谈心，及时了解党员干部的个人情况和工作思路，发现并及时疏导解决存在的困难和问题，不断提升组织凝聚力、向心力。四是持之以恒正风肃纪，专题学习《关于新形势下党内政治生活的若干准则》《中国侨联党组印发〈运用监督执纪第一形态实施办法（试行）〉的通知》《事业单位工作人员处分规定》等规章制度，坚持警示教育常态化，强化政治规矩意识，筑牢党员干部拒腐防变的思想防线，进一步加强党风廉政建设。2023年，侨博党支部完成换届选举，被评为“中国侨联先进基层党支部”，继续保持“中央和国家机关‘四强’党支部”称号，侨博党建工作和业务工作融合发展的经验做法入选中央和国家机关“四强”党支部创新案例选编并发表于2023年第8期《旗帜》杂志。

中国华侨历史学会

【领导成员名单】

会　长：隋　军（女）

副会长：龙登高　庄国土　刘国福　李安山　李明欢（女）　李鸿阶　张小欣　张秀明（女）　张应龙　张国雄　张春旺　张振江　陈式海　范宏伟　林宏宇　周松一　周建农（女）　曾少聪

秘书长：张秀明（女，兼）

【综述】2023年，中国华侨历史学会在中国侨联党组领导下，紧紧围绕党和国家工作大局、侨务工作全局，深入学习贯彻党的二十大精神，认真贯彻落实十一代会精神，积极推进习近平总书记关于侨务工作重要论述的学习研究宣传工作，不断加强国家社科基金项目研究，广泛开展学术交流与合作，有序推进课题研究、编辑出版等各项工作，积极提供相关对策建议，不断加强学会党的建设和自身建设，充分发挥了侨联智库作用。

【召开中国华侨历史学会八届三次理事会】7月26日，中国华侨历史学会八届三次理事会在山东省济南召开。中国华侨历史学会理事，来自全国高等院校和科研机构的专家学者及相关部门同志100余人参加了会议。中国华侨历史学会副会长、中国华侨华人研究所所长张春旺主持会议。会议对学会工作进行了总结和部署，增补、卸免了部分理事，讨论通过了《中国华侨历史学会学术道德公约（试行）》。受中国侨联党组成员、副主席程学源委托，中国侨联文化交流部部长刘奇出席会议并讲话。刘奇指出，多年来，在中国侨联党组的领导下，在各位理事和华侨华人研究专家学者的大力支持和参与下，学会在加强学界团结、增进学术交流、促进课题研究、搭建学术平台等方面做了大量工作，取得了很大成绩。一是深入开展习近平总书记关于侨务工作重要论述研究成效显著。在学习阐释习近平总书记关于侨务工作重要论述方面，为全国涉侨部门和全国侨联系统切实增强“四个意识”、做到“两个维护”发挥了重要作用。二是各位副会长、理事和相关研究机构充分发挥了学术带头作用。华侨华人研究学界百花齐放、百家争鸣，对全国侨务工作发展提供了重要的智力支持。三是学会在全国哲学社会科学领域影响日益扩大。刘奇受程学源副主席委托，代表中国侨联对学会今后的工作提出了几点要求和希望。第一，要切实增强政治意识，遵守纪律规矩。第二，围绕中心、发挥优势，做好重大课题研究工作。第三，改进作风、完善机制，不断加强学会自身建设。会议提出了下一步工作考虑，一是提高政治站位，围绕学习贯彻党的二十大精神开展学术研究工作。二是坚持学术为本，促进学术交流与发展。三是做好编辑出版工作，促进成果交流与转化。四是加强学会自身建设，提高管理服务能力。

7月26日，中国华侨历史学会八届三次理事会现场

【推进国家社科基金学术社团主题学术活动资助项目】2023年，在全国哲学社会科学工作办公室的支持下，中国华侨历史学会立足自身社团特点，充分发挥学会理事的科研优势，积极开展课题研究与侨情分析。一是承担2022年度国家社科基金重大项目“侨联组织在国家公共外交中的作用研究”。课题首席专家为中国华侨历史学会副会长李明欢教授。一年来，中国华侨历史学会副会长张春旺带领课题组成员分别赴广东、广西、浙江、海南等地开展课题调研。通

过与当地侨联举办座谈会、实地调研等方式，进一步了解侨联组织在服务国家公共外交方面的独特优势作用。二是承担2022年度国家社科基金学术社团主题学术活动资助项目“党和国家侨务工作演变历程和基本经验研究”（学术研究类）。课题首席专家为中国华侨历史学会副会长、暨南大学国际关系学院/华侨华人研究院张应龙教授。本课题主要研究党和国家侨务工作的基本历程、基本路径，主要对中国侨务政策的缘起、发展、变化、完善过程进行深入研究。三是成功申报2023年度国家社科基金学术社团主题学术活动资助项目“海外侨胞在现代化建设中的优势与作用”研讨会（学术会议类）。主要系统梳理、研究华侨华人在推进中国式现代化中的贡献与作用，通过系统总结中国在团结动员华侨华人和发挥华侨华人作用方面的宝贵经验，在实现第二个百年奋斗目标、全面建成社会主义现代化强国的征程中，更好发挥海外侨胞的优势与作用。四是成功申报2023年度国家社科基金学术社团主题学术活动资助项目“党和国家事业中的侨联发展历程及地位作用研究”研讨会（课题研究类）。该课题以习近平新时代中国特色社会主义思想为指导，认真学习习近平总书记关于群团工作、侨务工作重要论述，以中国侨联历史研究为基础，以侨联组织六项职能为主线，全面系统反映侨联组织自延安时期以来的发展历程，总结侨联工作经验和规律，探索侨联工作理论建设，推动丰富党的群众工作理论和侨务工作理论，为新时代侨联工作创新提供重要参考。

【举办“新时代海外侨团应对涉侨重大突发事件的优势及作用研讨会”】5月10日至12日，在浙江义乌举办“新时代海外侨团应对涉侨重大突发事件的优势及作用研讨会”。此次会议规模约50人，包括专家学者、侨领代表、侨联和统战系统干部。通过此次会议，侨领分享了实践经验和心得体会，专家学者从学术角度提出了理论思考与对策建议，地方侨务部门介绍了工作路径与成效，进一步加强了三方的密切联系与互动，取得了良好效果。与会专家学者纷纷表示，这次研讨会信息量大、效率高，收获满满。此外，还选编公开发表的有代表性的关于海外侨团的13篇文章，编印《华侨华人社团的贡献与作用论文选编》论文集，内容包括“区域·国别海外侨团”“海外侨团与安全”“海外侨团的功能与作用”“海外侨团与‘一带一路’建设”四个专题。

5月10日至12日，举办新时代海外侨团应对涉侨重大突发事件的优势及作用研讨会

【联合举办第二届“侨批文化与华侨精神”研讨会】2023年是“侨批档案——海外华侨银信”入选《世界记忆名录》10周年。为贯彻落实习近平总书记关于文化传承发展、侨批保护利用等重要讲话精神，6月27日，与中国华侨历史博物馆、福建省档案馆、广东省档案馆等在泉州共同主办第二届“侨批文化与华侨精神”研讨会。国家档案局交流合作司司长王红敏，福建省委办公厅厅务会议成员、省档案局局长、省档案馆馆长陈熙满，泉州市委常委、宣传部部长、秘书长陈辉宗出席研讨会并致辞。研讨会由福建省档案馆副馆长马俊凡和中国华侨历史学会副会长、中国华侨华人研究所所长张春旺主持。中国华侨历史博物馆副馆长宁一作主旨发言。通过深入探讨侨批档案在侨乡社会、华人社会、国际社会的作用，推动侨批档案保护利用的合作交流，进一步彰显侨批档案在凝聚侨心、汇集侨智、发挥侨力等方面的独特作用。

【联合举办“华侨华人与中国式现代化”学术研讨会】12月21日，与福建社会科学院、福建省侨联等共同举办“华侨华人与中国式现代化”学术研讨会，80余名华侨华人研究专家学

12 月 21 日，举办"华侨华人与中国式现代化"学术研讨会

者、部分省市侨联负责人、侨商代表与会，聚焦"华侨华人在中国式现代化中的独特优势与作用""新时代高质量发展背景下海外华侨华人所面临的机遇与挑战"等议题展开研讨。全国政协常委、外事委员会副主任，中国华侨历史学会会长隋军在向大会提交的书面讲话中指出，广大侨胞长期活跃在中国和世界舞台，有意愿、有基础、有优势为中国式现代化赋能；他们在提升实力、发展事业的同时，也将成为中国式现代化的重要参与者、建设者和促进者，在推动构建人类命运共同体、促进中国高质量发展中发挥重要作用。改革开放 45 年来，海外华侨华人通过投资、捐赠、经济文化交流等多种渠道，成为中国改革开放的亲历者、建设者、推动者。当下，海外华侨华人依旧是实现中国式现代化的重要力量。

【发挥智库功能，围绕党和国家工作大局建言献策】学会理事、会员广泛分布在全国各地高校和科研机构，他们在完成自身科研任务的同时，热忱关注和参与学会工作，积极发挥多学科、宽领域、专业化优势，围绕党和国家工作大局贡献智慧。中国华侨华人智库自成立以来，广泛联系华侨华人学界专家学者，凝聚侨界智慧，坚持以高质量研究成果服务党和国家工作大局。2023 年，学会理事和会员围绕中非关系发展、中国海外安全利益、美国对华政策、中缅边境局势对我国的影响等重大现实问题积极建言献策。2023 年共编报《中国华侨华人智库专报》45 期，其中多篇被《中国侨联侨情专报》采用，多篇获得优秀建议奖。此外，围绕党和国家工作大局和侨务工作全局，学会多位副会长通过接受中国一带一路网、中国新闻网、人民网、南方日报等媒体采访，对华侨华人与国家"一带一路"建设、侨乡文化保护与研究、海外侨胞生存发展、华侨与辛亥革命、华侨华人与中外文明交流互鉴等主题进行政策解读与宣传介绍。

【编印《侨情快讯》《华侨华人研究动态》】《侨情快讯》（半月刊）和《华侨华人研究动态》是中国华侨历史学会主办的内部交流刊物。《侨情快讯》2023 年共编印 24 期，每月及时将海外华文媒体报道中高质量、有价值的侨情信息进行

《侨情快讯》

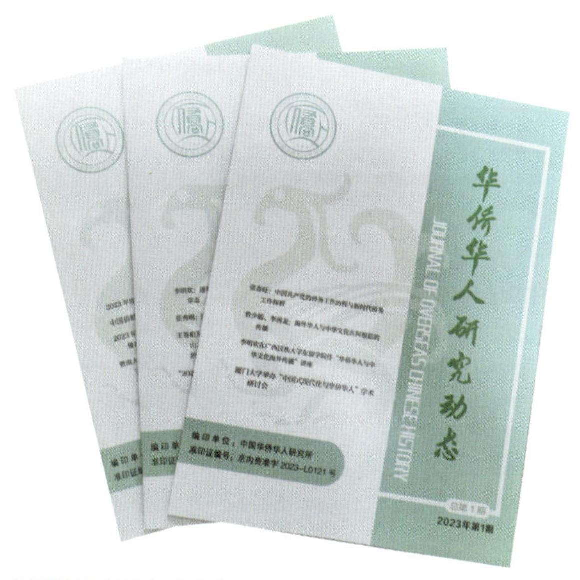

《华侨华人研究动态》

整理汇总、编印，并及时邮寄给学会理事，为学术研究提供信息参考。为了及时反映华侨华人研究学界的学术动态和科研信息，及时整理分享涉侨研究成果、活动资讯等，编辑《华侨华人研究动态》，以更好地促进学术交流。2023 年已编辑 4 期，受到华侨华人研究学界的广泛关注和好评。

【加强学会自身建设】在中国侨联党组的领导下，在各位理事和华侨华人研究专家学者的大力支持和参与下，学会在加强学界团结、增进学术交流、搭建学术平台等方面取得了一定成绩，在全国哲学社会科学领域影响日益扩大。目前，学会成为国家社科工作办重点联系的 200 家全国性社科学术社团之一、获得国家社科基金优秀社科学术社团奖励性补助的 80 家社团之一。一是配合民政部完成社会团体评估工作，评估专家充分肯定了学会的工作，认为学会在开展学会常规会议、党建工作、学术研究、出版学术成果、向政府建言献策等方面亮点十足。经评估，中国华侨历史学会被评为 3A 级全国性社会组织。二是彰显社团特色，加强与全国哲学社会科学工作办公室的联系。通过实地调研学会工作，全国哲学社会科学工作办公室充分肯定学会的工作成绩，并对如何进一步做好社团工作、学会工作提出了建设性建议。三是发挥理事、会员主体作用，就学会工作成效开展满意度调查，认真听取理事、会员的意见和建议，进一步改进工作方式，提高工作水平。四是增强服务意识，为学会理事和会员做好信息交流与咨询服务工作，充分利用华侨华人研究微信交流群、中国华侨历史学会理事交流群，分享最新研究成果和动态信息。

中国侨联公益事业管理服务中心

【领导成员名单】

副主任：易　超（女）

　　　　雷　霆（女）

【综述】2023 年，中国侨联公益事业管理服务中心（以下简称“公益中心”）坚持以习近平新时代中国特色社会主义思想为指引，全面贯彻落实党中央等部署，落实中国侨联党组要求，立足职责定位，强化政治建设，主动适应侨联公益事业高质量发展新形势、新变化、新要求，致力于构建一体谋划、协同推进的侨联系统公益工作格局，支持服务地方侨联、指导监管所属中国华侨公益基金会（以下简称“侨基会”）开展公益工作，提升基层党的组织力，深化“侨爱心工程”品牌建设，提高侨联公益工作者履职能力及防范化解重大风险能力，把新时代侨联公益慈善事业继续推向前进。

【程红副主席出席 2023 年全国侨联系统公益事业能力提升培训班】10 月 12 日，公益中心在山东淄博举办 2023 年全国侨联系统公益事业能力提升培训活动，中国侨联副主席程红出席开班式并讲话，结合党的二十大精神和中国侨联十一代会工作部署对推动侨联公益工作高质量发展提出四点要求，一是旗帜鲜明讲政治，二是提高站位履职责，三是精心组织树品牌，四是规范管理保安全。培训活动邀请了公益、财务、网络运营等行业人士，围绕新时代中国慈善事业的趋势分析、公益组织财务风控与成本管理、公益项目的优化与创新以及侨联公益事业信息化平台管理系统设计和运行等进行讲授。山东、安徽、湖南、浙江、甘肃等省侨联、涉侨基金会负责同志分享了开展侨联公益工作的体会和实施“侨爱心工程”项目的做法及经验。

10 月，全国侨联系统公益事业能力提升培训班

【开展公益调研，增进交流合作】针对如何推进共同富裕、巩固拓展脱贫攻坚成果，6 月 1 日，中国侨联党组成员、副主席程学源带队赴中国侨商联合会秘书处调研，召开“以侨的公益事业助推高质量发展”调研座谈会，鼓励侨商侨企集思广益、献计献策。3 月 16 日，在江西省上饶市举办 2023 年侨联系统区域性公益工作交流活动，共 10 个省（市）级侨联领导和负责公益工作同志围绕深化“侨爱心工程”品牌建设、动员侨界力量助力乡村振兴战略、破解制约侨联系统公益事业发展问题、本地区开展侨联公益工作等情况开展研讨、建言献策。3 月至 12 月，公益中心领导先后赴江西、广东、四川、浙江、河

10 月 12 日，中国侨联副主席程红（左三）出席 2023 年全国侨联系统公益事业能力提升培训班并讲话

6 月 1 日，中国侨联党组成员、副主席程学源（左三）带队赴中国侨商联合会秘书处调研，召开“以侨的公益事业助推高质量发展”调研座谈会

12 月 13 日，中国侨联顾问、中国华侨公益基金会理事长乔卫（左三）带队到浙江省华侨公益互助促进会考察调研并座谈交流

北、河南、山东、江苏等省（市）进行调研，广泛开展座谈、走访，深入基层一线、倾听侨企、侨胞心声，聚焦侨联公益事业的痛点难点，将问题找准、情况摸清、对策提实，共形成 5 份调研材料。对全系统“老归侨”情况进行摸底调研，汇总数据，了解地方帮扶政策，拟筹措专项资金开展帮扶工作，用公益手段推进侨界的共同富裕。以“新时代侨联公益事业高质量发展助力中国式现代化”为题，完成中国侨联 2023 年课题调研报告。

【深入开展主题教育活动】 公益中心坚持把党的政治建设摆在首位，全体党员干部以主题教育为契机，推动学习贯彻习近平新时代中国特色社会主义思想的深化、内化、转化工作，把学习贯彻党的二十大精神、十一代会精神同学习习近平总书记关于侨务工作、群团工作、统战工作等重要论述紧密结合起来，深刻领悟“两个确立”的决定性意义，更加自觉增强“四个意识”、坚定“四个自信”、做到“两个维护”。共组织了 14 次集体学习、14 次主题党日活动，青年读书小组开展了 11 次读书活动，部门领导充分发挥领学示范作用，讲好专题党课。

4 月 17 日，公益中心党支部副书记易超在“思·享会”上讲党课

10 月 25 日，公益中心党支部赴北京市海淀区学院路街道二里庄社区举办重阳节敬老爱老物资捐赠仪式

积极联络结对共建党支部，在华侨博物馆、怡海花园社区、二里庄社区深入开展调研实践和联学共建活动。落实“一支部一品牌”要求，结合工作实际开展了 6 期“思·享会”活动。支部的青年干部积极参加党委、纪委、团委组织的多项活动，撰写学习心得，分享学习收获，深化思想认识。

【参与第十一次全国归侨侨眷代表大会筹备工作】8 月 31 日至 9 月 3 日，第十一次全国归侨侨眷代表大会在北京召开，公益中心、侨基会充分认识召开十一代会重要意义，认真贯彻落实会党组各项工作部署和指示批示要求，讲政治、讲团结、讲奉献、讲纪律，在会议筹备过程中积极担当作为，参与大会会务组工作，出色完成十一代会所有会议文件和票务的分发、运转等任务，保证大会的顺利召开，展现了公益中心、侨基会工作人员的良好风貌。

【制作完成华侨公益 30 周年宣传片】制作完成华侨公益 30 周年宣传片，在中国侨联官网、视频号和抖音播放，并与央视频、西瓜视频、腾讯视频、优酷、爱奇艺等新媒体合作播出，讲好侨界热心桑梓、大爱无疆的公益故事。

侨联公益 30 周年宣传片宣传图

【指导拓展海外公益项目】公益中心落实执行 2023 年亚洲合作资金项目，申请“亚洲合作基金”696 万元，用于在柬埔寨、老挝开展“钢构箱式房”“节能炉灶”等公益项目，促进当地民生事业发展。

【指导、监管侨基会扎实开展公益项目】指导侨基会联合各级侨联深化“侨爱心工程”品

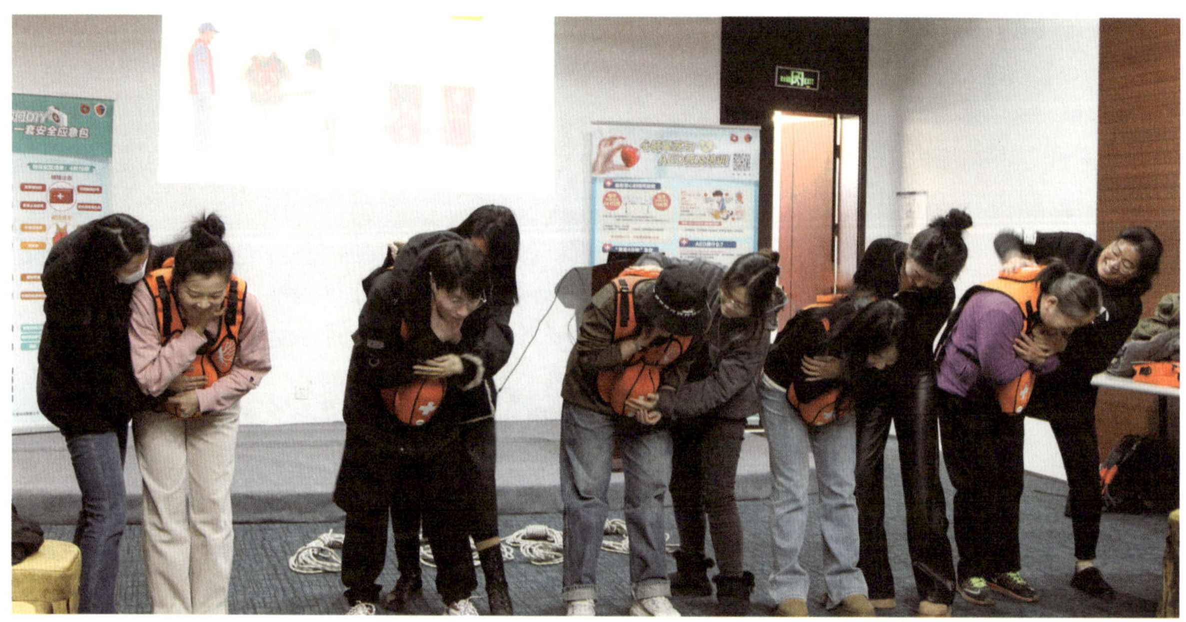

12 月 26 日，“侨爱心·进社区”应急教育活动

8 月，公益中心党支部参与抗洪救灾

务状况进行风险评估，最大限度降低侨基会风险。二是对后续股权代持比例进行调整，分步骤退出，形成补充协议，引入第三方对协议约定条款重点事项进行公允价值定价、评估，加强风险防范。三是委托方按照《股权代持暨公益捐赠协议书》约定，履行捐款义务。（2）积极稳妥地处理“讯易智公司的逾期罚息和配捐款”，追缴收益款项 37 万元，完成整改任务。（3）积极推进“李云飞以虚假名目套取捐赠款”一案的办理，制定《追缴套取资金方案》，通过法律途径落实套取款追缴工作。

牌，开展“侨爱心·光明行”“侨爱心·乡村学生眼视光工程”“侨爱心·进社区”“侨爱心·树人班”“侨爱心·图书室”等项目，支持社会爱心力量设立专项基金开展活动，利用新媒体积极探索网络宣传筹款渠道，深化“侨爱心工程”品牌，创造性地拓展公益项目，在服务侨联抗洪救灾、抗震救灾等重大捐助项目中凸显作用，更好履行社会责任。2023 年侨基会捐赠收入约 8800 万元，捐赠支出 9400 万元。

【积极稳妥推进落实整改事项】公益中心在会党组的坚强领导下，积极配合驻部纪检监察组、机关纪委开展工作，积极、稳妥、有效推进 3 项重点整改任务。（1）进一步释放“代持股权事项存重大风险”。一是加强监管。要求股权委托方每年对企业进行专项审计，侨基会财务顾问根据股权委托方出具的年度审计报告，对企业财

【加强公益中心信息化建设】推动华侨公益信息管理平台建设，将信息化系统引入组织管理过程中，充分发挥公益中心宗旨和职能，指导参与侨联系统公益活动，实现精细化管理，提高沟通效率，提升监管能力。

【加强干部队伍建设】按照“贴心人”“实干家”的侨务干部队伍建设要求，建设政治上强、作风优良、专业水平高的干部队伍。一是邀请法律顾问、财务顾问等专家开设专题讲座，提升干部职工公益专业素养。二是强化干部底线思维，组织全体党员干部观看警示教育片《圆规》，在深化廉政教育中引导党员干部职工知敬畏、明规矩、守底线。三是完成中国侨联所属事业单位 2023 年度公开招聘工作人员工作。

12 月，公益中心党支部指导侨基会开展抗震救灾工作

中国华侨公益基金会

【领导成员名单】

理 事 长：乔 卫

副理事长：易 超（女） 林正佳

张晓梅（女） 李 然（女）

监 事：赵冠军 刘 婧（女）

（经2023年12月20日六届十六次理事会通过）

中国华侨公益基金会荣获“恒心至善·2023年度慈善盛典”年度榜样机构

【综述】 2023年，中国华侨公益基金会（以下简称“侨基会”）在中国侨联公益事业管理服务中心的指导下，按照中国侨联党组的统一部署和民政部的有关要求，发扬侨胞热心公益事业的优良传统，围绕国家发展大局，关注侨界及社会各界急难愁盼问题，深化“侨爱心工程”品牌建设，整合专项基金资源，建设网络筹款阵地，拓展海外公益事业，不断增强侨联公益事业的影响力、感召力和凝聚力。在各界爱心力量支持下，捐赠收入约8800万元，捐赠支出约9400万元，荣获“恒心至善·2023年度慈善盛典”年度榜样机构称号。

【侨爱心·光明行项目】“侨爱心·光明行”活动是中国侨联主办，中国华侨公益基金会承办的一项为患有白内障困难人群复明的大型公益活动。2023年，项目惠及济南、合肥等地，为患有白内障、翳肉等生活困难患者实施手术8800余例，资助款达到1800万元。

【侨爱心·乡村学生眼视光工程项目】“侨爱心·乡村学生眼视光工程”项目聚焦边疆地区和偏远山区青少年学生的眼健康问题。2023年，项目在内蒙古、河北等地开展活动，开展眼健康

11月30日，“侨爱心·光明行”合肥站启动仪式在合肥高新区举行，中国侨联公益事业管理服务中心副主任、中国华侨公益基金会副理事长易超（左二）参加启动仪式

9 月 12 日，“侨爱心 · 乡村学生眼视光工程” 走进内蒙古库伦活动在通辽市库伦旗第四中学启动

义诊和知识普及活动 4500 场，覆盖 8 万人次，免费配送眼镜达 1.4 万余副。

【侨爱心 · 应急教育项目】“侨爱心 · 应急教育”进社区项目致力于将公益资源下沉至基层社区。2023 年，向北京、河北、湖南、重庆、浙江、广东等地区百家养老、康复机构的老人群体发放物资价值 59 万元；向 5 家侨界企业捐赠价值 8 万元自动体外除颤仪（AED）；在银帝艺术馆组织应急教育活动，向工作人员普及防灾减灾、应急救援、自救互救等基础知识，增强应急安全意识；“侨爱心 · 应急教育”进校园项目旨在面向中小学生存在多发的危险与灾害，建立防灾减灾救灾宣传教育长效机制、引导社会力量有序参与，帮助孩子建立意外和灾难应对风险意识，有效降低生命及财产损失。在北京、四川等 10 余所中小学开展校园防减灾活动，直接受益约 4000 人次。

【侨爱心 · 树人班项目】“侨爱心 · 树人班”项目旨在资助成绩优秀的低收入家庭学生完成高中学业。2023 年，该项目资助 109 名成绩优秀的低收入家庭学生完成三年高中学业。

【侨爱心 · 图书室项目】“侨爱心 · 图书室”项目向湖南、河北、广东等地区捐赠总计价值约 42.27 万元的图书室和爱心图书 4000 余册。

10 月 27 日，“乡村振兴　文化随行”暨“侨爱心 · 图书室”捐赠仪式在河北省平山县西柏坡镇人民政府举行

7 月，中国华侨公益基金会在北京、四川等 10 余所中小学开展“侨爱心 · 应急教育”进校园活动

【侨爱心 · 休闲健身广场项目】“侨爱心 · 健身休闲广场”项目旨在以公益手段全面助力乡村振兴，联合政府机构、侨联组织等单位建设乡村休闲体育广场，解决乡村健身训练场所、健身器材短缺等问题，凸显运动促进健康作用，进一步推进体育助力乡村振兴工作。2023 年，拨付 15.8 万元用于安徽省铜陵市白梅乡建设“侨爱

心·健身休闲广场”。

【侨爱心·盈耳计划项目】“侨爱心·盈耳计划”项目旨在帮助有听力障碍的人群回归有声世界，降低其生活中发生风险的概率，实现无障碍生活，融入社会生活。募集 1700 台爱可声牌助听器，已全部捐赠给内蒙古地区听障人士。

【驰援抗洪救灾项目】坚决贯彻落实习近平总书记对防汛救灾工作作出的重要指示精神，为应对台风“杜苏芮”影响，联合 6 支地方救援队，在北京、河北持续开展抢险救灾行动，配合指挥部转运受困群众近 800 余人，同时发动网络筹款，协调侨界爱心企业、海外侨社团捐赠近 130 万元资金、250 万元物资，为保障人民生命和财产安全贡献“侨”力量；发起“侨爱心基层应急能力建设”项目，拨付资金 90 余万元，向河南省辉县市捐建 22 所“侨爱心应急站”，同时开展防灾能力培训，提升基层防灾、减灾能力；向“9·5”四川泸定地震灾区资助款 120.31 万元，用于支持当地灾后重建工作；协调阿联酋迪拜龙城华侨华人总商会，向阿联酋迪拜红新月组织捐赠 30 多吨救援物资，用于土叙受灾民众。

8 月，中国华侨公益基金会驰援京津冀发放救灾物资

【驰援甘肃、青海抗震救灾项目】12 月 18 日，甘肃临夏州积石山县发生 6.2 级地震，造成重大人员伤亡和财产损失。侨基会深入贯彻落实习近平总书记重要指示精神，坚决贯彻落实党中央、国务院决策部署，在中国侨联党组领导下，快速响应、主动作为，多措并举筹集善款、高效开展御寒物资转运、积极开展受灾群众过冬安置工作，为支援甘肃、青海开展抗震救灾工作贡献力量。共筹集善款物资 700 余万元，“侨爱心·温暖行动”为灾区群众累计发放物资 120 余吨，惠及受灾群众 5 万余人。救灾情况 3 次获民政部社会组织管理局《全国社会组织舆情通报》表扬，甘肃临夏回族自治州专门致信感谢。

12 月，中国华侨公益基金会赴甘肃、青海地震灾区开展抗震救灾工作并发放物资

【拓展海外公益项目】一是支持“一带一路”国际科学组织联盟（ANSO）开展“2023 年大亚湾科学论坛——碳中和分论坛”，推动低碳环保技术向“一带一路”沿线国家的应用转化。二是围绕民心相通，坚持“请进来”“走出去”，开展人文交流工作。资助陈嘉庚教育公益基金开展“第三届国际中学生陈嘉庚常识比赛”，290 支队伍 1450 名中学生参赛，深化了华裔青少年群体对陈嘉庚生平事迹、海外华人简史和中国近现代史的了解和认知；支持开展马来西亚“关爱母语”活动，助力马来西亚的华文教育行动，进一步推广中华文化；在海内外多个地区资助设立“陈嘉庚展览厅”，为推动“嘉庚精神”的传承和弘扬发挥积极作用。三是开展第三届“一带一路　光明行”走进乌兹别克斯坦大型公益活动，帮助当地贫困白内障患者重见光明；四是倡议发起设立“一带一路”公益慈善基金，围绕科技创新、教育医疗、文化交流、人道援助等领

域，聚焦共建“一带一路”国家所需，开展各类“小而美”的公益民生项目，示范带动更多企业参与共建“一带一路”、讲好侨爱无疆的公益故事。

【教育类专项基金开展的公益活动】崇世爱心基金开展了明玉崇世珍珠班、崇世励学白银支教、崇世励学彩虹行动、崇世励学生家访、崇世励学生培训营、公益关怀成长讲座及2023年天星调良马术公益晚宴活动等活动，累计受益学生人数约2000人次。由陈嘉庚教育公益基金资助，中国侨联公益事业管理服务中心、中国华侨公益基金会等单位指导，中国华侨出版社出版的《华侨华人家风故事集》，先后在江苏、安徽、浙江、福建、广东等地拍摄，旨在纪念陈嘉庚先生诞辰150周年，引导社会公众共同品味华侨华人家风故事，传承中华传统美德。

【医疗类专项基金开展的公益活动】2023年，希望之翼专项基金开展“送爱进麻风村”和“四川大营盘学校”项目；轻松筹原基金开展“童行动·同行动”项目，为医院患病儿童赠送慰问品。

【文化类专项基金开展的公益活动】新萌芽专项基金开展“儿童绘画创意”线上美育公益讲座，对乡村地区的小学老师进行培训；水立方公益基金举办第十三次点亮蓝灯活动，通过线上倡导及线下体验系列活动，呼吁社会“尊重不同，点亮希望”，将体育精神传递给“儿童自闭症”孤独症群体；华人当代艺术发展基金举办第三届“小繁星计划”少年儿童艺术展公益活动，展出106位小艺术家的114件艺术作品，为他们提供艺术创想平台。

【社会服务类专项基金开展的公益活动】金辉爱心基金资助开展“西华村建设步道二期项目基础设施建设”项目，改善当地群众生活；世纪金源爱心基金资助开展“儿童唇腭裂语音障碍干预训练”项目、“孤独症人士的社会康复及其家庭心理赋能公益服务”项目及福州市老年人家庭适老化改造项目，为“一老一小”群体健康提供保障；善行团公益基金开展的“团爸团妈计划”项目资助144名困难家庭在校学生。

善行团公益基金开展的“团爸团妈计划”项目资助困难家庭在校学生

3月17日，新萌芽专项基金在江西省婺源县镇头镇中心小学和中学举办“美在婺源——侨爱心365-乡村美育”室内公益讲堂活动

【拓宽网络筹款渠道】与腾讯公益、支付宝公益及字节跳动公益等募捐平台加强合作，建立常态沟通机制，积极参与“9·5中华慈善日”“99公益日”等筹款活动，扩大项目资金来源和影响力。2023年“99公益日”侨基会共发起4个项目，

总募集公众捐款约 130.15 万元。

【完善体制机制】坚持公开、透明的原则，健全和完善各项工作制度和程序，深化运用 OA 系统，全面贯彻落实捐款募集、管理和使用方面的规章制度，推进组织制度化、规范化进程，切实提升社会公信力。对照《中华人民共和国慈善法》《基金会管理条例》《关于公益性捐赠税前扣除有关事项的公告》等相关规定，加强内部治理，合理设计捐赠资金计划，科学规划捐赠资金支出，做好公益善款的收入与支出的统筹安排；完成中国华侨公益基金会官网改版工作。

【加强联动合作，共同开展公益项目】与北京爱尔公益基金会联合开展“孤独症康复公益支持”及“点亮星儿艺术之路”公益项目；与北京乐予慈善基金会联合开展“一对一帮扶困境乡村儿童放心读书”项目；与宁波市钱海军志愿服务中心联合开展“灯暖万家照亮计划”项目；与中国职工发展基金会联合开展“金秋助学公益项目校园青春关爱计划”项目；与奉节县绿洲公益服务中心合作开展“防溺水安全小课堂”项目；与重庆市九龙坡区和美社会工作服务中心、重庆市潼南区同悦社会工作服务中心及重庆市九龙坡区石桥铺街道慈善公益服务中心合作开展“侨爱心·365- 人生影像馆”项目；与深圳职业技术学院、深圳市第一职业技术学校分别签订职业教育类公益项目战略协议，助力中国特色职业教育发展，服务国家“一带一路”倡议；与北京成龙慈善基金会联合举办“文武双全　振兴中华”助力乡村成长营、特训营。

8 月 7 日，中国华侨公益基金会、北京成龙慈善基金会联合举办的“文武双全　振兴中华”助力乡村成长营、特训营在中国华侨历史博物馆开营

【召开侨基会六届十六次理事会】12 月 20 日，侨基会六届十六次理事会在京召开。中国侨联顾问、侨基会理事长乔卫出席会议并讲话。侨基会六届理事会理事、监事共 18 人出席会议。会议由副理事长兼副秘书长易超主持。采用线上、线下相结合的方式召开，审议通过《中国华侨公益基金会 2023 年工作报告及 2024 年工作计划》《中国华侨公益基金会 2023 年财务报告》；决定撤销蓝天梦想专项基金和德国华商“一带一路”公益基金；成立理事会换届工作领导小组等议题。监事赵冠军对侨基会 2023 年工作报告及财务报告发表意见，对侨基会一年以来的治理情况和财务情况予以肯定。他指出，本次理事会议符合《中华人民共和国慈善法》《基金会管理条例》及《中国华侨公益基金会章程》等规定，理事会决议合法有效。乔卫在理事会上总结讲话时指出，未来五年是全面建设社会主义现代化国家开局起步的关键时期，侨基会要进一步提高政治站位，围绕党和国家发展大局，认真学习贯彻党的二十大精神、中国侨联十一代会精神，思考谋划各项工作举措。

12 月 20 日，中国华侨公益基金会六届十六次理事会在京召开

中国华侨出版社有限公司

【领导成员名单】

党支部书记、执行董事、经理：杨伯勋

党支部副书记、副经理：徐友佳

（2021年12月20日至2023年5月15日）

副经理：曾旭

（2023年4月6日任职）

【综述】中国华侨出版社有限公司是中国侨联直属出版机构，成立于1988年8月16日，是我国唯一一家专注于侨务工作的国家级综合出版社。2023年，出版社坚持以习近平新时代中国特色社会主义思想为指导，贯彻落实党的二十大和二十届二中全会精神，贯彻落实第十一次全国归侨侨眷代表大会精神，按照中国侨联党组重要部署，在会领导的指导、支持下，牢牢把握正确的出版导向，加强党的建设，围绕人才队伍建设、图书出版发行、侨心书苑建设等开展工作，取得实效。艰难推进《世界华侨华人通史》，完成了《世界华侨华人通史》10卷12册出版任务；《梦里家山》《百年风华　雨花侨魂》《100年北美华人移民史》《戏曲中的中国》《郭之奇传》等书荣获嘉奖。出版社第11次入选中国图书海外馆藏影响力出版100强。2023年实现营业收入3961万元，同比增长8%左右，实现利润约197.22万元，同比增长约15%，经济效益稳健增长。

【程学源副主席莅临中国华侨出版社有限公司慰问指导】1月17日，中国侨联党组成员、副主席程学源一行莅临出版社，开展春节慰问并就安全生产经营进行调研指导。程学源表示，出版社要进一步加强意识形态建设，坚定不移做好新时代意识形态工作，不断提升出版工作水平。同时要做好生产经营安全检查，筑牢安全生产防线。严格落实安全生产主体责任，把生产经营安全责任和各项措施落实落细，切实保障出版社及全体员工的人身财产安全。

中国侨联党组成员、副主席程学源莅临中国华侨出版社慰问指导

【召开退休职工座谈会】4月17日下午，召开退休职工座谈会，与退休职工交流谈心，增进对退休职工的重视和关爱，进一步增强干部职工的归属感和荣誉感，提升单位凝聚力和向心力。会上，退休干部职工就事企退休差额补贴、企业年金养老金补贴等事宜提出诉求。会后，出版社党支部积极协调，按照会领导“要提高政治站位，依法依规处理好相关诉求，同时要多做思想政治工作，动之以情、晓之以理，妥善解决好相关申诉”重要指示精神，从关心、关爱退休困难员工的角度，妥善处理历史遗留问题，制订合理解决方案，经会领导及相关部门批准执行，化解矛盾，营造和谐稳定的社会氛围。

【新入职员工到中国华侨历史博物馆参观学习】4月21日，组织2022—2023年入职的新员工到中国华侨历史博物馆开展侨史、侨情知识学习。在党支部宣传委员王婧的带队下，大家共同参观了华侨华人历史文化展，展览由中国人移民海外历史、华侨华人海外生活篇和贡献篇、华侨华人与中国发展、中国侨务五部分组成，展厅共展出文物千余件、图片千余张，展览以历史传统与现代观念相结合，使用场景复原、艺术作品、多媒体等展示手法，生动形象地展示了华侨华人的历史、文化和贡献。通过博物馆讲解员的讲解，鲜活的事例、珍贵的历史史料等，真实再

4 月 21 日，新入职员工到中国华侨历史博物馆参观学习

现了广大归侨侨眷和海外侨胞在救国图存中对中国共产党的衷心拥护。大家纷纷表示要以华侨和先烈们为学习榜样，进一步树牢“四个意识”，坚定“四个自信”，切实做到“两个维护”，坚决贯彻落实以习近平同志为核心的党中央各项决策部署，把握新时代赋予的使命和责任，以侨为中心，扎实做好新时代侨务工作，努力开创出版工作新局面。

【中国华侨出版社举办世界读书日主题活动】4 月 21 日上午，中国侨联基层建设部、中国华侨出版社联合东直门街道在“侨之家”开展“践悟二十大，侨品书苑香”世界读书日主题活动。中国华侨出版社党支部书记、执行董事、经理杨伯勋，中国侨联基层建设部二级巡视员兼组织处处长蔡红雷，东城区委统战部副部长、东城区侨联党组书记李娟，东城区委宣传部副部长冯海亮，东直门街道工委副书记闫灵，中国华侨出版社发行部主任唐崇杰以及地区侨资企业完美（中国）北京分公司代表，街道侨联委员，地区归侨侨眷和留学归国人员代表共40余人出席了活动。活动现场为东直门街道“侨心书苑”授牌，中国华侨出版社为了此次活动精心挑选涉侨图书，由杨伯勋亲自赠予街道“侨之家”。

4 月 26 日，召开学习贯彻习近平新时代中国特色社会主义思想主题教育动员会

4 月 21 日，在世界读书日主题活动现场为东直门街道“侨心书苑”授牌

【召开学习贯彻习近平新时代中国特色社会主义思想主题教育动员会】4 月 26 日上午，中国华侨出版社党支部召开学习贯彻习近平新时代中国特色社会主义思想主题教育动员会暨第一次集体学习，出版社全体党员、入党积极分子及中层以上非党员干部参会，党支部书记杨伯勋作动员讲话，对开展主题教育提出三点要求，要提高政治站位，深刻领会开展

主题教育的重大意义；同时要准确把握主题教育的目标要求；要坚持读原著学原文悟原理，坚持理论联系实际、坚持目标导向和问题导向开展主题教育，通过丰富主题教育形式，及时总结学习经验，不断提升学习效果。

杨伯勋强调，开展主题教育既是政治态度的一次检验，更是精神境界的一次洗礼，希望各位党员干部在出版平台上为"汇集侨心向党磅礴力量"而努力奋斗，不断开创出版社高质量发展的新篇章。

随后集中学习了习近平总书记关于主题教育的重要讲话精神。

【开展"学习强国"学习比赛】根据中国侨联党组主题教育工作方案的安排，结合出版社党支部主题教育实施方案，于4月至8月期间开展了"学习强国"学习比赛活动，以活动期间积分为准，对前6名同志予以表彰奖励。

此次活动是为落实中央关于在全党深入开展学习贯彻习近平新时代中国特色社会主义思想主题教育的重大部署，高质量抓好理论学习，教育引导广大党员干部职工系统掌握习近平新时代中国特色社会主义思想的基本观点和科学体系，切实推动国企高质量发展的重要活动。引导广大党员干部职工进一步用好"学习强国"学习平台，推进学习常态化、制度化。

【开展"世界读书日"系列活动之"春风习习，侨荐好书"荐书比赛】5月9日，中国华侨出版社有限公司团支部、青年读书小组联合组织了"世界读书日"系列活动之"春风习习，侨荐好书"荐书比赛。

比赛开始前，出版社党支部书记、执行董事、经理杨伯勋做即席讲话。杨伯勋对团支部、青年读书小组组织本次活动给予充分肯定。号召大家牢记传承文明、为时代服务既是职业要求，也是时代所赋予的职责，进一步增强出版人时代使命感。积极参与系列主题活动，提高为侨服务、为社会服务的能力，活跃出版社的日常工作氛围。更期待人人有所提升，为出版社、为社会多做贡献。

19名参赛选手围绕"春风习习，侨荐好书"的主题，推荐自己最喜爱的好书，与全社同志分享精彩读物，共同探索人文精神的魅力，激发智慧的火花，展现了出版社青年积极向上的精神风貌。各部门负责人担任评委评审，经过紧张角逐，陈绍龙获得一等奖，王亚敏、张博获得二等奖，王嘉、张鹏辉、武一格、贾欣欣获得三等奖，其他选手获得优秀奖。比赛间隙，还组织了侨务知识抢答。

杨伯勋以"两个喝彩、一个期待"作总结。他指出，"两个喝彩"一是为所有参赛选手喝彩，大家在活动中展现出非常好的个人风采，这也是出版社的风采，出版社有这样优秀的员工相信一定会有美好的未来；二是为现场推荐的图书喝彩，近代出版先驱、商务印书馆创始人张元济先生说过，天下第一件好事是读书，大家推荐了这么多好书，也期待所有青年把读书、读好书这样的一种习惯与追求坚持下去，并影响周围人，为把这个社会建造得更美好而提倡全民阅读。"一个期待"就是期待全体员工能再接再厉，提升华侨出版社出版水平，为社会、为传承文明多出好书，为社会、为人类发展作出华侨出版人的贡献。

5月9日，举办"世界读书日"系列活动之"春风习习，侨荐好书"荐书比赛

【曾旭任中国华侨出版社副经理】5月15日下午，在出版社一层会议室，召开曾旭同志任职宣布会。中国侨联党组成员、副主席程学源、组织人事部部长姚林楠及组织人事处处长李力出席会议。出版社党支部书记、执行董事、经理杨伯勋出席，全体干部职工参加此次会议。

5 月 15 日，曾旭任中国华侨出版社副经理宣布会

【赴西柏坡开展主题教育并向西柏坡希望小学捐赠图书】为持续推动学习贯彻习近平新时代中国特色社会主义思想走深走实，进一步引导广大干部职工深刻领悟“两个确立”的决定性意义，增强“四个意识”，坚定“四个自信”，做到“两个维护”，坚持“不忘初心、牢记使命”。

5 月 25 日，中国华侨出版社有限公司党支部书记、执行董事、经理杨伯勋和副经理曾旭等赴西柏坡开展主题教育，参观西柏坡纪念馆、七届二中全会会址并走进西柏坡希望小学，向同学们捐赠图书、送上六一儿童节礼物。

5 月 25 日，向西柏坡希望小学捐赠图书

5 月 25 日，走进西柏坡希望小学

【党支部书记杨伯勋讲专题党课】6 月 26 日下午，按照中央主题教育部署，根据《中国侨联学习贯彻习近平新时代中国特色社会主义思想主题教育工作方案》《2023 年中国侨联党的建设工作要点》安排，党支部书记杨伯勋结合自身学习感悟，聚焦出版主业，以提升政治能力，围绕“凝聚侨心”做出版为主题，为全体党员干部上了一堂丰富的党课。

【赴天津开展主题党日活动】6月30日，“七一”前夕，中国华侨出版社党支部组织全体党员及职工赴天津市“梁启超纪念馆”和“周恩来邓颖超纪念馆”开展主题党日活动，缅怀革命先辈，接受党性教育。

在梁启超故居，大家逐一参观展室，驻足观看交流，实地体会梁启超先生生活、学习的场景，了解先生的生平事迹，细细品味旷世奇才的心路历程、书香世家的百年沧桑和几代辉煌，激励着后人努力奋进，百折不挠。

随后，出版社全体职工抵达周恩来邓颖超纪念馆参观学习。党员干部在纪念馆大厅列队站立，面向党旗重温入党誓词。通过参观，党员干部表示，要扎实深入学习贯彻习近平新时代中国特色社会主义思想，传承红色基因，树立远大志向，砥砺初心使命，坚守为民情怀，加强党性修养，提高觉悟境界，敢于斗争，不懈奋斗，不断增强自我净化、自我完善、自我革新、自我提高的自觉性，永葆共产党人的政治本色。

此次主题教育坚定了党员干部的理想信念，激发了全员爱党、爱国的热情。今后将充分结合主题教育深入开展本职工作，围绕侨联工作大局，突出侨的特色，多出侨书，精品图书。同时，在服务侨胞、推动侨联工作、传播中华文化、弘扬主旋律、传播正能量等方面做出积极贡献。

参观活动结束后，副经理曾旭等拜访了天津市侨联，市侨联党组书记、主席李占勇等会见了出版社一行，双方就加强相互联系与合作以及图书出版、侨心书苑建设等方面工作进行了座谈交流。天津市侨联党组副书记、常务副主席、一级巡视员陈钟林，副主席杨晖，二级调研员杨泽桐等参加了会见。

【黄山市“侨心书苑”揭牌仪式】7月6日，黄山市歙县槐塘村“侨心书苑”举行揭牌仪式，中国华侨出版社副经理曾旭应邀出席揭牌仪式并与安徽省侨联党组书记、主席李世蕴，黄山市人民政府副市长张亚强，歙县县委副书记、统战部部长吴志平共同为“侨心书苑”揭牌，黄山市侨联、歙县侨联有关负责同志及当地归侨侨眷代表等参加揭牌仪式。

曾旭代表中国华侨出版社对歙县槐塘村“侨心书苑”挂牌表示祝贺，对省侨联在推动文化建设和“侨胞之家”建设中的做法给予肯定。她指出，“侨心书苑”是经中国侨联批准、中国华侨出版社打造的一个项目品牌，旨在为包括侨界在内的各界读者提供文化交流平台、展示优质图书读物，传播中华优秀文化、讲好中国故事，讲好侨界故事。希望侨界朋友和广大读者借助“侨心书苑”这个阅读平台，与好书为友，以阅读为乐，以学习为荣，让书卷飘香为歙县文化文明建设增添色彩，为歙县经济社会发展贡献绵薄之力。第十一次全国归侨侨眷代表大会即将召开，希望侨联工作者在各级党委、政府的领导下，勇于开拓进取，务求实效，扎实工作，担当新使命，再创新辉煌。

其间，曾旭一行还赴中国华侨国际文化交流基地——呈坎、徽州古城和安徽省华侨国际文化交流基地——鲍家花园等进行实地调研，并就深入挖掘文化资源、推动文化交流等工作与地方侨联和基地负责同志进行座谈交流。

6月30日，参观周恩来邓颖超纪念馆

8 月 13 日，《罗布桑却丹经济思想研究》举行新书发布会

【《罗布桑却丹经济思想研究》举行新书发布会】8 月 13 日，中国华侨出版社出版的《罗布桑却丹经济思想研究》一书在内蒙古自治区乌兰察布市辉腾锡勒举行新书发布暨学术研讨会。中国华侨出版社总编辑郭岭松、总编室主任张博、社科编辑室副主任姜薇薇、侨书编辑室编辑张玉，应作者邀请前往赴会。

【编印《筑梦之路——藏品见证的中国侨联史》】9 月，为落实习近平总书记和党中央关于侨联工作的决策部署，学习贯彻第十一次全国归侨侨眷代表大会精神，回顾中国侨联应运时代需要诞生，与共和国共同成长的光辉历程，总结中国侨联开展工作积累的经验，重温中国侨联取得的辉煌成就，增进侨联工作者对侨联历史的了解，增强对侨联工作的使命感、责任感，更好凝聚广大归侨侨眷和海外侨胞团结奋斗的磅礴力量。中国华侨出版社与中国华侨历史博物馆合作，收集相关素材，整理编印《筑梦之路——藏品见证的中国侨联史》，向十一代会献上了一份特殊而有深意的礼物。

【连小敏副主席赴出版社调研】9 月 12 日下午，中国侨联党组成员、副主席连小敏一行赴中国华侨出版社调研并慰问全体干部职工。

《筑梦之路——藏品见证的中国侨联史》

9 月 12 日下午，中国侨联党组成员、副主席连小敏赴出版社调研

连小敏走访了出版社各部门，听取工作汇报并与干部职工亲切座谈，对出版社良好的发展态势和向上的工作面貌给予肯定，鼓励大家继续立足侨界特色，发挥自身优势，再上新台阶。连小敏对出版社在疫情的冲击下、在出版业市场竞争日趋激烈的背景下，团结一心、敬业奋斗所取得的成绩表示赞扬，对大家“积极主动的工作精神、打造品牌的强烈意识、埋头苦干适应市场需求的从业态度”给予充分肯定。对于今后工作，连小敏提出了四点意见：一是要旗帜鲜明地讲政治，把握好意识形态关，把政治站位摆第一位，了解大的形势，关注国家重大发展战略，提升出版社的层次；二是了解侨联的工作大局，做好规划，不断地凝聚侨心侨力侨智；三是了解出版社自身情况，坚持职能定位，立足优势、挖掘潜力，明确主攻方向，多出精品图书，壮大自身实力，为侨服务；四是严格遵守国家文化纪律、政策，确保出版社有序运转。

中国华侨出版社执行董事、经理杨伯勋就出版社2023年的工作向连小敏作了简要汇报。副经理曾旭等参加了座谈。

【参加侨心书苑揭牌系列活动】 11月17日，“闽北第一侨村”福建省南平市延平区巨口乡横坑村举办“侨情馆”及“侨心书苑”揭牌仪式，出版社副经理曾旭出席活动并就侨类图书为侨基层工作服务进行调研。曾旭对福建省侨联系统一直以来对中国华侨出版社图书出版发行工作的支持与帮助表示衷心的感谢，对以蒋菊英女士为代表的侨界爱心人士表示诚挚的敬意，希望今后能与福建省各级侨联组织以及党政部门加强合作，进一步在涵养侨界作者和作品资源、深耕侨情侨史素材以及推进“侨心书苑”建设、发挥侨类图书为侨服务上共同努力，多出书，出好书，“为侨讲好故事，助侨讲好故事”。曾旭寄语横坑村侨联“侨情连四海，侨心暖万家”。福建省侨联副主席刘思一，南平市侨联副主席滕爱兰，延平区委常委、统战部部长郑莹诗等参加活动。

【举办《爱上古诗文》系列图书分享会】 11月18日，由中国华侨出版社、王府井书店联合主办的《爱上古诗文》系列图书分享会在王府井书店成功举办。中国华侨出版社总编辑郭岭松出席活动并致辞。知名教育专家、历任北京第一实验小学、北师大昌平附属学校、北京市康乐里小学副校长、校长刁立春进行了推荐分享。《爱上古诗文》系列图书作者陈尘进行了现场分享，并与现场读者热情互动交流。

会后，作者进行了现场签售。

【刘军川组长到中国华侨出版社有限公司调研】 11月22日，中央纪委国家监委驻中央统战部纪检监察组组长刘军川到出版社调研，听取情况介绍，走访业务部门，与干部职工亲切交流。中国侨联党组成员、副主席程学源参加调研，中国华侨出版社有限公司执行董事、经理杨伯勋作

11月17日，出席福建省南平市延平区“侨心书苑”揭牌系列活动

11 月 22 日，中央纪委国家监委驻中央统战部纪检监察组组长刘军川到中国华侨出版社有限公司调研

【北京市侨联到中国华侨出版社参观交流】11 月 24 日，北京市侨联党组成员、副主席苏泳一行来中国华侨出版社有限公司开展“忆侨史 话合作 谋发展”为主题的走访调研暨主题党日活动，参观中国华侨出版社有限公司，与中国华侨出版社有限公司党员干部开展座谈交流，共商合作事宜。中国华侨出版社有限公司执行董事、经理杨伯勋，副经理曾旭出席了此次活动。

工作汇报。

刘军川详细了解了中国华侨出版社有限公司学习贯彻党的创新理论、贯彻落实党中央重大决策部署、全面从严治党工作、落实意识形态工作责任制以及年轻干部教育管理监督的情况。他强调，中国华侨出版社有限公司作为中国侨联重要的宣传思想单位和意识形态工作前沿阵地，同时也是侨界权威出版单位，担负着侨界思想引领和文化建设的职责使命，要深入学习贯彻习近平新时代中国特色社会主义思想特别是习近平文化思想和习近平总书记关于全面从严治党、侨务工作、群团工作的重要论述，认真落实好李希同志代表党中央在十一代会上的致词精神，更好发挥党建引领作用，提高政治站位，找准职能定位，坚持社会效益第一的出书导向，严格落实意识形态工作责任制，多出好书，多出精品，不断提升为侨服务的能力和水平。

驻中央统战部纪检监察组副组长、一级巡视员周煜华，中国侨联直属机关纪委副书记尹媛媛、中国华侨出版社有限公司副经理曾旭等有关同志参加上述活动。

11 月 24 日，北京市侨联到中国华侨出版社参观学习

【日照市侨联到中国华侨出版社有限公司调研座谈】11 月 29 日，日照市侨联党组书记、主席宋强一行赴中国华侨出版社有限公司调研座谈，共商合作事宜。座谈会上，出版社党支部书记执行董事、经理杨伯勋从侨书出版规划、“侨

11 月 29 日，与日照市侨联调研座谈共商合作事宜

心书苑”建设和中国侨联出版基金的设立发起三个方面作了详细介绍。杨伯勋表示，未来希望与日照市侨联围绕侨界文化活动、侨心书苑建设等方面加强合作，努力实现服务发展有新成效、维护侨益有新作为、拓展海外联谊有新方式、弘扬中华文化有新载体、参与建设有新贡献，坚定不移地做好新时代“侨”的文章。

宋强详细介绍了日照市侨情概况、举办“中国寻根之路”夏（冬）令营及日照侨史文化馆、侨胞之家等情况，他表示，侨胞在助力经济社会高质量发展、讲好中国故事和侨的故事等方面发挥了积极作用。希望在“侨心书苑”建设、加强文化阵地建设等方面开展多方面交流合作，推进侨联工作提质增效。中国华侨出版社有限公司副经理曾旭等出席座谈会。

【参加中国侨联江西上饶广信区扶贫项目督查有关工作】12月6日，中国华侨出版社有限公司副经理曾旭随同督导组赴江西上饶广信区，督促检查相关扶贫项目；12月7日了解驻村帮扶工作，看望驻村干部，举行侨心书苑挂牌仪式等。

【《世界华侨华人通史》项目】《世界华侨华人通史》是世界华侨华人移民、生存、发展历史及与祖籍国、移居国关系的大型通史性著作。2013年经国家出版基金评审委员会评审成立的国家出版基金资助项目。全书总体结构为总论、区域华侨史、专题华侨史三大类别，总计12卷14册，其中总论部分为1卷，即《总论卷》，区域侨史分7卷9册，即《东南亚卷》（上下册）、《中亚卷》、《东北亚卷》、《美洲卷》（上下册）、《欧洲卷》、《非洲卷》、《大洋洲卷》，专题华侨史4卷4册，分为《人物卷》《归侨卷》《华文教育卷》《华文传媒卷》。该书的编辑出版对于全面梳理研究华侨华人历史，具有重要的文献价值和阶段性的总结意义，为华侨华人研究领域的专家学者提供一套可资借鉴的通史读本，史料性强，专业性强，是对我国历史学术文化不可或缺的补充，未来将给华侨华人研究领域带来巨大的推动力和引领力。

重点图书《世界华侨华人通史》

由于各方面原因，截至2022年4月，该系列图书仅出版6卷8册，还有6卷6册没有完成出版，出版工作几近停滞。2023年，出版社克服重重困难，制定专门规划、组织力量加快出版进程，用一年多时间出版4卷4册。剩余《中亚卷》《人物卷》涉及民族、宗教、外交等重大选题内容，审批流程长，短时间内无法完成出版，经与国家出版基金规划办公室协商，《中亚卷》《人物卷》暂不出版，《通史》出版项目顺利完成，通过审批结项。

【出版的图书获得多项业内荣誉】《梦里家山》《别了多伦多》《迁徙·家园·命运》《心之力》《与焦虑和解》《船政名门》《爱上古诗文——小学必读古诗词赏析》《古文观止精选120篇》（教师节）《戏曲里的中国》《复古之路》《身如琉璃》《爱上古诗文——初中必读古诗文赏析》等12种图书被中宣部《全国新书目》推荐。《百年风华　雨花侨魂》等4种图书入选“农家书屋”。《100年北美华人移民史》《思维高手》《给孩子看的中国传统节日故事》《中国传统文化故事集》《典籍中的琴棋书画》《何香凝的故事》《李四光的故事》《钱伟长的故事》《钱学森的故事》《竺可桢的故事》《给孩子看的趣味数学》《奇妙的化学》《物理学“中二”指南》13种图书入选“2023年全国中小学图书馆（室）推荐书目”。《戏曲里的中国》入选第十届“深圳十大佳著”（非虚构类）名单。《郭之奇传》荣获“广东省第十届民间文艺著作三等奖”。

【以调研推进主题教育走深走实】学习贯彻习近平新时代中国特色社会主义思想主题教育开展以来，中国华侨出版社有限公司党支部牢牢把握“学思想、强党性、重实践、建新功”总要求，聚焦出版主营主业，着眼高质量发展，大力开展调查研究，多次赴侨乡调研，与广大地方侨胞深入交流，更加深刻地了解侨胞需求，开发地方侨类选题。

2月，赴厦门市，与厦门市委党校、厦门市

到潮州市府城民俗馆参观学习

侨联文化联络部、鼓浪屿侨联、华侨博物院等深入交流，建立联系；6 月，前往著名侨乡潮州市进行调研，与韩山师范学院、潮州文化研究院等学术研究机构研究人员座谈，就侨乡文化建设经验与海外传播等展开深入调研；10 月，赴广东省调研侨界文化建设、“侨心书苑”建设等情况，并在广东技术师范大学郭小东文学馆、广州市侨联、惠州市侨联等召开座谈交流会。一系列调研活动取得成效，党支部及时总结所取得的新经验，转化新成果，有效促进了党建与业务工作的深度融合，让主题教育走深走实。

【办好第十一次全国归侨侨眷代表大会】中国华侨出版社积极参与第十一次全国归侨侨眷代表大会组织筹备工作，作为防疫组负责会议期间疫情防控。派 11 名职工直接入驻代表住地，24 小时轮流值班，及时协调感染同志离开住地，积极救治突发疾病代表，为整个会期的顺利进行提供了有力支持。

还选派 3 位职工参加组织组、联络组等工作组。侯大千、贾欣欣、武一格、张博、侯文洋、桑梦娟被评为“十一代会先进个人”。

【参加中央和国家机关第二届运动会】2023 年，召开中央和国家机关第二届运动会，中国华侨出版社广大干部职工积极参与，英姿勃发，在空中挑战、飞镖、拔河、跳高、极速挑战等项目中均取得成果，充分展现了出版社良好精神风貌。

参加中央和国家机关第二届运动会

中国侨联法律顾问委员会

【领导成员名单】

荣誉主任：邹　瑜

主　　任：张　耕

常务副主任：林淑娘（女）　张鸣起　王秀红（女）　王培生

副 主 任：王振川　高卢麟　方忠炳　储亚平　姜凤岩　马怀德　张志杰（2023年12月1日聘任）

秘 书 长：张　岩（女）

【综述】2023年，在中国侨联党组的领导下，中国侨联法律顾问委员会（以下简称“法顾委”）深入学习贯彻习近平新时代中国特色社会主义思想，深刻领悟“两个确立”的决定性意义，增强“四个意识”、坚定“四个自信”、做到“两个维护”，积极发挥侨联“智囊团”作用，坚持“两个并重”“两个拓展”，积极参与织好“两张网”，创新维权实践，拓展海外法律服务，切实依法维护广大侨胞权益。

【组织学习十一代会精神】在第十一次全国归侨侨眷代表大会召开之际，动员组织法顾委国内和海外委员收看十一代会开幕会和闭幕会盛况，及时摘编委员们的感想感悟，在中国侨联官网进行刊登，进一步凝聚了法顾委思想共识，增强了委员们的履职责任感和使命感。

【开展专项调研】3月至4月，在中国侨联领导、法顾委领导带领下，以“进一步发挥法顾委作用，配合侨联开展维权工作”为主题，先后赴江苏、河南、辽宁、黑龙江、四川、云南六省，紧紧围绕涉侨政策制定修改、法顾委作用发挥、侨胞权益维护、涉侨纠纷多元化解、中国侨联章程修改等内容开展调研。调研组深入基层一线，与当地党委、人大、政府、政协、司法机关等单位领导、侨企代表、法顾委委员、基层侨界群众和侨联工作者进行交流，听取意见建议，并形成调研报告。其中，《关于赴江苏、河南开展“发挥法顾委作用配合侨联做好维权工作”的调研报告》作为中央和国家机关基层党组织优秀调研报告报送。

4月23日至28日，中国侨联法顾委主任、最高人民检察院原常务副检察长张耕带队赴四川、云南开展调研

中国侨联法顾委调研组在四川、云南召开座谈会

3月22日至24日，中国侨联党组成员、副主席连小敏（左二）带队，以“进一步发挥法顾委作用，配合侨联开展维权工作”为主题，赴江苏开展调研

3月29日，中国侨联党组成员、副主席连小敏（右二）带队，以“进一步发挥法顾委作用，配合侨联开展维权工作”为主题，赴河南开展调研

【召开主任会议】5月31日、12月1日，法顾委先后召开上半年主任会议和下半年主任会议。中国侨联党组书记、主席万立骏亲切会见法顾委主任、副主任，传达了党的二十大精神、中央书记处指示批示精神，介绍了侨联今年重点工作情况。中国侨联副主席程红出席会议并讲话，对法顾委工作提出希望。上半年主任会议审议了法顾委2023年工作要点、法顾委海外委员2023年回国访问方案，通报了法顾委2023年调研情况、推荐法顾委委员参加第十一次全国归侨侨眷代表大会情况。下半年主任会议审议了法顾委章程等规章制度审议稿、法顾委拟增聘副主任人选名单、法顾委各专委会调整后成员名单、审议法顾委2023年年会暨专委会会议方案。

【参加章程修改座谈会】6月27日、28日，法顾委委员代表毛起雄、李曙光、吕立秋、沈常勇、莫于川参加了中国侨联章程修改座谈会，结合维护侨益工作实际，提出有价值的意见建议。

【获得十一代会表彰】在十一代会开幕会上，法顾委委

12月1日下午，中国侨联法顾委主任会议在中国侨联机关召开

员王建平、李晓斌被中国侨联、国务院侨办授予“全国归侨侨眷先进个人”荣誉称号，法顾委委员吕立秋、符琼芬被中国侨联授予“全国侨联系统先进个人”荣誉称号。

9月21日至22日，访问团一行与最高法研究室、中国侨益保护研究基地的专家围绕涉侨跨境纠纷多元化解、为海外侨胞提供线上线下法律服务、住在国法律查明等议题开展座谈交流

【组织海外委员回国访问】 9月20日至26日，联合中国侨商会组织了中国侨联法顾委海外委员2023年回国访问活动。活动以“奋进新征程　履职新时代”为主题，邀请到来自俄罗斯、英国、美国、意大利、西班牙、加拿大、南非、马来西亚、哈萨克斯坦等16个国家的19名海外委员参加。在京期间，访问团一行得到中国侨联副主席程红、法顾委主任张耕的亲切会见。京外活动期间，在河北崇礼，访问团一行与最高人民法院研究室、中国侨益保护研究基地的专家围绕涉侨跨境纠纷多元化解、为海外侨胞提供线上线下法律服务、住在国法律查明等议题开展了座谈交流。在山西，访问团先后赴晋中市、阳泉市、太原市等地进行实地考察，与山西省高级人民法院、检察院、司法厅、法学会、侨联等有关单位以“发挥独特作用，助力推动高质量发展”为主题开展座谈交流。通过考察交流，委员们在协助推进“一带一路”建设、促进中外法治文化交流等方面提出了不少高质量、建设性的意见建议，活动取得圆满成功。

9月25日，中国侨联法顾委海外委员访问团与山西省高院、检察院、司法厅、法学会、侨联等有关单位进行座谈

【召开案例研讨会】 发挥法顾委专委会作用，先后组织钱列阳、李忠诚、韩嘉毅、张宏久、张雷、昌孝润等委员召开两场案例研讨会，共同研究重大疑难案件，提出维权意见建议，在高质量法律服务中传递侨联组织的温暖。

【开展志愿法律服务活动】 法顾委志愿法律服务队（北京市炜衡律师事务所侨界联合会）在北京、海南、河北、江苏、福建开展了“法治进社区”“法治进企业”“侨海沙龙”等一系列法律志愿服务活动，做好基层涉侨纠纷防范化解工作，

9月22日，中国侨联副主席程红（前排中）会见回国参访的中国侨联法顾委海外委员访问团

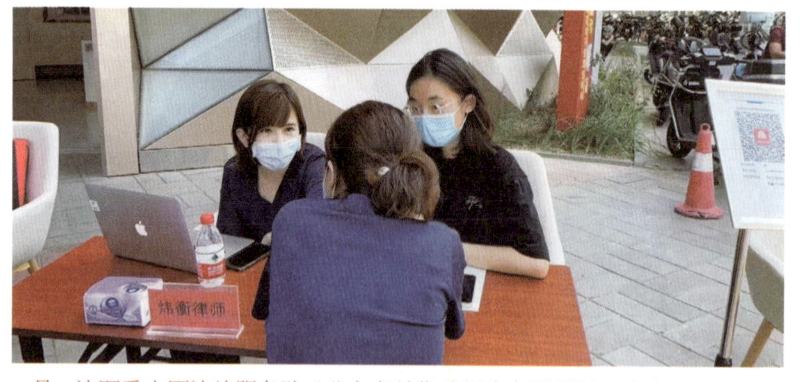

5 月，法顾委志愿法律服务队（北京市炜衡律师事务所侨界联合会）深入重点企业开展“一对一”精准普法、“法治体检”、“矛盾排查化解”等活动

为侨界群众提供便捷、优质、高效的法律服务。

【参与侨联普法工作】10 月 25 日，法顾委副主任姜凤岩应邀参加中国侨联“法治中国　你我同行”侨界法治学习活动，以“深入学习贯彻涉侨法律法规”为题，为来自辽宁、吉林、黑龙江、内蒙古四地基层侨联干部、侨界群众、法顾委委员、侨商代表等学员授课。12 月 4 日“国家宪法日”，法顾委委员李勇以“中国式现代化与宪法精神”为题，为中国侨联机关干部授课。

【为侨联系统公职律师授课】11 月 30 日，法顾委委员吴建平应邀以“从案例看《监察法》和《刑法》《刑事诉讼法》的‘法法’衔接”为主题，为中国侨联机关公职律师授课。中国侨联机关公职律师，机关纪委委员、纪检委员，纪委办干部，以及权益保障部全体同志参加了学习。地方侨联公职律师在线收看了讲座。

【参加首届涉侨国际法律服务会议】12 月 4 日至 5 日，臧洁妹、原毅、张玉人三位法顾委海外委员应邀线上参加首届“涉侨国际法律服务会议”。会议以“建设国际法律服务中心　打造涉侨权益保护体系”为主题，由中国侨益保护研究基地主办，上海市依法治市法治化营商环境研究基地、华东政法大学涉外法治学院承办。法顾委海外委员们围绕“涉侨法律服务机构培育”发表了主题演讲，介绍和分享了哈萨克斯坦、俄罗斯、日本的涉侨法律服务机构相关经验及商事调解中心在涉侨纠纷解决中的重要作用，为进一步加强涉侨法律服务机构培育工作提供了宝贵借鉴，得到主办方和与会者的高度好评。

12 月 4 日至 5 日，臧洁妹、原毅、张玉人三位法顾委海外委员应邀线上参加首届“涉侨国际法律服务会议”

【召开 2023 年年会暨专委会会议】12 月 28 日，中国侨联法顾委 2023 年年会暨专业委员会

12 月 28 日，中国侨联法顾委 2023 年年会暨专业委员会会议在京召开，中国侨联副主席程红出席并讲话

中国侨联副主席程红（左二）代表中国侨联为法顾委新聘副主任、最高人民检察院检察委员会原副部级专职委员张志杰颁发聘书

会议在京召开。中国侨联副主席程红，中国侨联法顾委主任张耕，常务副主任林淑娘、张鸣起、王培生，副主任高卢麟、储亚平、张志杰、姜凤岩，秘书长张岩出席会议。会议由中国侨联法顾委常务副主任张鸣起主持。程红受中国侨联党组书记、主席万立骏委托，代表中国侨联讲话。她首先向大家传达了第十一次全国归侨侨眷代表大会精神和党中央对侨联工作重要指示，就法顾委下步工作开展提出了三点希望：一是强化政治引领，以习近平新时代中国特色社会主义思想统领侨益保护工作。二是提高政治站位，在大局中思考和谋划侨益保护工作。三是加强自身建设，不断提高法顾委影响力。张耕代表中国侨联法顾委作 2023 年工作报告，全面回顾总结了法顾委全年工作，并结合贯彻落实党的二十大精神、十一代会精神和程红讲话精神，对 2024 年工作进行了部署。程红代表中国侨联为法顾委新聘副主任、最高人民检察院检察委员会原副部级专职委员张志杰颁发了聘书。工作人员宣读了《中国侨联法顾委章程等规章制度修改说明》《中国侨联法顾委关于调整专业委员会成员的决定》。法顾委五个专业委员会围绕程红讲话和张耕年度工作报告，结合审议法顾委章程、工作规则修改稿等主题，就如何发挥专委会作用、推进法顾委依法维护侨益工作进行了分组讨论。张鸣起对会议进行了总结。法顾委委员，各省（自治区、直辖市）侨联、新疆生产建设兵团侨联、中央企业侨联负责维权工作的同志共计 120 余人参加了会议。法顾委海外委员同步线上参会。

张耕主任代表中国侨联法顾委作 2023 年工作报告

法顾委五个专业委员会进行分组讨论

【参与规范性文件修改】2023 年，吕立秋、沈常勇、莫于川、昌孝润等法顾委委员积极协助中国侨联，对来

自全国人大、全国政协、中央统战部、司法部、最高人民法院、最高人民检察院等单位的相关文件提出了修改意见建议。

【参加福建省侨联法顾委成立 20 周年座谈会】2023 年是福建省侨联法顾委成立 20 周年。法顾委办公室以“中国侨联法顾委”名义向福建省侨联法顾委发送贺信。法顾委常务副主任林淑娘代表中国侨联法顾委出席了纪念座谈会并作总结讲话。法顾委副主任、福建省侨联法顾委主任方忠炳在会上回顾了福建省侨联法顾委 20 年来的成绩和经验，并对今后的工作进行了展望。

【加强自身建设】一是完善法顾委制度。根据第十一次全国归侨侨眷代表大会修改通过的中国侨联章程和法顾委近年来工作实际，法顾委办公室对《中国侨联法律顾问委员会章程》《中国侨联法律顾问委员会工作规则》《中国侨联法律顾问委员会涉侨案件研讨规则》等六个规章制度进行了修改完善，并按照相关程序进行审议或报批，确保法顾委工作更加规范化、制度化、科学化。二是建强法顾委队伍。为联合相关部门更好地维护归侨侨眷和海外侨胞的合法权益，在法顾委办公室与相关单位商请的基础上，法顾委主任会议审议通过了增聘副主任的决议。同时，为壮大法顾委在共建“一带一路”国家、上合组织国家的海外委员队伍，启动相关工作。

11 月 20 日，纪念福建省侨联法律顾问委员会成立二十周年座谈会在福建福州召开

中国侨商联合会

【领导成员名单】

永远荣誉会长：陈有庆

荣誉会长：李文正　陈永栽　张晓卿　庄启程　陈丽华（女）　施恭旗　马介璋　彭云鹏　黄志源　曹德旺　陈经纬　郭孔丰　陈江和　林文光　周泽荣　严彬　郭孔丞　张茵（女）　林建岳

会长：谢国民　许荣茂

监事长：施乾平

秘书长：夏付东（兼任）

3 月 27 日，中国侨联党组书记、主席万立骏出席由中国侨联主办，中国侨联经济科技部、信息传播部、组织人事部、中国侨商联合会联合承办的“学习贯彻二十大精神和全国两会精神侨商座谈会”并讲话

【综述】 2023 年，在中国侨联统一领导下，中国侨商联合会以习近平新时代中国特色社会主义思想为指导，全面贯彻落实党的二十大精神和中国侨联十一代会精神，秉承服务大局、服务发展、服务会员、服务社会的宗旨，团结凝聚广大侨商在加快构建新发展格局、推动高质量发展、团结奋进新时代中贡献力量。

【万立骏主席出席“中国侨联学习二十大精神和全国两会精神侨商座谈会”】 3 月 27 日，由中国侨联主办，中国侨联经济科技部、信息传播部、组织人事部、中国侨商联合会联合承办的“学习贯彻二十大精神和全国两会精神侨商座谈会”在京召开，中国侨联党组书记、主席万立骏出席并讲话。座谈会的举办，是各级侨联和侨商会深入学习贯彻习近平新时代中国特色社会主义思想，贯彻落实习近平总书记关于群团工作、侨务工作的重要论述，坚持围绕中心、服务大局、服务侨胞，推动侨联工作实现新发展、取得新成绩的重要举措。万立骏寄予大家：坚守侨的初心，深入学习贯彻党的二十大和全国两会精神，领会核心要义、把握时代要求，展现侨心向党的新风貌；凝聚侨的力量，积极投身强国建设、民族复兴的伟大进程，发挥独特优势、坚定发展信心，作出无愧时代的新贡献；弘扬侨的精神，把个人发展与国家和民族发展紧密相连，继承优良传统、厚植家国情怀，续写不懈奋斗的新篇章。中国侨商联合会会长谢国民以视频形式交流学习体会，中国侨商联合会荣誉会长、富华集团董事局主席陈丽华以及中国侨商联合会常务副会长、监事长、副会长等 100 余名侨商参加会议。大家纷纷表示，此次座谈会的召开非常及时，对加深学习党的二十大精神及全国两会精神起到很重要的推动作用，在党的二十大确定的宏伟蓝图指引下，将踔厉奋发、团结奋进、再创辉煌。

3 月 27 日，中国侨商联合会荣誉会长、富华集团董事局主席陈丽华以及中国侨商联合会常务副会长、监事长等 100 余名侨商参加“学习二十大精神和全国两会精神侨商座谈会”

2 月 25 日，中国侨商投资（广东）大会在广州召开

【组织举办两届“中国侨商投资大会”】中国侨商投资大会是中国侨联打造的重要品牌，旨在为广大侨胞和地方政府搭建合作共赢的平台，为新时代新征程构建新发展格局、实现高质量发展汇聚侨界力量。2023 年，中国侨商投资大会分别在广东和河南举办，取得丰硕成果，获得广泛好评。中国侨商投资（广东）大会项目总金额合计 1.63 万亿元，投资贸易合作项目 856 个；中国侨商投资（河南）大会共达成合作项目 346 个，总金额 3127.8 亿元，其中投资合同项目 218 个，总投资 1870.3 亿元，现场共有 100 个项目集中签约。中国侨商联合会会长谢国民等 70 余（人次）中国侨商联合会常务副会长以上知名侨资企业家莅临大会，落地重大项目，实现了为大局服务、为侨服务的有机统一。

【组团出席第十六届世界华商大会】第十六届世界华商大会于 6 月 24 日至 26 日在泰国曼谷召开，来自世界各地的近 4000 名华商参加大会，围绕泰国经济环境和投资优势、“一带一路”、RCEP、粤港澳大湾区等议题开展交流与

6 月 24 日至 26 日，中国侨商联合会代表团赴泰国参加第十六届世界华商大会

11 月 28 日，以“汇聚侨界力量　共建出彩中原”为主题的中国侨商投资（河南）大会在郑州召开

6 月 24 日至 26 日，谢国民（前排右七）会长率正大集团高层在集团总部会见中国侨商联合会代表团主要成员

探讨，为全球经济复苏和中华民族伟大复兴贡献智慧和力量。中国侨商联合会组成以会长谢国民为团长，以秘书长夏付东为副团长，以全国政协港澳台侨委员会副主任屠海鸣常务副会长、全国人大代表武志永常务副会长等为团员的 70 多人代表团参会交流。在曼谷期间，谢国民率正大集团高层，在集团总部会见中国侨商联合会代表团主要成员，并与代表团进行深入交流。

【组织会员参加 20 余场次地方经贸活动】 2023 年，侨商会紧抓重点工作，围绕京津冀协同发展、长江三角洲区域一体化发展、粤港澳大湾区建设、海南自贸港建设等国家战略，结合会员发展实际需要，组织 20 余个团组，邀请会员近千人次到地方进行考察。如组织会员赴江苏扬州参加“中国·扬州‘烟花三月’国际经贸旅游节”；赴江苏淮安参加“中国·淮安第三届淮河华商大会”；赴重庆参加“第五届中国西部国际投资贸易洽谈会”；赴云南昆明参加“2023 知名侨商云南行”“东盟华商会”“全球华商云南行”；赴青海西宁参加“青洽会”；赴安徽合肥参加“世界制造业大会”；赴河南郑州参加“第十四届中国河南国际投资贸易洽谈会”；赴辽宁沈阳参加“创业中华·侨兴辽宁”2023 侨商辽宁行；赴广西南宁参加“第三届‘一带一路’侨商侨领交流合作大会”；赴河南商丘参加“第九届中国·商丘国际华商节”；赴天津参加“2023 中国·天津投资贸易洽谈会”。组织会员参加“创业中华·创新龙江——2023 海内外侨商聚力向北开放龙江行”“创业中华·2023 知名侨商吉林行”“2023 创业中华·创新河北海内外侨商沧州行”“创业中华——华商八桂行”等活动。

【举办“2023 世界侨商海南行暨创业中华·侨商论坛”】 为鼓励引导广大侨商参与第三届中国国

4 月，中国侨商联合会组织团组赴地方参加经贸活动

4 月，中国侨商联合会、海南省侨联共同举办以“新征程　新使命　共享开放新机遇”为主题的“2023 世界侨商海南行暨创业中华·侨商论坛”活动

际消费品博览会，助力海南自由贸易港建设高质量发展，中国侨商联合会、海南省侨联共同举办以“新征程　新使命　共享开放新机遇”为主题的“2023世界侨商海南行暨创业中华·侨商论坛”活动。中国侨联党组成员、副主席连小敏率领来自海内外17个国家和地区70多位在商贸领域有影响有实力的侨商企业家及海外侨胞代表参加活动。作为消博会的重要配套活动，举办本次论坛，旨在为广大侨商朋友搭建交流互鉴、共谋发展的平台，助力更多侨商侨企紧抓新一轮改革开放和海南自贸港建设的宝贵机遇，实现国家战略与个人事业发展同频共振、契合共赢。

【召开“学习二十大精神”中国侨商联合会青年侨商延安研修班】按照中国侨联2023年度主要工作安排以及党组主题教育活动安排，中国侨商联合会在陕西延安干部学院举办“学习二十大精神”中国侨商联合会青年侨商延安研修班。本次研修班学习内容紧扣“学习二十大精神”主题，学员们切实做到了学有所思、学有所获，进一步增进了对祖（籍）国的热爱和情感。按照会领导“用好侨商宝贵资源，服务延安老区发展”要求，研修班组织对延安新区规划馆、大数据产业园、福苑颐养中心等地参访考察，组织“携手延安　共创未来　2023‘青年侨商延安行’重点产业招商推介会”。学员们表示，通过这次培训，思想和灵魂都受到了洗礼，明确了前行方向，精神倍感振奋。

5月，中国侨商联合会组织50余名青年侨商走进延安老区研修学习

【主办“中国侨联马来西亚杰出华商青年研修班”】2023年是中国和马来西亚建立全面

10月16日，由中国侨商联合会主办的“中国侨联马来西亚杰出华商青年研修班”在清华大学开班，中国侨联副主席程红（左三）出席并讲话

战略伙伴关系十周年，也是共同在“一带一路”建设中发展最快的十年，由中国侨商联合会主办的“中国侨联马来西亚杰出华商青年研修班”，邀请来自马来西亚中华总商会、马来西亚中华大会堂等十余个工商社团的50余位华裔青年代表参加学习研修。中国侨联副主席程红出席开班式并讲话。本次研修班就马来西亚华裔新生代所关注的主题，邀请商务部、中科院、中国—东盟商务理事会、清华大学等相关领域知名专家教授从“一带一路”建设、全球经济发展、人工智能与产业发展、数字化管理等方面授课，并组织学员到京东集团、故宫博物院、清华校史馆参观交流。

中国侨商联合会在中华文化学院举办“新时代、新起点、新征程：侨商参与高质量发展”研修班

【召开“2023中国侨商联合会会长会”“2023年全国侨商组织会长联席会”】中国侨商联合会在河北秦皇岛召开会长会，中国侨联副主席程红出席会议并讲话，对侨商会工作提出三点希望：一是坚定信心、创新发展，为高质量发展注入侨的动力；二是把握先机，发挥优势，在共建“一带一路”中展现侨的作为；三是精心谋划，悉心服务，推进侨商会自身建设再上新台阶。6月6日，中国侨商联合会在杭州召开“2023年全国侨商组织会长联席会”，来自全国省级和副省级城市的48个侨商组织的120余位负责人共聚一堂，交流各地侨商组织为侨服务、为地方发展大局服务的做法和经验，并就如何进一步完善侨商组织建设，促进全国侨商组织健康持续发展进行探讨。

10月19日，中国侨商联合会会长会在河北秦皇岛召开

【举办“新时代、新起点、新征程：侨商参与高质量发展”研修班】为更好地发挥广大侨胞独特优势，紧跟时代步伐，在助力构建新发展格局、促进高质量发展方面展现更大的作用，中国侨商联合会在中华文化学院举办研修班，邀请中央党校、国防大学、中国人民大学等相关领域知名专家教授从国际形势、宏观经济、“一带一路”建设、企业战略和政策、国际经贸等方面授课，希望广大侨商能够更好地体会党的二十大精神、十一代会精神，贯彻中央经济工作会议精神，更加坚定信心，以更务实的作为，为构建新发展格局、为“一带一路”的高质量发展更好地展示侨的力量。

【联合主办第二期中国侨联“一带一路”华商研修班、“2023中国侨联新侨双创研修班”】中国侨商联合会联合中国侨联经济科技部共同举办“一带一路”华商研修班，旨在推动学员进一步了解“一带一路”发展机遇和参与途径，学思践悟党的二十大精神和习近平主席关于推动共建“一带一路”重要论述；联合北京大学、中国侨联经济科技部共同承办“2023中国侨联新侨双创研修班”，围绕当前经济形势发展大势、智能化信息化前沿技术应用、科技创新等设计培训课程，带领学员考察参访国家级金融科技示范区、奇安信科技集团股份有限公司、字节跳动总部。

【参与承办第三届世界华侨华人工商大会】10月30日至31日，由国务院侨办、中国侨联、全国工商联共同主办的第三届世界华侨华人工商大会在京成功举办，来自全球百余个国家和地区的400余名华侨华人代表参加大会。中国侨商联合会会长谢国民、荣誉会长张茵等30位会员代表参加活动。大会期间，中国侨联承办了“新格局·新理念·新贡献”侨商论坛，200余名侨商代表参会。中国侨商联合会谢国民、施乾平、古润金、刘雅煌、李然、李学海等侨商代表分别作了致辞演讲。

【承办“以侨的公益事业助推高质量发展”调研座谈会】为扎实做好深入学习贯彻习近平新时代中国特色社会主义思想主题教育活动，加强与广大侨商会员的联谊交流，中国侨商联合会于2023年6月1日召开“以侨的公益事业助推高质量发展”座谈会。中国侨联党组成员、副主席程学源出席。中国侨联联谊联络部、中国华侨公益基金会、中国侨商联合会有关负责同志参加座谈会，与会侨企介绍了在参与“侨爱心工程”、捐建北川中学和华侨冰雪博物馆、抗击新冠疫情、扶贫济困以及兴教助学等方面的情况，并结合企业公益事业发展的历程，交流了学习习近平总书记关于高质量发展和公益事业发展的有关重要论述的体会。

【继续推进中国侨商助学金项目】经报中国侨联领导和中国侨商联合会会长同意，2023年度助学金在四川省、云南省、甘肃省（含积石山县）、贵州省和中国侨联定点帮扶单位——江西省上饶市广信区五个地区发放，每个地区40万元（每位学生1万元），合计200万元。

【支持江西省上饶市广信区帮扶工作】按照中国侨联《关于中国侨联2023年定点帮扶工作计划》和《中国侨联2023年定点帮扶项目任务分解表》内容，中国侨商联合会帮扶内容涉及农村防疫、基础设施、教育、健康以及消费等项目。经报会长同意，中国侨商联合会五届八次理事会议审议通过了《中国侨商联合会支持江西省上饶市广信区定点帮扶款项101万元事项》，并通过基金会拨款支付。2023年5月，中国侨商联合会组织20余位会员企业陪同中国侨联党组成员、副主席连小敏赴江西上饶广信区调研，支持中国侨联定点帮扶工作。

【继续推进“为会员服务行动年”活动】自2022年6月1日正式启动的“为会员服务行动年”活动，旨在依托各种资源优势，推动和解决广大侨商在企业经营过程中遇到的各种“急难愁盼”问题，竭尽全力为广大侨商提供力所能及的协助。2023年共受理12起会员企业反映的困难问题，其中4起得到妥善解决。

【多形式多渠道多平台为会员提供信息服务】2023年，继续与华人头条合作，完成网站信息发布工作。目前侨商会微信公众号总订阅人数8000余人，全年发文900余篇，总阅读次数约80万次。编辑完成出版《中国侨商资讯》50期。在网站搭建中国侨商投资大会、学习党的二十大精神专题，发布有关信息百余篇。订购1000份2023年度《海内与海外》杂志向广大会员发放，使广大侨商会员深入学习领会习近平新时代中国特色社会主义思想，深刻理解侨务工作、侨联工作在党和国家全局中的重要地位。

中国侨商联合会与华人头条合作，为广大侨商会员搭建信息平台

中国企业经营咨询公司

【领导成员名单】

党委书记、副总经理（法定代表人）：马 鑫

党委副书记、副总经理：唐庆新

【综述】2023年，中国企业经营咨询公司（以下简称“中企公司”）在中国侨联党组的领导下，坚持以习近平新时代中国特色社会主义思想为指导，全面贯彻党的二十大精神，认真落实中国侨联十一代会决策部署，深刻领悟“两个确立”的决定性意义，增强“四个意识”、坚定“四个自信”、做到“两个维护”，以开展学习贯彻习近平新时代中国特色社会主义思想主题教育为契机，坚决落实中央巡视及内部巡视整改要求，强化风险管控，规范决策程序，加强国有资产管理和队伍建设，实现企业健康发展。

【万立骏主席赴中企公司调研】5月23日上午，中国侨联党组书记、主席万立骏到中企公司调研，与党员干部面对面座谈交流，了解中企公司开展主题教育情况。他指出，中国侨联机关和各直属企事业单位要在前期工作基础上，深入学习贯彻习近平总书记关于主题教育的重要讲话和重要指示精神，进一步深化思想认识、提高政治站位，自觉与党中央开展主题教育的部署要求对标对表，按照中央第二十三指导组的要求，统筹推进理论学习、调查研究、推动发展、检视整改，确保主题教育取得实实在在的成效。

座谈会上，中企公司党委书记、副总经理马鑫就中企公司开展主题教育情况作了汇报。万立骏对中企公司的做法和成效给予肯定。他强调，深入开展主题教育是今年党建工作的重中之重。中国侨联机关和各直属企事业单位要认真贯彻落实“学思想、强党性、重实践、建新功”的总要求，结合侨联工作实际开展有特色的学习活动，推动学习贯彻习近平新时代中国特色社会主义思想主题教育在侨联走深走实。一是坚持以学铸魂，做好学习贯彻习近平新时代中国特色社会主义思想的深化、内化、转化工作，将主题教育的学习成效体现在对“两个确立”的深刻领悟和坚决做到“两个维护”的高度自觉上。全体侨联干部要提高政治站位，增强“四个意识”、坚定“四个自信”、做到“两个维护”，自觉用习近平新时代中国特色社会主义思想武装头脑、指导实践、推动工作，始终做到听党话、跟党走，党有号召、侨有行动。二是坚持以学增智，从党的科学理论中悟规律、明方向、学方法、增智慧，将主题教育学习成效体现在对习近平新时代中国特色社会主义思想主要内容的系统把握和对贯穿其中的立场观点方法的科学运用上。全体侨联干部要深刻感悟习近平新时代中国特色社会主义思想的巨大真理力量和独特思想魅力，努力做到把习近平新时代中国特色社会主义思想的世界观、方法论和贯穿其中的立场观点方法转化为自己的科学思想方法，不断增强推动高质量发展、服务侨界群众、防范化解风险的本领。三是坚持以学正风，不断强化全体党员干部职工的纪律意识、规矩意识、底线意识，将主题教育学习成效体现在精神面貌的整体改善和良好风气的巩固提升上。全体侨联干部要不断增强纪律意识、规矩意识，力戒形式主义、官僚主义，不摆花架子，不做表面文章。要树牢正确政

5月23日上午，中国侨联党组书记、主席万立骏赴中企公司调研

5 月 23 日上午，中国侨联党组书记、主席万立骏（左二）赴中企公司调研

绩观，坚持求真务实、实事求是，以深化调查研究推动解决实际问题，以真抓实干推动侨联事业高质量发展。四是坚持以学促干，胸怀“国之大者”、站稳人民立场，将主题教育学习成效体现在服务党和国家工作大局的实际行动和推动侨联事业发展的创新举措上。全体侨联干部要主动把自己的思想摆进去，坚持在大局下思考、在大局下行动、主动围绕大局作贡献，把开展主题教育同完成本部门本单位工作任务紧密结合起来。要深入基层、深入侨界群众，分析新时代侨联事业发展面临的新情况，着力发现和解决侨界群众急难愁盼问题，在新时代新征程开创侨联工作新局面。万立骏强调，中企公司要以此次主题教育为重要契机，总结经验，查摆不足，补齐短板，规避风险，抓政治、担责任、建制度、讲方法、重廉洁、搞好团结，解决历史遗留问题与谋划未来发展一起抓，凝心聚力、守正创新，在已有工作的基础上争取实现更大发展。中国侨联秘书长、办公厅主任陈迈，组织人事部副部长许华坤陪同调研，中企公司副总经理唐庆新，全体中层干部参加座谈。

【坚持思想引领，认真学习贯彻习近平新时代中国特色社会主义思想和党的二十大精神】中企公司党委深入学习贯彻习近平新时代中国特色社会主义思想，坚持领导带头学习政治理论知识，以上率下，引导所属企业党组织学深悟透党的二十大精神。4 月至 8 月，按照党中央统一部署和会党组要求，中企公司党委集中开展学习贯彻习近平新时代中国特色社会主义思想主题教育，把学习贯彻习近平新时代中国特色社会主义思想作为首要政治任务，坚持学思用贯通、知信行统一，把理论学习、调查研究、推动发展、检视整改等贯通起来、有机融合，通过开展集中学习、研讨、专题党日活动等形式，帮助全体党员干部更好的理解和把握习近平新时代中国特色社会主义思想的核心要义、精神实质、丰富内涵、实践要求，始终在政治上、思想上、行动上同以习近平同志为核心的党中央保持高度一致，真正把习近平新时代中国特色社会主义思想转化为坚定理想、锤炼党性、指导实践、推动工作的强大力量。

6 月 13 日，组织党员干部前往中央和国家机关廉政教育基地“明镜昭廉”明代反贪尚廉历史文化园，开展警示教育主题党日活动

11 月 10 日上午，开展专题党日活动，赴侨博参观“筑梦之路——中国侨联发展历程展”

建设年”成果，将公司规章制度纳入日常学习，强化制度执行力，规范员工行为，完善办文办事流程，提升公司经营管理水平。四是扎实稳妥做好企业离退休人员的管理服务工作。中企公司安排专人对离退休职工进行管理、服务，及时了解离退休干部职工生活状态，力所能及协调解决他们遇到的各种实际困难，做到重要节日和家庭出现重大变故时，及时慰问、提供帮助。五是负责任地做好历史遗留问题的处理。中企公司站在践行为人民服务的宗旨高度，努力做好原所属企业人员及涉及企业事项的来信来访处置工作。2023 年，先后接待了 10 余名原所属企业人员的来信来访，每次都认真倾听，做好解释安抚工作，在规定允许范围内，尽可能解决实际困难。

【履职尽责，加强企业经营管理】中企公司切实履行管理职责，着重在实现国有资产保值增值、维护职工安定稳定上下功夫，努力提升经营管理水平。一是积极履行股东职责。主动加强同所属控股、参股企业股东及管理层之间的联系，公司负责人多次前往拜会或邀请有关股东来公司会商情况，沟通协调有关合作公司经营管理工作，保障股东权益和国有资产安全。二是稳步推进所属企业改革。中企公司认真贯彻落实中央巡视组巡视整改要求和会党组关于中企公司及所属企业改革方案精神，全力落实整改，持续推进所属企业改革，多项重点工作取得实质性进展。三是提升公司内部运营管理水平。年内对公司几十年来积存的档案进行全面梳理，开展档案数字化工作。同时，利用“制度

【中企公司领导班子调整】中国侨联党组高度重视企业干部队伍建设，进一步增强中企公司领导班子力量，对中企公司领导班子进行了充实调整。马鑫同志任中企公司党委书记、副总经理、法定代表人；北京侨联大厦总经理、法定代表人；北京华侨大厦副董事长。唐庆新同志任中企公司党委副书记、副总经理。并由马鑫、唐庆新、盛伟三位同志组成中企公司经理办公会，研究决策有关事项。

中国侨联特聘专家委员会

【领导成员名单】

主 任 委 员：周　琪

副主任委员：马　骏　关鸿亮　麦康森
李　然（女）　李乃胜
李曙光　陈玲玲（女）
赵宇亮　赵红英（女）
赵进东　钟南山　贺　林
顾行发　高　杰　高　福
黄　维　黄路生
曹晓风（女）　董志勇
戴琼海

秘　书　长：李曙光（兼）

副 秘 书 长：李　莹（女）　李文慧（女）

十一代会期间，专委会副主任兼秘书长李曙光接受人民网采访

【综述】2023年是全面贯彻党的二十大精神的开局之年。中国侨联特聘专家委员会（以下简称“专委会”）在中国侨联领导下，坚持以习近平新时代中国特色社会主义思想为指导，深入学习贯彻党的二十大精神，深入学习贯彻习近平总书记关于群团工作和侨务工作的重要论述，坚持正确的政治方向，结合自身特点，突出专业优势，创新方式方法，加强互动合作，在强化自身建设、构建新发展格局、助力高质量发展等方面取得了突出成绩。

【组团参加第十一次全国归侨侨眷代表大会】根据《中国侨联关于印发〈第十一次全国归侨侨眷代表大会组织方案〉的通知》（中侨发〔2023〕6号）和《中国侨联办公厅关于推荐第十一次全国归侨侨眷代表大会代表和中国侨联第十一届委员会委员初步人选的通知》（中侨发〔2023〕7号）精神，专委会作为推荐单位，推荐了12名代表组成特聘专家代表团，其中曾大军、丁列明、马骏、关鸿亮、赵宇亮、董志勇6名专家当选中国侨联第十一届常委，郭启民当选中国侨联第十一届委员会副主席，李波、周琪被聘为中国侨联顾问。张卫红、陆林、黄路生、戴立忠4人获得“中国侨界杰出人物”荣誉称号，李百战、金双根、姚力军、黄田、常毅5人获得“中国侨界杰出人物提名奖”，马骏等17人获评“全国归侨侨眷先进个人”，王毅、王耀生2人获评“全国侨联系统先进个人”。配合十一代会宣传工作，李曙光、谭静强等特聘专家接受人民日报、人民网采访。

特聘专家代表团出席十一代会（左四为专委会主任周琪）

【强化自身建设，明确工作方向】12月19日，召开专委会二届四次主任会议。中国侨联经济科技部副部长祁德贵，专委会副主任，各分委会主任、副主任、秘书长等20余人参加会议。会议审议通过2023年特聘专家委员会年度交流活

12 月 19 日，特聘专家委员会召开二届四次主任会议

动议程安排、2023 年特聘专家委员会工作报告、建言献策奖等工作事项。专委会副主任，各分委会副主任、秘书长就专委会 2023 年工作情况和明年工作打算、专委会未来发展、各分委会工作的创新思路等展开深入交流。大家一致认为，要完善组织机构建设，强化队伍管理，加强对各分委会工作的评估，不断提高履职能力和工作水平；要加强交流联络，加大主任之间、分委会之间的交流频次，发挥专委会及分委会作用，形成多方联动机制；要扩大专委会影响力，用好侨联的品牌和平台，大力宣传专委会工作和专家成果，吸引更多优秀的侨界人才加入专委会队伍中。专委会副主任兼秘书长、中国政法大学法与经济学研究院院长李曙光主持了会议。

【举办特聘专家委员会年会】12 月 19 日，2023 年中国侨联特聘专家委员会年度交流活动作为第一届中国侨智发展大会的首场专题论坛在福建福州拉开帷幕。中国侨联副主席程红出席并讲话，福建省副省长林瑞良出席并致辞。中国侨联兼职副主席郭启民，福建省侨联党组成员、副主席翁小杰，福州市政府党组成员、副市长朱训志等出席。专委会副主任兼秘书长、中国政法大学法与经济学研究院院长李曙光代表周琪主任作工作报告。会议颁发了 2023 中国侨联特聘专家委员会“建言献策奖”，由中国侨联经济科技部副部长祁德贵主持。特聘专家、海外科技社团代表、福建侨企代表等 100 余人与会。程红首先转达了中国侨联党组书记、主席万立骏对本次年会胜利召开的祝贺和对各位与会专家的问候，并在讲话中对专委会 2023 年工作表示肯定。她表示，2023 年是全面贯彻党的二十大精神的第一年，专委会按照中国侨联党组要求，在周琪主任的带领下，立足专业、勇攀高峰，在本领域本岗位进行科研创新，提交百余篇建言献策，积极参政议政；通过开展“特聘专家大讲堂”“特聘专家走基层”等活动，履行了服务社会的职能，发挥了良好作用。程红提出三点意见：一是坚定信心，弘扬传统，担当起新时代新征程的职责使命。二是战略导向，任务导向，在推进高水平科技自立自强、促进高质量发展中展现“侨”的作为。三是立足优势，突出特色，进一步加强专家委员会自身建设。林瑞良代表中共福建省委、省人民政府向活动的举办表示热烈的祝贺，向各位专家的到来表示诚

12 月 19 日，2023 特聘专家委员会年会在福州召开，中国侨联副主席程红出席并讲话

12 月 19 日，与会领导为“建言献策奖”特等奖获得者颁奖

挚的欢迎。李曙光代表周琪主任作专委会 2023 年工作总结，提出 2024 年工作设想。他指出，一年来，在万主席和分管领导的关心、支持下，专委会做了大量的工作。他强调，专委会将进一步学习贯彻习近平新时代中国特色社会主义思想，贯彻落实第十一次全国归侨侨眷代表大会精神，紧紧围绕党中央对侨联工作的要求，突出侨的特色，发挥侨的优势，服务国家大局、服务侨联事业发展，为促进经济社会高质量发展、加快建设科技强国贡献智慧和力量。会上，与会领导为出席活动的 2023 中国侨联特聘专家委员会“建言献策奖”获奖者颁奖。顾行发、马骏、李乃胜、吴德胜、赵丹 5 位专家结合自身专业，围绕福建高质量发展、专委会未来工作及如何更好发挥特聘专家发挥作用等内容进行交流发言。

12 月 20 日，部分特聘专家在中国侨智发展大会分论坛上作主旨报告

【参加首届中国侨智发展大会】12 月 20 日，由中国侨联、福建省人民政府共同主办的第一届中国侨智发展大会在福州开幕。中国科学院院士、中科院纳米生物效应与安全性重点实验室主任赵宇亮作为侨界院士代表致辞，中国科学院院士、西北工业大学副校长张卫红，中国科学院分子细胞科学卓越中心研究员陈玲玲等特聘专家作主旨演讲，近百位特聘专家出席开幕式和主论坛。专家们还参加了分论坛、项目对接、参观考察等活动。孙松在“两国双园”海洋食品产业发展项目推介会上作主旨报告；肖智雄、王志功、邓亚光在生物医药产业发展推介会上作项目推介；李然、尹学军、沈寓实在侨创联盟与侨界新生代创新创业分享会上作交流发言；赵磊在北京创新创业及产业政策推介会作交流发言；孙河川在闽港澳台侨校长论坛作主旨发言。

【积极参政议政，踊跃建言献策】一年来，委员们围绕党中央战略部署和“四个面向”，立足自身专业优势，聚焦热点问题，全年共提交 82 篇建议书，在经济科技发展、人民生活改善等方面积极为党中央建言献策，为国家重大决策提供参考。经济科技部遴选出部分篇目编辑印制了《中国侨联特聘专家建言献策集（第十七、第十八辑）》。其中，中国特聘专家李曙光报送的《修订〈银行业监管法〉防范化解金融风险》被

编辑印制的《中国侨联特聘专家建言献策集（第十七、第十八辑）》

评为《中国侨联侨情专报》2023 年度优秀建议。颁发了“中国侨联特聘专家建言献策奖”。经综合评定提交建议书的数量、质量等要素，报主席办公会批准，马骏等 5 位专家获得特等奖，于洪军等 15 位专家获得建言献策一等奖，万颖等 23 位专家获得建言献策二等奖。2023 年全国两会前夕，专委会精选了 5 篇建议书作为两会提议案素材。

【积极参与各项活动，服务社会经济发展】一是支持“中国侨商投资（广东）大会”。特聘专家赵宇亮、彭涛、丁列明、许明炎、孙俊岭、尹学军、谭慷、徐向英、唐丹玲、李志坚、王可出席活动。其中，赵宇亮、丁列明作主旨演讲或致辞发言。二是支持河北省侨联举办的“智汇河北·2023 侨界精英创新创业峰会”，专委会副主任兼秘书长李曙光出席并发表主旨演讲。会上，李曙光被聘为河北省新侨创新创业联盟顾问。三是支持青岛市侨联举办“创业中华·侨智青岛”活动，特聘专家张丹、姚俊峰参加并作主旨演讲。四是支持天津市侨联举办“创业中华·牵手京津冀”活动，特聘专家阮可三携带项目参加。五是支持浙江省侨联、杭州市侨联举办“创业中华——2023 侨界精英创新创业（中国·杭州）大会暨侨界青年发展大会”，特聘专家武帅、沈寓实参加圆桌论坛，张云、杨云参加相关活动。六是支持绵阳市侨联举办“‘侨智精英科博行’高端医疗装备智造产业发展峰会”。特聘专家邓绍平、周晨俊参加有关活动。七是支持“侨创联盟理事大会”和“中国侨商投资（河南）大会”，李曙光、马骏、丁列明、孔德海、张丹、尹学军、沈寓实 7 位特聘专家担任侨创联盟导师并参加活动。八是支持举办“金融支持绿色科技论坛”，邀请沈阳化工大学校长、英国皇家工程院外籍院士许光文作主旨演讲，特聘专家马骏主持活动。九是特聘专家李曙光、丁列明、李然等出席“世界华侨华人工商大会”。十是特聘专家马骏、李然加入“一带一路咨询委员会”。十一是支持特聘专家陈庚辉举办“全球视野下中国皮肤科新药研发与创新高峰论坛”。十二是支持“2023 世界互联网大会”子活动“侨界精英强国论坛”。

11 月 1 日，部分特聘专家出席“创业中华——2023 侨界精英创新创业（中国·杭州）”圆桌论坛

【支持金融委员会举办“金融支持绿色科技论坛”】11 月 11 日，由中国侨联特聘专家委员会、中国侨联新侨创新创业联盟、北京市侨联、北京市通州区人民政府等单位指导，北京绿色金融与可持续发展研究院主办的“金融支持绿色科技论坛”在北京举行，中国侨联兼职副主席郭启民，北京市地方金融监督管理局党组成员、副局长王颖，北京市通州区政府党组成员、副区长吴孔安等出席活动并致辞。北京市侨联党组书记严卫群，北京市侨联党组成员、副主席苏泳，中国侨联经济科技部二级巡视员徐伟等领导出席活动，北京绿色金融与可持续发展研究院院长、中国侨联特聘专家委员会副主任马骏主持。郭启民在致辞中指出，“双

11 月 11 日，“金融支持绿色科技论坛”在京举办，中国侨联兼职副主席郭启民出席并致辞

碳”目标提出三年多来，以习近平同志为核心的党中央把碳达峰、碳中和纳入生态文明建设整体布局和经济社会发展全局，构建完成碳达峰碳中和“1+N”政策体系，对金融支持“双碳”目标作出系统部署，“双碳”工作取得积极成效。他在致辞中谈了三点意见。一是充分认识实现“双碳”目标对推动高质量发展、构建人类命运共同体的重要意义。二是抓住绿色低碳发展机遇，引导金融和绿色科技精准对接、互利共赢。三是充分发挥侨界独特优势，在构建新发展格局、推动高质量发展中彰显侨界担当作为。中国侨联特聘专家委员会邀请沈阳化工大学校长、英国皇家工程院外籍院士许光文以“碳中和与工程热化学”为题作主旨报告。下午，两场平行分论坛同时举行，与会专家就“中国高碳产业与城市高质量发展数字经济产业转型”等议题展开探讨，中国侨联特聘专家委员会副主任、中国侨联新侨创新创业联盟副理事长、鑫桥联合金融控股集团有限公司董事局主席李然主持。

10 月至 12 月，2023 年中国侨联特聘专家网络大讲堂在中国侨联官网和专委会微信公众号陆续上线

【发挥智库作用，举办特聘专家网络大讲堂】为更好发挥中国侨联特聘专家委员会智库作用，加强科普宣传，2023 年继续录制“中国侨联特聘专家网络大讲堂”。与辽宁省侨联、福建省侨联合作，邀请许光文、李国辉、张桂平、朱永官、程璇、高益槐等专家围绕工程热化学与“碳中和”、理论与计算化学生物学、新一代的人工智能大数据技术与产业赋能、绿色空间与城市健康、新能源汽车与新材料、活性多糖组学与生命科学等主题作分享。10 月至 12 月，相关栏目在中国侨联官网和专委会公众号上线，获得良好反响。

【做好走访调研和联系慰问工作】3 月 10 日，中国侨联党组成员、副主席连小敏到北京市顺义区开展调研。连小敏参观了 HICOOL 商学院，听取了中国侨联特聘专家委员会副主任、北京海外高层次人才协会理事长关鸿亮对 HICOOL 一站式创业生态平台的介绍；参观了中德产业园中德大厦和博世工业 4.0 创新中心，了解了中德产业园运营和建设情况。中国侨联副秘书长、经济科技部部长赵红英，中国侨商联合会副会长兼秘书长夏付东，中国侨联经济科技部副部长祁德贵，大兴区委常委、统战部部长张博，顺义区副区长杨爱琴等分别陪同参加有关调研。6 月 16 日，中国侨联兼职副主席、山东省侨联主席李兴钰，中国

6 月 16 日，中国侨联副秘书长、经济科技部部长赵红英在特聘专家尹学军所在的科而泰海创谷考察调研

侨联副秘书长、经济科技部部长赵红英赴青岛市新侨创新创业示范基地——赛轮集团有限公司和中国侨联特聘专家、侨创联盟副理事长尹学军所在的科而泰海创谷考察调研。青岛市侨联党组书记管艾宏，副主席梁启云陪同调研。开展联络慰问，通过特聘专家委员会微信公众号和微信群发布春节祝福视频；于春节前对积极支持侨联工作的部分特聘专家共计 19 人寄送贺卡和慰问品。

【热心社会公益，服务基层群众】4 月 15 日，中国侨联“特聘专家走基层·爱心医疗送健康”活动启动仪式在江西省上饶市广信区人民医院举行。中国侨联经济科技部副部长祁德贵，江西省侨联党组成员、副主席王强，上饶市政协副主席付波文以及市侨联党组书记、主席马麟等出席启动仪式。启动仪式由广信区区委副书记、区长顾海敏主持，区委常委、副区长陈小云，副区长洪岳善等出席活动。祁德贵在致辞中强调，本次到中国侨联的对口帮扶地区——上饶市广信区开展“特聘专家走基层·爱心医疗送健康”活动，是中国侨联全面贯彻党的二十大精神、贯彻落实中国侨联十届六次全委会议相关工作部署、充分发挥中国侨联特聘专家委员会人才优势、服务健康中国战略、助力乡村振兴的一项务实举措，也是面向基层，为群众办实事，让优质的医疗资源惠及更多群众的一项重要活动。本次医疗队由中国侨联特聘专家、北京大学第一医院副院长李建平教授带队，中国医学科学院阜外医院内科管委会副主任、心肌病病区主任宋雷，北京协和医院眼科副主任医师赵潺，北京

医疗队 5 位专家在上饶市广信区人民医院门诊开展义诊活动

4 月 15 日，中国侨联“特聘专家走基层·爱心医疗送健康”活动启动仪式在江西省上饶市广信区人民医院举行。中国侨联经济科技部副部长祁德贵出席并讲话

协和医院乳腺外科副主任医师关竞红，北京协和医院呼吸与危重症医学科副主任医师范俊平等5名专家组成。启动仪式后，医疗队5位专家在广信区人民医院门诊开展义诊活动。当天下午，举行了中国侨联“特聘专家走基层·爱心医疗送健康”专业知识讲座。侨界专家医疗队成员分别就人民群众关心的高血压诊疗、血脂管理、乳癌筛查、眼部疾病、新冠治疗等内容进行了讲座，并与参加讲座的医护人员进行了积极互动，现场气氛热烈，几位专家的精彩授课得到了与会人员的一致好评。此次中国侨联“特聘专家走基层·爱心医疗送健康”活动面向江西省上饶市基层群众开展义诊，并帮助培训广信区医疗系统医护人员，共200余名基层群众受益。

【推荐专家参评奖项】一是做好2023年度“中国政府友谊奖”的推荐申报工作。经研究评奖条件，并报会领导同意，推荐特聘专家施恭旗等4人申报本年度“中国政府友谊奖”，其中2人获奖。二是做好第十九届中国青年女科学家奖的候选人提名工作。根据会领导指示精神，认真研究评奖条件，从第九届“侨界贡献奖”获奖者中筛选出符合要求的候选人进行推荐。提名特聘专家江霞为第十九届中国青年女科学家奖（个人奖）候选人。三是做好第三届“全国创新争先奖”推评工作。在中国侨联特聘专家委员会和近三届“侨界贡献奖”获奖者中进行筛选评估。经研究并报会领导审批同意，提名特聘专家陈玲玲、曾大军、关鸿亮、金双根、吴德胜5人为“全国创新争先奖”个人奖候选人，特聘专家刘江带头的“中科院北京基因组所表观遗传发育团队”为全国创新争先奖奖牌候选团队。特聘专家陈玲玲、刘光慧获奖。

【做好侨界人才宣传工作】一是开展第九届“侨界贡献奖”获奖者宣传工作。在中国侨联官网和专委会微信公众号上陆续发布126篇“第九届侨界贡献奖人物风采录”，宣传获奖者人物事迹，发挥示范引领作用。二是宣传“时代楷模”万步炎事迹。第七届“中国侨界贡献奖”一等奖获得者万步炎被中央宣传部授予“时代楷模”称号，在中国侨联官网及专委会微信公众号上登载万步炎先进事迹。三是宣传特聘专家十一代会参会情况。梳理特聘专家代表、委员和常委名单及获奖情况，在微信公众号进行发布宣传。四是宣传特聘专家2023年成果。收集整理部分特聘专家2023年成果成绩，在专委会微信公众号上发布。

中国侨联
年鉴

省级侨联工作

中国侨联年鉴

2024中国侨联年鉴

北京市归国华侨联合会

【领导成员名单】

党组书记：严卫群
主　　席：荣　洋
专职副主席：苏　泳　李登新　李晓菲（女）
兼职副主席：李曙光　高　杰　陶庆华
石　岳（女）　邢新会
魏英杰　吴　晨　解江冰
刘昊扬　李　然（女）
刘雅煌
秘书长：李登新（兼）

【综述】2023年，在北京市委的坚强领导下，在中国侨联的指导帮助下，坚持以习近平新时代中国特色社会主义思想为指导，深入学习宣传贯彻党的二十大精神，认真学习贯彻习近平总书记关于群团工作、侨务工作重要论述及对北京一系列重要讲话精神，深入贯彻十一代会精神和市委常委会的有关要求，扎实开展学习贯彻习近平新时代中国特色社会主义思想主题教育，履行侨联职能，发挥独特优势，坚定捍卫“两个确立”，坚决做到“两个维护”，各项工作扎实推进，取得良好成效。

【拜访万立骏主席等中国侨联领导】2月14日，北京市侨联领导班子拜访中国侨联，围绕加强思想政治引领、服务国家战略和新时代首都发展、助力海外统战侨务工作、提升为侨服务水平、全面从严治党等重点工作进行了汇报，并请中国侨联在统筹指导帮助、项目活动承接、优质资源分享、“两支队伍”建设等方面给予指导和支持。中国侨联党组书记、主席万立骏对北京市侨联工作给予充分肯定，并提出了新的要求。中国侨联党组成员、副主席程学源、连小敏，中国侨联秘书长、办公厅主任陈迈，中国侨联组织人事部部长姚林楠参加。

【推进“地方侨联＋大学侨联＋校友会”机制建设】3月17日上午，北京市侨联与市委教工委联合召开“地方侨联＋大学侨联＋校友会”机制建设推进会，中国侨联党组成员、副主席程学源出席会议并讲话，12所高校的代表围绕“地方侨联＋大学侨联＋校友会”机制建设及未来工作设想进行交流发言。6月1日至2日，举办首届首都高校侨联和校友会干部培训班，首都高校党委统战部、校友会、校侨联干部等近40人参加。8月3日至5日，首次举办“侨连五洲·友聚京华”2023北京高校（海外）校友联

3月17日，北京市侨联召开“地方侨联＋大学侨联＋校友会”机制建设推进会（左四为中国侨联党组成员、副主席程学源）

2月14日，北京市侨联领导班子拜访中国侨联（左三为中国侨联党组书记、主席万立骏）

省级侨联工作

谊活动，25 个国家和地区 25 所北京高校的 110 位海外校友相聚北京，进一步涵养壮大知华友华力量。

【举行 2023“侨海创新发展论坛”】5 月 30 日，以“‘侨海’联世界·一起向未来”为主题的 2023“侨海创新发展论坛”举行，中国侨联党组成员、副主席连小敏，海淀区委副书记、区长李俊杰为论坛致辞，首次在中关村论坛平行论坛中突出“侨”的元素，精心设计侨“联”世界环节，成立国际 AI 创新联合体，展示科技前沿项目。中国侨联、市涉侨单位和海淀区相关领导及来自 6 个国家的科学院院士，国际组织机构代表，各级侨联组织、侨资企业代表，海内外高校、留学生代表等 500 余人参加。活动采用多个平台面向全球直播，实时观看量达 300 多万人次。

1 月 12 日，北京市侨联举办 2023 年首都侨界新春联谊会

5 月 30 日，中国侨联党组成员、副主席连小敏出席 2023“侨海创新发展论坛”并讲话

【连小敏副主席在京调研】3 月 9 日，中国侨联党组成员、副主席连小敏到大兴区开展调研，对北京中日创新合作示范区侨商企业实地考察，了解侨资企业发展情况和中日示范区产业发展情况，并参观了园区“侨联之家”建设，进行座谈交流。3 月 10 日下午，连小敏赴顺义区开展调研，对北京中德产业园中的企业进行了实地考察，听取了园区建设、规划及相关企业发展情况介绍，进行座谈交流。

【举办 2023 年首都侨界新春联谊会】1 月 12 日下午，由北京市政府侨办、市侨联主办的 2023 年首都侨界新春联谊会在京举行。中国侨联党组成员、副主席程学源，市委常委、统战部部长杨晋柏，市政协党组副书记、副主席杨艺文出席。市委统一战线工作领导小组成员单位及全市涉侨单位领导，首都侨界代表性人物，在京海外侨胞、归侨侨眷和港澳同胞代表，归国留学人员代表等约 450 人参加。

【杨晋柏部长会见北京市出席第十一次全国归侨侨眷代表大会代表】8 月 29 日，北京市委常委、统战部部长杨晋柏会见北京市出席第十一次全国归侨侨眷代表大会代表，代表市委向各位代表表示祝贺，希望各位代表深入学习贯彻习近平新时代中国特色社会主义思想，以高度的责任感和使命感参加大会，深入学习宣传贯彻第十一次全国归侨侨眷代表大会精神。会见后，杨晋柏与各位代表合影留念。

8 月 29 日，北京市委常委、统战部部长杨晋柏（一排中间）会见北京市出席第十一次全国归侨侨眷代表大会代表

【参加中国侨智发展大会】12 月 20 日，第一届中国侨智发展大会开幕。北京市为本届大会主宾省，北京市副市长司马红带队出席开幕式并

12 月 20 日，举办北京创新创业及产业政策推介会，共同签署《侨智侨力服务发展协作机制》协议（左五是北京市副市长司马红）

致辞。下午，北京市侨联作为主宾省牵头单位，联合市相关部门举办北京创新创业及产业政策推介会，围绕北京国际科技创新中心建设进行宣介，与福建省侨联共同签署了《侨智侨力服务发展协作机制》协议，北京市副市长司马红、福建省副省长江尔雄出席。中国侨联特聘专家、侨界智库专家、首都高校海外校友会负责人、侨界专业社团、新侨企业家代表以及北京、福建各有关单位代表 120 余人参加。华人头条、新浪微博、中国国际教育电视台同步直播，实时观看量达 220 多万人次。

【举办政协侨联界委员工作室专场活动】全年共举办 8 场活动，分别围绕新侨创新创业和首都侨界人才队伍建设、建言献策和信息工作、海外华侨华人及侨界社团、弘扬中医药文化、“侨之家”法律服务、北京高校（海外）校友联谊、爱心义诊进社区、北京侨智发展等内容召开座谈会，市政协党组副书记、副主席崔述强出席，市政协侨联界委员、涉侨人大常委、市侨联海外委员、法顾委委员、侨界企业代表、基层侨联和涉侨社会组织负责人代表，市委、市政府有关部门负责同志、中医专家学者等围绕相关话题进行交流发言，500 余位相关专业学者参加。

【积极发挥基金会作用】1 月 6 日下午，北京市华侨事业基金会召开换届大会，顺利完成了换届选举工作。“23·7”极端强降雨灾害发生后，组织首都涉侨基金会和侨界爱心力量，募集救灾资金 75 万元、急需物资价值约 116.68 万元。12 月 12 日至 13 日，北京市侨联举办首都涉侨基金会能力提升专题培训暨协作机制建设研讨会，北京市华侨事业基金会、北京市正大慈善基金会等 15 家在京涉侨基金会参加。

12 月 12 日至 13 日，北京市侨联举办首都涉侨基金会能力提升专题培训暨协作机制建设研讨会

2 月 28 日，举办北京市政协侨联界委员工作室“新侨创新创业和首都侨界人才队伍建设”座谈会

【举办第十一届首都新侨乡文化节】2023 年全市侨联系统开展以“侨心永向党　奋进新征程”为主题的“亲情中华·侨韵北京”第十一届首都新侨乡文化节市级专场活动 14 场。4 月 18 日，举办以“亲情中华　欢聚昌平——

4 月 18 日，举办“亲情中华　欢聚昌平——坚定信念跟党走　回天有我谱新篇”活动

坚定信念跟党走　回天有我谱新篇”为主题的开幕式。全市各基层侨联组织、广大归侨侨眷和海外侨胞通过不同方式参与文化节活动，开幕式“华人头条”“新浪微博”等媒体平台向全球五大洲 70 多个国家进行了直播推送，实时观看量 270 万人次。

8 月 26 日，举办 2023HICOOL 全球创业者峰会侨联专场活动——“‘侨联’世界·共赢未来”新侨海归创新创业大会

【召开十五届五次全委（扩大）会议】 2 月 24 日至 25 日，北京市侨联召开十五届五次全委（扩大）会议，传达学习中央书记处对群团工作的重要指示精神、中国侨联十届六次全委会议精神，总结 2022 年工作，部署 2023 年任务，通过有关人事事项并选举、增聘海外荣职，通报表彰全市侨联系统先进集体和先进个人。

2 月 24 日至 25 日，召开北京市侨联十五届五次全委（扩大）会议

【HICOOL 全球创业者大赛及峰会专项工作】 2 月至 3 月全市侨联系统举办 HICOOL 全球创业者大赛专题宣讲会 12 场，共推荐项目 842 个，占大赛总项目数 14.8%，较去年增长 242 个，涨幅 40%，其中获奖项目 25 个，占大赛获奖项目总数 17.9%。8 月 25 日至 27 日，北京市侨联全程参加 HICOOL 全球创业者峰会，北京市委书记尹力等领导同志，参观侨联“情系四海聚伟力　侨连五洲汇英才”展位，给予充分肯定，并寄予殷切期望。8 月 26 日，举办 2023HICOOL 全球创业者峰会侨联专场活动——“‘侨联’世界·共赢未来”新侨海归创新创业大会。来自 25 个国家的 50 位海外侨领，海内外行业协会、新侨企业、产业园区等机构单位代表，HICOOL 大赛获奖项目代表参加，大会面向全球直播，直播实时观看量达 164 万人次。

【开展主题教育】 4 月 12 日下午，召开学习贯彻习近平新时代中国特色社会主义思想主题教育工作会议，北京市主题教育第四巡回指导组组长吴松元，介绍市主题教育巡回指导组职责任务，对北京市侨联落实主题教育各项任务作出指导、提出要求，北京市侨联党组书记严卫群进行动员部署。9 月 6 日下午，召开学习贯彻习近平新时代中国特色社会主义思想主题教育总结会，全面总结主题教育开展情况和经验体会，精心部署下一步工作，持续推动主题教

4月12日，召开学习贯彻习近平新时代中国特色社会主义思想主题教育工作会议

育成果不断巩固深化。11月1日下午，召开市、区侨联学习贯彻习近平新时代中国特色社会主义思想主题教育整改整治上下联动座谈推进会。

【加强重要侨界人才培养】5月29日至31日，举办的“2023京津冀新侨人才研修班”，来自京津冀三地侨联选派的新侨人才骨干45人参加。8月1日至5日，举办2023年“一带一路”侨领研修班，来自28个国家的45位侨领代表参加。8月1日至8日，举办2023年港澳侨领国情研修班，来自港澳地区的44位侨领应邀参加。8月24日至29日，举办2023海外侨领国情研修班，来自五大洲25个国家的50名海外侨领参加。

【推进“侨之家”建设】5月，北京市侨联与北京市财政局经过反复沟通协商，联合发文《关于加强基层侨联组织“侨之家”工作保障的通知》。7月19日，举办“侨之家”建设工作推进会，市、区财政局，市、区侨联相关负责人共同出席，推动联合发文落地见效。7月19日至20日，举办市级“示范侨之家”骨干队伍培训班，16个城区侨联、经开区侨联相关负责人，市级“示范侨之家”骨干队伍共计65人参加培训。

【北京侨联史展陈开展】6月21日，北京侨联史展陈开展，展陈全面展出了北京市侨联70多年来，在各个历史阶段，围绕中心、服务大局、建功立业、创新发展取得的重要成就。全年共接待侨界群众1000余人次。

【组团出访慰问】6月23日至30日，出访团组赴泰国、日本，出席第十六届世界华商大会，走访18个海外侨团和企业，与近200位海外侨领侨胞进行座谈交流。10月13日至20日，出访团组赴德国、瑞士，与40多个海外侨团的120余位海外侨胞侨领和外籍人士进行深入沟通交流。11月7日至14日，“亲情中华·北京情思”艺术团赴西班牙、意大利，在巴塞罗那、米兰、艾米利亚、罗马、那不勒斯5个城市开展慰问演出，与当地30个侨团、侨企、华校的100余位侨领进行座谈交流。11月23日至26日，赴香港，出席香港侨界社团联会庆祝中华人民共和国成立74周年暨第八届会董会就职典礼，与80余位港澳侨领、侨胞进行座谈交流。

11月7日至14日，赴西班牙、意大利慰问演出

【举办第九届首开杯“亲情中华·金水桥之恋”华裔青少年书画大赛】7月25日，举办第九届首开杯“亲情中华·金水桥之恋”华裔青少年书画大赛获奖作品展开幕式暨颁奖仪式，大赛由19个国家30个海外华文学校、机构承办分

赛区赛事，收集作品1700余幅，北京总赛区评选出金奖作品5幅、银奖作品20幅、铜奖作品50幅、主题特别奖5幅以及优秀奖作品159幅，作品充分体现了华裔青少年对中华文化的热爱、对北京中轴线的情感表达。

【举办2023年“中国寻根之旅”北京夏令营】7月20日至8月19日，举办2023年“中国寻根之旅”夏令营北京朝阳营、北京海淀营、北京大兴营共3个营，来自14个国家和地区的154名华裔青少年及领队相聚北京。通过参观访学、文化体验，营员们尽情领略不同的风土人情，真切感受到了中华文化之美，北京文脉之厚。

8月11日，2023年“中国寻根之旅”夏令营——北京大兴营开营

【依法维护侨益】8月26日，北京市人民检察院、北京市侨联联合印发《关于加强新时代检侨合作依法保护归侨侨眷和海外侨胞合法权益的意见》，不断提升侨联组织维护侨益工作水平。12月4日，2023年京津冀侨法宣传月暨首都侨界志愿服务月启动仪式在京举办。三地侨联签署《新时代新征程北京、天津、河北三地侨联服务京津冀协同发展战略合作协议》，就推动形成合作共建新格局、服务区域高质量发展、服务海外侨务工作大局、提升为侨服务水平等内容进一步达成合作意向。三地侨联分别介绍侨法宣传及依法维护侨益工作情况，积极营造知侨、爱侨、尊侨、护侨的浓厚社会氛围。

12月4日，三地侨联签署《新时代新征程北京、天津、河北三地侨联服务京津冀协同发展战略合作协议》

【制作《北京中轴线》《中国大运河》宣传片】以“外人外嘴话中国”为核心创意，以海内外受众的兴趣和关注为切入点，采用对话＋视频短片的形式，制作《北京中轴线》《中国大运河》宣传片，向国外受众和主流社会介绍北京中轴线、中国大运河丰富的历史文化内涵、背后的感人故事及蕴含的人文精神。宣传片覆盖98个国家超过500万受众。

【举行第八届海外华侨华人中医药大会】9月4日下午，第八届海外华侨华人中医药大会在北京首钢园区隆重举行。北京市侨联党组书记严卫群出席并主持大会，18个国家和地区中医药领域的华侨华人，内蒙古自治区、北京市各区卫健委及部分中医医院领导，国内外企业代表现场参会，五大洲3万余名中医药专业人士在线参会。

【召开学习贯彻第十一次全国归侨侨眷代表大会精神培训会】10月19日至20日，召开十五届六次全委（扩大）会议暨学习贯彻第十一次全国归侨侨眷代表大会精神培训会。传达学习第十一次全国归侨侨眷代表大会精神和市委常委会精神，对在第十一次全国归侨侨眷代表大会上获得表彰的北京市先进集体和先进个人进行颁奖，就下一步学习宣传贯彻落实进行动员部署。

【举办2023首都海外华文教育论坛】11月16日，以“新时代国际中文教育视域下海外华文教育的发展”为主题的2023首都海外文化教育论坛在京举办。首都海外华文教育联盟成员单位代表、海内外嘉宾、华裔留学生代表、国内高校学生代表等100余人现场参加，来自22个国家50余所海外华文学校的近60位校长和老师通过在线方式参加。

【东城区侨联】2023年，东城区侨联在区委、区政府的领导下，在市侨联和区委统战部的指导下，充分发挥侨联组织独特优势，团结带领全区广大归侨侨眷和海外侨胞，凝聚思想共识、服务中心大局、拓展海外联谊、深化为侨服务，各项工作取得新突破。5月29日，与区政协联合举办“月聚·悦读”活动，举行学习贯彻习近平新时代中国特色社会主义思想、智库专家建言新东城建设主题活动暨智库专家聘任仪式。7月21日至12月11日，举办七期红桥沙龙，涉及主题包括“中餐在海外的发展状况”、为“以侨为桥，为青年拓展更广阔的就业空间”、如何推动中国康养事业的发展、“如何促进青少年的国际交流工作”等，来自法国、西班牙、希腊、阿联酋、奥地利、俄罗斯、塞浦路斯、巴基斯坦、阿根廷、丹麦、澳大利亚、科威特、瑞士和瑞典的中外教育工作者参加。7月25日，以“凝聚侨界智慧力量，助推东城经济发展”为主题的东城侨商侨企、外资企业及侨界代表交流会在红桥市场举行，来自6个区政府部门，侨商侨企、外资企业及侨界代表出席交流会，共商侨资企业发展，汇集力量助推东城高质量发展。新华社、《人民日报》海外网、人民政协网、中新社等16家中央、市、区媒体报道了交流会的相关内容。3月26日至7月25日，联合区九三学社开展六期“云讲堂”活动，分别分享了“中医药——自然和谐的世界”“管理北京——北洋政府时期的京师警察厅”“关于空气质量那些事儿”“漫谈版画艺术”“漫谈新西兰华侨的历史与现状”“漫谈中轴线建筑”等内容。10月26日，在角楼图书馆举行“正阳门内话中轴”东城区侨界文化交流活动，人民日报、北京日报、北京青年报和都市阳光栏目进行报道。9月21日，成立梅兰书院“侨之家”，10月18日，联合景山街道侨联在景山市民文化中心美后肆时成立“侨之家”。10月20日，在北京巧娘博物馆举办“九九重阳情暖侨心”文化体验活动暨“侨之家”成立仪式，并就如何开展“侨之家”活动提出具体建议。12月1日至3日，“亲情中华·为你讲故事”汉服主题网上营北京东城营举行，以“魅力文化·锦绣中华”为主题，专门设计了具有东城特色的课程，包括“中华服饰沿革”“云游故宫”“漫谈北京中轴线”“唐、宋服饰特点解读”“马面裙中的传统文化与时尚设计”“非遗剪纸遇上汉服”6门课程。来自9个国家的12个海外华文教育机构573名华裔青少年营员参加。12月4日，北京市首家由检察院与侨联合作的“检侨工作站”在东城区正式揭牌成立。

【西城区侨联】2023年，西城区侨联扎实开展主题教育，持续学习宣传习近平新时代中国特色社会主义思想。2月12日，举办“核心区·新动力——高质量发展看西城”京华海外论坛。2月16日，北京市侨联党组书记严卫群一行赴西城区调研座谈，参加“海外青少年眼中的中轴线”国际青少年艺术展颁奖仪式并为设计之都·核心区“侨之家”揭牌。3月22日，西城区侨联召开三届三次全委（扩大）会议暨基层侨联组织工作会议，总结区侨联2022年工作、部署2023年任务，通报区侨联系统先进集体和先进个人受表彰情况，部署区侨联系统“双提升”工程工作。3月30日，西城区人大社会建设委视察调研侨联基层组织建设情况。5月至9月，第十届世界华侨华人社团联谊大会、菲律宾中国洪门致公党总部、中国侨联新侨双创研修班、欧洲华侨华人社团联合会、2023海外侨领国情研修班参访团等六批近200位海内外侨胞走进西城参访交流。6月13日，开展“同心普法大篷车”活动，西城区人民法院、西城区人民检察院、西城区律协等相关部门专家，共同为侨界群众进行法律讲座及现场咨询答疑。年内，接待内蒙古自治区巴彦淖尔市委统战工作培训班和河北省承德市侨联工作培训班现场教学，交流分享基层侨联组织建设工作经验。6月至7月，开展“侨心永向党　奋进新征程”——文化惠侨“乐舞风华”系列体验活动。8月，承办“中国寻根之旅”华裔青少年夏令营活动两场，接待110余名华裔青少年走进“老舍茶馆”，体验传统京味文化。8月，举办“跨越千年遇古都　共聚侨力话中轴”第十一届首都新侨乡文化节西城专场活动，

25 个国家 50 名华裔青年走进西城打卡鼓西。8 月 31 日，组织西城区 60 名侨界群众旁听第十一次全国归侨侨眷代表大会开幕式，西城区侨联荣获全国侨联系统先进组织。9 月 14 日，区委书记孙硕会见欧洲华侨华人社团联合会主席曹燕灵，组织 28 个国家的 36 位侨领参观金融街中心、北京证券交易所等。9 月 20 日，区侨联召开学习贯彻习近平新时代中国特色社会主义思想主题教育部署会，主题教育期间，领导班子开展集体调研 19 次，完成《数字经济背景下海外统战侨务工作助力地区高质量发展的探索与研究》等调研报告。11 月 4 日，西城区侨联举办纪念北京建都 870 周年城市漫跑健步走活动。11 月 21 日至 22 日，举办西城区海外工作暨侨联工作培训班。年内新建“新动力”金科“侨之家”、中关村西城园“侨之家”，展览路街道、北京设计之都·核心区“侨之家”获评北京市侨联“示范侨之家”。

【海淀区侨联】2023 年，海淀区侨联被人力资源和社会保障部、中国侨联联合评为全国侨联系统先进集体。年内，组织委员和侨创人才开展 23 项课题调研，报送各类建言信息 65 条。在区侨联侨企之家（赛先生咖啡馆）、北京集智未来人工智能产业创新基地、氪空间（学院 8 号）创新中心、北太平庄街道四地新增“侨之家”阵地，举办“侨海沙龙”品牌活动 40 期，搭建服务创新创业、促进展示分享交流合作平台。开展“侨法宣传”系列活动 12 期，新侨乡文化节系列活动 6 场次，不断增强海淀侨界的凝聚力、吸引力和影响力。3 月 8 日，举办“体验非遗技艺 感受文化氛围”联谊活动，3 月 21，北京市侨联党组书记严卫群到海淀区开展座谈调研，实地走访侨企飞诺门阵（北京）科技有限公司。4 月 7 日至 8 日，组织召开八届三次全会，传达中央书记处重要指示要求、中国侨联十届六次全委会议精神和北京市侨联十五届五次全会精神，通报区侨联 2022 年工作情况和 2023 年工作重点，增补海淀区侨联八届委员会委员、常委，增聘了海外荣职，表扬了优秀调研成果和信息工作先进个人。4 月 8 日，举办委员信息工作培训会。5 月 29 日至 6 月 2 日，海淀区侨联与市侨联特邀组织海外高层次人才访问团走进北京、海淀，访问团一行在人民大会堂受到全国人大常委会委员、全国人大华侨委员会副主任委员黄志贤等领导的亲切会见；在海淀，与区委副书记杨仁全和区委常委、区委统战部部长牟晓春及相关部门的负责同志进行座谈交流，参加“侨海创新发展论坛”“AI 产业发展主题研讨会”，立足全球视野积极建言献策，贡献智慧，助推北京人工智能产业创新提速。7 月 20 日至 29 日，举办 2023 年“中国寻根之旅”夏令营——北京海淀营，来自日本同源中文学校、法国小熊猫学校、加拿大蒙特利尔孔子学校和美国芝北中文中心、翰林文教基金会、华盛顿州北京同乡会的 60 名营员和领队参加。9 月 26 日，海淀区侨联与区委统战部（区侨办）、区人大法制委、区政协港澳台侨委、致公党海淀区委等涉侨部门在香山公园致远斋成功举办“海侨之月·情满中秋”2023 年海淀区侨界人士中秋诗乐会。海淀各领域侨界代表人士、海外侨团代表、华裔杰出青年近 300 人参加。10 月 19 日，开展“以史明鉴 不忘初心”主题党日活动。通过参观圆明园博物馆和“廉兴腐衰鉴圆明——清代廉政文化”主题展览等活动，营造风清气正的良好政治生态。

【丰台区侨联】2023 年，丰台区侨联在丰台区委、区政府的领导下，在北京市侨联的指导下，坚持以习近平新时代中国特色社会主义思想为指导，深入学习党的二十大精神和中国侨联第十一次全国归侨侨眷代表大会精神，在服务经济发展，依法维护侨益、拓展海外联谊、积极参政议政、弘扬中华文化、参与社会建设等方面工作取得新进展新成效。年内，共出版三期《丰台侨讯》，深入开展学习贯彻习近平新时代中国特色社会主义思想主题教育。先后与天津、河北、山东等 8 家侨联签订友好协议，推动京津冀协同发展，提高服务大局能力；与东城、西城、房山等兄弟侨联开展“侨之家”建设经验交流等活动，共同服务新时代首都发展。3 月 10 日，成立丰台区首个图书馆“侨之家”——南苑街道图书馆“侨之家”；年内，成立马家堡街道、看丹街道、玉泉营街道、五里店街道 4 个侨联小组，进一步扩大基层侨联组织覆盖面。3 月 17 日，邀请丰台区人民法院、多家律师事务所深入交流涉侨纠纷调解工作，向北京中翔、圣奇两家律师事务所颁发“总对总平台涉侨调解组织”认证牌匾。5月，组织240余名侨界群众学习党的二十大精神、参观中国华侨历史博物馆，将理论学习和实地参观相结合，团结引领侨界群众永远跟党走。5月，陪同墨西哥中华企业协会考察团、新加坡中华总商会等海外华侨华人社团走访调研丰台区，助力区域招商引资工作；8月，聘请7名特邀海外顾问，加强与海外侨领侨商联系。5月9日，与首经贸华侨学院签订共建合作协议，年内联合开展课题研究1项，共同承办活动2次、开展主题党日3次，推动育人事业与侨联事业共同发展；5月16日，联合北京怡海公益基金会和怡海社区侨联向城六区17家教育和公共文化机构捐赠书籍价值70余万码洋，促进书香“侨之家”、书香丰台和书香北京建设。8月2日，在南苑街道图书馆“侨之家”挂牌成立“政协委员工作站”及“悦读书屋”；年内，多次举办政协委员座谈会、提案专题工作会等活动。8月31日，组织40名侨界人士和侨务工作者参加十一代会开幕会；11月21日，举办学习十一代会精神暨基层侨联组织建设培训会，丰台区13个基层侨联组织有关负责人、归侨侨眷代表等70余人参加。9月25日至27日，承办2023年网上夏令营丰台中秋主题营，来自美、瑞、加等6个国家9个海外华文教育机构400余名海外华裔青少年参加，开设汉语文化、城市风貌、非遗文化和名胜古迹四大类七门课程，弘扬优秀传统文化，讲好中国故事。

【石景山区侨联】2023年，石景山区侨联以学习贯彻党的二十大精神和主题教育为主线，深入基层宣讲宣传。2月，召开区侨联系统宣讲会，组织石景山区侨界代表、基层侨联组织80余人参加。将意识形态工作融入基层侨联日常工作，2023全年，各基层侨联结合传统文化、平安建设、创城等积极组织开展活动20余次，积极营造侨界群众听党话、感党恩、跟党走的良好氛围，努力画出侨界最大同心圆。学习贯彻全国、北京市及石景山区相关会议精神，进一步统一思想，凝聚共识，落实意识形态责任制。同时在侨界群众中广泛开展主题教育，提升侨界凝聚力。积极推动基层侨之家建设，打通服务群众“最后一公里”。2023年新挂牌“侨之家”6个，以“侨之家”为载体，丰富活动形式，积极探索围绕中心服务大局的新途径和方法，在鲁谷商务楼宇党群服务中心推进“侨之家”阵地建设，搭建为新侨服务新平台。创新涉侨纠纷化解机制，在全市各区侨联系统中率先推进“法侨”“检侨”合作，依托最高法院人民调解平台“总对总”调解工作机制，积极协调法院、涉侨纠纷专业调解组织探索常态化联动机制，引导当事人优先选择非诉方式解决纠纷矛盾，并积极吸纳涉侨调解组织和调解员加入法院调解队伍，满足侨胞当事人的多元解纷需求。4月，北京市检察院、市侨联就“检侨共建”调研石景山区侨联，对石景山区检侨共建工作给予肯定，并为打造涉侨检察服务品牌提供了样本。6月，依托“法侨”涉侨纠纷化解工作机制，成功调解首例美籍华人法定继承案件。开展“送温暖”活动，元旦、春节走访，共惠及归侨侨眷40户，100余人次，为他们送去了慰问品，并通过他们转达党和政府对海外亲人的惦念。积极参加“阅读启迪智慧·书香润泽心灵”第十五届“大爱行天下”主题公益活动，向苹果园中学和北京九中捐赠了4万余册图书，“以书为媒，以侨为桥”，为在全社会营造爱读书、读好书、善读书的浓厚氛围贡献侨界力量。组织“亲情中华　侨韵北京”第十一届首都新侨乡文化节“网络大V走进石景山模式口大街”主题活动，展示模式口地区历史文化遗产与“京西古道文化”，用文化交流连起“侨心”，让更多的侨界群众感受中华历史文化底蕴和老北京的民俗风情，进一步唤醒海外中华儿女共同的文化基因、增进华侨的民族自豪感、提升中华文化的世界影响力。利用“重阳节”契机，组织石景山区侨界群众参观新首钢，实地感受石景山区新变化，进一步强化侨联组织凝聚力。

天津市归国华侨联合会

【领导成员名单】

天津市侨联第九届委员会（至2023年8月）

党组书记、主席：李占勇

党组副书记、常务副主席、一级巡视员：陈钟林（女，2023年7月卸任党组副书记）

党组成员、专职副主席：杨　晖

兼职副主席：黄骁卓　余弘力

秘书长：杨　晖（兼）

天津市侨联第十届委员会（2023年8月26日选举产生）

党组书记、主席：李占勇

党组成员、一级巡视员：陈钟林

党组成员：杨　晖

专职副主席：于　滨

党组成员、专职副主席：杨　昆（2023年7月任党组成员）

党组成员、挂职副主席：陈　敬（2023年7月任党组成员）

兼职副主席：陈　军　王红梅（女）　吴晓红（女）　曹　景　余弘力　王宝钢　艾　玎（女，回族）

秘书长：李卫新（回族）

【综述】2023年，在天津市委的坚强领导下，在中国侨联的具体指导下，天津市侨联与全市各级侨联组织一道，以习近平新时代中国特色社会主义思想为指导，全面贯彻党的二十大精神，深入学习贯彻习近平总书记关于侨务工作的重要论述，扎实开展学习贯彻习近平新时代中国特色社会主义思想主题教育，学习宣传第十一次全国归侨侨眷代表大会和市第十次归侨侨眷代表大会精神。加强思想政治引领，提升为侨服务水平，深化侨联改革，加强侨联党的建设，推动《天津市侨联事业发展行动计划（2021—2025年）》落实落地，为天津高质量发展、全面建设社会主义现代化大都市作出了应有贡献。

【天津市第十次归侨侨眷代表大会胜利召开】8月25日，天津市第十次归侨侨眷代表大会在天津大礼堂召开。天津市委书记陈敏尔，中国侨联党组书记、主席万立骏出席大会开幕会并讲话。市委副书记、市长张工，市政协主席王常松出席。市领导冀国强、周德睿、王力军、马顺清、张玲出席。中国侨联相关负责同志，市委、市政府有关部门、各区负责同志，市管高校、人民团体和有关单位负责同志，市第十次归侨侨眷代表大会代表等约500人参加开幕式。市总工会代表各人民团体致贺词。会议审议通过了天津市第九届委员会工作报告，选举产生了天津市侨联第十届委员会委员100名，聘请了天津市侨联第十届委员会顾问、海外委员93名。天津市侨联第十届委员会第一次全体会议选举产生主席、副主席、秘书长和常务委员，李占勇当选为主席，于滨、杨昆、陈敬、陈军、王红梅（女）、吴晓红（女）、曹景、余弘力、王宝钢、艾玎（女）当选为副主席，李卫新当选为秘书长，于滨等35人当选为常务委员。

8月25日，天津市第十次归侨侨眷代表大会在天津大礼堂召开。市委书记陈敏尔，中国侨联党组书记、主席万立骏，市委副书记、市长张工，市政协主席王常松出席

【扎实开展主题教育】天津市侨联深入学习贯彻习近平新时代中国特色社会主义思想和党的二十大精神，扎实开展学习贯彻习近平新时代中国特色社会主义思想主题教育。举办专题读书班1期，党组理论学习中心组学习11次，讲专题党课、“微党课”8场次。制定“3+N”调研方案，组织机关党员、干部下基层37人次，完成调研报告5篇，协调解决问题13个，建立调研成果转化运用清单9项。针对党员干部队伍和制约高质量发展方面查摆问题18个，制定整改措施56条，并对8个突出问题开展专项整治。主题教育期间，召开侨商侨企座谈会、检视整改座谈会等4场次，研究制定《天津市侨联党员干部密切联系服务侨界群众制度》，建立健全长效制度机制4项，坚持“开门搞教育”，不断推动主题教育走深走实。

【深入学习宣传贯彻中国侨联十一代会和天津市侨联十代会精神】第十一次全国归侨侨眷代表大会和天津市第十次归侨侨眷代表大会闭幕后，及时指导各区、高校侨联及所属单位认真学习党中央致词、工作报告等大会精神，开展专题学习16场次。中国侨联兼职副主席、天津市侨联党组书记、主席李占勇参与录制中国侨联讲师团（第八期）网上宣介视频，并带头到滨海新区、宁河区、市侨商会等地作专题宣讲，党组成员分头深入基层侨联和企业单位、涉侨社会组织走访调研并宣讲，推动侨联系统深刻体会习近平总书记、党中央和市委对侨联工作的关心关怀，把准工作方向，找准贯彻大会精神的切入点、着力点，进一步转化服务天津市高质量“十项行动”的实际举措。

【连小敏副主席出席2023中国天津投资贸易洽谈会暨PECC博览会并致辞】11月23日上午，2023中国天津投资贸易洽谈会暨PECC博览会在国家会展中心（天津）开幕。天津市委副书记、市长张工，市委常委、统战部部长冀国强出席欢迎会。中国侨联党组成员、副主席连小敏，市委常委、常务副市长刘桂平，中国商业联合会会长姜明，中国太平洋经济合作全国委员会会长詹永新出席开

11月23日，2023中国天津投资贸易洽谈会暨PECC博览会在国家会展中心（天津）开幕

中国侨联党组成员、副主席连小敏（左四）参观“侨尚品”特装展区，天津市侨联党组书记、主席李占勇（右四）陪同

9月13日，天津市侨联组织召开第十一次全国归侨侨眷代表大会精神宣讲座谈会

幕式并为博览会启幕。副市长李文海主持。开幕式后，连小敏与主办方相关领导共同巡馆。为突出“侨”特色，天津市侨联作为承办单位之一，指导市侨商会首次以“侨尚品”为主题，以“创造高品质生活、服务高质量发展”为主线设立特装展区，20家侨商企业参展。

9月19日至21日，“创业中华·牵手京津冀”第二十二届海外侨界高层次人才为国服务活动在天津启动

【“创业中华·牵手京津冀”第二十二届海外侨界高层次人才为国服务活动在津举办】9月19日至21日，“创业中华·牵手京津冀”第二十二届海外侨界高层次人才为国服务活动在天津举办。活动由中国侨联主办，天津市侨联、北京市侨联、河北省侨联共同承办。天津市委常委、市委统战部部长冀国强，中国侨联副秘书长、经济科技部部长赵红英出席并致辞。中国侨联兼职副主席、天津市侨联党组书记、主席李占勇主持活动。本届活动以“活力天津·智享未来”为主题，来自7个国家和地区的32位高层次人才携带30个项目参加。其间，为5家企业颁发京津冀新侨创新创业基地证牌，并举行政策宣介、项目对接洽谈和考察活动。

【举办“京津冀侨法宣传月”专题活动】12月4日，天津市侨联举办“京津冀侨法宣传月”专题活动。活动期间，先后组织专题辅导报告、《天津市华侨权益保护条例》政策解读、涉侨纠纷多元化解经验交流及现场法律咨询服务等活动。有关区统战部负责同志，各区、高校侨联负责人和专兼职干部，涉侨社会组织代表和市侨联机关干部约100人参加。

12月4日，2023“京津冀侨法宣传月”专题活动在天津迎宾馆启动

9月21日，第二十二届海外侨界高层次人才为国服务团赴天开高教科创园参观考察

【天津市侨联青年委员会成立】12月22日，天津市侨联青年委员会成立大会召开，青委会设会长1名、副会长5名、秘书长1名。新当选的青委会会长何理代表第一届领导班子发言。天津市侨联青年委员会共有委员38人，其中，海外委员20人，涉及五大洲的17个国家和地区；港澳委员5人；国内委员13人。

12 月 22 日，召开天津市归国华侨联合会青年委员会成立大会

天津市侨联青年委员会是天津市侨联直接领导的以归侨侨眷和海外侨胞中优秀青年为主体的联谊性组织，是拓展海外联谊联络工作的重要平台，对于进一步团结联系海内外青年侨胞，动员组织广大侨界青年服务党和国家发展大局、助力天津高质量发展具有重要意义。

【举办天津市侨联第十届委员会委员及侨务干部培训班】12 月 27 日至 29 日，天津市侨联第十届委员会委员及侨务干部培训班在天津科技工作者之家举办。本次培训旨在推动侨联委员及侨务干部深入理解和把握习近平新时代中国特色社会主义思想，深刻领悟新时代新征程上侨联的光荣使命和党中央对侨联工作的新要求，提高用党的二十大、中国侨联十一代会和天津市侨联十代会精神指导实践、推动工作的能力，不断推进新时代侨联事业高质量发展。

【助力打赢抗洪抢险救灾攻坚战】2023 年，海河发生流域性特大洪水，天津市侨界闻“讯”出动，2 名侨联干部在防汛抗洪救灾一线挑重担、当先锋、打头阵，海内外侨界群众纷纷响应，捐款捐物折合人民币 81.65 万元，以实际行动践行社会责任与侨界担当。

【中国侨联新侨创新创业基地、中国天津留学人员创业园经开区分园揭牌】2 月 16 日，中国侨联新侨创新创业基地、中国天津留学人员创业园经开区分园揭牌仪式在天津国际生物医药联合研究院（以下简称“津药联合院”）举行，市侨联、市人力资源和社会保障局、滨海新区有关负责同志参加活动。截至 2022 年底，津药联合院孵化器及众创空间在孵企业 380 余家，共有海外留学、工作经历的归国人员 88 人，其中入选国家及天津市高级人才 19 人，担任首席科学家等技术负责人 23 人，津药联合院涉侨人士在企业设立和技术创新等各个方面发挥了重要的引领作用。

2 月 16 日，中国侨联新侨创新创业基地、中国天津留学人员创业园经开区分园揭牌仪式在天津国际生物医药联合研究院举行

12 月 27 日至 29 日，天津市侨联第十届委员会委员及侨务干部培训班在天津科技工作者之家举办

【基层侨联组织建设提质增效】3月8日，天津工业大学召开归国华侨联合会成立大会，王文洪当选为校侨联主席，并代表第一届委员会作了表态发言。天津市高校侨联组织增至7个。11月21日，天津市南开区第八次归侨侨眷代表大会顺利召开，圆满完成换届工作，宋东同志当选新一届侨联主席。11月30日，天津市红桥区第五次归侨侨眷代表大会开幕，会议选举产生新一届领导班子，张静当选红桥区第五届侨联主席。

4月19日至20日，京津冀侨联协同联动调研考察活动暨第九次京津冀侨联主席联席会议在津举行。与会人员赴滨海新区参观考察

【举办海外天津籍华文媒体代表团北辰行活动】3月21日，天津市侨联联合北辰区委统战部举办“追梦中华·‘侨’见北辰智能制造”海外天津籍华文媒体代表团北辰行活动，感受智能制造产业蓬勃发展。此次活动邀请了意大利《华人世界》、瑞典《北欧华人报》《德国侨报》、泰国《今日泰国》等近20家媒体参加，借助国际化传播手段宣传天津、宣传北辰，通过华文媒体的“穿针引线”，吸引海外企业来津投资兴业。

3月21日，天津市侨联联合北辰区委统战部举办“追梦中华·‘侨’见北辰智能制造”海外天津籍华文媒体代表团北辰行活动

【京津冀侨联协同联动调研考察活动暨第九次京津冀侨联主席联席会议在津举行】4月19日至20日，京津冀侨联协同联动调研考察活动暨第九次京津冀侨联主席联席会议在津举行。天津市侨联党组书记、主席李占勇主持会议。中国侨联经济科技部副部长祁德贵出席并讲话。中国侨联、北京市侨联、天津市侨联、河北省侨联有关负责同志参加。活动期间，参会人员赴滨海新区“美丽滨城”规划展览馆、天津茱莉亚学院、天津滨海—中关村协同创新展示中心等参观考察调研。

【支援重庆万州卫生健康项目】4月27日至28日，天津市侨联率队赴重庆开展东西部协作和支援合作工作调研，推进“国家智能社会治理实验卫生健康特色基地——消化疾病智能质控与辅助诊断项目”试点。天津御锦人工智能医疗科技公司代表天津市侨联向万州区第一人民医院捐赠总价值100余万元的“消化道内镜实时辅助诊断图像处理工作站”，推动优质医疗资源扩容下沉，助力万州医疗卫生事业再上新台阶。

【举办天津市侨企专场招聘会】5月31日，天津市侨联组织举办侨企专场招聘会，贯彻落实中央促进高校毕业生就业的决

5月31日，天津市侨联组织举办侨企专场招聘会

策部署，积极发挥桥梁纽带作用，动员市侨商会、侨菁会、客家联谊会近40家会员企业赴天津科技大学进行现场招聘，提供300余个就业岗位，实现企业与应届毕业生的“双赢”。

9月27日，天津市侨商会组织庆祝成立二十周年暨国庆中秋联谊活动

【助力推动文化传承发展】 以“亲情中华”为品牌，举办“奋进的春天——2023侨界春晚”“爱的南开”端午晚会、“天涯共此时”中秋晚会，讲好天津故事，展现侨界风采。组织参加第23届世界华人学生作文大赛，获特等奖1个，一等奖33个。成功承办“中国寻根之旅”夏令营（天津营）和“亲情中华·为你讲故事”线上营，来自越南的20名华裔青少年来津探寻中华文化之根，领略津派文化之美。成功组织申报第十一批中国华侨国际文化交流基地2家，推动中华文化更好地走向世界。

9月28日，天津市侨联联合天津海河传媒中心等单位共同策划推出《亲情中华·鱼龙百戏——2023中秋曲艺晚会：天涯共此时》特别节目播出

【联合编印《津侨百事通》手册】 天津市侨办、侨联联合编印《津侨百事通》手册，从华侨华人在津工作生活的实际场景出发，以解决他们可能遇到的问题为导向，梳理本市政策法规，采取问答形式为侨胞提供在津办理出入境、工作许可、社保医保、购房登记、车辆摇号、子女教育、享受人才政策等事务指南，列出办事窗口地址和咨询电话，打通侨胞办事“能不能”到“如何办”之间的“最后一公里”。

【天津市侨商会成立二十周年】 9月27日，天津市侨商会组织庆祝成立二十周年暨国庆中秋联谊活动，市委统战部分管日常工作副部长刘志强，天津市侨联党组书记、主席李占勇，市委统战部副部长、一级巡视员林洁，中国侨商联合会副会长兼秘书长夏付东，中国侨商联合会常务副会长、天津市侨商会会长李学海，以及市人大、市政协相关同志出席。二十年来，天津市侨商会始终以听党话，跟党走，坚持中国特色社会主义道路，以“服务会员、服务经济、服务社会”为宗旨，广泛团结侨商会员，努力维护侨商的合法权益，大力促进侨资企业发展，充分发挥桥梁纽带作用，助力天津高质量发展。

【天津市侨联侨菁会成立十周年】 10月21日，天津市侨联侨菁会在蓟州郭家沟乡村振兴示范基地组织庆祝成立十周年联谊活动。十年来，侨菁会本着“学习进取、文化传承、公益奉献、责任担当”的办会宗旨，秉持初心，团结一心，和谐奋进，依靠会员的共同努力，取得了优异成绩，已成为天津市侨界优秀青年组织的一张靓丽名片。

【出席“津港合作论坛”及天津市香港商会成立15周年活动】 12月16日，由天津市香港商会、香港贸易发展局主办，环渤海企业家联盟协办的“至臻高远，共建共赢‘一带一路’津港合作论坛”在津举办。来自津港两地政府机构、天津市知名商协会负责人、津港优秀企业家代表共260余人参加本次论坛。天津市侨联党组书记、主席李占勇出席活动并致辞，天津市侨联副主席、天津中投投资发展集团董事长余弘力，天津市侨商会会长李学海等出席活动并参与论坛研讨。

【和平区侨联推动侨界参与共建“一带一路”“小而美”惠民生项目】在第三届“一带一路”国际合作高峰论坛召开之际，和平区侨联携手爱心侨企向安哥拉捐赠1万套青少年口腔健康用品。2023年是共建“一带一路”十周年，“亲情中华·津侨同行”天津支持非洲青少年口腔健康项目是贯彻落实第三届“一带一路”国际合作高峰论坛精神、第十一次全国归侨侨眷代表大会和天津市第十次归侨侨眷代表大会工作部署的有效之举，和平区侨联聚焦“小而美”惠民生项目，找准工作的切入点和着力点，发挥组织优势，有力推动侨界参与共建“一带一路”高质量发展。

【天津城建大学侨联发挥组织联动优势】天津城建大学侨联充分发挥组织联动优势，加强与属地侨联互动，实现区校需求对接、资源共享、优势叠加，推动“地方侨联+大学侨联+校友会”机制走深走实。11月30日，天津城建大学侨联联合西青区委统战部、西青区人力资源和社会保障局、西青区侨联、滨海新区侨联举办“校地连心·走进城建”专场招聘会，搭建高校毕业生和用人单位求职招聘对接通道，促进毕业生高质量充分就业，以实际行动助力天津市“科教兴市、人才强市”行动。

【河东区中山门街道侨联以制促建织密为侨服务网络】河东区中山门街道积极构建“党建引领、街侨牵头、社区负责、网格落实”的纵向贯通机制，逐步完善“侨务微网格”服务体系，形成了街道主要领导—统战委员—侨联干部—街道干部—社区书记—网格员“四级六员”的网格化服务机制，近160名网格员全部纳入侨联工作队伍，成立“同心暖侨”志愿服务队，实现“社区助侨、侨助社区”双向奔赴，针对独居侨眷侨属等特殊群体开展一对一帮扶，贯通服务侨胞“最后一米”。

河北省归国华侨联合会

【领导成员名单】

党组书记、主席：付辉东

专职副主席：任卓平（女）

兼职副主席：屈　恩（女）　余良掑

王　强　　元　革

李　青（女）　武志永

秘书长：孙先梅（女）

【综述】2023年，河北省侨联坚持以习近平新时代中国特色社会主义思想为指导，落实河北省委、省政府和中国侨联决策部署，坚持“开门、开放、开拓”办会理念，强“三性”、去“四化”，深入开展学习贯彻习近平新时代中国特色社会主义思想主题教育，围绕学习宣传贯彻党的二十大精神主线，推进实施“八项行动”，优化为侨服务机制，搭建新侨创业平台，建强侨联干部队伍，扎实做好服务中心大局、服务侨界群众各项工作，取得了积极成效。

【深入开展学习贯彻习近平新时代中国特色社会主义思想主题教育】4月17日，河北省侨联召开学习贯彻习近平新时代中国特色社会主义思想主题教育动员大会，深入学习贯彻习近平总书记重要讲话精神和党中央决策部署，认真落实省委主题教育工作会议精神，动员部署省侨联主题教育工作。主题教育期间，形成《关于委员会人员结构现状分析及对策建议》等6个调研课题和2个正面、1个反面典型案例，其中1篇获省直调研成果优秀奖，受到省委主题教育巡回指导组的充分肯定。

【召开河北省侨联十届六次全委会议】2月15日，河北省侨联十届六次全委会议召开。河北省侨联党组书记、主席付辉东出席会议并作工作报告。会议传达学习了中国侨联十届六次全委会议精神，审议通过了河北省侨联第十届委员会2022年工作报告、《省侨联第十届常委会2022年工作报告》《关于凝聚侨心汇集侨智发挥侨力　助力推进中国式现代化河北场景侨界行动计划的决议》，通报了“2022年度河北省侨联系统最具影响力品牌”。河北省侨联十届委员会兼职副主席、常委、委员，省侨联各部室负责人、市级侨联驻会领导班子成员等120余人参加了会议。

2月15日，河北省侨联召开十届六次全委会议

【召开河北省侨联十届七次全委会议】5月22日，河北省侨联十届七次全委会议召开。河北省侨联党组书记、主席付辉东出席会议并讲话。会议以习近平新时代中国特色社会主义思想为指导，认真传达学习习近平总书记视察河北并主持召开深入推进京津冀协同发展座谈会时发表的重要讲话精神和党的二十大精神，贯彻落实中央、省委主题教育工作部署，选举出席第十一次全国归侨侨眷代表大会河北省代表，审议通过了《关于学习贯彻习近平总书记视察河北重要讲话精神为奋力　谱写中国式现代化建设河北篇章作出侨界新贡献的决议》，进一步凝聚侨心侨智侨力，以实际行动迎接第十一次全国归侨侨眷代表大会胜利召开。

【召开河北省侨联十届十一次常委会议】10月12日，河北省侨联召开十届十一次常委会议，河北省侨联党组书记、主席付辉东作工作报告。会议传达学习了李希同志代表党中央致词，传达学习了第十一次全国归侨侨眷代表大会精神和省委常委会贯彻落实意见，总结2023年以来全省侨联工作，部署年底前和今后一个时期的侨联任务。河北省侨联党组成员、副主席任卓平，省侨联兼职副主席，河北省侨联十届委员会常委，不是省侨联十届委员会常委的各市侨联、华北油田侨联主要负责同志，省侨联机关各部室负责人等40余人参加会议。

省级侨联工作

10 月 12 日，河北省侨联召开十届十一次常委会议

【开展“联学共建·深度融合——党建带侨建行动”】坚持党建带侨建，开展“联学共建·深度融合——党建带侨建行动”，河北省侨联机关 3 个党支部分别与 3 个基层侨联组织开展“结对共建”，组织机关党员干部赴安平县台城村全国第一个农村党支部开展主题党日活动，与省直机关第十一协作组成员单位开展“联学共建”，参加“迎三八话共建”“传承廉洁文化、凝聚清风正气”廉政教育等活动，提升基层党建水平；与中国侨联开展“上下联建”，在石家庄、唐山开展主题党日活动，先后赴塔元庄村村史馆、西柏坡纪念馆、李大钊纪念馆等地实地参观，召开联学共建座谈交流会，推进党建和业务工作深度融合。

3 月 28 日，智汇河北·2023 侨界精英创新创业大会在石家庄举办

【开展“创业中华·创新河北——汇聚侨智服务发展行动”】围绕服务京津冀协同发展和高标准高质量建设雄安新区，3 月 28 日，成功举办“智汇河北·2023 侨界精英创新创业大会”，成立省新侨创新创业联盟，为新侨创新创业搭建资源共享、合作共赢的平台；先后在邢台、沧州、秦皇岛举办“创业中华·创新河北”海内外侨商河北行活动，为政府和侨商牵线搭桥。特别是 10 月 18 日至 21 日，结合中国侨商会会长会，邀请包括 40 余位中国侨商会监事长、常务副会长在内的 180 余位侨商到秦皇岛参加活动，促成项目签约 9 个，总签约额 73.3 亿余元。围绕服务质量强省，梳理 400 名侨界海外专家、工程师与我省企业对接，目前已促成 10 家企业与 9 名海外工程师达成合作。围绕服务人才强省，联合京津侨联举办“创业中华·牵手京津冀”第二十二届海外侨界高层次人才为国服务活动，授牌 5 家单位为“京津冀侨联新侨人才创业基地”；推荐 21 名侨界专家参加第十四届中国河

12 月 2 日，河北省侨联与中国侨联在李大钊纪念馆开展主题党日活动，重温入党誓词

10 月 18 日至 21 日，“创业中华 · 创新河北”海内外知名侨商河北行活动暨中国侨商会会长会在秦皇岛市成功举办

北高层次人才引进交流大会，现场签约 1 个，达成合作意向 2 项。

【开展“情系家乡 · 以侨架桥——侨界助力乡村振兴行动”】引导侨商、侨资企业参与现代农业建设，为打造立县兴县特色产业集群、助力乡村振兴提供侨界支持。组织侨界向我省洪灾地区捐赠款物折合人民币约 510 余万元，争取中国侨联专项救灾资金 20 万元，捐赠款物通过各级侨联组织送至廊坊市、保定市、沧州市等受灾地区，为受灾地区群众、防汛一线人员提供生活物资支持。开展“送温暖 · 献爱心”活动和“侨爱心工程”，推进实施“困难归侨侨眷技能培训”和“侨爱心 · 乡村学生眼视光工程”公益项目，指导各市侨联对 587 名困难归侨侨眷进行帮扶慰问，争取中国侨联散居困难归侨侨眷救济费对 96 户蒙古归侨开展救助，向全省 7 所中学的“珍珠班”捐赠健康包和学习用品 900 份；协调魏基成“慈善列车”项目，向石家庄、张家口等地捐赠御寒棉衣 1400 余件。

河北省侨联组织爱心侨企、华商会等为受灾群众送去急需物资

【开展“侨连五洲 · 冀侨同心——侨务资源巩固拓展行动”】主动邀约“请进来”，争取中国侨联支持，作为第十一次全国归侨侨眷代表大会唯一京外活动安排，9 月 3 日至 5 日，在唐山市举办“侨连五洲 · 华侨华人聚唐山”活动，活动以“携手侨世界 · 圆梦京津冀”为主题，来自全球 70 个国家和地区的近 200 位海外侨领以及京津两地政府、侨联相关负责人参加，被海外侨领盛赞：“是参加回国活动中最用心、最感动，效果最突出的一场。”2023 年以来，共有来自美国、法国、澳大利亚等 20 多个国家和地区的 90 余名海外人士到访河北省侨联。拓展联谊“走出去”，2023 年，河北省侨联领导先后带队出访泰国、印度尼西亚、马来西亚

9 月 4 日，“侨连五洲 · 华侨华人聚唐山”活动在唐山开幕

以及中国香港和澳门等国家和地区，走访60余个海外华侨华人社团，召开20余场座谈会，河北海外“朋友圈”不断拓展。

【开展“亲情中华·魅力河北——燕赵文化海外交流行动”】加强文化品牌建设，启动“我的家乡在河北”系列活动，首批推出60个河北民间故事和10首富有河北特色的民歌，传播燕赵好声音；开展“我把家乡唱给你听，讲给你听”作品征集活动，来自俄罗斯、泰国等20余个国家的海外华侨华人、华裔青少年，通过视频讲述或演绎河北特色历史故事、历史名人、古典名著、文化古迹、河北特色歌曲等，增进对家乡历史文化的了解和认识；举办“亲情中华·为你讲故事”网上营2期，邀请来自加拿大、意大利的70名华裔青少年参加；组织开展2023“中国寻根之旅”夏令营——河北石家庄营活动，让来自15个国家和地区的73名海外华裔青少年近距离领略河北梆子、吴桥杂技等非遗项目的独特魅力，活动被央视四频道专题报道；举办“2023海外华文教师河北研修班”，邀请19名来自泰国、印度尼西亚、加拿大等国的海外华文教师赴衡水、邯郸观摩践学。加强文化平台建设，举办“亲情中华·欢聚正定——2023新春诗歌大会”，全网传播量超过5300万次，经验做法被中国侨联刊发；举办“亲情中华·情满燕赵”2024侨界新年音乐会，700余名侨界人士现场聆听，70多个国家和地区的海外侨胞、港澳台同胞、归侨侨眷通过云端直播同步观看音乐会，点击量超650万次；组织学生参加第23届世界华人学生作文大赛，获奖824篇。加强文化阵地建设，2023年全省共有2家文化单位入选中国华侨文化交流基地。

7月25日，参加2023“中国寻根之旅”夏令营——河北石家庄营的营员们展示书法作品

12月29日，亲情中华·情满燕赵 2024侨界新年音乐会在石家庄奏响

【开展“法治河北·冀侨同行——维权体系构建完善行动”】着力构建维权体系，深化检侨、法侨及涉侨部门合作，与省检察院联合印发《关于加强检侨合作服务河北高质量发展的意见》，与省律协、省仲裁协会建立合作机制，8家市级侨联成立法顾委，探索建立“侨务+政务服务”机制，在政务服务大厅和企业服务中心设立侨务窗口，在12345政务服务便民热线开设侨务热线专席工作试点，积极构建畅通有效的侨益维护工作体系。着力推动维权平台建设，在河北地质大学成立全省首家“河北侨益保护研究基地”，推荐65名侨联法顾委律师、侨联维权工作者加入“冀时调”在线调解平台，建立涉侨纠纷调解工作室19个，涉侨矛盾纠纷化解渠道不断拓宽。着力开展法治宣传，承办中国侨联法顾委海外委员2023年回国访问活动，开展“2023年

省级侨联工作

11月10日，河北省侨联党组书记、主席付辉东（右一），河北地质大学党委书记和志强（左一）共同为河北地质大学“河北侨益保护研究基地”揭牌

京津冀侨法宣传月”“法治进校园”等普法活动，邀请法顾委委员面向新侨创新创业联盟企业、部分高校侨联负责人、在校师生宣讲相关法律法规和有关政策，提高侨界群众法治意识。

6月8日，河北省侨联参政议政暨理论研究工作座谈会在省侨联机关召开

【开展“聚势赋能·强基固本——基层侨联组织提质培优行动”】 提升基层侨联组织建设水平，全年新建“侨胞之家”34个，全省已有97%的县（市、区）实现侨联组织或工作覆盖。做好侨情调查，配合省委统战部，指导各市侨联对归侨侨眷情况进行再排查、再摸底，侨联工作基层基础更加牢固。加强教育培训，先后在张家口、石家庄举办“基层侨联组织建设经验交流培训活动”“全省侨联系统干部培训班”，进一步提高侨联干部综合能力素质。

10月13日，河北省侨联系统干部培训班在石家庄开班

【开展“凝心聚力·为侨服务——侨联委员问计于侨行动”】 组织侨联委员积极参政议政。利用“机关开放日”“委员活动日”等活动，围绕助力河北高质量发展，梳理出有建设性、可操作性的意见建议50余条。其中，所报送的“政府产业基金　释放县域社会资本新动能”建议被省委改革办列为改革“金点子”。组织侨界人大代表、政协委员积极参政议政。2023年以来，侨界省、市两级人大代表、政协委员提交建议、提案200余条。组织涉侨社团积极参政议政。鼓励引导专委会、青委会、法顾委等涉侨社团为河北高质量发展建言献策。

【石家庄市侨联】 11月14日，石家庄市侨联与中共石家庄市新华区委、新华区政府共同举办“侨聚新华·共谋发展——海内外侨商新华行”活动并开展座谈，来自加拿大、澳大利亚、法国等地的海内外侨领侨商40余人参加活动。座谈会上，与会嘉宾观看了新华区宣传片，听取了新华区招商环境和产业政策情况介绍，就关心的问题交换了意见。座谈会后，与会嘉宾先后参观了中央商务区展馆、正太饭店、湾里庙步行街，实地感受石家庄日新月异的变化，纷纷表示，今后要充分利

11 月 14 日，石家庄市侨联与石家庄市新华区委、新华区政府共同举办“侨聚新华·共谋发展”海内外侨商新华行活动并座谈

用自身优势，在对外交往中多宣传推介新华，让更多的海内外侨胞关注新华、投资新华，助力新华高质量发展。

【**承德市侨联**】6 月 16 日至 18 日，承德市侨联组织开展“牵手承德·同心筑梦——2023 港澳台侨青承德行”活动，来自北京大学、清华大学、中国政法大学等多所高校港澳台侨界学生，以及在北京工作创业的港澳台侨界青年等 25 人组成的京港联承德考察团，赴承德参观考察交流。考察团一行先后赴滦平古城川村，中国华侨国际文化交流基地金山岭长城、避暑山庄，大贵口乡村振兴示范区、天大钒业、河北民族师范学院、承德博物馆、承德热河地质博物馆等地进行参观交流，并与河北民族师范学院学生进行联谊互动，市人才交流服务中心负责人为考察团成员作承德人才政策推介。参观结束后考察团成员纷纷表示，活动很充实、感悟很深刻、收获很丰富、离别很不舍，回去后要把自己在承德的所见所闻、所思所想带给在港澳台地区和海外的亲朋好友共同分享，讲好承德故事，传播承德声音。

6 月 16 日至 18 日，承德市侨联组织开展“牵手承德·同心筑梦——2023 港澳台侨青承德行”活动

【**张家口市侨联**】11 月 14 日，张家口市侨联与万全区委统战部、万全区检察院、万全区工商联联合举办法律进企业活动。张家口高新技术产业开发区 25 家企业负责人和 5 家侨企负责人参加活动。省、市侨联法顾委委员分别围绕企业合规、合同签订过程中注意的法律问题等作了专题讲座。讲座结束后，专门进行律师和企业一对一法律咨询服务，两位律师就企业提出的关于合同、劳动纠纷等问题给予答疑解惑。活动现场反响热烈，参会侨企表示，通过参与此次活动，对企业如何知法、懂法、用法、合法经营管理加深了理解，提升了法律知识水平。

11 月 14 日，张家口市侨联与万全区委统战部、万全区检察院、万全区工商联联合举办法律进企业活动

【**保定市侨联**】2023 年 8 月，保定多地遭受特大洪涝灾害，受灾群众损失严重。在中国侨联、河北省侨联的指导下，保定市侨联奔赴灾区一线，了解灾区情况，及时把中国华侨公益

9 月 21 日，保定市侨联党组书记、主席李玉华赴涿州市看望受灾蒙古归侨

基金会、菲律宾中国商会河北分会、澳门归侨总会、金鹰集团、亚太森博、河北博伦特药业有限公司等华商会、爱心企业筹集的 190 余万元救灾物资支援灾区群众。9 月 14 日到 9 月 21 日，保定市侨联党组书记、主席李玉华带队深入受灾严重的涿州市、高碑店市、定兴县、易县开展调研并看望归侨侨眷，详细了解归侨受灾情况，询问他们亟须解决的困难和问题，鼓励他们勇于克服困难，树立信心，重建家园。

【辛集市侨联】12 月 14 日，辛集市朝阳南路社区第一次归侨侨眷代表大会顺利召开，标志着全省首个社区侨联组织正式成立。会议听取了朝阳南路社区侨联筹备工作报告，审议通过了朝阳南路社区第一次归侨侨眷代表大会选举办法（草案），选举产生了第一届委员会及主席、副主席、秘书长，新当选的社区侨联主席作表态发言。朝阳南路社区侨联的成立是贯彻落实第十一次全国侨代会精神的务实举措，对辛集市做好新时代侨务工作，打通服务侨界群众“最后一公里”具有重要意义。

12 月 14 日，辛集市朝阳南路社区第一次归侨侨眷代表大会顺利召开

山西省归国华侨联合会

【领导成员名单】

党组书记：王进仁（2023年1月任命）
　　　　　王维卿（女，2023年1月卸任）
党组成员：闫　芳（女，2023年4月任命）
　　　　　张志龙　陈斯平
主　　席：王进仁（2023年5月当选）
　　　　　王维卿（女，2023年5月卸任）
专职副主席：陈　蕾（女）
挂职副主席：闫　芳（女，2023年5月当选）
兼职副主席：刘　俊　吕静英（女）　黄华为
　　　　　谭　慷　王迪录　武　强
　　　　　王继平　贾连喜　陈　杰
　　　　　姚文静（女）
　　　　　（以上10人2023年5月当选）
　　　　　方敬爱（女）　马金标　宋迎东
　　　　　常新乐　谭　慷　王迪录
　　　　　武　强
　　　　　（以上7人2023年5月届满）
秘 书 长：陈　蕾（女，兼）

【综述】2023年，山西省侨联在山西省委的坚强领导下，坚持以习近平新时代中国特色社会主义思想为指导，全面贯彻落实党的二十大和二十届二中全会精神，深入学习贯彻习近平总书记关于侨务工作的重要论述和对山西工作的重要讲话重要指示精神，认真贯彻落实党中央及省委对侨联工作的决策部署，扎实开展学习贯彻习近平新时代中国特色社会主义思想主题教育，胜利召开山西省第十一次归侨侨眷代表大会，全力履行工作职能，圆满完成年度目标任务，整体工作迈上新台阶。

【扎实开展主题教育】按照党中央部署要求和山西省委具体安排，深入开展学习贯彻习近平新时代中国特色社会主义思想主题教育，牢牢把握“学思想、强党性、重实践、建新功”总要求，坚持理论学习、调查研究、推动发展、检视整改、建章立制融合贯通、有机结合、一体推进。创新学习形式，省侨联机关中层干部和青年党员全部参加党组理论学习中心组专题研讨，调动全体党员干部学习的积极性、主动性。党组主要负责同志以“深入学习贯彻习近平总书记关于侨务工作的重要论述　奋力谱写新时代侨联工作新篇章”为题讲授专题党课。全省各级侨联组织上下联动、同题共答，深入基层和侨界群众开展调查研究，推动多项调研成果有力转化。坚持刀刃向内检视问题，6项问题清单全部得以整改。召开调研成果及典型案例交流会，进一步厘清了工作思路、明确了工作举措。

【深化与海外侨胞的联谊联络】切实履行海外华侨华人社团联谊职能，接待美国洛杉矶华侨华人归国参访团等20余个海（境）外侨团来访。指导成立菲律宾山西商会。“走出去”开展联谊联络，组团赴东南亚和中国香港等国家和地区，访侨社、摸侨情、听侨声，与20余个海外侨社团开展面对面交流。开展海外华文媒体运城关公文化旅游节采风行活动，泰亚新闻、美国华报等10家海外华人媒体发表稿件百余篇，海内外阅读量达1500余万人次，扩大了三晋文化国际传播力。支持阿联酋山西商会暨同乡会、新加坡晋商商会、加拿大山西同乡会等侨团举办迎新春活动。

【加强自身建设】制定实施委员履职工作规则和委员联系制度、会议制度、述职制度、考核制度，对委员履职作出规范。召开省侨联社团工作会议，指导晋中、长治和中北大学侨联完成换届工作，开展“侨胞之家”规范化建设活动，有序推进基层侨联组织统一社会信用代码赋码工作。在右玉干部学院、温州大学、厦门大学举办3期干部培训班，200余人次参训，进一步提高了全省侨联系统干部队伍能力素质和业务水平。

【举办“生涯领路人”——海外高层次人才进校园活动】主办多期“生涯领路人”——海外高层次人才进校园活动，3月走进寿阳一中和平遥中学，7月走进山西工程职业学院，9月走进长治潞城一中、昌盛中学，数千名学子聆听讲座。省侨联特聘专家李亚伟、金山、丁剑等知名专家学者结合自身海外求学工作生活经历，引导

9 月，“生涯领路人”——海外高层次人才进校园活动走进长治

学生树目标、做规划，激发学习动力，点燃成长梦想。

【举办 2023 海内外侨胞“寻根三晋”（洪洞）经贸交流会】 4 月 5 日，山西省侨联主办 2023 海内外侨胞“寻根三晋”（洪洞）经贸交流会，来自美国、加拿大、英国、法国等 10 余个国家和地区的近 50 名侨胞齐聚“华人老家”山西洪洞。活动中，与会侨胞听取了当地政府和企业进行的政策宣讲和项目推介，参加了第三十三届洪洞大槐树寻根祭祖大典和“2023 临汾·洪洞大槐树寻根问祖旅游季”系列活动，并赴相关企业实地调研。该活动是省侨联充分发挥山西历史悠久的独特优势和根祖文化的独特魅力，以文化为媒、以经贸为帆，积极促进海内外侨胞来晋开展交流合作的一项品牌活动。

5 月 18 日至 20 日，召开山西省第十一次归侨侨眷代表大会

【中国华侨国际文化交流基地——李林纪念馆揭牌仪式在朔州举行】 4 月 26 日，中国华侨国际文化交流基地——李林纪念馆正式揭牌。该基地是山西省首家以纪念革命烈士为题材的基地，李林烈士是印度尼西亚华侨，全国唯一的华侨抗日女游击队长，曾被周恩来总理誉为“中国的贞德”，入选“双百人物”“100 位为新中国成立作出突出贡献的英雄模范人物”“300 名著名抗日英烈和英雄群体名录”。

【召开山西省第十一次归侨侨眷代表大会】 5 月 18 日至 20 日，山西省第十一次归侨侨眷代表大会于在太原召开，中国侨联党组成员、副主席连小敏出席大会并讲话，山西省领导蓝佛安、徐广国、李凤岐、谢红、汤志平出席，来自全省各条战线的近 300 名归侨侨眷代表参会。大会审议通过了山西省侨联第十届委员会工作报告，选举产生了由 120 名委员组成的山西省侨联第十一届委员会。在随后召开的省侨联十一届一次全委会议上，王进仁当选省侨联主席，陈蕾当选省侨联副主席、秘书长，闫芳当选省侨联挂职副主席，刘俊等 10 人当选省侨联兼职副主席，刁士琦等 46 人当选省侨联常委。

【“问祖炎帝　寻根高平”海峡两岸神农炎帝经贸文化旅游招商系列活动在晋城举办】 5 月 26 日，由中国侨联指导，山西省侨联承办的海峡两岸神农炎帝经贸文化旅游招商系列活动之“台湾同胞、海外侨胞山西（晋城）经贸交流合作恳谈会”在晋城举办。中国侨联顾问、原副主席康晓萍出席并致辞，来自十余个国家和地区的海内外侨胞、台湾同胞及社会各界人士近 300 人参加活动。活动中，有关部门就重点招商产业进行专题推介，签约项目 30 个、投资总额 108.64 亿元，取得丰硕成果，是省侨联助力山西加快建设内陆地区对外开放新高地的又一成功实践。

【开展“侨爱心——送温暖医疗队”活动】 6 月 10 日至 11 日，山西省侨联承办的“侨爱心—

送温暖医疗队”义诊普法活动在侯马市人民医院举行，来自省城各大医院的28名知名医疗学者专家参加义诊、普法宣传咨询活动，接待义诊和法律咨询1000余人次，发放价值3万余元药品，受到基层各界群众的欢迎和好评。

【开展“侨爱心·乡村学生眼视光工程”活动】6月中旬，山西省侨联承办的“侨爱心·乡村学生眼视光工程”活动在大同举行。活动中，省侨联组织眼视光专家为天镇、阳高两县5所学校近1300名学生开展眼科检查和宣传服务，配发眼镜近千副。

6月，“侨爱心·乡村学生眼视光工程”启动仪式

【举办2023“中国寻根之旅”夏令营】君到山西来，才知故乡事。7月至8月，2023“中国寻根之旅”夏令营山西太原营和运城营成功举办，来自荷兰、加拿大、美国的80名华裔青少年相聚太原和运城，开启为期10天的“寻根之旅”。海外华裔青少年走访省博物馆、平遥古城、鹳雀楼、普救寺等文化历史遗迹，参加各具特色的传统文化活动，切身感受到了中华文化的博大精深，与三晋大地结下了不解之缘，培养了一批弘扬中华文化和三晋文化的传播者，为中国梦与世界梦的连接架起了新桥梁。

【“侨爱心·光明行”公益项目持续开展】8月3日，“侨爱心·光明行”公益项目捐赠活动在太原举行，山西省侨联领导出席仪式并为捐赠企业颁发证书，山西宏泰集团向受赠医院——山西康明眼科医疗集团签订100万元的捐赠协议和项目执行协议。该项目是省侨联“侨与乡村振兴”系列活动中的品牌项目，自2020年6月实施以来共接受侨界企业捐赠500余万元，受益群众4000余人次。

【开通惠侨公证法律服务绿色通道】8月上旬，在山西省侨联的指导下，省侨联法律顾问委员会暨省涉侨涉外纠纷人民调解委员会与太原市城南公证处共同签署《深化公共法律服务着力营造和优化服务涉侨涉外法治环境战略合作协议》。双方协定，依托省侨联法顾委秘书处、省侨商会秘书处集中处理涉侨涉外公证事项，打造涉侨涉外便民公证服务平台，并同步开展涉侨涉外纠纷调解，进一步完善多元化解纠纷机制。

【举办山西省（北京）现代服务业投资合作交流对接会】9月2日，山西省侨联在北京联合主办的山西省（北京）现代服务业投资合作交流对接会，省直有关部门、各市投资促进机构和项目企业及30余家侨资企业在内的北京市现代服务业企业100余人参加会议。会议以“推介发言+互动交流”的形式举办，搭建了合作桥梁，密切了与

美国洛杉矶华侨华人归国参访团到访山西省侨联

京津冀现代服务业企业交流合作，是省侨联深入开展“以侨促转”，助力山西省现代服务业转型升级和高质量发展的一项具体举措。

9 月 21 日，中国侨联副主席高峰在运城宣讲第十一次全国侨代会精神

【山西省委常委会会议传达贯彻第十一次全国归侨侨眷代表大会精神】9 月 7 日，山西省委召开常委会会议，听取省侨联工作汇报，传达贯彻第十一次全国归侨侨眷代表大会精神，山西省委蓝佛安主持会议并讲话。会议指出，全省各级侨联组织注重发挥“侨”的优势，扎实做好“联”的文章，各项工作取得了新进展新成效。会议对全省各级侨联提出三方面工作要求：一要加强政治引领，为推进中国式现代化山西实践凝聚智慧和力量。二要充分发挥自身优势，在推进高水平对外开放、讲好山西故事中发挥更大作用。三要深化联谊联络，深交老朋友、广交新朋友，不断提升联谊联络工作质效，持续壮大爱国爱乡力量。

【举办山西省（厦门）产业投资合作交流对接会】9 月 8 日，山西、福建两省侨联共同支持举办山西省（厦门）产业投资合作交流对接会，两省侨联领导与来自加拿大、菲律宾、柬埔寨等国的近 30 名侨商齐聚厦门，共商发展大计。活动中，对山西发展规划、产业方向进行了推介宣传，为侨商侨领对接山西重点发展产业领域和闽晋两地共赢发展打下了新基础。

【高峰副主席宣讲第十一次全国侨代会精神】9 月 21 日，山西省侨联宣传贯彻落实第十一次全国归侨侨眷代表大会精神基层侨联座谈会在运城召开，中国侨联副主席高峰出席座谈会并讲话，省市县三级侨联代表近 20 人参会。高峰向与会人员介绍了第十一次全国归侨侨眷代表大会召开盛况，传达学习了李希同志代表党中央在大会上的致词精神和万立骏同志代表中国侨联第十届委员会所作的工作报告等内容并提出工作要求，为山西省各级侨联深入贯彻第十一次全国归侨侨眷代表大会精神，推进中国式现代化山西实践中更好地展现侨界作为指明了方向。

【开展“侨与乡村振兴”系列活动】为充分发挥侨联融通中外、联系广泛的组织优势和侨界资金、技术、管理、人脉等资源优势，聚焦全面推进乡村振兴、加快建设农业强国的战略部署，山西省侨联创新开展“侨与乡村振兴”系列活动。9 月，结合 2023 年丰收节太原主会场举办“侨与乡村振兴”系列活动启动仪式，并围绕“侨助乡村产业、侨兴乡村科技、侨活乡村文化、侨联乡村青年、侨看乡村发展、侨论乡村未来”6 个专题，组织开展了“以侨促转 走进晋城”、海外侨领农特产品交流品鉴、侨界专家现代农业技术讲座、“亲情中华·墨赞

9 月，举办“侨与乡村振兴”系列活动启动仪式

三晋”晋港书画家晋城交流和“送戏下乡”惠民演出等十余场专题活动，努力推动侨与乡村振兴融合发展、互促共进，不断在乡村发展、乡村建设、乡村治理中注入侨的元素、体现侨的特点、贡献侨的力量。

10 月 25 日，中国侨联党组成员、副主席连小敏出席 2023“一带一路”海外侨领国情研修班太原经贸交流活动

【组织开展中国侨联法顾委海外委员 2023 年回国访问活动】9 月 23 日至 26 日，来自 15 个国家的 16 名中国侨联法顾委海外委员在山西开展 2023 年回国访问活动。山西侨联组织访问团与省检察院、省高院专家座谈交流，实地考察了平遥古城、娘子关古村落、山西博物院等中国华侨国际文化交流基地，参观百度云计算（阳泉）中心、阳泉高新区智创城等侨资企业。通过活动，访问团亲身体悟了山西厚重的历史文化，密切了与山西的联系交流，进一步涵养了服务山西高质量发展的侨务资源。

中国侨联法顾委海外委员登娘子关长城

【连小敏副主席出席海外侨领研修班现场教学活动并调研】10 月 25 日，中国侨联党组成员、副主席连小敏在太原出席 2023“一带一路”海外侨领国情研修班现场教学活动，并在太原市万柏林区滨体社区和丽华社区就山西省基层组织建设情况进行调研。连小敏表示，海外侨领要发挥联系广泛、融通中外、以侨为桥的优势，带动更多侨胞参与共建“一带一路”，投身山西经济社会建设。山西各级侨联组织要不断加强基层侨联组织建设，进一步做实做细为侨服务工作，努力建设成为广大侨胞和归侨侨眷可信赖的团结之家、奋斗之家、温暖之家。

【中国侨联“一带一路”海外侨领国情研修班在山西开展现场教学活动】10 月 24 日至 29 日，中国侨联“一带一路”海外侨领国情研修班在晋开展现场教学活动，来自 26 个国家和地区的 40 余位海外侨领前往山西各地开展现场教学。海外侨领参观了五台山、壶口瀑布、洪洞大槐树寻根祭祖园、王家大院、平遥古城等中国华侨国际文化交流基地，在太原、临汾、晋中等地参加省情、市情推介会和经贸交流活动。通过活动，海外侨领对山西的历史文化和经济社会发展状况有了更加深入的了解，为促进海外侨领与山西在经济文化、生态旅游和参与“一

中国侨联“一带一路”海外侨领国情研修班山西太原现场教学活动

带一路”等方面的交流合作起到了积极的作用。中国侨联党组成员、副主席连小敏出席活动并讲话，省委常委、统战部部长徐广国，省委常委、太原市委书记韦韬，省政协副主席李思进等分别参加有关活动。

山西省侨联党组书记、主席王进仁出席出访东南亚三国

【第六届进博会期间举办多场主题推介活动】11 月上旬，在第六届中国国际进口博览会期间，山西省侨联在上海主办第五届世界晋商上海论坛“社会组织服务高质量发展”主题开幕式，支持举办“科技创新助力民营经济高质量发展”“2023 山西省社会组织服务高质量发展大会”，协办“山西之夜”主题推介等多场活动。活动中，省侨联充分发挥自身

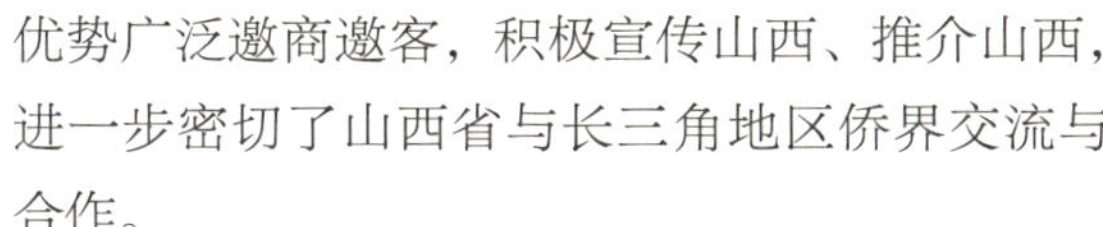

优势广泛邀商邀客，积极宣传山西、推介山西，进一步密切了山西省与长三角地区侨界交流与合作。

【2023 海外赤子服务山西行活动在晋举办】11 月 15 日，山西省侨联主办“聚才聚力　海智晋创——2023 海外赤子服务山西行暨留学人员创新创业项目路演”活动，邀请 20 多位海外高层次人才展示了新能源、新材料、生物医药、高端装备制造等方向的创新创业项目，赴相关企业进行技术指导和学术交流，并就项目前景、行业发展方向等进行了深入探讨。

【出访泰国、马来西亚和新加坡三国】12 月 9 日至 18 日，山西省侨联党组书记、主席王进仁率团访问泰国、马来西亚和新加坡三国，拜访了泰国中华总商会、泰国山西商会、马来西亚中华大会堂总会、马来西亚王氏宗亲总会、新加坡中国文化中心、新加坡晋商商会等 20 余个侨团，就加强山西与三国侨界联谊交流、弘扬中华文化、经贸科技合作等方面进行了深入交流。此次出访进一步扩大了山西“朋友圈”，是贯彻落实山西省委十二届七次全会精神，服务山西省打造内陆地区对外开放新高地建设的具体举措。

【举办“以侨促转　走进晋城”活动】12 月 20 日至 22 日，山西省侨联在晋城主办“以侨促转　走进晋城”活动，省海归国协会会员、省新侨创新创业联盟理事等 200 余人参加。活动中，组织侨胞参加了当地招商引资推介会，赴涉侨企业进行了参观调研，并召开了山西省侨联新侨创新创业联盟第六届理事大会和山西省海外留学归国人员创新创业协会第二次会员代表大会，是省侨联进一步发挥所属社团和组织作用，服务地方经济发展的实际行动。

【太原市侨联】围绕中心、服务大局，凝聚侨心侨力侨智助力招商引资、招才引智、乡村振兴等中心工作，为推动我市高质量发展贡献了侨界力量。“党建带侨建”工作被评为“全市十佳党建品牌”。在第十一次全国归侨侨眷代表大会上荣获人社部、中国侨联授予的“全国侨联系统先进集体”称号，是全省唯一获得表彰的侨联组织，彰显了侨联在服务大局和为侨服务中的独特优势和担当作为。助力太原“双招双引”、推动高质量发展上下功夫。承接中国侨联“一带一路”海外侨领中国国情研修班太原现场教学活动，市委高度重视，作为 2023 年“双招双引”重点工作来抓，太原市委书记韦韬会见海外侨领、出席招商宣传推介会并致辞，市领导张志刚、李永强宣传推介，为太原搭建了对外交流互联互通的桥梁，让来自26个国家和地区的50名海外侨领深切感受到了太原良好的发展环境、亲民的政治生态和优质的营商环境。在讲好太原故事、助力省城文旅发展上出实招。认真落实市委十二届六次全会暨经济工作会议关于“把太原打造成旅游热点门户”的部署，举办“唐风晋韵·山水晋源”——以侨促转文化经贸交流”活动，来自澳大利亚、德国、俄罗斯、法国、新加坡、新西兰等12个国家的20多位海外侨领及省城各界人士共100余人参加。通过活动弘扬了“晋阳文化”，搭建了太原市拓展文旅融合的侨界平台，促进了海外侨胞与太原在经济文化、文旅康养等方面的交流合作，发挥了侨连四海在推动实施大景区战略工作中的作用，成为全市侨联向海外讲好太原故事、发出太原声音，提高太原在海外影响力和美誉度的又一生动实践。在推进乡村振兴、巩固拓展脱贫攻坚成果上见成效。选派1名处级干部赴娄烦县开展驻镇帮扶。组织全市侨联系统和28家涉农企业开展“侨与乡村振兴”大讲堂。组织20余家企业参加山西（太原）特优农产品春季、夏季产销对接活动及山西特色农副产品进北京社区现场选品推介会。承接“侨与乡村振兴”系列活动启动仪式，组织参加“侨助乡村产业”项目路演推进会。举办“一带一路”海外侨领农特产品交流品鉴活动，30家太原特优农产品企业同侨领建立联系，拓展我市农特产品海外销售渠道。组织侨界爱心人士为娄烦县驻村帮扶干部捐赠暖冬物资，为当地引入贵州菌菇产业扶贫的经验和模式并成功落地投产。在娄烦县土豆、小米等农产品出现滞销时迅速动员，全市侨界爱心人士纷纷响应、踊跃购买，实现销售3万余斤、11万余元，用实际行动践行社会责任，成为这个冬季太原侨界最温暖的爱心传递。

【阳泉市侨联】团结和联系海外侨胞和归侨侨眷，认真履行六项职能，各项工作取得新进展，荣获“全国侨联系统先进组织”的荣誉称号。整合侨界资源，助力乡村振兴。组织开展“侨与乡村振兴”系列活动，带领侨商、海归青年、基层侨联负责人走进农村举办“侨看乡村发展”“凝聚侨界力量　助力乡村振兴”“党建引领　聚侨兴侨　助力乡村振兴”等主题活动。深入乡村、涉侨涉农企业开展专题调研11次，详细了解乡村现状及存在的问题，探索侨助乡村振兴的新途径。结合乡村和涉侨、涉农企业的需求，对侨界资源进行了有效整合，在山西潘龙湖养殖开发有限公司正式设立“侨创立体农业科技园”，使之成为侨界相互学习借鉴、加强合作创新、推动侨助乡村产业高质量发展的平台。促成山西好客农业旅游开发有限公司与平定县赵家村平西抗战文化园合作，帮助解决了赵家村经营困境，带动了村民增收。深入开展调研工作，《聚侨智汇侨力　推动侨与乡村振兴融合发展》得到省侨联主要领导和市委主要领导的肯定批示，省侨联将该调研报告转发各地市侨联学习、研究、借鉴。拓展海外联谊，涵养侨务资源。长期与海外重点联系人士保持联络，开展“走出去”和“请进来”海外交流活动7次。参加在日本举办的第24届中日韩三国地方政府交流会议。邀请来自14个国家的16名中国侨联法顾委海外委员组成的访问团走访考察“阳泉记忆·1947文化园”、百度云计算（阳泉）中心、山西智创城7号、娘子关古村落、平定砂洵街等，感受中共创建第一城70多年来的飞速变化，体验阳泉数字经济发展带来的“科技温度”。接

太原市侨联举办“唐风晋韵　山水晋源——以侨促转文化经贸交流”活动

待了回乡探亲的美籍华人窦惠芳、韩国华侨赵舒婷、英国华侨高歌和王捧柱，日本山西同乡会会长徐敏，以及美籍华人冯晓霞，共叙亲情乡情，共谋阳泉发展。聘请5名海外华侨华人担任阳泉市侨联“海外联络员”，积极为阳泉与海外多领域、深层次交流合作牵线搭桥。加强队伍建设，夯实基层力量。市侨联继续推进基层“侨联联络员”试点工作。2022年矿区在全省率先实现街道、社区（村）侨联联络员全覆盖的基础上，城区侨联举办“乡镇（街道）‘侨胞之家’授牌仪式暨侨务知识培训讲座”，为71名侨联联络员颁发聘书，实现了城区乡镇（街道）、村（社区）侨联联络员全覆盖。《畅通为侨服务“内循环”，构建上下联动富有活力的侨联组织网络》在《中国侨联工作》刊登后，在阳泉市侨界引起热烈反响并促进基层组织建设，扩大了4名侨联联络员队伍和基层侨联工作覆盖面。指导县（区）侨联、“侨胞之家”依托基层侨联联络员开展形式多样的群众活动40余次。

长治市侨联举办“乡村振兴大讲堂”活动

【长治市侨联】服务经济建设。赴山西日盛达太阳能科技股份有限公司等多家涉侨企业开展走访调研，协调解决发展难题。组织开展“侨与乡村振兴”系列活动，带领8家涉农企业参加山西区域特色农副产品进北京社区现场选品专场推介会，成功帮助长治市特色农副产品推广销售至北京。组织长治籍在沪海归人员座谈会，参观上海市闵行区国家双创示范基地，积极推介长治的发展和人才、资金引进政策，积极争取侨商来长考察投资。依法维护侨益。持续开展“送温暖 献爱心”行动，全年走访慰问侨界群众100余户，发放慰问金5万元。发挥市侨联法律顾问委员会作用，深入基层“侨胞之家”开展普法宣传活动，免费提供法律援助和咨询。开展第五届“爱心送考 助力高考”公益活动、“侨爱心 送温暖”武乡义诊等公益活动。拓展内外联谊。完善侨联干部联系归侨侨眷制度和海外侨胞制度，与加拿大山西同乡会、泰国泰中侨商联合会等海外侨团侨领保持联系，与上海市闵行区侨联缔结为友好侨联。帮助美籍华人李世雄博士回长子县寻根祭祖。开展春节元宵“双节”团拜暨海外侨胞线上交流会、“聚侨力‘粽’传情·乡村振兴同发展”端午活动、“三胞三属”迎中秋联谊等活动，丰富归侨侨眷传统节日精神文化生活。积极参政议政。做好侨界政协委员的联系和服务工作，组织侨界政协委员积极参加政协会议、调研活动。组织政协侨界委员围绕长治市中心工作和侨界关注热点、难点问题开展专题调研，并协助将调研成果转化为提案、议案，真实反映侨界群众的意见建议，代表侨界发声。弘扬中华文化。深入开展学习贯彻习近平新时代中国特色社会主义思想主题教育，学习党的二十大精神，开展“2023·崇尚·清明祭英烈”主题祭扫、“颂党恩 跟党走”诗朗诵、“传承中华文化 凝聚奋进力量”等活动，引导侨联干部职工和归侨侨眷加深爱党爱国爱家乡的深厚情怀，更加坚定永远跟党走的信仰信念。加强基层建设。开展侨情调研，建立归侨侨眷、留学生信息库，征集工作意见建议，进一步涵养工作基础。创建潞州区马厂村“侨胞之家”，指导屯留区侨联开展“侨胞之家”提质升级工作，开展“侨心筑梦 书香致远”读书交流会等活动。加强自身建设。推选第十一次全国归侨侨眷代表大会代表、山西省第十一次归侨侨眷代表大会代表，1人被表彰为全国归侨侨眷先进个人。认真筹备长治市第八次归侨侨眷代表大会，严把人选资格关和工作纪律关，保障侨联换届选举工作顺利完成。组织侨联干部职工参加侨务工作培训，学习外地侨联工作先进经验，切实提升广大侨联干部专业技能和工作水平。

晋城市侨联承办“以侨促转　走进晋城——招商引资推介活动”

【晋城市侨联】举办2023“问祖炎帝　寻根高平”第八届海峡两岸神农炎帝经贸文化旅游招商系列活动。经过前期筹划调研、广泛联络、周密部署，邀请中国侨联、省侨联领导市莅临指导，组织来自海内外近50名侨界知名人士参加炎帝拜祖系列活动，并对晋城市中国华侨国际文化交流基地、特色经济文化产业等进行参观考察，促成多个项目达成合作意向。承办山西省侨联“以侨促转　走进晋城”招商引资推介系列活动。邀请到省侨联、各地市侨联领导、省新侨创新创业联盟理事、省海外留学归国人员创新创业协会会员、全省87家农副产品企业近300名赴我市参加。活动现场推介和解读晋城市近年来经济社会文化发展、招商引资政策，诚邀全省侨界企业家来我市投资兴业。在“侨与乡村振兴公益助农　山西特色农副产品进北京”现场选品会上，邀请了负责北京市144万个社区家庭团购的团长来晋，对全省涉农企业的1000余款产品进行现场选品，并成功签约25家企业，帮助特色农副产品公益推广销售至北京社区，至2023年2月底，累计销售额达850余万元。联谊联络缔结友好，积极推动“双招双引”。组织市县两级侨联会同统战部赴侨务大省上海、河北、江苏等地学习考察，积极联络联谊缔结友好，宣传晋城市区位优势和招商引资政策，与各地共享侨联资源，诚邀侨领侨商来晋投资兴业。服务晋城市康养城市总体战略，邀请中国华侨公益基金会等涉侨组织和企业来我市调研考察，就加快建设医药康养综合体项目、教学合作方面达成多项合作协议。与挪威广东商会、特立尼达和多巴哥华人互助基金会签署战略合作框架协议，构建长期紧密合作关系，促进经贸合作和科技交流。突出弘扬中华文化，传播晋城侨界好故事好声音。组织开展“免费送戏下乡文化惠民”活动。邀请山西省华晋舞剧院文艺轻骑兵走进全市21个乡村送上文化精品节目，让村民在文化熏陶中体会党的关怀，在潜移默化中提升文化素养，铸就文化之魂，弘扬新风正气。邀请香港广州书画会10位书画家，与晋城市书画家共同开展“亲情中华·墨赞三晋”晋港书画家晋城联谊活动，进一步加强了晋城与海内外侨界的文化交流，加深了香港侨界人士对山西、对晋城的了解，进一步优化了晋城市对外交往的环境。

内蒙古自治区归国华侨联合会

【领导成员名单】

主　　席：王宏华（女）

兼职副主席：白晓飞　田来怀

宝日胡日嘎　李喜和　丁文祥

王佳音（女，蒙古族）　许文曲

【综述】2023 年是全面贯彻落实党的二十大精神的开局之年，一年来，内蒙古自治区侨联始终坚持以习近平新时代中国特色社会主义思想为指导，深入贯彻党的二十大精神，认真落实习近平总书记关于侨务工作和群团工作的重要论述精神，在中国侨联的坚强领导和大力支持下，紧紧围绕自治区党委、政府中心工作，紧扣铸牢中华民族共同体意识的主线，认真贯彻落实第十一次全国归侨侨眷代表大会精神，积极履行职能职责，坚持强化侨界政治引领，坚持服务中心大局，深入组织实施多项品牌工程，竭力推动全区侨联事业发展呈现良好态势，各项工作取得积极成效。

【开展走访慰问侨界代表人士活动】农历春节来临之际，内蒙古自治区侨联努力克服新冠疫情影响，通过线上线下相结合的方式开展走访慰问工作，向广大侨界朋友送去党和政府的关心问候，送上侨联组织的关怀惦念，让广大侨界朋友切身感受到党和政府的温暖。

【建成全区首家金融系统“侨胞之家”】5 月 26 日上午，全区首家金融系统“侨胞之家”揭牌仪式在中国银行内蒙古自治区分行营业部举行。内蒙古自治区党委统战部副部长、内蒙古自治区侨办主任逯敬东，中国银行内蒙古自治区分行副行长高智共同为中国银行内蒙古自治区分行营业部“侨胞之家”揭牌。内蒙古自治区侨联将依托中国银行独有资源优势，充分发挥好“侨胞之家”的桥头堡作用，为侨界群众以及侨商侨企提供优质金融服务保障。

【举办 2023 年度全区侨联干部业务培训班】6 月 8 日，为期 3 天的全区侨联系统学习贯彻习近平新时代中国特色社会主义思想主题教育暨 2023 年度侨联干部业务培训班在乌兰察布市委党校顺利结业。乌兰察布市委常委、统战部部长敖满斌，内蒙古自治区侨联兼职副主席田来怀出席培训班开班式并讲话。来自全区各盟市、高校、科研院所、侨社团以及部分旗县区侨联工作者等 60 余人参加培训。

6 月 8 日，2023 年度全区侨联干部业务培训班在乌兰察布市开班

【实施中国侨联“侨爱心·乡村学生眼视光工程走进内蒙古武川”工程】6 月 19 日至 21 日，在

6 月 19 日，中国侨联“侨爱心·乡村学生眼视光工程走进内蒙古武川”活动启动仪式现场

呼和浩特市武川县举办中国侨联“侨爱心·乡村学生眼视光工程走进内蒙古武川”活动，为全县6所中小学946名存在视力健康问题学生提供视力检测，并为472名学生每人免费配送一副眼镜。内蒙古自治区侨联兼职副主席田来怀、武川县副县长云晓敏在启动仪式上致辞，内蒙古自治区党委统战部副部长、侨办主任逯敬东宣布活动正式启动。

7月8日，2023年“中国寻根之旅”夏令营—内蒙古营开营仪式现场

【举办内蒙古自治区侨联“重实践　建新功　侨界专家基层行”活动】6月29日，由内蒙古自治区侨联主办的“重实践　建新功　侨界专家基层行”活动在通辽市正式启动。内蒙古自治区侨联兼职副主席、内蒙古自治区侨联特聘专家委员会主任李喜和与来自内蒙古相关高校、科研院所的4位专家共同参加基层行活动。活动期间，在内蒙古民族大学举办了4场讲座，组织专家深入科尔沁牛业股份有限公司等三家公司提供现场技术指导。

【举办中国侨联“侨界医疗队下基层——走进内蒙古通辽”活动】7月2日，为期2天的中国侨联“侨界医疗队下基层——走进内蒙古通辽”活动在科左中旗花吐古拉镇卫生院画上句号。内蒙古自治区侨联组织来自内蒙古医科大学附属医院、附属蒙医医院和内蒙古人民医院的六位医疗专家组成工作队，先后在科左后旗人民医院、科左中旗花吐古拉镇卫生院举办了四场义诊活动，为当地侨界及周边群众提供了600余人次的高质量诊疗服务，并赠送常用药品。

【举办2023“中国寻根之旅”夏令营内蒙古营】7月8日，由中国侨联主办，内蒙古自治区侨联、内蒙古中华文化学院、包头市侨联承办的2023“中国寻根之旅”夏令营—内蒙古营在内蒙古中华文化学院开营。内蒙古自治区侨办主任、海联会副会长逯敬东，内蒙古中华文化学院副院长逯国峰出席仪式并致辞，来自俄罗斯、英国、加拿大、新西兰、蒙古国和韩国6个国家的80余名海外华裔青少年以及内蒙古农业大学附属中学的200名学生共同参加开营式。本期夏令营为期10天，参营的海外华裔青少年先后走进内蒙古的博物馆、书画院、工业厂房、名胜古迹，深入学习了解“昭君出塞、胡汉和亲”等各民族交往交流交融的历史佳话，体验书法等中华优秀传统文化，感受内蒙古壮美的自然景观。

【举办“海外侨胞故乡行——走进锡林郭勒”活动】7月24日，由内蒙古自治区侨办、内蒙古自治区侨联主办，中共锡林郭勒盟委员会统战部承办，乌拉盖管理区党工委、管委会协办

7月24日，“海外侨胞故乡行——走进锡林郭勒”活动启动仪式现场

的“海外侨胞故乡行——走进锡林郭勒”活动在乌拉盖管理区正式启动。来自 15 个国家和地区的 50 余名侨领、侨商参加活动。本次故乡行活动为期 5 天，其间举办了海外侨胞助力锡林郭勒经济发展暨“相约草原”项目推介会。内蒙古自治区党委统战部副部长、侨办主任逯敬东，锡林郭勒盟委委员、统战部部长张晓君出席会议并致辞。会上，京蒙两地侨商会共同签署了《京蒙侨商合作框架协议》，部分盟直单位和旗县市（区）有关代表作了项目推介。

【召开第十一次全国归侨侨眷代表大会精神学习贯彻工作会议】9 月 20 日上午，内蒙古自治区侨联组织召开第十一次全国归侨侨眷代表大会精神学习贯彻工作会议。内蒙古自治区侨联兼职副主席、包头市侨联主席田来怀作宣讲，自治区、各盟市侨联机关干部、部分侨界代表人士和旗县级侨联主席共计 170 余人参加会议。会议以视频形式召开，主会场设在内蒙古自治区侨联，各盟市设分会场。

【举办中国侨联“侨界医疗队下基层——走进内蒙古克什克腾”活动】9 月 24 日至 26 日，举办中国侨联“侨界医疗队下基层——走进内蒙古克什克腾”活动。其间，在克什克腾旗人民医院、克什克腾旗达里诺日镇卫生院举办了四场义诊活动，为当地侨界及周边群众提供了 900 余人次的优质诊疗服务，并赠送了常用药品。中国侨联基层建设部副部长刘景春、克什克腾旗委常委、统战部部长毕力格图出席启动仪式并致辞。

【王宏华会见日本华侨胡昂院士一行】10 月 16 日上午，内蒙古自治区侨联主席候选人王宏华在呼和浩特市会见日本华侨、日本工程院院士胡昂一行。王宏华代表内蒙古自治区侨联对胡昂院士一行到内蒙古考察交流表示热烈欢迎，对胡昂院士有意愿为内蒙古招商引资牵线搭桥并到内蒙古开展科研工作表示衷心感谢。

10 月 16 日，内蒙古自治区侨联主席候选人王宏华（左三）在呼和浩特会见日本华侨、日本工程院院士胡昂一行

9 月 24 日，中国侨联“侨界医疗队下基层——走进内蒙古克什克腾”启动仪式现场

【王宏华会见蒙古国侨胞吴海明一行】10 月 20 日下午，内蒙古自治区侨联主席候选人王宏华在呼和浩特会见到访的蒙古国内蒙古同乡会、蒙古国内蒙古总商会会长吴海明一行。王宏华代表内蒙古侨联对吴海明会长一行的来访表示热烈欢迎，详细了解了住在国的侨情特点和内蒙古籍华侨华人的生产生活情况，倾听了侨领们的意见建议。

10 月 20 日，内蒙古自治区侨联主席候选人王宏华（右四）在呼和浩特会见蒙古国内蒙古同乡会、蒙古国内蒙古总商会会长吴海明一行

【王宏华赴京拜会万立骏主席】10 月 26 日上午，内蒙古自治区侨联主席候选人王宏华带队到中国侨联机关拜访中国侨联党组书记、主席万立骏。万立骏对王宏华一行的到来表示热烈欢迎，指出内蒙古自治区是边疆少数民族地区，是我国向北开放的重要桥头堡，要持之以恒学习领会习近平新时代中国特色社会主义思想，贯彻习近平总书记关于侨务工作的重要论述，以落实第十一次全国归侨侨眷代表大会精神为契机，积极争取自治区党委、政府支持，竭力推动全区侨联工作再上新台阶。王宏华向万立骏汇报了内蒙古自治区侨联近年来的亮点工作和 2023 年主要工作完成情况，介绍了内蒙古自治区侨联今后一段时间的工作思路。中国侨联党组成员、副主席连小敏，中国侨联副秘书长、经济科技部部长赵红英，组织人事部部长姚林楠参加会见。

【召开内蒙古侨联七届四次委员会议】11 月 7 日，内蒙古自治区侨联七届四次委员会议在呼和浩特召开。受内蒙古自治区党委常委、统战部部长胡达古拉委托，内蒙古自治区党委统战部副部长、侨办主任逯敬东出席会议并讲话。大会通过人事议程，选举王宏华为内蒙古自治区侨联七届委员会主席。

【王宏华在呼和浩特调研侨联工作】11 月 14 日至 15 日，内蒙古自治区侨联主席王宏华带队赴呼和浩特市新城区、和林格尔县、回民区进行调研，深入了解呼和浩特市侨联工作开展、“侨胞之家”建设及运行和侨资企业生产经营等情况，并走访慰问侨界代表人士和侨联退休干部。其间，与呼和浩特市委常委、统战部部长葛智敏进行座谈交流。

11 月 15 日，内蒙古自治区侨联主席王宏华（左二）在呼和浩特调研期间为回民区环河街道阿吉拉沁社区“侨胞之家”揭牌

10 月 26 日，内蒙古自治区侨联主席候选人王宏华到中国侨联机关拜访中国侨联党组书记、主席万立骏

省级侨联工作

【王宏华会见英国内蒙古商会康庄会长一行】11月16日上午，内蒙古自治区侨联主席王宏华在呼和浩特市会见到访的英国内蒙古商会、英国内蒙古同乡会会长康庄一行。王宏华对康庄会长一行的来访表示欢迎，对商会、同乡会组织旅英侨胞在疫情防控期间克服种种困难捐款捐物驰援祖国家乡的大爱之举表示衷心感谢，希望商会团结带领广大侨胞和留学生主动服务于自治区高质量发展，为推动自治区经济社会发展贡献“侨”的力量。

11月23日，呼和浩特市委副书记、市长贺海东接见到访的中国侨商会副会长王琳达（右三）

【王宏华在通辽市开展工作调研】11月20日至21日，内蒙古自治区侨联主席王宏华率队来到通辽市扎鲁特旗、通辽经济技术开发区、科尔沁区等地，走进“侨胞之家”、华侨文化交流基地、侨联工作创新示范点和侨资企业开展工作调研，走访慰问侨界代表人士，深入了解通辽市侨联工作开展情况。通辽市委常委、统战部部长赵航陪同调研。

11月20日，内蒙古自治区侨联主席王宏华（左二）在通辽市扎鲁特版画院调研华侨文化交流基地创建工作

【中国侨联常委、中国侨商会常务副会长、怡海集团董事局主席王琳达到内蒙古自治区考察】11月22日至25日，中国侨联常委、中国侨商会常务副会长、怡海集团董事局主席王琳达一行到内蒙古自治区考察，深入了解内蒙古自治区相关产业发展情况，并就下一步到内蒙古自治区投资兴业、与内蒙古自治区侨企建立合作关系达成共识。内蒙古自治区党委统战部常务副部长王俊，呼和浩特市委副书记、市长贺海东接见王琳达并座谈。内蒙古自治区侨联主席王宏华，呼和浩特市委常委、统战部部长葛智敏等参加考察活动。

【王宏华在乌兰察布市调研侨联工作】12月5日至6日，内蒙古自治区侨联主席王宏华到乌兰察布市围绕“侨胞之家”建设管理、中国华侨国际文化交流基地创建等进行现场办公，

12月6日，内蒙古自治区侨联主席王宏华（前排左三）到乌兰察布市丰镇市“侨胞之家”慰问归侨代表

通过实地察看、查阅资料、座谈交流等方式了解相关工作推进情况，就进一步优化工作流程、提高工作质效、明确工作思路等提出意见建议，走访慰问侨界代表人士。乌兰察布市委常委、统战部部长敖满斌陪同考察。

【王宏华在锡林郭勒盟开展工作】12 月 18 日到 20 日，内蒙古自治区侨联主席王宏华带队到锡林郭勒盟开展工作，先后了解西乌珠穆沁旗、锡林浩特市两地“侨胞之家”建设及作用发挥情况，与锡林郭勒盟侨联进行座谈交流，并走访部分归侨侨眷代表。锡林郭勒盟委委员、统战部部长张晓君参加相关活动。

12 月 18 日，内蒙古自治区侨联主席王宏华到锡林郭勒盟西乌珠穆沁旗调研“侨胞之家”建设工作

【王宏华出席乌兰察布市第二次归侨侨眷代表大会】12 月 26 至 27 日，乌兰察布市第二次归侨侨眷代表大会召开。内蒙古自治区侨联主席王宏华，乌兰察布市委常委、统战部部长敖满斌出席大会开幕式并讲话。市有关部门、各旗县市区有关方面负责同志和 55 名侨界代表共同参加了会议。会议选举产生了乌兰察布市侨联第二届委员会领导班子，冯竹沣当选市侨联主席，刘利民、唐赞等 6 人当选副主席，产生委员 25 名。

【举办全区侨界代表人士铸牢中华民族共同体意识专题学习座谈会】12 月 28 日下午，在呼和浩特市召开全区侨界代表人士铸牢中华民族共同体意识专题学习座谈会，组织各界侨界代表人士等 70 余人参加会议。内蒙古自治区党委统战部副部长、侨办主任逯敬东，内蒙古自治区人大民族侨务外事工作委员会副主任刘廷辉出席会议，内蒙古自治区侨联主席王宏华作总结讲话。会议集中学习了习近平总书记在 2023 年中央政治局第九次集体学习时的重要讲话精神、内蒙古自治区党委理论中心组 2023 年第十六次集体学习精神和中国共产党内蒙古自治区第十一届委员会第七次全体会议公报，观看了铸牢中华民族共同体意识主题宣传片，部分代表人士结合自身工作、生活谈了感想。

12 月 28 日，举办全区侨界代表人士铸牢中华民族共同体意识专题学习座谈会

12 月 27 日，内蒙古自治区侨联主席王宏华出席乌兰察布市第二次归侨侨眷代表大会并讲话

【举办侨界迎新茶话会】12 月 28 日下午，在呼和浩特市举办全区侨界迎新年茶话会。内蒙古自治区党委统战部副部长、侨办主任逯敬东应邀出席活动，内蒙古自治区侨联主席王宏华致辞。内蒙古自治区侨商会、内蒙古自治区侨联特

12 月 28 日，举办全区侨界迎新茶话会

聘专家委员会、内蒙古自治区侨联青年委员会、内蒙古自治区侨联法顾委、内蒙古自治区侨界人大代表与政协委员和在呼海外侨领侨胞及部分侨界代表人士等 80 余人欢聚一堂，畅叙侨情，同迎新年，共谋发展。

3 月 30 日，包头市侨联青年委员会第一次委员大会在包头市召开

【通辽市召开全市侨联工作会议】2 月 25 日上午，通辽市侨联工作会议在通辽市召开。会议以习近平新时代中国特色社会主义思想为指导，全面贯彻党的二十大精神，全面总结 2022 年工作，安排部署 2023 年工作。市侨联党组书记、主席孙福全出席会议并讲话，全市各旗县市区侨联主席、秘书长参加会议。

【包头市侨联青年委员会成立】3 月 30 日上午，包头市侨联青年委员会第一次委员大会在包头市召开，标志着包头市侨联青年委员会正式成立。内蒙古自治区党委统战部副部长、侨办主任逯敬东，包头市委常委、统战部部长诺敏出席成立大会，包头团市委书记王昊代表人民团体致贺词。包头市侨联青年委员第一届委员共 252 人参加会议。

【乌海市常委会听取侨联工作汇报】10 月 23 日上午，乌海市召开第八届党委常委会第 105 次（扩大）会议，听取全市侨联工作汇报。

【内蒙古民族大学侨联成立】12 月 15 日上午，内蒙古民族大学举行内蒙古民族大学归国华侨联合会成立揭牌仪式。内蒙古民族大学党委书记赵东海、内蒙古自治区侨联主席王宏华共同为该校侨联揭牌。

辽宁省归国华侨联合会

【领导成员名单】

党组书记、主席：安建晔
党组成员、副主席：崔　明
兼职副主席：姜凤武　张　梅（女）　吕安民　赵继红（女）　黄庆祝　景　平　黄晓冬（女）　张　茵（女）　江　南　李志富　黄廷枢　石　丽（女）　史灵芝（女）

【综述】2023 年，辽宁省各级侨联组织在中国侨联的具体指导下，在省委的坚强领导下，坚持以习近平新时代中国特色社会主义思想为指导，聚焦实施全面振兴新突破三年行动，积极履职尽责、主动担当作为、注重横向联动，各项工作取得新的进展和成效。出台《辽宁省侨联事业发展新突破三年行动方案（2023—2025）》，狠抓 8 个方面 28 项重点任务，创新 4 项为侨服务机制，努力把工作做实，做到侨胞心坎上。深度参与辽洽会、首届全球辽商大会等省级重大招商活动，43 个国家和地区的侨商受邀回辽，600 余位嘉宾共襄盛举。将“侨商辽宁行”活动开展常态化，以线上线下结合方式开展“创业中华　侨兴辽宁”经贸交流活动，走进 8 市 27 个区（县），邀请 20 余个国家和地区的 5000 余位侨商参加。加强侨创联盟、特聘专家委员会等平台建设，新增联盟理事单位 56 家，新聘特聘专家 15 人，不断扩展侨界智库专业覆盖面。广泛开展两节“送温暖　献爱心”慰问活动，向侨界困难群众 500 余人发放救助资金 150 万元，将党和政府的关怀送到侨界群众心中。在全国侨联系统率先创建“辽宁侨胞之家”网上平台，已入驻“侨胞之家”86 家，通过线下参与侨联活动与网上找到侨联组织结合，使“侨胞之家”真正成为侨界群众的情感地标和精神家园。

【加强思想政治引领，推进党的二十大精神学习宣传贯彻】辽宁省侨联党组坚持旗帜鲜明讲政治，深入学习贯彻习近平新时代中国特色社会主义思想和党的二十大精神，与总书记关于侨务工作的重要论述贯通起来，一体学习领会、一体贯彻落实，切实履行好侨联的职责使命。把学习贯彻习近平新时代中国特色社会主义思想作为首要政治任务，严格落实省委关于主题教育各项工作要求。3 月 6 日，开展题为“学习贯彻党的二十大精神　在辽宁全面振兴新突破三年行动上展现更大担当和作为”专题讲座，就如何在辽宁全面振兴新突破三年行动中展现更大担当和作为提出对策建议，省侨联委员、侨商代表近 200 人参加培训。4 月 3 日，制定实施《省侨联党组开展学习贯彻习近平新时代中国特色社会主义思想主题教育的实施方案》，一体推进理论学习、调查研究、推动发展、检视整改、建章立制。组织党组理论学习中心组学习 21 次，党组成员分别作中心发言，发挥示范引领作用。党组主要负责同志到所在支部、侨商会党支部等宣讲党的二十大精神和习近平新时代中国特色社会主义思想，带动基层党组织学习贯彻工作走深走实。出台《关于省侨联深入开展调查研究工作的实施方案》，根据工作实际确定 15 项调研内容，领导班子和各部室领题调研，班子成员为查找侨商侨企、新侨、特聘专家、侨青等各方面侨界群众呼吁的问题，开展调研 61 次，点位 78 个。检视问题 10 个，制定整改措施 30 条，结合侨联工作推动主题教育走深走实。

【全力实施辽宁省侨联三年行动，狠抓 8 个方面 28 项重点任务】3 月 6 日，召开具有引领性、标志性意义的辽宁省侨联十届三次全委会议，党组主要负责同志向侨界发出“三年行动”动员，激发全省侨界干部和群众心往一处想、劲往一处使，大干三年、奋斗三年，为新时代东北振兴、辽宁振兴的“辽沈战役”贡献侨界力量。按照有目标、有任务、有措施，可落地、可量化、可考核的原则，出台《辽宁省侨联事业发展新突破三年行动方案（2023—2025）》，狠抓八个方面 28 项重点任务，成为全省侨联系统落实三年行动的行动纲领。举办“学习贯彻党的二十大精神在辽宁全面振兴新突破三年行动上展现更大担

3 月 6 日，辽宁省侨联召开十届三次全委会议

当和作为”专题培训班，就如何在辽宁全面振兴新突破三年行动中展现更大担当和作为提出对策建议。此次培训对省侨联贯彻辽宁全面振兴新突破三年行动具有现实指导意义。开展“追梦中华　侨兴辽宁”“追梦中华　侨心向党”“追梦中华·海外华文媒体采访行”等主题宣传活动，省侨联官网增加“习近平新时代中国特色社会主义思想”“全面振兴新突破三年行动首战之年”等栏目，扩大省侨联实施三年行动工作舆论宣传效果，发布活动报道、典型人物专访等稿件 480 余篇，重点会议活动点击量均在 60 万次以上。

【开创四项合作机制，厚植为侨服务新优势】 4 月 26 日，举行“创业中华　侨智辽宁”2023 创新创业大会。来自美国、阿联酋、日本、加拿大等国的侨商代表以及侨界青年代表、新侨创新创业联盟企业家代表、法律顾问委员会代表、相关金融机构代表通过线上和线下的方式，共谋侨界发展、共话创新创业，汇青年侨智侨力，助力辽宁全面振兴。活动现场向广大侨界青年发出“2023 侨界青年才俊助辽振兴”倡议。省侨联发布四项全新服务机制，拓宽为侨服务渠道：一是从建设侨界开放枢纽、链接侨界金融服务、打造侨界营商环境等角度，面向海内外集中发布省侨联服务共建“一带一路”海外协作机制；二是与省农商行、平安证券、平安银行等金融合作机制；三是与沈阳、大连仲裁委“调解 + 仲裁”服务机制；四是与北京融商一带一路法律与商事服务中心合作机制等。四项合作机制创建以来，已选取 15 家海外侨团作为省侨联服务共建“一带一路”海外协作单位，举办银企对接活动 2 场，积极推广涉侨纠纷多元化解“调解 + 仲裁”模式，及时回应侨的关切，团结广大侨界群众在新时代新征程上建功立业。

【深耕“创业中华　侨兴辽宁”品牌活动，主动服务辽宁全面振兴新突破】 9 月 25 日至 27 日，辽宁省侨联坚持主动对接省委工作要求和服务辽宁经济高质量发展，深入开展中国侨联与省政府战略合作的具体工作，发挥侨资侨智资源优势，加强与省委统战部、商务厅、工商联、贸促会等省直部门横向沟通与协作，深度参与辽洽会、首届全球辽商大会等省级重大招商活动。辽宁省委书记、省人大常委会主任郝鹏，省委副书记、省长李乐成，省政协主席周波、省委统战部部长胡立杰、副省长张立林等省领导，中国侨联党组成员、副主席程学源等领导参加活动。43 个国家和地区的侨商受邀回辽，600 余位嘉宾共襄盛举。9 月 26 日，由中国侨联、辽宁省人民政府主办，中国侨联经济科技部、辽宁省侨联承办的“创业中华　侨兴辽宁”2023 侨界精英创新创业论坛在沈阳举行。中国工程院院士、东北大学副校长唐立新、经济学家张时乐博士等 9 位国内著名专家学者和知名侨界企业家进行主旨演讲并开展对话讨论。省侨联支持举办 2023 辽宁国际美

4 月 26 日，辽宁省侨联举行“创业中华　侨智辽宁”2023 创新创业大会

省级侨联工作

9 月 26 日，辽宁省侨联举办“创业中华　侨兴辽宁”侨界精英创新创业论坛

丽健康产业博览会，海内外参展企业百余家，其中，世界 500 强企业 12 家，上市企业 20 家。还组织召开了沈阳市专场项目推介会、大连市普湾新区专场项目推介会，首届东北亚医美之都合作洽谈会。达成意向项目 70 余个，拟投资 155 亿元。省侨联引进辽宁的沈阳微控新能源技术有限公司获评辽宁省第二家“独角兽企业”。中国侨联党组书记、主席万立骏批示：“辽宁侨联围绕中心、服务大局，服务侨胞，工作值得肯定”。

11 月 19 日，辽宁省侨联率团出访日本、韩国

“创业中华　侨兴辽宁”经贸交流活动自 2022 年首创以线上线下结合方式开展以来，已走进 8 市 27 个区（县），邀请 20 余个国家和地区的 5000 余位侨商参加活动，特聘专家、央企代表等与政府、侨商深度对接。2023 年，推动新能源、新材料、人才培养、医疗美容等多个领域项目达成合作意向，“山海关不住，投资到辽宁”在海内外侨界广泛传播。

【涵养壮大海外知华友华和爱国力量，侨界高层次人才优势彰显】11 月 19 日至 26 日，辽宁省侨联主要负责同志亲自率侨商团组赴日本、韩国等国家深入侨社侨团开展友好访问和经贸人文交流，参加“2023 韩国—世界华商周”，举办多场侨界座谈会，传达第十一次全国归侨侨眷代表大会精神、辽宁省委十三届六次全会精神，宣传辽宁实施“兴辽英才计划”和“百万学子留辽来辽”行动，倾听侨声、宣慰侨胞。全年接待海外侨团 500 余人次，省侨联海外联络网络已扩大至 65 个国家和地区。瞄准海外市场，邀请来自欧美、日韩、新西兰、阿联酋等国家和地区的海外工商社团、企业代表来到辽宁，高标准举办经贸洽谈活动 2 场，就精细化工、装备制造、文化及名优特新产品等项目合作意向，精准推荐到各市考察洽谈。目前，跨境电商等 3 个项目已达成合作意向，2 家辽宁企业落户迪拜，50 余种“辽字号”农副产品、食品已出口阿联酋等中东国家或与美国、加拿大及日本等国家达成明确采购意向。广聚海外英才，与英国爱丁堡博士联盟、日本华侨华人博士协会、法中孵化器联盟协会等侨界专家协会开展战略合作，协助省委组织部等部门实施“兴辽英才计划”。加强侨创联盟、特聘专家委员会等平台建设，新增联盟理事单位 56 家，新聘特聘专家 15 人，不断扩展侨界智库专业覆盖面。

【推动中华优秀文化“走出去”，文化交流品牌引领力稳步提升】8 月 2 日，举办中国侨联“寻根之旅”夏令营（辽宁营），邀请来自美国、意大利、英国 3 个国家的 33 名华裔青少年在大连开启为期 10 天的沉浸式体验之旅，感受中华优秀传统文化的博大精深，寻找共同的血脉之源，

8 月 2 日，辽宁省侨联举办中国侨联“寻根之旅”夏令营（辽宁营），辽宁省侨联党组书记、主席安建晔向营员代表授营旗并宣布开营

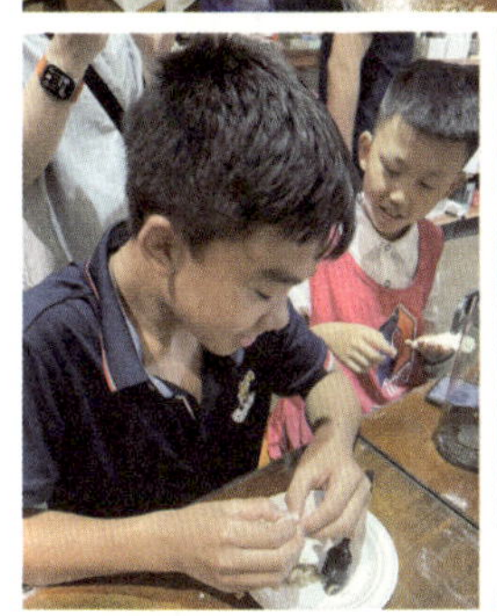

海外华裔青少年在辽宁参加“寻根之旅”夏令营，学习中华优秀传统文化

共同的文化之根。营员除了学习汉语、剪纸、茶艺、书画、包饺子，以及灯笼、扇子、中国结制作等中华优秀传统文化之外，还与辽宁本地的学生进行互动交流、参观华侨国际文化交流基地，感受美丽滨海城市风光和特色的地域文化，体会新时代新辽宁的发展成就。8 月 15 日至 24 日，持续举办“亲情中华·为你讲故事”网上夏令营（辽宁营），邀请来自美国、西班牙、意大利、泰国 4 个国家的 532 名营员参营，增进海外华裔青少年对祖（籍）国的了解和感情。支持阿联酋辽宁商会承办迪拜中国年“丝绸传友谊—中阿续辉煌”主题巡展活动。评定辽宁省华侨国际文化交流基地 29 家，已有 14 家被中国侨联评定为中国华侨国际文化交流基地。向 45 个国家和地区的 102 个侨社组织推送一批高水平的文艺演出作品线上播放，慰藉海外侨胞思乡之情。

【深入开展暖侨心稳侨心工作，侨界群众法治意识得到增强】10 月 24 日至 27 日，承办中国侨联“法治中国　你我同行”2023 年侨界法治学习活动，东北三省一区侨联干部、侨商会会员及侨界群众代表 180 余人参会。这是后疫情时代首次高规格大规模侨界法治学习活动，中国侨联副主席程红出席开班式，对辽宁侨联维权和普法工作给予肯定。会同沈阳、抚顺、本溪、铁岭、葫芦岛等市侨联开展侨法进社区宣传活动，发放“八五”普法宣传手册、维权手册等普法书籍 5000 余册，不断增强侨界群众法治意识。省

10 月 24 日，辽宁省侨联承办中国侨联“法治中国　你我同行”2023 年侨界法治学习活动。中国侨联副主席程红（左三）出席开班仪式并讲话，开班仪式由中国侨联权益保障部部长张岩（右二）主持，辽宁省侨联党组书记、主席安建晔（左二）致欢迎词

省级侨联工作

10 月 24 日，辽宁省侨联组织参加“法治中国　你我同行”2023 年侨界法治学习活动的侨界代表参观凯旋社区“侨胞之家”

侨联与法院、检察院、仲裁委等部门加强协作，共同推动涉侨纠纷多元化解机制的贯彻落实，组织省侨联维权基地律师先后举办营商环境建设工作座谈会、案情分析会、维权工作座谈会，走进侨企主动了解侨界群众困难问题，用心用情为侨界群众排忧解难。全年，受理信访求助 50 余件次，坚决做到“三到位”，依法维护侨胞合法权益。会同市级侨联，广泛开展两节“送温暖　献爱心”慰问活动，向侨界困难群众 500 余人发放救助资金 150 万元，将党和政府的关怀送到侨界群众心中。会同省总工会，向春节期间坚守一线岗位的侨企职工 1000 余人发放慰问金 50 余万元，向侨资企业传递党和政府的关爱和祝福。争得中国侨联支持，向丹东旅朝老教师、老侨干发放生活困难补助 34 万元。动态关注 80 岁以上老归侨生活情况，走访慰问 516 人，送去慰问金 25 万元。争得中国侨联支持，向在丹滞留华侨 384 人送去慰问金 30 万元。举办养老护工、月嫂技能培训班，培训生活困难侨界群众 80 余人，帮助他们灵活就业。

【扎实推进工作体系建设，在全国率先创建“辽宁侨胞之家”网上平台】8 月 17 日，加强制度建设，制定印发《辽宁省侨联关于加强新时代全省基层侨联组织建设的实施方案》和《辽宁省侨联“侨胞之家”建设工作方案》，明确全省基层组织建设的目标任务和建设标准。11 月 15 日，在全国侨联系统率先创建“辽宁侨胞之家”网上平台，实现“侨胞之家”活动发布、活动展示、活动评估等功能，现已入驻“侨胞之家”86 家，通过线下参与侨联活动与网上找到侨联组织结合，使“侨胞之家”真正成为侨界群众的情感地标和精神家园。争得中国侨联支持，向市级侨联下拨资金 41 万元，支持“侨胞之家”建设项目 75 个。指导凯旋社区侨联开展省级“侨胞之家”示范创建工作，中国侨联兼职副主席邵旭军调研时给予肯定。成立辽宁省首家行业协会侨联——辽宁省美发美容行业协会侨联。

11 月 15 日，在全国侨联系统率先创建“辽宁侨胞之家”网上平台

【加强干部队伍建设和组织建设，不断提高侨联组织的战斗力凝聚力】落实新时代好干部标准，把政治标准放在首位，鲜明树立重实干、重实绩、重担当的选人用人导向，向省委推荐 2 位优秀干部提任副厅级领导职务。严格按照组织程序，做好第十一次全国归侨侨眷代表大会代表推选工作，辽宁省侨联班子成员等 10 人当选为中国侨联第十一届委员会委员，3 人当选为常务委员。沈阳市凯旋社区侨联、大连市甘井子区侨联等 8 家基层侨联单位、鞍山市侨联李彦海等 31 名个人分别荣获人力资源和社会保障部、中国侨

12 月 11 日，辽宁省侨联召开十届四次全委会议

联和国务院侨务办公室表彰。以高度的政治责任做好十三届省政协委员人选推荐工作，党组主要负责同志当选为省政协常委。推荐 7 位海外知名侨领为十三届省政协特邀列席人士。3 月 6 日，召开省侨联十届三次全委会议，增补委员 24 名，安建晔同志当选为省侨联主席。12 月 11 日，召开省侨联十届四次全委会议，增补委员 18 名，崔明同志当选为省侨联副主席。2023 年通过两次全委会议，审议通过有关人事和选举事项，共增补委员 42 名，基层委员比例不断提升，省侨联委员会结构进一步优化。9 月 11 日至 15 日，与省委组织部合作，举办“全面学习贯彻党的二十大精神　提升为侨服务能力”全省侨联系统干部专题培训班，全省各级侨联骨干力量 60 人参与。此次特别调训了县区侨联及企业、高校、社区等基层侨联负责同志。12 月 12 日至 19 日，与中国侨联合作，举办省（区、市）侨联干部培训班。中国侨联党组成员、副主席连小敏出席开班式并作辅导报告。省侨联主要负责人带队，组织省市区县各级侨联工作者 42 人。通过有针对性的理论和侨务业务授课，进一步提升辽宁省侨联干部业务素质和水平，持续加强党员干部思想淬炼、政治历练、实践锻炼、专业训练，努力开创新时代侨联工作新局面。

9 月 11 日至 15 日，辽宁省侨联与省委组织部合作，在东北财经大学举办“全面学习贯彻党的二十大精神　提升为侨服务能力”全省侨联系统干部专题培训班

【沈阳市侨联】2023 年，沈阳市侨联深入学习贯彻习近平新时代中国特色社会主义思想和党的二十大精神，认真贯彻落实习近平总书记关于东北、辽宁振兴发展的重要讲话和指示批示精神，深入贯彻落实第十一次全国归侨侨眷代表大会精神，聚焦实施全面振兴新突破三年行动及“振兴新突破、我要当先锋”专项行动，汇聚侨界资源、搭建侨界平台、强化为侨服务，团结凝聚广大归侨侨眷和海外侨胞为推进沈阳新时代全面振兴取得新突破贡献侨界力量。一是打造品牌。成功申办中国侨联“追梦中华·开放与创新的辽沈大地”——2023 海外华文媒体沈阳采访行活动，填补了东北此项工作空白。全面落实市委书记批示“做细做实准备工作，扩大宣传影响力”，市委统战部部长出席全程活动，市长接受书面采访，来自全球 15 家海外华文媒体和 5 家涉侨央媒走进沈阳，以英雄沈阳、开放沈阳、创新沈阳为主线，实地采访考察 20 余个点位，人民日报海外版等 30 余家海内外媒体进行报道，共撰写发布文字与视频稿件 530 余篇，阅读点击量超过 1000 万人次，在海内外引起了广泛关注和积极反响，真实传递“沈水之阳，我心向

12 月 28 日，由世界中餐业联合会指导，沈阳市侨联主办的新起点、新融合、新突破 2023“一带一路”（东北亚）餐饮产业发展交流会在沈阳举办

往”的城市魅力。二是搭好平台。在辽宁省首届“全球辽商大会”期间，举办“创业中华·侨兴辽宁”侨商沈阳行推介会，向来自不同国家和地区的海外嘉宾推介沈阳市发展规划和招商引资政策，宣传推介沈阳、促进经贸合作。举办 2023“一带一路”（东北亚）餐饮产业发展交流会，搭建中餐文化海内外交流合作平台，《人民日报》（海外版）等媒体进行报道。推动 12 家新侨创新创业示范基地建设，沈阳市侨联在中国侨联经济科技工作调研座谈会上作经验交流发言，中国侨联党组成员、副主席连小敏对沈阳市侨联搭建新侨创新创业平台，推动新侨创新创业工作高质量发展给予高度评价。三是优化服务。在经贸往来、项目合作等方面为侨商办实事、解难题 30 余项。举办沈阳市侨联营商环境报告会，向全市侨企解读惠企政策，征集侨商金点子和建议 100 余条。协调侨企帮助解决拖欠款、市场开发、金融服务、项目合作等。接待海外侨团 35 个、侨胞 200 余人次，提供“全链条”式服务。英国华威大学副校长顾赛回沈访问，与市侨联就建立海内外科技人才创新联动合作机制、海外高层次科研人员回国创业进行深入交流。四是做实项目。推荐杏林医疗产业园项目入驻浑南区并在自贸区沈阳片区注册，支持该企业举办 2023 辽宁国际美丽健康产业博览会，吸引世界 500 强企业、上市企业、国际知名企业等 120 余家参展。推动“老龙口”“八王寺”等老字号酒水制造与文化旅游产业融合，推动拜澳泰克生物医学集团在辽宁股权交易中心挂牌上市，该企业的生命科学孵化器获批 2023 年沈阳市创新创业载体。沈阳市 2 名侨界代表参加第十一次全国归侨侨眷代表大会并当选委员。3 个组织被中国侨联授予“全国侨联系统先进组织”荣誉称号；2 名个人被授予“全国归侨侨眷先进个人”和“全国侨联系统先进个人”荣誉称号。

【大连市侨联】2023 年，大连市侨联坚持以习近平新时代中国特色社会主义思想为指导，认真学习贯彻习近平总书记重要讲话、中国侨联十一代会精神和省、市委的工作部署，稳步推进各项工作。一是围绕凝心铸魂，强化思想引领。认真落实党管意识形态要求，履行主体责任，在全市专项检查中被通报表扬。发挥大连华侨历史文化馆教育示范作用，先后接待 20 余个团组、近 1100 人，举办“丹青书辉煌　奋进新征程”学习党的二十大精神书画展，吸引 1000 多位侨界群众参观，组织 50 多名侨界青年开展“新侨心向党　奋进新征程”主题活动，不断强化思想引领。二是突出工作主线，强化服务中心。承办“2023—知名侨商大连（普湾）行”活动，邀请 14 个国家的 40 余名侨商及央企代表走进大连，多名侨商表现出积极的投资发展意向。对接澳大利亚侨商吕宝亮新型能源高效快速传热元件

5 月 22 日，大连市侨联组织侨界青年代表开展“新侨心向党　奋进新征程”弘扬中国传统文化主题活动

项目，落户金普新区，计划投资1.39亿元；对接庄河2家企业开展“双进双促”工作，为3个企业颁发“新侨创新创业基地”牌匾，持续做好服务侨企工作。热情接待10余个海外侨团、30余名海外侨领，不断扩大侨联“朋友圈”。三是把握工作生命线，强化为侨服务。赴洛阳、郑州学习“侨胞之家”建设经验，完成4个新建和1个升级“侨胞之家”建设。开办2期“国学大讲堂”，3个单位获评“辽宁省华侨国际文化交流基地”，设立2处“大连华侨国际文化交流基地”，丰富了侨界文化生活。拓宽维护侨益渠道，在大连国际仲裁院设立“调解＋仲裁”服务中心。协调解决归侨干部退休待遇问题，省人社厅因此作出的《复函》成为全省办理此类业务的依据办法。利用节日，分3次走访慰问老侨和困难侨245人次。设立首个市侨联“参政议政创新工作室”，向市政协提交3份团体提案，其中1份被评为“优秀提案”。四是坚持党的领导，强化机关党建。按时完成机关党支部换届工作。结合“7·1”“8·1”和主题教育，走进望海、长利社区和市光荣院等，开展主题党日活动。选派7人次参加中国侨联、省侨联、市委培训，提高干部履职能力。召开“2023年度党风廉政建设工作会议”，每月上报监督执纪“四种形态”情况，开展节日廉政警示教育，常态化落实各项廉洁工作制度。

【锦州市侨联】2023年1月，锦州市侨联召开全市第九次归侨侨眷大会，选举产生第九届委员会，张秋影当选主席。5月，指导锦州市侨商会召开第二届会员大会，选举产生第二届理事会，张学富当选会长。丑维恺获“全国归侨侨眷先进个人”称号，陈超获“全国侨联系统先进个人”称号。辽宁省侨联确认辽沈战役纪念馆和宜州化石馆为2023年“辽宁省华侨国际文化交流基地”，其中辽沈战役纪念馆还被中国侨联确认为第十一批中国华侨国际文化交流基地。在侨联维护权益方面，接待处理来信来访19人次，协调解决7件诉求问题。为在国外经商的尼日利亚华侨刘建较好地解决了“照顾春节期间被家人赶出家门的女儿”的诉求，为辽宁省禾山招投标代理有限公司化解警民矛盾。在侨联服务经济发展方面，在“项搜搜”微信平台面向海内外发布7个招商项目。走访调研26家侨商企业，沟通解决问题3个。支持市侨商会举办营商环境专题讲座、知识产权讲座、金融反诈骗公益活动。在侨联基层基础建设方面，在学籽都荟育乐小镇建设全省首个依托商圈资源的市级“侨胞之家”；在1县3区侨联分别建成县（市、区）“侨胞之家”；在东湖森林公园德志果蔬采摘园和锦州满族刺绣展览馆分别建成市“侨家小院”。在侨联互联网平台建设方面，通过“锦州侨联”微信公众号，讲好侨界故事，转发和发表141篇文章。在华人头条App、“辽宁省总工会”微信公众号等新媒体发表宣传文章21篇。在侨联关爱工程方面，节日期间走访慰问困难归侨侨眷及老归侨代表，送去救助金22000元，慰问金7500元。举办“迎三八关爱侨界女性眼健康”活动。举办“亲情中华·侨圆锦城”侨界迎中秋庆国庆联谊活动，安排参观展示、文艺联欢会、冷餐会、观看电影等内容。向全市发出组织观看爱国主义题材纪录电影《单声》的号召，为侨联委员和机关干部安排观影场次。在侨联调研成果方面，张秋影主席完成重点调研课题“关于完善机制平台建设，涵养我市侨务资源的研究”、专项调研课题“关于侨联基层组织建设的调查与思考”。陈超副主席完成重点调研课题“做好归国留学人员工作的思考”、专项调研课题“锦州市为侨服务实体阵地建设的研究”。在侨联海外联谊联络方面，与欧中文化旅游交流协会会长、奥地利侨领

9月25日，锦州市侨联举办“亲情中华·侨圆锦城”侨界迎中秋庆国庆联谊活动

苏姗娜就锦州市文化代表团参加奥地利维也纳“中国文化周”活动达成合作意向。邀请马耳他共和国高等教育界代表访问驻锦高校，洽谈高等教育领域合作。会见日本栃木县日中友好协会、宇都宫市日中友好协会代表，组织出国劳务等领域侨商企业与其洽谈合作。

8 月，营口市侨联领导带队到侨企鑫兴实业集团有限公司调研，为侨企排忧解难

【营口市侨联】2023 年，营口市侨联加强海外联谊，弘扬中华优秀文化。举行“创建辽宁省华侨国际文化交流基地，助力营口辽河文化产业带发展”启动仪式，营口辽河老街获批成为辽宁省华侨国际文化交流基地。辽宁省侨联党组书记、主席安建晔，营口市委常委、统战部部长宋泽华共同为基地揭牌。市侨联依托基地，接待海内外侨胞，开展对外文化交流，举办了丰富多彩具有“侨”特色的文化活动。发挥独特优势，助推全面振兴新突破三年行动。联系机制，结对帮扶企业。先后开展了“领导干部进园区进企业　服务振兴新突破”专项行动等三项活动，协调金融部门，推动银企对接。编制了《营口市侨商企业名录》，宣传推介营口市侨商企业及产品，促进侨商企业之间的交流与合作。开展“调研侨情、服务侨企”活动。领导班子多次带队走访侨企，为侨商侨企排忧解难。为阿斯创钛业（营口）有限公司解决了企业门前道路大面积坑洼不平、垃圾堆积问题；为天元航材（营口）科技股份有限公司协调返还了相关部门 21.3 万元不当收费；帮助营口华洋钢结构工程股份有限公司协调相关部门取得了项目竞标资格。推广回归农业生态种植，助力乡村振兴。先后到老边区边城镇赵家村和营口监狱调研，了解水稻种植情况，并邀请了中科院沈阳应用生态研究所的农业专家及侨商给予技术指导。目前已有 230 亩试验田使用了微生物菌剂，已取得良好成效。开展“侨企联动高校，助力营口振兴”活动、校企对接活动，10 余家侨企和营口理工学院围绕企业急需人才、毕业生就业实习、建立合作机制等方面进行了交流，帮助侨企解决了用工需求，帮助大学生解决了就业难题。坚持以侨为本，代表维护归侨侨眷合法权益。春节期间，全市各级侨联深入 80 户家庭，走访、看望贫困归侨侨眷及侨界代表人物，发放慰问金 10.6 万元，并通过上门走访、电子汇款等多种方式发放慰问金，减少疫情传播风险，为侨胞们送去关怀。营口市侨联积极推进涉侨纠纷多元化解工作，协调市中级人民法院将盖州市法院一涉侨案件原裁定撤销，发回重审，帮助一个侨商维护了合法权益；有效化解了 1 件严重的涉侨案件。2023 年，全市各级侨联竭诚为侨服务，共接待处理归侨侨眷来访来电及法律政策咨询 52 件（次），维护侨益解决疑难问题 20 余件。

吉林省归国华侨联合会

【领导成员名单】

党组书记：鲍九生（蒙古族）
主席：丁兆丽（女）
党组成员、专职副主席：关波（满族）
兼职副主席：于春燕（女）
张越杰 陈密
秘书长：关波（满族，兼）

【综述】2023年，吉林省归国华侨联合会（以下简称“吉林省侨联”）坚持以习近平新时代中国特色社会主义思想为指导，全面学习贯彻党的二十大精神，深入贯彻习近平总书记关于侨务工作的重要论述，贯彻落实习近平总书记考察吉林重要讲话重要指示精神和习近平总书记在新时代推动东北全面振兴座谈会上的重要讲话精神，学习宣传贯彻中国侨联十一代会精神，围绕中心大局，聚焦主责主业，强化担当作为，各项工作迈上新台阶、取得新成效。

【加强思想政治引领】一是充分发挥传统媒体和新媒体作用，提升宣传引导力度。通过网站、微信公众号及依托“海外吉林人”“海外顾问、委员”等微信群积极宣介习近平新时代中国特色社会主义思想和党的创新理论，发送信息千余条，全年印发4期《吉林侨联》共12000册。在吉林省侨联网站推出“奋斗有我，就在吉林”专栏，刊发侨界先进人物事迹22篇，以典型引路，发挥榜样引领作用，激发侨界奋进力量。二是深入学习贯彻习近平新时代中国特色社会主义思想，坚持旗帜鲜明讲政治。认真贯彻落实中央、省委的部署要求，把理论学习、调查研究、推动发展、检视整改等贯通起来，一体推进。建立“三级联动”学习机制，以全省侨联系统专兼职干部培训班为契机，组织省、市、县三级侨联系统专兼职干部认真开展理论学习，推动全省侨联系统干部在以学铸魂中筑牢根本。三是积极参加中国侨联“追梦中华”品牌活动，宣传正能量，弘扬主旋律。围绕主题宣传，策划制作短视频，吉林省侨联和吉林大学联合制作的《心有大我　至诚报国——侨界楷模黄大年》短视频荣获“追梦中华　奋进新征程”华侨华人短视频大赛二等奖，选送的《我爱你中国》荣获优秀作品奖，支持指导吉林籍海外侨胞、青年钢琴家汪扬创作并录制《中国道路》MV向中国共产党成立102周年献礼。

2月23日，吉林省侨联主席丁兆丽在中国侨联“追梦中华·奋进新征程”华侨华人短视频大赛颁奖仪式上发表获奖感言

【拓展海外联谊，服务经济发展】全年共邀请和接待来自日本、南非、巴西等20余个国家的省侨联海外顾问、海外委员、重点侨团等154人（次）。一是与吉林省商务厅、吉林省教育厅等8个部门共同谋划推进《中华全国归国华侨联

7月26日，“创业中华·2023知名侨商吉林行”吉林省招商引资环境及项目推介会现场

合会　吉林省人民政府战略合作框架协议（征求意见稿）》，积极为服务吉林经济发展搭建平台。二是与中国侨联经济科技部、中国侨商联合会、吉林省侨办、吉林省商务厅共同举办“创业中华·2023 知名侨商吉林行”活动，组织 9 个市（州）和 4 个省级开发区向受邀参加活动的 80 余名知名侨商推介吉林省营商环境和重点招商引资项目。此次活动受到中国侨联党组书记、主席万立骏和时任省委常委、省委统战部部长吴海英的批示肯定。三是线上开展“海外侨胞足不出户感知吉林—云推介”活动，共推介 156 个吉林省重点招商引资项目。四是开展“代侨探亲”品牌活动，共慰问吉林籍海外侨胞及其直系亲属 39 人次。五是利用海外侨团举办经贸、文化、庆典等活动时机，做好联络、交流工作，向柬埔寨华人理事总会等 13 个海外侨团、吉林籍海外侨胞发送贺信，增强联络，深化友谊。六是为吉林农业大学与马来西亚侨团进一步合作搭建平台，马来西亚侨团代表到吉林农业大学进行实地踏查，了解农业种植具体情况并开展座谈交流。

【**推进基层组织建设**】吉林省侨联系统共建成各级“侨胞之家”233 家、“新侨驿站”6 家，实现了 9 个市（州）和扩权强县市全覆盖，全年共下发为侨服务费 45.3 万元。加强工作调研，着力抓好“侨胞之家”规范化建设，制定《全省侨联系统“侨胞之家”规范化管理典型选树考评机制》和《“侨胞之家”申请项目经费的暂行规定》。加强阵地建设，推进基层侨联组织向高校、科研院所延伸，在新侨聚集较多的吉林工商学院、长春应化所建立“新侨驿站”，延伸侨联工作手臂。召开新侨驿站工作座谈会，指导“新侨驿站”扎实推进建设工作。吉林省基层组织建设经验做法在全国基层组织建设经验交流会议上作书面交流。

【**开展助侨惠侨活动**】一是深化“送温暖献爱心”“侨心助学”“侨心助耕”“侨爱心送医疗到侨乡”、归侨侨眷技能培训班等品牌活动，共发放各种救助款 120 余万元，惠及侨界群众 1500 余人。二是积极向中国侨联争取项目 4 个，资金 77.78 万元。三是积极践行公益活动。8 月，积极协调中国华侨公益基金会、中华思源工程基金会和社会爱心人士，向台风“杜苏芮”受灾地区开展灾后救助工作，向舒兰市捐赠价值 20 余万元物资。协调海外侨胞为榆树市捐赠价值 5 万元大米、面粉。四是与海外侨团联手为侨胞纾难解困，画好侨界最大同心圆。协调阿联酋吉林侨团，帮助在迪拜打工突然病逝的海外侨胞亲属办理公证手续，委托海外侨领处理相关事宜，向其国内亲属送上慰问金并协调相关部门解决后续救助工作。

吉林省侨联积极协调中国华侨公益基金会、中华思源工程基金会和社会爱心人士捐赠 20 余万元救灾物资，助力舒兰市防汛救灾工作

【**深化法治护侨工作**】8 月 16 日，召开全省涉侨法律服务工作经验交流会并开展赠书活动，各市（州）侨联负责同志、部分涉侨法律服务站

8 月 16 日，吉林省侨联主席丁兆丽（左五）在全省涉侨法律服务工作经验交流会上向涉侨法律服务站代表赠送法律书籍

代表参加会议。10月24日至27日，组织部分市（州）侨联主要负责同志、基层侨联负责人和具体负责维权工作人员参加中国侨联“法治中国·你我同行”2023年侨界法治学习（辽宁）活动。组织部分全省基层系统干部、“侨胞之家”工作人员、涉侨法律服务站律师参加中国侨联在线调解实务工作培训，全年共培训4000余人次。深化“司侨合作”“法侨合作”，全年全省涉侨法律服务站承办涉侨案件200余件，接待法律咨询100余次。向中国侨联争取“连心侨—维护侨益”项目，为全省涉侨法律服务站购买价值4.5万元法律书籍。

8月15日至29日，举办2023年“亲情中华·为你讲故事”网上夏令营吉林省营活动

【弘扬中华优秀文化】一是加强与海外华文学校的联系，与泰国罗勇公立光华学校、西班牙华懿教育学院联合举办两期“亲情中华·为你讲故事”网上夏令营吉林省营，其中，与泰国罗勇公立光华学校联合举办的网上夏令营参加人数300余名，这是省侨联历史上人数最多的一次网上夏令营，把网营活动搬到华裔学生的中文课堂，录制朝鲜族歌舞、草编等吉林特色视频课程16个，引导海外华裔青少年增强对祖（籍）国的了解和认同，传承中华优秀传统文化。二是组织近16000名海内外华人学生参加第二十四届世界华人学生作文大赛，选送1130篇参赛。组织参加第二十三届世界华人学生作文大赛的海内外华人学生有37人获奖。三是指导审核全省9家单位向中国侨联申报“中国华侨国际文化交流基地”，长春市文庙博物馆、延吉市太兴红色小镇被中国侨联确认为第十一批“中国华侨国际文化交流基地”。

【加强侨联所属社团队伍建设】一是推进吉林省侨商投资企业协会与吉林省侨商会两会整合融入工作，与省侨办进行多次沟通，召开两会融合工作推进会议，通过两会整合融入工作方案和省侨商会换届工作方案。二是增聘省侨联特聘专家和青委会委员8人，发挥特聘专家专业优势，围绕推动新能源汽车产业健康发展、助力完善现代化产业体系和依托都市圈形成全国市场大发展等方面形成5篇侨情专报上报中国侨联。

【巩固拓展脱贫攻坚成果同乡村振兴有效衔接】吉林省侨联领导班子时刻关注老局所村驻村

5月26日，吉林省侨联党组书记、省委统战部副部长鲍九生（右三），吉林省侨联党组成员、副主席兼秘书长关波（右二）为包保村“侨心田”五味子种植基地揭牌

帮扶工作，多次前往老局所村调研，研究部署驻村帮扶工作，巩固定点帮扶成果，细化落实乡村振兴包保帮扶举措，吉林省侨联筹资耕种的“侨心田”五味子种植基地揭牌，基地面积15亩，长势良好。

【深入基层开展调查研究】扎实开展学习贯彻习近平新时代中国特色社会主义思想主题教育，认真落实中央、省委部署要求，吉林省侨联领导班子深入基层领题调研，围绕吉林省侨资侨属企业发展现状、加强为侨服务体系建设、做好归国留学人员工作开展专题调研，累计实地调研33家单位，组织26次座谈，征集人员信息300余份，同时对9个市（州）、梅河口市和5个县（区）侨联、全省233家“侨胞之家”开展问卷调研，实现对全省各地专题调研活动全覆盖，形成3篇高质量调研报告。

【召开吉林省侨联七届三次全委会】3月22日至24日，吉林省侨联七届三次全委会议在长春召开。会议传达十四届全国人大一次会议精神、全国政协十四届一次会议精神和中国侨联十届六次全委会议精神；审议通过《工作报告（审议稿）》及决议（草案）和《关于学习宣传贯彻党的二十大精神的决议》（草案）；通报表扬吉林省入选全国侨联系统2021—2022年度“侨胞之家”典型选树单位和2022年度全省基层侨联宣传信息工作成绩突出单位。吉林省侨联委员、机关全体干部100余人参加会议。会前，召开七届三次主席会议、常委会议，并举办党的二十大精神宣讲报告会。

3月22日至24日，吉林省侨联七届三次全委会议在长春召开

3月5日，吉林省侨联主席丁兆丽（左二）在长春市开展专题调研期间召开座谈会

6月16日，吉林省侨联党组书记、省委统战部副部长鲍九生（左二），吉林省侨联党组成员、副主席兼秘书长关波（左一）在侨企调研

【举办吉林省侨联系统专兼职干部培训班】5月22日至26日，中国侨联和吉林省侨联共同主办，通化市侨联、通化市杨靖宇干部学院协办的吉林省侨联系统专兼职干部培训班在通化市杨靖宇干部学院举办，全省侨联系统专兼职干部及所属社会组织成员代表80余人参

5 月 22 日，吉林省侨联系统专兼职干部培训班在通化市杨靖宇干部学院举办开班仪式

加培训。培训采取专家辅导、红色教学、交流研讨相结合方式，围绕“学习贯彻习近平总书记关于意识形态工作重要论述”“全面建设社会主义现代化国家的行动纲领——学习党的二十大精神”“加强新时代侨联组织建设　更好地发挥侨务资源独特作用”等内容进行系统培训，现场教学中回顾了东北抗联的光辉历史，缅怀了浴血奋战的英雄业绩，通过开展红色传统教育，传承红色基因、锤炼品格、锤炼作风，进一步提高侨联干部服务大局、服务侨胞和解决问题的能力。

【**参加吉林省侨务代表团赴泰国、印度尼西亚和马来西亚访问**】6 月 24 日至 7 月 3 日，吉林省侨联主席丁兆丽随省侨务代表团访问泰国、印度尼西亚和马来西亚，深化与东南亚地区海外侨胞的联系。期间，参加第十六届世界华商大会，与泰国中国和平统一促进会、印度尼西亚中华总商会、马来西亚中华大会堂总会等 30 多家海外侨团商社的侨领侨商代表共计 500 余人进行座谈交流，拜会省海外联谊会海外理事和省侨联海外顾问、委员 20 余人。

第十一次全国归侨侨眷代表大会期间，吉林省代表团召开分组讨论会

【**深入学习宣传贯彻中国侨联十一代会精神**】8 月 31 日至 9 月 3 日，吉林省侨联组织本省代表 27 人参加第十一次全国归侨侨眷代表大会，其中 2 人当选中国侨联第十一届委员会常委，8 人当选中国侨联第十一届委员会委员。共有 7 个集体和 31 名个人受到表彰。会后，吉林省侨联向时任省委常委、统战部部长吴海英专题汇报会议精神；吉林省委常委会会议专题传达学习十一代会精神，研究吉林省贯彻落实举措。全省各级侨联分别通过专题会、座谈会等形式对大会精神进行传达学习，迅速掀起学习宣传贯彻中国侨联十一代会精神热潮。

6 月 24 日，吉林省侨联主席丁兆丽（左八）在曼谷参加第十六届世界华商大会

【**召开吉林省侨联七届五次常委（扩大）会议**】9 月 19 日，吉林省侨联七届五次常委（扩大）会议在长春召开。会议传达学习第十一次全国归侨侨眷代表大会精神，通报吉林省侨联 2023 年以来工作情况和下阶段安排，并为受表彰的单位和个

9月19日，吉林省侨联七届五次常委（扩大）会议在长春召开

人颁奖。吉林省侨联七届常委、各市（州）、县（市、区）侨联负责同志和省侨联机关及事业单位全体干部等80余人参加会议。会前，召开省侨联七届五次主席会议，并开展全省侨联系统国家安全和保密知识培训。

【开展吉林省侨联特聘专家和侨界政协委员走进市州活动】 10月23日至24日，吉林省侨联组织侨界特聘专家和政协委员走进辽源，通过科技赋能、送技下乡服务乡村振兴，为当地水稻种植、肉牛养殖、发展家庭农场循环农业及辽源产业布局等方面提供专业化的意见建议，受到当地党委政府的一致好评。目前全省第一家由侨联组织主导共建的“科技小院”——吉林东辽水稻科技小院已完成向吉林省科协的申报工作。

10月23日至24日，吉林省侨联组织特聘专家和侨界政协委员走进辽源

【赴浙江、福建调研学习】 11月13日至21日，吉林省侨联主席丁兆丽率团赴浙江省、福建省调研学习。其间，调研组走访浙江省、福建省各级侨联，调研新和成股份有限公司、宁德时代等侨企，到访杭州市华侨活动中心、福州法务区“侨胞法务之窗”等单位，参加吉湘黔浙四省侨联工作交流会，共召开座谈会10场。

11月15日，吉林省侨联主席丁兆丽率团赴浙江省调研期间参加吉湘黔浙四省侨联工作交流会

【长春市侨联凝聚侨力侨智服务大局】 长春市侨联举办长春市专家委员会成立大会暨长春市侨界国际科技论坛，推进“地方侨联+高校侨联+校友会”工作模式。会上，通过《长春市归国华侨联合会专家委员会章程》，选举中国工程院院士、长春理工大学校学术委员会主任姜会林为专家委员会主任委员，选举王洪峰等5人为副主任委员，向首批47位特聘专家委员颁发聘书。长春市侨联与长春理工大学侨联、欧美同学会（留学人员联谊会）签订战略合作协议，确立长期合作关系。会后，召开长春市侨界国际科技论坛暨第四届计算机视觉和数据挖掘国际学术会议，邀请清华大学樊平毅教授等3位侨界专家，围绕“计算机视觉和数据挖掘”主题，针对长春市光电信息、先进制造、生

物医药等产业进行主旨发言，为长春市三年攻坚行动建言献策。

【吉林市侨联多措并举开展助侨暖侨工作】 吉林市侨联坚持把开展经常性联系与集中走访活动结合起来，与开展侨情调研结合起来，与困难归侨侨眷脱贫攻坚结合起来，与排查化解矛盾纠纷结合起来，向侨界群众传递党和侨联组织的关心关爱。春节期间，各级侨联组织共走访慰问侨界困难群众 94 户，发放慰问金合计 5.64 万元；走访慰问散居困难朝鲜归侨 4 人，发放慰问金 0.4 万元；走访侨界代表人士 3 人；为蛟河、磐石、永吉、桦甸 26 户困难归侨侨眷农民发放春耕救助金 1.7 万元；在“侨心助学”救助侨界困难学生中发放助学金 0.3 万元。8 月，舒兰市部分乡镇遭受洪灾，吉林市侨联发起捐赠倡议并组织相关人员和侨资企业家前往舒兰市，得到爱心企业的积极响应，捐赠物资价值 13.35 万元。通过吉林省侨联积极协调，中华思源工程基金会、中国华侨基金会为舒兰灾区捐赠物资价值 20 万元。

【延边州侨联加强侨法宣传依法维护侨益】 一是落实中国侨联、省侨联和延边州“八五”普法规划，组织各县市侨联共同开展为涉侨法律服务站赠书活动。共向全州 9 家涉侨法律服务站赠送了价值 3.6 万元法律专业实用书籍，并对延边州和延吉市所联系的涉侨法律服务站开展了涉侨法律服务工作调研。二是深入贯彻“法治延边”建设工作部署，组织各县市侨联依托全州涉侨法律服务站，以“侨胞之家”为阵地，开展了“法治中国·你我同行——送侨法进侨胞之家”专题讲座活动。共计开展讲座 15 场，发放《涉侨法律服务手册》450 册，覆盖归侨侨眷和社会各界人士 470 余人。三是组织全州侨联系统调解组织、调解员 500 多人参加 10 期中国侨联在线调解实务工作培训。

【四平市侨联积极服务经济高质量发展】 2023 年以来，四平市侨联共开展 55 次“走出去、请进来”招商活动，上报市商务局招商引资线索 84 条，签约落地有资金到位项目 2 个，完成招商引资 5000 万元目标任务。在开展“走出去”活动中，不断学习借鉴域外先进经验、典型做法，走访有影响、有实力的域外企业，全力推介四平市区位、资源、政策、服务等招商优势、特色产业和重点项目。将金华市金投集团有限公司、莫斯科中国北方华人商会等侨商协会和侨企组织“请进来”考察交流，通过实地走访，侨商们深入了解四平市“八大重点产业”情况，为将来进一步合作发展、引入侨资侨智提供良好的机会和平台。

【通化市侨联聚焦创新创业搭建为侨服务平台】 围绕“十大行动、百项工程”产业空间布局，通化市侨联发挥资源优势，找准侨联能为的切入点，服务经济发展。一是围绕经济发展搭建平台。线下积极开展“海外华侨投资政策咨询云见面会”活动，邀请通化市外办、通化市商务局、通化市税务局、通化海关、通化市内陆港务区五个部门参加，通过网络与远在非洲的加蓬共和国海外侨商开展华侨回国投资创业相关政策现场交流解答。推动线上开展“海外侨胞足不出户感知吉林——云推介”活动，共向海外推介了 32 个重点招商项目。二是为新侨创新创业提供精准服务。围绕新侨创新创业搭建平台，依托新侨企业设立“新侨服务中心”。实现一般事项直接服务、复杂事项联合服务，使“侨界群众少跑腿”，为新侨创新创业提供针对性、专业性、保姆式精准服务。

黑龙江省归国华侨联合会

【领导成员名单】

党组书记、主席：郭占力

兼职副主席：孙柏涛　陈佐东　刘　英（女）　康维海　赵晓红（女）　陆晓琳（女）　杨世民　蒋贤云　孟宪奎

秘书长：房丽敏（女）

【综述】2023年，在黑龙江省委的坚强领导下，在中国侨联的悉心指导下，黑龙江省侨联坚持以习近平新时代中国特色社会主义思想为指导，深入学习贯彻党的二十大精神，深入开展学习贯彻习近平新时代中国特色社会主义思想主题教育，学习贯彻习近平总书记关于群团工作和侨务工作的重要论述，全面落实2023年中国侨联各项工作部署，聚焦保持和增强政治性、先进性、群众性，坚持围绕中心、服务大局，坚持思想政治引领，统筹推进各项工作落实和创造性开展，推动黑龙江侨联事业取得新进展新成效。

【强化思想政治引领】黑龙江省侨联坚持以习近平新时代中国特色社会主义思想为指引，深入学习宣传贯彻党的二十大精神，扎实开展学习贯彻习近平新时代中国特色社会主义思想主题教育，强化党员干部理论武装，深化思想认识、提高政治站位，增强发展信心、坚定必胜信念。举办2023年全省侨联系统干部理论培训班，各市（地）侨联主要领导和业务干部、省侨青会会员、省侨联法顾委委员、省侨联机关干部近50人参加培训，中国侨联兼职副主席、黑龙江省侨联党组书记、主席郭占力以"以习近平总书记关于侨务工作重要论述为指引，奋力推进黑龙江侨联工作高质量发展"为题讲授主题教育专题党课。举办贯彻落实习近平总书记考察黑龙江省时的重要讲话精神座谈会，全省各级侨联主要负责同志、归侨侨眷代表参加座谈会并进行交流发言。

9月25日至27日，中国侨联黑龙江省基层骨干专项培训班在黑河举办

6月6日至9日，黑龙江省侨联举办全省侨联系统干部理论培训班。中国侨联兼职副主席、黑龙江省侨联党组书记、主席郭占力（前排左七）、省社会主义学院党组书记、第一副院长周英东（前排左八）出席

【深入学习宣传贯彻第十一次侨代会】在第十一次全国归侨侨眷代表大会上，黑龙江22名归侨侨眷代表参与讨论大会各项议程，郭占力被选举为中国侨联兼职副主席；黑龙江大庆市侨联获得"全国侨联系统先进集体"，齐齐哈尔市侨联党组书记、主席冯子忠获得"全国侨联系统先进工作者"；哈尔滨市侨联联络处，哈尔滨工

程大学侨联，绥化市侨联荣获“全国侨联系统先进组织”；王少霞、杨为涛、黄岩梅3人荣获“全国侨联系统先进个人”，归侨侨眷马岱山、董晓洋等24人荣获“全国归侨侨眷先进个人”称号。组织召开专题会议、举办宣传贯彻十一代会精神座谈会、中国侨联干部基层培训班暨学习贯彻十一代会精神培训班，向侨联干部、侨界代表传达第十一次全国归侨侨眷代表大会精神，传达党中央和习近平总书记对广大归侨侨眷和海外侨胞的关心关怀、对侨联组织和侨联工作殷切期望。开展“亲情中华·云上音画”龙江侨界迎庆第十一次全国归侨侨眷代表大会主题活动，组织归侨侨眷、海外侨胞、侨联干部，以录制短视频的形式，表达对十一代会胜利召开的期盼和祝愿。

6月14日，黑龙江省侨联举办“创业中华·创新龙江——2023海内外侨商聚力向北开放龙江行”招商推介会，中国侨联顾问、中国侨商联合会常务副会长李卓彬致辞

【搭建平台赋能高质量发展】黑龙江省侨联与中国建设银行黑龙江省分行举办“普百业　惠龙江——2023侨商建行行”活动，为侨商侨企讲授“企业财税风险控制与策划”等培训课程，并与企业家代表进行现场交流，解决企业在融资方面存在的困难和问题。举办“创业中华·创新龙江——2023海内外侨商聚力向北开放龙江行”招商推介会，中国侨联顾问、中国侨商联合会常务副会长李卓彬，黑龙江省委常委、统战部部长、省政协党组副书记徐建国分别在会上致辞，来自海内外的中国侨商会知名侨领侨商，以及黑龙江和哈尔滨市有关单位领导、侨商代表等150余人参加推介会，哈尔滨市、绥芬河市等分别作专题招商推介，澳大利亚兰尼斯特集团、俄贸通控股等优秀侨商企业代表先后作项目推介，参会侨商参加了第三十二届哈洽会开幕式和第一届中俄地方经贸投资合作大会，考察哈尔滨市侨商企业，对接黑龙江智能制造、农业科技、食品生产、医疗保健等优质产业资源。

3月24日，黑龙江省侨联与中国建设银行黑龙江省分行举办“普百业　惠龙江——2023侨商建行行”活动。中国侨联兼职副主席、黑龙江省侨联党组书记、主席郭占力，中国建设银行黑龙江省分行党委委员、副行长刘洋出席开班式并讲话

【“线上+线下”加强海外交流联谊】连续第四年举办“侨连五洲·情系龙江”2024黑龙江云上春节晚会，来自俄罗斯、澳大利亚、葡萄牙、日本等十余个国家的海外侨胞欢聚一堂，在线共度春节。举办“招商引智·助力龙江经济发展”黑龙江省侨联海内外侨商座谈会，30多位中国侨商会会员和海外侨领介绍各自企业经营范围、合作意向，并为黑龙江经济的发展建言献策。黑龙江省侨联与哈尔滨市侨联、佳木斯市侨联共同举办“侨连五洲·相约龙江”2023海外侨领龙江行活动，来自六大洲11个国家的18位海外侨领相聚黑龙江，沿着总书记的足迹，先后参观考察了哈尔滨、佳木斯、建三江、富锦和同江等地，重走大美龙江，共同见证黑龙江发展变化。2023年，先后接待大洋洲中国民族贸易促进会南岛分会、英国华人老兵联谊会、葡萄牙东方概念中国文化协会、新西兰中国国际贸易促进委员会、英

谈会，集中学习“百年变局下的海外侨情与对外讲好中国故事”“中国宏观经济形势与发展机遇”“习近平新时代中国特色社会主义思想解读”等特色课程，考察了哈尔滨思哲睿智能医疗设备股份有限公司、哈尔滨规划展览馆、哈尔滨冰雪艺术馆等地。通过本次活动，进一步团结凝聚侨界力量，加强黑龙江省侨联与海内外侨胞、侨团的联系，搭建交流平台，推动合作共赢，为实现黑龙江全面振兴全方位振兴贡献侨界力量。

黑龙江省侨联与哈尔滨市侨联、佳木斯市侨联共同举办“侨连五洲·相约龙江”2023海外侨领龙江行活动，海外侨领到建三江农场参观学习

国龙商会、日本黑龙江侨商联合会、阿联酋东北总商会、阿联酋东北同乡会等海外社团负责人，并与多个国家和地区的侨胞建立了经常性联系。

【承办“侨连五洲·海外联谊研修班”】2023年10月，黑龙江省侨联和哈尔滨工业大学联合承办第18期“侨连五洲·海外联谊研修班”，来自美国、加拿大、澳大利亚、西班牙、日本、菲律宾等20个国家和地区的近50名青年侨领参加研修。研修期间，组织召开了新时代华裔青年圆桌座谈会……

【“亲情中华”“寻根之旅”培育根亲文化】2023年，先后举办“亲情中华”网上营黑龙江大庆营、黑河营、汉服主题营，来自美国、加拿大、印度尼西亚、马来西亚、西班牙、德国、英国、俄罗斯、澳大利亚、新西兰、荷兰11个国家近1900名海外华裔青少年参与活动。12月，黑龙江省侨联与哈尔滨市、大庆市侨联共同承办2023“中国寻根之旅”黑龙江冬令营，来自法国、德国、英国、马来西亚、菲律宾、印度尼西亚、南非、韩国和中国香

中国侨联兼职副主席、黑龙江省侨联党组书记、主席郭占力（左三）出席2023海外华裔青少年“中国寻根之旅”冬令营黑龙江营开营式

10月29日至11月4日，黑龙江省侨联和哈尔滨工业大学承办“侨连五洲·海外联谊研修班”（第18期）在哈尔滨开班，中国侨联兼职副主席、黑龙江省侨联党组书记、主席郭占力（前排右六），中国侨联联谊联络部副部长、一级巡视员朱柳（前排左六）出席开班仪式

2023 海外华裔青少年"中国寻根之旅"冬令营——黑龙江营闭营式集体合影

港 9 个国家和地区的 10 个组团单位的 151 名华裔青少年学生和领队参加黑龙江冬令营活动。通过活动不断加深海外华裔青少年对中华优秀传统文化、黑龙江独特地域文化的了解和体验，进一步培育根亲文化，加深华裔新生代对祖（籍）国的认同感。

【加强阵地建设丰富侨胞文化生活】确认黑龙江中医药博物馆、牡丹江市博物馆和烈士纪念馆、同江市非物质文化遗产展示馆等 9 家单位为第四批"黑龙江省华侨文化交流基地"，并赴佳木斯、双鸭山、鸡西等地开展年度文化交流基地考察、巡检工作，加强文化交流基地的管理和建设。指导哈尔滨市侨联与哈尔滨开放大学联合成立华侨学院，联合省侨联文促会先后举办黑龙江省侨界"度中秋·迎国庆"书画笔会、"亲情中华"黑龙江辽宁侨界书画家盘锦采风行活动，丰富侨胞文化生活，展现新时代侨联文化交流工作的新气象。

【世界华人学生作文大赛再获佳绩】组织全省侨联系统积极参加第二十三届世界华人学生作文大赛，共征集作品 71124 篇，上报大赛组委会 5731 篇，入围特等奖 3 篇。最终获得国家奖 447 篇、一等奖 47 篇、二等奖 150 篇、三等奖 249 篇，其中，牡丹江市侨联选送《纸墨江山，点染人生画卷》荣获大赛特等奖。在此基础上开展了第十六届省奖评选活动，有 1514 篇分别获得一、二、三等奖。

【夯实基础深化为侨服务】黑龙江省侨联不断强化"法侨合作"工作建设，2023 年度共计新增调解组织 10 家，新增调解员 16 名，全省目前共有调解组织 80 家，调解员 119 名。在双鸭山市开展试点，推动建立涉侨检察工作合作机制，指导双鸭山市侨联与双鸭山市人民检察院联合印发《关于加强"检侨合作"的若干意见（试行）》，并成立"检侨合作工作室"，为涉侨群体提供法律咨询、诉讼指引、法律援助、纠纷化解等涉侨法律服务。开展"连心侨—维护侨益"项目，在齐齐哈尔、佳木斯、鸡西、双鸭山、绥化 5 个市（地）新建 2 个涉侨纠纷调解室、3 个侨法宣传角，1 个检侨工作合作室。全年组织各市地侨联开展侨法专题宣传活动 8 场，各类普法宣传 20 余场，推进侨界普法和涉侨纠纷多元化解工作。

黑龙江省大兴安岭地区呼玛县侨联在社区宣传侨法

【深入开展调研和侨情专报活动】4 月，中国侨联兼职副主席、中央和国家机关侨联主席邵旭军调研组一行 8 人，围绕"如何进一步发挥法顾委作用，配合侨联组织开展维权工作"，与黑龙江省侨联联合开展调研活动，调研组先后在哈尔滨、黑河两地举办座谈会，并实地调研走访。

4 月 16 日至 22 日，中国侨联兼职副主席、中央和国家机关侨联主席邵旭军带队到黑龙江调研并召开侨法、中国侨联章程修改座谈会

全省侨联系统以主题教育为契机广泛开展调研，全省共完成《新时代归国留学人员情况调研报告》《关于后疫情时代如何持续承办好“亲情中华”网上夏令营的思考》《关于侨联组织做好海外华侨华人联谊联络工作的研究与思考》等多篇调研报告，在 2023 年度中国侨联调研课题成果评比中，有两篇调研成果获奖。积极发挥“省侨联专家智库”作用，鼓励各领域专家围绕经济、政治、文化、社会、生态文明、侨务等方面反映情况、报送信息，2023 年共报送侨情专报 194 篇，黑龙江省侨联荣获“2023 年度全国侨联系统信息工作三等奖”。

【哈尔滨侨联举办第七届海外家乡学人音乐会】哈尔滨市侨联举办“亲情中华·侨向哈尔滨”——“九洲之约”第七届海外家乡学人音乐会。黑龙江省侨联，哈尔滨市委、市人大、市政协领导以及相关单位负责人和海外嘉宾等近 700 人参加。从美国、德国、意大利、乌克兰、丹麦等国家学成回国的 11 位中青年演奏家和歌唱家，用真情和艺术交响出感人心魄的华美乐章，向海内外侨胞送去来自故乡、祖国和亲人的美好祝愿，让世界聆听哈尔滨声音。线上直播观看人数超过 100 万人次，中秋节当日哈尔滨电视台进行转播。

【黑河市侨联以侨馆为依托打造“文、教、旅”新品牌】黑河市侨联充分发挥旅俄华侨纪念馆作用，全年共接待观众 29.5 万人次，“五一”“十一”期间接待人次过万。开展线上直播“同心共筑中国梦——再读红色家书　触摸信仰温度”等主题活动 6 次，为国外青少年推出的“体验中国文化之美”研学活动 18 次，推出了“侨馆珍品”“北疆之光　侨博之星”“侨馆日历”“侨法讲堂”等一系列品牌栏目。原创《从侨乡的视角看黑河边境贸易发展演变暨“一带一路”倡议十周年专题展》等 7 个展览，合作举办 7 个展览，巡展受众达到 70 万人次。原创设计打造华宝、侨丫两个

哈尔滨市侨联举办第七届海外家乡学人音乐会，中国侨联兼职副主席、黑龙江省侨联党组书记、主席郭占力出席（右十二）

5 月 6 日，黑河市侨联举办主题活动，黑河市旅俄华侨纪念馆馆长初丹为常州大学学生讲授思政课

IP 形象，设计打样 8 款文化创意宣传品。获评黑龙江省关心下一代教育基地、社会科学普及教育基地、青少年法治教育实践基地、省中小学生研学实践教育基地，成为全国馆校联盟理事单位、中国博物馆协会纪念馆专委会会员单位。

【大庆市侨联多措并举着力维护侨益】大庆市侨联与大庆市司法局召开“司侨合作”座谈会，推动形成《关于深化“司侨合作”加强新时代涉侨公共法律服务保障有关工作的意见》，并通过签署协议正式缔结法律服务交流合作关系；在市公共法律服务中心、多个县（区）和部分侨企分级设立“侨”字号法律服务机构，初步打造“市县企”三级涉侨法律服务品牌阵地；加强矛盾纠纷化解，推动成立“大庆市涉侨纠纷人民调解委员会”，在市人民调解中心设立“涉侨矛盾纠纷调解工作室”，完善工作体制机制，有效化解涉侨矛盾纠纷；建好专业人才队伍，推进组建“涉侨法律事务业务委员会”，切实履行职责、发挥作用。

【齐齐哈尔市侨联用好“侨力量”实干暖侨心】齐齐哈尔市侨联联合齐齐哈尔医学院侨联深入梅里斯区社工站、龙沙区南航街道开展了 6 期家庭护理技能提升公益培训，共培训 500 余人次，提升家庭养老护理员的知识技能，助力社会养老服务和护理行业发展，促进生活困难归侨侨眷就业。联合建华医院、侨属企业齐齐哈尔金相合医疗器械有限公司开展“学雷锋”系列活动，深入福顺社区、站前社区开展送医送药送健康系列活动，为 300 余名群众开展了健康咨询和义诊活动，共赠送价值 3000 余元的药品。积极与日本黑龙江齐齐哈尔同乡会联系，协助省内企业家在日本东京建立首家齐齐哈尔烤肉海外门店，协助黑龙国际冰雪装备有限公司赴日本举办展销会，并与日本长野 SSS 株式会社进行了商务洽谈，就产品研发和销售达成合作成果，签订了 6000 副冰刀出口合同。

上海市归国华侨联合会

【领导成员名单】

党组书记、主席：齐全胜

专职副主席：徐大振（至2023年9月）
陶　勇

兼职副主席：屠海鸣　　程　东
徐学敏（女）　王　勇
钱仲焱　　俞　斌
马　杰　　司徒国海
高尚书　　姜　锋

秘书长：陶　勇（兼）

【综述】 2023年，上海市侨联坚持以习近平新时代中国特色社会主义思想为指导，全面学习贯彻党的二十大精神和习近平总书记关于侨务工作的重要论述，深入学习贯彻习近平总书记考察上海重要讲话精神和对上海工作的重要指示要求，坚决贯彻落实第十一次全国归侨侨眷代表大会工作部署，在中国侨联的指导下，在中共上海市委的领导下，聚焦保持和增强政治性、先进性、群众性，聚焦强国建设和民族复兴，聚焦上海“五个中心”建设，聚焦为中心服务、为大局服务和为侨服务，坚持“两个并重”“两个拓展”“两个建设”，以“侨连五洲·沪上进博”“新侨双创在上海”“侨界会客厅”等品牌活动为抓手，以侨联工作高质量发展为目标，以全面加强党的领导和党的建设为保证，侨联工作取得新进展，侨联组织呈现新气象，侨联干部焕发新面貌。

【强化思想政治引领，以习近平新时代中国特色社会主义思想统领侨联工作】 把学习贯彻习近平新时代中国特色社会主义思想主题教育作为全年工作主线，举办主题教育读书班7次，组织集中交流研讨11次，班子成员通过领学、自学、参加交流研讨等，进一步树牢“四个意识”，坚定“四个自信”，深刻把握“两个确立”，坚决做到“两个维护”。抓好主题教育整改落实，列出问题清单7项、专项整治问题1项，确立整改措施24项，明确整改目标、整改时限、整改责任人等，推动主题教育走深走实。严肃认真召开专题民主生活会。重点抓好学习贯彻党的二十大精神，学习贯彻第十一次全国归侨侨眷代表大会和十二届市委三次全会、四次全会精神，召开党组学习会、党组理论学习中心组学习会、机关干部学习会等，坚持读原著、学原文、悟原理，联系实际抓好贯彻，市侨联十二届五次全委会议审议通过《关于学习贯彻第十一次全国归侨侨眷代表大会精神的决议》，会领导带头赴基层持续开展形式多样的宣讲和交流活动。用好“委员工作室”平台，全年举办界别活动10余次，有效提升参政议政水平，进一步凝聚侨界共识，上海两会期间，市侨联提交的“关于拔尖创新人才培养”的界别团体提案被列为“市政协年度重点督办提案”，并被评为“市政协年度优秀提案”。

4月13日，上海市侨联召开学习贯彻习近平新时代中国特色社会主义思想主题教育动员部署会

【聚焦“中国式现代化”，提质增效办好“侨连五洲·沪上进博”主题活动】 11月6日至8日，由中国侨联主办，上海市政府侨办和上海市侨联承办的2023“侨连五洲·沪上进博”主题活动在第六届中国国际进口博览会举办期间举办。11月7日上午，侨连五洲·沪上进博——“共享中国式现代化机遇”主题论坛（2023）在国家会

11月7日，中国侨联党组成员、副主席程学源出席2023“侨连五洲·沪上进博”主题活动之长三角与东南亚华商合作交流会并发表致辞

11月7日，举办侨连五洲·沪上进博——“共享中国式现代化机遇”主题论坛（2023）

11月7日下午，由中国侨联主办的2023“侨连五洲·沪上进博”主题活动之侨与未来产业分论坛在上海虹桥临空经济园区举行。论坛现场，侨界数字经济产业科创联盟正式成立

展中心（上海）举行。本次论坛是第六届中国国际进口博览会配套现场活动之一。中国侨联党组成员、副主席程学源，上海市委常委、统战部部长陈通出席并致辞。进博局副局长孙成海作主旨报告。泰国中华总商会主席林楚钦、马来西亚中华大会堂总会总会长吴添泉作主旨发言。上海社会科学院研究员权衡、上海市经信委副书记张义作主题演讲。中国侨商联合会副会长、金光集团App（中国）副总裁翟京丽和上海市总商会副会长、上海来伊份股份有限公司总裁郁瑞芬作专题分享。来自49个国家（地区）的200多名侨领侨商代表等参加活动。活动期间，举办“长三角与东南亚华商合作交流会”“侨与未来产业”两场平行分论坛。活动发布了《2023长三角侨商产业创新与项目招商手册》，汇集长三角侨商企业优秀项目99个，展示了长三角侨企在传统产业升级、新兴科创产业领域的新理念、新机遇和新技术。“侨与未来产业”分论坛由市侨联所属社会组织——市海外经济技术促进会承办，活动期间成立“侨界数字经济产业科创联盟”，以“数字时代ESG推动行业高质量发展”“投资未来产业助推国际科创新高地”为主题举行了两场圆桌交流。主题活动备受关注，主流媒体深入报道，进博溢出效应凸显。人民日报、中新社、解放日报、东方网、上海电视台、新华财经等主流媒体深度参与、广泛报道，与中新社上海分社联合推出“侨促双循环、共襄进博会”系列人物报道专栏，华人头条、国际日报等华文媒体积极转发，扩大了活动在海外侨胞中的影响力。各类媒体累计刊发稿件30余篇，全网浏览量达1000多万人次。

【服务高质量发展，不断拓展“新侨双创”品牌内涵】为更好服务新侨创新创业，上海市侨联坚持以品牌建设为抓手，加强市区联动，不断拓展“新侨双创在上海”项目内涵外延，为新侨深度链接上海、共享发展机遇搭建平台。在市侨联指导、支持下，基层侨联全力参与，全年共收到各区侨联、高校侨联上报特色项目41项，落

2 月 8 日，上海市侨联举办特聘专家“加快实现高水平科技自立自强”主题日活动，上海市侨联党组书记、主席齐全胜，副主席徐大振出席

发展”“生物医药产业发展”等议题，组织专题交流。举办 2 次上海市侨联特聘专家委员会主题日活动，共话加快实现高水平科技自立自强，研讨促进“上海湾区”创新发展。与市侨商联合会、福卡智库共同举办“稳预期、强信心，推动高质量发展”交流会，推动侨界企业家准确把握形势、用好政策。赴闵行区奇士科技产业园等走访座谈，举办“走进侨界创新型企业”走访调研活动。杨浦

7 月 7 日，“新侨双创在上海”——侨界金融投资沙龙活动在上海市浦东新区举办，上海市侨联党组书记、主席齐全胜，市侨联副主席徐大振，江苏省侨联副主席张霓应邀出席

地 37 项。例如，普陀区侨联积极搭建中外企业创新合作桥梁，举办“侨企人士走进中以（上海）产业园活动”。静安区侨联、科协和上海复星公益基金会联合举办“汇聚青春力量、驱动科技创新”青年科技创新研讨会，构建科创孵化器，推动侨界青年科技人才在上海创新创业。嘉定区侨联加强横向联合，在上海智能传感器产业园举办“双创聚侨青、智启人才荟”，设立上海智能传感器产业园、上海嘉定先进技术创新与育成中心等“新侨双创基地”。闵行区侨联举办“大零号湾”青年科技创新创业论坛暨元宇宙与产业未来马桥论坛。青浦区侨联抓住长三角一体化发展契机，联合江苏吴江区侨联、浙江嘉善县侨联，共同主办“侨聚上海之门，共享发展新机”主题分享会。为更好助力科创企业与金融投资结合，市侨联与上海交通大学上海高级金融学院共同举办“金融助力创新型企业成长”交流研讨会，围绕强化对初创企业金融赋能等话题深入研讨，为新侨企业搭建产融对接平台，推动政银企三方合作。配合全国政协港澳台侨委，组织侨界人士参加“金融为侨服务，助力海外侨胞深度参与‘一带一路’建设”专题调研。开展“侨界金融投资沙龙”系列活动，围绕“人工智能区侨联与同济大学侨联联手举办科研创新技术交流与经验分享活动。宝山区侨联举办新侨创业交流下午茶活动。崇明区侨联举办“乐享丰收·欢聚瀛洲”分享活动，促进新侨参与生态岛建设和乡村振兴。推出“新侨双创在上海”为侨服务年刊。

【画好侨界同心圆，巩固扩大侨联海外“朋友圈”】“走出去”，面向海外做好宣传宣介。在第十六届世界华商大会举办之际，上海市侨联副主席、秘书长陶勇为团长的访问团一行 3 人，与上海市侨联青年总会代表团一行 13 人，于 6 月 24 日至 7 月 1 日出访泰国、马来西亚，面向海外侨胞宣传推介“侨连五洲·沪上进博”活动，推广“6+365”进博会一站式交易服务平台，并

邀请侨团侨领和侨商侨企参加进博会及“侨连五洲·沪上进博”主题活动，来沪投资兴业，增进与重要侨领、重点人士和高端人才的沟通，进一步涵养优质侨务资源。12 月 5 日至 11 日，上海市侨联访问团一行 6 人，由上海市侨联党组书记、主席齐全胜带队，赴科威特、慕尼黑、法兰克福访问。其间，开展了 10 多场公务活动，与近百位海外侨领侨胞、留学人员等会面交流。在科威特，访问着眼于助力旅科侨胞发扬优良传统和独特优势，促进科威特与上海多方面合作，支持侨团侨胞在共建“一带一路”高质量发展中发挥作用。代表团拜会了中国驻科大使馆，与科威特华侨华人协会、科威特华侨华人联合会就促进经贸交流合作、办好公益性中文学校、协助开展领事保护、推广中医中餐等进行了深入交流，支持科威特侨团筹办首届“中国高新技术产品展”。在德国，访问着眼于加强与华侨华人专业技术人士和留学生的联系交流，促进中德经济技术合作开展交流。代表团拜会了中国驻法兰克福总领事馆；与慕尼黑中国学生学者联合会、富特旺根应用科技大学中国交流学生进行了座谈交流；走访了慕尼黑中德科技创新中心、留德学者医学及生命科学学会，德国博登湖中文学校等，就上海推进科技创新、营造吸引优秀人才的环境及做好海外文化教育，传播中华文化等听取意见。“请进来”，深入拓展海外联情联谊。热情做好海外侨胞来沪接待，全年与来自美国、英国、加拿大等 55 个国家的 109 批次 1381 位海外侨胞进行交流。会同黄浦、长宁、奉贤区侨联，举办“海外侨胞故乡行”系列活动，组织 3 批 47 名来自美国、挪威、爱尔兰、英国等国侨胞，感受上海发展新貌。举办海外侨商侨领走进普陀区“中国年”品牌“走出去”项目、美中企业家商会走进松江 G60 等，搭建交流合作平台。重点培育侨界青年、华裔新生代，涵养侨务

6 月 24 日，泰国曼谷，第十六届世界华商大会会场，上海市侨联副主席陶勇与泰国中华总商会主席林楚钦（左三）交换礼品

上海市侨联党组书记、主席齐全胜出访德国期间访问博登湖中文学校

举办 2023 年“中国寻根之旅”夏令营（上海营）

高铨志、戴光辉、高翔 3 人入选 2023 年度“白玉兰纪念奖”

美国华人总商会会长程远等畅谈了在海外勤劳奋斗、弘扬中华文化的故事。第二期活动会同上海音乐学院侨联在上音歌剧院举行，以“我们同唱爱中华”为主题，邀请乔方、孟革、吴曾蓉等主创人员讲述《爱中华》的创作背景。第三期活动会同虹口区侨联，以“天鹅归来、玉兰飘香”为主题，邀请著名芭蕾舞演员谭元元分享华人艺术家回归故乡、二次创业的人生选择。围绕共建“一带一路”，搭好文化交流、民心相通平台。举办“侨与‘一带一路’”主题交流分享会，支持侨界人士投身共建“一带一路”高质量发展。支持浦东新区侨联等在临港新片区举办“一带一路”华侨华商第四次合作交流会，

资源。举办“中国寻根之旅”夏令营上海营，来自美国芝北中文中心的 20 名营员在沪进行为期 10 天的“亲情之旅、学习之旅、文化之旅”，放大活动效应。会同徐汇区、金山区侨联举办“亲情中华·为你讲故事”网上夏令营上海营，来自日本、韩国等 6 个国家的 500 余名海外华裔青少年在为期 10 天的“云端”之旅中深度体验中华优秀传统文化与海派文化的魅力。会同静安区侨联邀请厄瓜多尔思邈维华国际学校“感知中国行”代表团赴大宁小学开展“亲情中华·欢聚上海”活动。做好在沪外籍华人的表彰推荐，高铨志、戴光辉、高翔 3 人入选 2023 年度“白玉兰纪念奖”。

【讲好中国故事，传播中华优秀传统文化】打造侨联宣传工作新品牌，联合解放日报，创办“侨界会客厅”，与在沪侨界高层次人士进行深度对话，展现侨界爱国爱乡传统及对中国和上海发展的信心。“侨界会客厅”启动仪式暨首期活动“春光正好汇浦江”主题访谈会在上海报业大厦举行，欧洲华侨华人社团联合会主席曹燕灵、

8 月 24 日，由上海市侨联与解放日报社共同主办的上海“侨界会客厅”活动在中国航海博物馆举行

9 月 25 日晚，“申江月明　共享荣光”——2023 年“侨之夜”文艺晚会在浦江轮船上举行

推动侨商侨企“请进来”“走出去”。在临港中国航海博物馆举行第四期“侨界会客厅”，邀请新加坡国际郑和学会会长张露、上海海事大学国际航运系主任、二级教授王学锋、复旦大学“一带一路”及全球治理研究院常务副院长黄仁伟作为访谈嘉宾出席，聚焦“丝路传承话今昔”，推动海内外侨界传承发扬丝路文化、丝路精神，投身“一带一路”高质量共建。加强侨界文化阵地建设，会同各区侨联，举办以“申江月明·共享荣光”为主题的“侨之夜”文艺晚会，邀请侨界人士150余人共赏侨界艺术家精彩演出和浦江旖旎夜景。开展中国侨联国际文化交流基地申报，虹口区侨联推荐的“上海精武体育总会”获评。支持市华侨收藏协会，成功举办“侨韵臻藏·大吉中华”迎国庆上海侨界收藏宋元时代吉州窑瓷器暨标本展，支持市华侨摄影协会，成功举办以“情之韵”为主题的2023年度上海国际“郎静山摄影艺术奖”慈善摄影大赛暨上海国际“郎静山青少年艺术奖”影像大赛。

3月，在黄浦区南京东路举办“侨界法治宣传月”启动仪式

【做深做实为侨服务，提升侨界群众获得感幸福感安全感】2023年，侨界法治宣传月以“法治引领，促进高质量发展”为主题，推出活动IP“浦侨侨”及专属表情包，成立上海侨界志愿法律服务队，推出普法菜单，宣传月期间，组织专家分赴各区、高校及园区举办法律知识系列讲座10余场，举办各类侨法宣传活动2000余场，覆盖人群超27万人次，被市委全面依法治市委员会列为年度上海市法治为民办实事活动项目。推进侨联基层组织、阵地建设，推动复旦上医成立侨联、浦东新区侨联成立祝桥商飞新侨驿站，中国侨联党组成员、副主席程学源、连小敏，中国侨

5月8日，中国侨联党组成员、副主席连小敏在浦东新区调研基层侨联建设

9月27日，浦东新区侨联成立祝桥商飞新侨驿站。上海市侨联党组书记、主席齐全胜（左七），中国商飞公司党委秘书、党群工作部部长曾勇明（右六），上海市侨联兼职副主席，商飞时代董事长、总经理钱仲焱（右四），“大飞机总装制造·新侨驿站”站长陆孜子（右一）在揭牌仪式上

11 月，开展“金龙鱼”侨帮侨专项帮扶

联秘书长、办公厅主任陈迈分别来沪调研，对上海基层侨联组织给予充分肯定。做好街镇侨联工作品牌项目选树活动，配合中国侨联和最高人民法院，支持华东政法大学成立中国侨益保护研究基地。做实“侨爱心”项目，开展“迎新年、送温暖”慰问，为全市 2000 户早期归侨、困难归侨侨眷及侨界志愿者送上新春暖心包。开展归侨侨眷困难家庭定期补助、侨爱心“三节”送温暖、重大疾病住院补助等实事项目，惠及早期归侨及归侨侨眷困难家庭 7000 余人次，实施经费 400 余万元。市华侨事业发展基金会持续助力乡村振兴，开展洪灾、震灾等救援，举办首届“青荞申创”大赛。

【开展机关建设年活动，加强侨联干部队伍建设】召开党风廉政建设会议，研究和部署党风廉政建设工作。推进全面从严治党“四责协同”机制落实，班子成员分别签订责任书。紧盯重点难点，巩固拓展巡视整改成效。加强党纪党规学习，落实各项制度，严明纪律规范。加强党支部规范化建设。围绕“一支部一品牌”建设开展座谈交流，组织机关党务干部、工会委员赴浙江嘉兴开展党务专题培训。发挥社会组织联合党支部作用，坚持召开双月党建工作座谈会，推动社会组织制度建设及落实。坚持党建引领，指导和推动社会组织建设和管理。指导市华侨事业发展基金会修订和新增制度，排查漏洞、防范风险。市侨商联合会、市留学生企业协会、市侨联女侨胞联谊会顺利完成换届。加强干部队伍建设。扎实开展机关建设年活动，举办“强国复兴有我”演讲比赛，提高学习能力、研究能力、表达能力和工作落实能力。严格落实党管干部原则，加大干部培养和交流力度。坚持机关干部联系基层制度。支持兼职副主席在侨联工作、本职工作中充分发挥作用。重视老干部工作，组织机关老干部老党员开展“看改革成果、看经济发展、看社会进步”活动。与中国侨联干部培训中心联合举办“深入学习贯彻党的二十大精神”侨联基层干部海南培训班，抓好全市侨联系统骨干力量的培训。

【黄浦区侨联】发挥侨界优势，激活城区发展“强引擎”。优化侨界创新创业生态，成立“黄浦海归科创园”，联动五大洲 20 余家海外侨团举办“侨聚黄浦、海创未来”创新创业大赛，深化打造“元·创联盟”创新创业服务平台。拓展侨界咨政建言渠道，组建“黄浦统一战线智库·侨海荟”，常态化开展研讨交流、建言献策。凝聚侨界融入社会公益，深化打造“创意侨声·文创

7 月 19 日，由上海市侨联指导，黄浦海联会、黄浦区侨联共同主办的东方经典·文化出海——“国潮扬帆，踏浪而声”老字号出海暨“星侨荟”成立仪式在思南同心之家举行，上海市侨联副主席陶勇（左二），区委常委、统战部部长卢正（右一），区政协副主席、致公党区委主委马梅（左一）在成立仪式上

课堂”“侨界专家在行动”“品味书香”等品牌项目，推进“侨·未来”——儿童成长助力计划。深化海外联谊，扩大侨界人士“朋友圈”拓宽渠道，深耕厚植海外侨团黄浦情谊。与中国旅美科协、美国上海同乡会等海外侨团建立常态化合作机制，并推动签约共建。组织美国侨商参与“投资上海 × 全球行”推介大会，接待新加坡中华总商会一行参与进博会。搭建平台，汇聚海内外优质人才。聚焦华裔青年企业家、侨企二代传承人成立黄浦“星侨荟”，同步推出“我在黄浦看世界”等项目。联合中国华夏文化遗产基金会打造主题沙龙。坚持以侨为“桥”，唱响文化出海“新篇章”调研实践并重，多次举办老字号出海专题研讨会，联合复旦大学开展调研课题“创新海外统战路径研究——以黄浦‘文化出海’为例”。创设项目载体。开展“文化出海·五个一”行动，推出一套名录、绘制一张地图、打造一条专线、设计一套产品、举办一场大赛。组织文创园区侨联赴新加坡参加“中新老字号品牌创新大会”，积极推动“山海有灵”豫园法国灯会落地巴黎。构建宣传矩阵。组建“星侨荟·文化出海宣传队”，原创 10 集《老字号出海纪》音频视频，阅读量突破 20 万。夯实基层基础，立好为侨服务“方向标”。分层分类夯实平台。加强“外滩金融集聚带新侨驿站”“文创园区侨联”等专业平台建设，举办“为爱骑行”环外滩慈善自行车赛、“缘来是你”新侨交友等各类活动。线上线下普法宣传。承办上海市“2023 年侨界法治宣传月活动”，成立“侨见·网络博主”宣传队，开展普法宣讲 88 场，覆盖 1 万余人次。打造“侨见”短视频栏目，10 期视频共计 7 万播放量。用心用情为侨服务。打造“侨界医疗专家服务队”“公益法律专家团”，推出“侨见幸福”“侨法 +”等系列讲座，做实“区侨界人民调解委员会”平台。

7 月 22 日，中国旅美科技协会一行来上海市黄浦区访问交流，开展“侨海聚英才 科技创未来”科创产业合作交流会，并举行五方签约仪式。上海市侨联党组书记、主席齐全胜（左五），市侨联副主席陶勇（左二），黄浦区委常委、统战部部长卢正（左三），中国旅美科技协会总会会长张晓春（左六）出席

11 月 12 日，由中国华夏文化遗产基金会国际青年领航发展专项基金、黄浦区侨联共同打造的“启航黄浦·国际青年社群领袖的时代使命”主题沙龙在外滩金融中心举行。上海市侨联党组书记、主席齐全胜（前排左四）出席

【长宁区侨联】深化市区联动，助力高质量发展。11 月 7 日，长宁区侨联协办“2023‘侨连五洲·沪上进博’主题活动分论坛——长三角与东南亚华商合作交流会”，推荐携程集团和西井科技作为长宁企业代表作论坛现场路演，接待来自长三角的 50 多名侨商参访长宁临空园区及携程、百秋和科大讯飞等长宁重点企业，围绕数字经济、人工智能和传统产业提升等主题进行了企业项目现场交流对接。以侨引才，推动新侨创新创业。10 月 26 日，举办第二届“新侨双创在上海·海聚英才长宁行”活动，通过“上海长宁”App 和“长宁虹桥人才

荟”平台进行全程直播，紧扣上海高水平人才高地建设和长宁科技创新人才集聚区发展方向，为留学人才和华侨华人专业人士搭建人岗双选、互联互通的平台。8月至10月，举办第二届“新侨杯”海派文化创意设计大赛。结合长宁区数字经济、历史风貌保护区和“邬达克建筑”特色，推动区校联动以及文创青年人才的培育和发现。与区科协等单位11月联手主办“科创中国”包容城市产城融合会议暨“上海硅巷”创新说之“创新唯美”活动。加强“地方侨联+高校侨联+校友会”机制落实，12月，与东华大学等单位联手主办“海创in长宁·第二期海归人才创业训练营”活动。广集侨智，打造侨界“全过程人民民主”实践基地。持续开展“我为长宁发展献一计”活动，让侨界“金点子”优化为城区治理“金钥匙”。一社情民意获市委主要领导亲自批示。发挥“全国人大常委会法工委虹桥街道基层立法联系点长宁区侨商联合会信息采集点”作用，召集《中华人民共和国增值税法》和《中华人民共和国金融稳定法》两场立法意见征询会。开展专题调研，扩大长宁文创产业与海派文化之间的双向赋能、促进海外人才发展服务。以侨荟艺，增添文化名片。牵线“汤沐海文化艺术交流中心”落址长宁，增添长宁文化名片。中心由著名华人指挥家汤沐海担纲，指导提升“侨之韵”昂格隆乐队，在上海城市草坪音乐广场举办了“沪港澳台侨青少年大师梦想音乐会”。以侨促商，促进区域经济发展。深入开展“侨企大走访、服务促发展”行动，帮助侨企向政府反映或解决各类问题和意见建议。支持区侨商联合会开展工作，积极开展“侨商看侨商”品牌系列活动。组织科技、物流、线上零售、生命健康等领域的多家侨企分享企业发展情况，帮助他们共享商机、共谋发展。举办“创业兴业中华行——长宁侨商走进新疆”活动，就侨商投资助力“一

长宁区侨联发挥“全国人大常委会法工委虹桥街道基层立法联系点长宁区侨商联合会信息采集点”作用，1月17日，召集《中华人民共和国增值税法》和《中华人民共和国金融稳定法》两场立法意见征询会

5月13日，牵线“汤沐海文化艺术交流中心”落址长宁，（左一为长宁区副区长陈颖，左二为市侨联主席齐全胜，左三为汤沐海，左四为长宁区海外联谊会会长王罗清）

6月18日，侨青组队参加龙舟赛

省级侨联工作

带一路”核心区建设等进行洽谈和推动。11月，牵头组织长宁、静安、普陀三区侨商联合会会员40人赴浙江开展经贸考察。培根育新，搭好侨青交流平台。持续推进侨联青委会工作，注重发挥侨青会人才发现、培养、交流、服务社会的作用。开展“老侨新侨手牵手”活动；组建侨青龙舟队参加上海龙舟赛；举办“俪联侨”海归青年交友活动；组织侨青参加“以爱之名”交友运动会；支持侨青举办“宽肩：摄影艺术首展”。践行人民城市理念，依法维护侨益。积极开展“侨界法治宣传月”活动，与市侨联党组、华东政法大学侨联联合举办“在法制轨道上全面建设社会主义现代化国家”专题讲座，弘扬社会主义法治精神。深化区侨联法律咨询工作室作用，支持工作室参加了最高法立案庭2023年度第二期在线调解实务工作培训，进一步推动涉侨纠纷多元化解机制在基层落实。

【普陀区侨联】聚力引才引资。以目标、问题为导向，健全“1+3+X”工作机制，以“海归双创在上海”为全年重要工作。课题先导，会同华东政法大学、区政协、区科委、区人社、团区委共同开展“上海推动高科技海归创业企业融通创新问题研究”课题调研，组织侨界代表人士共同参与，形成40多篇建言献策（社情民意）、3篇专报，围绕人才链、技术链、产业链、创新链、资金链等“五链融通”问题，形成“五个第一”对策建议。相关建言和专报得到市委主要领导批示1次、区委主要领导批示1次。建机制、搭平台、优生态，围绕上海和普陀的科创战略，推出“20人20讲”，设立首批3个双创基地、聘请双创导师，在12个园区117个楼宇内嵌入双创服务站，开展引才引智活动10场次，举办人工智能未来产业加速营、创新创业海归青年研修营、网络安全产业创新与发展论坛，吸引了来自海内外的海归企业近600人，引导海归投身普陀科创建设。做实为侨服务。贯彻以人民为中心的发展思想，多措并举

2月1日，“海归双创在普陀”启动仪式举行，普陀区委常委、统战部部长魏静（右四）出席活动并讲话

7月12日，“中国寻根之旅”夏令营（上海营）开营，上海市侨联党组书记、主席齐全胜，普陀区委书记姜冬冬出席活动并致辞，上海市侨联副主席陶勇，普陀区委常委、普陀海联会会长魏静出席

11月13日，普陀区举行“为侨服务共同体成立仪式”，上海市侨联党组书记、主席齐全胜（左四）出席仪式并讲话，普陀区委常委、统战部部长魏静（右四）出席

帮助解决侨界群众的急难愁盼问题。召开普陀区为侨服务工作推进会，启动“五助”——为侨服务共同体，构建“点线面体”工作体系，上海市第一个为侨服务指导工作站在普陀落户，组建华师大“中华情”文化讲师团，发布10个街镇为侨服务的10个联动项目，启动“见侨——人物专访”第2季。做好华裔新生代工作。按照中央、市委关于华裔新生代工作精神，在市侨联的指导下，承办2023年华裔青少年夏令营（上海唯一线下营），围绕“汉语、文化、寻根”三大主题，丰富培训课程，整合各区资源，增进他们对祖（籍）国的了解和认同。相关工作形成专报得到区委主要领导的批示，华裔新生代工作被中新网、中新社等16家主流媒体转载报道，多篇文章单篇点击量超过500万次。扎实开展华裔青年的实习计划，协助提供实习岗位39个，组织青年实习生32人，提供参访点10个。

【嘉定区侨联】主动服务新侨创新创业。积极参与上海市侨联“新侨双创在上海”品牌项目创建，市区镇三级联动，全面提升新侨工作水平。依托东锦“侨帮侨”创新创业基地、嘉定先进技术创新与育成中心和新微创源等三家主力平台，年内引进孵化创业项目80余个，落地税收3500余万元。近期“北创营朋友圈”又拓展至嘉定，这一系列措施有效提升了侨界在创新创业和服务高质量发展中的“能见度”，形成了良好的侨界创新创业氛围。深化拓展侨青工作载体。3月，区侨联成立区侨联青年委员会，区侨青会成立后，召开“侨青聚力　共话发展”交流座谈会，会上，区委常委、区委统战部部长唐晓林与侨青亲切交流；开展“沪上进博·侨青接力”主题活动，加强会员间沟通联谊。4月28日，筑巢引凤兴产业　百川归海创未来——安亭镇新侨双创联盟&基地、创新港国际人才智联中心成立仪式暨第一届“英才荟”侨青双创大赛在安亭创新港举办，活动采用线下主会场+线上直播的形式，在中、美、德、法、英、日、奥7个国家10余个地区的各大行业协会公众号、视频号滚动播放。活动现场，创新港·新侨双创基地和安亭镇新侨双创联盟成立，创新港·国际人才智联促进中心启用，将进一

3月，嘉定区侨法宣传月活动推出侨界法治宣传漫画《“侨”这一家子》

4月28日，筑巢引凤兴产业　百川归海创未来——安亭镇新侨双创联盟&基地、创新港国际人才智联中心成立仪式暨第一届“英才荟”侨青双创大赛在安亭创新港举办（右四为上海市侨联党组书记、主席齐全胜，右三为嘉定区委常委、统战部部长唐晓林）

11 月 21 日上午，“聚侨界双创英才　促动漫产业发展”——南翔镇新侨双创基地启用仪式在南翔游戏谷（右一为上海市侨联副主席陶勇，右二为嘉定区委常委、统战部部长唐晓林）

步整合侨界优势资源，努力营造鼓励创新、支持创业的良好氛围。开展“新侨双创”主题调研活动。围绕新侨工作开展走访调研 23 次，精准了解区新侨人士现状，探索助力新侨双创的有效路径。7 月，赴苏州开展“新侨双创”主题调研，侨界专精特新企业人才智力密集、创新动能澎湃，是新侨创新创业的典型代表，起到很好的引领示范作用。通过调研，加强两地侨企互学互鉴、互联互通，深化交流合作，共商共谋共赢，在增强产业引领力、提升科技创新力、提高安全支撑力等方面扎实垒土，构筑起新侨双创高地，为服务长三角一体化发展大局贡献新侨力量。

【奉贤区侨联】坚持政治引领，不断凝聚侨界共识。奉贤区侨联充分发挥引领作用，多元化开展线上线下宣教活动。2023 年开展“侨心向党”系列凝心聚力活动，第一时间传达学习十一次全国侨代会会议精神。7 月，组织基层侨务干部赴杭州举办侨务专题培训班，主动学习他山之石优秀经验。鼓励各街镇结合大统战和自身资源及需求推进思想引领，开展“统心向党迎八一　红色精神共传承”中国澳门沪港澳艺术团专场演出，以歌舞戏曲等多样化形式彰显家国情怀，凝聚思想共识。拓展联情联谊，推进对港交流互通。加强与海内外侨界“四有人士”、港澳同胞和广大侨界群众联情联谊。3 月，赴香港开展 7 天访问交流，先后拜访中联办、奉贤港联会班子和代表人士及其家属、当地同乡社团、社区、企业等，并开展座谈交流，使沪港两地情感更进一步。以传统节日为契机，开展迎新春、中秋、国庆等联情联谊活动，接待、走访来自比利时、巴西、南非、西班牙等国侨界代表和港澳代表人士等 100 余人次。加强引才引资，围绕中心服务大局。以侨为桥招才引资，广邀海内外侨界人士来奉考察。年内承接市海联会、“海外侨胞故乡行”等走进奉贤。助力侨企术理智能在奉协办“2023 第三届智慧医疗与康复大会暨第六届脑机接口论坛”，吸引近 400 位脑机院士、国家级人才、教授、专家、学者等来奉交流。举办“新侨双创在上海　共聚贤城话发展”开展专题论坛，配合做好世界华裔企业家上海论坛相关工作，推荐 2 个项目参加“侨连五洲・沪上进博”合作交流会。关注华裔新生代，协力开展海归人才工作。区侨联结合“大调研、大走访”进一步加强与海归人才和海归人才企业的沟通联系。2023 年围绕“海归人才”开展专项排摸，并召集专题座谈会 3 场，累计走访调研海归人才 60 余人，收集整理问题建议并形成专题报告提交区人

奉贤区南桥镇侨联“桥侨课堂”在江南书局举办中德联谊读书会，邀请最美德国图书获奖设计者、旅德华侨吴祎萌带孩子们畅读《里昂的汉字》

奉贤区卫健委侨联义务夜门诊开展健康讲座，至 2023 年已连续坚持 35 年

大、区政协。自 2022 年以来有序协助推进“海归小镇”申建工作，目前小镇建设尚在进一步完善中。做实为侨服务，关心侨界急难愁盼。坚持开展老归侨和社区医生结对工作，区财政每月拨付老归侨补贴 300 元／人。调研听取各街镇基层侨务工作情况，总结优秀经验，于 2023 年探索推进“同心暖巢”为侨服务项目，计划年内完成 100 名侨界空巢、独居老人结对帮扶工作。2022 年以来先后走访调研侨企 50 余家，针对侨商侨企急难愁问题主动作为，召集相关部门协商 20 多次，切实为侨界群众、侨企侨商排忧解难。“桑梓助农小站”于 2022 年 4 月在南桥镇六墩村投建运营以来，协同上海农科院侨联专家资源，已开展农业种植技术指导、科普，农产品推广等各类活动 15 次。“侨爱小站”自 2023 年 1 月正式运营以来，围绕爱“益”课堂、亲子活动、节日活动 3 大类主题，开活动展 9 次，直接受益 390 人次。

5 月，奉贤区金汇镇侨界开展“侨眼看上海”之“重温红色记忆　传承红色精神”参观陈云纪念馆

江苏省归国华侨联合会

【领导成员名单】

党组书记、主席：刘　标

党组成员、专职副主席：艾　卉（女，回族）

张　霓（女）

兼职副主席：仲　盛　潘龙泉

挂职副主席：陈　峰

秘书长：张　霓（女，兼）

二级巡视员：李发勇

【综述】2023 年，江苏省各级侨联坚持把深入学习宣传贯彻党的二十大精神、习近平总书记对江苏工作重要讲话重要指示精神和开展学习贯彻习近平新时代中国特色社会主义思想主题教育作为贯穿全年工作的主题主线，一体谋划、一体推进，全面系统落实党中央和省委、中国侨联各项部署要求，各项工作实现了新的发展进步。

【召开全省侨联系统学习贯彻习近平总书记考察江苏重要讲话精神部署会】7 月 14 日，江苏省侨联召开全省侨联系统学习贯彻习近平总书记考察江苏重要讲话精神部署会，贯彻落实省委部署要求，对全省侨联系统学习贯彻习近平总书记重要讲话重要指示精神进行全面部署，进一步动员全省各级侨联将习近平总书记对江苏的莫大关怀转化为强大动力，汇聚侨界力量，为推进中国式现代化江苏新实践作出应有贡献。会上，南京、苏州、连云港、扬州市侨联围绕“四个新”重大任务，从不同侧面介绍了工作情况，交流了学习体会。会后，印发了《全省侨联系统深入学习宣传贯彻习近平总书记对江苏工作重要讲话精神　为在推进中国式现代化中走在前做示范谱写“强富美高”新江苏现代化建设新篇章贡献侨界力量的若干措施》，全力推动习近平总书记对江苏工作重要讲话精神在全省侨联系统落地生根。

【扎实开展学习贯彻习近平新时代中国特色社会主义思想主题教育】江苏省各级侨联坚决贯彻党中央、省委决策部署，把开展主题教育作为重大政治任务抓紧抓实，一体推进理论学习、调查研究、推动发展、检视整改，高标准高质量完成主题教育各项任务。江苏省侨联理论学习“八学法”、调查研究“三级命题”方式、整改整治完成率 100% 等做法和成效得到江苏省委主题教育巡回指导组的充分肯定。抓好主题教育成果深化，打造“思政侨声”理论学习品牌，开展为侨办实事项目和工作标兵评选，形成以学促干的浓厚氛围。

4 月 13 日，江苏省侨联召开学习贯彻习近平新时代中国特色社会主义思想主题教育动员会议

7 月 14 日，江苏省侨联召开全省侨联系统学习贯彻习近平总书记考察江苏重要讲话精神部署会

【召开八届二次常委会议暨中国侨联十一代会精神宣讲动员会】9 月 7 日，江苏省侨

9 月 7 日，江苏省侨联召开八届二次常委会议暨中国侨联十一代会精神宣讲动员会

联召开八届二次常委会议暨中国侨联十一代会精神宣讲动员会，贯彻落实中国侨联、省委部署要求，对深入贯彻习近平总书记对江苏工作重要讲话精神和中国侨联十一代会、省委十四届四次全会精神进行一体部署，总结 2023 年以来工作情况、部署下一阶段任务，动员全省各级侨联和广大侨联干部牢记嘱托、感恩奋进，为在推进中国式现代化中走在前做示范，谱写“强富美高”新江苏现代化建设新篇章贡献侨界力量。会议以线上线下相结合形式召开，来自南京市侨联、淮安市侨联、扬州市侨联、苏州常熟市侨联、南京大学侨联的 5 位中国侨联十一代会代表，聚焦学习宣传贯彻中国侨联十一代会精神，从不同侧面交流了参会体会和下步工作打算，表达了将会议精神转化为担当作为、干事创业实际行动的信心决心。

【加强侨界群众思想政治引领】江苏省各级侨联注重精准施策，分层分级分类宣传习近平新时代中国特色社会主义思想，不断增进广大侨界群众对党的创新理论的政治认同、思想认同、理论认同、情感认同。立体开展江苏侨界优秀人物、华侨华人家风故事、“一带一路”倡议十周年等主题宣传活动，举办省侨商总会成立 20 周年思享汇，组织专题宣讲会以及慰侨演出、书画展等活动，引领侨界群众奋进新征程、建功新时代。举办 2023 年南京大屠杀死难者国家公祭日海内外同步悼念仪式，动员侨胞铭记历史、珍爱和平，积极传递人类命运共同体理念。

12 月 20 日，由江苏省侨联、江苏省侨办指导，江苏省侨商总会主办，南京广电集团牛咔视频协办的江苏省侨商总会成立 20 周年思享汇在南京举行

【全力服务江苏经济高质量发展】江苏省各级侨联聚焦“强富美高”总要求，广泛汇集侨资侨力，促进侨界人脉、资金与信息等资源更好服务经济发展大局。联动地方举办 7 场侨商投资江苏行活动，与淮安市政府联办淮河华商大会等招引品牌活动，促进益海嘉里、金光纸业等头部侨

5 月 15 日，“创业中华 · 侨聚淮安”中国侨商投资江苏行（淮安站）活动在淮安举行。活动由中国侨联指导，江苏省侨联、中国侨商联合会主办，江苏省侨商总会、淮安市侨联、淮安市淮安区人民政府承办

企深耕江苏，助推协议利用外资总额约1200亿元。组织省级最大侨商团组赴泰国出席世界华商大会，在6个国家和地区举办投资说明会、人才招引会，与新加坡、马来西亚、泰国中华总商会等建立常态合作机制，为全省加快培育外贸新动能拓宽路径。

4月18日，由江苏省侨联、省委人才办、省科技厅、省工信厅、省人社厅共同主办的“侨界英才看江苏”活动在南京举办

【全方位支持侨商侨企经营发展】江苏省侨联成立“同心益企”江苏侨界党建共同体，构筑以党建引领、集“政产学研金服”于一体的综合型保障服务体系。与省金融办深化金融助企合作，有关经验做法得到中国侨联领导批示肯定。江苏省各级侨联上下联动开展侨商侨企大走访大调研，举办侨企“一带一路”投资圆桌会议、泰国—江苏生物医药产业发展交流等活动，系统落实政策宣传、纾难解困、服务侨企“走出去”发展等工作，全方位支持侨企做大做强。

12月6日，由江苏省侨联、江苏省侨办共同主办的“同心益企”江苏侨界党建共同体成立大会在南京成功举办。江苏省委统战部副部长、省侨办主任徐开信出席活动，省侨联党组书记、主席刘标出席活动并讲话

【全周期做好侨界人才涵养引育】江苏省各级侨联聚焦加快建设教育强省、科技强省、人才强省，依托侨界高端人才峰会、侨界英才看江苏等项目，对接海外高端科创资源，实施侨界青年人才赋能计划，为地方引进高层次人才注入源头活水。重视海外青年科技人才的涵养，新拓展与167家国内高校海外校友会、43家海外华侨（华人）专家和专业类协会建立交流机制，海外人才的归属感不断提升。

【着力加强海外华侨华人社团联谊联络】江苏省各级侨联深化拓展海外华侨华人社团联谊职责，加强江苏省对外合作重点区域的精准联谊，举办

11月28日至30日，由江苏省侨联组织的“侨连五洲·相约江苏”2023海外江苏侨团联谊活动在南京和泰州举办。来自五大洲40多个国家60余家侨团的近百位侨领汇聚江苏

海外江苏侨团联谊活动，并通过45个国家的50余家侨团开展新春海外送“福”等常态化慰侨工作，织密“一带一路”侨界联络网，积极拓展联络科技型、行业型社团，为江苏高水平对外开放提供侨力支撑。

12月20日上午，江苏省侨联国际文化交流促进会成立大会在南京举行

【持续扩大海外“朋友圈”】江苏省侨联举办第5期海外侨领研修班，优推100余名海外侨领作为第三届江苏发展大会嘉宾人选，组织省政协海外特邀代表人士新春联谊会、海（境）外侨胞故乡行等活动，做深做实侨界重点人士联谊工作，广泛涵养海外骨干侨领资源。潜心做好常态联谊，举办第6期苏港青少年交流活动，组团赴阿联酋、马来西亚、泰国、英国和中国港澳地区访问，接待80余批次海外侨团侨胞来访，增进与海外侨胞的感情。召开全省侨联联谊联络工作推进会暨专题培训班，落实海外联谊工作联席会议机制，加强区域化国别化侨情调研，为联谊联络工作蓄能。

9月11日上午，由中国侨联和江苏省侨联共同主办、南京大学承办的“侨连五洲·相约江苏”中国侨联海外联谊研修班暨江苏省侨联第5期海外侨领研修班开班仪式在南京大学举行。中国侨联兼职副主席、南京大学党委书记谭铁牛，中国侨联联谊联络部副部长、一级巡视员朱柳，江苏省侨联主席刘标、二级巡视员李发勇，南京大学党委统战部常务副部长王洪涛亲切看望海外侨领并出席开班仪式

【大力推动江苏文化“走出去”】成立江苏省侨联国际文化交流促进会，分设9个专门委员会，为传承传播中华文明、江苏文化搭建新平台。挖掘地方特色，举办10期“中国寻根之旅”江苏夏令营和11期“亲情中华·为你讲故事”江苏网上营，355名海外华裔青少年参加线下营，线上营参营人数近10000名，中央电视台专程跟拍并报道夏令营活动情况。举办“亲情中华·讲苏故事”海内外华人青少年网络才艺大赛，126所海外教育机构及侨社团报送4000余幅才艺作品参赛。

【扩大文化供给惠侨引侨】江苏省侨联举办第八届全球中餐业领袖峰会和第五届经典淮扬菜海外推广研习班，首次组织中餐养生研讨会和中日韩茶字酒缘文化沙龙活动，增强海外推广的感召力吸引力。举办

4月17日，由中国侨联指导，江苏省侨联、江苏省餐饮行业协会联合主办的“亲情中华·魅力江苏”第八届全球中餐业领袖峰会在南京召开

首届中医文化海外推广研习班，每季度组织“名中医话健康”系列活动，新聘19名中医文化海外推广“杏林使者”，让更多的海外侨胞切实感受到中医的无穷魅力。拓宽对外交流空间，联合省体育局举办“一带一路”青年体育交流周活动，以体育为媒加强“一带一路”国家华裔青少年的交流互动。

12月12日下午，江苏省侨联召开会议，对2023年度江苏侨界志愿服务支持培育项目进行总结验收

【着力提升国际传播能力】 江苏省侨联邀请17家海外华文媒体和涉侨中央媒体来苏采访，首次举办“红色文化海外传播示范观摩活动”，360余篇稿件在海外华文媒体平台发表。改版省侨联官网、开通“侨见江苏”视频号、丰富侨联公众号及杂志内容，增强“一网一微一号一刊”吸引力，累计在省级以上媒体发稿200余条，在海外华媒发稿500余条。取材于盐城大丰侨界的真实故事《三代人跨洋接力，这份“中秋之约”27年从未中断》入选2022中国正能量网络精品。

3月27日至31日，由中国侨联指导，江苏省侨联主办的“追梦中华·奋进新江苏”2023海外华文媒体江苏采访行顺利举行。来自美国、德国、瑞典、阿根廷、马来西亚等10余个国家（地区）的10余家海外华文媒体代表和3家涉侨中央媒体记者走进江苏镇江、淮安、连云港参观采访

【促进侨界民生福祉稳步改善】 江苏省各级侨联始终站稳群众立场，全心全意为侨服务，完成老归侨信息更新和精准化需求调研，针对性开展江苏侨界志愿服务、老归侨托底服务、“我为群众办实事”等项目，推出为侨界困难群众购买意外伤害和大病医疗保险、发放健康智能手环等一批暖心举措，侨界群众获得感、满意度进一步提升。

【不断完善维护侨益工作机制】 江苏省各级侨联运用“浦江经验”做好信访案件办理，召开疑难案例研讨会9场次，协调办理侨界信访事项51项。深化检侨联动和涉侨纠纷多元化解工作机制，帮助侨胞挽回经济损失近3亿元。开展江苏侨界维权案例大数据分析和策略研究工作，组织第六届法治宣传月活动，与省司法厅、省律师协会共同签订《法律服

5月17日，江苏省侨联联合省司法厅、省律师协会共同举办了“法治护航侨企，协同助力发展”——江苏省第六届侨界“法治宣传月”活动启动仪式

务侨资企业高质量发展合作协议》，推动为侨法律服务走深走实。根据中国侨联工作部署，完成9个“连心侨—维护侨益”项目建设任务。

2月27日，江苏省侨联召开2023年度全省侨联基层建设（权益保障）工作会议暨新时代侨联建设督导行动工作部署会

【积极参与社会建设】江苏省侨联聚焦乡村振兴、扶危济困、爱心助学等，指导省华侨公益基金会有序组织76个公益项目运维，累计筹款并捐赠超2500万元，较2022年度增长约40%。团结动员侨商广泛参与社会活动，江苏省侨商总会荣获首届“江苏省先进社会组织”称号。认真履行参政议政职能，广泛汇集侨界智慧，侨情信息采用数蝉联全国侨联系统首位、连续12年被中国侨联评为特等奖；课题研究获奖数与层级位居省级侨联前列。江苏省侨联被省政协表彰为“2023年度提案办理工作先进单位”。

11月30日至12月1日，江苏省侨联党组书记、主席刘标一行赴兴化市开展乡村振兴工作调研

【持续加强基层和基础建设】江苏省侨联部署开展为期3年的新时代全省侨联基层建设督导行动，对13个设区市侨联、26个县级侨联、60个基层组织（阵地）进行督导检查，引导各级侨联对标找差、强优补短。线上线下相结合举办基层侨联干部培训班，分批组织基层侨联干部到广东、福建观摩学习。修订双“五有”组织评选标准，以星级评定促进基层侨联组织“比学赶帮超”。支持17个“侨胞之家”建立“侨心书苑”，不断拓宽基层侨联工作载体。加快“网上侨联”建设，整合已有5个平台系统，研发部署集约化工作平台，推进数据汇集应用和资源共建共享。

【南京市侨联以主题教育成果提升工作质效】南京市侨联把学习贯彻习近平新时代中国特色社会主义思想主题教育作为首要政治任务抓紧抓实。一是精心组织抓谋划。成立主题教育领导小组，明确工作职责，先后5次召开领导小组会议，研究制定“1+4”工作方案，建立“任务清单+工作周报+月度督办”工作统筹模式，推动主题教育各项任务落细落实。二是深研细悟抓学习。整理细化“8+1+1”学习体系资料，开展“页页学、周周清”自学，辅以“轮值班长”“领读员”两项制度，融入“对比学习法”“支部督学”等学习检测方式，组织读书班7期、“学思想、我来讲”6次，有效筑牢主题教育思想根基。三是求真务实抓调研。深入践行“四下基层”制度，开展“三进三解”走访调研，走访全市12个区、73家单位和平台组织，开展调研67次，形成4篇调研报告，提炼正、反面典型案例各1个，转化调研成果30个。四是问题导向抓整改。坚持边学习、边对照、边检视、边整改，查摆9个问题，制定21项整改举措，全部按期完成整改销号。坚持“当下改”与“长久立”相结合，积极推动制度机制创新，制定规范性文件 7 项。

【无锡市侨联实施五大护侨行动当好侨界群众贴心人】无锡市侨联实施五大护侨行动计划，全面提升为侨服务贴心度。一是做优“留学生全过程服务行动”。联合相关部门制定下发《关于做好留学人员全过程服务的实施意见》，与市人才办、教育局、公安局等单位联合，提供行前教育、留学指导、政策解读、海外联系、实习就业等服务。二是做深“海外侨胞联谊行动”。加强海外侨胞联系，关心海外侨界代表人士在锡亲属生活，组织走访慰问，让海外侨胞感受家乡温暖。跟踪国际形势变化，及时向海外侨胞推送签证、航班、救援、安全等重要咨讯，帮助协调解决遇到的困难。三是做实“新侨发展助力行动”。组织数十场次创新创业沙龙、创新创业大赛等活动，加强侨创平台建设，蠡园经济技术开发区被授为“长三角侨创示范基地”；创新打造新侨创新创业园，制定新侨创业扶持政策，服务支持新侨发展。四是做暖“老侨生活关爱行动”。开展老归侨需求调研，发放健康监测手环，教授常用手机 App 使用方法，举办重阳敬老集体祝寿会，加强日常关怀和节日问候。五是做好“依法维护侨益行动”。建立“侨界企业合规实践基地”“为侨法律服务联盟”等平台，新增涉侨民商事调解员入驻江苏微解纷平台，依法协调侨眷遗产继承、侨企资金冻结等求助事项。

【连云港市侨联深入推进涉侨纠纷多元化解国家级试点工作】连云港市侨联部署开展信访突出问题攻坚化解巩固提升年行动，努力打造“侨 +”多方联动维权机制。与市中院联合出台关于深化涉侨权益保护十项机制，市第二批侨界人民陪审员通过人大任命，与市司法局、公证机构联合出台关于建立涉侨公证服务机制的实施意见，开通为侨服务绿色通道。联合市检察院开展了“法润侨企·护航发展”活动，增强企业防范风险意识。应邀出席仲裁服务江苏自贸区发展座谈会并作交流发言。支持并推动各县区法院建立具有文化特色的“晶桥”诉调对接工作室、“榆侨”涉侨纠纷调解工作室、“云桥”线上调解工作室等维权网络，形成了多方支持、共同护侨的良好局面。全年共接待来访人员 34 人，信访件纠纷 7 件。通过“连心桥”调解平台启动多元化解机制帮助 2 家（位）侨资企业化解矛盾纠纷，涉案金额 2.3862 亿元，避免和挽回经济损失超过 455 万元，有效维护了侨界群众的合法利益。3 月，市侨联参加中国侨联法顾委调研座谈会并作交流发言，得到中国侨联党组成员、副主席连小敏的充分肯定。

【泰州市侨联创新建成泰州数字侨联系统】泰州市侨联系统集成“侨联网站、微信公众号、微信小程序”等新媒体，上线“泰州通”加载“泰数侨”模块，形成了四位一体网上服务体系，“一揽子”解决了侨情数据归集分析、侨胞侨企诉求响应、侨情民意有效传递等现实需求，实现了全市数字侨联建设的有效衔接联动，让海内外侨胞侨属都能“找得到娘家、看得懂功能、用得上服务”。通过打造一站式“泰数侨”云端服务系统，录入涉侨数据近万条，数据字段近十万个，实现了全市数字侨联建设的有效衔接联动，构建侨情数据“一键录入”、侨企发展“一站供给”、侨胞诉求“一网协调”的服务闭环，做到了哪里有侨胞侨属，数字侨联就覆盖到哪里、服务就跟进到哪里，助推实现把更多海内外侨胞凝聚到侨联组织中来、吸引到侨联活动中来、参与到侨界贡献中来的预期目标。

浙江省归国华侨联合会

【领导成员名单】

党组书记、主席：庄莉萍
驻会副主席：周松一　姚君明（女）
一级巡视员：张维仁
兼职副主席：鲁维明（女）　何莲珍（女）
许玲娣（女）　任建成
南品仁　邹浙清　林　东
陈乃科　冯定献　卓旭光
丁列明　杨宝庆　詹洪良
尹霄敏　刘光华　季志海
虞安林　白　宁　何　军
姚力军　傅旭敏
秘书长：刘　红（女）

【综述】2023年，浙江省侨联在中国侨联大力支持、浙江省委坚强领导、省委统战部有力指导下，围绕服务大局、为侨服务，突出重点、上下同心，大力实施“新侨培根”“侨助先行”“护侨联心”“侨基提升”四大工程，以奋斗书写精彩，以实干笃定前行，推动侨联工作取得新进展，侨联组织呈现新气象。全年，浙江省侨联共获得省部级领导批示29人次。“创业中华”品牌系列活动获评“全省营商环境优化提升最佳实践案例”，牵线引进“鲲鹏行动计划”人才2名；“之江同心·侨助共富”入选“八八战略”百法百例，“侨助工坊”入选浙江省高质量发展建设共同富裕示范区最佳实践（第二批）、浙江省第一批“地瓜经济”提能升级“一号开放工程”最佳实践案例、助力山区海岛县乡村振兴典型案例和省直机关工委“双建争先”优秀案例。

【举办之江同心·2023浙江关爱海外侨胞和留学生新春专场直播活动】1月3日，由浙江省侨办、浙江省侨联、浙江省文联、浙江日报报业集团、杭州市侨办、杭州市侨联共同举办的“浙里有爱　送福迎春｜之江同心·2023浙江关爱海外侨胞和留学生新春专场直播活动”在杭州暖心开启。活动表扬了“2022年十大全球优秀通讯员联络站”，连线了2位海外通讯员联络站站长分享华侨华人是如何在海外讲好中国故事，传播浙江声音。

【浙江省五侨部门联合举办侨界代表人士迎新春活动】1月15日，在浙江省政协十三届一次会议胜利闭幕之际，由浙江省委统战部（侨办）、省人大民侨委、省政协港澳台侨和外事委、省侨联、致公党省委会五侨部门共同组织、省侨联具体承办的侨界代表人士迎新春活动在杭州举行，省政协侨联界别委员、列席省政协十三届一次会议的侨界代表人士欢聚一堂，共话桑梓、同叙情谊。

1月15日，浙江省五侨部门联合举办侨界代表人士迎新春活动

1月3日，举办之江同心·2023浙江关爱海外侨胞和留学生新春专场直播活动

1 月至 4 月，开展“大走访大调研大服务大解题”和新春慰问活动

【开展“大走访大调研大服务大解题”和新春慰问活动】1 月至 4 月，浙江省侨联会领导班子分别赴全省各市开展“大走访大调研大服务大解题”和新春慰问活动，以实地调研、入户走访、开座谈会等方式，传达贯彻省两会精神，面对面听取基层和群众建议诉求，心贴心为侨联老领导及其家人、侨领代表、困难侨胞和基层工作者送上真挚问候和新春祝福，把党委、政府的关心和温暖真切传递给侨界群众和基层单位。

【开展“亲情中华·之江同心”侨助亚运“十个一”系列活动】1 月至 10 月，浙江省侨联在全省侨界组织开展以“发出一份倡议书，唱响一组爱心歌，办好一场音乐会，推选一批火炬手，组织一批观摩团，讲好一个故事，开展一轮华文媒体宣传，开展一波侨界全民健身活动，开展一次寄语代言活动，招募一群志愿者”为主要内容的“亲情中华·之江同心”侨助亚运“十个一”系列活动，引导广大侨胞同心同向助力亚运、服务亚运、宣传亚运。

【浙江省侨联兼职副主席何军带领公羊救援队赴土耳其开展援助】2 月 7 日上午，公羊救援队 8 名队员从杭州出发，成为首支抵达救援现场的中国社会救援力量。从土耳其当地时间 2 月 8 日下午到 12 日晚上，公羊救援队累计搜救坍塌建筑物 178 幢，累计救援幸存者 9 人。

2 月 7 日上午，浙江省侨联兼职副主席何军带领公羊救援队赴土耳其开展援助

1 月至 10 月，开展“亲情中华·之江同心”侨助亚运“十个一”系列活动

【“亲情中华·之江同心”侨联文艺轻骑兵走进侨乡】2 月 11 日至 13 日，由中国侨联、浙江省侨联主办的“亲情中华·之江同心”侨联文艺轻骑兵送剧进侨乡演出活动，先后来到丽

2 月 11 日至 13 日，“亲情中华·之江同心”侨联文艺轻骑兵走进侨乡

邀请专家、学者先后就茶文化、围棋文化、亚运文化与美学等方面进行直播解读，总点击量超过 3000 万人次。

【举办浙江省侨媛会“相约春天”走进临安活动】3 月 7 日，来自 10 个国家和地区的 20 余位浙籍侨媛代表相聚杭州临安，参加浙江省侨媛会“相约春天”走进临安活动，喜迎“三八”国际妇女节。

水青田、温州文成、台州黄岩，宣讲党的二十大精神，活动期间全网共发稿 24000 余条信息，总点击量超 5800 万人次。

3 月 7 日，举办浙江省侨媛会“相约春天”走进临安活动

【召开“侨联五洲·云聚浙里”海外顾问委员视频会议】3 月 1 日和 6 月 19 日，浙江省侨联分别召开“侨联五洲·云聚浙里”省侨联海外顾问委员（美洲片区）和（亚洲片区）视频会议。会议分别邀请了旅居美洲 15 个国家的 60 余位侨领和旅居亚洲 26 个国家的 70 余位侨领出席。

【扎实推进学习贯彻习近平新时代中国特色社会主义思想主题教育】3 月至 9 月，浙江省侨联围绕侨联和侨界特色，扎实推进学习贯彻习近平新时代中国特色社会主义思想主题教育，明确 63 项具体任务，在“循迹溯源学思想促践行”行动中，推出“浙小侨和你一起学《选读》”、“侨心向党·跟着总书记读好书”讲书会、“八八战略”实施 20 周年侨界“八个一”系列活动等特色载体，承办中国侨联“侨连五洲——海外联谊研修班”，做深侨界重点群体的聚识引领工作。

【开展“亲情中华·之江同心 | 情系游子”——浙江关爱海外侨胞和留学生专场直播活动】3 月 3 日至 12 月 27 日，浙江省侨联共推出“亲情中华·之江同心 | 情系游子”——浙江关爱海外侨胞和留学生专场直播活动举办 11 场。

【召开浙江省侨联十届五次全委会议】3 月 10 日，浙江省侨联十届五次全委会议在杭州召开。会议传达学习中国侨联党组书记、主席万立骏，浙江省委书记易炼红以及省委常委、统战部部长邱启文等领导批示精神，总结 2022 年工作，部署 2023 年工作任务。省委统战部常务副部长徐旭出席会议并作有关人事事项说明。浙江省侨联党组书记、主席庄莉萍作工作报告。会议还审议通过了《工作报告》《关于深入学习宣传贯彻党的二十大精神 团结引领广大浙籍侨胞在奋进中国式现代化新征程上建功立业的决议》，完成了浙江省侨联副主席、秘书长、常委、委员增补、卸免等有关人事事项。

【举办学习贯彻全国两会精神报告会】3 月 15 日下午，浙江省侨联、杭州市侨联联合举办学习贯彻全国两会精神报告会。浙江省侨联党组书记、主席庄莉萍主持会议并讲话。全国政协委员、省侨联兼职副主席、浙江贝达药业股份有

3 月 15 日下午，举办学习贯彻全国两会精神报告会

限公司董事长丁列明和全国人大代表、浙江清华长三角研究院生态环境研究所所长刘锐分别传达全国两会精神。省侨联领导班子成员、退休干部代表、所属社团代表、机关全体干部职工，杭州市侨联领导班子成员、机关干部参加会议。

3 月 25 日，举办“创业中华·智造台州”——高校海归创新创业科技成果洽谈会暨 2023AIGC 与元宇宙创新创业创作大赛系列活动

【承办第 16 期“侨连五洲·海外联谊研修班”】3 月 20 日至 24 日，由中国侨联主办、浙江省侨联和浙江大学承办、杭州市侨联协办的第 16 期“侨连五洲·海外联谊研修班”在浙江杭州举行，采取专家授课与现场教学相结合的形式，拓展侨界联络联谊，培养侨界新生代力量。共有来自 30 个国家和地区的近 50 位侨界学员参加本次研修班。

3 月 20 日至 24 日，承办第 16 期“侨连五洲·海外联谊研修班”

【举办“创业中华·智造台州”——高校海归创新创业科技成果洽谈会暨 2023AIGC 与元宇宙创新创业创作大赛系列活动】3 月 25 日，由中国侨联指导，浙江省侨联、台州市人民政府、上海大学主办，元宇宙与虚实交互联合研究院、台州市委统战部、台州湾新区管委会、台州市侨联承办的“创业中华·智造台州”——高校海归创新创业科技成果洽谈会暨 2023AIGC 与元宇宙创新创业创作大赛系列活动在台州举行。长三角地区高校生物医药、智能制造、新材料、元宇宙等领域专家学者、海归人才，各县（市、区）侨务组织负责人，台州相关领域企业负责人等 260 余人参加活动。本次活动另设智能制造、新材料、生命健康小专场以及元宇宙圆桌会议，全方位搭建起人才、企业信息互通、合作洽谈的有效平台。

【举办“亲情中华·之江同心”侨迎亚运民族管弦乐音画《听见江南》活动】3 月 30 日，由中国侨联、浙江省侨办、浙江省侨联、亚组委大型活动部主办的“亲情中华·之江同心”侨迎亚运民族管弦乐音画《听见江南》活动在浙江杭州倾情上演。《听见江南》是浙江省舞台艺术“1111”人才计划成果展示的重要作品。数百位侨界代表和艺术爱好者汇聚一堂，完成了一次穿越古今、畅想未来的诗画之旅。

【举办“亲情中华·之江同心”浙江省华侨国际文化交流基地现场交流活动】4 月 6 日至 7 日，由浙江省侨联主办，杭州市侨联、浙江

4 月 6 日至 7 日，举办“亲情中华·之江同心”浙江省华侨国际文化交流基地现场交流活动

商业职业技术学院承办的“亲情中华·之江同心”浙江省华侨国际文化交流基地现场交流活动在杭州举行。全省各市侨联分管领导和文化交流基地工作负责人、各市国家级、省级华侨国际文化交流基地负责人等 100 余人参加本次现场交流活动。

4 月和 10 月，举办海外中餐烹饪技能培训班

【举行浙江省“之江同心·喜迎亚运”毅行活动暨“侨助亚运”系列活动启动仪式】4 月 8 日，浙江省“之江同心·喜迎亚运”毅行活动暨“侨助亚运”系列活动启动仪式在杭州如约开启。来自 60 多个国家和地区的 500 名侨界代表和毅行爱好者身穿统一运动服从杭州奥体中心沿着花海盛开的闻涛路最美跑道，最终到达射潮广场。活动全程约 5 千米，大家在参与中认识亚运、迎接亚运，助力亚运。

【举办海外中餐烹饪技能培训班】4 月和 10 月，浙江省侨联分别举办第十五期和第十六期海外中餐烹饪技能培训班。海内外侨界人士相聚杭州，以食为媒、以食会友，共叙未来。

【举办全省“侨助共富”推进会暨“乡村侨舍”现场会】4 月 13 日，由浙江省委统战部（省侨办）、省侨联主办，温州市委统战部（市侨办）、温州市侨联等共同承办的全省“侨助共富”推进会暨“乡村侨舍”现场会在温州瑞安成功举办。会议举行了《“乡村侨舍”基本要求与等级划分（团体标准）》发布仪式、“‘八八战略’谱新篇　侨助共富万里行”启动仪式，并为首批省级“乡村侨舍”（“侨韵精品酒店”）、省级“侨助工坊”授牌。2023 年，“千个侨团（企）帮千村”新结对 241 个，累计结对 1006 个、到位资金 38.25 亿元；创建第一批星级“侨助工坊”95 家，累计促成全省各

4 月 8 日，举行浙江省“之江同心·喜迎亚运”毅行活动暨“侨助亚运”系列活动启动仪式

4 月 13 日，举办全省“侨助共富”推进会暨“乡村侨舍”现场会

类“侨助工坊”订单 220.6 亿元，带动年人均增收近 4 万元；评选第二批省级“乡村侨舍”18 家，累计建成“乡村侨舍”278 家，带动从业人员 2000 余人。

【承办中国侨联“亲情中华·为你讲故事”网上营活动】5 月至 12 月，由中国侨联主办、浙江省侨联承办，先后在杭州、宁波、温州等地开展了 8 期“亲情中华·为你讲故事”网上营，共吸引了 6400 多名海外华裔青少年参加，让广大海外浙籍青少年切实感受中国深厚的文化底蕴和浙江独特的文化魅力。

5 月 5 日，举办“亲情中华·与‘子’偕行”2023 首届烂柯文化国际学术研讨会

5 月至 12 月，承办中国侨联“亲情中华·为你讲故事”网上营活动

【举办“亲情中华·与‘子’偕行”2023 首届烂柯文化国际学术研讨会】5 月 5 日，由浙江省侨联、衢州市政府主办，衢州学院、衢州市侨联承办的“亲情中华·与‘子’偕行”2023 首届烂柯文化国际学术研讨会正式举行，来自世界各地的围棋爱好者齐聚三衢大地，共同体验流传千年的烂柯文化。本次活动上，浙江省侨联与衢州学院签订战略合作协议，依托侨资源和衢州学院学科特色共建“丝路围棋学院”。

【举办浙江省侨界创新创业暨“双创基地”建设推进会】5 月 4 日至 5 日，浙江省侨界创新创业暨“双创基地”建设推进会在嘉兴南湖举办。活动进行了浙江省侨界“双创基地”授牌仪式，嘉兴、杭州、宁波、温州、绍兴、湖州德清等市、县侨联和浙江大学杭州国际科创中心、中国归谷嘉善科技园、

5 月 4 日至 5 日，举办浙江省侨界创新创业暨“双创基地”建设推进会

省级侨联工作

嘉兴“侨立方”代表作交流发言。

【中国华侨摄影学会来丽水开展“新时代侨乡风貌”摄影采风活动】5月8日至14日，中国华侨摄影学会会长王宏一行10人来丽水开展“新时代侨乡风貌”摄影采风活动。中国华侨摄影学会一行前往中国丽水摄影博物馆、古堰画乡、云和梯田、龙泉青瓷小镇、龙泉铸剑工厂，青田山口石雕小镇、侨乡欧陆风情街等地进行采风。

【召开“侨连五洲　聚力甬城”—2023海外侨团暨中东欧国家侨领侨商合作大会】5月17日，由中国侨联指导，浙江省侨联与宁波市政府共同主办“侨连五洲　聚力甬城”—2023海外侨团暨中东欧国家侨领侨商合作大会在宁波召开，47个国家（地区）230余位侨领侨商齐聚甬城、共话合作。阿里巴巴国际在线（罗马尼亚）平台、中意宁波生态园工商业智能节电装置等8个侨助“出海”项目签约，58家海外侨团建立常态化联络机制，共促浙江与中东欧国家在贸易、投资等领域交流合作，活动成效获得中国侨联党组书记、主席万立骏批示肯定。

【程学源副主席到浙江开展专题调研】5月16日至19日，中国侨联党组成员、副主席程学源一行，先后到宁波、丽水、温州三市，就加强侨联联谊联络、文化交流和基层侨联组织建设等工作开展专题调研。

5月16日至19日，中国侨联党组成员、副主席程学源（左二）到浙江开展专题调研

【举办循迹溯源学思想　“八八战略”建新功——浙江侨界青年循迹之旅】5月17日至19日，由浙江省侨联指导，浙江省侨界青年联合会联合宁波市侨联、舟山市侨办、舟山市侨联共同主办的“八八战略”建新功——浙江侨界青年循迹之旅活动先后走进宁波和舟山，来自30个国家和地区的80余位侨青代表循着总书记走过的足迹、总书记擘画的印迹、总书记牵挂的心迹，看发展、听宣讲、学思想、见行动，进一步增强侨界思想引领，激扬侨青时代担当。

【浙江省侨联十届六次全委会议在杭召开】5月23日，浙江省侨联十届六次全委会议在杭州召开。本次会议以深入学习贯彻习近平新时代中国特色社会主义思想为主题，传达学习中央、省委主题教育有关精神和选举产生浙江省出席第十一次全国归侨侨眷代表大会代表建议人选。浙江省侨联十届委员、非省侨联委员的各地市侨联主席或党组书记、省侨

5月17日，召开“侨连五洲　聚力甬城”—2023海外侨团暨中东欧国家侨领侨商合作大会

联机关全体干部职工共120余人参加会议。

【浙江省基层侨联组织建设现场推进会在宁波召开】5月23日上午，由浙江省侨联、宁波市侨联主办的浙江省基层侨联组织建设现场推进会在宁波召开。活动期间，来自全省11个地市侨联主要负责人，各县（市、区）侨联主要负责人，部分高校侨联及省属侨界社团代表的同志们实地观摩学习了宁波海曙、镇海、北仑、鄞州四地基层侨联组织和“侨胞之家”建设，分享了各自开展基层组织建设工作的经验与思考。会议同时以直播的形式，邀请基层侨联组织“云”参会。

5月23日，浙江省侨联十届六次全委会议在杭州召开

5月23日上午，浙江省基层侨联组织建设现场推进会在宁波召开

【浙江省华侨公益互助促进会成立大会在杭召开】5月29日，浙江省华侨公益互助促进会成立大会在杭州召开。会议听取了省侨缘会（现更名为“省侨助会”）理事会、监事会工作报告，选举产生了省侨助会新一届理事会，举行了表彰仪式和“唯诗礼公益专项基金”签约仪式，并对《浙江省华侨公益互助促进会章程》进行了修改。

5月29日，浙江省华侨公益互助促进会成立大会在杭州召开

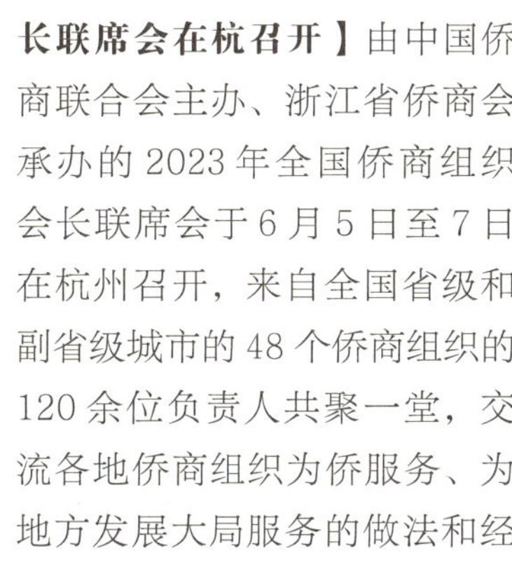

【2023年全国侨商组织会长联席会在杭召开】由中国侨商联合会主办、浙江省侨商会承办的2023年全国侨商组织会长联席会于6月5日至7日在杭州召开，来自全国省级和副省级城市的48个侨商组织的120余位负责人共聚一堂，交流各地侨商组织为侨服务、为地方发展大局服务的做法和经

6月5日至7日，2023年全国侨商组织会长联席会在杭召开

验，并就如何进一步完善侨商组织建设，促进全国侨商组织健康持续发展进行探讨。

【开展“追梦中华·奋进先行区”2023海外华文媒体浙江采访行】6月14日至20日，由中国侨联指导，浙江省侨联、温州市侨联共同主办的“追梦中华·奋进先行区”2023海外华文媒体浙江采访行活动在杭州、温州等地成功举行。通过深入了解浙江侨乡“八八战略”实施二十年以来的经济社会发展变化新貌与侨界创新创业贡献成效，用镜头和文字向世界展现浙江风采，讲好浙江奋进中国式现代化的实践故事。

6月14日至20日，开展“追梦中华·奋进先行区”2023海外华文媒体浙江采访行

【“侨连天下”云平台再扩容】6月19日，《海内外》杂志社、《大湾区时报》、德国《欧华之声》社、加拿大维多利亚传媒、加拿大视传媒、马达加斯加《中非日报》、亚太通讯社、德国欧洲新侨网等9家新成员加入“侨连天下”云平台。截至2023年底，“侨连天下”云平台累计整合300余家海外华媒、华校、侨团资源，在浙江重大活动上，向世界传播好浙江好声音，讲好浙江故事。

6月19日，“侨连天下”云平台再扩容

【联合浙江国际频道推出大型融媒系列电视专题片《回望故乡》】7月至12月，浙江省侨联联合浙江国际频道推出大型融媒系列电视专题片《回望故乡》，从侨的视角、用侨的语言讲述最绵长的乡愁、最美好的浙江。目前已完成6集，定期在浙江电视台国际频道《华人天地》栏目播出，取得良好传播效果。

【浙江省涉侨纠纷多元化解工作交流会议在杭州召开】7月6日，浙江省侨联和浙江省高级人民法院在杭州联合召开浙江省涉侨纠纷多元化解工作交流会议。会议还发布了《2019—2023年浙江涉侨纠纷多元化解典型案例》。

7月6日，浙江省涉侨纠纷多元化解工作交流会议在杭州召开

【举办“中国寻根之旅”夏令营浙江营活动】7月1日至12月31日，浙江省侨联顺利承办中国侨联“中国寻根之旅”夏令营浙江营活动，共组织800余名海外华裔青少年到杭州、宁波、温州、金华、衢州、台州、丽水等地参观访问和学习中华语言、了解浙江历史及文化。

7 月 1 日至 12 月 31 日，举办“中国寻根之旅”夏令营浙江营活动

【中央统战部副部长，中华全国工商业联合会党组书记、常务副主席徐乐江来浙江调研】7 月 10 日上午，中央统战部副部长，中华全国工商业联合会党组书记、常务副主席徐乐江一行莅临泰普森实业集团调研，实地参观考察了泰普森实业集团三名工程展厅的户外产品场景体验区、新材料展示馆、研究院展示中心等。

7 月 10 日上午，中央统战部副部长，中华全国工商业联合会党组书记、常务副主席徐乐江一行莅临泰普森实业集团调研

【召开全省侨联经济科技工作交流会】7 月 17 日至 18 日，主题为“发挥侨界独特优势，助力经济高质量发展”的全省侨联经济科技工作交流会在丽水召开。会上，各地市和高校侨（留）联（会）代表齐聚一堂，结合各地实际，共同盘点交流上半年以来经科工作各具特色的经验和做法，探讨谋划经科工作的未来发展方向，亮点频出、成果丰硕。

【举办 2023 浙江省侨界青年跨境电商培训班】7 月 24 日至 28 日，由浙江省侨联和中国（杭州）跨境电子商务综试区领导小组办公室联合主办，浙江金融职业学院、浙江省侨青联、阿里巴巴全球数字人才项目部共同承办的第六期侨界青年跨境电商培训班在杭州成功举办，来自全球 22 个国家和地区的百名侨界青年潜心学习、真情交流，开阔了视野、收获了知识、结下了情谊。

7 月 24 日至 28 日，举办 2023 浙江省侨界青年跨境电商培训班

7 月 17 日至 18 日，召开全省侨联经济科技工作交流会

【召开全省侨联主席暑期读书班】8 月 8 日至 11 日，全省侨联主席暑期读书班在浙江省社会主义学院举行。此次读书班旨在扎实推进学习贯彻习近平新时代中国特色社会主义思想主题教育，深入学习贯彻习近平总书记重要指示批示精神和省委十五届

8 月 8 日至 11 日，召开全省侨联主席暑期读书班

三次全会精神，引导侨界干部群众迅速把思想和行动统一到省委最新决策部署上来，为坚定不移深入实施“八八战略”，以“两个先行”发挥示范引领作用打造“重要窗口”贡献侨界智慧力量。省委常委、统战部部长邱启文出席开班式并作动员讲话。省侨联领导班子成员、兼职副主席以及各市（区县）、省属高校侨联负责人等共计 130 余人参加读书班。

【“2023 浙籍侨媛故乡行”活动走进绍兴】8 月 15 日至 17 日，以“承越州五女风范　建侨界巾帼新功”为主题的“2023 浙籍侨媛故乡行”活动在绍兴成功举行，来自 28 个国家的 80 余位浙籍侨媛代表赴绍兴柯桥区、越城区参观考察，亲身感受祖国家乡的历史文脉、产业发展和建设成就。

【中国（浙江）世界华侨华人新生代创新创业大会在温州召开】8 月 25 日，由国务院侨办、中国侨联和浙江省人民政府共同主办的中国（浙江）世界华侨华人新生代创新创业大会在温州举行。大会围绕“侨通世界　青创未来”主题，深入学习贯彻习近平总书记关于侨务工作的重要论述，为华侨华人新生代搭建创新创业、展示风采的平台，在代际传承中赓续“根、魂、梦”，在“以侨为桥”中深

8 月 25 日，中国（浙江）世界华侨华人新生代创新创业大会在温州召开

8 月 15 日至 17 日，“2023 浙籍侨媛故乡行”活动走进绍兴

化交流合作，实现发展共赢。

【浙江省委常委、统战部部长邱启文专程看望赴京参加第十一次全国归侨侨眷代表大会浙江代表团并讲话】8月29日上午，浙江省委常委、

8月29日上午，浙江省委常委、统战部部长邱启文（前排中）专程看望赴京参加第十一次全国归侨侨眷代表大会浙江代表团并讲话

统战部部长邱启文专程看望赴京参加第十一次全国归侨侨眷代表大会浙江代表团并讲话。

【召开第十一次全国归侨侨眷代表大会精神宣讲会】9月5日上午，浙江省侨联召开第十一次全国归侨侨眷代表大会精神宣讲会。浙江省侨联党组书记、主席庄莉萍主持并讲话，省侨联党组成员、副主席周松一传达大会精神。省侨联机关全体党员干部职工和所属社团代表，杭州市侨联机关和下属事业单位干部职工等50余人参加会议。会后，省侨联领导班子带头赴地市、侨企、侨团作宣讲报告，并在微信公众号等开设专栏，宣传解读十一代会精神，择优刊登各地亮点做法，力促十一代会精神在浙江侨界一贯到底、落地见效。

【召开学习贯彻习近平新时代中国特色社会主义思想主题教育总结大会】9月7日，浙江省侨联召开学习贯彻习近平新时代中国特色社会主义思想主题教育总结大会，浙江省侨联党组书记、主席庄莉萍主持会议并讲话，省侨联党组成员、副主席周松一通报省侨联主题教育开展情况，省侨联党组成员、副主席姚君明，省侨联党组成员、秘书长刘红出席会议，第五巡回指导组吕璐颖，驻省委统战部纪检监察组支一慧到会指导，省侨联机关全体党员干部职工、所属社团代表参加会议。

9月7日，浙江省侨联召开学习贯彻习近平新时代中国特色社会主义思想主题教育总结大会

9月5日上午，召开第十一次全国归侨侨眷代表大会精神宣讲会

【浙江省侨联十届六次常委（扩大）会议在杭召开】9月14日，浙江省侨联十届六次常委（扩大）会议在杭州召开。会议传达学习第十一次全国归侨侨眷代表大会主要精神，总结回

9 月 14 日，浙江省侨联十届六次常委（扩大）会议在杭州召开

顾 2023 年各项工作，研究部署下阶段工作任务。浙江省侨联党组书记、主席庄莉萍出席会议并讲话。省侨联班子成员、省侨联十届常委、省侨联机关各部（室）负责人以及非省侨联十届常委的各市侨联负责人等，共计 60 余人参加会议。

【参观“八八战略”实施 20 周年大型主题展览】10 月 16 日，浙江省侨联组织机关全体党员干部职工参观“八八战略”实施 20 周年大型主题展览。

10 月 16 日，浙江省侨联组织机关全体党员干部职工参观“八八战略”实施 20 周年大型主题展览

【高峰副主席来浙江调研】10 月 22 日至 25 日，中国侨联副主席高峰一行来浙江金华、丽水青田、温州等地调研。深入商贸城、侨商企业、侨之家、华侨国际文化交流基地，考察省、市、县（区）侨联工作，与党政领导、基层侨联工作者、侨胞代表座谈交流，就侨联基层文化交流工作、华侨国际文化交流基地建设等工作听取意见建议。

10 月 22 日至 25 日，中国侨联副主席高峰（中）来浙江调研

10 月 31 日至 11 月 3 日，中国侨联党组书记、主席万立骏（右三）在浙江调研侨联工作

【万立骏主席在浙江调研侨联工作】10 月 31 日至 11 月 3 日，中国侨联党组书记、主席万立骏率队赴浙江杭州、绍兴、宁波调研，宣讲第十一次全国归侨侨眷代表大会精神，围绕做好侨联经济科技、文化交流、基层建设、权益保障等工作听取基层意见和建议，同各级侨联干部和地方同志深入交流，推动十一代会精神落地落实。

【2023 侨界精英创新创业大会暨侨界青年发展大会在杭州举行】11 月 1 日上午，由中国侨联、浙江省侨联、杭州市政府共同主办，杭州市侨联、萧山区政府等承办的“创业中华——2023 侨界精英创新创业（中国·杭州）大会暨侨界青年发展大会”在杭开幕。中国侨联党组书记、主席万立骏讲话，省委副书记、市委书记刘捷，省侨联党组书记、主席庄莉萍致辞。大会实现了“十百千万亿”目标：十场活动；百名博士、百名侨界青年英才、百名海归精英到会；超千人次参加线下各项活动；宣传受众 420 多万人；项目签约过百亿元，征集到 150 余个项目，签约 43 个项目，投资金额 198 亿元。活动成效获得中国侨联党组书记、主席万立骏批示肯定。

11 月 1 日，2023 侨界精英创新创业大会暨侨界青年发展大会在杭州举行

【2023 侨界精英强国讲坛——数字变革·聚势共生主题咖荟在乌镇举行】11 月 8 日晚，第十届世界互联网大会乌镇峰会举办期间，由浙江省侨联主办，中共嘉兴市委统战部（市侨联）、中共桐乡市委承办的 2023 侨界精英强国讲坛——数字变革·聚势共生主题咖荟在乌镇蚌湾剧场举行。本次咖荟旨在加强侨界人才交流，为广大侨商、地方政府搭建投资交

11 月 8 日，2023 侨界精英强国讲坛——数字变革 · 聚势共生主题咖荟在乌镇举行

流渠道和合作共赢的平台，共叙桑梓情谊，共话数字变革，共促数字经济。

【浙江省留联会五届四次理事会在嘉兴召开】11 月 8 日至 9 日，浙江省留学人员和家属联谊会五届四次理事会在嘉兴召开。浙江省侨联党组成员、副主席姚君明，省留联会五届理事，全省各市分管留联会工作的侨联相关领导，全省各地、市（区、县）、高校留联会负责人、高校统战干事 110 余人出席会议。

【举行浙江省侨界智库联盟学术交流活动】11 月 8 日至 10 日，由中国华侨华人研究所、浙江省侨联主办，浙江外国语学院、杭州市侨联承办的浙江省侨界智库联盟学术交流活动在杭举行。活动以新时代侨联工作“两项机制”“两个建设”创新探索为主题，来自华侨华人研究学界知名专家，高校、科研院所的专家、学者，以及浙江省部分市县侨联负责人等 120 余人参加。

【浙江省侨联“亲情中华”中医团到访南美开展义诊活动】11 月 21 日，由浙江省侨联一级巡视员张维仁率领的“亲情中华”中医团赴阿根廷、智利和厄瓜多尔开展中医宣讲巡诊和文化交流活动。义诊服务受到了当地侨胞的热烈欢迎和广泛赞誉，侨胞纷纷表示深切感受到了来自祖国和家乡的关心和温暖。

11 月 21 日，浙江省侨联“亲情中华”中医团到访南美开展义诊活动

11 月 8 日至 10 日，举行浙江省侨界智库联盟学术交流活动

【联合主办首届浙江海外社团联谊大会暨第二十届浙江旅外乡贤大会】11 月 26 日，由浙江省侨办、浙江省侨联、浙江海联会共同主办的首届浙江海外社团联谊大会暨第二十届浙江旅外乡贤大会在杭州召开，80 多个国家和地区的近 400 名浙江籍海外知名人士、侨团负责人、华商企业和侨资企业负责人出席活动。会前，省委书

11 月 26 日，联合主办首届浙江海外社团联谊大会暨第二十届浙江旅外乡贤大会

记易炼红，省委副书记、省长王浩看望了与会代表。王浩出席会议并讲话，为浙江省爱乡楷模颁发奖章。大会主体活动采取“1+2+4”模式进行，即一场会见和一场开幕式、两场商务专场推介会和 4 条回归投资考察活动线路，团结凝聚广大海外侨胞、旅外乡贤群体，为助力浙江高质量发展、更好连接浙江与世界、构建人类命运共同体发挥重要桥梁和纽带作用。

【“品牌出海”专场推介会在杭州举行】11 月 26 日，由浙江省侨办、浙江省侨联、浙江省贸促会主办，金华市侨办、义乌市人民政府承办的“品牌出海”专场推介会在浙江省人民大会堂举行。推介会上，多家知名企业与义乌自贸区、义乌小商品城海外投资发展有限公司、义乌中国小商品城大数据有限公司签约，签约项目包含“MU（1931）LIMITED 综合跨境贸易中心”“阿曼达国际贸易总部”“金砖大厦”等平台项目。推介会后，义乌自贸区、义乌中国小商品城集团工作人员分别与与会侨商面对面交流，深入洽谈对接。

【浙江省侨联会领导率团出访韩国、日本】11 月 29 日至 12 月 6 日，浙江省侨联副主席周松一率代表团访问韩国、日本，在所到国家召开多场侨界代表座谈会，深入侨团侨社，看望华侨华人，走访企业高校，听取意见建议，并与中国驻外使领馆相关负责人进行工作交流。在一系列友好交流活动中，访侨情、听侨声、凝侨心、聚侨力。

【浙江省侨界志愿服务总队成立】12 月 4 日至 6 日，在第 38 个国际志愿者日之际，浙江侨界志愿服务总队成立暨“之江同心·侨爱同行”志愿活动在杭州举办。各市侨联分管领导和基层侨联干部、部分侨界志愿服务队代表共 60 余人参加了此次活动。

12 月 4 日至 6 日，浙江省侨界志愿服务总队成立

11 月 26 日，“品牌出海”专场推介会在杭州举行

【浙江省侨联与浙江中医药大学签署战略合作协议】12 月 12 日下午，浙江省侨联与浙江中医药大学举行战略合作签约仪式。协议聚焦中医中药，在

12 月 12 日下午，浙江省侨联与浙江中医药大学签署战略合作协议

【浙江省政协归国华侨联合会和对外友好界别组召开年度述职会】12 月 15 日下午，浙江省政协归国华侨联合会和对外友好界别组召开年度述职会，开展委员述职。浙江省政协常委、港澳台侨和外事委副主任，省侨联党组书记、主席庄莉萍主持会议并代表界别组作 2023 年工作汇报。与会委员逐一进行述职，回顾了一年以来的履职情况，并对明年履职工作提出了努力方向。

健康服务、文化传播、人才培养、产业发展等领域，制定了多形式、多层次、多渠道的战略合作，为推动“浙派中医”“浙产名药”走向世界打下坚实基础。

12 月 15 日下午，浙江省政协归国华侨联合会和对外友好界别组召开年度述职会

【中国华侨公益基金会理事长乔卫一行调研浙江省华侨公益互助促进会】12 月 13 日，中国侨联顾问、中国华侨公益基金会理事长乔卫带队到浙江省华侨公益互助促进会考察调研并座谈交流。为了庆祝侨助会乔迁之喜，调研期间举行了揭牌仪式。

【浙江省侨联举行机关干部荣休仪式】12 月 18 日上午，浙江省侨联举行机关干部荣休仪式。会上，浙江省侨联党组书记、主席庄莉萍代表省侨联党组和全体干部职工，向岑国荣同志为省侨联事业发展所作出的贡献表示衷心的感谢，并为岑国荣同志即将迎来的退休生活送上美好的祝福。希望机关全体干部职工努力继承和发扬前辈的优良传统和工作作风，坚定理想信念，恪守为侨初心，在知行合一中主动履职尽责、担当作为，为持续推动“八八战略”走深走实，在推进共同富

12 月 13 日，中国华侨公益基金会理事长乔卫（右二）一行调研浙江省华侨公益互助促进会

裕和中国式现代化建设中发挥示范引领作用，为浙江勇当先行者、谱写新篇章作出积极贡献。会机关干部职工代表，饱含感谢感恩之情，纷纷发表感言感悟，同时为岑国荣同志送上美好祝愿和衷心祝福。

【举办之江同心·2024浙江关爱海外侨胞和留学生新春专场直播活动】 12月26日，由浙江省侨办、浙江省侨联、浙江省文联、浙江日报报业集团主办，浙江省侨界中外文化艺术交流协会、《浙商》杂志、侨音融媒体中心承办的“浙里有爱 送福迎春”浙江关爱海外侨胞和留学生新春专场直播活动在浙江日报的演播厅暖心开启。

12月26日，举办之江同心·2024浙江关爱海外侨胞和留学生新春专场直播活动

【杭州市侨联抓住亚运契机扩大联络覆盖】 杭州市侨联围绕高水平实现“办好一个会、提升一座城”的目标，将亚运主题贯穿全年工作和活动中，携手各级侨联组织、侨界社团和归侨侨眷、海外侨胞、留学人员等，举办“助力亚运宣传、讲好亚运故事、宣传最美杭州”专题座谈会、“之江同心·侨助亚运”——“为你歌唱”天目里演唱会、“侨见亚运、相约杭州”海外华文媒体杭州行、“以声聚侨、唱响亚运”音乐会、“全民学英语·侨界迎亚运”讲座、“侨眼看亚运”杭州侨界亚运主题摄影展、“迎杭州亚运·画西湖美景”方免衰先生西湖风景乱线画展、迎亚运毅行等活动80余场，精心制作“侨胞说亚运”栏目、“侨迎亚运”短视频、“全球留学生迎亚运”专题片等，受众达上亿人次。

【宁波市侨联举办五大洲华裔青少年中国汉字棋邀请赛】 宁波市侨联围绕中国侨联“进一步丰富‘亲情中华’品牌，在弘扬中华文化、推进文明交流互鉴上实现新突破”的工作要求，在中国侨联、浙江省侨联的指导和支持下，会同宁波市侨办、宁波市体育总会共同主办“亲情中华 弈连五洲”——第二届五大洲华裔青少年中国汉字棋邀请赛，取得了明显成效和广泛影响。一是在多元融合中赋能载体创新。充分发挥侨联组织“一手携国内、一手联海外”的独特优势，既重视与教育部语言文字应用研究所、浙江省智力运动管理中心的交流，又注重与海外侨领、华文学校负责人的联络，以此整合统筹多方资源，努力汇聚各界力量，在海内外华侨华人中引起了强烈反响和高度好评。二是在典型培塑中提升传播效果。宁波市侨联与宁波市华文汉字应用研究院以此为基点，向周边国家和地区深入拓展，以单点突破方式带动整体提升。三是在实践探索中推进理论提炼。汉字棋自2014年在宁波面世以来，通过“亲情中华”“中国寻根之旅”夏令营，逐渐为海外华裔青少年所接触与接受，并在近几年间走进五大洲30多个国家与地区，知名度与影响力持续提升。

【温州市侨联举办侨创会探索华裔新生代工作新抓手】 温州市举办首届中国（浙江）世界华侨华人新生代创新创业大会，650余位来自全球的侨界青年创业精英、海内外院士专家、海外侨团和华侨代表出席会议，华侨华人新生代（45周岁以下）占比75%以上。温州市侨联积极争取中国侨联、浙江省侨联支持，协助邀请嘉宾，承办4场特色活动，有机融入“创业中华”“追梦中华”等国家品牌，通过活动预热、承接主旨大会嘉宾、实地考察等方式极大增强了侨创会的饱满度和丰富性。一是搭建传播平台，讲好侨乡故事。举办“追梦中华·奋进先行区”2023海外华文媒体浙江（温州）采访行，聘任19家海外华文媒体为温州市侨联“海外传播大使”，拓宽对外传播渠道，充分展现温州新时代侨韵侨情。二是搭建双创平台，办好侨创赛事。举办中国（浙江）世界华侨华人新生代创新创业大赛，面向全球华侨华人新生代征集创新创业项目 210 个，配套举办侨青回归产业赋能对接会、资本赋能对接会、侨菁双创高峰对话等活动，深度赋能项目落地。三是搭建交流平台，深化侨青体验。聚焦“经济 + 文化”要素，组织 338 位海外青年实地走访全球商品贸易港、世界温州人家园、南怀瑾书院等 6 条线路 12 个考察点，全方位展现了温州的文化底蕴、高能级平台和良好的投资环境。

【嘉兴市侨联深入推进新侨创新创业高地建设】立足本地侨情实际，嘉兴市侨联紧抓资源涵养、智力回归、浓厚乡谊三大关键，以打造新侨创新创业高地为目标，不断扩大相关工作品牌影响力和覆盖面。开展“海燕回嘉”系列活动，全年举办服务留学生创新创业和就业专场活动 20 余场；举办 2023“创业中华·红船领航”相聚长三角侨商项目投资交流大会，集中签约了 7 个侨商投资项目，共计 8.6 亿元；举办“2023 侨界精英强国讲坛——数字变革·聚势共生”主题咖荟，8 位院士专家、侨界精英作交流分享和精彩互动，100 余位留学归国人才参加活动；高度重视平台载体建设，创新打造嘉兴市“侨创空间”，实现“侨立方”为侨服务机制提质扩面，成功新创建省级侨界创新创业基地 8 个。

【金华市侨联持续打响“之江同心·侨助开放”活动品牌】金华市侨联坚持围绕中心、服务大局，紧扣三个“一号工程”，打造“三大”高地，实施“五大”行动，以“之江同心·侨建新功”品牌为统领，以“活力金华·侨助开放”活动为抓手，成功举办首届新时代活力侨乡城市大会、创业中华·“国际创客”创业创新大赛、“品牌出海”专场推介会、“之江同心·侨助开放”大会暨海外乡贤侨领金华行四大活动，助推“地瓜经济”提能升级。首届新时代活力侨乡城市大会，共签约 15 个项目、总投资 203 亿元；“品牌出海”专场推介活动招引企业 220 家、世界侨商大厦实现进出品“双百亿”；“之江同心·侨助开放”大会共签约项目 27 个，涵盖新能源、新材料等战略性新兴产业，总投资额超 130 亿元，其中投资 10 亿元以上项目 5 个，世界侨商中心签约 9 栋、投资额 36 亿元，为推动金华产业结构转型升级注入强劲动能，全力将金华“侨牌”打成服务经济社会发展的“王牌”。

【丽水市侨联全面履职推进为侨服务高质量发展】丽水市侨联紧紧围绕党和政府的工作大局，最大限度地团结凝聚侨界力量。一是动员侨界投身“地瓜经济”发展，促进丽水经济与“丽水人经济”融合发展。出台《丽水市侨联关于动员侨界投身“地瓜经济”发展的意见》；成功举办“创业中华·浙丽同心”丽水华侨华人投融资活动暨中国品牌“出海”洽谈会。率先探索华侨助力中国科技品牌走向海外，大会签订制造业项目 10 个，总投资 57.44 亿元；成功培育 4 个省级公共海外华侨仓，探索华侨海外仓提能升级，推进侨商转型行动，推动“地瓜经济”藤蔓四方，瓜落丽水。2023 年全市侨联系统招引落地项目 30 个，投资总额 121.77 亿元。二是开展“为侨服务·温暖侨心”行动。数字赋能丽水华侨双创中心，收集整理涉侨招商项目 215 个，2023 年全年累计接待华人、华侨及侨眷来访 2000 余人次，线上咨询 1652 次，结办服务事项 585；联合丽水市中级人民法院出台《关于进一步健全涉侨执行工作机制的实施意见》《关于开展涉侨终本案件专项行动的通知》文件，推动司法护侨，2023 年助力法院等部门出清涉侨终本案件 534 件，执行到位 1.328 亿元；举办 2023 年“亲情中华　为你讲故事”丽水网上营和 2023“中国寻根之旅”夏令营浙江丽水营，承办“亲情中华·之江同心”侨联文艺轻骑兵浙江首站青田仁庄汇演活动和“之江同心·情系侨乡”2023 送剧进侨乡音乐会。三是用好“党建带侨建”和“大侨务”两个机制夯实基层组织。举办全市侨联干部培训班和新侨英才培训活动，制定《丽水市侨联关于推进基层侨联组织建设和华侨基地建设工作的通知》文件，夯实基层侨联组织。

安徽省归国华侨联合会

【领导成员名单】

党组书记、主席：李世蕴
兼职副主席：李　兵　褚家如　王俊峰　吴志斌　陶悦群
党组成员、秘书长：刘　君（女）

【综述】2023年，安徽省侨联坚持以习近平新时代中国特色社会主义思想为指导，认真学习贯彻党的二十大和二十届二中、三中全会精神，深入贯彻落实习近平总书记关于安徽工作的重要讲话重要指示精神以及关于侨务工作、统战工作、群团工作重要论述，学习贯彻第十一次全国归侨侨眷代表大会精神，坚定拥护“两个确立”、坚决做到“两个维护”，为安徽打造“三地一区”、建设“七个强省”作出了积极贡献。

2月15日，安徽省侨联党组书记、主席李世蕴（右二）到侨资企业尚京集团调研

【扎实开展学习贯彻习近平新时代中国特色社会主义思想主题教育】4月19日，安徽省侨联召开学习贯彻习近平新时代中国特色社会主义思想主题教育动员会议，传达学习中央和省委主题教育工作会议精神，动员部署省侨联主题教育工作。有效发挥理论学习中心组领学促学作用，党组主要负责同志带头作动员、讲党课、抓学习，机关全体党员干部沉下心来读书研讨。组织机关干部赴岳西县红二十八军军政旧址、金寨县革命博物馆等红色教育基地开展革命传统教育。把学习贯彻习近平总书记关于侨务工作重要论述作为主题教育重要内容，统一配发《习近平论侨务资料汇编》（2023年版）到机关各部室和省辖各市侨联。组织领导班子成员围绕课题牵头开展调研，撰写调研报告5篇，其中，1篇调研报告获省直机关党建课题研究成果三等奖，1篇调研报告获省直机关青年党团员调研实践成果三等奖。

【开展新春走侨企“一改两为”活动】1月28日下午，安徽省侨联召开机关专题学习会议，第一时间传达学习全省“发扬自我革命精神，坚持严的基调，持续深化‘一改两为’，全面提升工作效能”大会精神。为贯彻落实会议精神，更好服务侨资企业高质量发展，2月上中旬，安徽省侨联党组书记、主席李世蕴深入伟华置业、欧普康视、香港辉煌投资集团、通源环境、尚京集团等侨资企业开展走访调研活动。调研中，李世蕴与侨资企业负责人面对面座谈交流，向他们致以诚挚问候和新春祝福，详细了解企业去年生产经营情况，认真询问和聆听今后发展思路及当前迫切需要解决的问题和困难。

【突出抓好第十一次全国归侨侨眷代表大会精神学习贯彻】认真做好《中国侨联章程》修改工作，广泛征求省辖各市、中国侨联在皖委员、省侨联委员、侨资侨属企业负责人、新侨代表等意见。选举产生参加会议的安徽省正式代表21人，推荐特邀代表2人、列席人员2人。联合省侨办、省人社厅等做好全国侨联系统先进集体和先进工作者推选工作。会上，安徽省1人被聘为中国侨联顾问，8人当选中国侨联第十一届委员会委员、2人当选常委、1人被聘为荣誉委员，8个集体、28名个人获表彰。向省委常委会专题汇报大会精神，研究贯彻落实举措。邀请中国侨联秘书长兼办公厅主任陈迈作专题辅导，并通过

11 月 16 日，中国侨联秘书长、办公厅主任陈迈为安徽省侨联干部和侨界群众宣讲第十一次全国侨代会精神，宣讲活动通过线上线下的方式进行

安徽省侨联党组书记、主席李世蕴在芜湖市宣讲第十一次全国侨代会精神

线上线下相结合的方式扩大宣讲范围。

【召开安徽省侨联七届五次全委会议】3 月 10 日，省侨联七届五次全委会议在合肥召开。会议传达学习了中央书记处重要指示要求、中国侨联十届六次全委会及省委分管领导批示精神，总结 2022 年主要工作，研究部署 2023 年重点任务。省委常委、统战部部长张西明就全会召开作出批示，在肯定省侨联一年来工作成绩的同时，希望全省各级侨联组织强化政治性，坚持用习近平新时代中国特色社会主义思想凝心铸魂，在服务创新驱动、人才强国战略上取得新成效。要切实加强党的全面领导，抓好省委“新春第一会”会议精神的贯彻落实，持续深化转作风，树牢以侨为本、为侨服务的宗旨意识，深入推进“我为侨界群众办实事”实践活动，要按照“贴心人、实干家”要求，建设高素质侨联干部队伍，不断提升服务侨胞、服务发展的能力和水平，以饱满的精神状态推动全省侨联事业再上新台阶。

【开展侨爱心义诊下乡活动】3 月 23 日至 24 日，中国侨联、安徽省侨联、蚌埠医学院“侨爱心－义诊下乡”活动分别在亳州市涡阳县星园街道赵瓦房村、宿州市埇桥区大韩村开展。5 月 5 日至 7 日，中国侨联、安徽省侨联、皖南医学院“侨爱心－义诊下乡”活动分别在黄山市屯溪区屯光镇南溪南村、安庆市宿松县松兹街道五里村开展。来自蚌埠医学院、皖南医学院附属医院的神经内科、内分泌科、儿科、普外科、骨科、眼科、全科医学科等 37 名医生和医务人员组成的专家医疗队为 600 多名群众送上了高质量、高水平、细致耐心的诊疗服务。

3 月 23 日，中国侨联、安徽省侨联、蚌埠医学院在亳州市涡阳县星园街道赵瓦房村开展“侨爱心－义诊下乡”活动

【召开全省“党建引领侨建、侨建服务党建”试点工作总结会暨推进会】4月17日至18日，全省“党建引领侨建、侨建服务党建”试点工作总结会暨推进会在马鞍山市召开。省委常委、统战部部长张西明对会议作出批示。全省16市侨联负责人、7所高校侨联负责人，部分在马鞍山的省侨联委员、省七次侨代会代表、省侨联机关部室负责同志等约70人参加会议。试点工作开展以来，新增基层侨联组织1645个，其中，市级侨联党组1个，市级机关1个，县（市、区）侨联25个，乡镇（街道）侨联2个、工作站311个，工作分站1298个，园区侨联工作站5个，科研院所侨联1个，中学侨联工作站1个。新增侨联专兼职工作人员3523人，信息员525人。

5月24日，安徽省侨联七届六次全委会议在合肥召开。安徽省侨联党组书记、主席李世蕴结合侨情变化和侨联工作实际，围绕“学习贯彻习近平新时代中国特色社会主义思想，推动全省侨联事业高质量发展”作了主题教育专题党课

4月17日至18日，全省“党建引领侨建、侨建服务党建”试点工作总结会暨推进会在马鞍山市召开

【召开安徽省侨联七届六次全委会议】5月24日，安徽省侨联七届六次全委会议在合肥召开。会议主题是深入学习贯彻习近平新时代中国特色社会主义思想，表决通过安徽省出席第十一次全国归侨侨眷代表大会代表（特邀代表）人选、中国侨联第十一届委员会委员候选人人选。会议宣读了《省侨联关于开展向齐永荣同志学习活动的决定》。会上，安徽省侨联党组书记、主席李世蕴结合侨情变化和侨联工作实际，围绕“学习贯彻习近平新时代中国特色社会主义思想，推动全省侨联事业高质量发展”作了主题教育专题党课。

【RCEP成员国40余位侨领应安徽省侨联邀请出席2023RCEP地方政府暨友城合作（黄山）论坛】6月9日，由安徽省人民政府和中国人民对外友好协会共同主办的2023RCEP地方政府暨友城合作（黄山）论坛在安徽黄山市成功举办。应安徽省侨联邀请，安徽省侨联海外委员、新西兰前国会议员、法制委员会主席霍建强，东盟－中国工商总会会长杨天华以及RCEP国家20余个侨团40余位侨领出席活动。

【举办纪念“一带一路”10周年暨“侨心永向党·建功新时代”书画摄影展】6月27日，由安徽省侨联主办，省文联、省社科联支持的纪念“一带一路”10周年暨“侨心永向党·建功新时代”安徽省侨界书画摄影展在合肥合柴1972文创园开幕。安徽省委常委、统战部部长张西明出席并致辞。此次活动由各省辖市侨联、高校侨联、包河区侨联、合肥滨投文化创意发展有限公司协办，展期6月27日至7月2日，共展出各省辖市侨联、部分高校侨联、省侨联文促会等选送的精品书画摄影作品160幅，形式多样、内容丰富，旨在向“一带一路”10周年献礼，礼赞伟大的党、祖国和人民，展现侨界昂扬向上的精神风貌，表达奋进新征程、建功新时代的豪迈情怀。

6 月 27 日，由安徽省侨联主办，省文联、省社科联支持的纪念“一带一路”10 周年暨“侨心永向党·建功新时代”安徽省侨界书画摄影展在合肥合柴 1972 文创园开幕。省委常委、统战部部长张西明出席并致辞

【举办首届皖港澳台侨界杰青论坛】7 月 24 日至 27 日，由安徽省侨联主办的以“携手并进·筑梦江淮”为主题的首届皖港澳台侨界杰青论坛在马鞍山举行。本次论坛由安徽工业大学、马鞍山市侨联承办，省港澳办、省政协港澳台侨外委、省海外联谊会、省台联、省侨商联合会、省侨联青年委员会、合肥市侨联协办。来自香港、澳门、台湾和省内的有关侨（社）团推荐的 40 余名侨界优秀青年参加。活动为期 4 天，邀请了知名专家解读中国式现代化、中华传统文化、长三角高质量一体化发展等课题，赴中国宝武马钢集团、薛家洼生态园、中国华侨国际文化交流基地采石矶考察调研，并开展了“投资马鞍山行”和论坛对话会等系列活动。

9 月 5 日，安徽省侨联党组书记、主席李世蕴在柬埔寨出席 RCEP 国家皖籍侨团联盟会长圆桌交流会

【组织公务代表团出访柬埔寨、马来西亚、印度尼西亚】9 月 4 日至 13 日，安徽省侨联党组书记、主席李世蕴一行 6 人赴柬埔寨、马来西亚、印度尼西亚访问，慰问海外皖籍侨团侨领，巩固 2023RCEP 地方政府暨友城合作（黄山）论坛成果，邀请海外侨商来皖参加 2023 制造业大会“百家侨企”项目对接活动。出访期间，代表团出席了 RCEP 国家皖籍侨团联盟会长圆桌交流会，促成黄山与马来西亚基纳巴鲁山签订“双城双山”合作备忘录，推动安徽省与 RCEP 区域地方政府务实合作。

【举办 2023 世界制造业大会“百家侨企”“百家港澳企”项目对接和巢湖侨创峰会】9 月 20 日，以“创业中华·智造世界”为主题，由中国侨联指导，安徽省侨联、省港澳办、合肥市人民政府和铜陵市人民政府共同主办，科大硅谷服务平台公司、中国科大校友总会协办，省发改委、省科技厅支持的 2023 世界制造业大会“百家侨企”“百家港澳企”项目对接和巢湖侨创峰会在合肥举办。安徽省委常委、统战部部长张西明，中国侨联副主席程红出席并讲话。部分兄弟省（市）

7 月 24 日，以“携手并进·筑梦江淮”为主题的首届皖港澳台侨界杰青论坛在马鞍山开班

9 月 20 日，以“创业中华·智造世界”为主题的 2023 世界制造业大会“百家侨企”“百家港澳企”项目对接和巢湖侨创峰会在合肥举办，中国侨联副主席程红出席并讲话

侨联、省涉侨单位、省直有关部门、合肥市、铜陵市、科大硅谷服务平台公司等单位负责同志，中国侨商联合会、长三角、京津冀、大湾区等侨商代表，香港特区政府驻沪办、香港贸发局代表以及来自五大洲 40 多个国家和地区的侨商代表及港澳企签约代表约 150 余人参加活动。此次对接活动共签约 33 个侨企项目，33 个港澳企项目，总投资额达 538 亿元。

【召开安徽省侨联七届七次全委（扩大）会议】10 月 17 日，安徽省侨联七届七次全委（扩大）会议在合肥召开。会议传达学习第十一次全国归侨侨眷代表大会精神，为第十一次全国侨代会表彰的先进集体、先进个人颁奖，总结七届五次全会以来工作，研究部署年内重点工作，增选卸免省侨联委员、常委，增聘省侨联顾问。省委常委、统战部部长张西明出席会议并讲话。

【开展“侨爱心·乡村学生眼视光工程——走进安徽”系列公益活动】11 月 6 日至 14 日，由中国侨联基层建设部和中国华侨公益基金会主办、安徽省侨联和合肥华厦名人眼科医院承办的“侨爱心·乡村学生眼视光工程——走进安徽”系列公益活动在安徽省淮北市濉溪县百善镇中心学校、滁州市定远县永康镇青山中心学校、六安市舒城县张母桥镇中心学校举行。活动为 1032 名学生进行了视力筛查，为 668 名学生建立了屈光档案，为符合条件的 522 名学生测定了配镜数据。

11 月 6 日至 14 日，“侨爱心·乡村学生眼视光工程——走进安徽”系列公益活动在定远县永康镇举行

10 月 17 日，安徽省侨联七届七次全委（扩大）会议在合肥召开。会议传达学习第十一次全国归侨侨眷代表大会精神，省委常委、统战部部长张西明出席并讲话

【开展海外华文媒体安徽采访行活动】11 月 22 日至 26 日，“追梦中华·美好安徽”2023 海外华文媒体安徽采访行活动开展，此次活动由中国侨联指导，安徽省委宣传部支持，安徽省侨联主办，黄山市侨联、宣城市侨联和铜陵市侨联承办，邀请 12 家海外华文媒体和 5 家国内主流媒体，

11 月 24 日，“追梦中华 · 美好安徽”2023 海外华文媒体安徽采访行活动在宣城走访侨资企业

深入黄山、宣城、铜陵 3 市进行采访和考察，刊发各类宣传稿件 600 余篇次，积极对外讲好新时代中国故事的安徽篇章。

【举办第二期海外皖籍侨领研修班】11 月 25 日至 28 日，由安徽省侨联主办，黄山市侨联、黄山学院承办的安徽省侨联第二期海外皖籍侨领研修班在黄山学院举办。研修班将为期 5 天，来自 31 个国家和地区的 46 名皖籍侨领参加。研修班期间，邀请了知名专家解读中国式现代化、中华传统文化、长三角高质量一体化发展等课题，并组织开展安排华裔杰青论坛和海外皖籍侨领“投资黄山行”及相关的实地教学。

【举办涉外（侨）法律服务新发展高峰论坛】12 月 9 日，由安徽省侨联主办，安徽省司法厅、安徽省商务厅指导，安徽大学法学院、安徽省商业经济学会、安徽省侨联法顾委协办，北

12 月 9 日，由安徽省侨联主办，北京盈科（合肥）律师事务所承办的“创新合志　共赢未来——涉外（侨）法律服务新发展高峰论坛”在合肥成功举办

11 月 25 日，由安徽省侨联主办，黄山市侨联、黄山学院承办的安徽省侨联第二期海外皖籍侨领研修班在黄山学院举办

京盈科（合肥）律师事务所承办的“创新合志 共赢未来——涉外（侨）法律服务新发展高峰论坛”在合肥成功举办。

【淮北市侨联积极构建大侨务工作格局】打造“淮侨联办”工作品牌，建立以“四联”（联通信息、联建载体、联心聚侨、联手护侨）为主要内容的市侨联、市侨办联动机制，定期召开侨务工作联席会议，共同组织主题活动，推动构建大侨务工作格局。完善“地方侨联 + 大学侨联 + 校友会”工作机制，推动省级示范高中淮北一中海外校友会建设，积极涵养侨务资源。同时，与芜湖市侨联签署《关于建立友好侨联关系协议书》，搭建侨联资源共享平台。

【六安市侨联注重发挥“侨胞之家”作用】坚持以“侨胞之家”作为基层组织建设的重要抓手，全市各“侨胞之家”围绕春节、元宵、端午、中秋等传统节日广泛开展“侨胞回家过节”品牌活动近 20 场次。其中金寨县梅山镇召开的“艾在潭湾 浓情端午”侨眷座谈会、叶集区史河街道开展“粽叶飘香寄乡情，侨界同心一家亲，欢迎海外侨胞、留学生回家过端午”活动、霍邱县城南村“侨胞之家”组织城区侨眷开展以“侨‘基’联动·以文惠侨”为主题的“侨胞回家过节”端午节等联谊活动受到侨界群众好评。

【安庆市侨联聚力整合海外侨团】安庆市将成立海外安庆侨团写入市政府工作报告中，并列为政府年度重点工作任务之一。2023 年推动成立海外安庆侨团 5 个，累计成立 14 个，超额完成市政府工作任务。积极支持和指导海外侨团开展活动，为安庆籍侨胞提供相互交流合作平台，为市委、市政府等有关部门“请进来”“走出去”积极搭建桥梁，发挥了不可替代的独特作用。

福建省归国华侨联合会

【领导成员名单】

党组书记、主席：陈式海

专职副主席：翁小杰　齐　志（女）

刘思一

挂职副主席：陈成栋

兼职副主席：（按姓氏笔画为序）

王柏森　史大林　李爱兴

吴子昌　吴文侯

吴新星（女）　邱伟铭

佘德聪　陈玉树　陈吉龙

陈明金　陈秋途

陈俊泳（女）　陈家泉

林正佳　林高星

卓新荣　涂雅雅（女）

施锦珊　温锦辉

秘书长：刘思一（兼）

【综述】2023 年，全省各级侨联组织坚持以习近平新时代中国特色社会主义思想为指导，深入学习贯彻党的二十大精神，按照省委“深学争优、敢为争先、实干争效”行动要求，坚持围绕中心、服务大局、履职尽责、真抓实干，扎实推进“五项建设”，大力弘扬“嘉庚精神”，积极打造“侨胞之家”、侨家乐、双联双帮、侨智沙龙、健康三宝、全面维权合力维权、闽侨智库、福侨世界总网等品牌，各项工作取得较好成效。

【学习贯彻中国侨联十届六次全委会精神并部署工作】2 月 3 日，福建省侨联组织部分中国侨联委员、常委，各设区市、平潭综合实验区及部分县（市、区）侨联负责人等召开座谈会，讨论中国侨联十届六次全委会报告和省侨联 2023 年度重点工作。中国侨联兼职副主席、福建省侨联党组书记、主席陈式海，省侨联党组成员翁小杰、张瑶、朱根娣，二级巡视员吴武煌等参加了会议。大家认为，中国侨联党组书记、主席万立骏所作的报告站位高、目标实、谋划深、有创新，总结回顾全面实在，突出重点、亮点、特色；2023 年工作紧扣全面贯彻党的二十大精神这条主线，围绕贯彻新发展理念、构建新发展格局、推动高质量发展，在激发侨界力量、提升服务水平、深化侨联改革上发力，各项工作安排很具体、很明确，对今后的工作有很强的指导意义。陈式海强调，要认真贯彻落实中国侨联十届六次全委会精神，积极实施省委提出的“深学争优、敢为争先、实干争效”行动，强化载体品牌建设，实施“五项建设”（二十五个项目）工作任务。一是突出思想政治建设，通过集训培训、宣传宣讲、研修研讨，持续抓好党的二十大精神的学习宣传贯彻，坚持在全面学习、全面把握、全面落实上下功夫。二是突出助力经济建设，大力实施“引侨工程”，持续推进乡村振兴。三是突出国际传播力建设，加强联谊联络，拓展文化交流，落实“寻根工程”，讲好中国故事，传播中国声音。四是突出基层基础建设，全面加强侨联组织体系和侨联阵地建设，加大华侨农场对接帮扶力度，发挥各级侨联法顾委作用，依法维护侨益。五是突出侨联组织建设，召开福建省第十一次归侨侨眷代表大会，持续深化“党建带侨建”，推动党建与业务深度融合，着力打造政治上强、作风优良、专业水平高的干部队伍。

【召开福建省第十一次归侨侨眷代表大会】8 月 17 日，福建省第十一次归侨侨眷代表大会在福州召开。福建省委书记、省人大常委会主任周祖翼，中国侨联党组书记、主席万立骏出席开幕式并讲话。省委副书记、省长赵龙，省政协主席滕佳材和省领导罗东川、张彦、迟耀云、邢善萍、崔永辉、郭宁宁、吴偕林、王永礼、黄海昆、周联清、江尔雄、黄如欣出席。来自全省各条战线、各行各业的归侨侨眷代表，60 个国家闽籍侨胞、港澳台侨界代表人士和特邀嘉宾等 800 多人参加会议。省台联主要负责同志代表人民团体致辞，曹燕灵代表海外嘉宾在开幕式上致辞。省侨联党组书记、主席陈式海代表省侨联第十届委员会作了工作报告。会议还表彰了福建省侨界先进集体和先进工作者代表。8 月 18 日上午，福建省第十一次归侨侨眷代表大会闭幕式在福州举行。福建省委常委、统战部部长王永礼出席并讲话，福建省政协副主席黄如欣出席闭幕式。大会选举产生福建省侨联第十一届委员会，陈式海

8 月 17 日，福建省第十一次归侨侨眷代表大会在福州召开

当选主席；翁小杰、齐志（女）、刘思一当选专职副主席；陈成栋当选挂职副主席；王柏森、史大林、李爱兴、吴子昌、吴文侯、吴新星（女）、邱伟铭、佘德聪、陈玉树、陈吉龙、陈明金、陈秋途、陈俊泳（女）、陈家泉、林正佳、林高星、卓新荣、涂雅雅（女）、施锦珊、温锦辉当选兼职副主席（按姓氏笔画为序）；刘思一当选秘书长（兼）。大会选举产生福建省侨联第十一届委员会常委 81 名、委员 223 名，聘任李贤义、黄志祥为名誉主席，聘任国内顾问 15 名、港澳顾问 32 名、海外顾问 57 名、海外委员 202 名、台湾特邀委员 19 名，聘任副秘书长 6 名。新当选的省侨联主席陈式海表示，新一届委员会将以习近平新时代中国特色社会主义思想为引领，深入学习贯彻党的二十大精神，在省委、省政府的领导和中国侨联的指导下，坚持正确的政治方向，加强领导班子自身建设，团结协作、勇于创新，推动全省侨联工作走在全国前列。他希望全体委员代表珍惜荣誉，牢记侨联组织的初心和使命，不辜负省委、省政府和中国侨联的殷切期望，不辜负广大归侨侨眷和海外侨胞的高度信任，踔厉奋发、勇毅前行，为奋力谱写新时代福建发展新篇章，全面建设社会主义现代化国家，全面推进中华民族伟大复兴而不懈努力！会上，还通过了福建省侨联第十届委员会工作报告的决议。

【学思想、强党性，牢牢把握政治方向】 一是扎实开展主题教育。扎实开展学习贯彻习近平新时代中国特色社会主义思想主题教育。坚持理论学习、调查研究、推动发展、检视整改、建章立制等贯穿始终，召开党组会、中心组学习会，在“福侨世界总网”、机关微信群创设“主题教育导读”，党组书记带头为全省华侨农场干

5 月 4 日，福建省侨联学习贯彻习近平新时代中国特色社会主义思想主题教育读书班暨党的二十大精神专题培训班开班式在福建华侨主题馆举办

部授课，举办读书班4期、专题研讨6次、上专题党课5次、青年学习讲堂4次等，学深悟透新思想。集体梳理问题清单9个，完成整改措施24条，在以学铸魂、以学增智、以学正风、以学促干等方面取得成效。二是牢牢掌握意识形态工作主动权。认真落实意识形态工作责任制，深入开展风险隐患排查、突出问题整治、阵地管理提升“三大行动”，加强形势综合分析研判。做深做细做实思想政治工作，开展经常性谈心谈话、交流思想，教育引导党员、干部自觉规范言行。年内推送新闻报道700多条，开通微信公众号视频号，发布55个短视频，制作侨代会网页专题，并协调30多家主流媒体和海外华文媒体宣传推广，积极传播正能量。三是突出侨界思想引领。广泛学习宣传贯彻习近平新时代中国特色社会主义思想，持续开展形势政策宣讲，大力培育和践行社会主义核心价值观。班子成员分片下基层开展宣讲，通过举办读书班、专题研讨、青年学习讲堂等活动，加强宣传教育，学深悟透新思想。组织闽籍侨青“共学新思想、共筑中国梦”学习分享会、“寻足迹、悟思想、铸忠魂、担使命”“党建带侨建·侨青走基层”等主题活动，组织参观“庆祝二十大、侨心永向党”摄影展等活动，使“新思想”在侨界群众中扎根见效。

【聚侨智、促发展，创新服务中心大局】一是承办中国侨智发展大会。12月20日至22日，举办第一届中国侨智发展大会，努力建设“溯源头学思想、聚侨心凝共识、汇侨智助发展”的常设性国家平台，立足福建、服务全国、面向海外，组织17项专场活动，参会人员逾3641人次，其中外宾约516人，院士47人，1480名高层次人才与98家用人单位达成引进和就业意向。二是引导侨资服务经济发展。做好中国侨商投资（福建）大会生成项目跟踪服务，纳入福建省全生命周期项目管理平台的22个重大签约项目实现开工，累计完成投资142.44亿元。出台《福建省侨联、福建省侨商联合会关于贯彻落实省委实施民营经济强省战略，服务侨企健康发展高质量发展的若干措施》，建立省市县三级侨联挂钩联系侨企制度。召开省侨商会第二届第二次理事会议暨服务发展推介会，支持中国侨商投资（河南）大会在福建招商路演，支持首届“海丝”侨商投资贸易大会，参与举办中菲“两国双园”推介交流活动。三是

12月20日，由中国侨联、福建省人民政府共同主办的第一届中国侨智发展大会在福州开幕

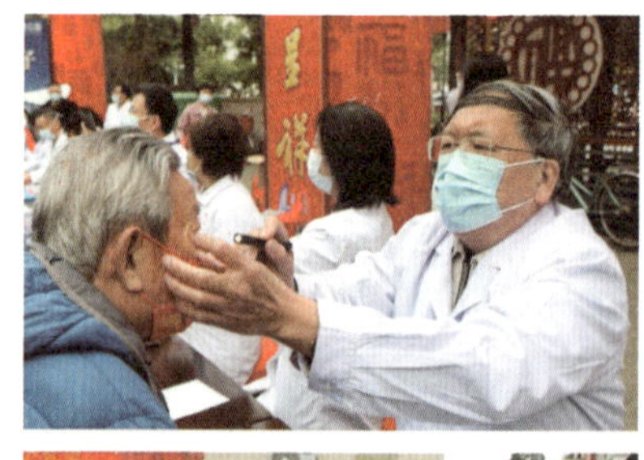
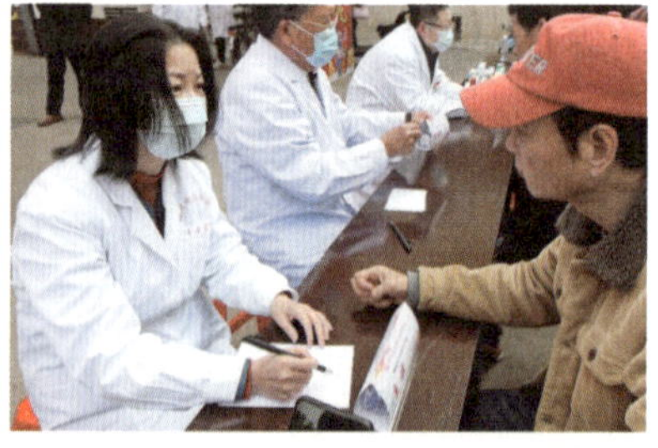

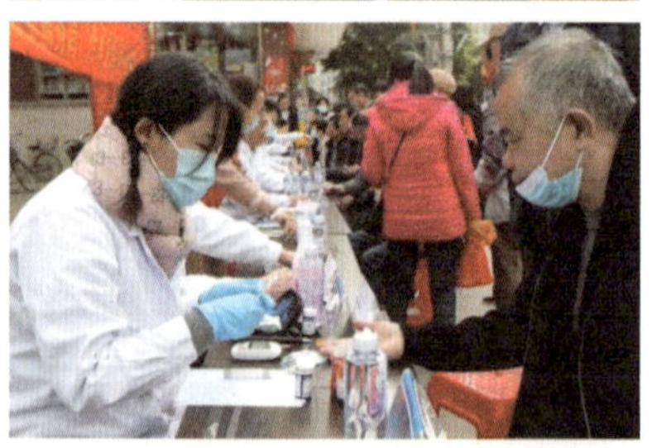
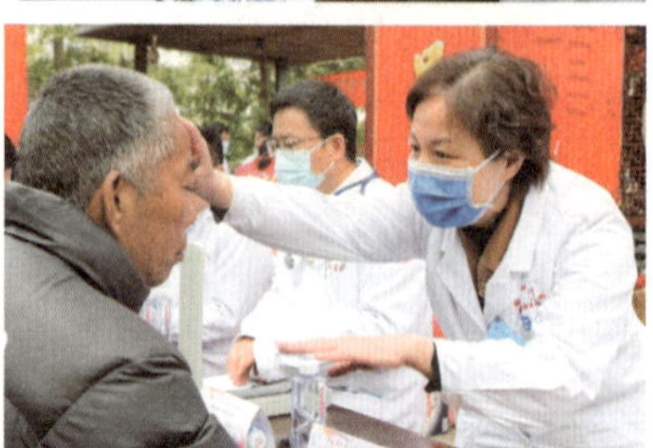

3月7日，福建侨界专家科技志愿服务队深入侨乡福州市连江县琯头镇及连江县第二医院，开展学雷锋活动，宣讲党的二十大精神，进行义诊、科技讲座与健康咨询

省级侨联工作

涵养侨界人才资源。组织日美英法及中科院有关专家学者来闽考察交流合作项目，认定第二批 4 家“福建省侨联新侨创新创业基地”，举办闽侨智库工作及信息宣传培训班，选聘第三届闽侨智库成员 100 人。举办“侨界专家走基层”和人才交流活动，举办福建省归侨侨眷代表人士联络站揭牌仪式暨座谈会，协办生物医药交流，组织“服务侨企”“拓展海外市场”“服务侨商侨企、聚焦跨境资金、解读资产管理”等分享交流活动。

【抓宣传、促交流，积极传播中国声音】一是大力弘扬“嘉庚精神”。把弘扬“嘉庚精神”作为引领侨界思想的重要内容，联合举办侨连五洲 · 海外联谊研修班（第 19 期）暨“嘉庚精神”研修班（第 5 期），参与百集大型系列人物传记纪录片《百年巨匠——陈嘉庚》开机仪式。结合专题研修班、下基层调研、主题教育宣讲等时机，为广大侨界群众作弘扬“嘉庚精神”专题辅导，将“嘉庚精神”赋予更多的时代内涵，在海外侨胞、华裔新生代和广大侨界群众中广泛传承和发扬。二是推动华侨文化传承。积极配合推进福建华侨博物馆筹建，制定《福建省华侨文化交流基地管理办法（试行）》，确认沈绍安漆艺博物馆等首批 20 家“福建省华侨文化交流基地”。发挥福建华侨主题馆作用，举办《“光前裕后”——纪念李光前先生诞辰 130 周年图片展》等，配合中国侨联举办“亲情中华 · 光前裕后”文艺晚会；组织侨史座谈研讨，制作《侨史留芳 · 凝心筑梦》短视频，全面展示我省侨情、侨联发展历史和成就以及未来展望。举办马来西亚华文校长研修班、第二十四届世界华人学生作文大赛、“中华福 · 福天下”全球华语征文活动，挖掘推广华侨华人家风故事 23 个。继续举办“亲情中华 · 为你讲故事”网上营，与福州外语外贸学院签订《关

11 月 5 日，中国侨联、福建省侨联在厦门大学共同举办侨连五洲 · 海外联谊研修班（第 19 期）暨“嘉庚精神”研修班（第 5 期）

10 月 13 日，福建省侨联和泉州市侨联共同举办纪念李光前先生诞辰 130 周年图片展，右二为福建省侨联党组书记、主席陈式海

5 月 13 日，湄洲祖庙妈祖分灵仪式在湄洲妈祖祖庙举行，福建省侨联党组书记、主席陈式海（前排左四）向泰国泉州晋江联合总会、世界泉州青年联谊会颁发妈祖金身捐赠证书，并与大家合影

于海外华文教育工作的战略合作协议》，先后组织了6个国家468名海外华裔青少年营员参加网上营。年内共举办29期“中国寻根之旅”夏（冬）令营，涵盖27个国家和地区，参营人数1041人，位居全国第一。三是弘扬中华优秀文化。举办第三届“三茶”融合高质量发展大会暨“福茶驿站”授牌仪式，参与第四届海丝茶文化论坛，与17家海外特邀单位签约合作备忘录，“福茶驿站”赴哥斯达黎加寻址新闻特写入选海丝文化印记节目；设立日本大阪“元泰中国红茶体验中心”。联合湄洲祖庙与四君子集团向海外侨社赠送妈祖神像4尊，协调妈祖宣传片译成葡语在巴西播放，妈祖文化活动采访报道在央视4套播出。

【凝侨心、聚侨力，广泛拓展联络联谊】一是创新推进海外联谊。联合省侨办、省海联会共同举办第三届世界闽籍华侨华人社团联谊大会暨福建省海外联谊会第六届理事大会，邀请海内外99个国家和地区、400多个海外闽籍社团、约1100多位嘉宾参会。联合省委统战部召开海外侨商返乡经贸合作座谈和8期“云上会客厅·共话闽侨情”视频座谈会。组织部分在榕侨领线上参加第十届世界华侨华人社团联谊大会。联合省政协持续举办“闽籍侨领故乡行”品牌活动，指导召开福建海外杰出女性联谊会换届大会和欧洲福建侨团联合总会轮值交接就职典礼。省侨联推动出访17个国家和地区，接待来自40多个国家和地区的海外团组60多批近600人次，并积极配合做好省领导出访团组的服务和保障工作。二是持续开展暖侨行动。邀请“41位华侨小英雄”中的14位来榕体检和参访，密切与省医务志愿者协会合作，完善“惠侨通”平台，联合尼日利亚福建同乡总会等组织“惠侨通”医务志愿者，发挥福建医大附一医院“华侨医疗服

9月18日至22日，福建省侨联联合省政协举办第四届“闽籍侨领故乡行”，来自18个国家的25位闽籍侨领参加了活动。图为参观福建华侨主题馆

9月21日至29日，福建省侨联组织“亲情中华”中医义诊暨“健康三宝”慰侨服务团，赴老挝、斯里兰卡、缅甸开展海外中医为侨义诊活动。左七为福建省侨联党组成员、副主席张瑶

11月13日，福建省侨办、省侨联共同举办为期7天的“缅侨寻根”活动，邀请首批“缅侨寻根”访问团一行35人来闽参访

省级侨联工作

务中心”和“国际医疗部”作用，强化医疗为侨服务。组织省内著名中医专家组成义诊团，赴老挝、斯里兰卡、缅甸开展“亲情中华”中医义诊暨“健康三宝”慰侨服务，惠及 800 余人次，发放爱心包 330 余份。依托缅甸福建同乡总会、缅甸中华总商会、缅甸福建总商会等海外侨社，举办“带你回家”首届缅侨寻根活动，组织 35 名从未回乡的缅甸闽籍侨胞寻根谒祖，帮助 6 人找到祖籍地、4 人找到亲人。三是致力社会责任推广。与福建师范大学、省台联、香港《镜报》等共建“闽港澳台侨社会责任推广基地”，并启动“闽港澳台侨青年创业联盟”公益性服务平台，开展创业“1+1”协作，打造零距离为闽港澳台侨青年暖心服务新方式，推进闽港澳台侨学校和企业社会责任推广常态化，全国政协副主席梁振英出席了云揭牌仪式。目前该基地已有 15 家机构入驻并促成首次环保创业对接。参与主办 2023 两岸侨联和平发展论坛·海峡两岸暨港澳侨界圆桌峰会，参与协办国台办重点项目——“两岸城乡社会治理专项交流活动”。

5 月 14 日，由福建省侨联指导，福建省侨界青年联合会牵头，福州市台胞投资企业协会、福建省青年创业促进会等单位共同发起的公益性服务平台——“闽港澳台侨青年创业联盟”举行启动仪式

12 月 7 日，第十五届海峡论坛·2023 两岸侨联和平发展论坛·海峡两岸暨港澳侨界圆桌峰会在厦门召开，中国侨联党组成员、副主席程学源主持会议并作主旨发言（圆桌主位）

【知侨情、解侨困，主动践行为侨服务】一是了解侨界需求。大兴调查研究之风，认真落实习近平总书记关于调查研究“深、实、细、准、效”五字要诀，班子成员主动深入基层、扑下身子、从调查研究中找问题、找智慧、解难题，把调研成果转化为科学决策、改进政策、推动工作的“金钥匙”。党组班子成员确定《汇聚侨界人才力量、助力创新驱动发展》等课题，采取多种形式调研，形成调研报告 5 篇，成果转化 4 个。加强联系和服务人大归侨代表、政协侨联界委员，倾听收集群众呼声，省侨联全年共办理省人大建议 3 件、省政协提案 13 件，《侨情专报》上报 247 期，省“两办”采用 45 篇，中国侨联办公厅采用 29 篇，1 篇被省领导批示，1 篇被国务院领导批示。二是响应涉侨诉求。搭建涉侨法务服务平台，在海丝中央法务区福州片区服务中心揭牌成立“侨胞法务之窗”，作为涉侨法务持续创新内容，经验做法被中国侨联党组书记、主席万立骏批示肯定。召开纪念福

6 月 12 日，“侨胞法务之窗”在海丝中央法务区福州片区服务中心正式揭牌成立

11 月 20 日，纪念福建省侨联法律顾问委员会成立二十周年座谈会在福州召开

10 月 24 日至 27 日，福建省侨联组团赴宁夏开展“闽宁协作”帮扶活动

建省侨联法顾委成立 20 周年座谈会，总结回顾省侨联法顾委成立 20 年来取得的成绩和经验，规划和展望今后工作任务。依托省侨联法顾委召开重点案例分析会，加强事实、法律问题分析研判，引导侨胞依法维权。与省人民检察院开展“党建引领聚合力，检侨同行促发展”活动，与省人民法院开展“凝心铸魂为侨服务、法侨同行再谱新篇”活动，持续联合推动互联网法庭建设。三是助力乡村振兴。2023 年以来，各级侨联继续积极申办“侨家乐”，已在省内举办 16 场，实现销售额 1607.55 万元，目前省内已累计举办 24 场，境外累计举办 3 场，有关调研文章获中国侨联调研课题三等奖，实现了较好的社会效应。启动“侨爱心·乡村学生眼视光工程”，组织省内“健康三宝”义诊、“侨爱心·光明行”等，惠及 4350 余人；开展捐资助学、扶危济困，惠及人群 1200 余人；赴宁夏开展闽宁对口协作帮扶活动，捐赠帮扶资金和过冬物资共计 75 万余元。开展“党建聚侨心·双联双帮”走基层和“学思想、重转化，进侨乡、解侨困”活动，支持建设南平市延平区横坑村侨情馆和“侨心书苑”，为村民开通“侨心通”班车。支持建设武夷山市黎源村“三茶融合发展中心”（“侨心楼”），邀请专家、企业家实地指导茶产业技改、技能培训，引导省黄仲咸基金会捐资技术培训，帮助改造生态闽南水仙茶示范基地。

【打基础、抓提升，加强侨联组织建设】一是突出战斗堡垒建设。规范支部“达标创星”，认真落实“三会一课”等制度，严格落实党员领导干部双重组织生活制度。加强“一支部一品牌”建设，1 篇创建经验被省直机关工委《党的生活》刊登，建强基层党组织战斗堡垒，开展精神文明创建，以迎接创建第十五届省级文明检查验收为契机，推进“党建 +N”模式，组织机关党员、干部积极履行社会责任，进社区、进乡村、赴基层，大力践行新风正气福建名片，侨心志愿服务队被评为省直机关“我在乡间有亩田”优秀志愿服务组织。二是提升组织能力水平。出席全国侨联基层组织建设工作交流活动，并作经验交流。按照“贴

2 月 4 日，福建省侨联机关第六、第七党支部与泉州市侨联党支部、永春县侨联党支部、东关镇镇直机关支部、东关镇东华社区党支部共同开展“省市县镇场侨联五级联动，党建引领乡村振兴”活动

4 月 20 日至 21 日，福建省侨联机关党委联合闽籍海外侨团英国苏格兰福建联合会，以“党建聚侨心”为抓手，以“国内海外联创”为特色，赴松溪县开展“侨联侨胞共开荒、强国复兴我先行”活动

4 月 10 日至 13 日，福建省侨联举办首次全省华侨农场干部侨务工作培训班，福建省侨联党组书记、主席陈式海作“弘扬‘嘉庚精神’ 做好新时代侨联工作”专题辅导

心人”“实干家”要求，加强干部队伍建设。落实《福建省贯彻落实〈2019—2023 年全国党员教育培训工作规划〉的具体措施》，派员参加培训，提升干部干事创业本领。举办首次全省华侨农场干部侨务专题培训班，17 个华侨农场领导、侨联负责人、归侨侨眷产业带头人共 49 人参训，通过专家专题授课和现场教学，提升华侨农场侨务工作和基层侨联建设的理论水平和工作能力。三是打牢基层建设基础。推动基层换届，完成 9 个县（市、区）侨联的换届选举工作，指导推动 5 家高校侨联、3 家省级团体会员按规范程序完成换届。加强基层保障，管好用好中央华侨事务预算专项经费，深化相关制度建设，常态化指导督促经费合理分配及规范使用，联动各级侨联，切实做好经费所涉项目的跟踪管理和检查评估，努力提高专项资金使用效益；持续推动全省各设区市侨联落实侨联组织机构代码赋码工作，突破性完成 3 家省侨联直属团体会员赋码；拓宽组织覆盖面和阵地建设，新创设 78 个省级“侨胞之家”，推动北京大学福建校友会侨联等新型侨联组织成立。截至 12 月，全省侨联组织达 4302 个。四是坚持全面从严治党。深化“知、督、促”工作机制，贯彻落实《关于加强新时代福建省直单位机关纪委建设的意见》，制定《中共福建省侨联党组落实重大决策部署机制》，修订内部规章，以制度规范行为，营造担当作为、务实高效的干事创业氛围。贯彻落实《关于加强新时代福建省直单位机关纪委建设的意见》，落实“两个责任”，一体推进“三不腐”。组织机关干部职工先后参观“3820”战略工程实施 30 周年成就展、省廉政警示教育基地、家风馆纪念馆，接受教育；利用机关微信群等实现廉政微党课全覆盖，福建华侨主题馆被列入省直机关第二批主题党日活动基地。突出党性锻炼，抓好主题教育和组织生活会查摆问题整改落实。认真做好省委巡视省侨联党组工作，坚持边巡边改，研究制定《关于进一步改进干部队伍工作作风的若干措施》，抓好贯彻实施，全面提振机关精气神。

江西省归国华侨联合会

【领导成员名单】

党组书记、主席：唐舒龙

专职副主席：王　强（2023年6月卸任）

　　　　　　罗丽都（女）　郭子新

兼职副主席：于集华　李江山

　　　　　　梁安琪（女）　徐余波

　　　　　　吴世伟　周　亮　陈桂辉

　　　　　　徐　雷　卜莉莉（女）

　　　　　　李忻农　陈成炉　左敏华

秘　书　长：蔡　峻

【综述】2023年是全面贯彻落实党的二十大精神的开局之年。江西省侨联在省委、省政府的坚强领导和中国侨联的有力指导下，坚持以习近平新时代中国特色社会主义思想为指引，深入学习宣传贯彻党的二十大精神，扎实有效开展习近平新时代中国特色社会主义思想主题教育，全面贯彻落实习近平总书记考察江西重要讲话精神，聚焦“走在前、勇争先、善作为”的标准和要求，坚持以人民为中心，坚持服务大局、服务侨胞，各项工作有序开展。在中国侨联十一代会上，江西省侨联系统共8个单位和31人获表彰。其中，1人荣获中国侨界杰出人物；24名同志荣获全国归侨侨眷先进个人；2个基层侨联荣获全国侨联系统先进集体；2人荣获全国侨联系统先进工作者；6个设区市侨联荣获全国侨联系统先进组织；4名同志荣获全国侨联系统先进个人。

【江西省第九次归侨侨眷代表大会召开】7月4日至5日，江西省第九次归侨侨眷代表大会在南昌召开。省委书记尹弘出席开幕式并讲话。他强调，要深入贯彻党的二十大精神和习近平总书记关于侨务工作的重要论述，坚持服务大局、服务侨胞不动摇，推动新时代全省侨联事业高质量发展，同心协力全面建设社会主义现代化江西。叶建春、梁桂、马森述、吴浩、李红军、任珠峰、庄兆林、史文斌、黄喜忠、王少玄、夏文勇、尹建业等出席。中国侨联党组成员、副主席连小敏出席并讲话。

会议期间，选举产生了江西省侨联第九届委员会委员，聘请了省侨联第九届委员会名誉主席、顾问、海外委员和名誉委员，并对40位全省归侨侨眷先进个人进行表彰。唐舒龙当选江西省侨联第九届委员会主席，罗丽都、郭子新、于集华、李江山、梁安琪、徐余波、吴世伟、周亮、陈桂辉、徐雷、卜莉莉、李忻农、陈成炉、左敏华当选为副主席，蔡峻当选为秘书长。卜莉莉等34人当选为江西省侨联第九届委员会常务委员。

7月4日，江西省第九次归侨侨眷代表大会召开

【召开江西省侨联第九届委员会第一次全体会议】7月5日，江西省侨联第九届委员会第一次全体会议在南昌召开。省委常委梁桂出席并讲话。梁桂代表省委向新当选的省侨联新一届领导班子和全体委员表示祝贺，向广大归侨侨眷和海外侨胞致以问候。他强调，要深入学习贯彻习近平总书记关于侨务工作的重要论述，胸怀大局、锐意进取、履职担当，努力推动全省侨联事业高质量发展，为全面建设社会主义现代化江西作出侨界贡献。

【深入开展学习贯彻习近平新时代中国特色社会主义思想主题教育】把学习贯彻习近平新时代中国特色社会主义思想作为必修课，在以学铸魂、以学增智、以学正风、以学促干上下真功求实效。组织5次党组理论学习中心组专题研讨，

5 月 12 日，江西省侨联组织党员干部赴南昌新四军军部旧址陈列馆开展理念信念和爱国主义教育

处长陈小云，江西省侨联副主席罗丽都、徐雷，浙江省侨联副主席周松一，上饶市侨联主席马麟等一起为江西矿冶博物馆“中国华侨国际文化交流基地”揭牌。4 月 14 日，吉州窑博物馆“中国华侨国际文化交流基地”揭牌仪式在吉安县举行。省侨联党组成员、副主席罗丽都，吉安市委副书记肖玉兰，市侨联党组书记、主席胡红英等出席。

班子成员带头讲党课 3 次，组织党员干部参加“学思想 强党性 共奋斗”知识竞赛，举办主题教育读书班 1 期，机关副处级以上党员领导干部结合工作履职开展交流研讨，实现全员覆盖深入学。聚焦服务大局、服务侨胞、服务基层，会领导深入基层一线开展调研，精心确定调研课题并形成调研报告，制定解决措施 11 项，推动全部解决涉及华侨农场产业发展、侨资企业生产经营、基层维权及文化交流等方面存在的 10 个问题。

4 月 14 日，中国华侨国际文化交流基地——吉州窑博物馆揭牌

【“中国华侨国际文化交流基地”揭牌】 1 月 14 日，江西省侨联副主席罗丽都出席安义古村群“中国华侨国际文化交流基地”揭牌仪式。省政协港澳台侨和外事委员会分党组书记张知明，南昌市委常委、统战部部长饶绍清，省政协港澳台侨和外事委员会二级巡视员陈建和，省侨联秘书长蔡峻，南昌市委统战部副部长、市侨联党组书记、主席麦建宁等出席。3 月 18 日，中国华侨公益基金会理事长乔卫，中国侨联公益事业管理服务中心副主任易超、中国侨联海外联络部综合外事处副

【举办 2023 江西海内外侨胞新春云联欢活动】 1 月 19 日，“瑞兔贺岁传乡情　万象回春聚侨心”2023 江西海内外侨胞新春云联欢活动在线上播出并取得圆满成功。云联欢活动由省侨联联

1 月 19 日，举办 2023 江西海内外侨胞新春云联欢活动

省级侨联工作

合省侨办、省政协港澳台侨和外事委员会共同主办，南昌市侨联、安义县侨联和《海外江西人》编委会、美洲江西人联盟具体承办。美国、加拿大、澳大利亚、阿联酋、法国、泰国等29个国家的80个江西籍海外侨（社）团协办。观众通过腾讯视频、抖音和西瓜视频等视频网站进行了观看，云联欢活动累计点击量超30万人次。

【江西省选送短视频获优秀作品奖】2月23日，中国侨联“追梦中华·奋进新征程”华侨华人短视频大赛颁奖仪式在京举行。中国侨联党组书记、主席万立骏出席并讲话，中国侨联党组成员、副主席程学源等出席颁奖仪式并为获奖单位颁奖。江西省侨联党组成员、副主席罗丽都参加颁奖仪式。由省侨联选送、宜春市侨联组织拍摄的《洋林人的新生活》荣获优秀作品奖。

【召开江西省侨联八届六次全委会议】3月3日，江西省侨联八届六次全委会议（视频会）召开。会议传达学习了中国侨联十届六次全委会精神，总结2022年侨联工作，部署2023年工作任务，通过有关人事事项。会上，江西省侨联党组书记、主席唐舒龙作工作报告。会议由副主席王强主持，驻省委统战部纪检监察组一级调研员廖振宁应邀列席会议，副主席罗丽都、李江山、万志新、周亮、陈桂辉、徐雷、卜莉莉，秘书长蔡峻以及省侨联委员60余人出席会议。会议审议通过了工作报告等及有关人事事项。增补马麟等3人为省侨联常委，增补马麟等13人为省侨联委员。会前，以通讯形式召开了省侨联八届八次主席会议、常委会议。

【省、市、区侨联开展“共建共联　暖侨护侨”活动】3月9日，江西省侨联、南昌市侨联、红谷滩区侨联在红谷滩区卫东街道“鸿之家”“侨胞之家”联合开展支部共建共联活动。江西省侨联党组成员、副主席罗丽都，南昌市侨联党组书记、主席麦建宁，副主席许日强等，以及省侨联第三、第四、第五党支部党员，市、区侨联，社区党员志愿者、侨界群众100余人参加了活动。开展学雷锋志愿服务活动、“为侨服务·从‘头’开始”免费理发活动、“为侨志愿服务·健康伴您同行”义诊活动、“侨法进社区·春风暖侨心”法律咨询活动以及“加强平安建设、共创和谐社区”宣传活动等。党员干部和志愿者在现场共发放宣传资料和宣传品500余份，解答法律咨询问题20余条，免费理发30余人，

3月9日，省市区侨联开展“共建共联　暖侨护侨”活动

3月3日，江西省侨联召开八届六次全委会

省级侨联工作

提供医疗义诊服务60余人次，以爱心奉献彰显新时代文明新风，进一步营造了“暖侨心、助侨困、聚侨力”的浓厚氛围。

【举办全国侨联系统典型选树单位红谷滩区“鸿之家”“侨胞之家”授牌仪式】江西省南昌市青云谱区君湖社区“侨胞之家”、南昌市红谷滩区卫东街道“鸿之家”“侨胞之家”、景德镇市浮茶集团“侨胞之家”、宜春市袁州区湛郎街道文笔峰社区“侨胞之家”、上饶市江西汉氏联合集团“侨胞之家”5家单位获评全国侨联系统典型选树单位。3月9日，江西省侨联党组成员、副主席罗丽都为全国侨联系统典型选树单位红谷滩区卫东街道“鸿之家”“侨胞之家”授牌。南昌市侨联党组书记、主席麦建宁，副主席许日强，红谷滩区委常委、统战部部长陈敏，红谷滩区侨联党组书记、主席黄建新等参加活动。

3月9日，举办全国侨联系统典型选树单位红谷滩区卫东街道“鸿之家”“侨胞之家”授牌仪式

【举办“贯彻二十大　建功新时代”艺术交流会暨省侨联文促会贯彻党的二十大精神座谈会】3月14日，省侨联在昌举办“贯彻二十大　建功新时代”艺术交流会暨省侨联文促会贯彻党的二十大精神座谈会。省侨联党组成员、副主席王强出席座谈会并看望与会艺术家。省侨联副主席、文促会副会长周亮等出席活动。会上通报了文促会2022年主要工作。与会人员围绕贯彻党的二十大精神，就做好2023年工作开展广泛交流探讨。会上，增补陈原亮为省侨联文促会副会长，陈敏为副理事长，胡接生、于杨青为常务理事。此前，江西书坛“十老”徐林义，中国工美行业艺术大师胡文峰等省侨联文促会艺术家以“贯彻二十大　建功新时代”为主题进行现场艺术创作。

【举行2023年侨联系统区域性公益交流活动】3月17日，由中国侨联公益事业管理中心主办，江西省侨联承办，上饶市侨联、婺源县侨联、德兴市侨联协办的2023年侨联系统区域性公益交流活动，先后在婺源县、德兴市开展。中国侨联顾问、中国华侨公益基金会理事长乔卫，中国侨联公益事业管理服务中心副主任、中国华侨公益基金会副理事长兼秘书长易超，江西省侨联副主席罗丽都、徐雷，以及来自江苏、浙江、安徽、福建、湖北、湖南、广东8省侨联领导和上饶市侨联主席马麟、副主席严代锐参加活动。上午，“美在婺源”——“侨爱心365—乡村美育”捐赠仪式在婺源县镇头镇礼堂举行。捐赠仪式上，中国华侨公益基金会新萌芽专项基金向婺源县捐赠了29箱价值近5万元的美术画材。中国侨联及江西、江苏等8省侨联领导一行与师生们一起参加了镇头镇中心小学的“侨爱心365—乡村美育”户外公益讲堂活动。下午，在德兴市召开2023年侨联系统区域性公益交流座谈会。

【举办招商引智推介会】3月21日，省侨联和萍乡市委、市政府在萍乡共同举办萍乡市招商引智推介会。省侨联党组书记、主席唐舒龙出席并致辞。萍乡市委副书记鲍峰庭主持推介会。省侨联文促会副会长、博迅汽车董事长李忻农代表侨商发言。省侨联党组成员、副主席王强，副主席万志新、吴世伟、周亮、陈桂辉，徐雷，以及其他侨界代表人士等60余人出席推介会。其后，与会人员调研考察了赣湘合作（萍乡）市级工业平台。

【举办侨界代表人士学习贯彻党的二十大精神培训班】3月21日至23日，江西省侨联在萍乡市举办侨界代表人士学习贯彻党的二十大精神培训班。省侨联党组书记、主席唐舒龙出席开班式并作动员讲话，省侨联副主席吴世伟代表学员发言。省侨联副主席王强、万志新、陈桂辉、徐雷，江西甘祖昌干部学院常务副院长林俊江，萍乡市侨联主席郭子新参加了开班式。侨界代表人士和侨联系统党员干部等 40 余位学员参加培训学习活动。

【举行“侨爱心·乡村学生眼视光工程——走进江西革命老区”项目启动仪式】5 月 8 日至 12 日，由中国侨联、江西省侨联主办，中国慈善联合会、思利及人公益基金会、无限极（中国）有限公司、广东省天行健慈善基金会等单位共同开展的“侨爱心·乡村学生眼视光工程——走进江西革命老区”项目先后在萍乡莲花、吉安遂川举行。中国侨联基层建设部二级巡视员肖炜蘅，江西省侨联副主席罗丽都出席项目启动仪式并讲话。启动仪式现场，无限极通过思利及人公益基金会向中国侨联捐赠 80 万元，定向为乡村地区的中小学生提供免费视力检测、眼镜配送、科学用眼知识讲座等视力健康保护服务。5 月 10 日至 12 日，中国侨联“侨爱心·乡村学生眼视光工程——走进江西遂川”公益团队一行还赴遂川县，在禾源镇中小学和雩田三中开展为期两天的公益活动，为在校中小学生进行专业视力检测，采集配镜数据，普及眼健康知识等。

5 月 8 日，举行“侨爱心·乡村学生眼视光工程——走进江西革命老区”项目启动仪式

【举行侨资企业支持乡村振兴捐赠仪式】5 月 24 日，侨资企业支持乡村振兴捐赠仪式在上饶市广信区黄沙岭乡举行。中国侨联党组成员、副主席连小敏，权益保障部部长张岩，江西省侨联党组书记、主席唐舒龙，上饶市侨联党组书记、主席马麟，广信区委副书记、组织部长徐卓，区委常委、副区长陈小云出席。捐赠仪式上，连小敏为黄沙岭乡、石人乡捐赠授牌，唐舒龙为爱心企业颁发捐赠证书。此次活动中，爱心企业江西博迅集团为黄沙岭乡乡村振兴工作捐赠 30 万元，爱心企业巴拉圭勤益集团为石人乡乡村振兴工作捐赠 20 万元。

【召开“走基层、解侨困，凝心聚力促发展”调研暨 2023 年法顾委工作视频会】5 月 26 日，省侨联在九江市召开“走基层、解侨困，凝心聚力促发展”调研暨 2023 年法顾委工作视频会。省侨联党组成员、副主席罗丽都，省侨联法顾委副主任叶青出席会议并讲话。在浔期间，罗丽都副主席与九江市委组织部部长徐绍荣、市政协副主席周杏连等进行了座谈交流，并率调研组一行赴赛得利（中国）纤维有限公司、九江正大饲料有限公司进行了实地调研。省侨联法顾委副主任叶青受方晓春主任委托总结了 2022 年省侨联法顾委工作，部署了法顾委 2023 年工作任务。

【开展中国侨联“侨界医疗队下基层”义诊活动】为落实以“提高人民生活品质新成效”检验主题教育成效，推动侨界公益事业的发展，6 月 15 日，由江西省侨联、九江市侨联、九江学院附属医院共同承办的中国

6 月 15 日，在湖口县开展中国侨联“侨界医疗队下基层”义诊活动

侨联“侨界医疗队下基层”活动在湖口县均桥镇江桥社区举行启动仪式。省侨联党组成员、副主席罗丽都出席并宣布活动正式启动。活动现场，九江学院附属医院组织多位学科专家现场为当地群众提供义诊服务；口腔、急救等科室专家为当地村小学生开展口腔健康、防溺水、防中暑知识教育讲座。九江市图书馆向江桥社区捐赠书籍600套。市侨商会号召侨商侨企爱心捐赠，为江桥中心小学、幼儿园送去篮球、足球、文具、儿童绘本等文体用品，总价值近6000元。免费发放防暑、急救等药品150套，并进行了侨法宣传，发放宣传册200余本。

9月7日，举行中泰校企合作协议签约仪式

【2023“中国寻根之旅”夏令营江西营开营】 7月21日，由中国侨联主办，江西省侨联、上饶市侨联共同承办，上饶市一中、上饶农文旅集团协办的2023“中国寻根之旅”夏令营江西上饶营在上饶市第一中学正式开营。中国侨联文化交流部部长刘奇，江西省侨联党组成员、副主席郭子新，市委常委、组织部部长任海斌，市侨联党组书记、主席马麟等出席开营仪式。中国侨联文化交流部部长刘奇向领队和营员代表授旗。7月29日，由中国侨联主办，江西省侨联、九江市侨联承办，九江市文广新旅局、市同文中学协办的2023“中国寻根之旅”夏令营江西九江营在九江市博物馆举行开营仪式。江西省侨联党组成员、副主席郭子新出席开营仪式，宣布开营授营旗。

【邀商出席第六届世界绿色发展投资贸易博览会】 9月4日至8日，第六届世界绿色发展投资贸易博览会（简称“绿发会”）在南昌举行，江西省侨联党组书记、主席唐舒龙，以及省侨联邀请的8位海外侨领出席开幕式、主旨论坛等活动。其间，唐舒龙在昌会见参加“绿发会”的菲律宾菲华青商会访赣团、泰国江西总会（总商会）、泰国企业家代表团、尼日利亚江西商会企业家以及巴西华人文化交流协会多位海外侨领，就加强海内外侨团交流合作、在海外弘扬中华优秀文化、促进经贸交往互利共赢等主题进行交流座谈。其间，组织中泰职教合作考察活动，泰国校企访问团一行赴南昌周边6所高职院校开展考察交流，促成赣泰高校达成职教合作框架协议。

【举办沿江小学开学典礼暨智慧教室项目启动仪式】 9月19日，江西省侨联党组成员、副主席郭子新赴丰城市同田乡，出席沿江小学开学典礼暨智慧教室项目启动仪式。该校由江西省侨联与香港慈善团体“两地一心”联合引介，毕马威（中国）会计师事务所捐赠人民币158万元援建。毕马威中国华南区首席合伙人李嘉林，“两地一心”常务顾问王炜文，宜春市侨联党组书记张清根，丰城市委常委、统战部部长陈志军，丰城市政协副主席罗鸿，丰城市侨联党组成员、副主席范剑英，丰城市同田乡乡长喻佳美等参加活动。

【举办江西省侨联第九届委员会委员及全省侨联干部培训班】 9月19日至22日，江西省侨联第九届委员会委员及全省侨联干部培训班在南

9月19日至22日，举办江西省侨联第九届委员会委员及全省侨联干部培训班

昌举行。省侨联党组书记、主席唐舒龙出席开班式并作动员讲话，中国侨联文化交流部部长刘奇、省委党校姚满林教授、省委依法治省办秘书处副处长吴永春进行专题授课，省侨联一级巡视员王强，党组成员、副主席罗丽都、郭子新分别主持会议，省侨联兼职副主席周亮、徐雷，第九届委员会委员及全省各级侨联干部共160余人参加培训。

【举办全省侨联基层组织建设交流观摩活动】 9月21日，全省侨联基层组织建设交流观摩活动在南昌举行。省侨联党组书记、主席唐舒龙，党组成员、副主席罗丽都出席活动。南昌市委常委、市委统战部部长饶绍清，南昌市侨联党组书记、主席麦建宁，东湖区委书记高辉红，东湖区委常委、统战部部长况灯明及全省各设区市、高校侨联代表共计160余人参加活动。现场活动前，还召开了全省侨联基层组织建设交流会，交流会由罗丽都主持。南昌市侨联、鹰潭市侨联、赣州市侨联、宜春市侨联、上饶市侨联、吉安市侨联6个单位依次进行了交流发言。

【入村调研助帮扶 凝聚侨力促振兴】 12月1日，江西省侨联党组书记、主席唐舒龙赴定点帮扶村高安市上湖乡赤星村调研并开展“聚侨力·助乡村振兴”活动，高安市委副书记、市长周万辉参加。唐舒龙一行深入上湖乡赤星村富硒辣椒产业园实地调研，并看望了驻村工作队，与市、乡、村负责同志进行交流，了解农村党建、乡村治理、秀美乡村建设等情况。调研期间，举行了省侨联“聚侨力·助乡村振兴”捐赠仪式。省侨联副主席、澳门博彩控股有限公司联席主席、澳门立法会议员梁安琪女士向赤星村捐赠30万元支持乡村振兴，用于村级路灯、道路等基础设施建设。

【唐舒龙率团出访泰国、印度尼西亚、马来西亚】 12月7日至16日，为深入贯彻落实习近平总书记考察江西重要讲话精神，江西省侨联党组书记、主席唐舒龙率代表团访问泰国、印度尼西亚、马来西亚，拜访中国驻泰国大使馆、中国驻印度尼西亚大使馆，拜会三地重点侨社团、商协会，与当地社会知名侨领、商界领袖等共叙乡情、共话侨情、共谋发展，推动双方在更宽领域、更深层次、更高水平加强互利合作、实现高质量发展，携手做好新时代“侨”的文章。唐舒龙一行拜访了中国驻泰国大使馆公参兼总领事潘瑾、中国驻印度尼西亚大使馆周侃公使等人，围绕江西与泰国、印度尼西亚的交往基础、发展态势和合作空间开展深入交流。省侨联、省科技厅、省贸促会、省科协机关相关同志参加有关活动。

12月8日，江西省侨联党组书记、主席唐舒龙（左四）一行拜访中国驻泰国大使馆公参兼总领事潘瑾（右四）等人

12月12日，江西省侨联党组书记、主席唐舒龙（左三）一行拜访中国驻印度尼西亚大使馆周侃公使（左四）等人

【南昌市侨联开展“侨企服务月”活动】为深入学习贯彻党的二十大精神、省委十五届四次全会、市委十二届六次全会精神，围绕市委中心工作，聚焦“项目为先、实干奋进、争分夺秒拼经济”的工作要求，进一步营造亲商、安商、扶商的良好氛围，推动“检侨合作”走深走实，扎实开展为侨服务工作，9月至10月，南昌市侨联联合市委统战部、市检察院开展“侨企服务月”活动。由市县（区）两级统战部、检察院和侨联领导班子成员带队，采取上门走访、发放调查问卷、征求意见表、召开座谈会等形式，通过走企业、摸实情、解难题、谋发展、求实效，收集协调企业发展难题，提振企业发展信心，促进侨企健康发展。活动内容主要是四个方面：一是理论宣讲进侨企。开展学习贯彻党的二十大、省委十五届四次全会和市委十二届六次全会精神，进一步凝聚侨心、汇聚侨力，为南昌经济社会发展贡献侨界力量。二是帮扶解困进侨企。广泛征求意见和建议，协调有关部门推动解决企业发展过程中遇到的困难和问题，促进侨资企业健康、可持续发展。三是政策法律进侨企。积极宣传南昌优化营商环境政策举措，帮助企业掌握惠企政策，提升发展效益。充分依托南昌市侨联法律顾问委员会和法律服务团的作用，为侨企提供优质高效的法律服务，保障企业合法权益，为企业健康发展保驾护航。四是线上政策宣讲。通过线上直播形式，宣讲《中共中央　国务院关于促进民营经济发展壮大的意见》《关于进一步优化外商投资环境　加大吸引外商投资力度的意见》。

【新余市侨联着力维护侨胞合法权益】围绕维护侨胞合法权益，开展“法沐侨心”工作，出台了《新余市侨联“法沐侨心”五年工作规划》，制定了《新余市侨联法律顾问委员会章程》，与平权、文钧、心展、弘杰、浩坤5家律师事务所签订了专属服务协议，聘请40多名律师组成顾问团队，按照“一家律所服务数家侨资企业，一名律师服务数名侨胞、侨眷”模式，组成专属法律服务网络。与463名海外侨胞和归侨侨眷、71家重点侨企“点对点”结对服务。在新余市委政法委、市法学会的大力支持下，市侨联法顾委配备了3名首席法律咨询专家，召开了2次工作推进会，提出了“六措并举”专项推进“法沐侨心”工作的目标要求。全年累计为侨胞所涉重大投资、金融财税、重大非诉讼项目提出法律意见120多条，防范法律风险30余个。在新钢集团举办了“送法惠企”法律服务活动，会同市政协港澳台侨和外事委联合在景江社区深入开展宪法、民法典、归侨侨眷权益保护法等涉侨法规政策主题宣传。

【鹰潭市侨联以侨为桥弘扬中华文化】鹰潭市侨联始终坚持以习近平新时代中国特色社会主义思想为指导，深入学习贯彻习近平总书记关于侨务工作的重要论述，以“根魂梦”重要论述为统领，积极组织开展文化交流，为弘扬中华文化、传播中国好声音、实现文化强国战略目标作出积极贡献。一是依托海外媒体，助力文化输出。密切与市委宣传部等部门联系，在侨联机关设置涉外宣传联络员，积极转发由中国日报外籍主播团队制作有关结合鹰潭市优秀非遗文化、生态文明建设等内容共3个双语短视频和7个图文稿件；围绕传统年俗文化、年俗活动，转发《新年民俗红》《余江街头喜庆氛围》《贵溪特色美食》等外宣新媒体产品，让海外网友从中感受中华优秀传统文化的独特魅力。二是深入本土文化，挖掘宣传资源。专题赴市文广新旅局、市文化馆等部门开展座谈交流，学习了解非遗文化及当地民俗，进一步提升了文化交流内容质量，高质量举办“亲情中华·美丽江西”奇绝鹰潭特色营，来自菲律宾华商经贸联合会、泰国公立东英学校200余名华裔青少年分批参加，营员们学习热情高涨，积极通过画画等各种形式打卡作业，表达对龙虎山山水、中华传统武术的热爱，取得了良好效果。三是塑造品牌符号，点亮文化地标。鹰潭有着四千年的古陶文化、三千年的古越文化、两千年的道教文化和一千年的“心学”文化。象山书院作为宋明两代“心学”鼻祖陆九渊思想成熟巅峰时期的讲学地，南宋四大书院之一，是推动文化交流互鉴一个极具代表性的窗口。习近平总书记在2015年全国两会讨论时指出：王阳明的心学正是中国传统文化中的精华，也是增强中国人文化自信的切入点之一。市侨联高度重视，在象山书院重建的过程中，以申报“中国华侨国际文化交流基地”为目标，推动象山书院建设与“侨”的元素相结合，同时也规划作为寻根之旅夏令营线下现场教学课程，着力打造新的具有吸引力、与中国传统文化紧密结合的赣鄱文化地标。

【上饶市侨联创新为侨服务新举措】上饶市侨联以创新为抓手、以实效为目标，创新开展以引侨、搭侨、护侨、爱侨、暖侨、联侨、聚侨、助侨、惠侨、益侨为抓手的“十侨”行动，切实把为侨服务工作融入侨界群众心坎里。一是创新党建工作新模式。上饶市侨联总结此前开展的“群团共建”工作经验，创新提出“人民团体”党建共建新理念，牵头组织市总工会、市妇联、团市委等10家群团机关组建“市人民团体机关党建联盟”，组织成员单位成立理论专家宣讲组，开展党员集中学习和轮训活动，安排各单位党组织书记和专家轮流授课等各项活动，同时整合各群团机关的优势专长、政策资源和人员力量，围绕中心大局，积极开展招商引资、文艺下乡、矛盾化解等各项为民服务活动，全力服务经济社会发展，有效增强了群团机关党建氛围、提升了党建活动效果。二是推出维护侨益新举措。创新推出“群团＋信访”矛盾纠纷调解机制，得到上饶市委的充分肯定并提升为“群团＋信访三联一通”信访改革机制在全市推广，市侨联也将该信访化解机制同法顾委和“检侨”“法侨”工作相融合，打造了维护侨益、化解矛盾的涉侨矛盾纠纷调解平台，全年共化解了中侨宏瑞置业公司、江西汉氏联合公司等侨商侨企涉法纠纷10余个。三是打造创新创业新平台。把全市30余名创业初有成效的归国留学生凝聚在一起成立“上饶市新侨创新创业联盟”，邀请有创业意向的归国留学生一道不定期举办创业论坛、分享创业资源和案例，开展创业大赛和职业技能比赛。同时创新推出“海外归国人才科创扶持计划”，吹响“海归集结号”、打造“海归岛”新侨创业孵化平台、开展“海归伴游”服务推出海归创业咨询、办证和纠纷化解等多项举措，积极助力上饶经济社会高质量发展。四是创新侨胞之家新机制。完善了“企业＋侨胞之家”的平台建设，充分发挥侨企资源作用，在侨企建成集侨胞活动、商务洽谈、侨情展示于一体的新时代“侨胞之家”，有效解决了“侨胞之家”维护管理难、使用频率底的难题。同时制定出台了《上饶市侨联“侨胞之家”建设管理办法》，全面推行“侨胞之家”建设红、黄牌警告制度和“优秀侨胞之家”评选制度，形成了保牌升级、争先创优的浓厚氛围。五是开展爱侨护侨新行动。定期召开新闻发布会及时向海内外侨胞传播上饶市侨联工作最新动态，向海内外公布服务热线电话并发放服务连心卡，投放维护侨益公益广告，叫响了归侨侨眷和海外侨胞有困难找侨联的口号。六是开辟联络联谊新窗口。组建了“市欧美同学会”（市留联会）和“上饶籍侨领群”，将来自世界各地的归国留学生和归侨侨眷、饶籍侨领汇聚一起，相互交流和分享商业经验，持续发挥窗口作用，积极向海内外侨胞展示饶信文化的博大精深和饶信大地的秀美风光，传播上饶好声音。

【抚州市侨联助力社会发展】发挥桥梁纽带作用，助力社会发展。一是服务经济发展。积极动员多批次企业家赴泰国、赞比亚等考察访问，为抚州企业融入“一带一路”“走出去”打前站、开好路。联合市人才办、市友协首次开展了“海外博士抚州行”活动。成立市侨联法律顾问委员会，最大限度形成涉侨维权工作合力。深入30余家侨资侨属企业走访，收集解决问题20余个，增强了侨商侨企获得感。二是发挥侨智侨力。4名抚州籍侨领作为特邀海外侨胞代表参加了省政协十三届一次会议，并受到省委、省政府主要领导会见。1名侨界委员的提案荣获江西省、2022年度省政协优秀提案，《人民政协报》刊登市侨联副主席付强履职故事。三是深化侨界联系。举办了“共迎新春，同叙乡情”“侨见春来到，年画贺元宵”“传承五四精神，汇聚新侨力量”“侨心连党心，粽叶传侨情”“庆中秋、迎国庆港澳台侨代表人士遇见金溪美”等20余场活动，凝聚了侨心、深化了情谊。发出“海外侨胞回家看看”的邀请，先后接待了泰国江西总会（总商会）代表团、加拿大赣商联合会执行会长潘维克等10余批侨团侨领来抚考察交流。四是讲好抚州故事。承办了“亲情中华·为你讲故事”网上营江西抚州营活动，广受西班牙哆来咪文化艺术学校73名海外华裔青少年营员的喜爱与家长们的肯定。组织抚州市学生参加第二十三届世界华人学生作文大赛，37人获奖。联系“抚观天下”等媒体转载新华社刊发的《中国医生助力博茨瓦纳提升妇产科诊疗技术》的故事，该新闻在全网阅读量超过150万人次，向世人展示了抚州侨界医生的责任与担当。

山东省归国华侨联合会

【领导成员名单】

党组书记、主席：李兴钰

专职副主席：卢文朋

兼职副主席：姜　明（女）

明子春

党组成员、秘书长、一级调研员：鲁亚真（女）

【综述】2023 年，山东省侨联在中共山东省委的坚强领导和中国侨联的有力指导下，以开展学习贯彻习近平新时代中国特色社会主义思想主题教育为契机，全面贯彻落实省委、省政府决策部署和中国侨联十一代会精神，锚定“走在前、开新局”，坚持围绕中心、服务大局、服务侨胞，扎实履职尽责，积极攻坚克难，各项工作取得新进展、新成效。

【从严从实开展习近平新时代中国特色社会主义思想主题教育】牢牢把握“学思想、强党性、重实践、建新功”总要求，坚持边学习调研、边对照检视、边整改落实，一体推进主题教育走深走实。严格落实“第一议题”制度，实行全员学习、全员研讨，举办主题教育读书班 4 次，班子成员全部带头讲党课，加强 99 名省侨联委员的学习培训，推动理论学习在全省侨联系统走向深入。注重服务发展、服务群众、系统联动，确定侨资企业助力山东高质量发展、涉侨法治营商环境、利用儒学做好新时代对外文化交流等 3 个专项调研课题，到 9 市开展专题调研 20 余次，实地调研 46 家重点侨企，为侨商侨企、侨界群众解决实际问题 40 余件。对照政治引领、服务大局、作风建设等领域重点查摆 8 项问题，全部列清单、逐项抓整改，各项问题均得到有效解决，实现与巩固省委巡视问题整改成效有机结合。

【迅速掀起学习宣传贯彻中国侨联十一代会精神热潮】第一时间举办中国侨联十一代会精神宣讲座谈活动，向海内外侨胞发出“认真学习贯彻中国侨联十一代会精神，努力确保大会精神在山东落地生根”的倡议和动员。全省 16 市 332 个侨联组织灵活采取专题学习会、座谈会、现场宣讲、恳谈会等形式进行学习宣讲，动员侨界群众积极热议党中央致词和侨代会报告 260 余次，不断凝聚全省侨界贯彻会议精神、投身祖国建设、服务山东发展的澎湃

9 月 8 日，山东省侨联在济南市举办第十一次全国归侨侨眷代表大会精神宣讲座谈活动

5 月 11 日，中国侨联兼职副主席、山东省侨联党组书记、主席李兴钰（前排右三）在东营市调研

力量，中国侨联党组书记、主席万立骏对山东省侨联系统推动学习宣传贯彻中国侨联十一代会精神工作作出批示给予充分肯定，以专刊形式在全国侨联系统推广学习。

【持续开展侨界宣传教育活动】深化“赤子侨心·山海不远”“永远跟党走”系列群众性主题活动，开展理论宣讲、医疗服务、文艺演出、普法宣传、观看爱国主义题材纪录电影《单声》等活动400余场次，引导全省侨界干部群众学深悟透习近平新时代中国特色社会主义思想和党的二十大精神，传承侨胞爱国爱乡家国情怀。严格落实意识形态工作责任制，开展全省侨联系统意识形态工作专题辅导，管好省侨联网站、公众号、《齐鲁乡情》杂志，设立“侨音”专栏，对12位侨界人物进行宣传，开通公众号“一日多推”、制作年度工作画册，激发新时代山东侨界团结奋斗正能量。

【深度涵养侨界人才资源】围绕更好引领侨界人才，举办山东省新侨创新创业座谈会，中国侨联党组书记、主席万立骏出席并讲话，省委常委、组织部部长王宇燕主持，向新侨创新创业人才传递中国侨联和省委的关心支持，就投身祖国建设、服务地方发展进行交流探讨。围绕搭建侨界人才平台，成立山东科创国际人才发展基金会，联合省委组织部，两次邀请著名美籍华裔数学家丘成桐来山东参观交流，就数学人才培养达成合作意向。与省国际人才交流协会共同举办中俄数字经济合作发展交流会、2023 SDAIEP“一带一路”专家杰出论坛，吸引更多海内外人才服务数字强省建设。围绕延伸海外引才触角，持续推进“鲁侨智库”建设，储备海外人才约1.8万人、海外重点侨团174家、重点侨领近400人，筛选确定13家海外社团列入省海外联络重点渠道目录。围绕服务省委重大人才战略，推动7市侨联签署“省会经济圈侨界人才服务合作协议”，支持举办2023海外青年人才高层次人才走进济南系列活动、“创业中华·侨智青岛”——海内外侨界高层次人才项目对接洽谈推进活动，30多个国家近500名海内外人才赴济青两地开展经贸对接，共谋合作发展。

【推动山东高质量发展】围绕深入落实黄河重大国家战略，在中国侨联大力支持下，牵头发起、共同签署《沿黄九省区侨联助力推动黄河流域生态保护和高质量发展联席会议机制协议》，为助力山东“在推动黄河流域生态保护和高质量发展上走在前”探索侨联路径、发挥侨界作用。围绕助推山东高水平对外开放，在习近平总书记提出共建“一带一路”倡议十周年之际，主办“创业中华·兴业齐鲁——2023‘一带一路’侨商会联盟暨海外人才投资合作交流大会”，集

4月20日，山东省新侨创新创业座谈会在济南市召开，中国侨联党组书记、主席万立骏出席并讲话，省委常委、组织部部长王宇燕主持会议

7 月 28 日，2023 海外侨领研修班暨海外侨胞故乡行活动在济南举行

中签约 12 个项目，签约额 50 亿元；成功举办“侨聚齐鲁·东盟大讲堂”，近 200 家企业代表齐聚一堂，聚焦“在 RCEP 和‘一带一路’资源整合”进行深入交流、探讨合作，不断丰富“一带一路”山东侨界朋友圈。举办山东省首届中俄“友谊之桥”科技、教育、文化艺术交流高端论坛，在主动落实中俄两国元首共同倡导项目上发挥侨联优势、贡献侨界力量。围绕开展涉侨特色经贸活动，举办山东省侨商创新创业交流会暨 2023 山东省侨商联合会年会，总投资 30 亿元的华纳新能源有限公司钠离子电池项目举行签约仪式。聚焦欧美、日韩、东盟等重点国家和地区，举办“海外侨领研修班暨海外侨胞故乡行”系列活动，邀请 400 余名侨领侨商参加走进山东、走进黄河、走进济南、走进济宁等专场活动，加深海外侨胞对山东的了解，提高山东知名度和美誉度。

11 月 9 日至 19 日，中国侨联兼职副主席、山东省侨联党组书记、主席李兴钰（前排右七）一行访问巴西、圭亚那和巴拿马

【拓展重点侨界平台功能】创建首批山东省侨联新侨创新创业基地 18 家，实现 16 市全覆盖，中国侨联新侨创新创业基地创建数量继续保持全国前列。用好各级侨商会、特聘专家委员会、侨创联盟、青委会、留联会等侨界平台，举办或参与各类新侨创新创业活动 100 余场次。新创建中国华侨国际文化交流基地 5 家、总数达到 34 家，数量位居全国前三。新聘任省侨联海外委员、海外顾问 36 名，接待联络中国旅美科技协会总会、意大利山东同乡会等 60 多个海外侨社团，组织两个出访团赴欧洲、南美 6 个国家，拓展提升海外联谊成效。

【深入开展对外文化交流活动】组织参加“第二十三届世界华人学生作文大赛”，获奖数量与名次均位列榜首，在大赛颁奖典礼上作典型发言。成立山东省华侨摄影学会，举办“侨心向党 筑梦齐鲁”迎新年全省侨界摄影艺术展，以摄影爱好为媒介，打造侨联组织对外传播的延伸平台。参与主办“第三届中国国际华服设计大赛”，在意大利米兰举办颁奖典礼，进一步深化中国传统文化与世界各国文明交流互鉴。举办 4 期“中国寻根之旅”实地夏（冬）令营、1 期“亲情中华·为你讲故事”海外华裔青少年网上夏令营，200 余名华裔青少年参加，增进他们对祖（籍）

国、对中华文化的深度了解。成功开展第一届“好品山东 ‘侨’联世界——全球华侨华人推介官在行动”优秀视频展播、全球华侨华人同祭孔活动，组织侨商、侨胞代表参加尼山海内外商会论坛、第三届儒商大会等活动，推动侨联在对外文化交流中丰富内涵、提升档次。

【持续提升为侨服务水平】积极推动出台、大力宣传《山东省华侨权益保护条例》，与省法院联合出台《关于进一步提升全省涉侨纠纷在线诉调对接效能的意见》；与省司法厅共同支持设立中日韩商事调解中心，举办中日韩商事法律交流活动；与省税务局、省商务厅联合发起成立跨境税收服务联盟，开创性开展“侨胞税收 e 服务”，为涉侨企业提供便利化、快捷化、定制化税收服务。发挥侨星志愿服务团作用，精准开展侨联“暖巢”活动，为全省 241 户侨界空巢老人提供健康、生活、医疗等保障服务；开展“送温暖、献爱心”活动，走访侨界群众 500 余户；举办 2 期“侨爱心——归侨侨眷技能培训班”，提升归侨侨眷职业技能；发挥魏基成天籁列车、香港应善良扶贫助学基金、侨爱心基金等公益品牌作用，争取慈善物资价值约 3000 万元，在 2023 年全国侨联系统公益事业能力提升培训班上作典型发言。

【提高全省侨联系统联动水平】持续把“全省侨联一盘棋”贯穿工作始终，与 16 市侨联充分共享资源、共建平台，联手开展重点侨界活动 30 余次，与部分县区侨联携手开展招商引资、文化交流等涉侨活动，共同助力乡村振兴和县域经济发展，组织各市侨联相互现场交流学习，全省侨联系统更加和谐、团结、有为。中国侨联党组书记、主席万立骏年内三次来山东，先后赴曲阜、济南、青岛、潍坊等地就传承中华优秀传统文化、加强国际传播能力建设、促进新侨创新创业、搭建联谊平台等开展调研，对山东省侨联工作给予充分肯定，提出指导性意见。

【推动侨联组织建设向纵深发展】选举 37 名代表、推荐 2 名列席代表参加中国侨联十一代会，代表团成员认真履行职责，讲好山东故事，41 人分别荣获中国侨联、国务院侨办联合表彰的中国侨界杰出人物提名奖和全国归侨侨眷先进个人，3 个集体和 1 名个人分别荣获人力资源和社会保障部、中国侨联联合表彰的全国侨联系统先进集体和先进工作者。新认定 14 家省侨联“侨胞之家”，总数达到 143 家，其中 5 家单位荣获全国侨联系统“侨胞之家”典型单位。做好枣庄、菏泽市侨联换届和部分市侨联班子建设指导工作，山东大学成立侨联组织，潍坊市侨联争取组织、统战、编办等部门支持，指导临朐县、坊子区、昌乐县、安丘市、奎文区成立侨联，菏泽市侨联推动召开全市侨务工作现场会，市委对县区侨联组织建设提出要求，鄄城县、成武县、牡丹区成立侨联，聊城市侨联指导临清市成立侨联，日照市侨联推动岚山区、东港区、五莲县、莒县教体系统、卫健系统、文旅系统成立联合侨联，德州市侨联推动水电十三局成立侨联小组。

【擦亮参政议政侨联品牌】推荐新一届全国人大归侨代表、全国政协侨联界委员 6 名，全国政协委员、省侨联常委施乾平在全国政协十四届一次会议上提交的《关于充分发挥华侨华人在促进“一带一路”民心相通中的作用的提案》被列为重点督办提案，侨界代表、委员围绕讲好归国科学家故事、推动“好品山东中心”建设、以数据资产化驱动山东省医学数字经济高质量发展等方面提交的一批提案建议，得到国家及省有关部门重视。持续开展“侨界建言献策”活动，报送信息被中国侨联《侨情专报》采用数量继续保持高位水平、位居全国侨联系统最前列。发挥省政协“界别同心汇”平台作用，举办金融服务发展银企对接会、新侨人才联谊沙龙、新侨侨商联谊、侨法宣讲、读书会等活动，显现了聚侨心、增共识、汇合力的效应。

【加强侨联干部队伍建设】在全省侨联系统深化“严真细实快 干事创一流”作风建设活动，选派 5 名干部担任省派第一书记和工作队队员、省“四进”工作队队员，入选《省派第五轮第一书记工作案例选编》。坚持新时代好干部标准，打造能上能下、崇尚实干的选人用人生态，落实优化机关平时考核和年度考核机制，不断营造担当实干、争创一流的浓厚氛围。

【万立骏主席在山东调研侨联工作】为扎实推进侨联系统学习贯彻习近平新时代中国特色社会主义思想主题教育，落实大兴调查研究的工作要求，4 月 19 日至 22 日，中国侨联党组书记、主席万立骏赴山东曲阜、济南、青岛，就传承中华优秀传统文化、加强国际传播能力建设、促进新侨创新创业等开展调研。山东省委常委、组织部部长王宇燕，省人大常委会副主任范华平参加相关活动。万立骏强调，2023 年是全面贯彻落实党的二十大精神的开局之年，各级侨联要深入学习贯彻习近平新时代中国特色社会主义思想，以党的旗帜为旗帜，以党的指引为指引，深刻领悟“两个确立”的决定性意义，深入学习贯彻习近平总书记关于群团工作和侨务工作的重要论述，落实“大学习、大讨论、大调研，作出大贡献”的工作部署，坚持在大局下思考、自觉在大局下行动、主动围绕大局作贡献，进一步发挥桥梁纽带作用，在新时代新征程开创侨联工作新局面。

7 月 27 日，中国侨联党组书记、主席万立骏（右三）到山东省潍坊市调研，中国侨联兼职副主席、山东省侨联主席李兴钰（右二）陪同

4 月 20 日，中国侨联党组书记、主席万立骏（前排左四）一行到济南新旧动能转换起步区考察，中国侨联兼职副主席、山东省侨联主席李兴钰（右一）陪同

【万立骏主席在山东潍坊调研】7 月 27 日，中国侨联党组书记、主席万立骏到山东省潍坊市实地调研潍坊综合保税区（华侨开放发展试验区）、潍坊跨境电商产业园、（歌尔）虚拟现实全球智能制造产业园、高新区联东 U 谷产业园（侨创苑），听取潍坊侨界会客厅建设、侨企法律服务、侨青会建设、文化交流、潍侨优品、联谊平台搭建等方面的汇报。

【2023 习近平总书记关于侨务工作重要论述研讨会在济南召开】7 月 27 日，由中国侨联主办，中国华侨华人研究所、山东省侨联、五邑大学共同承办的 2023 习近平总书记关于侨务工作重要论述研讨会在济南召开。中国侨联党组书记、主席万立骏，山东省副省长邓云锋出席会议并致辞。中国侨联兼职副主席、江苏省政协港澳台侨和外事委员会副主任周建农；中国侨联兼职副主席，山东省侨联党组书记、主席李兴钰；中央统战部、中央党史和文献研究院、全国人大华侨委员会、全国政协港澳台侨委、致公党中央有关负责同志；中国华侨历史学会理事和专家学者，部分省级侨联领导以及侨商侨领共 160 余人出席会议。山东省侨联党组书记、主席李兴钰，温州大学华侨学院院长包含丽，厦门大学国际关系学院 / 南洋研究院副院长、东盟研究中心主任高艳杰，中国华侨华人研究所所长、中国华侨历史学会副会长张春旺分别作了

7月27日，中国侨联党组书记、主席万立骏出席在山东省济南市举行的2023习近平总书记关于侨务工作重要论述研讨会并致辞

乔卫为学员授课，中国侨联兼职副主席，山东省侨联党组书记、主席李兴钰，淄博市委副书记杨旭东在开班式上致辞。培训由中国侨联公益事业管理服务中心、山东省侨联共同承办，各省级侨联分管公益工作的领导、侨联公益工作者参加培训。山东省侨联在培训班上进行了公益慈善活动开展情况介绍。

【程学源副主席出席2023年中国侨联文化交流干部培训班并在山东调研】2月21日，2023年中国侨联文化交流干部培训班开班式在山东济宁政德教育干部学院举办。中国侨联党组成员、副主席程学源出席并作动员讲话。中国侨联兼职副主席，山东省侨联党组书记、主席李兴钰，济宁市委书记、市人大常委会主任林红玉分别致辞。开班式由中国侨联文化交流部部长刘奇主持。培训班为期一周，来自31个省、自治区、直辖市、新疆生产建设兵团侨联的80多名文化交流干部参训。2月22日，程学源到济南市开展调研，山东省人大常委会副主任范华平会见并就加强新时代侨联工作深

题为“高擎伟大思想　赓续精神根脉　更好担当儒家文化国际传播侨联使命”“新时代华侨华人学学科体系构建与探索”“国际关系视野下的华侨华人研究”“习近平总书记关于侨务工作重要论述的理论体系与特色”的主旨发言。

【程红副主席出席2023年全国侨联系统公益事业能力提升培训班】10月12日至15日，全国侨联系统公益事业能力提升培训班在山东淄博举办，中国侨联副主席程红出席开班式并讲话。中国侨联顾问、中国华侨公益基金会理事长

10月12日，全国侨联系统公益事业能力提升培训班开班式在山东淄博举办，中国侨联副主席程红出席并讲话

2 月 22 日，中国侨联党组成员、副主席程学源（右二）在山东省济南市调研，中国侨联兼职副主席，山东省侨联党组书记、主席李兴钰（左三）陪同

入交换意见，程学源与山东省企业对外合作协会成员单位代表座谈，为山东海外友好机构联合办公中心“侨胞之家”揭牌，到北方华侨中心、太阳鸟艺术馆调研。

【签署《沿黄九省区侨联助力推动黄河流域生态保护和高质量发展联席会议机制协议》】 7 月 27 日上午，在济南举办的 2023 习近平总书记关于侨务工作重要论述研讨会上，经山东省侨联牵头，山西省侨联、内蒙古自治区侨联、山东省侨联、河南省侨联、四川省侨联、陕西省侨联、甘肃省侨联、青海省侨联、宁夏回族自治区侨联九省区侨联共同签署《沿黄九省区侨联助力推动黄河流域生态保护和高质量发展联席会议机制协议》，旨在充分发挥侨联组织独特作用，凝聚侨心、汇集侨智、发挥侨力，实现优势互补、合作共赢，为推动黄河流域生态保护和高质量发展重大国家战略贡献侨界智慧和力量。

【美籍华裔数学家、菲尔兹奖获得者丘成桐一行两次赴山东参观交流】 3 月 3 日至 6 日，山东省侨联与清华大学求真书院联合组织开展“清华大学求真书院山东行”活动，著名美籍华裔数学家、首位华人菲尔兹奖获得者、清华大学求真书院院长、数学科学中心主任丘成桐一行赴济宁曲阜、泰安和济南参观学习中国历史传统文化，调研了解数学教育开展情况，交流相关问题。山东省副省长邓云锋，省委人才办、省教育厅、省科技厅、山东大学、省侨联和济宁、泰安等相关部门、地方负责同志参加活动。9 月 28 日至 10 月 1 日，丘成桐带领清华大学求真书院师生赴淄博、济宁开展“中国历史实践游学”。

3 月 3 日至 6 日，山东省侨联与清华大学求真书院联合组织开展“清华大学求真书院山东行”活动

【举办山东省首届中俄“友谊之桥”科技、教育、文化艺术交流高端论坛】 3 月 26 日，山东省侨联和山东人才集团联合在济南举办山东省首届中俄“友谊之桥”科技、教育、文化艺术交流高端论坛。中俄科技界、教育界、文化界相关机构及企业代表共 160 余人参加，共襄发展大计，共话合作共赢，共谋高质量发展。中俄“友谊之桥”交流活动是中俄两国元首共同倡导的项目，其主要工作内容涉及俄罗斯联邦与中国科技、教育、文化艺术等域内的合作交流，曾在莫斯科及东欧二十几个国家地区及国内北京、宁波举办过文化交流、青少年艺术交流活动，本次论

3 月 26 日，山东省侨联和山东人才集团联合在济南举办山东省首届中俄“友谊之桥”科技、教育、文化艺术交流高端论坛

行了集中推介，集中签约 12 个项目，签约额 50 亿元，举行了齐鲁华侨创业谷华侨大厦奠基仪式。

【举办第四期“侨聚齐鲁·东盟大讲堂”】10 月 17 日至 18 日，在习近平总书记提出共建“一带一路”十周年之际，由山东省侨联、中国—东盟商务会协会总会与省人才发展集团共同主办的第四期“侨聚齐鲁·东盟大讲堂”分别在德州齐河东盟国际文化中心、山东人才大厦以巡回方式举行。活动聚焦“RCEP 和‘一带一路’资源整合”，邀请海内外专家学者进行了政策解读和案例分享，山东近 200 家企业代表参加。

坛是该项目首次在山东省内举办。

【举行创业中华·兴业齐鲁——2023“一带一路”侨商会联盟暨海外人才投资合作交流大会】7 月 11 日至 13 日，由中国侨联指导，山东省侨联和临沂市委、市政府共同主办的创业中华·兴业齐鲁——2023“一带一路”侨商会联盟暨海外人才投资合作交流大会在临沂市举行，来自 30 多个国家地区的 140 余位知名侨商及海外人才参加。临沂市投资促进服务中心、市委人才发展服务中心分别介绍了临沂的投资优势和人才发展政策，“一带一路”侨商会联盟、兰山区、临沂商城、临商银行、侨资企业中洋集团等平台项目进

10 月 17 日至 18 日，由山东省侨联、中国—东盟商务会协会总会与山东人才发展集团主办的第四期“侨聚齐鲁·东盟大讲堂”举行

7 月 11 日至 13 日，创业中华·兴业齐鲁——2023“一带一路”侨商会联盟暨海外人才投资合作交流大会在山东省临沂市举行

【举行中日韩商事法律交流活动暨中日韩商事调解中心启动仪式】11 月 4 日，由北京融商“一带一路”法律与商事服务中心、日中友好继承发展会、韩国中小风险贸易协会中国支会、中国法学学术交流中心、山东省侨联、北京德恒律师事务所共同主办，济南融商法律服务中心、北京国联咨询有限公司、北京德恒律师事务所联

合承办的中日韩商事法律交流活动暨中日韩商事调解中心启动仪式在济南举行，中国法学会副会长兼秘书长张鸣起，日本前首相、东亚共同体研究所理事长鸠山由纪夫，中国侨联兼职副主席，山东省侨联党组书记、主席李兴钰，山东省司法厅副厅长何旭出席。中日韩国际商事调解中心是依托济南融商法律服务中心成立的专业调解平台，已有120名中日韩籍调解员加入，将进一步合作共建调解室，更好服务三国企业健康发展。

【成立跨境税收服务联盟】11月22日，国家税务总局山东省税务局、山东省商务厅、山东省侨联共同倡议成立跨境税收服务联盟，旨在整合各方资源，发挥专业特长，凝聚共治合力，不断推动山东省外向型经济持续健康发展。成立仪式上，正式对外宣布《跨境税收服务联盟倡议》，推出建立服务会商机制、打造联盟品牌矩阵、提供投资全周期服务、联合开发服务产品、共同组建服务团队、设立创新实践基地六项举措，持续优化市场化、法治化、国际化营商环境，国家税务总局山东省税务局发布了“税路通·税之家”服务品牌，为首个联盟创新实践基地—中国（山东）自由贸易试验区烟台片区揭牌。

【济南市侨联】2023年，济南市侨联坚持围绕中心、服务大局、服务侨胞，扎实履职尽责，团结广大归侨侨眷和海外侨胞为省会高质量发展贡献力量。市侨联办公室被表彰为全国侨联系统先进组织，全市侨界8人被表彰为先进。市侨联荣获省级文明单位称号，被评为经济社会发展综合考核先进单位。一是开展学习贯彻习近平新时代中国特色社会主义思想主题教育。实地调研32次，班子成员讲专题党课3次，理论中心组集中学习16次，举办专题读书班5期，《密切联系侨界群众实施办法》入选主题教育全市制度成果汇编。二是强化侨界思想政治引领。党组成员和“侨星宣讲队”分别深入基层一线，宣传宣讲党的二十大精神、中国侨联十一代会精神。举行庆祝济南市侨联成立60周年汇报展演等，凝聚侨心侨智侨力。三是服务强省会建设。聚焦“项目突破年”，举办“创业中华·侨涌泉城——2023年济南新侨人才创新创业交流活动”，创新构建“3+4+N”工作机制。组织开展高层次人才走进济南新侨双创基地、“侨梦苑”等“双招双引”活动9场。参与第六届中国（济南）新动能创新创业大赛，促成多个高科技项目落地济南。开展“亲情中华·品读济南”活动，讲好济南故事。深化“商量有侨”品牌，做好参政议政工作，市侨联获评2023年度全国侨联系统信息工作成绩突出单位。四是深化为侨服务。开展侨爱心工程等系列活动，承办归侨侨眷技能培训班，募集善款100万元，为困难眼疾患者完成免费手术500场，向甘肃地震灾区捐赠爱心款物30万元。加强司侨、警侨合作，合力解决侨界人才项目落地、子女入学等问题。市侨联侨星志愿服务队荣获“爱涌泉城”十佳公益组织称

6月15日，在“创业中华·侨涌泉城——2023年济南新侨人才创新创业交流活动”中，与会嘉宾启动“泉惠侨”平台

9月13日，“侨爱心·光明行”济南站公益活动在平阴县启动

号，市侨联商会会长单位荣获“爱涌泉城”公益榜样企业称号。五是加强自身建设。深化模范机关建设，举办“全市侨联系统骨干素质提升培训班”。推进基层组织建设，推动山东大学成立侨联，成立济南侨界青年联合会，推荐 4 名正式代表、1 名列席代表参加中国侨联十一代会，2 名代表当选中国侨联常委。加强与驻济高校侨联合作，共同实践“地方侨联 + 高校侨联 + 校友会”机制建设。累计建成“侨胞之家”15 个、侨驿站 23 家、海外侨驿站 42 家，德迈国际“侨胞之家”获评全国侨联系统典型选树单位。

【青岛市侨联】2023 年，青岛市侨联坚持以习近平新时代中国特色社会主义思想为指导，实干担当、创新突破、事争一流，全力推动侨联事业实现新发展。荣获全国侨联系统先进组织、信息工作一等单位荣誉称号。中国侨联、省侨联主要领导，市委分管领导给予批示肯定 6 次。学习强国、人民网、中国侨联网站等媒体宣传报道 190 余篇次。提高站位，统一思想，强化政治引领。扎实开展学习贯彻习近平新时代中国特色社会主义思想主题教育。举办“学思想 树榜样 建新功”——“庆七一”暨侨界十大故事宣讲会。深入学习宣传贯彻十一代会精神，组织代表见面会、宣讲会、交流研讨会等，凝聚奋进力量。中国侨联党组书记、主席万立骏来青调研，对青岛市侨联工作给予充分肯定。围绕中心，服务大局，助力高质量发展。发挥“侨联四海”优势，接待拜访海内外客人 81 批次 441 人次，促成 9 个项目注册或增资，总注册资金达 6500 余万元。组织侨商代表赴上海、杭州等四地考察交流。举办“创业中华 侨聚青岛”“创业中华 侨智青岛”活动。承办中国侨联“创业中华 云分享”活动并作专场汇报。召开“侨界高层次人才建言高质量发展座谈会”，引荐侨界人才对接洽谈 26 批次 223 人次，向市委人才办提报 11 位高层次重点海外人才，在全市人才工作专题会议中作典型发言。面向海外，突出特色，服务更高水平对外开放。接待海外客人 22 批次 86 人次，与 7 个海外侨社团签订友好协议。琅琊台博物馆成功获评“中国华侨国际文化交流基地”，确认 9 家“青岛市华侨国际文化交流基地”，打造国家、省、市三级华侨国际文化交流体系。创新成立市侨联国际文化交流促进会，举办侨界文化艺术线上展演。组织参与“世界华人学生作文大赛”，653 篇作品获奖，荣获“优秀组织单位”。加强对外宣传，学习强国、人民网等媒体刊发稿件 150 余篇次。以侨为本，为侨服务，当好“贴心人”“实干家”。举办全市基层侨联工作经验交流会，新建“侨星

4 月 21 日，中国侨联党组书记、主席万立骏（左二）在青岛调研，中国侨联兼职副主席、山东省侨联党组书记、主席李兴钰（右二）和青岛市人大常委会主任王鲁明（左一）陪同

7 月 19 日，青岛市侨联举办“创业中华 侨智青岛——海内外侨界高层次人才项目对接洽谈推进活动”

10 月 24 日至 26 日，马来西亚拿督、黄氏集团有限公司主席、德利航运执行主席、砂拉越华人社团联合总会会长黄良杰访问青岛，青岛市委副书记、统战部部长张惠（左七）会见

苑”57 家，新选树“新侨创新创业示范基地”26 家，推荐获评 1 家省级“侨胞之家”，2 家“山东省侨联新侨创新创业基地”。争取并发放助听器 462 台、专项经费 5.16 万元。赴定西、陇南开展东西部协作，组织捐赠物资 36.3 万元。开展“经略海洋”征文活动，27 篇高质量稿件出版发行。报送中国侨联《侨情专报》165 篇，13 篇被呈报中央。向市委市政府办公厅、市委宣传部报送建议信息 257 篇，4 篇被中办、省办采用。

实干笃行，奋楫争先，全面加强自身建设。内部处室获评“市直机关五星级党支部”“市直机关模范机关建设工作突出集体”。“幸福党建”案例获评机关党建工作创新“最佳案例”，《青岛通讯》刊发青岛市侨联工作做法，结对共建志愿服务活动获评优秀结对共建项目。举办全市侨联系统干部培训班、干部能力素质提升大讲堂，选派 2 名优秀年轻干部参与省“四进”工作，均获评优秀等次。

河南省归国华侨联合会

【领导成员名单】

党组书记、主席：杨海强
党组成员、专职副主席：吕　剑（女）
刘智良
兼职副主席：郑鹏远　王为工
沈钊昌　闫正伟
金双根
二级巡视员：刘合生
秘书长：潘　冬

【综述】2023年，在中国侨联指导支持下，在省委的坚强领导下，全省侨联组织坚持以习近平新时代中国特色社会主义思想为指导，深入学习贯彻习近平总书记关于侨务工作和群团工作的重要论述，全面贯彻党的二十大和二十届二中全会精神，聚焦保持和增强政治性、先进性、群众性，坚持围绕中心、服务大局、服务侨胞，勇于担当、锐意创新，积极履职尽责、强化统筹联动、持续转变作风，成功召开河南省第十一次归侨侨眷代表大会，聚力办成了一批有影响力的大事要事、温暖侨心的实事难事，侨界团结奋进的思想基础更加巩固，服务大局的独特优势充分彰显，侨联事业发展取得了新进展、实现新跃升。

【学习贯彻习近平新时代中国特色社会主义思想】始终坚持旗帜鲜明讲政治，把学习贯彻习近平新时代中国特色社会主义思想作为首要政治任务，用好“第一议题”、党组理论学习中心组学习、“三会一课”制度，举办党的二十大精神专题培训，召开党组会、理论学习中心组学习41次，班子成员带头讲党课6次，编印《党组第一议题学习内容》16期、《学习动态参考》18期，及时跟进学习习近平总书记最新重要讲话精神，不断提升政治判断力、政治领悟力、政治执行力。推动学习贯彻向基层延伸、向侨界群众延展，举办全省侨联系统干部培训班、第三期基层干部（高校侨联工作负责人）培训班、侨界青年代表人士国情研修班，组织“侨心学悟二十大　踔厉奋进谱新篇”知识竞赛，在线答题人次超26万，传播量超2000万人次，引领侨联党员干部、侨界群众深刻领悟“两个确立”的决定性意义，不断增强做到“两个维护”的内在自觉。

2月10日，全省侨联工作座谈会在郑州召开

3月28日，河南省侨联召开2023年度党风廉政建设暨以案促改工作会

的工作目标，测评被评为“好”等次。

【召开河南省第十一次归侨侨眷代表大会】坚持全面深入贯彻党的二十大精神和习近平总书记关于侨务工作的重要论述，筹备召开省第十一次归侨侨眷代表大会，省委、省人大、省政府、省政协及中国侨联领导出席开幕会，近500名侨界代表出席大会。中国侨联党组成员、副主席程学源和时任省委副书记周霁分别代表中国侨联，省委、省政府讲话，向全省归侨侨眷、海外侨胞表达关怀和问候，对河南侨联事业发展作出新部署、提出新要求，向全省侨联组织、全省侨界提出了建功中国式现代化河南实践新征程的殷切期望。会议选举产生了新一届领导班子，总结五年工作，选树侨界先进典型，科学谋划部署今后五年重点任务，广泛凝聚全省侨界思想共识，激发了奋进新征程的强大精神力量，开创了侨联事业发展新局面。

4月12日，河南省侨联学习贯彻习近平新时代中国特色社会主义思想主题教育工作会议召开

6月29日，“侨心学悟二十大　踔厉奋进谱新篇”知识竞赛活动正式启动

【扎实开展主题教育】制定贴合侨联实际的实施方案，建立理论学习、调查研究、推动发展、检视整改、建章立制“五项清单”，举办读书班2期，组织专家学者辅导2次，制定完善规章制度17项，班子成员带队调研覆盖18个地市57个县（区）、45个基层“侨胞之家”、75家侨资企业，召开调研成果交流会2次，形成调研报告10篇、转化调研成果4项，高质量召开主题教育专题民主生活会和组织生活会，达到了“以学铸魂、以学增智、以学正风、以学促干”

8月29日，第十一次全国归侨侨眷代表大会河南代表团行前培训会在郑州召开

2 月 25 日至 26 日，河南省第十一次归侨侨眷代表大会在郑州召开

【举办中国侨商投资（河南）大会】 在省委、省政府领导下，在中国侨联大力支持下，成功促成中国侨商投资大会首次走进中部、落户河南。赴浙江、福建、广东、河北举行招商路演 4 场，邀请海内外知名侨商、侨界杰出科技人才等 1000 余人参会，邀商规模、邀商层次大幅提升。河南省委书记楼阳生，中国侨联党组书记、主席万立骏出席开幕式并致辞，谢国民、张茵等 6 位知名侨商代表发言，达成合作项目 346 个，总金额 3127.8 亿元，涉及装备制造、电子信息、新能源、新材料、生物医药等领域，有效提升了海内外侨界融入现代化河南建设的深度和广度。会议期间，还举行了 2023 中国侨联新侨创新创业联盟理事大会，组织客商到南阳实地考察，全方位展现河南独特优势和发展成果，活动成效得到王凯省长和万立骏主席的批示肯定。

【举办“追梦中华·读懂黄河”2023 海外华文媒体河南采访行】 在中国侨联的大力支持下，联合河南省人民政府新闻办公室、河南日报社、河南省文化和旅游厅，邀请来自美国、德国、马来西亚等 13 个国家和地区的 16 家海外华文媒体、3 家涉侨中央媒体走进郑州、开封、洛阳、焦作，追溯黄河沧桑巨变，感受中原出彩实践，签订了国际传播战略合作协议、聘请了“河南推荐官”，面向海内外讲好中国故事、传播好河南声音，发稿 800 余篇，阅读量超 3000 万人次，获中国侨联、河南省政协、河南省委宣传部主要领导同志

11 月 27 日至 29 日，中国侨联党组书记、主席万立骏（左三）出席中国侨商投资（河南）大会并在郑州、鹤壁、安阳调研侨联经济科技和文化交流工作

11 月 28 日，以“汇聚侨界力量　共建出彩中原”为主题的中国侨商投资（河南）大会在郑州举行

4月21日，“追梦中华·读懂黄河”2023海外华文媒体河南采访行在郑州启动

批示肯定。

【组织“创业中华·知名侨商中原行”活动】 围绕地方产业经济和城市发展规划，邀请知名侨商企业世茂集团、中骏集团和楷林国际、福通控股、德嘉丽、东泰控股等省侨商副会长企业以及海内外侨领侨商200余人次分别赴洛阳、濮阳、新乡、鹤壁等省辖市和郑州二七区、商丘永城市等县（区）开展7场“创业中华·知名侨商中原行”活动并进行专场对接，进一步打通侨商侨企与全省各市县（区）的合作交流渠道，在全省营造侨联组织助力地方发展的浓厚氛围。

【组织华裔青少年线上线下营活动】 线上线下同步办好“亲情中华·为你讲故事”网上营和“中国寻根之旅”遇见河南系列实体营活动。一是“一地一品”开展特色网上营活动。深挖区域文化特色，联合郑州、开封、漯河、新乡等地市侨联，先后以“宋文化”“贾湖文化”“功夫文化”“非遗文化”等为主题，坚持“1+6+N”组织理念，举办“亲情中华·为你讲故事”特色网上营8期，邀请来自意大利、德国、马来西亚等近20个国家的3400余名华裔青少年线上参与，形成“一地一品、上下联动、多点开花”的办营格局，多形式、多内容、多角度面向海外华裔青少年弘扬中华优秀传统文化。二是厚植文化系统打造寻根之旅实体营。系统设计、统筹谋划，分别以汉字、功夫、古都、黄河等河南省在海外知名度最高、华裔青少年最感兴趣的文化为主题，精心设计参观、教学、体验、展演等多样活动，高质量打造遇见河南系列实体营，邀请来自美国、比利时等近20个国家的214位华裔青少年走进河南深度领略黄河文化、根亲文化，加深了海外华裔青少年文化认同。

【积极拓展海外联谊】 以河南省第十一次归侨侨眷代表大会召开为契机选聘75名海外顾问和19名港澳顾问，全年接待加拿大河南同乡联谊总会、全英河南同乡联谊会等海外侨团来访42批次，组团出访泰国、越南、菲律宾、法国、德国、英国、澳大利亚、韩国8个国家，拜访知名海外侨团、华侨华人企业和海外河南企业36家，与当地政要、侨领和驻外使领馆进行座谈交流，看望慰问豫籍侨胞，传递党和国家对海外侨胞的关心关怀，宣传推介河南省情及经济社会发展变化，进一步拓展了海外“朋友圈”。

【依法维护侨胞权益】 厚植为侨情怀，认真践行新时代“枫桥经验”，成功申报中国侨联“连

7月17日，2023“中国寻根之旅”夏令营——遇见功夫·河南郑州营在嵩山少林武术职业学院开营

3月29日，中国侨联党组成员、副主席连小敏率中国侨联法顾委调研组到河南开展维护侨益专题调研并举行座谈会

心侨—维护侨益”项目，高标准打造涉侨纠纷调解服务工作站示范点，推动全省178个调解组织、315名调解员入驻法院在线调解平台，组织线上调解培训8期、培训2000余人次，累计调解案件20359件、调解成功14718件、成功率72%。联合省检察院印发《关于进一步加强新时代涉侨检察依法保护侨胞合法权益的意见》，明确15项检侨合作机制，走进全国第一方阵。召开参政议政工作会议、侨情专报工作会议，优化工作体制机制，有效畅通侨情民意。及时回复涉侨提案，做好侨界信访工作，确保侨有所呼、我有所应。省侨联获2023年度全省平安建设考评“优秀”等次。

【改善侨界民生】深化“零距离聚侨心”，聚焦侨界“急难愁盼”，组织节日走访慰问侨界群众近千人，支出近100万元。争取公益基金34万元开展适老化改造，关爱侨界留守老人。对接中国华侨公益基金会，在新乡辉县捐建“侨爱心应急站”22所。制作并发放“老归侨参加新中国建设70周年”纪念章386个。组织“侨爱心送温暖”送医送法活动，深入漯河、平顶山等地开展现场服务30余场次，惠及群众8000余人，温暖了侨界人心。

【拓展基层组织覆盖】树牢抓住基层鲜明导向，联合省委教育工委出台《关于加强和改进新时代高校侨联工作的意见》，提出“重要意义、指导思想、组织建设、功能建设、党的领导”5个方面13条举措，推动高校侨联组织建设提质增量。编印《河南省侨联基层组织建设工作指引》，完成首批全省32家“侨胞之家”典型单位选树工作，推荐10家基层活动阵地获评全国

8月4日，河南省侨联参政议政工作会议在郑州召开

12月27日至28日，全省侨联系统涉侨纠纷多元化解暨“侨胞之家”建设现场观摩活动（豫东片区）在周口市举行

侨联系统“侨胞之家”典型，新命名66家省级“侨胞之家”。组织“喜迎七一　同心筑梦”主题系列活动110余场次，有效提升了基层组织活力。

【做好驻村帮扶】成功申报国家互联网基金会“数字化乡村”试点项目（全省共10家），争取项目资金90万元，铺设水肥一体化传感设备，建设智慧良田100亩。激活“侨联桥”品牌，通过线上线下平台帮销特色农副产品20万余元，同比增长近10倍。省侨联动员侨界力量参与驻村帮扶，举办“四送一助力”文化赋能乡村振兴戏曲节活动2场，开展送医送法活动1次，指导省侨青会开展“金秋助学”捐赠5万余元，受到群众广泛好评。驻村第一书记获2023年度消费帮扶工作先进个人、漯河市“驻村之星”、临颍县优秀共产党员表彰。

【南阳市侨联】11月28日至30日，中国侨商投资（河南）大会南阳行活动成功举办。活动期间，来自海内外的近200名知名侨商、侨界杰出科技人才代表相聚南阳，共商发展大计、共襄合作盛举。南阳市委、市政府高度重视大会筹备工作，市委常委会多次召开专题会议研究部署活动筹办工作，成立了由市委副书记、政法委书记金浩任组长，市委常委、统战部部长范勇担任常务副组长，市委统战部、市侨联等部门作为成员单位的筹备工作领导小组，建立了领导小组统一指挥、办公室统筹协调、成员单位协同配合的工作机制，确保活动筹备顺畅高效。市委主要领导同志就筹备工作多次作出批示指示，并带队到中国侨联拜会对接工作。市领导带队到杭州、秦皇岛、福州、广州等重点地区开展招商路演，组织市情推介，诚邀海内外侨商莅宛考察、洽谈合作。聚焦高质量发展，明确“五张清单”，借助中国侨商会、河南省侨商会、华人头条等各类平台载体广泛发布，引导海内外侨胞关注南阳，投资兴业南阳。开展以商招商，对接中国侨商会、河南省侨商会、福建省侨联（省侨商会）等十余家商会，走访重点侨企，拜访重要侨商侨领，宣传推介南阳产业、资源优势。组织开展登一次门、送一封信、连一次线“三个一”活动，联络邀请知名度高和影响力大的海内外侨界代表人士莅宛参会。活动期间，举办“南阳名优产品展”，组织中光学集团、仲景宛西制药、中南钻石、赊店老酒等18家重点企业的200多款名优产品参展，有力推介了南阳优势产业产品，扩大了宛产名品的知名度，推动了宛品出豫、宛品出海。组织与会侨商侨界代表开展考察活动，实地感受南阳悠久的历史、厚重的文化、优良的生态以及在装备制造业、农牧业、中医药产业、玉石产业等领域的发展优势。通过市情、县情推介、“五个清单”的发布，共向广大侨商推出招商引资项目191个、人才需求清单项目30个、融资项目清单207个、科技需求清单70项、各类招商引资优惠政策文件20个，全面、立体、生动地展示了南阳厚重的历史文化、坚实的产业基础、创新的生态业态、广阔的消费市场、优良的营商环境。本次活动共签约151个项目，投资类项目30个、贸易类项目121个，项目投资总额和贸易总额分别为455.5亿元、415亿元。

【信阳市侨联】在国务院台办、中国侨联、全国台联、台盟中央和河南省委、省政府、省政协的关心指导下，第十一届中原（固始）根亲文化节于7月至10月在信阳市成功举办。9月26日上午，台胞台属、华侨华人、两岸青年、全球姓氏宗亲代表，国内各地和港澳台地区代表以及来自马来西亚、越南、菲律宾、泰国、法国、英国、秘鲁等各地商会的1000余名代表齐聚固始参加开幕式，共叙桑梓情谊。本届根亲文化节以“同宗同源·同心同向”为主题，围绕根亲文化、信商回归、青创信阳、花园城市、宣传推介五大板块，由24项主要活动、15项重点工作以及数十项县级配套活动共同组成，本次大会由县级统筹提升到市级统筹，从过去固始县“独唱”变成全市“大合唱”。活动丰富多彩、特色鲜明，在叫响根亲品牌、助推产业发展、打造青春信阳、提升城市建设、助力信阳高质量发展等方面取得了良好效果。信阳市侨联作为本次大会的承办和参与单位，按照组委会的统筹安排，圆满完成工作任务。一是积极邀请中国侨联作为指导单位、河南省侨联和中国华侨国际文化交流促进会作为主办单位，并得到中国侨联和河南省侨联的大力支持，有关领导同志莅临指导并出席开幕式。二是积极承办河南省海外侨团“一带一路”创新合作发展大会，此活动作为第十届河南投洽会专题活动、中原（固始）根亲文化节重要活动，由信阳市侨联等共同承办，河南省政协副主席、民进河南省委会主委张震宇参会并宣布大会开幕，30多个国家的海外侨团代表、我国港澳台地区代表以及河南省欧美同学会代表百余人参加活动。三是协助举办根亲文化论坛、"同宗同源·同心同向"中秋晚会、2023信商大会暨豫闽台企业家高峰论坛、海外侨团观摩等活动。

【商丘市侨联】由河南省政协、中国侨联主办，商丘市人民政府、中国侨商会、河南省侨联、河南省工商联承办的第九届中国·商丘国际华商节于10月23日在商丘市成功举行。有关领导同志，华侨侨商代表、国内外华人精英等500余人出席活动，85个项目现场签约，总投资426.8亿元。商丘市侨联作为筹备工作核心组织单位之一，为华商节的成功举办作出了积极贡献。市侨联充分发挥资源和组织网络优势，邀约20多个国家和地区的160余名侨界代表人士参与，中国侨联顾问、原副主席王永乐，中国侨商会副会长兼秘书长夏付东，河南省侨联党组书记、主席杨海强等领导同志出席，有效凸显了侨联组织联系广泛的独特优势。召开了侨商投资促进恳谈会，28名侨商代表围绕"凝聚侨商力量、助推商丘发展"为商丘经济社会高质量发展出谋献策，搭建了参会侨商与县区之间的合作平台。瑞典河南商会、台湾星锐股份有限公司分别与柘城、永城进行了深度对接并开展了投资考察。

【新乡市侨联】5月21日至23日，由河南省侨联、新乡市人民政府等主办，新乡市侨联等承办的2023年新乡市比干文化旅游节成功举办，来自海内外3500多名林氏宗亲和各界嘉宾齐聚一堂，寻根谒祖祈福，畅叙乡情乡谊，同谋发展大计，共绘美好未来。其间，还举办了"创业中华·知名侨商中原行（走进新乡）"活动，来自海内外的40多位知名侨商参加活动。新乡市委、市政府对举办本届比干文化旅游节高度重视，专门成立组委会，制定《2023年新乡市比干文化旅游节活动工作方案》及活动细则，旨在高站位、高标准、高水平做好各项筹备工作，切实把本届比干文化旅游节办成一场贯通古今、精彩纷呈的文旅盛宴，一场织密交流、繁荣发展的经贸盛会。新乡市侨联主动认领任务，强化省、市、县"三级联动"，实行清单化管理，推进各项任务落实落地。促成"创业中华·知名侨商中原行（走进新乡）"品牌活动顺利成行。40多位知名侨商参观考察了"中原农谷"、卫辉市产业集聚区，深入了解新乡市情侨情、人文历史、投资环境、产业发展及特色优势。侨商纷纷表示，此次活动加深了对新乡投资政策、产业定位和区位优势的了解，增强了对新乡创新发展的信心，下一步将加强与新乡各领域的交流合作，为新乡跨越发展注入更多侨力量。

【漯河市侨联】12月19日，漯河市第五届新侨人士"创新创业之星"表彰活动举行，会议表彰了新侨"创业之星"、新侨"创新之星"，获奖代表作大会交流发言，全市166名侨界青年代表参加活动。河南省侨联党组书记、主席杨海强，漯河市委副书记贾宏宇出席并讲话，动员广大新侨人士为全面推进现代化食品名城、创新之城、幸福之城建设贡献更多侨界力量。近年来，漯河市侨联作为党和政府联系广大归侨侨眷和海外侨胞的桥梁纽带，积极顺应新侨回国创业大势，通过开展示范引领、资源对接、项目孵化等活动，为新侨人士回国来漯创新创业搭建平台、提供服务，凝聚了侨界创新创业力量，挖掘了创新创业潜能，激发了创新创业活力，有力助推了漯河经济社会高质量发展。一是推动政府相关部门出台了一系列支持新侨人士创新创业的政策措施，如财政补贴、税收优惠、金融扶持等，进而降低创业门槛，减轻创业压力。二是建立漯河市侨联海归创业基地平台，成立漯河市侨联青年委员会，为新侨人士提供创业场所和资源支撑，促进交流合作，共同推动新侨创新创业有序发展。三是定期举办创业培训、创业导师辅导等活动，提高新侨人士的创业素质和创新能力，帮助大家了解市场需求、掌握创业技能。四是与市人才办联合积极引进海外高层次人才，鼓励新侨人士与国内外高校、科研机构等建立合作关系，拓展发展平台和路径。五是连续举办新侨人士创新创业之星评选表彰活动，通过《漯河日报》等媒体宣传推广新侨人士创新创业的成功经验和典型案例，在全社会营造浓厚的创新创业氛围，积极引导新侨人士牢固树立"创业光荣"理念，激发其创新创业热情。目前，全市共有各类新侨企业100多家，新侨创业人士300多人。

湖北省归国华侨联合会

【领导成员名单】

党组书记、主席：施　政

专职副主席：侯继文　王慧萍（女）

兼职副主席：陈义红　舒　心　谢俊明　闫大鹏　喻　鹏　马占军　邓明辉　邝远平

二级巡视员：欧梁锋

秘书长：侯继文（兼）

【综述】2023年，湖北省侨联坚持以习近平新时代中国特色社会主义思想为指导，在中国侨联的指导和关怀下，团结带领全省各级侨联组织、侨界群众，深入学习贯彻习近平总书记关于侨务工作和群团工作的重要论述，全面贯彻党的二十大、第十一次全国归侨侨眷代表大会、湖北省委第十二次党代会精神，胸怀“国之大者”，做好“侨”的文章，锚定“两个走在前列”目标，服务归侨侨眷和海外侨胞，推动侨联工作取得新进展，侨联组织呈现新气象。

【扎实开展主题教育】举办为期7天的专题读书班，3次邀请省委宣讲团成员作辅导报告，前往华工激光工程有限公司、中原突围纪念馆党员教育基地开展实践活动和红色教育，各支部开展“以学增智强本领”“以学正风强党性”主题党日活动，开展7次交流研讨，在省侨联网站开辟“习近平新时代中国特色社会主义思想主题教育”专栏，共发布文稿162篇。党组班子成员下基层34次，分别调研了50个县市区基层侨联组织建设，赴40余个“侨胞之家”“国际华侨文化交流基地”进行指导，领办民生实事项目3个，解决问题9个，围绕履行侨联六大职能形成调研报告12篇；机关党员干部下基层155次，解决问题8个。

【学习宣传第十一次全国归侨侨眷代表大会精神】8月31日至9月3日，第十一次全国归侨侨眷代表大会在北京召开，湖北代表团共计27名来自全省侨届各领域代表参会，6家侨联组织、34名个人获得表彰，施政等4名同志当选中国侨联十一届委员会常务委员，全体与会人员深受感动、倍感鼓舞，省侨联网站对十一代会盛况进行了集中宣传，网站专栏、公众号组发“喜迎”“热议”、学习宣传相关稿件139篇，全省各级侨联迅速向广大归侨侨眷和海外侨胞传达会议精神，并结合实际抓好贯彻落实。

9月13日，省侨联党组书记、主席施政（授课左一）到仙桃市宣讲第十一次全国归侨侨眷代表大会精神

7月5日，省侨联、武汉市侨联、孝感市侨联通过省市侨联党建联建联动，组织党员干部赴大悟县新城镇金岭村党员教育基地、中原突围纪念馆党员教育基地进行主题教育理论学习现场教学暨支部主题党日活动

【召开湖北省侨联十一届三次全委会议】 2月14日，湖北省侨联十一届三次全委会议在武汉召开，深入学习贯彻党的二十大精神，落实中央统战工作会议要求，学习传达中国侨联十届六次全委会议精神，湖北省侨联党组书记、主席施政代表省侨联作工作报告，省委常委、统战部部长宁咏出席并讲话，强调要全面学习、全面把握、全面落实党的二十大精神，深入学习贯彻习近平总书记关于侨务工作的重要论述，认真落实省第十二次党代会部署，广泛凝聚侨心、汇聚侨力，推动侨联工作高质量发展，为湖北省加快建设全国构建新发展格局先行区作出新的更大贡献。

2月14日，湖北省侨联十一届三次全委会议在武汉东湖召开

【陈迈秘书长来鄂调研】 为深入开展主题教育，大兴调查研究之风，中国侨联秘书长、办公厅主任陈迈一行赴湖北省开展工作调研，走访了企业、海外校友会、省华侨国际文化交流基地、基层“侨胞之家”等，与省侨联主要负责人和武汉、黄石市、县、区侨联干部、侨企负责人、侨界群众代表等进行座谈，听取党的十八大及中国侨联十代会以来，侨联事业发展取得的经验、做法和面临的困难问题，为筹备召开第十一次全国归侨侨眷代表大会文件起草等事项听取基层侨联的意见和建议。并于5月24日，作了“新时代侨联的改革与发展”辅导报告，省侨联和武汉“1+8”城市圈侨联系统代表100余人参加报告会。

11月17日，中国侨联“追梦中华·海外华文媒体高级研修班”开班，中国侨联信息传播部部长左志强（前排中）参加此次活动

【承办“追梦中华·海外华文媒体高级研修班”】 11月17日至21日，由中国侨联主办、湖北省侨联联合武汉大学承办的第七期“追梦中华·海外华文媒体高级研修班”在武汉大学成功举办，本期研修班共有来自21个国家和地区的26名海外华文媒体代表参加。武汉大学7位教授从多个角度，为大家讲授新时代海外媒体传播中华文化、传递中国声音的新方法、新思路、新技术。开班期间，全员赴湖北广电融媒体中

5月24日，中国侨联秘书长、办公厅主任陈迈（授课）在武汉为省侨联和武汉“1+8”城市圈侨联干部和侨界代表作了“新时代侨联的改革与发展”辅导报告

心进行了参观见学、参加了第23届“华创会”相关活动。中国侨联信息传播部部长左志强，湖北省侨联党组书记、主席施政，武汉大学相关领导参加此次研修班学习活动。

3月21日，湖北省侨联党组成员、副主席王慧萍（左一）前往武汉工程大学调研

【创新维护侨益工作方式路径】加强横向联动，积极推进法侨合作、检侨合作、知侨合作。与省高院联合出台《关于推进全省涉侨纠纷多元化解机制建设的实施意见》；与省检察院联合出台《关于建立检侨合作机制依法保护归侨侨眷和海外侨胞合法权益的意见》；在全国率先开展“知侨合作”，与省知识产权局联合出台《关于建立涉侨知识产权创造保护合作机制的实施意见》，发布《侨界代表知识产权保护倡议书》，为海外高层次人才回国创新创业保驾护航。研究制定了《省侨联信访工作制度》，积极协调各部门和社会力量，促进多起重点案件妥善解决，有力保护了广大侨胞合法权益，增强了侨胞获得感、安全感。

3月22日，湖北省侨联党组书记、主席施政（右二）和党组成员、副主席王慧萍（右一）前往省高检商谈检侨合作相关工作

【全力推进高校侨联组织建设】针对湖北省高校多、归侨侨眷集中的特点，稳步有序在各个高校建立侨联组织。2023年共推动湖北美术学院、湖北科技学院、黄冈师范学院、湖北工程学院、汉江师范学院、荆楚理工学院6所高校成立侨联组织，实现了全省34家公办重点本科高校侨联组织全覆盖，高校侨联数量居全国前列。组织召开第17届全省高校科研院所大型企事业单位侨联联席会议，推进“地方侨联＋大学侨联＋校友会”机制，在高校侨联服务经济社会发展、健全组织体系、上下联动上持续用力。

【激发全省基层侨联组织活力】加强基层侨联建设，协助市州党委配强侨联班子，指导十堰、襄阳、荆门、咸宁市侨联完成换届工作；组织召开全省基层侨联工作现场会“解剖麻雀”，交流经验；开展“侨胞之家”典型选树活动及“星级侨胞之家”复评工作，全面提升活动阵地建设水平和服务功能。目前全省各类侨联组织总量达124个，“侨胞之家”突破200家。

【组团出访非洲肯尼亚、南非】3月4日至12日，湖北侨联组建代表团出访肯尼亚、南非，见证了肯尼亚湖北商会暨联谊会、南非湖北商会暨联谊会的成立，促成全国首个省级非洲商会组织湖北非洲商会的提档升级，推动在肯尼亚、坦桑尼亚、安哥拉、南非建立分会组织，与一批“80后”新生代侨领建立联系，增聘了16名海外委员，扩大侨联工作网络在非洲的有效覆盖。与肯尼亚卓越集团、南非中国文化和国际教育交流中心中文学校签订“海外华裔青少年寻根之旅夏令营”项目合作协议。

【承办“亲情中华·同一个月亮——2023中国侨联迎中秋庆国庆中秋联谊晚会”】“晚会”由中国侨联主办，湖北省侨联承办，以线下线上的方式打破地域时空，让全球的华侨华人相聚在云端，激发海内外侨胞情系家乡、心系祖国的浓浓深情。中国侨联党组书记、主席万立骏在晚会上向海内外广大侨胞寄语中秋家书，引起海内外侨胞强烈反响。晚会通过央视频、学习强国、长江云、华人头条、抖音、B站、视频号等众多媒体平台向海外70多个国家同步直播，48小时全球观看量超5000万人次。获得万立骏批示：“积极作为，密切合作，认真组织，取得很好的效果。希望总结经验，在讲好中国故事上再建新功”；湖北省委常委、统战部部长宁咏批示：“省侨联主动作为、精心谋划，向海外侨胞送去中秋祝福，起到很好效果，值得肯定！”

9月29日，“亲情中华·同一个月亮——2023中国侨联迎中秋庆国庆中秋联谊晚会”向全球播出

【精心组织经济联络系列品牌活动】开展“侨商荆楚行”“海外侨胞故乡行”“楚商大会”等活动，积极邀请70余名侨商参加第23届“华创会”相关活动，与海外50多个国家和地区的330个海外侨社团、侨商会、同乡会建立密切友好合作关系，先后邀请来自35个国家和地区的160名侨商会长、知名侨领、侨资企业代表参加活动，相聚“花湖之约”，助力鄂州临空经济；相聚“锂都”荆门，助力新能源新材料产业发展；相聚古城荆州，助力都市圈建设；相聚“硒都”恩施，助力绿色产业发展等活动成效明显，人数批次历年最多、活动规模远超往届，仅“侨武当·侨十堰·侨世界”为主题的中国侨商十堰行活动，推介项目27个，达成合作意向12个，协议投资金额104.4亿元。组织巴西湖北联谊会故乡行代表团，来鄂开展为期10天的考察访问，召开5场招商推介会，与32家企业开展项目洽谈，与12家企业签订合作意向，达成10余个合作意向，带货出口湖北名特产品货值超过4500万元。组织30余位侨商代表参加癸卯年拜谒炎帝神农大典，中国侨联顾问、中国华侨公益基金会理事长乔卫出席。

【积极开展文化交流】做好省华侨国际文化交流促进会换届工作，完成章程修订、平台更名和领导团队更新工作，完善组织架构。创立湖北侨界书画院，邀请著名画家鲁慕迅担任名誉院长，著名美术活动家、收藏家谭晓辉担任院长，著名书法家张少华担任执行院长。举办2期“中国寻根之旅”夏令营，40余名海外华裔青少年参加活动，参观了湖北省博物馆、黄冈东坡赤壁等场所，体验了米公祠文化课堂等文化课程，观看了武当山武术表演等。“十堰西关印象”“盘龙城国家考古遗址公园”成功获评中国华侨国际文化交流基地。

【湖北省侨联青年委员会换新升级】举办湖北省侨联青委会理事大会，修改完善章程，完成领导团队的更新和秘书处的重组，完善了平台运行管理机制，全年成功举办60多场活动，超过过去四年的总和。其中，第三届“情系侨心　为侨圆梦”侨界国际青年联谊会活动，报名人数1000多人，各级媒体高度关注，中央统战部网站、华人头条、湖北广电、九派新闻、极目新闻、湖北“侨胞之家”公众号、小红书、抖音等媒体平台浏览量超千万次。

【开展“侨爱心·光明行”等公益活动】推进“侨爱心·光明行”活动，多种形式宣传发动，覆盖人群超24万人，开展592场义诊活动，实施“侨爱心·眼视光”工程，在15所乡村学校开展视力检测，惠及5000多名学生，为近千名困难学生免费配镜，发放眼健康科普手册超3万册，实施白内障手术661例、翼状胬肉手术37例。湖北侨界年度公益捐赠总额达1476万元。

【做好援疆援藏工作】10月18日至23日，湖北省侨联党组成员、副主席兼秘书长侯继文率团赴新疆博州调研当地侨联各项建设和工作情况，考察“一带一路”经济发展情况，与州侨联共同签订友好协议，落实经费支持、干部培训等事宜。11月23日至28日，省侨联党组书记、主席施政带队赴西藏，与西藏自治区侨联共同签署《友好合作协议书》，赴西藏山南调研当地企业、学校、医院，实地查看侨界公益基金参与援建的新生儿救助中心建设情况，北京联益慈善基金会与湖北省第十批援藏工作队签订战略合作框架协议，在西藏山南市启动“健康梦想　早安计划”公益项目，项目总筹资500万元，牵线北京联益慈善基金会理事长冯长林向山南市妇幼保健院捐赠价值170万元的医用转运车和车载呼吸机。组织文艺轻骑兵慰问表演。

10月20日，湖北省侨联党组成员、副主席兼秘书长侯继文（左三）在新疆博州看望当地日本归侨艾丽玛

【加强干部队伍能力建设】开展靶向培训助力干部“提能蓄力”。围绕侨联核心业务举办了3期侨联大讲堂；选派2名机关干部参加党校主体班培训，3名机关干部参加中国侨联学习贯彻习近平新时代中国特色社会主义思想培训班；组织全省65名侨联干部参加全省第十四期侨联系统干部业务培训；选派省内各级侨联干部参加“全国侨联挂兼职副主席培训班”“中国侨联十一届委员培训班”和全国基层侨联组织干部研修培训活动，实现了干部培训全覆盖。

【武汉市侨联】2023年，武汉市侨联坚持以习近平新时代中国特色社会主义思想为指导，全面学习贯彻落实党的二十大、二十届二中全会和第十一次全国归侨侨眷代表大会精神，始终牢记习近平总书记殷殷嘱托，认真落实市委工作部署和上级侨联工作要求，围绕中心、服务大局，凝心聚力、为侨服务，以新气象新作为推动侨联工作不断开创新时代新局面，为武汉在全省先行区建设中当先锋打头阵、加快打造新时代英雄城市积极贡献侨界力量。2月24日，武汉市侨联在十一届三次全委（扩大）会议上宣读《关于对武汉市侨界“科创之星”授牌的决定》，为6家侨资企业授牌，激励侨界企业家更加奋发有为创新创业，引领带动更多科技型侨资企业充分发挥侨界智力密集、人才荟萃的优势，围绕武汉市重点产业方向持续发力，在具有全国影响力的科创中心建设中积极贡献侨力量。6月16日，武汉市侨联在古琴台月湖畔停云馆举行侨联委员“三走进”暨侨界“端午雅集”联谊活动，市侨联委员、侨文会成员、侨界代表人士60余人参加活动。此次活动将侨联委员“三走进”融入为侨服务阵地建设和侨界联谊活动中，更好地把侨联委员融入侨联组织中，真正让侨界人士唱好主角，着力把“为侨服务”做得更加丰富多彩、富有成效。7月8日至9日，武汉市侨联在武汉市体育运动学校举办“庆祝建党102周年·侨心永向党”2023年武汉市侨界乒乓球联谊赛，共有32支队伍200余名运动员参加。比赛现场气氛热烈，精彩纷呈，选手们精神饱满、挥汗如雨、火力全开，发球抢攻、上步搓球、侧身进攻、扑闪腾挪轮番上阵，将奋力拼搏、迎难而上的韧劲凝聚于小小的乒乓球中，充分展示了武汉侨界的良好精神风貌，促进了侨界联谊交流。7月15日至24日，武汉市侨联承办2023年“中国寻根之旅”夏令营（湖北一营），来自美国加州内陆华美中文学校、德国汉友中文学校的老师和20余名华裔青少年相聚湖北，寻荆楚文化之根、扬中华民族之魂，圆满完成为期10天的“寻根之旅”。夏令营开设书法、剪纸、太极拳、民族舞蹈欣赏等课程，营员们亲身体验京剧脸谱插画制作、茶道茶艺、面点制作，参观赤壁公园、古隆中、武当山、湖北省博物馆、黄鹤楼、古琴台、辛亥革命博物馆等独具湖北特色的人文景观，现地领略湖北的山水之美、人文之韵，进一步加深海外华裔青少年对祖（籍）国的认知和了解，增进对中华文化和中华民族的认同。9月21日，武汉市侨联举办侨联委员走进洪山区暨“大学之城”校地统战联盟侨界代表座谈会，武汉大学、华中科技大学等15所联盟高校侨联负责人参加活动。9月28日晚，武汉市侨联联合市文旅局、市文联在晴川阁举办2023年“迎中秋·庆国庆”晴川诗会。此次活动以诗为媒、以诵为声，融合少儿诗乐表演唱、民乐演奏、民族舞蹈等多种艺术表演形式，演出“武汉大禹治水传说”和“武汉杖头木偶戏”两项国家级非遗项目融合创作的实景木偶剧，向广大侨胞展现荆楚文化之精髓，传达故乡对海外游子的牵挂。10月17日，武汉市侨联在走马岭街道法治文化广场举行“侨爱心·光明行”走进东西湖区启动仪式暨大型眼健康义诊活动，开办眼健康科普讲座，向东西湖区捐赠100枚晶体和100例手术救助名额，受益300余人，为眼疾患者送去光明和温暖。10月30日，武汉市侨联举办第三届“美国人眼中的中国——用画笔讲述武汉故事”写生画展活动，为美国艺术家颁发参加活动荣誉证书，表彰他们为中美民间文化交流所作出的贡献。“美国人眼中的中国”系列活动引起广泛关注，产生良好影响，为展现武汉城市形象、提高武汉知名度和美誉度、搭建中美文化交流桥梁作出了积极贡献。12月14日，武汉市侨联举办“侨聚英才——助推区级经济发展行动走进硚口”活动，知名侨商、侨界专家、海外侨团负责人、侨联委员等20余人参加活动。此次活动充分发挥侨胞独特优势和重要作用，以侨引侨、牵线搭桥、汇聚侨智、发挥侨力，搭建了侨界与硚口区之间推动经济社会发展和文化交流的平台，为硚口区科技创新、城市更新、现代商贸、大健康产业发展等贡献侨界智慧和力量。

【宜昌市侨联】2023年，宜昌市侨联坚持以习近平新时代中国特色社会主义思想为指导，以建设长江大保护典范城市、打造世界级宜昌为主线，以“两个走在前列”为牵引，认真贯彻落实中国侨联十一代会和省侨联十一届三次全委会工作部署，统筹推进业务工作和党建工作，全面加强自身建设，圆满完成了2023年的各项工作任务。6月17日，中国华侨公益基金会理事长、中国侨联顾问乔卫一行来宜昌调研，湖北省侨联党组书记、主席施政，宜昌市侨联主席邓希康参加调研。乔卫理事长先后调研了中国华侨国际文化交流基地——昭君村、屈原祠和秭归县丹阳社区“侨胞之家”，对宜昌市侨联在发挥华侨国际文化交流基地作用，最大限度地团结、凝聚侨心侨力，为弘扬中华文化，讲好中国故事，促进荆楚文化走向世界等方面取得的成绩给予充分肯定。6月19日至21日，湖北省侨联党组书记、主席施政率领来自美国、德国、英国、

9月28日，举办2023年侨界文化界“迎中秋·庆国庆”晴川诗会

省级侨联工作

6月17日，中国华侨公益基金会理事长、中国侨联顾问乔卫（中）来宜昌调研。省侨联党组书记、主席施政（左二），市侨联主席邓希康（右二）陪同调研。图为调研昭君村后合影

比利时、丹麦、新西兰、柬埔寨等13个国家和地区的侨商考察团一行36人，在宜昌开展了为期3天的“侨商荆楚行——走进宜昌”暨宜昌市“华商三峡行”活动，省侨联党组成员、副主席侯继文，宜昌市侨联主席邓希康全程参加活动。宜昌市委副书记、市长马泽江，市委常委、宣传部部长周正英，市委常委、统战部部长燕元沂，副市长张金安、崔伟宁等分别参加相关活动。8月，市侨联被中国侨联表彰为“全国侨联系统先进组织”。7月26日至8月4日，海外华裔青少年2023年“中国寻根之旅”夏令营（湖北宜昌—荆州营）在宜昌举行开营仪式，来自德国法兰克福的20名华裔青少年及领队老师参营。10天的时间里，营员们走进宜昌、荆州各地参观考察，体验剪纸、烙画、贝雕制作等项目，学习书法、武术、茶艺等中国传统文化，用实际行动探寻海内外中华儿女的“根、魂、梦”。8月27日至31日，市侨联副主席、湖北诚昌律师事务所主任陈喻伟率团赴澳门开展交流活动，看望在澳门就读的宜昌籍大学生，拜访澳门街坊会联合总会、澳门湖北社团总会等侨社和省侨联常委、澳门新信诚有限公司董事长陈国成先生，诚意邀请他们到宜昌参观考察，并就如何促进两地人才交流和高质量发展进行座谈交流。8月13日，由香港愿教社教育基金和湖北省侨联主办的2023年暑期英语教师培训班在宜昌开班，来自湖北、云南、甘肃、四川等9个省份的116名基层小学英语老师在宜接受了为期一个星期的免费培训。培训班为全英文沉浸式项目，内容包括英语游戏、英语阅读、创意写作和英语口语；培训以启发式教学为主，引导学员通过小组合作、自主探究等形式，在实践中掌握英语课程设计的方法。10月，启动了首届“侨说宜昌”活动，2个月在全球范围内征集摄影和短视频作品215件。经市摄影家协会专家评审，共评选出36件优秀作品。建立宜昌市首家园区侨联工作站和楼宇侨联工作站。4月，宜昌市侨联分别在高新区城东U谷园区、西陵区凝聚新天地商务楼宇挂牌侨联工作站，市侨联党组成员、副主席张龙出席活动并揭牌。城东U谷园区内共有企业80余家，其中侨资（属）企业7家。凝聚新天地位于三峡大学北门，总面积28000平方米，是一座大型综合性商业广场，涵盖住宿、餐饮、娱乐、健身、购物、旅游、休闲、教育培训等多个领域，共入驻侨资侨属企业10家。

【襄阳市侨联】2023年，襄阳市侨联围绕第十一次全国归侨侨眷代表大会各项安排部署，服务大局，认真履职，侨界思想政治引领实现了新加强，基层组织建设横向到边、纵向到底实现了新突破，侨界权益维护多部门常态联动实现了新格局，海内外联谊联络扩面提质实现了新拓展，侨联各项工作开创了新局面，8月，市侨联荣获人社部、中国侨联授予的“全国侨联系统先进集体”荣誉。开展侨界示范选树活动　襄阳市侨联开展全市侨界“四美两示范”选树，评选36名最美归侨、侨眷、侨务工作者、侨界志愿者，6个示范侨联组织、“侨胞之家”，联合荆楚网、襄

阳广电、襄阳日报等主流媒体，开办“侨襄荟”专栏，集中展示侨界优秀代表和突出贡献侨界人士先进事迹，做好侨界正面宣传。11 月 6 日至 8 日，全市第七次归侨侨眷代表大会胜利召开，省委常委、市委书记王祺扬出席会议并讲话，省侨联党组书记、主席施政到会指导并讲话，300 余名代表、特邀代表以饱满的热情参与了此次会议，成功选举了新一届市侨联领导班子，谋划了未来 5 年侨联工作，会议程序规范、会风严肃，反响热烈，极大振奋了全市侨界群众。在新春佳节、端午、中秋等传统节日，各级侨联组织领导班子带队分别对归侨侨眷、农村、社区困难群众进行了走访慰问，送去物资等合计 30 余万元。持续为 31 名老归侨每人发放标准为 150 元／月的老归侨补贴共计 5 万余元，为老归侨进行健康体检；联合爱尔眼科医院继续在全市开展“侨爱心·光明行”活动，实施白内障及翼状胬肉手术惠民活动，免费为贫困人群和侨界困难群众实施眼健康检查，目前，已为近 260 名患者进行了白内障手术。新建立两个乡镇级侨联组织（伙牌镇侨联、双沟镇侨联）和一个社区级侨联组织（樊城区铁路社区侨联），为樊城区铁路社区和襄城区铁佛寺社区两个二星级“侨胞之家”授牌，目前，已建立星级侨胞之家 20 个。襄阳市宜城市“侨之家”荣获 2021—2022 年度全国侨联系统“侨胞之家”典型选树单位。开展全市侨界法治建设创新工作。与市法院、市检察院、市公安局、市司法局、市知识产权局等单位联合建立“多方联动、便捷高效”的涉侨矛盾纠纷多元化解机制，有序推动检侨合作权益保护和知侨合作权益保护工作机制；开展“送法进侨家”活动，进行了“美好生活·民法典相伴”主题宣讲，60 多名侨界群众参加。巩固完善全市法院涉侨纠纷在线诉调对接机制，全市各级侨联的调解组织和调解员入驻人民法院调解平台开展在线调解和诉调对接工作达到全覆盖。在全省率先制定出台《关于建立涉侨知识产权创造保护合作机制的实施意见》，依托市侨联挂牌成立涉侨知识产权综合服务工作站，开展涉侨知识产权创造保护调研培训活动暨法治体检进侨企，为侨商知识产权创造保护搭建平台。

湖南省归国华侨联合会

【领导成员名单】

党组书记：孙民生
主　　席：朱道弘（兼）
专职副主席：孙民生　李祖元
兼职副主席：吴金水　唐亚武　张　欣
庄启宁　刘　慧（女）
毛冰花（女）　叶惊涛
秘 书 长：孙民生（兼）

【综述】2023年，在中共湖南省委的坚强领导下，在中国侨联的关心指导下，湖南省侨联坚持把习近平总书记关于侨务工作的重要论述作为侨联工作的根本遵循，锚定“将侨联机关建成政治机关、将侨联组织建成有为组织、将湖南侨界建成清廉湘侨”的三大目标，团结凝聚广大归侨侨眷和海外侨胞，大力实施“侨心向党”“建家交友”“暖侨”“聚侨兴湘”四大行动，在现代化新湖南建设中找准侨联定位、发挥侨联优势、展现侨联作为，各项工作取得新进步。

【实施“侨心向党”行动，在思想政治建设和思想政治引领上有新成效】一是抓理论武装头脑。严格落实党组会议第一议题制度，跟进学习习近平总书记重要讲话和指示批示精神。认真做好第十一次全国归侨侨眷代表大会精神的学习传达宣传，省委常委会议听取了大会精神及贯彻落实意见的汇报，省内媒体及时向侨界及社会各界宣传大会精神。坚持党组理论学习中心组带全体干部集中学习“每月一次、上下同学”，党组班子成员、各处室负责同志先后讲党课15次，讲业务知识9次，机关干部深刻领悟“两个确立”决定性意义，做到“两个维护”的思想理论根基不断夯实。二是抓主题教育开展。率先举办主题教育读书班，深入学习习近平总书记考察湖南重要讲话精神，邀请专家报告讲座，紧紧围绕“以学铸魂、以学增智、以学正风、以学促干”开展4次专题研讨。大兴调查研究，科学设置调研课题，先后赴省内外和海外开展侨情调查和对比调研，及时摸清侨情动态，调整侨联工作重点和举措。在官网开设主题教育专题专栏，动态宣传省侨联主题教育活动，营造良好舆论氛围。三是抓活动凝聚侨心。举办“侨心永向党”侨界歌咏会演，唱响了湖南侨界服务“三高四新”美好蓝图的政治宣言。组织第二届湖南省侨联系统气排球比赛，展示了侨联干部团结拼搏、勇于奋斗的精神风貌。开展湖南省侨界青年“走进炎陵”、北京侨青长沙行、湖南—澳门侨青座谈会、全球湘籍侨界青年联谊大会等活动，促进了湖南侨青健康成长。

【实施“建家交友”行动，在基层基础和自身建设上有新发展】一是实施“织网”工程，推动基层侨联组织实现有效覆盖。认真研究不同地区、不同领域、不同类别的侨联基层组织功能定位与职责，确定了县（市、区）侨联、高校侨联、企业、社会组织、楼宇等侨联分类指导与分步推进的工作方法，推动全省14个市州、119个县市区、25所高校建立了侨联组织，符合条件的乡镇（街道）、村居（社区）基本实现了应建尽建、应覆盖尽覆盖。中国侨联十一代会上，湖南省有33名同志和8个单位受到表彰。二是实施“建家”工程，推动“侨胞之家”建设实现功能转变。通过将“侨胞之家”与社区服务中心或活动中心共同建设、支持基层侨联结合区域特色建立民俗乡情“侨胞之家”等方式方法，先后建立204个不同类型、不同功能的“侨胞之家”，定期开展各类丰富多彩的具有浓郁“侨味”的活动与服务。长沙市岳麓区橘子洲街道学堂坡社区“侨胞之家”等6家单位获评2021—2022年度全国侨联系统“侨胞之家”典型选树单位。三是实施“提质”工程，推动侨联工作实现“智慧模式”。积极推进“网上侨联”建设，先后推出“湖南省侨联系统学习贯彻习近平新时代中国特色社会主义思想主题教育”“聚侨兴湘　助力高质量发展”“传承廉洁家风　筑牢拒腐防线”等系列专题报道。改版湖南省侨联官网，推送侨刊乡讯、传递家乡声音、实现国内海外交流互动。“每日问答”“每日侨法”等栏目深受广大读者喜爱，“湘小侨”“侨老师”等角色逐渐深入侨心。

【实施“暖侨”行动，在维护侨益和改善民生上有新提高】一是摸清侨情数据。根据中央和省委部署，稳妥有序开展全省侨情调查，挖掘有效侨务资源，完善侨情数据库。结合公务出访、侨胞接访、商务活动等工作，完善重点国别、重点国别的重点侨团、重点侨团的重点人士等侨情信息变化。2023 年侨情调查结果显示，湖南省现有归侨侨眷 80 余万人、海外侨胞 40 余万人，海外湘籍侨社团 100 个。二是开展暖侨系列活动。围绕侨界群众"急难愁盼"开展送涉侨法规政策、送温暖关爱服务、送法律宣传服务"三送"活动，先后举办了"侨法入民心　温情促和谐""爱满重阳　情暖侨心"等活动，组织了省侨商会为湘西凤凰县吉云村捐赠乡村振兴资金 20 万元，做好了香港应善良福利基金会来湘考察验收回访公益捐赠项目工作，为湖南中医药大学附属一医院授予"惠侨基地"等。召开湖南侨界公益慈善工作经验交流会，对相关集体和个人进行了通报表扬，以侨联公益之行，传递了侨界大爱。三是深化海外为侨服务工作。组织 2023 全球华侨华人"湘飘万里端午情"活动，为海外侨胞、留学生等送上温暖和关怀。举办 3 期 2023 年"中国寻根之旅"湖南夏令营，增进海外华裔青少年对祖（籍）国的感情。指导泰国湖南商会等 5 个侨团完成换届，协调在日湘籍侨团达成共识，推动和谐侨团建设。根据海外侨团来函诉求，为 21 名海外侨胞就医、上学及法律咨询等提供帮助，切实维护侨胞正当合法权益。

【实施"聚侨兴湘"行动，在服务经济和联络联谊上有新突破】一是品牌化引领。加大侨务资源要素深度融合，依托省侨联海外侨社团联谊总会，整合了 100 多个国家和地区近 200 个海外侨团的海外侨务资源。充分发挥省侨商会、省华侨公益基金会、省侨联特聘专家委等 8 个二级平台作用，积极引导省内侨商参与"一带一路"、RCEP、中非经贸博览会等活动，推动湖南与海外的经贸往来。二是多元化搭台。围绕促进地方经济发展，加强"侨""地"联动，先后联合湘西州、娄底市、邵阳市、衡阳市、郴州市、怀化市、湘潭市人民政府举办了"聚侨兴湘·侨系湘西"、"聚侨兴湘·侨系娄底·材料谷"产业发展推介会、首届聚侨兴湘活动、"聚侨兴湘·走进郴州"海外华文媒体郴州行暨华侨华人代表助力郴州发展大会、"聚侨兴湘"怀景怀乡怀味丰收节、"聚侨兴湘·智汇湘潭"2023 年湖南省新侨创新创业大赛等活动，共引进投资项目 58 个，签约资金超 278 亿元。三是纵深化导流。先后组织市州侨联赴肯尼亚、尼日利亚、南非、新西兰和汤加等地开展招商引资、文化交流和海外侨情调研活动，省侨商会组团赴肯尼亚、津巴布韦、坦桑尼亚、赞比亚开展商务对接，并与等地侨团就中非经贸博览会、湖南文旅产业签订战略合作协议，鼓励海外侨胞积极参与"一带一路"建设。依托长株潭一体化、粤港澳大湾区、湘赣边区域合作等国家战略，打造省市结对、对口共建的大侨务工作格局。

【中国侨联经济科技工作调研座谈会（第三片区）在长沙召开】3 月 22 日，中国侨联经济科技工作调研座谈会（第三片区）在长沙召开。中国侨联党组成员、副主席连小敏出席并讲话，中国侨联经济科技部副部长祁德贵主持会议。湖南省侨联党组书记孙民生，广西壮族自治

3 月 22 日，中国侨联经济科技工作调研座谈会（第三片区）在长沙召开

区侨联党组书记、主席陈洁英及部分省市侨联代表参加会议。会上，福建、江西、湖南、广东、广西、海南、广州、深圳、厦门侨联进行了讨论交流。连小敏对各省、市侨联分享的经验和做法给予充分肯定，他强调，各省、市侨联经科部门要紧扣全面贯彻党的二十大精神这条主线，全面落实中国侨联十届六次全委会工作部署，推动中国侨联“两张网”“两个建设”“两项机制”在经科领域具体化，构建“铸魂、纳贤、搭台、导流、服务、强本”全链条工作体系，加强侨界思想引领，涵养侨务经科资源，加强工作品牌建设，上下联动、横向互动，构建党政主导、多方融合的为侨服务机制，打造过硬经科干部队伍，广泛有效动员侨商侨企和新侨人才为全面建设社会主义现代化国家开好局起好步贡献磅礴力量。

4 月 13 日，湖南省侨联八届五次全委会议在长沙召开

【湖南省侨联八届五次全委会议在长沙召开】 4 月 13 日，湖南省侨联八届五次全委会议在湖南省长沙市召开。会议传达了全国两会精神、中国侨联十届六次全委会议精神，总结了 2022 年以来的工作，研究部署 2023 年下阶段工作，团结引领广大归侨侨眷和海外侨胞奋进新征程、建功新时代。会议增补 11 名省侨联委员、2 人为省侨联常委，卸免委员 11 名、常委 2 名。目前，湖南省侨联共有委员 181 名、常委 54 名。湖南省委常委、省委统战部部长隋忠诚出席会议并讲话。他强调，侨联组织要深入学习贯彻习近平总书记关于侨务工作的重要论述，团结引领广大归侨侨眷和海外侨胞，为建设中国式现代化新湖南贡献侨界力量。隋忠诚指出，在全党开展学习贯彻习近平新时代中国特色社会主义思想主题教育，是党的二十大作出的一项重大战略部署。全省各级侨联组织要站在坚定捍卫“两个确立”、坚决做到“两个维护”的高度，扛起主体责任，学思想、强党性、重实践、建新功，把主题教育谋划好、组织好、落实好。隋忠诚强调，进一步做好新时代侨联工作，要牢记侨联组织使命，最广泛地把“侨”团结凝聚在党的周围，寻求最大公约数，画出最大同心圆。与时俱进把握侨情，树立大有作为、事在人为、精准作为的理念，找到新的思路和对策。深入实际调查研究，摸清侨的底数，把问题找准、把对策提实，真正解决工作中的困难和问题。统筹侨联各项工作，认真履行侨联六大职能，高质量开展“暖侨行动”，当好侨胞贴心人和侨务工作实干家。增强忧患意识和底线思维，完善侨界安全防线和风险应急处置机制，维护侨界和谐稳定。

【举办聚侨兴湘·侨系娄底“材料谷”产业发展推介会】 4 月 24 日，聚侨兴湘·侨系娄底“材料谷”产业发展推介会成功举办。湖南省侨联与娄底市人民政府签订战略合作协议，部分侨商与娄底市签订具体项目合作协议。本次活动共有 16 个项目落户娄底，项目总投资 80.96 亿元。

4 月 24 日，聚侨兴湘·侨系娄底“材料谷”产业发展推介会成功举办

湖南省侨联党组书记、副主席孙民生希望广大侨商坚定发展信心，加强务实合作的诚心，充分调动各自在资金、技术、管理、市场、人脉等方面的资源，抢抓省委、省政府支持娄底市先进材料产业高质量发展这一重大机遇，与娄底深度开展交流合作，为自身实业发展拓宽渠道、厚实根基，同时为娄底产业项目发展牵线搭桥、提质赋能，共同助力娄底高质量发展。

【召开湖南侨界公益慈善工作经验交流会】4月26日，湖南侨界公益慈善工作经验交流会在邵阳隆回召开。会议对49家“最具爱心捐赠集体”、26个“最具爱心捐赠个人”、10家“优秀组织单位”进行了通报表扬。会上，湖南省华侨公益基金会、长沙市侨联、郴州市侨联、湖南省华兴实业发展有限公司等集体和单位、个人就侨界公益慈善工作进行了交流发言。湖南省侨联党组书记、副主席孙民生指出，侨联公益事业要始终坚持党的领导，立足国内国外两个平台，坚持“两个并重”“两个拓展”，以服务国家重大战略、服务重大突发事件和服务人民需求为主线，推动公益慈善工作高质量发展。中国侨联公益事业管理服务中心副主任、中国华侨公益基金会副理事长易超简要介绍了中国侨联公益中心和中国华侨公益基金会的基本情况。她希望湖南侨界公益人把握好公益事业发展的规律，结合党的二十大提出的目标任务，发挥侨界公益的优势，在坚持大团结大联合的实践中有新作为，在服务侨界、支持侨联事业发展上有新贡献，在加强系统内联动、构建发展格局上有新突破。

【湖南省侨联公务团赴肯尼亚、尼日利亚、南非开展招商引资、侨情调研活动】4月26日至5月6日，湖南省侨联公务出访团赴肯尼亚、尼日利亚和南非访问开展招商引资、侨情调研活动。在肯尼亚期间，出访团实地考察了kilimall电商平台、永胜加工、湖南路桥东非区域管理中心、内罗毕华韵学堂等企业。围绕助力中非经贸博览会，出访团与肯尼亚湖南商会以及在肯从事建筑、制造行业的湘籍企业代表进行了座谈交流。在尼日利亚期间，出访团组织召开了宣贯党的二十大精神暨招商引资、侨情调研座谈会，座谈会上，来自市州侨联的出访团成员作了市情介绍和招商引资推介。出访团还实地考察了李氏集团尼日利亚公司、TDH华阳集团等企业，调研侨资企业在当地管理和运营情况，邀请企业积极参加第三届中非经贸博览会。在南非期间，出访团考察了南非TUMA Hair PTY ltd开普敦分公司等企业，调研湘籍假发侨企在非洲发展情况，并就参加第三届中非经贸博览会企业进行对接。出访团还组织召开了宣贯党的二十大精神暨招商引资、侨情调研座谈会，湖南省侨联和南非湖南商会签订了助力中非经贸博览会战略合作协议。

4月26日至5月6日，湖南省侨联公务出访团赴肯尼亚、尼日利亚和南非访问开展招商引资、侨情调研活动

4月26日，湖南侨界公益慈善工作经验交流会在邵阳隆回召开

【启动首届湖南省“聚侨兴湘”活动】5月21日，首届湖南省“聚侨兴湘”活动在邵阳

5 月 21 日，首届湖南省“聚侨兴湘”活动在邵阳正式启动，来自 58 个国家和地区的 350 余名海外侨社团（机构）及侨商侨领代表参加

正式启动，来自 58 个国家和地区的 350 余名海外侨社团（机构）及侨商侨领代表参加。湖南省委常委、省委统战部部长隋忠诚会见侨商侨领代表。5 月 22 日至 25 日，代表们在邵阳、衡阳等地参加系列活动。一是参加主场活动，包括“侨商侨智聚三湘”邵阳现场推进会暨海外湘籍侨社团联谊大会、“侨系雁城”等活动。二是参加省情考察系列活动，涵盖了邵阳东盟科技产业园、隆回县向家村现代农业科技示范园、韶能集团耒阳纸品有限公司等两市六县 15 个工业园区、涉侨企业及新农村建设示范村（社区）等。三是参加文化交流联谊系列活动，包括参观考察崀山地质博物馆、湘窖生态文化酿酒城（省华侨文化交流基地）、何家湾将军石生态监测点等，体验拦门酒、打糍粑、竹竿舞等民俗文化活动，观看“侨心永向党歌咏会演”和《爱在崀山》等文艺演出。四是参加签约活动，共签约涉及教育、机械、纺织、新能源等领域投资项目 15 个，签约资金 83.18 亿元（邵阳 50.18 亿元、衡阳 33 亿元，不包括战略合作签约项目）。

7 月 23 日，“追梦中华 · 幸福湖南”2023 海外华文媒体湖南采访行在长沙启动

【启动“追梦中华 · 幸福湖南”2023 海外华文媒体湖南采访行】 7 月 23 日，“追梦中华 · 幸福湖南”2023 海外华文媒体湖南采访行在长沙启动。湖南省侨联党组书记、副主席孙民生出席启动仪式并致辞。湖南省侨联党组成员、副主席李祖元主持。7 月 24 日至 28 日，来自法国、德国、英国、加拿大、美国、阿根廷、马来西亚等 16 个国家和地区的 19 名海外媒体代表、部分中央涉侨媒体，以及相关省市新闻媒体将走进长沙、娄底、郴州进行实地考察和采访，品味湖湘山水之韵、人文之盛，通过文字和镜头让世界看见湖湘之美。

【湖南省侨联公务团赴新西兰、汤加开展文化交流慰问演出暨招商引资、侨情调研活动】 8 月 25 日至 9 月 1 日，湖南省侨联公务团赴新西兰、汤加开展文化交流慰问演出暨招商引资、侨情调研活动。在新西兰期间，分别在奥克兰天空城剧场和惠灵顿维多利亚大学剧场举办了两场慰问演出，并与新西兰湖南总商会进行了文化联欢交流活动，新西兰侨胞、国际友人、留学生等 1400 余人观看了演出。同时，公务团一行还在新西兰奥克兰百年庄园召开了党的二十大精神宣讲湖南招商引资推介、侨情调研座谈会。省文化和旅游厅与新西兰华侨华人联合会签订助力湖南文旅产业合作协议，湘窖酒业、湖南大球泥瓷艺集团有限公司、常德市侨联分别与新西兰湖南总商会签订战略合作协议。在汤加期间，举办了一场慰问演出，并与

8 月 25 日至 9 月 1 日，湖南省侨联公务团赴新西兰、汤加开展文化交流慰问演出暨招商引资、侨情调研活动

汤加国立大学师生进行了文化联欢交流活动。公务团在汤加努库阿洛法 TANOA 国际酒店举行党的二十大精神宣讲暨湖南招商引资推介、侨情调研座谈会，并拜会了汤加旅游部部长、汤加国立大学，调研了奥克兰侨资企业 NZ MADA 公司、来运物流有限公司。省文化和旅游厅与汤加华侨华人联合会签订助力湖南文旅产业合作协议。

9 月 24 日，由湖南省人民政府侨务办公室、省侨联和怀化市人民政府共同主办的 2023“聚侨兴湘”怀景怀乡怀味丰收节活动在怀化开幕

【举办 2023 年“聚侨兴湘”怀景怀乡怀味丰收节活动】 9 月 24 日，由省侨办、省侨联和怀化市人民政府共同主办的 2023“聚侨兴湘”怀景怀乡怀味丰收节活动在怀化开幕。湖南省政协副主席肖百灵宣布开幕，省委统战部副部长向恩明出席并讲话，省侨联党组书记、副主席孙民生主持，怀化市委副书记、市长黎春秋致开幕词。本次活动将侨品牌和农民丰收节相结合，旨在把农民丰收节办成“有特色、有创意、有内涵、有温度”的节日盛会。除主体活动外，子活动还将前往溆浦县和芷江县，现场感受怀化的稻耕文化、民俗文化、红色文化的浑厚底蕴和独特魅力。开幕式现场，集中签约了 16 个项目共 70.72 亿元，并举行了庆丰收文艺演出。助力乡村振兴企业代表、五大洲海外商协会代表、海外华文媒体代表、省侨青代表结合自身实际，分享了对乡村振兴事业的感悟与体会，并表示将充分发挥自身独特资源，为湖南乡村振兴事业注入源源不断的动力。

【举行中国华侨国际文化交流基地部分省区侨联经验交流座谈会】 10 月 17 日，中国华侨国际文化交流基地部分省区侨联经验交流座谈会在

10 月 17 日，中国华侨国际文化交流基地部分省区侨联经验交流座谈会在湖南省宋旦汉字艺术博物馆举行

湖南省宋旦汉字艺术博物馆举行。中国侨联文化交流部部长刘奇出席并讲话。江苏省侨联党组成员、副主席艾卉，湖南省侨联党组成员、副主席李祖元及四川、陕西、广西、安徽侨联文化交流工作负责人参加。会上，各省区侨联文化交流负责人简要汇报了文化交流基地建设情况，分享了文化交流工作优秀经验，并就工作中存在的不足拟定了相关措施与工作计划。刘奇指出，要进一步深入学习贯彻习近平文化思想，以习近平文化思想来指导侨联文化交流工作。要整合资源，打造文化深度课堂，使基地在社会上有声音、在侨界有影响、在当地有威望、在老百姓和归侨侨眷心里有地位。要创新基地的内容、展示手段和方式，将基地内容化、形象化，激发基地活性，突出“侨”元素。要做好公益服务和文化传承，苦练内功，加强自身建设，促进基地高质量发展。要鼓励各基地之间的交流，相互学习优秀经验，保持基地的生机与活力，不断丰富发展侨联文化资源。

【举行2023年湖南省新侨创新创业大赛颁奖仪式】11月16日，“聚侨兴湘·智汇湘潭”2023年湖南省新侨创新创业大赛颁奖仪式举行，5个创客期项目和6个成长期项目获奖，行业涉及人工智能、生物医药、新材料、农业、体育运动等领域。本次大赛由湖南省政府侨务办公室、湖南省归国华侨联合会、中共湘潭市委、湘潭市政府共同举办，是“聚侨兴湘”系列活动之一。颁奖仪式上，聘请了刘少军等28人为湖南省侨界助力乡村振兴专家服务团专家、彭良健等9人为海外招商顾问，并为长沙市留学人员创业园服务中心等8个湖南省新侨创新创业基地（企业）和湖南再红湘绣等16个湖南省侨界助力乡村振兴示范基地（企业）授牌。

【中国侨联、中国华侨公益基金会一行来湘调研】12月14日至15日，中国侨联公益事业管理服务中心副主任、中国华侨公益基金会副理事长易超一行，赴湖南省邵阳市隆回县开展公益项目调研。调研组一行与省、市、县相关部门负责人围绕推进西班牙韦斯卡俱乐部“足球专项基金”公益项目在隆回县向家村落地、筹办“侨心杯”全国少年足球邀请赛、开展海内外华裔青少年武术夏令营和影视人才培养等工作开展座谈交流。先后到向家村足球场、篮球场、农业科技园、村史馆等处，通过实地查看、听取汇报、现场询问、观看宣传片等方式，详细了解了向家村牛天岭景区的发展规划和建设情况，并就调研项目的落地落实工作与相关负责人进行了深入交流，达成初步一致意见。

12月14日至15日，中国侨联公益事业管理服务中心、中国华侨公益基金会一行赴湖南省邵阳市隆回县开展公益项目调研

11月16日，“聚侨兴湘·智汇湘潭”2023年湖南省新侨创新创业大赛颁奖仪式举行，5个创客期项目和6个成长期项目获奖

【湖南省侨联率团访问澳大利亚、印度尼西亚】12月6日至13日，湖南省侨联考察团就经贸合作出访澳大利亚、印度尼

西亚。访问团先后赴悉尼、墨尔本、雅加达3个城市，走访当地侨团、侨企，拜访当地有影响的华侨华人，倾听侨胞心声，宣讲第十一次全国归侨侨眷代表大会精神，推介湖南省省情，举行经贸合作恳谈会。在澳大利亚期间，考察团一行先后走访了澳大利亚湖南会、大洋洲湖南总商会、澳大利亚维省湖南同乡会暨湖南商会，实地考察了ABC环球集团、Goodwin律师事务所、罗申美（RSM）会计师事务所、TPower新能源公司、欧盛公司，并在悉尼举行了湖南省侨联经贸合作恳谈会。在印度尼西亚期间，访问团一行先后拜会了印中商务理事会、印尼华裔总会，实地考察了侨企万信达控股雅加达运营中心、中印商贸有限公司，出席了印度尼西亚湖南总商会成立大会，并在雅加达举行了湖南省侨联经贸合作恳谈会，印尼湖南总商会与郴州市侨联签订经贸战略合作协议。

12月6日至13日，湖南省侨联考察团就经贸合作出访澳大利亚、印度尼西亚

省级侨联工作

广东省归国华侨联合会

【领导成员名单】

党组书记、主席：李　丰（2023 年 7 月任党组书记、2023 年 7 月当选为主席）

党组成员、专职副主席：戴文威
谢惠蓉（女）

党组成员、秘书长：陈农灏（2023 年 7 月当选为秘书长、2023 年 11 月任党组成员）

兼职副主席：庄创业　陈越华
林永新　林春晖
罗掌权　钟仰进
郭泽伟　曾智明
廖志仁　颜　军

【综述】2023 年，在广东省委坚强领导和中国侨联有力指导下，广东省侨联坚持以习近平新时代中国特色社会主义思想为指导，全面贯彻党的二十大精神，深入贯彻习近平总书记考察广东重要讲话、重要指示精神和关于侨务工作的重要论述，凝心聚力做好新时代“侨”的文章，为广东在推进中国式现代化建设中走在前列作出应有贡献。

【召开广东省侨联十一届四次全委会议】7 月 20 日，广东省侨联十一届四次全委会议在广州召开。会议传达学习广东省委十三届三次全会和中国侨联十届六次全委会议精神，选举李丰为主席、陈农灏为秘书长，并选举产生广东省出席第十一次全国归侨侨眷代表大会代表 93 名。会议邀请广东省委党校副校长潘向阳作学习贯彻党的二十大精神和习近平总书记考察广东重要讲话、重要指示精神专题宣讲辅导。广东省委统战部副部长、一级巡视员李阳春受省委常委、统战部部长王瑞军的委托到会致贺。会议听取了广东省侨联党组成员、副主席戴文威代表常委会所作的工作报告，总结了 2022 年以来全省侨联系统主要工作并部署下一阶段工作。会议提出，要认真落实广东省委“1310”具体部署，全面实施全省侨联工作五年规划，推动新时代新征程广东侨联事业高质量发展。

【召开广东省侨联十一届五次常委会议】9 月 25 日，广东省侨联召开十一届五次常委会议，深入学习贯彻习近平新时代中国特色社会主义思想和党的二十大精神，全面学习贯彻习近平总书记关于侨务工作的重要论述和考察广东重要讲话、重要指示精神，认真学习贯彻第十一次全国归侨侨眷代表大会精神及省委十三届三次全会精神，研究部署当前和今后一个时期广东省侨联工作，讨论《广东省侨联关于贯彻十一次全国侨代会精神落实省委“1310”具体部署的若干措施》。

7 月 20 日，广东省侨联在广州召开十一届四次全委会议

9 月 25 日，广东省侨联在广州召开十一届五次常委会议

2 月 25 日，中国侨联党组书记、主席万立骏在中国侨商投资（广东）大会开幕式上讲话

【举办中国侨商投资（广东）大会】 2 月 25 日，中国侨商投资（广东）大会在广州开幕。大会由中国侨联和广东省人民政府联合举办，来自五大洲 50 多个国家和地区的侨商嘉宾和侨界人士等 600 多人现场出席大会。中央政治局委员、广东省委书记黄坤明，中国侨联党组书记、主席万立骏出席大会开幕式并讲话，广东省委副书记、省长王伟中介绍广东经济社会发展情况，中国侨联党组成员、副主席连小敏宣读了《侨界参与高质量发展倡议书》。广东省人大常委会主任黄楚平，广东省政协主席、省委常委、广州市委书记林克庆，广东省副省长张新，全国政协常委、中国侨联顾问、中国侨商联合会常务副会长李卓彬等出席大会开幕式，广东省委常委、统战部部长王瑞军主持开幕式。本次大会收集汇总全省各地市侨商投资贸易合作项目 856 个。其中，侨商在粤投资项目 616 个，总金额 6582 亿元；侨资企业贸易项目 240 个，合同总金额 9688 亿元。开幕式上，24 个项目现场签约，其中投资项目 22 个，总金额 1227.6 亿元；贸易项目 2 个，合同总金额 6000 亿元。大会期间，举办了汇聚侨资侨智促进广东高质量发展高峰论坛等活动。会后，参会嘉宾分别赴广州、中山、韶关、惠州、汕尾、湛江等地开展投资考察和项目对接。

【情系南粤·广东省侨联组团赴海外 14 个国家开展侨情调研】 2023 年，广东省侨联组织 5 条路线，分别赴法国、葡萄牙、西班牙；意大利、阿联酋；老挝、泰国、菲律宾；澳大利亚、新西兰、斐济；荷兰、奥地利、匈牙利 14 个国家看望侨胞、走访侨团、当地使领馆，开展侨情调研，慰问华侨华人，联络乡情，增进情谊，走访华商企业，宣讲第十一次全国归侨侨眷代表大会精神，并与有关社团和机构代表、广东省侨联海外顾问和委员、校友会、华文学校、华文媒体等座谈交流，听取华侨华人的意见和建议，进一步宣传广东发展机遇，增进合作交流，把握海外侨情，涵养海外侨务资源，取得良好效果。2023 年，全省侨联系统接待海内外侨胞近 2000 批次 4 万余人次，出访 500 多批次 3000 余人次，与 160 多个国家（地区）的 1500 余个重点社团建立联系，有效巩固拓展全球联络网。

10 月 17 日，广东省侨联党组成员、副主席戴文威（居中）率团出访阿联酋

11 月 27 日，“情系南粤·走进中山——广东侨联第十五期海外联谊研讨班”在广州开班

【举办“情系南粤·走进中山——广东侨联第十五期海外联谊研讨班”】11 月 26 日至 30 日，广东省侨联举办“情系南粤·走进中山——广东侨联第十五期海外联谊研讨班”。来自全球 30 个国家和地区的 40 多名海外社团负责人参加研习，其中，哥斯达黎加、埃及、安哥拉、荷属圣马丁、荷属库拉索、爱尔兰、巴基斯坦、吉尔吉斯斯坦、安哥拉、埃及等首次有学员参加。此次研讨班为期 5 天，采取“课堂教学 + 现场教学”相结合的方式，在中山大学进行课堂教学，并走进中山考察调研，帮助学员进一步了解广东省情、侨情，粤港澳大湾区发展机遇，提升了建设和谐侨社的领导能力，体验了中山传统侨乡文化等。

【侨创南粤·举办广东省侨联新侨创新创业联盟成立大会】3 月 31 日，广东省侨联新侨创新创业联盟成立大会在广州召开。中国侨联党组成员、副主席连小敏，广东省委常委、统战部部长王瑞军出席大会并讲话，中国工程院院士何镜堂当选创会主席。联盟第一届理事会成员和荣职人员等 100 多人出席活动。广东省侨联新侨创新创业联盟，另称“南粤侨创会”，是广东省侨联响应中国侨联构建省级侨创联盟体系要求，依托侨界高层次人才搭建的服务侨界创新创业的工作平台。

【举办 2023（第三期）青年华商研习班】10 月 28 日至 11 月 1 日，由广东省侨联主办、广州归谷科技园承办的 2023（第三期）青年华商研习

10 月 28 日至 11 月 1 日，广东省侨联举办 2023（第三期）青年华商研习班

3 月 31 日，广东省侨联新侨创新创业联盟成立大会在广州召开

班在广州举办。广东省侨联党组书记、主席李丰出席开班仪式并讲话。广东省侨联党组成员、副主席谢惠蓉主持开班仪式并出席有关活动。来自海内外15个国家和地区的45位青年华商参加研习。

11月20日，"广东侨创联盟"2023年会在广州召开

【举办2023第八、第九期华商南粤行活动】 10月31日，由广东省侨联主办、广州市侨联承办的2023（第八期）华商南粤行——走进黄埔活动在广州举办。活动组织2023（第三期）青年华商研习班学员和部分在粤侨商代表60多人，考察了广州明珞装备股份有限公司、广州亿航智能技术有限公司和粤港澳大湾区海归之家等高科技企业和园区。12月12日至12月14日，广东省侨联举办2023（第九期）华商南粤行活动，广东省侨联党组成员、副主席谢惠蓉率广东国际华商会会长曾智明等60多名华商，前往云浮市、江门市（台山市）开展投资考察。云浮市委书记卢荣春会见了华商代表，云浮市委、市政府组织召开投资经贸交流活动和推介会，向华商南粤行考察团介绍云浮的投资环境。考察团一行还赴江门台山市参观了台山工业新城、广东迪生力汽配股份有限公司等侨资企业，与企业进行洽谈对接。

10月31日，广东省侨联举办2023（第八期）华商南粤行——走进黄埔活动

【侨创南粤·召开"广东侨创联盟"2023年会】 11月20日，广东省侨联新侨创新创业联盟（以下简称"广东侨创联盟"）2023年会在广州市黄埔区召开。广东省侨联党组书记、主席李丰，"广东侨创联盟"创会主席、中国工程院院士何镜堂出席年会并讲话。广东省侨联党组成员、副主席谢惠蓉主持年会。"广东侨创联盟"执行理事长范群代表联盟作2023年度报告。年会期间，举行了第八批"中国侨联新侨创新创业基地"（广东入选单位）和第三批"南粤侨创基地"授牌仪式。21日上午，出席活动的嘉宾前往广州归谷科技园、广州环亚化妆品科技股份有限公司参观考察，深入了解广州创新创业政策和环境。

【举办广东国际华商会第五次会员代表大会系列活动】 12月11日，广东国际华商会第五次会员代表大会系列活动在广州举行。广东省政协副主席李心，中国侨联顾问、中国侨商联合会常务副会长李卓彬出席广东国际华商会第五届理事会、第二届监事会就职仪式。广东省侨联党组书记、主席李丰，广东省委统战部、省人大华侨

12月11日，广东国际华商会第五次会员代表大会系列活动在广州举办

民族宗教委、省民政厅、省政协外事侨务委员会、致公党广东省委员会负责同志，有关部门和社会组织代表，广东国际华商会全体会员代表，及来自 40 多个国家和地区的海内外侨商嘉宾出席活动。广东国际华商会第五次会员代表大会选举产生了新一届理事、监事会，金利来集团有限公司主席兼行政总裁曾智明当选为第五届理事会会长，第三届、第四届理事会会长郭泽伟当选永远荣誉会长。大会期间，举办了共建“一带一路”十周年华商交流会，部分华商代表作交流发言；还举办了 2023“侨爱南粤 华商同行”慈善拍卖会，所筹善款全部用于支持海外华文教育、乡村振兴和困难侨界群众救助等公益项目。

【风韵南粤·举办海外华裔青少年线上线下夏令营】广东省侨联自 6 月起恢复举办“中国寻根之旅”夏令营活动，截至 12 月共举办了 9 期“中国寻根之旅”夏令营，来自 28 个国家的 480 名海外华裔青少年参营，活动取得良好效果。在此期间，广东省侨联同步举办了 8 期“亲情中华·为你讲故事”网上营，近 500 人参加活动。夏令营展示了中国日新月异的发展变化和中华文化的独特魅力，提升了中华优秀传统文化影响力，促进了中外文化交流，扩展了海外联谊，增强了海外华裔青少年对祖籍国的文化认同、民族认同和情感认同，厚植了侨界新力量。

【风韵南粤·举办第九届（广州）华人文化艺术节】11 月 13 日至 15 日，广东省侨联联合广州市侨联举办“亲情中华·风韵南粤”第九届（广州）华人文化艺术节。来自 50 多个国家和地区的 200 多位侨领，以及国内侨界艺术家和归侨侨眷代表等近千人参加活动。活动打造“向着光”文艺展演、归来吧——“侨见岭南”文化体验、文化科技参观采风以及“我和祖国有个约会”华侨华人故事分享会四项文化艺术体验活动。艺术节吸引了包括人民日报、中新社等在内的 40 余家海内外媒体发布新闻报道上百篇，全网新闻点击浏览量超 630 万人次，活动展示了底蕴深厚、内涵丰富的岭南文化，诠释了广大华侨华人的拳拳赤子心，展现了新时代华侨华人朝气蓬勃的昂扬风采，密切了广大华侨华人与祖籍国的联系，进一步凝聚了广大海内外侨胞力量，促进了中外文明交流互鉴。

11 月 14 日，“亲情中华·风韵南粤”第九届（广州）华人文化艺术节文艺展演

8 月 19 日，“中国寻根之旅”夏令营（广东暨大风韵南粤营二期）闭营仪式

【召开广东省涉侨维权工作联席会议】12 月 13 日，广东省侨联联合省法院、省检察院、省公安厅、省司法厅及公共法律服务相关单位召开广东省涉侨维权工作联席会议。会议学习贯彻习近平总书记关于加强调解工作的重要指示精神，在总结涉侨纠纷多元化解试点工作经验基础上，共同商讨健全完善涉侨非诉讼纠纷解决机制，

12 月 13 日，广东省涉侨维权工作联席会议在广州召开

努力打造新时代涉侨维权工作“枫桥经验”广东新实践。广东省侨联党组书记、主席李丰主持会议并讲话，广东省法院、省检察院、省公安厅、省司法厅等有关部门负责同志出席会议。省法院、省检察院、省司法厅、省华侨华人港澳同胞服务中心、省律师协会、广州市南方公证处等单位的有关同志分别作了经验介绍，并对健全完善涉侨非诉讼纠纷解决机制及相关文稿进行了深入讨论，提出意见建议。

【举办广东省侨联第五期基层侨联干部培训班】7 月 5 日至 10 日，广东省侨联第五期基层侨联干部培训班在浙江大学举办，广东省侨联党组成员、副主席谢惠蓉出席开班仪式并作动员讲话。全省各级侨联分管、从事基层侨联建设的领导、干部，涉侨社团组织和“侨胞之家”负责同志近 80 人参加培训。培训班组织学员赴嘉兴南湖红色教育基地、文新街道德加社区侨海家园、杭州华侨活动中心等开展现场教学。通过培训，交流基层侨联工作经验，激扬侨界优势，研究部署加强新时代基层侨联建设的新思路新举措，进一步强化了基层侨联干部政治理论修养，提高业务能力和水平。

【举办“侨爱南粤·法治沙龙”暨《民法典》宣讲活动】3 月 15 日至 16 日，以“携手共筑法治连心桥，助力湛江高质量发展”为主题，广东省侨联法顾委与湛江市侨联组织律师、法律专家在湛江市共同举办“侨爱南粤·法治沙龙”暨民法典宣讲活动，为侨资企业答疑解惑，排忧解难。侨资企业代表就侨资企业劳动用工、土地争议、涉外知识产权保护以及依法促进侨企高质量发展等问题，与律师专家团队进行了面对面的互动和交流。与会人员还前往正大集团省级现代农业产业园信息化展示中心、广东恒兴集团有限公司调研，到湛江市城市规划馆参观。广东省有关部门负责人，广东省侨联法顾委领导及部分委员，湛江市有关部门领导，市、县侨联及法顾委领导和部分市侨联及法顾委、侨资企业代表共 100 多人参加活动。

【举办广东省侨联系统第六期基层党组织书记培训班】6 月 26 日至 30 日，广东省侨联在韶关举办第六期基层党组织书记培训班暨省侨联机关党员干部 2023 年度理论集训。广东省侨联党组成员、副主席谢惠蓉出席开班式并作动员讲话，全省侨联系统基层党组织书记及省侨联机关党员干部 140 多人参加培训。培训期间，组织学员赴红军长征粤北纪念馆、韶关监狱廉政教育基地、梅关古道、始兴红围广东省委旧址等地开展现场教学。

【举办广东省侨联信息工作培训班】9 月 25 日至 27 日，广东省侨联信息工作培训班在广州举办。广东省侨联党组成员、副主席戴文威出席开班仪式并作动员讲话，中国侨联办公厅副主任张凌出席开班仪式并为培训班授课。广东省侨联机关各部室及下属事业单位负责同志、信息员，全省各地级以上市侨联负责同志、信息员，部分高校侨联、省侨联直属社团信息员近 90 人参加培训。张凌传达

7 月 5 日至 10 日，广东省侨联在浙江举办第五期基层侨联干部培训班

了第十一次全国归侨侨眷代表大会精神，为学员们作了题为“中国侨联侨情专报工作情况交流”的首场专题讲座。通过培训，提高了认识，增强了做好侨务信息工作的责任感。

【举办第一期广东省侨联委员研修班】9月11日至16日，第一期广东省侨联委员研修班在厦门大学举办，广东省侨联党组成员、副主席戴文威出席开班仪式并讲话，近50名省侨联委员参加了研修班。研修班聘请了外部优秀师资和内部师资承担授课任务，采取行动学习方式，最大限度促进学习成果应用和转化，课堂教学和沉浸体验相结合，案例研讨和情景演练为一体，内容涵盖“习近平总书记关于做好新时代党的统一战线工作的重要思想的渊源与发展”“二十大后‘一带一路’建设与广东”“中国宏观经济形势与二十大宏观经济政策”“陈嘉庚与华侨精神”“党员正家风”“学习英雄三岛军民奋斗进取”等多门课程，学习考察了福建省“闽台乡建乡创合作”“乡村振兴”等先进经验。通过学习，丰富了侨联委员视野，拓展了知识架构，对如何当好省侨联委员、如何更好地服务侨界群众有了更加深入的了解，为今后发挥主人翁精神，提高履职能力打下坚实的基础。

【召开广东侨界青年联合会第四次委员大会】12月27日，广东侨界青年联合会第四次委员大会在广州召开，广东省侨联党组书记、主席李丰出席大会并讲话，广东省侨联党组成员、秘书长陈农灏代表第三届委员会作工作报告，来自世界五大洲各个国家和地区的200多名海内外委员出席会议。大会听取并审议通过了题为《高举习近平新时代中国特色社会主义思想伟大旗帜，团结凝聚海内外侨界青年为广东实现“走在前列”贡献青春力量》的工作报告，审议通过了《广东侨界青年联合会章程（修正案）》，产生了第四届委员会，选举产生了第四届常委会和领导班子。大会通过了聘请霍启刚等8人为第四届委员会荣誉主席，牛仲江等25人为第四届委员会顾问的名单。大会选举陈农灏为第四届委员会主席，刘根森等111人为常委。会议期间，还举办了“成·长”侨青主题分享会和“承·启”侨青交流会。

【召开广东华侨历史学会第八次会员代表大会】12月28日，广东华侨历史学会第八次会员代表大会在广州召开，广东省侨联党组成员、副主席戴文威，中山大学、暨南大学、汕头大学、五邑大学、嘉应学院等高校和科研院所的专家学者，以及各地市侨联相关负责同志近100人参加会议。大会选举产生了广东华侨历史学会第八届理事会，张应龙连任会长，张国雄连任监事长，石坚平等当选副会长。戴文威为新当选的会长、副会长和监事长颁发证书。张应龙代表第七届理事会作工作报告，回顾总结了学会第七届理事会的工作，提出了今后五年的目标任务。

12月28日，广东华侨历史学会第八次会员代表大会在广州召开

12月27日，广东侨界青年联合会第四次委员大会在广州召开

省级侨联工作

【召开广东省侨界作家联合会第十次会员代表大会】12月29日，广东省侨界作家联合会第十次会员代表大会在广州召开，来自全省各地100多名会员代表参加会议。广东省侨联党组成员、副主席戴文威出席会议并讲话。著名文化学者、第十三届全国政协常务委员、中国作协副主席白庚胜，中国作家协会原副主席蒋子龙，中国华侨出版社有限公司执行董事、经理杨伯勋，广东省作家协会党组成员、秘书长刘春等到场祝贺。大会审议通过了《广东侨界作家联合会章程（修正案）》。大会选举产生了第十届理事会，广东省侨联侨胞服务中心负责人、《华夏》杂志总编辑刘迪生当选为会长，郭锦生等当选为副会长，钟敏仪当选为秘书长，张文峰担任名誉会长。

7月9日，汕头市委书记温湛滨（右二）出席“三江出海，一纸还乡”侨批历史文化展开幕式

12月29日，广东省侨界作家联合会第十次会员代表大会在广州召开

【汕头市在泰国举办“三江出海，一纸还乡”侨批历史文化展】7月9日，汕头市在泰国曼谷举办“三江出海，一纸还乡”侨批历史文化展。中国驻泰大使韩志强，泰国国会上议院议员、泰国警察总署前总署长、泰国劳工部前部长阿伦·盛信缴警上将，汕头市委书记温湛滨，泰国中华总商会主席林楚钦等出席活动。在展览现场，通过120幅图文展板生动展现了广大海外华侨出洋谋生、心系家国的移民历程和开拓进取、不忘根脉的深厚情怀。2023年是“侨批档案”入选联合国教科文组织“世界记忆名录”十周年，也是十年来汕头首次走出国门举办侨批展览。展览为期两天，随后移至泰国潮州会馆长期展出。通过侨批这一中泰两国人民的共同文化记忆，让更多人了解侨批文化、认识潮汕文化、感受中华文化，进一步深化两国交流合作。

【中山市侨联举办“风韵南粤·文化兴城侨村行”大型人文采访活动】6月9日，由中山市侨联与中山市政府新闻办联合主办的“风韵南粤·文化兴城侨村行”大型人文采访活动在孙中山纪念堂举办起步仪式。市、镇街、村居三级侨联组织的干部以及侨史专家、媒体记者共100人组成综合工作队伍，深入石岐街道等6个镇街调研，采访报道了香山古城片区等15个村居，形成15期综合了文字、图片、视频等多种形式的系列报道，在海内外各大媒体平台获得超550万字宣传总量，其中海外平台总阅读量超250万人次阅读量和超10万次转发评论。专家组深度参与调研活动，并将调研成果纳入市华侨历史学会课题研究中，形成《侨乡文化的保护活化与利用——基于中山市30个侨村侨乡文化发展与侨房现状的调研》等6个研究成

6 月 9 日，“风韵南粤 · 文化兴城侨村行”大型人文采访活动在孙中山纪念堂举办起步仪式

果。该活动被列入中山市文化兴城三年行动方案，计划在 2022—2024 年调研走访 50 个重点侨村，并以系列专题报道的形式广泛向海内外宣传。

【**深圳市侨联在西班牙巴塞罗那举办第六届国际深圳社团大会**】9 月 20 日，深圳市侨联联合市侨办在西班牙巴塞罗那举办第六届国际深圳社团大会，深圳市委常委、统战部部长王强，巴塞罗那市长乔马·科尔博尼，加泰罗尼亚大区企业工作部部长罗杰·图伦特，以及来自全球五大洲 30 多个深圳籍华侨华人社团的领袖、华商企业家，深圳政商各界和民间社团代表，以及西班牙政商各界代表共 900 多人参加，被誉为中西建交 50 年来西班牙最大型的民间国际性会议。大会创新“侨 + 商”“会 + 展”模式，通过举办西班牙·深圳经贸交流会，科技、医疗及工业、文化等系列交流论坛，国际深圳社团圆桌会议，侨交会 2023（巴塞罗那）智能科技展和文化交流演出等系列活动，全方位提升侨务恳亲联谊工作，立体全面开展面向全球的城市综合营销，为全球深圳人与主办地搭建起一个沟通交流的联谊及商务合作平台。会上签署意向书总计 12 项，达成项目金额约 26.8 亿元人民币，侨交会 2023（巴塞罗那）智能科技展现场参展商收获意向采购金额 8600 万欧元，约 6.6 亿元人民币。《财富》《福布斯》等海外 68 家西班牙文媒体和 11 家华文媒体，中央统战部、外交部以及新华网、中新社等 34 家媒体平台，共 113 家媒体进行报道，海内外累计访问量超 9000 万人次。

9 月 20 日，深圳市侨联联合市侨办在西班牙巴塞罗那举办第六届国际深圳社团大会

【**广州市侨联举办庆祝广州市侨联成立 70 周年系列活动**】4 月 12 日上午，以“征程万里七十载　砥砺奋进立侨头”为主题的庆祝广州市侨联成立 70 周年座谈会在广州华侨博物馆召开。广州市人民团体、市涉侨单位负责人，市属侨联、市内高校侨联代表，侨界专家学者，归侨侨眷、港澳及海外华侨华人代表约 90 人参会。各方侨界代表分享交流从事侨联工作或参与侨界活动的心得体会，畅谈侨联为侨服务工作成果，建言献策助力广州高质量发展。会议现场还举行了赠送庆祝广州市侨联成立 70 周年《侨我青春火样红》画册仪式，画册精选 200 多幅各年代侨界重要历史照片，全方位展现广州市侨联自成立以来的发展历程，让读者共同感受市侨联七十年来的飞跃变化。3 月 16 日，举办“锦瑟青春火样红，新侨奋进新时代——庆祝广州市侨联成立 70 周年交流活动”，激励海内外侨胞发挥好联通内外、双向开放的桥梁纽带作用，继续投身家乡建设，为推动广州高质量发展贡献新侨力量。《广州华声》推出《七秩征程侨芳华——庆祝广州市

4 月 12 日，庆祝广州市侨联成立 70 周年座谈会在广州华侨博物馆召开

侨联成立 70 周年》特刊，深度报道广州市侨联成立 70 年来的工作成效。

【东莞市侨联举办“海外青年才俊聚东莞”活动】11 月 24 日至 26 日，2023 东莞高层次人才活动周系列活动之“海外青年才俊聚东莞”在莞举办，广东省侨联党组成员、副主席谢惠蓉，东莞市政协副主席梁佳沂等领导出席仪式。“海外青年才俊聚东莞”是东莞市侨联的品牌活动，2023 年是第十五次举办，活动得到广东省侨联、东莞市委统战部（侨务局）、市委人才办、市人社局、市投促局、松山湖科创局、市欧美同学会、市侨界海外留学归国人员协会、市博士创业促进会以及 90 多个海外侨团的大力支持，吸引了来自 30 多个国家和地区的 100 多名优秀青年代表参加。活动举办“创在东莞”交流研讨会和“自在东莞”草坪音乐文化活动，以新颖的活动形式营造轻松自由的氛围，让青年才俊们畅所欲言，分享来莞参加活动的所见所闻、所感所想，交流人生职业规划、创业构思点子。本次活动是疫情以来首次恢复线下举办，得到各界积极响应，活动成效显著。

广西壮族自治区归国华侨联合会

【领导成员名单】

党组书记、主席：陈洁英（女，壮族）
专职副主席：潘锦昌　秦伟鹏
兼职副主席：李　暄　杨育智　杨志光
赖郁尘　包贤超（女）
王绯玲（女）　徐伟春
林梓轩　邓永源
徐家颖（女）
挂任副主席：宋　宁
秘书长：李开伟

【综述】2023年，广西壮族自治区侨联在自治区党委的坚强领导和中国侨联的有力指导下，和全区各级侨联组织坚持以习近平新时代中国特色社会主义思想为指导，全面贯彻落实党的二十大和二十届二中全会精神，深入学习贯彻习近平总书记关于侨务工作和群团工作的重要论述，认真贯彻落实习近平总书记对广西重大方略要求，坚持围绕中心、服务大局、服务侨胞，全面履行职能，侨联工作焕发新活力、展现新气象，为开创新时代壮美广西建设新局面作出了积极贡献。

【扎实开展学习贯彻习近平新时代中国特色社会主义思想主题教育】一是强化理论学习，用党的创新理论武装头脑。以开展学习贯彻习近平新时代中国特色社会主义思想主题教育为契机，把理论学习作为首要政治任务，会领导班子坚持带头读原著、学原文、悟原理，严格落实“第一议题”制度，建立“每天自学1小时，每周集中学半天，每月研讨学1天”学习制度，举办读书班，通过党组理论学习中心组、“三会一课”、自主学习等形式，深入学习主题教育确定的8本学习资料，及时跟进学习习近平总书记最新重要讲话、重要指示精神等，不断加深对习近平新时代中国特色社会主义思想科学体系和精髓要义的理解。二是强化系统推进，推动主题教育走深走实。把理论学习、调查研究、检视整改、推动发展、建章立制贯穿始终一体推进，会领导班子成员牵头开展5个课题调研，形成调研报告5篇，为破解侨联工作高质量发展提供参考。坚持边调研边整改，帮助侨界解决金融投资、产业发展、医疗保障、产权纠纷等领域疑难问题11件。举办系列招商推介、项目考察活动，客商签约投资总额470多亿元。三是强化制度建设，巩固拓展主题教育成果。建立“五联五建解五难　强基惠侨促发展”三级联动工作机制，上下联动，合力为侨解难题。深入开展“四下基层”活动，解决侨界群众“急难愁盼”问题。着力在常抓长治上下足功夫，完善各项制度和议事规则，建立健全规章制度，完善《自治区侨联制度汇编》。

5月5日，在广西社会主义学院举办全区侨联系统学习贯彻党的二十大精神专题培训班暨主题教育读书班

【加强思想政治引领，夯实团结奋斗最大共识】一是加强对侨界群众思想引领，凝聚思想共识。着力打造“八桂侨声”宣介品牌，党组成员带头宣讲，组织侨领、侨商、侨青、归国留学人员、侨企开展阅读分享、情景剧表演、访谈、演讲等鲜活主题活动，把党的创新理论引进侨乡、走进侨社团、下沉基层、深入侨心。开展“八桂侨声·侨青话侨批”“八桂侨声·侨商侨领说”等党的创新理论宣介、侨界联谊联络活动共16场（次），不断增强侨界群众对中国共产党和中国特色社会主义制度的政治认同、思想认同、理论认同

和情感认同。二是弘扬社会主义核心价值观，激发奋进力量。先后开展“学习贯彻习近平文化思想　弘扬侨批精神”“党建引领学雷锋　志愿服务促文明”“我邀明月颂中华”爱国诗词诵读大赛等社会主义核心价值观教育主题活动。组织机关干部参加区直机关“爱我国防”演讲比赛，首次获得三等奖。开展“自治区侨联最美家庭”评选活动，以典型家庭的榜样力量示范带动广大干部家庭传承良好家风，弘扬社会主义家庭文明新风尚。

【汇聚侨智侨力，服务经济发展】联合承办第三届“一带一路”侨商侨领交流合作大会取得圆满成功，促成 11 个项目签约，总投资额 474.74 亿元，有效推动全区高水平对外开放、招商引资取得新成果。以打造特色产业园为重点，深化“创业中华·华商八桂行”品牌，创新打造“侨创八桂”新侨创新创业活动品牌，分别在南宁、来宾、柳州、贺州等市开展了“华商八桂行·走进柳州”投资暨柳品推介活动、“侨创八桂·走进来宾”“桂澳携手·共享商机”等 6 场招商引资推介活动，促成投资 35 亿元的德濠集团“智造谷”产业园和“新能源汽车配件产业园”等一批项目落户广西，助力经济高质量发展。

8 月 1 日，“八桂侨声·侨商侨领说”——优化营商环境，情暖侨企促发展交流活动座谈会在南宁举办

8 月 3 日至 5 日，在柳州举办“创业中华·华商八桂行·走进柳州”投资暨柳品推介活动，中国侨联副秘书长、经济科技部部长赵红英（右三）在活动中参观考察螺蛳粉产业园

4 月 24 日，侨资企业南宁德濠智造谷项目在南宁市良庆区举行奠基仪式

10 月 10 日，承办第三届“一带一路”侨商侨领交流合作大会，中国侨联兼职副主席，广西壮族自治区侨联党组书记、主席陈洁英主持大会

【加强联络联谊，增进友好交往】全程指导筹办第二十届世界广西同乡联谊大会，举办首届桂澳名优商品展和广西—粤港澳大湾区工商发展论坛，推动桂品出海，促成意向合同 1031 万澳

元，与澳门广西政协联谊总会签署了文化品牌“三月三·乡音播全球”合作框架协议，取得丰硕成果。举办“侨连五洲·桂聚东博”暨2023五洲筑梦——海外华侨华人防城港联谊大会、“侨约八桂·柚美容县——海外侨胞故乡行”活动，把因疫情中断的情谊接续深化起来。注重做好华裔新生代、新华侨华人等重点群体的工作，组织开展“走进桂港澳侨界青年”“马来西亚华裔青年精英广西行”“海外侨界青年看中国广西”系列交流活动。首次组团出访希腊、西班牙等国，广泛涵养侨务资源，出访工作成效得到了自治区党委领导的批示肯定。

【深化文化建设，传播中华文明】联合英国、加拿大等国海外侨社团开展了6场“广西三月三·乡音播全球”文化活动，多形式对外讲好广西故事。举办“亲情中华·侨领侨青话侨批暨八桂侨声——国门侨乡大舞台”文化联谊活动，得到了中国侨联的充分肯定。首次联合中国华侨摄影协会组织开展“弘扬侨乡‘非遗’文化·传播华侨基地故事”活动，推动广西非遗文化传承和发展。首次组织开展全区侨联国际文化交流基地经验交流活动，总结经验，整合资源，谋划发展，玉林市容县杨梅华侨文化古镇等3个单位成功入选第十一批中国华侨国际文化交流基地。组织侨界青少年参加第23届世界华人学生作文大赛，首次有作品获得特等奖。创新承办“亲情中华·魅力北海”和“亲情中华·千姿百色”文艺慰问演出，

11月24日至27日，广西壮族自治区政协主席孙大伟（前排左八）率团赴澳门出席第二十届世界广西同乡联谊大会

12月1日，广西壮族自治区侨联代表团在西班牙马德里出席西班牙西中经贸文化促进会理事会就职典礼活动

11月16日，联合中国侨联文化交流部开展“亲情中华·侨领侨青话侨批暨八桂侨声——国门侨乡大舞台”主题活动

3月30日，“亲情中华·千姿百色·走进靖西”暨“广西三月三·乡音播全球”文艺慰问演出在百色靖西市举行

将文艺演出和慈善捐赠相结合，现场共募集捐赠款物总计820多万元用于社会公益事业、乡村文化事业发展。

【强化法治护侨，依法维护侨益】推动检侨合作，与自治区检察院联合出台《关于进一步加强新时代涉侨检察工作依法保护归侨侨眷和海外侨胞合法权益工作机制》，建立7项机制维护侨胞合法权益。发挥侨联法顾委作用，推动成立“RCEP海外侨胞法律权益维护工作站”，首次运用RCEP规则，针对东盟法律及营商环境、国内外法律制度与法律环境存在差异等问题，为侨胞和侨企提供专业、专注和高效的民商事法律服务，有效解决海内外侨胞在投资合作、商贸往来、旅游探亲等方面存在的困难。在北海市成功举办全区涉侨纠纷多元化解现场推进会，推荐北海市侨港镇涉侨纠纷多元化解中心负责人归侨吴方权获评中国侨界十大杰出人物。指导南宁市侨联与南宁市中级人民法院联合成立东盟经济技术开发区法庭归侨侨眷维权岗。

10月16日至17日，在崇左市宁明县桐棉镇举办桐棉瑶族侨胞农村实用技术培训班

广西壮族自治区侨联领导为“RCEP海外侨胞法律权益维护工作站”揭牌

【发挥载体作用，助力铸牢中华民族共同体意识示范区建设】在百色、崇左等市边疆民族地区打造“侨胞之家”示范点，并依托“侨胞之家”组织开展以“铸牢中华民族共同体意识，真情暖侨心”为主题的文娱活动、技能培训、送医送药送法下乡等具有边境特点、侨特色的系列活动，进一步凝聚侨心，助力铸牢中华民族共同体示范区建设，促进边疆民族地区民间友好往来，为确保边疆巩固和边境安全贡献侨界力量。

【创新联动机制，为侨服务更暖心】创新建立“五联五建解五难　强基惠侨促发展”三级联动工作机制，通过联侨企、联困难归侨侨眷、联海外重要侨领侨商及其国内眷属以及联侨界专家及知名人士，整合区、市、县三级侨联组织资源，合力为侨服务解难题，全区各级侨联组织共走访调研240批次，为侨解忧办实事超150件，工作成效亮点获得了《中国侨联工作》《广西日报》《广西主题教育办工作简报》和广西机关党建网等刊发。开展暖侨行动，打造“八桂侨爱”

10月22日，广西壮族自治区人大常委会副主任杨静华（后排左二）出席2023年“八桂侨爱—九九重阳·情暖侨心”主题活动

品牌，举办“八桂侨爱·庆重阳·情暖侨心”“八桂侨爱·庆中秋迎国庆”等主题活动，将党和国家的关心和爱护送给侨胞，进一步凝侨心聚侨力。持之以恒开展“侨爱心工程”协助海外侨胞捐赠善款500多万元，助力教育、医疗、救灾抢险、技术培训等公益事业，关心关爱困难归侨侨眷和群众。

12月24日至27日，胜利召开广西壮族自治区第十一次归侨侨眷代表大会

【加强侨联组织建设，将党的领导贯彻到工作各领域】压紧压实党建主体责任，协调推动柳州、桂林、来宾、玉林、河池5市侨联设立党组，实现党组在14个设区市侨联全覆盖。扎实抓好侨联领导班子建设和换届指导工作，指导来宾、贵港、桂林、玉林4个市侨联圆满完成换届工作，夯实侨联事业发展根基。树立大抓基层的鲜明导向，推动基层侨联组织提质扩面，首次在民营企业——广西华蓝集团成立了侨界联合会。大力开展基层党建“五基三化”提升年行动，推进机关党组织标准化规范化建设，成立党总支部，设立侨联机关党总支，成立在职和退休两个党支部，优化党组织机构设置，进一步增强党组织的政治功能和组织功能。压实管党治党政治责任，一体推进模范机关创建和清廉机关建设“双建双促”，开展实施以“党员作风治理”为内容的纪律作风教育月6项行动、“以身边案教育身边人”警示教育活动，以自我革命精神检身正己。

12月，广西首个民营企业侨联——广西华蓝集团侨界联合会成立

【高质量开好广西壮族自治区侨联十一代会，顺利完成换届工作】广西壮族自治区第十一次归侨侨眷代表大会于12月24日至27日胜利召开，自治区党委书记、自治区人大常委会主任刘宁，中国侨联副主席程红出席大会开幕式并讲话，自治区党委常委、统战部部长王心富主持大会开幕式并出席闭幕会，自治区党委副书记、自治区主席蓝天立，自治区党委常委、秘书长周异决、自治区人大常委会副主任杨静华，自治区副主席廖品琥，自治区政协副主席何辛幸到会祝贺。陈洁英同志代表自治区侨联第十届委员会作工作报告。大会选举产生的侨联第十一届委员会委员，常务委员和领导班子均全票当选，圆满完成了既定任务。

【北海市侨联】着力提升服务水平，依法维护侨益。一是配合市人大开展归侨侨眷“一法两办法”执法检查，联动“五侨”部门贯彻落实宣传好《中华人民共和国归侨侨眷权益保护法》及实施办法，共赴基层归难侨安置点开展7场专题普法活动，持续增强侨界群众学法懂法用法意识。圆满承办2023年全区涉侨多元化解现场推进会，并作“紧扣多元解纷用实功　依法维护侨益见实效”经验交流发言。二是用心服务群众，为侨排忧解难。加强与公检法司联系，精心筹备组织成立“北海市侨联法律顾问委员会”，积极维护海外侨胞和归侨侨眷的合法权益。及时与相关部门协调解决侨界群众信访事项，妥善解决高德华侨新村停电用电、侨港镇归侨侨眷过渡房渗水和侨企“合浦供电荔枝——沙田35kV线路

11 月 2 日至 3 日，全区涉侨纠纷多元化解工作现场推进会在北海召开

新建工程”项目受阻问题等。三是创新形式开展涉侨纠纷调解。采取“法院 + 司法 + 公安 + 侨联 + 侨港涉侨纠纷多元化解中心”多方多级联动的社会治理新模式，深化诉源治理，切实维护归侨侨眷权益，共接访和法律咨询 600 人次，调解 59 件，金额为 1300 余万元，调解率达 100%。

【防城港市侨联】在服务发展大局上主动作为，认真贯彻落实全市招商引资突破年、项目建设攻坚年行动和促进营商环境大提升专项行动“2+1”工程的部署和要求，组织市侨联委员开展招商引资和项目建设专题培训，并发出《防城港市侨联开展服务招商引资突破年项目建设攻坚年委员行动倡议书》，广泛动员侨界积极参与防城港市“2+1”工程。强化统筹协调，引进加拿大侨商投资 25 亿元建设防城港市白求恩国际医学高等专科学校及配套医院。成功承接第三届“一带一路”侨商侨领交流合作大会嘉宾招商考察活动，承办“侨连五洲·桂聚东博”暨 2023 五洲筑梦——海外华侨华人防城港联谊大会，推动项目成功签约投资额 430.19 亿元，通过华人头条等新媒体面向海内外同步直播联谊大会，网络播放浏览量达 660 万人次，创历史新高。积极协调商务、海关等部门，成功促使越南同奈省隆庆市钦廉同乡会侨胞种植的榴莲等水果首次获得直接出口我国的资格，既增加越南几十万侨胞的收入，也为防城港市边民增加了创收渠道，为高质量共建“一带一路”，促进与东盟国家之间民心相通注入新动力。

【玉林市侨联】围绕高质量发展大局，充分彰显侨胞独特优势。一是大力促进玉商侨商回归。组团赴大湾区、长三角、京津冀地区开展招商活动，宣传、发动、吸引更多有实力的侨商侨企回玉创业；与商务部门联合组织开展侨企走东盟活动，为玉林企业走向东盟寻找商机搭建平台。协助举办海外侨商侨领及知名企业助力广西（玉林）高质量发展推介会，承办玉商侨商回归经贸文化交流合作座谈会和侨约八桂海外侨胞故乡行活动。二是实施“以访引商”。积极对接东盟国家侨商，为玉林市经贸代表团出访越南、新加坡、马来西亚落实前期合作意向，寻找贸易合作伙伴。通过出访宣传玉林“以访引商”，组织玉林市侨资企业前往老挝、柬埔寨、马来西亚、印度尼西亚等国家开展“桂企东盟行”活动，成功在海外宣传推介玉林企业产品，达成合作和意向合作近 50 亿元。三是推动涉侨项目签约落地。推动玉林市玉东中药饮片项目、梦想食品生产加工项目等侨商项目在玉商回归产业园玉东分园落户并开工建设，总投资 12.25 亿元，涵盖新能源、医疗、教育、健康食品等多个领域。

10 月 12 日，“侨连五洲·桂聚东博”暨 2023 五洲筑梦——海外华侨华人防城港联谊大会在防城港市召开

海南省归国华侨联合会

【领导成员名单】

海南省侨联第六届委员会（至2023年11月17日）

党组书记、主席：梁　谋（2023年7月至今）

党组成员、专职副主席：苏　燕（女）

兼职副主席：李桂英（女）　陈文培　陈达繁　林　旭　欧曼琛　韩　电

党组成员、秘书长：李　诚

海南省侨联第七届委员会（2023年11月17日选举产生）

党组书记、主席：梁　谋

党组成员、专职副主席：苏　燕（女）

党组成员、挂职副主席：黄文慧（女）

兼职副主席：李文俊　韩小雨（女）　王光强　符　应　张　茜（女）　陈菲菲（女）

党组成员、秘书长：李　诚

【综述】2023年，在海南省委的坚强领导和中国侨联的有力指导下，海南省侨联领导班子高举习近平新时代中国特色社会主义思想伟大旗帜，坚决贯彻落实中央和省委的决策部署，不断强化政治思想建设，加强党的领导，各项工作取得新成就、迈上新台阶、实现新跨越。

【开展2023年"送温暖·献爱心"慰问活动】1月5日，在新春佳节来临之际，为全面贯彻落实党的二十大精神，把党的温暖送到侨界困难群众的心坎上，海南省侨联党组成员、副主席苏燕带队前往文昌、琼海等市的华侨农场困难归侨侨眷和南侨机工遗属家中开展"送温暖、献爱心"春节慰问活动。此次"送温暖·献爱心"慰问活动共投入慰问经费近26万元，惠及困难归侨侨眷500余户。

【"亲情中华·欢聚海口"海南省侨界喜庆二十大暨2023迎春晚会在海口举办】2月2日，中国侨联与海南省侨联在海口共同举办"亲情中华·欢聚海口"海南省侨界喜庆二十大暨2023迎春晚会。中国侨联文化交流部副部长邢砚庄及海南省相关涉侨部门的负责同志出席晚会。归侨侨眷、海外侨胞代表和各界群众1500多人现场观看演出，另有海内外60万人次通过新华社、人民网、中新网等国家级、省市媒体及融媒体等视频社交软件在线欣赏直播，演出得到了广大海内外侨胞的好评。晚会现场，"魏基成夫妇天籁助听工程"项目向海南省侨联捐赠100台助听器，以公益行动帮助侨界听障人士重获听力，提

2月2日晚，中国侨联与海南省侨联在海口共同举办"亲情中华·欢聚海口"海南省侨界喜庆二十大暨2023迎春晚会

高生活品质。

【选送的《守住中国粮》短视频荣获“追梦中华·奋进新征程”华侨华人短视频大赛二等奖】2月23日，中国侨联“追梦中华·奋进新征程”华侨华人短视频大赛颁奖仪式在北京举行。海南省侨联选送的短视频《守住中国粮》荣获二等奖。海南省侨联党组成员、秘书长李诚和《守住中国粮》作者、隆平生物技术（海南）有限公司总经理吕玉平参加颁奖仪式。

4月，在中国侨商联合会与海南省侨联共同举办的“创业中华·侨商论坛”活动上，举行了战略合作协议签约仪式

【4幅作品入选第四届 “亲情中华·世界华侨华人美术书法展”】海南省侨联选送的4幅优秀作品入选中国侨联主办的第四届“亲情中华·世界华侨华人美术书法展”。4幅作品分别是海南大学美术与设计学院副教授张晨的《黎陶·情》，海南省文昌市重兴中心小学教师李传成的《窗边》，中国徐悲鸿画院特聘画家董桃平的《溪松云岫》和清华附中文昌学校教师邵冬琬的书法作品《二十四方针》。

【与中国侨商联合会共同举办“2023世界侨商海南行暨创业中华·侨商论坛”活动】4月8日至11日，中国侨商联合会、海南省侨联共同举办“2023世界侨商海南行暨创业中华·侨商论坛”活动。中国侨联党组成员、副主席连小敏率领来自海内外17个国家和地区70多位在商贸领域有影响有实力的侨商企业家及海外侨胞代表参加活动，海南省委常委、统战部部长苗延红会见了连小敏及侨商代表一行。此次论坛安排了战略合作协议签约仪式、自贸港专题推介、侨商代表发言及互动交流等环节。在战略合作协议签约仪式上，三亚富华盛世投资有限公司与国家体育总局水上运动管理中心签订了战略合作框架协议，海南省侨联分别与浦发银行海口分行、国泰君安证券海南分公司签约。此次签约活动，将推动签约方建立紧密的合作关系，整合各自资源优势，积极搭建侨商侨资项目对接渠道和平台，增强侨商投资兴业自贸港的信心，形成助推海南自贸港高质量发展的强大合力。

【海南省侨联青年委员会举办2023年会暨“五四”联谊交流活动】5月4日，海南省侨联青委会在海口召开2023年会暨“五四”联谊交流活动。海南省侨联领导班子成员、海南省侨联青年委员会委员及海南省侨联机关青年干部近40人参加活动。会议审议通过了海南省侨联青委会2022年工作报告及2023年工作计划，增补了青委会常务副会长、副会长、副秘书长、委员等，活动期间，侨界青年代表一行还前往海口市演丰镇参观瑶城村美丽乡村建设，了解山尾头村红色文化，并举办联谊交流活动。

4月11日，海南省委常委、统战部部长苗延红在海口会见了中国侨联党组成员、副主席连小敏（左）及侨商代表一行，并座谈交流

【“追梦中华·聚焦自贸港”2023 海外华文媒体海南采访行在海南成功举办】5 月 15 日至 20 日，由中国侨联主办，海南省侨联承办的“追梦中华·聚焦自贸港”2023 海外华文媒体海南采访行在海南成功举办，来自加拿大、澳大利亚、俄罗斯、马来西亚、美国及中国香港、澳门等 14 个国家和地区的 15 家海外华文媒体及 5 家涉侨中央媒体参加活动。海外华文媒体采访团深入海口、文昌、万宁、澄迈、定安、陵水、保亭、三亚 8 个市县实地采访考察，用文字和镜头生动地向海外展示了具有世界影响力的中国特色自由贸易港。海外华文媒体采访团共撰写、发布各类作品 300 余篇（个），阅读量达 4000 万人次。

5 月，“追梦中华 · 聚焦自贸港”2023 海外华文媒体海南采访行合影

【海南省侨联涉侨纠纷人民调委会成功调解一宗外籍夫妻离婚纠纷】2023 年，海南省侨联涉侨纠纷人民调解委员会接受海南一中院委托，委派邢小娟律师成功调解一宗俄罗斯籍夫妻离婚纠纷。该纠纷双方当事人均为俄罗斯公民，不通晓中文，邢小娟律师自接受案件委托后，仔细翻阅案件有关材料，剖析案情，明确调解方向，告知当事人自带中文翻译人员，经专业调解后，双方当事人通过友好协商，顺利达成离婚调解。2023 年，海南省侨联法顾委律师团和海南省侨联涉侨纠纷人民调解委员会增聘 28 名有一定知名度和影响力的法律专家和权威、热心侨联事业的法律工作者为调解员。海南省侨联法顾委和调委会共受理涉侨案件诉前委派 3 宗，调解成功 1 宗，接受电话咨询、当面咨询、书面咨询 26 人次，接受现场咨询 100 人次，受理涉侨案件 5 件，做到件件有着落，事事有回音，为海南自贸港建设营造良好的法治社会环境作出了积极贡献。

【第 17 期“侨连五洲 · 海外联谊研修班”在海南成功举办】5 月 24 日至 28 日，由中国侨联主办，海南省侨联、海南大学共同承办的第 17 期“侨连五洲 · 海外联谊研修班”在海南成功举办，来自美国、加拿大、澳大利亚、西班牙、泰国、菲律宾及中国香港等 22 个国家和地区的近 50 名青年侨领参加研修。研修期间，组织召开了新时代华裔青年圆桌座谈会，开展理论学习，考察了宋氏祖居、文昌孔庙、中国（海南）南海博物馆、沙美村、骑楼文化老街及海口江东新区规划展示馆，通过研修，加深了学员对中国特色社会主义制度、中华优秀传统文化及海南自贸港的了解和认识，也增进了对祖（籍）国的感情认同。

5 月，第 17 期“侨连五洲 · 海外联谊研修班”合影

【开展 2023 年“侨爱心 · 四下乡”活动】5 月 30 日至 6 月 1 日，海南省侨联联合儋州、澄迈、

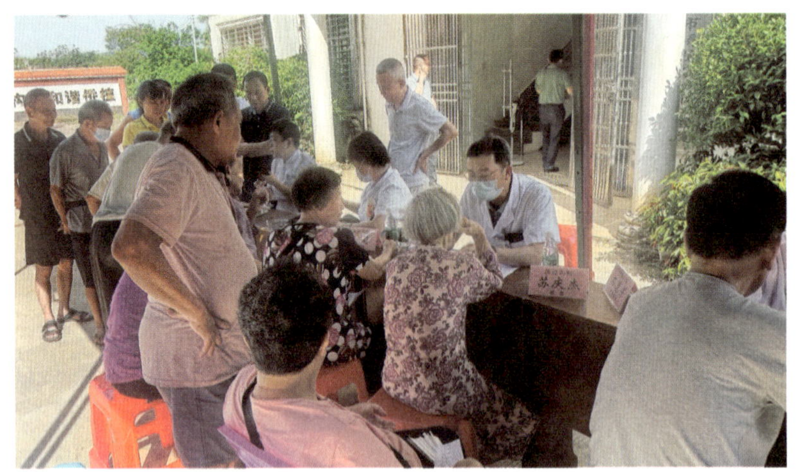

5 月 30 日至 6 月 1 日，海南省侨联 2023 年“侨爱心·四下乡”活动医疗团队为广大基层侨界群众提供医疗义诊

琼中等市县侨联开展 2023 年“侨爱心·四下乡”活动。活动邀请了海南医学院第二附属医院的优秀医疗团队、中国热带农业科学院种植专家和海南省侨联法顾委律师等 8 名专家学者先后到琼中县吊罗山乡长田村、儋州市侨植农场、澄迈华侨农场，为侨界群众提供义诊医疗和法律咨询服务，免费赠送了一批药品和农业、禁毒、法律等方面的书籍，进一步丰富当地侨界群众的精神文化生活，此次“侨爱心·四下乡”活动获益群众约 500 人。

【分别联合海口市侨联、保亭县侨联开展“学思想、践宗旨、送法律”主题活动】 6 月 2 日和 6 月 15 日，海南省侨联分别联合海口市侨联、保亭县侨联在海口市琼山区大坡镇东昌居和保亭县三道居开展“学思想、践宗旨、送法律”主题活动，海口市东昌居、保亭县三道居共 200 多名归侨侨眷参加活动。海南省侨联法顾委律师团律师邢小娟、陈翠颖分别为东昌居和三道居归侨侨眷作了《信访工作条例》《海南省华侨权益保护条例》《中华人民共和国民法典》和禁毒知识等相关法律法规宣讲，增强了侨界群众的守法意识，提升风险防范意识和维权能力。与会期间，海南省侨联党组成员、秘书长李诚还作了学习宣传贯彻党的二十大精神的专题宣讲，并带队慰问了 3 户困难归侨侨眷。

【扎实开展主题教育活动】 4 月至 8 月，海南省侨联党组认真谋划，全面落实“学思想、强党性、重实践、建新功”总要求，坚持强理论，深调研，抓整治，求实效，扎实开展主题教育各项工作任务，取得了实实在在的成效。一是举办 18 期学习贯彻习近平新时代中国特色社会主义思想主题教育读书班，开展专题学习研讨 4 次，领导班子成员撰写心得体会文章 20 余篇，开展“三会一课”21 次、主题党日活动 18 次。二是围绕加强基层侨联组织建设、加强华侨文化资源保护和利用、摸清侨企的堵点和难点、华侨农场民生问题等课题，采取座谈访谈、随机走访、蹲点调研、问卷调查等多种形式开展 50 多人次的实地调研。三是通过举办“2023 世界侨商海南行暨创业中华·侨商论坛”主题活动、召开海南省侨联特聘专家委员会工作会议、举办 2023 海外华文媒体海南采访行活动等方式，结合海南省侨联实际，提出服务侨界群众、推动改革发展的新思路新载体新举措。四是把查找到的问题梳理成问题清单，做到即知即改立行立改，并形成长效化工作机制，促进海南省侨联机关工作规范化、科学化、制度化，提高为侨服务的能力和水平。

【举办 2023“亲情中华·为你讲故事”海外华裔青少年网上夏令营活动】 6 月 12 日，海南省侨联举办 2023“亲情中华·为你讲故事”海外华裔青少年网上夏令营活动，来自法国的 40 余名华裔青少年参加本次活动。本次夏令营以“苏东坡在海南”的生活为主线，让海外华裔青少年深入学习中华传统文化，领略海南的风土人情，加深海外华裔青少年对中华传统文化的理解和欣赏，增强对祖（籍）国的民族文化认同感和归属感。

【举办 2023“中国寻根之旅”夏（秋、冬）令营活动】 2023 年，海南省侨联分别在三亚、文昌、琼海等市县举办了 3 期“中国寻根之旅”夏（秋、冬）令营活动，来自德国、丹麦、波兰、泰国、马来西亚 5 个国家的 119 名华裔青少年参加活动。海南省侨联通过开展华文交流、书法展示、诗词朗诵、民族歌舞、太极体验、美食

海南省侨联 2023“中国寻根之旅”夏令营—海南三亚营正式开营

海南省侨联 2023“中国寻根之旅”秋令营—海南文昌营正式开营

海南省侨联 2023“中国寻根之旅”冬令营—海南琼海营走进海桂中学

制作、存根问祖、方言展示、民居探幽、古村品茗、地理奇观、瑰丽风光等形式多样的课堂授课和实地研学的方式，加深了海外华裔青少年对家乡海南的印象，更深层次感知理解祖（籍）国和海南的发展变化，进一步促进了中外校际青少年的交流合作，深化与海外侨团组织的联谊联络，搭建起促进民心相通的别样舞台，涵养了海外侨务新生代资源，此次办营活动得到海南省委领导和社会各界的一致好评。海南省委领导在批示中指出：“此次活动办得不错，望继续努力，并争取多方支持，以打造品牌的目标和责任意识，推进‘中国寻根之旅·圆梦自贸港’活动走深做精。”

【召开海南省侨联特聘专家委员会 2023 年年会】7 月 27 日，海南省侨联特聘专家委员会 2023 年年会在文昌市召开。海南省侨联特聘专家委员会主任、海南医学院第二附属医院党委书记王毅作《海南省侨联特聘专家委员会 2022 年工作报告》，海南省侨联党组成员、副主席苏燕出席会议并讲话。海南省侨联特聘专家委员会委员以及海南省侨联、文昌市侨联等 50 余人参加会议。

【召开 2023 年海南省侨联社团工作会议】7 月 28 日，海南省侨联在海口召开社团工作会议，总结交流社团 2022 年以来的侨务工作的成果及经验，研究部署下一阶段工作任务。一直以来，海南省侨联各业务主管社团积极配合工作，同向发力，在拓展海外联谊、开展“金秋助学”项目、参与脱贫攻坚、助推乡村振兴等方面的工作上发挥了积极作用，为推动侨联事业发展贡献了重要力量。下一步，海南省侨联继续在社团会务发展、参与公益事业、加强自身建设、服务自贸港建设等方面，加强引领，同频共振，发挥优势，为助力海南自由贸易港建设作出积极贡献。

【梁谋当选海南省侨联主席】7 月 31 日，海南省侨联六届八次全委会议在海口召开，梁谋全票当选海南省侨联第六届委员会主席。梁谋在会上对海南省委及组织部门的关心培养、对海南省侨联委员的信任支持表示衷心的感谢，并在当选讲话中表态，将积极履行职责，以强烈的责任感和使命感，尽心竭力、恪尽职守、务实创新，全力开创海南侨联工作的新局面。海南省侨联委员等 80 多人出席会议。

7 月 31 日，海南省侨联六届八次全委会议在海口召开，梁谋（主席台居中）当选海南省侨联主席

【梁谋连续深入基层开展走访调研和慰问活动】7 月，自梁谋同志担任海南省侨联党组书记、主席以来，为全面了解掌握基层侨联组织建设、侨资侨企生产经营、帮扶点共建、归侨侨眷生产生活等方面的情况，摸清侨界所需所求，切实推动解决存在的相关问题，推动侨联工作高质量发展。梁谋曾多次深入全省 18 个市县侨联机关详细了解侨联基层组织建设情况并加强指导；走访侨资侨企了解掌握生产经营情况和存在困难，切实为侨资侨企排忧解难；深入帮扶点了解产业振兴、就业就学等重点领域方面存在问题，扎实开展共建帮扶活动；看望慰问困难归侨侨眷，了解其生产生活困难情况，鼓励积极发展生产，勤劳致富，切实把侨界群众的冷暖放在心上。

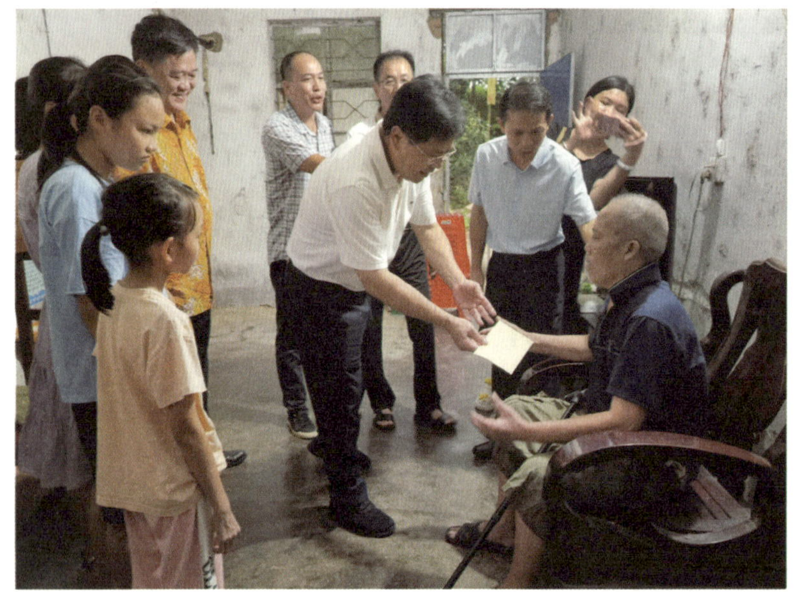

海南省侨联党组书记、主席梁谋在海南省万宁市慰问侨界困难群众

【举办 2023 年“侨爱心·金秋助学”活动】8 月 15 日，海南省侨联系统 2023 年“侨爱心·金秋助学”活动在海口举行。此次活动共筹集发放助学金 307.06 万元，资助 1761 人。海南省侨联党组书记、主席梁谋，党组成员、副主席苏燕，党组成员、秘书长李诚，以及有关市、县侨联负责人，海南省侨联业务主管社团负责人，受助学生代表等 60 多人参加活动。

8 月 15 日，海南省侨联系统 2023 年“侨爱心·金秋助学”活动捐助仪式现场

【梁谋当选中国侨联兼职副主席，海南多名代表当选中国侨联常委和委员】8月31日至9月3日，第十一次全国归侨侨眷代表大会在北京胜利召开，43名海南代表，在海南省委的高度重视和亲切关怀下，肩负海南130多万归侨侨眷、390多万琼籍侨胞的信任和重托，认真履职，深入学习习近平新时代中国特色社会主义思想，认真学习和深刻领会党中央致词，围绕中国侨联工作报告展开深入讨论，积极建言献策，圆满完成使命任务。大会选举梁谋为中国侨联兼职副主席，聘请翁诗杰为中国侨联海外顾问，聘请黎才旺为中国侨联荣誉委员，选举苏燕为中国侨联常委，海南省15名代表当选中国侨联委员。

澳大利亚海南总商会资助困难侨生项目开始实施

【海南省政协“委员联系界别群众工作站（省归国华侨联合会界别）”授牌成立】9月6日，海南省政协“委员联系界别群众工作站（省归国华侨联合会界别）”授牌仪式在海口举行。海南省政协港澳台侨外事委员会主任王全，中国侨联兼职副主席、海南省政协常委、海南省侨联党组书记、主席梁谋出席仪式并揭牌，海南省政协港澳台侨外事委员会专职副主任王美珍，工作站召集人、海南省政协委员、海南省侨联党组成员、副主席苏燕，海南省侨联党组成员、秘书长李诚，海南省政协侨联界别委员、侨界代表等20多人出席授牌仪式。

【澳大利亚海南总商会向侨界贫困学生捐资25万元】8月，海南省侨联调研组深入万宁市调研时发现，万宁兴隆华侨农场二分公司十三队74岁的越南归侨，患有轻度阿尔茨海默病、轻度中风等慢性疾病，生活无法完全自理，离异的二儿子在5月意外身亡，留下13岁和9岁的两个女儿，家庭生活陷入困境，亟须得到社会的关心和帮助。海南省侨联党组书记、主席梁谋积极同澳大利亚海南总商会会长龙雄、荣誉会长蔡霜飞进行沟通协调，澳大利亚海南总商会决定向海南省侨爱公益基金会捐款25万元人民币，定向资助两姐妹的学习和生活。受捐学生归侨侨眷感动地说：“大家的帮助如同雪中送炭，解决了我们家的燃眉之急，改变了我们学习和生活的困难状况。我和姐姐要努力学习，掌握好本领，长大后做一个对社会有用的人，回报帮助我们的好心人。”龙雄表示，澳大利亚海南乡亲将一如既往地传承和发扬情系桑梓、心怀家乡的赤子情怀，弘扬中华民族“扶贫济困、乐善好施”的传统美德，以侨帮侨，积极参与家乡的经济建设和社会公益事业，助力海南自贸港建设。9月24日，澳大利亚海南总商会捐赠的第一批学习、生活物品和学费已发放到受助人手中。

【赴广东、浙江两省侨联考察调研】9月10日和10月18日，为学习借鉴广东、浙江两省侨联的先进理念和工作经验，加强双方的合作交流，促进海南省侨联工作高质量、跨越式发展，中国侨联兼职副主席，海南省侨联党组书记、主席梁谋率队赴广东省、浙江省学习调研并座谈交流。调研组一行分别拜访广东省侨联、浙江省侨联，广州市侨联、丽水市侨联等各地侨联，与省、市侨联主要负责人、相关业务部室负责人就招商引资、维护侨益、侨创基地建设、基层组织建设、联谊联络、海外宣传、为侨服务数字化平台建设、文化交流以及举办中国侨商投资大会等方面进行了深入交流。梁谋表示，广东、浙江两省是侨商投资企业较为发达的地区，两省侨联在招商引资、联谊联络、文化交流、维护侨益、信息化建设等方面，有很多先进理念、工作经验，特色和亮点鲜明，为侨服务工作招数多、方法新，很多宝贵的经验非常值得海南省侨联学习借鉴，期待双方在服务经济发展、优化为侨服务、促进侨界交流等方面建立友好交流工作机制，通过对标一流、高位嫁接、强强联合，共同参与海南自由贸易港建设，推动侨联事业高质量发展。

【举办2023年法顾委工作会议暨人民调解员培训班】 10月17日至18日，2023年海南省侨联法顾委工作会议暨人民调解员培训班在文昌市举办。海南省侨联党组成员、秘书长李诚出席开班仪式并讲话。海南省侨联法顾委、涉侨纠纷调委会和各市、县侨联调解员50多人参加会议。海南省侨联法顾委主任符琼芬作海南省侨联法顾委2023年工作报告，解读了海南省侨联“逐梦自贸港·法润侨心”项目。符琼芬、海南省侨联涉侨纠纷调委会执行主任许志明为16名新增的法顾委委员颁发聘书。会议安排了《中华人民共和国归侨侨眷权益保护法》《海南省华侨权益保护条例》《中华人民共和国民法典》等法律法规学习。参会人员还参观考察了文昌航天超算中心，与文昌市侨属企业协会进行座谈交流，并开展法律咨询服务。

【召开海南省第七次归侨侨眷代表大会】 11月16日，海南省第七次归侨侨眷代表大会在海口召开。中国侨联党组书记、主席万立骏，海南省委书记、省人大常委会主任冯飞，海南省委副书记、省长刘小明，海南省委副书记沈丹阳，海南省委常委冯忠华、王斌、苗延红、巴特尔、倪强，海南省人大副主任苻彩香、海南省政协副主席陈马林等到会祝贺。大会由沈丹阳主持，海南省妇联负责同志代表人民团体致贺词，万立骏、冯飞讲话，海南省直有关部门负责同志和全省200多名侨界代表参加会议。万立骏代表中国侨联向大会的召开表示祝贺，并对海南侨联工作提

11月16日，海南省第七次归侨侨眷代表大会胜利召开

中国侨联党组书记、主席万立骏（右）与海南省委副书记、省长刘小明签订战略框架协议

出了四点希望，一是坚持党的领导，以习近平新时代中国特色社会主义思想统领侨联工作；二是胸怀“国之大者”，为建设具有世界影响力的中国特色自由贸易港贡献侨界力量；三是坚持以人为本、为侨服务，不断提升服务侨胞的能力和水平；四是深化改革创新，全力夯实新时代侨联事业发展基础。冯飞表示，海南省各级侨联组织要坚持正确政治方向，深入学习贯彻习近平总书记关于侨务工作的重要论述，围绕中心服务大局，为广大归侨侨眷和海外侨胞参与自由贸易港建设创造更好条件，持之以恒地做好为侨服务和维护侨益工作，在推进自由贸易港建设中作出新的更大贡献。大会开幕式前，冯飞、刘小明、沈丹阳等会见了万立骏一行，并座谈交流，万立骏、刘小明代表中国侨联与海南省人民政府签订了战略合作框架协议，为投资兴业自贸港搭建平台、创造条件、提供机遇，实现资源共享、优势互补、相互促进，共同为海南自贸港建设作贡献。万立骏还参观了海南自贸港建设成就展，并在海口骑楼老街及相关侨资企业调研。大会选举梁谋为海南省侨联第七届委员会主席，苏燕（女）、黄文慧（女）、李文俊、韩小雨（女）、王光强、符应、张茜（女）、陈菲菲（女）为副主席，李诚为秘书长。会议选举产生45名海南省侨联第七届委员会常务委员和100名海南省侨联第七届委员会委员。

【梁谋率团赴泰国、马来西亚访问】11月，中国侨联兼职副主席、海南省侨联党组书记、主席梁谋率海南省侨联代表团和商务团一行18人赴泰国、马来西亚进行访问，拜访泰国、马来西亚有关琼籍社团、侨资侨企和当地政府部门。每到一地，访问团都用中英文向当地的侨胞作海南自贸港总体政策的推介，介绍海南省情、投资环境、投资政策、投资优势。梁谋表示，非常感谢琼籍海外乡亲对家乡建设所作的贡献和对海南省侨联工作的支持，海南自贸港将于2025年全岛封关运作，希望琼籍海外乡亲们回乡投资兴业，共享海南自贸港政策红利和发展机遇。海南省侨联将持续深化“寻根之旅”“亲情中华”等品牌活动，不断加强文化交流，积极打造“海南自贸港万家侨商交流合作平台”，推进“百名律师结百个侨团（侨企）”“侨商走进市县”“侨商走进东南亚”“百家侨商侨企兴百村”等活动，不断加深与海外乡亲联谊联络，开创海南侨联事业高质量跨越式发展新局面，形成同圆共享中国梦的强大力量。

【举办第十七届世界海南乡团联谊大会】12月3日，以“港湾大融合　共享新机遇”为主题的第十七届世界海南乡团联谊大会在广州开幕，来自世界32个国家和地区共2300余位琼籍乡亲齐聚广州，共叙情谊、共话发展、共谋合作。海南省省长刘小明出席开幕式并致辞。广东省委常委、统战部部长王瑞军，海南省委常委、统战部部长、海南海外联谊会会长苗延红，中国侨联顾问、中国侨商联合会常务副会长李卓彬和国务院侨办相关部门负责人参加开幕式。世界海南乡团联谊大会自1989年由新加坡海南会馆发起举办以来，已分别在新加坡、泰国、海南、马来西亚、美国、文莱、印度尼西亚、澳大利亚，以及中国香港、中国澳门10个国家和地区召开17届大会，历届大会都邀请来自世界各个国家和地区的海南乡团和海南乡亲代表参加。30多年来，世界海南乡团联谊大会规模和影响力不断扩大，已发展成为世界海南乡团和琼籍乡亲联谊交流的重要平台，以及海南省团结、联络世界各地海南乡团和乡亲的重要渠道。

【海南省侨联“亲情中华”文化交流团访问柬埔寨、老挝】12月，由海南省侨联党组成员、秘书长李诚率海南省侨联“亲情中华”文化交流团访问团一行9人，前往柬埔寨、老挝开展文化交流活动。访问团为当地乡亲们开展多场义诊和书法交流活动，得到当地乡亲的点赞好评。访问团还拜访了当地的海南会馆、华人社团和华文学校，与乡亲们进行亲切座谈交流，了解当地侨情，宣介海南自贸港，给当地的侨胞带去家乡海南人民的问候及祝福。

【与东方市人民政府共同举办“2023侨商共建自贸港—走进东方”招商推介活动，成功签约投资额35.24亿元】12月25日至26日，由海南省侨联与东方市人民政府联合主办的“2023侨商共建自贸港—走进东方”招商推介活动在海南省东方市举行。中国侨联兼职副主席、海南省侨联党组书记、主席梁谋，东方市委副书记、市长卢胜出席活动并致辞。海南国际经济发展局、

12 月 25 日至 26 日，“2023 侨商共建自贸港—走进东方”招商推介活动成功举办

海南省工商联、海南省侨办、《海南日报》、海南省侨商会及东方市有关部门负责人和来自新加坡、泰国、菲律宾、美国、澳大利亚、新西兰、德国、葡萄牙、丹麦、苏里南以及中国香港等国家和地区的侨胞代表参加活动。在招商推介会上，海南中印国际加工产业园发展有限公司、东方春福农产品交易有限公司、华能海南发电股份有限公司、国家电投集团海南电力有限公司 4 家企业分别与东方市政府签订农产品海鲜加工项目、物流仓储及水产品加工项目、华能屋顶分布式光伏项目、国家电投屋顶分布式光伏项目，涉及能源、农业、加工、仓储物流等领域，投资额达 35.24 亿元人民币。

【文昌市举办第九届南洋文化节】4 月 6 日，由海南省侨务办公室、海南省侨联指导，文昌市委、市政府主办，文昌市委宣传部、市归国华侨联合会承办的 2023 年第九届海南文昌南洋文化节开幕，来自 31 个国家和地区的 50 家海外社团文昌籍侨界代表以及国内社团商会代表等 400 余人齐聚一堂，共商故乡发展大计，共襄家乡建设盛举。文昌是海南知名侨乡，当前约有 120 万名港澳同胞和海外华侨华人分布在世界 50 多个国家和地区。自 2012 年起，南洋文化节已连续成功举办九届，这场盛会的影响力已辐射到全球 60 多个国家和地区，成为文昌乃至海南极具特色的侨界品牌活动之一。

【琼海市启动 2023 年港澳台海外青年寻根联谊活动】12 月 15 日，由海南省琼海市委统战部、市侨联、世界琼海同乡联谊会联合举办的琼海市 2023 年港澳台海外青年寻根联谊活动正式启动，来自新加坡、马来西亚、印度尼西亚，以及中国香港、中国台湾 5 个国家和地区祖籍琼海的青年参加活动。活动期间，海外青年考察团走访参观了世界热带水果之窗、琼海胜达农业观光园、中国（海南）南海博物馆、博鳌留客村蔡家宅、琼海市海桂中学、博鳌乐城国际医疗旅游先行区、红色娘子军纪念园等地。此次活动旨在让更多祖籍琼海的海外及我国港澳台青年感受祖国和家乡的改革发展成果，增进海内外青年的联谊交流。

【白沙县侨联就业创收有成效，侨界群众笑颜开】为践行为侨服务宗旨，提升侨界群众获得感、幸福感，切实解决侨界群众就业难的问题，白沙县侨联依托竹编产业示范基地优势，联系海南富竹环卫制品有限公司对侨界群众进行编织技术技能培训，实现学和用有效衔接。8 月 1 日，实现了通过环卫制品实用技术培训班的培训，卫星居十七居民小组有 18 名侨界群众利用富余时间制作扫把，领到第一笔工资，真正在家门口就业创收，侨界群众喜笑颜开。

【保亭县三道居“侨胞之家”开展跨境电商知识培训】为转变就业观念，进一步提升创新就业能力，解决三道居归侨侨眷在家乡创业就业难的问题，11 月 23 日，保亭县三道居“侨胞之家”、侨务工作站组织居内 17 名归侨侨眷赴海口开展跨境电商知识培训。在电商直播基地，归侨侨眷深入学习了“自媒体 + 开放 + 共享 + 共赢”的知识，进一步了解海南跨境电商快速发展之道和电子商务应用奥秘。下一步，海南省保亭县三道居将继续抓住海南跨境电商发展的机遇，持续跟进与海南跨境电商关免集团进行沟通交流，做好对接服务，努力构建可复制、可推广的跨境电商体系产业，解决创业就业难问题，造福当地居民和归侨侨眷。12 月 29 日，海南省保亭县三道居“侨胞之家”还开展“情暖侨心·为侨服务”爱心公益活动，惠及归侨侨眷等 100 多人。

重庆市归国华侨联合会

【领导成员名单】

党组书记、主　席：孟卫红（女）
专 职 副 主 席：罗　强
兼 职 副 主 席：邓明鉴　张自力
　　　　　　　　刘雅煌　李　昭
　　　　　　　　汪瓦水　张　健
　　　　　　　　黄晓旭　刘　杰
　　　　　　　　张　鹏　李仁波
　　　　　　　　赵海山　袁海心
秘　　书　　长：罗　强（兼）

【综述】2023年以来，重庆市侨联在市委坚强领导和中国侨联悉心指导下，坚持以习近平新时代中国特色社会主义思想为指导，深入学习党的二十大精神和习近平总书记关于侨务工作的重要论述，学习贯彻第十一次全国归侨侨眷代表大会精神，全面落实市委六届二次、三次、四次全会工作安排，扎实开展主题教育，扎实履行职能职责，各项工作取得了明显成效。

9月8日，在彭水县蚩尤九黎城中国华侨国际文化交流基地、重庆市华侨文化交流基地揭牌仪式之际，市侨联、彭水县人民检察院、彭水县侨联组织开展检侨合作文物保护公益诉讼调研活动

【把牢政治方向】健全落实“第一议题”制度，召开党组理论学习中心组会议11次、机关理论学习会议21次，开展“三会一课”和主题党日活动72次，举办青年微课堂3期，推动理论学习入心见行。严格执行请示报告制度，全年召开14次党组会议研究部署工作，就重要工作、重大事项向市委、中国侨联报告22次。扎实开展主题教育，大兴调查研究之风，班子成员带队调研70余次，形成调研报告3个，《市侨联多措并举　着力做好调查研究工作》被市委主题教育办简报刊载。

【服务经济社会发展】聚焦成渝地区双城经济圈建设“一号工程”，举办“侨连新通道·共襄新重庆”第四届“一带一路”侨商组织年会，与四川省侨联联合承办2023“一带一路”华商峰会，召开川渝侨联第四次联席会议，签署《服务成渝地区双城经济圈建设战略合作协议》，推动合作往深里走、往实里走。聚焦西部陆海新通道建设，开展“陆海侨相连·浙里渝见你”——浙渝侨商

2月3日，重庆市侨联带领侨界代表人士赴上海合作组织国家多功能经贸平台开展调研交流活动

经贸交流活动，组织“侨连‘大动脉’助力新通道”专题考察，以“侨”为桥推动西部陆海新通道沿线各类要素资源加速向重庆汇聚，组织侨商代表赴云南参加“侨连五洲·七彩云南”——第十九届东盟华商会，为赋能新重庆建设涵养资源人脉。召开侨企知识产权保护需求调研座谈会，帮助涉侨企业提升知识产权保护意识和能力。指导重庆华商会与波中侨商联合会签署友好商会合作协议。组织重庆侨企走进中科院重庆绿色智能技术研究院召开产研融合对接会，承办中国侨联经济科技工作调研座谈会，将侨界的技术人才优势和侨企市场创新需求有机结合，加大牵线搭桥力度。选派年轻干部担任奉节县鹤峰乡三坪村驻村第一书记，拨付14万元项目经费用于支持重庆市奉节县鹤峰乡三坪村产业发展和村委会办公室修缮，动员侨界人士定点购买20余万元的农副产品，联动爱心侨企定点捐赠价值近34万元的学习护眼台灯396盏、近5万元的老花镜，汇聚侨力支持乡村振兴。

5月19日至20日，重庆市侨联党组成员、副主席、秘书长罗强带领第四届“一带一路”侨商组织年会考察团走进奉节

2月15日至17日，重庆市侨联举办“陆海侨相连·浙里渝见你”——浙渝侨商经贸交流活动，搭建浙江籍侨商了解重庆、投资重庆的平台

4月25日，中国侨联经济科技工作调研座谈会（第四片区）在重庆召开，中国侨联党组成员、副主席连小敏（正面中）出席会议并讲话

【贴心为民服务】在西部地区率先出台《关于进一步加强新时代涉侨检察工作的意见》，举办全市深化公益诉讼检侨合作联席会议，在中山四路历史文化街区、磁器口古镇等“中国华侨国际文化交流基地”设立“益之家·侨爱心”检察公益诉讼志愿者驿站，为深化为侨服务进一步形成制度安排、搭建有益平台。市侨联“检侨合作”相关成果写入市检察院2023年工作报告。组织“侨爱

8月23日，市检察院、市侨联共同举办全市深化公益诉讼检侨合作联席会议暨“益心为公　侨界同行”专项检察开放日活动，市人民检察院党组成员、副检察长、检察委员会委员、一级高级检察官李大槐（正面中）出席会议并讲话

11 月 3 日，“侨爱心·乡村学生眼视光工程”走进重庆长寿捐赠仪式在海棠中学举行

心·送温暖医疗队”走进黔江，为 530 余名群众送上健康礼包；指导长寿区侨联实施“侨爱心·乡村学生眼视光工程”项目，开展“侨爱心·光明行”活动，还 1000 余名白内障患者、341 名中小学生一个清晰的世界。会同各区县开展两节“送温暖、献爱心”慰问活动，实地走访调研涉侨企业 100 余家，惠及侨界群众 500 余人、推动解决各类问题 20 余个。动员涉侨公益组织重庆市蓝天救援队赴土耳其、甘肃省积石山县参与救援。

5 月 4 日，由中国侨联指导，市侨联主办的“追梦中华·感知新重庆”2023 海外华文媒体重庆采访行活动在渝启动，市委常委、统战部部长卢红（中）出席启动仪式并讲话

【促进文化交流】与市政府侨务办和四川省侨联联合主办，“翰墨书川渝·丹青颂盛会——川渝侨界书法展”，充分展示侨界群众的桑梓情怀。选送重庆歌乐山革命纪念馆、重庆自然博物馆、濯水古镇 3 家单位，被认定为第十一批“中国华侨国际文化交流基地”。支持重庆开放大学（重庆工商职业学院）成立“重庆华侨学院”，系统性推广中华优秀传统文化特别是巴渝文化。积极筹办“亲情中华·为你讲故事”网上营 5 期，开展 2 期 2023“中国寻根之旅”夏（冬）令营，让华裔青少年们了解中华传统文化和中国新时代风貌。承办“追梦中华·感知新重庆”2023 海外华文媒体重庆采访行活动，并组织到万州、渝中、城口等区县实地采风，累计刊发新闻稿件 910 余篇，其中《人民日报》（海外版）、新华社等央媒刊发 20 余篇。动员海内外中学生参加第二十三届“世界华人学生作文大赛”，共 657 篇作文获奖，市侨联连续 14 年获得优秀组织奖。

【积极参政议政】组织侨界人大代表、政协委员撰写提案、建议和信息，同时，结合涪陵、沙坪坝、南岸、石柱等基层侨联提供的社情民意，为经济社会发展出谋划策。全年向中国侨联、市委办公厅以及市级相关部门报送调研成果 10 篇、侨情信息 126 篇，其中 3 篇分别获得中国侨联 2023 年课题研究成果一等奖、二等奖、优秀奖；1 篇立项 2023 年度重庆市社会科学规划项目，1 篇入选“重庆社科智库成果要报”，1 篇立项重庆欧美同学会 2023 年度课题，1 篇获评《中

12 月 18 日，由中国侨联主办、市侨联承办的 2023“中国寻根之旅”冬令营（重庆营）圆满落下帷幕

国侨联侨情专报》2023 年度优秀建议；30 余篇侨情信息被中国侨联、市委办公厅等单位采用。市侨联获评 2023 年度全国侨联系统信息工作一等单位。

荣誉证书

重庆市侨联：

荣获 2023 年度全国侨联系统信息工作

一等单位

中华全国归国华侨联合会

2024 年 1 月

获评 2023 年度全国侨联系统信息工作一等单位

2 月 22 日，在重庆市市直机关第一次归侨侨眷代表大会上，重庆市侨联为市直机关侨联授牌

进行安排。举办市侨联 2023 年基层侨联干部及侨界人士培训班，着力提升干部队伍素质。市侨联作为典型在全国侨联基层组织建设工作会上作经验交流，2 家区县侨联被人社部、中国侨联联合表彰，15 名个人获中国侨联和国务院侨办联合表彰，5 家基层侨联、3 名个人获中国侨联表彰。

【加强联络联谊】 聘请 200 余名海内外热心侨联事业的社会著名人士担任市侨联第五届海外顾问、海外委员，深交"老朋友"、广交"新朋友"。接待美国重庆总商会、日本关西华侨华人西南同乡会、蒙中"一带一路"贸促会等 100 余个海外侨团来访，组团出访意大利、德国、孟加拉国，组团赴泰国参加第十六届世界华商大会，进一步拓宽合作领域。中秋佳节向海外侨胞、国内侨界代表人士遥送家书和月饼，以乡情沁润人心。

7 月 17 日，全市侨联系统学习贯彻市委六届三次全会精神暨基层组织建设和信息工作推进会召开，安排布置下半年基层侨联组织建设工作和信息工作任务

【推进基层组织建设】 指导涪陵区、江津区、大足区、城口县、垫江县、奉节县、重庆大学、重庆师范大学 8 个基层侨联组织完成换届工作。不断延伸工作"手臂"，指导成立市直机关侨联、重庆市温州商会侨联、沙坪坝区国资系统侨联，吸纳中科大重庆校友会成为团体会员，指导基层新建 15 家"侨胞之家"。召开学习贯彻市委六届三次全会精神暨基层组织建设和信息工作推进会，对侨联系统基层组织建设作专题部署。召开市侨联法律顾问委员会 2023 年度年会、市侨联特聘专家委员会 2023 年度年会，就加强平台自身建设、发挥智库作用，展现专业特长等方面进行安排。

【召开重庆市第五次归侨侨眷代表大会】 6 月 6 日，重庆市第五次归侨侨眷代表大会召开。中国侨联党组成员、副主席程学源，市领导张鸣、张国智、王昱，市委常委、统战部部长卢红出席会议。市侨联主席张玲代表市侨联第四届委员会作工作报告，市侨联党组书记、主席，市委统战部副部长孟卫红主持会议。会议回顾了过去五年的工作成果，对今后五年的工作提出总体要求、明确重点任务。会议期间选举产生了新一届市侨联领导班子。

6月6日，重庆市第五次归侨侨眷代表大会开幕，市侨联党组书记、主席，市委统战部副部长孟卫红主持会议（主席台前排右二），中国侨联党组成员、副主席程学源（主席台前排左五），市委常委、统战部部长卢红（主席前排右五）出席会议

【举办创业中华—世界名校“侨”重庆活动】12月15日至17日，市侨联聚焦世界名校（QS排名靠前）侨界专家人才资源，邀请来自哈佛、斯坦福等30余所世界知名高校的50余名从事数智科技、生命健康、新材料、绿色低碳、人工智能、生物工程等关键领域的“80后”“90后”海外博士，20余名符合重庆“416”科技创新战略布局和“33618”现代制造业集群体系的侨企负责人或高管来渝参访，切身实地感受重庆“近悦远来”的人才生态和科技创新的浓厚氛围。活动促成12个人才项目签约，推动成立了“创业中华·重庆侨创中心”和世界名校校友联盟。

【重庆中国科学技术大学校友会成为市侨联团体会员】12月2日，市侨联吸纳重庆中国科学技术大学校友会成为团体会员。中国科学技术大学校党委书记舒歌群，党委常委、副校长傅尧，市侨联党组成员、副主席罗强，市科协党组成员、副主席戈帆，九龙坡区人民政府副区长何小军，中国广电重庆公司党委书记、董事长王晓等出席活动。活动现场还邀请到重庆明月湖协同创新研究院、重庆渝隆资产经营（集团）有限公司、科大硅谷、科大讯飞、云丛科技、本源量子计算科技股份有限公司等企业高管，及北京大学、清华大学、复旦大学、上海交通大学、浙江大学、西安交通大学、华中科技大学、北京师范大学等

12月16日，作为2023重庆国际人才交流大会活动之一的创业中华—世界名校“侨”重庆活动在重庆悦来国际会议中心启幕，市委常委、统战部部长卢红（中）出席仪式

12 月 2 日，市侨联吸纳重庆中国科学技术大学校友会成为团体会员，重庆市侨联党组成员、办公室主任牟童为其授牌

30 余名高校校友会负责人，共计 160 余人参加。活动中，重庆渝隆资产经营（集团）有限公司与重庆中国科学技术大学校友会签署战略合作协议，双方将在助力九龙坡区招商引资、招才引智方面开展更多务实合作。

【“法护发展　侨助创新”送法进千家侨企系列活动启动】 9 月 19 日，重庆市侨联联合市高法院、市检察院、市知识产权局、渝北区人民政府共同举办“法护发展　侨助创新”送法进千家侨企活动暨重庆侨企知识产权保护工作座谈会，进一步激发全市侨界创新活力，提升侨企知识产权保护意识和能力，助力民营经济高质量发展。重庆市侨联党组书记、主席，市委统战部副部长孟卫红，市高法院审判委员会专职委员岳新府，市检察院二级巡视员秦梅影，渝北区委常委、统战部部长张广莉，西南政法大学党委常委、副校长唐力，华侨大学党委常委、副校长王建华，市知识产权局副局长何大伟共同为活动启幕。活动中，市侨联与西南政法大学签署战略合作协议，西南政法大学法学院与华侨大学法学院签署合作协议，将共同推动打造具有重庆辨识度的涉侨知识产权保护品牌。

【沙坪坝区侨联“三建三化”工作法高标准推动基层侨联组织建设】 一是建好平台，实现基层阵地标准化。建立镇级“侨胞之家”1 个、社区“侨胞之家”10 个、园区“侨胞之家”1 个，成立首个政府部门侨联组织暨国资委侨联分会，扩大组织覆盖面。注重阵地功能分区设置合理、标牌标识规范统一、管理制度运行顺畅、品牌活动常态开展，细化建设标准。二是建强队伍，实现管理服务专业化。争取区委支持和重视，区侨联编制由 2 名增至 6 名，增加副处级领导职数 1 名、科级领导职数 2 名，22 个镇街均增加 1 名群团工作的事业编制，争取为侨服务公益性岗位名额 2 个，在区级、镇街（园区）、社区（村）三级组织配备专兼职侨联工作人员 200 余人。制定出台镇街、社区（村）、楼栋（社）三级基层组织工作规范，开展基层侨务工作培训，发放业务政策指南近千份。三是建活载体，实现作用发挥最大化。深入基层“侨胞之家”开展学讲沙龙、主题宣讲等活动 200 余场次。在矛盾纠纷易发区域建立 1 个台侨法律服务中心和 2 个归侨侨眷法律维权服务站，挂牌成立全市首批“益之家·侨爱心”志愿者驿站，招募志愿者 44 名，确保侨界矛盾基层解。

【江津区侨联以“三项举措”牵线政企合作共赢】 一是主动争取党委政府支持，党建带侨建不断夯实。建立区委主要领导亲自抓侨企工作、带头联系走访慰问侨企等制度。同时，深化“大统战、港澳台侨海外统战和侨企发展联席会议”三项工作机制，不断压实和明确各级各部门服务涉侨企业的职责体系。二是持续发挥纽带作用，侨联组织的成就感不断提升。承办“创业中华·世界名校‘侨’重庆”江津专场活动，推荐区内 4 家涉侨企业先后参展“一带一路”侨商组织年会、“一带一路”华商峰会项目推介，成功吸引 TCL 光伏科技公司、万青环保科技公司等 20 余名海归博士、10 余家涉侨企业来区投资考察。三是始终坚持为侨服务，侨企侨商的归属感不断增强。联合科技局、人社局等部门，开展“科技赋能·助力高质量发展”活动，全年共有 74 家侨企获得相应支持。常态化开展走访调研，全年共收集意见建议 260 余条，70 余条得到当场解决。2023 年，区侨联服务涉侨企业的做法被中央统战部网站报道，入选江津区主题教育正面典型案例。

【长寿区侨联深耕细作文化交流和联络联谊工作】 一是多渠道联系扩大“朋友圈”。以中国侨联党建联系点为契机，带队侨联干部、侨界企业家拜访中国侨联，争取支持。促成意大利中文学校与重庆市远恒佳学校缔结友好，与苏州、昆山、攀枝花、广安等10余个侨联缔结友好关系，《人民日报》《人民日报》(海外版)等20余家媒体宣传报道。广泛宣传“十万英才聚长寿”引才政策，邀请20余名海外博士人才及归国留学生参加2023年重庆国际人才交流大会·新材料产业国际人才合作专场，着力引荐资金、项目、人才落户长寿。二是多样化联谊增强黏合度。全年接待海外回乡侨胞10余批次。组建爱心暖侨志愿队，走访慰问侨界企业40余家、侨界群众200余人次。以重大传统节假日为契机，开展侨界团建联谊活动4场次。分区域建立6个留学生家长交流联谊组，常年开设“侨界大讲堂”“书香润侨·阅享长寿”等活动。三是多元化交流强化引领力。承办2023年“亲情中华·中国寻根之旅”夏令营重庆活动，开展“亲情中华·为你讲故事”网上营，组织5000余名高中生参加“第二十三届世界华人学生作文大赛”，29篇作文获奖。承办2023年重庆高校港澳台学生国情教育研修活动，定期举办回国留学生交流活动，开设传统文化兴趣班，鼓励赴海外探亲人员在海外进行展示。

【忠县侨联“抓三变”“强三性”为打造具有重庆辨识度的侨务“枫桥经验”】一是在思想引领上彰显政治性。全县建立侨法宣传角8个，侨界人大代表、政协委员参与咨询100余场次，服务1000余人次；法院、检察院深入帮联乡镇村社，提供侨法宣传服务216次、近2000人次。积极开展专题调研，撰写提案和社情民意，争取支持高渡村产业项目27万元，助力集体经济营收14万元，硬化道路600米，完成协议引资1.5亿元，到位资金5300多万元，超任务近135%,《重庆忠县：267个“村民”股东分红啦！》被《人民日报》刊载，侨界政协委员连续4年获得优秀委员表彰。二是在服务大局上彰显先进性。组建涉侨纠纷人民调解委员会，由县侨联、司法局、法院的相关人员组成，办公室设在县侨联。依托“云法庭”开启涉侨纠纷化解新模式，有效化解诉前纠纷2件、诉中涉侨纠纷5件。制定1个办法(《关于加强检侨协作服务忠县高质量发展的工作办法》)，搭建3个工作平台，组建4个服务团队，完善6项机制，落实落细《关于进一步加强新时代涉侨检察工作的意见》，相关工作得到市检察院检察长的肯定性批示。三是在服务侨胞上彰显群众性。推荐重点侨企重庆派森百橙汁有限公司入选“市级知识产权综合保护联系点”，针对“派森百”品牌保护问题，联合县检察院知识产权检察官办案组上门走访3次，收集意见建议3条，帮助解决企业法律纠纷2件次。开展长江流域(渝东段)历史文化遗产保护公益诉讼专项行动，发出诉前检察建议1份，督促整改污染物堆放2处，修复污损刻画3处。建立“检察官+侨企”结对服务机制，为企业量身定制“法律知识礼包”23份，为涉侨企业解答知识产权、法律知识3次，解决法律纠纷2件。

四川省归国华侨联合会

【领导成员名单】

党组书记、主席：刘以勤（女）
党组成员、副主席：杨　东
党组成员：黄　灏
二级巡视员：龙　博
二级巡视员、机关党委书记：余文彬
兼职副主席：成　甦　薛水和
姚志胜　邓绍平
刘智慧
蒋　蓓（女）
秘书长：黄　灏（兼）

【综述】2023年，四川省侨联始终以习近平新时代中国特色社会主义思想为指导，深入学习习近平总书记关于群团工作和侨务工作的重要论述和对四川工作系列重要指示精神，落实中国侨联十一代会工作部署，在省委的坚强领导和中国侨联的具体指导下，坚持围绕中心、服务大局，较好完成了工作。

【召开四川省侨联八届五次全委会议】2月2日至3日，四川省侨联八届五次全委会议在成都召开。四川省侨联党组书记、主席刘以勤出席会议。会议总结了全省侨联系统2022年工作，研究部署2023年重点工作。与会人员通过视频方式学习中国侨联十届六次全委会议精神。成都、绵阳、乐山等地侨联围绕六大职能进行了工作经验交流。

【举办第六届海峡两岸文昌文化交流活动】2月22日，第六届海峡两岸文昌文化交流活动在绵阳举行。活动由四川省侨联主办、绵阳市侨联承办，中国侨联国际文化交流促进会给予了大力支持。中国侨联党组成员、副主席程学源通过视频向活动致辞，四川省侨联党组书记、主席刘以勤等出席活动。20余位侨商、侨领参加活动。其间，以“侨商助力四川高质量发展”为主题，组织了“知名侨商帝乡行”，邀请侨商共聚梓潼谋发展、促合作。

【举办“侨智精英市州行暨成都中医药大学侨联专家工作站签约授牌”活动】3月8日，“侨智精英市州行暨成都中医药大学侨联专家工作站签约授牌”活动在成都举行。活动由四川省侨联、成都市侨联联合主办，彭州市侨台办、天府中药城管委会共同承办。四川省侨联副主席邓绍平，成都市侨联党组书记、主席庞文中等出席活动，四川省侨联特聘专家委员会、成都市中医药大学校友企业家联盟有关专家学者以及相关企业负责人等50余人参加活动。成都中医药大学侨联、天府中药城管委会和成都濛江投资集团有限公司共同组织签约仪式。

【开展“地震应急避险与自救互救”专题讲座】3月17日，四川省侨联联合中国驻土耳其大使馆、驻伊斯坦布尔总领馆，四川省应急厅、省人大外侨委等共同举办“地震应急避险与自救互救”专题讲座。中国驻土耳其大使刘少宾、驻伊斯坦布尔总领馆代总领事吴健，四川省侨联主席刘以勤，四川省应急厅二级巡视员王林等出席活动。讲座通过“线上＋线下”的方式进行。来自土耳其、埃及的20个侨团，四川省各级、各地侨联和省级侨联所属的8个涉侨组织等，共计600余人参加讲座。

【出席第七届海峡两岸嫘祖文化交流活动暨2023年华夏母亲嫘祖故里祭祖大典】3月31日，第十四届全国政协常委、外事委员会副主任，中

3月31日，第十四届全国政协常委、外事委员会副主任，中国侨联顾问隋军一行赴绵阳出席第七届海峡两岸嫘祖文化交流活动暨2023年华夏母亲嫘祖故里祭祖大典

省级侨联工作

国侨联顾问隋军一行赴绵阳出席第七届海峡两岸嫘祖文化交流活动暨2023年华夏母亲嫘祖故里祭祖大典。活动由四川省侨联，绵阳市人民政府等联合举办，在中国华侨国际文化交流基地——四川盐亭嫘祖国家纪念公园举行。四川省侨联党组书记、主席刘以勤等出席活动，20余位侨界代表参加开幕式和祭祖大典。

【泸州市人民政府与大陆希望集团在成都签订战略合作协议】3月31日，泸州市人民政府与大陆希望集团在成都签订战略合作协议。会议围绕文旅发展、产业互动，进一步深化地企交流，推动地方经济与企业发展共生共赢进行交流。泸州市委副书记、市长余先河，四川省侨联党组成员杨东，中国侨商联合会常务副会长、大陆希望集团总裁陈斌出席活动并作讲话。

【举办2023“侨爱心·乡村学生眼视光工程”爱心眼镜捐赠仪式暨公益项目考察活动】4月11日至13日，2023“侨爱心·乡村学生眼视光工程”爱心眼镜捐赠仪式暨公益项目考察活动在四川凉山州宁南县三峡白鹤滩学校举行。中国侨联基层建设部副部长刘景春，四川省侨联机关党委书记邱广华出席捐赠仪式并讲话。来自北京、上海、广东、江苏、西安、广西、香港7个地区的侨界嘉宾、爱心公益基金会负责人，凉山州宁南县相关负责人，宁南县白鹤滩学校师生共计600余人参加活动。

【举办学习贯彻习近平新时代中国特色社会主义思想主题教育读书班暨基层侨联组织专兼职干部培训班（第八期）】4月18日至22日，学习贯彻习近平新时代中国特色社会主义思想主题教育读书班暨基层侨联组织专兼职干部培训班（第八期）在成都举办。来自四川省省级有关单位及21个市州的省侨联委员，四川省侨联以及各地市侨联专兼职干部等共计100余名学员参加了学习培训。四川省侨联党组书记、主席刘以勤，党组成员杨东，二级巡视员邱广华、龙博等出席开班式并全程参加学习。此次培训设置专题辅导、现场教学、集中自学、研讨交流四个环节，主要内容是学习贯彻习近平新时代中国特色社会主义思想和提升基层侨联组织建设水平。

【召开四川省侨联八届六次全委会议】4月19日，四川省侨联八届六次全委会议在成都召开。杨东当选为四川省侨联第八届委员会副主席，原副主席徐永明被聘为四川省侨联第八届委员会顾问。

【举办全国侨联基层组织建设工作交流活动】4月21日，全国侨联基层组织建设工作交流活动在成都举办。中国侨联党组成员、副主席程学源，四川省人大常委会副主任祝春秀，中国侨联基层建设部部长张毅，四川省侨联党组书记、主席刘以勤，中国侨联基层建设部副部长刘景春等出席活动。来自30余个省市、新疆生产建设兵团以及有关国家机关、中央企业的侨联专兼职干部职工参加活动。活动旨在总结中国侨联十代会以来各地基层侨联建设发展的经验做法，围绕十一代会后持续推进高质量发展开展调查研究、寻计问策。

4月21日，全国侨联基层组织建设工作交流活动在成都举办

【开展维护侨益专题调研】4 月 23 日至 26 日，中国侨联法律顾问委员会主任、最高人民检察院原常务副检察长张耕一行到四川开展维护侨益专题调研。调研组在成都、乐山围绕“进一步发挥法顾委作用，配合侨联开展维权工作”进行专题调研，四川省人民检察院检察长葛晓燕，四川省侨联党组书记、主席刘以勤，乐山市委书记马波，四川省侨联法顾委主任、四川省人民检察院原副检察长夏黎阳等参与调研。此次专题调研旨在贯彻落实党的二十大精神，促进侨联系统与法院系统、检察系统共同坚持和发扬新时代“枫桥经验”，深化法侨、检侨合作。

4 月 23 日至 26 日，中国侨联法律顾问委员会主任、最高人民检察院原常务副检察长张耕一行到四川开展维护侨益专题调研

【举办“亲情中华”慰侨演出活动】4 月 25 日至 27 日，中国侨联“亲情中华”艺术团分别赴成都春熙路、成都大学大运村、绵阳北川中学开展演出。活动旨在全面落实习近平总书记在春节前夕视频连线看望慰问基层干部群众时的重要讲话精神，由中国侨联主办，中国侨联文化交流部、四川省侨联联合承办。现场集聚观众共计 5000 余人，通过川观新闻、四川新闻网、《成都日报》、成都电视台、微赞直播等平台向全球五大洲 70 多个国家进行了线上推送，全网观看量超 2970 万人次。

【出席 2023 世界动力电池大会】6 月 8 日至 11 日，四川省侨联党组成员、副主席杨东赴宜宾出席 2023 世界动力电池大会开幕式，对宜宾市“侨胞之家”、翠屏区仁和社区“侨胞之家”以及当地部分涉侨企业进行了调研。

【召开 2023“一带一路”华商峰会新闻发布会】6 月 9 日，四川省人民政府新闻办公室召开“开放四川”系列主题新闻发布会（第二场）——“2023‘一带一路’华商峰会”新闻发布会。四川省侨联党组书记、主席刘以勤，四川省投促局副局长方青，四川省贸促会副会长雷学杰，成都市侨联主席庞文中出席发布会，并结合各自单位职能，助力峰会效能发挥，介绍相关情况。

6 月 9 日，四川省人民政府新闻办公室召开“开放四川”系列主题新闻发布会（第二场）——“2023‘一带一路’华商峰会”新闻发布会

4 月 25 日至 27 日，中国侨联“亲情中华”艺术团分别赴成都春熙路、成都大学大运村、绵阳北川中学开展慰问演出

【举办 2023 年海外侨领研修班暨 2023 年联谊联络工作专题培训班】6 月 11 日至 15 日，2023 年海外侨领研修班暨 2023 年联谊联络工作专题培训班在

绵阳举办。本次活动由中国侨联联谊联络部指导，四川省侨联主办，绵阳市侨联、四川“两弹一星”干部学院承办。四川省侨联党组书记、主席刘以勤，中国华侨华人研究所副所长张秀明，绵阳市副市长赵永伟等出席开班仪式。来自33个国家和地区的55名侨领及全省各市州65名从事侨联联谊联络工作的干部职工参加培训，通过专题讲座、实地考察、情景教学等方式深入学习党的二十大精神、交流探讨联谊联络工作经验，认识到四川的历史发展机遇，感受了改革开放赋予绵阳地区经济社会事业发展的生机活力。

【举办2023“一带一路”华商峰会】6月15日至18日，2023“一带一路”华商峰会在成都举办。本届峰会以“华商聚焦‘总牵引’ 共享丝路新机遇”为主题，由四川省人民政府、中国侨商联合会主办，四川省侨联联合重庆市侨联、四川省经合局等部门共同承办。四川省委常委、统战部部长赵俊民，四川省人大常委会副主任祝春秀，四川省侨联以及有关部门领导出席峰会，来自50余个“一带一路”沿线国家和地区200余名侨商代表、中国侨商联合会代表、在川企业代表等参加相关活动。峰会聚焦成渝地区双城经济圈建设，共促成涉侨投资合作项目11个，投资总额153.3亿元。

7月11日至18日，四川省侨联举办2023“中国寻根之旅”夏令营－四川营活动

6月15日至18日，2023“一带一路”华商峰会在成都举办

【赴新加坡、印度尼西亚、泰国交流访问】6月18日至27日，应第十六届世界华商大会主席林楚钦等邀请，四川省侨联党组成员、副主席杨东率团赴泰国出席第十六届世界华商大会，并顺访新加坡、印度尼西亚。其间，拜会了当地知名侨商、侨领、侨企，并召开座谈会。深入调研了解川籍侨胞生活和事业发展情况，广泛推介四川发展机遇以及涉侨政策法规和配套服务机制，诚邀侨商来川参加重要对外开放活动，为企业“走出去”和“请进来”搭建桥梁。

【举办2023“中国寻根之旅”夏令营－四川营活动】7月11日至18日，四川省侨联举办2023“中国寻根之旅”夏令营－四川营活动。本次夏令营由中国侨联主办，四川省侨联承办，成都、遂宁、乐山、宜宾、眉山、自贡、德阳市侨联和国家开放大学华侨学院共同协办。四川省人大常委会副主任祝春秀，四川省侨联党组书记、主席刘以勤，中国侨联文化交流部一级巡视员邢砚庄，四川省侨联党组书记、副主席杨东、四川省教育厅副厅长蔡光洁等出席活动。来自美国、加拿大、英国等13个国家的295名华裔青少年，以及省侨联定点帮扶的古蔺县10名品学兼优的中小学生代表，分赴成都、德阳、遂宁等七条线路参加丰富多彩的夏令营活动。

【开展“侨资企业健康发展”专题调研】8月3日，四川省人大常委会副主任祝春秀带队赴“四川侨之家”开展“侨资企业健康发展”专题调研，四川省侨联党组书记、主席刘以勤参加调研。调研主要围绕党的十八大以来侨务工作、侨务法治建设、侨资企业发展情况以及改进侨务工作的意见建议等内容展开。

【成立暨南大学四川校友会侨联】9月8日，暨南大学四川校友会侨联成立大会暨第一届委员会会议在“四川侨之家”举行。四川省侨联党组成员、副主席杨东出席并讲话。

【召开四川省侨联八届七次全委会议】9月15日，四川省侨联八届七次全委会议在成都召开。会议传达学习了第十一次全国归侨侨眷代表大会精神；通报了第十一次全国归侨侨眷代表大会受表彰的先进集体和个人；增补、卸免（罢免）了八届委员会委员、常委、秘书长。选举了黄灏为四川省侨联八届委员会委员、常委、秘书长。

【举办2023年四川在蓉侨界中秋联谊活动】9月26日，四川省侨联与成都市侨联联合举办了“‘月圆中秋·情满侨家’——‘侨连五洲·川通四海’”2023年四川在蓉侨界中秋联谊活动。省、市侨联以及四川省人大、四川省政协，省委统战部、致公党等涉侨部门与在蓉华侨华人、归侨侨眷、涉侨社会组织、商协会代表等70余人欢聚一堂，共迎中秋、共叙情谊，部分海外川渝侨团代表通过线上参与活动。四川省侨联党组成员、副主席杨东，成都市侨联主席庞文中出席活动。

【举办“侨连五洲·川通四海”2023海外侨胞看四川活动】10月15日至17日，“侨连五洲·川通四海”2023海外侨胞看四川活动在成都举办。此活动为“2023中外知名企业四川行”首场涉侨活动，由四川省侨联、四川省经合局主办。来自五大洲26个国家的近50名海内外知名侨界人士参加活动。四川省政协副主席林书成，四川省侨联党组书记、主席刘以勤，四川省人大外侨委委员主任朱新华，四川省政协港澳台侨和外事委主任钟家霖等出席活动。活动中，四川省经合局推介四川主要产业规划和投资发展机遇。

【召开川渝侨联第四次联席会议】10月20日，川渝侨联第四次联席会议在重庆召开。四川省侨联党组书记、主席刘以勤，重庆市侨联党组书记、主席孟卫红出席会议并讲话。四川省成都市等14个市（州）、重庆市万州区等19个区（县）侨联负责人，以及两地侨联部分涉侨平台负责人共60余人参会。会上，川渝两地侨联讨论通过了《推进“第三代侨乡”文化建设　聚侨力促进成渝地区双城经济圈发展》倡议书，签署了《服务成渝地区双城经济圈建设战略合作协议》。

10月20日，川渝侨联第四次联席会议在重庆召开

【赴柬埔寨、新西兰、文莱访问】10月23日至11月1日，四川省侨联二级巡视员龙博率团访问柬埔寨、新西兰、文莱。其间，龙博与当地侨领、华文学校、中资企业等座谈交流，了解侨胞在当地的生存发展情况，听取对四川省侨联工作的意见建议。四川省人大常委会、财政厅、侨联部分相关工作人员参与出访。

【举办基层组织专兼职干部培训班（第九期）】10月23日至27日，基层组织专兼职干部培训班（第九期）在广元举办。四川省侨联党组成员、副主席杨东，广元市委统战部部长陈正永出席活动并讲话。四川省侨联机关和21个市（州）、高校侨联等80余名干部骨干参加培训。培训主要围绕学习贯彻习近平总书记来川考察重要指示精神，涉侨法律法规与维护权益以及基层组织建设等内容展开。

【举办“亲情中华·味道四川”海外中餐业社团负责人研修班】11月11日至18日，“亲情中华·味道四川”海外中餐业社团负责人研修班在成都举办。活动以“寻味舌尖上的天府，留住记忆里的乡愁”为主题，由四川省侨联、四川省商务厅，四川旅游学院、四川银行共同举办。四川省侨联党组书记、主席刘以勤，党组成员、副主席杨东出席开班式并讲话。来自21个国家和地区的50位海外中餐业协会负责人参加，设置川菜历史文化讲座、传统经典川菜制作技艺研习等内容。

【举办2023年华侨大学校友总会全球理事四川行活动】11月17日至18日，2023年华侨大学校友总会全球理事四川行活动在成都举办。活动由四川省侨联和华侨大学共同主办，以“以侨为桥、智汇双城”为主题，搭建起地方侨联、高校侨联和华大校友会的对外交流平台。四川省人大常委会副主任祝春秀，四川省人大外侨委副主任王波，四川省侨联党组书记、主席刘以勤，华侨大学校长吴剑平等出席活动。其间，召开了华侨大学校友总会七届三次常务理事扩大会议。

【召开四川省侨商联合会第二次会员代表大会】11月19日，四川省侨商联合会第二次会员代表大会暨二届理监事会就职典礼在成都召开。四川省委常委、统战部部长赵俊民出席会议并讲话，四川省人大常委会副主任祝春秀，四川省人大外事侨务委员会主任委员朱新华、四川省政协港澳台侨和外事委员会主任钟家霖，以及四川省委统战部、四川省侨联、致公党四川省委会、四川省民政厅等有关领导出席会议。中国侨商联合会副会长兼秘书长夏付东致贺信，四川省侨联党组书记、主席刘以勤主持会议。全省各市州侨联负责人，四川省侨商会第二次会员代表大会代表、市州侨商会部分代表，共计300余人参加会议。

【赴土耳其和沙特阿拉伯访问】11月23日至30日，四川省人大常委会副主任罗强率四川代表团赴土耳其和沙特阿拉伯访问。四川省侨联副主席杨东等3人随团参访。其间，分别会见相关政商界人士，与两国政商界代表人士以及当地侨社深入交流，开展省情宣介，深化拓展友城关系，务实推动与相关地区在经贸投资、旅游往来和人文交流等领域合作。

【赴我国港澳地区调研交流】11月25日至29日，四川省侨联党组成员、秘书长黄灏率团赴港澳地区调研交流。共开展19场公务活动，出席了香港侨界社团联合会第八届会董就职典礼和香港华侨华人总会成立30周年庆典，先后与香港中联办协调部和澳门中联办青工部、香港四川社团总会、香港成都社团总会、中国和平统一促进会香港总会等部门、社团、企业及侨界代表100余人进行了深入交流。

【举行2023年侨法宣传月暨侨法宣传站揭牌仪式】12月4日，2023年侨法宣传月暨侨法宣传站揭牌仪式在成都举行。活动由四川省人大外侨委、四川省侨联指导，成都市政府侨办、市侨联主办。四川省人大常委会副主任祝春秀，四川省人大外侨委主任委员朱新华，四川省侨联党组书记、主席刘以勤等出席活动。四川省侨联党组成员、副主席杨东主持揭牌仪式。相关涉侨组织负责人和归侨侨眷代表80余人参加活动。

【举办第五期“侨连五洲·海外归国定居藏胞代表人士国情教育”活动】12月5日至7日，第五期“侨连五洲·海外归国定居藏胞代表人士

12月5日至7日，第五期“侨连五洲·海外归国定居藏胞代表人士国情教育”活动在成都举办，中国侨联党组成员、副主席程学源（前排右五）出席启动仪式

国情教育”活动在成都举办。活动由中国侨联主办，四川省侨联承办，中国侨联党组成员、副主席程学源出席启动仪式并会见参访团一行。全国政协委员、西藏侨联副主席谢文·根多以及30名归国定居藏胞参加活动。参访团先后在成都、宜宾等地进行了考察，了解内地省市经济、社会、文化发展状况，参观红色教育基地、城市建设，考察大型企业，感受新时代新中国新变化。该项活动已成功举办了5期，共计180多名归国定居藏胞参与。

【召开2023年度海外侨情分析会】12月20日，2023年度侨海外侨情分析会在成都召开。四川省侨联党组书记、主席刘以勤，党组成员、副主席杨东出席会议并作讲话，会议由四川省侨联党组成员、秘书长黄灏主持。四川大学国际关系学院副院长兼四川大学南亚研究所执行所长宋志辉，四川省社会科学院历史研究院副研究员、四川省华侨华人学会副会长马芸芸应邀参加并作点评。会议重点围绕南亚、东南亚、中东欧、大洋洲16个国家地区的经济社会发展情况进行了深入交流和分析研判。

【广元市侨联广聚“侨”力量　元梦新蜀道】2023年，在市委、市政府的坚强领导和省侨联的大力支持下，广元市侨联工作亮点纷呈。凝侨心：开展丰富活动强化政治引领。一是召开了市侨联二届八次全委（扩大）会议，并邀请省侨联领导到会作“学习贯彻党的二十大精神，做好新时代侨务工作”专题讲座，侨界团结奋进的共同思想基础进一步筑牢。二是组织侨界代表人士和县区侨联工作者赴汉中市开展“携手筑牢根魂梦、同心奋进迎佳节”学习交流活动，领略汉中市厚重的历史文化气息和人文精神。三是集中宣讲习近平总书记来川来广考察重要指示精神、第十一次全国归侨侨眷代表大会精神和省委十二届三次全会、市委八届六次全会精神。聚侨力：服务中心大局彰显责任担当。一是大力推介项目。积极组织侨商侨企参加2023“一带一路”华商峰会，在本次峰会上作广元城市推介，与10余位侨商达成考察合作意向，促成线下签约项目2个，协议投资金额2.4亿元。二是主动作为，引侨引资。举办了四川侨商菁英广元行活动；主动邀请浙江临海市侨商西兰花产业农民合作经济组织联合会会长李正龙来广考察；投资6亿多元的广元永合水电公司八庙沟电站建成投产并网发电；四川信德农牧公司投资1.2亿元的规模化养殖项目二期工程已在昭化区完成前期各项工作。三是深化“一带一路”经贸合作，推动侨企走出“国门”。积极支持广元市侨资企业四川百夫长清真饮品股份有限公司把“四川造”和“广元造”的200多种特色商品推向中东市场，并与阿曼、伊朗、土耳其等中东地区的5家企业成功签订了独家代理协议，订单金额达2000多万元人民币。塑侨魂：弘扬中华文化讲好广元故事。一是通过文化交流基地举办各类涉侨联谊活动；二是积极组织参加第23届“世界华人学生作文大赛”。暖侨心：扎实做好为侨服务维护侨益。一是开展春节慰问活动；二是积极开展公益助学；三是持续深化杭广合作。夯侨基：完善组织建设激发基层活力。一是提升“侨胞之家”阵地建设；二是扎实开展侨界志愿活动；三是承办全省侨联基层组织第九期专兼职干部培训班；四是紧扣侨联工作六项职能，围绕中心、服务大局，坚持把信息宣传作为讲好侨联故事，传播侨界声音的重要途径和渠道，不断提升侨联工作信息宣传质效。

【南充市侨联切切于心为侨情　孜孜以求谋发展】2023年，南充市侨联始终坚持围绕中心服务大局、在凝聚侨心、汇聚侨智、发挥侨力上持续发力，全面完成了各项工作任务。获评“全国侨联系统先进集体”“全省基层‘侨胞之家’典型选树单位”“南充市招商引资先进集体”等荣誉称号。坚持强化政治引领，不断扩大对外“朋友圈”。举办“侨见两会·谱写南充发展新篇章”专题讲座、“薪火宣讲团”第二期宣讲会、主题教育等5次。在国省媒体、“侨家大院”、侨联新媒体等发布宣传信息200余条，开展侨情调查，提供侨情数据1500余条次。与四川达州市侨联、浙江金华市侨联等建立数据共享，共享1000余名各类海外侨团、侨胞信息资料。组织东南亚国家100余名侨商来南充考察调研，积极参加海外“侨胞之家”揭牌仪式、“侨智菁英科博行”等活动。坚持服务中心大局，不断开创工作新局面。积极申报参与2023“一带一路”华商峰会、侨界菁英川渝汇、“侨连五洲越南行·绽放南充新魅力”等重大活动，向省侨联报送推介项目5个。组团赴温州考察招商，指导南部县—瑞安市、仪陇县—龙湾区协作对口县（区）侨联签署合作协议，与达州市侨联签署《服务川东北省域经济副中心建设合作协议》。参与筹备第21届中国西部海外高新科技人才洽谈会南充主题市活动，向大会推介国家级人才、海外高层次人才2名。引进柬埔寨华侨生态农业旅游项目1个，捕捉有效项目信息10个。成功推荐张澜故里、常玉美术馆申报中国华侨国际文化交流基地。引导重点侨界人士积极参政议政，形成政协提案、社情民意各1篇，向省侨联报送侨情专报1篇。坚持依法维护侨益，不断提升群众满意度。联合开展送法进校园活动，覆盖师生2000余人。利用节假日，看望慰问高校归侨侨眷、海归人士、困难归侨侨眷等150余人次，多次与司法机构协调解决涉侨纠纷10个。邀请欧美同学会到仪陇考察，深入探讨“一对一·侨帮侨”帮扶项目。积极对接中国华侨公益基金会，争取公益助学金1万元。坚持加强自身建设，不断增强组织战斗力。指导顺庆、高坪侨联完成换届工作。向省侨联申报 “侨胞之家”“连心侨—维护侨益”建设项目12个，资金8.5万元，打造“侨胞之家”3个。持续深化“地方侨联＋高校侨联＋校友会”工作模式，引导南充驻市高校完善侨联组织4个。完成机关党支部换届选举工作，组织干部积极参加培训班、建立市侨联青年理论学习小组，形成高质量调研报告1篇。结合侨联工作实际，修订并严格执行各项规章制度，形成以制度管权、管事、管人的长效机制。

【达州市侨联凝聚共识、强化担当　侨联事业实现新发展】2023年，达州市侨联凝聚共识、强化担当，实现侨联事业新发展。强化政治引领，凝聚思想共识，在自身建设中取得新成效。扎实开展学习贯彻习近平新时代中国特色社会主义思想主题教育，引领侨界群众当好“中国故事”的传播者、中华文化的推动者。组织参加世界华人学生作文大赛，达州市共有82名学生获奖，市侨联被表彰为“优秀组织单位”。2023年在全国全省侨联系统工作会上交流发言5次。在第十一次全国归侨侨眷代表大会上，市侨联被表彰为“全国侨联系统先进组织”，市侨联副主席被表彰为“全国侨联系统先进个人”，我市一名侨眷被表彰为“全国归侨侨眷先进个人”。强化使命担当，发挥侨智侨力，在服务发展中彰显新作为。积极组织参加进博会、“一带一路”华商峰会等涉侨经贸活动。先后赴广东、福建、北京、天津、上海等地开展招商引资活动8次，与佛山、汕尾、福建等地8家涉侨企业达成初步合作意向，部分企业来达考察交流。邀请澳大利亚、沙特阿拉伯等6个国家的侨界高层次人才参加全市人才节活动，助力引进海外人才。组织高校侨联专家赴侨商企业调研20余人次，在人才共用、发展共赢、项目共研等方面达成合作6项。大力实施“侨爱心”工程，向上争取助学金38.5万元，资助学生140余名；推荐4名贫困学生参加侨商企业赞助的技能型中专学历教育，三年期间学费、住宿费、生活费及往返交通费全免。发挥独特优势，涵养侨务资源，在助力开放中实现新突破。大力开展侨情挖掘，建立完善各类侨情资源库8个，较2022年新增达人数据1130条，共2526条。赴广东、福建、北京、天津等一、二代侨乡考察交流，与佛山市、福州市等8个侨联组织新建友好关系，实现资源共享。主动服务外事工作，牵线促成与泰国春武里友城建设，协助落实市领导出国访问联络拜访点位近10个。与巴中、广元、南充等地侨联发起建立川东北侨商会联席会议机制，整合区域侨商资源，为川东北协同发展贡献侨界智慧和力量。坚持以侨为本，主动为侨服务，在维护侨益中树立新形象。与市人民检察院联合出台《关于加强新时代涉侨检察工作依法保护归侨侨眷和海外侨胞合法权益的意见》，完善护侨协作机制。组织全市各级侨联组织参加中国侨联在线调解实务工作培训8期，6条护侨经验被中国侨联官网转载推介。承办市政协“优环境·强服务”助力新侨来达创新创业视察调研活动，30余名委员参加活动，为新侨来达创新创业建言献策。向省侨联争取10万元专项经费用于“侨胞之家”活动开展、侨眷慰问等工作。

【乐山市侨联夯实基础、广聚资源　精准为侨服务】坚持守正创新，服务中心大局。牵头成立市侨商会，通过大力挖掘市内外侨商资源，团结凝聚侨商企业100余家，实现在乐投资规模超过3000亿元，创造就业岗位2万多个。促成非洲里程集团与四川省旭东机械制造有限公司建立合作关系，完成2.5万美元订单。指导市侨商会参加

2023香港美食博览展，达成成交额1502万美元，并组织5家市侨商会企业参加省侨联举办的“一带一路”华商峰会活动。成功举办2023海外华裔青少年“中国寻根之旅”夏令营四川乐山营活动，协助完成中央电视台CCTV-4国际中文频道《华人故事：乐山乐水　寻文习武》和纪录片发现东方之美之《归来是少年》摄制组在乐山的拍摄任务，9月，宣传片相继在中央电视台、央视网、中国侨联等中央平台面向全球播出。依法维护侨益，精准为侨服务。深入侨界宣传第十一次全国归侨侨眷代表大会精神，制定《关于贯彻落实第十一次全国归侨侨眷代表大会精神的实施方案》，提出以深入开展“大学习、大宣传、大实践”活动为抓手，在全市侨联系统迅速掀起学习贯彻热潮。深化“检侨合作”机制，通过跨国取证，解决沙湾区一桩33年虚假婚姻案件，该案件被最高检评为精品案例。做好中国侨联法律顾问委员会主任、最高人民检察院原常务副检察长张耕维护侨益专题调研工作，张耕对乐山市维护侨益工作给予了充分肯定。组织召开2023年侨界代表人士迎春座谈会，集中开展春节线上线下慰问活动40余场次，走访慰问侨界知名人士、侨界困难群众60余人，发放慰问金3万多元。加强组织建设，提升工作质效。联合市教育局成立乐山市教育系统侨联，为全国基层侨联组织再添新力量，该做法得到中国侨联、四川省侨联充分肯定。成功召开全市第五次归侨侨眷代表大会，聘请巴西、加拿大、德国等7个国家的侨领担任乐山市侨联第五届委员会海外顾问。深入沙湾区调研“中国华侨国际文化交流基地”郭沫若故居纪念馆对外文化交流工作，牵头撰写《关于扩大“郭沫若文学艺术奖”全国影响力的建议》的提案。在沐川县开展“逐县观摩、整市提升”工作现场推进会，采取“一看、二听、三查、四评、五交流”的方式，通过观摩活动展实绩、晒亮点、谈变化、谋规划、找差距、补短板，确保各项目标任务落地落实。

贵州省归国华侨联合会

【领导成员名单】

党组书记、主席：李　立（2023年5月任）

党组成员、专职副主席：季　洁（女）
杨黔生（2023年5月任党组成员）

兼职副主席：戴一红（女）
程　燕（女）
毕志健
潘卫东　徐卓扬
李　莉（女）
朱从军

秘书长：季　洁（女，兼）

【综述】2023年，贵州省侨联在中共贵州省委的坚强领导下，在中国侨联和省委统战部的具体指导下，坚持以习近平新时代中国特色社会主义思想为指导，以习近平总书记关于侨务工作的重要论述为根本遵循，深入学习贯彻党的二十大精神，贯彻落实第十一次全国归侨侨眷代表大会部署要求，衷心拥护“两个确立”、忠诚践行“两个维护”，坚持以高质量发展统揽全局，凝聚侨心侨智侨力，为奋力谱写中国式现代化贵州实践新篇章贡献侨界力量。

【开展学习贯彻习近平新时代中国特色社会主义思想主题教育】根据省委统一部署，4月至8月，开展学习贯彻习近平新时代中国特色社会主义思想主题教育。一是以学铸魂筑根本。通过党组理论学习中心组、读书班、专题辅导、专题座谈会、党员大会和主题党日活动、上党课等形式，深刻学习把握习近平新时代中国特色社会主义思想的精神实质、丰富内涵、实践要求和贯穿其中的立场观点方法。二是以学增智强本领。开展专题调研，深入基层单位和侨界组织调研群众“急难愁盼”问题，行程4000多千米。三是以学正风葆本色。针对领导班子及成员对照检视问题，形成整治整改“四个清单”，举一反三，一抓到底。编报主题教育经验材料和专题简报62期。四是以学促干建新功。充分发挥侨联独特优势，为东西部协作赋能，为侨商企业发展搭台，为侨商来黔投资牵线，为家庭困难学生助学，为乡村振兴事业助力。

2月28日，贵州省侨联九届二次全委会议在贵阳召开

5月23日，贵州省侨联党组书记、主席李立（左一）到贵阳市乌当区金江苑侨联小组调研

【召开贵州省侨联九届二次全委会议】2月28日，贵州省侨联九届二次全委会议在贵阳召开。会议以习近平新时代中国特色社会主义思想为指导，全面贯彻党的二十大精神、省第十三次党代会精神、省委十三届二次全会精神和习近平

总书记考察贵州重要讲话精神，总结 2022 年工作，安排部署 2023 年工作，表彰 2022 年度全省侨联系统宣传信息工作先进集体和先进个人。贵州省侨联主席李立，副主席兼秘书长季洁，副主席杨黔生，兼职副主席戴一红、潘卫东、徐卓扬，省委统战部侨务工作处负责同志，省侨联机关各部室负责同志出席会议。

9 月 4 日至 7 日，“2023 年海外侨胞贵州行——相约遵义·‘侨’见酒乡”活动在遵义举办

【组织代表参加第十一次全国归侨侨眷代表大会，认真学习宣传贯彻大会精神】8 月 31 日，第十一次全国归侨侨眷代表大会在京开幕，贵州省 19 名侨胞代表出席大会，贵州侨界 8 个单位、20 名个人获表彰。会后，贵州省侨联在全省侨界开展学习贯彻十一代会精神工作，采取集中学习、宣传宣讲、会议讨论等多形式宣传贯彻会议精神。9 月 12 日，举办贵州侨界学习贯彻第十一次全国归侨侨眷代表大会精神宣讲会；9 月 27 日，举办贵州侨商会学习贯彻第十一次全国归侨侨眷代表大会精神座谈会；9 月 28 日，举办贵阳地区归侨侨眷学习贯彻第十一次全国归侨侨眷代表大会精神暨“迎中秋、庆国庆”联谊活动等，迅速掀起全省侨界学习宣传热潮。

8 月 31 日，第十一次全国归侨侨眷代表大会在京开幕，图为陕西、贵州代表团召开小组会议

【举办“2023 年海外侨胞贵州行——相约遵义·‘侨’见酒乡”活动】9 月 4 日至 7 日，贵州省侨联主办，省人民政府驻广州办事处共同参与，贵州侨商会、遵义市侨联承办“2023 年海外侨胞贵州行——相约遵义·‘侨’见酒乡”活动在遵义举行，活动由省侨联党组书记、主席李立带队，省侨联党组成员、副主席兼秘书长季洁，省人民政府驻广州办事处副主任周信椿，省侨联兼职副主席毕志健，贵州侨商会会长吴剑平以及来自全球 10 多个国家的 50 余名海外侨胞参加。考察团一行先后考察了贵州百年黔庄酒业、贵州省华侨国际文化交流基地——中国酒文化城、贵州安酒集团、贵州习酒投资控股集团、土城镇宋窖博物馆、习水县农特产品加工园区，与仁怀市政府座谈，就促进黔酒出山、黔酒出海以及数字贸易、基础配套等方面与仁怀市、习水县有关部门进行探讨交流，贵州国台酒业、贵州怀庄酒业、贵州金樽酒业、贵州酱酒盟酒业、贵州黔酒酒业分别作推介。活动期间，考察团一行还参观了遵义会议会址、四渡赤水纪念馆，深刻感受到中国共产党的伟大。

【举办贵州侨商会投资黔西南州恳谈会】12 月 22 日，贵州省侨联在贵阳举办贵州侨商会投资黔西南州恳谈会。来自 11 个国家和地区的海外侨团负责人、贵州侨商会副会长单位部分企业家等 30 余人参加。贵州省侨联党组成员、副主席杨黔生出席并讲话，黔西南州人民政府驻贵阳办事处主任蔡平作推介，贵州侨商会会长吴剑平致辞。与会人员围绕黔西南发展定位，结合自身企业优势，助力黔西南经贸、文

12 月 22 日，贵州省侨联在贵阳举办贵州侨商会投资黔西南州恳谈会

化、旅游对外交流等进行深入座谈交流。

【加强贵州侨商会、贵州海外归国青年创新创业协会建设】指导贵州侨商会、贵州海外归国青年创新创业协会完成换届。2 月 22 日，召开贵州侨商企业联合会第三届会员大会，选举产生贵州侨商企业联合会第三届理事会会长、副会长、监事、理事，聘请了贵州侨商企业联合会名誉会长和顾问。4 月 23 日，召开贵州海外归国青年创新创业协会第二届一次会员大会，选举产生贵州海外归国青年创新创业协会第二届理事会会长、副会长、理事。拓展贵州侨商会、贵州海归青创会工作网络，推动贵州侨商会与 13 个省（区、市）的 14 家侨（华）商会建立友好商会，贵州海归青创会与 12 个省级侨青会建立常态化联系机制。“走出去”拜访沿海地区侨联、侨商会、侨青会，通过走访调研，帮助侨资企业和海归企业寻找商机和纾困解难。召开海外贵州侨商会、贵州海归青创会、海外贵州商会高质量发展座谈会，密切贵州三大侨界团体联系合作。

【拓展海外联谊、助力对外开放】指导和支持成立越南贵州商会（越南中国商会贵州企业联合会），支持筹建新加坡、老挝、波兰、加纳等国贵州商会；推出海外贵州侨团主要负责人专访报道，促成德国贵州商会与毕节职

12 月 10 日至 20 日，贵州省侨联组织侨务和经贸工作交流团出访非洲莫桑比克、南非、加纳

2 月 22 日，贵州侨商企业联合会第三届一次会员大会在贵阳召开

业技术学院合作成立智慧矿山产业学院、泰国曼谷北部大学与贵州商学院开展合作，全年邀请和接待海内外侨商400余人次来黔投资考察，邀请马来西亚访黔艺术团、西班牙达利画展成员等5个海外侨团（组）到贵州采风和文化交流；引导海外贵州侨团回黔考察交流，新增联系海外侨团33家，与港澳台及海外80余个国家和地区的近700个侨团保持工作联系；6月24日至27日，与省侨务办联合组织侨务工作交流团赴泰国出席第十六届世界华商大会；12月10日至20日，组织侨务和经贸工作交流团出访非洲莫桑比克、南非、加纳开展侨务工作和经贸活动。12月7日至11日，承办中国侨联第五期“侨连五洲·海外归国定居藏胞代表人士国情教育活动”贵州活动。

【举办“中国寻根之旅”夏令营、“亲情中华·为你讲故事”网上夏令营】7月3日至28日，“中国寻根之旅”夏令营贵州遵义营、铜仁营先后在遵义师范学院、铜仁幼儿师范高等专科学校举办。活动紧扣“文化、体验、寻根”主题，通过丰富多彩的课程、身临其境的体验，40名来自美国、意大利的华裔青少年分别在遵义和铜仁进行了为期10天的“亲情之旅、学习之旅、文化之旅”，让海外华裔新生代走进贵州，感受多彩贵州文化。9月19日至28日，与黔南州侨联共同承办“亲情中华·为你讲故事”网上营贵州黔南营，来自西班牙巴塞罗那孔子文化学校的50名华裔青少年参营，录制14个音频贵州故事纳入中国侨联网上夏令营故事库。

【华侨国际文化交流基地】11月9日，贵州省侨联党组成员、副主席兼秘书长季洁为中国华侨国际文化交流基地——织金平远古镇揭牌。2023年，指导各市（州）侨联向中国侨联新申报了阿妹戚托小镇等8家“中国华侨国际文化交流基地”，其中阿妹戚托小镇、石阡县楼上古寨2家获批，至此全省共获批中国华侨国际文化交流基地21家。组织评审省级华侨国际文化交流基地2批次14家，截至2023年底，全省共有省级华侨国际文化交流基地34家。

11月9日，贵州省侨联党组成员、副主席兼秘书长季洁（中排左六）为中国华侨国际文化交流基地——织金平远古镇揭牌

【开展春节文化“走出去”系列活动】2023年1月，支持黔西南选送布依八音坐唱《贺喜堂》在2023年华侨华人云端春节晚会演出；1月19日，与省侨务办、省台联、省欧美同学会、贵州广播电视台等共同举办《Nice“兔”meet you》——贵州慰问海外侨胞、港澳同胞、台湾同胞、留学人员2023年春节联欢晚会，在线收看7148.72人次；春节前夕，组织省侨联机关干部职工录制春节拜年视频，向全球华侨华人送去新春祝福。

7月3日，“中国寻根之旅”夏令营（贵州遵义营）开营

【注重调查研究，积极参政议政】办理省人大建议、省政协提案各1个；8月14日，组

省级侨联工作

8 月 14 日，组织贵州省侨联法顾委和专家咨询委员会委员、侨界人大代表和政协委员在黔东南州考察调研

织省侨联法顾委和专家咨询委员会委员、侨界人大代表和政协委员赴黔东南州考察调研；引导海外侨胞积极参政议政，推荐 11 名海外侨胞列席省政协十三届一次全会；聚焦侨情民意和社会热点难点，向中国侨联、省委统战部报送侨情信息 20 余篇，其中被中国侨联、省政协、省委统战部采用 10 余篇，获全国侨联系统 2022 年度调研课题成果二等、表扬各 1 篇，获中国侨联 2022 年度信息工作优秀奖。

【贴心为侨服务，依法维护侨益】开展 2023 年新春慰问，向 200 余名侨界人士，发放合计约 35 万元的慰问金和慰问品；12 月 25 日，贵州省涉侨法律服务中心揭牌仪式在贵州贵达律师事务所举行。11 月 8 日，毕节市涉侨法律服务中心在七星关区同心社区揭牌成立，持续推进市（州）侨联建设涉侨纠纷多元化解机制。将涉侨“一法两办法两条例”纳入“法宣在线”学习平台资料库，在全省广泛开展学习宣传。完善信访工作制度，召开涉侨信访问题专题研判会，开展下访接访工作，帮助侨界群众协调处理困难和问题，及时回应群众关切。开展《贵州省华侨权益保护条例》贯彻落实情况调研工作。

【侨联基层组织建设】5 月 16 日，全省侨务工作和基层侨联组织建设推进会暨侨联（侨务）干部培训活动在都匀召开。中国侨联基层建设部二级巡视员、组织处处长蔡红雷，贵州省委统战部副部长、省委台办主任刘睿出席并讲话。黔南州委常委、州委统战部部长潘选致欢迎词。贵州省侨联党组书记、主席李立主持会议并讲话，全省 9 个市（州）党委统战部分管侨务工作负责人、各市（州）侨联负责人和部分高校党委统战部、侨联负责人等 100 余人参加会议。会上，9 个市（州）统战部、侨联同志就基层侨联组织建设的经验、问题及建议进行讨论，围绕基层侨联组织建设与发展的方向路径、困难瓶颈进行深入交流。成立毕节

5 月 16 日，全省侨务工作和基层侨联组织建设推进会暨侨联（侨务）干部培训活动在都匀召开

12 月 25 日，贵州省涉侨法律服务中心揭牌仪式在贵州贵达律师事务所举行

金沙县、黔东南榕江县2家县级侨联，指导黔东南州、黔南州、黔西南州、铜仁市、六盘水市、遵义市侨联以及贵州大学侨联完成换届工作。不断延伸工作“手臂”，在遵义、铜仁、黔西南、安顺、贵州大学新增“侨胞之家”5家。向中国侨联申报“侨心书苑进侨家”项目，将“侨胞之家”打造为侨界群众的精神家园和文化驿站。

【助力乡村振兴】持续做好驻村帮扶，2023年协调落地项目8个，涉及金额81万余元，向省民政厅协调10万元城乡社区奖补资金，为省侨联帮扶点毕节市赫章县铁匠乡共同村购买办公设施，改善办公条件；联系对接贵州赤天化桐梓化工有限公司向铁匠乡捐赠化肥40吨；牵线北美贵州商会顾问张建军以其子女张楦涵、张羲涵、张嗣涵名义捐赠33万元建成铁匠中学“楦羲嗣侨爱心图书馆”；向中国侨商联合会申请公益助学金40万元，用于资助40名家庭困难的大学新生，其中铁匠乡20名，资助金额20万元；元旦、春节期间走访慰问困难群众100余户，发放慰问金1.1万元以及价值2万余元的大米、棉被、棉衣等物资；筹措1.2万元为共同村制作农户政策宣传栏和村规民约公示栏，规范农村政策宣传资料乱粘乱贴现象，改善人居环境。

5月23日，美国华侨高永祺先生“919”助学金捐赠仪式在贵州特殊教育中等职业技术学校举行

9月21日，“楦羲嗣侨爱心图书馆”捐赠暨揭牌仪式在毕节市赫章县铁匠苗族乡初级中学举行

【做好“侨爱心工程”】2023年，全省各级侨联牵线公益项目捐赠款物折合人民币近1200多万元，其中省侨联700多万元，开展助学助医助困活动，惠及全省近万名困难群众。5月下旬，在贵州特殊教育中等职业技术学校、黔西南州晴隆民族中学和黔西南州望谟县打易中学开展华侨高永祺先生“919”助学金捐赠活动，发放助学金21万元，资助困难学生80名；10月21日，举办同心侨爱·江南助学会资助遵义绥阳中学十周年纪念活动，为60名困难学生发放2023年助学金12万元；牵线欣欣教育基金会捐赠信息化教学设备、图书项目、美化校园、读书月活动、美术园活动、编程活动等经费17万余元；牵线北京市向荣公益基金会为黔南州长顺县同筝小学捐赠价值5.8万余元的毛毯、校服、学生浴室设备；引导贵州侨商会副会长企业金石集团向毕节捐赠200万元改善基础设施；引导贵州海归青创会捐赠价值3万元的生活物资开展重阳敬老活动；引导意大利贵州商会、美国贵州同乡会向甘肃地震灾区捐款12.7余万元等。

【举办第十一期全省侨务（侨联）干部、侨联委员培训班，侨情信息工作培训班】5月29日至6月9日，联合省委统战部在省社会主义学院和暨南大学举办了全省侨务（侨联）干部、侨联委员培训班（第十一期），全省各级侨办、侨联干部和侨联委员共50人参加培训。围绕“学习贯彻党的二十大精神，重温中国共产党百年统一战线史”“落实二十大精神，推进中国式现代化”“涉侨法律法规及侨联工作交流”等内容进行培训。10月24日至29日，在华侨大学厦门校区举办全省侨

5 月 29 日至 6 月 9 日，贵州省委统战部、省侨联联合举办全省侨务（侨联）干部、侨联委员培训班（第十一期）

联系统侨情信息工作培训班。贵州省侨联党组成员、副主席兼秘书长季洁，华侨大学党委常委、副校长王建华出席开班仪式。贵州省侨联机关各部（室）、各市（州）侨联和县级侨联、省直高校侨联、航天十院、贵州侨商会、海归青创会等负责人和侨情专报信息工作具体负责同志共 35 人参训。通过培训开拓视野，掌握工作方法技巧，提升工作能力和水平，提高侨情专报编报质量和数量，充分发挥侨联参政议政职能。

【成立贵州省侨联党组、机关党委和机关纪委】 5 月，贵州省委批准成立省侨联党组，贵州省侨联主席李立担任党组书记，副主席兼秘书长季洁、副主席杨黔生担任党组成员。10 月，省直机关工委批准成立省侨联机关党委和机关纪委。12 月 21 日，省侨联召开机关党员大会，选举机关党委委员和纪委委员。李立当选机关党委书记，办公室主任当选机关党委副书记、纪委书记，吴贵云、刘叶红、何卓熠当选机关党委委员，罗文娜、张林当选机关纪委委员。省侨联党组书记、主席在会上讲话，强调省侨联成立机关党委和机关纪委，是省委对侨联工作的重视，机关党委要紧扣“第一议题”“第一责任”“第一要务”，以高质量党建推动侨联高质量开展业务工作，促进贵州高质量发展。

【贵阳市侨联】 2023 年，贵阳市侨联坚持围绕中心、服务大局，广泛凝聚侨界力量助力“强省会”行动。一是高质量开展主题教育。把理论学习、调查研究、推动发展、检视整改贯通起来，推动学习教育取得实效。强化理论武装，召开 23 次党组会议开展 270 余项内容学习。加强侨界群众思想政治引领，向省侨联、市委统战部报送各类宣传信息稿件 150 余篇，在《贵阳日报》、贵阳网等媒体刊载 20 余篇，组织全市侨界热议全国两会、市两会、第十一次全国归侨侨眷代表大会，引导侨界群众听党话、跟党走。二是凝聚侨界力量助力“强省会”行动。围绕数博会、生态文明贵阳国际论坛、东盟教育周等大型经贸活动，邀请海外侨界嘉宾参会，做好服务保障、宣传推荐；连续 10 年编印《海外侨胞投资贵阳贵安指南》，为海内外侨团侨胞侨商到贵阳贵安实地参观考察、投资兴业提供服务；举办“创业中华·筑梦贵阳贵安”海归人才创新创业活动，承办省侨联“海外侨胞贵州行—走进贵阳贵安”活动等。持续做好参政议政、侨情专报等建言献策工作，在市两会提交议案提案 5 个，向省侨联编报《侨情专报》12 条，开展年度调研课题工作，报送调研报告 6 篇。挖掘贵阳贵安优秀文化资源，采编录制《王阳明先生在龙场悟道、在龙场讲学的故事》纳入“亲情中华·为你讲故事”网上营故事库；举办“高山流水·法遇贵州—2023 年中法文化交流会”，举办庆祝中国—西班牙建交 50

12 月 21 日，贵州省侨联召开机关党员大会，选举机关党委委员和纪委委员

周年双边活动“天才大师达利艺术特展”，与日本 qooop 株式会社营业本部开展中日动漫企业友好合作交流，推动中外文化民间交往。三是深化为侨服务，走访侨界重点人士 30 余人，慰问困难归侨侨眷 40 余人、侨界特殊群体 10 余人，发放困难生活补助金及慰问金 11 余万元，为困难老归侨侨眷提供“送家政·献爱心”及健康体检服务 60 余人次。深化维权护侨，深入走访侨商企业、海归企业 30 余家，收集企业困难诉求和意见建议，协调帮助解决问题 20 余个，开展“贵阳市为侨服务月”侨法、侨务知识宣传，在全国侨联系统创新制作连续推出 3 期《侨法、侨务知识系列动画宣传片》。四是加强自身建设。全市建成“侨胞之家”9 个，实现“侨胞之家”在 6 个城区全覆盖，其中南明区花果园“侨胞之家”获批全国侨联系统“侨胞之家”典型选树单位。参与打造青云市集为全省首个中国侨联“新侨创新创业基地”，聚集新侨和海归企业 20 余家。率先在全省侨联系统创立“新侨创新创业基地”，侨商企业谦行映画有限公司成为贵阳市首家授牌基地。落实意识形态责任制，加强网站和微信公众号等宣传阵地建设，全年推送信息 400 余条，获省侨联 2022 年度宣传信息工作一等奖。

【遵义市侨联】2023 年，遵义市侨联深入贯彻习近平总书记关于群团工作和侨务工作论述，求真务实、勇于担当、开拓创新，各项工作取得新成效。一是思想政治引领取得新成效。全年举办“慧侨大讲堂”2 期，在洗马社区“侨之家”举办“庆中秋·迎国庆·暖侨心”联谊活动，画好侨界团结最大同心圆，实现了凝聚侨心目标。二是服务经济社会高质量发展取得新成效。围绕经济社会发展热点难点和侨界关注点建言献策，搜集撰写《侨情专报》19 期，上报省侨联 11 期，省侨联采用 9 期，侨情信息工作全省领先；充分发挥“侨联四海”优势，围绕巩固拓展脱贫攻坚成功同乡村振兴有效衔接，持续推动“同心侨爱”公益品牌，全年接受捐赠物资折合人民币近 200 万元。加强选树侨界典型，推荐遵义市播州区委统战部副部长、区侨联主席向丽荣获“全国侨联系统先进个人”称号，遵义市侨联兼职副主席、遵义师范学院历史文化与旅游学院院长陈季君荣获“全国归侨侨眷先进个人”称号。三是海外联谊联络取得突破。全年接待十余个海外侨团到遵义考察，举办 2023“中国寻根之旅”夏令营遵义营活动，开展 2023 海外侨胞贵州行——相约遵义·“侨”见酒乡活动。加强与港澳台人文交流，与市教体局联合印发《关于进一步加强港澳台姊妹学校交流联谊的通知》，结合各地实际推荐缔结姊妹学校 11 间。四是自身建设彰显新活力。12 月，召开遵义市第六次归侨侨眷代表大会，选举产生市侨联第六届领导班子。组织申报中国华侨国际文化交流基地 1 个，省级华侨国际文化交流基地 3 个。成立县（市、区）首家留学人员之家（播州区留学人员之家），“实施 1 + 2 轮值会长（理事）”制度，发挥会长资源优势，开展了大型义诊活动、干细胞捐赠活动、清明祭扫活动、归国留学人员创新创业实践基地授牌活动、访企拓岗促就业活动、2023 年绿色合成与催化学术讨论会暨绿色制药科融合发展论坛等活动，挂牌成立遵义市首家归国留学人员创新创业实践基地。

【黔西南州侨联】2023 年，黔西南州侨联广泛汇集社会资源，聚合力助黔西南经济社会发展。充分发挥侨联联系广泛优势，坚持“请进来、走出去”，邀请中国侨商联合会、贵州侨商会、阿根廷贵州商会、印尼客属联谊总会、美国华人总商会等赴黔西南考察，组织黔西南侨商到浙江、广东等地，拜访重要侨领侨商侨团，在招商引资、招才引智上穿针引线，在“黔货出山”“黔货出海”上铺路搭桥。2023 年，结合省委提出“富矿精开”战略，引荐阿根廷贵州商会与普安宏发煤矿签署战略合作协议，首期注入资金 1000 万元。凝聚社会资源助力人才振兴。2023 年接受海内外侨胞、侨团捐赠物资折合人民币 160 余万元。争取上海心追企业发展有限公司捐赠 87.68 万元援建晴隆县四中学生宿舍楼，匈牙利贵州商会爱心助学金 2.4 万元帮助望谟县 3 名家庭困难学子就读，引荐美国华人高永祺先生“919”助学金 15 万元资助晴隆县、望谟县 30 名初高中学生，中国侨商联合会 2023 年公益助学金 20 万元资助兴义市、兴仁市 20 名大学生，持续办好“珍珠班”项目，全年发放助学金 25 万元；牵线促成香港华高王氏（深圳）公司与兴义师院、黔西南州职院在校企产教融合、科研合作、人才培养、实习实践、就业合作等方面达成合作意向。

云南省归国华侨联合会

【领导成员名单】

党组书记、主席：高　峰（在中国侨联挂职）

专 职 副 主 席：徐盛兴　万妍娟

兼 职 副 主 席：伍达天　何庆国　叶建州　江巴争追（藏族）　石　云（女）　徐毅清　尹朝晖（女）　尹元江

挂 职 副 主 席：子发贵

秘　　书　　长：陈英姿（女）

【综述】2023年，云南省侨联坚持以习近平新时代中国特色社会主义思想为指导，深入学习贯彻习近平总书记关于侨务工作和群团工作的重要论述，全面贯彻党的二十大和二十届二中全会精神，聚焦保持和增强政治性先进性群众性，紧紧围绕省委“3815”战略发展目标，坚持围绕中心、服务大局、服务侨胞，全面履行服务经济发展、依法维护侨益、拓展海外联谊、积极参政议政、弘扬中华文化、参与社会建设职能，以“东盟华商会”“全球华商聚云南”“亲情中华”“侨爱心工程”“法治宣传边关行”“百侨会”等品牌为抓手，以为侨服务为宗旨，以抓基层强基础为动力，以全面加强党的建设为政治保证，突出重点，打造亮点，推动侨联工作取得新进展、登上新台阶。

【深入开展学习贯彻习近平新时代中国特色社会主义思想主题教育】在省委指导组的指导下，按照中央和省委的安排部署，牢牢把握学思想、强党性、重实践、建新功的总要求，一体推进理论学习、调查研究、推动发展、检视整改、建章立制等重点措施，认真制定实施方案，扎实抓好理论学习，及时召开专题民主生活会，不断增强坚定拥护“两个确立”、坚决做到“两个维护”的政治自觉、思想自觉和行动自觉，在以学铸魂、以学增智、以学正风、以学促干上取得了扎实成效。

2月1日，红河州首个边境村“侨胞之家”在绿春县半坡乡二甫村委会揭牌成立

1月3日，云南省侨联党组书记、主席高峰到临沧市双江县华侨农场慰问侨界群众，宣讲党的二十大精神

6 月 7 日，中国侨联党组书记、主席万立骏（前排左二）率调研组一行到大理，就基层侨联建设和中国华侨国际文化交流基地建设情况开展调研

【铸牢侨界群众团结奋斗的思想基础】举办全省侨联干部 80 人参加的习近平新时代中国特色社会主义思想暨党的二十大精神专题培训班。综合运用“三会一课”、主题党日、“万名党员进党校”开展学习，坚持把学习贯彻落实党的二十大精神与贯彻落实习近平总书记关于侨务工作的重要论述结合起来，与贯彻落实省委十一届历次全会精神结合起来，与省委“3815”战略发展目标结合起来，找差距、补短板、扬优势，以新思想新理念引领侨联工作，把学习的成果转化为工作的实效。抓实第十一次全国归侨侨眷代表大会精神的学习宣传和贯彻落实。及时印发《学习宣传贯彻第十一次全国归侨侨眷代表大会精神的通知》和会议精神传达提纲，班子成员深入到各州市向基层侨联和侨界群众宣讲全国侨代会精神，全省侨界系统迅速掀起学习宣传贯彻热潮。

【多措并举服务云南高质量发展】发挥桥梁纽带作用，团结引领广大侨胞为推动云南面向南亚东南亚辐射中心建设、实现高质量发展贡献侨界力量。按照云南省委书记王宁提升东盟华商会国际化、专业化水平要求打造东盟华商会品牌，采取“1+N”办会模式，邀请来自 44 个国家及地区 1085 名（线下 413 人，线上 672 人）侨商侨领及侨界专家学者出席，中国侨联党组书记、主席万立骏，云南省委常委、省委统战部部长杨宁到会指导并讲话，组织滇侨合作·共谋发展侨商投资云南经贸合作交流会等 7 场活动，以小分队形式组织侨商前往红河、西双版纳、文山、楚雄、昆明等 11 个州市考察 13 批次，推动 4 个项目签定合作协议。与省政协、致公党省委成功承办首届“全球华商聚云南”活动。邀请 52 个国家及地区 180 余位层次高、实力强的华商企

6 月 6 日，“侨连五洲·七彩云南”第 19 届东盟华商会系列活动在昆明海埂会堂举行发布会

6月8日，中国侨联党组书记、主席万立骏出席在昆明举办的“侨连五洲·七彩云南——第19届东盟华商会”

9月26日，“2023全球华商聚云南”活动在昆明举行

业、重要商会及知名侨领参会，成功签约7个合作项目。进一步完善合作联动机制，深化省级层面“双招双引”服务机制，积极与省投促局、省商务厅对接，为侨商来滇投资、项目落地、权益维护等提供服务。邀请并组织侨商参加“民企入滇精准招商活动”“中国（云南）产业转移发展及口岸经济合作主题推介会”等招商引资活动。

【依法维护侨益暖侨助侨】 围绕云南面向南亚、东南亚辐射中心建设，站在大统战格局上为海外侨胞和归侨侨眷工作生活创造良好法治环境，积极与省司法厅、省高院、省检察院合作，认真推进“司侨合作”“法侨合作”“检侨合作”。与司法厅合作积极开展“法治宣传边关行”及侨法宣传活动。全年开展8场“法治宣传边关行”活动，8个沿边州市和昆明磨憨口岸做到全覆盖，活动规模和影响力逐年递增，得到中国侨联的充分肯定。成功举办“连心侨——维护侨益”云南省侨法宣传进楚雄专场文艺演出等活动。与省高院合作深入开展涉侨纠纷多元化解工作，出台《关于进一步推进涉侨纠纷在线诉调工作的通知》，加强在线诉调工作对接，规范业务流程，涉侨纠纷化解机制工作走在全国前列。与省检察院合作建立沟通协调、纠纷调解、帮扶救助等9项维护归侨侨眷和海外侨胞合法权益工作机制，使“检侨合作”工作进一步走深走实。楚雄、昆明、普洱、大理、迪庆等州市侨联积极与相关部门

10月17日，为深入贯彻习近平法治思想，更好地为广大归侨侨眷和海外侨胞提供及时、周到、优质的法律服务，依法维护侨界群众合法权益，蒙自市涉侨法律服务站揭牌成立

省级侨联工作

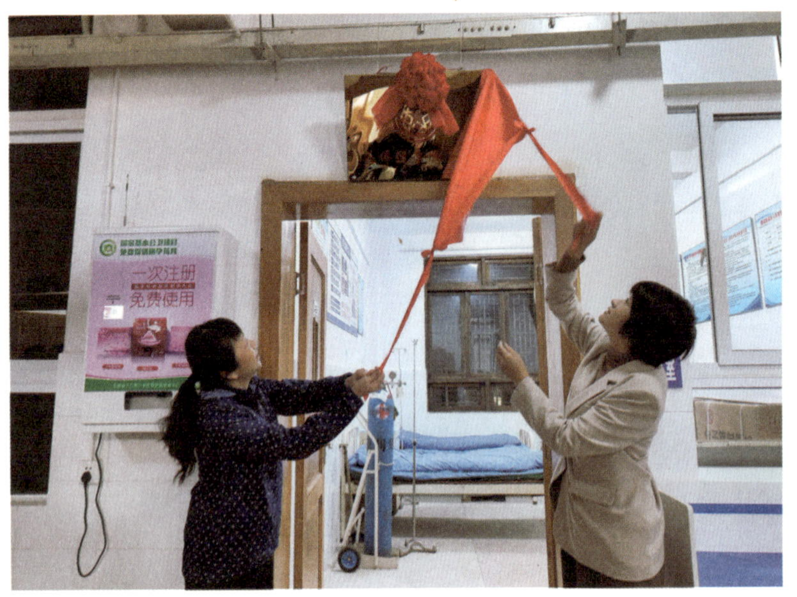

3月24日，在云南省侨联及云南华商公益基金会支持下，保山市首个“为侨健康服务站”在腾冲市和顺镇卫生院揭牌

联合制定维护侨益等规定。做好困难归侨侨眷帮扶，筹资220万元开展以元旦春节为主的“送温暖”慰问活动，新争取200万元财政专项资金用于全省困难归侨侨眷重点帮扶，共帮扶困难归侨侨眷667户。做好侨务捐赠助力乡村振兴，省侨联管理的四个公益组织共接收款物953万元，开展“送医送药”“侨爱心”“连心桥”“送爱暖童心”“产业帮扶”等助侨惠侨项目24个，实施“小而美”项目，为侨村架设路灯、为山区学校捐赠课桌椅、为贫困学生捐赠冬衣等。怒江、昭通等州市侨联认真实施中国侨联“一对一”公益项目。玉溪、楚雄、临沧等州市侨联结合各自实际，积极探索依法维护侨益新模式，助力乡村社会治理和乡村振兴，得到广大归侨侨眷的好评。2023年全省侨联系统共接受各类捐赠2600多万元。

【拓展海外联谊深耕厚植“朋友圈”】开展形式多样的“暖侨行动”。组织海外侨胞赴州市参访，深化、激发海外侨胞奋进新时代、同圆中国梦的使命感、自豪感，年内共接待到访侨团和侨校40余个、侨领和华侨华人100余人次。积极做好“走出去”“请进来”工作。邀请30余位海外嘉宾参加“海外侨领版纳行”活动；邀请来自85个国家、225位侨领侨商参加“临沧·百国华侨华人联谊会”；邀请来自20余个国家、80余位海外嘉宾参加丽江第11届“世界云南同乡联谊大会”；邀请30余位缅甸侨领参加“海外侨领保山、德宏行”活动；邀请79位侨商侨领开展“走进楚雄·共赢发展”等活动。组团、参团出访意大利、德国、法国、英国、葡萄牙、北马其顿、泰国、孟加拉国等国家，不断扩大海外联谊联络范围。文山、红河、西双版纳等8个沿边州市侨联积极发挥沿边优势，常态化开展跨境体育竞赛、边民大联欢等活动，不断拓展沿边侨务工作新路径。积极做好涵养华裔新生代和海外藏胞工作。成功举办第六届华裔杰青论坛、“侨连五洲·唱响‘一带一路’交响音乐会”“侨连五洲·海外归国定居藏胞代表人士国情教育”等活动。

【弘扬中华文化，讲好中国故事】加强“中国华侨国际文化交流基地”建设。6月7日，中国侨联党组书记、主席万立骏到宾川县柳家湾华侨社区大理州华侨农场侨史陈列馆为基地授牌并

6月7日，中国侨联党组书记、主席万立骏（右二）到宾川县柳家湾华侨社区大理州华侨农场侨史陈列馆为基地授牌并揭幕开馆

省级侨联工作

6 月 8 日，云南省侨联青年委员会二届二次全会暨西部侨青联盟大会在昆明召开

7 月 29 日，由中国侨联主办，云南省侨联、大理大学、大理州侨联共同承办的弘扬中华文化　品味苍洱风光　2023 年“中国寻根之旅”夏令营云南大理营开营仪式在大理大学（古城校区）举行

揭幕开馆。讲好云南侨界故事，在中国侨联主办的“追梦中华·奋进新征程”华侨华人短视频大赛颁奖仪式上，省侨联报送的《南侨机工赤子功勋》荣获二等奖、普洱市侨联选送的《侨心向党　因为有爱》荣获优秀作品奖，省侨联荣获优秀组织奖。在全省党员教育视频片观摩交流活动中，省侨联和德宏州侨联选送的剪纸动画《滇缅公路　爱国记忆》获评省委省直机关工委一等奖、省委组织部新媒体课件一等奖。保山市侨联以南侨机工为背景的舞台剧《赤子青春》和爱国侨领梁金山先进事迹舞台剧《把一切献给祖国》成功首演。做好慰侨文艺演出活动，中国侨联、云南省侨联共同举办的“亲情中华·欢聚沧源”“亲情中华·欢聚丽江”慰侨文艺演出取得圆满成功。促进云南与港澳地区文化交流，参与举办“2023 港澳侨青云南行”活动，组织 80 余名港澳地区华裔新生代到云南观光考察。扩大“亲情中华·为你讲故事”办营规模。全年共举办网上营 263 期，来自 20 多个国家的营员 13117 人参加，成功举办“中国寻根之旅”实体营，来自 9 个国家营员 218 人参加，《大理州线上线下齐发力　传承文化聚侨心》专题报告得到省委领导批示肯定，中央电视台华语环球节目中心摄制组全程跟拍云南大理营活动，并制作完成专题片在 CCTV-4 频道播出。积极申报中国华侨国际文化交流基地，年内郑和纪念馆（晋宁博物馆）等 4 个项目获批。主动承接对周边国家对外援助项目，为缅甸 5 所华校建设中文图书室，捐赠图书 1 万册，扩大了汉语教学在当地的影响。在老挝桑通县实施 5.7 千米道路修缮工程，改善了沿途 16 个村庄近 1.2 万名民众出行和车辆通行状况。

【反映侨界呼声积极参政议政】结合如何将云南丰富的侨务资源优势转化为发展优势，助力“3815”战略发展目标积极开展调研，形成政协提案、调研报告、侨情专报等，通过不同渠道反映侨界声音。侨情专报紧扣时代脉络，达到建言、献策、资政的效果。2023 年向中国侨联和省委省政府编报《侨情专报》26 期，获得省领导批示 3 篇。提高调研工作质量。积极配合中国华侨历史学会、暨南大学华侨华人研究院开展《云南跨境而居少数民族侨情调研》，调研从 5 月底在临沧沧源开题到今年 2 月初在文山结题，跨度近 10 个月，涉及沿边 8 个州市 25 个县市。结合主题教育组织五个专题调研，形成具有一定质量的调研报告。配合统战等相关部门完成全

6月16日，云南省侨联开展学习贯彻习近平新时代中国特色社会主义思想主题教育专题党课，云南省侨联党组书记、主席高峰为机关全体干部职工、各直属联谊会代表上党课

11月23日，召开巡视整改专题民主生活会

省侨情调查工作。发挥侨界政协委员作用，2篇侨界政协委员提案被评为省政协2023年度优秀提案。

【夯实基础加强基层组织建设】通过培训班、现场交流会等形式不断提高侨联干部工作能力。年内先后在临沧举办云南省华侨社区管理人员培训班，来自全省18个华侨社区管理人员及所属7州（市）9县（区）侨联干部90余人参加。在厦门大学举办学习贯彻习近平新时代中国特色社会主义思想暨云南省侨联干部（委员）综合素能提升培训班，来自全省16个州（市）41个县（市区）的侨联干部80名参加。采取“以会代训”方式，在腾冲召开2023年项目工作推进会暨沿边侨务工作座谈会，全省16个州（市）侨联负责人及业务人员，25个沿边县（市）侨联负责人80人参加，会议在观摩的基础上总结交流项目工作推进情况，并就基层组织建设、“侨胞之家”和口岸为侨服务工作站建设进行交流。基层侨联组织和“侨胞之家”基本实现应建尽建、应覆盖尽覆盖目标。2023年，新建基层侨联组织24个（其中14个县级侨联），新建“侨胞之家”68个，新建11个为侨服务工作站，新建法律服务站、涉侨多元化解工作站、侨法宣传角38个。德宏州侨联结合巡察整改，新建基层侨联小组、“侨胞之家”、口岸为侨服务工作站等基层侨联组织236个，曲靖市一次性新成立7个县级侨联，实现县级侨联全覆盖，怒江州州县侨联组织关系得到理顺。采取“532”补助政策，加大基层侨联组织建设，探索出了全国基层侨联组织“云南模式”。德宏州积极探索实施“五建”工作法，打造“为侨服务特色品牌”。截至2023年底，全省16个州（市）129个县（市区）有115个县级侨联组织，实现了除昭通、昆明、怒江之外的13个州（市）县级侨联组织全覆盖。目前全省有基层侨联组织420个，“侨胞之家”459个，学校侨联18个，企业侨联7个，法律服务站54个，侨法宣传角51个，涉侨多元化解工作站32个，为侨服务工作站20个，开展法治宣传边关行活动25场次。

【昭通市推进“友城结好”发挥侨联优势】 加强与市外事办合作，发挥老挝侨领郑宏先生牵线搭桥作用，推动促成昭通市与老挝川圹省建立友好城市关系，目前已签订备忘录。2023年7月4日至7月8日，市侨联主席徐建新参加昭通市“友城结好代表团”“商务洽谈团”到老挝川圹省、交通部、计划投资部（老中合作委员会）和万象省进行友好访问，寻求多领域、全方位的合作往来，推动双方在贸易投资、矿产资源、农业科技、旅游文化、教育卫生、基础设施建设等领域开展务实合作。市外事办向省外事办争取到价值20万元的援助项目，昭通高投协调配套5万元经费，援助川圹篮球架、乒乓球桌等文体设备和用品。

11月14日，为昭通市侨联到大关上高桥乡红旗村、新民村实施“侨爱心——技能培训”“侨爱心——送医送药”项目，开展“四个一”暖民心办实事活动

【保山市凝聚侨心侨力实干担当为侨服务】 扎实做好涉侨捐赠助力保山教育事业。全市侨联系统接受资金捐赠171万元、物资捐赠100余万元。积极宣介保山。到昆明参加“侨连五洲·七彩云南——第19届东盟华商会”及“2023全球华商聚云南”活动，到腾冲参加第八届边境贸易交易会，加强与重点侨团、侨领的联谊交流，讲好保山故事，传播好侨乡声音，有关工作获中国侨联领导肯定批示。推进为侨健康服务体系建设。新建3个“为侨健康服务站”，云南华商公益基金会捐赠制氧机22台。开展“送医送药”活动4次，惠及1000余人，赠送药品价值7万余元。制发《关于创建星级“侨胞之家”实施意见》，“三法三化”打造星级“侨胞之家”。传承侨乡文化。“国立华侨中学纪实展”正式施工布展，《赤子青春》《把一切献给祖国》等一批侨事迹侨文化舞台剧成功首演。

【红河州找准结合点抓实服务社会经济发展】 构建“大侨务”工作格局。制定《红河州涉侨部门联席会议制度》（试行），围绕自贸区所需进行“自贸区+侨”合作。助力招商引资工作。努力打造“华商进红河”品牌，先后2次共邀请50名华商到红河参观考察招商推介，促成签订项目合作协议2份，投资总额12亿元。助力乡村振兴工作。引进各类资金300余万元，开展桑梓助农、捐资助学等项目，助力农产品线上线下销售1020余吨，收入1140余万元，受益农户450余户，农村劳动力转移就业2664人；在特色村实施刺绣、竹编培训助力增收；助学困难学生508人次；协调解决4569名学生在校期间的饮水问题。

【西双版纳州聚焦为侨服务联侨帮侨惠侨】 持续推进侨与法院涉侨纠纷多元化解全国首批试点工作，为中老、中缅两国边民和侨企提供司法服务。在勐海县打洛口岸成立首个为侨服务工作站。通过法治文艺作品、模拟法庭、普法抽奖、文创集市等多种方式，探索法治宣传新途径，持续壮

8月23日，由中国侨联、云南省司法厅、云南省侨联，西双版纳州侨联、州司法局、州法学会主办，景洪市司法局、市侨联承办的西双版纳州2023年“普法强基·法治宣传边关行”启动仪式在景洪市勐龙镇曼康湾村举行

大、培育“法治宣传边关行”成为侨联工作特色品牌。全面开展侨情调查。以开展侨情调查为基础，做好补缺补漏工作，做好重点材料收集、整理、归档，加强与新侨老侨的联系，完善西双版纳州侨情资料库，确保我州侨情资料、数据更加真实、准确、全面。积极开展惠侨助侨活动。为归侨侨眷开展义诊、送医送药，惠及侨界群众1000余人；深入侨资企业走访调研解难纾困；抓好企业积极参与乡村振兴帮联对接。

【大理州围绕侨界所需推进侨联工作】结合中华传统节日“送温暖关爱”，通过特色活动、展览等促进交流交往交融。在州县同步成立13个“为侨法律服务站”；印发《大理州人民检察院 大理州归国华侨联合会关于建立维护归侨侨眷和海外侨胞合法权益工作机制的实施意见》，继续做好“三侨生”加分证明、华侨社区居民不动产登记等工作。不断扩大侨界“朋友圈”和影响力。“中国寻根之旅”夏令营大理营专题片在央视播出，网上营活动参营人数位居全省第一。持续发挥华文教育基地资源优势。建立健全“海外华侨华人代表人士信息库”。加强“中国华侨国际文化交流基地”建设。6月7日，中国侨联党组书记、主席万立骏到宾川县柳家湾华侨社区大理州华侨农场侨史陈列馆为基地授牌并揭幕开馆。结合侨情普查等工作，建立横向到边、纵向到底的侨务网格化服务工作管理模式。

10月10日，大理州侨联在大理大学举行2023年度云南省华裔学生奖（助）学金发放仪式

西藏自治区归国华侨联合会

【领导成员名单】

主　席：王念东（兼）
副主席：谢文·根多（兼，藏族）
　　　　普布扎西（藏族）
　　　　旦增伦珠（兼，藏族）
　　　　强巴扎西（兼，藏族）
　　　　扎西卓玛（兼，藏族）
秘书长：尼玛次仁（藏族）

【综述】2023 年，在中国侨联的大力支持和悉心指导下，在自治区党委的坚强领导下，西藏自治区侨联围绕中心、服务大局，发挥优势、奋发进取，守正创新、砥砺前行，牢牢把握新时代新形势新机遇，把学习宣传贯彻落实党的二十大精神转化为推动侨联事业不断发展的强大动力；紧密围绕习近平新时代中国特色社会主义思想主题教育，深入推动西藏侨界“凝心铸魂强根基、团结奋进新征程”系列教育活动，进一步铸牢共同团结奋斗的思想基础；发挥侨联优势、突出侨联特色，用心用情凝聚人心、汇聚力量；坚决贯彻以人民为中心的发展思想，担当作为、真抓实干，全力推动侨联工作走深走实。各项工作稳步推进，侨联事业蒸蒸日上。

【召开西藏自治区侨联二届三次常委会和二届二次全委会】8 月 15 日，西藏自治区侨联召开二届三次常委会和二届二次全委会，79 名委员参加了会议，总结安排部署侨联工作，进行人事卸免和增补，选举参加第十一次全国归侨侨眷代表大会代表。自治区政协副主席俞允贵出席。会议卸免俞允贵西藏自治区侨联主席、常委、委员职务；卸免拉巴日达、通嘎、塔尔噶、夏果堪珠·益西班登西藏自治区侨联副主席、常委、委员职务；卸免拉巴日达西藏自治区侨联秘书长职务。选举增补王念东为西藏自治区侨联委员、常委、主席；选举普布扎西为西藏自治区侨联副主席；选举增补旦增伦珠、强巴扎西为西藏自治区侨联委员、常委、兼职副主席；选举增补尼玛次仁为西藏自治区侨联委员、常委、秘书长。

【组成西藏代表团赴京参加中国侨联第十一次全国归侨侨眷代表大会】8 月 31 日，中国侨联第十一次全国归侨侨眷代表大会在京召开，自治区党委统战部副部长、自治区工商联党组书记、常务副主席、自治区侨联主席王念东率西藏代表团普布扎西、谢文·根多、扎西卓玛、

8 月，西藏代表团赴京参加中国侨联第十一次全国归侨侨眷代表大会

8 月 15 日，召开西藏自治区侨联二届三次常委会和二届二次全委会

晋美次旦、丹增绕巴、德庆玉珍参加。会上，西藏自治区侨联获评全国侨联系统先进组织、才旺朗嘉同志获评“全国侨联系统先进个人”、谢文·根多获评“全国归侨侨眷先进个人”。

【组织开展“凝侨聚力　共圆梦想”区情教育活动】10 月 15 日至 21 日，自治区归国藏胞接待委员会办公室以习近平新时

10月15日至21日，组织开展“凝侨聚力 共圆梦想”区情教育活动

代中国特色社会主义思想主题教育为契机，依托正在西藏侨界深入开展的“凝心铸魂强根基、团结奋进新征程”主题教育活动，组织开展了2023年度归国定居藏胞及境外藏胞境内亲属代表人士区情教育活动。15名代表人士深入拉萨、山南、林芝，瞻仰红色教育基地，参观民族团结创建，考察乡村振兴成果，体验生态环境保护，活动顺利圆满、反响热烈。

【组织开展“侨连五洲·海外归国定居藏胞代表人士”国情教育活动】12月4日至13日，西藏自治区侨联组织归国定居藏胞及境外藏胞境内亲属代表人士共29人赴云、贵、川三省开展了为期10天的第五期“侨连五洲·海外归国定居藏胞代表人士”国情教育活动。通过瞻仰遵义会议会址、李庄古镇等红色遗迹，参观浙大西迁陈列馆、西江千户苗寨、青岩古镇等中国华侨国际文化交流基地，考察五粮液酒厂、贵州遵义巴斯巴科技发展有限公司、湄潭阳春白雪茶业有限公司等知名企业，使归国定居藏胞代表人士深入学习党的百年光辉历程，深度领略祖国大好河山和华夏灿烂文明，深入了解三省的民族团结、乡村振兴、生物多样性保护、民族文化传承发展等情况，成效显著。

【强化工作交流 积极推动侨联公益事业】11月23日至28日，湖北省侨联党组书记、主席施政率领省侨联各部门和省华侨国际文化交流促进会一行17人来藏考察调研，自治区党委统战部部务会成员、归国藏胞接待委员会秘书长、西藏侨联副主席普布扎西参加。双方就新时代侨联工作进行了深度交流，共叙友谊、共商合作、共谋发展，共同签订了友好合作协议，与山南市爱尔眼科医院三方签订了“侨爱心·光明行”活动三方合作协议。

强化工作交流 积极推动侨联公益事业

12月4日至13日，组织开展“侨连五洲·海外归国定居藏胞代表人士”国情教育活动（第五期）

【广泛走访慰问　深入教育宣讲】2023 年，自治区归国藏胞接待委员会办公室坚持一手抓走访慰问，一手抓宣讲教育，深入拉萨、日喀则、山南、昌都、林芝 5 市 32 个县（区），宣讲习近平新时代中国特色社会主义思想、党的二十大精神、新时代党的治藏方略，广大藏胞更加深刻领悟了“两个确立”的决定性意义，“四个意识”得到增强、“四个自信”更加坚定、“两个维护”更加坚决。全年重点走访归国定居藏胞及境外藏胞境内亲属 33 户，召开座谈会 10 场，发放党的二十大精神学习口袋书 1000 册，慰问 116 人，发放慰问金 11.6 万元。

陕西省归国华侨联合会

【领导成员名单】

党 组 书 记：程勉贵

党 组 成 员：尚小红（女） 王天德

主　　　席：郝　跃（兼）

专职副主席：尚小红（女） 余　劲

兼职副主席：杨　庆 刘润生 马忠科 张卫红 于长清 王文斌

秘　书　长：尚小红（女，兼）

【综述】2023年，陕西省侨联坚持以习近平新时代中国特色社会主义思想为指导，在省委的坚强领导和中国侨联的有力指导下，深入贯彻党的二十大精神和省委各项决策部署，团结凝聚侨界群众，认真履行侨联职责，齐心勠力、突出特色、立足优势、发挥作用，努力展现新作为，奋力取得新收获，竭力创造新业绩，在奋力谱写中国式现代化建设的陕西篇章发挥“侨”的作用、贡献“侨”的力量。

【考察调研】2月16日，陕西省侨联党组成员、副主席兼秘书长尚小红一行到中国国际经济贸易仲裁委员会丝绸之路仲裁中心（以下简称“贸仲丝路中心”）走访调研。贸仲丝路中心秘书长助理蒋红梅介绍了贸仲设立发展历史、受理案件情况、国际化服务优势以及贸仲丝路中心服务陕西涉外法治建设的亮点工作，双方围绕贸仲仲裁对侨企服务优势、仲裁基本理念、仲裁条款的拟定等内容进行了交流和探讨。

3月25日，陕西省侨联党组书记程勉贵到省侨联定点帮扶村——紫阳县城关镇大力滩村调研指导乡村振兴工作，并看望慰问驻村干部。程勉贵听取了村两委工作汇报，详细了解村民生产生活、庭院经济、防返贫监测、帮扶机制等工作，对驻村干部的辛勤付出和大力滩村在乡村振兴工作中取得的阶段性成绩给予充分肯定，对下一步工作提出要求。

6月15日，陕西省侨联党组成员王天德带队赴延安调研。右三为王天德，右四为中国侨联常委、陕西省侨联兼职副主席、延安市侨联主席刘润生

5月25日至26日，陕西省侨联副主席余劲带队赴延安高校开展考察调研，中国侨联常委、省侨联副主席、延安市侨联主席刘润生，延安市委统战部常务副部长李东方陪同调研。考察组一行先后到访延安职业技术学院、延安大学两所高校，实地考察参观了延安大学“秦创原”平台、延安大学校史馆，观看了延安职业技术学院宣传片，听取了高校领导对学校整体情况的介绍，重点了解学校师生中归侨、侨眷、海外留学人员基本情况，并就成立侨联组织一事进行了座谈交流。

6月8日至9日、12日至15日，陕西省侨联党组成员、一级调研员王天德带队先后赴杨凌示范区、宝鸡市、延安市开展专题调研。在杨凌示范区，调研组一行前往杨凌跨境商品展示交易中心、陕西青尔生态科技有限公司进行考察，并召开座谈会听取侨商企业家及侨务工作者的建议心声，深入了解杨凌华侨华人在陕西“一带一路”建设中作出的贡献及成就。在宝鸡市，调研组一行与宝鸡市侨联机关工作人员及宝鸡市侨商企业家代表进行座谈，并前往宝鸡永盛钛业有限公司、宝鸡大地纺织有限公司进行实地考察。在延安市，调研组一行与延安市侨联机关人员、延安市部分侨商企业家代表进行座谈。座谈会后，调研组一行还实地调研了宝塔区“双创街区”、安塞区南沟村、金延安红色家风馆“侨胞之家”，并与陕西、天津侨商企业家在延安富县开展考察交流。

6月19日，陕西省侨联党组成员、副主席兼秘书长尚小红一行赴渭南市侨联、渭南脊柱康复医院，就渭南市侨联意识形态、信息传播工作、渭南海外侨胞分布情况开展专项调研，走访青委会委员，了解侨胞思想动态和工作状况。尚小红认真了解渭南市侨情和侨务工作开展情况，重点关注基层侨联工作中新形势下意识形态领域、信息传播工作中出现的新情况、新问题，包括外宣和媒体宣传工作中的经验总结。

6月29日，陕西省侨联党组书记程勉贵赴商洛开展调研，并与商洛市侨联班子成员、县区侨联干部及侨眷、侨商代表进行了座谈。座谈会上，商洛市侨联党组书记任建卫详细介绍了商洛市侨界资源现状，县区侨联干部及侨眷、侨商代表围绕“盘活侨界资源，加强省市联动”进行了交流发言。程勉贵书记和与会代表研究探讨了解决商洛侨务资源匮乏、创新利用侨务资源开展工作的办法和措施，并提出针对性的意见建议。

8月8日，陕西省侨联副主席余劲一行到长安大学调研，并出席长安大学侨联“侨智汇”交流学习活动。余劲对长安大学侨联在服务陕西经济社会发展和学校“双一流”建设等方面取得的成就给予了充分肯定，并围绕学校侨联自身建设、高校人才工作、归国留学人员情况、国际合作与交流等方面进行了深入探讨。来自马来西亚、印度尼西亚的4位海外专家学者，聚焦“侨智汇”主题，介绍了各自的研究领域和成果，分享了中国行的见闻感受，并就下一步国际交流与合作提出了初步意愿。

12月5日至6日，陕西省侨联党组书记程勉贵一行赴安康市紫阳县大力滩村调研，并在安康市高新区、平利县、汉阴县考察相关企业，安康市委常委、副市长柴丽陪同调研。在紫阳县大力滩村，程勉贵实地调研了农家蔬菜配套建设项目，并听取驻村工作队年度工作汇报。座谈会上，程勉贵代表省侨联向大力滩村捐款5万元。在安康市高新区，程勉贵走访了安康市长兴建筑集团，并现场观摩新投入使用的安康长兴中等职业学校。调研中，程勉贵一行还实地考察了陕西博正鑫太新型材料科技有限责任公司、安康海华之锋矿业有限公司。

【中国侨联基层建设部副部长刘景春到陕西调研】2月21日至22日，中国侨联基层建设部副部长刘景春一行到陕西调研基层侨联组织发展现状，陕西省侨联副主席余劲陪同调研。调研组一行走访侨企西安爱菊粮油工业集团，先后参观了室外园区、企业发展走廊、体验中心、科普馆、产品展示馆等区域。工作人员就企业发展历程、“一带一路”发展情况等方面进行了介绍，双方就企业下一步主要发展规划、下一步如何开展国际合作进行了交流。

【《侨·见》在“追梦中华·奋进新征程”华侨华人短视频大赛中荣获优秀奖】2月23日，中国侨联在北京举行了“追梦中华·奋进新征程”华侨华人短视频大赛颁奖仪式。陕西省侨联选送的短视频《侨·见》在此次大赛中荣获优秀作品奖，陕西省侨联党组成员、副主席兼秘书长尚小红出席并领奖。

8月8日，陕西省侨联副主席余劲（中）一行到长安大学调研

【“侨助秦创·惠侨共赢”浙江行】2月27日至28日，陕西省侨联党组书记程勉贵带领“侨助秦创·惠侨共赢”考察团到宁波市全球贸易通公司、宁波激智科技股份有限公司、宁波欧洲工业园考察座谈。座谈会上，程勉贵介绍了陕西省招商引资的相关政策，随行海外

委员及侨商侨领就相关问题与全球贸易通与会人员进行了互动交流。在义乌，考察团一行先后参观了世界侨商大厦，义乌市丰意进出口有限公司、胜利之星（集团）有限公司、一米供应链管理有限公司、浙江欧雅服饰有限公司、义乌市慧港进出口有限公司等多家侨商企业，与企业负责人就产品生产销售、物流仓储等多方面的情况进行调研交流。3 月 1 日，考察团对平湖国际游购小镇进行了调研。

【新增“中国华侨国际文化交流基地”】3 月 6 日，“中国华侨国际文化交流基地”揭牌仪式在永兴坊举行。陕西省侨联副主席余劲，西安市侨联副主席张天琦，西安永兴坊文化发展有限公司董事长沈建鹏出席活动并共同揭牌。

5 月 23 日，“中国华侨国际文化交流基地”揭牌仪式在陕北民歌博物馆举行。陕西省侨联副主席余劲、榆林市委统战部常务副部长吴伟梁共同为“中国华侨国际文化交流基地”揭牌。

【签订战略合作协议】3 月 10 日，陕西省侨联与陕西省文物局进行战略合作协议签约仪式，就共同推进海外文化遗产领域的交流，在海外文化遗产等领域开展相关公益慈善活动，共同开展新型智库建设等方面开展合作。

3 月 10 日，陕西省侨联与陕西省文物局进行战略合作协议签约仪式。前排左四为陕西省侨联党组成员、副主席兼秘书长尚小红

【开展“侨青筑梦”系列文化沙龙】3 月 10 日，陕西省侨联青年委员会与陕西省文物局开展“侨青筑梦·讲好陕西文物的故事”文化沙龙，陕西省侨联党组成员、副主席兼秘书长、省侨青委会会长尚小红，陕西省文物局副局长钱继奎参与此次主题文化沙龙。

3 月 24 日，省侨联青委会赴汉中开展以“高质量发展背景下侨青企业的发展与挑战”为主题的文化沙龙，陕西省侨联党组成员、副主席兼秘书长、省侨联青委会会长尚小红，汉中市委统战部副部长、市侨联党组书记赵世均，汉中市委统战部一级调研员、市侨联主席董泽，汉中市侨联秘书长王和义参与此次侨青委会沙龙活动。

3 月 24 日，陕西省侨联青委会赴汉中开展文化沙龙。前排中为陕西省侨联党组成员、副主席兼秘书长、省侨联青委会会长尚小红

【“追梦中华·华夏寻根”2023 海外华文媒体采访行】4 月 4 日至 9 日，由中国侨联、陕西省侨联、17 家海外华文媒体、3 家中央涉侨媒体、2 家省内涉侨媒体组成的“追梦中华·华夏寻根”2023 海外华文媒体采访团成员先后参与了公祭轩辕黄帝典礼，走访了渭南市白水仓颉庙、澄城樱桃种植基地、潼关黄河渡口等地，观看了非遗民俗表演华阴老腔、潼关古战船，访文化之源、探山川胜景、观乡村振兴。采访团成员通过广播电视、报纸杂志、网络直播等多种方式对本次来陕“寻根之旅”进行了立体化、多样化报道。

【举行癸卯（2023）年清明公祭轩辕黄帝典礼】4 月 5 日，“寻根祭祖黄帝陵·勠力同心创伟业”癸卯年公祭轩辕黄帝典礼在黄陵县举行，30 余位海外侨领、17 位海外华

文媒体负责人参与了此次活动。典礼后，在桥山侨心林还举行了癸卯（2023）年清明公祭轩辕黄帝·植树活动暨侨心石雕塑启动仪式。

【中国侨联信息传播部、陕西省侨联赴西安市侨联调研侨联信息传播工作】4月9日，中国侨联信息传播部部长左志强、陕西省侨联党组成员、副主席兼秘书长尚小红一行赴西安市侨联就侨联信息传播工作开展调研。西安市侨联党组成员、副主席兼秘书长张天琦介绍了西安市简要情况、市侨联基本情况和近年来开展的工作，特别是“践行‘西迁精神’·情暖侨心”品牌活动。左志强对陕西省侨联、西安市侨联在加强侨界思想政治引领、打造宣传工作新媒体矩阵、主动对接“追梦中华”主题宣传活动等方面开展的工作给予了充分肯定。

【第32届世界客属恳亲大会组委会一行到访】4月12日，赣州市人大常委会副主任、第32届世界客属恳亲会组委会副主任姚勇一行到访省侨联，陕西省侨联党组成员、副主席兼秘书长尚小红与世客会组委会代表一行见面交流。尚小红介绍了陕西省侨联历史、社团工作现状、工作特色等，姚勇介绍了赣州市发展的基本情况，并积极邀请陕西省侨联参加第32届世客会。

【举办“侨·说”——高校学术交流活动会】5月15日，陕西省侨联邀请来自西安交通大学、英国萨里大学、英国伦敦国王学院、伦敦玛丽女王大学、英国诺桑比亚大学等国际名校的多位知名专家教授，在西安交通大学举办“侨·说”——学术交流活动。会议围绕无线通信、人工智能、再生能源等领域的热点和前沿问题进行了详细讲解和研讨交流，分享了各自的研究成果和成功经验。

【出访老挝、柬埔寨、菲律宾】5月14日至23日，以陕西省侨联党组成员、副主席兼秘书长尚小红为团长的慰侨出访团一行5人出访了老挝、柬埔寨、菲律宾三国，出访团分别与老挝—中国和平统一促进会、老挝中国总商会、老挝陕西商会及菲律宾中国商会各分会会长、菲律宾陕西商会的陕籍侨胞进行了座谈交流，拜访了老挝、菲律宾侨领；走访了老挝国立大学孔子学院、老挝华侨公立寮都公学及柬埔寨中柬文化创意园等陕籍人士在老挝、柬埔寨、菲律宾投资创办的企业和经营的商业实体。尚小红在出访中推介了陕西厚重的历史文化，介绍了陕西高质量发展新成就，与柬埔寨商业部副部长、暹粒省副省长进行了会见交流。

【加强涉侨纠纷多元化解　建立在线诉调对接机制】5月18日，陕西省高级人民法院与陕西省侨联联合印发《关于加强涉侨纠纷多元化解建立在线诉调对接机制的通知》，进一步完善了陕西省涉侨纠纷多元化解机制，建立了在线诉调对接机制，推动全省涉侨纠纷在线诉调对接工作创新发展。

【出访格鲁吉亚、乌兹别克斯坦、哈萨克斯坦】6月8日至17日，以陕西省侨联副主席余劲为团长，陕西省财政厅，科技厅，农业农村厅和西安市、商洛市侨商联合会，部分企业代表组成的代表团共同对格鲁吉亚、乌兹别克斯坦、哈萨克斯坦展开经贸洽谈。出访团先后拜访了中国驻格鲁吉亚大使馆、中国驻乌兹别克斯坦大使馆，在出访中，余劲介绍了陕西省的侨情、经济社会发展、在丝绸之路经济带的区位优势、资源禀赋以及陕西省与中亚各国近年来在科技、农业等方面的合作交流情况和下步工作打算。出访期间，出访团还先后走访了格鲁吉亚伙伴基金会、格鲁吉亚华侨华人协会、乌兹别克斯坦中国贸易协会、撒马尔罕州工商会、乌兹别克斯坦中资企业协会、哈萨克斯坦华商总会及中国西安爱菊粮油工业集团驻阿斯塔纳办事处等。出访团同时考察了部分驻当地的中国企业，并深入进行座谈交流，共谋发展。

【日本陕西总商会、老挝陕西商会、非洲致公协会到访省侨联】6月14日，日本陕西总商会、老挝陕西商会、非洲致公协会一同到访陕西省侨联，双方就加强海外联络联谊，推动陕西文化国际传播，助力陕西经济高质量发展展开座谈，陕西省侨联党组成员、副主席兼秘书长尚小红出席座谈会并介绍了省侨联的工作开展情况。

【侨商投资县区行】6月14日至16日，陕西省侨联一级调研员张藩带领20余名海内外侨商先后赴宝鸡市凤翔区、金台区、渭滨区、高新区和眉县工业园开展侨商县区行活动，对当地产业发展情况、投资环境、招商引资政策等进行深入了解。活动期间，省、市两级侨联与省侨办、工商联等部门与眉县共同举办了“海联架金桥·同心共发展”招商引资推介活动。侨商企业家对长青工业园化工、蟠龙新区擀面皮、姜谭经开区传感器、综合保税区和眉县经开区钛产业相关企业落户、项目和发展情况进行了详细了解，并与意向合作企业深入交流互动，5 个项目在眉县招商引资推介大会上签约。

7 月 10 日至 12 日，省侨联副主席余劲带领近 30 名侨商侨企负责人，先后赴商洛市洛南县、山阳县举办“侨商投资县区行——走进商洛”活动。考察团先后走进当地工业园区、产业基地、文化古镇及重点企业进行实地考察，了解两县农业科技、康养文旅、贸易物流、工业建材、中药材种植加工、电子信息、建筑工程、劳务服务等产业发展和企业生产经营情况。活动期间，余劲还带队前往商南县富水镇华林矿业有限公司、华林宇山建材有限公司、商南县裕隆旺建材有限公司、陕西省祥瑞源琪农业有限公司考察调研企业发展情况。

【侨界大讲堂】6 月 19 日，陕西省侨联在西北工业大学长安校区举办侨界大讲堂——先进材料与柔性电子技术的推广应用活动。省侨商会、省侨联青委会、留学回国青年创业者代表等 40 余人先后参观了零号试验机、校史馆、柔性电子研究院科技展厅等，并听了王学文副院长关于柔性电子技术的讲座。陕西省侨联党组书记程勉贵，西北工业大学党委常委、副校长詹浩出席活动。

8 月 4 日，陕西省侨联举办“侨界大讲堂”，邀请中国社科院拉美所所长，二级研究员、世界经济专业博士生导师柴瑜结合当前国际环境和热点问题，从政治、经济、社会、历史文化等几个方面就拉美地区形势与中拉关系进行授课。活动由陕西省侨联党组成员、副主席兼秘书长尚小红主持，陕西省委外办二级巡视员李安军、省侨联党组成员、一级调研员王天德、华商传媒集团王朝阳、《华商报》社长毕诗成等领导出席活动。

【成立陕西华商国际传播中心暨国际传播研究院】7 月 12 日，陕西华商国际传播中心暨国际传播研究院揭牌仪式在陕西西安《华商报》报社举行，来自业界和学界的多名国际传播领域专家学者齐聚一堂，共同见证中心和研究院的成立，并围绕国际传播相关议题展开学术交流。陕西省侨联党组书记程勉贵、中共陕西省委宣传部巡视员可小闹、华商传媒集团总裁王朝阳、西安交通大学新闻与新媒体学院院长马忠等嘉宾共同为陕西华商国际传播中心、国际传播研究院揭牌。会上还宣读了国际传播研究院首批 18 名首席专家名单并颁发证书。

7 月 12 日，陕西华商国际传播中心暨国际传播研究院揭牌仪式在陕西西安举行，图为陕西省侨联党组书记程勉贵

【2023“中国寻根之旅”夏令营陕西营】7 月 19 日，2023“中国寻根之旅”夏令营陕西营开营仪式在西安石油大学举行。陕西省委常委、统战部部长李明远出席开营仪式并向营员授夏令营营旗，省侨联党组书记程勉贵、西安石油大学校长李天太、省纪委监委驻省委统战部纪检监察组组长陈宗华等人参加，西安石油大学党委书记赛云秀致辞。本次夏令营共分 3 期，由陕西省侨联、西安石油大学、陕西联侨教育发展集团联合承办，宝鸡市侨联、铜川市侨联和渭南市侨联等协办，210 人参营，这是自新冠疫情后陕西省侨联第一次组织海外华裔青少年来陕参加夏令营。参营人员前往秦始皇兵马俑博物馆、西安博物院、大雁塔广场、大唐不夜城、宝鸡周原博物院、孙思邈纪念馆、关中书院等地，深入领略了陕西悠久的历史和文化。

7 月 19 日，2023“中国寻根之旅”夏令营陕西营开营。前排右六为陕西省委常委、统战部部长李明远，右七为省侨联党组书记程勉贵，右二为省侨联副主席余劲

【程勉贵会见白俄罗斯莫吉廖夫经济发展局局长叶夫基尼】8 月 1 日，白俄罗斯莫吉廖夫经济发展局局长叶夫基尼到访西安市驻白俄罗斯商务代表处、陕西小骆驼海外仓科技有限公司，与陕西省侨联党组书记程勉贵、陕西省小骆驼海外仓科技有限公司董事长雷宁、CEO 吕本霞以及陕西小骆驼跨境电商有限公司总裁万震虎就贸易往来、文化艺术教育等方面进行深度洽谈和交流。座谈会上，程勉贵就陕西省的经济社会发展进行了介绍，尤其是在工业发展、新能源领域和特色多样的名优产品，以及陕西丰富的高校资源等诸多领域作了全面深入的分析和宣讲。

8 月 1 日，陕西省侨联党组书记程勉贵（右）会见白俄罗斯莫吉廖夫经济发展局局长叶夫基尼

【李明远到陕西省侨联走访调研】8 月 16 日，陕西省委常委、省委统战部部长李明远到省侨联机关走访调研，开展座谈交流，听取意见建议，协调解决问题。李明远实地察看办公条件、日常管理等情况，详细了解了省侨联开展学习贯彻习近平新时代中国特色社会主义思想主题教育、凝聚侨心侨力侨智、依法保障华侨归侨侨眷合法权益等工作的开展情况。

【出访英国、法国、德国】9 月 9 日至 18 日，陕西省侨联主席郝跃，省侨联党组成员、一级调研员王天德一行 6 人赴英国、法国、德国开展慰侨联谊及招商引资推介。在英期间，代表团主要拜会了英国陕西商会，英国陕西经贸文化促进会，召开了在英陕籍华侨华人座谈会，走访了丝绸之路基金会，考察了 R A Smart 丝绸工厂，麦克尔斯菲尔德等地，深度了解侨胞的工作和学习情况，并将陕西近年来的发展成就与海外侨胞进行了交流。在法期间，代表团

9 月 13 日，出访团访问法国经济社会环境委员会。右三为中国科学院院士、陕西省侨联主席郝跃，右二为陕西省侨联党组成员王天德

拜会了法国陕西联合会、法国陕西总商会等侨社团，访问了法国经济社会环境委员会，郝跃介绍了陕西近年来的经济社会发展情况，推介了陕西厚重的历史文化，介绍了陕西高质量发展新成就，并向法方详细了解了在法中国留学生的总人数、奖学金比例、福利待遇等情况。在德期间，代表团拜访了德国柏林全球贸易论坛及法兰克福大学，并与留学生代表进行深入交流。

【成立陕西高校侨联联盟】为进一步做好新时代高校侨联工作，推动发挥“地方侨联 + 大学侨联 + 校友会”机制作用，在陕西省委教育工委、省侨办、省侨联的指导下，由西安交通大学侨联牵头，联合全省已建立侨联组织的 24 所高校，成立陕西高校侨联联盟，共同探索高校侨联工作新模式。10 月 20 日，陕西高校侨联联盟成立大会暨陕西省高校侨联建设工作经验交流活动在中国西部科技创新港召开。中国侨联党组成员、副主席连小敏，陕西省政府党组成员陈春江，中国侨联基层建设部部长张毅，陕西省委统战部一级巡视员张林忠，陕西省政府副秘书长雷江声，陕西省侨联副主席余劲，陕西省委教育工委统战部副部长白莹，西安市侨联党组成员、副主席张天琦，西安交通大学副校长席光，党委常委、统战部部长张定红等出席会议。联盟首届会长单位由西安交通大学担任，联盟秘书处设在西安交通大学侨联。张林忠宣读了《陕西省侨办、陕西省侨联关于成立陕西省高校归国华侨联合会联盟的决定》。陕西高校侨联联盟面向全省高校发出“凝侨心·汇侨智·聚侨力·建新功”倡议。席光代表西安交通大学致辞并介绍了首届陕西高校侨联联盟工作方案。会议审议通过了《陕西高校侨联联盟章程》，各高校代表就做好高校侨联工作和陕西高校侨联联盟工作进行了座谈交流。

【举办“一带一路”共建国家（地区）侨商论坛】11 月 15 日，以“经贸往来·丝路偕行”为主题的“一带一路”共建国家（地区）侨商论坛在西安举办。中国侨联副主席程红、陕西省政协副主席范九伦、陕西省侨联党组书记程勉贵、中国侨联经济科技部二级巡视员徐伟、陕西省商务厅副厅长孙敬虎等出席会议。来自“一带一路”共建国家侨商侨领、主要侨社团、涉侨企业，中国侨联、中国侨商会，其他省市区侨联、侨商会，陕西省市相关厅局、开发区、侨商代表等 200 余人参加会议。论坛现场，孙敬虎从对内对外开放通道持续拓展、全产业链承载平台功能齐备、制度创新平台助推产业聚变、“秦创原”科创平台赋能陕西智造四个方面介绍了陕西开放平台发展的最新情况。商务部国际贸易经济合作研究院、“一带一路”经贸合作研究所所长祁欣作《共建“一带一路”经贸合作成效与展望》主旨演讲。会上还发布了《海外华侨华人社团合作倡议书》。

【“经贸往来·丝路偕行”活动】11 月 16 日至 17 日，参加“一带一路”共建国家（地区）侨商论坛的部分与会侨商代表，赴安康开展“经贸往来·丝路偕行—走进安康”考察交流活动，陕西省侨联副主席余劲，安康市委常委、副市长柴丽，安康市委常委、安康高新技术产业开发区党工委书记罗武侠，中国侨商联合会理事纪宝义等出席相关活动。活动期间，考察团一行到安康市恒口示范区客商服务中心、安康毛绒玩具文创产业五大中心、安康乡村振兴空间、富硒产业研究院、安康正大制药有限公司等进行了实地参观考察。

11 月 16 日至 17 日，参加“一带一路”共建国家（地区）侨商论坛的部分与会侨商代表，赴西安市经开区开展“经贸往来·丝路偕行—走进西安经开区”考察交流活动，陕西省侨联副主席、西安市政协港澳台侨和外事办主任杨庆，陕西省侨联党组成员、一级调研员王天德，西安市经开区工信局局长孙晓康等相关领导出席系列活动。代表团先后对吉利汽车制造生产线、隆基绿能智慧能源展览馆、西安市经开区规划馆和产业展示厅进行了实地参观考察。

【“侨助秦创·惠侨共赢”活动】11 月 6 日至 9 日，陕西省侨联“侨助秦创·惠侨共赢”走进“沪上进博”，陕西省侨联党组成员、副主席兼秘书长尚小红带领陕西省侨联海外委员、青委会委员一行 10 人先后赴义乌市侨联、义乌世界侨商大厦、义乌一米供应链管理有限公司、意大利胜利之星集团，上海闵行区金地威新科创园、79 意库文化创意园、康赛妮集团、昆山科博馆、萨驰智能装备股份有限公司进行走访调研，并参观了第六届中国国际进口博览会展馆。

【签约陕西省政协暨省侨联帮扶太白县乡村振兴项目】11 月 20 日，省政协暨省侨联帮扶太白县乡村振兴项目签约仪式在西安举行，陕西省政协副主席李兴旺出席，省侨联副主席余劲参加。签约仪式上，太白县委、县政府负责人分别介绍了太白县乡村振兴、营商环境、产业结构、有关项目等情况，并与省侨商会副会长单位陕西新润集团企业有限公司等进行项目合作签约。

12 月 6 日，陕西省委常委、统战部部长李明远（中）在西安调研陕西省侨务工作

【“侨界医疗队下基层”义诊活动】11 月 27 日至 28 日，陕西省侨联携手西安医学院第一附属医院在渭南市华州区下庙镇、赤水镇开展了为期 2 天的“侨界医疗队下基层”义诊活动，陕西省侨联副主席余劲、西安医学院第一附属医院副院长王胜昱、渭南市侨联及渭南市华州区领导等参加义诊启动仪式并为下庙镇及赤水镇卫生院捐赠药品。

11 月 27 日，陕西省侨联携手西安医学院第一附属医院组织“侨界医疗队下基层”义诊活动

【李明远调研陕西省侨务工作】12 月 6 日，陕西省委常委、统战部部长李明远在西安调研陕西省侨务工作，省委统战部常务副部长周玉峰、省侨联副主席余劲一同调研。李明远在西安一鸣实景教育科技有限公司实地了解陕西省民间华文教育发展现状、运营模式和“中华文化大乐园——亚洲园”“华裔少年看中国”等品牌活动开展情况，并赴中国（西安）跨境电商综试区大数据中心、陕西小骆驼海外仓科技有限公司，围绕调研侨资企业服务共建“一带一路”成效，听取陕西省跨境电商企业物流管理、国际贸易、信息技术支持等情况介绍，与部分侨资企业家代表座谈。

【开展“丝路交流与合作——安徽行”活动】12 月 11 日至 13 日，陕西省侨联副主席余劲带队赴安徽省开展“丝路交流与合作——安徽行”活动，安徽省侨联党组成员、秘书长刘君，合肥市侨联党组书记、主席徐为民参与活动。在合肥市，陕西省侨联一行先后参观了中安创谷长三角海创中心、上海交通大学合肥肿瘤早筛创新技术研究院、科大硅谷、合肥园博园等地，参访了长庚光学科技、中科太赫兹科技、华创鸿度光电等侨资企业。在科大硅谷服务平台有限公司，来自陕西高校侨联联盟成员单位的各项目负责人对科技成果项目进行了路演，并与科大硅谷服务平台及其他各投资机构负责人进行了深入沟通交流。

【开展“丝路交流与合作——江苏行”活动】12 月 13 日至 14 日，陕西省侨联副主席余劲带领陕西省高校侨联联盟成员单位代表，到江苏省侨联新侨创新创业联盟理事单位企业、新侨创新创业基地参访，并举办丝路交流与合作活动项目路演推介活动。陕西省高校的科技成果转化团队人员路演了涉及大数据、新材料、智能制造、食

12 月 13 日，开展“丝路交流与合作——江苏行”活动。中为陕西省侨联副主席余劲

品安全、生物医药等多个领域的项目，各项目负责人对其科技成果的转化需求、市场应用等作了推介说明，并与江苏新侨进行现场交流互动，就项目的应用领域、市场前景、融资方式等深入探讨。活动期间还参观考察了江北新区研创园、九车间文化创意产业园，以及江苏鸿程大数据技术与应用研究院、南京木马工业设计有限公司等企业。江苏省侨联党组成员、副主席兼秘书长张霓，陕西、江苏省侨联经济科技部负责同志等参加活动。

【开展首次“侨界院士进高校”系列活动】 12 月 21 日，陕西省侨联在西安交通大学兴庆校区举办首次“侨界院士进高校”系列活动，中国工程院院士郑南宁，中国科学院院士、陕西省侨联主席郝跃进行授课，陕西省侨联党组书记程勉贵，西安交通大学党委副书记孙早，西安交通大学党委常委、统战部部长张定红，陕西省侨联副主席余劲出席。陕西省侨联、陕西省高校侨联联盟相关负责同志，24 所联盟成员高校的 200 余位侨界青年学者、留学归国人员参加活动。郑南宁院士和郝跃院士分别作了《AI 赋能教育的知识生产与创造力培养》《国家自然科学基金的探索与实践》的主旨报告。

【出访南非、赞比亚、坦桑尼亚】 12 月 14 日至 23 日，陕西省侨联党组成员、副主席兼秘书长尚小红率团访问南非、赞比亚、坦桑尼亚，拜访当地华侨华人社团，宣传推介陕西，开展侨情调研。代表团先后拜访了南非非国大经济发展论坛、赞比亚中国友好协会、坦桑尼亚中国友好协会、开普敦中国和平统一促进会、赞比亚华侨华人总会、坦桑尼亚陕西商会等，就进一步深化传统友谊，拓展务实合作，促进民心相通，推动陕西与非洲经贸友好合作交流不断迈上新台阶等深入交换了意见。出访期间，代表团一行还拜访了三地主要华侨华人社团、华商企业、华文媒体、中医诊所、中餐馆等。座谈会上，尚小红向大家介绍了陕西经济社会发展情况和陕西省侨联近期工作及未来打算，深入了解了侨胞在当地生活工作情况，听取了侨胞意见和建议，对侨胞们积极融入、推动和谐侨社建设、坚持传承中华优秀传统文化、推动住在国与祖籍国共同发展所作的贡献表示赞赏。代表团还前往开普敦华人警民合作中心、开普敦侨资食品物流仓储配送中心、约翰内斯堡华人警民合作中心、《新时代非洲》杂志社、约翰内斯堡第一唐人街、赞比亚中国商贸城、赞比亚陕西人

12 月 15 日，出访团走进南非。左六为陕西省侨联党组成员、副主席兼秘书长尚小红

家饭店、卢萨卡冯大夫华人诊所、赞比亚卢城华埠、坦桑尼亚达累斯萨拉姆华助中心、坦桑尼亚中坦工业园等华商聚集区、华商企业、文化教育机构开展调研。陕西省委宣传部常务副部长鲍永能、省人力资源和社会保障厅副厅长孟小瓒随团出访并参加相关活动。

【榆林市侨联开展“知侨法　护侨益　聚侨心”侨法宣传活动】3月9日，榆林市侨联在高新御府小区开展了“知侨法　护侨益　聚侨心”的侨法宣传活动，市委常委、统战部部长王华胜，市委统战部四级调研员刘飞到场参加活动。活动邀请了陕西省榆林市中级人民法院四级高级法官柳强同志、陕西长谦律师事务所王娟律师、陕西富能律师事务所付鹏律师等专业人士到现场为归侨、侨眷、群众答疑解惑。

【宝鸡与龙岩两市缔结友好侨联】龙岩市是闽西革命老区和著名侨区，为学习龙岩市基层统战工作先进经验，推介宣传宝鸡，宝鸡市委、各县委统战部部长，市侨联、市社会主义学院负责人一行赴龙岩市开展了学习交流，并与龙岩市对口部门、部分企业、产业园区召开了座谈交流和招商推介会，介绍了宝鸡市情和工业优势，3月9日，两市签订了侨联友好协议。

【铜川市侨联开展“侨胞之家”建设跨区互学交流活动】3月17日，铜川市侨联党组书记、主席郭怡，各区县侨联主席一行10余人到咸阳市金泰、文科社区“侨胞之家”开展跨区互学交流活动。调研组在金泰社区“侨胞之家”参观了家风馆、宝娟调解工作室、侨法宣传角、文化活动交流中心等，了解金泰社区“1+5联动治理模式”。在文科社区“侨胞之家”参观了对侨服务办公室、了解文科社区侨务工作管理制度、侨务信息反馈制度等。座谈会上，双方就如何创建“侨胞之家”阵地、开展“侨胞之家”工作、更好为侨服务进行了交流和学习。咸阳市侨联主席张晓虹等陪同活动。

【延安市侨联开展“青年侨商延安行”招商引资活动】5月11日，延安市侨联会同市侨商会与中国侨商会协商，邀请中国侨商会49名重要侨商赴延开展“青年侨商延安行”招商引资活动，中国侨联干部培训中心副主任李沛，中国侨联常委、陕西省侨联副主席、延安市侨联主席刘润生陪同考察，延安市侨商会部分青年企业家参加。座谈会上，延安市招商局、宝塔区、安塞区、高新区等部分单位和县区、管委会作了招商引资推介，侨商企业家代表作了交流发言。

【汉中市召开第三次归侨侨眷代表大会】8月8日，汉中市召开第三次归侨侨眷代表大会，陕西省侨联党组成员、副主席兼秘书长尚小红，市委常委、市委统战部部长、市政府党组成员邱仕伟出席会议并讲话。大会审议并通过了《凝聚侨心汇聚侨智　发挥侨力为加快建设现代化区域中心城市而努力奋斗》的工作报告、《汉中市第三次归侨侨眷代表大会决议》，选举产生了汉中市归国华侨联合会第三届委员会主席、副主席、秘书长及委员，当选主席陈岳明作了表态发言。

【商洛市侨联召开全市侨商企业代表座谈会暨“亲清直通车·政企恳谈会”】8月22日，商洛市侨联组织召开全市侨商企业代表座谈会暨“亲清直通车·政企恳谈会”，面对面听取企业意见建议，研究解决企业发展实际困难，恳谈会上，6位侨商企业代表就企业发展情况、存在困难问题以及意见建议与相关职能部门进行了沟通交流，市工信局、市自然资源局、市文旅局等相关部门针对企业存在的困难问题和意见建议，结合各自职能作了表态发言。商洛市委常委、统战部部长权雅宁，副市长刘伟，人大副主席赵军，市政协副主席杨建军等出席会议。

【渭南市侨联邀请侨商参加2023渭南市区域产业合作推介会并组织开展“侨商县区行”活动】11月15日，渭南市侨联邀请20余名长期以来关心支持渭南发展的侨商，参加2023渭南市区域产业合作推介会暨项目签约仪式，组织侨商们开展“侨商县区行”活动。市工业和信息化局，市科技局，市农业农村局、市乡村振兴局，市文化和旅游局分别对渭南市工业高质量发展及工业产业链、“秦创原”战略性新兴产业培育先行区及渭南（西安）创新创业孵化器政策、现代农业特色产业链和文化旅游资源及产业链情况进行推介。本次大会共签约重点项目48个，总投资额462.57亿元，为渭南市经济社会高质量发展注入强劲动能。会后，市侨联组织侨商们开展“侨商县区行”活动，在渭南（西安）创新创业孵化器考察调研，并实地走访了双盈未来、圆锥科技、智耘控制、佰思达、优科力源、慕斯奈特6家优秀企业，了解企业产品研发、在渭经营状况，深入交流了企业未来发展规划及业务拓展模式。

【安康市汉滨区侨联“侨心书苑”项目获中国侨联审批】12月26日，中国侨联审批通过安康市汉滨区侨联申报的“侨胞之家”“侨心书苑进侨家”项目，并获中国侨联授予的“侨心书苑”铭牌，300余册涉侨图书和人文社科类图书送达到位。

【咸阳市侨联开展高校侨联组织建设调研活动】12月26日，咸阳市侨联党组书记、主席张晓虹，副主席任建谋一行前往陕西中医药大学开展侨务工作调研，陕西中医药大学党委副书记于远望及相关负责人出席座谈交流会。会上，张晓虹介绍了“地方侨联＋大学侨联＋校友会”工作机制，于远望介绍了近年来学校在海外人才引进、海外办学、对外交流等方面的进展与成果，双方就建立陕西中医药大学侨联组织事项达成基本一致。

【西安市侨联举办“情暖侨心·走进文理关中书院”系列活动】12月27日，由西安市侨联主办、西安文理学院承办的“情暖侨心·走进文理关中书院”系列活动在西安文理学院举行。西安市侨联党组成员、副主席兼秘书长张天琦，西安文理学院党委委员、校务委员鲍锋出席并讲话，文理学院归侨侨眷、教师代表以及来自海内外的侨商企业家约45人应邀参加了此次活动。西安文理学院介绍了学校的基本情况和近年来在科研、服务地方以及国际交流等方面工作所取得的成绩，并与西安市侨商会共同签订了深化侨校战略合作的框架协议。

甘肃省归国华侨联合会

【领导成员名单】

党　组　书　记：秦　禾（2023.4 至今）
主　　　　　席：闫鹏勋（2019 年 12 月至 2023 年 5 月）
　　　　　　　　袁斌才（2023 年 11 月至今）
党组成员、副主席：徐妍丽（女，2019 年 4 月至 2023 年 10 月）
　　　　　　　　安亚军（裕固族，2023 年 11 月至今）
兼 职 副 主 席：张　红（女）　张胜祥
　　　　　　　　黄　炜（女）　逯　迈
　　　　　　　　郑兆国　潘加法
秘　　书　　长：安亚军（裕固族，兼）

【综述】2023 年，甘肃省侨联在省委省政府的坚强领导下，在中国侨联的关心指导下，坚持以习近平新时代中国特色社会主义思想为指导，深入贯彻党的二十大和二十届一中、二中全会精神，认真贯彻落实第十一次全国归侨侨眷代表大会精神和省委书记胡昌升调研省侨联讲话要求，紧紧围绕全省中心工作，充分发挥六项职能，着力在服务经济发展、加强联络联谊、弘扬中华文化、深化为侨服务上下功夫，全省侨联事业不断取得新发展。

8 月 28 日，甘肃省委常委、省委统战部部长孙雪涛（前排中）在兰州与即将赴京参加第十一次全国归侨侨眷代表大会的甘肃代表团成员座谈

【用习近平新时代中国特色社会主义思想凝心铸魂】主题教育开展以来，甘肃省侨联党组紧扣“学思想、强党性、重实践、建新功”总要求，聚焦主题主线，明确目标任务，用好“第一议题”，共组织开展党组理论中心组学习 15 次，主题教育“读书班”1 次 7 天，交流研讨 3 次 15 人（次），会领导讲专题党课 5 次。通过开展读书班、专题党课、学习研讨、现场教学等多种学习形式，跟进学习习近平总书记最新重要讲话指示批示精神，组织重点精读深读《习近平著作选读》等教材，不断引导党员干部深刻领悟“两个确立”的决定性意义，学深悟透增强思想认同和理论认同，努力在以学铸魂、以学增智、以学正风、以学促干方面取得实实在在的成效。

【深入学习宣讲贯彻十一代会精神】8 月 31 日，第十一次全国归侨侨眷代表大会在北京胜利召开，甘肃省侨联第一时间召开全体干部会议，传达学习会议精神，并向省委统战部部务会议专题汇报十一代会召开情况，制定贯彻落实意见。积极组织全省各级侨联组织学习贯彻十一代会精神，会领导通过调研、走访、座谈、慰问等形式，深入基层侨联、涉侨组织、侨资企业和侨界群众中开展学习宣讲，引导广大归侨侨眷和各级侨联干部深刻领悟精神实质，形成思想共识。在十一代会上，甘肃省有 6 个集体和 14 名个人受到表彰，成为甘肃省在历届侨代会上受表彰奖项和数量最多的一次。

【省委书记、省人大常委会主任胡昌升调研省侨联机关】10 月 11 日，中共甘肃省委书记、省人大常委会主任胡昌升到甘肃省侨联机关走访调研，听取工作汇报，询问了解全省归侨侨眷和海外侨胞情况，提出工作要求。强调侨联组织要认真贯彻落实习近平总书记关于侨务工作和群团工作的重要论述，坚持围绕中心、服务大局、服务侨胞，团结动员广大归侨侨眷和海外侨胞积极

10 月 11 日，中共甘肃省委书记、省人大常委会主任胡昌升（右三）在甘肃省侨联调研

会、“情系中华·梦圆故里”侨领侨商天水项目签约仪式、“创业中华·筑梦陇原”侨领侨商走进甘肃活动启动仪式暨项目合作恳谈会、粤港澳大湾区招商推介会，凝聚侨力服务甘肃省经济发展。为会宁红军会师旧址、玉门关遗址和武威文庙举行“中国华侨国际文化交流基地”揭牌仪式。和武威市侨联共同举办 2 期“亲情中华·为你讲故事”网上夏令营，为传承和弘扬中华优秀文化和陇原文化积极作为、发挥作用。

9 月 1 日至 7 日，美国南加州华人社团、美国南加州美中文化协会等 11 个侨社团共 30 人赴兰州、武威、张掖、嘉峪关、敦煌参观访问，并参加 2023 年丝绸之路（敦煌）国际文化博览会

参与甘肃发展。要切实发挥桥梁和纽带作用，创新载体平台，密切与侨商、海外人才、留学生、归国留学人员的联系，拓宽招商引才、投资引智通道，把归侨侨眷和海外侨胞中蕴藏的能量和资源聚集起来、发挥出来。要深怀爱侨之心，恪守为侨之责，进一步提升侨联组织力和影响力，健全完善联系广泛、服务侨界群众的组织体系和工作体系，推动甘肃省侨联事业实现新发展。这是省侨联成立以来省委主要领导第一次莅临调研指导工作，充分体现了省委、省政府对全省侨联工作的高度重视和亲切关怀，为做好全省侨联工作指明了前进方向、明确了重点目标。

【彰显作为助力全省经济社会发展】2023 年，甘肃省侨联坚持以服务大局和服务侨胞为宗旨，依托“伏羲大典”“兰洽会”等节会平台，广泛凝聚侨心侨智侨力，服务全省经济社会高质量发展。积极邀请、热情接待美国洛杉矶华人华侨联谊会、柬埔寨甘肃商会等侨社团和海外侨领侨商 9 批 70 余人次，进一步密切与海外侨社侨领联谊联络，推动交流合作。不断拓展“创业中华·筑梦陇原”“侨领侨商甘肃行”等品牌影响力，举办“侨领侨商秦州行”考察调研及项目合作恳谈

【召开甘肃省侨联基层组织建设推进会议】

3 月 15 日，甘肃省侨联基层组织建设推进会议在兰州召开。会议的主要任务是以习近平新时代中国特色社会主义思想为指导，学习贯彻党的二十大和全国两会精神，以全省“三抓三促”行动为契机，围绕中国侨联对基层组织建设工作的要求，总结交流省侨联七代会以来各级侨联基层组织建设经验，推动《关于加强甘肃省基层侨联组织建设的指导意见》落地实施，努力开创全省基层侨联组织工作新局面。会议通报了省侨联七代会以来全省侨联基层组织建设情况，解读了《关于加强甘肃省基层侨联组织建设的指导意见》，为 6 个县区侨联组织颁发了《统一社会信用代码证书》，为 7 个全国侨

3 月 15 日，甘肃省侨联基层组织建设推进会议在兰州召开

3 月 15 日，甘肃省侨联领导为全国侨联系统“侨胞之家”典型选树单位授牌

联系统“侨胞之家”典型选树单位授牌。

【举办“创业中华·筑梦陇原”侨领侨商走进甘肃（张掖）粤港澳大湾区招商推介会】5 月 19 日，由甘肃省侨联与张掖市委、市人民政府共同举办的“创业中华·筑梦陇原”侨领侨商走进甘肃（张掖）粤港澳大湾区招商推介会在深圳成功举办。甘肃省侨联主席闫鹏勋出席会议并致辞。张掖市领导、深圳市相关领导，广东省侨界企业家代表、甘肃省政协港澳委员、深圳市各商会代表等 100 余人参加了此次招商推介会。

5 月 19 日，由甘肃省侨联与张掖市委、市人民政府共同举办的“创业中华·筑梦陇原”侨领侨商走进甘肃（张掖）粤港澳大湾区招商推介会在深圳成功举办

【康晓萍出席 2023（癸卯）年公祭中华人文始祖伏羲大典】6 月 22 日，由国务院港澳事务办公室、国务院台湾事务办公室、中华全国归国华侨联合会和甘肃省人民政府主办的 2023（癸卯）年公祭中华人文始祖伏羲大典在羲皇故里天水举行。同一时刻，海峡两岸共祭中华人文始祖伏羲典礼在台湾新北市举行。本次公祭伏羲大典以“传承始祖伏羲文化根脉、汇聚中华民族复兴力量”为主题，追思中华人文始祖创世功绩，感悟伟大祖先创造精神，为全面建设社会主义现代化国家，实现中华民族伟大复兴凝聚强大精神力

6月22日，2023（癸卯）年公祭中华人文始祖伏羲大典在甘肃省天水市举行

6月22日，中国侨联顾问、原副主席康晓萍出席2023（癸卯）年公祭中华人文始祖伏羲大典并敬献花篮

地区的10位海外侨胞代表参加了公祭活动。

【成功举办创业中华·筑梦陇原——“一带一路”·人工智能高峰论坛】7月5日，创业中华·筑梦陇原——“一带一路”·人工智能高峰论坛在兰州举办。本次论坛以人工智能与“一带一路”建设为主题，由中国侨联、甘肃省人民政府指导，甘肃省侨联、甘肃省科技厅、甘肃省科协主办，甘肃省侨联新侨创新创业联盟、甘肃新锐智能科技研究院承办。甘肃省委常委、省委统战部部长孙雪涛，中国侨联顾问、原副主席王永乐出席活动并致辞。论坛邀请百余名国内外专家、学者、企业家，围绕人工智能创新应用、建设美好生活及政府、高校、企业间如何通过人工智能赋能西部产业升级进行了深入讨论。该项活动得到甘肃省委书记、省人大常委会主任胡昌升批示肯定。

【举办中国侨联西北片区侨联干部培训班】9月19日至23日，中国侨联西北片区基层侨联组织负责人培训活动在甘肃省张

量。全国人大常委会副委员长张庆伟，全国政协副主席、民进中央常务副主席朱永新，甘肃省委书记、省人大常委会主任胡昌升，省委副书记、省长任振鹤，省政协主席庄国泰，国务院港澳事务办公室党组成员向斌，国务院台湾事务办公室海协会副会长李文辉，中国侨联顾问、原副主席康晓萍等出席公祭大典。省侨联邀请来自美国、智利、日本、意大利、吉尔吉斯斯坦、巴基斯坦、菲律宾及中国香港等国家和

7月5日，创业中华·筑梦陇原——“一带一路”·人工智能高峰论坛在兰州举办

掖市举办。中国侨联基层建设部部长张毅出席活动并作开班动员讲话，甘肃省委统战部副部长、省侨联党组书记秦禾，张掖市委副书记柴向前分别致欢迎辞，中国侨联基层建设部二级巡视员肖炜蘅主持开班式。培训班邀请中央统战部、中国侨联相关部门负责同志现场授课，共有来自陕西、甘肃、宁夏、新疆、新疆生产建设兵团的120名基层侨联组织负责人和统战干部参加培训。为进一步提升西北各省区基层侨联干部能力素质、拓宽工作视野，加强省际交流合作提供了互学互鉴、共谋发展的平台，得到中国侨联党组书记、主席万立骏批示肯定。

10月17日，2023"中国寻根之旅"秋令营——甘肃丝绸古道营在西北民族大学正式开营

9月19日，中国侨联西北片区基层侨联组织负责人培训活动在甘肃省张掖市举办

【举办"中国寻根之旅"秋令营——甘肃省丝绸古道营活动】10月17日至25日，由中国侨联主办，甘肃省侨联承办，西北民族大学协办的2023"中国寻根之旅"秋令营——甘肃丝绸古道营成功举办。在9天的时间里，来自泰国的38名海外华裔青少年，深入兰州、嘉峪关、敦煌等地，通过学习中国历史、地理、文化基础知识，与国内青少年联谊交流、参观历史文化名胜等活动，全方位了解甘肃历史、文化、风光，学习中华传统文化，领略丝路壮丽风光，感受陇原风土人情。

【甘肃省侨联七届六次全委会议在兰州召开】12月12日，甘肃省侨联七届六次全委会议在兰州召开。甘肃省委组织部副部长、省公务员局局长黄致品作人事说明，省委统战部副部长、省侨联党组书记秦禾主持会议并讲话。省纪委监委派驻省委统战部纪检监察组组长秦忙龙应邀出席会议。袁斌才当选甘肃省侨联七届委员会主席，安亚军当选省侨联七届委员会副主席。会议传达学

12月12日，甘肃省侨联七届六次全委会议在兰州召开

习了第十一次全国归侨侨眷代表大会精神和省委书记胡昌升在省侨联调研时的讲话要求。袁斌才代表省侨联七届委员会作了工作报告，全面总结了2023年侨联工作，对2024年侨联工作作了安排部署。

10月30日，“侨爱心·乡村学生眼视光工程”在甘肃省武威市凉州区启动

【基层建设实现跨越发展】 2023年，甘肃省侨联树立大抓基层的鲜明导向，通过召开全省侨联基层建设推进会，深入开展基层组织工作调研，加强对各市州侨联基层组织建设的分类指导，推动形成县级侨联组织建设工作合力。全年新成立县级侨联组织17个，全省县级侨联组织覆盖率达到53%；新建“侨胞之家”16个，全省“侨胞之家”达到63个；指导推动兰州市、天水市侨联和中科院兰州分院侨联完成换届，全省基层侨联组织建设取得明显成效。

11月21日，甘肃省委统战部副部长、省侨联党组书记秦禾（左中）赴省侨青委开展调研

8月10日，甘肃省侨联在庆阳市西峰区举办“侨界医疗队下基层”活动

【倾情推进公益事业】 2023年，甘肃省侨联积极争取中国侨联项目支持，持续拓展公益项目和募资渠道，为全省发展注入侨界爱心力量，累计在教育、医疗、乡村振兴、困难救助、结对关爱帮扶等方面投入各类公益资金800余万元。启动“乡村振兴·侨助光明”公益项目；在兰州市、武威市开展“侨爱心·乡村学生眼视光”工程，为近3000名乡村学生免费开展视力筛查，为300余名学生免费配送价值12万余元的眼镜；在临夏中学实施“秀松崇世励学”项目，累计投入62.5万元；对接浙江省新华爱心教育基金会新开设珍珠班19个，资助“珍珠生”695名；与香港应善良基金会联合实施“侨暖青衿·为善最乐”助学项目，捐助金额42万元；联系“丽兹行”慈善团队为平凉侨爱心小学开展修缮项目和物资捐助合计35万元；对20名患有重大疾病的侨界群众进行救助，对100余名困难归侨侨眷进行慰问，切实将党和政府对侨界群众的关怀落到实处，侨界群众的获得感、安全感、幸福感不断增强。

【海内外侨胞驰援积石山抗震救灾】 12月18日23时59分，甘肃临夏州积石山县发生6.2级地震，造成重大人员伤亡和财产损失。灾情牵动人心，习近平总书记高度重视并作出重要指示。党有号召，侨有行动。在抗震救灾的关键时刻，中国侨联第一时间下拨救灾经费，甘肃省侨联、临夏州侨联迅速行动，搭建起侨联系统、侨界公益组织、侨社侨胞和地震灾区之间的爱心桥梁。全国侨联系统、海内外侨商、侨企、侨社团、侨胞累计捐赠救灾资金 3352 万元，捐赠价值 2250 万元的救灾物资，充分彰显了侨联组织同心抗震、共克时艰的责任担当，为打赢抗震救灾攻坚战贡献了侨界力量，充分体现了中华民族一方有难八方支援的传统美德和爱国爱乡的华侨精神。

5 月 11 日，天水市召开第四次归侨侨眷代表大会第二次会议，甘肃省侨联主席闫鹏勋出席会议并讲话

【天水市召开第四次归侨侨眷代表大会】5 月 11 日，天水市召开第四次归侨侨眷代表大会，省侨联主席闫鹏勋，天水市委副书记、统战部部长杨晓锋出席会议并讲话。会议号召全市各级侨联组织要坚持正确政治方向，凝聚侨心向党的广泛共识，汇聚推动发展的强大合力，践行为侨服务的初心使命，进一步畅通凝聚侨心的渠道，创新汇聚侨智的载体，丰富维护侨益的手段，为推动天水社会主义现代化建设贡献力量。会议选举产生了天水市侨联第四届委员会领导班子成员。

【兰州市召开第十二次归侨侨眷代表大会】12 月 26 日，兰州市第十二次归侨侨眷代表大会召开。甘肃省侨联主席袁斌才，兰州市委副书记、统战部部长黄宝树出席开幕式并讲话。会议选举产生了兰州市侨联第十二届委员会主席、副主席、秘书长、常委和委员；通过了兰州市侨联第十一届委员会工作报告的决议。来自兰州市各条战线、各行各业的归侨侨眷代表和特邀代表等 110 余人参加会议。

青海省归国华侨联合会

【领导成员名单】

中共青海省委统战部部务委员、省侨联主席：

董　刚（2023 年 9 月）

兼职副主席：冶成福（回族）　吴锡才

杨新能　林振勇　冯声宝

夏晓峰　李　健（女）

刘　触　马　辉（回族）

金　宁（女）　郑　重

秘　书　长：康珠才让（藏族）（2023 年 9 月）

【综述】2023 年，在青海省委的坚强领导和中国侨联的有力指导下，青海省侨联以习近平新时代中国特色社会主义思想为引领，坚决贯彻落实习近平总书记关于侨务工作、群团工作的重要论述和对青海工作的重要指示批示精神，坚决贯彻中国侨联事业发展有关要求，主动融入和服务省委省政府中心工作，深化侨联改革与自身建设，坚持"两个并重""两个拓展"，推动"两个建设"，认真推动服务经济发展、依法维护侨益、拓展海外联谊、积极参政议政、弘扬中华文化、参与社会建设等各项职能取得新成效、展现新面貌、迈上新台阶，圆满完成年度目标任务，各项工作取得长足进步。

【召开青海省第八次归侨侨眷代表大会】9 月 28 日，青海省第八次归侨侨眷代表大会在西宁开幕。青海省委书记、省人大常委会主任陈刚到会祝贺；中国侨联党组成员、副主席连小敏，省委常委、统战部部长班果致辞。会议以习近平新时代中国特色社会主义思想为指导，以中国侨联和省委领导的重要讲话精神为遵循，总结了青海省第七次归侨侨眷代表大会以来的工作，听取并审议《青海省侨联第七届委员会工作报告》，选举产生青海省侨联第八届委员会，表彰全省侨联系统先进单位和先进个人。会议进一步明确了新时期侨联工作目标任务，为全省侨联事业健康发展开辟了新局面，提供了更强的组织保障，将进一步把广大侨胞紧密团结在党的周围，发挥优势参与青海建设，为现代化新青海贡献更多更大侨界力量；也将不断提高青海省侨联服务大局和为侨服务水平，全面履行职能，促进青海省侨联事业发展取得新成效。

9 月 28 日，中国侨联党组成员、副主席连小敏在青海省第八次归侨侨眷代表大会上致辞

9 月 28 日，中共青海省委常委、统战部部长班果在青海省第八次归侨侨眷代表大会上致辞

【加强政治建设】一是深入开展主题教育。主题教育开展以来，青海省侨联将主题教育作为必须高标准完成的一项政治任务，从坚定政治方向、筑牢思想基础、强化使命担当、服从工作大局、提升能力素质、确保事业发展的高度认识主题教育的重要意义，高度重视、严密组织，突出学习重点、丰富学习形式、拓展学习深度，营造浓厚学习氛围，把主题教育收到的良好效果和探索的经验做法转化为长效机制。二是学习宣传贯彻十一代会精神。要求全省各级侨联组织深入学习、全面贯彻中国侨联十一代会精神，以十一代会提出的更新更高标准，提振精神、开拓思路、完善机制，开创青海侨联事业新局面。始终坚持以党建带侨建，坚持从政治上着眼、从思想上入

青海省代表团参加第十一次全国归侨侨眷代表大会

手、从侨联工作特点出发，注重侨界群众政治引领工作的时、度、效，开展理论宣讲、主题实践、座谈研讨活动，向广大侨界群众全方位宣讲十一代会精神，对十一代会表彰侨界先进个人事迹开展宣传，掀起青海侨界学习宣传贯彻落实第十一次全国归侨侨眷代表大会精神的热潮，凝聚侨心、汇聚侨智、发挥侨力、维护侨益，不断夯实侨界听党话、跟党走、奋进新征程的思想基础，为团结引领广大归侨侨眷和海外侨胞为现代化新青海建设进一步贡献力量。

7 月 20 日，中国侨联副主席候选人程红在“青洽会”上致辞

7 月 22 日，侨商台商参观青海原子城纪念馆

【做好招商引资】坚持发挥侨界交流联系广泛、商才资智俱佳等优势，努力担当作为，充分参与青海省发展战略，积极助力经济高质量发展，完成好第 24 届“青洽会”侨商投资任务。7 月 20 日至 23 日，应青海省侨联邀请，中国侨联副主席候选人程红，全国台联党组成员、副会长杨毅周分别率侨商台商代表团出席第二十四届中国·青海绿色发展投资贸易洽谈会。来自澳大利亚、美国、加拿大等 15 个国家和地区的 50 多位侨商台商参加相关活动。其间，正大集团和富华集团等 30 多家侨企、台企负责人参加了“青洽会”开幕式和投资说明会等活动并赴海北州开展投资项目实地考察。侨商台商集体参观了青海原子城纪念馆，接受了老一辈归侨科学家的“两弹一星”精神教育；考察了金祁连乳业、青海生态源物流服务有限公司等青海特色农畜产品加工产业。通过考察，侨商台商对高原中药材、农畜产品等产生了浓厚兴趣，纷纷谋划依托青海优势，寻觅商机，开发具有青海元素的特色产品，为新青海建设贡献智慧。程红表示，中国侨联将继续加强与青海省委、省政府的战略合作，汇聚侨商资源，凝聚侨智侨力，服务国家战略，服务地方经济发展，服务侨胞发展。希望在青侨商企业响应省委、省政府号召，坚持绿色发展、低碳发展的高质量方向，坚守侨的初心，发挥侨的优势，弘扬侨的精神，展现侨的力量，为青海打造生态文明“高地”、建设产业“四地”、建设“六个现代化新青海”作出侨界的贡献。

【组织技能培训】积极响应党和政府关于乡村振兴战略有关要求，努力争取中国侨联支持，组织困难归侨侨眷技能培训活动。10 月 25

10 月 25 日，青海省侨联举办困难归侨侨眷技能培训班

日，青海省侨联邀请省内马铃薯种植专家，为海东市乐都区李家乡合尔红村农户开展为期 6 天的马铃薯科学种植技能培训。培训前，青海省马铃薯种植专家张丽云直奔田间地头，详细了解当地种植马铃薯的土壤和周边环境。培训中，张丽云结合马铃薯的植物学结构和特性，向村民传授马铃薯的优良品种、高效栽培技术、脱毒生产技术、加工技术及虫害绿色防控等内容。培训期间，专家入住农户现场教学，提供专业科学指导，与农户共同发现、研究、解决问题，立足该村以马铃薯为主要经济作物的现实，促进其自身造血功能，收到了良好经济效益和社会效益。

【开展公益活动】发展侨界公益慈善，一是珍惜并发扬侨联各项品牌工程，开展“侨届医疗队下基层”活动。10 月 12 日至 13 日，青海省侨联携手青海红十字医院 10 个科室专家，赴青海省海北藏族自治州祁连县扎麻什乡河东村，为当地两百多名民众开展义诊。活动中，医疗队通过免费义诊、健康检查、诊断病情、发放药品，提供全面合理治疗及用药建议等，帮助群众解决健康问题。同时，为就诊村民发放了急救医疗包，并向该村捐赠价值 1.6 万多元的药物。近年来，侨界义诊活动的长效化开展，不断扩大了侨联的影响力、引领力。二是慰问归侨侨眷。年内对散居困难归侨侨眷、侨界代表人士、特困归侨侨眷等进行走访慰问，发放慰问金及生活补助 18 万元。

青海省侨联主席董刚（左一）慰问侨界代表人士

【推进组织建设】准确把握、全面贯彻党中央和省委关于群团组织改革和侨联改革决策部署，做到政治站位上看齐、改革谋划上对标、主体责任上到位、推进方法上紧跟，组织建设和队伍建设取得进展。一是着力延伸侨联组织，积极争取地方党委支持，在西宁市城中区、大通县、湟源县新建 3 个“侨胞之家”，进一步加强了全省侨联基层组织建设，为全省侨联工作赋能，在侨联组织服务大局、服务侨胞等方面发挥了积极作用。二是抓好侨联干部队伍建设，鲜明用人导向，做好骨干培养工作，不断增强侨联干部助力高质量发展本领、服务群众本领、防范化解风险本领，打造对党忠诚可靠、恪守为民之责、善做群众工作的高素质侨联工作队伍。举办“学习党的二十大精神”专题培训班，凝聚思想共识，提升履职能力。5 月 23 日，青海省侨联与中国侨联干部培训中心联合举办的“学习党的二十大精神”专题培训

10 月 12 日至 13 日，青海省侨联携青海红十字医院开展义诊活动

“侨胞之家”揭牌仪式

5 月 23 日，青海省侨联与中国侨联干部培训中心联合举办“学习党的二十大精神”专题培训，中国侨联党组成员、副主席连小敏出席开班式并作报告

班在江西方志敏干部学院开班，全省 8 个市州的侨联干部、“侨胞之家”负责人，侨联委员等 44 人参加了为期 8 天的培训，圆满完成了教学培训任务，达到了预期目标。培训通过理论授课、现场教学与研讨交流相结合的方式，组织全体学员进一步学习党的二十大精神，提升履职本领，为助力推进中国式现代化的伟大实践贡献更多的侨智侨力，打好新时代“侨”牌。

【依法维护侨益】一是贯彻执行“总对总”诉调机制建设任务，积极与省法院对接，联合下发《青海省高级人民法院　青海省归国华侨联合会关于开展涉侨纠纷多元化解工作方案》为侨界群众提供更全面、专业的调解服务。二是健全依法维护侨益体制机制，扎实推进涉侨法律法规宣传实施，积极维护侨界群众合法权益。组织侨联干部、法顾委委员、侨商和侨眷参加法治学习活动，提高我省侨界法律意识和法治思维。依托“侨胞之家”开展侨务法律法规宣传活动，发放侨法宣传材料，向侨界群众普及依法维权渠道。

【选树先进典型】根据中国侨联、国务院侨务办公室《关于开展中国侨界杰出人物　全国归侨侨眷先进个人评选表彰活动的通知》，中国侨联《关于做好全国侨联系统先进组织和先进个人评选表彰工作的通知》，通过基层推荐，层层筛选，严格考察把关，经省侨联班子研究决定推荐冯声宝等 7 名同志为“归侨侨眷先进个人”，来自基层的 2 名侨联兼职干部为“侨联系统先进个人”。以上同志在中国侨联十一代会上受到表彰，广泛传递侨界榜样力量，极大鼓舞了全省归侨侨眷和全体侨联干部，持续增强侨界群众和侨联工作人员荣誉感、认同感。

【助力抗震救灾】12 月 18 日，甘肃省积石山县发生 6.2 级地震，在甘肃青海交界地区造成大量人员伤亡和财产损失。省侨联第一时间争取中国华侨公益基金会支持，同时积极与阿联酋青海商会、甘肃商会等侨团、侨企对接，畅通捐款捐物渠道，将侨界各方的爱心捐助尽快送达灾区，对灾区给予

阿联酋甘肃，青海商会联合倡议书

Date: 21st/Dec/2023

No: Urgent-001

抗震救灾倡议书！

北京时间 2023 年 12 月 18 日 23 时 59 分，甘肃发生 6.2 级地震，震源深度 10 公里，已造成甘肃和青海交界地区的重大人员伤亡和基础设施的严重损失。看着无数无家可归的人们，看着不断攀升的伤亡数字，看着受灾现场的残垣断壁，心中都会涌起无限的哀思和播叹，伸出我们的双手，献出我们的爱心，以捐款方式为受灾人民提供援助，帮助两省灾民度过难关！

灾区人民需要我们阿联酋侨界爱心人士的无私帮助，需要我们的温暖爱心。自然灾害突如其来，地震无情人有情，请伸出我们善待和谐的双手，献出我们善待和谐的爱心，让我们与灾区人民携手同心、众志成城，共渡难关，抗震救灾，早日重建和谐家园！

“一方有难，八方支援”，是中华民族的传统美德，看到满目疮痍的灾区，我们怎么能无动于衷？ 党中央高度重视并作出重要指示，要求全力开展搜救，尽快组织调拨抢险救援物资，妥善安置受灾群众，保障群众基本生活。两省省委书记，省长第一时间赶赴地震灾区开展指挥应急处置和救援工作。

为帮助受灾群众转移安置、救助慰问受灾群众，甘肃省，青海省侨联号召社会各界人士积极行动起来，发扬中华民族“一方有难，八方支援”的传统美德，慷慨解囊，踊跃捐款捐物，大力支持灾区群众渡过难关。

对各方面爱心捐赠，我们将本着公开、透明、高效的原则，捐赠专项款将在阿各侨团监督下，全额汇回两省侨联。

天灾无情，人间有爱，让我们阿联酋的各界爱心侨界人士携手共度难关。平凡的我只能尽绵薄之力，愿所有灾区受灾同胞和救援英雄平安无恙，为两省受灾地区群众雪中送炭，奉献爱心！

考虑到时间效率最好以捐款的方式，为灾区群众提供援助，尽自己微薄之力，奉献爱心，为灾区同胞抗震救灾和重建家园，贡献力量！

阿联酋青海商会、甘肃商会联合倡议书

了有力支持，坚定了灾区群众克服困难、重建家园的信心。

【西宁市侨联】2023年，西宁市侨联以习近平新时代中国特色社会主义思想为指引，充分发挥联系广泛、资源丰富、融通中外的独特优势，在凝聚侨心、汇集侨智、发挥侨力、维护侨益方面作出积极努力，取得明显成效。一是主办侨心善行慈善义卖，发挥侨力献爱心。为圆梦困难学子、救助困境儿童、帮扶退役军人组织“侨心善行”为题的慈善义卖活动，筹集善款79077元，帮助11名资助对象，其中包括5名成绩优异的大学生、5名品学兼优的中小学生以及1名困难群众。二是积极参与志愿服务，助力灾区重建。为帮助灾区群众渡过难关、尽快恢复生产生活，西宁市侨联联合侨企青海金辰实业有限公司于12月21日向灾区捐赠现金3万元，筹集20余吨价值31160元的取暖用煤和价值36000元的清真肉食品送达灾区，受到各级政府和灾区群众的普遍好评。三是心系社会公益事业，用实际行动彰显侨界担当。关注青海生态环境建设，连续两年在植树节期间组织侨界人士开展以“共筑侨心林，同植一片绿”为主题的义务植树活动，在城东区韵家口西旱台种植柏树200余棵，为建设美丽西宁贡献侨力；联合市体育局、市全民健身协会共同举办“福寿杯”西宁市首届全面健身广场舞大赛，3000余人次参赛，助力西宁市全民健身事业发展。四是线上线下双措并举，打造侨联专属宣传平台。顺应新媒体宣传趋势，市侨联在微信视频号、抖音、快手、平面媒体等综合宣传平台上发布相关简讯及视频，编印市侨联内刊《西宁侨联》（第三刊），为侨联工作留下了宝贵纸质资料。

宁夏回族自治区归国华侨联合会

【领导成员名单】

主　　席：朱奕龙

专职副主席：赵　荣（女）

兼职副主席：何学虎　郑俊武　藏志勇　黄瑞贵　贾绍斌　李艳丽（女）　何顺贵　魏　雄　马永亮

秘 书 长：赵　荣（女，兼）

【综述】2023年，在中国侨联的关心指导下，在宁夏回族自治区党委的坚强领导下，宁夏回族自治区侨联坚持以习近平新时代中国特色社会主义思想为指导，全面学习贯彻落实党的二十大和习近平总书记考察宁夏重要讲话指示批示精神，深入学习贯彻习近平总书记关于群团工作和侨务工作的重要论述，全面落实宁夏第十三次党代会工作部署，围绕中心、服务大局、服务侨胞，扭住重点发力、紧盯要害突破、强化系统推进，较好地完成了各项既定工作任务。

【开展全区侨界红色主题教育活动】4月17日至21日，根据学习贯彻习近平新时代中国特色社会主义思想主题教育工作安排，在重庆市组织开展全区侨界红色主题教育活动，各市、县（区）侨联委员、侨务工作者和侨资企业代表40余人参加。此次红色主题教育活动结合侨务工作实际，通过采取专题辅导、红色故事会、现场体验等多种方式，进一步教育引导学员从红岩精神中汲取精神滋养，补足精神之钙，为实现党的二十大擘画的宏伟蓝图、以中国式现代化推进中华民族伟大复兴而团结奋斗。

【承办塞上江南情魅力宁夏行2023"亲情中华·为你讲故事"网上营宁夏特色营活动】5月27日至5月31日，举办2023年"亲情中华·为你讲故事"网上营宁夏特色营活动，邀请来自英国、德国、西班牙、澳大利亚4个国家近400多名海外华裔青少年跨越时空、相聚"云端"，通过中华传统文化浸润，将"根""魂""梦"真正融入广大海外侨胞血脉之中，不断加深海外侨胞对中华文化和祖籍国的情感认同。

【承办2023年"中国寻根之旅"夏令营—宁夏营活动】7月6日，由中国侨联主办，宁夏回族自治区侨联承办的2023年"中国寻根之旅"夏令营—宁夏营在银川正式开营，来自美国和加拿大的20名华裔青少年参加此次活动。通过参加"中国寻根之旅"活动使广大海外华裔青少年领略中华优秀文化，体验宁夏风土人情，强化血脉亲情，增进对伟大祖国的认同感和归属感。宁夏回族自治区党委外事

7月6日，由中国侨联主办、宁夏回族自治区侨联承办的2023年"中国寻根之旅"夏令营—宁夏营在银川正式开营

4月17日至21日，在重庆市组织开展2023年全区侨界红色主题教育活动

办、宁夏回族自治区政府侨办、宁夏回族自治区党委港澳台办等有关部门领导出席开营仪式。

【召开宁夏回族自治区侨联八届二次常委会议】7月11日，宁夏回族自治区侨联八届二次全委会议在银川召开。会议传达学习中国侨联《第十一次全国归侨侨眷代表大会组织方案》等有关文件精神，听取宁夏出席第十一次全国归侨侨眷代表大会代表和中国侨联第十一届委员会委员候选人初步人选推荐情况说明，选举产生了宁夏出席第十一次全国归侨侨眷代表大会代表。宁夏回族自治区侨联主席朱奕龙出席会议并讲话。会议强调，与会代表要切实提高政治站位，充分认识第十一次全国归侨侨眷代表大会的召开对于推动侨联工作服务国家发展大局的重要作用，切实增强做好新时代侨联工作的责任感、使命感。

7月11日，宁夏回族自治区侨联八届二次全委会议在银川召开

【召开会议传达学习第十一次全国归侨侨眷代表大会精神】9月5日，宁夏回族自治区侨联召开机关全体干部职工大会，传达学习第十一次全国归侨侨眷代表大会开幕盛况及会议精神，并对全区侨界全面深入学习宣传贯彻十一代会精神进行安排部署。会议传达学习了李希同志代表党中央在大会上的致词，万立骏主席在十一代会上作的工作报告和大会闭幕词等。宁夏回族自治区侨联副主席赵荣作为与会代表向大家介绍了十一代会开幕盛况、宁夏代表团参会及宁夏侨界获表彰情况。

【举办“侨爱心－归侨侨眷技能培训班”】为贯彻落实党中央、国务院关于稳就业工作部署，持续落实为侨服务工作宗旨，帮助侨界群众提升就业能力和水平，9月11日，由宁夏回族自治区侨联、石嘴山市侨联共同举办的2023年全区“侨爱心－归侨侨眷技能培训班”在宁夏理工学院正式开班。培训班为期五天，主要围绕深入学习贯彻党的二十大精神、第十一次全国归侨侨眷代表大会精神、铸牢中华民族共同体意识宣传教育以及酒店民宿管理、餐饮服务概述、消防安全知识等内容进行授课，切实帮助学员提升创新创业本领和职业转换能力，更好适应就业发展形势，实现稳定就业和增收致富。

9月11日，由宁夏回族自治区侨联、石嘴山市侨联共同举办的2023年全区“侨爱心－归侨侨眷技能培训班”在宁夏理工学院正式开班

【召开宁夏回族自治区侨联八届六次全委会议】10月9日，宁夏回族自治区侨联召开八届六次全委会议，深入学习第十一次全国归侨侨眷代表大会、宁夏回族自治区党委十三届五次全会精神，安排部署相关工作。宁夏回族自治区侨联八届委员、第十一次全国归侨侨眷代表大会受表彰对象参加会议。会议指出，第十一次全国归侨侨眷代表大会的召开是广大归侨侨眷和海外侨胞政治生活中的一件大事，大会规模空前、内容丰

10 月 9 日，宁夏回族自治区侨联召开八届六次全委会议

富，氛围浓厚、影响深远，对于侨联组织更好履行职责使命、充分发挥桥梁纽带作用，团结凝聚广大归侨侨眷和海外侨胞为全面建设社会主义现代化国家、全面推进中华民族伟大复兴而共同奋斗，具有十分重大的现实意义。要深入学习宣传，切实把思想和行动统一到党中央和宁夏回族自治区党委精神上来、落实到侨联的各项工作中去。

【举办“党心连侨心·奋进新征程”宁夏侨界迎中秋、庆国庆联谊活动】9 月 27 日，由宁夏回族自治区侨联、吴忠市委统战部共同主办，吴忠市侨联承办的“党心连侨心·奋进新征程”宁夏侨界迎中秋、庆国庆联谊活动在吴忠市举行。宁夏回族自治区侨联、吴忠市委统战部负责同志，全区侨界代表，侨务工作者 60 余人欢聚一堂，自编自演文艺节目，感恩中国共产党，共话美好新时代，共祝祖国繁荣昌盛，展现了全区侨界同庆团圆节、奋进新征程的良好精神面貌。

【承办“追梦中华·闽宁协作谱新篇”2023 海外华文媒体宁夏采访行活动】10 月 17 日，由中国侨联主办，宁夏回族自治区侨联承办的“追梦中华·闽宁协作谱新篇”2023 海外华文媒体宁夏采访行在银川正式启动。中国侨联信息传播部部长左志强、办公厅副主任刘红，宁夏回族自治区党委统战部、政协港澳台侨和外事委员会有关同志和来自俄罗斯、美国、德国、加拿大、澳大利亚、埃及等地的 18 家海外华文媒体代表及 5 家涉侨中央媒体代表参加。本次活动聚焦闽宁协作主题，围绕宁夏扶贫搬迁及产业发展、乡村振兴、历史文化延续，用生动的文字和镜头语言记录美丽新宁夏，讲述闽宁协作故事，共发布各类宣传稿件 400 余篇，阅读量超 700 万人次。

10 月 17 日，由中国侨联主办，宁夏回族自治区侨联承办的“追梦中华·闽宁协作谱新篇”2023 海外华文媒体宁夏采访行在银川正式启动

9 月 27 日，“党心连侨心·奋进新征程”宁夏侨界迎中秋、庆国庆联谊活动在吴忠市举行

【与福建省侨联开展闽宁协作帮扶工作】10 月 24 日至 27 日，由福建省侨联党组成员、副主席翁小杰率领的福建省侨联闽

10 月 24 日至 27 日，由福建省侨联党组成员、副主席翁小杰（右一）率领的福建省侨联闽宁协作访问团在宁夏开展项目帮扶和商务考察活动

宁协作访问团在宁夏开展项目帮扶和商务考察活动，先后在银川市、吴忠市和固原市开展捐赠帮扶、慰问助学、看望海外侨商和商务考察等活动。其间，翁小杰代表福建省侨联向吴忠市和固原市捐赠包括利通区扁担沟镇渔光湖村乡村振兴、盐池县惠安堡镇惠安堡村太阳能路灯、原州区乡村振兴、西吉县奖学助学、冬季大衣等在内总价值 80 万元的款物。访问团一行分别到闽宁镇新貌展示中心、贺兰神（宁夏）国际葡萄酒庄、昇兴包装有限公司、弘德村农特产品产销厅、罗山酒庄、宁夏移民博物馆、火石寨乡沙岗村、将台堡红军长征会师纪念园和单家集革命遗址等地进行学习考察，实地了解闽宁协作的成果和近年来经济、社会发展的变化与进步。

开展“送温暖、献爱心”活动，走访慰问归侨侨眷

组织宁夏爱心侨企开展教育帮扶捐赠活动

【关注侨界民生，真情为民办实事】 2023 年，开展“送温暖、献爱心”活动，走访慰问全区侨界、散居生活困难归侨侨眷及侨务工作者等 200 余人次，侨资企业 10 家，发放慰问金 18.5 万元。组织全区 65 岁以上老归侨进行健康体检。协调中国华侨公益基金会和浙江新华爱心教育基金会，引资 35 万元在育才中学、固原一中捐建“珍珠班”3 个。向沙特阿拉伯、美国、日本和澳大利亚等海外侨社团和侨胞邮寄 500 份端午暖心包。联合侨企昇兴集团开展“捐资筑梦·益起童行”助学活动，向贺兰县欣荣小学捐赠价值 5 万多元的羽绒马甲 203 件、笔记本电脑 10 台、图书及学习用具 1000 套。组织爱心侨企为南部山区家庭困难优秀高考毕业生捐赠价值 21 万元的笔记本电脑 42 台。组织医疗队开展“侨界医疗队”下基层活动，为基层群众进行现场诊疗等服务，免费配发药品。联合石嘴山市侨联、吴忠市侨联、固原市侨联和侨企开展侨爱心进校园活动，向学校捐赠价值 2 万元童装，为学生进行屈光筛查和眼

7 月 16 日，组织自治区优秀学生参加 2023 年“宁夏优秀学生赴港澳夏令营”活动

视力检查免费义诊。

【聚焦文化交流，深化联谊联络】2023 年，注重巩固传统阵地，善用新兴媒体，推动线上线下深度结合，提升文化活动的吸引力，更好地向海内外传播中华优秀传统文化，讲好中国故事、宁夏故事。精选富有地方文化特色的文艺节目视频亮相“2023（兔年）新西兰华人网络春晚”，制作视频向新西兰广大华侨华人和侨社侨团送上新春的美好祝福。邀请德国斯图加特汉语学校的 200 名海外华裔青少年参加“亲情中华·为你讲故事”汉服主题网上营，通过喜闻乐见的汉服和中华礼乐文化，保持海外华裔青少年学习汉语、了解中国国情和感知中华文化的热情。组织自治区优秀学生参加 2023 年“宁夏优秀学生赴港澳夏令营”活动，不断增进宁港两地学生互动了解、联络感情。邀请日本华侨华人博士协会和日本陕西总商会考察团来宁开展交流和考察活动，促成日本陕西总商会与宁夏蓝赛酒庄达成葡萄酒产品销往日本的市场调研和接洽意向，日本华侨华人博士协会与宁夏大学材料与新能源学院将围绕降低碳排放领域和医工信息工程领域科研课题开展合作。参加第六届“中阿博览会”，做好会务接待工作，与新西兰—中国国际贸易促进委员会围绕“六新六特六优”产业发展合作深入探讨交换意见，持续助推宁夏回族自治区经济社会发展。

【强化自身建设，夯实组织基础】2023 年，加强基层组织建设，指导银川市侨联完成换届工作，推动成立北方民族大学侨联和同心县侨联。推进“侨胞之家”建设，核拨经费 17.2 万元用于“侨胞之家”硬件提升，新建“侨胞之家”6 个，新提升“侨胞之家”5 个。争取中国侨联项目支持，在银川市、固原市 2 个社区“侨胞之家”实施“侨心书苑进侨家”工程。推动银川市侨联与山东潍坊市侨联、石嘴山市侨联与福建莆田市侨联形成对口联系机制，共同涵养、开发、利用侨务资源，服务自治区发展大局。

【依法维护侨益，营造护侨氛围】2023 年，深入学习宣传贯彻习近平法治思想，按照“八五”普法规划，推行“谁服务谁普法”工作。组织侨联系统工作人员及侨联法顾委委员参加 8 期人民法院调解平台在线调解实务工作培训，着力提升调解矛盾、化解纠纷能力。在“民法典宣传月”组织全区侨联系统开展“美好生活·民法典相伴”主题宣传月活动，深入十多个社区“侨胞之家”，发放各类普法资料 500 余份。围绕“大力弘扬宪法精神，建设社会主义法治文化”宣传主题，开展形式多样、内容丰富的宪法宣传周活动，在全区侨界掀起了学习宣传宪法的热潮。协调银川市审批局、金凤区公安分局，成功解决一起冒用侨胞身份证件注册公司的侵权案件，得到侨界群众的信任和肯定。积极对接自治区高级人民法院，了解沟通涉侨案件审理进展事宜，有效维护归侨侨眷合法权益。

【积极参政议政，贡献侨界智慧】2023 年，成立宁夏政协侨联界别委员联系界别群众工作站，充分发挥政协委员在界别群众中的代表作用，配合自治区政协做好联系和服务界别群众工作。围绕侨资企业服务全区中心工作及东西协作等情况，深入宁夏外事旅游汽车有限公司、宁夏泰杰农业科技有限公司、宁夏朔鼎医疗科技有限公司等侨资企业走访调研。联合自治区人大以“发挥侨务资源优势助力社会经济发展和归侨侨眷权益保护”为主题，深入基层观摩调研。积极支持侨界政协委员撰写提案，共向宁夏回族自治区政协十二届一次会议提交 8 份提案，社情民意 4 份，向中国侨联报送侨情专报 7 篇。向中国侨联、自治区党委统战部报送调研课题《加强东西协作推动宁夏侨务工作扩容增效研究》，积极探索宁夏侨务工作服务国家战略和宁夏经济社会高质量发展的创新路径。

【宁夏石嘴山市侨联赴福建莆田市开展考察交流活动】4 月 11 日，宁夏石嘴山市侨联一行赴福建莆田市开展考察交流，考察组一行分别到中国华侨国际文化交流基地——湄洲岛、城厢区华亭镇埔柳村和园头村“侨胞之家”、涉侨调解衔接工作站、关爱侨乡留守家庭服务站、侨乡民俗记忆馆以及马来西亚华文作家协会原主席云里风纪念馆进行学习考察。两地侨联还签订友好侨联协议书，将在服务经济发展、对外联络联谊、新侨创新创业、信息交流共享等方面，相互携手，开展友好合作，共同推动两地侨联事业发展。

【北方民族大学侨联成立暨第一次归侨侨眷代表大会召开】12 月 27 日下午，北方民族大学侨联成立暨第一次归侨侨眷代表大会在银川召开。宁夏侨联、北方民族大学相关领导出席会议，北方民族大学党委统战部、留学人员联谊会、各学院和部门负责同志、侨界代表等近 50 人参加会议。北方民族大学是国家民族事务委员会直属的一所综合性普通高等院校，该校侨联是宁夏回族自治区成立的第 3 所高校侨联，标志着自治区基层侨联组织建设迈出了新步伐，“地方侨联 + 高校侨联 + 校友会”机制建设结出新硕果，对于进一步做好新侨人才的凝聚服务工作，助力全区高质量发展将起到积极推动作用。

12 月 27 日下午，北方民族大学侨联成立暨第一次归侨侨眷代表大会在银川召开

新疆维吾尔自治区归国华侨联合会

【领导成员名单】

党组书记、主席：任　澄

专 职 副 主 席：王朝晖（女）

米海尔古丽·阿吉（女，维吾尔族）

挂 职 副 主 席：木黑提·索尔坦（哈萨克族）

二 级 巡 视 员：杨　军　韩　博

兼 职 副 主 席：潘世烈　轩江波

陈少钦（回族）

王　观（女）

徐旭昶　林融升

古丽仙·帕尔哈提（女，维吾尔族）

王常华

兼 职 秘 书 长：王朝晖（女，兼）

【综述】2023年，在自治区党委坚强领导下，在中国侨联指导支持下，新疆维吾尔自治区侨联以习近平新时代中国特色社会主义思想为指导，全面学习贯彻党的二十大精神，深入学习贯彻习近平总书记关于新疆工作重要讲话重要指示批示精神和侨务工作重要论述，完整准确全面贯彻新时代党的治疆方略，围绕中心、服务大局，守正创新、认真履职，充分发挥侨联职能作用，在打好涉疆涉侨舆论斗争“主动仗”，积极服务新疆经济社会高质量发展，打造“亲情中华”“追梦中华”系列侨联品牌活动，有力讲好中国故事、讲好新疆故事等方面，充分发挥了侨联独特“民间外交”优势，在服务自治区党委中心工作和对外交往方面实现了新突破，为新疆侨联事业实现高质量发展打下了良好的基础。

4 月 12 日，新疆维吾尔自治区侨联召开“学习贯彻习近平新时代中国特色社会主义思想主题教育”动员会

【扎实开展主题教育】新疆维吾尔自治区侨联党组坚持将习近平总书记重要讲话重要指示批示精神作为党组会议“第一议题”。举办 8 天半理论学习读书班，及时跟进学习习近平总书记重要讲话精神，安排 4 次专题讨论；机关党支部坚持每周半天主题教育专题学习，结合“三会一课”“党旗映天山”主题党日活动深化主题教育成果。党组书记和班子成员讲专题党课 6 次，党员干部包联送学，累计送学 50 多人次。党组成员分别带队深入侨界群众集中的社区、企业、高校、科研院所等基层一线开展调研，形成 4 篇有质量的调研报告。梳理出 14 个问题列入清单，全部完成销号。研究确定 8 项“办实事、解民忧”为民办实事项目并推动如期落实，切实让侨

界群众感受到解决问题的实际成效。

【召开新疆维吾尔自治区侨联八届二次全委会】2月24日，召开新疆维吾尔自治区侨联八届一次常委会议和八届二次全委会议。学习贯彻党的二十大精神、自治区党委十届七次全会精神和自治区侨联八代会精神，认真贯彻落实自治区党委和中国侨联工作要求，全面总结2022年工作，安排部署2023年工作。

2月24日，新疆维吾尔自治区侨联召开八届一次常委会议和八届二次全委会议

【讲好中国故事、新疆故事】5月15日至12月21日，举办四期“亲情中华·为你讲故事”网上营活动，200余名印度尼西亚、意大利、北美、德国等华裔青少年在活动中“云”游新疆，听中国故事、学汉语、赏新疆美景，了解新疆饮食文化、冰雪文化、名胜古迹，深刻感悟中华文化的博大精深、中国科技的飞速发展。6月4日至10日、10月9日至16日，承办两次“追梦中华·大美新疆”2023海外华文媒体新疆采访行活动，来自澳大利亚、德国、埃及、美国、尼日利亚、中国澳门等近30个国家和地区的36位海外华文媒体代表和6家涉侨中央媒体的11名记者，先后深入乌鲁木齐市、吐鲁番市、伊犁州、博州和阿克苏地区、巴州等地采访，共发布各类稿件近1000篇（个），点击量近千万人次，受到社会广泛关注和好评，全方位、立体式、多层次讲好中国新疆故事。

拍摄发布25部《侨的故事》新疆侨界人物微视频，视频一经发布每部单日浏览量均超20万人次，反响热烈。新疆侨联推送的侨界代表人物事迹视频《文化宝库里的“淘金者”——赛开尔·胡山》参加中国侨联“追梦中华·奋进新征程”华

6月9日，“追梦中华·大美新疆”海外华文媒体新疆采访行（北疆行）记者探访博州

10月10日，“追梦中华·大美新疆”海外华文媒体新疆采访行（南疆行）记者采访村民

2 月 23 日，中国侨联“追梦中华·奋进新征程”华侨华人短视频大赛全国一等奖获得者赛开尔·胡山，接受中国侨联党组书记、主席万立骏（左一）颁奖

侨华人短视频大赛，获得全国一等奖。中国侨联党组书记、主席万立骏为赛开尔·胡山颁奖。

【参加第十一次全国归侨侨眷代表大会】在自治区党委、政府的高度重视和亲切关怀下，21 名新疆代表肩负全区 100 多万归侨侨眷和侨胞的信任及重托，出席了 8 月 31 日至 9 月 4 日在人民大会堂召开的第十一次全国归侨侨眷代表大会。全区 22 名同志获得全国归侨侨眷先进个人，自治区侨联经济科技部（基层建设部）获得全国侨联系统先进集体，1 名同志获得全国侨联系统先进工作者，6 家单位获得全国侨联系统先进组织，5 名同志获得先进个人。

【服务经济社会高质量发展】2 月 1 日，新疆维吾尔自治区侨联党组书记、主席任澄向获得第八届“中国侨联新侨创新创业基地”称号的中国科学院新疆理化技术研究所授牌，向中国侨联第九届“侨界贡献奖”一等奖获得者马鹏程博士颁奖。6 月 22 日，吉尔吉斯斯坦考察团一行到访新疆国际侨商联合会并进行了座谈交流，双方表达了正式缔结友好合作关系的强烈意愿，并愿为中吉两国经济高质量发展作出积极的努力。6 月 28 日，新疆国际侨商会与吉尔吉斯斯坦中吉友好协会，就吉尔吉斯斯坦南北区物流园工程建设项目达成投资 10 多亿美元的合作意向，并举行了项目服务意向书签约仪式。积极引导新疆国际侨商会会员奉献爱心，践行侨企责任。广大会员积极慰问所在社区退伍老兵、残疾人家庭等困难群众，捐款捐物总价值约 20 万元。12 月 18 日甘肃地震发生后，新疆巨融、吉瑞祥、佳美达、金马伟业等会员企业积极驰援灾区，

2 月 1 日，新疆维吾尔自治区侨联党组书记、主席任澄（左）向侨界贡献奖获奖者马鹏程颁奖

8 月 31 日，新疆代表团参加第十一次全国归侨侨眷代表大会

6 月 28 日，新疆国际侨商会与吉尔吉斯斯坦中吉友好协会签订项目服务意向书

3 月 21 日，新疆维吾尔自治区侨联党组书记、主席任澄（左五）慰问驻村工作队及村干部

捐赠总价值达 70 万元。

【持续加强基层基础建设】 全年共拨付专项经费 37 万元，在全区范围内建设“侨胞之家”15 个，组织实施“侨爱心·乡村学生眼视光工程”2 个和 1 次“侨界医疗队下基层”项目。3 月 13 日至 18 日，由新疆侨联主办，厦门大学承办的“新疆侨联基层干部学习贯彻党的二十大精神”培训班在厦门大学开班。12 月 13 日至 18 日，由中国侨联干部培训中心、辽宁省侨联、上海市侨联、湖北省侨联、新疆维吾尔自治区侨联、广东省梅州市侨联以及海南省委党校共同举办的省（区、市）侨联干部培训班在海南省委党校举行，组织新疆各级侨联干部、侨界相关人员约 300 人参加，培训效果良好。

9 月 26 日，“亲情中华 · 侨心向党”新疆侨界迎中秋国庆慰问演出在沙湾市举办

【倾情惠侨暖侨、强村富民】 全年向所属各地州（市）拨付困难侨界群众慰问金 10 万元，在端午节、古尔邦节等重要节假日，慰问全区困难归侨侨眷 200 人。7 月 30 日，在乌鲁木齐县侨乡水西沟镇举办“侨心向党·同心筑梦”慰侨演出，9 月 26 日，在塔城地区沙湾市举办“亲情中华·侨心向党”新疆侨界迎中秋庆国庆慰问演出，两次活动向 30 名困难侨眷发放了慰问金，共计 1.5 万元。全年慰问“四老人员”、孤寡老人共 164 户，送去米、面、油等生活物品共计 3.68 万元。组织安排 8 批次“民族团结一家亲”结亲联谊活动。参加阿

3 月 13 日，“新疆侨联基层干部学习贯彻党的二十大精神”培训班在厦门大学开班

10 月 19 日，新疆维吾尔自治区侨联驻阿克苏地区温宿县佳木镇加依村工作队邀请县中医院专家为村民义诊

克苏地区温宿县佳木镇加依村村民婚丧嫁娶四项活动慰问 19 人次，发放慰问金 5700 元。向村小学捐赠书包 35 个，价值 1650 元。投资建成 1 个村民活动广场，捐赠 6 万元体育器材。10 月 19 日，驻村工作队邀请县中医院专家为百余名村民义诊，免费发放助听器。

【全面履行参政议政职能】 会领导先后参加自治区政协疆内 3 次调研，随政协学习考察团到福建、广东两省学习考察，随自治区友好访问团先后出访印度尼西亚、马来西亚、沙特、阿联酋、巴林、格鲁吉亚等国。与政协港澳台侨和外事委员会先后召开 3 次涉疆涉侨工作座谈会。先后参与政协会议提案、发言 10 次。

【全面加强党的建设】 全年召开党组会议学习 15 次，党组理论学习中心组学习 23 次，党支部学习 48 次。党组成员讲党课 6 次。组织主题党日活动 6 次。党组专题研究党建和党风廉政建设工作 7 次，修订并完善了《自治区侨联党组会议议事规则》、财务管理等规章制度 8 项。3 月 10 日，召开自治区侨联党的建设暨党风廉政建设和反腐败工作会议。12 月 22 日，召开自治区侨联党员大会，成立了自治区侨联机关党委、机关纪委，选举产生了机关第一届“两委”班子。走访慰问机关退休党员 19 人次，联合社区管委会走访慰问辖区内困难党员和群众 4 人次。全年完成 1 名正处级领导干部、2 名副处级领导干部选拔任用和 3 名干部职级晋升工作，安置 2 名军转干部，进一步加强侨联干部队伍建设。

12 月 22 日，新疆维吾尔自治区侨联召开机关党员大会

6 月 4 日，新疆维吾尔自治区侨联党组书记、主席任澄（前排右四）随自治区政协学习考察团到福建考察

3 月 10 日，新疆维吾尔自治区侨联党组书记、主席任澄主持机关党建暨党风廉政建设和反腐败工作会议并讲话

1 月 18 日，新疆维吾尔自治区侨联党组成员、副主席王朝晖（右）看望慰问退休党员

【克拉玛依市侨联举办 2023 年“亲情中华”·中国－加拿大青少年线上科技论坛】9 月 9 日，克拉玛依市侨联举办“亲情中华”·中国－加拿大青少年线上科技论坛活动。活动邀请来自加拿大卡尔加里 BW 电子科技俱乐部、国际青少年非营利组织 LINK CC 的华裔学生 21 人，克拉玛依市职业技术学院学生 25 人参加本次论坛。两国青少年通过网络视频会议的方式进行交流和探讨，彼此分享科技知识，深入了解科技的发展和应用、不同国家和地区的科技发展情况和特色，进一步拓展了大家的视野和知识面，提高了科技素养和综合能力。

【昌吉州侨联组织开展“侨界医疗队下基层·送健康　送科技　送法律”活动】9 月初，昌吉州侨联在奇台县坎尔孜乡华侨村开展“侨界医疗队下基层·送健康　送科技　送法律”活动，170 余名侨界代表参加活动。在活动现场，医疗队为群众免费测血压、发药品，普及常见病防治知识，倡导群众合理饮食、健康生活。同时开展侨法宣传活动，发放侨法宣传册 200 余份，向群众介绍侨联历史、涉侨知识，提升法律素养。

【阿勒泰地区侨联组织侨界人士及留学生代表开展座谈交流会】8 月 18 日，阿勒泰地委统战部、地区侨联组织侨界人士、留学生代表及基层涉侨干部等 34 人开展“凝聚侨力量　共叙家乡情　共绘同心圆”观摩学习和座谈交流活动。侨界及留学生代表先后来到阿勒泰市阿苇滩镇产学研基地、金血马场、地区博物馆，通过实地观摩和亲身体验，对阿勒泰的区情社情和文化历史有了更深层次的了解。地区侨联、公安局、教育局等相关部门同志围绕侨联工作、出入境法律法规、出国境安全注意事项及预防境外电信诈骗以及留学生服务管理工作等方面开展政策宣讲。7 名侨界人士及留学生代表结合自身工作生活和留学经历，分享体会认识，畅谈感受感悟。

8 月 18 日，阿勒泰地区侨联组织侨界及留学生代表观摩学习和座谈交流

新疆生产建设兵团归国华侨联合会

【领导成员名单】

主　席：杨力革

副主席：轩江波　赵　军

秘书长：轩江波（兼）

【综述】 2023年，新疆生产建设兵团侨联坚持以习近平新时代中国特色社会主义思想为指导，全面贯彻落实党的二十大、二十届一中、二中全会精神，深入贯彻落实习近平总书记关于群团工作、侨务工作的重要论述，第十一次全国归侨侨眷代表大会精神，紧紧围绕新疆工作总目标，聚焦兵团职责使命，团结带领归侨侨眷为兵团高质量发展贡献智慧和力量，为讲好新疆兵团故事、营造良好外部环境作出了积极努力。

【坚持政治首要，思想引领，扎实开展主题教育】 牢牢把握侨联是党领导下人民团体的政治属性，坚持以习近平新时代中国特色社会主义思想统领侨联工作，团结带领归侨侨眷坚定不移听党话、跟党走，不断汇聚“侨心向党、报效祖国”的人心和力量。按照兵团党委统战部统一安排，牢牢把握主题教育总要求，紧紧锚定目标任务，坚持学思用贯通、知信行统一，努力把习近平新时代中国特色社会主义思想转化为理想信念、锤炼党性、指导实践、推动工作的强大力量，努力在以学铸魂、以学增智、以学正风、以学促干等方面取得成效。对兵团侨情展开了再调研、再研究，摸清了兵团侨情分布特点、存在的问题、工作中的短板弱项，形成了《兵团侨情及作用发挥情况的调研报告》，建立了兵团归侨侨眷和兵团籍海外侨胞基本信息数据库，研究成果不断转化成工作成效。

【加强思想政治建设和思想武装】 2月22日至24日，兵团党委统战部在兵团党委党校举办了兵团侨联委员学习宣传党的二十大精神专题培训班。新疆生产建设兵团党委统战部副部长、侨联副主席轩江波为培训班授课并作结业讲话，各师市、院（校）侨联委员共35人参加了培训。培训坚持以习近平新时代中国特色社会主义思想为指导，深入学习贯彻党的二十大精神和习近平总书记关于群团工作、侨务工作、对台工作的重要论述，不断提高侨联委员、台联理事的政治理论素养和实际工作能力，进一步发挥好侨联的桥梁纽带作用，以进一步提高兵团侨联委员和台联理事的政治理论素养和实际工作能力为目标，课程设置中既包含了党的二十大精神辅导、兵团第八次党代会及历次全会精神解读，又有侨务工作知识。组织兵团归侨侨眷和海外侨胞参观新疆博物馆、兵团军垦博物馆、文明实践站所等，引导归侨侨眷和海外侨胞深刻领悟马克思主义的“行”、中国特色社会主义的“好”、中国共产党的“能”，不断坚定理想和信念。

2月，兵团侨联委员学习党的二十大精神专题培训班在兵团党委学校举办，新疆生产建设兵团党委统战部副部长、侨联副主席轩江波为培训班授课并作结业讲话

【加强侨界群众思想政治引领，深入学习贯彻第十一次全国归侨侨眷代表大会精神】 9月8日，兵团党委第四十一次常委会专题传达学习第十一次全国归侨侨眷代表大会精神，并就贯彻落实大会精神进行了安排部署。9月27日，兵团侨联召开七届二次全委会传达学习十一代

会精神，兵团党委常委、副政委，统战部部长穆坦里甫·买提托合提出席会议并就贯彻落实十一代会精神提出了新要求。兵团侨界群众深刻感受到以习近平同志为核心的党中央对归侨侨眷和海外侨胞的亲切关怀和党中央对侨联工作的高度重视，广大归侨侨眷和海外侨胞、各级侨联组织和侨联干部备受鼓舞、备感光荣。

“侨界医疗队下基层”医疗队在十三师柳树泉农场开展义诊活动

【坚持以侨为本、为侨服务，开展送温暖活动】坚持以人民为中心，竭诚为兵团归侨侨眷办实事、办好事。在元旦、春节期间，以兵团侨联名义向海内外侨胞致以新春慰问，组织兵师两级侨联对兵团侨界代表和困难侨眷家庭进行走访慰问，共慰问归侨侨眷 135 户，发放慰问金 10.8 万元，将党的关怀送到归侨侨眷心上，不断增强侨界群众的幸福感、获得感、安全感。

春节前夕，新疆生产建设兵团侨联副主席轩江波（右一）慰问困难归侨侨眷

【组织侨界医疗队下基层开展义诊送药活动】7 月 20 日，组织石河子大学医疗专家组成侨爱心医疗队赴第一师、第十三师开展义诊活动，为 500 多名职工群众送医送药，把医疗服务送到群众的家门口。活动现场，来自烧伤整形科和老年病科的两名专家开展了健康教育讲座，两名专家结合丰富的临床经验详细讲解了烧伤、烫伤、高血压的防治知识，引导大家培养正确的就医观念，提升自我保健能力。义诊中，来自口腔科、中医科、耳鼻喉科、心胸外科、泌尿外科、肠胃甲状腺科等方面的 12 名医疗专家认真为职工群众号脉、问诊、答疑解惑。义诊活动通过健康宣教 + 义诊送药 + 上门服务的形式为职工群众普及健康生活方式和常用医疗知识，让优质的医疗资源普惠侨界群众，这是兵团、师市侨联助力乡村振兴、提高侨界健康水平的切实举措，同时也增强了侨界群众的获得感、幸福感。

【举办侨界职业技能培训班，积极助力乡村振兴】支持第四师、第七师侨联共 20.96 万元，举办归侨侨

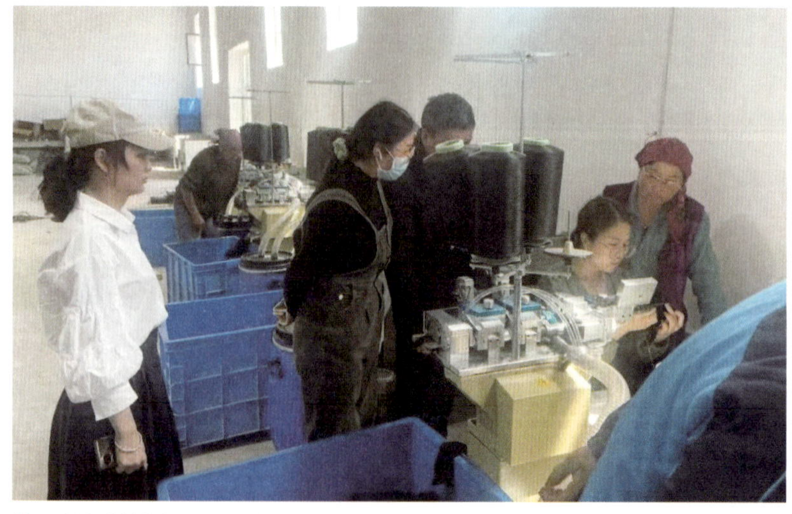

第四师归侨侨眷职业技能实操培训

眷职业技能培训班。培训内容为面食面点技能、服装缝纫、葡萄栽培、番茄种植、烧烤制作、大盘菜制作等与职工群众生活息息相关的技能培训，切实增强基层侨界群众谋生技能，提高了就业创业技能，提升了侨界群众的幸福感、获得感。侨界群众500多人参加了培训。

【助学筑梦，资助育人】继续积极与应善良福利基金会对接，截至2023年共有520名学生获得应善良福利基金会资助，累计发放助学金448.5万元。受资助学生中在全国大学生英语竞赛、数学建模竞赛、新疆物理学术竞赛、SPR科研项目、社会实践等各类活动中取得优异成绩。2023年，为石河子大学40名2023级新生捐款56万元，帮助其完成学业。

【切实维护侨益】指导第一、第八、第十师侨联就涉侨身份认定等政策开展咨询解答工作，指导基层涉侨涉台行政确认工作规范运行。指导师市侨联开展在线诉调培训，深入走访归侨侨眷和侨资企业，积极协调解决第六师侨资企业绿色庄园用水诉求、第十二师侨眷身份认定难的问题。

【举办“情系侨心　万水千山粽是情”云端联谊活动】6月21日，新疆生产建设兵团侨联主办、石河子大学承办的“情系侨心　万水千山粽是情”海外侨胞网上联谊交流活动在石河子大学举办。来自石河子大学的师生、海外侨胞及其亲属共30多人参加了网上联谊交流活动。其中来自美国、澳大利亚、新西兰、哈萨克斯坦4个国家6个地区的海外侨胞7人进行视频连线，与线下的国内亲属相聚“云”端，互致端午安康，畅叙亲情，分享中华文化感悟、工作生活收获，讲述兵团发展故事，为拓展联谊渠道、做好海外侨胞工作开辟了新通道，搭建了新平台。石河子大学的师生精心为海外侨胞、侨属奉上了一台精彩节目。

【积极拓展民间外交】新疆生产建设兵团侨联主动担当作为，联系更多以前没来过兵团的海外侨领来兵团参访，建立新联系，结交了“新朋友”，扩大了朋友圈。邀请来自美国、加拿大、吉尔吉斯斯坦的李元庆、郑灿红、朱江、张沐、虎玉梅等侨领5人来兵团开展“海外侨胞兵团行”活动，赴第六师五家渠市参观将军纪念馆、唐庭霞露酒庄，深入麦地棉田，了解机械化智能化农业种植情况。由中国和平统一促进会牵线，来自全世界各国的34位海外统促会会长、副会长来兵团参访，赴石河子市参观新疆兵团军垦博物馆、周恩来总理纪念馆，了解天业集团节水灌溉生产线等，兵团党委常委、副政委，党委统战部部长穆坦里甫·买提托合提会见参访团一行。组织海外侨界代表参加世界华侨华人社团联谊大会，兵团海外侨领南澳新疆联合会荣誉会长夏冠君，中国海外交流协会常务理事、澳大利亚土著艺术研究会主席姚迪雄，吉尔吉斯斯坦中亚华侨华人友好协会会长虎玉梅在北京主会场参加会议，接受党和国家领导人亲切会见。

【举办海外华裔青少年文化交流活动】8月，新疆生产建设兵团侨联加强统筹谋划、精心设计、丰富活动内容，首次成功举办海外华裔青少年文化交流活动——“中国寻根之旅”夏令营新疆兵团营。来自加拿大的20名成绩优秀的

2023“中国寻根之旅”夏令营新疆兵团营在新疆兵团军垦博物馆参观

海外华裔青少年和领队老师都是第一次来新疆兵团，平均年龄 15 岁。此次夏令营活动赴兵团第六师五家渠市、第八师石河子市、第十二师乌鲁木齐市等地，与兵团二中、石河子高级中学、五家渠市一中的师生结下了深厚友谊，学习使用中文，传承了中华文化。营员及其家长和加拿大华人同乡会对此次夏令营活动给予了较高评价。通过交流，华裔青少年感受了真实的新疆，了解了兵团，深化了海外侨胞对“根”“魂”“梦”的认识，加强了他们对中华民族的情感认同。

【开展“迎中秋·庆国庆”联谊活动】 9 月 28 日，新疆生产建设兵团侨联在乌鲁木齐举办“迎中秋·庆国庆”联谊活动。来自兵团各地的归侨侨眷近 80 名代表人士欢聚一堂，品香茗、吃月饼、赏歌舞、叙亲情，共庆佳节，共同憧憬兵团美好未来。兵团党委统战部常务副部长、侨办主任李毅向兵团侨界人士致以中秋和国庆佳节的问候和祝福。兵团歌舞团演职人员为侨胞献上精彩的文艺节目。节日期间各师市侨联也分别组织归侨侨眷参加形式多样的迎春茶话会、“迎中秋·庆国庆”系列联谊活动等，送去党的问候、祝福和关怀，不断激发兵团归侨侨眷的爱国情、中国心。

【加强侨联组织建设】 新疆生产建设兵团侨联以“侨胞之家”建设为抓手夯实侨联工作基层基础，支持第三师、第六师、第十一师建设“侨胞之家”，兵团“侨胞之家”增到 20 个。下拨专项资金指导“侨胞之家”开展宣传教育、联谊交流、走访慰问等活动。为基层侨联赋统一社会信用代码，指导完成第二师铁门关市、第四师可克达拉市侨联换届工作。

9 月 28 日，新疆生产建设兵团侨联“迎中秋·庆国庆”联谊活动在乌鲁木齐举办。兵团党委统战部常务副部长、侨办主任李毅致词

中央和国家机关归国华侨联合会

【领导成员名单】

主　席：闪伟强

副主席：郭启民　张　毅　黄瑞刚　陈　新（女）　林　琨　周文彬

秘书长：王瑞芹（女）

【综述】2023年，在中央和国家机关工委领导、中国侨联指导下，中央和国家机关侨联坚持以习近平新时代中国特色社会主义思想为指导，紧扣学习宣传贯彻党的二十大精神主线，着力强化思想政治引领，着力激发归侨侨眷奋进新征程、建功新时代，着力做实联系服务归侨侨眷工作，有效发挥桥梁纽带作用，凝聚中央和国家机关广大归侨侨眷的思想和力量，为全面建设社会主义现代化国家开好局起好步而团结奋斗，各项工作取得了新的成绩。

【走访慰问归侨侨眷】元旦春节期间，委托中央和国家机关各部门侨联组织走访慰问归侨侨眷73位，同时指导各部门侨联组织对身患重病、有特殊困难或有特殊贡献的归侨侨眷开展慰问，把党的关怀和温暖及时送到归侨侨眷身边。

【召开中央和国家机关侨联一届六次全会】2月8日，召开中央和国家机关侨联委员会一届六次全体会议，传达学习中国侨联十届六次全委会精神，总结2022年工作，研究部署2023年工作。

2月8日，中央和国家机关侨联召开一届六次全会

【组织开展第五批“侨胞之家”项目建设】3月，组织中央和国家机关16个部门侨联组织积极申报第五批“侨胞之家”项目，共争取到建设经费30万元。各有关部门侨联组织通过“侨胞之家”项目，组织实地考察学习、举办国际形势讲座，对“侨胞之家”用房进行装修和布置，购买学习材料，看望患病的归侨侨眷等，有力推动了团结之家、奋斗之家、温暖之家建设。

【指导成立国家发展改革委机关侨联】5月30日，国家发展改革委召开第一次归侨侨眷代表大会，国家发展改革委党组成员、副主任赵辰昕，中国侨联党组成员、副主席程学源，中央和国家机关工委基层组织建设指导部一级巡视员、中央和国家机关侨联副主席兼秘书长孙柏瑜出席会议并讲话。会议审议通过了《国家发展和改革委员会侨联工作细则》，选举产生了国家发展改革委侨联第一届委员会。

【评选推荐全国侨联系统先进集体、先进个人】5月至6月，在中央和国家机关各部门机关党委推荐基础上，按照公平公正、事迹突出、兼顾平衡、严格程序的原则，通过投票的方式，评选推荐全国侨联系统先进集体1个，中国侨界杰出人物2名、全国归侨侨眷先进个人35名，全国侨联系统先进组织8个、先进个人7名。在第十一次全国归侨侨眷代表大会上，推荐的集体和个人均获得表彰。

【开展归国留学人员政治思想状况调研】5月至6月，组织中央和国家机关59个部门机关党委或侨联组织通过问卷调查、座谈交流、个人访谈、统计分析、文献收集等方式，开展中央和国家机关归国留学人员政治思想状况调研，发放并回收有效问卷2000余份，对中央和国家机关归国留学人员的基本情况、思想状况首次作了较为详细的统计和分析，为积极稳妥扩展侨联工作面提供了基本依据。

【组织参加华侨华人短视频大赛】6月至10月，组织中央和国家机关各部门侨联组织积极参加中国侨联举办的“追梦中华·团结奋斗启征程”华侨华人短视频大赛。经有关部门机关党委推荐，并由中央和国家机关侨联审核，报送交通运输部、文化和旅游部、中国气象局3部门侨联组织作品参赛。

【组团出席第十一次全国归侨侨眷代表大会】8月31日至9月3日，组织中央和国家机关54名代表、9名特邀代表出席第十一次全国归侨侨眷代表大会。会议期间，全体与会代表以高度的政治责任感和历史使命感，站在全局的高度，履行好代表职责，认真审议各项议题，积极参与小组讨论，提出建设性的意见建议，反映中央和国家机关广大归侨侨眷的意志和心声，模范遵守会风会纪，展现了中央和国家机关干部职工的良好精神风貌。

【召开中央和国家机关侨联一届七次全会】11月17日，召开中央和国家机关侨联委员会一届七次全体会议，传达学习第十一次全国归侨侨眷代表大会精神，总结2023年工作，研究部署中央和国家机关侨联换届工作。

【召开中央和国家机关第二次归侨侨眷代表大会】11月24日，召开中央和国家机关第二次归侨侨眷代表大会。中央和国家机关工委副书记蔡淑敏出席开幕式并致辞，中国侨联党组成员、副主席连小敏出席并讲话。来自中央和国家机关61个部门的106名代表、特邀代表出席会议。会议审议通过了中央和国家机关侨联第一届委员会工作报告，审议通过

11月24日，中央和国家机关第二次归侨侨眷代表大会召开。中央和国家机关工委副书记蔡淑敏（主席台左二）出席开幕式并致辞，中国侨联党组成员、副主席连小敏（主席台右二）出席并讲话

11月24日，中央和国家机关第二次归侨侨眷代表大会召开，会议选举产生了中央和国家机关侨联第二届委员会

11月17日，中央和国家机关侨联委员会一届七次全体会议召开

了《中央和国家机关侨联贯彻执行〈中华全国归国华侨联合会章程〉实施细则（修正案）》，选举产生了中央和国家机关侨联第二届委员会。

“侨心永向党　建功新时代”——中央和国家机关百位优秀归侨侨眷先进事迹主题巡展，中央和国家机关工委副书记蔡淑敏同志（右三）宣布开展

【举办“侨心永向党　建功新时代”主题巡展】2023年11月至2024年2月，举办“侨心永向党　建功新时代”——中央和国家机关百位优秀归侨侨眷先进事迹主题巡展，中央和国家机关工委副书记蔡淑敏同志宣布开展。巡展走进中国侨联、交通运输部等20余家单位展出，通过对优秀归侨侨眷主要事迹和成就的宣传，在中央和国家机关归侨侨眷中营造了学习先进、争做先进的积极向上氛围。

“侨心永向党　建功新时代”——中央和国家机关百位优秀归侨侨眷先进事迹主题巡展，中央和国家机关工委副书记蔡淑敏同志观看展出

【召开学习研讨中国侨联十一代会精神座谈会】12月22日，召开学习研讨中国侨联十一代会精神座谈会。中央和国家机关侨联委员、特聘专家出席会议。会议为中央和国家机关侨联首批特聘专家颁发了聘书。中国侨联办公厅负责同志围绕学习贯彻中国侨联十一代会精神作了辅导报告。住房城乡建设部、中国气象局侨联代表以及特聘专家代表作了交流发言。会前，全体与会人员参观了筑梦之路——中国侨联发展历程展。

12月22日，召开学习研讨中国侨联十一代会精神座谈会，会前参观筑梦之路——中国侨联发展历程展

12 月 22 日，召开学习研讨中国侨联十一代会精神座谈会

12 月 22 日，召开学习研讨中国侨联十一代会精神座谈会，并为中央和国家机关侨联首批特聘专家颁发聘书

中央企业归国华侨联合会

【领导成员名单】

主　席：徐可强

副主席：周　群　李丽娜（女）　李　卫　赵奇胜　林　垚　钟　琦（女）

秘书长：周　群（兼）

【综述】2023 年，在国资委党委及中国侨联的有力指导下，中央企业侨联始终坚持以习近平新时代中国特色社会主义思想为指导，深入学习领会习近平总书记关于侨务工作的重要论述和对国资央企的重要指示批示精神，以学习贯彻党的二十大精神为主题主线，坚持围绕中心、服务大局，扎实推进第十一次全国归侨侨眷代表大会精神在中央企业落地生根、开花结果，有力推动中央企业侨联事业不断创新发展。

【召开第五次中央企业归侨侨眷代表大会】6 月 30 日，第五次中央企业归侨侨眷代表大会在北京召开。大会以习近平新时代中国特色社会主义思想为指导，认真学习贯彻党的二十大精神，贯彻落实国资委党委和中国侨联有关工作要求，总结过去五年中央企业侨联工作，研究部署今后五年工作，选举产生中央企业系统出席第十一次全国归侨侨眷代表大会代表，选举产生中央企业侨联第五届委员会。国务院国资委党委委员、副主任谭作钧，中国侨联党组成员、副主席连小敏出席开幕式并讲话。大会审议了中央企业侨联第四届委员会主席芮晓武代表中央企业侨联第四届委员会所作的工作报告，通过了《关于中央企业侨联第四届委员会工作报告的决议》《关于中央企业侨联工作细则修正案的决议》。徐可强等 28 人当选为中央企业系统出席第十一次全国归侨侨眷代表大会代表，王琳琳（女）等 30 人当选为中央企业侨联第五届委员会委员。中央企业侨联第五届委员会第一次全体会上，徐可强当选为中央企业侨联第五届委员会主席，周群、李丽娜（女）、李卫、赵奇胜、林垚、钟琦（女）当选为中央企业侨联第五届委员会副主席，周群当选为中央企业侨联第五届委员会秘书长（兼），方谊翎（女）等 15 人当选为中央企业侨联第五届委员会常委。

6 月 30 日，第五次中央企业归侨侨眷代表大会在北京召开

【履职第十一次全国归侨侨眷代表大会】8 月 31 日，第十一次全国归侨侨眷代表大会在北京开幕。28 名中央企业系统参会代表牢记国资委党委各项要求，全程纪律严明、作风优良，展现了中央企业及央企归侨侨眷的良好形象。中央企业代表团徐可强、周群等 8 名同志和各地方代表团中央企业系统高殿海、钟雯、陈喜东、钱仲焱 4 名同志当选中国侨联第十一届委员会委员（共 495 名），徐可强、李卫 2 名同志当选中国侨联第十一届委员会常委（共 166 名），委员、常委当选数量创历史新高。南方电网傅明利获评“中国侨界杰出人物提名奖”，华侨城集团李宏韬等 12 人获评“全国归侨侨眷先进个人”，东方航空侨联等 4 家单位获评“全国侨联系统先进组织”，鞍钢集团王培宏等 5 人获评“全国侨联系统先进个人”，受表彰的先进组织及优秀个人数量创历史新高。会议期间，中央企业代表团共报送简报 7 篇、宣传稿 4 篇，并与特聘专家代表团开展联学活动，围绕侨联组织如何在助力构建新发展格局、推动高质量发展中争当新时代侨务工作“排头兵”等主题进行了深入讨论，统一了思想、达成了共识、坚定了信心。

8月31日至9月3日，第十一次全国归侨侨眷代表大会在北京召开，中央企业代表团28名参会代表高质量履职本次大会，展现良好风貌

【强化思想政治引领】一是政治建设求实求效，坚持“党建带侨建”，定期召开常委会会议、全委会议，坚持以习近平总书记关于侨务工作的重要论述为根本遵循，坚持用党的创新理论指导推动中央企业侨联工作。二是思想引领做深做透，以“根”“魂”“梦”为侨务工作主线，举办“学习贯彻党的二十大精神，推动新时代侨务工作新发展”专题讲座，开展“学侨史、聚侨心”主题学习活动，组织参观中国华侨历史博物馆，重温华侨奋斗历史，弘扬爱国主义精神。三是会议精神落地落细，与国资委党委统战部联合下发《关于学习贯彻第十一次全国归侨侨眷代表大会精神推动侨联组织工作的通知》，要求中央企业各级侨联组织将会议精神纳入各级统战工作培训、座谈研讨等重要内容，把思想和行动统一到十一代会精神上来，推动中央企业侨联工作再上新台阶。

【开展中央企业侨务基本情况调研分析】7月25日，联合国资委党委统战部向101家中央企业统战部门下发《关于做好2023年中央企业侨务基本信息统计工作的通知》，经统计分析，撰写《中央企业侨务基本情况分析报告》并报送至国资委党委及中国侨联，进一步摸清侨务资源、梳理侨情底数、掌握侨情动态。组织撰写《关于新时代中央企业归侨侨眷政治思想状况分析及对策研究》专题研究报告，加强对中央企业侨界群众思想状况调查研究。

5月25日，中央企业侨联举办“学侨史、聚侨心”主题学习活动

【首次注册开通“央企侨联”微信公众号】9月13日，“央企侨联”微信公众号正式开通。公众号设置“侨之家”“侨联心”“侨心向党”等专栏，打造集中央政策传达学习、中央企业侨联信息权威发布、归侨侨眷典型事迹宣传、“侨胞之家”文化交流服务为一体的中央企业侨联宣传平台，全年累计发稿18篇，总浏览量超11700次，凝聚侨胞真情，汇聚侨胞力量。

9 月 13 日，"央企侨联" 微信公众号正式开通

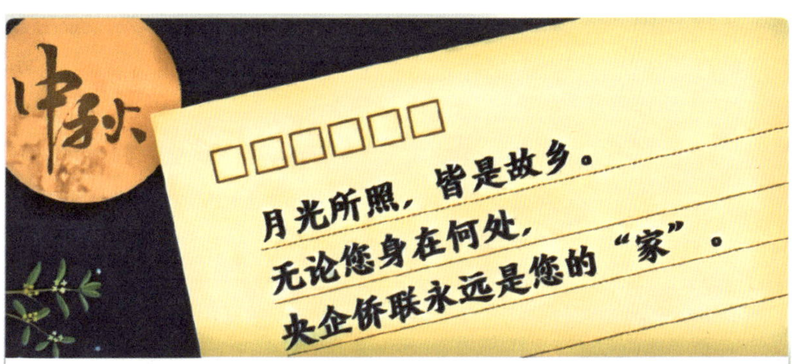

9 月 29 日，在中秋佳节来临之际，中央企业侨联撰写中秋家书，向广大归侨侨眷和海外侨胞致以节日的问候和衷心的祝福

【维护侨益情暖侨心】全年共成功办理涉侨诉求 2 件，畅通侨界群众表达、参与渠道，借助"央企侨联"公众号"侨知识"专栏，加大侨法普法宣传，普及相关涉侨知识、概念，营造依法护侨的良好氛围。坚持调研走访，了解实际困难，加大帮扶力度，持续做好中央企业侨界困难群众的关心关爱工作，在中秋佳节来临之际，撰写中秋家书，向中央企业广大归侨侨眷、海外侨胞致以节日的问候和衷心的祝福，做到政治上关心、思想上交心、感情上知心。

【推进侨联组织建设】一是高站位谋划未来工作，印发《中央企业侨联 2023—2024 年工作要点》，以"举旗帜、夯基础、育品牌、见成效"为主线，明确 4 个方面、18 项重点工作，为中央企业侨联事业不断创新发展奠定良好基础。二是高起点夯实组织建设，与国资委党委统战部联合发文，推动中央企业各级侨联组织应建尽建，积极支持基层侨联组织依法依规创造性开展工作，指导鞍钢集团、中国航空工业沈飞集团侨联完成换届改选；构建"大侨务"工作格局，搭建在沪中央企业侨联交流平台，5 家在沪中央企业加入，为开展区域化侨务工作提供有效探索。三是高要求打牢自身基础，建立完善中央企业侨联文、发函、请示、工作简报、信息专报等制度体系；组织中央企业侨联 5 名干部员工参加中国侨联培训班，建设一支政治过硬、作风优良、本领高强的侨联干部队伍。

【中国一汽侨联】2023 年，中国一汽侨联集中学习党的二十大报告精神及《习近平著作选读》等材料，第一时间专题传达学习全国统战部长会议精神，

11 月 17 日，中国一汽侨联组织侨界代表人士赴一汽工厂调研交流并试乘试驾

认真研究部署一汽侨联年度工作计划。组织侨界代表人士参观一汽工厂并试乘试驾，近距离接触一汽文化，累计开展 3 次活动，共计 120 余人参加。积极发挥归侨侨眷的海外影响力优势，为一汽红旗品牌在海外销售第一次突破 5000 台贡献一汽侨联力量。做好对归侨侨眷的关心关爱工作，完善贫困归侨侨眷帮扶制度，提升帮扶力度，全年共开展志愿者服务 11 次。开展“爱一汽、献良策、做贡献”立项工作，其中归侨侨眷立项攻关 8 项，献智献爱 4 项，宣传一汽、宣传红旗 4 项。

1 月，在沪中央企业侨联单位赴中国商飞开展交流共建活动

【中国东航侨联】2023 年，中国东航侨联联合上海市侨联、徐汇区侨联等单位共同举办侨务工作专题讲座，邀请归侨侨眷、留学归国人员等 160 余人参加。联合在沪央企侨联共赴中国商飞开展“深入学习贯彻党的二十大精神，领略国之重器”参观学习活动。与上海市侨联、徐汇区侨联及徐汇区康健街道侨联交流合作，开展主题教育学习、龙舟竞赛、专题讲座等活动。联合沪港国际咨询集团、上海市侨青总会等多家会员公司单位共同开展企业互访参观、科技创新企业学习、业务沟通交流、前沿技术讲座活动。东航侨联钟雯、崔宪泽作为参会代表履职第十一次全国归侨侨眷代表大会。根据《中国侨联关于表彰全国侨联系统先进组织和先进个人的决定》，2023 年，东航侨联被评为“全国侨联系统先进组织”，张敏健荣获“全国侨联系统先进个人”荣誉称号。

【中国国新侨联】2023 年，中国国新侨联统筹开展各项侨务工作，着力提升为侨服务质量。组织侨界代表人士参加由中国国新党校举办的专题培训班，深入学习贯彻习近平总书记关于侨务工作的重要论述及第十一次全国归侨侨眷代表大会精神，引导、带动公司广大侨胞侨眷立足本职岗位，强化责任担当，为公司改革发展积极献计出力。认真摸排统计全系统侨务基本信息，动态掌握侨务数据最新情况，提供全面、准确的数据支撑。

中国国新侨联积极组织侨界代表人士参加由中国国新党校举办的专题培训班

8 月 18 日，根据《中国侨联关于表彰全国侨联系统先进组织和先进个人的决定》，中国东方航空集团有限公司侨联荣获“全国侨联系统先进组织”荣誉称号，张敏健荣获“全国侨联系统先进个人”荣誉称号

中国侨联年鉴

附　录

中国侨联年鉴

2024中国侨联年鉴

各地侨联通讯录

北京市

单位名称	地　址	电话号码	传真号码	邮政编码
北京市侨联	北京市西城区后英房胡同 9 号	（010）82218225	（010）82218224	100035
东城区侨联	北京市东城区幸福大街 32 号	（010）87556830	（010）64023999	100061
西城区侨联	北京市西城区牛街 20 号 506 室	（010）83494732	（010）66515072	100053
朝阳区侨联	北京市团结湖北五条 8 号院	（010）65094371	（010）65094093	100026
海淀区侨联	北京市海淀区四季青路 6 号招商大厦一楼	（010）88432271	（010）88437387	100095
丰台区侨联	北京市丰台区北大街乙 14 号院 105 室	（010）83656758	（010）63812113	100071
石景山区侨联	北京市石景山八角北路民主党派人民团体办公楼三层	（010）68878921	（010）68811454	100043
门头沟区侨联	北京市门头沟区新桥大街 36 号	（010）69847974	（010）69847974	102300
房山区侨联	北京市房山区良乡政通路 1 号	（010）80365588		102400
通州区侨联	北京市通州区胡各庄 9 号院通州区委统战部转侨联	（010）69518390	（010）69554111	101100
顺义区侨联	北京市顺义区高白路 26 号	（010）89445224	（010）69420790	101300
昌平区侨联	北京市昌平区政府街 19 号	（010）60742952	（010）60741312	102200
大兴区侨联	北京市大兴区永大路 32 号	（010）60256802		102600
平谷区侨联	北京市平谷区府前大街 9 号统战部	（010）65816999		101299
怀柔区侨联	北京市怀柔区青春路 22 号区委统战部转侨联	（010）69657930	（010）69685008	101400
密云区侨联工作站	北京市密云区鼓楼西大街 3 号	（010）69083850	（010）69044991	101500
延庆区侨联工作站	北京市延庆区新城街 2 号延庆区委统战部转侨联	（010）69103030	（010）69103030	102100
开发区侨联	北京市经济技术开发区荣华中路 15 号博大大厦 1619 办公室	（010）67865753	（010）67880163	100176

天津市

单位名称	地　址	电话号码	传真号码	邮政编码
天津市侨联	天津市河西区友谊路 7 号鑫银大厦 21 层	（022）23311008	（022）23109158	300202
和平区侨联	天津市和平区陕西路 75 号 301 室	（022）27219379	（022）27219379	300020
河北区侨联	天津市河北区建国道 14 号	（022）26296036	（022）26296036	300010
河西区侨联	天津市河西区台北路 6 号 314 室	（022）23278217	（022）23276092	300202
河东区侨联	天津市河东区政协 A 楼 409	（022）24308332	（022）24317320	300170
南开区侨联	天津市南开区红旗南路 263 号 E 座 9 楼 918 室	（022）27586637	（022）27586112	300191
红桥区侨联	天津市红桥区区委八楼 821 室	（022）86515129	（022）86516525	300130
滨海新区侨联	天津市滨海新区大连东道 1060 号	（022）65309860	（022）65309860	300450
宝坻区侨联	天津市宝坻区南关大街 24 号	（022）29241867	（022）29241725	301800
东丽区侨联	天津市东丽区张贵庄街道跃进路 38 号	（022）24936758	（022）84375883	300300
西青区侨联	天津市西青区精武镇学府商务大厦侨胞之家	（022）27393108	（022）27393108	300380
津南区侨联	天津市津南区津港公路与天嘉湖大道交口津南区委院内	（022）28543825	（022）28543825	300350
北辰区侨联	天津市北辰区北辰道 389 号	（022）86941692	（022）86941692	300400
宁河区侨联	天津市宁河区芦台镇光明路 78 号宁河区委 703 号	（022）63035184	（022）63035184	301500
静海区侨联	天津市静海区迎宾大道 99 号	（022）63032165	（022）63032139	301600

附
录

天津市

单位名称	地　址	电话号码	传真号码	邮政编码
蓟州区侨联	天津市蓟州区渔阳北路1号	（022）29196285	（022）29196285	301900
武清区侨联	天津市武清区雍阳西道118号行政中心A楼武清区委统战部	（022）82966681	（022）82138663	301700
南开大学侨联	天津市津南区海河教育园同砚路38号南开大学津南校区综合业务东楼326室	（022）23501319	（022）23501319	300350
天津大学侨联	天津市津南区海河教育园雅观路135号天津大学北洋园校区1895楼B-304室	（022）27404534	（022）27404534	300350
天津医科大学侨联	天津市和平区气象台路22号	（022）83336529	（022）83336518	300070
天津师范大学侨联	天津市西青区宾水西道393号天津师范大学统战部	（022）23766352	（022）23766353	300387
天津城建大学侨联	天津市西青区津静路26号	（022）23085255	（022）23085000	300384
天津科技大学侨联	天津市河西区大沽南路1038号	13821331389	（022）60600109	300222
天津工业大学侨联	天津市西青区西青高校区宾水西道399号	13752106863	（022）83956001	300387

河北省

单位名称	地　址	电话号码	传真号码	邮政编码
河北省侨联	河北省石家庄市合作路81号院	（0311）87801631	（0311）87802488	050057
石家庄市侨联	河北省石家庄市兴凯路219号市政府西院	（0311）87827554	（0311）87056295	050055
承德市侨联	河北省承德市行政中心西楼228室	（0314）2023043	（0314）2023043	067000
张家口市侨联	河北省张家口市经开区长城西大街10号市府大楼北楼348室	（0313）2016562	（0313）2016562	075000
秦皇岛市侨联	河北省秦皇岛市翠岛大街1号市民中心4518室	（0335）3606545	（0335）3606545	066000
唐山市侨联	河北省唐山市路北区西山道7号3号楼	（0315）2801962	（0315）2801960	063006
廊坊市侨联	河北省廊坊市广阳区祥云北道58号市民服务中心6号楼117室	（0316）2339398	（0316）2339380	065000
保定市侨联	河北省保定市东风西路5号	（0312）3089760	（0312）3089944	071051
沧州市侨联	河北省沧州市运河区解放西路17号	（0317）2160297	（0317）2160297	061011
衡水市侨联	河北省衡水市育才南大街169号广厦上城嘉利中心811室	（0318）2695151	（0318）8888316	053000
邢台市侨联	河北省邢台市红星街139号	（0319）3288533	（0319）3288533	054000
邯郸市侨联	河北省邯郸市光明北大街149号	（0310）3113320	（0310）3113320	056012
定州市侨联	河北省定州市人力资源和社会保障局四楼妇联办公室	18931218111		073000
辛集市侨联	河北省辛集市市府街西段辛房大厦105室	（0311）83389623		052360
华北油田侨联	河北省任丘市华北油田分公司	（0317）2720029		062552

山西省

单位名称	地　址	电话号码	传真号码	邮政编码
山西省侨联	太原市迎泽大街388号山西国际大厦16层	（0351）2111886	（0351）6192970	030001
太原市侨联	太原市杏花岭区新建路69号市政府院4号楼506室	（0351）4220222	（0351）4220222	030082
古交市侨联	太原市古交市青年路1号政府大院主楼534室	（0351）5155542	（0351）5155542	030200
大同市侨联	大同市兴云街2799号文瀛湖办公楼10层	（0352）2082731		037000
开发区侨联	大同市绿园小区一号院	13613521415		037000
阳泉市侨联	阳泉市南大东街534号晋东大厦9层	（0353）2163918	（0353）2163918	045000
长治市侨联	长治市英雄中路68号	（0355）2049195	（0355）2049195	046000
晋城市侨联	晋城市凤台西街486号晋城市规划设计研究院509室	15735183531	（0356）2198798	048000

山西省

单位名称	地 址	电话号码	传真号码	邮政编码
高平市侨联	晋城市高平市长平西街 46 号政府楼 411 室	15364560606	（0356）5225601	046700
朔州市侨联	朔州市开发北路 42 号	15303493716	（0349）2226133	038600
怀仁市侨联	朔州市怀仁市怀安大街怀仁市委统战部	18634983177		038300
忻州市侨联	忻州市忻府区长征东街市委北院	（0350）3309105	（0350）3309105	034000
原平市侨联	忻州市原平市委东四楼 433 室	18295811717	（0350）8228068	034100
吕梁市侨联	吕梁市离石区滨河南中路吕梁宾馆北楼 518 室	（0358）8238064	（0358）8238064	033000
汾阳市侨联	吕梁市汾阳市永和西大街 9 号汾阳市市政府大楼 9 楼 919 室	（0358）7333692		032200
孝义市侨联	吕梁市孝义市党政大楼 916 室	15835161113	（0358）7828033	032300
晋中市侨联	晋中市榆次区安宁东街 100 号 212 室	15535402452	（0354）3207477	030600
介休市侨联	晋中市介休市西大街 139 号介休市政府 327 室	13994580471	（0354）7222439	032000
临汾市侨联	临汾市尧都区解放路 25 号前楼 426 室	13834388313	（0357）3383810	041000
霍州市侨联	临汾市霍州市观坡街 1 号市委大院	18035775640	（0357）5622942	031400
侯马市侨联	临汾市侯马市市府路 15 号应急局 3 楼	13994002399		043000
运城市侨联	运城市河东街 268 号气象局二楼	15534856606		044000
河津市侨联	运城市河津市泰兴路 1 号 102 室	13152898909		043300
永济市侨联	运城市永济市电机大街 18 号	15535931588		044502

内蒙古自治区

单位名称	地 址	电话号码	传真号码	邮政编码
内蒙古自治区侨联	呼和浩特市成吉思汗东街 22 号民主党派大楼 214 室	（0471）4813674		010051
呼和浩特市侨联	呼和浩特市新华东街 1 号党政办公大楼 834B	（0471）4606209		010025
包头市侨联	包头市开元大街 1 号包头市委党政大楼 A608 室	（0472）5619438		014010
呼伦贝尔市侨联	呼伦贝尔市海拉尔新区行政中心 D 座 1234 室	（0470）8216590		021000
兴安盟侨联	乌兰浩特市兴安盟党政综合办公大楼 1428 室	（0482）8267428		137400
通辽市侨联	通辽市新城区行政中心大楼 206 室	（0475）8836952		028000
赤峰市侨联	赤峰市新城区党政综合楼 A220 室	（0476）8822596		024000
锡林郭勒盟侨联	锡林浩特市经济技术开发区盟党政大楼 521 室	（0479）8110422		026000
乌兰察布市侨联	乌兰察布市集宁新区党政大楼 938 室	（0474）8810587		012000
鄂尔多斯市侨联	鄂尔多斯市康巴什新区党政大楼 C424 室	（0477）8589078		017010
巴彦淖尔市侨联	巴彦淖尔市临河区新华西街市党政办公大楼 7041 室	（0478）8655741		015000
乌海市侨联	乌海市海勃湾区市滨河行政中心 A 座 1336 室	（0473）3998852		016000
阿拉善盟侨联	阿拉善盟行政大楼一号楼 1008 室	（0483）8332081		750306
满洲里市侨联	满洲里市新区党政办公大楼 3101 室	（0470）6262159		021400
二连浩特市侨联	二连浩特市党政大楼一号楼 313 室	（0479）7525654		011100
内蒙古大学侨联	呼和浩特市大学西路 235 号	（0471）4992252		010021
内蒙古师范大学侨联	呼和浩特市昭乌达路 81 号	（0471）4392510		010022
内蒙古工业大学侨联	呼和浩特市爱民街 49 号	（0471）6575134		010051
内蒙古农业大学侨联	呼和浩特市昭乌达路 306 号	（0471）4309272		010018
内蒙古财经大学侨联	呼和浩特市回民区北二环路 185 号	（0471）3661120		010071
内蒙古医科大学侨联	呼和浩特市金山经济技术开发区	（0471）6653071	（0471）6653055	010059
内蒙古侨商会	呼和浩特市成吉思汗东街兴泰建设大厦 8 楼	（0471）6356051		010051

辽宁省

单位名称	地　址	电话号码	传真号码	邮政编码
辽宁省侨联	沈阳市皇姑区崇山东路 37 号	（024）81069211	（024）24846711	110032
沈阳市侨联	沈阳市和平区常德街 8 号西配楼 10 楼	（024）22517732	（024）22517745	110001
大连市侨联	大连市中山区鲁迅路 278 号	（0411）82750062	（0411）82750062	116001
鞍山市侨联	鞍山市铁东区中华南路 240 号甲 9 层	（0412）5682570	（0421）5681208	114002
抚顺市侨联	抚顺市顺城区滴翠路 11 号	（024）57660062	（024）57660062	113006
本溪市侨联	本溪市平山区人民路 31 号	（024）42822956	（024）42822956	117000
丹东市侨联	丹东市振兴区中心北路 2 号农委大楼	（0415）2127161	（0415）2661295	118000
锦州市侨联	锦州市太和区市府路 68 号市政府 B 座 8 楼	（0416）3880666	（0416）3880666	121000
营口市侨联	营口市站前区中兴里 4 号	（0417）2631814	（0417）2631814	115000
阜新市侨联	阜新市海州区爱国街 6 号	（0418）3319630	（0418）3319630	123099
辽阳市侨联	辽阳市文圣区河东路 9 号	（0419）2125085	（0419）2125085	111000
盘锦市侨联	盘锦市兴隆台区惠宾街 117 号主楼 1113 室	（0427）2824344	（0427）2824344	124010
铁岭市侨联	铁岭市凡河新区金沙江路 28 号市民服务中心	（024）72681106		112608
朝阳市侨联	朝阳市双塔区凌凤街道新华路一段 90 号河东建设大厦 4 楼 412 室	（0421）2858041	（0421）2858020	122000
葫芦岛市侨联	葫芦岛市龙港区龙湾大街 15 号市府大楼 8 楼	（0429）3113129	（0429）3111704	125001

吉林省

单位名称	地　址	电话号码	传真号码	邮政编码
吉林省侨联	吉林省长春市朝阳区工农大路 825 号团结大厦	（0431）85087566		130021
长春市侨联	吉林省长春市南关区自由大路 3708 号	（0431）85281556		130022
长春市朝阳区侨联	吉林省长春市前进大街 1855 号朝阳区政府	（0431）85109397		130012
长春市宽城区侨联	吉林省长春市宽城区富城路 228 号区政务服务中心 9 楼	（0431）89990947		130000
长春市南关区侨联	吉林省长春市南关区 3388 号 717 室	（0431）85284544		130000
长春市二道区侨联	吉林省长春市二道区自由大路 5379 号	（0431）84640558		130000
长春市绿园区侨联	吉林省长春市绿园区和平大街 2288 号	（0431）87605259		130000
长春市农安县侨联	吉林省长春市农安县农安镇兴华路 325 号农安县政府办公楼西楼 539 室	（0431）83226464		130200
公主岭市侨联	吉林省公主岭市西公主大街 2199 号	（0434）6235083		136100
吉林市侨联	吉林市丰满区南山街 2850 号	（0432）62071196		132013
吉林市昌邑区侨联	吉林省吉林市昌邑区中兴街 105 号昌邑区委统战部	（0432）62755075		132000
吉林市丰满区侨联	吉林省吉林市吉林大街 76 号丰满区政府 1 号楼丰满区委统战部	（0432）64654293		132013
吉林市龙潭区侨联	吉林省吉林市龙潭区遵义东路 65 号龙潭区政府区委统战部	（0432）63041854		132021
吉林市船营区侨联	吉林省吉林市船营区松江中路 87 号船营区委统战部	（0432）64831060		132011
蛟河市侨联	吉林省蛟河市民主路 13-1 号	（0432）67250879		132500
磐石市侨联	吉林省磐石市政府综合楼 606 室	（0432）65222622		132300
桦甸市侨联	吉林省桦甸市人民路 201 号桦甸市委统战部	（0432）66222974		132400
吉林市永吉县侨联	吉林省吉林市永吉县口前镇滨北路 499 号永吉县委统战部	（0432）64239122		132100
舒兰市侨联	吉林省舒兰市滨河大街 2006 号舒兰市委统战部	（0432）68260127		123600

吉林省

单位名称	地 址	电话号码	传真号码	邮政编码
延边州侨联	吉林省延边州延吉市公园路 2799 号州政务中心	（0433）2514924		133002
延吉市侨联	吉林省延边州延吉市河南街 759 号	（0433）2515470		133000
敦化市侨联	吉林省延边州敦化市民主街道新华西路 1001 号敦化市委统战部	（0433）6222709		133700
图们市侨联	吉林省延边州图们市口岸大街 398 号市委一楼	（0433）3661034		133100
龙井市侨联	吉林省延边州龙井市六道河路 869—7 号龙井市委楼	（0433）3252058		133400
和龙市侨联	吉林省延边州和龙市政法委三楼侨联办公室	（0433）4222500		133500
安图县侨联	吉林省延边州安图县明月镇应急局二楼侨联办公室	（0433）5822543		133600
汪清县侨联	吉林省延边州汪清县长荣街道江北街东 1219 号汪清县委	（0433）8815718		133200
珲春市侨联	吉林省延边州珲春市河南街道新安路 1991 号市委统战部	（0433）7565533		133300
四平市侨联	吉林省四平市铁西区广电大厦 10 楼	（0434）3261229		136000
四平市梨树县侨联	吉林省梨树县梨树镇向阳街 1 号统战部	（0434）5261505		136500
通化市侨联	吉林省通化市东昌区秀泉路 702 号	（0435）3214297		134001
集安市侨联	吉林省集安市鸭江路 3001 号	（0435）6223304		134200
通化市辉南县侨联	吉林省辉南县朝阳镇兴工路 53 号政府楼一楼	（0435）8232950		135100
通化市柳河县侨联	吉林省柳河县柳河大街 1777 号县政府办公楼	（0435）7670345		135300
通化市通化县侨联	吉林省通化县团结路 557 号县委统战部	（0435）5231941		134100
通化市东昌区侨联	吉林省通化市东昌区江南新区江畅路 269 号东昌区政府侨联办公室	（0435）6106133		134001
通化市二道江区侨联	吉林省通化市二道江区东通化大街 336 号	（0435）3768610		134003
白城市侨联	吉林省白城市文化东路 1 号	（0436）3237387		137000
白城市通榆县侨联	吉林省通榆县繁荣大街 4112 号	（0436）4292228		137200
白城市洮北区侨联	吉林省白城市洮北区洮安东路 67 号	（0436）3244966		137000
洮南市侨联	吉林省洮南市老一中 3 号楼	（0436）6229992		137100
白城市镇赉县侨联	吉林省镇赉县镇赉镇凌云路 677 号	（0436）7223085		137300
大安市侨联	吉林省大安市委综合楼市委统战部	（0436）5245206		131300
辽源市侨联	吉林省辽源市辽河大路 4227 号市委院内	（0437）3316635		136200
辽源市东丰县侨联	吉林省辽源市东丰县委院内东丰县委统战部	（0437）6317080		136300
松原市侨联	吉林省松原市宁江区沿江东路 2555 号	（0438）2130742		138000
松原市前郭县侨联	吉林省松原市前郭县乌兰大街 899 号县委统战部	（0438）2123097		131100
松原市长岭县侨联	吉林省松原市长岭县政府综合楼统战部	（0438）7230823		131500
扶余市侨联	吉林省松原市扶余市公安局新办公楼	（0438）5870877		131200
松原市乾安县侨联	吉林省松原市乾安县委统战部	（0438）8252610		131400
松原市宁江区侨联	吉林省松原市宁江区新区街道新园街应急指挥中心大楼（宁江区统战部）	（0438）6836706		138000
华侨农场侨联	吉林石油集团有限责任公司农业开发公司	（0438）6243812		138000
白山市侨联	吉林省白山市浑江区通江路 496 号	（0439）3233009		134300
白山市长白县侨联	吉林省白山市长白县长白镇长白大街 52 号	（0439）8232206		134400
白山市靖宇县侨联	吉林省白山市靖宇县靖宇大街 448 号综合楼 3 楼	（0439）7224011		135200
梅河口市侨联	吉林省梅河口市人民大街 2008 号	（0435）4222865		135000

黑龙江省

单位名称	地　址	电话号码	传真号码	邮政编码
黑龙江省侨联	哈尔滨市香坊区中山路 99 号	（0451）82300868		150036
哈尔滨市侨联	哈尔滨市道里区买卖街 123 号	（0451）84619510		150010
齐齐哈尔市侨联	齐齐哈尔市建华区新明大街 27 号党政办公中心 1 号楼	（0452）2791719		161006
牡丹江市侨联	牡丹江市江南党政办公中心 30409A 室	（0453）6171089		157022
佳木斯市侨联	佳木斯市机关中心 4 号楼 337 室	（0454）8511515		154001
大庆市侨联	大庆市萨尔图区东风路 19 号	（0459）6367973		163000
双鸭山市侨联	双鸭山市尖山区民生路 111 号市委办公区 13 号楼	（0469）6118612		155100
七台河市侨联	七台河市桃山区大同街 45 号	（0464）8261332		154600
伊春市侨联	伊春市住房公积金管理中心楼（市侨联）	（0458）3879768		153000
鸡西市侨联	鸡西市鸡冠区红旗路 18 号	（0467）2355200		158100
鹤岗市侨联	鹤岗市市委第三办公区（市检察院后楼）	（0468）3350053		154100
黑河市侨联	黑河市爱辉区海兰街 115-1 号	（0456）8222713		164300
大兴安岭地区侨联	大兴安岭地区加格达奇区西一道街 12 号行署 4 号楼	（0457）2730303		165099
绥化市侨联	绥化市迎宾路 2 号党政办公中心	（0455）8386390		152000

上海市

单位名称	地　址	电话号码	传真号码	邮政编码
上海市侨联	延安西路 129 号 10 层	（021）62497518		200040
浦东新区侨联	民生路 1286 号 614 室（汇商大厦）	（021）68540016		200135
黄浦区侨联	河南南路 288 号 13 楼 1315 室	（021）64728338		200010
静安区侨联	康定路 950 弄 50 号 A401 室	（021）62188083		200042
徐汇区侨联	漕溪北路 336 号 3 号楼 16 楼 1616 室	（021）64453044		200030
长宁区侨联	安西路 37 号 402 室	（021）62522757		200050
普陀区侨联	大渡河路 1718 号阳光大厦 A519 室	（021）52564588 转 8525		200333
虹口区侨联	临平北路 55 号 716 室	（021）65853995		200086
杨浦区侨联	杨浦区控江路 1535 号 311 室	（021）65155251		200093
宝山区侨联	宝山区密山路 5 号 A219	（021）56691373		201999
闵行区侨联	莘建路 300 号	（021）34027018		201199
嘉定区侨联	嘉定区博乐南路 111 号	（021）69989761		201899
金山区侨联	卫零路 809 号	（021）57966119		200540
松江区侨联	松江区谷阳北路 3 号	（021）57723031		201600
青浦区侨联	青浦区公园路 100 号东裙楼 102 室	（021）59732890 转 19102		201700
奉贤区侨联	奉贤区南奉公路 9503 号	（021）57187127		201499
崇明区侨联	崇明区城内人民路 35 号 501 室	（021）59621826		202150

江苏省

单位名称	地　址	电话号码	传真号码	邮政编码
江苏省侨联	江苏省南京市鼓楼区北京西路 30 号同心大厦	（025）83580620	（025）83425335	212000
南京市侨联	南京市玄武区成贤街 43 号院 3 号楼	（025）83199389	（025）83190462	212000
无锡市侨联	无锡市新金匮路市民中心 7 号楼一层	（0510）81827210	（0510）81827223	214131
江阴市侨联	江阴市澄江中路 9 号	13861609172	（0510）86860343	214431

江苏省

单位名称	地　址	电话号码	传真号码	邮政编码
宜兴市侨联	宜兴市陶都路 8 号 549-551 室	13806155855	（0510）87986573	214206
梁溪区侨联	无锡市解放南路 688 号 10 号楼	13771129659	（0510）83158838	214001
锡山区侨联	无锡市锡山区锡州中路 1 号 3 号楼 407 室	18852866806	（0510）88209763	214001
惠山区侨联	无锡市惠山区文惠路 8 号 2316 室	13063698513	（0510）83588906	214000
滨湖区侨联	无锡市滨湖区金城西路 500 号	13606186151	（0510）81178157	214100
新吴区侨联	无锡市新吴区和风路 28 号	15861556227	（0510）81891620	214135
徐州市侨联	江苏省徐州市新城区元和路 1 号 B 区 316 室	18912013057	（0516）83850220	221018
鼓楼区侨联	江苏省徐州市中山北路 253 号	13645207330	（0516）87636222	221000
沛县侨联	江苏省徐州市沛县沛公路 2 号行政中心主楼 1427 室	15298711350	（0516）89887189	221600
丰县侨联	江苏省徐州市丰县中阳大道 322 号新行政中心 611 室	17705228172	（0516）89210432	221700
睢宁县侨联	江苏省徐州市睢宁县政府八楼 811 室	15895260268	（0516）88387595	221200
新沂市侨联	江苏省新沂市市府路 37 号	15852293330	（0516）88920693	221400
邳州市侨联	江苏省邳州市行政中心 3 号楼二楼统战部	19538589618	（0516）86299069	221300
云龙区侨联	江苏省徐州市云龙区和平大道 66 号云龙区委统战部	13685192721	（0516）80803259	221004
泉山区侨联	江苏省徐州市解放南路延长段 26 号泉山区政府	15252027876	（0516）85936260	221008
铜山区侨联	江苏省徐州市铜山区铜山新区政府大院政协楼一楼 110 室	13605211276	（0516）83405152	221100
贾汪区侨联	江苏省徐州市贾汪区大泉街道府后街 1 号泉城商务大厦北门 829 室	13813458999	（0516）66889931	221011
常州市侨联	江苏省常州市龙城大道 1280 号 3 号楼 B 座 3 楼 312 室	（0519）85683838	（0519）85683830	213022
溧阳市侨联	江苏省溧阳市南环路 18 号 2 楼 2212 室	（0519）87269168	（0519）87269175	213300
常州市金坛区侨联	江苏省常州市金坛区市民中心清风路 1 号	（0519）82825502	（0519）82815550	213200
常州市武进区侨联	江苏省常州市武进区行政中心 1 号楼 6 楼	（0519）86311698	（0519）86310875	213159
常州市新北区侨联	江苏省常州市新北区崇信路 8 号 5 号楼 112 室	（0519）85127361	（0519）85115902	213022
常州市天宁区侨联	江苏省常州市天宁区竹林北路	（0519）69660352	（0519）69660357	213000
常州市钟楼区委统战部	江苏省常州市钟楼区星港路 88 号统战部 643 室	（0519）88890643	（0519）88890619	213000
常州经开区侨联	江苏省常州市武进区潞城街道东方东路 168 号经开区管委会北门	13961401972		213000
苏州市侨联	苏州市姑苏区西环路 1638 号经贸大厦 3 楼 313 室	16606233095	（0512）65221000	215006
张家港市侨联	张家港市人民中路 68 号建设大厦 411 室	18550868329	（0512）58682926	215600
常熟市侨联	常熟市金沙江路 8 号综合楼 229 室	13915612106	（0512）52871305	215500
太仓市侨联	太仓市县府东街 99 号市行政中心 2 号楼 2316 室	18795498382	（0512）53952256	215400
昆山市侨联	昆山市长江中路 400 号长江大厦 3 楼 302 室	13584907843	（0512）55238651	215300
吴江区侨联	吴江区松陵镇开平路 1000 号吴江大厦 B1503 室	18006200669	（0512）63981581	215200
吴中区侨联	苏州吴中区太湖东路 288 号	13506135011	（0512）65251767	215128
相城区侨联	相城区阳澄湖东路 8 号行政中心主楼 4 号楼	13812769680	（0512）85181601	215131
姑苏区侨联	苏州市平川路 510 号	13771877482	（0512）68728516	215000
工业园区侨联	工业园区现代大道现代大厦 999 号 11 楼东统战部转侨联	13861301616		215000
高新区侨办（侨联）	苏州市科普路 58 号科技大厦	18662292717		215163
南通市侨联	江苏省南通市崇川区工农路 88 号海外联谊大厦 306 室	15896202727	（0513）51015783	226000
海安市侨联	江苏省海安市长江中路 106 号 1419 室	16162803731	（0513）88852585	226600

江苏省

单位名称	地　址	电话号码	传真号码	邮政编码
如皋市侨联	江苏省如皋市如城街道解放路行政中心 A1508 室	15851368410	（0513）97199868	226500
如东县侨联	江苏省南通市如东县城中街道富春江中路 1 号	18751351380	（0513）84113434	264000
启东市侨联	江苏省启东市世纪大道 1288 号侨联 1315 室	51383310041	（0513）83310041	226200
崇川区侨联	江苏省南通市崇川区青年中路 128 号便民服务中心 420 室	13862787128	（0513）85062091	226000
通州区侨联	江苏省南通市通州区朝霞路 88 号（区行政中心内）	13815222933	（0513）86028620	226300
海门区侨联	江苏省南通市海门区北京中路 600 号	18795718653	（0513）8222994	226100
连云港市侨联	江苏省连云港市海州区苍梧路 36 号机关办公区 3 号楼 3 楼 325 室	15298649291	（0518）85501782	222000
东海县侨联	连云港市东海县晶都大道 1 号东海县委统战部 D807	13961361180	（0518）87672266	222300
灌南县侨联	灌南县人民西路行政中心 416 室	13961339152	（0518）83222094	222500
灌云县侨联	灌云县委统战部行政中心大楼	13815677618	（0518）88997233	222200
连云区侨联	连云港市连云区政府内区侨联	15189029608	（0518）82309473	222042
赣榆区侨联	连云港市赣榆区委统战部－区侨联	13905126729	（0518）86223335	222100
海州区侨联	海州区秦东门大街 28 号海州区政府 241 室	15195722466	（0518）85456151	222000
淮安市侨联	淮安市翔宇南道 1 号市侨联	13705234678	（0517）83606212	223000
洪泽区侨联	淮安市洪泽区人民路 26 号	19106267687	（0517）87230587	223100
淮安区侨联	淮安市淮安区新城商务中心 1103 室	13511509595	（0517）85882223	223200
淮阴区侨联	淮安市淮阴区承德北路 606 号区侨联	13901405867	（0517）84997649	223001
涟水县侨联	涟水县政府 230 室	13805233057	（0517）82380871	223400
盱眙县侨联	淮安市盱眙县十里营大街 90 号山水商务大厦 816 室	13852345255		211700
盐城市侨联	盐城市世纪大道 21 号市行政中心市侨联	15298551611	（0515）86662432	224005
东台市侨联	东台市北海中路 8 号市政府大楼 612 室	13805110333	（0515）60600621	224200
大丰区侨联	盐城市大丰区丰华街道飞达东路 100 号	13851000728	（0515）83818549	224100
射阳县侨联	盐城市射阳县政府大楼 1331 室	15182968989	（0515）87290929	224300
盐都区侨联	盐城市盐都区行政中心区侨联 142 室	18962008055	（0515）88426085	224005
建湖县委统战部（县侨联）	盐城市建湖县人民政府府前路 1 号建湖县委统战部 706 室	13921859030	（0515）86215389	224700
阜宁县委统战部（县侨联）	盐城市阜宁县城南大厦 A 座 1 楼西侧信箱	15371136351	（0515）87238630	224400
滨海县委统战部（县侨联）	盐城市滨海县行政办公中心 412 室	18252227663	（0515）68982178	224500
响水县委统战部（县侨联）	盐城市响水县双园路 36 号（县政府）	15862013059		224600
亭湖区委统战部（区侨联）	盐城市亭湖区希望大道 55 号亭湖区政府	15205113306		224001
扬州市侨联	江苏省扬州市汶河北路 12 号	18952576036	（0514）87312513	225002
高邮市侨联	江苏省高邮市海潮东路 28 号	13921921426	（0514）84688213	225600
仪征市侨联	江苏省仪征市真州西路 1 号交通大厦六楼	18901446528	（0514）83416982	211400
广陵区侨联	江苏省扬州市广陵区文昌中路 548 号广陵区政府大院内	15195551918	（0514）87342215	225001
江都区侨联	江苏省扬州市江都区江淮路 388 号行政中心 15 楼	17768557011	（0514）86299353	225200
邗江区侨联	江苏省扬州市邗江区邗江中路 338 号	18061161266	（0514）87636136	225009
宝应县侨联	江苏省宝应县宝应大道 88 号	18083785179	（0514）88290321	225800

江苏省

单位名称	地　址	电话号码	传真号码	邮政编码
镇江市侨联	镇江市南徐大道 68 号新行政中心 6 号楼 1 楼	13775361999	（0511）84420188	212004
丹阳市侨联	丹阳市开发区兰陵路 8 号市行政中心	13952835583	（0511）86922123	212300
扬中市侨联	扬中市中电大道 8 号市行政中心 1 号楼	1805285916	（0511）88326627	212200
句容市侨联	句容市人民路 70 号市政府大楼	13852975601	（0511）87225849	212400
丹徒区侨联	镇江市丹徒区府前路 1 号	13952815500	（0511）88977124	212028
京口区侨联	镇江市学府路 31 号（京口区政府大院内）	13705281831	（0511）80850602	212002
润州区侨联	镇江市润州路 5 号（润州区政府大院内）	18906105606	（0511）85636198	212005
泰州市侨联	泰州市凤凰东路 58 号政府大院 B 楼 217 室	15850865655	（0523）86839430	225300
靖江市侨联	靖江市阳光大道 1 号	18852699928	（0523）89181300	214500
泰兴市侨联	泰兴市国庆东路 118 号（泰兴市政府大院内）	13852883130	（0523）97766030	225400
兴化市侨联	兴化市长安中路 360 号市政协二楼	15952652111	（0523）83326759	225700
泰州市海陵区侨联	泰州市海陵区东进西路 109 号（单声珍藏文物馆内）	18861005238	（0523）86235614	225300
泰州市高港区侨联	泰州市高港区港城路 21 号	18252606710	（0523）86966037	225321
泰州市姜堰区侨联	泰州市姜堰区上海路 1 号姜堰区行政大楼 1413 室	13901422102	（0523）88869665	225500
宿迁市侨联	宿迁市宿城区南湖路 1 号 812 室	15261215658	（0527）84368532	223800

浙江省

单位名称	地　址	电话号码	传真号码	邮政编码
浙江省侨联	杭州市保俶路 24 号华侨大楼	（0571）85119059	（0571）82119059	310000
杭州市侨联	杭州市上城区解放东路 18 号市民中心 D 座	（0571）85255515	（0571）85255507	310000
宁波市侨联	宁波市和济街 95 号 18 楼	（0574）89184337	（0574）89382332	315042
温州市侨联	温州市绣山路 299 号财政大楼附 5 楼	（0577）88965226	（0577）88968631	325009
湖州市侨联	湖州市仁皇山路 666 号市行政中心 1 号楼 4 楼	（0572）2398762	（0572）2398610	313000
嘉兴市侨联	嘉兴市南湖区广场路 1 号市行政中心 5 号楼	（0573）82521872	（0573）82521392	314050
绍兴市侨联	绍兴市越城区洋江西路 589 号行政中心 4 号楼绍兴市侨联秘书处	（0575）85166293	（0575）85165262	312000
金华市侨联	金华市双龙南街 801 号市政府主楼 8 楼 812 室	（0579）82436190	（0579）82437026	321017
衢州市侨联	浙江省衢州市柯城区白云中大道 37 号 11 楼	（0570）8033060	（0570）3080122	324000
舟山市侨联	舟山市新城海天大道 681 号东 1 号楼 10 楼	（0580）2280862	（0580）2282281	316021
台州市侨联	台州市行政大楼 6 楼	（0576）88510726	（0576）88511636	318000
丽水市侨联	丽水市莲都区花园路 1 号市行政中心主楼 11 楼	（0578）2091947	（0578）2091947	323000

安徽省

单位名称	地　址	电话号码	传真号码	邮政编码
安徽省侨联	合肥市马鞍山路 509 号省政务服务中心 B 座 16 楼	（0551）62999176	（0551）62999182	230002
合肥市侨联	合肥市东流路 100 号政务中心一区 B 座 8 层	（0551）63538902	（0551）63538901	230071
淮北市侨联	淮北市古城路 58 号相王大厦西座 13 楼	（0561）3119263	（0561）3119263	235000
亳州市侨联	亳州市芍花路 588 号市行政中心 2081 室	（0558）5555989	（0558）5555989	236800
宿州市侨联	宿州市银河一路政务中心主楼 111 室	（0557）3025525	（0557）3025525	234000
蚌埠市侨联	蚌埠市东海大道行政办公中心 2107 室	（0552）3119928	（0552）3122007	233040
阜阳市侨联	阜阳市颍州区清河路 539 号市政府西办公楼二楼	（0558）2267553	（0558）2267553	236000
淮南市侨联	淮南市山南新区政务中心 A 座 641 室	（0554）6678820	（0554）6678820	232001

安徽省

单位名称	地　址	电话号码	传真号码	邮政编码
滁州市侨联	滁州市龙蟠大道 200 号交通大厦 323 室	（0550）3041886	（0550）3041886	239000
六安市侨联	六安市金安区望城岗街道市行政中心 3 号楼 236 室	（0564）3379951	（0564）3379951	237001
马鞍山市侨联	马鞍山市雨山区印山西路 299 号教育大厦 12 层	（0555）2474491	（0555）2474491	243000
芜湖市侨联	芜湖市政通路 66 号政务文化中心 B 区 105 室	（0553）3881395	（0553）3815780	241011
宣城市侨联	宣城市鳌峰中路 45 号	（0563）3021263	（0563）3022279	242000
铜陵市侨联	铜陵市湖东路 666 号市政府大楼北楼 608 室	（0562）5880800	（0562）5880800	244000
池州市侨联	池州市贵池区清风东路 99 号	（0566）2088231	（0566）2088231	247100
安庆市侨联	安庆市菱湖北路 30 号主楼	（0556）5346557	（0556）5346557	246002
黄山市侨联	黄山市屯溪区天都大道市政府大楼 9 楼	（0559）2355261	（0559）2355262	245000

福建省

单位名称	地　址	电话号码	传真号码	邮政编码
福建省侨联	福州市鼓屏路 192 号山海大厦南厅十楼	（0591）87804224	（0591）87818370	350001
福州市侨联	福州市五一北路 106 号新侨联广场 A 座 6 层	（0591）87537290	（0591）87514108	350001
福州市鼓楼区侨联	福州市鼓楼区津泰路 98 号档案综合楼 7 楼	（0591）87111510	（0591）87112151	350001
福州市台江区侨联	福州市台江区台江路 88 号安平大厦 1306 室	（0591）83272144	（0591）83272144	350009
福州市仓山区侨联	福州市仓山区对湖路 21 号	（0591）83478613	（0591）83478613	350007
福州市晋安区侨联	福州市晋安区福马路 241 号 4 层	（0591）83640974	（0591）83640974	350011
福州市马尾区侨联	福州市马尾区君竹路 30 号	（0591）83683557	（0591）83683557	350015
长乐市侨联	长乐市爱心路 232 号长乐华侨博物馆	（0591）28922307	（0591）28922307	350200
福清市侨联	福清市玉屏街道一拂路 30 号侨联大厦二楼	（0591）85222577	（0591）85222577	350300
闽侯县侨联	闽侯县甘蔗镇 818 西路 136 号海联大厦三楼	（0591）22068268		350100
连江县侨联	福州市连江县凤城镇丹凤路侨联大厦 2 层	（0591）26161026	（0591）26232348	350500
闽清县侨联	福州市闽清县梅城镇解放大街 55 号华侨大厦 3 层	（0591）22332197	（0591）22375030	350800
罗源县侨联	福州市罗源县凤山镇北大路 15 号	（0591）26831381	（0591）26831381	350600
永泰县侨联	福州市永泰县樟城镇较场路 3 号侨联大厦	（0591）24833068	（0591）24833068	350700
连江县长龙华侨农场	福州市连江县长龙镇华侨农场场部	（0591）26391197	（0591）26391149	350507
福清江镜华侨农场	福清市江镜镇江侨新村场部	（0591）85982650	（0591）85982650	350316
福清东阁华侨农场	福清东阁华侨农场	（0591）85511399	（0591）85511399	350316
厦门市侨联	厦门市思明区白鹭洲路 16 号团结大厦 8 楼	（0592）2856564	（0592）2856554	361004
厦门市思明区侨联	厦门市思明区禾祥东路 168 号	（0592）5818358	（0592）5880950	361004
厦门市湖里区侨联	厦门市湖里区枋湖南路 161 号 8 楼	（0592）5722317	（0592）5780990	361009
厦门市集美区侨联	厦门市集美区岑西路 29 号（集美侨联大厦）	（0592）6067114	（0592）6102079	361021
厦门市同安区侨联	厦门市同安区南门路 87 号	（0592）7022730	（0592）7311831	361100
厦门市海沧区侨联	厦门市海沧区滨湖北路 15 号 2404 室	（0592）6589322	（0592）6588322	361026
厦门市翔安区侨联	厦门市翔安区祥福路 2005 号	（0592）7889787	（0592）7889727	361102
宁德市侨联	宁德市东侨开发区福宁北路 6 号工会大厦二层 213 室	（0593）2869025	（0593）2869025	352100
宁德市蕉城区侨联	宁德市蕉城北路后洋中弄 8 号	（0593）2825575	（0593）2825575	352100
古田县侨联	宁德古田县解放路 192 号	（0593）3897205	（0593）3807028	352200
屏南县侨联	宁德屏南县古峰镇县府路 1 号县政府大院	（0593）3322096	（0593）3322096	352300
寿宁县侨联	宁德寿宁县鳌阳镇胜利街 128 号政府大院内	（0593）5522783	（0593）5522783	355500

福建省

单位名称	地　址	电话号码	传真号码	邮政编码
周宁县侨联	宁德周宁县北门路 11 号县委综合楼 2 楼侨联	（0593）5635076	（0593）5635076	355400
福安市侨联	宁德福安市城北街道上杭路 22 号市委大楼一层	（0593）6382589	（0593）6382589	355000
柘荣县侨联	宁德柘荣县委 2 号楼 409 室	（0593）8352848	（0593）8352848	355300
福鼎市侨联	宁德福鼎市政府路 139 号市侨联	（0593）7810546	（0593）7810546	355200
霞浦县侨联	宁德霞浦县松城街道府前路 9 号	（0593）8893249	（0593）8893249	355100
宁德市东湖塘华侨农场侨联	宁德市东湖塘华侨农场	（0593）2318522	（0593）2318522	352100
莆田市侨联	莆田市荔城区城门街 551 号 3 号楼	（0594）2333766	（0594）2333766	351100
莆田市城厢区侨联	莆田市城厢区荔华东大道 269 号区政府办公大楼 329-330 室	（0594）2681872	（0594）2681872	351100
莆田市秀屿区侨联	莆田市秀屿区侨联大厦三楼	（0594）5871808	（0594）5898808	351146
莆田市荔城区侨联	莆田市东大路 155 号	（0594）2292665	（0594）2292412	351100
莆田市涵江区侨联	莆田市涵江区涵东街道华侨路 119 号侨联大厦	（0594）3597088	（0594）3597088	351111
仙游县侨联	仙游县鲤城街道清源东路 1 号主楼六层	（0594）8292233	（0594）8599510	351200
泉州市侨联	泉州市东海新行政中心交通科研楼 A 幢 3 层	（0595）22282352	（0595）22190737	362000
泉州市鲤城区侨联	泉州市鲤城区海滨街道庄府巷鲤城区政府大院内 1-118	（0595）22184732	（0595）22178220	362000
泉州市丰泽区侨联	泉州市丰泽区迎津新村 8 幢 13 楼梯 2 楼	（0595）22508386	（0595）22567502	362000
泉州市洛江区侨联	泉州市洛江区万荣街 97 号洛江区人民政府办公楼前楼 515 室	（0595）22633866	（0595）22633966	362011
泉州市泉港区侨联	泉州市泉港区行政服务中心六楼	（0595）87971357	（0595）87971357	362801
泉州台商投资区投资促进局	泉州台商投资区杏秀路区行政办公大楼二楼	（0595）27559803	（0595）27399976	362122
德化县侨联	德化县龙津路北段 28 号	（0595）23522321	（0595）23522321	362500
晋江市侨联	晋江市青阳新华街 220 号侨联大厦三楼	（0595）85661318	（0595）85668158	362200
石狮市侨联	石狮市群英北路侨联大厦 7 楼	（0595）88781041	（0595）82229292	362700
南安市侨联	南安市溪美镇新华街 8 号侨联大厦	（0595）86382252	（0595）86372252	362300
惠安县侨联	惠安县螺城科山路 2 号	（0595）87382115	（0595）87393561	362100
安溪县侨联	安溪县凤城镇联谊街联谊大厦六楼	（0595）23232435	（0595）23281658	362400
永春县侨联	永春县桃城环城路 1-3 号	（0595）23882653	（0595）23875808	362600
漳州市侨联	漳州市芗城区南昌路小商品城 C 幢 305 室	（0596）2031137	（0596）2024960	363000
漳州市芗城区侨联	漳州市芗城区华侨新村 1 号	（0596）2033101	（0596）2033101	363000
漳州市龙文区侨联	漳州市龙文区景山机关大院 1 幢 904 室	（0596）2128787	（0596）2128787	363000
漳州市常山华侨经济开发区侨联	漳州常山华侨经济开发区	（0596）8626112	（0596）8628220	363300
诏安县侨联	诏安县南诏镇中心西路 487 号	（0596）3323889	（0596）3322323	363500
东山县侨联	东山县西埔镇白石街泽园路 10 号	（0596）5835485	（0596）5839767	363400
云霄县侨联	云霄县云陵镇云东路 84 号政协大楼	（0596）8533171	（0596）8530766	363300
龙海市侨联	龙海市石码镇公园路 13-15 号侨联商厦五楼	（0596）6522209	（0596）6562952	363100
漳浦县侨联	漳州市漳浦县绥安镇民主路联谊大厦三楼	（0595）3220930	（0595）3220930	363200
南靖县侨联	南靖县山城镇沿江路 16 号	（0596）7832467	（0596）7832467	363600
长泰县侨联	长泰县武安镇县委大院 B 幢二楼	（0596）8322321	（0596）6322500	363900
平和县侨联	平和县小溪镇东大路侨联大厦七楼	（0596）5232239	（0596）5232239	363700

福建省

单位名称	地 址	电话号码	传真号码	邮政编码
漳州台商投资区角美镇侨联	漳州市台商投资区角美镇文圃大道 6-7 号	（0596）6788271	（0596）6788271	363107
华安县侨联	华安县华丰镇平湖路 12 号 2 幢 101 室	（0596）7362465	（0596）7362465	363800
龙岩市侨联	龙岩市龙岩大道 1 号行政办公中心东附楼北 420 室	（0597）3213322	（0597）2324871	364000
龙岩市新罗区侨联	龙岩市新罗区中城街道西宫巷 14 号	（0597）2290922	（0597）2290922	364000
龙岩市永定区侨联	永定区凤城街道金凤路 49 号三楼	（0597）5832128	（0597）5938882	364100
上杭县侨联	上杭县北环路人民防空大楼二层	（0597）3843907	（0597）3843907	364200
武平县侨联	武平县行政服务中心七号楼二层	（0597）4836833	（0597）4836833	364300
漳平市侨联	漳平市桂北路行政服务中心四楼	（0597）7532375	（0597）7532375	364400
连城县侨联	连城县政府一楼	（0597）8922439	（0597）3320839	366200
长汀县侨联	长汀县汀州镇兆征路 19 号	（0597）3160190	（0597）3160190	366300
三明市侨联	三明市梅列区东新二路梅岭新村 34 幢工会大厦 9 楼	（0598）8296011	（0598）8296011	365000
三明市三元区侨联	三明市三元区崇宁路 10 号	（0598）8337483	（0598）8325850	365001
三明市梅列区侨联	梅列区政府大院内	（0598）8246853	（0598）8246853	365000
明溪县侨联	明溪县雪峰镇民主路 9 号	（0598）2813663	（0598）2813663	365200
永安市侨联	永安市南山路 1 号市政府办公大楼	（0598）3833321	（0598）3833321	366000
大田县侨联	大田县均溪镇凤山西路 40 号	（0598）7222549	（0598）7222549	366001
沙县侨联	沙县金鼎城办公楼五楼	（0598）5826672	（0598）5826672	365500
宁化县侨联	宁化县城关中山路 1 号	（0598）6822586	（0598）6822586	365400
建宁县侨联	建宁县城关中山南路 21 号	（0598）3960049	（0598）3960049	354500
尤溪县侨联	尤溪县城关建设东街 66 号	（0598）6307956	（0598）6307953	365100
泰宁县侨联	泰宁县和平中街 25 号政务大楼北四楼	（0598）7833454	（0598）7833454	354400
清流县侨联	清流县龙城街 22 幢	（0598）5390399	（0598）5322212	365300
将乐县侨联	将乐县古镛镇建新路 11 号	（0598）2324226	（0598）2324226	353300
宁化泉上华侨农场	宁化泉上华侨农场	（0598）6761065	（0598）6761076	365402
南平市侨联	南平市建阳区广场东路 3 号写字楼 2302 室	（0599）8854856	（0599）8854856	354200
南平市延平区侨联	南平市人民路 93 号区政协大楼	（0599）8721368	（0599）8721368	353000
武夷山市侨联	武夷山市文公路 5 号度假区大楼 10 楼	（0599）5314630	（0599）5314630	354300
松溪县侨联	松溪县大街 80 号	（0599）2328637	（0599）2321093	353500
政和县侨联	政和县城关南门桥头原工商局 4 楼	（0599）3327298	（0599）3327298	353600
邵武市侨联	邵武市新建路 8 号	（0599）6322849	（0599）6322849	353400
建阳市侨联	建阳市潭城镇西桥北路 5 号市委大楼一楼	（0599）6153200	（0599）6153200	354200
光泽县侨联	光泽县文昌路 45 号 402 室	（0599）7923295	（0599）7923295	354100
顺昌县侨联	顺昌县城中路 50 号	（0599）7820880	（0599）7821326	353200
浦城县侨联	浦城县武夷山路县招待所 5 号楼	（0599）6175736	（0599）6175736	353400
建瓯市侨联	建瓯市政府行政中心八楼	（0599）3725089	（0599）3725089	353100
平潭综合实验区侨联	平潭综合实验区金井湾商务运营中心 3 号楼 5 层	（0591）23160929	（0591）23160936	350400

江西省

单位名称	地 址	电话号码	传真号码	邮政编码
江西省侨联	江西省南昌市卧龙路 999 号省行政中心	（0791）88918919	（0791）88918966	3300036
南昌市侨联	南昌市红谷滩区会展路 199 号红谷大厦 B 座 22 楼	（0791）83885562	（0791）83885545	330038

江西省

单位名称	地　址	电话号码	传真号码	邮政编码
南昌县侨联	南昌县莲塘镇澄湖北大道 99 号	（0791）85712479	（0791）85712479	330200
进贤县侨联	进贤县县委大楼	（0791）85622356		331700
安义县侨联	安义县文峰路 729 号	83413469		330500
东湖区侨联	南昌市东湖区三经路 699 号东湖区综合服务中心南楼 9 楼	（0791）86210568	（0791）86210568	330046
西湖区侨联	南昌市西湖区抚生路 369 号	86565235	86565235	330025
青云谱区侨联	南昌市青云谱区广州路 268 号	88463110	88463110	330001
青山湖区侨联	南昌市青山湖区南京东路 1440 号文化传媒大楼 6 楼	88100993		330029
新建区侨联	南昌市新建区长埈镇新建大道 239 号区委大楼	83706002	83706002	330100
红谷滩区侨联	南昌市红谷滩区赣江北大道 1516 号方大中心 9 楼	（0791）83830582		330038
九江市侨联	江西省九江市八里湖大道 166 号市民服务中心西楼 C621	（0792）8227479	（0792）8227479	332000
浔阳区侨联	江西省九江市市民服务中心	（0792）8225288		332000
武宁县侨联	九江市武宁县九宫山大道市民服务中心主楼南楼 4 楼	（0792）2772198		332300
修水县侨联	九江市修水县义宁大道 199 号城南行政中心政协楼四楼 404 室	（0792）7228010		332400
都昌县侨联	九江市都昌县东风大道 39 号县委大院统战部	（0792）5232112	（0792）5232198	332600
瑞昌市侨联	江西省九江市瑞昌市杨林大道 170 号市委七楼	（0792）48811898		332200
湖口县侨联	江西省九江市湖口县石钟山大道行政大楼六楼统战部	（0792）6332521	（0792）6332521	332500
彭泽县侨联	江西省九江市彭泽县山南行政中心主楼 510 室	（0792）5665506		332700
永修县侨联	九江市永修县城投大厦主楼 A507 室	（0792）3223176		330300
德安县侨联	江西省九江市德安县市民服务中心 528 室	（0792）4332502	（0792）4332502	330400
共青城市侨联	江西省共青城市市民服务中心 1 号楼 215 室	（0792）4342342	（0792）4341555	332020
庐山市侨联	江西省庐山市紫阳南路 105 号市委大楼	（0792）2666808		332800
柴桑区侨联	江西省九江市柴桑区庐山北路 168 号柴桑区委区政府二楼	（0792）6812195		332100
濂溪区侨联	江西省九江市九莲北路 399 号市民服务中心东附楼 706 室	（0792）8257665		332005
景德镇市侨联	江西省景德镇市瓷都大道 666 号市发展中心 18 号楼 3 楼	（0798）8228576	（0798）8228576	333000
乐平市侨联	江西省景德镇市乐平市为民服务中心 13 楼	（0798）6568851		333300
浮梁县侨联	江西省景德镇市浮梁县民福路 168 号	（0798）2628659		333400
昌江区侨联	江西省景德镇市昌江区西山路南湖新村	（0798）8332026	（0798）8332026	333000
珠山区侨联	江西省景德镇市新厂东路 299 号珠山区政府	13879850950		333000
萍乡市侨联	江西省萍乡市行政中心 2 号楼 637 室	（0799）6821596	（0799）6821596	337000
安源区侨联	江西省萍乡市安源区世纪广场 3 号楼区政府办	（0799）6661090	（0799）6661090	337000
湘东区侨联	江西省萍乡市湘东区人民政府区委统战部	（0799）3376626	（0799）3376626	337016
芦溪县侨联	江西省萍乡市芦溪县应急管理局	（0799）7550555	（0799）7550555	337200
上栗县侨联	江西省萍乡市上栗县公共政务局三楼县工商联	（0799）3662690 13979995798	（0799）3662690	337009
莲花县侨联	江西省萍乡市莲花县琴亭镇永安北路间月巷	（0799）7221247 13879931799	（0799）7221247	337100
新余市侨联	江西省新余市仰天岗大道 623 号	（0790）6343887	（0790）6343887	338000
分宜县侨联	江西省新余市分宜县广府路 6 号	（0790）5881602	（0790）5881602	336600
渝水区侨联	江西省新余市渝水区抱石大道东路 32 号	（0790）6222830	（0790）6222830	338000

江西省

单位名称	地　址	电话号码	传真号码	邮政编码
鹰潭市侨联	江西省鹰潭市信江新区经济大厦 C245	（0701）6445381	（0701）6445380	335001
月湖区侨联	鹰潭市月湖新城经济大厦 213 室	（0701）6257696	（0701）6257696	335000
余江区侨联	江西省鹰潭市余江区鹰南大道 1 号余江区经济大厦 718 室	（0701）5881198	（0701）5881198	335200
贵溪市侨联	江西省鹰潭市贵溪市市政府大楼 7 楼 709 室	（0701）3316616	（0701）3316616	335400
赣州市侨联	江西省赣州市长征大道 8 号市政中心北楼 601 室	（0797）8991697	（0797）8991698	341000
章贡区侨联	江西省赣州市章贡区区政中心东楼 16 楼	（0797）8199187	（0797）8199187	341000
南康区侨联	江西省赣州市南康区党政大楼	（0797）6605310	（0797）6632393	341400
瑞金市侨联	江西省瑞金市公务大楼 615 室	（0797）2557886		342500
赣县侨联	江西省赣县兴农路 2 号县委统战部	（0797）4441632	（0797）4441632	341100
信丰县侨联	江西省信丰县县政中心	（0797）3336329	（0797）3336706	341600
大余县侨联	江西省大余县委统战部	（0797）8722762	（0797）8723939	341500
上犹县侨联	江西省上犹县政府院内	（0797）8520206		341200
崇义县侨联	江西省崇义县委统战部	（0797）3812663		341300
安远县侨联	江西省安远县委院内	（0797）3732161	（0797）3732161	342100
龙南市侨联	江西省龙南市委统战部	（0797）3512228		341700
定南县侨联	江西省定南县委统战部	（0797）4289116	（0797）4289116	341900
全南县侨联	江西省全南县委统战部	（0797）2632916	（0797）2632916	341800
兴国县侨联	江西省兴国县委统战部	（0797）5322215	（0797）5326368	342400
宁都县侨联	江西省宁都县行政大楼 8 楼	（0797）6832180	（0797）6832180	342800
于都县侨联	江西省于都县贡江镇红军大道 108 号县委大院	（0797）6339155	（0797）6233280	342300
会昌县侨联	江西省会昌县委统战部	（0797）5629322	（0797）5622428	342600
寻乌县侨联	江西省寻乌县行政中心	（0797）2868186		342210
石城县侨联	江西省石城县政中心 A 区 306 室	（0797）5716658		342700
宜春市侨联	江西省宜春市宜阳大厦东座 413 室	（0795）3229266		336000
袁州区侨联	江西省宜春市袁州区行政中心 257 室	（0795）53225956		336000
樟树市侨联	江西省宜春市樟树市政府大楼 119 室	（0795）7362909		331200
丰城市侨联	江西省宜春市丰城市行政中心四楼	（0795）6608155	（0795）6608429	331100
高安市侨联	江西省宜春市高安市行政大楼 420 室	（0795）5212617	（0795）5212617	330800
靖安县侨联	江西省宜春市靖安县双溪镇北大街一号老公安局 507 室	13870521629		330699
奉新县侨联	江西省宜春市奉新县政府大楼 439 室	（0795）7180856	（0795）7180856	330700
上高县侨联	江西省宜春市上高县新行政中心大楼 511 室	（0795）2502096	（0795）2517517	336400
宜丰县侨联	江西省宜春市宜丰县行政中心 318 室	（0795）2991137	（0795）2765503	336300
铜鼓县侨联	江西省宜春市铜鼓县行政中心 738 室	（0795）8722670	（0795）8722670	336200
万载县侨联	江西省宜春市万载县党政大楼 710 室	（0795）8822660	（0795）8822660	336100
上饶市侨联	江西省上饶市信州区锦绣路 2 号广信大厦 A 座 15 楼	（0793）8223370		334000
信州区侨联	上饶市信州区三江大道 185 号	（0793）8309733		334000
德兴市侨联	江西省上饶市德兴市德兴行政大厦 9 楼	（0793）7513689		334200
广信区侨联	江西省上饶市广信区吉阳西路 1 号	（0793）8466079	（0793）8466079	334100
广丰区侨联	江西省上饶市广丰区市民中心 A 区 7 楼	（0793）2613253	（0793）2613253	334600
玉山县侨联	江西省上饶市玉山县府前路 1 号	（0793）2552429		334700

附录

江西省

单位名称	地 址	电话号码	传真号码	邮政编码
婺源县侨联	江西省上饶市婺源县环城北路 2 号	（0793）7350989		333200
鄱阳县侨联	江西省上饶市鄱阳县鄱阳湖大厦 17 楼	（0793）6280971		333100
余干县侨联	江西省上饶市余干县迎宾大道文化活动中心 4 楼	13879322212		335100
万年县侨联	江西省上饶市万年县行政服务中心 1015 室	（0793）3833826		335500
弋阳县侨联	上饶市弋阳县方志敏大道中路	（0793）5821269		334400
横峰县侨联	江西省上饶市横峰县兴安街 171 号	（0793）5782471	（0793）5782471	334300
铅山县侨联	江西省上饶市铅山县行政服务中心 7 楼	（0793）7960399		334500
吉安市侨联	江西省吉安市城南行政中心 B 座 701 室	（0796）8935218	（0796）8935218	343000
吉州区侨联	江西省吉安市吉州区行政中心 236 室	（0796）8280933	（0796）8280933	343000
青原区侨联	青原区政府大楼一楼后门区委统战部 109 室	（0796）68203638	（0796）68203638	343009
井冈山市侨联	江西省井冈山市党政大楼 3 楼	（0796）6890997	（0796）6890998	343600
吉安县侨联	江西省吉安县县委大院 4 楼	（0796）68442324	（0796）68442324	343100
新干县侨联	江西省新干县行政服务中心 A 区 10 楼 1003 室	（0796）2160096	（0796）2160096	331300
永丰县侨联	江西省永丰县恩江镇县行政中心 1041 室	（0796）2206616	（0796）2206616	331500
峡江县侨联	江西省峡江县百花路 6 号综合办公大楼三楼	（0796）3672892	（0796）3672892	331400
吉水县侨联	江西省吉水县行政中心三楼	（0796）8689255	（0796）8689255	331600
泰和县侨联	江西省泰和县嘉禾大道行政中心 8 楼	（0796）8638206	（0796）8638206	343700
万安县侨联	江西省吉安市万安县行政大楼 925 室	（0796）5701217	（0796）5701217	343800
遂川县侨联	江西省遂川县行政中心 9 楼	（0796）6328136	（0796）6328136	343900
安福县侨联	江西省安福县行政中心七楼	（0796）7622533	（0796）7622533	343200
永新县侨联	江西省永新县委统战部	（0796）7722301	（0796）7722301	343400
庐陵新区侨联	江西省吉安市吉州大道 306 号庐陵新区管委会 1801 室	（0796）8938606	（0796）8228515	343000
井冈山经开区侨联	江西省吉安市吉安县深圳大道 236 号井冈山经济技术开发区管委会	（0796）8403110	（0796）8401969	343100
抚州市侨联	江西省抚州市玉茗大道市直机关 1 号楼 424 室	（0794）8282448	（0794）8259980	344000
临川区侨联	江西省抚州市临川区行政中心 A-813	（0794）8441245		344000
金溪县侨联	江西省抚州市金溪县行政中心 A-421	（0794）5397550	（0794）5397550	344800
崇仁县侨联	江西省抚州市崇仁县行政中心 A-616	（0794）6329365		344200
东乡区侨联	江西省抚州市东乡区行政中心 805 室	13755913846		331800
南丰县侨联	江西省抚州市南丰县桔都大道行政大厦五楼县委统战部	（0794）3226070		344500
黎川县侨联	江西省抚州市黎川县京川大道 180 号行政大楼 533 室	（0794）7566878		344600
广昌县侨联	江西省抚州市广昌县行政中心 828 室	（0794）3622274		344900
乐安县侨联	江西省抚州市乐安县行政中心县委楼一楼县委统战部		（0794）6668269	344300
宜黄县侨联	江西省抚州市宜黄县世纪大道西侧党政大楼 3 楼		（0794）7602175	344400
资溪县侨联	江西省抚州市资溪县建设西路行政中心南 2 楼 219 室		（0794）5797090	335300
南城县侨联	江西省抚州市南城县行政中心 427 室		（0794）7254267	344700

山东省

单位名称	地 址	电话号码	传真号码	邮政编码
山东省侨联	济南市经十路 18262 号	（0531）86093950		250061
济南市侨联	济南市龙鼎大道 1 号龙奥大厦 E1310 室	（0531）66601651		260000

山东省

单位名称	地　址	电话号码	传真号码	邮政编码
济南市历下区侨联	济南市解放东路 99 号	(0531) 88151011		250014
济南市市中区侨联	济南市经八路 122 号济南大厦 413 室	(0531) 82078182		250001
济南市天桥区侨联	济南市堤口路 53 号	(0531) 81601068		250031
济南市槐荫区侨联	济南市经十路 29851 号槐荫区政务中心 5 层 528 室	(0531) 87589528		250117
济南市历城区侨联	济南市历城区文苑街 1500 号历城区便民服务中心 B 座 1016 室	(0531) 66899256		250100
济南市长清区侨联	济南市经十西路 17166 号长清区政务中心 3 层贸促会	(0531) 87228086		250300
济南市平阴县侨联	济南平阴县府前街 35 号外侨办	(0531) 87893351		250400
章丘市侨联	济南章丘市龙泉大厦 12010 室	(0531) 83278956		250200
商河县侨联	济南商河县行政服务中心五层	(0531) 84876399		251600
济阳县侨联	济阳县政务中心一层投资服务中心	(0531) 81178117		251400
青岛市侨联	青岛市香港中路 17 号市政府三期办公楼 1205 室	(0532) 85912172		266071
青岛市市南区侨联	青岛市宁夏路 286 号	(0532) 88729625		266071
青岛市市北区侨联	青岛市延吉路 80 号	(0532) 85801290		266033
青岛市李沧区侨联	青岛市黑龙江中路 615 号	(0532) 87610771		266199
青岛市崂山区委统战部侨联	青岛市仙霞岭路 18 号	(0532) 88997027		266061
青岛市城阳区侨联	城阳区山城路 195 号行政服务中心南五楼	(0532) 87968063		266109
青岛市黄岛区侨联	胶南市北京路 10 号阳光大厦 815 室	(0532) 85166828		266400
胶州市侨联	胶州市北京路 2 号行政服务西楼 931 室	(0532) 82206105		266300
即墨市侨联	即墨市振中街 16 号	(0532) 88551361		266200
平度市侨联	平度市红旗路 16-1 号	(0532) 87362051		266700
莱西市侨联	莱西市行政办公中心 855 室	(0532) 88405333		266600
淄博市侨联	淄博市张店区柳泉路 312 号	(0533) 3887403		255086
淄博市张店区侨联	张店区中心路 140 号侨兴书店	18653380088		255020
淄博市淄川区侨联	淄川区般阳路 41 号人口和计划生育局	15966955595		255100
淄博市博山区侨联	博山区县前街 10 号院 3 号楼 1 单元 302 室	15264348182		255200
淄博市周村区侨联	周村区恒丰盛世豪庭 11 号楼 2 单元 302 室	13805336142		255300
淄博市临淄区侨联	临淄区桓公路 268 号临淄区河道管理处	(0533) 7180086		255400
淄博市桓台县侨联	淄博柳泉路 107 号国贸大厦 1210 室	(0533) 3190617		255000
淄博市高青县侨联	高青县田镇二中宿舍楼中间楼西单元 2 楼东户	13325221386		256300
淄博市沂源县侨联	沂源县招商局转	13589590929		256100
枣庄市侨联	枣庄市新城光明大道 629 号综合楼 515 室	(0632) 8687882		277800
滕州市侨联	枣庄市滕州市政府	(0632) 5512748		277500
枣庄市薛城区侨联	枣庄市薛城区政府	(0632) 4412417		277800
枣矿集团侨联	枣庄市枣矿集团	(0632) 4081336		277800
枣庄市高新区侨联	枣庄市高新区	(0632) 6611502		277800
枣庄市台儿庄侨联	枣庄市台儿庄区政府	(0632) 6638998		277400
枣庄市山亭区侨联	枣庄市山亭区政府	(0632) 8812329		277200
枣庄市市中区侨联	枣庄市市中区政府	(0632) 3083023		277100
枣庄市峄城区侨联	枣庄市峄城区政府	(0632) 7715196		277300
东营市侨联	东营市南一路 1226 号	(0546) 8331817		257091
东营市广饶县侨联	广饶县乐安大街 501 号	(0546) 6441429		257300

山东省

单位名称	地 址	电话号码	传真号码	邮政编码
烟台市侨联	烟台市芝罘区环山路 2 号工商局 8 楼	（0535）6225321		264001
芝罘区侨联	烟台市芝罘区市府街 76 号	（0535）6214216		264001
福山区侨联	烟台市福山区河滨路 109 号	（0535）6363680		265500
牟平区侨联	烟台市牟平区文兴路 510 号	（0535）4219075		264100
龙口市侨联	龙口市行政中心 1535 室	（0535）8516939		265701
莱州市侨联	莱州市府东街南首	（0535）3070515		261400
蓬莱市侨联	蓬莱市钟楼东路 1 号	（0535）5642609		265600
招远市侨联	招远市泉山路 27 号	（0535）8211071		265400
海阳市侨联	海阳国际会议中心海滨中路 196 号	（0535）3223745		265100
栖霞市侨联	栖霞市腾飞路 199 号	（0535）5212395		265395
莱阳市侨联	莱阳市金水路 1 号	（0535）7215815		265200
长岛县侨联	长岛县委统战部	（0535）3212148		265800
潍坊市侨联	潍坊市高新区胜利东街 99 号市级机关综合办公大楼 2006 室	（0536）8789981		261061
昌邑市侨联	昌邑市会议中心	（0536）7112236		261300
济宁市侨联	济宁市红星中路 9 号市委院内	（0537）2967844		272000
泰安市侨联	泰安市望岳东路 3 号市政大楼 A8050 室	（0538）6991076		271000
山东农业大学侨联	泰安市岱宗大街 86 号山东农业大学统战部转	13805489518		271018
泰山医学院侨联	泰安市长城路 619 号泰山医学院统战部转	13668686899		271000
威海市侨联	威海市市政府六号楼	（0631）5220008		272000
荣成市侨联	荣成市外侨办	（0631）7562200		264300
文登市侨联	文登市外侨办	（0631）8452620		264400
乳山市侨联	乳山市侨联	（0631）6651932		264500
环翠区侨联	威海市环翠区外侨办	（0631）5227422		264200
日照市侨联	日照市烟台路 29 号	（0633）8779938		276800
东港区侨联	日照市烟台路 29 号	（0633）8253498		276800
岚山区侨联	日照市岚山区岚山中路 1 号区级办公楼 505 室	（0633）2618799		276808
五莲县侨联	日照市五莲县洪凝街道幸福路 15 号	（0633）5213056		262300
莒县侨联	莒县银杏大道 489 号	（0633）622636		276500
临沂市侨联	临沂市北城新区行政中心 1636 室	（0539）8727635		276000
兰山区侨联	临沂市金雀山路 57 号	（0539）8198530		276000
德州市侨联	德州市东风东路 1566 号新城综合楼主楼 1531 室	（0534）2687416		253000
德城区侨联	德州市德城区地安街 97 号	（0534）2666051		253001
聊城市侨联	聊城市东昌东路 101 号	（0635）8288690		252000
东昌府区侨联	聊城市聊堂路 2 号	（0635）8413752		252000
滨州市侨联	滨州市滨城区黄河五路 385 号市政大楼	（0543）3162167		256603
邹平县侨联	邹平县政务中心	（0543）4261953		256200
菏泽市侨联	菏泽市中华路 1009 号菏泽市人民政府	（0530）5310919		252000

河南省

单位名称	地 址	电话号码	传真号码	邮政编码
河南省侨联	郑州市纬二路 10 号	（0371）65919600	（0371）65919620	450003

附录

河南省

单位名称	地　址	电话号码	传真号码	邮政编码
郑州市侨联	郑州市互助路 73 号市委北院 3 号楼	(0371) 67183139	(0371) 67183139	450007
郑州市二七区侨联	郑州市二七区政通路 85 号	(0371) 68186007		452370
郑州市金水区侨联	郑州市金水区东风路 16 号	(0371) 63526365		450000
郑州市管城回族区侨联	郑州市管城回族区商城路 217 号	(0371) 66265963		450000
郑州市上街区侨联	郑州市上街区中心路 132 号	(0371) 68923450		450041
郑州市巩义市侨联	巩义市行政中心 B 区 605 室	(0371) 64353529	(0371) 64353529	451200
郑州市登封市侨联	登封市中禾商务广场 A 座 14 楼	(0371) 62861379		452470
郑州市新密市侨联	新密市青屏大街 86 号 4 号楼	(0371) 69822107		452370
郑州市荥阳市侨联	荥阳市万山路 98 号	(0371) 64669555		450100
郑州市新郑市侨联	新郑市人民路 186 号市委市政府一楼西	(0371) 62693079	(0371) 62693079	451100
郑州市中牟县侨联	中牟县商都大道 1 号	(0371) 62160677	(0371) 62160798	451450
开封市侨联	开封市金明大道 196 号	(0371) 23381211		475000
开封市兰考县侨联	兰考县桐乡街道机关大院综合楼	(0371) 26955565	(0371) 26996180	475300
开封市杞县侨联	杞县金城大道中段县委大院	(0371) 28991245	(0371) 28998569	475200
开封市通许县侨联	通许县行政路 1 号	(0371) 24976442		475400
开封市尉氏县侨联	尉氏县人民广场办公楼 12 楼	(0371) 27993601		475500
开封市祥符区侨联	祥符区县府东街 25 号区委院内	(0371) 26663003		475100
开封市城乡一体化示范区侨联	开封市八大街海汇中心 8013 室	(0371) 22940010		475000
开封市鼓楼区侨联	开封市鼓楼区中山路中段 92 号 B 座 1006 室	(0371) 27889587		475000
开封市龙亭区侨联	开封市龙亭区体育路 16 号	(0371) 22786005		475000
开封市顺河回族区侨联	开封市北土街 10 号院（顺河回族区委区政府新院）	(0371) 23699959		475000
开封市禹王台区侨联	开封市禹王台区三里堡街 45 号	(0371) 23386831	(0371) 23386831	475000
洛阳市侨联	河南省洛阳市洛龙区太康路 11 号 4 楼	(0379) 63317355	(0379) 63317355	471023
洛阳市老城区侨联	河南省洛阳市老城区墨香路与状元红路交叉口老城区政府 10 楼	(0379) 63999868		471000
洛阳市涧西区侨联	河南省洛阳市涧西区太原路 15 号群团服务中心 405 室	(0379) 64823615		471000
洛阳市孟津区侨联	河南省洛阳市孟津区水利局办公楼一楼东	(0379) 67915918	(0379) 67912143	471100
洛阳市瀍河区侨联	河南省洛阳市瀍河区九都东路 18 号瀍河区政府 1310 室	(0379) 63570525		471002
洛阳市洛龙区侨联	河南省洛阳市洛龙区开元大道 212 号洛龙区政府 B1414 室	(0379) 63228260	(0379) 65590690	471000
洛阳市偃师区侨联	河南省洛阳市偃师区首阳大厦 15 楼 1506 室	(0379) 67708662		471943
洛阳市西工区侨联	河南省洛阳市西工区行署路 3 号院 1 号楼 124 室	(0379) 63892362	(0379) 63892522	471000
洛阳市宜阳县侨联	河南省洛阳市宜阳县红旗西路 74 号老文化馆三楼 310 室	(0379) 68881689		471699
洛阳市汝阳县侨联	河南省洛阳市汝阳县杜康大道中段 36 号县委大院 501 室	(0379) 68259558		471200
洛阳市嵩县侨联	河南省洛阳市嵩县城关镇行政路 3 号县委院 5 楼	(0379) 66312406	(0379) 66312406	471400
洛阳市栾川县侨联	河南省洛阳市栾川县兴华中路 25 号县委 316 室	(0379) 66820878	(0379) 66832832	471500
洛阳市新安县侨联	河南省洛阳市新安县黄河大道 1030 县委一楼 115 室	(0379) 67280251	(0379) 67280251	471800
洛阳市洛宁县侨联	河南省洛阳市洛宁县北凤翼路 36 号县委二楼 210 室	(0379) 66231266	(0379) 66231266	471700
洛阳市伊川县侨联	河南省洛阳市伊川县人民中路 339 号县委一楼 115 室	(0379) 68366115	(0379) 68366115	471300
平顶山市侨联	平顶山市新城区市政大厦 9 楼	(0375) 2666916	(0375) 2666916	467000

河南省

单位名称	地　址	电话号码	传真号码	邮政编码
平顶山市汝州市侨联	平顶山市汝州市广成东路 56 号市委 2 楼	（0375）3332136	（0375）3321310	467500
平顶山市舞钢市侨联	河南省舞钢市垭口街道党政大楼 A416 室	（0375）7281970	（0375）8122783	462500
平顶山市宝丰县侨联	宝丰县城龙兴路老农业局院内二楼	（0375）6519617		467400
平顶山市郏县侨联	郏县行政路 56 号一楼 110 室	（0375）5179789 （0375）5179689	5179189	467100
平顶山市鲁山县侨联	鲁山县老城大街老武装部四楼	（0375）7233928		467300
平顶山市叶县侨联	河南省平顶山市叶县县委三楼 310 室	（0375）8052984	（0375）8052052	467200
平顶山市新华区侨联	平顶山市建设路西段 277 号院新华区政府院内	（0375）3380959		467000
平顶山市卫东区侨联	平顶山市卫东区建设路 888 号	（0375）3992632		467000
平顶山市湛河区侨联	平顶山市光明路中段 163 号	4963366		467000
安阳市侨联	河南省安阳市文峰大道 568 号党政综合楼 A701 室	（0372）2550342		455000
安阳市林州市侨联	河南省林州市红旗渠大道党政综合楼 1231 室	（0372）6166518	（0372）6166518	456550
安阳市滑县侨联	河南省滑县解放路与红旗路交汇处向南 150 米路西滑县人民政府院内	（0372）8113716		456400
安阳市内黄县侨联	河南省内黄县繁阳街道平安路 1 号	（0372）7711225		456300
安阳市汤阴县侨联	河南省汤阴县政通路 86 号	（0372）6209031		456150
安阳市文峰区侨联	河南省安阳市文峰大道东段中原银行楼内 1315 室	（0372）5100133		455000
安阳市北关区侨联	河南省安阳市北关区灯塔路 166 号	（0372）3363953	（0372）3363980	455000
安阳市殷都区侨联	河南省安阳市梅东路北段殷都区政府院内	（0372）5139648		455000
安阳市龙安区侨联	河南省安阳市梅东路南段龙安区政府三楼 A358 室	（0372）5022598		455001
鹤壁市侨联	鹤壁市淇滨区市政府一综合楼 717 室	（0392）3327196	（0392）3327196	458030
鹤壁市浚县侨联	浚县黎阳路县委综合办公楼 102 室	（0392）5522206	（0392）5522206	456250
鹤壁市淇县侨联	鹤壁市淇县人民政府 4030 室	（0392）7220096		456750
鹤壁市淇滨区侨联	鹤壁市淇滨区区政府主楼 606 室	（0392）3356335		458030
鹤壁市山城区侨联	鹤壁市山城区区委楼 406 室	2698001		458000
鹤壁市鹤山区侨联	鹤壁市鹤山区政府一号院 525 室	（0392）2323619	（0392）2323619	458010
新乡市侨联	新乡市人民东路甲 1 号	（0373）3696865		453000
新乡市长垣市侨联	新乡市长垣市蒲西街道人民路市委综合大楼 6006 室	（0373）8889522	（0373）8889522	453400
新乡市卫辉市侨联	新乡市卫辉市卫洲路 1 号	（0373）4495475		453100
新乡市辉县市侨联	新乡市辉县市东大街 1 号	（0373）6233120		453600
新乡市新乡县侨联	新乡市新乡县商务中心 1 号楼 1003 室	（0373）5085060		453003
新乡市获嘉县侨联	新乡市获嘉县花园路 1 号	（0373）4591254		453800
新乡市原阳县侨联	新乡市原阳县人民路综合楼 1 楼	（0373）7586353		453500
新乡市延津县侨联	新乡市延津县老政府院内老人大三楼	（0373）7620068		453200
新乡市封丘县侨联	新乡市封丘县城关镇东大街 39 号封丘县委院内	13949627806		453300
新乡市卫滨区侨联	新乡市人民路 479 号	（0373）2826065		453000
新乡市红旗区侨联	新乡市平原路 1110 号	（0373）2048176		453000
新乡市牧野区侨联	新乡市学院路南段牧野区政府院内 4 号楼三楼	（0373）3069962		453000
新乡市凤泉区侨联	新乡市凤泉区区府路 139 号	（0373）3095309	（0373）3095309	453011
焦作市侨联	河南省焦作市人民路 889 号市政大厦东配楼 303 室	（0391）3568311		454100
焦作市沁阳市侨联	河南省焦作市沁阳市怀府西路 46 号市委大院统战部办公室	（0391）5691246	（0391）5691246	454550

附
录

河南省

单位名称	地　址	电话号码	传真号码	邮政编码
焦作市孟州市侨联	河南省焦作市孟州市河阳大街 3 号统战部办公室	（0391）8166338 （0391）8181657		454750
焦作市博爱县侨联	河南省焦作市博爱县发展大道机关综合办公楼 1111 室	（0391）8683349	（0391）8683349	454450
焦作市武陟县侨联	河南省焦作市武陟县兴华路 6 号	（0391）7292312		454950
焦作市修武县侨联	河南省焦作市修武县城关镇为民路 99 号	（0391）7192084	（0391）7192084	434350
焦作市温县侨联	焦作市温县黄河路 55 号政府综合楼 4 楼东	（0391）6192836		454850
焦作市解放区侨联	河南省焦作市解放区民主中路大厦南街 2 号政府大楼 711 室	（0391）2915319		454150
焦作市山阳区侨联	河南省焦作市人民路 1969 号山阳区政府 6 楼 619A 室	（0391）3555085		454100
焦作市中站区侨联	河南省焦作市解放西路 5 号中站区政府五楼东侧	（0391）2946546		454191
焦作市马村区侨联	河南省焦作市马村区解放东路 3009 号区政府大楼 607 室	（0391）3128699		454171
濮阳市侨联	河南省濮阳市华龙区黄河中路 140 号	（0393）7779027	（0393）7779027	457001
濮阳市濮阳县侨联	河南省濮阳县红旗路综合办公楼南区	（0393）3336899		457100
濮阳市清丰县侨联	清丰县人民路综合楼	（0393）7222597	（0393）7222597	457300
濮阳市南乐县侨联	河南省濮阳市南乐县城关镇光明南路 211 号县委综合楼 637 室	（0393）6221108	（0393）6221108	457400
濮阳市范县侨联	河南省濮阳市范县人防大楼 220 室	13603835612		457500
濮阳市台前县侨联	台前县孙口镇纬六路综合楼 656 室	（0393）2227016		457600
濮阳市华龙区侨联	河南省濮阳市华龙区金堤北路 62 号	13839391502		457000
许昌市侨联	许昌市建安大道 1516 号	（0374）2965758		461000
许昌市魏都区侨联	许昌市天宝路 666 号	（0374）5055576	（0374）2334351	461000
许昌市建安区侨联	许昌市建安区新元大道创业大楼	（0374）5157269	（0374）5157299	461100
许昌市鄢陵县侨联	鄢陵县人民路中段	（0374）7363169	（0374）7169001	461200
许昌市长葛市侨联	长葛市葛天大道综合楼	（0374）6189825	（0374）6189825	461500
许昌市禹州市侨联	禹州市禹王大道人防楼	（0374）2077718	（0374）2077718	461670
许昌市襄城县侨联	襄城县烟城路东段综合楼	（0374）3999676	（0374）3999676	461700
漯河市侨联	漯河市翠华山路 99 号	（0395）3101680		462000
漯河市临颍县侨联	临颍县委综合楼 818 室	（0395）8887236	（0395）8887236	426600
漯河市舞阳县侨联	漯河市舞阳县舞泉镇人民路中段综合楼	0395 － 7136558	（0395）7121854	462400
漯河市郾城区侨联	漯河市郾城区海河路 299 号 409 室	（0395）6169952	（0395）6161262	462300
漯河市源汇区侨联	漯河市源汇区长江路 99 号	（0395）3281006	（0395）3281005	462000
漯河市召陵区侨联	漯河市汾河路 1 号召陵区政府行政综合大楼 1326 室	（0395）2615369	（0395）2615369	462000
漯河市经济技术开发区侨联	漯河市湘江东路开发区创业广场综合办公楼 701 室	13461580069		462000
漯河市城乡一体化示范区侨联	漯河市昌建总部港 1 号楼 1002 室	18239570303		462000
漯河市西城区现代服务业开发区侨联	河南省漯河市源汇区汉江路与太白山路交叉口西 100 米 1 号楼 21 楼 2111 室	15515290029	（0395）5751569	462000
三门峡市侨联	河南省三门峡市湖滨区崤山路中段老建委楼 909 室	（0398）2935007	（0398）2935007	472000
三门峡市湖滨区侨联	河南省三门峡市湖滨区河堤北路湖滨区委区政府二楼	3192169		472000
三门峡市陕州区侨联	河南省三门峡市陕州区大营镇陕州大道陕州区政府	（0398）3832084	（0398）3832084	472100
三门峡市渑池县侨联	渑池县委县政府综合办公楼五楼 528 室	（0398）2307756		472400

河南省

单位名称	地　址	电话号码	传真号码	邮政编码
三门峡市卢氏县侨联	三门峡市卢氏县城关镇西大街	(0398) 7188900	(0398) 7872854	472200
三门峡市义马市侨联	义马市委大院西侧二楼南	(0398) 5832269	(0398) 5832269	472300
三门峡市灵宝市侨联	灵宝市金城大道 19 号	(0398) 8869697	(0398) 8864389	472500
南阳市侨联	河南省南阳市范蠡路市民服务中心 6 号楼 5 楼	(0377) 62298577	(0377) 63133120	473000
南阳市邓州市侨联	河南省南阳市邓州市古城办事处新华中路 100 号	(0377) 62289526	(0377) 62289378	474150
南阳市宛城区侨联	河南省南阳市宛城区建设中路 666 号	(0377) 63636683		473005
南阳市卧龙区侨联	南阳市中州路 291 号 3 号楼 4 楼	(0377) 63136385		473003
南阳市镇平县侨联	河南省南阳市镇平县府前街 98 号县委	(0377) 65921225	(0377) 65921225	474250
南阳市内乡县侨联	河南省南阳市内乡县城关镇菊潭大街南一号	(0377) 65332771		474350
南阳市淅川县侨联	河南省南阳市淅川县人民路 103 号	(0377) 69229135	(0377) 69229135	474450
南阳市西峡县侨联	河南省南阳市西峡县人民西路行政中心 803 室	(0377) 69665959	(0377) 69663710	474500
南阳市新野县侨联	河南省南阳市新野县书院路 13 号县委院内	(0377) 66227666	(0377) 66227666	473500
南阳市唐河县侨联	河南省南阳市唐河县北京大道唐河县行政服务中心 425 室	(0377) 68967198	(0377) 68967089	473400
南阳市桐柏县侨联	河南省南阳市桐柏县三源大道县四大家办公楼一楼	(0377) 68219003		474750
南阳市社旗县侨联	河南省南阳市社旗县北中心街 1 号	(0377) 67921636		473300
南阳市方城县侨联	河南省南阳市方城县文化路 238 号县委办公楼一楼	(0377) 67286099		473200
南阳市南召县侨联	河南省南阳市南召县城关镇中华路 32 号县委院内	(0377) 66913746	(0377) 66913746	474650
商丘市侨联	河南省商丘市睢阳区府前路 1 号 11014 室	(0370) 3288561	(0370) 3288978	476000
商丘市睢阳区侨联	河南省商丘市睢阳区雪苑路 1 号 1509 室	(0370) 3278563	(0370) 3278563	476000
商丘市梁园区侨联	河南省商丘市梁园区锦绣路 66 号梁园区行政中心	(0370) 2276767	(0370) 2276767	476000
商丘市柘城县侨联	河南省商丘市柘城县未来大道 77 号	(0370) 6021671	(0370) 7299177	476200
商丘市虞城县侨联	河南省商丘市虞城县滨河路行政中心 6 楼	(0370) 3128620	(0370) 3128620	476300
商丘市夏邑县侨联	河南省商丘市夏邑县县府路 369 号	(0370) 6289991	(0370) 6289991	476400
商丘市永城市侨联	河南省商丘市永城市东方大道 33 号市委院内	(0370) 2718691	(0370) 2718691	476600
商丘市宁陵县侨联	河南省商丘市宁陵县人民路 6 号县商务中心	(0370) 7120606	(0370) 7812122	476700
商丘市民权县侨联	河南省商丘市民权县江山大道人力资源大厦 9 楼	(0370) 8566068	(0370) 8566068	476800
商丘市睢县侨联	河南省商丘市睢县凤城大道 1 号人大楼 4 楼	(0370) 8111976	(0370) 8111976	476900
信阳市侨联	信阳市新五大道羊山新区百花行政中心 9 号楼 7 楼	(0376) 6366381	(0376) 6366381	464000
信阳市浉河区侨联	信阳市浉河区五星街行政路 6 号区政府二号楼 205 室	(0376) 6503611		464000
信阳市平桥区侨联	信阳市平桥区区府路 20 号区委大门西侧	(0376) 3782219		464100
信阳市罗山县侨联	罗山县行政大道 18 号行政中心主楼 331 室、325 室	(0376) 2178697		464200
信阳市潢川县侨联	河南省信阳市潢川县春申办事处跃进东路 71 号	(0376) 3932219	(0376) 3932219	465150
信阳市固始县侨联	固始县陈元光大道 66 号县行政中心五楼	(0376) 4667146		465200
信阳市息县侨联	息县谯楼街 116 号	(0376) 5951054		464300
信阳市淮滨县侨联	淮滨县淮河大道县行政新区 A 楼 332 室	(0376) 7761032		464400
信阳市光山县侨联	光山县平安路 6 号县行政中心四楼	(0376) 8858503		465450
信阳市商城县侨联	商城县温泉湖大道 166 号县委 5 号楼 322 室、323 室	(0376) 7927913		465350
信阳市新县侨联	新县朝阳路 169 号县委办公楼东侧发改委二楼	(0376) 2956836		465500
周口市侨联	周口市川汇区莲花路人大政协综合楼 1107 室	(0394) 8262539		466000
周口市川汇区侨联	川汇区政府综合办公楼 1226 室	(0394) 8568565		466000

附录

河南省

单位名称	地址	电话号码	传真号码	邮政编码
周口市淮阳区侨联	淮阳区档案馆综合办公楼 1606 室	（0394）2687899		466700
周口市项城市侨联	项城市人民路中段	（0394）4296778		466299
周口市太康县侨联	太康县谢安路西段县政府综合楼院	（0394）6696368		461400
周口市郸城县侨联	郸城县新华路西段 36 号人大四楼	（0394）8989877 13949966593		477150
周口市沈丘县侨联	沈丘县人民大道中段东侧	（0394）5100186 15638013008	（0394）5100186	466300
周口市商水县侨联	商水县行政路中段商水县委院内	（0394）5444988		466100
周口市西华县侨联	安康大道西华县委综合楼	（0394）2536300 13839427986		466600
周口市扶沟县侨联	扶沟县城关镇桐丘北路 11 号	（0394）6227899		461300
周口市鹿邑县侨联	鹿邑县行政服务中心 B 座 7 楼 702 室	13503949431		477200
驻马店市侨联	驻马店市开源大道 56 号市委 2 号楼 521 室	（0396）2601728	（0396）2601730	463000
驻马店市驿城区侨联	河南省驻马店市驿城区解放大道西段	（0396）2828253		463000
驻马店市遂平县侨联	遂平县城南新区 2 号楼 2610 室	（0396）4922673	（0396）4903662	463100
驻马店市西平县侨联	西平县西平大道 178 号县委一楼西	（0396）6222284	（0396）6222284	463900
驻马店市上蔡县侨联	上蔡县蔡都大道东段中共上蔡县委四楼	（0396）6922307	（0396）6922307	463800
驻马店市汝南县侨联	汝南县行政新区 2 号楼 8 楼	（0396）3597689	（0396）8023890	463300
驻马店市平舆县侨联	平舆县清河大道 2 号县委综合楼 509 室	（0396）5007566	（0396）5022308	463400
驻马店市新蔡县侨联	新蔡县人民路县委办公楼五楼侨联办公室	（0396）5933052	（0396）5961899	463500
驻马店市正阳县侨联	正阳县东大街 3 号（县委办公楼一楼）	（0396）8922213	（0396）8922213	463600
驻马店市确山县侨联	确山县光明大道 669 号	（0396）7022119		463200
驻马店市泌阳县侨联	泌阳县行政路中段县委院内	（0396）7903669	（0396）7922211	463700
济源市侨联	济源市第一行政区 1 号楼 1207 室	（0391）6835293	（0391）6633565	459000

湖北省

单位名称	地址	电话号码	传真号码	邮政编码
湖北省侨联	武汉市武昌区水果湖路 272 号	（027）87821332 87123269	（027）87123269	430071
武汉市侨联	武汉市江汉区沿江大道 129 号 3 号楼	（027）65683290	（027）82761662	430014
江汉区侨联	江汉区新华下路特 15 号（区政府院内）	（027）85481663	（027）85481663	430022
江岸区侨联	江岸区六合路 1 号（区政府院内）	（027）82738792	（027）82738792	430010
硚口区侨联	硚口区沿河大道 518 号（区党委院内）	（027）83426340	（027）83426340	430034
汉阳区侨联	汉阳区芳草路特 1 号（区政府院内）	（027）84468590	（027）84468590	430050
洪山区侨联	洪山区珞狮路 318 号（区政府院内）	（027）87678215	（027）87678215	430077
武昌区侨联	武昌区中山路 307 号（区政府院内）	（027）88936342	（027）88936342	430060
青山区侨联	武汉市和平大道 971 号（区政府院内）	（027）68865065	（027）68865065	430080
江汉大学侨联	武汉市汉阳区（沌口）经济技术开发区（校综合楼）	（027）84225811	（027）84225811	430051
黄冈市侨联	黄冈市黄州区七一路 5 号 27 栋 6 楼	（0713）8885119	（0713）8885119	438000
浠水县侨联	浠水县委综合办公楼 2 楼	（0713）4233266	（0713）4233266	438200
麻城市侨联	麻城市金桥大道路 1 号 9 楼	（0713）2951402	（0713）2951402	438300
襄阳市侨联	襄阳市荆州街 73 号政府大院	（0710）3039947	（0710）3610498	441021
谷城县侨联	襄阳市谷城县侨联	（0710）7233505	（0710）7232388	441700

湖北省

单位名称	地　址	电话号码	传真号码	邮政编码
宜城市侨联	宜城市侨联	（0710）4250159	（0710）4250159	441400
老河口市侨联	老河口市侨联	（0710）8222069	（0710）8222069	441800
襄城区侨联	襄城区广电中心编辑部	（0710）3566203	（0710）3570263	441000
樊城区侨联	樊城区委统战部侨联	（0710）3705325	（0710）3705326	441100
襄州区侨联	襄州区侨联（襄州区政府内）	（0710）2826826	（0710）2815424	441100
枣阳市侨联	枣阳市侨联（枣阳市政府内）	（0710）6990988	（0710）6228648	441200
南漳县侨联	南漳县委统战部侨联	（0710）5231418	（0710）5231418	441500
襄阳市中心医院侨联	襄阳市中心医院	（0710）3512850	（0710）3512850	441021
襄北监狱侨联	湖北省襄北监狱	（0710）2649618	（0710）2641999	441123
荆州市侨联	荆州沙市区碧波路 6 号	（0716）8246941 8115056	（0716）8115056	434000
沙市区侨联	沙市区文官路 8 号（区党委院内）	（0716）4310086	（0716）4316303	434000
公安县侨联	公安县斗湖堤镇青路 2 号	（0716）5225619	（0716）5225619	434000
江陵县侨联	江陵县（郝穴镇）江陵县财政局	18908617909	13508617815	434139
监利县侨联	监利县容城镇民主路 48 号	（0716）3387318	（0716）3387318	433300
松滋市侨联	松滋市新江口镇民主路 166 号	（0716）6225777	（0716）6225777	434200
石首市侨联	石首市政府大院内	（0716）7814834	（0716）7813103	434400
洪湖市侨联	洪湖市赤卫西路市委大院内	（0716）2212159	（0716）2212159	433200
长江大学侨联	荆州市荆州区南环路 1 号长江大学统战部	13677229122	13677229122	434023
宜昌市侨联	宜昌市西陵区绿萝路 37 号人防备勤楼	（0717）6252978	（0717）6252977	443000
当阳市侨联	当阳市子龙路 9 号 10063 信箱	（0717）3253361	（0717）3250768	444000
宜都市侨联	宜都市委、市政府综合办公大楼 6 楼	（0717）4843813	（0717）4843827	443300
远安县侨联	远安县委统战部	（0717）3812254	（0717）3812256	444200
兴山县侨联	兴山县委统战部	（0717）2583042	（0717）2583042	443711
秭归县侨联	秭归县委统战部	（0717）2886020	（0717）2886020	443600
五峰县侨联	五峰土家族自治县五峰西北路 3 号	（0717）5821301	（0717）5821301	443400
长阳县侨联	长阳土家族自治县县委统战部	（0717）5326430	（0717）5326430	443500
夷陵区侨联	宜昌市夷陵区委统战部	（0717）7825407	（0717）7821309	443100
西陵区侨联	宜昌市西陵区委统战部	（0717）6768128	（0717）6768128	443000
点军区侨联	宜昌市点军区委统战部	（0717）6080079	（0717）6080079	443000
三峡大学侨联	宜昌市大学路 8 号三峡大学统战部	（0717）6392625	（0717）6392625	443000
葛洲坝集团侨联	宜昌市葛洲坝六公司工会	（0717）6722523	（0717）6722523	443000
七一〇所侨联	宜昌市 710 所	（0717）6436084	（0717）6436084	443000
孝感市侨联	孝感市乾坤大道 123 号市行政服务中心 211 办公室	（0712）2280211 2861498	（0712）2861498	432100
孝南区侨联	孝感市孝南区书院街 6 号	（0712）2859453	（0712）2059611	432100
汉川市侨联	汉川市侨联	（0712）8392910	（0712）8392910	431600
应城市侨联	应城市政府侨务办公室	（0712）3268213	（0712）3268213	432400
安陆市侨联	安陆市外事侨务旅游局	（0712）5226989	（0712）5226989	432600
大悟县侨联	大悟县外事侨务旅游局	（0712）7228318	（0712）7228318	432800
孝昌县侨联	孝昌县政府侨务办公室	（0712）4776079	（0712）4776079	432900
云梦县侨联	云梦县政府侨务办公室	（0712）4322805	（0712）4322805	432505

湖北省

单位名称	地　址	电话号码	传真号码	邮政编码
十堰市侨联	十堰市北京中路信访楼 6 楼	（0719）8109889 8666673	（0719）8666673	442000
丹江口市侨联	丹江口市侨联	（0719）5223372	（0719）5223372	442700
房县侨联	房县侨联	（0719）3249318	（0719）3224385	442100
竹山县侨联	竹山县侨联	（0719）4231406	（0719）4220168	442200
竹溪县侨联	竹溪县侨联	（0719）2722211	（0719）2722211	442300
郧县侨联	郧县侨联	（0719）7227876	（0719）7229136	442500
郧西县侨联	郧西县侨联	（0719）6227601	（0719）6227833	442600
张湾区侨联	张湾区公园路 82 号	（0719）8676960	（0719）8662316	442000
茅箭区侨联	茅箭区侨联	（0719）8782733	（0719）8795662	442012
黄石市侨联	黄石市杭州东路 1 号人大政协楼	（0714）6350100	（0714）6350100	435003
铁山区侨联	铁山区人民政府 9 楼	（0714）5421977	（0714）5421977	435000
黄石港区侨联	黄石港区人民政府 2 楼	（0714）6588108	（0714）6588108	435000
西塞山区侨联	西塞山区人民政府 10 楼	（0714）6481267	（0714）6481267	435000
下陆区侨联	下陆区人民政府 7 楼	（0714）5316026	（0714）5316026	435000
鄂州市侨联	鄂州市政府大楼 905 室	（0711）3830210 3830211	（0711）3830210	436000
随州市侨联	随州市城南新区市政府 6 楼	（0722）3596126	（0722）3596127	431300
荆门市侨联	荆门市象山大道 53 号市政府大院	（0724）2378056	（0724）2378056	448000
京山县侨联	京山县京开市镇中路 47 号	（0724）7331920	（0724）7328004	431900
钟祥市侨联	钟祥市呈祥镇石城中路 12 号	（0724）4222624	（0724）4225305	431900
沙洋县侨联	沙洋县平湖路 16 号	（0724）8558695	（0724）8551947	448200
咸宁市侨联	咸宁市政府大楼 10 楼	（0715）8126343	（0715）8126241	437100
咸安区侨联	咸宁市咸安区政府办公大楼	（0715）8368058	（0715）8322688	437000
嘉鱼县侨联	嘉鱼县委统战部	（0715）6355996	（0715）6355996	437200
崇阳县侨联	崇阳县委统战部	（0715）3395413	（0715）3398702	437500
赤壁市侨联	赤壁市赤马港行政新区赤壁市侨联	（0715）5336261	（0715）5336355	437300
天门市侨联	天门市陆羽大道市政府办公大楼二楼	（0728）5222335 5225505	（0728）5225505	431700
潜江市侨联	潜江市章华南路 18 号	（0728）6242671 6293462	（0728）6293462	433100
仙桃市侨联	仙桃市政府大楼四楼	（0715）3491176	（0715）3491176	433000
恩施州侨联	恩施市施州大道 29 号	（0718）8306546	（0718）8306542	445000
武汉大学侨联	武汉市武昌武珞路武汉大学统战部转	（027）68765162	（027）68762975	430072
华中科技大学侨联	武汉市珞喻路 1073 号华中科技大学统战部转	（027）87542801	（027）87544483	430074
武汉理工大学侨联	武汉市珞狮路 122 号武汉理工大学统战部转	（027）87651415	（027）87651415	430070
中南财经政法大学侨联	武汉市南湖南路 1 号中南财经政法大学统战部转	（027）88386935	（027）88386935	430073
中国地质大学（武汉）侨联	武汉市喻家山中国地质大学（武汉）统战部转	（027）67884338	（027）67884891	430074
华中师范大学侨联	武汉市武昌珞喻路 152 号华中师范大学统战部转	（027）67868029	（027）67867501	430079
华中农业大学侨联	武汉市狮子山街 1 号华中农业大学统战部转	（027）87282051	（027）87282056	430070
武汉体育学院侨联	武汉市武昌珞喻路武汉体育学院统战部转	（027）87190831	（027）87191698	430079
武汉音乐学院侨联	武汉市解放路 255 号武汉音乐学院党办转	（027）88066354	（027）88069436	430060

附录

湖北省

单位名称	地　址	电话号码	传真号码	邮政编码
湖北第二师范学院侨联	武汉东湖高新技术开发区湖北第二师范学院统战部转	（027）87943623	（027）87943840	430205
湖北工业大学侨联	武汉市武昌南湖湖北工业大学统战部转	（027）59750040	（027）59750041	430068
武汉工程大学侨联	武汉市雄楚大街 693 号武汉工程大学统战部转	（027）87194621	（027）87195310	430074
湖北经济学院侨联	武汉江夏藏龙岛科技开发园区洋湖大道特 1 号湖北经济学院组织部转	（027）81973709	（027）81973781	430205
中南民族大学侨联	武汉市洪山区民院路 708 号中南民族大学统战部转	（027）67842674	（027）67842674	430074
武汉纺织大学侨联	武汉市鲁巷纺织路 1 号武汉纺织大学组织部转	（027）87181452 转 9426（组办） 62358788	（027）59367597	430073
武汉科技大学侨联	武汉市青山建设一路武汉科技大学统战部转	（027）68862793	（027）68862793	430081
湖北中医药大学侨联	湖北省武汉市洪山区黄家湖西路 1 号	（027）68890011	（027）68890031	430061
中科院武汉分院侨联	武汉市小洪山 1 号楼中科院武汉分院党办转	（027）87199982 87199480	（027）87199315	430071
湖北大学侨联	武汉市武昌宝积庵湖北大学统战部转	（027）88663912	（027）88663912	430062
湖北省农科院侨联	武汉市武昌南湖瑶苑特一号湖北省农科院党办转	（027）87389577	（027）87389499	430064
铁道部第四勘察设计院侨联	武汉市武昌杨园和平大道 745 号铁四院宣传部转	（027）51155786 转 878	（027）51155389 86814198	430063
湖北大学侨联	武汉市武昌宝积庵湖北大学统战部转	（027）88663912	（027）88663912	430062
中国长江航运总公司侨联	武汉市沿江大道 69 号长航大厦 32 楼	（027）82766527	（027）82766550	430021
中铁大桥局侨联	武汉市经济技术开发区（沌口）博学路 8 号中铁大桥局组织统战部转	（027）84957158	（027）84846738	430050
交通部长江航务管理局侨联	武汉市汉口沿江大道 134 号长江航务管理局统战部转	（027）82767322	（027）82766274	430014
长江水利委员会侨联	武汉市解放大道 1863 号长江水利委员会党委直属统战处转	（027）8282303	（027）8282307	430010
武汉铁路局侨联	武汉市武昌八一路 2 号武汉铁路局统战部转	（027）51126159	（027）51126159	430071
中南建筑设计院侨联	武汉市武昌中南路 17 号中南建筑设计院组织处	（027）87336632	（027）87317735	430071
湖北电力公司侨联	武汉市武昌徐东路 341 号湖北电力公司组干处	（027）88566522	（027）88565641	430077
武汉钢铁公司侨联	武汉市友谊大道 999 号武钢集团组织人事部（党委统战部）转	（027）86893613	（027）86899867	430080
武汉油料研究所侨联	武汉市武昌徐东二路 2 号武汉油料研究所党办转	（027）86812770	（027）86816451	430062
东风汽车公司侨联	武汉市东风大道特 1 号东风公司党委工作部统战部转	（027）84285179 84285149	（027）84285155	430056
华中电网公司侨联	武汉市武昌东湖梨园华中电网公司人事处转	（027）86762222	（027）86765100	430077

湖南省

单位名称	地　址	电话号码	传真号码	邮政编码
湖南省侨联	湖南省长沙市开福区迎宾路 185 号	（0731）84420029	（0731）84432327	410011
长沙市侨联	湖南省长沙市白沙路 255 号	（0731）85112576	（0731）85111802	410002
衡阳市侨联	湖南省衡阳市蒸湘区延安路 22 号市委大院 3 栋 4 楼	（0734）8866811	（0734）8866811	421001
株洲市侨联	湖南省株洲市天元区长江南路 600 号	（0731）28687597	（0731）28687591	412007
湘潭市侨联	湖南省湘潭市岳塘区湖湘西路 6 号	（0731）58583235	（0731）58583235	411100
邵阳市侨联	湖南省邵阳市行政中心大楼主楼一楼东	（0739）5363389	（0739）5363389	422000
岳阳市侨联	湖南省岳阳市岳阳楼区南湖大道 546 号	（0730）8889827	（0730）8889927	414000
常德市侨联	湖南省常德市武陵区朗州路 1662 号智慧大厦 7 楼.	（0736）7133915	（0736）7133915	415000
张家界市侨联	湖南省张家界市永定区教场路 252 号	（0744）8204439	（0744）8204439	427000

湖南省

单位名称	地　址	电话号码	传真号码	邮政编码
益阳市侨联	湖南省益阳市赫山区梓山西路8号市委市政府10楼	（0737）6100956	（0737）6100956	413000
郴州市侨联	湖南省郴州市苏仙北路26号市委第五办公楼	（0735）2368575	（0735）2368575	423000
永州市侨联	湖南省永州市冷水滩区湘江东路166号潇湘大厦1218室	（0746）8358222	（0746）8358222	425000
怀化市侨联	湖南省怀化市鹤城区顺天北路顺天大道商务局大院	（0745）2719343	（0745）2716617	418000
娄底市侨联	湖南省娄底市娄星区湘中大道290号	（0738）8312118	（0738）8312118	417000
湘西州侨联	湖南省湘西州吉首市世纪大道3号	（0743）8238486	（0743）8225596	416000
中南大学侨联	湖南省长沙市岳麓区麓山南路932号中南大学党委统战部	（0731）88836335		410083
湖南大学侨联	湖南省长沙市岳麓区麓山南路2号湖南大学办公楼319室	（0731）88912598	（0731）88664157	410082
湖南师范大学侨联	湖南省长沙市岳麓区麓山路36号南师范大学党委统战部	（0731）88872410	（0731）88872410	410081
湘潭大学侨联	湖南省湘潭市雨湖区北二环	（0731）58292217	（0731）58292012	411105
湖南农业大学侨联	湖南省长沙市芙蓉区湖南农业大学党委统战部（行政楼415）	（0731）84617093	（0731）84635393	410128
湖南工业大学侨联	湖南省株洲市天元区泰山西路88号湖南工业大学党委统战部	13807338200		412008
湖南文理学院侨联	湖南省常德市武陵区洞庭大道3150号	（0736）7186016	（0736）7283046	415000
湖南人文科技学院侨联	湖南省娄底市娄星区氐星路487号	（0738）8326774		417000
长沙学院侨联	湖南省长沙市开福区洪山路98号	（0731）84261372		410022
南华大学侨联	湖南省衡阳市常胜西路28号	（0734）8282233	（0734）8281287	421001
衡阳师范学院侨联	湖南省衡阳市珠晖区衡花路16号	（0734）8484916		421008
湖南科技学院侨联	湖南省永州市零陵区杨梓塘路130号	（0746）6381474		425099
湖南科技大学侨联	湖南省湘潭市雨湖区桃园路	（0731）58290150		411201
中南林业科技大学侨联	湖南省长沙市天心区韶山南路498号		（0731）85623101	410004
湖南理工学院侨联	湖南省岳阳市岳阳楼区学院路439号	13507301901		414006
湖南工学院侨联	湖南省衡阳市珠晖区衡花路18号	（0734）3452051	（0734）3452008	421002
湖南工程学院侨联	湖南省湘潭市岳塘区福星东路88号	（0731）58588500	（0734）58583509	411104
邵阳学院侨联	湖南省邵阳市大祥区李子园	15007390298		422000
怀化学院侨联	湖南省怀化市鹤城区怀东路180号	（0745）2851001	（0745）2851305	418000
湖南中医药大学侨联	湖南省长沙市岳麓区含浦科教园学士路300号	13974845326		410208
湖南铁道职业技术学院侨联	湖南省株洲市石峰区田心大道18号	（0731）22783815		412001
长沙理工大学侨联	湖南省长沙市天心区万家丽南路2段960号	（0731）85258180	（0731）85258191	410114
湖南工商大学侨联	湖南省长沙市岳麓大道569号	13755049400		410205
湖南应用技术学院侨联	湖南省常德市鼎城区善卷路2058号	18935172055		415100
湖南学院侨联	湖南省郴州市苏仙区郴州大道	18173561081		423000
湖南省侨商会	湖南省长沙市芙蓉区八一中路383号高原红大酒店1112	（0731）85206198	（0731）84432327	410011
湖南省华侨公益基金会	湖南省长沙市芙蓉区八一中路383号高原红大酒店1112	（0731）85206198	（0731）84432327	410011
湖南省侨联法顾委	湖南省长沙市开福区迎宾路185号	（0731）84154612	（0731）84432327	410011
湖南省侨联参政议政委员会	湖南省长沙市开福区迎宾路185号	（0731）84420029	（0731）84432327	410011

湖南省

单位名称	地 址	电话号码	传真号码	邮政编码
湖南省海外侨社团联谊总会	湖南省长沙市开福区迎宾路 185 号	(0731)84448721	(0731)84432327	410011
湖南省侨联特聘专家委员会	湖南省长沙市开福区迎宾路 185 号	(0731)84442431	(0731)84432327	410011
湖南省侨联青年委员会	湖南省长沙市开福区迎宾路 185 号	(0731)84448721	(0731)84432327	410011

广东省

单位名称	地 址	电话号码	传真号码	邮政编码
广东省侨联	广州市天河区体育东路 140-148 号 23 楼	(020)38879251	(020)38879252	510620
广州市侨联	广州市东风东路 555 号粤海集团大厦 24 楼	(020)83802278	(020)83876508	510050
深圳市侨联	深圳市福田区上步中路 1023 号市府二办六楼西	(0755)82099277	(0755)82106483	518028
珠海市侨联	珠海市香洲区人民东路 101 号 406 室	(0756)2115687	(0756)2252084	519000
汕头市侨联	汕头市金平区汕樟路 39 号侨联大厦三楼	(0754)88910149	(0754)88626580	515031
佛山市侨联	佛山市禅城区季华五路 18 号 10 楼	(0757)83358346	(0757)83358346	528000
韶关市侨联	韶关市风度北路 75 号市政府大楼 14 楼 1405 室	(0751)8882463	(0751)8882463	512000
河源市侨联	河源市富民街 2 号金视办公楼 2 楼	(0762)3821366	(0762)3335561	517000
梅州市侨联	梅州市嘉应东路 3 号侨联大厦	(0753)2259839	(0753)2259118	514011
惠州市侨联	惠州市惠城区江北市行政中心 5 号楼一楼	(0752)2808335	(0752)2808735	516003
汕尾市侨联	汕尾市区文德路市委党校综合楼一楼	(0660)3367524	(0660)3367524	516600
东莞市侨联	东莞市莞城区向阳路 18 号侨务楼 12 楼	(0769)22224823	(0769)22233372	523007
中山市侨联	中山市中山三路 26 号中山市人民政府第二办公区 2 楼	(0760)88855313	(0760)88824520	528403
江门市侨联	江门市建设路 26 号	(0750)3335022	(0750)3309627	529000
阳江市侨联	阳江市江城区白云路 38-39 号	(0662)3361292	(0662)3386193	529500
湛江市侨联	湛江市人民大道南 43 号 115 室	(0759)2218320	(0759)2274360	524001
茂名市侨联	茂名市油城六路市政府大院 2 号楼一楼	(0668)2274128	(0668)2911216	525000
肇庆市侨联	肇庆市城中路 49 号市府大院 1 幢 105 室	(0758)2231311	(0758)2202052	526040
清远市侨联	清远市新城鹿鸣路广源街清远大厦十二楼	(0763)3365594	(0763)3365545	511515
潮州市侨联	潮州市新桥西路 414 号侨联大厦	(0768)2267293	(0768)2268275	521000
揭阳市侨联	揭阳市榕城区马牙路揭阳市侨联大厦六楼	(0663)8768463	(0663)8768460	522000
云浮市侨联	云浮市天马行政中心	(0766)8988234	(0766)8988234	527300

广西壮族自治区

单位名称	地 址	电话号码	传真号码	邮政编码
广西壮族自治区侨联	南宁市青秀区桃源路 4-2 号	(0771)2806452	(0771)2806452	530021
南宁市侨联	南宁市青秀区嘉宾路 2 号 14 楼	(0771)5852861	(0771)5857859	530028
柳州市侨联	柳州市瑞康路 9 号 B 座 2 楼北	(0772)2660117	(0772)2663318	545001
桂林市侨联	桂林市临桂区西城中路 69 号创业大厦西辅楼 636 室	(0773)2848941	(0773)2829472	541100
梧州市侨联	梧州市新兴一路 121 号民主党派大楼 6 楼	(0774)2822280	(0774)2822280	543000
北海市侨联	广西北海市中山东路 213 号	(0779)3132787	(0779)2068421	536000
防城港市侨联	防城港市港口区迎宾街红树林大厦东塔 10 楼 1001 室	(0770)2830686	(0770)2836920	538001
钦州市侨联	钦州市行政信息中心 B208-1 室	(0777)3688218	(0777)3688218	535000
贵港市侨联	贵港市港北区中山北路 483 号市审计局大楼 4 楼侨联办公室	(0775)4563106	(0775)4563106	537100

广西壮族自治区

单位名称	地　址	电话号码	传真号码	邮政编码
玉林市侨联	玉林市玉东大道市政府办公大楼 3E01 室	(0775) 2823391	(0775) 2822338	537000
百色市侨联	百色市右江区龙景东路 11 号聚丰广场写字楼 13 楼(1301-1304 室)	(0776) 2826599	(0776) 2826599	533000
贺州市侨联	广西贺州市贺州大道 36 号	(0774) 5120616	(0774) 5120616	542899
河池市侨联	河池市金城江区百旺路 17 号行政办公中心 8 楼	(0778) 2284801	(0778) 2284801	547000
来宾市侨联	来宾市人民路 1 号	(0772) 4228286	(0772) 4228286	546100
崇左市侨联	崇左市江州区石景林街道市总工会北楼 3 楼 312 室	(0771) 7969026	(0771) 7969026	532200

海南省

单位名称	地　址	电话号码	传真号码	邮政编码
海南省侨联	海南省海口市琼山区文坛路 2 号海南工商职业学院行政楼 7 楼	(0898) 65355926	(0898) 65237850	570204
海口市侨联	海南省海口市海甸岛一西路 2 号 8 楼	(0898) 68532306	(0898) 68546025	570208
三亚市侨联	海南省三亚市天涯区文明路 145 号市政府第二办公楼 1401 室	(0898) 88260739	(0898) 88260739	572000
文昌市侨联	海南省文昌市文清大道市政府办公楼东楼 4 楼	(0898) 63330249	(0898) 63330840	571339
琼海市侨联	海南省琼海市新民街 202 号侨联大厦 5 楼	(0898) 62822406	(0898) 62825229	571400
万宁市侨联	海南省万宁市档案局 805 室	(0898) 62224201	(0898) 62224201	571500
儋州市侨联	海南省儋州市东风路 189 号原市委第一办公楼 4 楼	(0898) 23326672	(0898) 23326672	571700
五指山市侨联	海南省五指山市红旗路五指山市图书馆	(0898) 86633896	(0898) 86639939	572299
东方市侨联	海南省东方市市委 1 号办公楼一楼	(0898) 25522186	(0898) 25522186	572600
乐东县侨联	海南省乐东县政府办公楼 1 楼	(0898) 85532511	(0898) 85532511	572500
琼中县侨联	海南省琼中县政府第三办公楼 2 楼	(0898) 86222810	(0898) 86222810	572900
澄迈县侨联	海南省澄迈县金江镇文化北路 110-5 号	(0898) 67631028	(0898) 67631028	571900
保亭县侨联	海南省保亭县保城镇民族风情街二栋海峡两岸交流基地一楼	(0898) 38660030	(0898) 38660030	572300
定安县侨联	海南省定安县定城镇见龙大道人才劳动力市场大楼三楼 306 室	(0898) 63839096	(0898) 63839096	571200
临高县侨联	海南省临高县委大院 2 号办公楼 308 室	28284569	28284569	571800
白沙县侨联	海南省白沙县牙叉镇滨河北路 1 号政府办公大楼一楼	27715858	27715696	572800
昌江县侨联	海南省昌江县政府机关大楼 401 室	26699068	26699068	572700
屯昌县侨联	屯昌县昌盛路县委大楼五楼 531 室	13907516939		571600
陵水县侨联	陵水县椰林镇南干道县政务中心大楼 411 室	13519830651		572400

重庆市

单位名称	地　址	电话号码	传真号码	邮政编码
重庆市侨联	重庆市江北区北滨一路 359 号 4 楼	(023) 63865696	(023) 63610849	400020
万州区侨联	重庆市万州区江南大道 1 号区委大楼 302 室	(023) 58257879		404100
黔江区侨联	重庆市黔江区正阳街道新城行政公共服务中心 1722 室	(023) 79223541	(023) 79223541	409000
涪陵区侨联	重庆市涪陵区太极大道 71 号区委大楼 635 室	(023) 72813197	(023) 72813197	408099
渝中区侨联	重庆市渝中区管家巷 9 号区政府大楼 1909 室	(023) 63507411	(023) 63507411	400010
大渡口区侨联	重庆市大渡口区文体路 126 号	(023) 68929628	(023) 68833423	409099
江北区侨联	重庆市江北区金港新区 16 号	(023) 67712828	(023) 67712828	400025
沙坪坝区侨联	重庆市沙坪坝区凤天大道 8 号	(023) 65368697	(023) 65368692	400038

重庆市

单位名称	地址	电话号码	传真号码	邮政编码
九龙坡区侨联	重庆市九龙坡区杨家坪西郊路 27 号	（023）68782424	（023）68780345	400050
南岸区侨联	重庆市南岸区天文街道广福大道 1 号行政中心 a 区 9 号楼	（023）62989255		400064
北碚区侨联	重庆市北碚区北温泉街道海宇大厦 709 室	（023）68865042	（023）68862795	400700
渝北区侨联	重庆市渝北区义学路 64 号	（023）67821706	（023）67821706	401120
巴南区侨联	重庆市巴南区龙洲大道 6 号 1608 室	（023）66222938	（023）66221279	400055
长寿区侨联	重庆市长寿区桃源支路 49 号五号商务楼 509 室	（023）40661225	（023）40661225	401220
江津区侨联	重庆市江津区滨江新城圣泉社区圣泉路 99 号	（023）81220058		402200
合川区侨联	重庆市合川区希尔安大道 223 号 586 室	（023）42830708		401520
永川区侨联	重庆市永川区人民北路 6 号	（023）49210986	（023）49210986	402160
南川区侨联	重庆市南川区东城街道和平支路 6 号	（023）71422365	（023）71422365	408400
綦江区侨联	重庆市綦江区古南街道北街 3 号附 4 号	（023）48662881	（023）48662881	401420
大足区侨联	重庆市大足区北环二路东段 1 号	（023）43763150		402360
璧山区侨联	重庆市璧山区璧泉街道双星大道 369 号 1 号楼	（023）41423420	（023）41423420	402760
铜梁区侨联	重庆市铜梁区巴川镇白龙大道 118 号	（023）45955565	（023）45695100	402560
潼南区侨联	重庆市潼南区江北财政局侧楼	（023）44551967	（023）44551967	402660
荣昌区侨联	重庆市荣昌区行政中心 A704	（023）81067887	（023）61471288	402460
开州区侨联	重庆市开州区区级机关综合办公楼 B 栋 6 楼	（023）52218248	（023）52218248	405400
梁平区侨联	重庆市梁平区双桂街道桂西路 6 号	（023）53220331	（023）53220331	405200
武隆区侨联	重庆市武隆区建设中路 111 号	（023）77722145	（023）77722145	408500
城口县侨联	重庆市城口县葛城街道土城路 1 号左栋 3 楼	（023）59222331	（023）59211685	405900
丰都县侨联	重庆市丰都县三合街道平都大道西段 53 号	（023）70605521	（023）70605521	408200
垫江县侨联	重庆市垫江县桂阳街道南阳西路 10 号县级机关综合办公楼	（023）74606206		408300
忠县侨联	重庆市忠县忠州街道中博大道 2 号行政中心 3026 室	（023）54238533		404300
云阳县侨联	重庆市云阳县新县城杏花路 60 号	（023）55128025	（023）55128025	404500
奉节县侨联	重庆市奉节县夔州街道夔府大道 3 号县政府 530 室	（023）56522189	（023）56557086	404699
巫山县侨联	重庆市巫山县广东中路 222 号	（023）57690293		404700
巫溪县侨联	重庆市巫溪县柏杨街道行政大楼四楼	（023）51522571	（023）51522571	405800
石柱县侨联	重庆市石柱县南宾街道玉带河北街 1 号县政府综合大楼 315 室	（023）81501557	（023）81501557	409100
秀山县侨联	重庆市秀山县行政中心 704 室	（023）76662750	（023）76052766	409900
酉阳县侨联	重庆市酉阳自治县桃花源大道北路综合写字楼 1 栋 9-915	（023）75552046	（023）75642878	409800
彭水县侨联	重庆市彭水县汉葭街道山谷居县委一楼 113 室	（023）78442756	（023）78442756	409600

四川省

单位名称	地址	电话号码	传真号码	邮政编码
四川省侨联	成都市一环路南三段 15 号华侨大厦 7 层	（028）85592363	（028）85592522	610041
成都市侨联	成都市高新区锦城大道 366 号 3 号楼 9 楼	（028）61886828	（028）61886828	610012
成都市锦江区侨联	成都市锦江区金石路 166 号天府宝座 19 楼	（028）86510969		610023
成都市青羊区侨联	成都市青羊区西华门街 19 号 1 号楼 16 楼统战部	（028）86266700		610015
成都市金牛区侨联	成都市金牛区沙湾路 65 号区委统战部	（028）87705694		610081

四川省

单位名称	地　址	电话号码	传真号码	邮政编码
成都市武侯区侨联	成都市武侯区武侯祠大街 264 号统战部	（028）85557424		610041
成都市成华区侨联	成都市一环路东三段 148 号统战部	（028）64270605		610056
成都市龙泉驿区侨联	成都市龙泉驿区滨河南街 21 号统战部	（028）84820865		610106
成都市青白江区侨联	成都市青白江区大弯街道便民路 6 号政务中心统战部	（028）68316010		610399
成都市新都区侨联	成都市新都区马超东路 289 号四楼统战部	（028）83972331		610599
成都市温江区侨联	温江区人和路 733 号海科大厦 50317 室	（028）82740139		611130
成都市双流区侨联	成都市双流区西北街 100 号统战部	（028）82740139		611130
成都市郫都区侨联	成都市郫都区望丛中路 998 号	（028）69510526		611730
成都市新津区侨联	成都市新津区太升东街 49 号	（028）82526053		611430
成都市简阳市侨联	简阳市射洪坝街道人民路 6 号市级机关办公区 1 号楼四楼	（028）82526053		641400
成都市都江堰市侨联	都江堰市幸福镇都江堰大道 215 号统战部	（028）87137767		611830
成都市彭州市侨联	彭州市金彭东路 81 号统战部	（028）69992501		611930
成都市邛崃市侨联	邛崃市文君街道小南街 73 号统战部	（028）88791684		611530
成都市崇州市侨联	崇州市崇阳街道桑林街 40 号统战部	（028）82207393		611230
成都市金堂县侨联	成都市金堂县十里大道 800 号统战部	（028）84921530		610400
成都市大邑县侨联	大邑县晋原镇桃源大道 66 号九楼 B 区统战部	（028）88292020		611330
成都市蒲江县侨联	蒲江县大北街 45 号统战部	（028）88530456		611630
自贡市侨联	自贡市自流井区塘坎上路 3 号	（0813）2204694		643000
自贡市富顺县侨联	四川省富顺县富世街道望云北路 146 号	（0813）7216211		643200
自贡市荣县侨联	四川荣县旭阳镇荣州大道一段一号（行政中心 624 室）	（0813）6204811		643100
自贡市贡井区侨联	自贡市贡井区长土街通航城市广场新办公大楼统战部 9 楼	（0813）33015175		643020
自贡市大安区侨联	四川省自贡市大安区广华路 54 号（区委统战部）	（0813）2400307		643010
自贡市自流井侨联	四川省自贡市自流井区丹桂北大街 288 号（自流井区政府 636 办公室）	（0813）8100180		643000
自贡市沿滩区侨联	四川省自贡市沿滩区委大院统战部	（0813）5538139		643030
攀枝花市侨联	攀枝花市东区人民街 76 号	（0812）3337068	（0812）3337068	617000
攀枝花东区侨联	攀枝花大道中段 522 号	（0812）2222651		617067
攀枝花西区侨联	攀枝花西区苏铁西路 262 号	（0812）5558478		617000
攀枝花仁和区侨联	攀枝花市仁和区区委 5 楼	（0812）2900581		617061
攀枝花米易县侨联	攀枝花米易县攀莲镇同和路 12 号（米易县政务服务中心 9 楼）	（0812）8172248		617200
攀枝花市盐边县侨联	盐边县桐子林镇东环北路 214 号	（0812）8653370		617100
攀枝花学院侨联	攀枝花市东区三线大道北段 10 号攀枝花学院办公楼	（0812）3303873		6170000
泸州市侨联	四川省泸州市江阳区江阳西路 1 号市政府二号楼五楼	（0830）3603952		646000
泸州市江阳区侨联	四川省泸州市江阳区大山坪街道星光路 6 号江阳区党政大楼 10 楼区委统战部	（0830）3123706		646000
泸州市龙马潭区侨联	四川省泸州市龙马潭区龙马大道三段 77 号党政大楼 233 室	（0830）2522077	（0830）2528720	646100
泸州市纳溪区侨联	四川省泸州市纳溪区云溪西路 1 段 187 号 8 幢	（0830）8560750		646300
泸州市泸县侨联	四川省泸州市泸县花园干道 149 号五楼	（0830）2232945		46100
泸州市合江县侨联	四川省泸州市合江县符阳街道少岷路党政大楼一楼县侨联	（0830）5269679		646200

附录

四川省

单位名称	地　址	电话号码	传真号码	邮政编码
泸州市叙永县侨联	四川省泸州市叙永县叙永镇新区富丽大厦 11 楼	（0830）6727885		46400
泸州市古蔺县侨联	四川省泸州市古蔺县彰德街道府前街 24 号	（0830）7222993		646500
德阳市侨联	四川省德阳市长江西路一段 12 号	（0838）2307957		618000
德阳市什邡市侨联	四川省什邡市什国资竹溪公园自编 195 号	（0838）8262986		618400
德阳市绵竹市侨联	四川省绵竹市苏绵大道市委综合楼	（0838）6203381		618200
德阳市广汉市侨联	四川省广汉市成都大道南一段 1 号	（0838）5222011		618300
德阳市旌阳区侨联	四川省德阳市旌阳区黄河东路 99 号 408 室	13006449166		618000
德阳市罗江区侨联	四川省德阳市罗江区环城东路 168 号	（0838）3120078		618500
德阳市中江县侨联	四川省中江县玄武西路 45 号	（0838）7202050		618100
绵阳市侨联	绵阳市涪城区云泉南街 6 号（园艺山集中办公区 5 号楼 A 区 406）	（0816）2374100		621000
绵阳市涪城区侨联	涪城区城厢街道解放街 48 号	（0816）2233728		621000
绵阳市游仙区侨联	绵阳市一环路东段 139 号 3 号楼	（0816）2281791		621000
绵阳市安州侨联	绵阳市安州区花荄镇区政府大楼 562 号	（0816）4336369		622651
绵阳江油市侨联	江油市诗仙路东段 48 号	（0816）3222121		621700
绵阳市三台县侨联	绵阳市三台县琴泉东路 152 号县委综合楼	（0816）5333108		621100
绵阳市梓潼县侨联	梓潼县文昌镇城北集中办公区主楼 9-1 号	（0816）8219950		622150
绵阳市盐亭县侨联	盐亭县凤灵街道办指南社区梓江路 1 号县侨联办公室（601）	（0816）7324800		621600
绵阳市平武县侨联	平武县行政新区政府大楼	（0816）8822049		622550
绵阳市北川县侨联	绵阳市北川县云盘北路 19 号后楼 302 室	（0816）4764060		622750
绵阳市高新区侨联分会	绵阳高新区石桥铺东路创意联邦 1 号楼 705 室	（0816）2549183		621000
广元市侨联	广元市利州区利州东路劳动大厦统战部四楼	（0839）3322613		628017
广元市剑阁县侨联	广元市剑阁县下寺镇隆庆街 7 号（宣传文化中心）	（0839）6600831		628300
广元市青川县侨联	广元市青川县行政中心统战部办公室	（0839）7202481		628100
广元市朝天区侨联	广元市朝天区大中坝行政中心 1127 室	（0839）8623889		628012
广元市旺苍县侨联	广元市旺苍县新华街 333 号（县人民政府 5 楼）	（0839）4202340		628200
广元市苍溪县侨联	广元市苍溪县同心广场统战部三楼	（0839）5222033		628400
广元市利州区侨联	广元市利州区万缘街道区政府第三办公区 15 楼	（0839）3262826		628017
广元市昭化区侨联	广元市昭化区元坝镇广电中心 13 楼	（0839）8722794		628008
遂宁市侨联	遂宁市河东新区环岛商务中心 3323 室	（0825）2239093	（0825）2239093	629000
遂宁市船山区侨联	遂宁市嘉禾东路 55 号	（0825）2313251		629000
遂宁市安居区侨联	遂宁市安居区柔刚会务中心 D 区	（0825）8669798		629000
遂宁市射洪市侨联	射洪市伯玉路 232 号	（0825）6627988		629200
遂宁市大英县侨联	大英县政府街 94 号县委大楼一楼 102 室	（0825）7820076	（0825）7820076	629300
遂宁市蓬溪县侨联	蓬溪县政通街 88 号	13982578497		629100
遂宁市高新区党群工作部	遂宁高新区西宁街道健坤大厦	（0825）2710575	（0825）2710575	629000
遂宁市经济技术开发区党群工作部	四川省遂宁市船山区明月路 151 号	（0825）2255128		629000
遂宁市河东新区党群工作部	遂宁市河东新区慈音街道灵云路 1 号	（0825）2910525	（0825）2911011	629000
内江市侨联	四川省内江市东兴区西林大道 547 号	（0832）2024464		641000

四川省

单位名称	地　址	电话号码	传真号码	邮政编码
内江市市中区侨联	四川省内江市市中区人民路 79 号	（0832）2856806		641000
内江市东兴区侨联	四川省内江市东兴区龙观街 28 号	（0832）2263973		641000
内江市隆昌市侨联	四川省内江市隆昌古湖街道滨江路二段 66 号	（0832）5922227		642150
内江市资中县侨联	四川省内江市资中县桂花街 38 号	（0832）5603831		641200
内江市威远县侨联	四川省内江市威远县严陵镇西街 46 号	（0832）8223653		642450
内江经济技术开发区党群工作部	内江市市中区汉晨路 488 号	（0832）2856770		641000
内江高新区党群工作部	内江市东兴区汉安大道东三段荣安巷 5 号附 49 号	(0832) 586 8561		641000
内江师范学院侨联	四川省内江市东兴区红桥街 1 号	（0832）2341539		641100
乐山市侨联	乐山市市中区天星路 223 号	（0833）2139472	（0833）2139471	614000
乐山市市中区侨联	乐山市市中区叮咚街 165 号	（0833）6186032		614000
乐山市五通桥区侨联	乐山市五通桥区竹根镇文化 796 号	（0833）3351836		614800
乐山市沙湾区侨联	乐山市沙湾区德胜大道 45 号	（0833）3441662		614900
乐山市金口河区侨联	乐山市金口河区和平路 143 号	（0833）2711186		614700
乐山市峨眉山市侨联	峨眉山市名山路东段 283 号	（0833）5553463		614200
乐山市犍为县侨联	乐山市犍为县玉津镇书田街 244 号	（0833）4221270		614400
乐山市井研县侨联	乐山市井研县民主街 58 号县委统战部办公室	（0833）3720136		613100
乐山市夹江县侨联	乐山市夹江县青衣街道北街 18 号（县委 B 区）	（0833）5662442		614100
乐山市沐川县侨联	乐山市沐川县沐溪镇中桥街 252 号	（0833）4606258		614500
乐山市峨边彝族自治县侨联	乐山市峨边县县街 1 号	（0833）6186021		614300
乐山市马边彝族自治县侨联	乐山市马边县民建镇滨河大道 110 号	（0833）4511266		614600
南充市侨联	南充市顺庆区涪江路 19 号	（0817）6817005	（0817）6817003	637000
南充市顺庆区侨联	南充市顺庆区果城路 13 号	（0817）2610797		637000
南充市高坪区侨联	南充市高坪区阳春路 2 号	（0817）3350188	（0817）3351000	637100
南充市嘉陵区侨联	南充市嘉陵经开区办公大楼	（0817）3631133		637900
南充市阆中市侨联	阆中市巴都大道 77 号行政审批局附楼四楼	（0817）6306571	（0817）6306571	637400
南充市南部县侨联	南部县新华路 485 号公路一局 3 楼	（0817）5521122		637300
南充市西充县侨联	西充县南台街道南台路 2 号县委大楼 210 室	（0817）4227566		637200
南充市仪陇县侨联	南充市仪陇县宏德大道一段 5 号	（0817）7216088	（0817）8850885	637676
南充市营山县侨联	南充市营山县模范街 104 号附 1 号	（0817）8222678		637700
南充市蓬安县侨联	蓬安县凤凰大道二段抚琴广场政务综合大楼 7 楼	（0817）5085090		637800
眉山市侨联	四川省眉山市东坡区眉州大道西一段 2 号	（028）33090654	（028）38168073	620020
眉山市东坡区侨联	四川省眉山市东坡区诗书路南段 121 号	（028）38567272		620010
眉山市彭山区侨联	四川省眉山市彭山区迎宾大道东段综合办公大楼 2-204 号	（028）37621064		620860
眉山市仁寿县侨联	四川省眉山市仁寿县文林街道人民广场 50 号县政府二办公区二号楼 3 楼	（028）36209029		620599
眉山市洪雅县侨联	四川省眉山市洪雅县洪川镇中正街 1 号县委统战部	（028）37403143		620360
眉山市丹棱县侨联	四川省眉山市丹棱县齐乐镇县街 1 号	（028）37208036	（028）37202232	620200
眉山市青神县侨联	四川省眉山市青神县青衣大道 298 号	（028）38811532		620460
天府新区眉山党工委党群工作部	四川省眉山市视高街道中建大道二段 8 号	（028）36465600		620564

附录

四川省

单位名称	地　址	电话号码	传真号码	邮政编码
宜宾市侨联	宜宾市叙州区崇文路 5 号	（0831）8220870	（0831）5958058	644000
宜宾市翠屏区侨联	宜宾市翠屏区清华街 8 号	（0831）8224772		644000
宜宾市南溪区侨联	宜宾市南溪区政通路 8 号	（0831）3323209	（0831）3323209	644100
宜宾市叙州区侨联	宜宾市叙州区柏溪街道华盛街 11 号	（0831）7826668		644600
宜宾市江安县侨联	宜宾市江安县江安镇竹都大道中段县级机关综合楼 201 室	（0831）2626161		644200
宜宾市长宁县侨联	宜宾市长宁县竹都大道二段 116 号	（0831）4622066		644300
宜宾市高县侨联	宜宾市高县庆符镇凯华路 178 号	（0831）5585658	（0831）5585658	645154
宜宾市筠连县侨联	宜宾市筠连县筠连镇民主路二段 44 号	（0831）5985430		645250
宜宾市珙县侨联	宜宾市珙县滨河西街南一段 190 号	（0831）4039499		644500
宜宾市兴文县侨联	宜宾市兴文县空铁新区（高铁站旁边）人社大楼 9 楼	（0831）8822690		644400
宜宾市屏山县侨联	宜宾市屏山县金沙江大道西段 139 号行政中心一号楼 8 层	（0831）5721091	（0831）5720077	645350
广安市侨联	广安市广安区广福街道金安大道一段 26 号	（0826）2332086	（0826）2398163	638500
广安市广安区侨联	广安市广安区五星街 6 号（广安区委统战部）	（0826）2241188		638550
广安市华蓥市侨联	广安市华蓥市红星路 189 号（华蓥市侨联）	（0826）4821047		638600
广安市邻水县侨联	广安市邻水县红旗路 96 号（邻水县侨联）	（0826）3222160		638500
广安市武胜县侨联	广安市武胜县沿口镇振兴路 231 号（会展中心五楼统战部 501 室）	（0826）6298981		638400
广安市前锋区侨联	广安市前锋区永前大道中段 887 号前锋国际 12 楼	（0826）2883555		638019
广安市岳池县侨联	广安市岳池县正北街 2 号（岳池县侨联）	（0826）5235500		638300
达州市侨联	达州市通州区白塔路 326 号	（0818）3091511		635000
达州市通川区侨联	达州市通川区通川中路 196 号综合楼	（0818）2124724		635000
达州市达川区侨联	达州市达川区通州大道 66 号	（0818）5139856		635700
达州市万源市侨联	达州市万源市古东关街道裕丰街 118 号	（0818）8622319		636350
达州市宣汉县侨联	达州市宣汉县东乡街道学坝街 18 号	（0818）5237677		636150
达州市开江县侨联	达州市开江县正北街 38 号（县委老党校 107 室）	（0818）5286890		636250
达州市大竹县侨联	达州市大竹县竹阳街道 96 号	（0818）6223560		635100
达州市渠县侨联	达州市渠县天星街道怡康路30号3楼（渠县东四期）	（0818）7730889		635200
雅安市侨联	雅安市雨城区正和路 1 号市行政中心 B 区 906 室	（0835）2825986	（0835）2825986	625000
雅安市雨城区侨联	雨城区雅州大道 387 号 A 栋 2020 室	（0835）2820805	（0835）2820805	625000
雅安市名山区侨联	名山区茶都大道 481 号	（0835）3235098	（0835）3235098	625100
雅安市天全县侨联	天全县城厢镇洪川北路 1 号	（0835）7222375	（0835）7222375	625500
雅安市芦山县侨联	芦山县芦阳街道迎宾大道 9 号	（0835）6523445	（0835）6523445	625600
雅安市宝兴县侨联	宝兴县穆坪南街 99 号	（0835）6823638	（0835）6823638	625700
雅安市荥经县侨联	荥经县严道街道荥兴路西二段 284 号	（0835）3570016	（0835）3570016	625200
雅安市汉源县侨联	四川省雅安市汉源县富林镇富林大道二段第一行政中心	（0835）4222431	（0835）4222431	625300
雅安市石棉县侨联	石棉县电力路 13 号	（0835）8862184	（0835）8862184	625400
巴中市侨联	四川省巴中市群团惠民帮扶中心 7 楼（巴中经开区石井街 298 号）	（0827）5281159		636000
巴中市巴州区侨联	四川省巴中市巴州区西华街 2 号	（0827）5676577		636000
巴中市恩阳区侨联	四川省巴中市恩阳区恩阳大道双创园 1 号 908 区委统战部内	（0827）3108091		636063

四川省

单位名称	地 址	电话号码	传真号码	邮政编码
巴中市南江县侨联	四川省巴中市南江县集州街道光雾山大道朝阳中段168号	（0827）8213766		636600
巴中市通江县侨联	四川省巴中市通江县壁州街道东街61号	（0827）7230406		636700
巴中市平昌县侨联	四川省巴中市平昌县新平街东段46号	（0827）6285366		636400
资阳市侨联	资阳市雁江区广场路3号市政府2号楼1215室	（028）26111056		641300
资阳市雁江区侨联	资阳市雁江区正兴街209号区政府2号楼10楼1018室	（028）26920237		641300
资阳市安岳县侨联	资阳市安岳县岳城街道广场路县级机关集中办公区1号楼412室	（028）24522228		642350
资阳市乐至县侨联	资阳市乐至县党政机关办公区2号楼	（028）23250103		641500
阿坝州侨联	阿坝州马尔康市马尔康镇团结街嶂恰岭巷9号	（0837）2852067	（0837）2822607	624000
阿坝州马尔康市委统战部（马尔康市侨联）	马尔康市马尔康镇达萨街415号6楼	（0837）2826183		624099
阿坝州金川县委统战部（金川县侨联）	金川县勒乌镇屯上街5号	（0837）2522280		624199
阿坝州小金县委统战部（小金县侨联）	小金县美兴镇政府街县委统战部	（0837）2782316		624299
阿坝州阿坝县委统战部（阿坝县侨联）	阿坝县阿坝镇德唐路8号	（0837）2482340		624699
阿坝州若尔盖县委统战部（若尔盖县侨联）	若尔盖县委统战部	（0837）2298465		624599
阿坝州红原县委统战部（红原县侨联）	红原县邛溪镇霞穹中街9号	（0837）2662009		624400
阿坝州壤塘县委统战部（壤塘县侨联）	壤塘县岗木达镇罗吾塘中街县委统战部	（0837）2378275		624300
阿坝州汶川县委统战部（汶川县侨联）	汶川县威州镇大桥路2号	（0837）6223104		623000
阿坝州理县委统战部（理县侨联）	理县杂谷脑镇西大街123号	（0837）6822742		623100
阿坝州茂县县委统战部（茂县侨联）	茂县凤仪镇政府第一集中办公区C708	（0837）7421905		623200
阿坝州松潘县委统战部（松潘县侨联）	松潘县委统战部	（0837）7232512		623300
阿坝州九寨沟县委统战部（九寨沟县侨联）	九寨沟县政务中心2号楼310室	（0837）7732019		623400
阿坝州黑水县委统战部（黑水县侨联）	黑水县芦花镇森工半岛集中办公区207室	（0837）6722901		623500
甘孜州侨联	甘孜州康定市工商大厦10楼	（0836）2828438	（0836）2828126	626000
甘孜州康定市侨联	甘孜州康定市市委统战部	13618139492		626000
甘孜州泸定县侨联	甘孜州泸定县县委统战部	13548408524		626100
甘孜州丹巴县侨联	甘孜州丹巴县县委统战部	18383613131		626300
甘孜州九龙县侨联	甘孜州九龙县县委统战部	13618134624		626200
甘孜州道孚县侨联	甘孜州道孚县县委统战部	13558507580		626400
甘孜州炉霍县侨联	甘孜州炉霍县县委统战部	18090133075		626500
甘孜州色达县侨联	甘孜州色达县县委统战部	13440184519		626600
甘孜州甘孜县侨联	甘孜州甘孜县县委统战部	18283638196		626700
甘孜州德格县侨联	甘孜州德格县县委统战部	15984731979		627250
甘孜州石渠县侨联	甘孜州石渠县县委统战部	18048093046		627350

四川省

单位名称	地 址	电话号码	传真号码	邮政编码
甘孜州白玉县侨联	甘孜州白玉县县委统战部	13568685516		627150
甘孜州新龙县侨联	甘孜州新龙县县委统战部	18111685059		626800
甘孜州雅江县侨联	甘孜州雅江县县委统战部	15328798222		627450
甘孜州理塘县侨联	甘孜州理塘县县委统战部	13558506925		627550
甘孜州巴塘县侨联	甘孜州巴塘县县委统战部	13320798253		627650
甘孜州稻城县侨联	甘孜州稻城县县委统战部	18227496108		627750
甘孜州乡城县侨联	甘孜州乡城县县委统战部	13568289016		627850
甘孜州得荣县侨联	甘孜州得荣县县委统战部	15281590626		627950
凉山州侨联	凉山州西昌市春栖大道 33 号州直机关第二办公区 A 区 915 室	（0834）3865077		615000
凉山州西昌市侨联	凉山州西昌市胜利南路城南中路 1 号	（0834）6959841		615000
凉山州布拖县侨务和台湾事务办公室	凉山州布拖县阿都街 79 号	（0834）8531133		616350
凉山州金阳县侨务和台湾事务办公室	凉山州金阳县政务中心四楼	（0834）8733021		616250
凉山州德昌县侨务和台湾事务办公室	凉山州德昌县德州街道果园北路 88 号总工会楼 5 楼	（0834）5202860		615500
凉山州会东县侨务和台湾事务办公室	凉山州会东县鱼城街道政通路平安巷 1 号县委大院	（0834）5422831		615200
凉山州冕宁县侨务和台湾事务办公室	凉山州冕宁县城南大道四大班子办公楼 7 楼 701 室	（0834）6723231		615600
凉山州昭觉县侨务和台湾事务办公室	凉山州昭觉县人民中路 6 号	（0834）8332195		616150
凉山州雷波县侨务和台湾事务办公室	凉山州雷波县新区政务中心六楼	（0834）8822264		616550
凉山州越西县侨务和台湾事务办公室	凉山州越西县越城镇文化路 1 号	（0834）7612430		616650
凉山州会理市侨务和台湾事务办公室	凉山州会理市县府街 39 号（统战部）	（0834）5622039		615100
凉山州甘洛县侨务和台湾事务办公室	凉山州甘洛县新市坝镇团结南街 393 号	（0834）7819219		616650
凉山州喜德县侨务和台湾事务办公室	凉山州喜德县中心街 51 号县委二楼	（0834）7442326		616750
凉山州盐源县侨务和台湾事务办公室	凉山州盐源县政府街 56 号	（0834）6362719		615700
凉山州美姑县侨务和台湾事务办公室	凉山州美姑县美东路 20 号	（0834）8242325		616450
凉山州普格县侨务和台湾事务办公室	凉山州普格县普基镇新建北路 1 号县委 1 楼	（0834）4773442		615300
凉山州木里县侨务和台湾事务办公室	凉山州木里县乔瓦镇扎昌街 295 号木里中心二楼	（0834）6522425		615899
凉山州宁南县侨务和台湾事务办公室	凉山州宁南县南丝路大厦七楼	（0834）4572565		615400

贵州省

单位名称	地 址	电话号码	传真号码	邮政编码
贵州省侨联	贵州省贵阳市北京路 141 号省政协大楼 16 楼	（0851）86822627	（0851）868226270	550004
贵州侨商企业联合会	贵州省贵阳市北京路 141 号省政协大楼 12 楼	（0851）86821308	（0851）868213080	550004

贵州省

单位名称	地　址	电话号码	传真号码	邮政编码
贵州海外归国青年创新创业协会	贵阳国家高新区国际人才城 3 楼	（0851）87990030		550007
贵州归侨联谊会	贵州省贵阳市北京路 141 号省政协大楼 9 楼	（0851）86827217	（0851）868272170	550004
贵州省侨联法律顾问委员会	贵州省贵阳市北京路 141 号省政协大楼 9 楼	（0851）86827217	（0851）868272170	550004
贵州省侨联专家咨询委员会	贵州省贵阳市北京路 141 号省政协大楼 12 楼	（0851）86821308	（0851）86821308	550004
贵阳市侨联	贵州省贵阳市金阳行政中心市委大楼 4 楼	（0851）87988515	（0851）87988515	550023
南明区侨联	贵州省贵阳市南明区新华路成筑大厦 4 楼	（0851）85812053	（0851）85812053	550002
云岩区侨联	贵州省贵阳市云岩区新添大道南段 299 号云岩区行政中心	（0851）86679057	（0851）86679057	550001
乌当区侨联	贵阳市乌当区航天大道 7 号乌当区行政中心政协一楼	（0851）86402162	（0851）86402162	550018
白云区侨联	贵阳市白云区行政中心南楼 314 号	（0851）84616918	（0851）84616918	550014
花溪区侨联	贵州省贵阳市花溪区行政中心办公大楼 B 区 522 室	（0851）83851904	（0851）83851904	550025
遵义市侨联	遵义市新蒲新区市级行政办公中心 1 号楼 A 区 5 楼	（0851）28222100	（0852）28222100	563000
遵义市红花岗区侨联	贵州省遵义市红花岗区中华南路 40 号政协大楼 4 楼	（0851）28838028	（0851）28838028	563000
遵义市汇川区侨联	贵州省遵义市汇川区汇川大道 700 号（区统战部）	（0851）28682912	（0851）28682912	563000
遵义市播州区侨联	贵州省遵义市播州区南白街道西大街万象国际城 6 号楼（区统战部）	（0851）27222162	（0851）27222486	563100
遵义市仁怀市侨联	贵州省遵义市仁怀市行政中心二楼（统战部）	（0851）22235719	（0851）22235672	564500
遵义市赤水市侨联	贵州省遵义市赤水市市中街道延安路 38 号	（0851）22861170	（0851）22861170	564799
遵义市湄潭县侨联	贵州省遵义市湄潭县政府 B 区四楼	（0851）24255968	（0851）24251728	564100
遵义市凤冈县侨联	贵州省遵义市凤冈县县委大院政协大楼一楼	13985213172		564200
遵义市余庆县侨联	贵州省遵义市余庆县政务中心 1205 室	（0851）24704332		564400
遵义市务川自治县侨联	遵义市务川自治县行政中心二楼统战部（侨联）	（0851）25621149	（0851）25621149	564300
遵义市道真县侨联	道真县玉溪镇尹珍大道县党政办公大楼 3 楼县委统战部	（0851）22582672	（0851）22582672	563502
安顺市侨联	贵州省安顺市西秀区武当路与顶安大道交汇处（安顺市新政府大楼 6 楼 C0609 室）	（0851）33282299	（0851）33282355	561000
安顺市西秀区侨联	贵州省安顺市西秀区行政中心 1 栋 3 楼	（0851）33834990	（0851）33223291	561300
六盘水市侨联	贵州省六盘水市开发区开投大厦 10 楼	（0858）8325497	（0858）8325497	553001
六盘水市水城区侨联	贵州省六盘水市水城区人民政府综合楼五楼	（0858）6803778	（0858）6803778	553600
六盘水市盘州市侨联	贵州省六盘水市盘州市亦资街道办凤鸣北路 1 号党政大楼 8 楼 812 室	（0858）3107053	（0858）3107053	553537
六盘水市钟山区侨联	贵州省六盘水市钟山区政府大楼 532 室	（0858）8785193	（0858）8785193	553000
六盘水市六枝特区侨联	贵州省六盘水市六枝特区生产力发展中心 430 室	15085198025		553400
毕节市侨联	贵州省毕节市行政中心 C 栋西 1019 室	（0857）8257726	（0857）8257726	551700
毕节市七星关区侨联	毕节市七星关区麻园街道办事处开行路行政办公中心 6 楼	15685761555		551799
铜仁市侨联	贵州省铜仁市花果山中路 8 号市政府 2 楼	（0856）5223508	（0856）5223508	554300
铜仁市碧江区侨联	贵州省铜仁市碧江区行政中心 6 号楼 B 区 1 楼 221 室	（0856）5218236	（0856）5218236	554300
铜仁市思南县侨联	贵州省铜仁市思南县府后街政府大院 120 号	13595636600		565100
铜仁市石阡县侨联	贵州省铜仁市石阡县政府大楼 1113 室	13985347142		555100
铜仁市万山区侨联工作领导小组	铜仁市万山区丹都街道万山区行政中心 3008 室	15121673157		554200
黔东南州侨联	贵州省凯里市营盘东路 40 号	（0855）8223118	（0855）82223823	556000

附录

贵州省

单位名称	地　址	电话号码	传真号码	邮政编码
黔东南州凯里市侨联	贵州省黔东南州凯里市行政中心 D 座 312 室	（0855）8061724	（0855）8061647	556000
黔东南州黄平县侨联	贵州省黔东南州黄平县行政中心 264 室	（0855）2469526	（0855）2469627	556100
黔南州侨联	贵州省黔南州都匀经济开发区匀东大厦 B437 室	（0854）8190196	（0854）8190197	558000
黔南州都匀市侨联	贵州省黔南州都匀市西山新苑 1 单元 2 楼 203 办公室（市医保局办公室）	（0854）8256196	（0854）8222527	558000
黔南州独山县侨联	贵州省黔南州独山县第一中学	13985761005		558000
黔西南州侨联	贵州省兴义市盘江东路 16 号	（0859）3222819	（0859）3222819	562400
黔西南州兴义市侨联	黔西南州兴义市市府路 1 号（市政府大院内）	18685996270		562400
贵州省人民医院侨联	贵阳市南明区蟠桃宫省人民医院	（0851）85937284	（0851）85925503	550002
贵州大学侨联	贵州大学花溪北校区新行政楼四楼	（0851）88290031		550025
贵州师范大学侨联	贵州省贵阳市花溪大学城新校区贵州师范大学统战部	13985003486		550025
贵州民族大学	贵州省贵阳市花溪大学城新校区贵州民族大学统战部	13984313696		550025
贵州中医药大学侨联	贵州省贵阳市花溪大学城新校区贵州中医药大学统战部	13638501890		550025
遵义师范学院侨联	贵州省遵义市新蒲新区遵义师范学院执文楼 318 室	（0851）28920103		563006
遵义医学院侨联	贵州省遵义市新蒲新区遵义医科大学统战部（侨联）	（0851）28642666	28609388	563000
安顺学院侨联	贵州省安顺市西秀区学院路 25 号	13885306165		561000
黔南师院侨联	贵州省黔南州都匀市经济开发区龙山大道黔南民族师范学院统战部办公室	13595453636		558000
铜仁幼儿师范高等专科学校归侨侨眷联合会	铜仁市川硐教育园区铜仁幼专	18608567606		554300
贵飞公司侨联	安顺市开发区贵飞公司	（0851）33385734		561100

云南省

单位名称	地　址	电话号码	传真号码	邮政编码
云南省侨联	昆明市翠湖南路 94 号	（0871）65146799	（0871）65152450	650031
昆明市侨联	昆明市呈贡区锦绣大街 1 号市级行政中心 3 号楼 553 室	（0871）68241798	（0871）68241798	650500
昆明市五华区侨联	昆明市五华区华山西路 1 号五华区政府大楼 913 办公室	（0871）63629639	（0871）63629639	650031
昆明市盘龙区侨联	昆明市盘龙区北京路 2198 号盘龙区行政中心 2 栋 205 室	（0871）63169160	（0871）63163562（盘龙区委统战部）	650000
昆明市官渡区侨联	昆明市官渡区云秀路 2898 号国投大厦 1233 室	（0871）67180778	（0871）67180778	650214
昆明市西山区侨联	昆明市西山区西苑路 188 号 12 楼 2 号西山区委统战部转西山区侨联	（0871）68227972（西山区委统战部）	（0871）68227972（西山区委统战部）	650118
昆明市东川区侨联	昆明市东川区市府街 1 号区政府办公大楼 1 楼东川区委统战部转区侨联	（0871）62130547（东川区委统战部）	（0871）62130547（东川区委统战部）	654100
昆明市禄劝县侨联	昆明市禄劝县政府办公大楼 5 楼禄劝县为统战部转禄劝县侨联	（0871）68999058（禄劝县委统战部）	（0871）68999058（禄劝县委统战部）	651500
昆明市嵩明县侨联	昆明市嵩明县嵩阳镇北街 102 号嵩明县委统战部转嵩明县侨联	（0871）67911122（嵩明县委统战部）	（0871）67911122（嵩明县委统战部）	651700
昆明学院侨联	昆明市昆师路 2 号昆明学院	（0871）65324523（转郭卫舵主席）	（0871）65324523（转郭卫舵主席）	650031
曲靖市侨联	曲靖市文昌街 172 号政府 2 号院	（0874）8965957	（0874）8965957	655000
曲靖市麒麟区侨联	曲靖市麒麟区文昌街 172 号市侨联	（0874）3130016	（0874）3130016	655000
曲靖市陆良县侨联	曲靖市陆良县人民政府东门街 23 号陆良县侨联	（0874）6222766	（0874）6222766	655000

云南省

单位名称	地 址	电话号码	传真号码	邮政编码
玉溪市侨联	玉溪市红塔区抚仙路 86 号高新区创业大厦 1502 室	（0877）2024577	（0877）2024577	653100
玉溪市红塔区侨联	玉溪市红塔区玉兴路 55 号	（0877）4011722	（0877）4011722	653100
玉溪市峨山县侨联	峨山县双江接到临江路 13 号	（0877）4011762	（0877）4011161	653200
玉溪市元江县侨联	元江县文化路 1 号	（0877）6515161	（0877）6515161	653300
保山市侨联	保山市隆阳区同仁街 26 号	（0875）2122786	（0875）2122786	678000
保山市隆阳区侨联	保山市隆阳区永昌文化园 1 号	（0875）2229079	（0875）2229079	678000
保山市施甸县侨联	保山市施甸县甸阳中路 31 号	（0875）8123053	（0875）8123053	678200
保山市腾冲市侨联	保山市腾冲市腾越镇火山社区茂华小区 7 号	（0875）5133709	（0875）5133709	679100
保山市龙陵县侨联	保山市龙陵县龙山路 133 号	（0875）6121030	（0875）6121030	678300
保山市昌宁县侨联	保山市昌宁县田园镇龙井社区南门街 8 号	（0875）7130191	（0875）7130191	678100
昭通市侨联	昭阳区环城北路 177 号昭通市侨联	（0870）2125666	（0870）2122489	657000
丽江市侨联	丽江市古城区福慧西路 319 号市侨联	（0888）5551878	（0888）5551877	674100
丽江市永胜县侨联	永胜县文明南路 40 号县人民政府统战部	（0888）6521028	（0888）6521028	674200
丽江市华坪县侨联	华坪县中心镇东路 13 号县委大院统战部	（0888）6121042	（0888）6121042	674880
丽江市宁蒗县侨联	宁蒗县县委大院统战部	（0888）5527605	（0888）5527605	674309
普洱市侨联	普洱市北部行政中心 7 栋 4 楼	（0879）2148196	（0879）2189689	665000
普洱市思茅区侨联	普洱市思茅区过街楼 43 号	（0879）2122067	（0879）2122067	665099
普洱市景东县侨联	普洱市景东县锦屏镇玉屏路 75 号	（0879）6221194	（0879）6221194	676299
普洱市景谷县侨联	普洱市景谷县威远镇 47 号	（0879）5221349	（0879）5221349	666499
普洱市镇沅县侨联	普洱市人民路 20 号镇沅县委统战部	（0879）5811326	（0879）5811326	666599
普洱市宁洱县侨联	普洱市宁洱县行政办公区一楼	（0879）3232316	（0879）3232316	665199
普洱市墨江县侨联	普洱市墨江县联珠镇朝阳路 5 号	（0879）4232848	（0978）4232848	654800
普洱市江城县侨联	普洱市江城县勐烈大街 102 号青少年宫三楼	（0879）3722471	（0879）3722471	665900
普洱市澜沧县侨联	普洱市澜沧县委大院	（0879）7224722	（0879）7224722	665699
普洱市孟连县侨联	普洱市孟连县政府大院	（0879）8722384	（0879）8722384	665899
普洱市西盟县侨联	普洱市西盟县勐卡路 787 号	（0879）8342264	（0879）8342264	665700
临沧市侨联	临沧市临翔区世纪路 350 号市政府大楼 4044 室	（0883）2127321 （0883）2122774	（0883）2127321 （0883）2122774	677099
临翔区侨联	临沧市临翔区白塔路 101 号	（0883）2167207	（0883）2167207	677000
临沧市凤庆县侨联	凤庆育贤街 35 号	（0883）4211155	（0883）4211155	675900
临沧市耿马县侨联	耿马县委大院	（0883）6121305	（0883）6121305	677500
临沧市双江县侨联	双江县委大院	（0883）7621393	（0883）7621393	677300
临沧市镇康县侨联	镇康县南伞镇政府办公区	（0883）6633715	（0883）6633715	677700
临沧市沧源佤族自治县侨联	沧源佤族自治县侨联（县委一楼）	（0883）7121356	（0883）7123856	677400
楚雄州侨联	楚雄市鹿城东路 281 号州侨联	（0878）3389554	（0878）3389554	675000
红河州侨联	蒙自市州五项活动中心州老年活动中心 A312 室	（0873）3730519	（0873）3730519	661199
红河州蒙自市侨联	蒙自市行政中心 C209 室	（0873）3812180	（0873）3812180	661199
红河州个旧市侨联	个旧市市委党校综合楼 311 室	（0873）2123036	（0873）2123036	661000
红河州开远市侨联	开远市行政中心 406 室	（0873）7133207	（0873）7133207	661699
红河州建水县侨联	建水县新县委大楼 3-6	（0873）7662225	（0873）7662225	654399
红河州石屏县侨联小组	石屏县湖滨路县委大楼二楼	（0873）4857349	（0873）4857349	662200

云南省

单位名称	地　址	电话号码	传真号码	邮政编码
红河州红河县侨联	红河县迤萨镇三棵树街 3 号	(0873) 4621234	(0873) 4621234	654499
红河州元阳县侨联	元阳县南沙镇元桂路 3 号	(0873) 5769650	(0873) 5769650	662400
红河州屏边县侨联	屏边县玉屏镇卫国路 25 号老党校办公楼	(0873) 3223258	(0873) 3223258	661200
红河州金平县侨联	金平县文化路 9 号	(0873) 5225508	(0873) 5225508	661599
红河州河口县侨联	河口县北山行政中心 422 室	(0873) 3451110	(0873) 3451110	661399
云锡集团（控股）公司侨联	个旧市金湖东路 121 号	(0873) 3116242	(0873) 3116438 统战部转	661000
文山州侨联	文山州文山市卧龙街道华龙西路 3 号	(0876) 2122366	(0876) 2122366	663099
文山州麻栗坡县侨联	文山州麻栗坡县政务楼 18 楼	(0876) 6622523	(0876) 6622523	663600
文山州富宁县侨联	文山州富宁县新华镇普厅南路 5 号金土地办公楼四楼	(0876) 3022979	(0876) 3022979	663400
文山州砚山县	文山州砚山县江那镇龙头街 24 号	(0876) 3130863	(0876) 3130863	663100
西双版纳州侨联	西双版纳州景洪市宣慰大道 67 号景咏办公楼 210 室	(0691) 2124337	(0691) 2124337	666100
西双版纳州景洪市侨联	嘎兰中路 55 号	(0691) 2144523	(0691) 2122596	666100
西双版纳州勐海县侨联	勐海县景广路 12 号	(0691) 5128926	(0691) 5122547	666200
西双版纳州勐腊县侨联	勐腊县新城行政中心	(0691) 8161121	(0691) 8161121	666300
大理州侨联	大理市龙山州级行政办公区大理州委统战部	(0872) 2319542	08722319539	671000
大理州大理市侨联	大理市政府大院	(0872) 2126675	08722126675	671000
大理州宾川县侨联	宾川县政府大院	(0872) 7142010	08727142010	671600
大理州祥云县侨联	祥云县委统战部	(0872) 3121400	08723121400	672100
大理州漾濞县侨联	漾濞县委统战部	(0872) 7520895	08727520895	672500
大理州巍山县侨联	巍山县委统战部	(0872) 6120077	08726120077	672400
大理州弥渡县侨联	弥渡县政府大院	(0872) 8163296	08728163296	675600
大理州鹤庆县侨联	鹤庆县委统战部	(0872) 4121129	08724121129	671500
德宏州侨联	芒市德瑞路 6 号	(0692) 2122201	(0692) 8886708	678400
德宏州芒市侨联	芒市大街 109 号残联综合大楼六楼	(0692) 2121206	(0692) 2121206	678400
德宏州畹町区侨联	瑞丽市畹町开发区建设路 23 号	(0692) 5151268	(0692) 5151268	678500
德宏州瑞丽市侨联	瑞丽市新建路 2 号	(0692) 4151968	(0692) 4151968	678600
德宏州陇川县侨联	陇川县人民政府东楼	(0692) 7173053	(0692) 8891600	678700
德宏州盈江县侨联	盈江县行政中心七楼	(0692) 8180528	(0692) 8180528	679300
德宏州梁河县侨联	梁河县遮岛镇振兴路 13 号	(0692) 6161347	(0692) 6161347	679200
怒江州侨联	怒江州泸水市龙江路 135 号州侨联	(0886) 3622251	(0886) 3622251	673100
迪庆州侨联	迪庆州香格里拉县建塘镇康珠大道 8 号州委统战部	(0887) 8275111	(0887) 8275111	674400

西藏自治区

单位名称	地　址	电话号码	传真号码	邮政编码
西藏自治区侨联	西藏自治区拉萨市城关区色拉路 40 号	(0891) 6332116	(0891) 6332116	850010

陕西省

单位名称	地　址	电话号码	传真号码	邮政编码
陕西省侨联	西安市新城广场省政府大院	(029) 63914568		710006
西安市侨联	西安市明光路 166 号凯瑞大厦 I 座	(029) 87222500		710008
咸阳市侨联	咸阳市渭阳中路 6 号市政府大院	(029) 33210751	(029) 33210077	712000

陕西省

单位名称	地　址	传真号码		邮政编码
宝鸡市侨联	宝鸡市宝虢路 125 号行政中心 2 号楼 313 室	（0917）3260892		721004
渭滨区侨联	宝鸡市公园路 212 号	（0917）3234035		721006
金台区侨联	宝鸡市中山路 148 号	（0917）2892198		721001
陈仓区侨联	宝鸡市陈仓区南环路育才酒店西	（0917）6212163		721300
凤翔县侨联	宝鸡市凤翔县东大街 67 号	（0917）7212808		721400
岐山县侨联	宝鸡市岐山县凤鸣西路 51 号	（0917）8212272		722400
眉县侨联	宝鸡市眉县首善镇平阳街 44 号	（0917）5542790		722300
陇县侨联	宝鸡市陇县东大街 17 号	（0917）4601605		721200
扶风县侨联	宝鸡市扶风县新区市民中心	（0917）5227710		722200
铜川市侨联	陕西省铜川市新区朝阳路 9 号铜川政务大厦	（0919）3283217		727031
宜君县侨联	铜川市宜君县宜阳中街	（0919）5281401		727200
铜川市印台区侨联	铜川市印台区同官路 80 号	（0919）4185115		727000
铜川市王益区侨联	铜川市王益区红旗街 9 号	（0919）2188026		727000
铜川市耀州区侨联	铜川市耀州区学古路 3 号	（0919）6182479		727100
渭南市侨联	渭南市三贤路北段渭南市民综合服务心东配楼 412	（0913）2933539		714000
延安市侨联	延安市南关街市委大院 124 号	（0911）2166131		716000
宝塔区侨联	宝塔区区委一楼	（0911）2113234		716000
延川县侨联	延川县南大街政府办公楼	（0911）8117140		717200
子长县侨联	子长县人大办公楼 117 室	（0911）7114138		717300
延长县侨联	延长县委办公楼五楼 517 室	（0911）8612872		717100
黄陵县侨联	黄陵县县委四楼	（0911）5212081		727300
洛川县侨联	洛川县纪委三楼 306 室	（0911）3622135		727400
榆林市侨联	榆林市榆阳区青山路 8 号市政府大楼 205 室	（0912）3421987	（0912）3895566（传真）	719000
汉中市侨联	陕西省汉中市汉台区民主街 43 号	（0916）2626910	2212664	723000
汉台区侨联	陕西省汉中市汉台区区委大院内	（0916）2211219		723099
安康市侨联	安康市汉滨区育才路 113 号市政府行政中心 1412 室	（0915）3218781	（0915）3209755（传真）	725099
商洛市侨联	商洛市商州区民主路 1 号市行政中心 517 室	（0914）2383687		726000
杨凌农业高新技术产业示范区侨联	杨凌农业高新技术产业示范区新桥北路 6 号			712100

甘肃省

单位名称	地　址	电话号码	传真号码	邮政编码
甘肃省侨联	甘肃省兰州市城关区广场南路 51 号统办一号楼	（0931）8960286	（0931）8960286	730030
兰州市侨联	甘肃省兰州市城关区金昌南路 280 号红星大厦七楼	（0931）8879545	（0931）8879545	730030
嘉峪关市侨联	甘肃省嘉峪关市政府办公楼市委统战部转侨联	（0937）6328309	（0937）6328923	735100
酒泉市侨联	甘肃省酒泉市肃州区新城街道广场西路市直机关综合楼 10 楼	（0937）2616586	（0937）2614380	735000
张掖市侨联	甘肃省张掖市甘州区南环路 679 号	（0936）8221243	（0936）8216544	734000
金昌市侨联	甘肃省金昌市金川区新华路 82 号行政中心北楼 914 室	（0935）82319362	（0935）8332606	737100
武威市侨联	甘肃省武威市凉州区交通大厦 317 室	（0935）2212856	（0935）2212856	733000
白银市侨联	甘肃省白银市白银区广场北路 1 号政府统办 3 号楼北楼 409-2 室	（0943）8221790	（0943）8221790	730900
定西市侨联	甘肃省定西市安定区安定路 1 号	（0932）8212959	（0932）8212959	743000

甘肃省

单位名称	地　址	电话号码	传真号码	邮政编码
天水市侨联	甘肃省天水市秦州区环城中路 6 号市委统战部	（0938）8312133	（0938）8291383	741000
平凉市侨联	甘肃省平凉市崆峒区红旗街 113 号	（0933）8211234	（0933）8229372	744000
庆阳市侨联	甘肃省庆阳市西峰区庆州西路 1 号市委统办楼市委统战部 903 室	（0934）8215741	（0934）8212174	745000
陇南市侨联	甘肃省陇南市武都区东江新区市政府统办大楼市委统战部 409 室	（0939）8216163	（0939）8216163	746000
临夏州侨联	甘肃省临夏州临夏市西关路 4 号教育大厦 6 层	（0930）6225701	（0930）6225701	731100
甘南州委统战部	甘肃省甘南州合作市当周街 426 号州委统战部侨台藏胞工作科	（0941）8220803	（0941）8212959	747000

青海省

单位名称	地　址	电话号码	传真号码	邮政编码
青海省侨联	西宁市城中区七一路 346 号	（0971）8457060		810000
西宁市侨联	西宁市城中区校场街 10 号	（0971）8277821		810000
青海省民和县侨联	民和县川垣新区党政办公大楼	（0972）8522007		810800
青海大学侨联	西宁市宁大路 251 号	（0971）5310674		810016
青海民族大学侨联	西宁市城东区八一中路 3 号	（0971）8807301		810007
青海师范大学侨联	西宁市城北区海湖大道延长段 38 号（青海师范大学城北校区）	（0971）6306203		810006

宁夏回族自治区

单位名称	地　址	电话号码	传真号码	邮政编码
宁夏回族自治区侨联	银川市兴庆区凤凰北街 106 号	（0951）6087029	（0951）5057809	750001
银川市侨联	银川市金凤区北京中路 166 号	（0951）6889209	（0951）6888373	750001
石嘴山市侨联	石嘴山市大武口区行政新区科技信息大楼	（0952）2218192	（0952）2218193	753000
吴忠市侨联	吴忠市行政中心吴忠市委统战部 825	（0953）2013535	（0953）2039187	751100
固原市侨联	固原市原州区固原市行政中心市委统战部	（0954）2088816	（0954）2088673	756000
中卫市侨联	中卫市沙坡头区政通路 5 号中卫市委统战部	（0955）7068335	（0955）7068730	755000
兴庆区侨联	银川市兴庆区北京东路 471 号	（0951）6719170	（0951）6719170	750004
金凤区侨联	银川市金凤区黄河东路 721 号金凤区政府	（0951）3050575	（0951）3050575	750001
西夏区侨联	银川市西夏区政府	（0951）2071811	（0951）2071811	750003
大武口区侨联	石嘴山市大武口区朝阳西街 67 号	（0952）2013319	（0952）2013319	753000
惠农区侨联	石嘴山市惠农区区委统战部	（0952）3012605	（0952）3012605	753200
平罗县侨联	石嘴山市平罗县委统战部	（0952）6095137	（0952）6095137	753400
利通区侨联	吴忠市利通区金星镇裕西社区	13895332605		751100
青铜峡市侨联	青铜峡市工信局五楼统一战线教育基地	15595361314		751600

新疆维吾尔自治区

单位名称	地　址	电话号码	传真号码	邮政编码
新疆维吾尔自治区侨联	乌鲁木齐市天山区文化路 38 号	（0991）2812108	（0991）2812108	830002
伊犁哈萨克自治州侨联	伊宁市阿合买提江街 224 号	（0999）8097935	（0999）8034967	835000
阿克苏地区侨联	阿克苏市南昌西路 8 号地委后门	（0997）2139393	（0997）2139393	843000
喀什地区侨联	喀什市解放北路 46 号	（0998）2308980	（0998）2308980	844000
巴音郭楞蒙古自治州侨联	库尔勒市萨依巴格路 52 号	（0996）2024385	（0996）2024385	841000

新疆维吾尔自治区

单位名称	地　址	电话号码	传真号码	邮政编码
阿勒泰地区侨联	阿勒泰市解放路地委访惠聚办公楼（侨联）	（0906）2100533	（0906）2124000	836500
乌鲁木齐市侨联	乌鲁木齐市水磨沟区新兴街 5 号	（0991）4628116	（0991）4621593	830063
昌吉州侨联	昌吉市北京北路 130 号	（0994）2345634	（0994）2345634	831100
克孜勒苏柯尔克孜自治州侨联	阿图什市光明南路 11 号	（0908）4230259	（0908）4229725	845350
克拉玛依市侨联	克拉玛依市迎宾路 60 号市机关 1 号楼 732 办公室	（0990）6233078	（0990）6256618（统战部）	834000
博尔塔拉蒙古自治州侨联	博乐市文化路州直综合 1 号楼	（0909）2318487	（0909）2318487	833400
哈密市侨联	哈密市建国南路 17 号	（0902）7178180	（0902）7178180	839000
吐鲁番市侨联	吐鲁番市示范区蒲昌街 265 号（原新天顺酒店二楼）	（0995）8525572	（0995）8525271	838000
和田地区侨联	和田市屯垦西路 49 号	（0903）2059305	（0903）2512937	848000
塔城地区侨联	塔城市六合大厦四楼 C 区 407 室	（0901）6222190	（0901）6221011	834700

新疆生产建设兵团

单位名称	地　址	电话号码	传真号码	邮政编码
新疆生产建设兵团侨联	新疆乌鲁木齐市光明路 196 号兵团党委统战部	（0991）2896369	（0991）2890517	830002
第一师阿拉尔市侨联	新疆阿拉尔市胜利大道 1 号第一师阿拉尔市党委统战部	（0997）6359066	（0997）6359067	843000
第二师铁门关市侨联	新疆铁门关市将军北路第二师铁门关市党委统战部	（0996）2683372	（0996）2612295	841007
第三师图木舒克市侨联	新疆图木舒克市中兴街 1 号第三师图木舒克市党委统战部	（0998）5701160	（0998）5701050	843900
第四师可克达拉市侨联	新疆可克达拉市学府西路 1 号第四师可克达拉市党委统战部	（0999）8182952	（0999）8182520	835900
第五师双河市侨联	新疆双河市银华路 210 号第五师双河市党委统战部	（0909）2296641	（0909）2296708	833400
第六师五家渠市侨联	新疆五家渠市长征东路 603 号第六师五家渠市党委统战部	（0994）5800427	（0994）5800427	831300
第七师侨联	新疆奎屯市军垦广场 1 号第七师党委统战部	（0992）6687586	（0992）6687118	833200
第八师石河子市侨联	新疆石河子市北三东路 1 号第八师石河子市党委统战部	（0993）2076063	（0993）2076077	832000
第九师侨联	新疆额敏县朝阳区第九师党委统战部	（0901）3383047	（0901）3383047	834601
第十师北屯市侨联	新疆北屯市龙疆东街 365 号第十师北屯市党委统战部	（0906）3183006	（0906）3183005	836099
第十一师侨联	新疆乌鲁木齐市河滩北路 1067 号第十一师党委统战部	（0991）6686695	（0991）6656728	830056
第十二师侨联	新疆乌鲁木齐市常州街百园路 189 号第十二师党委统战部	（0991）3781282	（0991）3844776	830013
第十三师红星市侨联	新疆哈密市大营房幸福路 1 号第十三师红星市党委统战部	（0902）2565027	（0902）2566400	839000
第十四师昆玉市侨联	新疆昆玉市玉枣路 1 号第十四师昆玉市党委统战部	（0903）2566031	（0903）2566386	848116
石河子大学侨联	新疆石河子市北四路石河子大学党委统战部	（0993）205020	（0993）2090061	832003
新疆农垦科学院侨联	新疆石河子市乌伊公路 221 号新疆农垦科学院党委统战	（0993）6683660	（0993）2553691	832000
塔里木大学侨联	新疆阿拉尔市塔里木大学党委统战部	（0997）4680456	（0997）4680456	843300

中央和国家机关

单位名称	地　址	电话号码	邮政编码
中央和国家机关侨联	北京市西城区平安里西大街 33 号	（010）55604654	100035
中央对外联络部直属机关侨联	北京市海淀区复兴路 4 号		100860

中央和国家机关

单位名称	地　址	电话号码	邮政编码
中央党校（国家行政学院）侨联	北京市海淀区大有庄 100 号		100091
中央党史和文献研究院侨联	北京市西城区毛家湾甲 1 号		100017
中国侨联直属机关侨联	北京市东城区工体西路 1 号		100027
外交部直属机关侨联	北京市朝阳区朝阳门南大街 2 号		100701
国家发展改革委侨联	北京市西城区月坛南街 38 号		100824
工业和信息化部直属机关侨联	北京市西城区西长安街 13 号		100804
人力资源和社会保障部直属机关侨联	北京市东城区和平里东街 3 号		100716
自然资源部直属机关侨联	北京市西城区阜成门内大街 64 号		100812
住房和城乡建设部直属机关侨联	北京市海淀区三里河路 9 号		100835
交通运输部直属机关侨联	北京市建国门内大街 11 号		100736
水利部直属机关侨联	北京市西城区白广路二条 2 号		100053
农业农村部侨联	北京市朝阳区农展南里 11 号		100125
商务部直属机关侨联	北京市东城区东长安街 2 号		100731
文化和旅游部直属机关侨联	北京市朝阳门北大街 10 号		100002
国务院国有资产监督管理委员会直属机关侨联	北京市西城区宣武门西大街 26 号		100053
国家体育总局直属机关侨联	北京市东城区体育馆路 2 号		100763
新华社直属机关侨联	北京市西城区宣武门西大街 57 号		100803
中国科学院侨联	北京市海淀区中关村南四街 18 号		100190
中国社会科学院侨联	北京市东城区建国门内大街 5 号		100732
中央广播电视总台侨联	北京市复兴路 11 号		100859
中国气象局侨联	北京市海淀区中关村南大街 46 号		100081
中国外文局直属机关侨联	北京市西城区百万庄 24 号		100037
中国国家铁路集团有限公司直属机关侨联	北京市海淀区复兴路 10 号		100844
中国出版集团有限公司侨联	北京市东城区朝内大街甲 55 号		100010
中国医学科学院北京协和医学院侨联	北京市东城区东单三条 9 号		100730

中央企业

单位名称	地　址	电话号码	传真号码	邮政编码
中央企业侨联秘书处	北京市海淀区西四环中路 16 号院 8 号楼中国储备粮管理集团有限公司党建工作部	（010）84526334	（010）68776864	100039